枣庄市

薛城区志

（1991—2013）

中共枣庄市薛城区委党史研究中心
枣庄市薛城区地方史志研究中心　编

方志出版社
Publishing House of Local Records

图书在版编目（CIP）数据

枣庄市薛城区志：1991—2013 / 中共枣庄市薛城区委党史研究中心，枣庄市薛城区地方史志研究中心编. —北京：方志出版社，2020.9

ISBN 978-7-5144-4458-2

Ⅰ. ①枣…　Ⅱ. ①中…　②枣…　Ⅲ. ①区(城市)—枣庄—地方志—1991-2013　Ⅳ. ①K295.24

中国版本图书馆CIP数据核字（2020）第202183号

枣庄市薛城区志（1991—2013）

编　　者：中共枣庄市薛城区委党史研究中心
枣庄市薛城区地方史志研究中心
责任编辑：王海荣

出 版 者：方志出版社
地址　北京市朝阳区潘家园东里9号（国家方志馆4层）
邮编　100021
网址　http://wwww.zgfzcb.cn
发　　行：方志出版社图书经销中心
电话（010）67110500
经　　销：各地新华书店
印　　刷：山东黄氏印务有限公司

开　　本：889×1194　1/16
印　　张：70.75
字　　数：1854千
版　　次：2020年9月第1版　2020年9月第1次印刷
印　　数：0001~2000册

ISBN 978-7-5144-4458-2　**定价：**680.00元

《枣庄市薛城区志》编审委员会

顾　　问　安　锋　张　涛
主　　任　赵　刚
副 主 任　尹作义　姜　妍
委　　员　孙中坤　马　峰　张建兴　翁增光　曹保营
　　　　　　王　巍　李利萍

主　　审　曹保营
主　　编　褚洪浩
副 主 编　张开峰　常　亮　时宏扬　王　健
执行主编　常　亮
特邀编辑　杨　慧　宋　娜　郑娟娟　刘见华
编辑人员　张远辉　李永胜　李其鳌　唐　罡　张泽恩
　　　　　　郝　维　许　磊　孙　飞

序　言

盛世修志，志载盛世。值建党100周年、建市60周年之际，《枣庄市薛城区志（1991—2013）》出版发行了，这是继1997年第一部《枣庄市薛城区志（1840—1990）》之后的又一部薛城区社会主义新方志。该志全面反映了薛城改革开放和现代化建设的巨大成就，是薛城人民的创业史、奋斗史，是薛城建设发展的纪念碑，也是为建市60周年准备的一份献礼。

薛城古称薛国，历史悠久、人文璀璨，夏朝车正奚仲在这里发明了人类历史上第一辆马车；商汤左相仲虺在这里发布《仲虺之诰》，成为中国历史上第一份建国纲领；战国四公子之一的孟尝君在这里广揽群贤，留下“食客三千”的佳话。这里还涌现了足智多谋的辩才毛遂、主编儒家经典著作《孟子》的万章、焚券市义的冯谖……，俊彩星驰，各领风骚，留下千古佳话。近代，这里是闻名中外的铁道游击队、运河支队的诞生地，英勇的游击队战士在这里打得日军魂飞胆丧，以气吞山河的英雄气概，谱写了一曲曲可歌可泣的华美篇章。

读史使人明智，鉴往可以知今。1991—2013年是薛城改革开放不断深化的23年，在历届市委、市政府的正确领导下，全区干部群众解放思想、励精图治，干事创业、锐意进取，创造了辉煌业绩。国民经济快速发展，综合实力显著增强；城市建设日新月异，发展环境明显改善；社会事业协调推进，人民生活水平不断提高。全国武术之乡、全国唢呐之乡、全国剪纸之乡、全国群众文化先进区、全国体育先进区、国家森林城市、国家园林城市等称号成为薛城最闪亮的城市名片。

“治天下者以史为鉴，治郡国者以志为鉴”。编修地方志是一项艰巨浩大的文化建设工程，也是中华民族的优秀文化传统。薛城区委、区政府高度重视地方志编修工作，认真贯彻执行国务院《地方志工作条例》和《山东省地方史志工作条例》，积极推动修志工作。期间，先后发动和组织130余个部门（单位）搜集资料，200多位同志投身编修工作，他们不避寒暑、不辞辛劳，广征博采、核实论证，谋篇布局、斟字酌句，任劳任怨、勤笔耕耘，历经6个春秋，数易其稿，修成此书。该书洋洋百万言，体例完备、图文并茂、内容详实

一切为了人民健康

导诊台
导诊台

薛城區人民醫院
XUECHENG HOSPITAL
门诊楼
心脏远程监护技术
无痛分娩技术
腹腔镜手术
心理CT

薛城区人民医院

薛城区舜耕中学

枣庄理工学校

枣庄八中

薛城新区实验幼儿园

薛城区双语实验小学

天穹影视文化基地

SOHO珠江大学城

万达广场

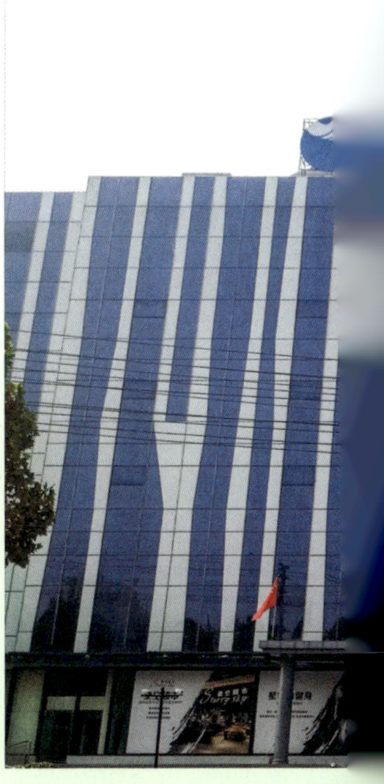

银座商城

万洲第一街

居然之家

智赢门窗系统有限公司

顺兴水泥有限公司

杰富意振兴化工有限公司

青岛啤酒生产线

奥瑟亚化工有限公司

潍焦集团薛城能源有限公司

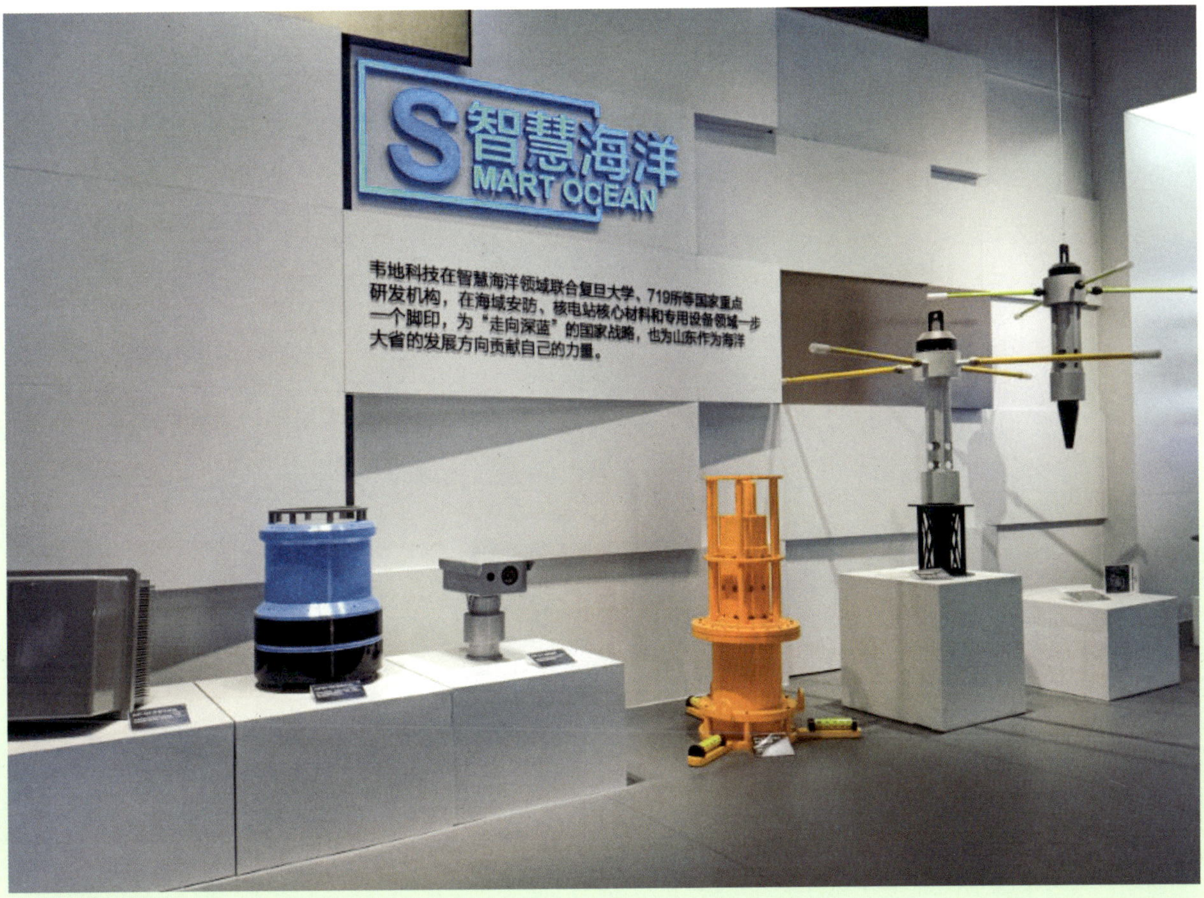

韦地科技展厅

联兴玻璃生产线

夫宇食品台烤车间

薛城化工园区

鲁南泰山石膏有限公司

多乐有限公司

现代农业示范园

铁佛蔬菜标准化基地

病虫害防治

云品智慧农业产业园

石榴

猕猴桃

蓝莓

甜桃

山里红合作社

农业机械化

京台高速

世纪大道

和谐路隧道

枣庄港

京沪高铁枣庄站

BRT快速公交

枣庄西站

发展中的薛城

双子座夜景

环岛夜景

体育场夜景

城区夜景

奚仲湖

珠江华府

凤鸣湖

燕山国际

大汶口文化黑陶镂空高柄杯

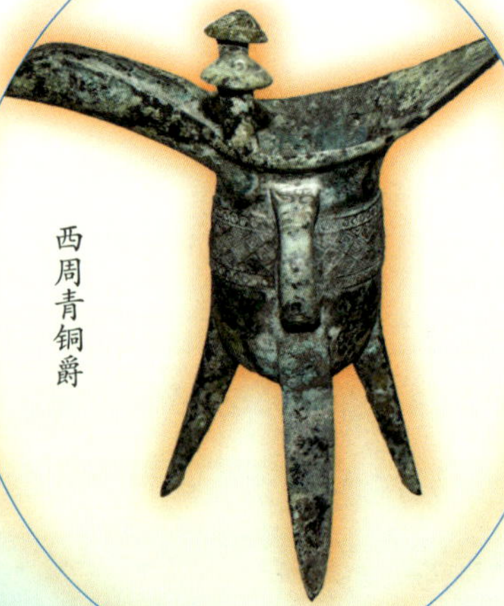

西周青铜爵

各朝代中陈郝瓷器

龙山文化石斧

龙山文化双孔石刀

薛城唢呐

缝绣技艺

骰牌灯

庞庄麦秸手编

人灯舞

奚仲造车传说

洛房泥玩具

运河支队记忆馆

十里湾研习社

人民英雄纪念园

铁道游击队碑廊

铁道游击队纪念馆火车大厅

铁道游击队纪念馆胜利大厅

铁道游击队纪念碑

铁道游击队纪念馆外景

奚仲造车剪纸集

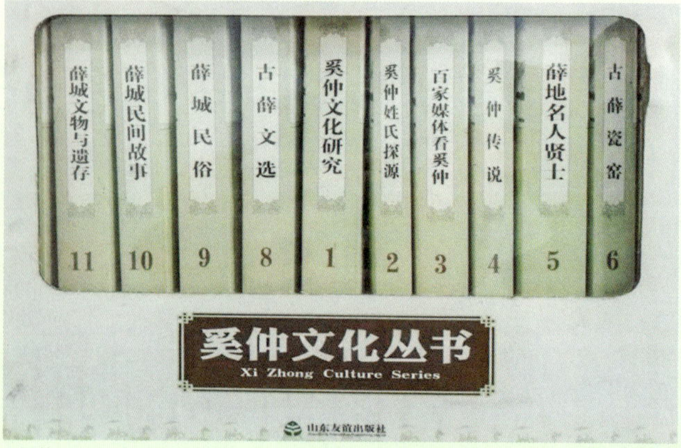

奚仲文化丛书

奚仲塑像

车祖奚仲广场

首届中国奚仲文化研讨会

首届中国车祖奚仲文化活动月

城南新区

园林城市

留园山庄

龙潭公园

生态绿道

白楼湾观景台

白楼湾片区

小沙河

蟠龙河国家湿地公园

蟠龙河

铁道游击队党性教育基地

铁道游击队纪念碑

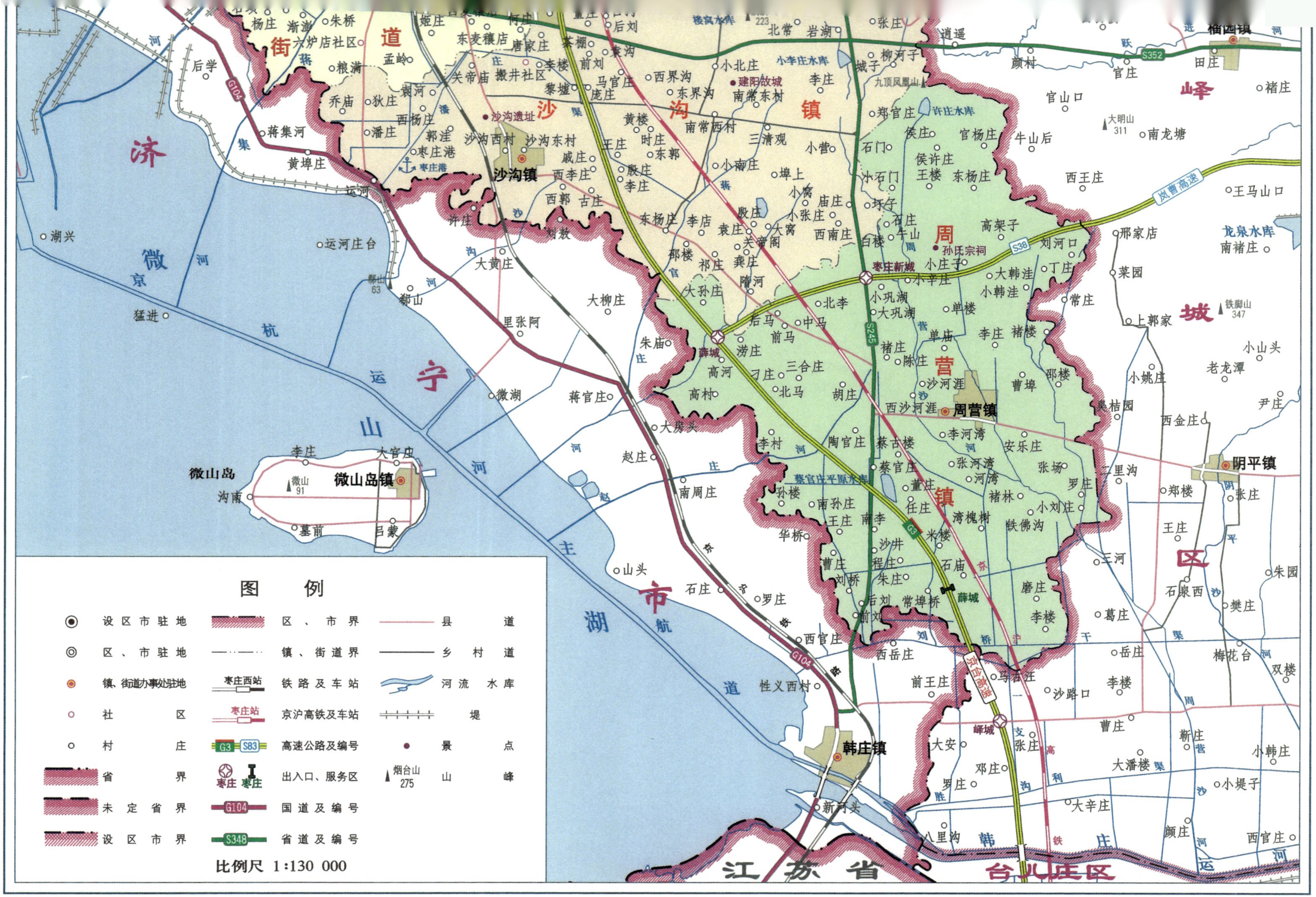

审图号：鲁SG(2020)145号

山东省地图院 编制

丰富，客观全面系统地记述了薛城的地理民情，讲述着薛城历史发展的轨迹，为了解、研究薛城历史提供了借鉴，为科学施政、决策提供了依据，为区情教育提供了现实而亲切的教材。在出版发行之际，谨向所有关怀、支持、指导、帮助和协同编撰的各级领导、专家、方志界同仁，以及市区各部门、各单位参与新编《枣庄市薛城区志》工作的领导、编撰人员致以谢忱和敬意。

当前，薛城已迈入现代化强区建设新阶段，正深入落实“工业强市、产业兴市”战略，加快推进转型跨越、赶超发展。全区广大党员干部群众都要以志为鉴、察古知今，高举习近平新时代中国特色社会主义思想伟大旗帜，在党中央和省、市、区委的坚强领导下，进一步解放思想、更新观念，抢抓机遇、开拓创新，和衷共济、同心同德，奋力开创薛城高质量发展新局面！

我们坚信，薛城的明天一定会更美好！

中共薛城区委书记

中共薛城区委副书记
薛城区人民政府区长

凡　例

一、《枣庄市薛城区志（1991—2013）》编纂以马克思列宁主义、毛泽东思想、邓小平理论、“三个代表”重要思想、科学发展观、习近平新时代中国特色社会主义思想为指导，坚持辩证唯物主义和历史唯物主义的观点和方法，实事求是，力求做到思想性、科学性和资料性的统一，突出地方特点和时代特色。

二、本志是全面系统地记述枣庄市薛城区自然、政治、经济、文化和社会历史与现状的资料性文献。由概述、大事记、专业各编和人物、附录组成，共设28编、129章、599节。本志采用述、记、志、传、图、表、录等体裁，以志为主。首置概述、 大事记，大事记以编年体为主，兼用纪事本末体；各专志设编、章、节，根据内容设目、子目，采用“以类系事，横排竖写”的体式；图、表随文插入；后置人物和附录。

三、本志为《枣庄市薛城区志（1840—1990）》（1997年出版）之续志。时间断限，上限1991年，下限2013年。为同前志有机衔接及突出特色和优势，本志部分编节记述内容适当上溯或下延。

四、本志采用语体文、记述体，文风力求严谨、朴实，语言力求简洁流畅。书中出现机构名称、专用名词及重要文件等，一般第一次使用时用规范全称，并加括号注明简称，其后及表格中用规范简称。

五、本志资料来源于旧档、旧志、报刊、年鉴等，由承办单位或相关编辑征集、考证、核实，一般不注明出处。统计数字，以统计部门公布的为准，非统计部门管理的数字，使用业务主管部门认可的数字。部分数据合计数或相对数由于单位取舍不同而产生的计算误差，均未做机械调整。统计表格中缺失的数字以空格表示，无此数用“—”表示。计量单位按国家及其他有关规定执行，个别地方保留“亩”“公顷”“公斤”“公里”等传统计量单位。

六、本志涉及人名、地名及人员职务，均以当时称谓记述。

七、本志采用公元纪年，使用历史纪年的，括注公元纪年。

八、本志人物编，分为人物传略、人物简介、人物表和人物录四部分。人物传略遵循生不立传的原则，排列顺序以卒年为序；人物简介，收录在世的人物，排列以生年为序；人物表和人物录收录薛城区英模先进人物、高级知识分子等。前志已记述的，本志一般不再列入；前志未记述或资料有补充的，适当列入。

薛城名片

◎ 造车鼻祖　奚仲故里

◎ 铁道游击队故乡

◎ 全国武术之乡

◎ 全国唢呐之乡

◎ 全国剪纸之乡

◎ 国家湿地公园

◎ 中国先秦史学会奚仲文化研究基地

◎ 中国华夏文化遗产基金会山东基地

◎ 全国科技富强县专项行动试点区

◎ 中国乡村旅游发展名县

◎ 山东快书发祥地

◎ 山东省民间文化艺术之乡

◎ 山东省双拥模范先进区

◎ 山东省社会治安综合治理模范区

◎ 山东省健康促进示范区

◎ 山东省文明城市

◎ 山东省生态文明建设示范区

◎ 山东省农村改革试验区

◎ 山东省首批城乡融合发展试验区

◎ 山东省医养结合先行区

薛城区行政区划图

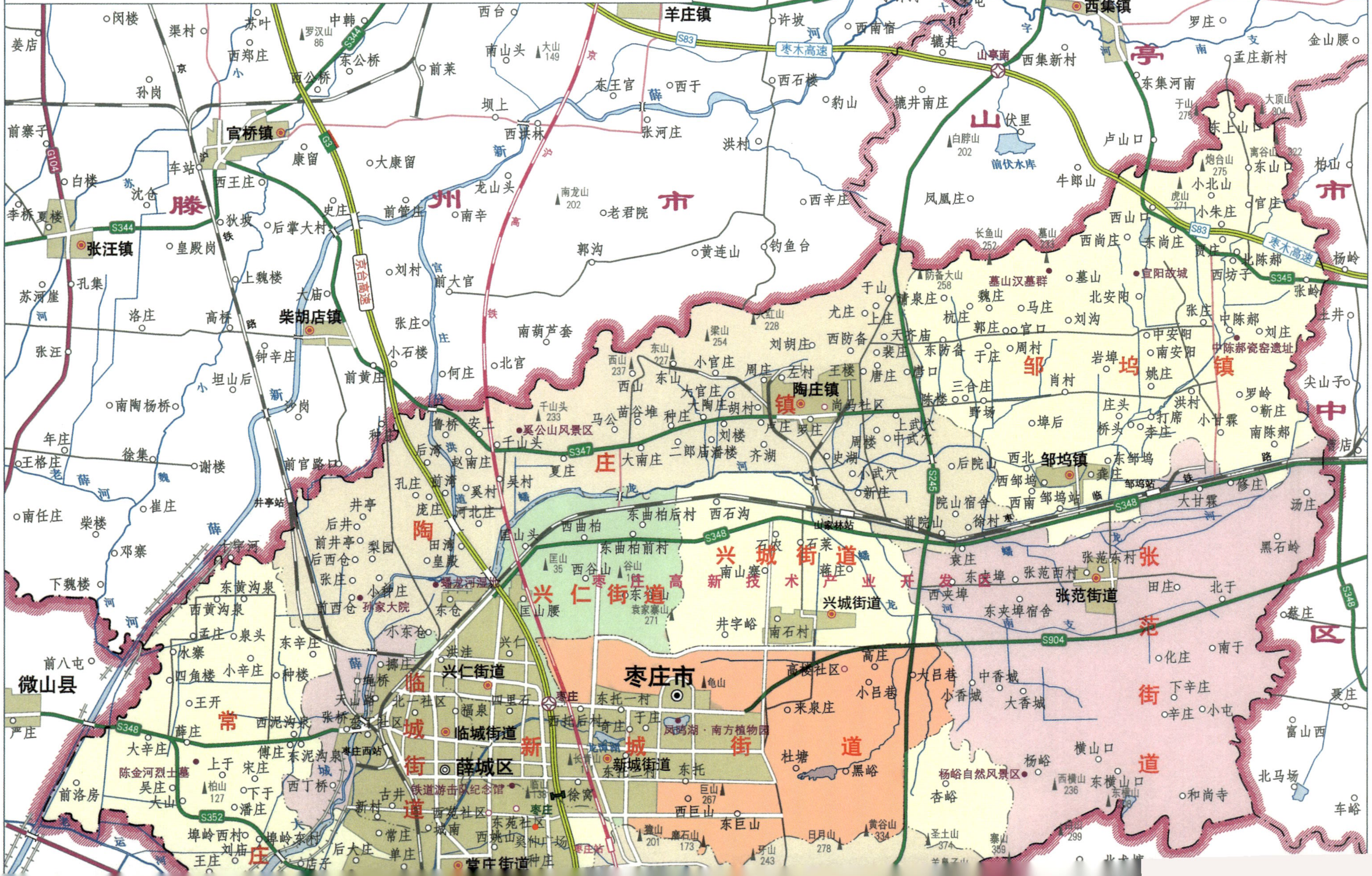
枣庄市
薛城区
滕州市
微山县
山亭区
市中区
临城街道
常庄街道
新城街道
兴仁街道
兴城街道
张范街道
邹坞镇
陶庄镇
周营镇
沙沟镇
常庄镇
兴仁街道
兴城街道
张范街道
临城街道
新城街道
枣庄高新技术产业开发区
羊庄镇
官桥镇
柴胡店镇
张汪镇
西集镇
京台高速
枣木高速
龙潭湖
南方植物园
前伏水库
陈金河烈士墓
铁道游击队纪念馆
奚公山风景区
杨峪自然风景区
孙家大院
中陈郝瓷窑遗址
墓山汉墓群
官阳故城

薛城区中医院

薛城中医院儿童康复院区

薛城区妇幼保健院

消夏晚会

奚仲文化活动月晚会

庆祝建军91周年军民联欢晚会

阳光体育

全民健身

建党90周年大型红歌演唱晚会

庆祝中国共产党成立100周年文艺演出

前排左起:王光辉　丁爱军　李天程　王绍忠　李玉森　李　刚　王巍波　杜　泉　张　涛　段祥泰　王笃银

后排左起:许　磊　李永胜　钟宜敏　张瑞华　常　亮　杨　慧　邢召辉　赵鹏程　唐　罡　孙　飞

目　录

第四编　城乡建设

第五编　环境保护

第六编　交　通

第七编 邮政 通信

第八编 开放 开发

第九编 经济综述

第十编 农 业

第十一编　工　业

第十二编　商贸流通

第十三编 财政 税务

第十四编 金 融

第十五编　经济管理

第十六编　中国共产党薛城区委员会

第十七编　薛城区人民代表大会

第十八编　薛城区人民政府

第十九编　中国人民政治协商会议薛城区委员会

第二十编　民主党派　人民团体

第二十一编　政　法

第二十二编　军　事

第二十三编　人事劳动和社会保障

第二十四编　教育　科技

第二十五编　文化　旅游

第二十六编 卫生 体育

第二十七编 社会生活

第二十八编 乡镇街道

人　物

附　录

索　引

Contents

Part IV Urban & Rural Construction

Part V Environmental Protection

Part VI Transportation

Part VII Postal Services and Communication

Part VIII Opening Up and Development

Part IX Overview of Economy

Part X Agriculture

Part XI Industry

Part XII Commerce and Trade Circulation

Part XIII Public Finance and Taxation

Part XIV Finance

Part XVI Xuecheng District Committee of the Communist Party of China

Part XVII Xuecheng District People's Congress

Part XVIII Xuecheng District People's Government

Part XIX Xuecheng District Committee of the Chinese People's Political Consultative Conference

Part XX Democratic Parties and Mass Organizations

Part XXI Politics and Law

Part XXII Military Affairs

Part XXIII Personnel, Labor and Social Security

Part XXIV Education and Science & Technology

Part XXV Culture and Tourism

Part XXVI Health and Sports

Part XXVII Social Life

Part XXVIII Town and Street

Figures

Appendix

Index

薛城區卷

概　述

薛城，古为薛国地，是北辛文化的发祥地，枣庄市的市驻地和政治、文化中心，是铁道游击队故乡和造车鼻祖奚仲故里。

薛城区地处山东省南部，微山湖东畔，北纬34°37′35″，东经117°9′2″，东与市中、峄城两区相邻，西南与微山县毗连，北与滕州市、山亭区接壤。南北最长35.3公里，东西最宽29.8公里，面积422.71平方公里。辖陶庄、邹坞、沙沟、周营4个镇和临城、常庄、巨山3个街道办事处，202个行政村、155个居委会。至2013年底，全区总人口43.29万人。境内交通便利，京沪铁路、京沪高速铁路、京台高速、枣临高速穿境而过。

薛城境域的地形分为北部平斜凹陷，东部凸起，凹陷并存，西部、南部均为凹陷，形成洪积冲积平原，地势平坦，海拔30—40米，最低处海拔23.5米。境内有东西走向的千山、圣土山两条山脉，最高山峰为沙沟镇内的圣土山，海拔374.3米。境内河流属淮河流域京杭大运河水系，河流多发源于区境东北部山区，主要河流有蟠龙河、薛河、新薛河、周营大沙河、万章河、杨庄大沙河等，分别注入微山湖和大运河。京杭大运河从区西南边界流过，于沙沟镇潘家渡口、枣庄港经区境2公里。

薛城气候属温带季风区大陆性气候兼受太平洋气候影响，具有显著的大陆性气候特点。雨热同期，光照充足，四季分明。这种有山水之利的地理特征，丰富的自然资源，为薛城区经济和社会发展提供优越的自然环境。

薛城土地肥沃，资源丰富。土地总面积507平方公里，其中，耕地面积2.14万公顷，园地面积547.38公顷，林地面积2349.19公顷，草地面积655.17公顷。土壤类型多样，适合小麦、玉米、花生等作物种植。区境内矿产资源主要有煤、铁、磷、铝、稀土、石灰石、白云石、玉石、钾长石和石膏等30余种，其中非金属矿是薛城区的优势资源。煤炭探明储量2.6亿吨。建材石料矿种有石灰石、正长石、大理石、煤矸石、黄沙等，储量10亿吨，其中石灰石9亿吨。基本探明储量的还有白云石5500万吨，脉英石1000万吨，磷3.2亿吨。其中脉英石质量高，二氧化硅含量达99%以上，铁、稀土、白陶土、软硬黏土、钾长石等储量也较丰富。水资源初步测探为22477万立方米。

一

薛城区历史悠久。早在4000多年前就有人类聚居，属东夷族。夏商属薛国。东周时期，薛国衰弱，长期归属齐、鲁辖制。齐大将田忌（字子期），相国田婴（靖郭君）、田文（孟尝君）曾先后受封薛城。田文治薛城期间，曾大规模增筑薛城，薛城得名源于此。秦以后归属、名称变化频杂，基本上属滕、峄二县。1945年8月至1948年11月，分属临城、峄县和枣庄办事处。1952年9月，临城县改为薛城县。1956年3月撤销薛城县，今薛城西部、中北部划归滕县临城区，东部属峄县邹坞区，南部属峄县周营区。1960年1月，峄县改称枣庄市（县级），3月临城公社改属枣庄市。1962年始建薛城区，隶属枣庄市。

薛城人杰地灵，历代名人辈出。夏代造车鼻祖奚仲，创造出世界上第一辆用马车牵引的木制车辆。商朝左相仲虺，为德高望重的开国元勋，是商汤时期的政治家、军事家。他制定的《仲虺之诰》，成为商代的立国纲领，为世人传颂。战国时期，以轻财下士著称的战国四公子之一的孟尝君，门下食客数千人，曾任齐国相、魏国相，是战国时期的权变之臣。其门客亦为孟尝君谋士的冯谖，为孟尝君“薛城市义”，谋“狡兔三窟”，成为千古佳话。辩才毛遂，以自荐随平原君赴赵国求援，取得联楚抗秦的胜利而受誉千载，获得“三寸不烂之舌强于百万之师”的美誉。还有辅助孟子撰成儒学名著《孟子》七篇的万章，两汉名将母将隆，元代广威将军同知峰州军事周忠及其子武节将军兼邳州节度副使周瑞昌，明代陕西道监察御史褚德培，清代任刑部山东司郎中的褚德捐。这里还是新中国成立后为编修社会主义新方志作出重大贡献的董一博的故乡。

薛城英雄辈出、豪杰迭兴。在中国共产党的领导下，英雄的薛城儿女，为了民族的独立、人民的解放、国家的安宁，付出了巨大贡献和牺牲。在极艰苦的斗争环境里，在大革命和土地革命战争时期，早期共产党人薛文英、张光中、张新华、丛林、陶洪瀛、朱道南等，秘密开展活动，建立党组织，播下了革命的星星之火。在抗日战争和解放战争时期，在党的领导下，先后组建铁道游击队、运河支队等多支武装，他们与日军展开浴血奋战，同时开辟了敌占区抗日根据地和山东华中通往延安的秘密交通线，护送了刘少奇、陈毅、罗荣桓等千余名党政军干部和重要战略物资安全过路，创造了可歌可泣的英雄业绩。解放战争期间，展开了不屈不挠的斗争，粉碎了国民党军队的进攻，夺去了新民主主义革命的伟大胜利，为中华人民共和国的建立提供了大量的人力、物力、财力，做出了卓越贡献。

一寸山河一寸血，一抔热土一抔魂。据统计，抗日战争和解放战争时期，薛城共牺牲烈士390余名，孙伯龙、刘景镇、刘刚、秦明道、曹杰、单庭兰、陈金合等为反抗日军侵略、争取民族独立解放、和国家的安宁，把一腔热血洒在了薛城的大地上，他们是薛城优秀儿女的代表。其中烈士孙伯龙、洪振海、孟昭煜、张鸿仪、陶洪瀛等被评为全国抗日英烈，烈士陈金合被陈毅誉为“彻头彻尾的共产主义战士”。中华人民共和国成立后，在抗美援朝、对越自卫反击战中，薛城区有120余名烈士血染疆土。

二

中华人民共和国成立后，在党的领导下，薛城区完成了经济恢复和开展了社会主义建设工作，取得了较大的成就。1978年党的十一届三中全会以后，薛城区进入了一个新的发展历史时期，揭开了发展新的一页。自1990年以来，薛城区始终坚持以中国特色社会主义理论为指导，以经济建设为中心，以改革开放为动力，结合薛城区情，创新工作思路和方法，科学谋划，积极探索，稳步推进，全区干部群众投身于波澜壮阔的改革开放和发展大潮中，以革命老区艰苦奋斗的进取精神和创新创业的生动实践，谱写了经济、社会快速发展的辉煌篇章，描绘了城乡面貌巨大变化的壮丽景色。尤其是新时代下的薛城，认真践行发展新理念，攻坚克难，砥砺奋进，开创了转型发展、科学发展的新局面，薛城区政治经济与社会各项事业发展亮点纷呈，逐步形成了政治经济社会建设相互支撑共同发展的良好格局，逐步发展成为一个进入新型工业化、以现代高效农业为基础、综合实力倍增的新兴宜居城市，人民生活从贫困、温饱不足发展到总体达到小康，政治建设、文化建设、社会建设都取得了前所未有的成就。2013年薛城区生产总值260.05亿元，地方财政收入12.45亿元。三次产业比由11：61.9：27.1调整为4.7：57.5：37.8，在全省县域经济综合实力排名前移至74位。

现代农业逐步建立。中共十一届三中全会后，1983年，农村改革进一步深入发展，普遍实行以家庭为单位的联产承包责任制，1990年之后进一步巩固完善家庭承包责任制，推进土地适度规模经营，农村土地延包全面完成。通过农村税费改革，进一步规范了农民负担。按照市场农业的发展方向和要求，努力解决农业农村农民问题，不断完善农村社会化服务体系，产业化生产、系列化服务格局正逐步形成，高产优质高效农业逐步形成，种植业结构不断优化，林果业发展步伐加快，粮经比例达到52：48。21世纪以来，薛城区全面深化农村综合改革，农业经济体制进一步向市场经济体制转变，以建设现代农产业化为目标，坚持重农固本不动摇，认真落实各项惠民政策，大力发展特色、高效、生态农业，积极培育壮大农业龙头企业，加快传统农业向现代农业转型。农业专业化、产业化、标准进程加快、特色农业、生态农业取得新成就。2013 年，全区形成以周营为主的品牌蔬菜优势的农产品产业区，以沙沟为主的石榴、草莓、蓝莓、食用菌等优势的产业区，以邹坞为主的核桃、圆铃枣、金银花等优势农产品产业区。全区具有相当规模的国家或省级特色农产品商品生产专业化基地 3 个。培育扶持了涵盖全区粮食、林业、畜牧业、水产业的各类主导产业的龙头企业 62 家，其中省级特色农产品龙头企业 3 家，市级 37 家，专业化合作社 6 家。新创建现代农业示范乡镇 1 个，省级蔬菜标准园 1 处，市级蔬菜标准园 3 处，市级果品标准园 1 处。拥有无公害生产基地 18 处。全区农产品获“三品认证”42 个，其中绿色食品 15 个，无公害农产品 27 个，面积 14.2 万亩。周营镇沙河崖青萝卜，绿之园果蔬种植合作社的西瓜、甜油桃、沙沟镇张庄的石榴、邹坞镇的樱桃、大枣等 14 个绿色食品，均获得农业部无公害产品认证。张庄的石榴被评为奥运会公推果品，并有“山东一绝”之美誉。2013 年，陶庄镇示范方小麦单产 607.54 公斤，创建省粮食高产示范区。全区粮食总产达 20.95 万吨。林牧渔各业也有大发展。2013 年，牧业占农业总产值比重达 36.6%，全区农民人均纯收入达到 16419 元。

农村农业生产生活条件得到极大改善。薛城区加大资金投入，先后实施了黄淮海农业综合开发四期项目、三期世行项目、潘庄灌区建设配套，大沙河治理、土地整理复垦、林业工程建设等多个项目建设，极大地改善农业农村生产生活条件。河道治理综合兼顾防洪除涝，蓄水调水、生态净化、回灌补源，休闲娱乐等各项功能。其中，农村河道治理以防洪除涝、蓄水灌溉为主。1991—2013 年，对全区 7 条河流进行治理，达到 20 年一遇防洪标准。全区建有大小水库 25 座。列入国家东北规划区内的小（一）型水库 2 座，列入省级规划内的小（二）型水库 17 座，进行除险加固后投入使用。至 2013 年年底，全区有大小塘坝 702 座，库容 676.52 立方米。农业机械也得到快速发展。至 2013 年底，全区拥有拖拉机 3979 台，小型联合收割机 943 台，玉米联合收割机 452 台，秸秆粉碎机 686 台，农机总动力达 295186 千瓦，比 1991 年 11.2 万千瓦增长 204.98%，综合机械水平达到 91%。

新型工业体系逐步建立。1978 年改革开放后，在党的以经济建设为中心，坚持改革开放的路线方针指引下，薛城区工业经济发展迎来了飞速发展时期。1990 年，薛城区建立起以造纸、建材、啤酒、发电为主的工业企业 17 家，工业总产值实现 7292.3 万元，乡镇企业发展到 160 余家，工业总产值实现 2.5484 亿元。1991 年，“八五”计划开局之年后，按照工业兴区的发展思路和建设工业强区的奋斗目标，薛城区进一步调整和优化产业结构，以市场为导向，转换企业经营机制，企业经营从经济型向开放型转变，向自主经营、自负盈亏方向转变。企业管理由传统方式逐步向科学化和现代化转变，产业组织结构开始向专业化、集团化方向发展，全面实施规模带动战略，通过重点抓好骨干项目建设、加快企业技术改造，全力抓好企业管理和企业改制、全方位推进对外开放几个方面，打造了煤炭、造纸、啤酒、玻璃等支柱产业，工业得到快速发展，工业运行质量和效益逐年提高。进入 21 世纪以来，薛城区大力推动产业转型升级，按照着力恢复壮大造纸业、突出发展煤炭产业、大力培植精细化工产业，大力发展电子产品制造业、加快发展机械加工业、壮大食品加工业、提升玻璃制品行业、调整发展建材行业、加快发展服装加工业、扶持农副产品加工业的思路，进一步调整产业结构，提升产品层次培植一批支柱产业，全面提升工业经济和综合竞争实力。2006 年，根据国家产业政策的调整，薛城区逐步对现有煤炭、水泥等传统能耗高污染型产业进行关停并转。2007 年建立起薛城区化工园，重点发展高端煤化工产业。2013 年形成煤炭、水泥、玻璃、啤酒、机械制造、精细化工为主的传统产业和以煤化工、电子信息、新兴制造业为主的新兴产业体系。新兴产业及高新技术产业占区规模以上工业总产值 30%，煤化工产业依托海化煤业等企业，形成年产焦炭 200 万吨，煤焦油 50 万吨，醋酸 60 万吨，合成气 40 亿立方，二甲醚 50 万吨，煤基醇醚燃料 100 万吨。薛城区规模以上工业企业拥有国家和省市级技术中心 40 个。工业产品有全国商标 2 个、中国名牌产品 2 个，省级著名商标 10 个、名牌产品 8 个。民营经济为最具活力的新的经济增长点，2013 年全区民营经济单位数达到 1.87 万户。

第三产业蓬勃发展。20 世纪 90 年代，按照大市场、大流通、大服务的发展思路，充分发挥国有商业企业优势，抓住骨干流通企业，着力推进工商联合和农商联合组建产加销一体的工贸集团和农贸集团，重点抓好商贸流通和各类市场建设，先后建起了北城批发市场、鲁南兔毛专业批发市场等多个市场。21 世纪以来，充分发挥独特的区位优势和文化优势，加强规划，突出重点，快速发展，提升传统服务业、培育新生服务业、做大做强文化旅游业。以高端高质化发展为方向，聚集业态、壮大规模、提升档次，加快了现代服务业的发展，打造了现代服务业聚集区。以商贸流通为主导的传统服务业得到全面提升，流通网络日趋完善。引进建设了万洲浙商城等一批高端项目。2013 年底，全区限上商贸企业发展到 179 家，物流企业发展到 78 家，形成了覆盖城乡的现代商贸流通服务网络。此外，打造以铁道游击队红色文化和特色先祖文化为主导的新兴服务业。规划建设了铁道游击队纪念园，成为集爱国主义教育、浏览观光、休闲娱乐为一体的综合性市级公园。其中，总投资 1.5 亿元的铁道游击队影视城，成为全国最大的民国时期影视城。铁道游击队纪念园被列入全国 100 个红色旅游经典景区之一，纳入了全国 30 条红色旅游经典线路，被命名为全国第三批爱国主义教育示范基地，年接待游客达 20 万人次。积极搞好古薛文化和奚仲造车、邹坞汉墓群遗址以及张庄石榴山庄、杨峪自然风景区被评为省级森林公园，张庄石榴山庄被评为省级农业旅游示范点。

三

1984 年，山东省人民政府鲁府函 397 号文件在对枣庄市城市总体规划的批复中指出：薛城是枣庄远期的政治、科技、文化中心，枣庄市的建设应逐步转移到薛城新区。1990 年，委托省城乡建设规划设计院协助修订《薛城城市总体规划方案》，根据省政府指示，结合薛城的自然条件和工业结构，总体规划确定薛城的城市定位为枣庄市政治、商贸、科教中心，鲁西南东部煤炭开发基地，鲁南铁路中转重地，以煤化工为主，轻重工业协调发展的中心城市。90 年代以来，薛城区实施东扩南移的发展战略，坚持新老城区并重开发改造并举的原则，增强城市承载服务功能，加快城市现代化、城乡一体化、乡村城镇化进程。按照七横一环城区道路建设规划，先后新建、改造了山官路、前薛路、泰山路沿河路、南环路、长江路、泰山南路、店韩路、永福南路、临山路、郯薛路等骨干道路。按照城区发展规划，从拓宽城市发展空间，增强城市承载能力和服务功能入手，建设开发了高标准住宅小区八一小区、怡苑小区，不断加大公益设施建设力度，完成了临山公园、铁道游击队纪念碑的建设，沿河公园、区污水处理厂等一批重点工程项目。城区面积达到 15 平方公里，区驻地人口达到 12 万人。21 世纪以来，伴随着枣庄市政治、经济、文化中心的迁移，薛城区城市建设驰入发展快车道。按照城市东扩、南移、西进的思路，以市驻地的标准规划建设管理城市。2007 年 5 月，聘请澳大利亚 BHI 公司、苏州空间规划设计院等一流团队，对城区进行了高标准规划设计，科学编制了 8 大类、45 个城建规划。2008 年，开展城南 4 个城中村改造和城南新区建设，12 平方公里的城南新区初步建成。2010 年，先后开展燕山路、火车站、新华街、天山路等棚户区改造。2012 年，枣庄市委、市政府将薛城区、新城区、枣庄市高新技术开发区进行“三区合一”。薛城区立足打造区域性中心城市和现代化市驻地，积极融入三区合一的整体布局，拓展城市空间，加快城市开发改造。按照老城做减法、新城做加法的思路，提升城市建设品质，做好补绿活水留白的文章，打造独具魅力的山水薛城。大力实施碧水绕城工程，城区水系建设着重构建蟠龙河为干，城北蟠龙河湿地公园为主体，城南奚仲湖为结点，以蟠龙河、小沙河、薛城小沙河古道、小庄河、何庄河为大环境组成“环城水系”，达到河湖相通，河库相济、河河相连，形成“一山湖中秀，五河绕城流”为一体独居特色的城市湿地和滨水环境。城区拓展提升城市森林公园绿地绿道等生态屏障，城市绿化率由45%提高到54.8%。薛城区交通、通讯、供水、供电、排污等各项基础设施建设得到快速发展，完成了永福南路、永福大桥、长江路、纬四路、嵩山路、黄河大桥新建工程，改造了泰山路、永福路、临山路景观街和夜景亮化工程，城市照明率达到98%。对长青巷、留城巷、匡泉巷等城区22条背街小巷进行改造，拓宽城区主泄洪道，建成铁道游击队纪念园、沿河公园、蟠龙河公园。2013年，薛城区建成区面积拓展到58平方公里。

四

薛城特定的自然条件、地理环境、社会经济环境，促进了文化、教育、卫生、旅游事业的蓬勃发展。

薛城区地域文化特色鲜明。五千年的悠久的历史和特定的地域，孕育了源远流长独有魅力的历史文化和独有的红色文化，留下了美丽的文化瑰宝。其中以奚仲文化、中陈郝瓷器文化为代表的历史文化在薛城历史上留下了浓墨重彩的一笔。在蟠龙河北岸奚公山上有薛国的始祖奚仲造车遗址，山下有薛国的都邑遗址及车辐祠遗址。中陈郝瓷窑遗址，当地“有九庙十桥七十二座缸瓦窑”之说。2006年被国务院公布为国家级重点文物保护单位。据考古发现，薛城区境内有古遗址、古建筑、古石刻及有史料价值的地址60余处，有民俗、文物馆2个。薛城区文物馆收藏各时期文物535件。其中有陶器、瓷器、玉器、古币、青铜器、银器、铁器、骨器、石器、铜镜、印等，民俗馆收藏有各时期民俗物件，融古汇今，异彩纷呈。以铁道游击队为代表的闻名全国的红色文化在薛城扎地生根并且弘扬光大。

民间文化艺术丰富多彩。薛城人淳朴、智慧、热情、开放，有着艰苦创业、勇于担当、开拓创新、和谐共处的精神。这种鲜明的精神性格，形成了淳朴、开放、包容、创新的多元文化特征。他是地方文化的一个重要内容。近年来，薛城在突出地方特色，展示薛城魅力，提升薛城形象，正积极整合文化资源，将优秀部分继往开来，发扬光大。薛城是山东快书的发源地，全区列入山东省、枣庄市非物质文化遗产保护录50项。洛房泥塑1995年参加北京由联合国教科文组织、北京民间艺术家协会联合举办的“中国民间工艺大展”展出，在山东省民间艺术家协会展出后，被评为优秀成果奖。薛城唢呐形成“平派”“憨派”独特的艺术风格。1996年11月，薛城区被文化部命名为“中国唢呐艺术之乡”。薛城的民间艺术经过挖掘整理广为流传至今的有民间缝绣技艺、庞庄麦秸手编、骰牌灯、人灯舞等，可谓丰富多彩。薛城民间缝绣是中国民间手工艺中的一朵奇葩，麦秸手编制品种类达5大类35种。骰牌灯是“灯舞”中独树一帜的艺术之花，已濒临失传的“人灯舞”，在改革开放的春风里又获新生，焕发出勃勃生机。

教育事业飞速发展。薛城区把教育事业摆在优先发展的战略位置，从办好人民满意的教育出发，深化教育体制改革，优化教育结构，全面推进素质教育，坚持科教兴区和人才强区战略，坚持教育优先发展，重点发展基础教育、幼儿教育，大力发展职业教育，教育事业蓬勃发展，教育品牌越擦越亮。多渠道筹措资金，扩大办学规模，先后新建扩建搬迁了枣庄八中新校、实验中学、双语实小，舜耕中学，薛城职业中专等多所学校，基本建立起包括幼儿教育、中小学教育、职业教育和成人教育在内的、较为完善的现代教育体系。

健康薛城稳步推进。2007年新型农村合作医疗制度全面推开。2013年，薛城区被列为全省公立医院综合改革试点县，在全省率先实施公立医院改革。2013年底全面建立居民健康档案，优化医疗卫生布局，完善医疗服务体系，全方位、全周期保障人民健康。基本建成覆盖城乡的社区卫生服务网络，医药卫生体制改革平稳、到位，缓解了群众就医难、看病贵难题。

薛城区也是枣庄市新兴的、充满魅力的旅游城市。薛城区自然禀赋良好，背靠沂蒙山，面对微山湖，京杭大运河穿境而过。薛城是全国100个“红色旅游经典景区”之一，是鲁、苏、皖30条红色旅游精品线路中以“东进序曲”“决战淮海”为主题的济南—济宁—枣庄—临沂—连云港红色旅游线。铁道游击队纪念园被中宣部命名为全国第三批爱国主义教育示范基地。奚公山风景区的千山头，造车鼻祖奚仲在这里创造了世界上第一辆由马牵引车，奚公山风景区成为中国车文化发源地及车祖奚仲祭拜地。乡村旅游是薛城区旅游新亮点，已修建留园、凤凰、青龙山、蟠龙河滨水4条绿道。有乡村旅游点5处，乡村旅游镇2个，农家乐56家，国家AAA级旅游景区2个，省级农业旅游示范点3个，精品采摘园1个，旅游特色村1个，四星级农家乐2个，三星级农家乐15个，组建单车俱乐部11个，发展会员6000人，新办开心农场采摘园12家。乡村旅游业成为健康市民、快乐游客、富裕农民的新载体。

五

潮平岸阔催人进，风起扬帆正当时。昂首走进中国特色社会主义新时代的薛城，继续高举习近平新时代特色社会主义思想伟大旗帜，更加紧密的团结在以习近平为核心的党中央周围，在枣庄市委市政府的正确领导下，不忘初心、牢记使命，以更加奋发有为的精神状态，更加勤勉务实的作风，更加坚实有力的举措，团结带领全区干部群众砥砺前行，攻坚克难，开拓创新，锐意进取，落实“四个全面”战略布局，按照创新、协调、绿色、开放、共享发展理念，以改革统领全局，以建设市驻地，打造新薛城为目标，全力推进“六位一体，产城融合”发展，统筹推进经济建设、政治建设、文化建设、社会建设、生态文明建设，努力打造自然生态、宜居宜业的新薛城，真正做到以责任成就使命，以奋斗铸就辉煌。一个经济全面繁荣、社会文明和谐、人民生活美好、生态环境优美的鲁南门户薛城，屹立在鲁南大地。

薛城區卷

大事记

1991 年

1 月 2 日 薛城区委、区政府决定建立区领导接待群众来访日制度。规定每月 10 日为接访日，接访地点在区委、区政府信访接待室。

1 月 5 日 薛城区政府拨款 1.5 万元为陈金河烈士墓迁葬树碑，4 月 5 日举行揭碑仪式。

1 月 11 日 中共中央政治局常委、中央纪律检查委员会书记乔石到八一煤矿考察工作。

1 月 28 日 邹坞采暖设备厂生产的多用炉被农业部评为优质产品。同月该厂生产的扁管型散热器和板型散热器被省经委评为优质产品，被省建委评为优良产品。

1 月 29 日 薛城鞋厂与香港国际贸易公司共同投资 210 万美元兴办薛城斯达利鞋业有限公司。

是月 薛城区乡镇企业全部实行新一轮承包经营责任制，废除个人承包方式。

是月 薛城区土地管理局提供剧本，与省、市土地管理局、省话剧院联合摄制的反映土地管理题材的电视连续剧《谁是被告》在山东省电视台播出。

3 月 6 日 邹坞镇借鉴南安阳村经验，在全镇推广“两田制”，打破过去“均田制”不利于“五统一”的格局。此形式在全区全面推广。

4 月 8 日 薛城区被山东省人民政府确定为“农村学校卫生工作试点区”。

4 月 28—30 日 原鲁南铁道队郑惕、大队长刘金山及杨广立、赵明伟、靳怀刚、赵保凯等一行 17 人到枣庄参加鲁南铁道队老同志座谈会。

是月 薛城北铁路立交桥建成通车。该立交桥横跨京沪、枣薛两条铁路和薛城大沙河，由济南铁路局设计院等设计，桥高 5 米，宽 25 米，引桥全长 600 米，总投资 750 万元。

是月 薛城区 13 个乡镇分别成立残疾人联合会，乡镇联合会和乡镇民政所合署办公。

5 月 18 日 朱道南纪念亭在张范乡北于村小学校落成。

6 月 25 日 薛城区被省委、省政府、省军区授予“县（市）、区民兵武器装备管理先进单位”称号。

7 月 1 日 薛城区正式实施利用世界银行贷款 1630 万元用于农业灌溉项目建设，分布 5 个乡镇，建设期限 5 年。

7 月 19 日 古井街道办事处与美国中南有限公司成立华美纸制品有限公司。

8 月 陶庄电线厂被评为“全国中型线缆行业质量最佳企业”。

是月 薛城区文化局配合市博物馆，对常庄镇西小庄村建校时发现的墓碑进行第三次抢救性清理挖掘。共清理墓碑 11 座，对研究汉代墓俗提供丰富的资料。此次发现西汉汉宣帝神爵年间大司农朱邑的衣冠冢，出土有“朱邑之印”铜印一枚，铁垫棺兽 4 个，形状似鸟，土坑墓室前堂绘有三种颜色的壁画。

是月 陶庄镇西防备小学四（一）中队被全国少工委授予“自主中队”称号。

是月 薛城区正式发行 1∶5000《薛城区政区图》，为薛城建区以来首张政区地图。

11 月 薛城区被省委、省政府、省军区命名为“双拥先进区”，驻薛城部队被评为“拥政爱民模范单位”。

是月 薛城北城批发市场建成启用。总面积 44876 平方米，摊位 2500 个，可容纳 5000 人交易。

12 月 4 日 薛城立交桥建成通车。立交桥跨京沪、薛枣两条铁路线和薛城大沙河，高 5 米，宽 25 米，引桥全长 600 米。

是年 山东省省长赵志浩到薛城纺织机械厂考察指导工作。

是年 山东省委社教工作队 14 名队员进驻邹坞西南、小甘霖、南陈郝 3 个村帮助指导社教工作。

是年 邹坞采暖设备厂生产的多用炉等系列产品被农业部评为“优秀产品”。

是年 薛城区纺织机械厂“平绳平皂洗机”被国家纺织业总会评为“国家级新产品”。

是年 薛城姜汁厂生产的姜汁、姜菜被评为“全国优异新产品”。

是年 常庄第二玻璃厂被评为“全国乡镇企业先进单位”。

1992年

3月 薛城区委、区政府被省委、省政府授予“1991年度信访工作先进区”称号。

是月 枣庄市电缆厂实施国家火炬计划项目105摄氏度护套聚录乙烯绝缘控制电缆通过省级鉴定，被评为“全国中型线缆行业质量效应最佳企业”。

是月 薛城区职业中专被定为省重点学校。

5月 薛城区标准计量局计量管理函授站被评为“全国第二期函授教学先进单位”。

是月 薛城工商所获国家级先进集体称号。

6月 夏庄乡铁合金厂稀土钡镁合金通过省科委、省经委鉴定，填补国内空白。

是月 薛城区委组织部、人事局首次在全区企业单位聘用干部，全区共聘用企业干部211人。

7月10日 薛城区土地管理局向山东华众纸业有限公司转让一宗金河境内土地，面积81227平方米，使用期15年，转让金365.52万元，结束了薛城区行政划拨供应土地和无偿无期限使用土地的历史。

7月24—26日 山东省委副书记、省长赵志浩及省直有关部门负责人到薛城造纸总厂了解深化企业改革情况。

是月 陶庄、邹坞、薛城3个镇被省委宣传部、大众日报社授予“明星乡镇”称号。

是月 薛城区委组织部、人事局、劳动局联合下文，对全区14个在镇街的双管部门和4104名人、财、物全部划归乡镇。

8月10日 邹坞采暖设备厂被省农行评为“特级信用企业”。是月，该厂生产的防盗门通过省级鉴定。

是月 薛城区科协农村函大分校被评为“全国农村函授大学先进分校”。

是月 薛城区在农业部举行冬枣、石榴新闻发布会。

是月 陶庄镇建起全市乡镇级首家无线电广播电台。

11月12日 山东省委书记姜春云到薛城区考察山东华众造纸总厂、市高新技术产业开发区等。

是月 国家工商管理检查组到薛城区视察市场建设工作。

是年 薛城区获“全国体育先进区（县）”称号。

是年 南石乡煤矿被中国地方煤矿总公司授予“全国职工教育先进单位”称号。

1993年

1月1日 薛城火车站改为枣庄西站。5月4日，薛城车务段改为枣庄车务段。

是月 “薛城冬枣栽培技术研究与开发”项目被省科委列为“星火计划”项目，10月通过省级鉴定，研究成果达到国家级先进水平。

2月1日 薛城区公安分局举行授衔仪式，首次授衔一级警督2人，二级警督14人，三级警督25人，一级警司50人，二级警司69人，三级警司11人，一级警员20人，二级警员7人。

3月26日 薛城区人民法院在区水利局设立巡回法庭，为全市首家。

4月 周营中心小学、夏庄乡教育组分别获得“山东省农村小学教育先进单位”称号。

是月 薛城区纪检、监察合署办公，实现一套工作机构两个机关名称。

6月 沙沟镇平原绿化通过省级验收达标。

7月26日 《薛城区清凉泉地区供水、水文地质评查报告》通过国家级评审，获“成果优异奖”。

7月28日 薛城区创建省级卫生城市达标。

是月 薛城区终止省、市上调煤炭计划。

8月11日 薛城区土地利用总体规划通过鉴定。该项成果获国家土地局“优秀成果三等奖”，省土地局“科技进步二等奖”。

8月13日 兴仁街道办事处举行揭牌仪式，原兴仁乡更名后隶属枣庄高新技术开发区领导。

10月4日 薛城冬枣研究成果达到国内先进水平。

是月 薛城区见义勇为奖励基金会成立。

是月 奚公祠开发项目被省文化局立项。

是月 薛城区能源办被国家计委、农业部评为“全国省柴节煤工作先进集体”。

11月4日 薛城区第一化工厂承担的省经委技改项目“珠光浆”通过省级鉴定。该项目填补了山东省化妆品原料的一项空白。

11月8日 薛城区公证处对全区农村承包土地实行“两田制”合同进行公证。共办理合同公证3000件。

是月 薛城区有线电视开通，首批入网900户。

12月 薛城区委、区政府决定选派155名机关干部组成乡镇企业工作队进驻8个乡镇的36个村、12家企业帮助工作。

是年 薛城区新星化工厂承担的省级星火项目“二氟一氯甲烷技术开发”通过省级验收，达到省级先进水平。

是年 在全国少工委开展的“雏鹰”活动中，齐湖小学少先大队获“全国最佳奖”。

1994年

1月 薛城区委、区政府决定迁建广播电视发射塔，新建发射塔位于临山山顶，总投资250余万元。

2月28日 薛城区与福建省石狮市建立友好城市，并签订意向书。

是月 夏庄后湾煤矿被省工商局评为“山东省重合同守信用企业”。

4月28日 国家环境保护委员会检查组到南四湖检查防汛工作。

是月 夏庄乡北种庄村老艺人张宗元被联合国教科文组织授予“中国民间雕刻工艺美术大师”称号。

是月 薛城区图书馆被评定为国家三级图书馆。

5月 南石煤矿被煤炭工业部评为“部特级质量标准化矿井”。

7月8日 南石乡西石沟村建成全市第一个电话村。

7月22日 薛城南极洲啤酒厂“小麦啤酒技术开发”通过省级验收，达到省内先进水平。

10月5日 薛城区委决定从区、乡机关，区直事业，企业单位中选派40名优秀中青年干部到较后进村任职。任职期间均挂职乡镇长助理兼任村支部书记或村主任。

10月6日 薛城区农村学校卫生试点通过省级验收。

10月28日 经省、市、区政府批准，常庄乡改为常庄镇，原辖区不变。

10月30日 朱道南纪念碑亭在其故乡薛城区张范乡北于村小学建成。

是月 薛城区被省委、省政府命名为“省级双拥模范区”。

是月 枣庄八中在全国中小学生合唱比赛中获省高中级第一名、全国二等奖。

11月 陶庄“二一五”煤矿被农业部评为“部特级标准化矿井”，被评为“全省十佳矿井”。

12月 薛城区铁合金厂新产品稀土奥钡抗靡球获“国家科委星火办金奖”。

是月 南极洲啤酒股份有限公司获评“山东省消费者满意单位”，被省工商局授予“省级重合同守信用企业”称号。

是月 《薛城区水资源供需平衡远景预测研究》获山东省水利厅科技进步一等奖；获山东省科技进步三等奖。

是年 陶庄电线厂生产的通信光缆被国家科委评为“国家火炬项目重奖”。

是年 薛城镇古井村工农业总产值突破亿元

大关，成为薛城区史上第一个亿元村。

是年 陶庄镇防备煤矿被煤炭工业部评为“部级质量标准化矿井”，被省煤炭工业局评名为“文明生产矿井”。

1995 年

1 月 1 日 常庄乡举行撤镇设镇庆典活动。

1 月 15 日 东仓硅铁厂承担的升级星火计划项目“含钡硅铁技术开发”通过省级验收，该项目达到省级先进水平。

是月 南石煤炭被煤炭部授予“全国煤炭工业先进集体”称号。

3 月 12—18 日 薛城区主要领导组团参加“95 青岛经济贸易洽谈会”。

3 月 27 日 薛城区政府成立驻贵州六盘水市办事处。

是月 峨眉电影制片厂摄制的电影片“飞虎队”在薛城开拍。

5 月 18 日 邹坞采暖设备厂生产的 SCN-C 型卫生炉等五种多用炉获得国家专利。

5 月 19—20 日 薛城区召开《薛城区志》评审会。邀请省、市、各区（市）专家学者参加评审，针对《薛城区志》存在问题提出中肯意见。

是月 薛城区人事局、地税局公开招考税务人员，这是薛城区自机构改革以来首次对进入国家机关工作人员实行公开招考。

6 月 国家五部委对山东省初级卫生保健工作进行全国考核，确认薛城区为 32 个达标县之一。

7 月 1 日 薛城南立交桥建成通车。薛城华众大桥建成通车。

7 月 14 日 山东省华众纸业有限公司纳入全国 1000 家重点发展企业。

7 月 26 日 枣庄海湾工程塑料有限公司承担的省科研项目“橡胶与 AS 共混制取 ABS 研究”通过省级鉴定，该项目达到国内同类产品先进水平。

是月 薛城区铁合金厂研制生产的稀土硅钡美合金获“第三届中国乡镇企业出口商品金奖”。

8 月 15 日 薛城区铁道游击队纪念碑落成。原铁道游击队政委郑惕、杨广立，大队长刘金山及老首长、老战士，省、市、区领导，人民日报社、光明日报社和省内外 10 家新闻单位的领导、记者出席庆典仪式。中华人民共和国原国家主席杨尚昆和徐向前、薄一波、杨得志、张爱萍、迟浩田、洪学智、廖汉生、王众音和老一辈革命者分别题词。

10 月 薛城区政府和宗教管理部门协助北临城天主教堂，全部落实收回被占用的教堂房地产。

是月 薛城区实行住房制度改革，第一次出售公有住房。

11 月 8—9 日 山东省委书记赵志浩到薛城区潘庄灌区二级引渠工程和山东华众纸业有限公司考察工作。

是月 薛城区委、区政府被省委、省政府授予“全省老干部工作先进单位”称号。

是月 南极洲啤酒被中国酿酒工业协会评为优质产品。

12 月 20 日 薛城区 366 个行政村全部实现村村通程控电话。

12 月 26 日 薛城区 13 个乡镇分别建立一级财政。

是月 经联合国教科文组织评定，授予张宗元“中国民间工艺美术大师”称号；授予杨其富、张玉明、赵洪君“中国民间艺术家”称号。

是年 薛城区被省委、省政府授予“社会治安综合治理先进区”称号。

是年 中治委、铁道部、民政部、解放军总政治部保卫部联合授予薛城区“全国铁路护路联防先进单位”称号。

1996 年

1 月 26 日 薛城区境内发现矿藏 32 种，累计探明矿产储量 18 亿吨，已开发利用矿产 15 种。

是月 山东华众纸业有限公司晋升为“全国大型一档企业”。

3月 邹坞镇被省委、省人大、省政府授予“全省‘二五’普法先进集体”称号。

4月19日 山东华众纸业有限公司24万吨涂布白板纸工程奠基。

是月 薛城区首届优秀乡镇企业家表彰会上，种道友等30人被区委、区政府授予“薛城区优秀乡镇企业家”称号。

5月6日 山东省省长李春亭到山东华众纸业有限公司考察工作。

6月15日 薛城区政府创办舜耕中学，为全区第一所非营利性民办公助性全日制封闭式初级中学，总投资15000万元，教学规模为48个教学班，总建筑面积2.5万平方米。

6月19日 市、区文管委对薛城境内小庄汉墓群内8座古墓进行挖掘，出土8块汉画像石，具有很高的艺术价值和考古价值。在挖掘过程中，还出土陶器、铜器、铁器等陪葬品30余件。

6月20日 薛城区对申报小康村进行验收，48个行政村被区政府命名为“小康村”。

7月31日 薛城区全面推行公务员制度改革。

是日 薛城区被民政部评为“全国双拥工作模范区”。

8月 邹坞二中被评为“省级教学先进单位”；薛城二十九中被评为“省教书育人先进单位”；薛城区农广学校被评为“省办学先进单位”。

是月 薛城区人口普查办公室被评为“全国先进单位”。

9月16日 薛城区推行税制改革，实行分税制财政制度。

是月 薛城区公安机关开通“110”“122”报警服务电话。

10月24日 薛城区委、区政府举行薛城人民医院新院落实庆典。

11月3日 在第二届中华“大地之光”新闻人物评奖活动中，薛城区陶庄215煤矿矿长陈昭玉获新闻人物奖。

是月 薛城区被文化部命名为“全国唢呐之乡”。

12月 薛城区被煤炭部评为全国百个主要产煤县之一。

是月 南极洲啤酒股份有限公司被授予“全国资源综合利用先进单位”“山东省污水处理先进单位”称号。

是年 薛城区被评为“全国第一次基本单位普查先进单位”。

是年 薛城实验小学获“全国雏鹰大队奖”。

是年 北临城小学被评为“全国学生视力监测先进单位”。

是年 薛城区第三期黄淮海1333.33公顷节水工程通过省级验收。

是年 薛城区被批准列入全国农村能源建设百县国家重点项目。

1997年

1月28日 薛城、陶庄、邹坞3镇被命名为全市首批农村乡（镇）。

2月24日 薛城区被国家科委授予“全国科技进步区”称号。

2月27日 全国煤炭九省及机械化会议在薛城山家林煤矿召开。

3月8日 经省政府批准，张范乡撤乡建镇并举行揭牌仪式。

是月 薛城区妇联获“全国年轻妈妈读书屏蔽活动组织奖”。

是月 山东省煤炭工业局授予区天然焦煤矿“连续安全生产七年先进单位”称号。

是月 沙沟镇黄淮海开发三期工程通过国家级验收，被列为省级开发样板。

4月29日 新加坡银行考察团一行19人到山东华众纸业有限公司考察第三期工程融资工作。

5月2日 山东省委书记吴官正考察山东华众纸业有限公司。

5月30日 《薛城区志》首发式举行。《薛城区志》1100千字，中华书局出版，成书历时15个春秋。《薛城区志》被中国地方志指导小组、中国社会科学院、国家新闻出版署评为“1996年度国家书刊印刷优异产品”；获“1997年度全国地方志奖二等奖”。

6月9日 德国水处理专家恩斯特·塞巴斯蒂阿尼到山东省焦化厂交流水处理工艺技术。

6月15日 薛城区对1991—1997年各项非农业建设用地进行全面清查。共查出各类违法用地1173起，占地面积283.25公顷，其中耕地207.69公顷。依照法律规定，逐一予以处理。

9月17日 薛城区婚姻登记管理处成立，自18日起，各乡镇不再办理登记手续，收归统一管理。

9月26日 加拿大化工专家维纳·赛夫特恩夫妇到山东省焦化厂交流技术。

10月18日 枣庄八中举行45周年校庆活动。

是月 国家体委授予薛城区“全国群众体育先进集体”称号。

11月28日 薛城区文联成立并举行第一次代表大会。

1998年

1月16日 区委、区政府制定五年实现经济强区目标。

是月 薛城区获评“省级卫生先进单位”称号。

2月6日 省委、省政府授予薛城区“全省信访工作先进单位”称号。

3月19日 南极洲啤酒股份有限公司被青岛啤酒厂兼并，举行兼并签字仪式。

是月 铁道游击队纪念碑被定为全省国防教育基地。

4月28日 省第四届精神文明建设工作先进区检查验收组到薛城检查验收。

5月21日 薛城区政府举办1998年薛城区——台湾桃园县工业会经贸洽谈会。

5月29日 薛城区委召开纪念“真理标准讨论”20周年座谈会。

6月30日 《薛城周讯》创刊仪式举行。

7月11日 中纪委、监察部“农民减负”考察组到薛城考察减轻农民负担工作。

是日 水利部水土保持与治理开发工作检查组到薛城检查小流域治理工作。

7月16日 薛城区第二期世行开发项目正式立项。

7月25—26日 全省社科界理论与实践研讨会在薛城召开。

8月1日 中共中央政治局委员，山东省委书记吴官正到薛城区常庄镇六炉店村察看养兔及访问农民负担情况。

8月28—30日 薛城区组团参加上海枣庄展洽会，共签订销售合同23项，金额3.9亿元；引进技术改造及合资合作项目3个；利用外资额1.32亿元，完成产权交易项目2个，金额达2.05亿元。

9月5日 全国第四次城市卫生检查团到薛城区检查。

9月7日 省人大常委会主任赵志浩带领环保执法检查团到薛城区考察环保工作。

10月7日 中共山东省委常委、政法委书记、公安厅厅长高新亭到薛城区视察工作。

11月6日 经山东省政府批准，南石撤乡设镇。

12月5—7日 中国共产党薛城区第六次代表大会在薛国大酒店明星俱乐部举行。

12月13日 下午6时，华众公司第三期工程第一条年产12万吨涂布白板纸生产线一次试车成功。

1999年

1月28日 薛城区被省委、省政府授予“精神文明建设先进区”“社会文化先进县”“科技文化卫生三下乡活动先进单位”称号。

3月26日 薛城区委、区政府表彰小城镇建设暨个体、私营经济工作先进集体。

4月28日 正山水泥厂正式投产，被确定为上海水泥厂有限公司“申佳牌”水泥定点生产厂。

7月2日 青岛啤酒（薛城）有限公司15万吨啤酒技改工程开工。

8月31日 华众纸业有限公司三期工程12万吨涂布白板纸生产线和3千瓦热电厂环保设施顺利通过省环保局专家组的全面检查验收，达到国家级环保标准。

9月 薛城区被省委、省政府、省军区授予“双拥模范区”称号。

10月26日 美国“生活之星”慈善机构常住中国首席代表安丽德一行3人到金河乡中心小学献爱心。

11月2日 省“三讲”教育驻枣庄联络组到薛城区指导“三讲”教育工作。

11月29日 被列为全国52个、全省11个淮河流域治理重点项目的污水处理厂奠基。

12月16日 薛城区召开清房工作新闻发布会，大众日报社、山东电视台等省、市、区8家新闻单位记者出席。

2000年

1月5日 全区经济工作会议召开。

1月23日 政协第五届薛城区委员会第三次会议开幕，历时三天，完成大会各项议程，于1月25日闭幕。

2月6日 孙晋强获“全国文化系统先进工作者”称号，受到党和国家领导人接见。

2月18日 薛城区从区、乡两级和机关单位里精选44名有志青年奔赴44个后进村任第一书记。

3月4日 全区招商引资工作委员会成立。

4月14日 薛城区对全区机关人员编制人数的40%实行轮岗。

4月26日 薛城区举办招商引资“一站式”服务大厅揭牌仪式。

5月21日 省人大视察组到薛城视察华众公司、青啤（薛城）公司等企业生产运营情况。

6月1日 全省警企共建现场会议在薛城区召开。

7月12—18日 薛城区政府组团参加2000年青交会，共签订合同项目2个，合同利用外资440万美元。

8月24—26日 薛城区委、区政府党政考察团赴江苏沛县、徐州市等地考察城市规划建设。

9月10日 全区开展解放思想，抢抓机遇，加快发展，建设强区大讨论活动。

10月24日 薛城区委、区政府举行抗美援朝出国作战50周年纪念活动。

11月8日 薛城区举行枣庄西站时代广场奠基仪式。

12月20日 国家体育总局检查团到薛城区检查武术发展及建设工作。

2001年

1月4日 市委书记张传林到薛城区考察招商引资和农业结构调整工作。

1月8日 华众纸业公司12万吨高档白板纸生产线达产暨20万吨牛皮卡纸项目开工奠基。

1月9日 《枣庄日报·薛城版》创刊。

2月11日 《薛城区旧城控制性详情细规则》通过清华大学、天津大学、东南大学，以及省市规划管理部门专家评审。

2月28日 薛城区委、区政府决定，将12个乡镇调整为6个镇1个办事处，撤销陶官乡并入周营镇，撤销南常乡并入沙沟镇，撤销金河乡并入常庄镇，撤销夏庄乡并入陶庄镇，撤销张范乡并入南石镇，撤销薛城镇变更为临城街道办事处，邹坞镇不变。

3月30日 薛城区公安分局获“全国优秀公安局”称号。

是日 薛城区供电局用人管理体系改革迈出实质性步伐，全局11个供电所有近200名“村电工”与“电”字脱钩，竞争上岗后的“农电工”纳入统一管理。

5月16日 省委副书记、省长李春亭到华众纸业有限公司考察。

5月23日 薛城区绿色长廊基地开发项目通过山东农业大学、省农科院七位专家鉴定。

7月17日 省督导组到薛城区督导政法干部队伍建设工作。

9月10日 永福南路工程投入建设，举行工程项目签字仪式。

11月1日 省政协调研组到薛城区华众纸业有限公司、区污水处理厂调研。

11月8日 2001年山东薛城（陶庄）投洽会举行，共签约合同（意向）14项，利用外来资金8876万元，签订产品销售贸易合同额2.18亿元。

12月18日 郯薛公路枣庄段竣工通车，位于薛城区境内的郯薛西线薛城段全长21.062公里，总投资1.2亿余元。

2002年

2月23日 枣庄八中扩建暨双语实小新建工程奠基。

2月27日 前薛线薛城段改建工程开工建设。

4月10—12日 2002薛城（深圳）投资贸易恳谈会圆满成功，恳谈会期间，共达成项目及贸易合同25个，项目合同额达4.2亿元，贸易合同额2.2亿元。

4月30日 省委常委、组织部部长刘伟一行到薛城区考察指导工作。

5月17日 省委副书记、省长张高丽带领省经贸委和社会保障厅考察团到薛城区考察。

5月23日 国家天文台在薛城区舜耕中学首批建设科技知识教育基地。

6月26日 永福南路竣工通车剪彩仪式举行，工程总投资1800万元，总长1900米。

8月2—4日 国家林业局有关专家采用最先进的全球卫星定位系统，对薛城区2001年度造林实质进行抽样检查验收。

9月8日 在2002枣庄（深圳）投洽会上，薛城区10个项目分别奠基竣工剪彩。

10月21日 部分驻鲁全国政协委员到薛城区视察。

10月28日 全市农田水利基本建设暨林果产业化开发现场会在薛城区召开。

11月14日 部分市人大代表到薛城区检查指导城市规划实施和管理控制工作。

11月28日 前薛线、山官线（薛城段）竣工通车，薛城段全长20.073公里。

2003年

3月6—8日 中共薛城区第七次代表大会完成各项议程。

3月20日 薛城区实验小学通过省级验收。

7月8日 滨州市考察团到薛城区考察重点项目工程即工业园建设情况。

7月23日 省安委会督查组到薛城区督查煤矿“三防”工作。

8月13日 薛城区公开选拔枣庄市八中等7所学校校长、副校长。

8月27日 中韩（薛城）投资环境说明会在薛国大酒店举行，区领导与韩国绿色韩国株式会社社长赵相缘等客人进行经贸洽谈。

9月6—8日 第四届中国枣庄国际石榴节暨投资贸易洽谈会上，薛城区共邀请160余名中外客商参加洽谈会，签约投资项目51个，合同投资额27.3亿元；签订协议、意向13个，金额5.8亿元；签订境外贸易合同9个，合同贸易额901万美元；签订境内贸易合同20个，合同金额

3.89 亿元；与达海通（香港）国际投资有限公司签订的投资 5.6 亿元加工项目。

10 月 20 日 浙江温州客商一行 11 人在温州市总商会、工商业联合会经济处处长祁定标的带领下到薛城区考察。

10 月 21 日 省“两基”工作督导组到薛城区督导检查“两基”巩固提高工作。

11 月 10 日 香港客商余灼林、德国客商米哈厄尔·达尔·格兰德到薛城区就长毛兔养殖、兔毛深加工进行考察与洽谈。

11 月 16 日 顺兴水泥集团 120 万吨旋窑水泥、金正钢铁有限公司 30 万吨钢铁、枣庄高晟产业大印染机械公司等重点工程项目开工奠基。

11 月 18 日 韩国客商赵相缘、郑宗赫等一行 8 人到薛城区考察、洽谈屠宰、皮革制造及泡菜加工等项目。

12 月 9 日 薛城区广播电视中心大楼落成庆典仪式举行。

2004 年

1 月 30 日 全区 2003 年度总结表彰大会在薛国大酒店俱乐部召开，会上对 2003 年度先进集体、记三等功人员、嘉奖人员、纳税大户、社会治安综合治理安全文明单位、社会治安综合治理先进村（居）、严打整治工作先进集体，严打整治斗争先进个人、信访工作先进集体、经济强重点农业龙头企业、致富带头户颁奖。

5 月 5—6 日 国家林业局调查规划设计组到薛城区考察林业建设工作。国家林业局有关专家对区造林实绩进行全面检查验收。

5 月 15—16 日 首届鲁台（薛城）经贸合作恳谈会欢迎酒会在薛国大酒店举行，共签订项目合同 6 个，合同投资额 9300 万元，签订协议、意向 11 个，金额 1.5 亿元。

5 月 18 日 京杭大运河枣庄港奠基暨枣庄市长河港业有限公司揭牌仪式举行。

7 月 21 日 省委副书记、省长韩寓群到薛城区考察。

9 月 30 日 薛城区举行黄河大桥、铁道游击队影视城等 11 个重点工程项目的开工奠基和竣工剪彩仪式。

11 月 2 日 省政协调研组到薛城调研工业经济、招商引资、城市建设及精神文明建设等情况。

2005 年

3 月 18 日 山东省高级法院为枣庄市薛城区人民法院记集体记一等功。

3 月 23 日 薛城区铁道游击队纪念地、铁道游击队红色旅游景区（点）入选国家发展和改革委员会、中共中央宣传部、国家旅游局等 13 个部门联合下文公布的 30 条全国红色旅游精品线和 100 个全国红色旅游经典景区。

4 月 19 日 山东枣庄红色旅游启动暨铁道游击队纪念园开园仪式在薛城区原临山公园门前的铁道游击队纪念广场举行。

6 月 7 日 全国政协民族宗教视察组到薛城区视察民族宗教工作。

6 月 19 日 国家环保总局检查组到薛城区考察小流域综合治理工作。

8 月 15 日 铁道游击队纪念馆奠基仪式在铁道游击队纪念公园举行。

8 月 25 日 省黄埔同学会理事及黄埔同学亲属代表一行 20 人到薛城区参观。

9 月 29 日 全国“关爱女孩行动——齐鲁行”启动仪式在薛城区举行。

10 月 21 日 区人民检察院荣获评“全国文明接待室”。

12 月 2 日 薛城区铁道游击队纪念园被中宣部确定为全国第三批爱国主义教育示范基地。

12 月 6 日 驻全国、省、市人大代表到薛城区视察全区重点项目。

2006 年

1 月 12 日 省委常委、常务副省长林廷生到山东贝莱得空调有限公司考察。

3 月 6 日 市委书记马金忠主持召开张范民营经济园区开发现场办公会。

3 月 29 日 青啤薛城公司出资 100 万元，用于支持社会主义新农村建设奖励见义勇为的英雄、慰问劳模、老党员、救助各类弱势群体。

4 月 15 日 由 100 余名香港中学生组成的近代中国研习活动代表团抵达铁道游击队影视城，探寻抗日足迹。

4 月 18 日 枣庄（浙江）经贸合作恳谈会上，薛城区共与外商签订项目合同 5 个，投资额 7.6 亿元，利用境外资金 620 万美元。

5 月 1 日 2006 中国枣庄薛城区首届南极洲啤酒杯美食文化旅游节开幕，接待游客 10 万人次，参展美食销售额 200 余万元。

5 月 14 日 全国政协人口资源环境调研组到薛城区调研农村老龄工作。

5 月 29—30 日 国家人口计生委调研组到薛城区调研“关爱女孩行动”工作需求。

7 月 10 日 薛城区农村计划生育女孩家庭奖励扶助金首发式举行。

7 月 11—16 日 薛城区委考察团赴韩国考察招商，共签订招商项目合同 5 个，合同利用境外资金 2080 万美元，贸易合同 6 个，合同贸易额 1080 万美元。

9 月 17 日 2006 年第七届枣庄薛城区国际石榴节暨投资贸易洽谈会项目发布暨欢迎酒会在薛国大酒店召开并举行项目签约仪式，共签约项目合同 35 个，合同投资额 25.8 亿元；签订境外贸易合同 8 个，贸易金额 900 万美元；境内贸易合同 20 个，合同贸易金额 5 亿元。

9 月 28 日 薛城区首批文明生态村通过市级复查验收，张范镇大甘霖村、邹坞镇陈楼村、陶庄镇东仓村、常庄镇店子村验收合格。

11 月 6 日 全国政协人口资源环境调研组就南水北调东线水质保证情况到薛城区调研。

12 月 5 日 美国 SES 公司合成气项目奠基暨海华 10 万吨甲醇项目投产剪彩仪式举行。

2007 年

1 月 24 日 省委副书记、省长韩寓群到薛城区看望老党员和困难企业职工。

1 月 30 日 国家淮河流域治污核查组到薛城区就山东省淮河流域水污染防治工作目标责任书 2006 年度执行情况进行评估。

3 月 8 日 菏泽市工业经济考察团到薛城区考察工业经济发展情况。

3 月 13 日 省治理商业贿赂检查组到薛城区对开展不正当交易行为自查自纠情况评估验收。

3 月 23 日 省长韩寓群到薛城区视察薛城盘龙湖生态湿地建设和薛城大沙河综合治理情况。

4 月 16 日 中共中央办公厅、国务院办公厅督察组到薛城区检查城市污水处理厂、大沙河流域综合治理等环保工作。

5 月 9 日 薛城区与浙江杭州元通实业投资有限公司在薛国大酒店举行年产 100 万吨煤基醇醚燃项目签字仪式。该项目总投资约 10 亿元，占地约 13.33 公顷，建成后年产达 100 万吨。

5 月 14 日 省新型农村合作医疗考核组到薛城区考核。

5 月 26 日 省教育综合督导评估团到薛城区全面督导教育工作。

5 月 27 日 薛城（杭州、上海）项目推介恳谈会成功举办。共签约投资项目合同 25 个，合同投资额 38.8 亿元。

5 月 29 日 枣庄市中级人民法院下达关于山东华众纸业有限公司破产还债裁定书，该企业正式进入破产程序。

6 月 7 日 市委常委、区委书记秦元祥，区委副书记、区长岳德川在薛国大酒店会见前来考察访问的美国 CRT 资本集团公司执行总监戴文和美国综合能源系统有限公司首席主席蒂姆西一行，双方就煤化工产业和重点项目建设作深层次洽谈。

6月21日 全国人口计生委行政执法检查团到薛城区检查工作。

6月25日 薛城区小沙河治理工程开工。计划投资810万元，动用土方9.28万立方米，砌体2.7万立方米，全线共治理8公里。

6月27日 全省农民体育健身工程建设现场会在薛城区召开。

6月28日 省总工会调研组到薛城区青啤（薛城）公司调研女职工工作。

7月5日 省水利厅水利风景区评审组到薛城区杨峪风景区实地考察。

7月6日 淮河流域四省八市水利技术人员到薛城区考察学习水利工程建设工作经验。

7月11日 全市下岗失业人员小额贷款担保工作会议召开。薛城区累计发放贷款708万元，扶持近千人实现就业再就业。

7月16日 山东大学医学专家博士实践基地暨山东大学生社会实践基地揭牌仪式在薛城人民医院举行。

8月7日 薛城区宣布依法对薛城区发电厂实行破产清算，清偿债务。

9月7日 AET亚洲首席执行官考林带领亚太地区分公司有关负责人到薛城区考察其合作伙伴SES在薛城投资建设的合成气项目进展情况。

9月11日 市委书记刘玉祥带领全市落实科学发展观重点项目建设观摩会与会领导到薛城区视察。

9月13日 省旅游局规划处调研组到薛城区验收张庄村"省级农业旅游示范点"工作。

9月18日 第八届中国枣庄（薛城）投资洽谈会签约仪式暨招待酒会举行，共有52个合资合作项目签约，总投资48.57亿元。

是日 铁道游击队影视城国家AA级旅游景区授牌仪式举行，铁道游击队影视城国家AA级旅游景区申创成功，填补薛城区A级旅游景区的空白。

9月20日 省政府督查组到薛城区督查冶金行业安全生产工作。

是日 第八届中国枣庄国际石榴节暨投资贸易洽谈会项目签约仪式在皇冠大酒店举行。薛城区有10项投资合同签约，合同金额22.144亿元。

9月27日 薛城区杨峪水库风景区经省水利风景评审委员会评审，批准为第四批"山东省水利风景区"。

10月4—6日 薛城区党政考察团赴江苏省邳州市、宿迁市宿城区、连云港市连云区，山东省日照市、临沂市及枣庄市市中区、山亭区、滕州市等，就加快发展区域经济和城市建设，推进城市化进程考察学习。

10月24—28日 区委副书记、区长岳德川率领考察团到上海天通公司、金汇通仓装公司等10余家企业进行考察，并就一批项目达成合作共识。

11月9日 国家审计署检查组到薛城区检查农村义务教育经费保障机制改革工作。

11月13日 市委书记刘玉祥，市委常委、区委书记秦元祥会见美国综合能源交流投资公司董事长罗仁祖、首席执行官帝姆斯一行。

11月13—14日 上海浦东新区企业家考察团到薛城区考察合作项目。

12月27日 薛城区人民政府被山东省委、省政府、省军区评为"爱国拥军模范单位"。

2008年

1月1日 薛城区公交车暨薛滕高速客运班车调整启动仪式在铁道游击队纪念广场举行。共更新城市公交车24部，薛滕高速客运班车6部，总投资440万元。

1月3日 薛城区煤矿2007年实现全市安全生产零事故。市煤炭工业局、山东煤矿安全监察局鲁南分局给薛城区人民政府发贺电表示祝贺。

1月13日 中国台湾年代电视台记者林怡芳到薛城区拍摄《铁道游击队》电视剧。

2月26日 薛城区党政考察团赴台儿庄区、

峄城区参观考察重点工程建设工作。

3月13日 区委副书记、区长吴磊在海化煤化工公司会见到薛城区考察的韩国东洋制铁化学有限公司副社长李宇弘一行。

3月21日 薛城区在西丁橡胶坝上游2000米处规划建设月亮湾人工岛，占地8.67公顷，筑岛51座。

是日 远通发展投资有限公司与深圳市嘉凌贸易有限公司并购华众纸业有限公司、山东华彩纸业有限公司资产项目，该项目总投资9000万元（折合人民币64351万元），注册资金3000万美元，合资期限50年。

3月23日 中华全国妇女联合会授予薛城区国税局税务分局全国“三八红旗集体”称号。

3月24日 省生态建设工作检查组到薛城区检查生态建设工作。

3月26日 泰山南路改造暨西姚山安置小区建设开工奠基。

3月27日 薛城区奚仲文化研究与汽车文化产业发展北京恳谈会在中国汽车工程学会第一会议室召开。

3月29—30日 省农业开发办检查组到薛城区检查三期世行项目建设工作。

4月5—8日 在西安经贸洽谈会上，山东海化煤化工有限公司与韩国东洋制铁株式会社签订协议合资建设25万吨煤焦油项目。该项目总投资4000万美元，是枣庄市唯一列入山东省的重点项目。

4月6日 省旅游局、枣庄市人民政府联合主办的“2008山东枣庄旅游采购千家旅行社会盟”开幕式在铁道游击队纪念广场举行。

4月22日 12集电视连续剧《刘少奇故事》在薛城区铁道游击队影视城开拍。

4月25日 由市政府、中国文化产业促进会，中国汽车工程学会、中国汽车工业协会、欧美同学会企业家联谊会联合主办，区政府、中国文化产业促进会汽车文化委员会，北京华人中汽教育咨询有限公司共同承办的首届中国奚仲文化研究会暨第二届中国汽车文化论坛在北京人民大会堂开幕。

4月26日 区委副书记、区长吴磊在薛国大酒店会见到薛城考察访问的美国综合能源系统有限公司首席执行主席蒂姆斯一行。

是日 省政府水利厅专家组到薛城区评审西仓平原水库实际地貌，听取水库可行性研究报告，经评审该项目通过验收。

5月20日 薛城区在政府网站开通“投诉受理”专栏（网址：http//www.xuecheng.gov.cn）。

6月2日 薛城区20名人员被市纠风办聘为政风热线监督员。

6月26日 薛城区通过中国科协全国科普示范县复查，再次被中国科协命名为2008—2009年全国科普示范县。

6月29日 薛城区人民政府公布第一批非物质文化遗产。名录内容包括奚仲造车传说、洛房泥玩具、高派山东快书、中陈郝庙会等。

是月 “中国中小企业薛城网”开通运行。

7月4日 薛城区首批援川医疗队赴四川省北川县小坝乡支援乡镇卫生院建设工作。

7月6日 省文明城市测评验收组到薛城区测评验收文明城市建设工作。

7月11日 全国人大常委会农委调研组到薛城区就农村承包纠纷仲裁立法进行调研。

是月 薛城区老干部工作网顺利开通（网址：www.xclgbv.cn），设组织机构、老年教育、夕阳风采、养生保健等8个版块。

是月 薛城区电子政务内网通过专线实现与省、市电子政务内网的互联互通，顺利完成省、市、区三级网络对接。

8月7日 由薛城区人民医院医务人员组成的枣庄市首支援川医疗队载誉而归。

8月12日 薛城区农业局在开通“农技服务110（4496110）”“三农专家热线12316（4412613）”的基础上，又与区委组织部远程教育中心协作开通“三农在线”网络远程视频。

8月13日 山东海化煤化工有限公司服役30多年的焦炉实施整体爆破，对现有新型焦炉投资6000万元进行污水和烟尘治理。

8 月 31 日 薛城区委选派 31 名优秀年轻干部到乡镇（街）挂职锻炼。

9 月 9 日 环保部考察团到薛城区考察大沙河综合整治工作。

9 月 20 日 苏鲁豫皖鄂五省疟疾联防检查团到薛城区检查疟疾防控工作。

9 月 22 日 中央电视台《走遍中国·车神奚仲》在薛城开拍。

10 月 9 日 市委主要领导带领全市落实科学发展观重点项目建设观摩会与会人员到薛城区参观。

10 月 10 日 上海市企业家考察团到薛城区参观考察。

11 月 4 日 常庄镇何庄村发现一株距今 1803 年树龄的国槐（考古学家鉴定）。此槐树苍劲挺拔，高约 10 米，直径 1.5 米，部分树皮已经剥落，树干形成中空。

11 月 11 日 省委常委、政法委书记柏继民一行到薛城区调研政法和综合治理工作。

11 月 15 日 区委副书记、区长吴磊赴内蒙古光裕煤矿实地考察煤矿技改工作进展情况。

11 月 16 日 山东薛城驻沪装卸运输总公司职工邵飞、多乐集团职工孙福臣在人民大会堂全国优秀农民工表彰大会上获“全国优秀农民工”称号。

11 月 26 日 省妇儿工委组织省直单位成员到薛城区检查评估“两纲要”阶段实施情况。

是日 10 时 58 分，薛城区领导为内蒙古光裕煤矿 100 万吨技改工程竣工投产仪式剪彩。

11 月 27 日 全省民生档案工作会议在薛城区召开。

是月 由中央电视台、八一电影制片厂和天津市电视台联合摄制的 50 集大型红色经典电视连续剧《解放》在薛城区铁道游击队影视城开拍。

12 月 1 日 山家林井田区域突水治理二期工程正式打钻注浆。

12 月 3 日 农业部检查组到薛城区陶庄镇土地流转中心视察农村土地流转服务工作。

12 月 4 日 驻枣全国、省、市人大代表到薛城区全面了解经济社会发展情况。

12 月 11 日 薛城区蟠龙河湿地公园晋升为省级湿地公园。

12 月 18 日 薛城区引进的重点外资企业——埃新斯新气体公司双炉运行成功。

是日 薛城区城镇居民基本医疗保险开始启动。

12 月 23 日 中国优秀旅游城市验收组到薛城区检查验收。

12 月 28 日 省旅游景区质量评定委员会验收组到薛城区对铁道游击队纪念园申创国家 AAA 级旅游景区进行检查验收。

2009 年

2 月 17 日 省政府督导组到薛城区检查督导淮河流域水污染防治工作。

3 月 6 日 山东吉通科技管制有限公司举行奠基仪式。项目总投资 1.2 亿元，年产各类塑料管材 2 万吨，年产值 1.5 亿元，利税 2600 万元，可吸纳 200 余人就业。

3 月 10 日 省政府贯彻落实扩大内需政策措施检查组到薛城区考察工作。

是日 枣庄蟠龙河省级湿地公园建成使用。

3 月 27—28 日 国家淮河流域水污染防治考核组到薛城区考核验收淮河流域水污染防治工作。

3 月 30 日 铁道游击队纪念园经山东省旅游局评定成为国家 AAA 级旅游景区，这是薛城区第一个 AAA 级旅游景区。

4 月 8 日 省政府扩大内需政策落实检查组到薛城区检查指导工作。

4 月 29 日 2009 中国·薛城美食文化旅游节开幕式在影视城举行。

5 月 13 日 30 集电视连续剧《车神奚仲》剧本论证会举行。

5 月 22 日 2009 全国汽车场地越野锦标赛“车神奚仲·八亿轮胎杯”山东枣庄薛城站新闻发布会在国家体育总局举行。

5月25日 2009年全国汽车场地越野锦标赛"车神奚仲·八亿轮胎杯"山东枣庄薛城站比赛在杨峪风景区开幕。

6月30日 省文化厅检查组到薛城区检查非物质文化遗产保护工作。

7月1日 全市第一家党建远程频道在薛城电视台开播。

7月18日 中国国际旅行总社组织"枣庄二日游"北京首发专列600余名旅客到薛城区铁道游击队纪念园等景点参观旅游。

7月22日 薛城区首家残疾人托养中心揭牌仪式在常庄敬老院举行。

7月28日 美国SES公司董事长罗仁祖一行到薛城区考察煤化工产业发展工作。

是日 省委学习实践科学发展观学习活动指导检查组到薛城区检查科学发展观活动开展情况。

8月11日 省级园林城市考核组对薛城区创建省级园林城市工作进行全面考核验收。

9月2日 区委副书记、区长吴磊带领区水务局、区环保局和区林业局部门负责人，走进市广播电视台"政风行风热线"直播室，就群众关注的热点、难点问题通过电波与市民交流，倾听群众心声，解释相关政策。

9月4日 薛城区应急救援大队成立。

9月15日 省煤矿安全监察检查组到薛城区检查煤矿安全生产工作。

10月23—24日 世界银行项目经理李群带领专家组到薛城区检查利用世界银行贷款加强灌溉农业三期项目建设情况。

10月25日 国家南水北调建设委员会专家组到薛城区调研水污染综合防治工作。

11月4日 埃新斯（枣庄）新气体有限公司和山东省鲁南煤化工工程技术研究院共同研究的"SES气化泵褐煤工业气化技术"通过省级鉴定。

11月9日 陕汽杯2009年全国超级卡车大赛、三托集团枣庄薛城分站赛开幕式在杨峪赛车场举行。

11月11日 省委巡视组到薛城区远通纸业、迪海化工25万吨焦油加工、城南新区建设、10亿立方米煤制气、安阳矿等现场视察。

11月16日 京沪高速铁路枣庄西站开工建设。

11月30日 山东安阳矿业有限责任公司安阳煤矿技改工程试生产剪彩仪式举行。

12月14日 浙江省永康市企业投资洽谈团实地考察张范浙江工业园、枣庄港、北斗制冷、货场路、城南新区等现场，形成合作共识。

2010年

1月12日 2009年度中国赛车风云榜揭晓，薛城区获"赛事新兴城市"称号。

1月18日 省政府安全生产考核组到薛城区考核安全生产工作。

1月20日 市食品安全考核组到薛城区考核食品安全责任制目标执行情况。

3月6日 市城市环境综合整治活动考核组到薛城区检查城市环境综合整治活动开展情况。

3月17日 中华车祖苑建设委员会全体成员会议召开。

3月19日 省政府耕地保护责任目标履行情况检查组到薛城区检查工作。

3月23日 薛城区委主要领导会见美国SES综合能源公司董事长罗仁祖。双方就进一步推进埃新斯合成气项目建设问题作深层次洽谈。

4月2日 枣庄恒泰合作银行在薛城区成立全市首家中小企业金融服务专业支行。

4月8日 山东奚仲电子科技有限公司、山东永正汽车城两个过亿元项目在浙江工业园张范镇同时奠基开工。

4月22日 山东东阳能源有限公司40万立方米煤制气工程开工仪式在大甘霖村举行。

5月13日 山东迪海化工有限公司25万吨煤焦油深加工项目举行竣工剪彩仪式。

5月17日 2010"车神奚仲·八亿轮胎杯"山东枣庄薛城全国汽车场地越野锦标赛在杨峪国际赛场开幕。

5月19日 市政协棚户区改造现场会在薛城区召开。

6月11日 省房地产市场调控政策落实情况督导组对薛城区房地产市场调控等有关情况进行督导检查。

7月15日 省整治非法用工打击违法犯罪专项行动督查组到薛城区检查整治五小企业非法用工打击违法犯罪专项行动工作情况。

8月2日 枣庄市 BRT 正式开通试运行并举行首运仪式。

8月9日 燕山路棚户区回迁安置工程奠基仪式举行。

8月28日 薛城区火车站棚户区改造动员大会召开。

8月30日 首届中国车祖奚仲文化活动月动员大会在薛城召开。

9月7日 省煤炭局验收委员会到薛城区对215煤矿西井技术改造项目竣工进行验收。

9月17—19日 2010“车神奚仲张范汽车杯”薛城中国汽车拉力锦标赛在张范镇杨峪景区赛段和沙沟镇石榴园赛段举行。

9月28日 第十一届中国枣庄（薛城）国际石榴节投资贸易洽谈会签约仪式暨答谢宴会在薛国大酒店举行，累计签约投资项目22个，合同投资金额34.35亿元。

是日 大型电视连续剧《铁道游击队Ⅱ》《小小飞虎队》开机仪式举行。

10月13日 省新农村电气化县考评验收组对薛城区新农村电气化县建设进行全面验收。

10月19日 青啤（薛城）获“全国模范职工之家”称号。

10月23日 “车祖·奚仲杯”全国书画作品大展在枣庄会展中心开幕。

10月25日 国家林业检查组到薛城区检查蟠龙河国家湿地公园建设情况。

12月3日 省政府考核组到薛城区检查指导消防工作。

12月16日 滨州市博兴县党政考察团到薛城区考察城中村改造和安置小区建设工作。

12月17日 枣矿集团鲁南装备研发制造工业园项目在枣矿集团接待中心举行。

2011年

1月24日 韩国驻中国大使馆公使参赞孟圣奎率韩国土地住宅公社、友利星中韩文化传媒公司、DMG公司客人到薛城区参加考察。

2月4日 薛城区首届“和谐社会．非诚勿扰万人相亲大会”在铁道游击队纪念园举行，来自全市1.8万名单身青年和游客参加活动。

3月6日 薛城区委、区政府举行火车站棚户区改造建设项目奠基仪式。

5月3日 薛城区委副书记、区长吴磊做客新华网山东频道，就薛城区深度挖掘奚仲文化、打响奚仲故里品牌等相关问题接受新华网记者的专访。

5月6日 新华棚户区改造工作动员大会召开。

5月20日 2011“车祖奚仲·八亿轮胎杯”山东枣庄薛城全国汽车场地越野锦标赛开幕仪式暨决赛在杨峪国际赛车场举行。

6月3日 “知名企业家薛城行”活动举行，100余名省内外企业家到薛城区实地考察并洽谈项目。

6月19—20日 区委主要领导参加全国百家市县与上海百家大中型企业交流见面洽谈会。来自山东、江苏、陕西、河北等近20个省市的百位市县张与宝钢集团、上汽集团、上海电气等150余家上海大中型企业负责人参加会议。

6月24日 2011年山东薛城（上海）宣传推介会在上海铭德莱星顿广场酒店举行。

6月29日 薛城区在北京国际饭店会议中心举行“聚焦高铁、发展共赢”宣传推介会。

7月6日 下午18时45分，薛城区防备煤矿250米井下发生火灾，28名工人被困井下，省委主要领导和市、区主要负责人在第一时间赶赴现场，成立抢险救援指挥部，现场指挥抢险救援工作。

9月18日 2011“车祖奚仲·锦华房产杯”薛城中国汽车拉力锦标赛发车仪式在铁道游击队纪念广场举行。

9月19日 全省保障性安居工程专项巡查组到薛城检查工作。

是日 薛城人民广播电台（FM107.3）开播仪式在区广播局举行。

9月22日 枣庄旅游护照首发式举行。

11月25日 国家环保检查组到薛城区检查指导水污染治理工作。

12月16日 省委第四巡视组考察薛城区经济社会发展情况。

是年 蟠龙河湿地公园经林业部批准为国家级湿地公园。

2012年

1月5日 薛城区主要领导带队到微山县走访，与微山县领导举行薛城区郯薛线与微山县南环路（高铁连接线）对接工作建设协议签约仪式。

3月15日 市委主要领导到薛城区视察“创建国家森林城市”及路域环境综合整治工作开展情况。

4月1日 天山路棚户区改造动员大会召开。

5月1日 2012年“车祖奚仲·亿和输送带”杯全国摩托车越野锦标赛（薛城站）决赛在杨峪体育公园举行。

5月31日 区委主要领导会见美国能源部官员杰瑞德·丹尼尔一行。双方探讨在枣庄开展煤化工研发项目的可行性，并就如何加强合作、推动煤化工产业发展等问题深入交换意见。

6月16日 省验收组到薛城区就全国小型农田水利重点项目区旱涝保收高标准农田建设示范县进行验收。

6月21—22日 区委主要领导参加全国百家市县长与上海百家大中型企业交流见面洽谈会。

6月25日 市委调研组到薛城区调研南水北调工程暨水源地建设情况。

6月26日 省环保视察组到薛城区山东海化煤业化工有限公司视察甲醇池放气直燃发电项目进展情况。

6月28日 省住房和城乡建设调研组到薛城区调研农村住房建设和棚户区改造工作。

7月9日 省人大常委会调研组带领参加全国人大工作会议的与会人员到薛城区视察棚户区改造工作。

7月20日 山东海化煤化工有限公司股权转让签约仪式举行。

7月24日 市委主要领导带领全市推动县域经济科学发展观现场观摩会与会人员到薛城区观摩。

7月31日 薛城区公共自行车服务系统启动新闻发布会在皇冠花园大酒店召开。

8月1日 环保部检查组到薛城区检查水质良好湖泊生态环境保护工作实施情况。

8月7日 全市保障性安居工程现场会在薛城区召开。

8月16日 山东电视台、省司法厅主办，薛城区政府承办的“法律援助在基层”大型公益法律援助活动在铁道游击队纪念广场举行。

8月24日 薛城区远通纸业（山东）有限公司举行海关直通式监管场站开通启用仪式。

9月4日 中央信访督导组到薛城考察信访工作开展情况。

9月11日 日照市委党政考察团到薛城区考察棚户区改造工作。

9月13日 枣矿集团、薛城区项目建设对接会议在区委会议室召开。

10月9日 薛城区西巨山村拆迁改造动员大会在区委党校召开。

10月11日 财政部考察团到薛城区考察经济社会发展情况。

10月14日 浙江国际贸易物流广场和万洲国际广场项目奠基仪式举行。

10月25日 薛城区与中国建设银行枣庄分

行战略合作协议及助保贷业务合作签字仪式举行。

11月13日 省城市化工作领导小组到薛城区考核“和谐城乡建设行动”工作情况。

11月30日 薛城区举行零工劳务市场启用庆典仪式。

12月8日 聊城市莘县党政考察团到薛城区考察燕山小区棚户区改造工程及新农村建设。

2013年

1月4日 国家发展改革委调研组到薛城区检查指导棚户区建设情况。燕山路棚户区改造工程于2010年3月正式启动拆迁，仅用46天就完成1241户、12家企事业单位、22万平方米拆迁任务。

1月30日 山东教育卫视到薛城区对农村电影放映工作进行专访。以春节期间义务送电影进敬老院活动为背景，记录拍摄以韩帮玉为代表的基层电影放映人员通过自身实际行动，为人民群众送去精神食粮和文化盛宴活动的全过程。

1月31日 台湾教育考察团到薛城区八中南校考察学习。考察团对学校的课程设置、学校管理、学生自主学习、谈天说地活动及学生心理辅导等方面作细致提问。

2月17日 薛城区2013年“春风行动”首场大型招聘会在区零工劳务市场举行。此次招聘会共有49家企业进场招聘，提供就业岗位3200余个，现场有1100多名求职者与招聘单位达成就业意向。

3月25日 德国科隆西门子电子学校与薛城区职业中专友好合作办学签约仪式举行。

4月11日 韩国飞展公司投资考察洽谈团一行到薛城区投资考察。

4月13日 全区第一批“第一书记”总结表彰暨第二批动员会在区委党校召开。

4月29日 省委副书记、代省长郭树清到薛城区调研经济社会发展情况。郭树清到棚改项目区燕山国际社区进行实地察看，并对薛城区棚户区改造工作给予肯定。

5月6日 红星美凯龙上海总部经理应文文、深圳市荣州产业投资有限公司副总裁李亮一行到薛城区考察红星美凯龙项目投资相关事宜，双方就下一步合作达成初步意见。

5月10日 省文化厅公示第四批“山东省民间文化艺术之乡”命名名单，薛城区因民间文化艺术繁荣，尤其是唢呐艺术的深入挖掘和传承而榜上有名。

5月25日 2013全国汽车场地越野锦标赛在薛城区杨峪体育公园开赛。来自全国20余支车队的近百名车手共约车神故里一决高低，此次赛事由国家体育总局汽车摩托车运动管理中心、山东省体育局、枣庄市人民政府和中国奚仲文化促进会联合主办，枣庄市旅游和服务业委员会、枣庄市体育局、薛城区人民政府承办。此次赛事由中央电视台现场直播，30家国家主流媒体和近40家省、市级地方媒体也对赛事进行报道。

6月6日 国家发改委产业经济与技术经济研究所室王云平带领“京沪高铁沿线区域性中心城市产业发展战略性规划课题组”一行5人到薛城区调研。

6月19日 薛城区政府办公室、区信息中心开展“薛城区老照片”巡展活动。

6月22日 “聚焦美丽山东·第九届全国网络媒体山东行”大型采访团到薛城区采访。

7月2日 薛城区与山东奥瑟亚化工有限公司举行项目洽谈会。

7月4日 来自广东韶关、江西新余、河南焦作、安徽铜陵、湖北黄石等6座城市的广电媒体采访团到薛城区采访。

7月18日 全国人大常委会副委员长、民革中央主席万鄂湘到薛城区视察指导工作。

7月22日 吉林省辽源市党政考察团到薛城区考察学习城中村和棚户区改造工作。

8月1日 台湾旺旺中时文化传媒“魅力枣庄”专题采访拍摄组到薛城区体验BRT快捷交通，拍摄枣庄新城新貌、新城发展规划、铁道游击队纪念园、奚仲纪念园、公共自行车等项目。

8月5日 省商务厅调研组到薛城区调研外贸企业大走访情况。

8月7日 薛城区举行华东理工大学博士工作站揭牌仪式。

8月21日 市委副书记、市长张术平到薛城区视察能源循环经济百亿产业园建设情况。

9月2日 中国老科协检查组到薛城区检查指导老科协工作。

9月8日 薛城区举行“拜车祖 保平安”中国薛城千山头野核桃采摘文化节启动仪式。省、市、区新闻媒体记者和广大摩托车、自行车骑行爱好者参加活动。

9月24日 省政府卫片执法检查验收组到薛城区检查验收2012年度土地矿产卫片执法检查工作。

10月13日 北京杨鹏原创文化发展有限公司董事长杨鹏，中国动漫产业联盟市场总监张广英，鲁南信息产业园副总姚磊，枣庄一甲动漫制作公司总经理洪方坤等一行6人到薛城区考察奚仲文化开发情况。

10月17日 50万吨/年煤焦油深加工项目开工仪式在薛城能源循环经济百亿产业园举行。

10月28日 山东省关心下一代工作委员会调研组到薛城区视察指导关心下一代工作。

10月30日 全国十大特色名校品牌发展名校长高峰论坛在薛城区举行。来自上海、天津、重庆、江苏、内蒙古等19个省市区的校长、教师800多人云集薛城，给全国中小学课程改革、构建课堂高效模式、学校文化建设、推进现代学校发展提供可资借鉴的成功经验和办学案例。

11月6日 薛城区铁道游击队纪念园被评为“省级社科普及教育基地”。

是日 环保部污防司视察组到薛城区视察水污染防治工作。

11月21日 全省林业有害生物防控工作会议在薛城区召开。

12月5日 奚公山风景区被评定为国家AAA级旅游景区。该景区位于陶庄镇境内，以车文化发源地和车祖祭拜为特色，入选山东省重点发展的100个文化产业项目。

12月20日 国家卫计委视察组到薛城区视察居民健康卡使用工作开展情况。

第一编

建置　区划

第一章 建 置

第一节 地理位置

枣庄市薛城区位于北纬34°37′35″～34°56′38″，东经117°9′2″～117°28′41″。地处枣庄市西部，是山东省南大门，东与市中区接壤，东南与峄城区比邻，西与微山县毗连，北与滕州市为邻，东北与山亭区接壤。薛城区人民政府驻临城街道办事处永福中路2号，距枣庄市人民政府驻地5公里。辖区东西最大距离29.8公里，南北最大距离35.3公里，总面积403.76平方公里，总人口43.92万人。

第二节 建置沿革

夏、商、周时期称薛国，春秋时期属鲁国。西汉时期分属鲁国薛县、沛郡广戚县和东海郡新阳县、郡阳县。东汉时期分属鲁国薛县、彭城国广戚县和东海郡承县、阴平县。隋至清，隶属蕃县（曾更名为滕阳、滕县）、承县（曾更名兰陵县、峄县）。民国中期后，废县建区、乡、镇，分属滕、沛、峄。抗战时期建置临城县。1952年9月，临城县因与河北省临城县重名改称薛城县。1956年3月，撤销薛城县，今薛城区境西部属滕县临城区沙沟乡、常庄乡、兴仁乡、金河乡、西仓乡及临城镇，东部属峄县邹坞区陈郝乡、张范乡、邹坞乡、南石沟乡、武穴乡及陶庄镇，南部属峄县周营区周营乡、南常乡、多义乡、牛山后乡。1958年秋，成立人民公社，今薛城区境西部属滕友谊（临城）人民公社，东部属峄县红星（邹坞）人民公社，南部属峄县周营人民公社。1962年6月，建立薛城区，是时起，薛城区隶属枣庄市，至1990年年未变。由原临城、邹坞、周营3个大公社合并组成，下辖临城、邹坞、周营、张范、陶庄、南石、西仓、兴仁、金河、常庄、沙沟、南常、陶官13个人民公社，345个生产大队，1133个生产队。1984年4月，原西仓公社更名为夏庄公社。5月，全区改公社为乡镇，改生产队为村民委员会。1986年6月，临城镇更名为薛城镇。1990年，全区辖薛城、邹坞、陶庄、沙沟、周营5个镇及张范、南石、夏庄、金河、兴仁、常庄、南常、陶官8个乡，360个村民委员会，3个街道办事处。1994年11月24日，撤销常庄乡，设立常庄镇。1996年12月25日，撤销薛城区张范乡，设立张范镇。1998年10月19日，撤销南石乡，设立南石镇。2000年，薛城区辖8个镇、5个乡，分别是临城镇、沙沟镇、周营镇、陶庄镇、邹坞镇、常庄镇、张范镇、南石镇，夏庄乡、兴仁乡、金河乡、南常乡、陶官乡，374个村32个居委会。2001年2月，乡镇规模调整撤乡并镇，撤销张范镇并入南石镇；撤销夏庄乡并入陶庄镇；撤销金河乡，并入常庄镇；撤销陶官乡并入周营镇；撤销南常乡并入沙沟镇；撤销薛城镇，设立临城街道办事处；撤销兴仁乡，设立兴仁街道办事处隶属高新区，共辖6个镇1个街道办事处，202个村29个居委会。2005年1月，将南石镇调整为两个镇街，设立兴城街道办事处和张范镇，兴城街道办事处划归高新区，南石镇更名为张范镇，隶属于薛城区。2009年3月，全区辖202个村，15个居委会。2012年5月，经枣庄市中心城区工委批准设立薛城区巨山街道办事处（筹）。2012年9月，撤销张范镇，设立张范街道办事处，隶属高新区。高新区14个村6个居委会（包括2个村改居）划归薛城区，筹建薛城区巨山街道办事处，辖200个村23个居委会。2013年12月，全区辖193个村委会，49个居委会。

第二章　区　划

第一节　城　区

1978年以前，薛城城区面积很小，围绕临城车站周围的南临城、北临城等村庄，新华街、水塔街、古路街等老临城镇的雏形逐渐形成。城区共有4条土质街道，总长不足2公里，30根木制电线杆、30盏40瓦日光灯泡路灯，城区环境面貌极差。

20世纪80年代，城区天山路、临山路、永福路、永兴路、黄河路5条城区主干道先后建成通车，道路里程18公里，城市道路安装路灯287盏，道路照明普及率65%，灯明率95%。徐沃水源地和金河水源地陆续建成投入使用，共打深水井6眼，铺设城区自来水管网27公里，日供水能力5800立方米，城市居民生活用水人口2.3万人。修建城区主要排水工程古井下水道和古路街至北一村的下水道，城区污水排放得到基本解决。道路保洁面积为30万平方米，有公共厕所360余座，8座为水冲式厕所，垃圾桶200个，果皮箱20多个，垃圾粪便处理厂2处，环卫专用车辆11辆。城区绿化面积4.8万平方米，绿化苗木3.67万余株，人均拥有公共绿地0.56平方米。城市房地产市场开发建设正式实施，建筑面积2670平方米的福泉小区（砖混三层单元式楼房）建成投入使用，标志着薛城区真正意义上的商品房出现，之后清泉小区、福泉小区二期等住宅小区陆续开工建设并投入使用。

20世纪90年代，薛城区城市建设逐步迈入发展的快车道。黄河东路、泰山中路、泰山北路、燕山北路、海河路、长江路先后建成通车，改造临山路、永福路、永兴路，构筑“四纵五横”的城区路网，共安装路灯600盏。城区建成区面积逐步扩大，建成区面积由20世纪80年代的4.78平方公里拓展到9平方公里。城市房地产市场开发相继建成福泉小区、清泉小区、朝阳小区、八一小区、怡苑小区、凤城小区等多个住宅小区，城区人均住房面积达到21.4平方米。开工建设区政府游园、沿河公园、文化广场、临山公园等市民休闲娱乐锻炼的场所。城市供水设施建设进一步完善，从泉头水源地至永福水厂铺设直径500厘米输水管道11公里，城区居民饮用水普及率达到75%。大力开展城区环境卫生治理，1993年，薛城区被省政府命名为“省级卫生城”。90年代末，开工建设区污水处理厂，为城区污水处理打下坚实基础。城市生态绿化建设快步推进，人均绿地面积提升到5.1平方米、城市绿化覆盖率达32%。

2000—2010年，伴着枣庄市政治、经济、文化中心的迁移薛城，薛城区城市建设驶入发展的“快车道”，城区建成区面积增至26平方公里，城区人口达到15万人，城区绿化率由38%提升至45%。各项基础设施不断完善，城市承载功能有了较大提升，城市环境面貌焕然一新。

市政、环卫、供排水、供气等公用设施日趋完善，完成永福南路、永福大桥、长江路、纬四路、嵩山路、黄河大桥新建工程，改造泰山路、永福路、临山路、永兴路，实施泰山路、临山路景观街改造和夜景亮化工程，城区灯明率达98%。对长青巷、留城巷、匡泉巷等城区22条背街小巷进行改造，拓宽城区主泄洪道，建成铁道游击队纪念园、沿河公园、蟠龙河公园。借助招商引资，完成沿河公园中段广告灯箱和临山路广告灯箱、城区主干道公交候车亭建设，以及泰山路、临山路、长江路18公里弱电网建设。新建公厕4座，新建、改建地下垃圾台36处，改建垃圾中转站10处，购置一批环卫专用车辆，城市生活垃圾处理、转运设施逐步完善；城区保洁面积达到90万平方米，保洁率达98%以上。建成区污水处理厂，铺设污水主管网27公里，对污水主管网沿线及小沙河古道进行整治，建设溢流坝4座、橡胶坝1座。建设完成2万吨污水调节池及2万吨中水回用工程，配套各类主干管网及分支管网12.1公里。安装进出水在线监测设备4台，城市污水集中处理率达到95%以上。区污水处理厂被环保部和省环保厅推荐为学习借鉴样板，先后迎接省内外地市参观学习考察120余次，成为全省污水综合整治工作的亮点。长江水厂建成投入使用，配套铺设供水管网27公里，日供水量达到5万吨。铺设供气管道7公里，新增煤气用户2000余户，城市燃气普及率98%以上。城区生态建设快速推进，开展城区大绿化活动和水系景观建设，实施城市道路绿地、公共绿地、生态修复增绿和绿化升级改造等工程，新建街头游园9处，新增绿化面积近64.8万平方米，人均公共绿地面积提高到8平方米，绿化覆盖率达到33.6%。

城市房地产业快步发展。先后建设完成朝阳小区、八一小区、怡苑小区、海河花园、警苑花园、福临花园、百益小区、久福苑、临山公寓、国浩美都、临山花园、香江花园、泉兴华庭、中和嘉园、阳光丽舍、珠江花园等住宅小区23处，新开工建设中兴花园、金泰二期、奚仲花园等住宅小区3处，住宅开发总量达到191万平方米，人均居住面积达25平方米。注册物业管理企业10家，有专业物业服务企业的小区增至13个。

按照城市建设“东扩南移”发展战略，加快与新城区对接融合，采取政府投资撬动、以土地换项目等措施，以路网建设为突破口，全力推进新区建设。规划建设的“五纵六横”11条道路，泰山南路、中和路、钱江路等7条道路建成通车，启动珠江路、昆仑山路等4条道路建设工程；建设西姚、东姚、东小等安置小区3个，面积24.5万平方米；开工建设小庄河景观、奚仲市民健身园，12平方公里城南新区框架基本形成。积极抢抓省、市棚户区改造政策机遇，启动实施棚户区改造工程。完成燕山路、火车站广场等4处棚户区改造项目的征收搬迁工作，共拆除房屋面积69.7万平方米，拆迁居民4684户，开工建设回迁安置房48万平方米、完成13万平方米。

2010年以来，城市建设规模迅速扩大，标准档次不断提高。

2012年，随着枣庄市委、市政府将薛城区、新城区、高新经济技术开发区进行“三区合一”后，城市建成区面积由2010年的26平方公里拓展到58平方公里，城市常住人口25万人，城镇化率达54.8%。全区棚户区改造力度进一步加大，同时启动实施7个城中村改造工程，累计搬迁居民3.98万户、拆除房屋619.7万平方米，老城区改造面积达51.5%。建设各类回迁安置工程243.3万平方米，带动市场开发602万平方米，近1.36万户居民喜迁新居。建成、在建和已审批的11层以上高层建筑411幢。城南新区邻里中心建成运营，珠江路生态商务区有仲建商务广场等7个项目开工建设，SOHO珠江项目投入使用，电子商务和总部经济等现代业态快速发展。建成奚仲市民健身园、锦阳河休闲文化广场、城市森林公园一期工程、珠江路线性森林公园，修建街头绿地和游园24处、城市绿道19.5公里，开工建设城市森林公园二期、托后小区湿地公园、泰山南路带状公园等11处游园绿地，对城区40个新老小区、62家单位庭院进行绿化苗木补植。采取“微园林、微绿地”“宜园则园、宜林则林”的绿化方式，高标准完成全区157万平方米裸露土地绿化治理工作。

2013年，城区人均公园绿地面积达到17.8平方米，建成区绿地率达到34.5%，绿化覆盖率达到39.5%。全面启动城乡环卫一体化工作，新建垃圾中转站10座，对4座公厕进行星级改造、10座旱厕进行水冲式改造；购置环卫洗扫车、护栏清洗车、吸污车、密闭压缩车、钩臂车、抑尘车等大型环卫车辆 13 辆，电动收集车 50 辆，安置密闭式垃圾压缩箱体 166 个，投放果皮箱 1200 个、垃圾收集桶 2.4 万个。开展卫生集中突击整治活动 100 余次，铲除城乡接合部卫生死角 150 处，同时对 810 万平方米的城区保洁区域进行全天候保洁。新修改建祁连山南路、太行山南路、黄河西路等城区道路 21 条，改造背街小巷 21 条，城区建有城市主干道 29 条，次干道和城市支道 70 条，道路总里程约 156 公里，敷设水电气暖各类管线 95 公里。城区内建有自来水厂 2 座、污水处理厂 2 座，城市日供水能力 8 万吨，污水日处理能力 6 万吨，中水日处理能力 2.5 万吨，污水集中处理率 96% 以上，出水达标率 100%。新建完成城市集中供热工程调峰热源厂，实现城区集中供热全覆盖。新建中小学、医疗和公共服务机构 16 处，增设城市公共自行车服务系统。

第二节　乡镇街道

陶庄镇

地理位置：位于北纬 34°52′，东经 117°20′。地处薛城区北部，东邻邹坞镇，南接兴城街道办事处、兴仁街道办事处，西傍滕州市柴胡店镇，北连山亭区西集镇。人民政府驻尚马社区陶山路 9 号，距薛城区人民政府驻地 13.8 公里。

历史沿革：元代，陶庄属于滕州。明洪武二年（1369 年）改属峄县。1945 年 12 月，建立陶庄镇，属峄县；1948 年 11 月，陶庄解放，隶属峄县十一区；1956 年 3 月，撤区并乡，更名为小武穴乡；1958 年 9 月，属邹坞红星人民公社；1962 年 6 月，建陶庄人民公社，属薛城区；1984 年 5 月，更名为陶庄镇；2001 年，夏庄乡撤销并入陶庄镇。下辖 30 个村民委员会，2 个居民委员会，下设 170 个村民小组，14 个居民小组。辖区东西最大距离 14.2 公里，南北最大距离 7 公里，总面积 64.1 平方公里，总人口 8.1 万人，人口密度为每平方公里 1257 人。

邹坞镇

地理位置：位于北纬 34°51′，东经 117°24′。地处薛城区东北部，东邻市中区，南接张范镇，西与陶庄镇毗邻，北与山亭区接壤。人民政府驻西邹坞村府前路 1 号，距薛城区人民政府驻地 17.6 公里。

历史沿革：1950 年，属峄县九区；1960 年，当时邹坞镇驻地称红星人民公社，从张范搬迁邹坞后，改为邹坞公社；1962 年，原邹坞公社划分 3 个小社，即张范、南石、邹坞；1984 年 5 月 16 日，邹坞公社改名邹坞镇，驻地西邹坞村。下辖 32 个村民委员会，1 个居民委员会，下设 32 个村民小组，1 个居民小组。辖区东西最大距离 14.2 公里，南北最大距离 7 公里，总面积 59.0 平方公里，总人口 4.65 万人，人口密度为每平方公里 788 人。

临城街道

地理位置：位于北纬 34°37′35″～34°56′38″，东经 117°9′2″～117°28′41″，是区人民政府驻地。东邻兴仁街道办事处，由南向西与常庄镇毗连，北与陶庄镇接壤。

历史沿革：北魏皇兴二年（468 年）永兴县治此。明清时置临城驿，民国初设置县佐，均属滕县。1948 年，曾为临城县机关驻地；1950 年 5 月，属滕县专区；1952 年 8 月，临城县更名为薛城县，临城镇同时更名为薛城镇；1953 年 7 月，属济宁专区；1956 年 3 月，撤销薛城县，复属滕县；1960 年，并入枣庄市，1962 年，置薛城区；1986 年 6 月，临城镇更名为薛城镇；2001 年 2 月，乡镇规模调整撤乡并镇，撤销薛城镇，设立临城街道办事处。2013 年，辖 4 个村民委员会，23 个居民委员会。辖区东西最大距离 5 公里，南北最大距离 2.9 公里，总面积 14.3 平方公里，总人口 8.83 万人。

常庄镇

地理位置：位于北纬 34°46′，东经 117°14′，地处薛城区南部，东邻兴仁街道办事处，南与沙沟镇接壤，西接济宁市微山县，西北与滕州市毗邻，北邻临城街道办事处。人民政府驻湘江路

1734 号，距薛城区人民政府驻地 1 公里。

历史沿革：早在 4000 多年前，常庄镇境内即有人类聚居。南北朝至明清以来属峄县管辖。1962 年 6 月，建立常庄人民公社，属薛城区。1984 年 5 月，更名为常庄乡。1994 年，撤乡建镇，2001 年，金河乡撤销并入常庄镇。下辖 45 个村民委员会，2 个居民委员会，下设 168 个村民小组，12 个居民小组。辖区东西最大距离 14.2 公里，南北最大距离 12 公里，总面积 56.1 平方公里，总人口 6.9 万人，人口密度为每平方公里 1229 人。

沙沟镇

地理位置：位于北纬 34°43′，东经 117°16′。地处薛城区南郊，东与冠世榴园掩映，自南向西与微山县毗连，北与兴仁街道办事处、兴城街道办事处接壤。人民政府驻沙沟西村凤城路 60 号，距薛城区人民政府驻地 6.2 公里。

历史沿革：据《滕县志》载，明弘治年间设递运所，后设巡检司，明万历年间设守备营，清雍正年间改设都司府。中华人民共和国成立后为滕县八区政府驻地，1962 年 6 月，设沙沟公社，1984 年，更名为沙沟镇，2001 年 2 月，撤南常乡并入沙沟镇。共辖 35 个村民委员会，下设 176 个村民小组。辖区总人口 5.5 万人，人口密度为每平方公里 642 人。辖区东西最大距离 14.4 公里，南北最大距离 9.6 公里，总面积 84.8 平方公里。

周营镇

地理位置：位于北纬 34°40′，东经 117°24′。地处薛城区南部，东与峄城区阴平镇毗邻，南邻峄城区古邵镇、微山县韩庄镇，西接沙沟镇，北与峄城区榴园镇接壤。人民政府驻周营三村金汇路 11 号，距薛城区人民政府驻地 17.8 公里。

历史沿革：汉代建村，原名许家屯，因元广威将军周忠在此驻军而得名周营。明洪武二年（1369 年）属峄县；1945 年，建立周营镇属峄县；1956 年，撤区并乡成立周营人民公社，属薛城区。1984 年 5 月更名为周营镇。2001 年 2 月，乡镇规模调整撤乡并镇，撤陶官乡并入周营镇。下辖 38 个村民委员会，下设 148 个村民小组。辖区东西最大距离 11 公里，南北最大距离 15 公里，总面积 86.2 平方公里，辖区总人口 5.45 万人，人口密度为每平方公里 632 人。

巨山街道

2012 年 5 月 11 日，按照市委、市政府“三区合一”的战略部署，市中心城区进行行政区划调整，薛城区设立巨山街道办事处（筹），承担中心城区建设管理和社会服务的职能，2014 年 12 月 30 日，巨山街道办事处（筹）正式批复为薛城区巨山街道筹备处工作委员会。薛城区巨山街道位于枣庄市中心城区，坐落于风景秀丽的凤鸣湖畔，是全市新的政治、经济、文化中心城市的重要组成部分。交通便利，北临京福高速公路出入口南邻京沪高速铁路，光明大道横贯东西。市政大厦位于辖区中心位置。市级重点工程驻扎在巨山街道。辖区面积 39.2 平方公里，辖 14 个村居 12 个社区。总人口 5.1 万人。

张范街道

地理位置：张范镇位于薛城区东部，地处枣薛经济带的中间节点，东临枣庄市市中区，南与峄城区为邻，西与枣庄市高新区接壤，北与邹坞镇毗邻，南部为丘陵薄地，北部为平原地，总面积 58 平方公里，枣曹公路、光明路、店韩路穿境而过。辖 16 个行政村，总人口 3.6 万人。

历史沿革：1998 年张范撤乡建镇，2001 年，与薛城区南石镇合并，撤销张范镇。2003 年，将原南石镇划归高新区后，原属张范区域仍称为南石镇，2004 年，经山东省民政厅批准南石镇重新更名为张范镇。2012 年 5 月 12 日，张范镇整建制划至枣庄高新技术产业开发区并更名为张范街道办事处。

第三节 村庄社区

2013 年薛城区陶庄镇行政村（自然村）及居委会一览表

表 1-1

序号	行政村	所辖自然村	序号	行政村	所辖自然村	序号	行政村	所辖自然村	序号	居委会
1	前院山村		11	前西仓村	张庄村	21	西仓桥村	后西仓桥村	1	尚马社区居委会
2	上马村	野场子村、罗庄村、刘湖庄村	12	上武穴村	中武穴村、周楼村	22	皇殿村		2	院山社区居委会
3	东仓村	小东仓村	13	河北庄村	田湾村	23	史湖村			
4	小武穴村		14	齐湖庄	刘楼、卢庄、胡庄、大官庄	24	后湾村			
5	前湾村	孔庄村、庞庄村	15	鲁桥村	赵南庄村	25	小官庄村			
6	左村	周庄	16	天齐庙村	于山村	26	千山头村	安上村		
7	夏庄村		17	吴村		27	西防备村			
8	唐庄村	王楼、裴庄、唐口	18	奚村		28	大南庄村	苗谷堆村		
9	种庄村	二郎庙村	19	大陶庄村	潘楼村	29	徐村			
10	马公村		20	井亭村	前井亭村、后井亭村	30	后院山村			

2013 年薛城区邹坞镇行政村（自然村）及居委会一览表

表 1-2

序号	行政村	所辖自然村	序号	行政村	所辖自然村	序号	行政村	所辖自然村	序号	居委会
1	东邹坞村		12	马庄村	魏庄村	23	官庄村		1	矿山社区居委会
2	西邹坞村	龚庄村	13	张庄村		24	张岭村			
3	打席村		14	南安阳村	中安阳村	25	西南村	西北村		
4	野场村		15	东尚庄村		26	洪村			
5	周村	于庄、郭庄、官口	16	西尚庄村		27	北陈郝村	贾庄、小朱庄、小北山、西坊子		
6	北安阳村		17	西山口村		28	东防备村	清泉庄村、杭庄村		
7	刘庄村		18	南陈郝村		29	刘沟村			
8	姚庄村		19	罗岭村	靳庄村	30	东山口村	东上山口村		
9	肖村		20	中陈郝村		31	埠后村			
10	岩埠村		21	庄头村	李庄村、桥头村	32	陈楼村	三合庄		
11	小甘霖村		22	墓山村						

2013 年薛城区临城街道行政村（自然村）及居委会一览表

表 1-3

序号	行政村	所辖自然村	序号	居委会	序号	居委会	序号	居委会
1	挪庄村		1	北一社区居委会（北城更名）	11	燕山社区居委会	21	古路街社区居委会
2	绳桥村		2	古井社区居委会	12	四季春社区居委会	22	永康社区居委会
3	张桥村		3	福泉社区居委会	13	天山社区居委会	23	蟠龙社区居委会
4	西丁桥村		4	龙潭社区居委会	14	科苑社区居委会		
			5	清泉社区居委会	15	沙河社区居委会		
			6	八一社区居委会	16	凤城社区居委会		
			7	新华社区居委会	17	宝山社区居委会		
			8	永兴社区居委会	18	龙潭社区居委会		
			9	北二社区居委会	19	凤凰台社区居委会		
			10	东丁社区居委会	20	水塔街社区居委会		

2013 年薛城区常庄镇行政村（自然村）及居委会一览表

表 1-4

序号	行政村	所辖自然村	序号	行政村	所辖自然村	序号	行政村	所辖自然村	序号	居委会
1	水寨村		16	西麦穰店村		31	西黄沟泉村		1	西苑社区居委会
2	石坝村	杨庄村	17	前大庄村		32	东辛庄村		2	立新社区居委会
3	店子村		18	单庄村		33	前洛房村		3	东苑社区居委会
4	周庄村		19	薛庄村		34	泉头村		4	西小社区居委会
5	后大庄村		20	小山村		35	埠岭西村		5	江南社区居委会
6	何庄村		21	种庄村（撤）		36	四角楼村	王开村	6	姚山社区居委会
7	朱桥村		22	上于村		37	王庄村	刘庙村	7	东兴社区居委会
8	大山村		23	常庄村		38	东泥沟泉村		8	西兴社区居委会
9	下于村	潘庄村	24	种楼村		39	吴庄村		9	香江社区居委会
10	宋庄村		25	大辛庄村		40	孟庄村		10	珠江社区居委会
11	西小庄村（撤）		26	傅庄村		41	东黄沟泉村		11	种庄社区居委会
12	东姚山村（撤）		27	西泥沟泉村		42	小辛庄村			
13	邵庄村（撤）		28	东麦穰店村		43	六炉店村			
14	姬庄村		29	渐彭村	渐庄村、彭楼村	44	西姚山村（撤）			
15	孟岭村		30	粮满村		45	埠岭东村			

2013 年薛城区沙沟镇行政村（自然村）及居委会一览表

表 1-5

序号	行政村	所辖自然村	序号	行政村	所辖自然村	序号	行政村	所辖自然村
1	城子村	柳河子村	13	小营村	三清观村	25	董庄村	下殷庄村
2	北常村	前北常、中北常村、后北常村	14	郑官庄村		26	茶棚村	袁沟村、前刘庄村
3	郭洼村		15	楼窝村		27	庞庄村	
4	岩湖村	李庄村	16	狄庄村		28	南常西村	南常一村、南常二村、小北庄村、南常五村
5	杜塘村	唐家庄村	17	黄楼村	时庄村、东郭村	29	南常东村	南常三村、南常四村、南常六村
6	张庄村		18	戚庄村	李庄村	30	东杨庄村	小南庄村
7	埠上村	西埠村、小窝村	19	古庄村	西郭村	31	西杨庄村	杨庄村、袁河村
8	圩子村	庙庄村、小张庄西、南庄村	20	潘庄村	乔庙村	32	沙沟东村	沙沟二村、沙沟三村、东五村
9	大窝村	殷庄村、袁庄村	21	黎墟村		33	沙沟西村	沙沟一村、沙沟四村、西五村
10	龚庄村	隋河村	22	搬井村	李楼村、关帝庙村	34	东界沟村	界沟一村、界沟二村
11	关帝阁村	祁庄村	23	殷庄村		35	西界沟村	马官庄村、界沟
12	李店村	邵楼村	24	曹窝村	吕沟村、后刘庄村			

2013 年薛城区周营镇行政村（自然村）及居委会一览表

表 1-6

序号	行政村	所辖自然村	序号	行政村	所辖自然村	序号	行政村	所辖自然村
1	安乐庄村	曹埠村	14	官杨庄村	东杨庄、曹官庄	27	常埠桥村	朱庄村、韩庄村
2	邵楼村	邵一村、邵二村邵三村	15	褚楼村	丁庄村、小韩洼村	28	沙井村	南马村、南李村前沙井、后沙井
3	磨庄村	李楼村、前磨村、后磨村、中磨村	16	高架子村	后韩家洼村、刘河口村	29	高村	高河村
4	张场村	张东村、张西村、罗庄村	17	大韩洼村	小庄子村	30	北马村	刁庄村、三合庄村
5	湾槐树村	前湾村、后湾村	18	李庄村		31	后马村	中马村、小刘庄村、北李庄村
6	铁佛沟村	铁东村、铁西村、褚林村	19	单楼村	单庙村	32	前马村	涝庄村
7	河湾村	张河湾村、季庄村、李河湾村	20	蔡官庄村	蔡鼓楼村、任庄村	33	大孙庄村	
8	牛山村		21	陶官庄村	中李庄村	34	一村	一南村、一北村
9	石门村	小石门、大石门	22	胡庄村	陈庄村、褚庄村	35	二村	
10	大巩湖村		23	李村	南孙庄村、孙楼村	36	三村	
11	小巩湖村	小辛庄、刘家庄	24	沙河涯村	东沙河涯村、西沙河涯村	37	四村	
12	王楼村	石庄村、白楼村	25	刘桥村	曹庄村、王庄村前刘桥、后刘桥	38	五村	
13	侯许庄村	侯庄村、许庄村	26	石庙村	米楼村			

2013 年薛城区巨山街道行政村（自然村）及居委会一览表

表 1-7

序号	行政村	所辖自然村	序号	行政村	所辖自然村	序号	居委会	序号	居委会
1	东托一村		11	来泉庄村		1	薛庄社区居委会	11	凯润社区居委会
2	东托二村		12	高楼村	高庄村	2	四里石社区居委会	12	昂立社区居委会
3	东托三村		13	小吕巷村		3	泰鑫社区居委会		
4	西托前村		14	大吕巷村		4	怡苑社区居委会		
5	西托后村					5	四季菁华社区居委会		
6	东巨山村					6	安桥社区居委会		
7	西巨山村					7	金地社区居委会		
8	徐沃村					8	凤凰山社区居委会		
9	杜塘村					9	颐嘉园社区居委会		
10	黑峪村					10	国运社区居委会		

2013 年薛城区张范街道行政村（自然村）及居委会一览表

表 1-8

序号	行政村	所辖自然村	序号	行政村	所辖自然村
1	张范东村	张范一村、张范二村	11	黑石岭村	
2	张范西村	张范三村、张范四村	12	北于村	田庄村
3	横山口村	东横山口村、西横山口村	13	南于村	
4	袁庄村		14	化庄村	
5	东夹埠村		15	汤庄村	
6	西夹埠村		16	大甘霖村	修庄村
7	大香城村	中香城村			
8	小香城村				
9	小屯村	和尚寺村			
10	辛庄村	下辛庄村、上辛庄村			

薛城區卷

第二编

自然环境

薛城区位于山东省南部，微山湖东畔，东与枣庄市中区、峄城区相邻，西南与微山湖毗连，北与滕州市、枣庄市山亭区接壤，是枣庄市行政中心所在地。全境东西最大横距29.5公里，南北最大纵距35.25公里，总面积420.51平方公里。地势东北高，西南低，最高海拔374.3米，最低海拔36.2米。区境东北及东至东南部有两条山脉，大体呈东西方向，属沂山余脉。气候属暖湿带季风大陆性气候，四季分明，年平均气温为14.2℃。水系属淮河流域京杭大运河水系，河流多发源于全区东部山区，河流流向由东向西或由北向南，分别注入微山湖和大运河。京沪铁路、京沪高速铁路从境内腹地穿过，104国道、京福高速公路贯穿全境，交通十分方便。

第一章　地质　地貌

第一节　地　质

地层岩性

薛城区分布有水泥用石灰岩、电石用灰岩、熔剂灰岩、化工灰岩、白云岩、花岗岩、石英砂岩、闪长岩、正长斑岩、花岗斑岩、斜长花岗岩、大理岩、石英、钾长石等岩石类型。据勘探资料表明，区内发现寒武纪、奥陶纪、石炭纪、二叠纪、侏罗纪和第四系。

寒武纪　分布于工作区外围枣陶煤田的南北山，厚750米，与下伏震旦系平行不整合接触。

奥陶纪马家沟组　上部为质纯、致密的厚层结晶石灰岩，内夹薄层泥灰岩。下部为灰白色厚层粗粒白云质灰岩，夹有薄层泥灰岩、并含有黄色页岩夹层，岩性由棕灰、灰、灰绿色泥灰岩、灰岩、豹皮状灰岩组成。岩石中裂隙溶洞发育，厚约800米。奥陶纪构成含煤地层基底，该系与下伏寒武纪地层吴平行不整合接触。

石炭—二叠纪月门沟群　本溪组：厚度24.90米。由杂色铁铝质泥岩组成。顶部为青灰色铝质岩，厚0.8米左右，致密鲕状结构，相当于G层铝土矿层位，为滨海相古风壳残余沉积。该组与下伏马家沟组地层假整合接触。太原组：厚度159~203米，平均约188米。由灰、灰黑色泥岩、砂质泥岩、砂岩、石灰岩夹煤层组成。由一套海陆交互相沉积的灰岩、煤层、砂岩、砂质页岩、页岩组成。其中含石灰岩15层（1~15灰），其中三、五、八、十下、十四灰（即徐家庄灰岩）较稳定，是煤岩层对比的标志层；含煤15层（4~18煤），经勘探和采煤生产验证，6、14、16、17、18煤为可采或局部可采煤层。该组属海陆交互相含煤沉积。与下伏本溪组整合接触，属连续沉积。总的特征是沉积环境较稳定，旋回结构及粒度韵律清晰，属典型的海陆交互相沉积。煤层约占本组岩石总厚的3%左右。共含煤15层，均为薄煤层，可采和局部可采者五层，属泥炭沼泽相沉积。该组底部为灰色、杂色铝质泥岩与本溪组顶部的十二灰分界，整合于本溪组之上。

山西组　厚度116~148米，平均为110米。主要岩性为浅灰、深灰色砂岩、粉砂岩夹煤层组成。为一套滨海—沼泽相沉积。与上覆石盒子组呈整合接触。其岩性主要由浅灰、灰、灰色中、细粒砂岩、粉砂岩和泥岩组成。砂岩主要成分为石英、长石及岩屑，颗粒次圆状，分选中等，硅质、钙质胶结构较坚硬。层理类型较复杂，有水平层理、缓波状层理、小型斜层理、收敛状层理及浑浊状层理，还常有底栖动物通道和生物干扰产生的变形层理。为三角洲前缘相—沼泽相沉积。泥岩中有大量植物化石碎片。该组共含煤三层，即煤1、煤2、煤3。其中，2层煤是陶枣煤田范围内主要可采煤层，但在全区常有冲刷变薄或缺失现象。与下伏太原组整合接触，过渡沉积。

地质构造

薛城境域的地质构造隶属于华北台鲁西隆起区南缘，境域内的构造形态北部平斜凹陷，东部凸起、凹陷并存，西部、南部均为凹陷，形成洪积、冲积平原。主体断裂构造分为两组，以枣陶煤田北山断层和峄城断层为代表的东西方向断裂构造；以峄山断层、木石至西仓断层为代表的南北向断层。这两组断裂构造在多次活动影响下，衍生了100多条大小断层和10个地垒、地堑，形成二级构造。枣陶煤田、官桥煤田、滕南煤田、韩台煤田等四个煤盆田及山丘、平原、洼地的形成，均受两组断裂的控制。境域内矿产资源丰富，有煤、铁、铝、稀土、大理石、石灰石等30余种。已探明煤储量2.6亿吨，脉英石1000万吨，磷3.2亿吨。地下水资源已探明2.5亿立方米。

第二节　地　貌

薛城区地形总的趋势是东北高，南及西南低，北部低山丘陵、标高400~620米。山岭大多是近东西走向展布。南部西南部地形较低，为山间、山前平原地形。地貌类型主要有低山、丘陵、山间平原和山前倾斜平原等。各类地貌的形成均受地质构造的控制。表现在成因类型及地质构造发育程度相一致。各断块凸起多形成构造剥蚀地形，而各断块拗陷带则多形成剥蚀堆积地形。根据《中国地震动参数区划图》（GB18306—2001）可知，地震动峰值加速度为0.05克，全区地震基本烈度为VI度，区域上为基本稳定区。区内新构造运动非常活跃，现代地貌形态主要为新构造运动所形成。新构造运动的地质特征多表现为老构造继承性活动、断块间的差异性，新生断裂不发育。因薛城区地处秦岭纬向构造带东延北分支，鲁南隆起区（Ⅱ），成武—枣庄坳陷（Ⅲ）中的铁脚山断阶（Ⅳ），太古界之上断续沉积了一套华北型地层。地层呈单斜产出，产状：10°<16°。断层不发育，有二组近60°、200°裂隙，产状近于直立，节理裂隙前者紧闭，后者宽约50厘米，多被黏土、碎石充填。分布岩性主要为灰色厚层状灰岩、豹皮状灰岩。局部白云质含量较高，并含有海绿石及生物碎屑，豹皮成分以泥质为主，次为白云质。

二叠纪石盒子组

为含煤地层的上覆地层，与下伏山西组整合接触，在南部已部分或全部遭到剥蚀。总厚度410~430米。自下而上分为四个岩性段。黑山砂岩段。杂色泥岩、粉砂岩夹薄层细砂岩，底部有一层含砾中粗砂岩（俗称假整合砂岩）与山西组分界，下部局部夹一层浅灰绿色黏土岩。厚30~40米。万山泥岩段。以紫红色、灰绿色杂色厚层泥岩、粉砂岩为主，中夹数层粗粒石英砂岩，底部有一层铝质黏土岩。该段中上部夹一层柴煤在全区局部可采。该段厚约50~60米。奎山砂岩段。以浅灰白色石英砂岩和长石石英砂岩为主，中一粗粒结构，下部含砾，胶结坚硬，俗称“磨石层”。厚120米左右。孝妇河泥岩段，以紫红、灰黄色泥岩、粉砂岩为主夹长石石英砂岩，厚约210米。

侏罗纪淄博群三台组

以紫红色、棕红色、猪肝色砾岩和砂岩为主，间夹杂色砂质泥岩，通称为红层。是干燥高温气候条件下的陆相沉积。厚度550米左右。与下伏二叠纪地层不整合接触。

第四纪山前组

厚5~24米，由黄土、砂质黏土、黏土及沙砾层组成，含铁、锰质结核。与下伏地层呈不整合接触。全区含煤地层月门沟群中，太原组中的第一、三、八、十层石灰岩，石盒子组中的A层铝土矿、奎山砂岩均为良好的标志层。一灰：厚0~3.62米，平均1.7米，含腕足类、珊瑚、海百合茎等化石。三灰：厚6.2~16.0米，一般8.9米左右，深灰色、致密坚硬，含燧石结核。层位稳定，富含蜓类和腕足类化石。八灰：厚0.6~4.6米，平均2.8米，致密坚硬，含腕足类等化石。A层铝土矿：厚0~5.0米，一般在3.00米左右，稳定。可作为耐火材料，下距山西组第一层煤约120米左右。奎山石英砂岩（俗称磨石层）：厚约7.7~26.6米，一般厚度20余米，硅质胶结，成分以石英为主，在露头区常被作为磨石或建筑材料等开采利用。

第二章　土壤　植被

第一节　土　壤

土壤类型

区内两条石灰岩丘陵山脉均属寒武纪、奥陶纪地层。最上部是石灰岩，下面为砂岩，北部丘陵表现砂岩一般不裸露，在其周围平缓地带形成洪积物，由此发育成为褐土种类。中部丘陵南侧及西部零星丘陵地区多出现点缀式的剥蚀残丘上的变质岩类的片麻岩，以及周围的洪积物发育而成为棕壤土类。西部、南部和西南部沿湖地带有河湖沉积母质，多集中分布于排水不良的交接洼地上，多形成砂姜黑土或潮土种类。

土壤分布

全区褐土面积 26610 公顷，占总土壤面积的 52.4%。棕壤主要分布于全区中南部，成土母质为混合花岗岩及普通砂页岩的风化物，土壤多呈微酸性反应。由于水文地质的影响，发育成不同的亚类，自山丘顶部分布着棕壤性土（粗骨棕壤），山麓至山前倾斜平地，分布着普通棕壤，在交接洼地分布着潮棕壤，全区棕壤总面积 14015 公顷，占总土壤面积的 27.6%。区内的沿湖洼地主要分布着砂姜黑土和潮土，砂姜黑土面积 7008 公顷，占总土壤面积的 13.8%，潮土面积 3149 公顷，占总土壤面积的 6.2%。

第二节　植　被

在植被区划上区内属暖温带落叶林区，在植物区系成分上以华北植物区系为主。全区多为次生植被，大体可分为温带常绿针叶林、温带落叶阔叶林、温带落叶灌丛、温带灌草丛和草甸等五大类型。丘陵上部主要是以侧柏为主的人工常绿针叶林，中下部主要是以刺槐为主的人工落叶阔叶林。常见的植被草本植物有黄背草、狗尾草、香附子、雀麦草、荩草、葎草、狗牙根、刺儿草、抱颈苦买菜、羊胡子草、白草、茜草、地柏、加拿大蓬等。

第三章　河流　水文

第一节　河　流

薛城区属淮河流域京杭大运河水系。河流多发源于全区东部山区，河流流向由东向西或由北向南，分别注入微山湖和京杭大运河。区内主要河流 17 条，主要有山洪河道、坡水河道、排涝河道三种类型。山洪河道主要有蟠龙河、新薛河、周营大沙河等；坡水河道多为泉、沟汇流而成，主要有薛城小沙河、薛城小沙河故道、杨庄沙河、随河、邵楼河等；排涝河道即人工开挖的防洪除涝河道，主要有薛城东泥河、西泥河、蟠龙河南支等。

蟠龙河

又名薛城大沙河，十字河官庄分洪道以下，由许由河、蟠龙河、南明河三段组成。发源于市中区柏山水库（飞来泉），由东向西横贯区境北部，为全区最大河道。流域面积 315 平方公里，干流长度 49 公里，流经邹坞镇、陶庄镇、张范街道办事处、兴城街道办事处、兴仁街道办事处、临城街道办事处、常庄镇注入微山湖。店子村处设计20年一遇最大洪峰流量1249立方米/秒、50年一遇最大洪峰流量1630立方米/秒，多年平均径流量6870万立方米，年最大来水量为20600万立方米，年最小来水量仅340万立方米。1971年8月10日最大洪峰流量1460立方米/秒（十字河官庄分洪道分洪、柏山水库垮坝）。

蟠龙河北支

发源于市中区柏山水库（飞来泉），流域面积78.8平方公里，干流长度22公里，设计洪峰流量20年一遇525立方米/秒、50年一遇732立方米/秒；主要建筑物坝5座、桥20座、涵2座；区内流经邹坞镇、陶庄镇。

蟠龙河南支

发源于张范街道办事处南于村东南山地，流域面积105.9平方公里，干流长度16.2公里，设计洪峰流量20年一遇723立方米/秒、50年一遇921立方米/秒；主要建筑物坝2座、桥31座；区内流经邹坞镇、陶庄镇、张范街道办事处、兴城街道办事处。

薛城小沙河（下游称蒋集河）

发源于城区以东的巨山和双顶山，流域面积59.6平方公里，干流长度20公里，朱桥村处设计洪峰流量50年一遇737立方米/秒；主要建筑物坝2座、桥16座；区内流经东托、薛庄、城区、小庄、大庄、朱桥等流入微山湖，是城区防洪兼排涝河道。

薛城小沙河故道（又名小清河）

发源于兴仁街道办事处以东的凤凰山，流域面积18.9平方公里，干流长度10.1公里，设计流量50年一遇227立方米/秒；主要建筑物坝2座、桥20座；区内流经四里石、北临城、薛城焦化厂、薛城污水处理厂、彭楼、朱桥汇入薛城小沙河。承担山洪和城区大部分排水。

周营大沙河（又名圩子大沙河）

发源于沙沟镇圣土山阳，流域面积154平方公里，干流长度28公里，铁佛村处设计流量20年一遇312立方米/秒；主要建筑物坝9座、桥18座；区内流经小营、牛山、李河湾、张河湾、铁佛入峄城区。

褚楼大沙河（又名邵楼河）

发源地峄城区牛山后入张谷堆水库，流域面积23.8平方公里，干流长度8公里，设计流量20年一遇260立方米/秒；主要建筑物坝5座、桥12座、涵1座；区内流经刘河口、邵楼、张场、罗庄入周营大沙河交汇入峄城区。

杨庄沙河（下游称蒋官庄河）

发源于朝阳山北麓玉华泉，流域面积58.7平方公里，干流长度17公里，东杨庄处设计流量20年一遇125.4立方米/秒；主要建筑物坝7座、桥8座；区内流经北常、三清观、小南庄、于东杨庄西南入微山县。

西泥河

发源于常庄镇西黄沟泉，流域面积16.25平方公里，干流长度7公里，设计流量20年一遇143立方米/秒；主要建筑物桥7座；区内流经孟庄、四角楼、吴庄，往南与东尼河交汇入微山县。

东泥河

发源于柴胡店镇以南井亭煤矿，流域面积26.25平方公里，干流长度11公里，设计流量20年一遇231立方米/秒；主要建筑物坝1座、桥11座；区内顺京沪铁路沟向南经张桥、东泥、西泥、埠岭、王庄入微山县（东西泥河交汇后形成一条河流入微山县）。

新薛河

一支发源于山亭区柴山前、另一支发源于山亭区徐庄乡米山顶，流域面积663平方公里，干流长度54.8公里，区内全长7公里，设计流量20年一遇3182.4立方米/秒；在山亭区海子村南汇合流向西南，自滕州市五所楼流入全区。

宏图河

发源于兴城街道办事处焦山北、巨山东，流域面积14.9平方公里，干流长度7公里，设计流量20年一遇131.12立方米/秒；主要建筑物桥7座；区内流经大小吕巷之间向北穿兴城街道办事处汇入蟠龙河南支。

小庄河（又名锦阳河）

发源于双顶山、九顶山之间，流域面积40平方公里，干流长度8公里，设计流量20年一遇

272 立方米/秒；主要建筑物坝 6 座、桥 9 座；区内流经曹窝、上殷庄、种庄、东西小庄汇入薛城小沙河，是城区防洪兼排污排涝河道。

曲水河

发源于邹坞镇西尚庄以北的山地，流域面积 9.17 平方公里，干流长度 6 公里，设计流量 20 年一遇 80.7 立方米/秒；主要建筑物桥 6 座；区内流经北安阳村东至庄头汇入蟠龙河北支。

隋河

发源于沙沟镇三清观、小营之间，流域面积 16 平方公里，干流长度 10 公里，设计流量 20 年一遇 141 立方米/秒；区内流经龚庄、隋河村向西南汇入杨庄沙河。

袁河（又名潘渡河）

发源于沙沟镇上殷庄村南，流域面积 30 平方公里，干流长度 6 公里，设计流量 20 年一遇 264 立方米/秒；区内流经杜塘村至关帝庙村、袁河村、郭洼村西汇入微山湖。

马庄河

发源于周营镇北部褚庄、陈庄，流域面积 14 平方公里，干流长度 5.25 公里，设计流量 20 年一遇 123.2 立方米/秒；区内流向西南经陶官至微山县马庄村南入微山湖。

大运河

在全区西南边境绕过，自沙沟镇潘庄村南穿越区境 2 公里。

许由泉

位于邹坞镇张家岭西南里许，昔日池深丈余，涌出若沸，清澈见底，平地仰出，激珠喷花。今水位埋深，昔景已不见。

陈郝泉

位于邹坞镇中陈郝村北，昔日平地突水，深碧莫测。今水位埋深。

双泉

位于邹坞镇北长鱼山下，昔日水自石罅出，古槐覆其上。今南下经于庄至后院山村入蟠龙河。

曲水泉

位于邹坞镇北部西山南，水流状如曲突，蜿蜒南下，入曲水河。

簸箕泉

位于邹坞镇北陈郝村西南山前，南流至中安阳村与曲水河汇流入蟠龙河。

龙泉

位于邹坞镇魏庄村前，水出井沟，流向西南，经后院山村入蟠龙河。

冷泉

位于邹坞镇北墓山脚下，砌石为亭以覆之。水自石孔流出，流向西南汇龙泉水入蟠龙河。

清泉

位于邹坞镇北清凉泉庄后，水自石孔出，南下经陈楼村入蟠龙河。

黑水泉

位于陶庄镇于山村东，南流至上武穴村入蟠龙河。

于山泉

位于陶庄镇于山村前，流向南入蟠龙河。

锦鸡泉

位于兴城街道办事处东南阎王鼻子山北麓，流向北经蒋庄入蟠龙河。

乱泉河

位于张范街道办事处张范村后，水出诸泉，流向西北入蟠龙河。

濯缨溪

发源于邹坞镇匡山祠南，流向西北，至东邹坞村入蟠龙河。

泥河泉

发源于张范街道办事处张范村东南，东、西横山之阴，诸泉汇流，流向西北汇入宏图河。

杭家泉

水出邹坞镇北防备大山之阳，南流至东防备村经野常子村入蟠龙河。

龙眼泉

位于兴城街道办事处西石沟南山阴，俗称乱泉子，自西石沟村北入蟠龙河。

杨峪泉

水出张范街道办事处屋山之阴，流向北经大香城村入蟠龙河南支。

清凉泉

位于陶庄南小武穴村之北，明万历年间的褚林墓碑文载有“以资运艄”句。旧《峄县志》载，此泉涌水量大，积水成湖。历代官家看护，此水不准民用，全部汇入微山湖，供京杭大运河漕运之用。后受采煤影响，水位下沉，已成汪池，汛期出水，曲折南流入蟠龙河。

杏峪泉

位于圣土山之阴，水出峪间，崎岖北流汇宏图河入蟠龙河南支。

焦山泉

水出焦山之阴，多沟壑汇为池，为宏图河之源，人称龙王汪。现拦山截流，建成黑峪水库。

巨山泉

位于兴仁街道办事处东巨山村巨山西，水出巨山峭壁之中，常年流水不断，村人饮之并灌溉菜园，汛期水大西流，为小沙河发源地。

溜子泉

位于兴仁街道办事处西巨山村三官庙大殿之阴，水出横石下，口大如瓶，常年不涸。“文化大革命”期间，拆庙炸泉，变为池。

朝阳泉

位于兴仁街道办事处九顶山前朝阳洞内。清《滕县志》载：至二洞，府而入，中有石如止屏，缘屏前行十余步，至三洞，磴数十级阶，燃炬入，则石屏如砥，四壁光滑，可容数百人。一泉自上滴沥，石盂承之，饮之甘绝，凉尤冰齿。游者至此，不敢复进。

临泉

位于临山东北山麓下，往昔常年流水，今水位埋深，冬季干涸，夏季汛期出水。

龙眼泉

位于兴仁街道办事处西托村北金牛岭之阳，汛期泉出，夏季多干涸。

温水泉

位于兴仁街道办事处匡山腰村西，昔常年流水，水质优良。20 世纪 30 年代，德国神父朱司铎驻北临城天主教堂，每日派人到温泉取水饮用。20 世纪 60 年代，炸泉扩大水源，水系破坏，变为池。汛期出水，入蟠龙河。

金河泉

水出常庄镇王开村，流向南入万漳河西支。

泉头泉

水出常庄镇泉头村，流向南绕黄龙山入万漳河东支。

黄沟泉

水出常庄镇东、西黄沟泉村之间，流向南汇泉头水入万漳河东支。

泥沟泉

位于常庄镇东西泥沟泉村北，多泉出水，入万漳河东支。

水寨泉

水出常庄镇水寨村后沟壑内，常年不干，流向西南入万漳河西支。

大山泉

位于常庄镇柏山西麓，汛期出水，经吴庄入万漳河西支。

朝阳洞泉

位于陶庄镇奚公山北麓，水出石隙，清澈甘冽。

玉华泉

位于沙沟镇朝阳山北麓，水出石隙，清澈甘冽，常年不涸，为杨庄大沙河发源地。

凉泉

水出沙沟镇朝阳山西麓，流向北，玉华泉水绕山三面入杨庄大沙河。

牛山泉

水出周营镇牛山南麓，经邵楼南至张场入大运河。

亘古泉

水出沙沟镇后北常水库下游，常年不涸，流向东汇入杨庄大沙河。

凉泉子

水出沙沟镇后北常村东北半山腰，砌石成池，常年不涸向南汇入杨庄大沙河。

蛤蟆泉

位于沙沟镇张庄村圣土山榴花峪南麓，水出石隙，清澈甘洌，村民常取水饮用，常年不涸，蜿蜒南下汇入周营大沙河。

曹窝山泉

位于沙沟镇曹窝村北，水出石隙，清澈甘洌，取水饮用每日人流如织，常年不涸流向西汇入小庄河。

第二节 水 文

薛城区属淮河流域运河水系。河流多系季节性河流，径流主要由降水补给，受季节性影响较大，结冰期短，一般情况下，山区径流系数大于平原，平原降水入渗系数大于山区；全区多年平均径流量为11482万立方米，折合径流深226毫米，降水入渗补给量130.4毫米，径流系数0.279，降水入渗补给系数0.161，产水模数27.5万立方米每平方公里；年最大径流量20930万立方米，最小年径流量仅343万立方米，径流量年度变差系数CV=0.78，年内降水主要集中在汛期6—9月，受地势影响，年径流深在地域上的分布很不均匀，一般自上游向下游逐渐减小。

薛城区主要河流薛城大沙河下游设水文站一处，自1960年设站至今，测得多年平均径流量6870万立方米，1971年最大径流量20600万立方米，1983年最小径流量537万立方米，75%的径流集中在汛期，枯水期仅占径流量的25%，平均汛期径流量为2572万立方米，平均枯水期径流量849万立方米。据水文站观测资料分析，大沙河1至5月基本没有泥沙，河水比较清澈；来沙量主要集中在汛期7—8月几次较大洪水中，含沙量占全年含沙量的90%以上。

第四章 气 候

薛城区地处北温带，属暖温带季风大陆性气候，是我国南北气候过渡带，四季分明，冬季盛行偏北风，气候寒冷干燥；春季偏南风较多，若有较强冷空气南下，会造成强降温或冷霜冻；夏季天气炎热，湿润多雨；秋季气温明显下降，降水骤减，多秋高气爽天气。

第一节 气 温

平均气温

薛城区年平均气温为15.0℃。冬季（12月至次年2月），蒙古高压控制我国，薛城区位于蒙古冷高压的东南部，盛行偏北风，气候寒冷干燥，平均气温最低，为2.4℃；春季（3—5月）是大气环流由冬到夏转换的季节，太阳高度角增加，辐射量增大，气温回升较快，平均气温为15.3℃；夏季（6—8月）受大陆热低压和西太平洋副高的影响，天气炎热，湿润多雨，平均气温最高，为26.4℃；秋季（9—11月）是大气环流由夏到冬的转换季节，随着蒙古高压的建立和加强，太阳辐射减弱，气温逐渐下降，平均气温为16.0℃。

薛城区平均气温年内变化为单峰型，最冷月为1月，平均气温为0.7℃。从1—7月，气温逐渐升高，最热月为7月，平均气温为27.4℃。之后，气温逐月下降。

单位:℃

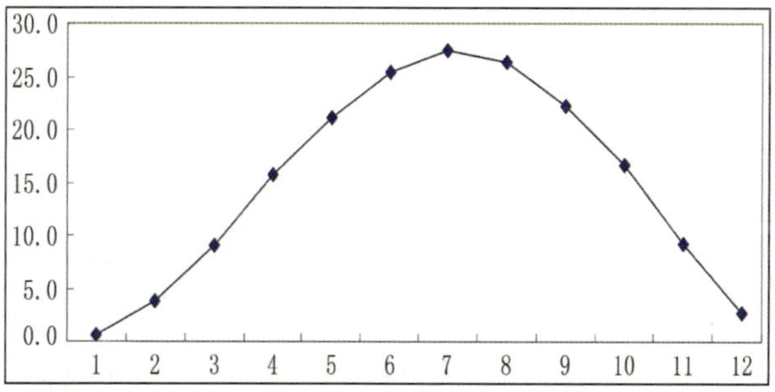

图2-1 1991—2013年薛城区各月平均气温示意图

高温期与低温期

薛城区年平均最高气温为19.9℃。冬季平均最高气温为7.0℃；春季平均最高气温为20.7℃；夏季平均最高气温为31.0℃；秋季平均最高气温为21.0℃。年平均最低气温为10.9℃。冬季平均最低气温为-1.3℃；春季平均最低气温为10.5℃；夏季平均最低气温为22.6℃；秋季平均最低气温为11.9℃。极端最高气温为39.9℃，出现在2002年7月15日，极端最低气温为-12.9℃，出现在1991年12月28日。

日最高气温≥35℃的天气称为高温日，薛城区日最高气温≥35℃的年平均高温日数为9天，一般出现在5月下旬到9月中旬，主要集中在6月（占27.6%）和7月（52.1%）。5—7月上旬出现的高温主要是干热型高温，7月中旬以后多是湿热型高温。日最高气温≥35℃的平均初日为6月15日，平均终日为8月6日，初终间日数平均为51.8天。最长连续高温日数为12天，出现在2012年7月22日至8月2日。高温日数的年际变化很大，最多年22天（1994年及2002年），最少年为0天（2008年）。至2013年年底，历史上薛城区≥40℃的酷热日还未出现过。

日最低气温≤-10℃称为低温日。低温日较少出现，1991—2013年，日最低气温≤-10℃的日数为19天，多年平均不足一天，一般出现在12月下旬至次年2月中旬，其中1月份占63%。最长连续低温日数为3天，出现在1991年12月28—30日和1998年1月18—20日。年最多低温日数3天（1991年和1998年），1991—2013年，低温现象间隔出现，间隔年数不定，年内连续出现日数也较短。

气温日较差、年较差

一日中最高气温与最低气温的差值称为气温日较差，它表示气温的昼夜变化幅度。薛城最高气温日较差极值为20.5℃，出现在2010年3月19日。最小气温日较差极值为0.9℃，出现在2011年11月5日。年平均气温日较差为9.0℃。冬季由于昼短夜长，白天吸热不多，夜间散热也有限，平均气温日较差较小为8.3℃；春季太阳辐射增强，白天增温快，夜间降温迅速，因而日较差较冬季明显增大，是日较差最大的季节为10.1℃；夏季太平洋副热带高压北上，降水增多，气温日较差普遍减小为8.4℃；秋季正值秋高气爽的季节，太阳光照充足，气温日较差较夏季回升为9.2℃。

气温日较差年内变化为双峰型。8月为谷值，日较差为全年最低7.6℃。4、5月为第一个峰值，也是全年最高为10.3℃，10月为第二峰值为9.8℃。最热月平均气温与最冷月平均气温之差称为气温年较差，它表示冬冷夏热的程度。气温年较差的大小与纬度的高低、地形及天气活动等因素有关。气温年较差为26.9℃。

单位：℃

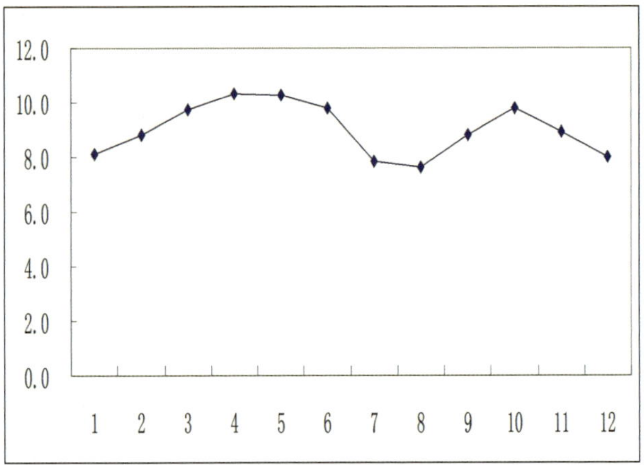

图2-2　1991—2013年薛城区各月气温日较差变化示意图

第二节　降　水

薛城区地处东亚季风区，降水具有地区分布差异显著、季节分配不均、年际变化大等特点，降水多而集中的年份会发生洪涝灾害。

降水量的分布

薛城区年平均降水量为780.9毫米。由于处在季风区，气候受季风影响明显。各季降水量分布很不均匀，因夏季风带来的丰富水汽造成夏季降水最多，而冬季风影响的冬季则降水最少。秋季降水多于春季。冬季平均降水量为39.2毫米，占全年降水量的5%，春季平均降水量为129.9毫米，占全年降水量的17%，夏季平均降水量为481.5毫米，占全年降水量的62%，秋季平均降水量为130.4毫米，占全年降水量的17%。

单位：毫米

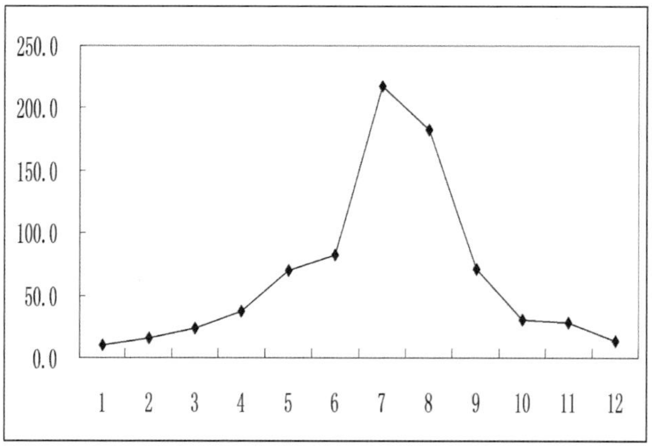

图 2-3　1991—2013 年薛城区各月平均降水量示意图

降水量的变化

薛城区降水量的年际变化较大。最多年降水量为 1317.0 毫米，出现在 2003 年，最少年降水量为 527.6 毫米，出现在 2002 年。最多年降水量和最少年降水量之比达 2.5 倍。降水相对变率是指某时段降水量距平绝对值的多年平均值与该时段多年平均降水量的百分比。它可以衡量一地某时段降水变化的稳定程度及旱涝出现的可能性的大小。降水相对变率大，说明该地降水稳定性差，易发生旱涝灾害；降水变率小，说明该地降水稳定。一般地降水变率大于 25%，农作物就容易遭受不同程度的旱涝灾害。薛城年降水相对变率为 18%。各月降水变率都比年降水变率大。一年中相对变率最大的月份出现在 1 月达 99%，最小的月份出现在 8 月为 39%。

日最大降水量及降水强度

薛城区一日最大降水量为 191.9 毫米，出现在 1993 年 8 月 5 日。

平均降水强度是指单位时间内降水量的多少，是反映降水量可利用价值的参数。年平均降水强度等于年降水量/年降水日数。薛城的年降水强度为 9.9 毫米/雨日。月平均降水强度以 1 月最小为 2.9 毫米/雨日，从 1 月开始，降水强度逐渐增大，7 月达到最大为 17.2 毫米/雨日，以后各月降水强度又逐渐减小。

降水日数

规定日降水量≥0.1 毫米为一个降水日。薛城区年平均降水日数为 79 天。降水日数季节差异较大。冬季平均降水日数最少为 12 天，占全年 15%；春季平均降水日数为 18 天，占全年的 23%；夏季是薛城区的雨季，因此降水日数最多为 32 天，占全年的 41%；秋季平均降水日数为 18 天，占全年的 23%。

将降水分成 6 个等级：小雨（0.1～9.9 毫米）、中雨（10.0～24.9 毫米）、大雨（25.0～49.9 毫米）、暴雨（50.0～99.9 毫米）、大暴雨（100.0～199.9 毫米）及特大暴雨（≥200 毫米）。薛城区降水以小雨最多，为 56.5 天，占降水日数的 72 %；中雨日数明显小于小雨日数，为 13.4 天，占降水日数的 17%；大雨日数为 5.7 天，占降水日数的 7%；暴雨日数为 2.4 天，占降水日数的 3%；大暴雨日数为 0.3 天，占降水日数的 0.4%；薛城区自有气象记录以来还未曾出现过日降水量≥200.0 毫米以上的特大暴雨。

降雪和积雪

薛城区平均初雪日为 12 月 18 日。初雪日最早为 11 月 8 日（2000 年），最晚为 2 月 5 日（2014 年）。平均终雪日为 2 月 24 日。终雪日最早为 12 月 30 日（2006 年），最晚为 4 月 14 日（2010 年）。年平均降雪日数为 7.9 天。降雪日数的年际变化较大。年最多降雪日达 15 天（2000 年），年最少降雪日只有 2 天（2006 年）。降雪日数年内变化曲线呈单峰型，降雪主要集中在冬季，其中 1 月最多，平均降雪日为 3 天。

当近地面的气温较长时间保持在 0℃以下时，可形成积雪。积雪平均初日为 12 月 24 日。积雪平均终日为 3 月 1 日。年平均积雪日数为 5.9 天。积雪日数以冬季最多，其中 1 月份最多，平均为 2.3 天。积雪日数的年际变化较大。最多年积雪日数可达 13 天（2004 年），最少年积雪日数为 0 天（2008 年和 2011 年）。平均积雪期是指平均初积雪日到平均终积雪日之间的日数。平均积雪期为 68 天。最大积雪深度为 11 厘米，出现在 2004 年 12 月 22 日。最长连续积雪日数为 10 天（1998 年 1 月 14—23 日）。

第三节　风向和风速

风　向

薛城区地处东亚季风区，冬夏季风向有明显的转换。冬季受蒙古高压控制，薛城处于高压中心东南侧，一般盛行偏北风；春季蒙古高压势力减弱，偏北风减少了，偏南风逐渐占主导地位；夏季受中心位于印度北部的强大热低压控制，因此大部分地区偏南风；秋季蒙古高压重新建立，夏季风逐渐被冬季风取代，大部分地区出现偏北风和偏南风共存的现象，但偏南风略占优势。

全年的主导风向是东南风，频率为11%。4—7月是东南风盛行期，6月、7月为最盛时期，频率为14%。8月盛行东风，频率12%。9月、10月盛行东风和东南风，11—12月盛行东风、东南风和西北风，1—3月盛行E风、其次盛行东南风、东到东南风。11月至次年1月偏北风频率高于其他月份，6—7月偏北风频率达到最低。

风　速

薛城区年平均风速为1.9米/秒。冬季平均风速为1.8米/秒，春季平均风速最大为2.3米/秒，夏季平均风速为2.0米/秒，秋季平均风速最小为1.7米/秒。平均风速的年内变化以3月、4月、5月最大，平均为2.3米/秒，9月、10月、11月、12月、1月最小，均为1.7米/秒。风速日变化以午后最大（因午后对流、湍流旺盛，上层动量下传），日落前风速开始急减，凌晨日出前最小。薛城区最大风速为21.1米/秒，出现在2006年4月28日。

根据《地面气象观测规范》规定，瞬时风速≥17.2米/秒（目测估计风力大于或等于8级），记为大风，这一天不论大风持续多长时间，均记为一个大风日。寒潮、强冷空气、台风、雷暴以及强对流天气都有可能带来大风。大风的多少主要取决于天气系统的强弱，还取决于当地的地理环境。年平均大风日数为1.1天。春季大风日数最多为0.68天，其次是夏季为0.34天，冬季为0.10天，秋季最少为0.05天。各月中3月大风日数最多为0.43天，8、9、10、12、1五个月份在过去的24年中未出现过大风。大风日数的年际变化较大，最多年7天（2006年），最少年为0天（1999年）。

第四节　湿　度

相对湿度

湿度是表示空气潮湿程度的物理量。气象业务中通常用相对湿度来衡量。相对湿度表示空气中实际水汽与当时温度下的饱和水汽压之比，用百分比表示。当空气中水汽压一定时，温度升高则相对湿度下降。相对湿度越小表示空气越干燥。

年平均相对湿度为67%。不同季节的相对湿度有明显差异。四季中春季相对湿度最小为61%，冬季次之为62%，夏季已经进入雨季，相对湿度最大为75%，秋季相对湿度69%。相对湿度的年内变化主要受气温高低和地面潮湿程度等综合影响。平均相对湿度最高值出现在闷热多雨的8月为81%，其次是7月为80%；最低值出现在3月，平均为58%。相对湿度日变化和气温日变化相反，最高值出现在清晨4—6时（一般气温最低时），6时以后相对湿度逐渐下降，到气温最高的14—15时降到最低，之后又开始升高。最小相对湿度反映大气的干燥程度。薛城最小相对湿度为6%（1995年）。

蒸发量

薛城区年平均蒸发量为1670.1毫米。四季中冬季蒸发量最小为163.8毫米，春季蒸发量较冬季显著增大为553.2毫米，夏季蒸发量最大为603.3毫米，秋季蒸发量较夏季明显减小为349.8毫米。由于影响蒸发量大小的主要因素是温度、风速、空气湿度、日照等，使得蒸发量变化具有明显的季节特征。蒸发量最大值出现在6月为241.0毫米，最小值出现在1月为47.5毫米。

第五节　云量和日照

云和日照在一定程度上决定当地的气温变化

特征和气候干湿情况。在云多日照少的地方气温变化和缓，气候湿润。相反，则气温变化剧烈，气候干燥。

云量

云量是指云遮蔽天空视野的成数，在0～10成的范围内变化。云量可分为总云量和低云量两种。总云量是指天空被所有的云遮蔽的总成数，低云量是指天空被低云遮蔽的成数。薛城区年平均总云量为5.6成，年平均低云量为1.7成。四季中总云量和低云量均是冬季最少，分别为4.9成和0.9成，春季云量较冬季有所增多，分别为5.5成和1.3成，夏季云量最多分别为6.7成和2.9成，秋季云量较夏季明显减少，分别5.2成和1.6成。

云量的年内变化与大气环流和天气系统的季节变化有关。最多月出现在7月，总云量和低云量分别为7.2成和3.4成，总云量最少月出现在12月，低云量最少月出现在1月，总、低云量分别为4.4成和0.8成。

日照

日照时数是指太阳实际照射到地面的时数，其长短取决于纬度的高低和季节的变化，同时还受云雾、阴雨等天气条件影响。薛城年平均日照时数2060.6小时。四季中冬季日照时数最少为418.5小时，春季日照时数最多为619.3小时，夏季日照时数少于春季为535.7小时，秋季日照时数为487.1小时。日照时数最多的月份出现在5月为225.5小时，最少的月份出现在2月为133.9小时。

日照百分率是指实际日照时数占可照时数的百分比，可表明天空的晴朗程度，反映天气条件对日照时数的影响。薛城年平均日照百分率46%。冬季日照百分率为45%，春季日照百分率最多为52%，夏季是雨季，因而日照百分率最少为42%，秋季日照百分率为48%。日照百分率仅与天气有关，因而其年内变化与日照时数有较大差异。日照百分率的年内变化曲线振幅较小。最大值出现在4月为54%，最小值出现在7月为38%。

第六节 霜和雾

霜

霜是水汽在地面及近地面物体上凝华而成的白色松脆的冰晶；或由露冻结而成的冰珠。薛城区平均初霜期是11月4日，最早10月11日（1998年），最晚是11月24日（2005年）；年平均终霜期是3月21日，最早2月21日（2014年），最晚4月15日（2010年）。年平均无霜期228天，最长达254天（2014年），最短214天（2003年）。

雾

近地层水汽凝结成水滴或冰晶悬浮在空中，使能见度小于1公里天气现象，称为雾。薛城区年平均大雾日数为11.5天。冬季雾日数最多为6.7天，夏季雾日数最少为0.8天，春季雾日数为1.3天，秋季雾日数较夏季显著增多为3.6天。雾日数的年际变化也很大，最多年达25天（2007年），最少年3天（1995、2010年）。

第七节 地温和冻土

地温

地面温度是指直接与土壤表面接触的温度表所示的温度。薛城区年平均地面温度为16.9℃。冬季平均地面温度最低，为2.0℃；春季平均地面温度为18.6℃；夏季平均地面温度最高为30.0℃；秋季平均地面温度为17.2℃。地面温度的年内变化与气温基本一致，均为单峰型。最高值出现在7月为30.5℃，次高值出现在8月为29.8℃，最低值出现在1月为0.4℃。年平均最高地面温度为31.5℃，年平均最低地温度为8.9℃。年极端最高地面温度为67.4℃，出现在2014年7月22日。年极端最低地面温度为-13.1℃，出现在1999年12月22日。

冻土

薛城地表的土壤冻结平均初日是11月20日，平均终日是3月8日。最早冻结初日是11月9日（2002年），最晚终日3月13日（2005年、2006年）。最大冻土深度为19厘米，出现在2011年1月。

第五章　自然资源

第一节　土地资源

土地总量50650.33公顷（含高新区）。耕地26248.43公顷；园地876.94公顷；林地3202.75公顷；草地863.74公顷；城镇村及工矿用地10953.26公顷；交通运输用地3634.82公顷；水域及水利设施用地2546.78公顷；其他土地2323.61公顷。

2013年薛城区土地类型分布表

表2-1　　单位：公顷

类型／面积／镇街	耕地	园地	林地	草地	城镇村及工矿用地	交通运输用地	水域及水利设施用地	其他土地	合计
临城办事处	377.68	5.81	58.59	1.77	791.21	107.03	76.98	15.35	1434.42
沙沟镇	5100.47	146.15	468.99	71.41	1176.69	600.99	589.42	329.05	8483.17
周营镇	5969.92	9.91	346.60	23.49	1041.58	656.69	503.30	67.68	8619.17
邹坞镇	3296.01	103.13	537.45	138.84	977.94	326.66	263.57	253.53	5897.13
陶庄镇	2937.80	66.10	445.13	282.39	1495.77	436.39	358.43	386.77	6408.78
常庄镇	2882.86	79.35	281.04	28.95	1555.24	389.49	305.93	90.64	5613.50
巨山办事处	1039.75	186.22	244.56	125.76	1551.66	403.45	94.90	279.20	3925.50
兴仁办事处	627.24	56.91	123.29	75.67	687.26	172.33	80.68	138.17	1961.55
兴城办事处	962.90	94.22	237.16	19.11	702.94	192.60	74.94	356.07	2639.94
张范镇	3053.80	129.14	459.94	96.35	972.97	349.19	198.63	407.15	5667.17

土地利用

1993年7月，薛城区制订《土地利用总体规划》并付诸实施。配合市驻地西迁和枣庄市城市布局调整的趋势，沿光明路为东西轴向迅速发展，尽快形成区域性中心城市；配合枣庄市构筑枣薛滕三角形城镇密集区的需要，统筹土地利用与城乡社会协调发展，构筑保障和促进科学发展的土地利用新机制。不断提高土地资源对全区作为资源枯竭性城市可持续发展的保障能力。

“一保”：保障有足够数量和质量的农用地。确保枣庄市政府下达薛城区耕地保有量26248.6公顷，努力实施耕地占补平衡，并采取切实可行措施，使耕地质量不断提高。通过划定基本农田保护区。切实保护基本农田，稳定农业发展的基础。

“二扩”：扩大园地种植面积，建立以高产优质苹果、梨、枣、石榴等为主的水果基地，以及药材、花卉等生产基地。扩大用材林、防护林、经济林面积，做到林地面积不断增加，形成比较完备的森林生态体系和比较发达的林业产业体系。建立一定规模的速生丰产用材和优势高效经济林基地。

“三着力”：着力保障发展替代产业的用地和矿产综合利用产业项目用地需求，促进城市转型和可持续发展；着力保障发展文化旅游产业用地，促进旅游服务业发展；着力提升城市功能，保障开发区建设用地，促进城市用地的集聚化和规模化。

“四推进”：推进中低产田改造，逐年提高高产稳产农田占耕地比例。推进土地综合整治。大力开展土地整理、复垦和开发，提高耕地占补能力。推进低产林地、园地和水面改造，逐步提高林地、园地和水面的集约经营水平和生产率。推进土地生态建设，恢复工矿废弃地生态功能，不断提高生态系统自我修复能力。

耕地保护

严格控制耕地减少，加大补充耕地力度。严格控制耕地的占用，认真落实“占补平衡”制度；加强对各种破坏耕地违法行为的打击力度，遏制住耕地减少的势头。加大财政投入，开发现有耕地后备资源，及时开发复垦工矿废弃地。大规模开展土地综合整治。广泛开辟各种补充耕地的途径，加大补充耕地的力度。

1997 年 7 月，制订基本农田保护区规划，共 25533.3 公顷。制定加强基本农田保护区建设的一系列措施，确保基本农田总数不变。建立健全耕地后备资源储备库，划定耕地后备资源保护区，严格限制各种非农建设占用，推进土地整理复垦开发。

2003 年，完成国家投资薛城石门土地整理项目，土地整理面积 438.3 公顷，新增耕地 125.55 公顷，项目投资 894 万元；完成第二批国家投资南石采煤塌陷地复垦项目，规模 1000 公顷，新增耕地 799 公顷，投资为 4829 万元。

2004 年，完成省级投资薛城区周营等镇土地整理项目，规模 551.4 公顷，新增耕地 79.4 公顷，投资为 1241 万；完成第二批国家级投资常庄等镇土地整理项目土地开发整理项目，土地整理面积 771.1 公顷，新增耕地 109.9 公顷，新增耕地率 14.3%，项目投资 1654 万元。2005 年，完成第二批国家投资邹坞镇采煤塌陷地复垦项目规模 534.2 公顷，新增耕地 237.6 公顷，投资 1690 万元；完成第二批国家投资枣庄市薛城区陶庄镇采煤塌陷地复垦项目，土地总面积 1081.99 公顷，土地复垦面积 903.67 公顷，新增耕地面积 394.21 公顷。投资 4510 万元；完成第二批省级投资薛城区陶庄镇夏庄等土地整理复垦项目，土地复垦面积 154.7 公顷，整理区 160.7 公顷，新增耕地 81.88 公顷，项目投资 1413 万元。

2007 年，完成国家级投资常庄沙沟基本农田整理项目，土地整理面积 1997.4 公顷，新增耕地 62.3 公顷，项目投资 2956 万元。

2013 年，完成市级整理复垦项目薛城区高标准基本农田建设项目，规模 774.4 公顷，投资 497.08 万元。

在项目实施的过程中，严格实行项目法人制、招投标制、工程监理制、合同制、公告制等五项制度。

加强对农用地结构调整的引导。合理引导种植业内部结构调整，确保不因农业结构调整降低耕地保有量。各类防护林、绿化带等生态建设尽量避免占用耕地，确需占用的，切实履行好补充耕地义务。

全区土地利用现状面积 50650.33 公顷，其中耕地 27025.04 公顷，占 53.36%；林地、园地及草地 5310.18 公顷，占 10.99%；城镇村及工矿用地 9922.61 公顷，占 19.59%；水域及水利设施用地 3372.54 公顷，占 6.66%；交通运输用地 2620.43 公顷，占 5.17%；其他土地 2399.53 公顷，占 4.74%。

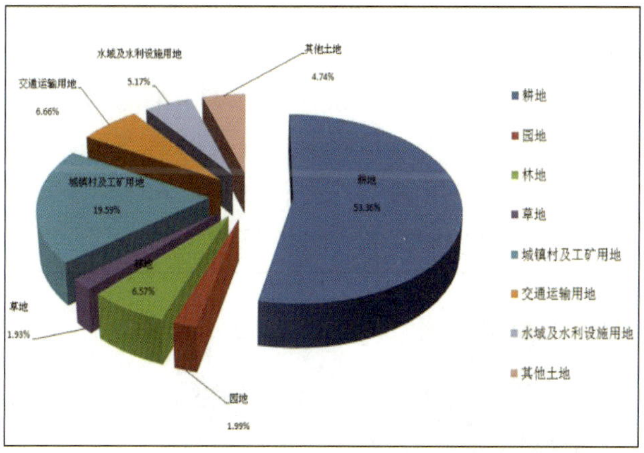

图 2-4　2013 年薛城区土地利用一级分类构成示意图

耕地及其分布

全区耕地面积 27025.04 公顷，耕地地类构成以旱地为主，面积 22956.73 公顷，占耕地面积的

84.95%；水浇地次之，面积 4068.31 公顷，占 15.05%。

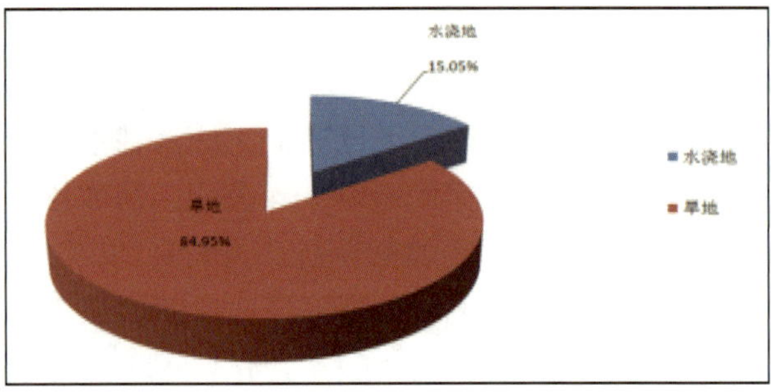

图 2-5　2013 年薛城区耕地构成示意图

园地及其分布

园地二级分类中茶园面积仅有 0.33 公顷，占全区园地面积的 0.03%。园地构成果园为主，面积 999.37 公顷，占园地面积的 99.38%，其中可调整果园 192.79 公顷；其他园地面积 5.92 公顷，占 0.59%。

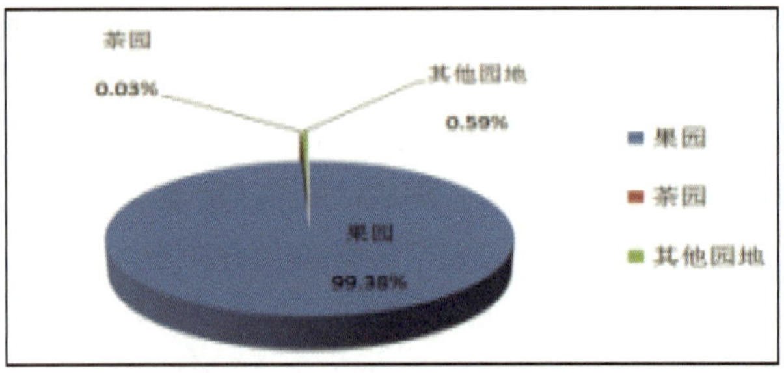

图 2-6　2013 年薛城区园地构成图

林地及其分布

全区林地面积 3325.53 公顷，林地构成以有林地为主，面积 2112.82 公顷，占全区林地面积的 63.53%，其中可调整有林地 335.49 公顷；其他林地面积 1203.61 公顷，占全区林地面积的 36.19%，其中可调整其他林地 308.46 公顷；灌木林地面积 9.10 公顷，占 0.27%。

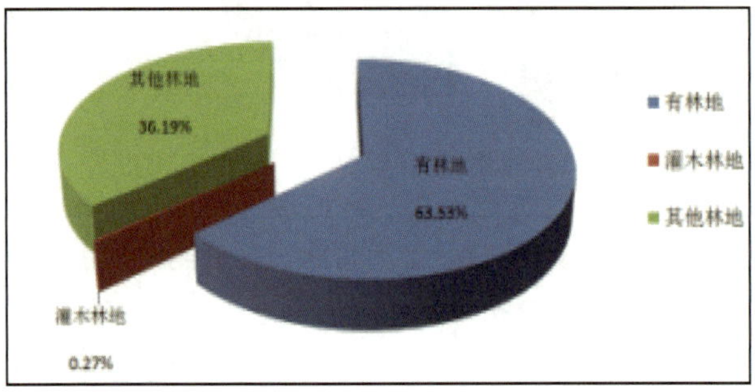

图 2-7　2013 年薛城区林地构成图

城镇村及工矿用地

城镇村及工矿用地面积 9922.61 公顷。其中村庄面积最大，为 5400.02 公顷，占城镇村及工矿的 54.42%；建制镇面积 1183.61 公顷，占 11.93%；城市面积 2749.48，占 27.71%；采矿用地面积 490.06 公顷，占 4.94%；风景名胜及特殊用地面积 99.44 公顷，占 1%。

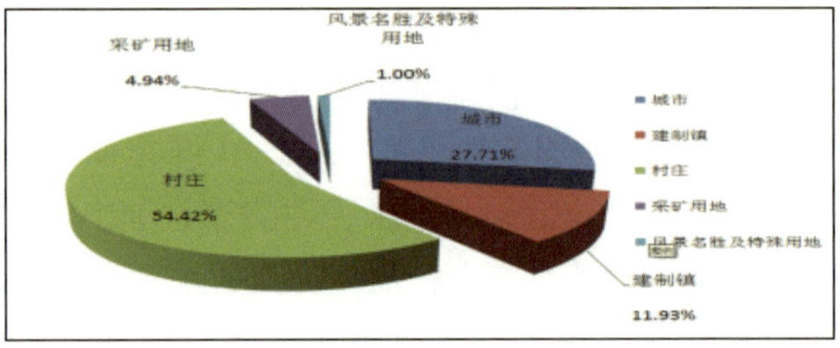

图 2-8　2013 年城镇村及工矿用地分类构成图

交通运输用地

全区交通运输用地面积 3372.54 公顷，占总面积的 6.66%，其中铁路 305.24 公顷，占交通运输用地的 9.05%；公路用地 1302.98 公顷，占 38.63%；农村道路 1758.40 公顷，占 52.14%；港口码头用地 5.92 公顷，占 0.18%。

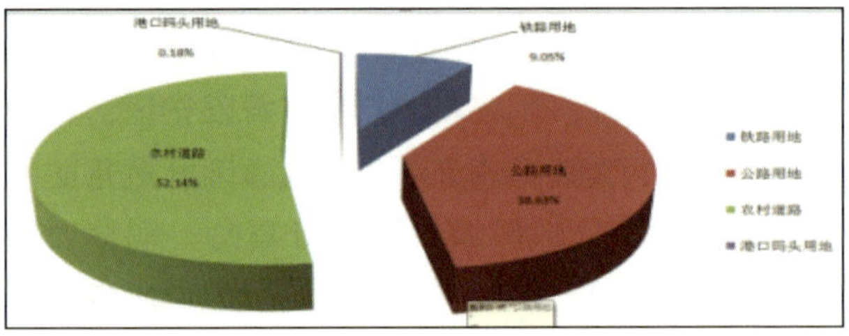

图 2-9　2013 年薛城区交通用地分类构成图

水域及水利设施用地

全区水域及水利设施用地面积 2620.43 公顷，构成以河流水面（955.65 公顷）和沟渠（898.17 公顷）为主，占全区水利设施用地总面积的 70.74%；坑塘水面 658.43 公顷，占全区水利设施用地总面积的 25.13%。

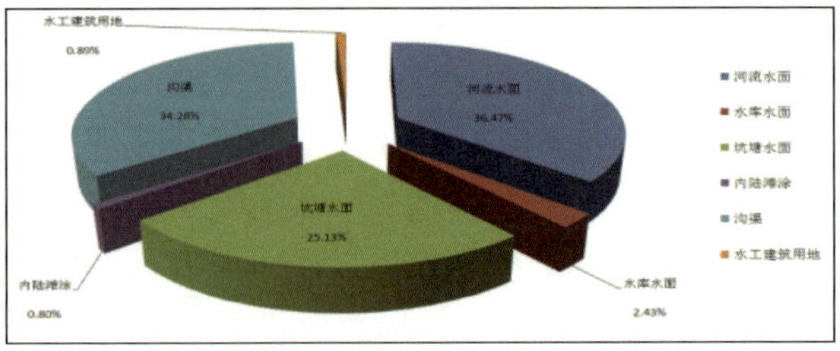

图 2-10　2013 年薛城区水利设施用地分类构成图

其他土地

在其他土地构成中，以裸地最大，面积1564.45公顷，占其他土地面积的65.20%；设施农用地280.99公顷，占其他土地的11.71%；田坎面积551.31公顷，占其他土地面积的22.98%；沙地面积2.78公顷，占其他土地面积的0.12%。

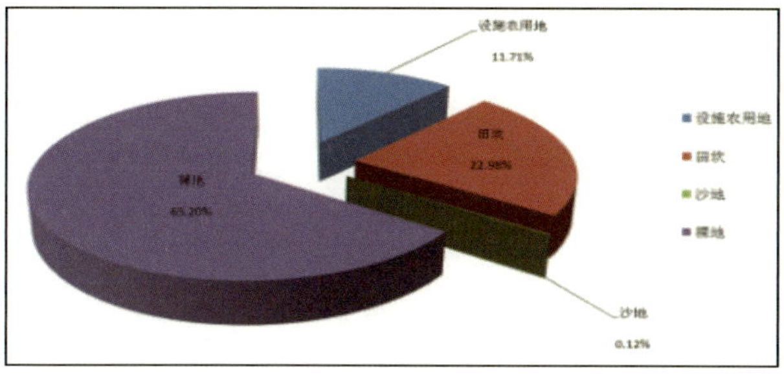

图2-11　2013年薛城区其他土地分类构成图

耕地在各乡镇中的比重

薛城区耕地分布存在不均衡现象。耕地主要分布在周营和沙沟两个乡镇，占全区面积的22.18%，而耕地面积却占全区耕地面积的41.57%。各乡镇和办事处因总面积的影响而有较大差别，耕地面积最大的是周营镇，为6030.19公顷，占全区耕地面积的22.31%；耕地面积最小的是临城街道办事处，为391.36公顷，占全区耕地面积的1.45%。各乡镇耕地面积在全区域的比重也不一样，其余街道办事处耕地面积比重均小于20%。

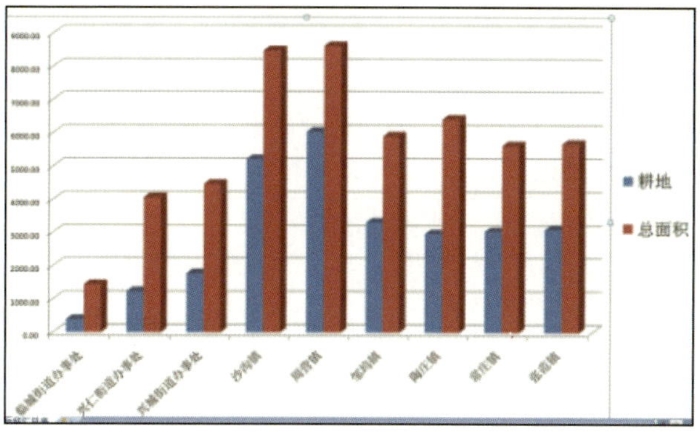

图2-12　2013年耕地在各乡镇中的比重

2013年薛城区各乡镇人均耕地统计表

表2-2　　　　单位：亩

镇街名称	陶庄镇	邹坞镇	常庄镇	沙沟镇	周营镇	巨山街道	临城街道
人均耕地亩数	0.46	0.897	0.89	1.54	1.72	0.4	0.06

2013年薛城区人均耕地不足1亩村庄一览表

表2-3　　　　单位：亩

陶庄镇	左村	尚马村	史湖村	上武穴村	前院山村
	0.54	0.37	0.82	0.57	0.81
	徐村	天齐庙村	唐庄村	齐湖村	西防备村
	0.92	0.99	0.59	0.6	0.46
	东仓村	皇殿村	河北庄村	奚村	鲁桥村
	0.42	0.75	0.63	0.97	0.89
	千山村	马公村	大南庄村	种庄村	大陶庄村
	0.88	0.81	0.86	0.92	0.89

续表 2-3

邹坞镇	西邹坞村	西南村	庄头村	姚庄村	打席村
	0.69	0.95	0.93	0.88	0.53
	西尚庄村				
	0.92				
沙沟镇	殷庄村	黄楼村	杜塘村		
	0.97	0.87	0.88		
周营镇	周营二村	周营三村	周营四村	安乐庄村	沙河涯村
	0.90	0.80	0.73	0.97	0.98
临城街道	张桥村	挪庄村	西丁桥村	东丁社区	北二社区
	0.80	0.49	0.96	0.58	0.17
	古井社区				
巨山街道	东托一村	东托二村	东托三村	西托前村	西托后村
	0.16	0.20	0.62	0.25	0.18
	徐沃村	大吕巷村	小吕巷村	高楼村	来泉庄村
	0.51	0.86	0.96	0.87	0.32
	西巨山村	四里石社区	薛庄社区		
	0.87	0.004	0.029		
常庄镇	常庄村	单庄村	前大村	后大村	周庄村
	0.41	0.63	0.48	0.65	0.67
	店子村	石坝村	六炉村	姬庄村	西麦村
	0.66	0.72	0.94	0.89	0.99
	西姚村	东姚村	西小村	何庄村	邵庄村
	0.08	0.16	0.03	0.77	0.90
	种庄村	小山村	上于村	下于村	宋庄村
	0.59	0.82	0.88	0.82	0.73
	付庄村				
	0.51				

第二节　水资源

全区多年平均（1956—2008 年）水资源总量 13960 万立方米，其中地表水资源量 11482 万立方米，现状工程条件下可利用量 2561 万立方米，利用率 22.3%；多年平均地下水资源量 7505 万立方米，可利用量 6359 万立方米，多年平均开采量 5200 万立方米，利用率 81.77%。另有微山湖下级湖可用湖水 2360 万立方米，南水北调可用江水 2000 万立方米。

地下水资源

薛城区划分 9 个水文地质分区，分别为十里泉区 3.3 平方公里，清凉泉区 114.6 平方公里，枣陶煤田区 82.6 平方公里，枣陶盆地湯口区 8.0 平方公里，峄城盆地区 7.2 平方公里，薛南平原区 159.5 平方公里，金河泉区 45.9 平方公里，羊庄泉区 21.1 平方公里，枣南平原区 60 平方公里。根据《枣庄市水资源调查评价》统计，薛城区主要按四大水文地质单元划分，地下水可开采总量为每年 6683.9 万立方米。

枣陶煤田区　北部以北山断裂带为界，南部以煤系地层为界，构成一独立的水文地质单元，地下水含水类型可分为松散岩类孔隙含水岩组和碎屑岩类夹碳酸盐类裂隙含水岩组。区内沉积着 600 多米厚的煤系地层，第四系松散岩厚度均小于 15 米，无含水沙层，孔隙水甚微，第四系覆盖的石炭二迭系碎屑岩类孔隙水，可开采模数每年每平方公里小于 10 万立方米，可开采量每年 1073 万立方米。

薛南变质岩区　北部以花石沟断裂带为界，东部以老地层为界，西南部一直到薛城边界，占全区总面积的 43%。该区隐伏着太古界片麻岩、花岗片麻岩，地下水赋存于风化裂隙中，岩层风化深度较浅，贮水条件较差，水量很小。该区属变质岩类风化裂隙含水岩组。可开采模数每年每平方公里小于 10 万立方米，地下水主要为附近农村生活及生产用水，低洼地带有许多大口井，对工业取水无集中开采价值。可开采量每年 1137.1 万立方米。

清凉泉区　地处在城区东部，是一个独立的水文地质单元，以黑石岭、红石山一带地表及地下分水岭为界，南部以东西向展布的低山丘陵地表分水岭为阻水边界，东边界为移动边界，受两边水源地的开采影响而移动，区内寒武系和奥陶系地层分布广泛，至煤系地层顺序排列为单斜构造，奥陶系灰岩厚度大、性质纯、裂隙熔岩发育，储存空间良好；在北部齐湖—清凉泉、大吕巷—井字峪一带，单井涌水量一般在 50~200 立方米每小时，西部谷山—井字峪及南部山麓地带单井涌水量小于 100 立方米每天每米，可开采模数每年每平方公里界于 20 万~30 万立方米。可开采量 2328.9 万立方米每年。

金河泉区　地处在薛城区西部，是一个受峄山断裂和金河断裂控制的呈南北向展布的单斜式构造断块，北与滕州市交界，南以微山县为界。上部为第四系覆盖，由南向北厚度逐渐加大，上部以粗砂为主，下部以沙砾和卵石为主，具有较强的透水性、蓄水性与下伏的含水层有较强的水力联系。其下伏基岩有三种：沿花石沟断裂西侧呈南北条带形分布的石炭、二迭系岩层和峄山断裂东侧的奥陶系厚层灰岩及南部寒武系岩层，灰岩岩溶发育，富水性良好，可开采模数每年每平方公里 20 万~30 万立方米，可开采量每年 2144.9 万立方米。

金河泉区上游为滕南、枣陶煤田区东部为市中区等因素综合分析，薛城区实际地下水可开采量每年 6359 万立方米，多年平均开采量 5200 万立方米，利用率达 81.77%，除清凉泉区尚有开发潜力外，其他各区地下水开发潜力已不大。

地表水资源

薛城区地表水的补给主要来源于大气降水，区内河流多发源于全区山丘地带，系雨源型季节性河流，自北向南、自东向西分别流入京杭大运河和微山湖。受气候和地形影响，降水比较充沛，但年际变化大，年内分配不均匀。降水主要集中在汛期（6—9 月），且多集中于 7 月、8 月或几场暴雨，春季降水量占年降水量的 16.3%，夏季占 59.2%，秋季占 19.2%，冬季占 5.3%，降水量最大年份是降水量最小年份的 5.4 倍，枯水年多余丰水年，存在丰枯交替和连丰连枯现象，造成旱、涝不均，给水资源的开发利用带来困难。

1990 年前，薛城区早期的地表水开发利用以水库、塘坝等地表水拦蓄为主，最初设计和建造都是为农业灌溉服务的。

1990 年后，为促进一个流域、一个水文地质单元或灌区的水资源供需平衡，注重地表水和地下水的联合运用，来调蓄地表径流、改善地下水质，对地下水进行回灌调控地下水位，利用含水层的蓄水功能，蓄存丰水期的多余地表水量，供枯水期开采使用。

2000年后，随着天气变暖，地下水位持续下降、地表水水面萎缩、河道污染和工农业生产、生活用水量的大幅度增加，地表水的开发利用上升到新的高度，粮食蔬菜生产、水系生态、第三产业、公共绿地等基本采用地表水和中水回用。其中，地表水的开发利用占据主导位置，地下水主要作用于保障生活用水安全。

根据1956—2008年径流量系列计算成果，薛城区河道多年平均径流量11482万立方米，相当于年径流深226毫米，降水入渗补给量6625万立方米。1991—2013年，全区水库由17座增加到24座，橡胶坝由1座增加到15座，塘坝由157处增加到702处，工程拦蓄利用量由1990年的822.2万立方米增加到2561万立方米，地表水利用率由5.6%增长到22.3%，具有较大开发利用空间。

第三节　矿产资源

薛城区已完成1∶20万区域地质调查、水文地质调查、重力测量、地球化学测量和1∶10万—1∶20万航空测量、1∶5万区域地质调查。区内较多地段已进行1∶5万综合地球物理及综合地球化学测量，沙沟、袁寨山等进行过石灰岩专项地质调查。薛城区65%的勘查工作量用于煤矿勘查，非金属矿产勘查占32%左右，铁矿勘查占3%。矿产资源勘查以商业勘查为主，矿产资源补偿费项目为辅。煤勘查程度较高，其他矿产仅进行过地质普查及储量简测。煤矿：已查明井田中达到勘探（精查）的14处、详查的4处，达到详查以上程度的占查明井田总数的90%。石灰岩：黑石岭、小北山及袁寨山水泥灰岩地质详查，黑石岭熔剂灰岩、电石灰岩详查，沙沟磷矿详查，九顶山花岗石矿普查。建筑用石灰岩地质勘查程度相对较低。

基础地质调查

薛城区基础地质研究主要以小比例尺（多为1∶20万以上）的物化探测量和大面积1∶5万的区域地质矿产调查工作为主。主要有：1973年，山东省煤炭工业局枣庄矿务局陶枣煤田地质图；1980年，山东地矿局物探队编制山东省航磁△T平面图和△T平面剖面图（1∶20万），进行1∶20万枣庄幅水系沉积物测量工作；1986年，山东地矿局地质综合研究队对山东寒武纪地层及沉积相特征进行研究；1991年又编制1∶20万枣庄幅布格重力异常图；1995年，山东地质调查研究院进行1∶20万枣庄幅重砂测量工作；1991—1995年山东地质调查研究院进行1∶20万枣庄幅区调工作；1999年山东地质调查研究院提交1∶5万陶庄幅、沙沟幅地质调查报告。

矿产资源勘查

中华人民共和国成立以来，先后有十几个地质勘查单位在薛城区开展矿产资源勘查。煤矿资源勘查以勘探为主。铁矿勘查在20世纪60年代进行过一次，2005年进行一次，工作程度都是普查；磷矿的详查工作早在20世纪80年代就开始；石灰岩（水泥用石灰岩、电石用石灰岩）的工作以勘探为主，并查明熔剂用石灰岩等矿产资源；这些勘查工作，为薛城区矿业经济的发展提供资源基础。

至2013年，薛城区境域已发现矿产资源种类13种：煤、铁矿、磷矿、石膏、石灰岩（其他）、白云岩、高岭土、耐火黏土、石灰岩（建筑石料用）、砂岩（砖瓦用）、花岗石、地下水，占枣庄市已发现矿种总数（57种）的25%，查明储量矿产8种。在已发现的矿产中，非金属矿产占有69%。

1993年6月，市区矿管局工作人员在张范乡小屯村附近发现石膏矿。在奥陶系石灰岩中发现膏层，这在山东省尚属首例，填补山东省奥陶系灰岩含膏的一项空白。1996年11月，区地矿局与山东省鲁南地质工程勘察院合作，完成《薛城区地下水区域规划》。1997年4月20日，区地矿局工作人员在南石乡南山寨村西发现一处古生物化石群，赋存在前寒武系馒头组地层中。

薛城区已发现矿产资源种类一览表

表2-4

矿产类别	矿种	矿产种数	备注
能源矿产	煤	1	已探明储量
金属矿产	铁矿	1	已探明储量
非金属矿产	磷矿、石膏*、石灰岩（其他）、白云岩*、高岭土*、耐火黏土*、石灰岩（建筑石料用）、砂岩（砖瓦用）、花岗石、水泥配料用黏土	10	带“*”矿产为未探明储量，其余为已探明储量
水气矿产	地下水	1	已探明储量
总计		13	

第四节　生物资源

植物资源

林地资源　通过实施城市森林、镇村森林、通道森林、水系森林、山地森林、平原森林等六大森林体系建设，全区林业取得快速发展。2013年，全区林业用地面积12961公顷，其中有林地面积达到10813公顷，其他灌木林地26公顷，未成林造林地1502公顷，苗圃地300公顷。有林地中，防护林4026公顷，用材林1908公顷，经济林4879公顷，特用林213公顷；高标准农田林网化面积达到19261公顷，新建林网化面积2400公顷，林网控制率100%；镇村驻地总面积4601.39公顷，已绿化覆盖面积达1591公顷，林木绿化率34.6%；全区活立木蓄积由1991年的20万立方米，增加到72.5万立方米，果品产量由1991年的66.9万公斤增加到1936.8万公斤，林业产值由1991年0.2亿元，增加到4.5亿元。全区林木总覆盖面积13239公顷，森林覆盖率由1991年的11.9%提高到36.22%。

树种资源　森林植被有61科98属220多种，栽培种常见的有杨树、柳树、榆树、刺槐、泡桐、臭椿、枣树、苦楝、皂荚、桃树、杏树、柿子、石榴、核桃、梨树、山楂、花椒、樱桃、板栗、法桐、大叶女贞、合欢、玉兰、栾树、国槐、侧柏、黑松、雪松、龙柏、黄栌、桑树等。野生植被常见的灌木有酸枣、黄荆、构树、柘子、火炬、扁担杆子、胡枝子、山葡萄等。林网、四旁常见的主要树木有杨树、柳树、泡桐等。经济树以石榴、桃、核桃、柿子、杏树、花椒、樱桃等为主，城镇绿化树以大叶女贞、法桐、香樟、玉兰等为主。全区100年以上的古树共有684株（含古石榴群），其中定为国家一级古树的11株，二级古树的9株，三级古树的8株。684株古树中，国槐20株、银杏5株、毛白杨4株、丝绵木1株、石榴1株、皂荚1株、扁柏1株、构树1株。另有沙沟镇张庄村石榴古树群1处，占地面积20公顷，共有百年以上石榴650株。

林木蓄积资源　全区活立木蓄积72万立方米，人均占有1.6立方米，其中森林蓄积52万立方米，占蓄积量的72.2％；“四旁”树蓄积20万立方米，占27.8％。

动物资源

据1996年薛城区湿地资源调查、2013年薛城区第二次湿地资源调查及野生动物调查资料显示，区内兽类野生动物资源共有5目、8科、14种，主要有刺猬、普通伏翼、蝙蝠、东方蝙蝠、草兔、野兔、大林姬鼠、黑线姬鼠、大仓鼠、棕色田鼠、黄鼬、艾鼬、獾、豹猫等。其中省级重点保护野生动物4种，为黄鼬、艾鼬、獾、豹猫等。

鸟类资源共有17目、47科、205种，其中本地留鸟35种，占鸟类总数的17.1%；候鸟74种，占36.1%；旅鸟96种，占46.8%。主要有苍鹭、大白鹭、白鹭、小苇鳽、大麻鳽、白鹳、白额雁、大天鹅、小天鹅、鸳鸯、苍鹰、雀鹰、普通鵟、白尾鹞、白头鹞、游隼、燕隼、红脚隼、红隼、鹌鹑、雉鸡、灰鹤、普通秧鸡、小田鸡、大鸨、大山雀、树麻雀、山麻雀、燕雀、黄雀、灰头鹀、三道眉草鹀、田鹀、黄眉鹀、芦鹀、乌鸦、家燕等。其中，国家一级保护鸟类1种，为白鹳；国家二级保护鸟类22种，为白额雁、大天鹅、天鹅、鸳鸯、苍鹰、雀鹰、普通鵟、白尾鹞、白头鹞、游隼、燕隼、红脚隼、红隼、灰鹤、小杓鹬、小青脚鹬、红角鸮、雕鸮、斑头鸺鹠、纵纹腹小鸮、长耳鸮、短耳鸮；山东省重点保护鸟类34种，为石鸡、环颈雉、水雉、斑鸠、四声杜鹃、星头啄木鸟、棕腹啄木鸟、凤头百灵、黑枕黄鹂、普通夜鹰、苍鹭、草鹭、白鹭、大白鹭、灰雁、斑头雁、针尾鸭、黄雀等。

两栖动物共有1目、4科、10种。主要有花背蟾蜍、黑斑蛙、金线蛙等。

昆虫共有13目、62科、168种。主要有美国白蛾、光肩星天牛、桑天牛、杨小舟蛾、杨扇舟蛾、蚧类、蛴螬、地老虎、蝼蛄、姬蜂、赤眼蜂、寄生蝇类、瓢虫、步甲、草蛉、草虻、食蚜蝇、猎蝽、花蝽、网蝽、蚂蚁、刺蛾类、毒蛾类、尺蠖类等。

第六章　自然灾害

第一节　旱　灾

薛城区每年均有不同程度的旱灾发生。春旱一般发生在3—5月小麦生长的关键时期，多数年份需要欠墒播种，春旱平均三年两遇；夏播旱一般发生在6月1—20日套种玉米拔节和棉花开花现蕾前的旺盛时期。1958—1983年夏播大旱有10次，平均二至三年一遇，偏旱年三年一遇；伏夏旱一般发生在7月11日至8月20日夏季作物生长的旺盛期，大旱年，平均四至五年一遇，偏旱年平均五年一遇；秋旱一般发生在9—10月秋作物后期生长时期。

1992年4月，11—12月，作物受旱面积15930公顷，成灾3690公顷，旱灾损失粮食1.05万吨。1996年1—2月、5月，作物受旱面积

18167公顷，成灾11667公顷，旱灾损失粮食1.65万吨。1997年6—7月，作物受旱面积18300公顷，成灾11500公顷，旱灾损失粮食2.01万吨。1999年6—7月，作物受旱面积16200公顷，成灾10200公顷，旱灾损失粮食1.56万吨。2001年春秋两季全区发生特大干旱，作物受旱面积12500公顷，成灾8500公顷，旱灾损失粮食1.05万吨。2002年1—4月，作物受旱面积18500公顷，成灾12100公顷，旱灾损失粮食2.25万吨。2007年和2008年两年间，全区农业受旱面积22500公顷，因旱绝收面积4800公顷，因干旱造成粮食减产2.14万吨，经济作物损失714万元。2010年9—12月，降水仅1毫米，至2011年2月旱灾频率达百年一遇，受灾农田面积达18800公顷。

1991—2013年薛城区旱灾情况统计表

表2-5

年份	作物受旱面积（万亩）	作物受灾面积（万亩）			旱灾损失	
		总计	其中		粮食（万吨）	经济作物（亿元）
			成灾	绝收		
1991	17.625	12.99	3.495		0.62	0.00071
1992	23.805	17.355	5.535		1.05	0.0013
1993	7.905	4.995	1.455		0.3	0.0036
1994	9.96	6.585	3.03		0.6	0.00075
1995	8.85	5.205	1.68		0.35	0.0045
1996	27.2505	17.5005	8.25		1.65	0.0021
1997	27.45	17.25	10.05	0.15	2.01	0.0027
1998	7.5	5.4	1.8		0.36	0.0051
1999	24.3	15.3	7.8		1.56	0.0022
2000	17.4	13.05	3.75		0.75	0.0011
2001	18.75	12.75	5.4		1.05	0.00158
2002	27.75	18.15	8.7	0.6	2.25	0.0036
2003	16.35	11.7	3.9		0.75	0.004
2004	18.75	12.9	4.8		0.96	0.158
2005	12.3	6.495	4.95	0.45	0.95	0.156
2006	22.95	20.1	1.395		0.3	0.051
2007	15.75	2.1	1.8	0.15	0.39	0.0683
2008	18	9.3	7.1	0.57	1.75	0.0031
2009	23.319	8.022	6.951	1.071	0.25	0.012
2010	27.4	16.94	9.6	0.8		
2011	28.5	27.4	12.7	4.57	1.85	0.006
2012	25.41	12.75	12.75			
2013		8.46			0.3045	0.0042

第二节 水 灾

全区降水受季风影响，降水特点突出，降水量年内差异大，主要是夏季降水造成水灾，多出现在6—9月，历史上多次水灾随大暴雨集中出现在7月、8月。从年季变化看，全区20世纪70年代前水灾频繁，70年代后降水偏少。

1991年以来从降雨资料统计分析，7月降水量最多，多年平均降水量221.6毫米，占全年降水量的27.6%。1月最少，多年平均降水量仅为11.7毫米。2002年，降水量最小为527.6毫米，2003年，降水量最大为1317.0毫米，最大年降水量为最小年的2.7倍，降水量年季变化较大。从地域分布看，全区西部、南部滨湖平原和低洼地带水灾较重，而北部、东部山丘区水灾较轻。

1993年8月5日，薛城大沙河遭遇二十年一遇以上的暴雨，薛城区驻地降雨196.3毫米，最大降雨点金河乡304毫米，是1971年以来最大的降雨。薛城水文站最大洪峰流量达到848立方米/秒，最高水位9.16米，十字河分洪、市中区柏山水库溢流注入蟠龙河北支，造成庄头和刘河口处洪水漫溢，邹坞镇政府至枣薛公路间一片汪洋。薛城小沙河最高水位超过路面0.7米，小沙河故道洪水超过地面0.67米，致使城区平均积水0.5米，最大水深1.5米。前洛房村淹没，平均水深1.5米，流域内造成严重的洪涝灾害。这次暴雨造成全区大面积农田淹没，受灾面积1.23公顷，被洪水围困村庄35个，倒塌房屋325间，受灾人口2.4万人，城区驻地80%企业停产，直接经济损失3500万元。2003年6月5日，暴雨中心在邹坞镇，24小时最大点雨量为91毫米。2005年7月16日，暴雨中心在沙沟镇，24小时最大点雨量为110毫米。2007年8月17日，暴雨中心在沙沟镇，24小时最大点雨量为183毫米，全区汛期平均降雨量710毫米。2008年全区汛期平均降雨量675.5毫米。2003—2008年，降雨特点为降雨强度大，历时短，多以暴雨的形式出现，造成多处农田积水，2007年和2008年，同时造成全区多处工程出现险情。

1991—2013年薛城区水灾情况一览表

表2-6

年份	雨情	灾情					
	（毫米）	倒塌房屋（间）	农田成灾（亩）	农田绝收（亩）	大棚畜棚（座）	电线杆（个）	冲毁路面（米）
1991							
1992							
1993		325	180000	38000			
1994		158	24000				2000
1995			15000	13200			
1996							
1997							
1998	810.4	18			13		
1999	518.5		6000	500			
2000	738	28	8000				
2001	587	88	10000	620	89	31	1500

续表2-6

年份	雨情（毫米）	灾情					
		倒塌房屋（间）	农田成灾（亩）	农田绝收（亩）	大棚畜棚（座）	电线杆（个）	冲毁路面（米）
2002	430						
2003	1210						
2004	826						
2005	1127		14000	4000			
2006	868	60	87052.5	30150			
2007	890	559	109995	12195			
2008	847						
2009	620						
2010	614	72	54450	390			
12011	637.6						
2012	558.6		32200	2000			
2013	882.6						

第三节 风 灾

1991 年 8 月 23 日 17 时左右，张范乡大乡城村出现龙卷风，降暴雨 87.0 毫米左右，致使该村受灾，受灾房屋 200 多间，严重损坏的 20 多间，刮断树木 1500 株、线杆 30 余株、电线 2000 多米、电表 100 多块损失。夏粮作物受灾约 133.35 公顷，较严重的为夏玉米、高粱、谷子等高秆作物，人畜无一伤亡。据统计，该次灾情造成经济损失约合人民币 10 万余元。

2000 年 3 月 27 日 14 时，受蒙古气旋影响，薛城区出现 5~6 级西北风，14 时 35 分至 14 时 46 分，风力最大，瞬间风速达 20 米/秒。全区瓜菜受灾面积 1000 公顷，成灾面积 666.67 公顷，200 公顷大、中拱棚严重损坏，造成直接经济损失 800 万元。

第四节 雹 灾

1992 年 4 月 21 日夜间 1 点 40 分左右，薛城区夏庄乡、陶庄镇和邹坞镇降冰雹，持续时间约为 8 分钟。冰雹大的如核桃，直径在 4 厘米左右，冰雹路径：从薛城区夏庄乡→陶庄镇→邹坞镇，大致走向是由西向东再转向东南，宽度为 2 公里，长度为 7 公里。此次冰雹发生时伴有 10 级左右大风，持续时间约为 25 分钟。此次冰雹及大风灾害造成冬小麦受灾面积 2333.33 公顷，绝产面积 666.67 公顷，减产 50%的面积 666.67 公顷，折断树木 5000 棵（直径在 15 厘米左右），果园受灾面积约为 133.33 公顷，果花打掉造成严重减产。毁坏房屋近 2000 间。综合以上损失情况，造成直接经济损失约为 1000 万元。

1995 年 6 月 29 日下午 3 时 03 分始，夏庄乡遭受冰雹袭击，降雹时间约 10 分钟，冰雹最大直径 5 厘米。造成夏季作物受灾面积约 533.33 公顷，成灾 400 余公顷，绝产面积 80 公顷，其中有西瓜 26.67 公顷，大豆 6.67 公顷，果树 13.33 公顷，蔬菜 13.33 公顷，夏玉米及棉花等 20 公顷。266.67 多公顷玉米减产 3 成以上，33.33 公顷棉花减产 5 成以上；刮倒树木 100 余棵，毁坏房屋 200 间，直接经济损失 500 万元。

薛城區卷

第三编

人　口

第一章 人口状况

第一节 人口总量

1991年，全区有99526户，397929人，其中城区户23199人。之后，薛城区实行较为严格的计划生育政策，人口自然增长率呈下降趋势。由于迁入量增大，总人口仍有较大增长。1996年，全区127294户433386人，分别比1991年增长27.90%、8.91%。2013年，全区有140430户，509463人，分别比1991年增长41.1%、28%。

表3-1

1991—2013年薛城区全区人口情况统计表

单位：户、人

年份	户数	人口数	年份	户数	人口数
1991	99526	397929	2003	141433	465741
1992	102669	403554	2004	139656	466506
1993	10486	410134	2005	144010	467798
1994	110079	418225	2006	138869	473562
1995	115538	426392	2007	141380	481676
1996	127294	433386	2008	142133	487059
1997	128282	440725	2009	143302	494028
1998	132081	448477	2010	143254	504157
1999	133403	449084	2011	144079	508971
2000	138153	453013	2012	144206	509079
2001	138427	456487	2013	140430	509463
2002	140755	463518			

人口普查

根据国务院和省、市政府的统一部署和要求，薛城区以2000年11月1日零时和2010年11月1日零时为标准时点，在全区范围内开展第五次和第六次人口普查。普查对象为标准时点在区范围内的自然人以及在中华人民共和国境外但未定居的区公民。人口普查采用以户为单位按现居住地进行登记的原则。普查登记的主要内容包括：姓名、性别、年龄、民族、国籍、受教育程度、行业、职业、迁移流动、社会保障、婚姻、生育、死亡、住房情况等。第六次人口普查在各级政府的统一领导和全区人民的支持配合下，薛城区共组织选聘普查员、普查指导员和各级普查机构的工作人员近2000人，填报各类普查表15万多张，圆满完成人口普查的登记和复查任务，数据显示，第六次人口普查与第五次全国人口普查相比，0—14岁人口比重下降8.92个百分点，15—64岁人口比重上升6.32个百分点，65岁及以上人口比重上升2.60个百分点，具有大学以上受教育程度的由3066人上升为6286人；具有高中受教育程度的由11418人上升为15629人；具有初中受教育程度的由36032人上升为41958人；具有小学受教育程度的由32773人下降为22198人。

2000 年第五次全国人口普查薛城区人口主要数据统计表

表 3-2　　　　单位：人

区域名称	总人口	人口（男）	人口（女）	出生人口	出生（男）	出生（女）	死亡人口
薛城区	454051	232828	221223	5036	2679	2357	2771
薛城镇	72291	37039	35252	794	405	389	369
沙沟镇	26695	13645	13050	284	143	141	193
周营镇	32433	16675	15758	367	206	161	213
邹坞镇	47606	24684	22922	520	272	248	323
陶庄镇	55174	28008	27166	621	323	298	319
常庄镇	33835	17378	16457	374	199	175	193
张范镇	35174	18117	17057	392	228	164	216
南石镇	24209	12405	11804	271	147	124	165
夏庄乡	26108	13269	12839	293	161	132	168
兴仁乡	36485	19019	17466	403	220	183	219
金河乡	19742	10130	9612	219	108	111	128
南常乡	25439	12996	12443	282	155	127	143
陶官乡	18860	9463	9397	216	112	104	122

2010 年第六次全国人口普查薛城区人口主要数据统计表

表 3-3　　　　单位：人

区域名称	户籍人口	常住人口	常住人口中城镇人口	城镇化率	常住人口（男）	常住人口（女）
薛城区	424175	391634	187190	47. 80	203485	188149
临城街道	86013	84860	84860	100. 00	43858	41002
沙沟镇	55175	46673	6494	13. 91	23888	22785
周营镇	53775	51591	10717	20. 77	26843	24748
邹坞镇	48099	39102	11147	28. 51	19980	19122
陶庄镇	81286	68253	33635	49. 28	36315	31938
常庄镇	64490	69153	35981	52. 03	36210	32943
张范镇	35337	32002	4356	13. 61	16391	15611

区域名称	出生人口	常住出生人口	常住出生（男）	常住出生（女）	出生性别比	死亡人口
薛城区	4729	4471	2408	2063	117	2471
临城街道	832	720	385	335	115	458
沙沟镇	665	659	352	307	115	306
周营镇	592	588	320	268	119	295
邹坞镇	597	587	322	265	122	310
陶庄镇	711	631	342	289	118	530
常庄镇	882	864	462	402	115	378
张范镇	450	422	225	197	114	194

第二节　人口分布

1991年，全区人口密度每平方公里636人，农村，常庄镇农业人口密度最大，每平方公里196人；周营镇人口密度最小，每平方公里261人。城区，临山路人口密度最小，每平方公里365人；永福路人口密度最大，每平方公里596人。1996年，全区人口密度增至每平方公里955人。2013年，全区人口密度每平方公里1266人。

1991年，全区定居国外华侨、外籍华人及港澳同胞96人，分布在美国、加拿大、澳大利亚、新加坡、马来西亚等国家和香港、澳门等地区。2013年，全区定居国外华侨、外籍华人及港澳同胞增至331人，分布国家增加英国、俄罗斯、日本、韩国等国家。外国侨民54人居住在薛城区，来自韩国。

1991年和2013年薛城区乡镇（街道）人口分布统计表

表3-4　　　　单位：户、人

乡镇（街道）	户数		人数	
	1991年	2013年	1991年	2013年
周营	6666	13475	29825	54210
沙沟	6922	14885	26011	55691
常庄	5991	11122	24374	42956
陶庄	14232	14889	51431	49639
邹坞	10462	11371	44927	45011

第三节　人口变动

自然变动

1991—2013年，区境出生人口在3300～12840人之间起伏不定。其中，1996年、2000年出生人口较多，分别为6737人、9912人。1994年、1995年出生人口较少，分别为4236人、5633人。每年死亡人口多者一般不超过1441人，其中，1991年人口增长最多，为3300人。1994年人口增加最少，为4236人。

机械变动

薛城区每年迁入人口一般在4000人左右，迁出人口则在2500人左右，迁入多于迁出。其中1991年迁入人口最多，达2442人，较上年增长1.44倍。1993年迁出人口最少，为4205人。1999—2013年，薛城区境外出务工、经商人员增多。其中，2013年迁出人口6636人，比1999年增长2.2倍。

1991—2013 年薛城区人口变动情况统计表

表 3-5　　　　单位：人

年份	出生人数	死亡人数	迁入人数	迁出人数
1991	6732	1441	2442	2809
1992	7731	1705	2476	2489
1993	6330	1332	2332	2386
1994	5100	1223	2113	2336
1995	5367	1378	4205	3100
1996	2084	1456	5203	2727
1997	2713	1662	4660	2993
1998	3206	1726	4861	2642
1999	3101	1787	1231	3538
2000	3387	1770	2336	3362
2001	3635	1781	3420	3555
2002	2991	1696	4330	3438
2003	3363	1770	4110	3363
2004	3223	1699	4632	3462
2005	4330	1773	6556	1663
2006	4192	2060	7785	1686
2007	4663	2012	4102	1665
2008	5665	2062	4205	1530
2009	6512	1842	4064	1512
2010	7003	2512	4183	1729
2011	8589	2374	3862	1627
2012	9886	3043	3878	1679
2013	9963	3153	5050	1472

第二章　人口构成

第一节　性别构成

1991 年，全区男性 273599 人，占总人口 63.84%；女性 192142 人，占总人口 36.16%。1996 年，全区男性 299781 人，占总人口 51.55%；女性 133605 人，占总人口 48.45%。2005 年，全区男性 263638 人，占总人口 56.35% 女性 204160 人，占总人口 43.65%。2013 年，全区男性 305677 人，占总人口 58.90%；女性 203786 人，占总人口 41.1%。

1991 年和 2013 年薛城区乡镇（街道）人口性别构成统计表

表 3-6　　单位：人

乡镇（街道）	1991 年			2013 年		
	男	女	性别比例（女=100）	男	女	性别比例（女=100）
周营	15555	14270	109.00	28624	25586	111.87
沙沟	13445	12566	106.99	29124	26567	109.62
常庄	12441	11933	104.25	22484	20472	109.82
陶庄	27451	23980	124.91	26238	23401	112.12
邹坞	22951	2197	104.43	23463	21548	108.88

第二节　文化构成

1996 年，全区青壮年人口中具有小学以上文化程度 33283 人，占总人口的 76.79%。其中，大学 11.13%，高中（中专）23.32%，初中 33.97%，小学 31.58%。2013 年，全区青壮年人口中具有小学以上文化程度 492363 人，占总人口的 93.54%，其中，大学 23.33%，高中 44.46%，初中 32.21%，文化程度普遍提高。

第三节　城乡构成

1991—2005 年，全区农业人口一直多于非农业人口。其中，1991 年，全区农业人口 306638 人，非农业人口 91291 人，农非比例为 63.3∶36.7 人。1995 年，随着枣庄市规模扩大及农业转非农业人口激增，全区非农业人口超过农业人口。是年，全区农业人口 127630 人，非农业人口 298762 人，农非比例为 52.8∶47.2 人。2013 年，全区非农业人口高达 415467 人，农业人口 93996 人，农非比例为 23.3∶76.7。

1991—2013 年薛城区农业、非农业人口统计表

表 3-7　　单位：人

年份	非农业人口	农业人口
1991	91291	306638
1992	93311	310243
1993	98099	312035
1994	108149	310076
1995	298762	127630
1996	293659	139727
1997	293317	147408
1998	295332	153145
1999	295791	153293

续表3-7

年份	非农业人口	农业人口
2000	295382	157631
2001	295904	160583
2002	295847	167671
2003	277741	188000
2004	261947	204559
2005	289666	178132
2006	242478	231084
2007	278366	203310
2008	287694	199365
2009	300805	193223
2010	303401	200756
2011	412405	96566
2012	414829	94250
2013	415467	93996

第三章　人口控制

20世纪90年代初期，由于受旧传统婚育观念影响，计划生育工作随时都会出现滑坡，面对人口的严峻形势，区委、区政府高度重视，认真总结多年工作中存在的弊病，经过全区上下近两年的共同努力，终于遏制住违法生育反弹势头。区委、区政府一方面采取强有力措施遏制违法生育，另一方面不断总结工作经验，并借鉴外地的一些先进经验结合薛城实际，最终确定20字的工作机制，即组织保障、宣传教育、技术服务、利益驱动、综合治理。新的工作机制扭转过去仅仅依靠行政干预抓计划生育的被动局面，明确人口计生工作的发展方向，在一定时期内稳定全区的低生育水平。

进入21世纪，由于城市化进程的不断加速，流动人口的大量增加，使性别比治理、城市流动人口的管理成为制约计生工作健康发展的疑难问题。面对新的问题和难点，全区广大计生工作者集思广益，总结了一整套系统的管理方法，即村（居）民自治“六化”和城市“四化”管理机制，新的管理机制实现育龄群众从被动接受管理到自我教育、自我管理、自我监督、自我服务的转变，弥补管理上存在的漏洞。区人口计生局在多年的工作中摸索出一套切实可行的好办法，建立信息共享机制，采取集中服务和经常性工作相结合的工作办法，经常性工作实行月指令，每月通过民政、卫生、公安、工商掌握的婚、孕、育、流动人口等信息下发给基层单位，使基层单位工作目标更加明确有的放矢地开展工作，实现关口前移，扭转管理上的被动局面，使计生工作步入良性发展轨道。

1991—2013 年薛城区计划生育工作基本数据统计表

表 3-8　　单位：人

年份	总出生	出生总数		一孩		二孩		多孩		其中 14 周岁及以下人数	女性初婚人数
		男	女	男	女	男	女	男	女		
1991	5996	3312	2684	1813	1708	1067	776	432	200	32491	2989
1992	5601	3212	2389	1806	1626	1008	632	398	131	32491	3275
1993	5489	3170	2319	1812	1697	999	520	359	102	32491	3583
1994	4441	2429	2012	1633	1630	621	317	175	65	32490	2400
1995	4257	2444	1813	1457	1360	786	398	201	55	32490	3076
1996	4323	2403	1920	1474	1452	766	415	163	53	32490	2759
1997	4655	2733	1922	1490	1433	1003	429	240	60	32490	2966
1998	3932	2281	1651	1420	1343	755	274	106	34	32486	2793
1999	3548	1970	1578	1372	1319	513	237	85	22	32485	2865
2000	3390	1853	1537	1321	1297	484	229	48	11	32476	3033
2001	3539	1919	1620	1327	1310	558	303	34	7	32453	2285
2002	3488	1905	1583	1311	1216	565	362	29	4	32366	2587
2003	3494	1899	1595	1321	1261	540	328	38	6	32047	2518
2004	4019	2250	1769	1496	1413	698	346	56	10	31466	2781
2005	4142	2353	1789	1493	1357	768	414	92	18	30609	2175
2006	4472	2601	1871	1557	1335	940	521	104	15	29602	2844
2007	5303	3077	2226	1727	1535	1201	655	149	36	28361	2788
2008	6343	3664	2679	1838	1685	1645	960	181	34	27116	3241
2009	6013	3536	2477	1883	1659	1455	792	198	26	26014	3553
2010	5695	3183	2512	2011	1861	1011	608	161	43	24848	3656
2011	5770	3265	2505	2082	1914	1094	567	89	24	23690	4000
2012	5926	3317	2609	2121	1967	1137	622	59	20	22496	4077
2013	5580	3096	2484	1854	1733	1206	742	36	9	21344	4341

第一节　组织保障

从 1991 年起，薛城区委、区政府始终坚持将人口计生工作摆在与经济发展的同等位置，作为“五项”重点工作和“七条”工作线之一，出台一系列加强人口计生工作的政策措施。

薛城区始终坚持“两个高于、四个确保”的原则，把人口计生事业经费纳入区、镇两级财政预算，构建以政府投入为主、专款专用、逐年增长、稳定可靠的计生经费保障机制。1991 年以来，全区年投入计生经费 2000 余万元，人均达到 50 元，较好地满足人口计生工作需求。

加强村级计生队伍建设。借助村“两委”换届之际，将村级计生专职主任纳入村“两委”干部序列，并确保工资报酬不少于村支部书记的 80%。全区共有 169 名计生专职主任进入村“两委”。强化教育培训。以开展“你在为谁而工作”思想讨论和“读好书、唱红歌、讲文明、当先锋”等系列主题教育活动为契机，加大培训力度，先后邀请省市人口计生委领导作人口形势报告，组织区人口计生局业务骨干逐镇街进行业务培训，提高全区计生队伍的理论水平和管理服务能力。深化行风建设。将人口计生系统全员整训活动贯穿全年工作始终，切实加强计生人员思想纪律作风建设，不断提高人员综合素质。同时，坚持政务公开，积极开展行风评议活动，广泛征求群众意见和建议，接受群众监督，行业作风不断好转。综合治理。计划生育工作要始终坚持党政一把手亲自抓、负总责，切实把计划生育工作纳入党委、政府重大事项督查考核体系，坚持目标管理，加强督查考核，强化责任追究。经过多年的摸索，建立一套比较系统的综合治理计划生育格局，在完善规范计划生育综合治理六大责任体系的基础上，督促各相关部门认真履行人口计生工作职责，积极为计划生育办好事、办实事，制定出台有利于人口计生工作的政策措施，不定期开展联合执法活动，形成齐抓共管、综合治理人口计生工作的良好格局。特别是区委、区政府“两办”认真开展人口计生工作督查，区纪检监察部门认真查处党员干部违法生育案件，区委组织部把计划生育作为评价干部政绩的主要内容，区综治办对流动人口实施综合治理，区卫生、药监、公安、工商等部门开展出生人口性别比专项治理；区教育、民政、审计、农业、科技、交通等相关部门也根据职能特点，做了大量的工作，促进对人口问题的综合治理。

第二节　宣传教育

90 年代，全区的计划生育宣传方法和形式比较单一，仅仅依靠出动宣传车、发放明白纸、村级广播，过路标、墙标等形式来开展。宣传效果不明显，群众对计生政策的理解程度不高。2000 年之后，宣传主题发生变化，宣传重点主要围绕是稳定低生育水平和出生人口性别比治理这一中心工作，宣传的内容形式也愈加丰富；充分利用 5.29 计划生育协会会员日、“711”世界人口日、春节、元宵节等重大节假日，采用文艺演出、现场咨询、送春联、送年画等形式，充分发挥电视、广播、报刊、微信等平台作用，向广大育龄群众宣传党的人口和计生政策、生殖保健、优生优育、避孕节育等系列知识，使计生知识家喻户晓、人人皆知。同时，不断加大对宣传阵地的投入，对村居按照五个一的要求，即宣传一条街、一个宣传栏、一个服务室、一所人口学校、一个人口文化大院，在全区营造浓厚的宣传氛围，满足广大育龄群众对生殖保健知识的需求。2000 年以来，根据上级安排并结合本区实际，先后开展婚育新风进万家、关爱女孩万人行、评选好媳妇、好婆婆、婚育新风六进等活动。2004 年，成功承办国家计生委组织开展的“关爱女孩齐鲁行”大型公益活动，并被确立为首批国家关爱女孩试点区。

第三节　技术服务

1990 年之前，全区的节育措施基本上是依靠镇街进行，由于镇街的业务水平、医疗设备、环境条件有限，已不能满足广大育龄群众生殖健康的需求。薛城区政府于 1991 年先后投入 100 余万元建设计划生育服务站，编制 21 人，其中多数人是从卫生系统抽调的有多年工作经验的妇产科大夫，服务站基本上能够独立开展咨询、妇检、透查等业务。2000 年 5 月，区计划生育服务站同区妇幼保健站实现两站合一，合并后的计生妇幼综合服务站更好的发挥资源优势，实现优势互补。

服务站设有超声科、检验科、儿童保健等20多个技术服务科室；配备多普勒彩超机、生化分析仪、全自动酶免仪、骨密度仪等先进医疗检验设备，长年免费为育龄妇女进行宫颈癌、乳腺癌筛查，为全区怀孕的育龄夫妇免费提供20余项医学检查。为0—6岁儿童提供视力筛查、听力筛查、营养保健、口腔保健等服务。合并后的计生妇幼综合服务站为提高出生人口素质，服务全区育龄群众发挥了积极作用。进入新时期，全区在工作思路和工作方法上不断探索创新，把稳定低生育水平与提高出生人口素质、关注群众生殖健康结合起来，不断满足群众日益增长的多元化需求。大力实施优质服务运行机制。每年开展一次大规模的群众需求信息采集活动，平时也注意收集群众的意见和建议，把此作为工作决策的重要依据，使各项工作更具科学性、针对性，实现人口和计划生育工作“向上级负责”与“让群众满意”的有机结合。深入实施“避孕节育优质服务”、“出生缺陷干预”和“生殖道感染干预”三大工程。全区已婚育龄妇女生殖健康普查率达到90%以上，出生缺陷发生率下降到6‰以内。建立计卫联手，“1+1” > 2服务模式。有效整合计生、卫生资源，逐步建立家庭健康服务中心，致力于计划生育、生殖健康、家庭保健服务，使育龄人群在更大范围、更深程度上享受到优质服务。

第四节　计生利益导向机制

1991年，成立以宣传、服务、协调、指导为主要职能的计划生育协会，在协会指导下1994年开始为农村独生子女户办理“两全保险”。2002年，开始对农村符合再生育条件而申请终生只要一女孩的家庭实施重奖，并办双份的“两全保险”。2003年，设立农村计划生育家庭夫妇，每人每月给予50元的奖励扶助金。之后，本区不断扩大政策受惠范围，对终生只要一女孩夫妇每人每月奖励100元。对农村独生子女家庭不再办理保险，而是以直通车的形式，直接发放现金。全区初步建立起一套多层次构成的计划生育利益导向和社会保障机制，逐步形成奖励少生和处罚多生并重的局面。除了运用行政手段千方百计稳定低生育水平，引导群众自觉自愿的利益导向政策也不断得到完善。经过多年的摸索，全区总结出村民自治“六化”工作机制，推行村（居）民自治是提高基层计生服务管理水平的有效手段，为此，各镇街成立专门的村（居）民自治工作领导小组，按照“三征求、一表决”的工作程序，遵循先行试点、树立典型、扎实推开的原则，全面修订、完善章程、合同，尤其把男女平等、移风易俗、婚育新风、村级集体利益分配等新规定作为修订的重要内容，切实维护计生家庭的合法利益；严格落实村（居）民自治“六化”（章程合同民意化、监督落实制度化、责任追究程序化、奖惩兑现公开化、合同争议仲裁化、管理服务规范化）工作机制，着力解决计生重点、难点问题，确保实现已婚育龄妇女管理全覆盖、健康查体全到站、节育措施全落实、奖惩政策全兑现、奖惩结果全公开、优质服务全到位的“六全”工作目标；大力实施村（居）民自治合格村居、模范村居创建活动。至2013年，全区有95%村居达到村（居）自治合格村居、示范村居的标准。村民自治“六化”工作机制受到上级的充分肯定，并在全省予以推广。协会的成立为落实各项优惠政策提供坚实的组织保障。在计生协会的组织和推动下，全区先后开展关爱女孩、三千计划、免费就业培训，创建幸福家庭。

第四编

城乡建设

第一章　城市规划

第一节　城市总体规划

2012年，枣庄市十次党代会提出做大中心城，加快“三区合一”城市发展战略。2013年，依据这一战略修编完成《枣庄市城市总体规划（2010年—2020年）》，确定薛城、市中、峄城三城区一体化整合，产城融合，提升集聚能力，壮大人口和空间规模，东西轴向发展，形成中心城市的发展布局。中心城区包括薛城、市中、峄城三片城区，东至东环路、南至郯薛路、北至枣曹路、西至薛城大沙河，共370平方公里（其中含总城市建设用地面积140平方公里）。是枣庄的政治、经济、文化中心，是新型城镇化的“龙头”，规划中心城由薛城城区、枣庄新城和枣庄高新技术产业开发区组成西城区，是未来中心城区建设的核心区和落脚点。

结构布局

西城区位于复兴路以西、郯薛路以北、枣曹路以南、薛城大沙河以东区域，规划人口规模58万人，城市建设用地控制在70平方公里。规划由薛城组团、新城组团、高新区组团构成。用地发展方向以东西相向发展为主，向南发展为辅，集中建设以市级行政办公、商务会展、文化娱乐、体育等为主导功能的城市中心，与环境优美、设施齐全的居住区有机结合，形成现代化新城区。

分区规划

行政办公用地　进一步完善市级行政办公用地，在枣庄新城光明大道北侧相对集中设置；原市级行政办公单位搬迁后用地，优先置换为停车场、公共绿地等用地。

教育科研用地　进一步完善枣庄学院等教育用地；结合现状建设，在大连路与祁连山路交叉口周围区域设置职业教育园，在光明大道与复元五路交叉口北部，集中设置科技研发用地，培育形成全市创新、研发中心。

居住用地　基本完成中心城内棚户区改造，全面实现小康居住目标，人均住宅建筑面积达到38平方米，城市低收入家庭人均住宅保障面积不低于20平方米；形成面向不同收入阶层，满足不同层次住房需求完备的住宅供给体系。

薛城老城片区　包括京沪高铁以西、枣曹路以东、长江路以北、光明大道以南范围内的居住用地。规划总用地442公顷，可居住12万人。

薛城新城片区　包括京台高速以西、长江路以南、海化路以东、新郯薛路以北范围内的居住用地。规划总用地378公顷，可居住10.5万人。

新城西片区　包括祁连山路以东、黑龙江路以南、民生路以西、世纪大道以北范围内的居住用地。规划总用地230公顷，可居住6.5万人。

新城中片区　包括民生路以东、黑龙江路以南、长白山路以西、世纪大道以北范围内的居住用地。规划总用地162公顷，可居住4.5万人。

新城东片区　包括长白山以东、光明大道以南、店韩路以西、世纪大道以北范围内的居住用地。规划总用地239公顷，可居住6.5万人。

工业用地　薛城经济开发区位于西城区薛城组团西南，是山东省省级经济开发区。是以发展一类工业为主的综合性工业园区，重点发展新能源、机械制造和精细化工工业。

仓储用地　薛城港区仓储物流园区：结合薛城港区建设，规划一处以生产物资为主的仓储物流园区。

广场用地　规划西城区共设置三个主要游憩绿化广场，即行政广场、临山广场、奚仲广场。

重点发展改造区域

重点发展区域：枣庄新城、经济开发区、高新技术产业开发区。重点改造区域：旧城棚户区和环境综合整治，火车站、长途汽车站区域。

第二节　详细规划

90年代初，根据城市建设和经济建设发展的需要，在对城市总体规划进行补充完善的基础上，编制完成以新区开发和旧城改造为重点的详细规划工作，完成《清泉、福泉小区规划》《临山路一条街规划》《临山公园》等几十项详细规划；为彻底改变枣庄西站广场的面貌，对火车站广场进行拆迁改造规划编制，这些规划的出台为科学指导城市建设和管理提供依据。

1992年，根据“大规划、大建设、大发展，以开发新区为依托，以改造旧城为重点，逐步完善城市综合配套功能”的城市建设思路，在确保执行城市总体规划的前提下，先后编制齐鲁小区、永福北路一条街、黄河路一条街、新华街商业街、临山公园等详细规划，面积2平方公里，规划覆盖率35%。

1994—1996年，编制行政中心区、薛国商场、国汇小区、永兴东路一条街、沿河公园、临山公园中心纪念区、文教小区和农民城等规划，完成9项开放性建设规划和两条泄洪道、一条供水管道、供气管道等修建性详细规划。围绕行政中心规划，以中心城建设带动边翼建设，坚持新区开发与旧城改造并举，完成西苑小区、薛城招商城规划设计，修订火车站广场改造规划，完善朝阳小区、清泉小区、政府组团规划设计及城区外环路、福泉巷、永兴东路、长青巷北延路等路段规划设计。聘请有关专家对长江路编制控制性详细规划，对沿街的建筑体量、建筑造型、建筑色彩等指标提出总量控制，为长江路两侧开发建设管理提供遵循。

1998年，按照枣庄市“三、三、三”整体规划要求，相继完成临山公园人工湖详细规划、三馆建设规划、沿河公园中段改造规划，北城批发市场和长江路两侧控制性详细规划等7项详细规划和32项建设性规划。

1999年，按照高起点、高标准、现代化的原则，先后完成污水处理厂、旧城改造区域、东小庄人工湖、城区景点绿化、海河路东延、城区东外环和黄河东路、长江东路至东外环、燕山路至临山路、怡苑小区、宝泉小区、江南小区等15项详细规划和修建性规划。

2000年，以薛城区新一轮城市总体规划批复和枣庄新城建设为契机，先后完成民营经济园区、长江路东延、燕山路南延、沿河公园下游、古路街改造、北城批发市场扩建、站前小区、临山花园小区等各类规划10余项。2001—2002年，修订完善长江路两侧2.3平方公里、民营经济园区控制性详规及长江花园、新华街改造等11个修建性详规，城区控制性详细规划覆盖率70%。

2003—2004年，按照“扩大规模、完善功能、优化环境、提高品位”的总体要求，编制完成泰山南路、嵩山路、临山路、黄河桥等道路规划，国浩美都、临山公寓等小区规划和铁道游击队影视城修建性规划及长江路两侧7.2平方公里控制性规划初步方案，完成各类规划20项，城市规划覆盖率提高到78%。

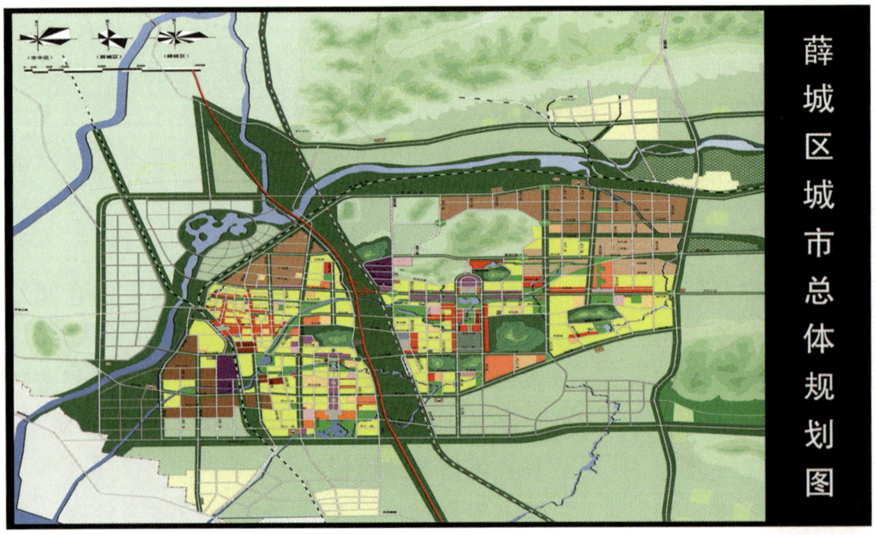

薛城区城市总体规划图

2005年以来，立足于鲁南门户城市定位，聘请苏州空间规划设计院、同济大学、天津大学等一流设计团队，在严格遵循枣庄中心城区总体规划的前提下，以建设“大薛城”的理念，把城市规划区向东延伸至店韩路、向南延伸至郯薛路、向西延伸至蟠龙河，向北延伸至蟠龙湖湿地，高标准编制完成薛城区城市路网建设、水系景观、生态绿化、新的行政办公区及燕山路、火车站和陶庄等棚户区，西姚等安置小区8大类、45个规划，为城市发展提供科学依据。

福泉小区规划

1984年，由市城市规划设计室进行规划设计，规划总用地34.6公顷，其中居住用地14.6公顷，公建用地5.24公顷，绿化用地4.56公顷，道路用地4.02公顷；总建筑面积37.35万平方米，其中居住建筑面积35.83万平方米。居住总人口2.1万人，居住户数6667户，平均层数5层，人均绿化面积2.1平方米。

临山公园规划

1990年，市政府决定在薛城建全市最大的市级公园——临山公园。委托山东农业大学园林系制定临山公园总体规划，当年7月份总体规划出台。规划确定临山公园为以纪念铁道游击队，进行革命传统教育为主的综合性市级公园。全园总面积76公顷，合理园容量为0.8万~1万人次。范围以临山主峰为中心，往南330米，往北460米，往东430米，往西600米。整园划分为景区和管理服务区两大部分。景区分为中心纪念区和外围活动区，共八大景区。总建筑面积33484.1平方米。游园总面积75990平方米，栽植培育各类树木花卉数百种，绿化面积为68.4万平方米。建大门5个，其中西大门为主入口，建桥梁5座，涵桥14座。根据公园总体规划内容和经济能力，建设期限定为十五年，分三期进行。

朝阳小区规划

1994年，规划范围为永福路以西，黄河路以南，矿务局建井处以北。总用地12.94公顷，总建筑面积15万平方米，其中居住建筑面积12.5万平方米，公建建筑面积2.5万平方米。

清泉批发市场规划

1996年由区规划处编制。规划总用地2.6公顷，总建筑面积5964平方米，是一处集零售、商品交易批发于一体的综合性批发市场。1997年，按规划建设完成。

旧城区控制性详细规划

2000年8—12月，由上海同济城市规划设计研究院编制完成。2001年2月，区人大常委会批准实施。该规划范围为西至京沪铁路，北至黄河路，东至小沙河，南至长江路，规划总用地259.23公顷。该规划以总体规划为指导，本着解决和缓解旧城区乃至整个城市建设的矛盾，对新老城区进行合理分工，根据城市总体规划和西城区功能化分，旧城区将主要承担居住、商贸、对外交通功能，与之配套适当安排文化娱乐、餐饮等配套功能。该规划的布局结构概括为“两轴、四片”。规划将永兴路、临山路之间的用地改为商业、服务业用地，形成集中的步行商业街区，使之成为旧城区的东西向中轴线，其中永福路以西以商业为主，以东以商务办公为主，沿永福路两侧布置大型公共设施，由北向南形成娱乐中心、商业中心、文化中心，使之成为南北轴线，将居住功能集中设置在由两轴而形成的四个象限内，并配以完善的服务设施，形成城市的四个片区。

长江路控制性详细规划

2001年8月至2002年5月，由青岛建筑工程学院建筑设计研究院规划设计完成。规划总用地263.56公顷，其中居住用地98.13公顷，公共设施用地38.56公顷，对外交通用地11.65公顷，绿地43.63公顷。该规划区为薛城区行政中心，是行政、居住集中分布的综合区，空间布局结构为“一心”“一带”“三组团”。“一心”指融广场绿化、水面于一体的薛城区行政中心广场，是城市的重要景观节点和标志地段；“一带”指沿长江路轴线两侧组成的行政办公景观带；“三组团”指倚水居住组团。

新华商业步行街规划

2002年1月，该步行街完成设计。北起黄河路，南至永兴路，全长569米，中间为15米宽步

新华商业街效果图

行道，两边各设12米宽二层沿街商铺，局部加宽至18米，总用地5.14公顷，总建筑面积67954平方米，其中住宅25511平方米，商铺42443平方米，是集商贸、文化娱乐、公寓于一体的综合性现代化城市商业区。

泰山路道路扩建工程规划

2003年4月，由市城乡规划设计研究院设计完成。北起光明路，南至郯薛路，全长4979.68米，设计路面一块板，其中，光明路至长江路红线宽42米，车行道28米，人行道每侧4米，绿化带每侧3米。长江路至郯薛路红线宽60米，车行道28米，人行道每侧宽4米，绿化带每侧宽12米。

东外环道路工程规划

2003年8月，由市城乡规划设计研究院规划设计完成。南起长江路，北至高速公路服务区，全长600米，设计路面一块板，红线宽42米，车行道24米，人行道两侧各4米，绿化带两侧各5米。长江路道路工程规划同月，由市城乡规划设计研究院设计完成。西起东外环路，东至京福高速公路，全长379米。设计路面3块板，红线宽60米，机动车道16米，隔离带2米，非机动车道每侧4米，人行道每侧4米，绿化带每侧12米。

古路商业步行街规划

2003年9月，由南京市城镇建筑设计院设计完成。规划范围北起黄河路，东至朝阳小区，西至古路街，南至永兴路，总用地6.27公顷，总建筑面积7.51万平方米。

海河花园二期规划

2003年10月，由市城乡规划设计研究院设计完成。规划范围为八一小区以北，东临四里石农贸市场，西至薛城人民医院东边界，北至海河路，总用地1.05公顷，其中住宅用地0.88公顷，公建用地0.05公顷，道路用地1.05公顷，公共绿地0.05公顷，总建筑面积1.56万平方米，住宅建筑面积1.38万平方米，公建建筑面积0.18万平方米，容积率为1.49。

黄河路改造工程规划

2004年2月，由市城乡规划设计研究院设计完成。东起泰山路，西至供销社，改造全长319米，包括小沙河桥和副道桥建设。

临山路道路改造工程规划

2004年12月，由市城乡规划设计研究院设计完成。东起泰山路，西至火车站广场，全长2129.4米。

行政中心及奚仲广场规划

位于临山南部区域，长江路两侧，占地约10平方公里，汇集全区主要的行政办公、高等级居住、学校、公园、广场、滨河景观、文化展示、休闲娱乐、教育科研等功能设施，奚仲广场位于长江路南侧，利用湖面形成2个风格不同的广场。占地14.67公顷，湖面4公顷。

第三节　规划管理

依据建设部颁布的《城市规划强制性内容暂行规定》，结合枣庄建设的实际情况，在城市规划的不同层面，明确和强化规划强制性内容，作为规划实施管理的法制性内容。规划由枣庄市人民政府统一组织实施。各类各项建设都应纳入城市规划统一管理，任何单位和个人未经法定程序无权变更。进一步完善城市规划管理的法规、规范和技术标准，明确各级政府及相关部门职责，规范城市管理制度、标准与审批程序，依法行政，保证规划实施的合法、公平和效率。加强城市规划的宣传，增强规划意识，提高维护和执行规划的自觉性；切实落实公众参与，推进公众参与的法治化和制度化，让公众通过法定的程序和渠道有效地参与规划实施的决策和监督。依据城市总体规划，及时进行分区规划、详细规划和各专项规划的编制，深化细化城市总体规划的各项内容，有效地指导城市建设。

第二章　城区建设

第一节　市政建设

城市道路

薛城区市政道路建设管理由市政管理处负责。按照建设市驻地，打造新薛城的目标，坚持干支衔接，网络健全，畅通高效，运转有序的要求，在市政道路建设中以城区主干道为中心，以现状道路为基础，逐步完善城市道路网络。至 2013 年，老城区主要道路有天山路、永福路、燕山路、泰山路、广场西路、广场东路、昆仑山路、德仁路、光明大道、黄河路、永兴路、临山路、长江路、中和路、钱江路、湘江路、珠江路、郯薛路，城区道路总长度 86.431 公里，道路面积 160.77 万平方米，人行道面积 41.58 万平方米。新城区道路主干道 182 万平方米，人行道 20 万平方米，各类排水管道约 130 公里。

城区主干道　永福路　北起洪洼，南至纬四路。始建于 1986 年，全程 7500 米，总面积 16.5 万平方米。薛国大酒店以北为永福北路，向南至永福大桥为永福中路，永福大桥以南为永福南路。车行道宽 16 米，人行道各宽 10 米，两侧慢车道从永福大桥起到光明路，铺设通信管线 2700 米。

2001—2002 年，区政府引资 1100 万元，完成永福路大桥和南路新建工程，车行道宽 24 米，人行道各宽 4 米，全部运用彩砖硬化，安装双侧路灯 90 套，人行道外侧为 10 米绿化带。

2004 年 12 月，区政府投资 200 万元对永福中路（长江路十字路口至永福路大桥）南段进行改造，由区市政管理处施工建设。该路段全长 450 米，共摊铺灰土 1700 立方米，摊铺沥青混凝土 8500 立方米，安砌路沿石 2700 平方米。

2005 年 7 月 20 日，永福路改造工程竣工。永福路改造共拆除旧灯 98 套，安装新灯 243 套，清理下水道淤泥 3500 立方米，储运土石 6000 立方米，安装路沿石 1 万余米，铺设花砖 2 万平方米，新修慢车道 3.5 万平方米。

黄河路　西始天山路，东至德仁路。始建于 1986 年，全长 4050 米，总面积 11.34 万平方米。1991 年，黄河西路在原来 12 米宽的基础上，通过拆迁将道路拓展至 18 米，部分路段为混凝土结构。1993 年，道路全线全部铺装为沥青路面。2004 年，建成跨河大桥，东与泰山路贯通。2006 年，实施道路改造工程。东起黄河路大桥，西至天山路，工程投资 1018 万元，改造面积 4.2 万平方米，道路红线宽 38 米，车行道宽 18 米，双向 6 米车道，慢车道宽 4 米，花坛 1.5 米，人行道 4 米，三线全部下地。整个工程共完成路基开挖补强 1.2 万平方米，二灰基层 4.8 万平方米，路沿石 1.1 万米，慢车道 1.6 万平方米，下水道 4000 米，弱电管线 2.6 万米，人行道 2 万平方米，安装路灯 108 套，新建隔离带 3200 米，铺设花砖 2

万平方米。2006年5月1日改造通车。

永兴路　西始天山路，东至德仁路，全长3380米，总面积12.168万平方米，始建于1986年。主干道为沥青结构，车行道宽14米，人行道宽6~7米。以永福路为界向西为永兴西路，以东为永兴东路。该路是在原四街（区中医院向西）的基础上向东延伸而形成的。1991年，对泰山路至职业中专段实施拆迁拓宽，1992年，完成沥青路面的铺装和建设。1999年，永福路到泰山路段实施改造。路沿石更换成花岗岩路沿石，排水设施由明沟改成暗沟，人行道上设花坛，花坛采用红蘑菇石挡土墙，坛内植种苗木，路北侧定植广玉兰250株，路南侧定植大叶女贞250株，安装双侧双灯头路灯。2004年，摊铺薛城宾馆至泰山路段沥青路面5厘米。整个永兴路共设路灯146套。2012年7月，由枣庄市城乡规划设计研究院设计永兴路道路改造方案，规划为城市次干路，西起天山路，东至德仁路，全长3430米。道路红线宽度36米，原道路断面为单块形式，车行道宽14米，隔离带每侧宽2米，人行道每侧宽3米，此次改造道路断面调整为机动车道14米，每侧2米隔离带，每侧3.5米非机动车道加2米人行道。该工程于2013年2月开工建设并于当年通车。机动车道采用沥青混凝土路面，人行道铺装采用陶瓷步道砖，路沿石采用天然花岗岩。人行道施工同步进行无障碍设施施工。2013年，区政府对永兴路实施升级改造。

泰山路　北起光明路，南至郯薛路，全长5000米，总面积10.5万平方米。全程连接海河、黄河、永兴、临山、长江、中和、钱江、珠江、湘江9条城市主干道。该道路光明路至长江路段，1992年，枣庄矿务局投资2260万元，组织施工完成沥青路面的铺装和建设，1995年，在路两侧安装双挑路灯110套、220盏，灯杆为10米高水泥线杆。2003年，实施全面改造。筹集资金1200万元，撤掉1.5米宽的隔离带，更换路沿石找平路基。由三个板块路面结构改造为一个板块，双向八车道，车行道宽28米。人行道双侧铺设彩色花砖3米宽，新改造安装10米高双头路灯109套，在大桥上安装不锈钢灯杆三灯头8套。东侧人行道北起光明路南至长江路，地下敷设综合弱电管线2.8公里，路沿石为白色水泥预制安砌。

泰山南路（长江路至郯薛公路段）　全长2300米，工程投资4182万元，道路红线宽50米，中央分隔绿化带6米，车行道28米，人行道每侧2.5米，绿化带每侧8.5米，各种配套设施齐全，综合下地。路灯采用金属锥管，双臂双源高压钠灯，间距40米。人行道无障碍设施齐全。工程于2008年8月19日开工，2009年国庆节竣工。

燕山路　北与市高新技术开发区路段相接，始建于1992年。自1992年以来，累计总投资2250万元。道路全长1221米，总面积45087平方米。路中央设隔离带，下敷设国家输油管道，隔离带宽10米。铺植草坪苗木，使其形成分车带。车行道分上下道，每边宽12米，人行道各宽8米，燕山北路东侧人行道敷设铁路专用光缆一条，全长440米，采用灰石基础，沥青盖被建成，

燕山路

此段安装双侧路灯28盏。2010年5月27日，燕山南路（黄河路至临山路）开工建设，该路段全长821米，规划红线50米，设计路面为沥青混凝土，主路面宽24米，人行道各3米，两侧绿化带5米，中央绿化隔离带10米，雨水、污水分流，各种管线综合下地，安装路灯，工程投资2000余万元。2010年10月建成通车。

临山路　东起泰山路，西至火车站，建有临山路桥。永福以西至火车站为临山西路，永福路至泰山路为临山东路。全长2200米，道路面积为7.87万平方米，始建于1986年，1992年建成沥青路面。2004年，投资1300万元实施车行道、慢车道和人行道改造。车行道宽20米，机动车道两侧设2米宽，设花坛式隔离带，植被苗木。两侧人行道宽7~8米，其中4米改为慢车道。

长江路　西始津浦铁路下，东至德仁路，贯穿永福路、泰山路、嵩山路，建有长江大桥。全长3100米，道路面积6.51万平方米。累计总投资1360万元，全程建设分4个阶段完成。1996年，实施拓宽规划，共拆迁村民40户。是年，由枣矿集团出资建设长江路修大桥，1997年6月，完成大桥建设。是年，完成舜耕中学至津浦铁路段的路基和沥青铺装任务。2006年，投资260万元，完成舜耕中学至东外环段的建设。该段道路长400余米，建设红线宽60米，车行道宽28米，设路灯151套。

德仁路（矿建路—长江转盘）　全长800米，总投资450余万元。2006年4月16日开工建设。先后完成摊铺道路混凝土2.5万平方米，砌垒检查井48座，新建下水道3000米，过路管涵70米，铺设弱电管网2250米，安装路沿石2250米，铺设人行道彩砖7000平方米。该工程于2006年11月竣工通车。

海河路　西起永福路，东至泰山路，全长1500米，车行道宽12米，两侧人行道各宽6米，总面积1.8万平方米。1995年，投资110万元，实施永福路至燕山路段的混凝路面。2003—2004年，投资70万元，对燕山路至泰山路段进行混凝土路面建设，道路宽4~6米。2006年，对该段进行改造建设，投资26万元，先后完成违章建筑物拆除150平方米，清理违法占道树木1000多棵，硬化混凝土路面1440平方米，安装路沿石300米，铺设人行花砖1100平方米，建设排水管道250米，安装路灯32盏。

矿建路　西始泰山路，东至德仁路，道路全长1400米，总面积2.66万平方米。2009年7月，由枣矿集团出资900万元建设，区市政管理处承建施工。道路红线24米，其中车行道14米，人行道每侧2.5米，绿化带每侧宽5米，绿化面积9350平方米，雨水、强、弱电综合下地，安置路灯140套。2009年10月竣工通车。

天山路　北起嵩山路，南接临山路，全程2600米，总面积9.36万平方米。路南段建有桥涵1座，车行道宽15米，两侧人行道各宽3—5米，无硬化。1981年开工，1982年竣工通车，建成沥青路面。是枣微公路的过境公路，穿越城北一、北二两个村庄。2003年，投资180万元，对道路采用水稳层基础、沥青盖面重建。2010年2月对道路设计重修，规划为城区重要的南北向交通主干路。道路北起枣曹公路立交桥，南至临山路，全长1610米。道路红线宽度40米，规划路面2块板，其中机动车道23米，隔离带每侧2米，非机动车道每侧4米，人行道每侧2.5米，枣庄西站站前广场段道路断面结合现场实际调整为一块板，车行道宽31米。2012年开工建设，当年通车。

嵩山路　北始长江路，南至郯薛路。在原村级道路基础上（3米宽）改造建成。2004年3月动工，年底竣工通车。道路规划红线为50米，总长为2300米，总面积为6.44万平方米。设计为双向八车道，车行道宽28米，人行道各宽11米，彩砖硬化，绿化带各宽7米，设施配套齐全，管线下地。此路已废掉。

中和路　东起德仁路，西至泰山路，全程长1828米，道路总面积4.55万平方米。2009年5月开工建设，投资2200万元，道路红线36米，其中车行道20米，人行道每侧2米，绿化带每侧5米，雨水、污水、强、弱电综合下地，设置路灯 48 套（双臂）。2009 年通车。

湘江路　东起德仁路，西至永福南路。全长 3036 米，道路红线宽度 24 米，机动车道 14 米，人行道每侧 2.5 米。绿化带每侧 5 米。沥青路面。雨水、污水、强电等配套设施，工程投资 1700 万元。2010 年 3 月 26 日开工建设，2011 年通车。

珠江路　东起德仁路，西至永福路。全长 3070 米，道路红线宽度 80 米，中央分隔带 8 米，机动车道每侧 4 米，人行道每侧 3.5 米，沥青路面。沿规划路面修建雨水、污水、通信、电力、给水、燃气管道等配套设施，工程投资 4000 万元。2010 年 4 月 10 日开工建设，2012 年通车。

钱江路　东起德仁路，西至永福南路，全长 3020 米，道路红线宽度 36 米，车行道 20 米，人行道每侧 2.5 米，绿化带每侧 5.5 米，沥青路面。沿规划路面修建雨水、污水、通信、电力、给水、燃气管道、热力管道等配套设施，工程总投资 3200 万元。2009 年 9 月 10 开工建设，2010 年通车。

昆仑山路　北起长江路环岛，南至现状郯薛公里，全长 2339 米，规划为城市主干路。道路红线宽度 36 米，规划路面 1 块板，其中车行道 21 米，人行道每侧 2.5 米，绿化带每侧 5 米。沥青路面，路面结构层总厚度 53 厘米。沿规划道路修建雨水、污水、通信、电力、给水、燃气管道，工程总投资 2700 万元。2010 年 10 月 13 日开工建设，当年通车。

天柱山路　北起长江路，南至郯薛路，全长 2612.6 米，规划道路红线 42 米，中央分隔带 4 米，机动车道每侧 12 米，绿化带 5 米。雨水管道等配套工程。工程总投资 2800 万元。该工程于 2010 年 10 月 13 日开工建设。

广场东路　北起长江路，南至郯薛路，全长 2291 米，道路红线宽度 30 米，车行道 22 米，人行道每侧 4 米。沥青路面。沿规划路面修建雨水、污水、通信、电力、给水、燃气管道等配套设施，路沿石和人行道均采用天然花岗岩材质。工程总投资 2300 万元。2010 年 10 月开工建设，2011 年通车。

广场西路　北起规划长江路，南至现状郯薛公路南规划路，全长 2288 米，道路红线宽度 30 米，规划路面 1 块板，其中车行道 22 米，人行道每侧 4 米，沥青路面。沿规划路面修建雨水，污水、通信、电力、给水、燃气管道等配套设施，路沿石和人行道均采用天然花岗岩材质，工程投资 2300 万元。2010 年 10 月 13 日开工建设，2011 年通车。

沿河路　东起广场西路，西至泰山路。全长 780 米，道路红线 15 米，机动车道 14 米，人行道每侧 7 米。绿化带每侧 1.5 米。沥青路面。雨污水、强弱电等配套下地。工程投资 680 万元。2010 年 3 月 12 日开工建设，当年建成通车。

锦阳河路　东起广场西路，西至泰山路。全长 780 米，道路红线 15 米，机动车道 14 米，人行道每侧 7 米。绿化带每侧 1.5 米。沥青路面。雨污水、强弱电等配套下地。工程投资 680 万元。2010 年 3 月 12 日开工建设。当年通车。

珠江路

光明大道　东起市中区光明路西转盘，西至新城区武夷山路，全场1910米，一级公路标准，路基宽24.5米，路面宽21米，总投资10730万元。大道配套工程建设投资8340万元，主要包括路灯照明1032套，排水46公里，路沿石46公里，土方回填70万立方米，14个公交港湾和32个候车亭，道路两侧绿化带宽20米，中间3条隔离带分别为5.5米，1.5米和1.5米，绿化面积114.69万平方米，绿化率56%。

太行山中路（光明大道至金沙江路）　为2009年中心城区城市基础设施建设项目，2009年10月开工建设，2010年10月竣工通车。道路全长1530米，道路红线宽46米，车行道宽16米，隔离带每侧2.5米，慢车道每侧4米，人行道每侧4米，绿化每侧4.5米，工程总造价约5300万元。

太行山南路（长江路至曹窝路）　为2010年中心城区城市基础设施建设项目，2010年5月开工建设，2011年7月竣工通车。道路全长1444米，道路红线宽46米，车行道宽16米，设施带每侧3.5米，非机动车道每侧4米，人行道每侧2.5米，绿化带每侧2.5米，工程总造价约2800万元。

祁连山南路（光明大道至曹窝路）　为2009年中心城区城市基础设施建设项目，2009年7月开工建设，2011年7月竣工通车。道路全长4468米，道路红线宽43米，车行道宽23米，人行道每侧4米，绿化每侧7米，工程总造价约9000万元。

黄河西路（和谐路至祁连山路）　为2010年中心城区城市基础设施建设项目，2010年6月开工建设，2012年10月竣工通车。道路全长1675米，道路红线宽66米，机动车道宽23米，每侧隔离带4米，绿化带及设施带每侧7.5米，工程总造价约5000万元。

城区背街小巷　1991年以来，改造建设城区长青巷、凤城巷、福泉巷、八一巷、富贵巷、沿河路等背街小巷21条、全长1215米，街巷宽度4~10米。安装路沿石20公里，铺设混凝土路面7万平方米，铺设沥青路面1.85万平方米，彩砖2.2万平方米，新建改造下水道20公里，增设水篦子1800套，检查井400套，更换盖板14240块。

2013年薛城区城区背街小巷一览表

表4-1

序号	街道名称	起止点	走向	长度（米）	宽度（米）	路面结构	修建时间（年）
1	东山巷	西苑小区—东山脚下	东西	435	12	混凝土路面	1983—1993
2	南岗子街	黄河路—永兴路	南北	550	4	混凝土路面	1985
3	古城巷	永福路—留城巷	东西	240	4	混凝土路面	1985—2003
4	水塔街	黄河路—临山路	南北	630	4	混凝土路面	1986
5	长青巷	永兴路—八一小区	南北	640	7	混凝土路面	1987
6	宝山巷	临山路—河堤	南北	405	6	混凝土路面	1987
7	匡泉街	永福路—长青巷	东西	800	6	混凝土路面	1988
8	龙潭巷	永兴路—实小门口	南北	640	10	混凝土路面	1988
9	戚城巷	永兴路—临山路	南北	305	4	混凝土路面	1988

续表4-1

序号	街道名称	起止点	走向	长度（米）	宽度（米）	路面结构	修建时间（年）
10	临泉街	永福路—河堤路	东西	950	5~6	混凝土路面	1988—1996
11	留城巷	永兴路—临山路	南北	305	6	混凝土路面	1992
12	凤成巷	永兴路—匡泉路	南北	240	5	混凝土路面	1992
13	古路街	黄河路—永兴路	南北	647	5	混凝土路面	1992
14	河堤路	泰山北路—临山路	南北	1180	5	沥青路面	1992
15	清泉街	永福路—清泉小区	南北	280	6	混凝土路面	1993
16	福泉街	永福路—燕山路	东西	750	6	混凝土路面	1994
17	临兴街	临山路—永兴路	南北	310	8	混凝土路面	1995
18	千山巷	临山路—京沪线	南北	300	5	混凝土路面	1997
19	新华街	黄河路—永兴路	南北	550	6	沥青路面	2000
20	沿河路	永兴路—长江路	南北	1300	8	混凝土路面	2000
21	龙泉街	永福路—河堤	南北	450	6	沥青路面	2003
22	安阳巷	永福路—古路街	东西	330	4	混凝土路面	2004

城市照明

路灯　1991年以来，随着城区的不断发展和扩大，老城区路灯由1991年的121盏发展到2013年的1860余杆、1.4万余盏。路灯道路长度130余公里，城市照明总用电量1333.05万千瓦时，城市照明装灯总功率3652.2千瓦。城市灯明率达99%。电工班由原来的3人的增加到10人，1999年，成立路灯管理所，分为路灯、灯箱广告两个科室，隶属于市政管理处。1995—2003年，全区共投资35万元，购置配备路灯专用升降车两台。

2004年，累计投资340余万元，实施城市照明工程。在永福中路、长江路、永兴东路、黄河路、永福南路、泰山路、燕山路薛城段、火车站广场等区域安装路灯714盏，安装泰山路、临山路、永兴路彩虹桥14座、景观灯32盏，大型广告灯箱15组；安装长青巷、龙潭巷、留城巷路灯50盏。

2005年，对城区主干道两侧单位楼体亮化、沿河公园、铁道游击队纪念公园灯带亮化和商业区霓虹灯彩化工程，新安装路灯、射灯、霓虹灯等各种景观灯2800余盏。安装龙泉巷、长青巷、福泉巷等13小巷路灯300盏，全区用于城区亮化，资金投入近1000万元，提高城市夜间品位。

2006年，安装黄河路、海河路、沿河路路灯126盏；投资140余万元，实施铁道游击队纪念园亮化工程，安装公园路灯、景观灯1000余盏。

2012年，古路街道路安装路灯24盏。投入200余万元，完成市重点工程（榴园大道）路灯120盏，铺设电缆线管及电缆7000余米。珠江路线性公园改造新安路灯80盏。香山路南段道路建设，新安路灯10盏。安装民营园区路灯60盏。

2013年，郯薛路提升改造工程安装路灯96套。B5线城区段建设工作安装路灯74盏。安装广场东西路路灯及钱江路路灯130座。安装小巷路灯40盏。安装经济园区6条道路，郯薛路、枣曹路、广场东西路等路灯650套，铺设穿线管32

公里、电缆线20公里、安装控制箱10套，增设箱式变压器7台。根据创建文明城市需要，安装黄河桥、泰山桥、火车西站、天山北路、永福北路路灯58套。

灯箱广告　1997年投入资金160万元，设立灯箱广告215个。1999年，在泰山路大桥至临山公园门口，在临山路桥以东和永兴中路两侧，设立灯箱广告80个。2000年，青岛南极洲啤酒集团投资24万元，在永福路安装啤酒广告灯箱80套。2000—2003年，移动公司投资45万元，在临山路和沿河公园中段共设立灯箱广告95个。

亮化工程　2004年，薛城区实施城市亮化工程。8月开始，在城市的重要地点和路段架设部分彩灯供人们观赏。在区委、区政府区机关招待所门前各设置槐花灯两盏（每盏64头），在人大、政协门口各设椰子灯两盏。在临山路安装10处霓虹灯箱，在黄河路大桥安装螺旋灯14盏。在泰山路和永兴路安装彩虹桥7座。12月，在永兴路和长江路安装景色灯60盏。

2012年6月，“三区合一”城市管理体制改革后，区新城市政园林管理处先后完成井冈山南路路灯改造、凤鸣公园亮化设施维修改造、长江西路强电下地等工程，完成投资390余万元。2013年，维修各类灯具821套，电缆4326米，景观灯带6300余米，完成投资115万元。新城区重点部位的亮灯率达到99%，主干道亮灯率达到98%，次干道达到95%以上，平均亮灯率达到97%以上，设备完好率在95%以上。

城市防汛

薛城属于濒湖冲击型平原、大陆性气候，夏季酷热多雨，全年降水量主要集中在6—9月。整个城区地势东高西低，北高南低，老城区建设标准档次低，排水系统老化，汛期主渠道排水泄洪能力受限。薛城城区防洪河道及排水主干道共有3条，分别是小沙河、古路街（小清河上游）排洪道、古井排洪道，河道均为蟠龙大沙河的支流。小沙河贯穿于城区东部，是接纳枣庄新城区和城区东部洪水的排洪主要河道，承担城区40%的排水；古路街排洪道贯穿城中部到北部，主要接纳小沙河以西城区大面积雨污水，承担城区40%的排水；古井排洪道位于城西南，承担城区20%的排水。

城区防洪主要靠小沙河、天山路排洪道、古路街排洪道、古井排洪道、小沙河西支。小沙河防洪能力不能满足泄洪要求，古路街排洪道排洪能力低，易造成雨污水漫溢，形成内涝。2010年3月，开工改造接通永兴西路与天山路排洪道的对接，缓解永兴中路积水的现象，基本解决城区汛期内涝现象。当前区城市防汛的重点是小沙河、小沙河西支区域。

1994—1995年，投资300万元，对古路街下水道和小沙河部分河段进行治理。下水道整治工程全长750米，宽4~8米，砌成泄洪涵洞，两侧石墙高2.5米，古路街市场段用钢筋混凝土加重盖板铺设，载重量20吨。对泰山路大桥至临山路南100米处小沙河河段进行整治。疏通河道，构筑块石护坡，动用土石方2.9万立方米。

1996—1997年，投资60万元，完成千山巷排水道的延伸工作。对千山巷泄洪道进行治理。涵洞全长180米，宽4米，两侧石墙高2.5米，上面用钢筋混凝土加厚盖板铺设，载重量20吨。

1998年，投资63万元，先后完成小沙河永兴路口防汛闸建设，小沙河临山路口防汛闸和临山路桥、永兴路桥的加宽建设。

2003年，投资300多万元，完成小沙河南段石砌工程，动用土石方3.1万立方米。是年4月，投入80多万元，对新城排水管渠进行清淤、疏通、改造治理，累计清挖雨水井4000余座，检查井3500余座，清挖淤泥1600余立方米，疏通排水管道3200多米，安装防坠网280套。

2013年，对新城区域5900米雨水管道进行疏通，对长白山路与光明大道交口南段、和谐路凯润花园门口、太行山路与海河路交口、京台高速26号入口周边等积水路段进行改造。对长白山路低洼路段、武夷山路、海河路与民生路交口、市政府周围、凤鸣湖东西和谐路、民生路等雨水井进行清挖；改造四季菁华海河西路的冒水和民生路的积水；开挖疏通长白山路与光明大道交口的光明大道南侧排水外边沟；通过增设雨水井解决光明大道祁连山路以西路北慢车道积水问题。

第二节　园林绿化

发展状况

1992年2月20日，区园林管理筹备处正式挂牌成立，1993年3月26日，区园林管理处正式成立，为差额事业单位。至2010年年底，区园林管理处共有干部职工46人，其中专业技术人员22人；季节性雇用临时工300余人，各种机械设备20余部，车辆13部，其中浇灌车7部，工程车5部。下设三级资质工程公司和专业管理养护队伍。2013年1月，薛城区新城市政园林管理处成立。

2008年，结合省级园林城市创建工作活动的开展，对泰山路、长江路、临山路、永兴路、黄河路、永福路等道路的绿化进行改造建设。其中，实施长江路两侧绿化带和花坛植物改造，花坛内三叶草坪更换为苗木组合图案，共栽植金叶女贞、红叶小檗、蜀桧、黄杨等绿化苗木21万余株；绿化带回填土方0.5万余立方米，在部分绿带栽植双排行道树，栽植法桐600余株，两侧绿化带新增绿地面积1.2万平方米。泰山路两侧增建花坛，增植第二排行道树。新建花坛0.4万余米，栽植金叶女贞、红叶小檗、法青等绿化苗木25万余株；栽植第二排行道树法桐、香樟1200余株。共回填土方19万立方米，新增道路绿地2万平方米。临山路、永兴路、黄河路、永福路等主干道绿化共栽植金叶女贞、红叶小檗、瓜子黄杨、小蜀桧等色块苗木120余万株，新增绿化面积8.4万平方米。

2009年，完成绿化工程总量6000余万元，城区新增绿化面积25万平方米，升级改造绿化面积30万平方米。借省级园林城市验收契机，积极推进游园建设。在长江路、交通局游园、光明西路等街头新建游园8个，共回填种植土80万立方米，塑造地形6万平方米，栽植雪松、柿子、银杏、榉树、楸树等大型乔木400株，木槿、红枫等花灌木900余株，竹子4300余株，新增绿化面积6.5万平方米。实施东外环路绿化，回填种植土1万余立方米，整理塑造地形8500平方米，栽植各种花灌木8万余株，新增道路绿地0.9万余平方米。创建市级花园式单位和小区42个，省级花园式单位2个，累计城区新增绿化面积25万平方米，升级改造绿化面积30万平方米。9月，顺利通过省级园林城市检查验收。

2010年，以创建省级文明城市、国家级园林城市为目标，以城南路网绿化、城区见缝插绿、拆违补绿、腾地建绿等方面为切入点，大力开展城区绿化建设，全年共完成绿化工程投资3000余万元，新增绿化面积18.8万平方米，升级改造5.5万平方米。完成矿建路、中和路配套绿化工程，泰山南路、钱江路、珠江路等道路和节点绿化建设；实施永福南路绿化升级，健身园西侧大坝、市委党校路口游园节点建设。投资1200余万元，完成临山南坡绿化建设。

2011年，共计完成绿化工程投资7600余万元，新增绿化面积26万平方米。先后对城区9条新建道路进行生态绿化，共栽植乔木、观赏树木5200余株，花灌木1.5万余株，色块苗木510余万株，行道树4900余株，铺设灌溉管网9800余米。打造7处道路景点和节点景观，累计栽植苗木3.6万余株。完成奚仲市民健身园、锦阳河水系景观的高标准绿化建设，共塑造地形3.5万平方米，栽植大规格垂柳、皂角等树木2090株，红枫、红叶石楠、冬青等灌木近0.1万株，鸢尾、洒金柏、金叶女贞等色块小苗60万株，铺设草坪1.6万平方米。

2012年，完成锦阳河景观休闲带水系绿化工程、泰山南路生态复式绿化工程、珠江路线性森林公园、奚仲阁周边山体绿化等工程，累计栽植各类苗木460万株，建成生态长廊1200米，新增线性绿地面积51万平方米。启动长白山南路绿化工程，已回填种植土20万立方米，栽植苗木0.1万余株、行道树837株、色块苗木0.8万平方米。榴园大道东段共栽植各类苗木40余万株、布设景观石10余处。同时，结合国家森林城市创建活

锦阳河景观带

动，实施枣曹路绿化工程，栽植大规格乔木1100余株，球类2300株，色块苗木7万余株，铺设草坪0.6万平方米。

2013年，投资495万余元，完成光明大道及沿线绿化提升、嘉豪国际、“双子座”城市广场绿化改造等工程，以及市政广场及光明大道沿线7处节点的绿化补植。是年，投资7600万元，实施长白山路、天山路、泰山南路、黄河东路等道路和燕山路棚户区等绿化提升工程，完成6处节点游园建设。累计栽植大小乔木1.2万株、花灌木30万株、色块苗木450万株，铺设草皮4.2万余平方米，更换、安装浇灌系统1.3万余米，新增城区绿化面积6万平方米，升级改造绿化面积20万平方米。

公园、广场、绿化景点简介

临山公园　坐落在城区东侧，是以纪念铁道游击队为主基调，集教育、游览、观赏、娱乐于一体的综合性市级公园。以临山为中心，包括三个山头，总占地80公顷，设计园容量0.8万~1万人次。第一期征地35.67公顷，建成以铁道游击队纪念碑为主的中心纪念游览区，投资500万元。1992年3月26日开工建设，是年，完成环山路路基2800余米，铺设混凝土路面1000余米，修架桥涵两座，征用公园中心区土地35.67公顷；是年9月，组织区规划、土管等部门完成土地规划定点、放线、埋桩、勘界等工程，完成投资50余万元。

1993年，实施公园西大门、公园管理房及清风台以西的绿化植树造绿等工程建设，全年完成投资60余万元。

1994年，实施西大门广场地基整平及甬道整治，补植龙柏等绿化苗木2万余株。是年8月15日，根据原铁道游击队老战士的提议，经市里批准，铁道游击队纪念碑奠基开工，工期12个月，全年完成投资120余万元。1995年，实施纪念碑碑体及碑廊、广场、甬道、附属绿化等配套工程，全年完成投资440余万元。是年8月15日，在纪念抗日战争胜利50周年活动中，副省长宋法棠同铁道游击队老战士们一起为纪念碑揭幕。纪念碑平台西至公园西大门广场全长140米，设宽7米的甬道，建有台阶120级，均用尺寸统一，质地优良的青石料铺砌。台阶中间布置三处平台景点，砌筑矩形、圆形、八角形花坛。

1996年，通过社会筹资建设薛国聚贤亭、华众亭、南极亭、鸿雁亭、古井亭、千山亭、兴南亭、召凤亭八大景点。是年，利用春季、雨季植树造绿，分别包干围绕山头四周300余亩土地，建成民兵林、八一林、青年林、公仆林、奉献林5片林地，铺设花砖广场、园路0.4万余平方米，完成投资70余万元。4月9日，临山公园一期绿化工程竣工。共出动机械车辆60辆（次），人工400人次，栽植绿化树木6800余株。4月20日，临山公园二期绿化工程竣工，共出动机械车辆70辆次，人工500人次，栽植绿化树木6450余株。

1997年，铁道游击队大队长刘金山、副大队长王志胜墓地迁至临山。1998年，投资50余万元，整治清风台台基，修建东环山路1400余米，营建纪念碑碑廊游园 1 处，面积 1400 平方米，修建公厕 1 座。1999 年，投资 60 余万元，高标准改造建设甬道绿化带，将原 3 米宽的绿化隔离带扩宽为两侧各 6 米宽的绿化景观带，修建高标准水冲式公厕两座。2000 年，投资 30 余万元，完成征地范围内大绿化建设和机井泵房及引水上山工程。2002 年，经省旅游局建议，为开发当地特色旅游资源，树立地域品牌优势，铁道游击队纪念公园及纪念馆正式立项，用 5~10 年时间将临山公园建成一个集纪念、怀古、游览、观赏、文化、娱乐于一体的综合性公园。至 2003 年 8 月，临山公园累计完成工程投资 5500 万元。

2005 年 1 月，实施临山公园广场改造建设任务，历时 3 个月，拆除两侧门市房 2400 平方米，开挖土石方 1.2 万立方米，修建下水道 700 米，硬化道路停车场 2600 平方米，铺装大理石 8600 平方米，安装两侧花坛石 980 米，踏步石 1100 米，安装景观灯 12 盏，轮廓灯 1200 米，预埋电缆管线 3600 米，栽植大雪松、大国槐、高蜀桧等大小苗木 8800 株，种植草坪 1200 平方米，改造广场面积 1.28 万平方米，完成投资 360 余万元。结合枣庄红色旅游资源开发，投资 60 万余元，实施碑廊东甬道和停车场改扩建、纪念甬道绿化改造、南北上山路拓宽，动用土石方 0.8 万立方米，改造道路广场 0.6 万平方米，安装路沿石、花坛石 1900 米，修建景点建筑 11 处，影视围墙 0.2 万米，栽植雪松、蜀桧、石榴等大小苗木 5.6 万株，铺种草坪 1.1 万平方米。是年 4 月 18 日，举行开园仪式，临山公园正式更名为铁道游击队纪念园，临山广场更名为铁道游击队纪念广场。

2006 年，实施纪念园西大门至南极亭段精细化绿化改造任务，回填土 1300 立方米，整理塑造地形 2.4 万平方米，栽植各类苗木 2.6 万余株，竹子 1500 丛，修建园路 560 米，砌垒土墙 380 米，建造山石小景 1 处，新增绿地 2.4 万平方米。铺设地下光缆 0.6 万余米，安装园路灯、景观灯 0.1 万余盏。

2007 年，投资 100 余万元，实施铁道游击队纪念园环山路改造建设，修复开挖破损路面 650 平方米，铺设二灰碎石基础 2300 平方米，铺设柏油路面 1.1 万平方米，路沿石 4.2 公里，新建彩砖路 0.1 万余米，新开挖砌垒下水道 1.3 公里。

2012 年，实施临山公园南坡绿化工程，栽植柿子、石榴、杏树、重阳木等乔木 0.3 万余株，樱花、紫叶李等花灌木 1.2 万株，红瑞木、海棠、连翘 4 万余株，竹子 5700 株。

沿河公园　北起泰山路桥，南至长江路，全长 2100 余米，分为北、中、南三段，总占地 23.33 余公顷。全园绿地面积 1.66 万平方米，其中西岸绿地面积 5600 平方米，东岸绿地面积 1100 平方米，铺设草坪 1.59 万平方米，树种以大叶女贞、垂柳、合欢、雪松、黑松为主。

沿河公园

1993年12月20日，投资84万元，开挖中段主河道，1994年4月2日竣工。总长1300米，深度1.8米。

1998年，区政府重新对两岸进行高起点规划、高标准建设。以小沙河为界，分东西两个园区，设老中青儿童活动广场5处，停车场1处，休息区6处，出入口5个，广场之间有游园路贯通，东西两岸有九曲桥相连。1998年9月破土动工，2000年6月竣工，共投入资金340余万元。是年9月，投资260万元，开工建设东岸园区，2000年6月6日建成对外开放。园区以人工湖为中心，以重檐古亭为控制性建筑，从南向北，依次布置为嵌草停车场、贡石景点、彩灯喷泉、人工湖及三岛、黄石叠水、弧形柱角、锯形模纹花坛等一批具有园林艺术景观效果的景点景区。其中人工湖面积0.6万平方米，设有假山岛、雪松岛、亭岛及垂柳半岛，湖岸采用自然石驳岸处理，并布置有假山、瀑布叠水、石拱桥、景石等景点。是年10月，投资80余万元，建设西岸园区，1999年5月1日竣工。园区采用规划式建园手法，以“升华”不锈钢雕塑为标志景点，以廊式花架为主要建筑，配有伞形亭、仿树桩桌凳、红玉石蘑菇石花坛，别墅式管理房及安徽灵璧景石等园林建筑小品6个，景点园灯28盏。

2001年，投资60万元，开挖南段河道增至30米宽；2002年6月，进行河道、大堤护坡砌垒。是年8月，投资80万元，实施雨污分流工程，铺设管道780米；完成园区绿化工程，绿化面积6万平方米。同时实施沿河公园健身园工程，2004年5月竣工。

2004年，东岸各项建设工程项目全面展开，挖湖堆山、清淤理水，铺装硬化广场，实施景点绿化建设。2005年，投资200万元，实施南段西岸绿化建设工程。完成场地平整、新建3米宽沿河路、广场园路硬化，建跨河景观桥（虹桥）1处、水池2处，硬化道路广场0.8万平方米，安装路沿石0.5万余米，红玉花坛1200米，现代景观膜亭6个，栽植女贞、国槐、白蜡、紫叶李等大小苗木1.56万株，种植草坪2.3万平方米。

2006年，实施北段体育健身园配套工程，建羽毛球场2个，乒乓球台20个，各类健身器材50个，管理房2个，休闲场所1处，公厕1座，园区硬化4100平方米，砌垒花坛220米，栽植绿化苗木3.5万株。2008年春，实施绿化提升工程。共栽植垂柳160余株，高干女贞、白蜡、红叶李370余株，补种草坪820平方米。是年秋，在临山桥、长江桥筑坝蓄水。

城市森林公园　北起奚仲市民健身广场，南抵凤翔湖，东起广场东路，西至广场西路，总面积152.73公顷，中间贯穿中和路、钱江路、湘江路、珠江路。公园中和路至珠江路段，南北长910米，面积23.27公顷；珠江路至郯薛路段，南北平均长度710米，面积21.73公顷；凤翔湖段东西长1118米，南北平均长度970米，总面积约108.4公顷，水体面积约40公顷。工程投资7.8亿元，其中森林公园工程投资1.8亿元。采取全民共建方式，完成城市森林公园一期工程15.93公顷工程建设。

蟠龙河生态苗圃繁育基地　位于蟠龙河北岸，祁连山路东侧，东西长约1700米，总面积约37.73公顷，2013年年底开工建设。基地规划建设综合管理景观服务区、花卉生产观光区、苗木繁育栽植区、苗木储备周转区、生态农业观光区区5个区域。苗圃内共栽植各类乔灌木21.7万株，色块苗木8.77万株，沿河水杉大道共栽植水杉9500余株，河滩栽植山楂、桃树等乡土树种2660株，垂柳、榆树1500余株。

区政府游园　1995年，实施区政府游园绿化建设。游园位于现行区政府办公区域中心南侧，占地1600余平方米，建有黑松景点花坛、条形座凳、梅花鹿、丑牛石雕及部分健身器材。1997年，实施区政府游园文化广场建设。设有廊式花架，别墅式管理房、公厕，枯山水景石组，贡石景点，不锈钢大理石贴面栏杆花坛，广场砖扇形纹铺设，绿化以四季常青的冷地型草坪为主，栽植黑松、花柏、青竹和低矮花木图案组合。亮化工程以烟花灯、庭院灯、草坪灯为点缀。

街头游园　2008年，投资120余万元，实施

龙潭公园

黄河桥游园、警苑小区游园、人大门前游园绿化建设。共栽植大规格香樟、皂角、雪松、刺槐、石榴等乔木110余株，栽植百日红、木槿、法青、石楠、黄杨、花灌木等2600余株，回填种植土0.8万立方米，种植草坪1万余平方米，总占地面积1.2万平方米。

凤鸣公园　位于新城行政中心区，是一座以龟山自然山体为主景的开放式园林公园，东侧为武夷山路，西侧为行政中心区东外环，南侧为凤凰山庄东区，北侧为政府接待中心及黑龙江路。公园总用地面积为85.83公顷，2005年开工建设，2006年投入使用。

南方植物园　位于新城光明大道南，黄河路北，黄山路与庐山路之间，占地总面积35公顷。2005年开工建设，2006年投入使用。园内共有南北方植物470种，苗木56万余株（棵）。园内有枣庄历史人物雕塑墙，卵石飞瀑、长渠奔流，银河探园、荷池秋香、文化语林等。并建有木桥、石桥、平桥、拱桥等43座，木亭6座。湖区安装有升降式大型灯光音乐喷泉，主喷泉最高可达118米。植物园设计以“中国结”的意和形作为南方植物园的构架。

龙潭公园　位于新城祁连山路以东、黄河路以北、海河路以南，太行山路以西，总占地约22.67公顷，其中湖面约6公顷，建有跨度120米、宽7.8米的五孔拱桥1处、九曲桥2处、广场4处，观景平台2处、小型城市展厅1处、600平方米游船码头1处。绿化面积约11.4万平方米，栽植苗木约60万株。2010年开工建设，2011年投入使用。公园设置体育活动区、儿童游乐区、休闲娱乐区和城市景观带等区域。

金牛岭公园　位于行政中心区西北方向，地处凤凰山的南翼和潘龙山（即袁寨山）的西南翼，与新城翠竹谷相接，占地约1公顷。2007年开工建设，2008年投入使用。

锦阳河文化休闲广场　位于泰山路东侧，中和路北侧，东起京台高速，西至泰山路，占地约11.07公顷，东西长约800米，河道及两岸文化休闲广场宽120米，总绿化面积达到2.76万平方米，是一处开放式水系公园。2010年5月，泰山路至广场西路段开工建设，2012年9月竣工使用。公园建有综合活动中心，公园内有影院、网吧、酒吧、咖啡厅、酒店等经营服务设施，河面上建有3座横卧桥。

奚仲广场　奚仲广场以夏朝古薛人奚仲造车为背景建设的一处集市民健身、休闲、娱乐于一体的开放式景观广场。奚仲广场的前身是东小庄水库，2010年6月开工建设，2011年11月竣工。总占面积14万平方米，其中水域面积4.1万平方米。共建有景点20余处，绿化面积4万余平方米，建有叠水景观0.5万平方米。整个广场建有“一石、一湖、一广场”“两轮、四亭、十二柱”的景观。

翠竹谷　位于新城行政中心区西北角，占地

约6.67公顷。2004年开工建设，2005年投入使用。该园顺应山势地形造景，在石材布置上或险峻，或灵秀，或大气，或幽雅，创造奇特的山石景观。绿化上以竹为主题，形成“曲境竹林”“竹海探幽”“浩瀚风雨”等竹林景观；以秋季观赏红叶为主，设置红叶谷，种植槭树、红枫、红叶小檗、火炬、鸡爪槭、紫叶李、红栌等观叶植物，形成“霞谷彩虹”“秋日流火”等景观。

祁连山绿带（光明大道至长江路）　位于光明大道南侧，京沪高铁东侧，呈L形。西线沿祁连山路自光明大道至长江路贯穿南北向，南线沿光明大道自祁连山路至武夷山南路贯穿东西向，占地面积约60公顷，总绿化面积约26万平方米，包括绿化、景观、小品等建设。2011年开工建设，2012年投入使用。

两高绿地　位于新城区域光明大道北侧，西侧为京福高速入口，东侧为高铁交汇的中间地段，是一处现代城市山水间的开放型生态广场，占地约3.7公顷。其中水系面积800平方米，绿地面积3.2万平方米，绿地率达86%。2013年开工建设。

景山绿地　位于新城市政广场凤鸣环路的中间地带，占地约9.53公顷，是一处供市民休闲、娱乐、锻炼的公共绿地。2007年开工建设，2008年投入使用。

第三节　城市公用事业

城市供排水和污水处理

1980年7月，薛城自来水公司筹建；1982年正式成立，是年4月开始向城区供水。2005年6月，区自来水公司和区污水处理厂合并，组建薛城区城市供排水总公司，由薛城区建设局主管。

水源地和供水工程　薛城供水公司有水源地3处，1987年，建成金河泉头水源地，1992年扩建，共打深井5眼，安装潜水泵5台，日供水能力3万立方米。徐沃水源地，共打深井3眼，提水量每日0.2万立方米，因水源枯竭1990年停用，1999年，改建成纯净水厂，作为城区备用水源。陶庄镇西仓水源地，2003年，打深井2眼，出水量每日1.5万立方米，作为备用水源之一。

金河泉头水源地　位于薛城区常庄镇泉头村北，1979年9月至1980年3月，由省地质局第三水文地质队设计施工，打深井3眼，井深200余米（其中1眼为300余米），井孔径0.5米，1987—1990年，投资306万元建泵房9间、206.3平方米，安装CL7-125千伏安型变压器2台，安装深井泵2台，架设金河供电站至泉头村高压线路3公里，铺设直径400毫米铸铁管道8公里，该输水干管端起金河水源地抽水泵房经东皇村、东辛村、挪庄村、北二村至永福水厂，中间穿过大沙河、京沪铁路。1988年，安装16JD490×3型和12JD230×7型深水泵2台。1989年，架设高压线4公里，保证金河泵房正常供电。是年8月，金河水源给水工程全部建成并开机试供，整个工程历时3年，耗资146万元，日供水可达1万立方米。1992年，投资20余万元，由山东鲁南地矿勘察院打深井2眼，井深200余米，井孔口径0.48米，共安装潜水泵及深井泵5台，日供水能力3万立方米。

供水改造和管网建设　前期城区主要供水管网多为铸铁管，沿城区建成道路铺设，直径在100~500米，埋深0.5~1.6米，1979—1995年，铺设供水管线9.4公里。1996—2010年，铺设供水管线106公里。1998年，改造铺设区政府至长江路直径400毫米供水主管道中首次使用延展性、耐压性更好的球墨铸铁管。2002年以来，部分道路配水管线直径200毫米以下使用PE管。

1990年，铺设永福水厂至枣庄高新技术开发区海湾塑料厂直径500毫米供水管道160米，开始向开发区供水。1991年至1992年6月，投资403万元完成供水复线一期工程，建设泉头水源至永福水厂直径500毫米输水管道8公里、水源地泵房扩建，打深井2眼，安装深井泵2台。1994年，二期工程建设完成永福水厂0.2万立方米清水池1座，厂内管网、机电设备改造、加氯，化验设备配套，铺设辽河路至泰山路500毫米供水管道3公里。城区实现环状供水，日供水能力达到2万立方米/日。1995年，为支持城镇驻地村镇“四通”建设，投资141万元，在北二村铺设供水管网16.8公里，安装水表617块，新增用户584户。1996年，投资142万元，完成招商城二期供水工程和城南小区、福泉小区1~15号楼供水改造工程。全年共铺设管道3.465公里，新增用户147户，日供水1.8万立方米左右。1998年，投资126万元，完成永福中路自区政府至长江路永康村直径400毫米供水管道1.5公里改造任务，解决城区南部2万多户居民生活及附近单位用水紧张问题。

2001—2003年，投资150万元，铺设常庄工业园供水管道4.345公里，投资135万元完成铁路中学、站前小区、泰山路改造、天山路改造、古井村、长江路等供水管网建设2.658公里。至2004年，共投资300余万元，铺设各种口径供水管道35公里。2005年，筹集资金120余万元，先后对新华街、南岗子街、古路街、匡泉巷、大全巷、龙潭巷、凤城巷、古泉巷、金城巷等锈蚀严重、漏水量大的4.68公里老旧供水管网更新改造。2006年，投资10余万元对燕山中路、南岗子街、古路街等供水管网进行改造。2007年，投资20余万元，对福泉小区、长青巷、龙潭巷、匡泉巷等供水主管网和阀门、表池井及消防栓等进行更新改造，铺设管道1.5公里。投资150万元铺设常庄民营经济园郯薛路立交桥至埃新斯合成气厂直径200米供水主管道3.368公里。

2008年，筹集资金26万元，先后对凤城巷、匡泉巷、大泉巷、昭阳巷等供水管网和阀门井、水表井进行更新改造，更新阀门井、水表井42座，更新供水管道1.58公里。2010年，投资400余万元，完成火车站区户表改造工程，投资100余万元进行毛巾厂宿舍改造，新增用水户1553户，完成一户一表改造1329户，结合燕山路、火车站棚户区拆迁改造，共改造老城区供水管网1984米，降低水损，进一步推进城市供水的一体化进程。2011年，铺设DN100毫米以上管道8.5公里，新安装水表1023块，户表改造1100块，实现供水824万立方米，售水579万立方米，供水产值1469万元。2012年，累计安装DN100毫米以上管道12公里，户表改造500余户。2013年，共实现供水923.47万立方米，售水672.97万立方米，累计安装DN100毫米以上管道18.3公里，户表改造742户，新安装1188户。

水厂和泵房　永福水厂位于永福路与光明路交界处，占地面积0.66公顷，综合楼建筑面积600平方米，泵房及配电间260平方米，1990年建成，1994年扩建。共建清水池3座，总容积0.4万立方米。1992年，从泉头水源地至永福水厂铺设直径500毫米输水管道11公里，实现水源双线路供水。永福水厂共安装供水机组5台，设计供水能力每日3万立方米，受输水能力所限，实际最大供水能力每日2.8万立方米。2008年，平均日供水量为2.2万立方米，最高日供水量2.6万立方米，出厂水压力0.38~0.4兆帕，管网末梢压力为0.1兆帕。

长江水厂位于薛城区临山南侧，占地面积0.837公顷。一期工程2005年建成，建有2500立方米清水池1座，泵房及配套设施400平方米，安装供水机组2台，工艺管道300余米。后续工程2010年建成，共建2500立方米清水池2座，安装供水机组3台，日供水能力3万立方米。

城市排水　1992年，清理下水道30余处、10余公里，清淤、排障、疏通河道20余处，更换下水道盖板2000余米。至1993年，城区大小排水沟渠总长度达到47.3公里，城区的沟渠基本加盖封闭，密闭率100%。

1993年10月，区政府决定对小沙河进行分期治理。一期治理工程自永兴路至临山路段，1993年11月10日动工。

1994年5月10日，完成河道清淤、开挖拓宽、砌垒护坡，治理工程总长度1.3公里，开挖河道宽25米，深1.8米，总投资87万元，增大流水断面45平方米，总流水断面360平方米，按20年一遇防洪标准建设，最大流量444立方米，治理后流水能力为540立方米。是年，古路街泄洪道是原小沙河故道，北起北一村大桥，南至永兴路，全长750米，宽4~8米，砌成泄洪涵洞，两侧石墙高2.5米。1994年4月20日动工，6月15日竣工，泄洪能力达20立方米/秒，是城区三个主要排水通道之一。投资200余万元，完成古路街至北一泄洪道和二街下水道的拓宽砌筑工程，新建福泉、清泉和辽河路两侧下水道1.2公里，疏通黄河西路过路桥，清理城区排水沟渠、河道、下水道1.5公里。二期工程1995年完成，北起泰山路大桥，南至永兴路和临山路至长江路段。总投资250万元，对河道进行开挖拓宽、砌垒护坡。

1996年，投资20余万元，修建完成燕山路下水道1.96公里。对城区主次干道两侧的排水设施进行整修，清理污泥2000余吨。通过治理，提高城区泄洪能力。

1997年，投资40万元，新修永兴东路两侧下水道3公里，对古路街北一村至焦化厂段下水道、城区部分下水道进行整修。对千山巷泄洪道进行重新治理，全长180米，宽4米，两侧石墙高2.5米，钢筋混凝土加厚盖板铺设，保证城区第二个主要排水通道畅通。1998年，投资60万元，实施临山路桥、永兴路桥的加宽建设，新修下水道0.76公里。

1999年，投资100余万元，改建小沙河永兴路口防洪闸门。

2002年，投资40万余元，对堵塞严重的城区主要排水泄洪枢纽——古路街泄洪道永兴路至北城批发市场段进行全面清淤治理，共清淤1.3公里、0.1万余立方米；实施烟草公司至北一泄洪道下水道新建，解决福泉小区常年汛期积水问题。

2004年，投资230万元，实施长江路部分排水管道建设以及小沙河清淤、古路街、古井村排水工程。

2005年，实施嵩山路排水管道、古井下水道续建等工程，清挖新华街、古井、水塔街、匡泉巷、清泉巷等小巷下水道2.6公里。

2006年，投资120余万元，实施城区主干道及背街小巷下水道续建工程，整修、清挖黄河路、龙潭巷、匡泉巷、凤城巷等小巷下水道0.5万余米，更换雨水篦子200余个。

2007年，投资1670余万元，完成皇冠大酒店至小沙河故道2.6公里排水泄洪道的拓宽、改造工程；结合城区背街小巷改造，完成永兴路、临山路防洪闸门的新建和再改造，对凤凰台及老临中下游实施河道治理，清理河道8.3公里。

2010年，借助BRT工程中临山路桥扩宽的契机，投入资金110万元，对临山路防洪闸实施升级改造为电动式。

2013年，老城区共有排水管线162.4公里，其中雨水管线115公里，检查井3584个，进水井2900个。新城区域共有各类排水管道约130公里，进水井4100余个，雨水检查井3700余个，桥涵23处。

污水处理　薛城区污水处理厂是国家淮河流域和山东省南四湖流域水污染综合治理工程之一。位于城区西南部，主要服务于薛城区和枣庄市高新技术开发区、枣庄市新城区，服务面积约35平方公里，服务人口约30万人。1998年，山东省计划委员会批准立项，1999年11月29日奠基，

污水处理厂

一期工程2000年开工建设，2002年12月完工，2003年年初调试运行，形成2万吨/日处理能力。

2005年6月，污水处理厂改制，与原区自来水公司合并组建成现在的城市供排水总公司，属于城市公用事业型企业，主要承担着城区自来水生产、供应、排水、污水处理设备安装及供排水服务、稽查管理工作和城区的供排水建设任务。2005年9月至2006年年底，污水处理厂完成铺设城区东、西两线污水主管网2.7公里，分支管网7.9公里。

2007年8月，实施一期2万吨后续扩容工程，2008年年初投入运行，实现日处理污水4万吨能力。是年4月，按照省市环保部门的要求，积极规范整改污水处理设备、取水管线，以及出水在线监测系统运行及数据稳定上传的工作，完成城区部分区域1.1公里的污水分支管网铺设和改造任务。2007年6月至2008年8月，区污水处理厂投资1200万元建设2万吨/日的中水回用工程，主要服务于薛城经济园区、海化工业园区等多家企业；铺设至常兴纸业公司、海化煤业、埃新斯合成气中水管道，实现水资源的“二次利用”。

2010年，区污水处理厂扩容暨调节池工程被确定为枣庄市环保重点工程，被薛城区政府确定为区级100项重点工程项目之一。工程概算总投资1600万元，建设2万吨/日调节池及相应配套设施。2010年10月开工，2011年7月底竣工。是年同时实施污水处理厂一级A升级改造，2012年6月完成并投入使用。项目概算总投资2570万元，升级改造规模为4万吨/日，回用水规模为2.5万吨/日。升级改造处理后的污水全部可达《城镇污水处理厂污染物排放标准》（GB18918-2002）一级A排放标准，每年可减少污水排放750万吨。

2013年，区污水处理厂启动2万吨扩建及配套管网工程。该项目是国家“十二五”期间重点污水处理项目之一，也是山东省迎接国家淮河流域核查和南水北调东线调水治污单元项目之一，被列为枣庄市环保和薛城区重点工程项目之一。山东省发改委批准立项，概算总投资7300余万元，其中厂内投资3900万元，管网投资3400万元。扩建规模为2万吨/日，铺设配套污水管网3.5公里，2013年4月开工建设。是年2月，自筹资金1300万元，建设区污水处理厂下游人工湿地水质净化工程，是年6月投入运行。

城市供气

管道煤气　市燃气总公司薛城分站成立于1984年，最早承担薛城管道煤气的供应。2005年11月13日，在薛城焦化厂建成一座2万立方米的储气柜。1984—2010年，共建设调压站28座，铺设供气中低管网120公里，供气户数1.8万户，供气人口7.2万人。2005年3月29日，市海乐燃气有限公司成立，是经市、区人民政府批准兴建的股份制民营企业。公司中压燃气管线全长65.71公里，设计供气能力10万户，日可供气20万立方米，调压站152个，居民用户4万多户，工商业用户126家。2013年，投资6000余万元建设匡芹天然气高压主管线。

液化石油气　1994年9月，山东省石油集团薛城区分公司投资100万元，建设薛城石油分公司液化气储配站，储气能力为100立方米。1996年6月，山东梨树电子器材有限公司投资建设工业自用液化气站。1997年6月，区房管局开发建设永康村居民区，成立光远燃气制供发展中心，铺设供气管道0.9公里，向用户提供氢气，供气220户。2000年4月，山东省鲁建燃气公司枣庄分公司投资500万元，成立枣庄长乐液化气有限公司，向国税局、人民银行、财苑、永福、甘霖等30个小区供应液化石油气。2001年，利民液化气站在东仓村南首建成一座液化气站，并投入使用。2006年，山东新恒达能源有限公司成立，公司站内石油液化气的储量为450立方米。2008年6月18日，枣庄吉森液化气有限公司成立，从事液化石油气的批发零售。是年8月，枣庄市长乐液化气有限公司周营分公司成立，储气量250立方米。至2010年，薛城区2万户、8万名农民用上液化气，工业自用液化气年供气量30011吨，居民年供气量5400吨。

天然气　2009年11月，市燃气总公司投资300万元，新铺设PE管6公里，对矿务局调压站的2300户人工煤气进行天然气置换。2010年10月，投资200万元，对清泉小区调压站的5923户人工煤气进行天然气置换。至2010年年底，市燃气总公司共置换天然气用户8223户。

城市供热

1995年，八一生活小区安装一台热功率2.8光瓦和一台热功率4.2兆瓦的水暖锅炉实行集中供热，供热面积8万平方米。

1998年以来，新建机关、事业单位、医院、学校、居民小区等分别安装水暖或气暖设施，进行分散供热。至2011年年底，城区的供热总面积约98万平方米，集中供热率18%，其余均以分散供热为主。

2011年9月，薛城区筹建区鸿阳热力有限公司；是年9月14日，区财政投资1000万元正式注册成立公司，人员36人，其中董事会成员5人，监事会成员3人。是年底，占地30亩，山东永胜集团中标施工建设的0.6万平方米主厂房主体竣工；大连锅炉厂中标的72米W100吨热水锅炉开始进场安装；滕州建设集团中标建设的高120米烟囱完成主体施工；脱硫塔、两台除尘器以及主厂房内循环水泵及配电室、化验室的配备建设工作同时启动，一期工程厂区建设投资约1亿元。

2012年，完善厂区配套工程建设，启动实施城区主管网建设，铺设完成主管网直径900毫米钢制保温管11.5公里，二级管网1.2公里，建成换热站8处。11月20日，实施城区集中供暖，供热面积60万平方米。

2013年，实施二期扩建热源厂，增加一台72米W100吨锅炉以及相应的配备。铺设城区主管网建设15.5公里，二级管网22公里，建设完成换热站建设42处，覆盖66个住宅小区和单位，供热辐射面积400万平方米。

城市公交

2001年由区政府通过招商引资形式组建公交车队，营运车辆20部，由薛城汽车运输服务中心代为管理。2007年12月，进行车型结构调整，调整总量共计24部。2008年年底，根据广大市民要求，适时开通洪洼—茶棚公交线路，投放公交车8辆，城市公交车辆达到32辆，其经济模式为挂靠公司经营，产权属个人所有，经营期限5年，32部车辆中24部于2013年12月25日到期，另外8部于2013年10月31日到期。

随着城市经济发展，原城市公交车辆技术状况差，车辆老旧，已不能满足群众出行需求。因此，薛城区有计划、分步骤制定实施车辆退出工作方案。2014年1月底，新的城市公交线路运营正式启动。新城市公交拥有车辆50部，试运营101路、102路、103路、104路和105路5条线路。根据试运营期间收集掌握的情况、社会各界的反映和广泛征求意见的结果，经市政府同意，决定对“三区合一”城市公交的线路、站点和票价进行必要的优化调整。新的运营方案线路条数由5条增加到10条（含后续计划开通1条），里程由117公里增加到138.3公里，最短里程由18公里缩短到7.3公里，平均里程由23.4公里缩短到13.8公里，单线平均运营时间将从原来的60分钟缩短到30分钟。具体运营方案如下：

101路（环线）　枣庄西站—中医院—高铁站—枣庄西站：由枣庄西站发车途经天山路、黄河路、燕山路、德圣路、光明大道、和谐路、府前路、民生路、光明大道、武夷山路、科技路、长白山路、黄河路、井冈山路、科技路、民生路、黄河路、太行山路、曹沃路、祁连山路、长江路、泰山路、临山路，最后回到枣庄西站。沿途停靠站点为枣庄西站、炮团、北批市场、薛国大酒店、奚仲中学、区人民医院、宏源大酒店、现代学校、兴仁中学、光明花苑北区、鲁沪汽车城、天衢商贸城、安侨公寓、舜天国际、太阳广场、国税局、会展中心、嘉汇大厦、龟山公园、实验学校、来泉山庄、实验高中、学府花园、四季菁华、翰景名座、南方植物园、中央天街、中央花城、枣庄中医院、殷庄社区、高铁站、高铁站北、舜耕中学、奚仲广场、临山小区、矿业集团门诊部、临山公园、沿河公园、新华书店、汽车站，最后回到枣庄西站。全程26公里，运营时间：枣庄西站

6：30—17：30，票价1元。

102路（环线）　线路由枣庄西站发车途经永兴路、永福路、光明大道、燕山路、黄河路、茂源路、永兴路、泰山路、长江路、昆仑山路、中和路、广场西路、珠江路、泰山路、郯薛路、薛周路、珠江路、泰山路、湘江路、永福路、临山路，最后回到枣庄西站。沿途停靠站点为枣庄西站、区中医院、区政府、新村、薛国大酒店、海河路、凤凰台、宏源大酒店、区人民医院、奚仲中学、永福路派出所、黄河大桥、二十九中、八中、临山公园、矿业集团门诊部、临山小区、奚仲广场、舜耕中学、奚仲花园、综合服务中心、中和嘉园、八中南校、仲建广场、天润万象城、麦穰店、区交通局、区计生局、世纪城东区、姚山市场、常庄镇政府、九都花苑、建材市场、薛国文化街、江南小区西门、国浩美都、邮政局、汽车站，最后回到枣庄西站。全程19公里，运营时间：枣庄西站6：30—17：30，票价1元。

103路高铁站—兴城街道　由高铁站发车途经祁连山路、淮河路、峨眉山路、黄河路、太行山路、一号路、和谐路、府前路、民生路、二号路、武夷山路、浦东路、复元三路，最后到达兴城街道。沿途停靠站点为高铁站、淮河路、阳光小区、龙潭公园、方正园、住建局、凤凰西区、会展中心、嘉汇大厦、凤凰东区、司法局、颐嘉园、实验小学、袁寨山风景区、海霸能源、泰国世博城、兴城街道。全程11.5公里，运营时间：高铁站7：00—17：30，票价1元。

104路金河—枣庄西站—枣庄港　由金河发车途经枣曹路、天山路、临山路、永福路、珠江路、疏港路，最后到达枣庄港。沿途停靠站点为：金河、薛庄、上于、宋庄、远通纸业、付庄、张桥、东丁社区、枣庄西站、汽车站、邮政局、国浩美都、江南小区西门、薛国文化街、建材市场、首府花园、万洲浙商城、高晟工业园、六炉店、六炉店小学、狄庄、潘庄、枣庄港。全程16公里，运营时间：枣庄西站：首班6：30，金河7：00—17：30，枣庄港7：00—17：30，票价1元。

105路枣庄西站—茶棚—石榴园西门　由枣庄西站发车途经临山路、永福路、长江路、泰山路、郯薛路、店韩路，最后到达石榴园西门。沿途停靠站点为枣庄西站、汽车站、邮政局、国浩美都、江南小区、永泰花园、开源花苑、世纪城区西区、世纪城东区、麦穰店、何庄、杜塘、董庄、茶棚、马官庄、方正生态园、北庄、北常、岩湖小学、岩湖、岩湖市场、石榴园西门。全程15公里，运营时间：枣庄西站6：30—17：30，石榴园西门7：10—17：30，票价1元。

106路枣庄西站—学院驾校　由枣庄西站发车，途经天山路、永兴路、德仁路、光明大道、祁连山路、大连路，最后到达学院驾校。沿途停靠站点为枣庄西站、区中医院、金茂大厦、区委、枣矿四处、八中、怡园小区、黄河路、鲁沪汽车城、天衢商贸城、安侨公寓、松花江路、矿业集团总医院、学院、学院驾校。全程9公里，运营时间：枣庄西站6：30—17：30，学院驾校7：00—17：30，票价1元。

107路枣庄中医院（新城）—市立医院西院　由枣庄中医院（新城）发车途经太行山路、一号路、和谐路、府前路、民生路、凤鸣路、黑龙江路、民心路，最后到达市立医院西院。沿途停靠站点为枣庄中医院、中央花城、方正园、住建局、凤凰西区、会展中心、市行政审批中心、开元山庄、袁寨山风景区、市立医院西院。全程7.3公里。

108路高铁站—石榴园西门　由高铁站发车途经曹沃路、榴园大道、店韩路，最后到达石榴园西门。沿途停靠站点为高铁站、殷庄社区、曹沃村、薛城职业中专、枣庄警校、颐正园、石榴园西门。全程9公里，运营时间：高铁站7：00—17：30，石榴园西门7：30—17：30，票价1元。

109路高铁站—矿业集团总医院　由高铁站发车途经祁连山路、长江路、泰山路、光明路、祁连山路，最后到达矿业集团总医院。沿途停靠站点为高铁站、高铁站北、舜耕中学、奚仲广场、临山小区、矿业集团门诊部、临山公园、市团校、四季春市场、四里石、鲁沪汽车城、天衢商贸城、安侨公寓、松花江路、矿业集团总医院。全程10.5公里，运营时间：高铁站7：00—17：30，矿业集团总医院7：30—17：30，票价1元。

110路高铁站—万洲浙商城—金河　由高铁站发车途经祁连山路、长江路、黄山路、中和路、广场西路、钱江路、泰山路、湘江路、永福路、珠江路、郯薛路，最后到达金河。沿途停靠站点为高铁站、高铁站北、零工劳务市场、万洲第一街、综合服务中心、中和嘉园、双语实验小学、金泰嘉园、世纪城西区、姚山市场、常庄镇政府、九都花苑、首府花园、万洲浙商城、四十四中、前大村、周庄、店子、埠岭、潘庄、大山、吴庄、金河嘉园、金河。全程15公里，运营时间：高铁站7：00—17：30，金河7：00—17：30，票价1元。

客运出租　薛城出租兴起于20世纪90年代，初始形态为昌河、桑塔纳等私家车，为规范出租车管理，1998年，成立永兴、天喜2家出租公司，将社会从事出租的30余部车辆纳入统一管理，挂靠新成立的出租公司，成为合法经营车辆。2000年开始，对出租车进行招投标，中标车型为昌河。在随后的经营过程中，在经营期限到期后，采取旧车更新模式，同时根据市场需求，招标车型为昌河、夏利、奥拓。2005年，所有出租车统一招标为捷达出租车。2012年年初，所有出租车统一招标为桑塔纳志俊车型，出租车规模达到250部。

根据《关于印发〈出租汽车服务质量信誉考核实施办法（试行）的通知〉》《关于印发〈山东省出租汽车服务质量信誉考核实施办法（试行）的通知〉》等文件规定，交通管理部门通过企业质量信誉考核、安全生产化达标等多种手段，不断强化对2家出租车公司管理，在2013年全市出租企业质量信誉考核中，永兴、天喜2家出租公司顺利通过验收并达到AA标准。

第三章　城市管理

第一节　管理机构

薛城区城市管理局于2004年12月组建（原名薛城区城市管理行政执法局，后经2010年机构改革，更名为薛城区城市管理局，挂薛城区城市管理行政执法局牌子），主管城市管理行政执法工作，主要职能是行使市容环境卫生、城市规划、城市绿化、市政、环境保护、工商行政、公安交通等管理方面法律法规规章规定的全部或部分行政处罚权。成立之初，下设区城市管理行政执法监察大队（副科级事业单位）。

2007—2008年，陶庄、周营、常庄、邹坞、沙沟、张范先后成立行政执法办公室，在区建设局、规划分局、枣矿集团、区工业园区设立执法大队。在区园林处、市政处、自来水公司、污水处理厂设立执法中队。

2009年，在常庄、临城两镇街分别设立执法分局，形成与执法监察大队三位一体、各负其责、工作互补的执法体系。

2010年，在陶庄、周营、沙沟、邹坞、张范分别设立执法大队，派驻执法人员，打造一支纪律严明、作风过硬、素质较高的执法队伍。分别在区经济园区和区园林处设立执法大队、中队。组建城市环境综合整治活动办公室。

2012年，组建巨山执法大队，迅速接管“三区合一”后新城区域内城市管理工作。

2013年，成立新城城管大队、高铁火车站管理办公室、枣庄西站站前广场管理办公室3个正科级事业单位，实现城市管理的全覆盖，初步构建“大城管”格局。相继开展和参与“五城同创”、城市管理上水平竞赛、城乡环境综合整治、棚户区拆迁、控建拆违专项整治以及城市环境综合整治等活动，先后被省文明办授予“省级文明单位”、被省建设厅评为“规范化管理先进单位”等称号。

第二节 环境卫生管理

环卫机构、队伍

1986年5月，区政府将薛城镇清管所和区爱卫会清扫队合并，成立薛城区环境卫生管理所；是年5月，陶庄镇环境卫生管理所成立，隶属薛城区建委。1992年，区政府印发《薛城区城市市容环境卫生管理规定》，第一次对城市市容环境卫生管理作出具体规定。1993年，薛城区环卫处成立，将陶庄镇环卫所划归薛城区环卫处管理。1994年4月14日，区政府印发《薛城区市容卫生管理暂行规定》。1995年，区环卫处成立卫生纠察队。2000年10月，区政府公布实施《薛城区城市市容和环境卫生管理暂行规定》。至2013年，区环卫处共有职工360人，其中在编人员40人。下辖陶庄环卫所、保洁队、车队、收费科、清粪队、环卫执法中队等业务队伍，分别承担城区和陶庄的清扫保洁、垃圾清运、卫生费征收、公厕清理以及环境卫生质量的监督检查工作。

环卫设施

1991—1993年，投资80余万元，购置环卫专用车4部，新建粪便处理场1处（0.667公顷）、垃圾处理场1处（1.33公顷），新建水冲式公厕7座，改造公厕45处，新建垃圾台3座，购置垃圾桶、果皮箱290个，垃圾清运机械化程度达100%。

1994年，投资25万元，新增环卫专用车2部，新建水冲式公厕2座，对垃圾粪便场进行设施配套。

1995年，投资110万元，新增铲车、汽油叉车、垃圾运输车、吸粪车等环卫专用车4部，更换垃圾方箱85个，果皮箱40个，建设高标准水冲式公厕5座，改造旱厕42座。

1996年，投资40余万元，购垃圾运输车2辆，新建垃圾台2座、水冲式公厕1座，并对18座水厕、12座旱厕进行粉刷和维修，制作和整修3处垃圾台，对100余个垃圾箱进行喷漆和更换。

1997—1998年，投资30余万元，购柴油叉车1部、购吸粪车1部。

2002年，投资24万余元，购置垃圾运输车、粪便运输车2台；制作垃圾方箱20个、更换路面保洁车100辆，新建垃圾台1座，为一线职工配备环卫工作标志服。

2003年，投资近16万元，购叉车1台，制作垃圾方箱20个，更新粪便清运排车20辆，更换福泉垃圾台大箱1个，购卫生费征收用车1部。

2005年，投资110余万元，新购垃圾运输摆臂车、环卫吸粪车2辆；新建燕山路、长江路等地下垃圾台18个，城区公厕2座。

2007年，投资127万元，新建、改建地下垃圾台9处，改造垃圾中转站3处，公厕21个，新购垃圾运输车辆2台，制作流动保洁车25辆。

2008—2009年，投资174万元，购置30型装载机1部、清洗车1辆、移动公厕2座、地下垃圾方箱10个及270个果皮箱。

2010年，投资135万元，新购压缩式垃圾车2辆、配套垃圾箱150个，购买流动保洁三轮车80辆、电动三轮保洁车2辆、迷雾机和电动喷雾器3台，新建长江西路、东丁安置小区门前垃圾台2座。

2012年，投入资金100万元，购买垃圾运输车2辆，建设泰山南路垃圾转运站工程1处，购买移动式公厕4座，电动三轮车3辆、地排车20辆，各类垃圾箱、果皮箱300个。

2013年，投资1300万元，新购买洒水车、清洗车、钩臂车等大型环卫车辆14辆，人力保洁三轮车、电动保洁三轮车、四轮车180辆，垃圾桶和果皮箱1200个、密闭式垃圾压缩箱体15个。

环卫作业

1991年，城区保洁面积为30万平方米，环卫作业按照“全面覆盖、不留死角、长效管理”的标准，推行“保洁、清运、督导检查”三位一体的管理模式，实行道路分段包干责任制，将机械化清扫和人工保洁科学结合，做到一天两普扫、4次洒水、“巡回保洁”和“定时清扫”。对重点路段和区域实行两班制全天保洁作业（早5点至13点、13点至22点）。至2013年，保洁面积增至420万平方米。

垃圾、粪便清运

1991年，根据国家有关垃圾处理技术标准，薛城区逐年加大对垃圾处理建设的投入，垃圾粪便处理工艺技术日趋完善。薛城区根据《山东省城市环卫科级发展规划与技术方案》，对城市生活垃圾采取堆存，经高温发酵后进行卫生填埋的方式进行处理。年清运垃圾1.8万吨，年清运粪便1369吨。

1992年8月18日，区环境卫生管理所向区环境保护局提交《关于〈薛城区姬庄垃圾无害化处理场〉环境监督分析报告》和《薛城区大辛庄粪肥无害化处理场环境影响的分析报告》。是年8月27日，区环境保护局分别下发《关于建设大辛庄粪肥无害化处理场的批复》和《关于建设垃圾无害化处理场的批复》，同意建设。是年，薛城区按照城市建设总体规划的要求，将原设在枣庄市高新开发区内的垃圾场迁至原金河乡大辛庄，投资10万元，新建占地面积0.667公顷垃圾场1处，年处理垃圾能力1000立方米，粪便采用无害化处理标准进行处理。年清运垃圾2.62万吨，年清运粪便5000余吨，垃圾清运率达95%以上。

1993年，在常庄镇姬庄村北建垃圾无害化处理场1处，占地面积1.33公顷，垃圾入场后，按照城建部《关于城市生活垃圾卫生填埋技术标准》，采用高温堆肥，卫生填埋或部分焚烧等办法处理，处理后的垃圾筛选后，无偿供给农村进行深培加工。

1996年，保洁面积增加到64万平方米，年清运垃圾19535吨，年处理粪便964吨。

1998年，保洁面积69万平方米，年清运垃圾14245吨，清运处理粪便3000余吨。

2002年，保洁面积90万平方米，年清运生活垃圾40000多吨，清运建筑垃圾7000多吨，清运粪便720吨，清抽化粪池粪便4000立方米。

2003年，区环卫处租用陶庄镇东仓村一处废弃坑塘作为垃圾填埋场，并修筑堤坝，防止生活垃圾污染河道。

2008年，区政府决定废置东仓垃圾场，经多方寻找、洽谈，选址位于华众大桥西南新的垃圾填埋场，占地面积约6.33公顷。是年，枣庄新城区在陶庄镇北4公里洪山山坳处设垃圾处理场1处，占地面积约7.87公顷，库容90万立方米，日处理垃圾150余吨，垃圾处理以卫生填埋为主，无害化处理率达到100%。可处理新城区域内40多处企事业单位、居民小区、沿街门市每日产生的约50吨产生的生活垃圾。生活垃圾压缩转运率达100%，密闭化运输达100%。

2010年，全年先后迎检50余次，共出动机械车辆500余次，清理卫生死角29处，清运垃圾杂物300余吨。印发《致城区广大经营业主的一封信》《致城区广大市民的一封信》宣传单2300余份。区政府下发《薛城区城市建筑垃圾管理暂行办法》，为建筑垃圾清运管理提供政策依据。

2011年，为实现城区环境卫生常态化管理，建立奖励基金制度和考核通报、责任追究制度，兑现奖惩。

2013年，对城区永兴路沿路附近3座公厕进行新建改造，均达到二类以上标准。新建3座标准化密闭式垃圾中转站，取缔淘汰地埋式垃圾池17个。

第三节　市容环境综合整治

市容环境综合治理

1992年6月28日，薛城区政府召开全区驻薛单位负责人动员大会，结合“齐鲁杯”城市“三上”活动开展，抽调人员组成专门的整治队伍，通过集中突击整治，共拆除铁屋棚厦110余个，店外营业点150余个，固定摊点80余个，流动摊点70余个。

1993年，开展创建省级卫生城市活动。对城市主次干道、小街巷、居民小区、城乡接合部的环境进行集中整治，向各单位、个体户、居民发出市容整治通知书780余份，拆除铁屋棚厦117处，清理马路市场、仓库、店外店136处，调整固定摊点120个，流动摊点427个，拆除违章搭建87处、2625平方米，改造实体围墙1.45公里，整修粉刷沿街建筑物2076平方米，清除乱贴乱画户外广告2000余处，硬化人行道32217平方米，新建花坛284个，更换下水道盖板886块，整修路沿石1.072公里，铲除城乡接合部、背街小巷、居民区的卫生死角86处，清除垃圾1692立方米，铲除杂草34659平方米，修补破损路面7处、3271平方米。被省政府命名为“省级卫生城区”。

1995年，利用1个多月实施道路卫生集中整治，确保薛城区“省级卫生城区”的称号，被市委、市政府命名为“创建全国卫生城市突出贡献单位”。

1998年8月5日，薛城区召开创建迎检动员大会，成立“薛城区创建迎检指挥部”，设立办公室及专业督导小组，在全区掀起城区综合整治活动，迎接第四次全国城市卫生检查评比。通过1个多月的集中整治，共拆除违章搭建435户、3500平方米，清理流动摊点1000个，规范各种车辆停放、修理、清洗点83处，收缴各类乱摆乱放广大牌匾700块，签订“门前三包”责任书6000余份，清除卫生死角4处、清运积存垃圾2000余立方米；修补破损路面3万平方米，整修路沿石3公里，更换下水道盖板1100余块，硬化街道5000余平方米，擦拭维修路灯850盏，确保“全国卫生城市”和“省级卫生城区”的称号。

1999年9月，区委、区政府研究决定，以创建文明城市活动为契机，在全区开展迎接中华人民共和国成立50周年市容综合整治活动，从公安、工商、建委、交通四个职能部门抽调人员组成联合执法队，对城区进行为期一月的综合整治，活动的重点是治脏治乱、美化环境，迎接国庆50周年。对各种摊点进行划行归市、集中经营，对各种乱贴乱画乱挂等城市牛皮癣，各种乱搭乱建等城市痤疮及马路商店、市场等“五马闯市”现象进行取缔和拆除，收缴各类牌匾970块，清除流动摊点30个、占道压水井88个、车辆维修、洗车点18个。拆除店外店510户、电话亭18个、违章搭建17处。加大清扫保洁力度，铲除卫生死角20处，清运积存垃圾7.2万立方米，维修粉刷厕所21个。

2000年，为迎接全省西部地区计划生育现场会在薛城区召开，按照区委、区政府的部署，6月和9月开展城市市容环境综合整治活动，拆除乱搭乱建327处、雨阳棚3600个、电话亭115个、压水井121个。收缴广告牌匾1500块，取缔露天烧烤点8处，清理流动摊点872个、市场伸头5处，清除卫生死角35处，清运垃圾0.4万吨，修补破损路面0.7万余平方米，整修路沿石2公里，维修路灯300余盏，广告灯箱150个，城市环境卫生市容市貌明显改善。8月30日，区委、区政府召开动员大会，印发《城区市容环境卫生综合整治突击月活动实施方案》，成立活动领导小组，从区建委、公安、法院、工商、交通、卫生、文化等职能部门，抽调100人组成联合执法队，并设立宣传、秘书、督导三个专门工作小组，区电视台、《薛城周讯》开辟专题栏目。9—10月，薛城区、高新经济开发区联合开展城区市容环境卫生综合整治活动，是建区以来市容整治活动声势最大一次。全区2万余人次参加义务劳动，共出动机械车辆300台（部），清运垃圾、杂物万余吨，拆除遮阳棚厦和店外店2300多个，拆除违章建筑和违章搭建360多家、0.1万平方米，拆除占道电话亭147个，取消露天烧烤摊点8处，清除占道压水井46个，修剪城区绿篱、草坪近2万平方米；疏通城区断头下水道5处，更换盖板700块，修补路面0.1万平方米，整补路沿石2.7公里，铺设灯箱电缆4公里，增添垃圾箱24个，规划建设福泉小区垃圾台。在永兴路设立“严管一条街”，取缔和规范一批修车、洗车点。印发《致广大市民公开信》、《文明公约和行为规范》和《城区治理内容和标准》宣传单2万份，印制门前三包责任书2100份，下发整改通知书2000余份，编发信息简报30多期，整治活动投入资金130多万元，城区市容市貌、环境卫生、交通秩序有了较大改观。10月26日，印发《薛城区城市市容和环境卫生管理暂行规定》，并公布实施。

2001年4月和9月，区委、区政府针对城区某些地段脏、乱、差出现反弹回潮现象，又开展两次大规模的城市综合整治突击月活动。下发城市整治通知卡和限期整改通知书9000份，收缴乱摆乱放牌匾1680块，清理店外店390户，取缔流动摊点1150个，规范摊点群19处，拆除违章建筑20处，铲除卫生死角14处。

2002年，区政府印发《关于开展城市环境综合整治活动的意见》，活动时间为一年，分三个阶段进行。

2003年，集中解决群众反映强烈的环境脏乱差问题，共规范店外经营1750户、流动摊点580个，依法收缴违章广告条幅、牌匾2580件；取缔露天烧烤55处，拆除卫生死角10处，清洗公厕18个，擦拭维修路灯800余盏。

2004年，依法拆除违章建筑4家，清除小区乱开菜地4000余平方米，硬化小巷及居民小区道路2500平方米，拔除城区主次干道、居民小区乱打压水井120余个，对城区毁坏的路面、下水道、路灯等进行修复。

2005年，开展以环卫保洁、渣土管理、交通秩序、市容整治等为主要内容的综合整治活动。投资3.4亿元，购置洒水车、清障车、环卫压缩车、流动保洁车等90余辆，新建道路7条，修复整治道路6条，修复路面1200余平方米，安装高标准亮化灯574盏，栽植各类苗木1600余万株，新增绿化节点10处。出动宣传巡回车辆16辆次，设立宣传点4处，下发宣传资料1500份，张贴通告120张；查处违规车辆53辆、抛洒车辆72辆，遏制沿路抛洒现象发生。区政府下发《关于开展非法营运行为查处活动的通告》，开展声势浩大的集中整治活动，组建由城管、交通、交警、工商等部门近100人的联合执法队伍，在城区设立8个执法卡点，出重拳大力整治三轮车非法载客行为和车辆乱停乱放等各类违章现象。累计规范车辆乱停乱放现象650余次，处罚80余辆，查处非法载客三轮车430余辆，切割车棚125个，没收非法载客三轮车32辆，捣毁三轮车非法加工、改装作坊3个。规范疏导占道经营户238户，规范整治门头牌匾210块，清理野广告1.2万张，取缔乱摆乱放摊点150个、集贸市场6个，整治规范各类饮食、修洗车点380个。

2007年，实施“门前五包”责任制管理，与沿街380余户单位、商户逐一签订“门前五包”责任书，引导市民共同参与城市管理工作。全年共清理流动摊点700余个，拆除乱搭乱建棚厦83处，整治规范各类饮食、修洗车点370余个，设置临时停车带475个，划定自行车存放处223个，规范整治店外店265个，取缔露天烧烤23个，市容市貌发生较大改观。创建临山路规范化管理示范街。拆除影响市容棚厦3处，拆除违法建设200多平方米。对沿街380余户商铺的门头广告进行规范、更换。共清理、覆盖“野广告”1500余处，设置公共广告栏4处。对出现裂痕、塌陷的路面进行及时修复，更换破损的路灯和各类检查井盖。在临山路两侧店铺较密集、人口流动较大的地方设置自行车停车位60处、载客人力三轮车停车点3处。取缔火车站、汽车站及道路沿线的马路市场，共规范店外占道经营140余家，取缔流动摊点40多个，取缔占道大排档7家，取缔露天烧烤7家。同时对沿河市场进行规范，设置有序经营警示牌4个。通过创建，临山路成为全区乃至枣庄市规范化管理的样板路，全市规范化管理一条街创建现场会在薛城区召开。

2008年，实施路段承包责任制管理。对沿河市场、清泉市场等城区集贸市场进行规范整治。

疏通规范商业街、财富大世界两大重点商业区经营秩序。规范、整合夜市大排档市场。共规范疏导占道经营户738户，取缔乱摆乱放摊点810个，规范取缔集贸市场6个，取缔露天烧烤及夜市大排档37家，整治规范各类饮食、修洗车点380个，拆除乱搭乱建棚厦83处。将闲置多年的东小市场重新进行修整、改造，恢复市场交易功能，同时将附近矿建路、枣矿集团门诊部两个小市场予以取缔，统一整合到东小市场进行集中经营。

2009年，对财富大世界、人大门前、清泉市场、沿河市场、矿务局门诊部等重点区域乱摆乱放现象进行规范整治。对群众反映比较强烈的永福路大桥上的菜市场，采取疏堵结合的方式疏导至看守所门前经营。坚持高标准、严要求对八一小区进行集中整治。全年共取缔占道经营2638处，取缔乱摆乱放摊点1710个，规范集贸市场16个、早市摊点325处。

2010年，累计规范占道经营户432户，取缔乱摆乱放摊点810个，规范整治集贸市场6个，取缔早点摊43处，疏导夜市大排档53家，粉刷墙体24000平方米。

2011年，将矿务局门诊部市场、清泉市场、北批市场南门及留城巷、实小巷、矿建路等管理“重灾区”违规违章现象铲除。累计清除店外店410户、瓜果摊点580个、烧烤摊点120个、修洗车店80个、野广告1万余处，清理简易早点群25处；拆除乱搭乱建1.5万平方米，设置围挡墙2.4公里，粉刷墙体5000余平方米。

2012年，集中治理四季春市场，对永兴东路、黄河东路两侧的占道经营行为进行清理。

2013年，以清泉市场、四季春市场和北批市场为中心，集中清理周边主次干道、背街小巷以及清泉社区、福泉社区、八一社区内占道经营行为，拆除长江西路、永兴东路、永福北路、四季春市场、龙潭巷、匡泉巷等道路两侧乱搭棚厦300多个，规范所有沿街门市经营行为，一律进店经营。

市容环境专项治理

户外广告管理　2005年，完成对永福路、永兴路、燕山路等门头牌匾广告的规范整治。集中治理20余天，先后印发宣传单3000余份，张贴通告50张，下发整改通知书400余份，拆除各类广告牌匾217块，无主广告9块，大型楼顶广告5块。对燕山路、永福南路、长江路等几条主要路段的户外广告集中进行整治、规范，达到美观、减量、统一标准。全年共整治不规范门头牌匾、广告780块，计1.5万余平方米，清理城区主干道过路广告、横幅300个（条），下发整改通知书近千份、户外广告宣传提纲5000余份，收缴各类违章宣传单3万余张。创建财富大世界广告示范一条街，成为城区一大亮点。共清理非法张贴小广告2.5万余张，查处非法乱涂乱画小广告业户13家，粉刷墙体8000余平方米。

2007年，共拆除不规范广告牌匾121个，更新门头招牌274个，收缴各类非法广告、宣传单4万余份，覆盖各类乱写、乱画广告5.2万余个（处），洗刷乱张贴野广告8500余张。

2008年，结合全区实际，开始实施户外广告资源有偿使用费征收，标志着全区户外广告管理步入规范化。投入近500万元，在城区部分主干道安装10余个翻牌广告、6个大型电子显示屏，提高夜景亮化档次和城市品位。对城区2800余户商家玻璃门窗上的广告性文字、图案进行彻底清理清除，拆除不规范设置楼体广告、落地广告380个，整治不符合设置标准的门头牌匾142个，更新48个，清理过街横幅、楼体垂幅720条，清理乱贴乱画“野广告”1.2万余处，涂抹、覆盖各类墙体、路面广告近2万处。

2009年，出台《户外广告管理规定》，完善工作规程和审批流程。规范门头牌匾1023块，涂抹乱贴乱画2万余处，清理过街条幅570条。对陶庄、邹坞、张范、常庄等镇街驻地门头广告牌匾进行规划设计；对临城辖区内及常庄镇二玻前门市房进行规划设计。积极实施龙潭巷美食街改造，拆除不规范门头牌匾120块，达到整齐划一的整治效果。以永福北路整治为突破口，对不符合标准的116户门头牌匾进行拆除，对海河路、燕山路、黄河路沿街广告牌匾进行规范整治。对新华街、长青巷等背街小巷野广告进行集中清理清除、粉刷涂抹，对楼体广告、布幔进行集中清理清除，有效净化视觉污染。

2010年，区政府投资近1000万元对泰山路、临山路沿街门头牌匾进行升级改造，创建景观亮化街。在近4个月的施工过程中，全程跟踪监管，督促施工进度，保证工程质量，总计安装亚克力灯箱348块，面积6000余平方米。拆除不规范广告牌匾315块，清理清除野广告1.4万余张。

2011年，完成临山路和泰山路户外广告升级改造后，继续实施城区商铺门头升级改造工程，将城区长江路、永福路、永兴路、黄河路、燕山路、海河路两侧的门头全部进行升级改造。改造面积达1万多平方米，涉及800多户商铺，总投资600余万元。

2012年，强力推进户外广告综合整治，减量治乱，出新提档，坚决拆除不符合规划要求的大型广告。

2013年，对燕山国际周边商户门头牌匾进行高档次统一设置和管理，使之成为新建小区商业门头管理的样板；对城南新区门头牌匾进行高标准规划，统一规范设置。

控建拆违　2005年，完成对长江路改造过程中的集中整治。共拆除违法房屋27处，违章建筑搭建棚厦19处，占道菜地2公顷，锯伐树木2000余棵，清理施工场地4万余平方米，保证长江路如期、顺利改造完毕。依法拆除火车站广场、枣庄八中门前、永福南路花鸟鱼虫市场等处非法违章搭建物150余处，面积达2.6万余平方米。对建筑市场实行每月两次的拉网式大检查，对城区内所有建筑工地在建项目进行报建登记，加大夜间施工处罚力度，严厉查处夜间进行施工并产生偶发性强烈噪声活动。全年共查处工程75处，其中无任何手续或手续不全工程18个，并对其进行处罚。

2007年，拆除长江东路、海化工业园区、临山北侧、天山路等处“两违”建设，全年共立案查处拆除违法建设206户，共计2.4万平方米，拆除城区乱搭棚厦、简易房36处，计2500余平方米，残墙断壁1400余米，有效地遏制违法建设的蔓延之势。

2008年，结合全国第八次土地卫片执法活动开展，进一步将执法查处范围向周营、张范等偏远乡镇延伸。拆除城市规划区内“两违”建设12万平方米，卫片执法拆除违法用地面积1万余平方。完成泰山南路拆迁、郯薛公路拆违及新八中前52户“钉子户”拆迁，未发生一起群众闹事、上访事件。累计拆除城区及周边区域各类建设28万余平方米，其中，泰山南路改造拆迁15万平方米，拆除城市规划区内“两违”建设12万平方米，卫片执法拆除违法用地面积1万余平方米，节约建设拆迁补偿费等各项费用1亿多元。

2009年，组织70余人，动用3辆挖掘机，拆除、填平张范、邹坞、陶庄等镇私挖盗采小煤井41口，回填土石方1870余立方米，有效杜绝安全事故发生，真正起到攻坚克难、保驾护航的作用，有力地促进全区社会经济事业发展。城南新区建设控建拆违工作稳步推进。全年累计拆除违法建设55300平方米，控制违建面积10万余平方米，节约补偿资金5000余万元，且未发生群体性上访、闹事事件。正确处理好依法行政与维护稳定的关系，特别是对弱势群体、少数确有特殊困难的群众，协助有关部门落实好各项帮扶救助措施。先后配合区直相关部门完成泰山南路改造、城中村改造、八次卫片拆除等重点工程。

2010年，严厉打击非法盗采煤炭资源行为，全程参与拆除活动38次，填平私挖盗采小煤井近百口，有效杜绝安全事故发生。共拆除违法建设15万平方米，“两违”建设得到有效遏制。全力配合城市棚户区拆迁、BRT工程建设。在燕山路两侧及火车站棚户区拆迁中，严把拆迁队伍资质关，从36家单位中筛选出拆迁资质高、拆除能力强、社会信誉度好的19家单位进行施工。工作中，科学解决管理与拆除矛盾，坚持“快、准、稳”原则，根据整个棚改区域建筑结构不同进行划片分区施工，分别用46天和24天完成总面积

47万平方米的拆除任务，未发生任何伤亡事故，创造全市乃至全省棚户区拆除的“薛城速度”，在BRT工程建设中，集中清理清除阻碍工程进展的一切障碍，对沿线楼体广告、不规范门头牌匾进行整治，确保工程如期竣工通车。在旅游道路沿线及公路路域环境治理工作中，对道路沿线违规违章现象进行规范整治，拆除非法石灰窑7个、非法占地砌块厂11个，拆除影响观瞻的立柱式牌匾和杆线广告180块。联合相关镇街、部门对道路沿线房屋进行主体改造，先后实施岩湖、袁庄、陶庄道路沿线房屋“平改坡”工程370余间，全部改为白墙黛瓦式的徽派建筑风格。取缔永福南路大排档，严查超载运输车辆，对影响路域环境的违法建设、砌块场、预制品场、收购点予以限期拆除、搬离，有力改善旅游道路沿线及公路路域环境。

2011年，加大棚户区和城中村改造区域内违法建设的查控力度，累计拆除城市规划区内违法建设3万余平方米。各镇大队都相继开展镇容镇貌集中整治活动，对违法建设坚持依法查处，各镇一年来共拆除违法建设2万余平方米。张范、邹坞、陶庄大队还紧密配合有关部门打击煤炭私挖盗采行为。全力配合城市棚户区改造和新城区建设。组织实施新华街棚户区改造区域内的建筑物拆除工作，在较短的时间内，顺利完成新华街一期27万平方米、二期28万平方米，共4000多户的拆除任务，且没有一户实行强拆，在拆除过程中没有发生任何安全事故。在城南新区建设中，一方面组织人员参与工作组的调查摸底，在较短的时间内完成指挥部交派的工作任务。另一方面加大区域内控建拆违的力度，为政府节约大量的拆除补偿资金。

2012年，结合新一轮城市规划建设和枣庄市中心城区总体规划的调整，以棚户区、城中村改造为抓手，因势利导，控拆并举，全年立案查处违法建设184起，累计拆除各类违法违规建设7万余平方米。着力推进“城乡道路环境综合整治、建筑立面改造”两大工程。在天山路及其他改造路段沿线15万平方米房屋拆除过程中，继续按照房屋征收、拆除的“薛城模式”顺利实施。集中拆除枣曹路（至微山段）两侧违法建设1.5万平方米。积极配合推进西巨山城中村改造，共拆除房屋1720户，60万余平方米。

2013年，严格巡查、上报、审理、办结工作流程，加大违法建设的管控力度，共对4000余平方米的违法建设依法予以拆除。

枣庄西站和高铁站站前环境整治　2007年，取缔火车站、汽车站及道路沿线的马路市场，共规范店外占道经营140余家，取缔流动摊点40多个，取缔占道大排档7家，取缔露天烧烤7家。

2008年，加大对广场区域市政设施的建设力度，累计投资200万元，先后设立面积120平方米的火车站综合管理办公室，治安岗亭1处，公共厕所1处，对路面重新进行修整、铺油，高标准设置出租车、公交车停车区、发车区，栽埋不锈钢护栏800余米，设置各类标志牌16个，季节性花坛9个，果皮箱20个，在招待所门前划定36个车位的停车场1处，清理流动摊点563个，取缔早点摊、小吃部、露天烧烤、夜市大排档32家，拆除乱搭乱建棚厦34处，规范店外摆放行为181处，整治不规范户外广告67个，清理清除各类野广告2500余处，规范各类乱停出租车、客运车辆529辆次，广场市容环境、管理秩序发生根本性的变化，城市形象得到有力提升。

2009年，采取增设停车位、规范营运行为等措施集中整治车辆乱停乱放现象，火车站广场及汽车站周边区域车辆乱停放现象已杜绝。

2013年，设立枣庄西站站前广场管理办公室，由城管、公安、交通等部门共同参与站前广场综合治理，广场面貌明显提升。

区政府根据工作需要，成立京沪高铁枣庄站管理办公室，隶属薛城区城市管理局，正科级单位，实现城市管理的全覆盖，初步构建“大城管”格局。

民生工程　2012年，负责城市公共自行车系统建设工作，在城区设置停车点25个，首批500

辆自行车投入运行。2013 年，新城区域的 7 个停车点的投入使用，与老城区 25 个停车点共同形成城区公共自行车网络。

交通秩序整治　2005 年，规范整治城区机动车辆与自行车辆乱停乱放违规现象。整治位于汽车站、二十九中南校口等 20 余处重点部位的车辆混乱现象，共规范机动车辆达 1500 余辆，自行车 4000 余辆。对城区超限、超载违章车辆及机动三轮车载客现象进行查处。共查处违规车辆 200 余辆，机动三轮车 100 余辆，各种运输货车 90 余辆，立案查处 120 辆，依法取得处罚金额 1.8 万余元。

2008—2009 年，划定临时停车位 375 个，设置停车标志牌 120 个，责令进行“五统一”管理三轮车 340 辆，取缔非法营运车辆 125 辆，规范乱停乱放车辆 7160 辆次。

2010 年，联合交警、交通等部门，成立交通秩序专项整治活动领导小组，组织人员和车辆对乱停乱放、乱调头、乱闯红灯、逆道行驶的载客电动三轮车进行集中整治，收缴 53 辆，规范车辆停放 1160 余辆次。

2011—2012 年，共查处非法载客三轮车 2200 余辆次，对 643 辆非法载客三轮车车棚进行切割，有效打压非法载客三轮车近年来数量急剧增加的势头。

2013 年，大力清理马路劳务市场，坚持每天 6 点半至 10 点安排执法人员定点执勤，疏导交通，劝离务工人员。尤其是零工劳务市场建成后，规劝、引导马路上的务工者到市场内揽工。根据区里统一部署，由区城管、交通、交警、工商、质监等部门和常庄、临城、巨山等镇街抽调 50 余人，组成联合执法队伍，对城区交通秩序特别是三轮车乱停乱放和非法载客行为进行集中整治。商场门口、火车站、汽车站、高铁站、医院、BRT 站点周边的三轮车乱停乱放、非法载客现象明显减少。

污染环境专项防治

餐饮油烟和露天烧烤治理　2005 年，对夜市大排档、烧烤摊点进行专项整治。先后组织近 30 次专项整治活动，依法取缔城区街巷随意摆摊设点商贩 43 处，查封 51 家无照经营商户，并扣押其经营物品 230 余件，对 120 余家不符合标准的商贩下达限期整改通知书，责令限期改正。2007—2010 年，规范、整合夜市大排档市场，划定老电影院、枣矿集团中心医院薛城门诊部西侧及沿河路三个夜市烧烤设置点。取缔露天烧烤及夜市大排档 234 家。2013 年，在全市率先推行无烟烧烤，炉具更换率达到 95%以上。

渣土扬尘治理　2009 年，查处渣土运输抛洒车辆 82 辆次。2011 年，实施建筑工地施工和渣土运输专项管理，切实改善城市环境卫生“脏”的现状。组建 20 人的渣土管理执法大队，全面掌握城区内拆迁建设情况，对运输车辆跟紧靠上，全程洒水降尘，坚决杜绝强行施工、强行运输行为，先后查处违规车辆 553 辆、抛洒车辆 472 辆，有效遏制沿路抛洒现象发生。在棚户区改造渣土处置上，运用市场化运作，为政府节约大量的资金。2012 年，加强渣土处置管理，严格建筑垃圾处置程序审批关和运输资质审核关。开展“建筑垃圾处置百日集中整治”活动，并结合全区治超治限活动的开展，共查处无资质运输车辆 326 辆次，查处抛洒污染道路案件 36 起，对噪声扰民、不设围挡、出入口不硬化等 13 处工地责令限期改正。

美化亮化绿化工程

2008 年，结合五城同创，实施拆墙透绿、街头增绿、保绿护绿工程。配合区建设局新建街头绿地 3 处，对城区主干道实施全覆盖式绿化，真正做到还绿于民、以绿增色。在此基础上，加大对城区绿化成果的巡查、监管力度，严厉打击各类破坏行为，并依法进行制裁和处罚。实施夜景亮化工程，在城区永兴路、黄河路等主干道安装 10 余个翻牌广告，在临山广场、工商银行等处设置 3 个大型电子显示屏，对城区沿街落地灯箱、门头牌匾进行统一设置、统一亮化，责令业户安装霓虹灯、射灯 8000 余盏，对沿街企事业单位楼堂馆所进行高标准亮化，安设楼廓灯、射灯、树灯等亮化设施，提高夜景亮化档次和城市品位。

夜景亮化

2009年，积极创建泰山路、临山路亮化景观街，区政府投资近1000万元，专门聘请北京城市景观规划设计院专家对两条道路景观规划、亮化设计方案进行高标准编制，并通过全省公开招标，选择施工资质较深的济南良东广告装饰有限公司组织施工。

2011年，积极调度、督促广电、通信、供电等部门自行改造，组织人员进行线缆剪切和线杆拔除，并协调有关区直部门进行改造施工。共完成跨路、沿路强弱电下地163处，里程13.08公里，拔除线杆68根，埋设顶管187道，剪除废旧线缆23.8公里，彻底解决城市“蜘蛛网”现象。

2013年，着力推进“城乡道路环境综合整治、建筑立面改造”两大工程。牵头实施建筑立面改造工程，按照“一街一特色”的规划理念，对城区内泰山路、永兴路、临山路和长江路四条街道进行建筑立面改造，城区面貌焕然一新。

第四章　房地产

第一节　房屋拆迁和拆迁补偿

1991年1月8日，区城市建设房屋拆迁办公室成立，副科级事业单位，编制6人，隶属于区城乡建设委员会。是年上半年，薛城区决定实施黄河路西段拓宽改造，东起永福路十字路口，西至天山路。因中段古路街北头向西至新华街十字路口，仍居住着不少沿街居民，按照道路拓宽红线要求必须拆迁。区政府决定实行“三包政策”实施拆迁。“三包政策”，即居民（或职工、干部）所在单位包动员、包拆迁、包补偿安置。区里召开动员会议，印发文件，要求各单位按规定时间完成拆迁任务。这也是政府成立拆迁办后实施的第一次拆迁。历时15天共拆迁居民约50户，拆除单位办公楼、住房面积约1.1万平方米。黄河路西段拓宽工程当年完成建设。

自1994年开始，先后对清泉、朝阳、国汇小区实施拆迁改造。清泉小区是区直管公房较集中地，最早的火车站拆迁户安置地，多是砖瓦平房；朝阳小区多是临城老住户，普遍是砖瓦平房，阴雨天道路狭窄泥泞；国汇小区拆迁主要是改造沿街门面，改善沿街容貌，结合改造部分居民的居住实际，历时三年完成拆迁任务。实行的拆迁政策是：旧房作价补偿，新房按成本价购买，一次交清购房款优惠15%~20%，附属物按规定补偿，按户给予临时住房过渡费，提前完成拆迁给予奖励。由政府统一下发拆迁文件，发布拆迁公告，限期完成拆迁。1994 年，拆除房屋 1.3 万平方米；1995 年，拆除房屋 70 户、0.68 万平方米；1996 年，拆迁房屋 97 户、1.2 万平方米。1997 年，实施千山巷拆迁，主要是拆除违法违规和乱搭乱建，特别是泄洪道盖板上的乱搭乱建，此次拆迁一律不予补偿。据统计，共拆除房屋 39 间、0.1 万平方米。

1999 年 5 月 18 日，更名为区城市房屋拆迁办公室。是年 12 月，区政府对火车站广场南侧区域（皇冠大酒店位置）实施拆迁改造。区政府公开办事程序，依法公正实施拆迁，顺利与拆迁户达成拆迁协议，共拆迁居民 162 户（其中铁路职工宿舍 106 户，城区居民 56 户），单位 5 家，拆除房屋面积 1.46 万平方米。

2000—2004 年，对警苑小区 33 户居民和单位进行拆迁；对北城批发市场、文化局、燕山路及天山路等单位、地段的住户进行调查摸底及评估，调查总户数为 460 户，总面积近 8 万平方米；并完成火车站广场拆迁户 162 户的回迁安置工作。2005—2006 年，实施文化大厦及文化一条街拆迁改造，拆迁 36 户、1 万余平方米。

2007 年 9 月，按照区政府工作安排部署，对周营镇胡庄村和陶庄镇西防备村进行社会主义新农村建设调查摸底评估，调查总户数 732 户，房屋面积 73159 平方米。是年 11 月，根据区政府的安排，实施精细化工园拆迁。拆迁居民 65 户（四棉职工住房 32 户、东丁村 33 户），确保埃新斯气体等项目顺利入园落地。是年年底，完成原焦化厂 24 户职工宿舍的搬迁，在拆迁区域上建设安置房，用于安置四棉和东丁村的拆迁户；完成泰山南路延伸工程调查摸底评估工作，起草拆迁实施方案。

2008 年年初，启动实施泰山南路建设的房屋拆迁和地面附属物清理，拆迁居民房屋近 1000 户、70 余万平方米，一次性签约率达 95%以上。因拆迁土地为农村集体土地，结合实际，为常庄镇提供拆迁的具体方法步骤和相关法律政策，并经工作组讨论完善，最终形成指导泰山南路拆迁的法规文件。

2009 年 4 月中旬，对燕山路拆迁区域实施调查摸底。历时 45 天完成规划范围内 1241 户居民和单位的摸底工作，共丈量房屋 29 万余平方米，并对每一处房屋及附属物进行精确评估，汇总成册。

2010 年 2 月 26 日，薛城区政府印发《薛城区燕山路棚户区改造补偿安置方案》。是年 3 月，燕山路棚户区改造工作正式启动，利用 46 天完成 1241 户、12 家企事业单位、22 万平方米的拆迁任务。是年 9 月 6 日，启动实施总占地面积 323 亩的火车站广场棚户区改造项目，历时 24 天完成 1233 户、25 万平方米的拆迁任务，创造和谐拆迁的“薛城速度”。8 月，区城市建设房屋拆迁办公室隶属于区建设局（现更名为区住房和城乡建设局）管理。

2011 年 3 月 14 日，区城市建设房屋拆迁办公室更名为区房屋征收管理办公室。是年，实施新华街棚户区改造项目。区域内困难群体多，30%以上的是下岗职工家庭，80%以上的是老南临城失地居民；有固定单位的居民不足 10%左右。新华棚户区分两期进行，是年 4 月 1 日，启动一期工程征收搬迁工作，用时 20 天完成全部征收搬迁任务；6 月，启动二期工程征收搬迁工作，10 月底全部完成。整个项目共占地面积约 56 公顷，涉及单位 16 家、动迁居民 4000 余户，拆除面积 52 万平方米。

2012 年 4 月，实施天山路棚户区改造项目，该项目总占地 34.07 公顷，征收房屋近 21 万平方米，征收 1370 户。

2013 年 5 月，实施上殷庄拆迁改造工程。协同沙沟镇积极动员搬迁，用 1 周的时间，完成近 100 户、5 万平方米的搬迁改造工作任务。

第二节　房地产开发

随着京福高速公路开通、枣庄新城建设的全面启动，薛城区紧紧抓住国家扩大内需和枣庄新城搬迁的机遇，贯彻实施《中华人民共和国城市房地产管理法》，以改善城镇居民住房条件为目标，以经济适用房建设为重点，大力发展住宅与房地产业，全区住宅建设总体规模呈现出逐年上升趋势，年平均增长幅度达30%。

1992年，重点实施商品房开发（住房开发）和沿街巷道商业用房开发，全年开发总量为3万平方米，其中，商业用房开发面积1万余平方米。

1993年，开发建设福泉、向阳、燕山等小区，面积10.2万平方米。

1994年，对清泉、朝阳、国汇小区实施拆迁改造，开发建设商品房6万平方米。

1995年，按照统一规划、合理布局、综合开发、配套建设的原则，采取定向开发、以销促建等措施，全年落实综合开发面积15万平方米。

1996年，完善福泉、清泉、矿务局小区，加快建设燕山、西苑、凤城小区，拆迁改造朝阳小区，全年开发面积11.7万平方米，竣工9.5万平方米。

1997年，采取以销定建和定向开发的方式，开发建设地税局、黄河小区等住宅楼2.5万平方米。

1998年，开发宝泉、江南、怡苑小区，拆迁改造朝阳小区，全面完成开发面积12万平方米。

1999年，新区开发和旧城改造并举，实施八一小区经济适用房建设、江南小区续建、北城批发市场扩建、薛城镇沿街拆迁改造等，全年完成开发面积10万平方米。

2000年，改造旧城、建设新区以市场为导向，加快八一小区、站前小区、站前广场、怡苑二期、天山小区、临山小区、田苑小区为主体的房地产开发步伐，全年开发面积13.4万平方米。

2001年，以膨胀城市规模，优化人居环境为目标，加快站前广场、时代广场、福临花园小区续建和西苑小区、八一小区、江苑小区、警苑小区续建，全年开发面积13万平方米。

2002年，开发建设警苑小区、永福花苑、长江花园等房地产项目面积19.6万平方米。

2003年，以长江花园、海河花园、福临花园和警苑小区等住宅小区建设为重点，全年完成房地产开发投资1.75亿元，开发面积18.5万平方米。

2004年，以警苑二期、怡苑三期和国浩美都等住宅小区建设为重点，全年完成房地产开发投资2.2亿元，开发面积18.2万平方米。

2005年，加快临山公寓、香江花园、永泰花园、临山小区等住宅小区开发，完成投资2.3亿元，开发面积15万平方米。

2006—2010年，按照“统一规划、合理布局、综合开发、配套建设，收缩面积、膨胀体积、向高空发展”的原则，把房地产开发作为促进城市转型、拉动经济增长的重要载体，精心组织，全面推进。先后开发建设奚仲花苑、泉兴华庭、中和嘉园、珠江花园等房地产项目140.8万平方米，完成投资约20亿元，实现税收3952万元。

2011—2013年，全区经济社会全面发展，市驻地迁移薛城区后带动薛城区的房地产市场空前活跃，大量社会资金进入房地产开发市场，开发建设大批高层、小高层房地产项目，共有29个房地产项目开工建设，房地产项目开发面积达到533.76万平方米，市民居住条件和居住环境质量得到大幅度改善和提升。

商住楼建设

清泉小区　位于永福路东侧临山路南侧，由薛城区房屋综合开发公司建设，1998年开工建设，2000年竣工，共计37幢10万平方米，1200套，居住人口约3700人。

怡苑小区　位于永兴东路南侧，枣庄八中北校东200米，由薛城区新兴房屋建设开发公司建设，1998年开工建设，2006年竣工，建筑面积4.5万平方米、588套。怡苑花园位于永兴东路南侧，茂源路南，由薛城区新兴房屋建设开发公司建设，2000年开工建设，2002年竣工，建筑面积0.9万平方米、46套。

警苑小区　位于薛城区委南侧，由薛城区旧城改造开发综合公司建设，2000年开工建设，2002年竣工，小区占地面积2.27公顷，建筑面积2.7万平方米。

永福新苑　位于永福南路薛国文化街，由薛城区房屋开发公司建设，2003年开工建设，2006

年竣工，建筑面积2.4万平方米、246套。

畜牧小区　位于薛城区畜牧局北侧，由薛城区房屋建设综合开发公司开发建设，1991年开工建设，1993年竣工，9600平方米。

凤城小区　位于区实验幼儿园西侧，总建筑面积2.4万平方米，住宅套数350套，居住人口约1200人；绿化率30%。1995年，由区房屋建设综合开发公司建设，1996年建成交付使用。

通用小区　位于通用机械厂附近，由薛城区房屋建设综合开发公司开发建设，2000年开工建设，2001年竣工，1.1万平方米。

毛巾厂宿舍　位于汽车站西侧，由薛城区房屋建设综合开发公司开发建设，2001年开工建设，2002年竣工，1.2万平方米。

朝阳小区　位于永福中路，由薛城区旧城改造综合开发公司开发建设，1992年开工建设，1999年竣工，3.5万平方米、500套，居住人口约1700人。

警苑小区（二期）　位于薛城区委南侧，由薛城区旧城改造综合开发公司建设，2003年开工建设，2007年竣工，建筑面积1.56万平方米、200套，居住人口约660人。

临山小区　位于临山派出所南，泰山路东侧，薛城区建筑工程公司开发建设，2003年建成，共建9幢1.5万平方米、210套。

江南小区　位于长江路南侧，永福路东侧，薛城区房屋修建公司开发建设，2000年建成，共建8幢3万平方米、474套。

永福三期　位于薛城区人才市场西侧，由薛城区房屋建筑工程公司建设，2006年建成，共建2幢0.4万平方米、48套。

商业组团　位于长江路南侧、永福南路西侧，薛城区房屋建筑工程公司建设，1999年建成，共建0.77万平方米、88套。

八一小区　位于海河路以南，泰山路以西，福泉巷以北，长青北巷以东，属于逐年征地开发。建筑面积7万平方米、970套，区城市建设综合开发公司开发建设，投资2800万元，1997年开工建设，2001年竣工交付使用。是最早实行物业管理的小区，也是第一个自备锅炉进行冬季供暖的居民小区。

怡苑小区　位于永兴东路南侧，临山公园北侧，由区安居工程发展中心建设，分三期施工。一期工程，总投资2000余万元，建筑面积2.18万平方米、292套，1997年9月开工建设，1999年竣工，解决城市部分中低收入家庭、住房困难户和无房户的住房问题。二期工程，为两层别墅花园式住宅，2000年开工建设，2002年5月竣工，建筑面积8000平方米、46套。三期工程，2003年开工建设，建筑面积2.3万平方米、235套，实行封闭式管理。

海河花园　位于科苑小区以南，燕山路以东，长青北巷以西，海河路以北，总占地5.13公顷，区城市建设综合开发公司以1860万元竞得土地，是薛城区第一个通过拍卖获得土地开发使用权的小区。小区总建筑面积7.05万平方米、680套，层高5~6层，2002年5月开工建设，2005年3月建成交付使用，总投资5600万元。

长江花园　位于临山东南侧，东外环路以东，京沪高速以西，长江东路以北，总建筑面积2.2万平方米，枣庄市盛苑房地产开发有限公司开发建设。2002年开工建设，2004年建成交付使用。

燕山路C区　位于燕山中路，由枣庄隆宇房地产开发公司开发建设，总建筑面积8.36万平方米，其中商业面积1.66万平方米，建设住宅470套、商业40套，2010年4月开工，2013年6月竣工。

广泰花园　位于燕山中路，由枣庄广安房地产开发公司开发建设，总建筑面积9.37万平方米，其中商业面积3.21万平方米，建设住宅550套、商业71套，2011年5月开工，2013年5月竣工。

SOHO珠江　位于珠江路，由枣庄天润房地产开发公司开发建设，总建筑面积14.38万平方米，其中商业面积7.32万平方米，建设住宅459套、商业369套，2012年5月开工。

长城大酒店一期　位于珠江路，由枣庄万盛新源房地产开发公司开发建设，总建筑面积6.5

万平方米，其中商业面积1.75万平方米，办公3.55万平方米，建设住宅496套、商业52套，2013年7月开工。

金地花苑 位于太行山西路，由枣庄锦华房地产开发公司开发建设，总建筑面积19万平方米，其中商业面积1.38万平方米，建设住宅1426套、商业3套，2003年5月开工，2006年10月竣工。

火车站改造（站前鑫苑） 位于永兴西路，由薛城城建房地产开发公司开发建设，总建筑面积39万平方米，其中商业面积8万平方米，建设住宅1530套、商业326套，2011年9月开工。

新华街改造 位于永兴西路，建筑面积60.72万平方米，其中商业面积9.6万平方米，建设住宅3309套、商业468套，2012年5月开工。

金水湾 位于长江路以南、香山路以东，建筑面积23.8万平方米，其中商业面积0.6万平方米，建设住宅1100套，2013年8月开工。

仲建商务广场 建筑面积6.12万平方米，其中办公用房面积0.6万平方米。

东小庄安置工程 位于长江路以北，建筑面积12万平方米，其中公用房面积1万平方米，住宅1100套，2010年8月开工。

中兴世纪城 位于泰山南路，由枣庄德圣房地产开发公司开发建设，建筑面积79.6万平方米，其中门市房面积1.8万平方米，建设住宅5307套、商业75套，2010年11月开工。

枣矿城 位于新城区，建筑面积10万平方米，商业面积0.75万平方米，住宅2261套，2013年4月开工。

金鼎国际商务广场 位于临山路，由枣庄金天鸿基房地产开发公司开发建设，建筑面积8.23万平方米，其中门市房面积8.23万平方米，2013年7月开工。

金水湾B区 位于长江路，由枣庄隆宇房地产开发公司开发建设，建筑面积8.84万平方米，其中门市房面积1.49万平方米。办公用房0.11万平方米，建设住宅483套、商业30套，2013年4月开工。

众信大厦 位于珠江路，由枣庄海天房地产开发公司开发建设，建筑面积5.44万平方米，其中商业面积5.44万平方米，商业30套，2013年5月开工。

文鑫花园 位于六盘山路88号，由枣庄大阳置业有限公司公司开发建设，建筑面积11.5万平方米，其中商业面积2万平方米，建设住宅506套、商业188套，2012年7月开工。

元丰国际广场 位于武夷山路1199号，建筑面积1.93万平方米，全部为商业，共279套，2012年2月开工。

紫光园 位于黄河路与茂源路交会处，由枣庄锦华房地产开发公司开发建设，建筑面积20.7万平方米，其中商业面积1.74万平方米，建设住宅1507套，商业69套，2012年12月开工。

凯润花园二标段 位于黄河路1111号，由枣庄三鼎房地产开发公司开发建设，建筑面积9万平方米，其中商业面积0.55万平方米，建设住宅448套、商业15套，2011年10月开工。

中央花城二、三期 位于黄河路与太行山路交汇处，由山东至信房地产开发公司开发建设，总建筑面积10.4万平方米，其中商业面积5.76万平方米，建设住宅368套、商业658套，2012年7月开工。

嘉豪公寓 位于太行山路西，光明路南，由山东浙商联合实业股份有限公司开发建设，总建筑面积14.1万平方米，其中商业面积6.56万平方米。该项目2011年7月开工。

世好国际花园 位于光明路南，祁连山路东，由枣庄久久房地产开发公司开发建设，总建筑面积10.2万平方米，其中商业面积0.58万平方米。该项目2013年7月开工。

双子星 位于黄河路南、民生路东，由枣庄民贸实业有限公司开发建设，总建筑面积40万平方米，其中商业面积10.86万平方米，公用房8.19万平方米。

托一A区安置工程 位于太行山路以西、四号路北，由枣庄锦泰置业有限公司开发建设，总

建筑面积6.5万平方米，其中商业面积0.15万平方米。该项目2013年3月开工。

托一B区安置工程　位于太行山路东、海河路北，总建筑面积6.5万平方米，其中商业面积0.9万平方米。该项目2013年3月开工。

万洲第一街　位于昆仑山山路东、中和路以南，由山东万洲置业有限公司开发建设，总建筑面积13.81万平方米，万洲商贸城12.32万平方米，全部为商业。该项目2013年5月开工。

徐沃社区安置工程　位于金沙江路以南、京台高速以东，由枣庄市锦泰置业有限公司开发建设，2013年5月开工，总面积6万平方米，商业3000平方米。

燕山国际A区　位于黄河路以南、燕山路以东，由薛城区城市建设综合开发公司开发建设，总面积157692.41平方米，2010年9月开工，2012年12月竣工。

燕山国际D区　位于燕山路以东、永兴路以北，由薛城区城市建设综合开发公司开发建设，总面积124143.88平方米，2010年9月开工，2012年12月竣工。

临山公寓　位于长江路以北、矿建路以南，由薛城区城市建设综合开发公司开发建设，总面积77599平方米，2006年开工，2012年竣工。

第三节　房地产管理

管理机构

1974年，薛城区成立房地产管理所。1992年5月，薛城区房地产管理所升格为“薛城区房地产管理处”，隶属于薛城区城乡建设环境保护委员会管理。1996年3月，“薛城区房地产管理处”更名为“薛城区房地产管理局”，归口薛城区城乡建设环境委员会。2005年11月，中共薛城区房地产管理局委员会成立，隶属薛城区机关党工委。2010年8月，薛城区房地产管理局由薛城区住房和城乡建设局（原薛城区建设局）管理。

产权产籍管理

1986年12月，区政府成立薛城区房屋确权发证领导小组，下设办公室，具体负责确权发证业务工作的综合指导、产权仲裁和组织实施等工作。1988年，区房地产交易监理所成立，隶属于薛城区房地产管理局，正式开始对全区建成区内房屋确权发证，同时开展城区房屋交易、转让、交换、租赁管理工作。1996年，第一次开展全区统一颁发房屋产权证，实现房屋产权地籍统一管理。1999年，城区启用和换发全国统一的房屋权属证书。至2003年6月，共换发全国统一房屋所有权证4.1万本。2012年，实现房屋产权产籍档案电子数字化管理。开展房屋登记官考核培训工作，房屋登记岗位全部持证上岗。至2013年，全区共有29人通过房屋登记官考试。全区房屋产权证办理面积268.42万平方米，21917套。

第四节　物业管理

1998年8月，根据建设部《关于加强商品房销售，房改房售房与物业管理衔接工作的通知》，薛城区房地产物业管理中心成立，为企业化管理事业单位，三级资质。

1999年11月，区物业管理中心接管凤城小区的物业管理工作。2002年12月，通过招标，区物业管理中心取得枣庄西站的卫生保洁权，负责枣庄西站内外近3万平方米和车务段办公楼的保洁，以及公共设施的维修保养等工作。2003年6月，区物业管理中心接管清泉小区、站前小区等一批商品住宅小区的物业管理。是年，八一小区、站前小区先后成立业主委员会。2005年6月，区房地产管理中心更名为物业管理办公室。2013年，全区共有物业服务企业49家，从业人员3000余人，管理服务62个居住小区、360余万平方米的物业，服务近4万户、13万人，占全区物业总面积的80%。

房地产评估

1993年6月，薛城区房地产评估事务所成立，与薛城区房地产交易监理所合署办公，隶属薛城区房地产管理局管理，有房地产估价师3名，负责办理薛城区行政区划内的各类房地产转让、抵押、拆迁、房改、清房、司法鉴定等评估工作。2002 年 1 月，薛城区房地产评估事务所脱钩改制为枣庄市新赢房地产评估咨询有限公司，成为社会中介服务机构，由注册房地产估价师共同出资成立。2006 年 4 月，评估公司被山东省建设厅授予“山东省诚信中介企业”称号。2013 年，评估公司共有员工 27 人，注册房地产估价师 9 人，承担薛城区历年来所有拆迁征收项目的评估工作。公司成立以来，共承担委托评估项目 1114 件，完成评估房屋建筑面积 35.1 万平方米，评估额 8.36 亿元。

物业管理公司

2004—2005 年，枣庄乾信物业管理有限公司、枣庄鸿达物业管理有限公司、枣庄元通物业管理有限公司、枣庄东小物业管理有限公司、枣庄通润物业管理有限公司先后成立，资质等级均为三级，从业人数 168 人，服务于多个住宅小区。

2006 年 6 月，枣庄华航物业管理有限公司成立，资质等级二级，从业人数 50 人，服务区域凤凰山西区。

2007—2008 年，枣庄丰达物业管理有限公司、枣庄广安物业管理有限公司、枣庄恒基物业管理有限公司、枣庄仁福物业管理有限公司、枣庄德圣物业管理有限公司先后成立，资质等级均为三级，从业人数 262 人。服务于多个住宅小区。

2009 年 12 月，枣庄雅洁丽特物业管理有限公司成立，资质等级二级，从业人数 17 人。服务区域常安花园、阳光丽舍、SOHO 珠江和东山华府。

2010—2013 年，枣庄恒顺物业管理有限公司、枣庄华宇物业管理有限公司、枣庄怡园物业管理有限公司、枣庄方舟物业管理有限公司、枣庄和顺物业管理有限公司、枣庄鑫峰物业管理有限公司、枣庄金钰达物业管理有限公司、枣庄蟠龙物业管理有限公司、枣庄金信物业管理有限公司、枣庄通晟物业管理有限公司、枣庄市艺洁益物业管理有限公司、枣庄水城物业管理有限公司、枣庄环宇物业管理有限公司、枣庄宝基物业管理有限公司先后成立，资质等级均为三级，从业人数 326 人，服务于多个住宅小区和广场等。

第五章　乡村建设

2012 年前，薛城区原下辖 7 个镇街，东部依次为张范镇、邹坞镇、陶庄镇，南部依次为周营镇、沙沟镇，中西部为临城街道办事处、常庄镇。2012 年，“三区合一”后，张范镇划到枣庄市高新区，新成立巨山街道筹备委员会。至 2013 年，全区共有 199 个行政村、22 个社区居委会。20 多年来，累计投资 36 亿元，完成公共设施建设 90 万平方米，建设农村住宅 560 万平方米，新、改、扩建商品集贸市场 21 处，完成文明生态村规划建设 26 个，陶庄镇被确定为国家小城镇建设示范镇。全区镇驻地建成区面积 37.4 平方公里，初步形成以中心城区、中心镇、重点镇为依托，以枣薛线、郯薛线、山官线等交通运输干线为主轴的组团式城镇发展格局，逐步实现由小县城向市驻地、中心城的跨越。

第一节　村镇规划

1982 年，薛城区成立农村建房办公室，后期将其职能划入薛城区建委乡建办公室。2002 年机构改革后，薛城区建委乡建办公室改为村镇建设办公室。各镇均成立建房办或建委。

1991—1992 年，完成全区 13 个乡镇驻地建设规划编制工作，并对每个乡镇的 2 个村进行规划编制，周营、沙沟、南石、张范等乡镇，按照建设规划实施驻地建设。

1993 年，国务院 116 号令《村庄和集镇规划建设管理条例》正式颁布实施。根据各乡镇村特点，完成张范、南石等5个乡镇和26个村庄的测量工作，对全区1/3村庄原粗线条规划重新进行调整。是年兴仁乡划到高新技术经济开发区。至1995年年底，在枣庄市率先完成跨世纪乡镇总体规划，规划面积37.4平方公里，并编制详细规划25项，详细规划覆盖率达15%。

1994年，完成邹坞、夏庄两个乡驻地的总体规划和南石等7个乡镇工业小区详细规划。

1996年，12个乡镇、70个村庄完成总体建设规划，邹坞镇对镇驻地进行新一轮规划编制，陶庄镇顺兴路、店韩路两侧和陶庄、南石两个市场扩建编制详细规划。

1998年，完成8个商业一条街和小康屋居住区详细规划、39个村庄规划；6月，周营镇新的镇总体规划出台，并经镇人大会议通过实施。

1999年，全区完成村庄建设规划70个，商业一条街规划9个。

2000年，完成2个乡镇总体规划调整，编制详细规划4个；是年3月，乡镇机构合并，全区原12个乡镇合并为陶庄镇、沙沟镇、常庄镇、张范镇、周营镇、邹坞镇、临城街道。合并后，对总体规划进行进一步修改和完善，同时制订分区规划和详细规划。

2002年4月，对合并后镇、村规划进行修编调整，调整完善镇、村详细规划及建设规划30个；陶庄镇被省政府批准为中心镇。

2003年4月，南石镇驻地迁至张范（原张范镇驻地），对新驻地进行重新规划，分工业区、服务区、居住及高新农业区，用地面积扩大到11平方公里，规划光明路沿线建设绿色产业带，镇驻地“三纵三横”6条主干道。结合撤乡并镇改革和行政村合并，先后聘请省规划院、省建筑设计院、市规划设计院等规划设计单位，相继完成周营镇总体规划，常庄、陶庄、张范民营经济园区规划以及邹坞中心街、南石复兴路、周营铁佛村、沙沟张庄石榴山庄等各类规划。聘请省建工学院完成陶庄镇总体规划修编，11月23日，通过省村镇规划专家评审委员会的评审论证。邀请市规划设计院启动周营镇总体规划的编制工作，对陶庄镇永康居住小区、岚兴路、千山路建材综合批发市场，幸福东路、陶庄矿业工业园区进行修建性详细规划编制。聘请省城乡规划院完成南石镇复兴路、蟠龙河治理的修建性详细规划的编制。邀请市建筑设计院完成邹坞镇驻地占地30余亩的农贸市场扩建工程的修建性详细规划设计等，为推动全区城镇化进程及小城镇的可持续发展提供科学依据。

2005年，先后邀请省、市城镇规划设计院等单位，结合枣庄市总体规划，对周营、张范、邹坞等镇的发展总体目标和发展方向进行确立、定位，完成4个镇总体规划、村庄规划编制6项，实施文明生态村建设规划编制13项。各镇驻地总体规划与详细规划编制率达到80%以上，中心村详细规划覆盖率达到40%以上。

2006年，张范镇委托山东省城镇规划建筑设计院编制《张范镇总体规划（2004—2020）》。

2009年，邹坞镇对1996年编制的规划重新进行论证，并组织修编。全镇32个行政村规划为7个大社区，分别为镇驻地社区、东防备社区、刘沟社区、中陈郝社区、北陈郝社区、北安阳社区、甘霖社区。

2010年，委托省、市城乡规划设计院，完成县域村镇体系规划编制、12个示范工程项目修建性详细规划以及5个建制镇的小城镇总体规划。是年8月，张范镇委托山东省城乡规划设计研究院进行总体规划修编，完成《张范镇总体发展规划（2010—2020）》。

2011年7月，区住建局村镇规划审批职能上划市规划局。

2012年5月，薛城区启动山东省示范镇建设工作，实施危房改造150户，拆除危旧农村住房约1.4万平方米。

2013年，全区完成危房改造285户，拆除危旧农村住房约2.6万平方米。是年底，邹坞镇成功申报山东省示范镇。

第二节　城镇建设和管理

1990年，全区13个乡镇均建设机关大院，部分乡镇建起办公楼。有7个乡镇建起千人以上电影院，13个乡镇均建有银行、邮电所、粮所、医院、学校、供销社、农贸市场、工厂等，乡镇驻地均建有一条主街道，安装路灯319盏，有9个乡镇驻地用上自来水。

1993年，新建商业街5条、1万平方米，新建、扩建集贸市场6处；新修乡镇驻地道路5条、6公里，并对新修道路进行绿化、硬化，乡镇驻地面貌发生较大变化。

1994年，启动实施村镇建设“十百千”活动，各乡镇按照规划进行较大规模的建设改造。新修乡镇道路10公里，建设排水管道2.8公里，安装路灯67盏，开建工业小区7处，小康屋200户，新建改建农贸市场4处、5万平方米。是年，常庄乡完成乡驻地搬迁工作。

1995年是薛城区“村镇道路建设年”，制定《加快小城镇建设的实施意见》，出台奖补办法，签订目标责任书。全区12个乡镇围绕“开通道路、开阔思路、开辟财路、发挥道路效应、建设经济走廊”的思路，陶庄镇、夏庄乡、邹坞镇等6个乡镇完成驻地标准化一条街道路建设，集中连片建设小康屋240套、单元式住宅160户、3.6万平方米，开发沿街商贸房1.5万平方米，新修乡镇道路183公里，安装路灯270盏，新增自来水受益人数5.1万人，完成投资6000余万元。

1996年，新建乡驻地标准化一条街3.5公里，完善配套4.9公里，新增绿化面积1200平方米，集中连片建设小康屋156套，开发啤酒城、沿湖市场和周营、陶庄等乡镇驻地商贸房近3万平方米。全市村镇建设现场会和百新工程现场会议上，薛城区获得省政府授予的1995—1997年度村镇建设“十百千”活动先进县奖杯。

1997年，加大小城镇商贸房、小康屋、驻地标准化一条街开发建设和旧村改造力度，共开发商贸房7.2万平方米，建设小康屋2389套，建设驻地标准化一条街计6.74公里，新修村庄道路28公里，改造旧村60个，修建下水道12公里，安装路灯960盏，铺设自来水管道15公里，新增绿化面积5600平方米，新增自来水受益人数2.5万人。

1998年，全区投入1000余万元用于小城镇基础设施的建设、配套和完善，新增绿化面积3万平方米，绿化覆盖率达18%，生产性建筑1.3万平方米，公共建筑22万平方米，新建电话村24个，供电普及率达100%。建设驻地标准一条街计7公里，配套完善驻地标准化一条街3.8公里，开发建设商贸房14.8万平方米，建设工贸小区6个，新建市场3处，扩改建市场1处，新增营业面积1.8万平方米，新增个体工商私营户3400家，个体工商户85家。是年，全市村镇建设现场会在薛城召开，薛城作经验介绍，并被省政府评为“全省村镇建设先进区”，邹坞镇等3个乡镇被省建设厅、省人事厅评为村镇建设“新型乡镇”，有14个村被评为“明星村”，陶庄镇被省政府列为“百新工程”试点镇。

1999年，投资1.3亿元，开发商贸房17万平方米，建设商贸小区10个、乡镇驻地标准化一条街6.2公里，新修乡村道路35公里，安装路灯560盏，新增自来水用户1.05万户，自来水普及率65%，新修下水道19公里，新建公厕8座，新建公园2处、市场3处，扩改建市场1处。至1999年年底，全区乡镇驻地规划面积37.4平方公里，乡镇建成区面积达19.3平方公里，全区城镇化水平达到42%，开发商贸房42万平方米，建设农村住宅37万平方米，集中连片建设小康屋2700套，新、改、扩建商品集贸市场12处。

2000年，完成商贸房开发10.5万平方米，建设乡镇驻地标准化一条街6公里，小康屋建设620套，旧村改造12个，村庄规划60个。

2001年，完成公共建筑面积12.32万平方米，其中商贸房建设9.4万平方米；住宅建筑面积18.04万平方米，建设镇街驻地标准化一条街3.2公里。6个镇全部用上自来水，供水普及率100%；建设水冲式公厕15座。

2002年，开展小城镇建设“卫星杯”活动。完成公共建筑6.5万平方米，建设镇街驻地标准化一条街2.7公里，全省中心镇建设工作现场在薛城区召开。

2003年，完成公共建设及小康屋建设13.6

万平方米，建设镇街驻地标准化一条街6430米，实施旧村改造12个，新修排水沟9.06公里，镇级绿化覆盖率达26%以上，全区“村村通”工程完成70公里，道路硬化率达49%以上，全面提升小城镇的建设品位，陶庄取得全市中心镇动态考核第一名。

2004年，完成公共建筑面积6.5万平方米，生产性建筑6.2万平方米，开工建设驻地标准化一条街5650米，完成村村通道路约139.6公里，实施创建文明生态村试点10个，吸引一批大的工业项目落户村镇投资兴建。南石镇投资880万元，高标准改造建设全长1650米的复兴北路；投资350万元，清淤河道6.7公里，毛石护坡衬砌复堤1.34万米，蟠龙河河底防渗治理一、二期工程0.2万米，新建欣兴路4.1公里；陶庄镇投资700万元改造建设岚山路。邹坞镇投资60万元改造建设府前路，完成全长8.1公里洪陈路工程。周营镇拿出专项资金140万元，对金汇路进行配套建设，完成两侧下水道排水工程1660米，安路灯30盏，完成陶官加油站至石庙10公里道路的复新工程。至2004年，全区各镇都建起镇政府办公楼，建设公共建筑63.6万平方米，生产性建筑31.26万平方米，住宅建筑22万平方米，人均居住面积12.21平方米，修建镇驻地主干道，建设道路18.8公里，安装路灯2859盏，排水管道96公里。

2005年，全区镇驻地建成区面积22平方公里，主要道路硬化率100%，新修排水沟5.9公里，共建设标准化一条街3.2公里，新安装路灯188盏。

2006年，投资1.5亿元，完成公共建筑面积1.2万平方米，生产性建筑2.6万平方米，建设完善各镇驻地标准化一条街3086米，实施村村通工程40公里，硬化道路16万平方米，安装路灯650余盏，修建排水管网130公里，建设广场13个、1.2万平方米，清理三堆700余处，规范占道、店外经营摊点360余处，拆除违法建设90余处、0.8万余平方米，栽植苗木1.1万余株。

2007年，共硬化镇、村道路113公里，新铺设供水管网162公里，新增排水管道57公里。村镇居民生产、生活条件明显改善。对村镇建设工程进行拉网式检查，全年共查处违法违规在建工程10余处，有力地遏制村镇乱搭乱建现象。

2008年，完成枣庄通晟实业有限公司商贸房、周营供销合作社住宅楼等17个工程项目审批，完成公共建筑面积2.3万平方米、生产性建筑面积3.4万平方米、住宅建筑面积19万平方米。查出违法在建工程2万平方米，下达责令停止违法通知书12份，拆除违法建筑面积6万平方米。

2009年，围绕建设生态环境、完善村庄基础设施，累计投资近2000万元，实施村村通工程61.8公里，道路硬化面积37.7万平方米，安装路灯820余盏，修建排水管网64.8公里，建设广场18个、2万余平方米，开挖人工湖8个，建设图书室18个，清理三堆102处，建沼气池626个，规范占道、店外经营摊点100余个，拆除违法建设60余处，面积8000余平方米，栽植苗木22万余株，村庄居民生产、生活条件较大改善。

2010年，开发小城镇商住房39万平方米。投资420余万元，大力实施旅游景点沿线农房“古韵汉风、旧骨新材”汉文化风格韵味改造工程，改造枣曹线、山官线和店韩路沿线的商贸房1270余间，建成市级农民示范社区1个。坚持公共服务延伸，完善农村基础设施配套，农村通自来水、通有线电视率分别提高到96%和75%。

2011年，大力推进社会主义新农村建设，各镇实施集中连片建设6500户、66万平方米，完成镇驻地住房建设24万平方米，推动居住向社区集中、人口向城镇集中。

2012年，整修镇驻地下水道90余公里，新栽绿化苗木12万余株，建沼气池30个，累计建成新型农村社区46处，实施农村主干道两侧建筑“金镶边”改造近10万平方米。

2013年，陶庄省级示范镇累计完成项目投资1亿元，新引进工业项目4个，提升城镇基础设施配套和生态环境水平。邹坞镇完成省级示范镇申报，开发建设6万平方米的邹坞社区。全区各镇街实行城乡环卫一体化管理。

第三节　农村住宅建设和管理

1990年，薛城区东仓村、汤庄村、店子村、东邹坞村、四里石村、古井村等建成为新型农村。

1996年，区政府开展小城镇建设年活动。常庄镇、邹坞镇、南石镇和陶庄镇的部分村庄进行旧村拆迁改造，集中连片建设小康屋156套。

1998年，全区有3.8万户农民新建、扩建、改建住宅17.53万平方米。全区新建上宅下店1050套、13.6万平方米，集中连片建设小康屋1200套、15.6万平方米，部分富裕农民的住宅向单元式公寓发展，楼房率达40%。

1999年，实施旧村改造24个，建设文明村12个，全区有2000户农民新建、扩建、改建住宅17.53万平方米，新建小康屋1078套、14万平方米，新建电话村24个。

2001年，建设小康屋705套、113万平方米。实施14个旧村改造，节约土地46.67余公顷，新建村民住宅1400套、18.04万平方米。前院山、东仓村、铁佛东村、大甘霖村等一批不同类型的村成为建设典型。有229个村用上自来水，普及率达68%。

2002年，实施旧城改造12个，建设小康屋282套。至2004年，全区村庄建设发生巨大变化，村庄住宅建筑557.16万平方米，建设小康屋3000余套，村村通道路890公里，安装路灯1219盏，村庄通电率100%。邹坞镇陈楼村、西南村，张范镇大甘霖村，常庄镇店子村和沙沟镇张庄村5个村被列入枣庄市文明生态村建设试点村。陶庄镇尚马村、东仓村，临城街道张桥村，沙沟镇西界沟村，周营镇铁佛村5个村被列入薛城区文明生态村建设试点村。

2008年，陶庄镇东仓村、东夹埠分别建设约1.2万平方米和3.5万平方米的农民公寓楼，解决约270户的农民住房问题，占农民住宅的30%。

2009年，启动全区农村住房建设与危房改造工作，共建设试点村庄集中连片改造项目22个，建设集中连片住房3238户、34万平方米，建设农村分散住房1669户、16.7万平方米，改造农村危房1975户、19万平方米，圆满完成市政府下达的各项目标任务。

2010年，结合土地增减挂钩和开发复垦整理工作，以新型农村社区建设为方向，大力推进社会主义新农村建设工作。建成市级农民示范社区1个，市级危房改造示范户1500户；完成村庄整体搬迁7个，实施集中连片建设4930户、49万平方米，危房改造3518户、34万平方米。结合京沪高铁、枣临高速公路、枣临铁路等国家和省市重点工程建设，确定主干道穿越村庄、压煤村、旅游景点村等改造试点36个，完成常庄镇邵庄、东姚、西姚村，邹坞镇杭庄村，陶庄镇千山村和临城街道东丁村等7个村庄的整体搬迁。拆迁邵庄、西姚等城中村3个、80万平方米，建设安置小区3处、24.5万平方米。投资约1.37亿元，

十字河农家乐

开发建设石榴山庄、岩湖生态园、留园山庄、十字河沿岸“农家乐”等项目10处。

2011年，常庄镇对枣曹线东泥村、西泥村、付庄村、上于村、下于村、宋庄村、薛庄村、大辛村路两侧部分房屋拆迁，对道路进行扩建改造，常庄镇境内改造长度4.2公里。沙沟镇建成1.6万平方米住宅小区1处；邹坞镇完成打席、刘沟两个村的整村搬迁安置工程建设工作，建筑面积5.6万平方米，有596户村民住入新居。完成农村危房住户改造1134户。

2012年，完成整村拆迁1处，拆迁3200户，拆迁面积120万平方米。新建村民安置房11.16万平方米，安置村民694户。新建农村新型社区1处、1.5万平方米。完成农村危房住户改造150户。

2013年，先后开发建设开源花苑、邹坞社区二期工程、凤翔花苑、供销花园4处新型农村社区，建筑面积13.72万平方米。完成农村危房住户改造285户。

第六章 建筑业

第一节 建筑工程设计

薛城区建筑设计院始建于1985年，隶属于区住房和城乡建设局。该院是以民用与工业建筑设计为主要业务的科技型单位，有二级注册建筑师4名，二级注册结构师2名，高级工程师2名，工程师15名，助理工程师8名。至2013年，先后承接八一小区、海河花苑、临山公寓等数百项工程，涵盖办公、商业、酒店、学校、住宅、公寓以及集多种功能于一体的城市综合体的设计项目，共完成建筑设计200余万平方米，并多次获得枣庄市优秀设计单位称号。

第二节 施工队伍、装备和组织

施工队伍

1991年，区直建筑施工企业有区建筑工程公司、区建筑安装公司、房屋建筑公司3个公司；区内13个乡镇均各自成立镇乡建筑公司。村级小型建筑公司有22家施工队伍，其中三级资质5个、四级资质15个。全区从事建筑施工的总人数约有3000人，固定资产总值达到1000万元，建筑年产值约4000万元。至2013年，全区有施工资质的建筑施工企业33家，其中二级资质8家，三级资质25家，能够承担工业与民用建筑、钢结构生产安装、建筑装饰装修、门窗安装、预拌商品混凝土，防腐保温，机电设备安装、建筑防水、园林古建筑等建筑工程项目总承包和专业承包，施工队伍总人数约有3.5万人。

机具装备

1991年，全区建筑企业机具装备比较简陋，主要有350型以下塔吊、搅拌机、振动器、振动棒、电焊机、切断机、切割机、轮锯、电刨子、车丝机、打孔机、电夯、电锤、地排车、铁制两轮或单轮小推车、翻斗车、钢模板、木脚手架等大中小型机具设备，几家规模较大的企业共有塔吊20多台，其他机具数量不足。至2013年，全区共有建筑机具装备2694台，其中塔吊356台、施工升降机187台、吊篮460台、搅拌机310台、电焊机281台、切割机295台、弯曲机86台、切断机158台、砂浆搅拌机204台、对焊机59台、冷拔筋调直机45台、翻斗车78台、挖掘机36台、装载机40台、混凝土搅拌站14台、泵车15台、混凝土运输车70台，内模板支撑架和外脚手架等基本使用钢制材料。区内施工队伍能够承担28层以下、12万平方米以内、建筑高度120米以下、跨度36米以下的各类建筑构筑物的建设。

2013 年薛城区主要建筑企业机具统计表

表 4-2　　　　单位：台

单位＼名称	挖掘机	塔吊	施工升降机	混凝土搅拌机	砂浆搅拌机	翻斗车	装载机	切断机	电焊机	弯曲机
区建筑公司	2	47	11	58	62	6	4	8	12	6
区建安公司	5	12	7	4	14	4	2	5	10	3
福峰公司	1	16	8	18	20	8	1	10	15	8
宝兴公司	4	38	18	12	15	7	6	7	16	4
亿源公司	2	20	15	25	18	6	2	8	13	5
陶庄镇公司	2	30	12	20	11	9	3	12	18	10
周营镇公司	1	50	2	30	15	10	1	20	18	8
辰鑫公司	1	16	4	16	8	6	1	10	15	4

施工组织

随着经济社会发展，建筑工程施工已成为一项十分复杂的生产活动。1991—1999 年，在房屋建筑和市政工程施工建设中，工程项目确定后，由建设和施工方（即甲乙双方）建立合作意向签订施工合同，由建设单位向属地建筑主管部门申请颁发建设许可证。

2000 年 1 月 1 日，《中华人民共和国招标投标法》正式颁布实施，强制要求建设工程项目必须依法实行招投标，择优选择施工队伍，实行公开、公正、公平的竞争。在工程建设的前期、中期及后期，区建设行政主管部门将其列入年度监督管理对象，并按照《中华人民共和国建筑法》《山东省建筑市场管理条例》《质量管理条例》《安全管理条例》等法律法规规章，及各类技术操作规程对其实行常规化管理。

2010 年以后，全区施工企业在施工组织上开始推行项目法施工管理模式。主要施工组织程序：先做施工准备工作，根据施工顺序编制网络计划，保证施工任务能够有计划、有步骤、分阶段的顺利完成，然后在施工中投入大量的劳动力、材料、机械等，组织平行、交叉、多层流水作业，使劳动力、材料、机具按一定顺序、数量和比例投入，实现时间、空间的最佳利用，以达到连续、均衡施工，缩短工期，使建筑物、构筑物、桥梁道路等工程早日交付生产使用。

第三节　建筑业管理

建筑市场管理

1991 年，共检查单体工程 254 个，建筑面积 20 万平方米。

1992—1993 年，深入开展“建安杯”活动，开展 3 次工程整顿，共检查单项工程 113 个，建筑面积 15 万平方米。

1994—1997 年，开展“建安杯”和“质量效益杯”活动，共检查单项工程 82 个，建筑总面积 14 万平方米。1998 年，共监督 139 个工程，面积 24 万平方米。

1999 年，全年监督建设工程 96 个、17 万平方米，竣工工程 36 个、6.9 万平方米，优良工程 14 个，优良率达 39%。

2003 年，对建筑工程全面实行建设监理，全年监督工程 116 项，监理 65 项。区建筑公司通过 ISO 质量管理体系认证，开创薛城区建筑史的先例。

2007 年，集中开展全区建筑市场秩序、工程质量安全综合执法大检查共 5 次，检查 60 个工程，建筑面积 33 万平方米。下达隐患停工整改通知书 22 份，报建率均达到 100%。

2008 年，对 31 个在建工程进行安全监管，创市级安全文明工地 20 个。

2010年，报建项目10项，检查工程155个。建筑面积144万平方米，下达隐患整改书191份。停工整改通知146份。

2011年，按照《建设工程安全双百整治专项行动方案》，区里成立安全整改小组，检查工程46项，建筑面积257万平方米，下达整改通知书486份，对不服从管理、存在重大安全隐患和恶意上访问题的两家外来企业驱逐出薛城建筑市场。

2012年，按照市里“三区合一”的要求，把部分新城区、高新区新建工程纳入薛城区管理，制定“打非治违”专项方案，开展2次拉网式的检查。共检查项目125个，建筑面积324万平方米，下达停工通知550份，限期整改315份，查处隐患1650条，整改完成1639条。

2013年，区建设行政主管部门与32家本地企业和38家外地入薛施工企业签订目标责任书。检查工程项目135个，建筑面积550万平方米。下达停工整改846份，限期整改103份，查处各类隐患2900条，并经过全部整改。治理纠正违规违法行为355起，封停4个工程。

安全管理

1994年，区建设行政主管部门统一购置五芯电缆0.3万米、塔吊限位器30套，分别配备安装在10个建筑企业。

1996年，在全市施工现场安全综合大检查中获第二名。

2001年，开展建筑市场整顿工作，创安全文明工地省级3个、市级21个。

2002年，创省级安全文明工地4个、市级39个。

2004年，以安全生产措施、施工手续清查为重点，集中开展质量安全生产大检查活动5次，检查工程项目48个，创省级安全文明工地3个、市级20个。

2005年，开展集中安全大检查活动，共检查工程项目34个，创市级安全文明工地22个。

2006年，开展工程质量安全大检查5次，共检查在建工程23个，创省级安全文明工地2个、市级24个。

2007年，开展全区建筑市场秩序和工程质量安全综合检查5次，检查项目23个、面积33.2万平方米，创省级安全文明工地2个、市级24个。

2008年，开展“安全隐患治理年”活动，共检查在建工程31个、37.2万平方米，创市级安全文明工地20个、省级2个。

2009年，开展7次安全大检查和专项检查。检查在建工程项目49个，下达安全隐患通知书105份，限期整改通知132份，禁止使用350型以下塔吊。

2011年，开展“打非治违”行动，检查在建工程项目46个，下达整改通知书486份，对存在严重安全隐患不按时整改的企业下达处罚决定18份。

2012年，在全区开展“安全生产基层基础强化年”集中检查活动4次，检查工程项目125个，下达停工通知书550份，限期整改通知315份，并对“三区合一”后的新城工地开展2次拉网式检查。全区共检测塔吊59台，物料提升机4台，施工升降机28台，高处作业吊篮77台进行验收。

2013年，开展“安全生产基层基础提升年”活动，先后开展节后复工检查、春季安全大检查、重大危险源专项检查、消防大检查等行动，检查工程项目135个，下达停工整改846份，限期整改103份，查处安全隐患2900条，共检测各塔吊169台，施工升降机32台，吊篮106台，对危险性较大分项工程进行18次专家论证，防汛防暑巡查39次。

质量管理

1985年，薛城区建筑工程质量监督站成立，隶属区建设局管理。

1994年，更名为枣庄市建筑工程质量监督站薛城分站。有高级职称技术人员5人，中级职称18人，其他各类技术人员30人。接受委托质量监督工程40个、7.4万平方米。全年竣工验收工程30个、6万平方米。其中优良工程10个、6万平方米，优良率36.6%。

1996年，工程质量监督面积21万平方米，竣工工程25个、7万平方米，优良率达45%。其中4项工程获市优、2项工程获省优，1个项目获市样板工程。

1998年，监督在建工程96个、17万平方米，新开工43个、7.1万平方米，竣工工程36个、6.9万平方米，优良工程14个、2.76万平方米，优良率39%。

1999年，监督工程52个、19.8万平方米，创优良工程11个，优良率达31.4%。

2000年，工程质量监督42个工程，创优良工程14个，优良率33%。

2001年，按照“两法一条例”要求，工程质量监督项目82个、24万平方米，质量监督率达98%。创山东省泰山杯奖1个，省优工程1个、市优工程2个。

2002年，创省优工程3个、市级优良工程12个。

2004年，监督工程76个、16万平方米，创市优工程12个。

2005年，共监督建设工程72个、24.2万平方米。

2006年，开展城市建设执法年活动，共监督建设工程35个、26.6万平方米。

2007年，开展全区建筑市场秩序和工程质量安全综合检查5次，监督工程项目23个、面积33.2万平方米，创“用户满意，质量诚信”工程省级1个、市级2个。

2008年，监督监理建设工程项目81个，竣工工程24个，质量合格率100%，创市级优良工程8个。

第四节　典型建筑

代表性建筑

至2013年，薛城的主要典型建筑有薛国大酒店、铁道游击队纪念园、民国影视城、奚仲阁、奚仲广场、车祖纪念馆、广播电视塔发射塔、山家林钢厂厂房、京沪高铁枣庄站等，这些建筑体现薛城城市建设的基本风貌。

薛国大酒店　1989年，临城镇北一村投资建设，由滕州建筑公司承建，酒店高12层，是一座设施完备的三星级旅游酒店。内部装修采用中西合璧的创意理念，会议、娱乐、商务、健身、餐饮、客房一应俱全，是人们住宿、设喜宴的首选酒店。

铁道游击队纪念碑　该纪念碑由南京艺术学院设计，碑体全高33米，主体为钢筋砼结构，将军红花岗岩贴面，底座正面镌刻金碑文，镶嵌着原国家主席杨尚昆亲笔题写的“铁道游击队纪念碑”8个真金箔贴大字；南北两侧为花岗岩浮雕，再现游击队员作战的场面。碑体最上方为高5米的铁道游击队战士持枪冲锋形象的铸钢塑像。碑底占地144平方米，碑下8级台阶象征8年抗战胜利，碑体正面设计为竖起的铁路路轨造型，寓意铁道游击队在铁道线上抗击日本侵略军，浴血奋战；碑体上的50根道木，则象征着纪念世界反法西斯战争和中国人民抗日战争胜利50周年；纪念碑碑体用泰山黑白色花岗岩贴砌而成，占地0.3万平方米的平台也是花岗石铺就，四周为汉白玉栏杆。碑东侧建有长42米、宽8米的钢筋砼结构、雪花大理石铺面的碑廊，内镶贴着嘉祥鱼子磨光青色石碑，上面分别刻有关国家领导人、铁道游击队老战士、地方政府领导的题词。

铁道游击队影视城　位于临山北坡，一期工程占地3.33公顷，建筑面积1.18万平方米，于2005年1月竣工。该建筑设计具有鲜明的清末民国初的建筑风格，展现当年老枣庄的历史风貌。现作为全国红色旅游基地、爱国主义教育基地和影视拍摄基地使用。

奚仲阁　坐落在临山主峰，总建筑面积0.8

奚仲阁

万平方米，由区旅游局投资、滕国建筑公司承建，阁体高35米，由台座、主阁、盔顶三部分组成，坐落在9米高台上。

车祖奚仲纪念馆　坐落在陶庄镇千山脚下，是一座仿汉代宫殿式建筑，馆藏车祖奚仲巨型塑像，陈列历代古车和车马坑。该馆集中展现薛城区浓厚的文化底蕴。

奚仲广场　由宁波海逸园林公司施工建设，占地11.87公顷，总投资8500万元，2010年6月开工建设，2011年建成。广场以奚仲造车为背景，北部入口以泰山石、文化柱、奚仲功德亭为文景；南部以奚仲湖为主景，湖内有小岛、音乐喷泉、水幕电影等景观；中部建有以车为主雕塑的中心亭景观，两侧建有车文化浮雕墙，展观薛城“江北水乡，奚仲故里”的历史风貌。

广播电视塔　是薛城最高的钢结构建筑物，由区广播电视局从临山搬迁建在长白山南路楼沃村对面“奶奶山”上，于2010年建成使用，塔高75米。

山家林钢厂工业厂房　是薛城最大的预应力混凝土结构厂房，跨度27米，高30米，内设三道行车梁。

城市高层建筑

2008年之前，薛城区高层建筑较少，仅有薛国大酒店、工商银行、枣矿集团办公楼，八中南校等几栋建筑。2008年后，全区城市建设全面推进，城南新区建设的快速实施，一大批高层建筑拔地而起。至2013年，薛城区老城区先后建成金海大厦、薛国大厦、金茂大厦、燕山国际A区和D区、燕山路C区、广润花园、福星花园、临城大酒店、站前鑫苑等多栋高层建筑。城南生态新区建成西小安置小区、西姚安置小区、东小安置小区、中兴世纪城东区和西区、中和嘉园、奚仲花园、阳光丽舍、九都国际花园、泉兴华庭SOHO珠江、金水湾B区、湘江花园、湖景花园等多个高层住宅小区。新城区域建有凯润花园、世好国际花园、文鑫花园、国运花苑、金地花苑、龙山翠湖、四季菁华、锦绣华城、环秀星城、天地双子星广场A、D区等高层住宅小区。

城市公共建筑

自20世纪90年代至2013年，薛城区公共建筑的数量由少到多，规模标准也不断提升，主要是党和政府的行政管理机构、金融、商业、医院、学校、幼儿园、公共设施等，建设年代参差不齐，砖混结构、框架结构、钢结构共存、造型各异。具有标志性的公共建筑有区检察院办公楼、区公安分局办公楼、区财税服务中心办公楼、区土管局办公楼、贵诚购物中心、锦泉假日酒店、中国银行办公楼、人民医院外科楼、八中南校办公楼、枣庄二十九中新校、双语学校、枣庄高铁站、枣庄火车站西站、东润影视城、枣矿集团接待中心等。上述公共建筑既庄重严肃，又有现代气息，既注重内在布局，又注重外观装饰，使薛城公共建筑具备一定特色。

古代建筑

薛城区位于陶庄镇西仓桥村南横卧蟠龙河上的西仓桥。该桥始建于唐代，为青石结构的联拱石拱桥，保存完整，仍有行人和车辆通过。全长60米、5孔，孔高7米，跨度8米，桥底宽11米，拱圈采用并列式砌筑工艺，孔间迎水一侧砌有分水墙，高4.5米，墙上各置一石雕镇水兽。桥头两侧各立一对石狮子，姿态生动，威风凛凛，此桥主体建筑工艺之高，镇水兽和石狮子的雕刻技术之精，令许多专家赞叹不已。此桥的拱矢与跨度基本成正比，拱圈石料经过细致筛选和精细加工，砌筑严密，桥两端采用常见的实肩拱筑法。桥面基本呈水平状态，与路面基本一致。西仓桥占据交通要道位置，尤其是明清时代，是北通滕县、南达临城驿的驿道必经的桥梁。根据周围村名分析，西仓桥为官道桥梁，据史料记载燕王扫北就是在此桥通过。在近代的抗日战争和解放战争期间，为了阻止运输车辆两次被炸，后得以修复。1999年，西仓桥被薛城区人民政府公布为第一批区级文物保护单位，2003年，被枣庄市人民政府公布为第三批市级文物保护单位。

桥梁建筑

桥梁建筑在城市的交通运行、城市发展中占

据着重要地位。薛城辖区内的桥梁建筑，建筑结构多数为现浇钢筋混凝土和预应力钢筋混凝土组合结构，少数为青石构造。桥面多为平面，少数为拱形，主要是跨河大桥、铁路、立交桥等。西部蟠龙河上有华众大桥、焦化厂西大桥、西仓桥、张桥公路桥，东部小沙河上有泰山路大桥、黄河大桥、永兴路桥、临山路桥、长江路桥、永福路桥，曹沃流沙河向西至城内有广场东路桥、广场西路桥、泰山南路桥、香山路桥，景观桥有沿河拱桥、龙潭水库跨河大桥，西部有津浦铁路南立交桥、北立交桥。东部有京台高速立交桥和京沪高铁立交桥等多座桥梁。

薛城城市桥梁建设情况一览表

表 4-3

序号	名称	建成时间	承建单位	桥长（米）	宽（米）	载重量（吨）	结构
1	（焦化厂西）西沙河桥	20 世纪 60 年代初	临城建筑队	70	10	10～15 吨	石砌垒桥墩，钢混土桥面
2	永兴路桥	20 世纪 80 年代初	区建设局组织施工	25	8	汽 20 挂 100	石墩、加钢混土桥面
3	临山路桥	20 世纪 80 年代初	439 部队	25	8	汽 20 挂 100	石墩、加钢混土桥面
4	张桥公路桥	1989 年	省交通二公司	156	18	汽 20 挂 100	灌柱桩，预应力挖心板
5	泰山路大桥	1991 年	兴仁乡建筑公司	134	33	汽 20 挂 100	石墩、挖心板，结构桥梁
6	北立交桥	1991 年	济铁工程二处	32	25.2		箱式钢混结构
7	华众大桥	1994 年	华众纸业有限公司	169	28	汽 20 挂 100	灌柱桩连接挖心板
8	南立交桥	1995 年	市公路局	32	25.2		钢混土箱涵式框架
9	长江路桥	1997 年	枣矿四处	60	30	汽 20 挂 100	灌柱桩、预应力挖心板
10	永福路大桥	2002 年	枣矿四处	120	33	汽 20 挂 100	灌柱桩、预应力挖心板
11	黄河路大桥	2004 年	区建筑公司、市政处	65	25	汽 20 挂 100	石墩、简支梁板预制，加钢混土桥面

第五节　建筑企业

区、乡镇、村建筑企业

1991—1999 年，薛城区共有建筑公司 22 家，其中区直属公司 3 家，乡镇 13 家，村级 6 家。1999 年以后，乡镇、村级公司经过陆续改制、买断，转为个体私营公司，部分建筑企业经营不善而倒闭。至 2013 年，区属建筑企业共有 33 家，其中区直企业 3 家，个体企业 30 家，二级资质企业 8 家，三级资质企业 25 家。

2013 年薛城区主要建筑企业一览表

表 4-4

序号	企业名称	类型	发证日期、证书编号	主项资质及等级	增项资质及等级批准时间
1	薛城区建筑工程公司	集体企业	2002 年 5 月 28 日 A2013037040301	房屋建筑工程施工总承包二级	混凝土预制构件三级
2	薛城区建筑安装工程公司	集体企业	2006 年 10 月 24 日 A2014037040303	房屋建筑工程施工总承包二级	建筑装饰装修工程三级；机电设备安装三级

续表4-4

序号	企业名称	类型	发证日期、证书编号	主项资质及等级	增项资质及等级批准时间
3	枣庄市福峰建筑工程有限公司	有限责任公司	2008 年 6 月 10 日 A2014037040306	房屋建筑工程施工总承包二级	
4	枣庄市亿源建筑工程有限公司	有限责任公司	2008 年 4 月 8 日 A2014037040304	房屋建筑工程施工总承包二级	建筑装修装饰工程专业承包三级；混凝土预制构件专业承包三级；防腐保温工程专业承包三级；金属门窗工程专业承包三级；机电设备安装工程专业承包三级
5	枣庄市宝兴建筑有限责任公司	有限责任公司	2003 年 10 月 31 日 A2014037040302	房屋建筑工程施工总承包二级	起重设备安装工程专业承包二级；建筑装修装饰工程专业承包三级；混凝土预制构件专业承包三级；金属门窗工程专业承包三级
6	枣庄锦程建筑安装有限公司	有限责任公司	2008 年 6 月 10 日 A2014037040305	房屋建筑工程施工总承包二级	建筑装饰装修工程专业承包二级
7	枣庄市广源建筑安装工程有限公司	有限责任公司	2012 年 8 月 24 日 A2014037040307-2/2	房屋建筑工程施工总承包二级	土石方工程专业承包三级
8	薛城区周营镇建筑公司	集体企业	2002 年 5 月 28 日 A3012037040303	房屋建筑工程承包三级	建筑装饰装修工程承包三级；混凝土预制构件承包三级；园林古建筑工程承包三级；建筑防水工程承包三级
9	枣庄市成城建筑工程有限公司	有限责任公司	2004 年 5 月 10 日 A3014037040324	房屋建筑工程施工总承包	
10	薛城区房屋建筑工程公司	集体企业	2008 年 12 月 30 日 A3013037040332	房屋建筑工程施工总承包三级	
11	枣庄久久建筑工程有限公司	有限责任公司	2013 年 10 月 31 日 A3014037040323	房屋建筑工程施工总承包三级	
12	枣庄环宇建筑工程有限公司	有限公司	2006 年 2 月 14 日 A3012037040309	房屋建筑工程施工总承包三级	
13	薛城区永福建筑工程公司	集体企业	2001 年 3 月 9 日 A3012037040306	房屋建筑工程施工总承包三级	
14	枣庄金泰建筑工程有限公司	有限责任公司	2012 年 8 月 30 日 A3014037040325	房屋建筑工程施工总承包三级	
15	枣庄市浩田建筑工程有限公司	有限责任公司	2004 年 11 月 9 日 A3014037040328	房屋建筑工程三级	
16	枣庄市辰鑫建筑工程有限责任公司	有限责任公司	2003 年 7 月 30 日 A3014037040310	房屋建筑工程总承包三级	
17	枣庄百益建筑安装有限公司	有限责任公司	2002 年 5 月 28 日 A3014037040304	房屋建筑工程三级	建筑装修装饰工程三级、混凝土预制构件三级、金属门窗工程三级、机电设备安装工程三级

续表4-4

序号	企业名称	类型	发证日期、证书编号	主项资质及等级	增项资质及等级批准时间
18	枣庄兴隆建筑工程有限责任公司	有限责任公司	2008 年 2 月 25 日 A3014037040253	房屋建筑工程施工总承包三级	
19	薛城区陶庄镇建筑安装工程公司	集体企业	2002 年 5 月 28 日 A3012037040312	房屋建筑工程	园林古建筑工程；建筑防水工程
20	枣庄市嘉汇大洋建筑安装工程有限公司	有限责任公司	2011 年 10 月 10 日 A3014037040334	房屋建筑工程施工总承包三级	
21	枣庄市祥泰建筑工程有限公司	有限责任公司	A3014037040320	房屋建筑工程三级	建筑防水工程二级；混凝土预制构件二级
22	枣庄市宏远建筑工程有限公司	私营有限责任公司	2011 年 6 月 2 日 A3012037040311	房屋建筑工程施工总承包三级	
23	山东金鹰钢结构工程有限公司	有限责任公司	2008 年 12 月 30 日 B3034037040260	钢结构工程二级	
24	枣庄市金宇钢结构装饰有限公司	有限责任公司	2013 年 10 月 16 日 B3084037040341	钢结构工程专业承包三级	
25	枣庄联德建筑材料有限公司	股份有限公司	2009 年 10 月 3 日 B3134037040330	防腐保温工程专业承包三级	建筑装修装饰工程专业承包三级
26	枣庄市威泰商品混凝土有限公司	私营有限责任公司	2011 年 3 月 9 日 B3054037040334	预拌商品混凝土专业承包三级	
27	枣庄通达机电有限公司	有限责任公司	2014 年 9 月 14 日 B3184037040344	机电设备安装三级	
28	枣庄市薛城中联混凝土有限公司	有限责任公司	2012 年 8 月 10 日 B3054037040333	预拌商品混凝土专业承包三级	
29	枣庄潞祥建材有限公司	有限责任公司	2012 年 9 月 17 日 B3054037040340	预拌商品混凝土专业承包三级	
30	枣庄顺翔商贸有限公司	有限责任公司	2012 年 3 月 29 日 B3054037040338	预拌商品混凝土专业承包叁级	
31	枣庄隆源混凝土有限公司	私营有限责任公司	B3054037040332	预拌商品混凝土专业承包三级	

非区属骨干建筑企业简介

枣庄市福峰建筑工程有限公司　枣庄市福峰建筑工程有限公司房屋建筑工程总承包施工企业，成立于 2005 年 3 月。公司拥有建筑工程施工总承包二级资质，注册资金 2000 万元，在册职工 156 人，各类专业技术人员 57 人，工程系列高、中级职称管理人员 35 人，各类持证上岗人员 120 余人，其中二级以上项目经理 12 人。拥有各种主要机械设备 80 余台（套），可承接各类土建、装饰装修、大中型工业安装、大面积住宅小区等各类工程项目。公司年产值 8260 万元，固定资产 1658 万元，流动资金 1600 万元。工程质量合格率始终保持 100%，优良品率 85% 以上，创出一大批省、市级优良工程和安全文明示范工地，连年获得市级重合同守信用企业称号。

枣庄市亿源建筑工程有限公司　枣庄市亿源建筑工程有限公司始建于 1968 年，前身为薛城区沙沟镇建筑公司，2002 年 3 月，改制为枣庄市亿源建筑工程有限工程，为房屋建筑工程施工总承包二级资质，可承担单项建安合同额不超过企业注册资本金5倍的房屋建筑工程的施工，注册资金2000多万元。公司下属3家分公司，一个建筑施工劳务公司、一个混凝土预制构件厂和一个装饰装修公司。有职工1680人，各类经济技术人员523人，其中大中专毕业生269人，拥有资产总额4000多万元，年平均完成施工产值在1亿元以上。相继承建山东烟台黄金海岸E区高层住宅楼、光明花苑2号楼、汶上中都苑9号小高层住宅楼、28层四季菁华—文萃园4号楼、常安花园小区（二期）群体工程、泉兴华庭7号住宅楼、枣矿集团高庄煤矿培训中心综合楼、安桥国际星级宾馆、枣庄同兴汽车零部件有限公司办公楼等大型建筑。获6项省级质量安全奖、12项市级优质工程奖，连年获得枣庄市建筑业“先进企业”“质量管理先进企业”“山东省安康杯竞赛优胜企业”“山东省省级守合同重信用企业”等称号。

枣庄市宝兴建筑有限责任公司　枣庄市宝兴建筑有限责任公司是在原薛城区常庄建筑工程公司的基础上于2001年11月改制组建的，为二级资质总承包企业，2004年10月通过ISO9000国际质量体系认证，被山东省信誉评级委员会评为AAA级信誉企业，被枣庄市地税局评为A级纳税信用企业，连续多年被授予省级“重合同守信用企业”，是市级百强民营企业。公司资产总额9111万元，负债1613万元，所有者权益7498万元，有职工712人，其中高、中级职称工程技术人员72人，初级职称的工程技术人员168人，企业拥有机械设备365台，总功率4161千瓦，年均完成建安产值1亿元以上。承建的薛城双语实小综合楼获“泰山杯”奖，实验中学5号公寓被评为省级优良工程，双语实小2号公寓楼、枣庄市环保局办公楼被评为省级安全文明工地；薛城国税局6号住宅楼等七项工程获“榴花杯”奖，薛城环保局1号、2号住宅楼等21项工程被评为市级优良工程。创市级安全文明优良工地24项。

薛城区陶庄镇建筑安装工程公司　陶庄建筑安装工程公司始建于1976年，三级资质施工企业，系陶庄镇集体所有制企业，经营范围：土木工程建筑，水电暖安装，钢材、木材、水泥销售，建筑设备租赁，注册资金2071万元。公司有职工1000余人，下设15个项目经理部，各类管理人员150人，有经济管理人员50人，工程师15人，经济师1人，助理工程师25人，持有大中专学历52人，各持证上岗人员247人，固定资产921万元，设备90余台（套），总功率2100千瓦，工程质量一次验收合格率100%，优良率68%，市级安全现场90%。

薛城区周营镇建筑公司　枣庄市薛城区周营镇建筑公司成立于1989年7月25日，为房屋建筑工程三级资质企业（增项资质：建筑装饰装修工程三级资质、混凝土预制构件三级资质、园林古建筑三级资质的建筑防水三级资质），隶属于周营镇政府。公司有职工760人，各类工程技术人员66人，高级工程师1人，中级职称32人，初级职称33人，各类持证上岗人员300人。固定资产760余万元，施工机械180多台（套），年完成产量5万多平方米，产值3000多万元，创利税350多万元。

山东枣建建设集团有限公司　山东枣建建设集团有限公司始建于1965年，是一家以施工总承包、房地产开发、港口经营、商场、酒店经营于一体的多元化综合性建筑企业集团。具有房屋建筑工程、机电安装工程、市政公用工程、装饰装修工程总承包和钢结构工程、幕墙工程专业承包、劳务分包等壹级资质，地基与基础工程、体育场地设施工程、公路工程等二级资质、压力管道安装许可证和外经业务资质，通过ISO9001、ISO14001、OHSAS18001和GB/T50430一体化管理体系认证。公司注册资本6116万元，年均完成产值40亿元。有分支机构和控股子公司20余家，拥有一级建造师56人，中高级工程管理技术人员1000多人，从业人员1万余人。公司以枣庄为总部，济南为运营中心，施工区域辐射到山东各地市和北京、上海、天津、陕西等全国 10 余个省市，施工领域涉及城市建设、化工、冶金、建材、煤炭、水利水电、环保、公路、桥梁等专业工程。2007 年以来，公司积极实施“走出去”战略，承建吉布提、苏里南、苏丹、莫桑比克及刚果（金）、安哥拉等多项海外工程。为中非民间商会理事会员单位、世界华商协会会员单位和海峡两岸经营者俱乐部副主席单位、枣庄市工商联副主席单位。公司先后获评“全国守合同重信用企业”“全国优秀施工企业”“全国建筑业先进企业”“中国建筑行业成长性百强企业”“全国贯彻实施建筑施工安全标准示范单位”“山东省民营企业百强”“山东省 AAA 级信用企业”“山东省富民兴鲁劳动奖状”“山东省民营企业公益之星”。所承建工程获国家或部级优质工程奖、“泰山杯”“鲁安杯”“中州杯”“天瞿杯”，以及“省级安全文明示范工地”称号等百余项，获得国家专利、省级工法和 QC 成果 30 多项。

枣庄矿业集团中兴建安工程有限公司　2001 年 8 月 7 日，枣庄矿业集团中兴建安工程有限公司成立。注册资本金 6023 万元。2005 年，通过重新对资产进行评估审计，注册资本金调整为 7923 万元。公司主项资质为矿山工程施工总承包一级资质和增项房屋建筑工程、机电安装工程施工总承包一级资质及钢结构工程专业承包一级资质证书，另有建筑工程地基与基础工程专业承包一级、公路工程、管道工程、送变电工程专业承包贰级和商品混凝土二级资质、混凝土预制构件三级等资质证书。公司机关设三部一室一处，下辖矿建工程分公司、房屋建筑工程分公司、机电安装工程分公司、地质勘探分公司、房地产分公司、工程承包分公司 6 个分公司。共有员工 4402 人，各类技术人员 497 人，其中高级技术经济人员 79 人，中级技术经济人员 245 人，一级建造师 22 人，二级建造师 81 人。公司共有资产 18.73 亿元，大中型设备 1560 台（套），可承担大中型矿井建设、工业与民用建设、土木工程、机电安装、公路桥涵、钢结构、送变电、压力管道、地基与基础处理、地质勘探等工程施工。2004 年 11 月，公司通过 ISO9001：2000 质量管理体系认证、职业健康安全管理体系认证；2009 年 1 月，通过 ISO14001：2004 环境管理体系认证。先后建成矿井 61 对，总设计生产能力超过 1 亿吨，建设房屋近 1000 万平方米。

第五编

环境保护

薛城区环境保护局原为环境保护办公室，1990 年 2 月改为薛城区环境保护局。1994 年 2 月，薛城区环境保护局与薛城区建委合并，为薛城区城乡建设环境保护委员会。1996 年 12 月 8 日，为加强对区环境保护工作的领导，强化环境保护的宏观调控和执法监督。薛城区决定恢复设立薛城区环境保护局为科级机构，负责全区的环境保护工作。1998 年 8 月 9 日，撤销薛城区城乡建设环境保护委员会，设立薛城区环境保护局，列入区政府序列。下属环境监测站。2004 年 3 月 10 日，为适应环境保护工作的需要，加强薛城区环境监测工作力度，薛城区环境监测站升格为副科级机构。2006 年 4 月 17 日，为进一步规范执法行为，加强环境现场执法监督工作，经区编委研究，区委、区政府同意将“薛城区环境监理站”更名为“薛城区环境监察大队”，其单位性质、机构规格、工作职责和人员编制等不变。2007 年 4 月 10 日，区长办公会议研究决定成立正科级环境监察机构，并将区环保部门经费全额纳入区财政预算，不再从排污费中列支，全局共有在编人员 52 人。2008 年 9 月 9 日，环境保护部周生贤部长带领中央和 24 个省、市、自治区的环保厅（局）长一行 110 余人，到薛城区参观考察薛城大沙河综合整治现场。2009 年 3 月 27—28 日，迎接国家淮河流域水污染防治考核验收，薛城区水污染防治工作做法被国务院核查组总结为“枣庄模式”。2014 年 10 月 30 日，经国务院同意，环境保护部印发《关于重点流域水污染防治专项规划 2013 年度实施情况考核结果的通报》，薛城区为迎淮核查主战场，代表枣庄市参加考核，取得淮河流域第一名，为山东省实现淮河流域治污考核“七连冠”，在总结大沙河小流域水污染综合治理“枣庄模式”基础上，进一步提升治污理念和境界，呈现特色更加鲜明，亮点更加突出，国务院核查组和省市命名薛城大沙河流域水污染防治工作为“枣庄标准”。薛城区政府采取措施，坚持污染防治和生态保护并重，实施可持续发展战略，环保部门开展环保宣传，加强环境监测能力及饮用水源保护区、噪音达标区、烟尘控制区、排污系统建设，依法治理环境，使薛城区总体环境质量维持在较好水平。

第一章　环境质量

第一节　大气环境质量

1993 年，薛城区开始对城市大气环境质量进行监测。1995 年以后，由区环境监测站监测城市大气环境质量。对城市大气中主要污染物总悬浮颗粒物（TSP）、二氧化硫（SO_2）和氮氧化物（NO_2）分 3 个点进行监测。据检测结果分析，薛城区环境空气污染属于典型的煤烟型污染，历年都以总悬浮颗粒物为首要污染物；二氧化硫逐年呈上升趋势，1998 年以来有所好转；氮氧化物污染较轻，从未超过国家二类标准。

1993—1994 年，全区大气监测结果，总悬浮颗粒物浓度年平均值为 0.597 毫克/立方米，超过国家二级标准，污染较重。城区大气中氮氧化物浓度年平均值为 0.046 毫克/立方米，符合国家二级标准。

1995—1996 年，全区严格控制新上建设项目，杜绝污染项目，全区大气污染质量有一定的改善。检测结果表明，总悬浮颗粒物浓度年均值 0.336 毫克/立方米，氮氧化物浓度年平均值 0.047 毫克/立方米，二氧化硫年平均值 0.091 毫克/立方米，与上年度相比有一定的改善。

1997—1999 年，环境质量监测结果，总悬浮颗粒物浓度年平均值 0.312 毫克/立方米，氮氧化物浓度年平均值 0.037 毫克/立方米，二氧化硫年平均值0.086毫克/立方米，全区大气环境质量进一步提高。

2000年后，全区大气质量总体上有所好转，主要污染物的污染程度有减轻或基本持平。在监测点中，二氧化硫年均值呈现下降趋势，氮氧化物、总悬浮颗粒物均有所下降，降幅约37.9%。

从污染物季节变化看，二氧化硫和总悬浮颗粒物的浓度夏季污染较低，冬季污染较高。从污染物年际变化看，全区总悬浮颗粒物、二氧化硫浓度呈下降趋势。至2013年，可吸入颗粒物、二氧化硫年均值达到0.147毫克/立方米、0.079毫克/立方米。

薛城区大气污染的主要原因是，夏季炎热多雨，冬季寒冷少雨，春季风沙大且干燥。冬季由民用煤炉、企事业单位取暖锅炉、家庭土暖气低空排放出大量烟气及烟尘，加上此季节易形成逆温层而使污染物不易扩散，导致冬季二氧化硫和总悬浮颗粒物较高，呈现煤烟型大气污染特征。

第二节　水环境质量

1991年，全区工业废水主要来自远通纸业薛城有限公司、海化煤业等企业。薛城小沙河由区生活污水和企业污水注入，水质较20世纪80年代下降。其中，朱桥断面水污染物是氨氮和化学需氧量（COD），氨氮最大值为11.9毫克/升，化学需氧量最大值为97.3毫克/升，超地面水V类水标准。区域饮用水水质总硬度超标，其他指标均符合饮用水标准。2000年后，海化煤业公司是全区重点水污染企业。薛城小沙河枯水期化学需氧量、NH3-N超地面水V类水标准，大沙河十字桥断面除丰水期外，水质标准为劣V类，全区水源总硬度、大肠杆菌、硝酸盐氮指标有超标现象。2007年因地表水水质超标，省厅挂牌督办后，加强对企业监管，使出水水质进一步提高，地表水水质基本达到V类水标准。2009年，区污水处理厂建成并投入运营，通过铺设污水管网，将城区主要工业废水和城市生活污水进行集中处理，达标排放，使全区小沙河及支流的水质有明显改善，基本处于地表水Ⅲ类水质标准。2013年，配合省厅对全区地下水水质抽样调查，全区大部分地下水指标基本符合饮用水标准，但总硬度普遍地域性超标，城区郊区硝酸盐略有超标，其中金河水源地水质除硬度不定期超标外，其余指标全部符合饮用水标准。

根据年际年内来水的变化情况和各监测点的相对位置，分别采取不同的监测测次，水质监测站自1996年开始，一直延续下来，基本上掌握各单元的水质动态变化。

大沙河水质自动监测站

地表水质

评价内容包括地表水的水化学类型、现状水质、水功能区水质达标情况等。水化学类型资料采用的是枣庄市水环境监测中心2008年全年加权平均值资料，蟠龙河水化学类型为ScaIII型（即硫酸盐类、钙组、Ⅲ型水），矿化度1022，总硬度715，20世纪80年代水化学类型基本是CcaIII（即中碳酸盐类、钙组、Ⅲ型水），说明近年来人类活动加剧，污染物的排放增多，对地表水化学类型影响较大。

现状水质将2008年作为地表水现状水质评价基本年，评价项目选用溶解氧、高锰酸盐指数、化学需氧量、氨氮、挥发酚、总砷、总磷、五日生化需氧量、氯化物、氰化物、汞、铜、铅、锌、镉、六价铬16项进行评价，其他选评项目pH值、水温和总硬度，三项参数作为参考。蟠龙河测断面有三处，分别为上游薛城啤酒厂断面、中游薛微路水文站断面、下游华众橡胶坝断面。薛城啤酒厂断面全年、汛期、非汛期水质分别为Ⅳ类、Ⅲ类、Ⅳ类；中游薛微路水文站断面分别为Ⅳ类、Ⅳ类、Ⅲ类；下游华众橡胶坝断面分别为Ⅲ类、Ⅱ类、Ⅲ类。由分析结果可以看出，蟠龙河水质总体状况一般，下游水质较好，汛期好于非汛期，这说明污染物都是从沿途排入的。通过梯级拦蓄工程的建设，形成生态水面，逐级净化，下游水体自净能力得到恢复，上游水体恢复净化能力有待加强。从评价结果看，河道污染主要以有机污染为主，主要超标污染参数有化学需氧量、氨氮、高锰酸盐指数、总磷、五日生化需氧量（BOD5）、氟化物等。

水功能区水质评价把蟠龙河划分为三个功能分区，上游薛城啤酒厂断面只在汛期达标、中游薛微路水文站断面在非汛期达标、下游华众橡胶坝断面全年达标，综合评价全年达标率67.7%。

地下水质

评价内容包括地下水的水化学类型、现状水质等。评价采用的技术标准为国家标准《地下水质量标准》（GB/T14848-93），其中的Ⅲ类标准为地下水水质控制标准。薛城区地下水化学类型基本上全是CcaⅢ型水，地下水矿化度基本都小于1.0克/升，矿化度较小。

地下水水质现状评价的基准年为2008年，根据选用地下水水质监测井的监测资料，对各监测井的现状水质进行评价。评价选用项目为pH值、总硬度、氨氮、挥发酚、高锰酸指数、氟化物、硝酸盐氮、亚硝酸盐氮、汞、铜、铅、锌、镉、六价铬等18项，细菌学指标单独评价。评价方法采用单指标评价法。即对各项目依据标准作出分类，再以水质最差项目的类别作为该地下水的水质类别。

从评价结果可以看出，全区地下水水质不容乐观，全区14个监测井，Ⅲ类以内2个，占14.3%；Ⅳ类7个，占50%；Ⅴ类5个，占35.7%。另有极个别居民集中区因生活、企业污水下渗、地下水流畅滞缓导致局部点水质恶化。从地下水分区水质评价结果可以看出，金河泉区9个监测站点，Ⅲ类以内1个，占11.1%；Ⅳ类3个，占33.3%；Ⅴ类5个，占55.67%。清凉泉区5个监测站点，Ⅲ类以内1个，占20%；Ⅳ类4个，占80%。

薛城区正在供水的水源地为金河水源地、清凉泉水源地，地下水供水水源地水质评价资料选取2008年水源地泵房进行的常规监测，评价标准采用水利部水环境监测中心编发的水源地评价标准及分级指数表，金河供水水源地评价结果为3级，水质尚好；清凉泉供水水源地评价结果为2级，水质良好。

第三节　噪声环境质量

全区环境噪声污染随着城市建设和集中式工业发展而产生，交通噪声和工业噪声为主要污染源。按照噪声功能区划分为0、1、2、3、4等5类功能区，等效声级为40~70分贝不等。

2008年，噪声监测结果表示，全区环境噪声昼夜等效声级小于55分贝，夜间等效声级小于50分贝。影响区域环境噪声的主要声源是交通噪声、工业生产和建筑噪声，噪声达标覆盖率超过85%。

2013年，顺利完成对城区区域噪声108个网格化布点的优化，并完成道路交通噪声及功能区噪声的24小时定点监测，检测结果比较以往有所好转。

第二章　环境监测

第一节　监测设备

2006年，区环境监测站新的仪器设备烟尘（气）测试仪1台，加上原有的化学需氧量（COD）自动监测仪、溶解氧测定仪等，全站仪器设备共25台，固定资产60余万元。2006—2013年，全站仪器设备共25台，固定资产60余万元，不同的设备有不同的检测功能，5台综合大气采样器（采集空气）智能油烟烟尘平行采样器（能自动跟踪烟气流速等速采样，自动计算空气过剩系数）。

手持式烟气分析仪（本仪器主要测定污染因子包括：二氧化硫、二氧化碳、一氧化碳、二氧化氮、氮氧化物、氧气。同时测定烟道内的压力、环境温度以及烟气温度）；自动烟尘（气）测试仪（测量烟气含氧量及二氧化硫、NO浓度）；皮托管平行自动烟尘采样器；直读式流速仪（用于测定流速在0.01～10.0（m/s）的地表水和废水水量的测定）便携式电导率（用于测定水质电导率）；pH计（用于测定水质pH值）；溶解氧测定仪（用于水样中溶解氧的测量）；2台噪声统计分析仪（用于噪声监测）；空盒气压计（测量大气压）；皂膜流量计（用于任何气体流量的检测与标定）；声校准器（噪声仪声压灵敏度校准）；721分光光度计（可见光谱区范围内（360～800nm）进行定量比色分析）；上皿电子天平（化学药品称量）；便携式浊度仪（浊度测量）；紫外/可见分光光度计（可见光谱区范围内（190～1100nm）进行定量比色分析）；孔口流量计（用于空气采样器校准）；电热恒温鼓风干燥箱（干燥玻璃器皿及化学药品）；水浴锅（恒温加热）。

第二节　城市大气监测

1991年，检测项目主要是噪声和林格曼黑度，噪声处理数据采取人工计算方法。1995年，着手进行计量认证准备工作。是时，为指导监测工作的开展，编制《质量管理手册》，全站人员参加市站组织的理论学习和实验操作，实现持证上岗。1996年，在全区环保局及新城区设两个点位进行大气环境监测。至此，大气环境监测工作逐步走向正轨。同时，对城区环境噪声进行区划，6.5平方公里划分网格108个，开展区域环境噪声和道路交通噪声昼夜监测。是年6月，环境监测站通过升级质量认证，使监测站出具的数据具有法律效力。检测能力包括水（地表水、地下水）、废水、环境空气、废气、噪声共5大类环境要素19个参数。1999年，城区区域环境噪声区划面积增加至7.8平方公里，网格增加至121个，道路交通噪声设13个点站，监测长度8.85公里。2001年5月，对《质量管理手册》进行修订。11月，监测站通过省计量认证换证复查复审，证书有效期至2007年7月，当年配合市站开展城区空气优化布点采样工作。2002年7月1日，空气监测站建成并投入运行，实现环境质量周报。2004年4月，环境监测站以城市整体规划为指导，对城市噪声进行全新区划，11月，通过专家论证。2005年1月1日，环境空气自动监测站投入运行，对二氧化硫、二氧化氮、可吸入颗粒物实行24小时在线监测，实现环境空气质量日报。2007年，开展的水（地表水、地下水）、废水、环境空气、废气、噪声5大类检测项目增至32个，海化煤业等9家重点企业实现在线监测。

第三节 污染源、水质在线监测

2009年，薛城区环境监测站自动监测监控系统自运行以来，对薛城区大沙河、小沙河2条河流断面、远通纸业等6家废水企业、山东潍焦集团薛城能源有限公司等7家废气企业、城市污水处理厂出水及城市环境空气，进行24小时在线监测。2010—2013年，主要有：对重点企业环境监测。对辖区内远通纸业、东仓纸业、薛城区污水处理厂、青啤薛城公司、邹坞污水处理厂等重点污染源实施每月两次监督监测，上报监测数据20000余个。加大异常情况监管，汛期期间，组织环境监测人员对大、小沙河沿线重点企业、城市污水处理厂加大监测频次，对污水排放口逐一核查，确保入河水质安全。对出境河流水质安全监测。对两条出境河流每月2次上报监测数据。并对一直不稳定的入河断面小沙河凤凰台、新城污水厂、海化橡胶坝等断面监测频次，减少对下游出境水质影响。特别是完成潍焦西厂外渗水、小沙河东支管网渗漏水水质监测和应急处置。对监控中心建设运行情况。建设2座空气自动站、2座水质监测站，安装24台套企业在线仪器。做好节假日做好人员值班，及时发布重点企业异常情况在线异常情况，开展6次在线监测仪器自查，对小沙河水质自动监测站进行供电线路改造。完成两个水站空调更换，保障数据24小时上传。配合做好土小企业检查。积极配合监察大队完成水质污染信访56次现场处理工作。2012年完成监测计量认证工作。两次参加市局组织的监测技术大比武，获得较好成绩。

第三章 污染防治

第一节 工业污染源防治

1996—2000年，总计投资1000余万元对辖区薛城一大造纸厂、薛城啤酒厂、薛城天元精细化工厂、枣庄市神工化工有限公司、薛城造纸总厂一分厂、华众纸厂等12家日排废水100吨以上企业实施再提高工程；薛城区酿酒厂于1997年依法关闭，薛城区发电厂、薛城区教委电镀厂废水实现闭路循环。13家重点废气污染源实现达标排放，1家破产。对年产8.8万吨水泥生产线全部实行限期治理，粉尘实现达标排放。

1999年，关闭金河乡、南常乡、周营镇等4条年产4.4万吨以下的小水泥生产。5年间，共淘汰停用锅炉12台，铲除土焦池、土硫黄窑80余家，烟尘控制面积达16平方公里。2000年实现“一控双达标”。

2003年，山东华众纸业有限公司投资8000万元，引进芬兰奥斯龙公司水处理设备和技术，实施污水治理再提高工程，日处理废水3万吨。青岛啤酒（薛城）公司积极筹备ISO 14000认证工作。枣庄常兴纸业、薛城一大造纸公司采用清华大学污水处理技术，积极调整治理工艺。

2005年，青岛啤酒（薛城）公司、薛城一大造纸公司完成废水治理再提高工程，联兴玻璃、兴一大纸业安装化学需氧量在线监测仪。青岛啤酒（薛城）公司、山东联兴玻璃股份有限公司、枣庄天元精细化工有限公司3家企业投资200万元，完成清洁生产并通过审核，年节水80万吨，减少化学需氧量排放70余吨。

2006年，薛城发电厂投资200万元完成废气脱硫工程，青岛啤酒（薛城）公司、枣庄天元精细化工有限公司、枣庄捷利木业3家企业实施锅炉脱硫治理，全区13条机立窑水泥生产线全部安装袋式或静电除尘，薛城区发电厂成为循环经济试点企业。

2007年，投资870万元，实施并完成海化煤业废水深度处理回用工程，处理能力为1680吨/天，采用A2/O处理工艺。处理后废水达到《钢铁（焦化）工业水污染物排放标准》后全部用于熄焦。是年，青岛啤酒（薛城）公司投资390万元，实施污水深度处理工程，出水化学需氧量稳定在40毫克/升左右，部分生产废水回用于洗瓶车间。枣庄天元精细化工有限公司投资260万元，实施废水闭路循环零排放工程，日设计处理废水1500立方米，采用反渗透处理工艺，处理后的脱盐水全部回用，浓盐水用于石灰的粉化打浆，实现废水闭路循环。

2008年2月，远通纸业（山东）有限公司投资3000万元，开工建设污水深度处理及回用工程，废水经曝气、二沉生化处理后出水化学需氧量浓度小于60毫克/升外排。关停金正钢铁、欧凯钢铁、薛城发电厂等高耗能企业12家、立窑水泥生产线8条，对旋窑水泥安装大布袋除尘设施。拆除圣火焦化原10万吨小焦炉，爆破海化煤业1~4号小焦炉，取缔土硫黄、土焦池等“土小”企业80余家，淘汰城区小锅炉25个。

2009年，远通纸业（山东）有限公司投资3000万元，对原有3台锅炉进行烟气脱硫治理，采用氨—硫酸铵法，脱硫效率大于95%。工程于2010年10月通过市环保局竣工环保验收。2012年，投资1000万元，新增低氮燃烧器。

2010年，完成海化公司烟气治理再提高、远通公司自备电厂脱硫工程建设。

2011年，远通纸业投资1800万元完成自备电厂锅炉烟尘治理改造工程，投资60万元新建锅炉燃烧产生粉煤灰和灰渣、临时渣场，更换灰仓风机，灰渣全部外卖综合利用，有效消除厂内灰渣扬尘污染问题。

2012年，远通纸业投资3400万元，再次实施废水深度处理工程，出水水质达到《山东省南水北调沿线水污染物综合排放标准》等4项标准修改单中的重点保护区标准要求，处理后废水50%回用于企业废纸打浆和抄纸工序，其余约50%达标外排。

第二节　农业环境污染防治

2000年，薛城区着手建设南石镇生态示范项目区，推广秸秆还田、禁止在主要交通干线及城市周围焚烧秸秆。秸秆主要用于发展沼气，建成沼气池3000余个，主要分布在夏庄、南常、南石等乡镇，秸秆气化工程主要在陶庄镇，该镇建有一座秸秆气化设备生产厂。2004年，成立由区长任组长、25个区直部门主要领导为成员的生态区建设工作领导小组，负责生态区建设的组织协调工作。2005年，区人大常委会审议通过《薛城生态区建设规划》。陶庄、邹坞、张范三个镇生态环境规划通过专家论证，2006年，陶庄、邹坞、张范镇被命名为省级环境优美乡镇。2010年，全区推广“一池三改”2000多户，建设沼气池6000多个。

陶庄成功创建国家级环境优美乡镇，沙沟、常庄被命名为省级环境优美乡镇。2011年，张范镇投资200万元完成500立方米/日的镇级污水处理站和垃圾中转站建设，配套管网5公里，改善镇驻地生态质量。2013年，常庄镇被命名为国家级生态镇。

2013年，开工建设陶庄镇污水处理厂，项目总投资3380万元，总规模1万吨/日，配套管网总长度15.3公里，服务范围为中部老镇区及南部新镇区6平方公里内的全部生活污水和部分工业废水。污水处理采用A2/O主体处理工艺，出水水质达到《城镇污水处理厂污染物排放标准》（GB18918-2002）一级A标准。项目于2013年年底投入运行，日处理废水3600吨。

第三节　区域和流域污染防治

城市污水处理

2000年，开工建设薛城区污水处理厂，总体设计规模是8万吨/日，工程分二期建设，一期计划建成4万吨/日，选用ICEA工艺，占地面积11.52公顷，当年完成投资1250万元。2003年，薛城区污水处理厂一期工程已完成投资4400万元，完成30公里管网铺设，逐步改造城区管网，实现沙河部分雨污分流和单机运行。工程采用的是ICEAS处理工艺，也就是“间歇式循环延时曝气活性污泥法”。2007年，投资3000万元，建设2万吨/日扩容工程，达到6万吨/日的处理规模。投资2600万元，建设2万吨/日中水回用工程，增设11公里污水支管网，提高污水收集率和处理率，减少污水进河量，进水化学需氧量浓度由原来的100毫克/升以下提高到200毫克/升以上；出水浓度稳定达到国家一级A标准。安装进出水化学需氧量、氨氮在线自动监测仪，在重要的部位安装视频在线监控设施，视频信号通过无线传输实时传送至省市区三级监控平台。为确保污水处理厂正常运行，架设双回线路。2013年，投资3500万元，进一步实施升级改造工程，改造后出水水质达到枣庄市环保局提出的主要污染物化学需氧量和氨氮小于25毫克/升和1毫克/升加严要求，2013年年底，枣庄市代表山东省迎接国务院淮河流域水污染防治核查中，被命名为“枣庄标准”。

中水回城

2011年，区遵循“治、用、保”的小流域综合治理理念，投资1.2亿元，实施城市污水处理厂中水回城工程。对东小庄实施整体搬迁，规划建设奚仲广场、开挖锦阳河，完善沿河生活污水管网。累计铺设封闭压力管网17.6余公里，拓宽中水回用渠道，与污泥焚烧热电多联产、滩焦集团薛城能源公司、枣庄运河纸业等用水大户签订中水回用使用协议，将每天1.1万立方米的中水回用于企业作为工业补给，6000立方米的中水用于市政和园林使用，80000立方米中水引至锦阳湖和高铁车站，并沿锦阳河建设4座橡胶坝，6座溢流坝，对中水进行层层拦蓄，逐级降解，解决上游景观无水源和下游径流短的难题，实现2.5万吨/日的中水全部资源化利用。

薛城大沙河综合整治

2005年，区政府实施薛城区大沙河水污染综合治理工程。投资1100万元，建成的张桥橡胶坝、华众橡胶坝、泰山橡胶坝三处截污导流工程，年调蓄水量1100多万立方米。投资180万元，在小沙河上新建永福橡胶坝，拦蓄水量60万立方米。2013年，投资2600万元，建成湿地面积约1650亩，污水处理规模约5万吨/日，采用“表面流人工湿地+生态滞留塘+河道走廊湿地”的组合工艺，沿河修建泰山、西仓、挪庄、西丁、华众5座橡胶坝，12座溢流坝，种植水生植物30万株，通过植物的优化组合，提高生物的多样性，增强河道走廊湿地生态系统的稳定性。

薛城小沙河综合整治

2007年，投资近3000万元，实施小沙河生态治理工程，对西支（薛焦排污沟）进行全程治理，建橡胶坝1座，溢流坝8座，层层拦蓄，降解水质。沿河两岸栽植垂柳、速生杨及景观树3万余株，水生植物20余万株，治理后配合截污导流工程，可形成水面40万平方米，截蓄50万立方米。通过生物净化、截蓄降解，小沙河下游彭口闸断面主要污染物化学需氧量由原来100毫克/升以上降至30毫克/升以下，氨氮由原来12毫克/升左右降至1毫克/升以下，成为全省水质改善最快、最好的河流之一。2009年年初，枣庄市代表山东省迎接国务院淮河流域水污染防治核查中，薛城区作为市驻地，为夺取“三连冠”做出突出贡献，环保部在反馈意见中明确提出“全国学山东，山东学枣庄，枣庄看薛城”的口号，薛城区成为全省各地争相学习的典范，先后迎接青岛、聊城、临沂、东营、德州、滨州6个地市和临沂市委、市政府主要领导2次带队，10余个区（县）60余次的考察学习。

第四节　饮用水源保护

2005年，对水源地进行调查，划定金河水源地保护区，设定一、二级保护区。2008年，区政府办公室下发《薛城区城市饮用水集中式供水水源保护区划分方案》，明确全区城市饮用水集中式供水水源位于以常庄镇泉头村为中心的金河水源地，集中供水水井位于常庄镇泉头村，开采量为2.5万立方米/日，开采方式为深井取水、集中开采。该水源地保护区划分为一级保护区、二级保护区。一级水源保护区以泉头村为中心，半径730米的圆形区域（北起东黄沟泉、西黄沟泉、南至小辛庄、西至孟庄）面积1.7平方公里。二级水源保护区：北起新薛河，南至金河断面（张桥至大辛庄），东自石炭—二叠第底层边缘（京沪铁路线以西），西至峄山断层（新薛河东、水寨至大辛庄），面积约12平方公里。2012年，投资900万元，实施金河水源地周边截污工程，依托棚户区改造，实施雨污水管网铺设，该工程北起光明路，南到长江路，管网总长约为1600米。2013年，枣庄市人民政府委托环境保护部环境规划院对全市的饮用水源地进行重新划分，金河水源地的一级保护区为东至取水井东120米，西至取水井西120米，南至取水井南80米，北至取水井北350米范围内的区域。二级保护区为东至东黄村东边界，西至西黄村东边界，南至泉头村南边界，北至取水井北1300米范围内的区域（一级保护区范围除外）。

薛城区实行最严格的水资源管理制度，严格按指标控制供水，加强境内水资源管理和保护，促进水资源的节约与合理开发利用，充分发挥水资源的综合效益，规范水资源管理，努力构建和谐水环境。严把取水许可审批关。坚持对水资源依法实行取水许可制度，进一步规范取水许可审批条件和流程，对取用水单位取水地点、取水标的、节水、计量及退水等情况进行严格审查、审批，严格落实水资源论证制度，将其作为项目审批立项的前置条件，对未获取用水许可的，一律不予批准立项，从源头上把好水资源开发利用关。加大水资源日常管理力度。加强水资源管理信息化建设，对规模以上企业取用水进行远程监控取水计量的准确性。根据水资源承载能力和经济社会发展的用水需求，统筹安排生活、生产和生态用水，努力构建高效用水新模式，加强人工监测和自动化动态监测，严守地下水水位红线。强化饮用水源地保护和管理。划定水源地保护范围，设置警示牌，制定饮用水源地安全保障规划，全面提高饮用水源地水量、水质保障水平和应对突发性事件能力。入河排污口整治。对水源地保护区、跨流域调水水源地、区域水源地及重要生态功能的水域等禁止设置排污口，对老排污口合并调整或进行生态净化工程整治，扩大污水处理厂规模进行集中处理开展中水回用，对新增排污口按功能区纳污能力严格审批。控制面源污染，重点控制河道污染，对农村生活垃圾、污水和人畜粪便等废弃物集中处理利用，开展河道污染巡查常态化。科学建设调度控制性水利枢纽和闸坝，开展河道生态基流水生态保护，按功能分类制定生态需水保障规划方案和水生态修复计划，开展上游清洁生态型流域治理，做好中下游生态湿地和生态水系建设。控制地下水开采总量，限量开采深层地下水，划定地下水禁采区，清理不合理抽水设施，禁止新上高耗水项目，采取措施进行补给区污染防治，加大地下水回补，防止地下水漏斗面积扩大。发展节水农业，着重发展高效节水灌溉工程建设，提高水资源利用率，推广节水型社会建设，增强全社会水忧患意识和水资源节约保护意识。加快雨洪资源集蓄工程、微山湖提水工程和南水北调续建配套工程建设，稳步开展地表水替代地下水置换工作。

图 5-1　薛城区水文地质分布示意图

第五节　固体废物防治

2008 年，枣庄市陶庄生活垃圾处理工程项目投入运营。该项目由枣庄市城市生活垃圾处理中心建设，采用 BOT 模式，位于薛城区陶庄镇以北 2.1 公里的红山南面斜坡上（距离薛城区 15 公里，新城区 12 公里，开发区 8 公里）。总占地 22.8 公顷，总投资 8653 万元，设计处理生活垃圾 483 吨/天，总库容为 240 万立方米。主要建设内容包括：生活垃圾卫生填埋库区、渗滤液处理站、垃圾转运系统、垃圾运输系统、12 公里渗滤液压力输送管网、调蓄池、800 米场外道路等主辅工程。项目于 2009 年竣工并投入运营，可服务薛城区、新城区、市高新技术开发区及薛城区陶庄镇政府驻地，服务人口 32 万人，使用设计年限 12 年。

2011 年，为解决全区企业污泥处置问题，山东能源枣矿集团蒋庄煤矸石热电公司投资 2.8 亿元兴建集热电、环保为一体的资源综合利用项目——枣庄建阳热电有限公司。建设规模为两台 260 吨/小时循环流化床锅炉、一台 50 兆瓦汽轮发电机组。项目年燃烧造纸污泥 20 万吨，减少固体废物的二次污染。

2013 年，薛城区引进枣庄生活垃圾焚烧发电项目。该项目由枣庄中科环保电力有限公司承建，该项目选址在薛城区陶庄煤炭深加工循环经济产业园内，陶庄镇北外环路以北、原金兴水泥厂以东、垃圾填埋场以南 500 米处。计划投资为 29329.26 万元，新建 2×500 吨/天循环流化床垃圾焚烧锅炉配套 2×7.5 兆瓦凝汽式汽轮发电机组，并预留一台锅炉扩建位置；采用“先预处理

后入炉”的工艺形式，年可处理生活垃圾36.5万吨，年焚烧入炉垃圾29.2万吨，同时每年可对外供电8101万千瓦时。

第六节　排污收费

1982年7月，国务院颁布《征收排污费暂行办法》，标志着区排污收费工作的开始。1991—1998年，征收数额较少，每年在10万元左右。

2003年1月，国务院颁布《排污费征收使用管理条例》，并于当年在全国实施，这是中国排污收费制度逐步完善的标志，是排污收费的政策体系、收费标准、使用、管理方式的一次重大改革和完善。薛城区的排污收费工作也迈开崭新的一页，当年的排污收费额达到50万元。随后，相应配套规章办法及时出台，包括原国家计委、财政部、国家环保总局、国家经贸委联合发布的《排污费征收标准管理办法》，财政部、原国家计委、国家环保总局联合发布《排污费资金收缴使用管理办法》，财政部、国家环保总局联合发布《关于减免及缓缴排污费等有关问题的通知》。

2004年，随着征收面的扩大，监测手段的加强，国家征收标准的提高，征收排污费也逐年提高，至2013年，全区征收排污费和超标排污费达276万元。由于排污费集中使用补助重点污染治理工程，保证重点治污工程按期完成，充分发挥征收排污费经济杠杆的作用。1991—2013年，共计征收排污费3217.9万元。

第四章　环境监督管理

第一节　建设项目环保审批

2003年9月1日，《中华人民共和国环境影响评价法》颁布实施，当年审批建设项目12个。2004年，审批建设项目13个。2005年，审批建设项目19个。2006年，审批建设项目18个。2007年，审批建设项目30个。2008年，审批建设项目33个。2009年，审批建设项目38个。2010年，审批建设项目80个。2011年，审批建设项目85个。2012年，审批建设项目99个，其中报告表70个，报告书2个，登记表27个。2013年，审批建设项目5个，其中报告表42个，报告书2个，登记表12个。

按照《中华人民共和国环境影响评价法》及《建设项目分类管理条例》，依据建设项目分类管理名录及分级审批原则，同时严格执行上级取消、下放和调整行政审批事项的有关规定，开展行政审批事项梳理规范工作，重点把握项目选址选线、环境影响预测和环境风险防控等方面。严格项目准入。

针对行政许可事项，对应编制完成公共服务事项目录和服务指南，明确每个事项的办理依据，办理条件，申请材料，基本流程，办理时限等。依法执行好、管理好，能减少的环节一律压缩，确保把审批程序简化到位。

第二节　环保资金申报和使用

2007年，争取到位省级生态补偿资金706万元，用于枣庄天元精细化工、青啤（薛城）公司、联兴玻璃、捷利木业、海化煤业、兴一大、德容纸业及小沙河综合整治。

2008年，争取到位中央环保专项资金860万元。其中：有机食品基地240万元，青啤（薛城）公司污水治理再提高工程120万元，远通纸业废水治理再提高500万元。争取到位省级环保专项资金1100万元。其中：三湖三河水污染防治资金600万元，远通纸业自备电厂脱硫工程300万元，多乐采暖设备有限公司生物质成型燃料燃烧技术30万元，薛城区临城办事处、常庄镇湿地100万元，薛城小沙河综合治理70万元。

2009年，争取到位中央环保专项资金890万元。其中：枣庄天元精细化工有限公司废水闭路循环零排放工程100万元，山东联兴玻璃股份有限公司污水深度处理工程60万元，鲁南种猪污水深度处理工程项目80万元，生态示范建设项目50万元，南四湖综合整治工程300万元，薛城小沙河城区段综合整治工程300万元。争取到位省级环保专项资金100万元，用于薛城大沙河（临城段）综合整治工程。

2010年，争取到位中央环保专项资金75万元，用于周营镇铁佛村环境综合整治。争取到位全省污染物减排和环境改善考核奖励资金140万元。

2011年，争取到位中央环保专项资金1300万元。其中：湖泊生态环境试点项目中央扶持资金1200万元，包括薛城蟠龙河（大沙河）人工湿地水质净化工程400万元，小沙河人工湿地水质净化工程600万元，小泥河人工湿地水质净化工程200万元。三湖三河及松花江流域水污染100万元，用于远通纸业（山东）有限公司污水处理站升级改造。市级环保专项资金135万元。其中：农村环境保护专项补助资金45万元，山东圣火800吨/天焦化废水深度处理回用工程20万元，薛城区小沙河应急工程40万元，枣庄市海象纸业有限公司废水深度处理及回用工程15万元，周营镇牛山村环境综合整治15万元。

2012年，争取到位市级环保专项资金110万元。其中：环境监测及监察执法能力建设50万元，薛城区污水处理厂升级改造及中水回用工程40万元，邹坞镇东邹坞村环境综合整治20万元。

2013年，争取到位中央环保专项资金100万元，用于小泥河人工湿地水质净化工程。争取到位市级环保专项资金80万元。其中：污水处理设施升级改造30万元，污水处理提标升级改造及自动监测联网50万元。

第三节　环境总量减排

污染源普查

2007年9月至2008年3月，薛城区污染源普查工作开展准备阶段工作，于2008年3月开始对全区七个镇街进行全面普查工作，2008年5月31日，将污染源普查数据直报国家。薛城区在2008年开展第一次污染源普查工作期间，成立薛城区污染源普查领导小组，全区共选聘普查指导员10名、普查员81名，按照国家、省、市部署，对工业源普查、生活源普查和农业源普查三部分进行全面的清查，共清查工业污染源224家，生活污染源1220家，农业源1455家，集中式污染治理设施1家，确定列入普查的工业源178家（其中详细调查工业企业数130家），生活源373家（其中住宿业23家、餐饮业307家，居民和其他服务业124家），农业源1455家，集中式污染治理设施1家。此次普查全区源污染物排放量情况如下：（1）全区废水排放量为1489.45万吨，其中工业废水排放量为550.89万吨，生活污水排放量为938.56万吨，集中式污染治理设施废水排放量为700.45万吨。（2）全区化学需氧量排放量为6534.3吨，其中工业为1451.67吨，生活为5082.63吨。（3）全区氨氮排放量为603.36吨，其中工业32.59吨，生活570.77吨。（4）废气排放量为1779416万标立方米，其中工业废气排放量1754708万标立方米，生活废气排放量24708万标立方米。（5）全区二氧化硫排放量为7970吨，其中工业7345吨，生活625吨。

其他数据：(1）全区工业源消耗原煤878056.2吨，其中585296吨用作原料；消耗其他洗煤13万吨；焦炭9349吨。（2）全区工业源固体废物产量807847.4吨，其中综合利用量为794819.4吨，处置量为13028吨；全区危险废物产量量97405.12吨，综合利用量为97359.95吨，处置量为45.17吨。(3) 全区有伴生放射性矿产采矿企业4家，伴生放射性矿产冶炼加工企业1家。(4) 全区有射线装置的医院4家，射线装置数量8枚，在用的8枚。

污染物总量减排

“十一五”期间区主要污染物总量控制及减排情况　环境污染物总量减排工作自2007年开始，“十一五”期间化学需氧量总量控制指标为6880.2吨，二氧化硫总量控制指标为5400吨。区化学需氧量减排量为4036.76吨，和二氧化硫减排量为3151.3吨，全面完成“十一五”期间年主要污染物总量控制指标。

2007年，化学需氧量减排量为572.2吨，青岛啤酒31.68吨、兴一大81.9吨、捷利木业58.344吨、锦辉纸业370吨、联兴玻璃30.24吨；二氧化硫减排量为1240吨：薛城发电厂1240吨。

2008年，化学需氧量减排量为1564吨：污水处理厂1320吨、青啤10吨、海化32吨、金正202吨、青啤18.4吨、天元省认4.4吨；二氧化硫减排量为47.3吨：海化关闭1~4号小焦炉。

2009年，化学需氧量减排量为236.8吨：污水处理厂236.8吨；二氧化硫减排量为127吨：安厦水泥127吨。

2010年，化学需氧量减排量为691吨：污水处理厂352吨，远通公司中水回化学需氧量339吨；二氧化硫减排量为2748.3吨：愚公水泥340吨，金兴水泥200吨，远通公司自备电厂脱硫工程减排2208.3吨。

“十二五”期间区主要污染物总量控制及减排情况　“十二五”期间总量控制指标为化学需氧量6331吨、氨氮729吨、$SO_2$4803吨。1994，薛城区化学需氧量减排量2503.5吨、氨氮159.94吨、二氧化硫减排量595.2吨，氮氧化物321.9吨。

2011年，化学需氧量减排量为714.6吨：山东海化煤业化工有限公司8.2吨、山东鲁南种猪繁育有限公司706.4吨；氨氮减排量为32.84吨：山东海化煤业化工有限公司0.8吨、山东鲁南种猪繁育有限公司32.04吨；二氧化硫减排量为16吨：山东海化煤业化工有限公司16吨；二氧化氮减排量为38吨：山东海化煤业化工有限公司38吨。

2012年，化学需氧量减排量为417.5吨：薛城区小泥河人工湿地水质净化工程394.3吨、枣庄市桂源成猪业良种繁育有限公司13吨、财源鸡业合作社10.2吨；氨氮减排量为36.3吨：薛城区小泥河人工湿地水质净化工程33.7吨、枣庄市桂源成猪业良种繁育有限公司1.6吨、财源鸡业合作社1吨；二氧化硫减排量为556吨：山东顺兴水泥股份有限公司陶庄分公司278吨、山东顺兴水泥股份有限公司薛城分公司278吨；二氧化氮减排量为72.9吨：山东顺兴水泥股份有限公司陶庄分公司36.45吨、山东顺兴水泥股份有限公司薛城分公司36.45吨。

2013年，化学需氧量减排量为935.2吨：薛城肉牛养殖合作社畜禽养殖沼气工程9吨、枣庄市新城区污水处理厂工程及配套的污水管网工程333吨、远通纸业（山东）有限公司工业企业污水升级改造工程282吨、薛城区污水处理厂新增管网项目311.2吨；氨氮减排量为53.9吨：薛城肉牛养殖合作社畜禽养殖沼气工程0.5吨、枣庄市新城区污水处理厂工程及配套的污水管网工程30.7吨、远通纸业（山东）有限公司工业企业污水升级改造工程6.5吨、薛城区污水处理厂新增管网项目16.2吨：山东顺兴水泥股份有限公司陶庄分公司关停12吨、山东顺兴水泥股份有限公司薛城分公司6吨。

第四节　环境保护宣传教育

1991年，法治宣传由政工科开展，并以“六五”世界环境日为契机，围绕联合国环境规划署确立的主题，开展形式多样的环保宣传活动。

1993年，印发各种资料100余份，专题宣传35天，为企业征订《中国环境报》700多份。

1997 年，印发各种资料 340 份，播放电影幻灯片 12 场。

2004 年，正式成立法制宣传科，同年“六五”世界环境日，与区教育局联合开展“‘纪念六五、保护环境、爱我薛城’万名中小学生百米长卷签名绘画活动”。

2007 年，承办山东省“南水北调”山东段沿线环保文艺巡演。

2008 年，在第一次迎淮核查期间制作现场展牌 24 个、宣传手册 9500 册、横幅和灯箱等环保标语 6000 平方米，专题片《送一泓清水进北京》获得新中国 60 年赞礼优秀纪录片银奖。在《中国环境报》《枣庄日报》《山东环境》等报纸杂志上发表稿件 94 篇，在薛城广播电视台制作环保专栏专题节目 20 期、滚动播出 100 次。

2009 年，举行大型环保豫剧《龙王河》百场演出下基层活动，先后演出 110 场。

2010 年，在《齐鲁晚报》、《枣庄日报》和《薛城周讯》显著位置刊发薛城环保水污染治理稿件。在各类报刊发布环境信息 27 篇，在薛城政府网站发表信息 175 篇、枣庄环保网发表信息 157 篇、市政府网站发表信息 148 篇、省环保网站发表信息 36 篇、薛城电视台播放环保专题片、环保宣传标语 87 次、薛城广播电台播放环境宣传信息 65 次。“六五”世界环境日期间在薛城区电视台集中播放环保专题片，在新闻前后滚动播出环保宣传标语，在城区道路悬挂系列环保公益广告，在各镇街、企业制作永久性环保宣传标语，在奚仲广场与区科协、万洲浙商城举行大型环境科普宣传活动。

2013 年，为打好迎淮核查宣传攻坚战，按照“全面准备，重点突出”的原则，对迎接核查的 15 个重点治污项目全面进行宣传包装，指导迎查企业更新制作高标准宣传标语 81 幅、现场宣传展牌 52 个；在 7 条主干道设立高炮宣传牌 37 个、路灯杆宣传标语 687 组、过路桥梁宣传标语 12 幅、墙体宣传标语 39 幅；印制迎淮手册 26 套，撰写迎淮现场讲解词并培训讲解人员。同时城区 100 余辆出租车 LED 屏全部滚动播放环保宣传标语，形成无数流动的环保宣传风景线；高标准制作的迎淮核查专题片《守护水上长城》在薛城区电视台和城区所有 LED 屏连续滚动播放。

第五节　污染事故与环境信访

根据《信访条例》有关要求，自 1991 年以来，区环保局高度重视环境信访工作，该项工作一直有专人负责，有明确规章制度，有考核标准。虽然每年的信访工作量递增，但是群众来信来访的处理率度保持在 100%，凡群众来信来访均做到有人接待、登记、分发、归档，所涉及的内容有关业务科室，依照环保有关法律、法规进行处理，重大信件由主管领导直接办理。在处理群众来信来访工作中本着为人民服务，把党和人民政府对人民群众的关怀，通过环保工作体现出来。在处理群众来信来访工作过程中，以环保法律、法规为原则，既照顾群众利益，又考虑生产建设的需要，做耐心细致的思想工作，为群众着想，为人民解决疾苦，对于一时难以解决的，向群众解释清楚，以求得群众的谅解。1991—2013 年，薛城区环保局共处理来信来访 1120 件次。

世界环境日活动

第六节　环境执法与环保专项行动

薛城区环境监察大队承担着贯彻国家和地方环境保护的有关法律、法规、政策和规章；依据区环保局的委托，依法对辖区内单位或个人执行环境保护法规的情况进行现场监督、检查并按规定进行处理；负责污水、废气、噪声等排污费的征收工作；负责对生态破坏事件的调查，并参与环境污染事故、纠纷的调查处理等相关职能。

1991—2000年，处于改革的爬坡阶段，很多企业环境污染治理设施不健全或不存在，环境执法主要以查处企业的污染治理设施不运行或超标排放为主。十年间，先后出动各类现场执法人员1136人/次，检查污染防治设施184台（套）/次，检查排污单位116户/次，处理涉及水污染源（纠纷）82户/次、大气污染源48户/次、噪声污染源19户/次，发放限期整改通知书和处罚通知书56份。

2001—2006年，全国开展声势浩大的整治违法排污企业保障群众健康的环保专项行动。根据国家的统一要求，结合全区的实际情况先后开展15项环保专项行动，包括畜禽养殖业，重金属污染企业，危险化学品企业，焦化生产企业，化学品环境管理、危险废物、电镀行业企业，造纸行业，建筑行业，饮用水源地，水泥行业，土小企业以及机动车排气污染防治等。在环保专项行动中，薛城区各级政府、各有关职能部门高度重视，认真组织实施，突出重点，协调联动，严厉查处一批违法排污企业，解决一批影响人民群众生活的环境热点难点问题，促进全区经济更好更快的发展，维护社会和谐稳定，完成环保专项行动的整治任务。在专项行动中，全区共出动执法人员5612人次，检查企业613家，立案131宗，申请强制执行16宗，停产企业28家，限期治理4家，限期整改170家，处罚金额268万元。

2006—2013年，根据环保部的统一部署，区内开展百日环境安全大检查和环境隐患大排查等专项行动。按照“查隐患、重整改、保安全”的要求，认真落实“五清理、五治理”工作重点，做到“源头严防，过程严管，后果严惩”。在全区范围内再次开展环保安全大检查、大排查、大整改，紧紧围绕工业企业、饮用水源地、放射性污染源和群众信访等重点领域存在的突出问题，全面深入开展排查整治，坚决消除各类环境安全风险隐患。主要开展以下六个方面的专项整治：开展大气污染防治执法检查，突出重点领域大气污染防治；工业企业废气防治执法监察；机动车监管执法检查；烟粉尘污染治理执法检查。开展水环境执法检查，重点行业整治执法检查；沿河沿岸工业企业执法检查；污水处理厂执法检查。开展涉重金属等行业“回头看”活动以及化工园区的环境整治工作，组织开展涉重金属行业、水泥、钢铁、焦化、造纸等行业“回头看”；加强对化工园区环境整治工作，重点推进园区污水集中处理设施建设、企业应急设施改造等基础设施建设，加快卫生防护距离内敏感目标搬迁工作，加强园区环境监测预警和应急处置体系建设，严查园区企业废气扰民、废水超标排放等问题；督促落实企业主体责任。切实加强饮用水源保护，保障居民饮用水安全，组织饮用水源地环境安全隐患排查；加强水源地日常环境执法监管。积极化解环境信访积案，维护群众环境权益，把积案化解工作列为年度重点工作；依法履职，化解信访矛盾。加强放射源规范管理，认真排查放射源使用、存放单位规范使用和安全管理制度落实情况。环境隐患排查及百日环境安全大检查共出动执法人员800多人次，排查重点企业120余家，共排查出环境安全隐患240余处，立案51宗，停产企业18家，限期治理4家，限期整改70家，处罚金额168万元。

2012 年 9 月薛城区地表水监测情况一览表

表 5-1　　单位：毫克/升

地点	pH	电导率	溶解氧	高指	氨氮	酚	铬	浊度	细菌总数
大沙河十字桥断面	8.12	1746	8.2	4.26	0.74	0.001	未检出	14.0	27
小沙河彭口闸断面	8.73	1624	7.3	4.87	0.87	0.002	未检出	19.2	48
小泥河小山村断面	7.59	1843	7.1	5.03	0.96	0.002	未检出	18.3	38

2007—2010 年薛城区减排情况一览表

表 5-2

年份	减排项目	化学需氧量（吨）	二氧化硫（吨）
2007	青岛啤酒	31.68	
	兴一大纸业	81.9	
	捷利木业	58.344	
	锦辉纸业	370	
	联兴玻璃	30.24	
	薛城发电厂		1240
2008	污水处理厂	1320	
	青岛啤酒	18.4	
	海化	32	47.3
	金正	202	
	天元	4.4	
2009	污水处理厂	236.8	
	安厦水泥		127
2010 年	远通纸业	339	1197
	金兴水泥		200
	愚公水泥		340
	污水处理厂	352	
	薛城区小沙河城区段综合整治工程	386	
	薛城区大沙河河道走廊湿地生态修复工程	574	
合计		4036.764	3151.3

2011—2013年薛城区化学需氧量、氨氮、二氧化硫、二氧化氮减排情况一览表

表5-3

年份	减排项目名称	化学需氧量（吨）	氨氮（吨）	二氧化硫（吨）	二氧化氮（吨）
2011	山东海化煤业化工有限公司关停5~6号小焦炉	8.2	0.8	16	38
	山东鲁南种猪繁育有限公司废水深度处理项目	706.4	32.04		
2012	山东顺兴水泥股份有限公司陶庄分公司			278.00	36.45
	山东顺兴水泥股份有限公司薛城分公司			278.00	36.45
	薛城区小泥河人工湿地水质净化工程	394.3	33.7		
	枣庄市桂源成猪业良种繁育有限公司	13	1.6		
	财源鸡业合作社	10.2	1		
2013	薛城肉牛养殖合作社畜禽养殖沼气工程	9	0.5		
	薛城区龟山养猪场畜禽养殖废水深度处理及回用治理工程				
	枣庄市新城区污水处理厂工程及配套的污水管网工程	333	30.7		
	远通纸业（山东）有限公司工业企业污水升级改造工程	282	6.5		
	薛城区污水处理厂新增管网项目	311.6	16.2		
	山东顺兴水泥股份有限公司陶庄分公司				12
	山东顺兴水泥股份有限公司薛城分公司				6
	远通纸业（山东）有限公司脱硝工程				

1991—2013年薛城区排污申报及排污费征收情况统计表

表5-4

年份	排污申报家数（家）	排污费征收情况（万元）
1991	3	2
1992	3	3
1993	5	3.9
1994	6	7
1995	6	12
1996	7	21
1997	7	24

续表5-4

年份	排污申报家数（家）	排污费征收情况（万元）
1998	8	34
1999	12	58
2000	13	74
2001	13	87
2002	13	102
2003	14	143
2004	14	176
2005	14	186
2006	14	198
2007	15	212
2008	15	224
2009	15	242
2010	15	246
2011	15	256
2012	15	265
2013	15	268

第六编

交　通

第一章　公路建设

第一节　国　道

北京至福州高速公路（国道编号 G020）是枣庄境内唯一一条国道主干线。2010 年，原京福高速公路更名为京台高速公路，编号为 G3，山东高速集团枣庄分公司继续负责京台高速枣庄段的管理工作。

临枣高速：2012 年 11 月 22 日，临枣高速公路正式开通运营，由京台分公司枣庄管理处代管。临沂至枣庄高速公路东起京沪高速，经临沂市罗庄区、苍山县、枣庄市峄城区、薛城区，西接京台高速，全长 88.633 公里，总概算投资 35.5 亿元，2009 年 11 月 16 日正式开工建设，是京沪、京台高速公路的重要连接线，是山东省"五纵四横"高速主干线的重要组成部分，也是山东省"一体两翼"战略规划和鲁南经济带的交通主动脉。

第二节　省　道

S348 郯微线（枣曹线）

1989 年 8 月至 1991 年，枣曹线薛城西段实施公路改线工程，并进行拓宽改造，拓宽后路基宽 15 米，路面宽 12 米，全长 6.9 公里，总投资 1350 万元（含桥涵配套工程）。局部改线（原路线部队加油站即小沙河—铁路爬道—焦化厂—张桥村南部—东泥沟泉段改为现路线部队加油站即小沙河直接东泥沟泉），沥青碎石结构。1994 年 4 月，枣曹线 21K+600—38K+300 段实施公路标准化美化工程，全长 16.7 公里，总造价 82.1 万元，12 月 20 日完工。2001 年，郯薛线改造将与枣曹线重合路段 42.5k—44k+186 段（大辛庄—微山县洛房桥）1.7 公里改造为一级公路。2004 年，36.6K—37.4K 光明路口至立交桥段 800 米中修改造。2005 年，13.2K—36.7K 段（市中区搭界—北二村）改造为一级公路，路基宽度 24.5 米，路面宽度 23 米；37.4K—42.5K 段（公铁立交桥—大辛庄村东）仍为二级路，路基宽度 15 米，路面宽度 12 米，局部改线（22K+000—33K+000），袁庄东—山家林火车站—西石沟—东曲柏—西曲柏—匡山头段南改线为袁庄东—石沟营—曲柏村南部—匡山头。改建后薛城境内长度为 31 公里。2006 年进行养护示范路建设。2009 年对 16K+655 甘霖小桥、30K+400 西曲柏桥进行桥面铺装维修。2011 年 13.2K—36.7K 段设置中间硬隔离分隔带 23.5 公里。2012 年 8 月 S348 枣曹线薛城至济宁界段改建工程开工，起点为光明西路与枣曹线交叉口，终点为薛城区与微山县交界，全长 7.73 公里，中间设置硬隔离带。其中光明路口至大辛庄段 6 公里，原为二级公路，现改为一级公路，路基宽 24.5 米，路面宽 2×11 米。大辛庄至微山界段原为一级公路，1.73 公里罩面处理。2012 年 13.2K—22.7K 段实施路域环境综合整治工程，两侧设置 15 米宽绿化带；22.7K—33K+000 段按照城市道路整治，两侧设置绿化带、非机动车道、绿化长廊，地方政府实施。2013 年，36.5K—37.4K 段实施路域环境综合整治工程，两侧设置绿化带、非机动车道、绿化长廊；10 月，36.7K—37.4K 段（公铁立交桥—光明西路）和 26.6K—30.7K 段（西曲柏—

石沟营）开通至薛城—陶庄镇的 BRT 快速公交线路，由地方政府实施。

S345 枣济线（枣庄至济宁）

1979 年铺成油路面，晴雨通车。2002 年实施大修工程建设。2013 年实施中修工程建设，二级路。路基宽度 12 米，路面宽度 9 米。薛城境内里程 5.7 公里，该段由于离薛城较远、交通不便，由市中公路局管养。

S347 山官线（山家林至官桥）

2002 年改建为沥青混凝土路面，二级路。路基宽度 15 米，路面宽度 12 米，内有中桥 1 座、小桥 11 座，涵洞 10 座；同时线路进行改线，原线路为山家林铁道口—小武穴—史湖—罗庄—陶庄镇驻地—卢庄—潘楼—大南庄段，改建始点为店韩线 52K+850—中武穴—陶庄镇驻地—刘楼—二郎庙—大南庄，改建后薛城境内长度为 11.8 公里。2010 年对 7K+200 小桥进行加固改造。2011 年对二郎庙小桥进行加固改造。2012 年二级路段实施路肩绿化工程，宽度 1.5 米，栽植灌木黄杨和雪松。一级路路段实施中间隔离安保工程，按照城市道路标准进行配套建设，每间隔 40 米在两侧绿化带内设置 2 个照明设施。对夏庄西桥、刘楼桥两座危桥进行加固改造。2013 年 10 月，0K+000—3K+950 段由陶庄镇改造为一级公路、双向六车道，作为薛城区至陶庄镇的 BRT 快速公交线路。

S352 郯薛线（郯城至薛城）

原名兰薛线（兰陵至薛城），2001 年改建，将原路线张庄—小营—南常乡驻地—黎墟—关帝庙—麦穰店—姚山—永福路段改为现路线张庄—岩湖—小北山—小北常—茶棚—杜塘—麦穰店村北—城区—单庄—大庄—店子—埠岭—大山—吴庄—大辛庄。改建后更名为郯薛线，岩湖至大辛庄为一级路，路基宽度 25.5 米，路面宽度 22 米，峄城界至岩湖为二级路，路基宽度 18 米，路面宽度 15 米，一、二级路均为沥青混凝土路面；一级路设置中央绿化分隔带，整体实施乔、灌木、花草相结合立体式绿化。全线有大桥 1 座，中桥 2 座。2005 年八中路口至华众大桥段 5.7 公里交给薛城区政府有关部门管理。2006 年对埠岭桥、张庄桥实施加固改造。2009 年小北山桥 103K+485 实施加固改造。2010 年对张庄桥实施加固改造。2013 年 G3 桥下至城区段实施路域环境综合整治工程，两侧设置非机动车道、绿化长廊和路灯，由地方政府负责建设。

S245 店韩线（店子至韩庄）

1985 年建设山家林至刘庄段，形成路基。1986 年建山家林—黑风口段，线路为山家林—新庄村东—周楼村西—西防备—于山—山亭界。1988 年 2 月开始铺油，同年 6 月竣工通车，路基宽 8 米，油路面宽 6 米，全长 24 公里。该线系地方工程。1996 年建设成水泥路面；二级路，路基宽度 13.5 米，路面宽度 12 米。山家林以北改变线路，改变后线路为山家林—后院山—上武穴村东—山亭区界，全线共有中桥 2 座，小桥 14 座。2000 年 3 月薛城公路局接管，公路养护里程增加 31.03 公里。2001 年 4 月完成店韩路行道树新植绿化工程，并完善其配套设施。2006 年对山亭区搭界至岩湖段进行改造，一级路，路基宽度 24.5 米，路面宽度 23 米。中间设置中央绿化带，路两侧柳树和木槿交叉栽植。2007—2008 年对一级路实施养护示范路建设工程，建设石砌排水沟 7200 米，建设生产涵 42 个，浇筑泄水槽 520 个，硬化平交道口 5700 平方米，对黑风口、黑风口开山段实施绿化工程。2011 年 10 月 11 日，S245 店韩线郯薛路口至微山界段路面大修工程开工建设，该工程全长 14.583 公里，二级公路设计，路基宽 15 米，路面宽 13.5 米。共有桥涵 22 道，其中新建 15 道，改建 1 座，利用原桥 6 座，大中桥、小桥涵均按公路Ⅰ级设计荷载标准，2012 年 12 月 30 日竣工通车。2012 年 3 月对 49K—57K 和 64K—65K 段实施路域环境综合整治工程，两侧设置 15 米宽绿化长廊；2012 年 10 月 49K+047—58K+300 段开通至山亭区的 BRT 快速公交线路，由地方政府负责建设。年底对山家林、大吕巷、岩湖穿村段设置中间硬隔离带。2013年对57K+000—58K+300段（巨山街办段）实施路域环境综合整治工程，两侧设置15米宽绿化长廊。2013年7—12月，铁道部门对与枣临铁路平交段实施封闭建设公路下穿式立交桥、当年未能施工。同年对陶官、蔡官村设置石砌排水沟3000米，沿线建设生产涵28座。

第三节　县　道

前王家—薛城公路（薛城段）

二级公路，全长19.8公里，东起周营镇东薛峄界，途经周营、陶官、金马、随河、杨庄、沙沟，北至薛城交运局，与郯薛线相接。全线共有桥梁13座，总长378.9米；涵洞15座，总长201米。全线分六段。第一段为薛峄界至周营一村入口段，全长1.8公里，为沥青混凝土路面，路面宽9米，路基宽12米，2014年大修。第二段为周营一村入口至三村出口，全长0.86公里，为18米宽水泥路面，2002年大修。第三段为三村出口至店韩路，全长2.15公里，为沥青混凝土路面，路面宽12米，路基宽15米，2014年大修。第四段为店韩路至沙沟东，全长8.45公里，为沥青混凝土路面，路面宽9米，路基宽12米，2002年大修。第五段为沙沟东至沙沟北，全长3.13公里，原为18米宽水泥路面，2013年完成沥青罩面。第六段为沙沟北至郯薛线，全长3.11公里，为沥青混凝土路面，路面宽15米，路基宽17米，2010年大修。

常庄—潘庄公路

一级公路，全长4.82公里，北起郯薛线，途经六炉店、狄庄、潘庄，南至104国道。原道路1999年修建，等级为二级，路面宽9米，路基宽12米，2010年，为满足枣庄站货场与枣庄港的货物运输需要，扩建为一级路。全线分二段。第一段为郯薛线至六炉店入口，全长1.16公里，沥青混凝土路面，路面宽21米（2米中央分隔带），路基宽25米。第二段为六炉店村入口至104国道，全长3.66公里，沥青混凝土路面，路面宽23米（无中央分隔带），路基宽25米。全线有涵洞7座，总长175米。

甘霖—陈郝公路

二级公路，全长5.32公里，南起枣曹线，途经小甘霖、中陈郝、北陈郝，北至济枣线。路面宽9米，路基宽12米，2012年大修。全线有小桥2座，长46.6米；涵洞9座，全长108米。

马公村—曲柏公路

二级公路，全长1.5公里，南起西曲柏村，途经啤酒厂，北至山官线。路面宽9米，路基宽12米。

第四节　乡　道

东上山口—北陈郝公路

四级公路，全长4公里，南起枣济线，途经北陈郝、官庄村、东山口村，北至山亭界。路面宽4米，路基宽5米，2003年建成。全线有涵洞9座，总长54米。

西泥沟泉—大辛庄公路

四级公路，全长9.2公里，东起付庄，途经种楼、西黄沟泉、孟庄、水寨、四角楼，西至大辛庄。路面宽4米，路基宽6米。

北于—西家埠公路

四级公路，全长7公里，东起北于村，途经张范东村。张范西村、东家埠、西家埠，西至店韩路。路面宽4米，路基宽6米，总长42米。

洪村—陈楼公路

四级公路，全长7公里，东起甘陈线，途经洪村、姚庄、肖庄、野场村、陈楼，西至店韩路。路面宽4米，路基宽6米，2010年大修。全线有小桥2座，总长61.5米；涵洞11座，总长66米。

小营—关庙公路

四级公路，全长9.2公里，东起店韩路，途经小营村、南常东村、南常西村、东界沟村、黎旭村，西至前薛线。路面宽5米，路基宽7米。

罗庄—山家林公路

四级公路，全长 4.3 公里，北起陶庄外环，途经史湖村、小武学村、蟠龙河，南至枣曹线。路面宽 5 米，路基宽 7 米，2005 年修建。全线有桥梁 2 座，总长 92 米；涵洞 3 座，总长 21 米。

黄庄—薛城公路

二级公路，全长 6.3 公里，北起滕州界黄庄煤矿，途经井亭村、皇殿村、斩庄村、洪洼村，南至薛城凤凰台。全线分两段，第一段黄庄煤矿至枣曹线，长 5.1 公里，路面宽 9 米，路基宽 12 米，2007 年大修。第二段枣为曹线至凤凰台，全长 1.2 公里，路面宽 9 米，路基宽 12 米。

中陈郝—防备公路

三级公路，全长 8 公里，东起甘陈线，途经张庄村、南安阳村、刘沟村、周村、东防备村、天齐庙村，西至黑风口至山家林道路。路面宽 7 米，路基宽 9 米，2010 年大修。全线有小桥 1 座，长 11 米；涵洞 19 座，总长 171 米。

石沟营—杨庄公路

四级公路，原道路北起兴城石沟营村，南至沙沟东杨庄村，后因北段新城道路改造，改为复原三路、长白山路，属城建管养，现剩余 7.8 公里农村道路，北起区委党校，途经楼沃村、小北庄、南常西村、小南庄，南至东杨庄村。全线分为两段，第一段为区委党校至郯薛线，长 2.8 公里，水泥混凝土路面，路面宽 4 米，路基宽 6 米，2008 年大修。第二段为郯薛线至东杨庄，全长 5 公里，沥青混凝土路面，路面宽 4 米，路基宽 6 米，2011 年大修。全线有涵洞 14 座，全长 84 米。

枣曹线—光明路公路

一级公路，北起枣曹线，途经张范镇政府，南至光明路，全长 3 公里，路面宽 20 米，路基宽 21 米，2004 年修建。全线共有桥梁 2 座，总长 40 米，涵洞 1 座，长 21 米。

黑风口—山家林公路

三级公路，北起店韩路，途经尤庄村、天齐庙村、唐庄村、小武学村，南至老枣曹线。路面宽 6 米，路基宽 8 米，2008 年大修。全线有桥梁 2 座，总长 70.5 米；涵洞 14 座，总长 112 米。

第五节　村　道

全区共有村道 272 条，总长 600.8 公里，道路等级一般为 4 级公路，路面宽度一般为 4～6 米，全区行政村通公路率达到 100%。

2006—2013 年薛城区农村公路里程统计表

表 6-1　　单位：公里

年份	总里程	县道	乡道	村道	专用公路
2006	550.2	31.4	82.3	429	7.5
2007	602.6	31.4	82.3	481.4	7.5
2008	622.5	31.4	82.3	501.3	7.5
2009	640.1	31.4	82.4	518.8	7.5
2010	674.4	31.4	82.4	553.1	7.5
2011	680.3	31.4	82.4	559	7.5
2012	702.7	31.4	82.4	581.4	7.5
2013	715.1	31.4	82.4	593.8	7.5

第六节　桥　涵

1991—2013 年，全区公路中、小桥梁达 1591.1 米 226 座。其中，干线公路中、小桥梁 802.8 米 30 座；县公路中、小桥梁 579.6 米 18 座；乡公路中、小桥梁 166.7 米 13 座；专用公路小桥 42 米 2 座。2013 年，全区中、小桥 112 座，总长 3588.92 米，其中中桥 30 座，总长 1755.07 米，小桥 82 座，总长 1833.85 米。

大桥

薛城大沙河大桥　位于枣庄八中西，横跨大沙河，为直径 100 灌柱桩钢筋混凝土空心板桥，全长 156 米，桥宽 18 米，其中车行道宽 15 米，人行道宽 1.5 米，12 孔，每孔跨径 13 米，桥高 10 米，荷载汽-20，挂-100，该桥 1989 年开工，1990 年竣工，枣庄公路段设计，省交通二公司施工，总投资 152 万元，是薛城区内贯通枣曹公路的中型桥梁之一。

泰山路小沙河大桥　位于兴仁乡政府南 1 公里处，贯通泰山路，横跨小沙河。该桥由枣庄市公路段设计室设计，兴仁乡建筑公司施工，总投资 220 万元，桥全长 134 米，桥面宽 33 米。其中，车行道宽 30 米，人行道各宽 1.5 米，人行道比车行道高 0.2 米。该桥为石墩九孔，跨径 12 米，空心板结构桥梁，桥下净高 6.5 米，载重标准汽-20，挂-100。

蟠龙河大桥　坐落在临城街道办事处张桥村东，类型为大桥、所在路线名称及桩号是枣曹线 38.104K、跨越河流是蟠龙河、公路技术等级为二级、桥梁设计荷载等级为公路-II 级，桥全长 160.4 米、单孔最大跨径 13 米、桥跨组合 13.0 米×12、桥梁全宽 13 米、桥面净宽 13 米、桥下净空 6.6 米，上部结构形式空心板梁式、下部结构形式为钻孔灌注桩，桥面铺装为沥青混凝土，设计单位是枣庄市公路管理局勘测设计院，枣庄市公路管理局工程处，建成时间 1991 年。2002 年上部结构实施加固改造，重做桥面铺装、板底贴碳纤维。

华众大桥　坐落在常庄镇店子村西南，类型为大桥、所在路线名称及桩号是郯薛线 115.879K、跨越河流是蟠龙河、公路技术等级为一级、桥梁设计荷载等级为公路-I 级，桥全长 169 米、单孔最大跨径 13 米、桥跨组合 13 米×13、桥梁全宽 22 米、桥面净宽 22 米、桥下净空 6.6 米，上部结构形式空心板梁式、下部结构形式为钻孔灌注桩，桥面铺装为沥青混凝土，左幅由设计单位枣庄市公路公路局勘测设计院，施工单位铁道部十八局，投资 400 万元，建成时间 2001 年 12 月 1 日。右幅于 1994 年建成通车。

中桥

薛城大沙河桥　位于薛城焦化厂西，跨越大沙河，为石墩双曲空腹式结构，桥长 70 米，引桥 80 米，桥宽 10 米。该桥建于 20 世纪 60 年代，原是薛城境内贯通枣曹公路的中型桥梁之一。1989 年枣曹线薛城西段改线后，该桥不再为公路桥。

薛城立交桥　位于薛城火车站北，京沪、薛枣铁路自桥上通过，桥下贯通枣曹公路。该桥由济铁设计院设计，济铁第二工程处施工，为箱式钢筋混凝土结构，桥梁引道 568 米，主桥长 32 米，桥宽 25.2 米。其中，快车道宽 12 米，慢车道各宽 6 米，桥高 5 米，桥底部建有排水泵站等辅助工程，是薛城境内唯一的一座立交桥。该桥 1989 年动工兴建，至 1990 年年末，主体工程基本完工。

后院山桥　坐落在陶庄镇后院山村西北，类型为中桥、所在路线名称及桩号是店韩线 54.075K、跨越河流是蟠龙河、公路技术等级为一级、桥梁设计荷载等级为公路-I 级，桥全长 52 米、单孔最大跨径 13 米、桥跨组合 13 米×4、桥梁全宽 24.5 米、桥面净宽 21 米、桥下净空 3.3 米，上部结构形式简支梁桥、下部结构形式为桩（柱）式墩台，桥面铺装为沥青混凝土，设计单位枣庄市公路管理局勘测设计院，施工单位滕州市水利局工程公司，建成时间2006年12月1日。

圩子桥　坐落在沙沟镇圩子村北，类型为中桥、所在路线名称及桩号是店韩线68.89K、跨越河流是圩子河、公路技术等级为二级、桥梁设计荷载等级为公路-II级，桥全长75.2米、单孔最大跨径13米、桥跨组合13米×5、桥梁全宽15米、桥面净宽12米、桥下净空3.3米，上部结构形式简支梁桥、下部结构形式为重力式墩台，桥面铺装为水泥混凝土，设计单位枣庄市公路管理局勘测设计院，施工单位枣庄市公路管理局薛城公路局，建成时间2005年12月1日。

鲁桥　坐落在陶庄镇鲁桥村北，类型为中桥、所在路线名称及桩号是山官线11.752K、跨越河流是沙河、公路技术等级为二级、桥梁设计荷载等级为公路-II级，桥全长60米、单孔最大跨径20米、桥跨组合20米×3、桥梁全宽12米、桥面净宽12米、桥下净空5.8米，上部结构形式简支梁桥、下部结构形式为桩（柱）式墩台，桥面铺装为沥青混凝土，建成时间2002年12月1日。

岩湖桥　坐落在沙沟镇岩湖村南，类型为中桥、所在路线名称及桩号是郯薛线101.253K、跨越河流是岩湖河、公路技术等级为一级、桥梁设计荷载等级为公路-I级，桥全长52米、单孔最大跨径13米、桥跨组合13米×3、桥梁全宽24米、桥面净宽24米、桥下净空3.3米，上部结构形式简支梁桥、下部结构形式为重力式墩台，桥面铺装为沥青混凝土，设计单位枣庄市公路管理局勘测设计院，枣庄市公路管理局工程处，建成时间2001年12月1日。

北山桥　坐落在沙沟镇北山村南，类型为中桥、所在路线名称及桩号是郯薛线102.334K、跨越河流是北山河、公路技术等级为一级、桥梁设计荷载等级为公路-I级，桥全长64米、单孔最大跨径13米、桥跨组合13米×4、桥梁全宽24米、桥面净宽24米、桥下净空4.1米，上部结构形式简支梁桥、下部结构形式为桩（柱）式墩台，桥面铺装为沥青混凝土，设计单位枣庄市公路管理局勘测设计院，枣庄市公路管理局工程处，建成时间2001年12月1日。

大庄桥　坐落在常庄镇大庄村东，类型为中桥、所在路线名称及桩号是郯薛线114.064K、跨越河流是大庄河、公路技术等级为一级、桥梁设计荷载等级为公路-I级，桥全长65米、单孔最大跨径13米、桥跨组合13米×5、桥梁全宽22米、桥面净宽22米、桥下净空2.8米，上部结构形式简支梁桥、下部结构形式为桩（柱）式墩台，桥面铺装为沥青混凝土，建成时间2001年12月1日，2006年后由薛城区有关部门管养。

古桥

2013年，薛城境内现有大小古桥10余座。比较著名的有邹坞镇境内的中陈郝桥和夏庄乡境内的西仓桥。

中陈郝桥　位于邹坞镇中陈郝村，俗名“罗

中陈郝罗锅桥

锅桥”，横跨蟠龙河，是旧驿递铺上的一座古桥。该桥为完全采用青石作结构的纵联式单孔石拱桥，全长 30 米，桥面宽 6 米，通高 6.2 米，桥孔高 5.5 米，宽 7 米，桥两端呈斜坡状，护坡平面为“八”字形，宽 11.5 米。桥面拱起，中部高出两端约 1 米，桥孔砌为高拱，拱矢与跨度比超过 1/2，两端则采用实肩拱工艺。该桥始建年月已无考，据传建于唐代。此桥历史上的修葺情况不详，1935 年曾整修，尚存完好无缺。

西仓桥　位于夏庄乡西仓村前，横跨蟠龙河，该桥为旧时南北大官道上的一座古桥。明万历十三年（1585 年）《滕县志》记之为村民修建的小桥。清道光十年（1830 年）重修时，建成长 60 米、宽 8 米的 5 孔石桥，桥两端各有石狮 2 座，桥东侧分水石墩上刻有 4 只卧兽。抗日战争期间，炸毁 1 孔。1948 年，用乱石、灰浆砌桥台，以 17 条铁轨架木棒排平维持通行。1962 年夏，按原桥孔式样重修。1975 年再次修葺。现为薛黄公路的正式桥梁。

涵洞

至 2013 年，区农村公路有涵洞 769 座，总长 4997 米。其中县道涵洞 30 个，总长 482 米；乡道涵洞 96 个，总长 651 米；村道涵洞 631 座，总长 3786 米。

2013 年薛城区县乡道中型以上桥梁一览表

表 6-2　　　　单位：公里

桥梁名称	中心桩号	路线编码	路线名称	全长	桥跨组合	桥面净宽	跨径分类类型	上部结构形式	桥墩类型名称	修建年份
盘龙河桥	4.348	Y007370403	黑风口—山家林	48.5	4×8	10	中桥	石拱	重力式墩	1970
安庄桥	33.646	X013370404	前王家—薛城	39	4×9	8.5	中桥	空心板梁	重力式墩	1976
小营桥	0.434	Y038370403	小营—关庙	54.5	5×8.0	7.7	中桥	石拱	重力式墩	1976
创业桥	2.273	Y038370403	小营—关庙	43	6×5.0	8.1	中桥	石拱	重力式墩	1976
曲柏桥	1.167	X040370403	马公村—曲柏	102.93	8×11.2	7.7	中桥	石拱	重力式墩	1979
杨庄桥	45.508	X013370404	前王家—薛城	65	6×8	9.6	中桥	空心板梁	重力式墩	1986
西仓桥	3.251	Y036370403	黄庄—薛城	117.7	5×16.0	13.5	中桥	石拱	重力式墩	1989
武穴桥	1.991	Y037370403	罗庄—山家林	47	3×8.4+2×6.5	7.7	中桥	石拱	重力式墩	1900
潘庄桥	4.655	X038370403	常庄—潘庄	36	2×16	24	中桥	板梁	双柱式墩	2010
周营沙河桥	37.343	X013370404	前王家—薛城	64	9×6	15	中桥	整体现浇板	重力式墩	2003
斩庄桥	3.96	Y036370403	黄庄—薛城	43.54	3×13	14	中桥	空心板梁	重力式墩	2007

第二章　铁　路

第一节　京沪铁路

管理机构

枣庄西站位于山东省枣庄市薛城区境内，该站中心里程位于京沪线自北京站起735KM232M处，枣临线自枣庄西站起-00KM843M处，东临薛枣线洪洼站，北接京沪线井亭站，南与沙沟站接壤，隶属济南铁路局兖州车务段管辖。

该站按业务性质为客货运站；按技术作业为中间站；按作业量为二等站；主要办理货物列车编组、解体、改编等作业，以及客运、货运、军运、装卸等任务和列车的到发、会让等工作。

主要客运设施有：候车室、行包房、售票厅、售票房、一、二、三站台、天桥、地下道、风雨棚、自动扶梯等。车站设货运营业厅1个，货场2个，仓库3个，货运站台4个，风雨棚1个。辖内接轨山东海化煤业化工有限公司和济南机务折返所段管线2条专用线，担负着薛城、微山、山亭等地区厂矿企业的货物集散工作，主要发送品类为焦炭、煤炭、纸卷、粮食等，主要到达品类为煤炭。

1912年建站，初成临城站，1953年4月23日更名为薛城站，1994年1月1日更名为枣庄西站，2006年1月1日又更名为枣庄站，2011在年6月1日，再次更名为枣庄西站。原隶属枣庄车务段，后因生产力布局调整，2005年5月至2006年5月隶属徐州车务段，2006年5月16日起隶属兖州车务段。

2006年、2007年车站连续被铁道部命名为“先进中间站”。2008年1月1日，由兖州车务段投资100多万元，着力打造以“车站也是您的家”为内涵的“亦家”服务品牌建成。贺敬之为家乡的“亦家”品牌题字。2009年4月24日，被中国保护消费者基金会推荐为“全国文明诚信窗口单位”。

路网建设

京沪铁路北起北京站，南至上海站，全长1462公里。1991年，京沪铁路正线为50公斤/米钢轨、Ⅱ型轨枕，各站到发线有效长多为850米。至1995年，全部更换为60公斤/米标准轨和75公斤/米重轨；至2001年，区间道口全部改为立体交通，取消平面道口；至2003年，全部改造为Ⅲ型轨枕、无缝线路，全线建立双侧全封闭隔离护栏；至2005年，全部车站的到发线、编发线有效长均超过1050米，更换提速道岔，列车允许运行速度提高至200千米/小时。2006年7月1日，改造为双线电气化铁路。

第二节　京沪高速铁路

京沪高铁枣庄站位于京沪高铁中段，于2009年4月16日奠基开工建设。车站占地面积187亩，车站按照候一山一水一车站的设计理念勾画出江北水乡、运河古城的独特韵味，候车室整体设计为船型。车站站场为2台6线，设正线2条、到发线4条，站房建筑面积9957平方米，南北长184.6米，东西宽36.8米，站房主体最高点距地面21.15米。站房形式采用线侧平式站房布局，提供便捷的“下进下出”旅客流线。旅客候车室面积为2700平方米，候车区设有旅客座椅500个，高峰小时聚集人数1000人。车站设有人工售票窗口3个，进站检票闸机6台，出站检票闸机4台，自动售票机7台、自动取票机4台，查询机4台，安检仪2台。枣庄站每天办理客运业务列车85趟，在原有北京南、上海虹桥、青岛、温州南、广州、武汉、宁波、福州、沈阳北、南昌西、南宁东、厦门、贵阳、荣成的基础上，新增

枣庄高铁站

西安方向的高铁列车，方便旅客出行。

第三节　薛枣铁路

薛枣铁路东起枣庄，西与京沪铁路枣庄西站接轨，全程 31.12 公里，设有山家林、邹坞、枣庄东 3 个客货营业站。

山家林站

坐落在薛城区陶庄镇境内，站址中心位于薛枣线 13KM+734M 处。西连京沪线之枣庄西站，东距邹坞站 7 公里，占地 11.8 万平方米，按业务性质分属客货营业站，按行车和客货量为三等中间站。

邹坞站

坐落在薛城区邹坞镇境内，站址中心位于薛枣线 20KM+471M 处，西邻山家林站，东接枣庄东站，占地面积 9.4 万平方米。按业务性质分属客货营业站，按行车和客货量为四等中间站。该站以发送煤炭为大宗。

第三章　交通运输

第一节　公路运输

货运

山东省枣庄市薛城汽车运输服务中心（原枣庄汽车运输总公司第二分公司，1999 年属地管理后更名注册），成立于 1975 年，具有近 40 年发展历史，企业占地面积 2.93 余公顷，停车场地约占 0.8 公顷，原经营客、货运输、汽车维修、配件销售、油料供应、仓储服务等业务，主要经营出租客运、仓储租赁等。有出租车 132 部，具有国家四级道路客运经营资质。企业在册员工 106 人，其中在岗职工 27 人，不在岗 79 人，是薛城区主要客运企业之一。企业“永兴出租”品牌，2003 年度被省厅运管局评为文明服务先进单位，在经营中涌现出一大批好人好事文明安全经营驾驶员，先后被《枣庄日报》、《薛城周刊》、薛城区文明委等广为宣传报道。薛城区运输公司系集体所有制专业运输企业。1949 年 6 月成立薛城搬运工会。1978 年经薛城工交委批准，成立薛城区运输公司。1993 年加入枣庄汽运总公司，更名为枣庄汽车运输总公司第十二分公司。1999 年 3 月，属地管理后归薛城交通局管辖，成立薛城汽车货运中心。

1990 年，全区各种货运车达 732 辆，拖拉机达 1323 辆。全年公路货运量 759 万吨，周转量 6648 万吨公里。其中，汽车货运量为 450 万吨，周转量为 5480 万吨公里；拖拉机货运量 303 万吨，周转量 908 万吨公里；其他货运量 6 万吨，周转量 260 万吨公里。进入 2000 年以来，公路运输稳定发展，至2010年年底，全区普通货运企业27家，运输车辆79部。

客运

1990年，全区公路客运量为295万人次，客运周转量2887万人公里。2004年，汽车站进行改造升级，在火车站经营的客运车辆均进入汽车站发车。2010年，汽车站拥有运营车辆119部，客运班线33条，其中，县内班线11条，县际班线10条，市际班线7条，省际班线3条，省际旅游包车2辆。由于枣庄快速公交开通运营，薛城汽车站受到冲击，至2013年年底，薛城辖区拥有客运企业1家，营运车辆71部，客运班线15条出租客运企业2家，出租客运车辆250辆；城市公共线路11条，LNG车辆50部；普通货运企业52家，营运车辆610辆；危化品运输企业3家，专用营运车辆50部，交通运输事业发展处于平稳发展期。

自2010年全国开展“文明交通行动计划”以来，薛城汽车站积极响应，组织站内全体职工和司乘人员共同参与活动，紧紧围绕“关爱生命、文明出行”这一主题思想，坚持“安全第一、预防为主、综合治理”的安全生产方针，贯彻落实“一岗双责”要求，建立健全的安全生产管理机制，以强化安全教育培训、实行车辆统一管理、严抓安全监督考核、严抓驾驶人的准入关、普及安全生产法律法规和安全知识、弘扬安全文化、提高全员安全意识和安全操作技能为着力点，严格落实各项安全生产措施，切实增强全体员工的文明交通意识，着力纠正各类违反交通法规的现象，创造良好道路交通环境，创建“交通安全文明示范单位”，为提升全区公民的文明素质和社会文明程度树立典范。

第二节　铁路运输

运输装备

机车　1991年，京沪铁路客运列车由济南机务段担当，使用东风4型内燃机车牵引，货运列车由济南西机务段担当，使用ND5型内燃机车牵引。2006年电气化改造完成后，客货运列车逐步更换为韶山4型、和谐3B、和谐3C等型号的电力机车牵引。1991年，新日铁路兖州至临沂、菏泽区段，客货运列车均由兖州机务段担当，使用前进型蒸汽机车牵引。1995年开始，逐步更换为东风4型内燃机车，担当牵引任务，蒸汽机车逐步退出运输生产牵引的主力位置。2000年4月11日，兖州机务段举行济南铁路局最后一台蒸汽机车退役仪式，蒸汽机车正式退出济南局历史舞台。2005年起，兖州机务段逐步更新东风8B型内燃机车，成为运输主力。2010年7月，电气化改造开通后，电力机车成为牵引的主力。

车辆　1991年，客运车辆多为22型客车，俗称“绿皮车”。1991年，开始增加短途双层空调硬座车；1994年，增加新型25G型空调客车，全列采用发电车集中供电，使用空调机组制冷，增加电加热装置，使客车车厢内温度调节稳定可靠。1999年起，25K、25B型空调客车投入运营，列车运行速度、旅客舒适度实现飞跃。2008年8月，CRH2型动车组投入运营，时速超过200公里/小时。1991年，铁路货车主要为60吨级。1997年后，逐步对车辆进行改造，车体由普通钢改为耐候钢，转向架由转8型逐步变为转8A、转8G、转8A改型、转K2、转K4等型，使车辆运行速度提高到120公里/小时。自2006年起，新造铁路货车全部70吨级新型货车。

车站

枣庄西站位于枣庄市薛城区境内，车站中心里程位于京沪线735KM+232M、薛枣线0KM+914M处，东临薛枣线洪洼站，北接京沪线井亭站，南与沙沟站接壤，按技术作业为中间站，按业务性质为客货运站，按作业量为二等站。主要办理货物列车编组、解体等作业，以及客运、货运、军运、装卸等任务和列车的到发、会让等工作。

2013 年枣庄西站工作量一览表

表 6-3

旅客乘降（人）			行包到发（件）			货运			运转（辆）			接发列车（列）		附记（日均）
到达人数	发送人数	合计	行李件数	包裹件数	合计	发送吨数（吨）	装车数（辆）	卸车数（辆）	办理辆数	改编辆数	中转辆数	旅客列车	货物列车	
2750	2241	7991	1	107	108	807	13	54	686	30	574	108	152	13/54

客运设备　主要客运设施有候车室、行包房、售票厅、售票房、一、二、三站台、天桥、地下道、风雨棚、自动扶梯等。

2013 年枣庄西站旅客站台一览表

表 6-4

编号	位置	高度（米）	长度（米）	宽度（米）		雨棚长度（米）	天桥或地道（座）
一站台	5 道东侧	1.265	538	北端 180 米	10.7	306	天桥、地道各一个
				中间 190 米	10		
				中间 50 米	7		
				南端 118 米	8.5		
二站台	II 道西侧	0.30	484	4		470	天桥、地道各一个
三站台	6 道东侧	1.235	484	6		470	

2013 年枣庄西站候车室一览表

表 6-5

名称	位置	使用面积			容纳人数（人）
		长（米）	宽（米）	面积（平方米）	
一楼候车室	一站台	33	30	990	825
二楼候车室	一站台	26	30	780	650
软席候车室	一站台	18	9	72	20
贵宾室（1 号）	一站台	12	7.2	86	15
贵宾室（2 号）	一站台	7.8	7.2	56	8
合计				1984	1518

2013 年枣庄西站行包房一览表

表 6-6

名称	位置	面积		
		长（米）	宽（米）	面积（平方米）
行包房	一站台	7	8	56
行包仓库	一站台	31	25	775
到达库	一站台	20	15	300
发送库	一站台	11	10	110

货运设备　车站设货运营业厅1个，货场2个，仓库3个，货运站台4个，风雨棚1个。辖内接轨山东海化煤业化工有限公司和济南机务折返所段管线2条专用线，担负着薛城、微山、山亭等地区厂矿企业的货物集散工作，主要发送品类为焦炭、煤炭、纸卷、粮食等，主要到达品类为煤炭。

2013年枣庄西站站台、仓库、雨棚一览表

表6-7

名称	位置	高度（米）	使用面积		
			长（米）	宽（米）	面积（平方米）
仓库（南库）	7道线路东侧		29	10	290
仓库（北库）	7道线路东侧		38	10	380
仓库	货2货物线北侧		150	16	2400
7道露天站台	7道、9道之间	0.8	132	23	3036
货2仓库站台	货2货物线北侧	1.1	188	23	4324
货2防湿站台	货2货物线南侧	1.1	188	23	4324
货4露天站台	货4货物线北侧	0.6	315.4	22	6938.8
货5露天站台	货5货物线南侧	低货位	80	24	1920

2004—2013年枣庄西火车站经济指标完成情况统计表

表6-8

年份	客运		货运		收入合计（万元）
	旅客发送人（万人）	客运收入（万元）	发送货物吨（万吨）	货运收入（万元）	
2004	89.2678	4800.2494	45.2	1906.5513	6706.8007
2005	92.1237	5053.3976	45.2	1998.4778	70518754
2006	94.9596	8477.0394	53.1	148.4933	8625.5327
2007	96.6616	5679.4521	45.5	3473.5051	9152.9572
2008	100.7975	5957.9943	66.9	4765.3305	10723.2738
2009	119.9683	8086.9501	76.0	5778.9571	13865.9072
2010	127.8471	11172.9526	49.0	4320.4865	15493.4391
2011	131.1569	13505.4348	50.7	4409.5377	17914.9725
2012	96.7085	1352.7445	62.1	7450.5593	20978.0044
2013	81.7944	13350.6038	32.9	4260.6260	176112298

第四章 交通管理

第一节 交通监理

1990年，按照省公安厅、交通厅统一安排，成立交通联合检查站。1996年，交通检查站成建制转成区交通稽查大队，2003年升格为副科级单位。2005年11月，迁至薛城区交通局（民营园区南首）内办公。2010年11月，薛城区交通稽查大队更名为薛城区交通运输监察大队。2011年投资370万元建成的薛城Ⅱ类治超检测站投入使用，隶属于薛城区交通运输局，由交通运输监察大队具体使用和管理。薛城区交通运输监察大队有工作人员49人，设有办公室、违章处理室等，配备执法车辆5辆、执法记录仪25部、对讲机25部、电脑4台，实现微机管理办公自动化。机动车管理均由交通监理部门依次办理手续，机动车检验合格、驾驶员考核合格后，领到行车证和驾驶证方可驾车行驶，并由交通监理部门组织一年一度的年审。

2003年，根据国务院七部委开展联合治理车辆超限超载工作部署和省、市治超会议精神，开展以治超为主要内容的集中联合整治道路交通秩序工作。2012年7月，在市委、市政府统一部署，开展超限超载集中治理活动，治超工作取得阶段性成效。

规费征收

1997年，区交通局成立交通规费征收大厅，负责全区各类车辆报停、复驶、客货运基金及管理规费征收工作。交通管理所负责两轮、三轮摩托车、拖拉机养路费征收工作。2005年11月，成立综合服务大厅，将局征收大厅、运输证件办理大厅、工商分局驻交通局办公室、交通违章处理室合并。2008年12月5日，国家发改委、财政部、交通运输部和国家税务总局联合发布公告，就《成品油价税费改革方案（征求意见稿）》向社会公开征求意见。2009年1月1日，成品油价税费改革方案实施，取消公路养路费、航道养护费、公路运输管理费、公路客货运附加费、水路运输管理费、水运客货运附加费，并逐步有序取消政府还贷二级公路收费。

养路费使用

按照国家规定，养路费的使用主要用于养路工程费、养路事业费和其他养路费用。养路工程费包括小修保养、大修、中修、水毁抢修、改途工程、公路绿化、道路班房建设、县乡公路专项工程补贴等。养路事业费包括机具设备购置、广场建设、公路科研、职工培训、房舍建设、行政管理费用等。其他费用主要有劳动保险费、桥梁守护费、大宗印刷费、仓库经费、勘探经费和奖励等。

运政管理

1986—1990年，公路运输以国营运输企业为骨干，允许非交通部门、城乡个人或联户购置机动车辆、拖拉机，从事道路运输。运政部门根据国家和上级有关规定，运用经济、法律等手段，对从事交通运输经营者进行综合管理。根据《中华人民共和国道路运输条例》《道路货物运输及站场管理规定》《道路旅客运输及客运站管理规定》《道路危险货物运输管理规定》《出租汽车经营服务管理规定》《山东省治理超限超载运输办法》《山东省道路货物运输源头管理办法》《山东省道路运输条例》等法律条例规定，贯彻执行上级部门颁布的行业政策、标准并监督实施；组织拟定全区公路和交通运输行业发展规划、中长期计划；负责班车客运（县际）、包车客运、旅游客运管理；负责辖区普通货物运输管理；负责辖区出租客运管理，并对重点货源点实施源头治理。

第二节　公路管理

公路养护

薛城公路局下属公路站3个，南常公路站、南石公路站和立交桥泵站。公路保洁实行外包，全区共有公路养护人员49人，其中养护管理人员8人，非全日制用工32人，养护聘用人员9人，共养护公路4条101.7公里。

到2013年，薛城公路局筑路机械基本配套，拥有静作用压路机2台、重型专业作业路面清扫车3台、单钢轮震动压路机、双钢轮振动压路机、小型双钢轮震动压路机、中型专业作业路面清扫车、除雪机、中型多功能养护车、切割机、混凝土切缝机、农药喷洒车、清洗车各1台。

路政管理

1998—2013年，重点整治超限运输、违章建筑，实施“路宅”“路田”分离，整治公路路域环境。是时，出动宣传车9000余部次，散发路政宣传单7万余份，张贴标语300余幅，路政巡查68万余公里，专项治理100余次，下达违法通知书2000余份，清理违章建筑7000余平方米，清除路面堆积物20余万立方米，拆除非公路标志1800余块，制止在公路上打场晒粮2000余起，路赔收入800余万元，确保公路完好畅通。

养路费征用

2008年12月18日，国发〔2008〕37号文件发布《国务院关于实施成品油价格和税费改革的通知》，正式启动酝酿十多年的涉及燃油税和公路养路费等税费改革的方案。汽油燃油价税费改革从2009年元旦起实施，取消养路费，同时汽油消费税每升提高0.8元。对公路养路费征稽人员的安置措施主要有：交通运输行业内部转岗、税务部门接受、地方人民政府统筹协调，多种渠道安置改革人员。

2009年薛城公路局内部转岗4人，5人通过公务员考试程序进入地税部门事业编制。

1991—2008年薛城区养路费征收情况统计表

表6-9　　单位：万元

年份	公路养路费
1991	627.55
1992	748.13
1993	937.49
1994	1051.02
1995	1305.03
1996	1460.00
1997	1739.00
1998	1339.10
1999	1100.00
2000	1210.00
2001	1310.00
2002	1382.24
2003	1146.20
2004	1560.00
2005	1955.54
2006	2095.00
2007	1902.10
2008	1257.09

2008—2013年薛城区高速公路车辆通行费统计表

表6-10

年份	汽车通行量（万次）	通行费（万元）
2008	691	64562
2009	754	65900
2010	904	74438
2011		72193
2012		68554
2013	1475	76400

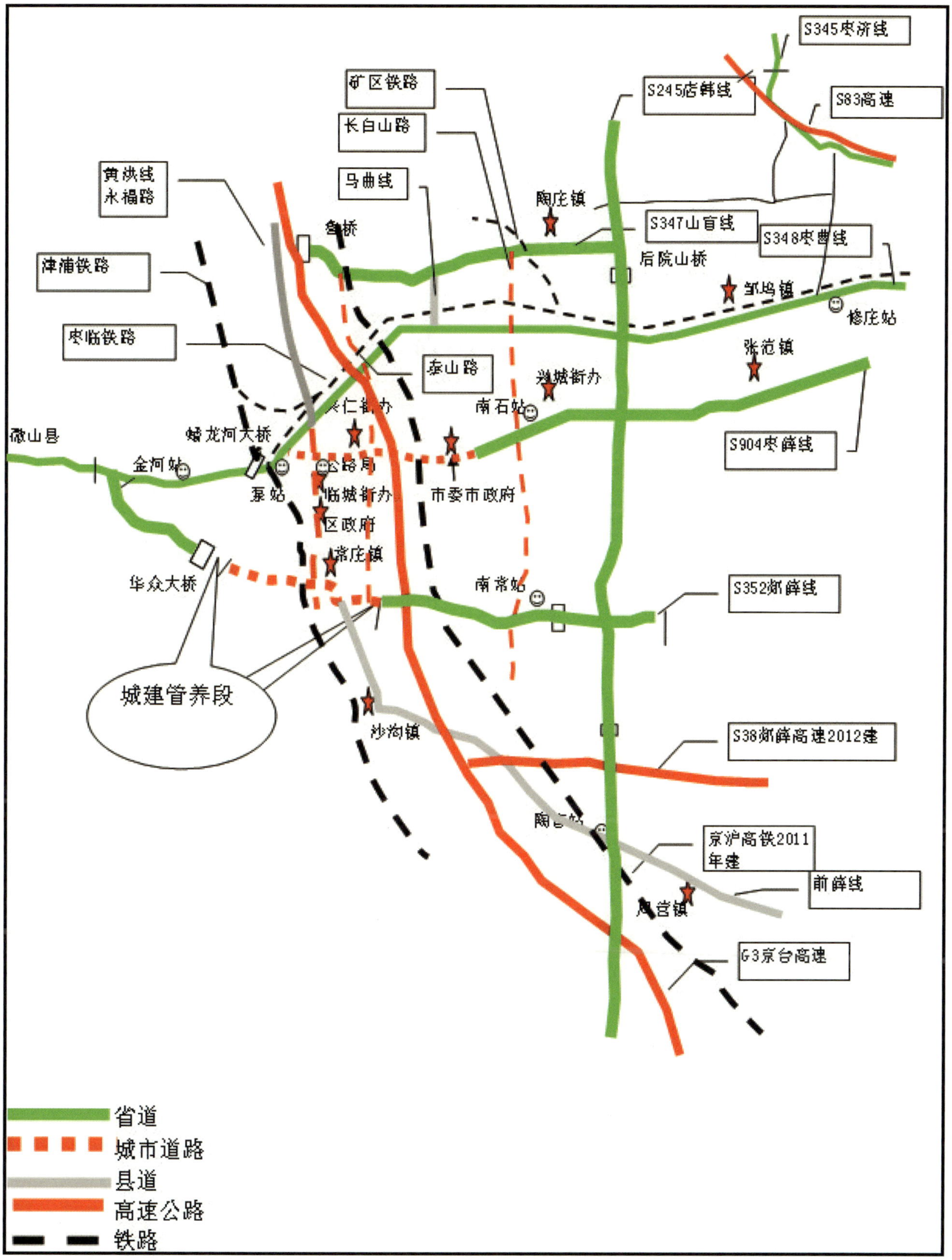

图 6-1　2013 年薛城辖区干线公路路网示意图

第七编

邮政　通信

第一章　邮　政

第一节　机构网点

1998年10月，枣庄邮电局改制分营，建立枣庄市邮政局，是年，成立薛城邮政分局，正式员工102人，聘用和委代办人员58人，下设2个职能科室和3个生产科室，2个城市支局和9个农村支局所，6个生产班组，主要经营邮政储蓄、集邮、特快专递、报刊发行、广告邮政、函件包裹、汇兑等。2002年所属11个分支机构更名为11个邮政支局，各邮政支局实现业务处理3微机化。2005年，薛城邮政局内设综合办公室，市场经营部、储汇业务部、集邮公司、收投公司、物流公司、中间业务室，正式员工71人，委代办员98人，辖12个城乡支局，开设综合、包裹、汇兑、特快专递、邮政储蓄，报刊发行，集邮、代办电信、代办保险、中邮物流配送10大专业，72类专业。

2011年，薛城邮政局和高新邮政局合并组成新的薛城邮政局，辖邮政网点13个，其中城市网点4个，农村网点9个，金融网点12个，纯邮务类网点1个。2015年6月，薛城区邮政局更名为中国邮政集团公司枣庄市薛城区分公司，有员工154人，内设综合办、人力、财务、市场部、函件、报刊、零售、物流分销、电子商务、集邮、代理金融、代理保险等4个职能部室和8个专业单位。主要业务有邮政基础业务、邮政储蓄业务；中国银行业监督管理委员会批准的业务；代理保险业务；代售航空机票。邮政增值业务、邮政附属业务；代收话费；物流配送；日用品、消费品代办、代销；化肥、国内版图书销售。

2013年薛城区邮政网点分布情况一览表

表7-1

局所名称	开办年份	地址	邮政编码
光明路邮政支局	2004年	光明西路1931号	277899
泰山路邮政支局	2006年	泰山中路67号	277899
周营邮政支局	1994年	周营镇驻地	277016
张范邮政支局	1994年	张范镇驻地	277021
夏庄邮政支局	1994年	夏庄乡驻地	277013
南石邮政支局	1994年	南石镇驻地	277020
永兴路邮政支局	1995年	祁连山路	277899
沙沟邮政支局	1995年	沙沟镇驻地	277015
邹坞邮政支局	1995年	邹坞镇驻地	277012
南常邮政支局	1996年	南常乡驻地	277022
陶庄邮政支局	1996年	陶庄镇驻地	277011
金河邮政支局	1998年	金河乡驻地	277014
永福路邮政支局	1999年	永福中路405号	277099

第二节　邮政业务

1999年，薛城邮电分营第二年，邮政业务收入550万元，之后逐年增加。至2005年，邮政业务收入1382.5万元，比1999年增长约1.5倍。

函件与包裹

函件业务是邮政历史最悠久的业务，也是邮政最重要的基础性核心业务。1987年5月，开办有声信函业务。1988年7月，开办“国内邮政快件”业务，邮政快件和函件收寄量为历年最高。1991年7月，给据函件一律贴条形码签，1993年，各营业窗口使用光电销票机。1995年，全区办理函件281万件，其中国内函件280万件，国际函件1万件；办理邮政快件12.56万件。1997年设立广告邮购公司，负责商业信函、明信片、邮送广告业务。1998年全区办理邮政快件5.12万件。2000年，全区办理函件378.56万件。之后受现代通信工具的影响，函件业务遭遇发展瓶颈，收寄量逐年下降。

1999年，全区包裹业务收入18.72万元，2001年，开办快递包裹业务。2005年包裹出口量3.45万件，业务收入42.32万元。2013年，日均发件360件，陆续开发银行账单寄递、车管所车牌寄递、行政处罚通知书寄递、学生档案寄递等项目，包裹业务收入102.28万元。

汇兑与邮政储蓄

1986年前，区境邮政所办理普通汇款汇兑业务。1988年，开办普通汇款快件业务。1993年，使用汇票智能开发机，在较大邮政营业窗口办理汇票。1995年，区境办理国内汇票12.45万件，汇兑业务收入49.58万元。2001年，各支局网点全部开展电子汇兑业务。2003年，汇兑业务收入41.21万元。2004年6月，开办邮政礼仪汇款。2005年，汇兑业务收入23.05万元。随着电子支付业务的发展，汇兑业务收入逐年减少。

1995年全区邮政储蓄余额6845万元，1999年后，储蓄业务收入逐年增长。2006年，邮政储蓄收入1156.26万元。

报刊发行

报刊发行工作采用订阅和零售两种方式，1991年报刊发行使用微机操作，提高工作效率和收订质量。1992年，《枣庄日报》开始自办发行，邮政报刊发行业务逐年减少。2013年，报刊发行收入239.98万元，春季《学习报》共收订1914份，秋季校园报刊收订突破万份，大收订流转额完成收入865万元。

特快专递

1993年，薛城邮政分局开办国内、国际邮政专递邮件业务，设立专门业务机构。用户通过电话通知邮政分局，邮政分局派专车专门上门办理。1995年，办理特快专递19854件，其中国内特快专递18618件，国际特快专递1236件。1997年，开办大中专录取通知书专递业务。之后，相继开发税务专递、公路养路费催缴、交通肇事通知专递等业务，并开通“185”特快专递服务电话。是年，办理特快专递33521件，其中国内特快专递32498件，国际特快专递1023件。2000年，陆续开办中速快件、邮资到付、省内限时递、特快送

邮政员工

包、法律文书专送、速递身份证等业务。是年，办理特快专递1.52万件。2003年，身份证、驾驶证、信息卡、催缴贷款通知单、录取通知书等新业务种类不断被开发出来，特快专递收益显著。2010年，中国邮政速递物流有限公司独立运营。

集邮

1991年，区境开始实行预订邮票制度。1999年，全市第四次集邮协会代表大会期间，展出展牌118框，贴片1888张。2002年6月，市第五次集邮协会代表大会期间，展出展牌120框，贴片1920张。2005年，集邮收入8.14万元，2013年建设青少年集邮文化基地1处，举办纪念“抗日战争暨世界反法西斯战争胜利70周年”集邮展活动、“红色珍邮”巡展及生肖文化季品鉴会活动，得到社会各界和集邮爱好者的高度评价。

第三节　邮路与投递

1990年前，邮件运输采取自办和委代办相结合的办法，充分利用委办汽车邮路。1991年全部改成自办汽车邮路。1992年1月，开办薛城—沙沟—南常—陶官—周营四局所自办汽车邮路，全长55公里。1995年7月，薛城邮件转运中心开通薛城—枣庄、薛城—峄城—台儿庄、薛城—苍山、薛城—山亭的自办汽车邮路4条。城区转趟（包括开箱）邮路1条，每日4班，每班全程60公里。1996年6月28日，薛城至枣庄快速邮路开通，枣庄至薛城出口专递达到一日三个频次。1998年，区境邮路2条，单程90公里，农村投递线路，单程550公里。

区境投递方式有按址投递、窗口投交（按投递员通知书、收件人凭通知书和有效证件到指定邮局领取）、专用信箱三种。1991—1995年，居民小区聘用代办员，邮局按月付给代办员一定酬金。投递班期城区为日班，农村由周三及周六调整为日班和周六班。1998年10月至2000年6月，投递体制改革，在城区划小区域范围，增加投递段道，实行上门服务，为用户安装信报箱，开办广告，自办报刊和广告邮购，特快专递、礼仪等新业务，实行包裹投递到户。2002年实行送汇到户。2003年，开办中邮物流配送，以代收货款的方式，代收代销酒水、化肥等。2013年共有投递员42人，投递段道32条，其中城区投递段道17条，投递总里程774公里，农村投递段道15条，投递总里程870公里。

第二章　电信通信

第一节　中国电信薛城分公司

中国电信集团公司是中国特大型国有通信企业，是上海世博会、广州亚运会全球合作伙伴，连续多年入选“世界500强企业”，主要经营固定电话、移动通信、卫星通信、互联网接入及应用等综合信息服务。中国电信薛城分公司作为中国电信集团在薛城区的分支机构，成立于2003年。2013年，公司员工56人，全区共建设电信自有营业厅2处，共建卖场2家，代理合作门店76家。

第二节　电信业务

1998年前，邮政、电信业务未分营，电信业务固定电话、电报、无线寻呼等各项业务统属薛城邮电局管理。1998年10月，进行体制改革，邮政、电信开始分营，薛城区建立薛城区邮政局、薛城区电信局，电信业务属于电信局管理。1999年7月，移动电话、无线寻呼业务从电信局分离出来，组建成立山东移动通信薛城区营业部，专营移动电话、无线寻呼、宽带等电信业务。2000

年，山东移动通信薛城营业部更名为山东移动公司薛城分公司。

1999年后，电信通信体制进一步改革，按照山东省电信体制改革的统一部署和要求，2001年2月，成立枣庄联通公司、薛城联通分公司。2002年2月，枣庄电信局更名为山东省通信公司枣庄分公司，11月薛城区电信局更名为山东通信公司薛城分公司。2004年9月，枣庄通信公司改称中国网通（集团）有限公司枣庄分公司，11月，薛城通信分公司中国网通（集团）有限公司薛城区分公司。2008年，中国联通公司与中国网通公司合并，名称为中国联合网络通信（集团）有限公司（简称中国联通）。薛城区成立薛城联通分公司（简称薛城联通）。从此，薛城区设有薛城区联通分公司、薛城区移动分公司、薛城区电信分公司。薛城区电信分公司主要经营固定电话、电报、移动电话、无线寻呼、无线市话（小灵通）、互联网接入（宽带），以及应用等综合信息业务，且经营规模不断扩大，设备不断更新，业务水平不断提高。

2008年，国家对电信行业进行重组，薛城电信公司开始经营移动网业务，迈入全业务运营时代。网络建设形成一个光纤化、数字化、IP化的通信网络，能充分满足人民群众日益增长的通信需求。公司坚持发展和创新并重，脚踏实地地开展全业务运营，积极启动渠道、服务、维系等相应的衔接工作，不断加强基础网络改造，健全运行维护体制，夯实网络基础管理，提升基础管理。

至2013年，中国电信薛城分公司资产共计移动网基站210个、固网OLT接入机房25个、杆路700公里、管道200公里、传输线路3000余公里。城区FTTH宽带覆盖区域占比超过95%，农村FTTH宽带覆盖区域占比接近60%，薛城电信互联网出口带宽达80G，积极建设4G-800M网络，已开通233个。积极开展网络建设优化的同时，中国电信薛城分公司也不断提高自身服务能力和水平，全区电信移动网用户超5万户，宽带用户达3万户，全年业务收入超过3300万元。

第三章　移动通信

第一节　中国移动薛城分公司

1996年4月，薛城区邮电局成立无线班，由电信股负责管理，挂靠枣庄市邮电局移动分局。1999年7月9日，山东移动通信公司薛城经营部（简称薛城移动）成立并正式投入运营。2000年5月，薛城经营部按全省统一更名为分公司，增设陶庄、邹坞、金河、南常、周营乡镇营业厅。2001年2月，对机构设置进行调整，设综合部、财务部、市场经营部等3个部门和陶庄乡镇经营部、邹坞乡镇经营部、金河乡镇经营部、南常乡镇经营部、周营乡镇经营部等5个经营机构。2002年12月，增设网络维护中心、重点客户服务部。2003年7月，增设沙沟乡镇经营部、南石乡镇经营部、张范乡镇经营部、夏庄乡镇经营部、山家林乡镇经营部、甘霖乡镇经营部。至2013年年底，薛城移动有员工112人。其中，在册在岗员工103人，聘用员工9人。

第二节　网络建设

模拟移动通信系统

1993年11月，模拟三期扩容工程启动，新建薛城18信道基站。1995年1月，模拟四期扩容工程建设启动，薛城基站扩容达到33个信道。1997年9月，模拟七期移动工程启动，新建周营基站。2001年5月1日，实施模拟用户转网。6月30日，关闭国内漫游功能。12月31日，关闭模拟基站，停止模拟手机通话。2002年12月30

日，全面停止模拟移动网的运行。

数字移动通信系统

1995 年年底，GSM 二期数字移动扩容工程开始筹建，薛城移动网进入崭新的数字移动系统建设发展阶段。1996 年 5 月，二期工程结束，开通薛城首个数字基站，共 6 个载频。无线容量达 2000 户。1997 年 3 月，GSM 三期工程新建陶庄基站，载频数达到 12 个。1999 年 5 月，启动 GSM 六期数字移动工程建设，基站数达到 9 个，载频 78 个，无线容量扩容至 1.7 万户。2000 年 6 月，GSM 七期数字移动工程开始，扩容基站 3 个，新建基站 3 个，共增加载频 30 个，载频数达 110 个。无线容量 2.4 万户，无线覆盖和网络容量又上一个台阶。2001 年，全面启动 GSM 八期工程建设，实施“村村覆盖”工程，新建基站 7 个，增加 50 个载频，增加重点村和景点、道路基站，扩容或改型部分乡镇基站，提高信号覆盖能力和网络容量。2002 年，启动 GSM 九期工程建设，共投资新建基站 13 个，共改定向、升塔、搬迁、扩容基站 7 个。新增载频 84 个，载额总数达到 248 个，基站总数达到 34 个，全网覆盖率 89%。2003 年，启动 GSM 十期工程建设，基站数量达到 36 个，载频为 264 个。新建基站 3 个。搬迁基站 2 个，新增载频 28 个，优化调整基站 8 个，提高移动 GSM 网络的覆盖能力。2004 年，启动 GSM 十一期工程建设。通过此期工程建设，基站达到 46 个，载频 350 个、室内分布系统 7 套，直放站 3 处，薛城地区无线网络信号覆盖日趋于完善。2005 年，启动 GSM 十二期及 12+工程建设。通过本期工程建设，基站达到 52 个，载频 456 个，室内分布项目 13 处，直放站 8 处，薛城城区覆盖率 100%，农村覆盖率 99%。基本实现重点公共场所的室内有效覆盖，有效解决紧急的网络覆盖和容量问题。

传输网

2004 年，建设本地传输网，共新建光缆线路 141 公里，管道 3.5 公里，将 90%以上电路改为自建传输运行，极大提高电路的安全性及运行质量，同时为自建营业厅及大客户提供电路，有力地支持市场发展。2005 年，建成覆盖城乡的多层次网络。共建成杆路 300 公里，管道光缆 30 公里，本地网新增电路 260 条，基本满足基站接入和大客户接入的需求，同时为 3G 开展储备基础资源。

专网直联业务

2001 年 2 月，枣庄移动与枣庄矿业集团签订直联互通协议，与枣矿集团在枣庄的交换直联。枣矿直联交换机改到薛城枣矿集团驻地交换机。10 月，枣庄移动与枣庄矿业集团又签订合作补充协议，协议规定矿业集团所有固定用户通过移动长途 IP 电话网呼叫异地电话业务。2004 年 1 月，在枣庄前置机扩容的基础上，将枣矿集团专网割接入前置机，加强对专网的话务管理，收到良好效益。

数据通信网

2001 年，薛城移动完成互联网（CMNET）一期工程建设，工程实施后，薛城移动向用户开放专线用户上网、虚拟专用网、无线用户上网、WLAN 用户上网、IP 电话业务、IDC 业务、增值业务等多种业务。是年，薛城移动也正式向用户开放 GPRS 业务。至 2005 年年底，GPRS 用户数超过 4.5 万户，每天的数据流量超过 100 万千字节。是年，薛城电业利用 GPRSVPN 开通无线集抄业务。

第三节　经营业务

移动电话

中国移动通信集团山东有限公司薛城分公司为移动通信运营公司，全面负责运营中国移动通信在薛城的移动通信业务。除提供基本通话语音业务外，还提供传真、数据、IP 电话等多种增值业务，拥有“全球通”“神州行”“动感地带”等服务品牌，用户号码段包括“139”“138”“137”“136”“135”“134”和“150”“151”“152”“157”“158”“159”“178”“182”“187”“188”等，通过各服务机构向所在地区提供移动通信服务。

1993 年年初，开通第一部模拟移动电话，当年发展用户31户。1994年，累计发展用户数70户。1995年，累计发展用户160户。1996年，开通GSM数字移动电话（全球通），当年，累计发展用户300户。1997年，累计发展用户550户。1998年，累计发展用户1885户。1999年7月9日，薛城移动正式成立，移动用户迅猛发展。2002年5月17日，CPRS试商用，是薛城移动发展的一个新的里程碑。至2013年年底，累计发展用户35万户。网络人口覆盖率100%，地理覆盖率超过99%，实现所有城区、乡村立体交叉无缝覆盖。GSM网除提供基本语音通信外，还提供主叫号码显示、主叫号码禁显、呼叫等待、呼叫保持、呼叫转移、呼叫限制、语音信箱、三方通话等各种补充业务及丰富多彩的数据业务。

公司自成立后，先后获得“全省用户满意服务单位”“山东省消费者满意单位”“省级文明单位”“全省诚信单位”“山东省青年文明号”“枣庄市青年文明号”“巾帼文明岗”“优秀青年突击队”等多项称号。

无线虚拟网VPMN业务

指在公用陆地移动通信网和公用固定电话网上建立一个逻辑话路专用网。可向VPMN用户提供网内呼叫、网外呼叫、专用编号和缩位拨号等服务，并可对集团、企业用户给予一定程度的话费优惠。2002年10月，开通无线虚拟网。至2013年，薛城移动共为全区600余家集团用户建立无线虚拟网，服务集团内的10万个人客户。

2004年7月1日，薛城移动正式向集团用户推出会议电话业务。中国移动提供给移动客户用手机拨打本地网以外的移动/固话的通话业务，包括国内、国际长途通话。所有品牌均可以拨打国内长途，全球通、神州行可以拨打国际长途，亲情卡、动感地带只能拨打国内长途，不能拨打国际长途。至2013年，中国移动与184个国家和地区的235个运营公司开通GSM国际漫游业务，并与73个国家和地区的51个运营商开通GPRS国际漫游，国际短信共通达106个国家和地区的214家运营商，彩信通达4个国家和地区的214家运营商。

数据业务

1999年，开通点对点短信业务。2000年年底，移动梦网开通，提供各类信息类服务。2002年5月15日，正式开通商用GPRS业务，并基于GPRS提供手机上网、随E行、百宝箱、K-JAVA等应用。是年10月1日，彩信正式商用。10月中旬，开通语音杂志业务。年底，开通移动传真与数据传真业务。2003年，开通彩铃业务。

直联业务

将集团、企业的交换机与移动交换机以有线或无线方式进行连接，节省客户通信费用、提高通信通话质量。至2013年，薛城移动先后与薛城区公安局、枣矿集团、薛城区供电公司等单位发展直联业务。

渠道建设

自办网点建设：2000年以前，薛城移动仅有城区自办营业厅1家。2001年，新建乡镇自办营业厅5家。2002年，乡镇营业厅建设增加至9家。2003年，新建城区自办厅1家，城区自办厅达到2家，乡镇营业厅达到11家。根据各乡镇移动用户数的多少、经济情况，全区乡镇营业厅划分成1家A类营业厅、4家B类营业厅、6家C类营业厅，乡镇营业员达到28人。至2013年，共建成城区营业厅4家，乡镇营业厅7家，累计建成城乡自办营业厅11家，做到薛城市场的全面覆盖。

代办网点建设：2000年以前，薛城移动仅有普通代理商10余家。2001年，代理商实行分级管理，为普通代理商，专营代理商、合作营业厅三个类别，其中普通代理商增加到30家，专营代理商达到15家，合作营业厅建设3家。2002年，新建合作营业厅4家，合作营业厅总数达到7家，专营代理商增加到35家，普通代理商达到52家，直销员达到68人。2003年，合作营业厅达到10家，专营代理商增加到50家，普通代理商70家，直销员发展到85人。2013年，薛城移动严抓代理渠道管理，努力增加专营代理数量，控制兼营类普通代理规模，加强业务培训及严格考核，提升代理渠道的业务营销及服务能力。至2013年，全区共建成手机卖场8家、加盟店20家、手机专卖店80余家、城区便利店80余家。为更好地服务于农村移动用户，薛城移动积极开展“一村一点”村级网点建设工作，全区共计建设村级代办点360余家。

资费服务

薛城移动资费政策一直执行省公司统一标准。2001年11月，开通前台自助查询机设备，实现实时话费查询。2002年10月，推出“双零”服务（零距离服务、零缺陷服务）。2003年6月23日，在山东省开通省内跨区服务，提供跨区交费、补卡，复机、业务功能变更、客户资料/话费查询、密码修改等业务。10月，开始在全国8个省、市范围内实现跨区服务。全面实现“双领先”战略。同时，前台推出电子免填单服务，推出“话费差错，双倍返还”活动，实现阳光服务。2004年8月，开通短信查话费业务。各主营业厅根据季节变化和用户需求实行延长服务时间工作制，在营业前台设立综合咨询台、大厅内设有流动引导员。2005年10月，在全市城区营业厅推出“服务监督卡”制度。

第四章　联通通信

第一节　中国联通薛城分公司

中国联合网络通信集团有限公司（简称“中国联通”）于2008年10月15日在原中国网通和原中国联通的基础上合并组建而成，融合后的薛城联通公司积极响应国家和上级公司的号召，做好人员、业务的全面融合。面对激烈竞争的电信市场环境，薛城联通抢抓机遇，开拓市场，创新经营模式，网络能力大幅度增强，公司连续五届被评为省级消费者满意单位，连续九年被评为省级文明单位，2011年获得政风行风建设先进单位等荣誉，城区营业厅获山东省女职工建功立业标兵岗、省级工人先锋号、省级巾帼文明岗等称号。

第二节　网络建设

1991年，局有用户线对数3130对，实占1632对，市话电缆44皮长公里。长途模拟终端复用设备容量已达123路，实占97路。长途中继电路达87路。市话用户交换机容量1053门，实占631门，局有农话交换机容量1603门，实占806门，模拟终端复用设备14路，农话用户交换机容量650门。

1992年，长途模拟终端复用设备116路，长途中继电路116路。局新增市话交换机容量700门。开通国际直拨，市话杆路25.7公里，市话电缆50皮长公里，电缆管道1.9管公里，12.5孔公里。

1993年，市话杆路52.7公里，市话电缆长度79皮长公里。市话电缆地下管道3.7管公里，22孔公里。新增长途自动交换机容量210门，新增薛城至枣庄，薛城至台儿庄电路各1路。是年长途模拟终端复用设备3840路。

1994年，局扩容程控交换机2160门，局有程控市话交换机容量7344门，实占4600门，出局用户线对数10000对，实占4649对，市话电缆89.6皮长公里。市话用户中继电路217路，8—10月，金河、沙沟、周营、南常四局所实现传输光缆化，交换数字化。

1995年，薛城区局新增分组交换PAD端口25路端，同时撤掉人工长话接续台，彻底解决打长途电话难的问题。新增薛城至枣庄数字微波非话电路1路。局扩容程控交换机3646门，局市话交换机总容量突破万门，为10990门，实占7084门，出局用户线对数13200对，实占6988对，市话电缆长度109.3皮长公里，市话用户中继电路450路。市话用户交换机实占6438门，市话用户中继电路227路，同月，薛城区邮电局安装使用PAO端口交换设备。11月，薛城区邮电局程控设备扩容3500门，总容量达11000门。

1996年，薛城区长途AT&T140Mb/sPDH传输设备：薛城至徐州电路60条为枣庄转接。薛城至微山480条为济宁转接。薛城区驻地居民小区开始实施电话通信户线工程（即一户一条电话线）。局有市话数字程控交换机10990门，实占10367门。出局用户线对数24800对，实占线对10422对，市话电缆长度113.7皮长公里，市话本地网内市——县中继电路750路。市话用户交换机实占6438门，其中程控交换机4438门，用户交换机中继电路232路。

1997年，薛城公用电信综合通信能力网络规模容量又有新的提高，枣庄市局开通枣庄至临沂SDH622MD/s光通信系统，完成京沪光缆薛城站的安装调试。局扩容德国西门子公司生产的EWSD程控交换机8672门。局有市话数字程控交换机19662门，实占14200门。接入局交换机上的话机13072部，出局用户线对数28600对，实占13427对，本地电话中继电路1050路。用户交换机容量9318门。投资800多万元进行市话线路及户线工程改造，提高电话通信质量和户线到位率。

1998年，有程控交换机19662门，实占16057门。出局用户线对数32800对，本地电话中继电路1890路，本地无线寻呼电路36路。本地电话线路：电缆长度130.5皮长公里，光缆长度11皮长公里。用户数字程控交换机容量9318门，用户交换机中继电路241路。投资700万元对周营、沙沟、金河主干及配线电缆进行施工以解决机线配套问题。

1999年，局有数字程控交换机24662门，实占20153门。出局用户线对数32800对，实占线对20112对。本地电话中继电路2226路，其中本地公众网1890路，本地电话线路：电缆长度135皮长公里，光缆长度11皮长公里。用户交换机中继电路241路。

2000年，薛城电信局有数字程控交换机28050门，实占容量25023门。接入网设备容量5376门，实占2831门，出局用户电缆线对数33800对，接入网光缆纤芯长度109.72芯公里，已用纤芯53.58芯公里。本地中继光缆线路长度92.82杆公里，中继光缆长度106.82皮长公里，本地中继光缆纤芯长度895.18芯公里，中继光缆已用纤芯318.26芯公里。用户交换机容量9800门，用户交换机中继电路241路。

2001年，局有程控交换机容量38994门，实占容量24762门，接入网设备容量5376门。出局用户电缆线对数38600对，本地电话中继电路952路，接入网光缆线路长度23.72杆公里，接入网光缆长度42.33皮长公里，接入网光纤长度704.76芯公里，已用纤芯56.39芯公里。用户交换机容量7998门，用户交换机中继电路241路。新增地下电缆管道3.55管公里，31.24公里。

2002年，数字程控交换机容量39310门，实占容量35896门，接入网设备容量5376门，实占容量2831门，本地电话中继电路2039路，本地中继光缆线路长度145.69杆公里，本地中继光缆长度183.69皮长公里，本地中继光缆纤芯长度3255.83芯公里，已用纤芯长度2173.4芯公里。

2003年，有程控交换机容量43858门，实占容量34658门，接入网设备容量8836门，实占5490门，出局用户光缆线对数55600对，实占40148对，本地中继光缆线路长度145.69杆公里，本地中继光缆长度183.69皮长公里，本地中继光缆纤芯长度3255.83芯公里，已用纤芯长度2173.4芯公里，完成整治大修项目4项。

2004年，有程控交换机容量4.9万门，实占容量3.3万门，接入网设备容量1120门，实占

834门，本地中继光缆线路长度145.68公里，本地中继光缆长度183.69皮长公里，本地中继光缆纤芯长度3255.8芯公里，已用纤芯2173.4芯公里，接入网光缆线路长度48.26公里，接入网光缆长度83.28皮长公里，接入网光缆纤芯长度918.37芯公里，已用纤芯125.29芯公里。主干电缆长度168.7皮长公里。投资800万元完成本地网线路工程完成140项，新建接入网点68处。

2005年，共完成线路工程58项，线路整治大修项目5项，开通模块点11处，完成固定资产投资1.17亿元；新增固定电话交换机容量8万线。

2006年，完成线路工程36项，线路大修工程15项，整治杆路35公里，更换锈旧分线箱500余个，更换障碍交接箱15个，迁改杆路路由25处，搬迁、改造模块接入网点6处；在汛期来临前，加强重点杆路段的整治加固工作，共补打挂线300余处，升高跨路线杆30余处，补增防强电保护50余处。完成数据机房、128模机房的搬迁调整，程控机房、传输机房三线分设工作；是年共接处理客户投诉414次，咨询2121次，客户满意度达到85%。

2007年，新增调整交换机容量1.1万线，开通调整模块局接入网点9处，完成线路大修工程19项，完成线路工程建设项目34项，完成所属9个乡镇营业部机房的标准化整改和三线分设工作，完成中心交换机房的改造和数据机房、128模块局机房的搬迁改造工作，改造网点85个，直接下电DLU设备15架，完成设备号下电20000线，交换设备利用率达到90%以上，扩容AD设备6400线。

2008年，实现业务收入3762.22万元，G网业务收入1455.94万元；G网业务净增0.11万部，累计到达2.3万部。大力实施“光进铜退”工程，新建扩容接入网点81个，敷设城区主干光缆8.8皮长公里，新增48～72芯光缆3520米，约211.2芯公里，新增光缆及配线层交接箱14个，全年共立项建设工程23项，竣工19项，完成光电缆、宽带联网项目12项，重点客户项目24项；完成黄河路管道的修建，新增城区主干道管道0.5管程公里。AD设备扩容共调整扩容网点41个，共计5328线，新建城区GSM基站6处。更新分线箱570个，交接箱20个，整修杆路12.5公里，抢修光电缆123次，杆路迁移40余处，光电缆下地8.2公里。按照《中国联合网络通信有限公司枣庄市分公司筹备组工作机制（暂行）》要求，完成薛城公司机构人员融合重组工作，融合后共设6个部室，4个社区，9个乡镇营业部。10月15日，在原中国网络（集团）有限公司与原中国联合通信有限公司成功融合，成立中国联合网络通信有限公司。

2009年，预存300元免月租累计到达0.34万部；114导航查询转接发展91户，其中亲情1+完成1.3万部，预付费散户完成2.8万部，G网公话完成764户，3G业务完成943部。全年立项工程共计27项，竣工24项，至2009年年底，G网基站总数到达66个，较往年增加44个，在建3项，完成建设投资320万元，开通3G基站26个，增加2G基站21个，新增3G室内覆盖站点24处，完成330千瓦发电设备的更新工作，更换锈蚀分线箱、交接箱共计556个，整修杆路11.5公里，安装交换机16台，新扩移AD设备52个线。

2010年，累计完成通信服务收入5362万元，净发展3G用户0.42万户，移动出账用户累计到达5.7万户，新建卖场13个，便利店56个，保有合作厅10个，卖场16家，城区及乡镇便利店112家。5月，进行机构调整，对城区社区进行调整融合，成立商务客户维系电话营销中心、清欠中心、3G营销中心、节能降耗办公室，城区营维实现专业化分离。10月研究出台《薛城联通超时限装移修机管理考核办法》，明确要求。共计立项工程13项，竣工13项，完成建设投资190万元，完成2009年续项工程7项。完成城区大中型小区的管道、配线电缆、光纤加缆的通信配套，保证用户的通信需求。新增加2G站点18个，3G站点14个，新建WLAN小区4处，室内分布10处，布放光缆120皮长公里，对新建的2G、3G基站进行光缆配套，无线覆盖能力得到很大提高，按时完成建委、劳动局等21家单位的搬迁，完成交警队监控联网工程建设项目，完成城区内11个小区的AD改缆工程，安装开通441局城域网华为NE40E、华为9312设备，新建EPON10台，安装EPON用户接入设备235台，扩容AD设备10台，调整30台，扩容AD端口5330线，调整2917线，扩容调整后AD端口利用率达到70%以上；新建模块接入点15个，完成区公司高压设备的安装开通工作，实现两路高压供电的自动倒换，更换350千瓦发电机1台，新装250千瓦发电机1台。

2011年，充分利用企业现有网络资源优势，加大通信网络建设力度，全年共立项工程25项，竣工25项，完成投资额近400万元（不含2/3G配套光缆）；完成10年续建工程1项。新增加2G站点25个，3G站点31个，新建WLAN小区12处，室内分布18处。投资119万余元对城区及乡镇新建2G、3G基站进行光缆配套，共布放光缆120余皮长公里。保证移动基站的顺利开通，确保城区移动信号的无缝覆盖。10月10日城区光进铜退工作全部割接完毕。按照区委区政府争创文明城市总体工作安排，对城区内跨路杆线进行下地及整治工作，拆除更换破损严重的交接箱15台，更换分线箱300余个。

2012年，全年完成通信服务收入近9000万元，全年共立项工程37项，竣工37项，完成投资额900余万元。全年共新开通3G基站51个，G网1800M基站13个，G网900M基站7个，总计开通71个基站，基站总数达到400余个。2G/3G室分数量达到160余处，WLAN小区达到55处，新开通站点12处。完成14个村FTTH改造，改造570线，新扩AD网点175处，共5975线，改造9个小区，撤交换机120台，开通EPON小区34个，新装设备450台，开通FTTH小区30个。对城区新竣工的大中型小区进行管道、小区机房、FTTH接入配套，保证入住客户对通信的需求。

2013年，全面完成主营业务收入1.1亿元，2G出账用户达到7.5万户，6月6日与薛城区政府签订“智慧薛城”项目，6月9日与薛城公安分局签订警务通协议，7月陆续签署公安系统天网工程、B5线的全部联网工程等20余项。是年共新增WCDMA基站43个，室分系统19套，2G基站4个，移动网基站成环率电路调整17处，宽带网络端口达到8.8万门，端口实占5.4万门。市公司共批复名单制新建改造项目三批，批复资金490万元，共立项名单制项目59项，完成宽带接入新建项目20个，改造项目38个，新建项目新增端口900个，改造项目新增端口4500个，乡镇光进退铜完成8570线对公里。保质保量按时完成区政府电子政务外网工程、国土资源局的整体搬迁、潍焦集团重客业务的建设及开通、圣泉山庄宽带接入等12项新建工程。完成城区及乡镇新建2G、3G基站的光缆配套，共布放基站光缆29皮长公里，约600芯对公里，保证移动基站的顺利开通。对薛城城区及新城城区的主干光环网进行扩容，共新增48-144芯光缆23段，新增光缆交接箱18个，该项目的实施对今后业务支撑和网络的安全运行提供保障。完成城区居民小区FTTB接入与改造36个，乡镇FTTB改造40个。至2013年8月，完成2000余个宽带设备局站、维护人员的关联以及FTTH割接小区光路调测，标准地址关联，对97数据进行清理，提高AD、LAN和epon设备端口占用率，进行楼宇交换机VLAN细化，确保宽带无条件受理的执行。

第三节　经营业务

固定电话

1991年，接入邮电局交换机上的话机1453

部，接入用户交换机上的话机588部。接入邮电局交换机上的话机219部，接入用户交换机上的话机380部。8月，陶庄、邹坞、金河3个局所开通自动电话。

1992年7月，薛城区开通国际直拨电话。接入局交换机上的话机1973部。

1993年，薛城区邮电局5184门EWSD程控交换机开通使用，同时撤掉1989年开通的纵横制交换机。所属各乡镇也相继开通程控电话，薛城通信网完成交换由人工向自动、数字程控的转变，传输由模拟向数字的转变，实现全区电话程控化，乡镇以上传输数字化。局有程控市话交换机容量5184门。实占2849门，出局用户线对数6000对，实占2776对，接入局交换机上的话机2648部。

1994年，接入局交换机上的话机4221部，市话用户交换机实占4166门，1月，薛城、陶庄、邹坞、张范、南石环路微波传输电话开通。同月，邹坞邮电支局开通程控电话，实现数字传输等位拨号并入全国网。7月，陶官邮电所、洪洼邮电所、金河邮电所相继开业。接入市话用户交换机上的话机2454部。

1995年，接入市话用户交换机上的话机3322部，长途区号由“05471”改为“0632”。薛城邮电局新邮电营业厅投入使用。12月20日，薛城区全区366个行政村实现村村通程控电话。

1996年，接入用户交换机上的话机4318部。3月，开办“108”国际直拨对方付费电话业务。10月8日，开办IC卡电话业务。全区有公用电话336部，收入70.56万元。11日，开办166语音信箱业务。16日，开通“120”医疗救护专线电话。薛城区邮电局长途电话去话业务量2280236次，业务收入5534536元。

1997年3月，开通EMS（特快专递）“185”特服业务电话。5月，薛城区邮电局开办“300”业务。长途电话去话量3509036次，业务收入823.1万元。接入用户交换机上的话机4671部。

1998年，接入局用交换机上的话机15775部，接入用户交换机上的话机5321部，市内公用电话总数791部，各类公话收入共计158.2万元。长途电话业务量390万次，业务收入971.8万元。

1999年，接入局交换机上的话机19971部。用户数字程控交换9月开办“800”业务机容量9318门，薛城区邮电局邮电分营后的第一年，薛城电信局长途电话去话业务量392.5万次，业务收入1075.14万元。

2000年，接入用户交换机上的话机5321部，开通IP长途电话直拨业务，密码记账卡方式，接入码为“17908”。薛城电信局长途去话业务量356.53万次，业务收入876.95万元。

2001年，接入用户交换机上的话机4852部，全区公用电话总数已达1130部。薛城电信全面实行公司化运作的第一年，全区电信员工坚持以经营工作为重点，全面推动市话业务的发展，改制用户小交换机入虚拟网40余部，新增市话用户5398部，电话主线普及率达到每百人13.48部，市话收入2215万元。

2002年，全区各类公话达4030部。开办IDD国际长途电话业务。长途电话业务量479.06万次，业务收入470.04万元。

2003年，接入局用交换机上的话机40148部，全区共有人值守公话420部，IC卡公话496部，智能公用电话1502部，智能网接入终端公话4301部，各类公话总数6719部。全区通信业务收入完成3849.62万元。全区新增固定电话用户6951户，电话主线普及率达到15.6%。

2004年，各类公话总数7216部。有人值守公话282部，IC卡公话486部，智能公话1562部，智能网接入终端公话4885部，各类公话总数7216部。全年新增固定电话用户13948户，电话主线普及率达到15.99%。全区通信业务收入完成3896万元。

2005年，完成收入4100万元，净增固定电话3466部，净增来电显示2387部，发展各类公话626部。

2006年，业务收入3477万元，发展固定电话4348部（不含公话），累计达到66498部，发展各类公话606部，累计达到0.79万部；来电显示累计到达4.8万部，灵通悦铃达到0.21万部，固话悦铃达到2.01万部。

2007年，全年共完成业务收入3649万元，本地电话达到72408部。

2008年，固定电话累计到达6.5万户，公用电话净增0.17万户，累计到达1.1万户。

2009年，全年共实现业务收入4925万元，完成年度预算其中固网收入完成3389万元，G网收入1536万元。后付费公话净增401部，累计到达3394部，全区固话累计到达5.05万部。

2010年，固话用户累计到达5.9万户。由于移动电话发展较快，固定电话业务量减少，2013年，全区固话在网用户为4.2万户。

电报

1990年，薛城区邮电局开办各类电报业务达7.63万份。1992年，开办国内公众、礼仪电报业务。1995年后，由于通信技术的发展及社会需求的变化，电报业务呈逐步下降趋势。2001年7月27日，山东省电信公司下发《关于全省公众电报改革的通知》，简化公众电报业务种类，调整业务传递的等级，取消各类电报的特级和加急业务。公众电报的天气、水情、公益、政务、新闻、普通、汇款电报种类改为普通电报处理。2002年，薛城通信分公司有线电报业务停办。

移动电话

1993年，薛城区邮电局安装使用美国产900兆赫蜂窝移动电话系统，区局设移动通信基站，并加入市话网，具有国内国际自动拨号和自动漫游功能。9月，5000门EWSD程控交换机开通使用，并入枣庄程控网，接入用户交换机上的话机815部。

1995年，薛城移动通信信道28个，移动电话用户750户。

1996年，薛城区邮电局开通GSM数字移动基站。模拟移动通信基站扩容，移动通信信道增加32个，信道总数50个。

1997年，全区移动通信电话用户2437户，业务收入917.8万元。1月，陶庄GSM数字移动通信基站和模拟移动通信基站开通使用。5月，张范GSM数字移动通信基站开通使用。

1998年，本地移动电路300路，新建移动通信基站2个开通使用，移动电话用户3494户。

1999年，本地移动电路300路，新建GSM数字移动通信基站3个，对一个基站进行扩容。使移动通信接通率进一步提高。上半年移动电话用户已达5443户。

2009年，G网放号累计到达4.7万部，其中“亲情1+”完成1.3万部，预付费散户完成2.8万部，G网公话完成764户，3G业务完成943部。

2011年，净增3G用户1.1万户，用户总数达到近1.6万部；净增2G用户1.3万户，用户达到6.8万部。全年完成通信服务收入近6000万元。

2012年，净增3G用户1.5万户，出账用户总数达到3.1万部；净增2G出账用户1.3万余户，出账用户达到8.1万部。

2013年，净增3G出账用户2.2万户，出账用户总数达到5.2万户。

无线寻呼

1991年，薛城邮电分局开通无线寻呼业务，当年寻呼用户130户。1992年，增加“127”汉字显示寻呼业务。由于无线寻呼具有比固定电话迅捷便利，比早期移动电话费用低廉的优势，社会需求量激增。1993年12月，无线寻呼直放站建成。

1995年1月，薛城区邮电局建无线寻呼基站1个，全市自动寻呼联网工程建成，实现全省联网，有无线寻呼用户3568户。无线寻呼由4位、5位并存升7位。

1997年，邮电无线寻呼二台开通营业。城区邮电局有无线寻呼用户8830户，业务收入205万元。

2000年后，由于移动电话的迅速发展，无线寻呼通信逐年减少。至2003年，寻呼机用户所剩无几，国信寻呼公司撤销。

无线市话（小灵通）

2002年8月，薛城电信局无线市话（小灵通）开通使用，安装小灵通基站112个。为了小灵通业务的发展，成立无线市话营销中心，年底发展小灵通用户1427户。

2005年，净增小灵通636部，小灵通优化新增基站104个，实现有效益发展的目标，进一步提升通信网络能力和服务支撑能力。

2006年，发展小灵通（含同号）3882部，累计达到1.6万部。灵通悦铃达到0.21万部，对全区小灵通信号覆盖区域进行优化，新增基站25处，优化调整60余处。

2007年，净增小灵通（含同号）2445部，调整优化小灵通基站15个。

2008年，小灵通（含同号）净增0.5万户，累计到达2.1万户。

2009年，小灵通业务净增进742部，累计到达2.2万部。小灵通基站总数达到370个。

2010年，小灵通用户到达1.96万户，“亲情1+”累计到达1.4万户。

宽带（互联网接入）业务

2001年，进行宽带网络建设，采用美国FOVNDRY设备建成汇聚节点，先后安装开通龙潭巷邮电宿舍区，华众纸业有限公司，市委党校3处宽带接入点。

2002年，接入网光缆线路长度37.37杆公里，接入网光缆长度71.25皮长公里，接入网光缆纤芯长度830.27芯公里，已用纤芯97.74芯公里。薛城有宽带网端口总数44个，实占端口6个，宽带业务网中继电路总带宽155Mbps。完成八中、实验小学、矿区建行、地税局宽带接入点安装调测工作。

2003年，接入网光缆线路长度48.26公里，接入网光缆长度83.28皮长公里，接入网光缆纤芯长度918.37芯公里，已用纤芯125.29芯公里。投资600多万元，进行三级传输网络建设，完成区驻地的光环建设。本地网线路工程完成48项，新建模块局机房14处，开通接入网点9处。

2004年，自行设计开通“光纤+LAN宽带线路”到小区60余处，AD设备30余处，新建AD用户端口1200余线。

2005年，净增宽带用户3607户，新建宽带小区13处，宽带网络覆盖所有小区及乡镇，网络支撑能力和技术层次不断提高。

2006年，为保障宽带结构布局的合理性，对宽带DSLAM设备重新进行VLAN划分，更换全区53个小区的楼宇交换机358台；积极配合相关部门按期完成电子政务网60个网点的开通工作，调整光纤线对600对用于部分单位联网工程项目建设改造工作。薛城区政府电子政务网已投入运行，接入用户达到100余家。农村远程教育联网已有200个农村和19个社区党员干部远程教育接入点实现接入，联网渗透率达到85%，接入站点达到171个。

2007年，全年净增宽带3944部，达到14240部。2008年，宽带业务净增0.54万户，累计到达1.9万户。2009年，新增宽带用户0.68万户，累计到达2.6万户。2010年，净增宽带用户0.63万户，累计到达3.3万户。2011年，净增宽带用户0.6万部，宽带用户达到3.1万户。2012年，宽带达到2.8万部。2013年，净增宽带用户0.8万户，宽带用户总数达到5.4万户。

服务

2007年，全年共接受受理客户投诉460次，咨询2660次，服务质量显著提高。

2009年，电话障碍修复及时率、障碍申告率、累计障碍重复申告率、宽带障碍修复及时率≤97%，均达标。9月，先后改造装修金河、夏庄、周营营业部营业厅，更新10处营业窗口的办公家具，服务环境得到较大改善。

2011年，全年共受理投诉咨询查修等留单3823件，省公司转投诉331件，投诉处理及时率和满意率98.1%，各类投诉呈下降趋势。服务质量得到有效提升。8月，投资近百万元改造中心主营业厅，装修改造后的主厅，面貌一新，营业面积扩大近一倍，各业务区域明晰有序，提供的业务功能更全。

2012年，强化对装修移机工作的支撑，查修有障碍的主干、配线电缆80余条，布放各种型号光缆20皮长公里，延伸小对数电缆22皮长公里。全年共受理“10010”转客户咨询、查修等留单4010件，受理“10010”转客户投诉200余件。用户有理由投诉呈持续下降趋势。投诉处理及时率和满意率98.7%，服务质量得到有效提升。中心营业厅先后被授予省级青年文明号、省级巾帼文明示范岗、省级工人先锋号称号。

2013年，全年城区新建沃店3家，合作厅12家，便利店6家；升级改造沃店4家，合作厅5家，便利店7家。乡镇农村共有合作厅48家，沃店12家，已建设村级服务站230余个，联通沃店遍布城乡，方便用户办理各项业务。共处理客户投诉354件、咨询3510件，投诉、咨询首次处理及时率为98.85%，用户满意率同比有较大的提高。公众客户响应中心各项服务指标提升比较明显，装移机历时从年初的1373分钟下降到802分钟，修机历时从1880分钟下降到786分钟，解决待装库工单234张。提升业务保障能力，更好地为市场发展服务。

薛城区卷

第八编

开放　开发

第一章 招商引资

第一节 管理机构

2000年，薛城区成立招商引资工作委员会，下设办公室。是年，成立薛城区招商局，机构编制13人。2003年6月，全区12个乡镇成立招商分局，明确一名副书记或副镇长（副乡长）任分局长，列为副科级事业单位。

第二节 政策措施

优惠政策

2000年3月，区政府制定出台《薛城区招商引资优惠政策》，在用地税收等方面制定具体的优惠政策，对投资者给予优惠，同年，印发《薛城区招商引资考核奖励暂行办法》。2001年3月，召开薛城区2000年度招商引资、外经外贸表彰奖励大会，对2000年度招商引资工作中表现突出的区委办公室、区招商局等10个区直部门，陶庄镇等12个乡镇以及许新泉等25名个人兑现奖励844.87万元；2002年3月，对李长江等30名个人和7个镇街以及外经贸局等10个区直部门兑现奖励约1100万元。

2004年3月，区招商委牵头重新修订《薛城区招商引资考核奖惩暂行办法》，规定对规模以上工业投资项目由原来的“三免两减半”统一修订为“十年减半”。6月，薛城区出台《关于进一步加强招商引资工作的意见》，对于机关事业单位人员离岗从事专职招商、发展民营经济的，3年内留职、留级、留薪。2008年6月，区外经贸局牵头再一次对新修订《薛城区招商引资外经贸优惠政策》，规定凡投资2000万元以上工业项目，区级地方行政事业性收费全免，项目负责人和引荐人按照项目投产后缴纳税收比例奖励。2012年修订出台《薛城区招商引资优惠政策》，规定固定资产投资2000万元以上工业、基础设施、农业开发项目，区级以上收费向项目3年内减半征收，第一年按照企业三税地方流程部分的70%，第二年按照当年三税地方流程部分的50%，第三年按照30%缴纳。

招商服务

改善发展环境，增强竞争能力，在改善交通、电力、通信等硬件设施方面的同时，努力改善发展的软环境。区政府信息中心设立薛城区招商网站（www.xuecheng zsyz.com），区电视台设立《招商引资专访栏目》，刊发《招商简报》《招商项目快讯》等，全程纪实宣传报道招商引资工作事宜；全区大力营造“亲商、爱商、安商、重商”的社会发展氛围，区委、区政府规定，薛城以外都是外，面对外商不说不能办，要说怎么办。

2000年2月，成立薛城区经济环境保护委员会，抽调监察、司法、公安、民营等6个部门10余人精干力量专司破坏营商环境、“三乱五霸”等侵害投资者利益的违法犯罪现象。是年，成立招商引资一站式办公服务大厅，抽调建设、公安、财政、环保、国土、税务、卫生七部门人员在一站式大厅联席办公，为外来投资商提供一站式服务。至2001年年底，一站式服务大厅作为窗口业务中心登记接待外商来访160人次，受理审批业务39宗，协调外商子女入学入托12名，办理税费减免17例。2003年年初，全区选派40名干部分赴北京、天津、塘沽、厦门、漳州、泉州、江西永康等地进行考察学习，全区掀起招商引资新一轮高潮。4月，区委、区政府再次派出区委、区政府两办牵头共计22人的赴江苏邳州、山东省临沂考察组，学习当地小商品批发和木制家具加工等方面的成功经验。

第三节　招商活动

2000年4月，全区赴深圳举办薛城区产业项目推介会，邀请到会客商155人，推介项目46个。9月，参加第一届中国枣庄国际石榴节暨投资贸易洽谈会，邀请到会客商231名，签约项目165个，项目引资金额5.37亿元，贸易合同5个，合同金额约1.313亿元，达成意向40个，意向金额17.66亿；印尼光彩集团投资2亿美元用于20万吨牛皮卡纸生产线，成为当时参加市签约的最大外资项目。

2001年，赴泉州参加枣庄薛城泉州投资贸易恳谈会，邀请与会客商242人，签约项目合同171个，合同金额9.22亿元。

2002年9月，参加山东省政府组办的广州小商品交易会，签约贸易合同6个，合同金额1.55亿元。

2004年4月，赴杭州举办山东枣庄浙江恳谈会，发布项目66个，涉及产业领域10个。6月，参加枣庄市第一届鲁台经洽会，邀请函客商240人，签约项目合同54个，合同金额10.7亿元。9月，赴韩国举办山东枣庄薛城（首尔）项目投资和产品贸易说明会。

2005年3月，组团参加“韩国进出口中国投资贸易洽谈会”。6月，参加市政府在香港举办的“中国枣庄（香港）招商会”。7月，经贸代表团参加市政府在韩国举办的“中国枣庄（首尔）投资贸易说明会”，签订项目合同7个，合同利用外资2252万美元。

2006年4月26—30日，在杭州举办第二届薛城投资项目项目说明会，邀请客商205人，签约项目合同113个，合同金额30亿元。区委、区政府于2006年8月出台《薛城区人民政府关于创新招商思路全面加强招商引资工作的意见》，提出创新招商思路的新要求，安排部署全区开展“以商招商”“抱团招商”“产业链招商”“小分队招商”的四大创新招商形式，根据职能归口成立工业、房地产、旅游服务、煤化工等20个专业招商小分队，奔赴珠三角、长三角、京津冀重点招商区域开展小分队招商，区财政视招商活动开展情况从区财政列支专业招商经费120万元；区委、区政府同年实施驻点招商，先后成立薛城区政府驻韩国办事处，驻东莞办事处和驻厦门办事处。

2000—2005年薛城区参加中国（枣庄）国际石榴节暨投资贸易洽谈会引资情况统计表

表8-1

时间	届次	会见客商人数（人）	签约合同项目（个）	合同总额（亿元）	合同利用资金（亿元）	其中境外资金（万美元）
2000年9月	一	240	54	10.7	10.7	9000
2001年9月	二	157	44	4.96	4.77	0
2002年9月	三	165	71	6.09	5.91	100
2003年9月	四	212	66	34.17	27.08	130
2004年9月	五	166	42	41.41	40.87	1300
2005年9月	六	199	51	25.02	24.37	350

第二章　乡镇企业、民营经济

1991年以来，薛城区乡镇企业认真贯彻落实国家、省、市、区发展乡镇企业的各项方针、政策，强化企业管理，狠抓技术改造和产品开发，全区乡镇企业得到全面快速发展。1991年，区委、区政府根据全区乡镇企业发展实际，在学习借鉴外地经验的基础上，制定《关于促进乡镇企业发展的若干意见》，对乡镇企业发展及有关人员待遇和奖励等问题都作出具体规定，为企业发展创造良好的外部环境。2000年以后，全区掀起大力发展民营经济的热潮。仅2000年，区委、区政府就先后两次召开全区民营经济动员大会，明确支持、大力倡导发展民营经济，并成立区经济环境保护委员会，治理优化经济环境。为进一步推动全区民营经济实现超常规、跨越式发展，2003年8月，区委、区政府制定《关于进一步加快发展民营经济的意见》。2007年3月，区委、区政府下发《关于促进民营经济更好更快发展的意见》，进一步推动和激励民营企业做大做强。各乡镇为培植新的经济增长点，也制订优惠的政策、创造宽松的经济环境，加大招商引资力度，采取各种方式、方法推动民营经济发展。2013年，区政府出台《关于大力培育市场主体支持中小微企业发展的实施意见》，对降低市场准入门槛、加快个转企步伐、支持中小微企业转型升级等方面都进行明确的规定，全区民营经济得以更进一步迅速发展壮大。2013年，全区民营经济单位数达到1.87万户，从业人员7.8万人，注册资金29.6亿元，实缴税金14.5亿元。

第一节　管理机构

1984年，薛城区乡镇企业局成立，主管全区乡镇企业。2000年4月，为促进全区民营经济的快速健康发展，区委、区政府以区乡镇企业局为基础，组建区民营经济发展委员会，与区乡镇企业局一个机构、两块牌子。2002年3月，撤销薛城区乡镇企业局（区民营经济发展委员会），组建薛城区民营经济发展局（挂薛城区中小企业局牌子）。2010年12月，撤销区民营经济发展局，单独设立薛城区中小企业局，内设科室为办公室、经济运行科和产业指导科，下属事业单位为薛城区民营经济发展服务中心。

第二节　乡镇（街道）企业

1991年年底，全区乡镇企业发展到210家，从业人员达22464人，全区逐步形成以煤炭、建材、化工、轻工为主，运输、建筑、加工、服务等全面发展的乡镇企业新格局。1993年，全区选

1991—2000年部分年份薛城区独立核算乡镇企业基本情况统计表

表8-2

年份	企业数（家）	从业人员（人）	总产值（万元）	营业收入（万元）	利税（万元）
1991	210	22464	42344	33467	4869
1994	243	27673	73170	71707	6695
1997	474	39235	142910	138670	11900
2000	650	48020	388486	380716	34264

择36家乡镇企业开始进行股份制试点，取得初步成效。1995年起，全区乡镇企业进一步加快公转民进程，除煤炭企业外，各乡镇将所有地面企业包括建筑业全部列入改制范围。其中，枣庄玻璃制品总厂、邹坞采暖设备厂等企业都改制为规范的有限责任公司。至2000年年底，全区乡镇企业通过公转民、破产、兼并、转让等方式，全部改制完毕。全区独立核算乡镇企业650家，从业人员48020人，分别是1991年的2.1倍、1.14倍；实现总产值388486万元、营业收入380716万元、利税34264万元，分别是1991年的8.2倍、10.4倍、6.0倍。

第三节　民营经济

管理与发展

1991年起，全区民营经济稳步发展。2000年，全区民营经济动员大会召开后，全区上下积极调整发展思路，转换发展角度，力促民营企业加强管理，扩张总量，膨胀规模，提高产品的科技含量和附加值，全区民营经济保持快速发展的良好势头。2013年，山东多乐采暖设备有限公司被省政府评为“山东省先进中小企业”。山东智赢门窗系统有限公司、山东同济机电有限公司、山东中力高压阀门股份有限公司、山东多乐采暖设备有限公司、山东北斗制冷设备有限公司5家企业的研发中心被认定为省级“一企一技术”研发中心，山东智赢门窗系统有限公司、山东同济机电有限公司被认定为省级“一企一技术”创新企业，山东联兴玻璃股份有限公司、山东智赢门窗系统有限公司、山东善利元商贸有限公司等10家企业被认定为省级“专精特新”企业，薛城区民营企业协会被认定为省级中小企业培训机构。

经济结构

主体结构　1991年前，全区民营经济中个体户占主体，私营企业户数少、规模小。1991年年底，全区民营经济单位6856家，其中个体工商户6628户，私营企业228家；注册资金13388万元，其中个体工商户1988万元、私营企业11400万元。自1995年起，随着全区各项经济发展政策的出台，全区个体工商户发展迅速，私营企业由于企业改制、招商引资等得到较大发展。个体工商户主要从事餐饮住宿业、加工业等，私营企业主要从事水泥建材、食品加工、机械制造、工艺美术及日用品制造、日用化学品制造五大行业。2000年，全区民营经济单位数达到14061家，其中个体工商户13627户、私营企业434家；注册资金49999万元，其中个体工商户6813万元、私营企业43186万元。2013年，全区民营经济单位数发展到18700家，其中个体工商户17150户、私营企业1550家，分别是1991年的2.7倍、2.6倍、6.8倍；注册资金296000万元，其中个体工商户110000万元、私营企业186000万元，分别是1991年的22.1倍、55.3倍、16.3倍。

规模结构　2000年，全区营业收入在500万元以上的私营企业58家。2013年，年营业收入在500万元以上的私营企业196家，缴纳税金500万元以上私营企业25家。其中，年营业收入500万元至1000万元27家，占13.8%；1000万元到5000万元143家，占73%；5000万元至10000万元16家，占8.2%；10000万元以上10家，占5%。全区玻璃制品、水泥建材、食品加工、木材加工、机械制造五大行业规模以上企业55家，实现增加值13.2亿元。其中，玻璃制品行业共4家，实现增加值8900万元，机械制造行业企业26家，实现增加值39000万元。全区第三产业民营经济单位数中，批发和零售业经营户数、从业人员、注册资金所占比重较大，分别占总额的40.4%、54%、48%；住宿及餐饮业所占比重居其次，分占总额13.4%、19.2%、22.5%，交通运输仓储业和居民服务、修理和其他服务业以及文化及信息产业所占比重依次降低。

产业结构　2000年后，全区民营经济的发展，从规模上看，第一产业较小，第二、第三产业较大；从发展速度上看，第二、第三产业发展较快；从总量上看，三次产业总量不断扩大，第一、第二产业所占比重呈下降趋势，第三产业所占比重呈迅速上升势头。2013年，全区第一产业民营经济单位户数、从业人员、注册资金分别为2000年的1.2倍、2.0倍、1.9倍；第二产业民营经济单位户数、从业人员、注册资金分别为2000年的1.99倍、3.1倍、3.7倍；第三产业民营经济单位户数、从业人数、注册资金分别为2000年的1.8倍、3.5倍、2.2倍。

2013年薛城区规模以上民营企业主要行业统计表

表8-3

行业	企业数（家）	从业人员（人）	产值（万元）	销售收入（万元）	利税（万元）
玻璃制品	4	970	34100	32377	4656
水泥建材	5	645	24311	26310	3997
食品加工	15	1385	81484	79853	8966
木材加工	5	294	15630	15317	2290
机械制造	26	2029	120050	117000	18675

2013年薛城区第三产业民营经济分布统计表

表8-4

类别	企业家数		从业人员		注册资金	
	家数(户)	占第三产业%	人数(人)	占第三产业%	资金(万元)	占第三产业%
批发和零售业	325	40.4	5879	54.0	24703	48.0
住宿和餐饮业	211	26.3	2091	19.2	11581	22.5
交通运输仓储业	108	13.4	1309	12.1	6896	13.4
居民服务、修理和其他服务业	104	12.9	1039	9.6	4014	7.8
文化及信息产业	56	7.0	549	5.1	4271	8.3

经济效益

2000年，全区16家限额以上私营企业实现工业增加值25735万元、销售收入73361万元、利税7964万元，分别占全区70户限额以上工业企业的32.7%、28.4%、31.3%。2010年，全区民营经济纳税额45038万元，其中个体私营经济纳税额32427万元。2013年，全区民营经济纳税额134469万元，是2010年的2.98倍。其中，个体私营经济纳税额115643万元，是2010年的3.57倍。是年，全区115户规模以上私营企业实现工业增加值233308万元、销售收入1052448万元、利税78665万元，分别是2000年9倍、14.3倍、9.9倍。

第三章　对外贸易

第一节　管理机构

1987年4月，区外贸公司成立，公司正式员工23人。1988年5月24日，薛城区对外经济贸易委员会成立，列政府序列，为科级行政机构，人员编制12人。全区对外经贸工作正式纳入政府工作体系。随之，全区涌现出枣庄天元精细化工、海湾工程塑料有限公司、木雕工艺品等一批出口企业。至2013年，全区自营进出口企业62家，出口产品包括板纸、钛白粉、天然焦、服装等，累计完成进出口总值6.727亿美元，其中出口3.709亿美元。

第二节　进出口贸易

1990年3月1日，区政府出台《薛城区外贸出口优惠政策》《薛城区外贸企业出口退税及奖励暂行办法》，1992年4月，区政府委托中国贸促会制定《薛城区对外经济贸易合作中远期发展规划》，划定钛白粉、版纸、天然焦、纺织机械、手工艺品五个类别的主导产品作为全区出口的拳头产品，定位为“两来一补、两头在外”、订单式合作的对外开放起步模式。2001年1月至2013年，全区共计完成外贸进出口总额4.9736亿美元，年均增长率14%，累计完成外派劳务1351人，劳务金额达20265万美元。

2001—2013年薛城区进出口贸易统计表

表8-5　　　　单位：万美元

年份	进出口总额	其中出口
2001	925	703
2002	2823	910
2003	3304	1144
2004	1383	728
2005	565	519
2006	1186	1012
2007	1845	1430
2008	2000	1650
2009	2232	1522
2010	4327	2462
2011	8106	3753
2012	8030	5817
2013	5903	4533

全区重点针对四大海外市场、五个主要贸易伙伴和六大支柱出口企业或产品（华众纸板厂、天元钛白粉厂、天然焦厂、金悦丽毛巾厂、高发玩具公司、麒彩手性化工公司），引进一大批国外的技术和资金，壮大薛城区的外贸企业，拓展企业的海外市场空间。1990年，全区拥有外贸自营进出口权限企业6家，2013年拥有60余家。

2008年9月，韩国东洋制铁化学株式会社（ICO）专务金仁元、副专务李基镐和副专务姜炯柱到薛城考察25万吨煤焦油投资事宜，薛城区政府、区商务局派员随同谈判并分赴河南省，山东省临沂、日照等地考察原材料供应情况以及仓储、运输、装船、港口和外运事宜。

全区2009年一季度为韩资出口企业高发玩具公司举办专场招工说明会3次，区政府和区外经贸局（区商务局）在政府信息网站和招商外经贸网站为包括金大鹏服装加工等韩资企业发布招工信息100余条；是年11月，薛城区申请市级批文为美国SES公司提供海化闲置用地26.67余公顷，盘活增批用地指标63.33公顷，帮助企业节约前期费用3100余万元，使得企业顺利落地建设。

2010年，注册成立远通纸业公司，2013年，全区到位外资934万美元，占全市总量的72.9%，居全市首位，《枣庄日报》头版刊发题为《薛城渐成外资进入“高地”》的特约评论文章。

第三节 劳务输出和对外投资

区外经委成立之初，不仅承担着对外进出口各项业务的管理、服务、考核，同时肩负着境外技术引进和外派劳务等多项经济活动的业务，自1988年，薛城区首次实现外派劳务至2013年，已累计实现外派劳务1351人次，劳务金额165万美元，同时引进美国、新加坡、日本、韩国各国专利技术161项，实施重点项目工艺技术改造更新424项，极大拓宽全区对外经贸技术交流和劳动力海外就业增收的渠道。1990年5月，薛城区出台《薛城区外经贸事业发展暂行办法》，依据文件，1992年1月，薛城区从区财政列支专款对当年实现出口实绩“零突破”的薛城铁合金厂和炭黑厂分别给予3万元和2万元奖励；对完成企业外派劳务15人的原通用机械厂给予当年（财税年度）全年免税的优惠鼓励；对于原海湾公司（后改制称ABS有限公司）给予返还8万元区级已缴纳税款的奖励。1993年2月，区科协申请对天元钛白粉厂（现天元精细化工有限责任公司）从美国引进的云母珠光颜料光泽固定专利给予技术吸收转化专项奖励3万元。1997年，培训区内矿务局下岗人员赴东南亚和巴西进行工程承包，其中12人在马来西亚布成橡胶园签订劳务建设合同。

第四章 园区开发与基地建设

第一节 山东薛城经济开发区

薛城经济开发区位于薛城区中心城区南部，是山东省人民政府批准建设的省级开发区。薛城经济开发区由上海同济规划研究设计院和山东省规划设计院设计，核区面积4平方公里，远期规划面积38平方公里，辖总部经济和研发中心区、高端装备制造园、精细化工园、铁水联运物流园等特色园区，规划陶庄煤炭深加工循环经济产业园和邹坞重化工园重点发展煤化工，形成一区多园、主导产业突出、错位发展的格局，是苏鲁豫皖交界地区发展最快、最具有活力的经济开发区之一，先后被中国经济网、中国品牌管路协会等评为“最有实力开发区”“最佳投资环境工业园区”。至2013年，开发区注册企业166家，完成项目总投资412亿元，安置就业人员24000余人。2013年，开发区共有企业79家，其中制冷、机械制造行业33家，食品行业9家，轻纺服装行业8家，化工行业4家，其他行业25家。实现规模以上工业总产值188亿元，主营业务收入190亿元，固定资产投资70亿元，实际到账外资2119万美元，税收收入7.8亿元，进出口6525万美元，成为薛城对外开放的重要窗口和经济发展的重要引擎。

组织机构

薛城经济开发区于2000年10月由枣庄市政府批准建设，原名为薛城区工业园，2001年9月，薛城区工业园正式成立，命名为薛城区工业园（常庄民营经济园区），并设立园区管理委员会。工业园规划起步区1.56平方公里，分为生产经营区、生活服务区和市场贸易区，是以工业项目为主，集生产、生活、休闲娱乐于一体的园区。2003年，设立薛城工业园管理办公室，为正科级全额预算管理的事业单位，隶属区政府。2002年5月，山东省中小企业办公室和山东省建设厅将薛城区民营经济园命名为省级民营经济示范区。2005年6月，薛城工业园管理办公室更名为薛城经济开发区管理办公室，原机构性质保持不变。2006年3月，薛城经济开发区通过山东省人民政府批准，成为省级开发区，核区面积4平方公里。2006年8月，薛城经济开发区管理委员会、经济开发区党工委成立。2007年3月，薛城经济开发区管理委员会批准为正县级事业单位，设置办公室（加挂经济环境投诉中心牌子）、建设环保局、招商和项目管理局、财政局4个内设机构。2013年1月，增设管委会财税管理局和公用事业局。开发区本着“客商至上”的原则，努力为区内企业和投资商提供便捷、全面的服务。特别是坚持和实行项目帮包责任制，从项目洽谈、手续办理、开工建设到建设成投产全程跟踪服务，积极帮助企业协调解决建设、生产、经营、融资等方面出现的实际问题，切实让投资者办事顺心、创业安心、生活舒心。

规划布局

始终坚持规划先行，按照“高标准规划、高起点定位”的原则，全面拉开经济开发区发展框架。2001年，工业园规划起步区1.56平方公里，分为生产经营区、生活服务区和市场贸易区，是以工业项目为主，集生产、生活、休闲娱乐于一体的园区。

2006年，薛城经济开发区成立，按照产业发展与城市建设相结合的理念，将经济开发区纳入薛城区城市发展总体规划，结合城市建设发展需求，合理规划各特色园区产业发展和空间布局，编制经济开发区近期4平方公里、远期26.1平方公里的总体规划、区域详细规划和产业分区规划，同时按照开放式、组团型发展模式，将机械制造、精细化工、现代物流作为产业发展重点，规划建设机械制造园、精细化工园、铁水联运物流园、高端装备制造园。特别是根据南水北调工程建设有关部署，重新规划原有的精细化工园，规划建设陶庄煤炭深加工循环经济产业园和邹坞重化工园。

2009—2012年，经济开发区根据中心城区体制调整及全区经济发展现状，对各特色园区修正定位、完善规划，远期规划面积38平方公里，辖总部经济和研发中心区、高端装备制造园、精细化工园、铁水联运物流园等特色园区，开发区东区实施“退二进三”战略，重点发展总部经济和研发中心，高端制造园大力发展新型制造业，铁水联运物流园重点发展临港产业和专业市场群，精细化工园、陶庄煤炭深加工循环经济产业园和邹坞重化工园重点发展煤化工、精细化工项目，开发区一区多园、主导产业突出、错位发展的格局逐步形成。

2013年，根据区委、区政府“六位一体、产

临港物流码头

城融合”的发展思路，提出加快铁西新区建设的发展理念，并启动实施铁西新区发展规划。铁西新区规划坚持以开发区产业升级为核心，统筹城乡发展，产业提升与城乡建设相融合，以发展成为产业聚集、和谐居住、绿色生态的综合产业园区。

铁西新区以疏港路为中心发展轴线，形成“三横四纵”（三横：珠江路、何庄一路、新郯薛路；四纵：海化路、疏港路、永福南路、泰山路）为框架，联系开发区建成区、精细化工园、铁西新区、铁水联运临港物流园和珠江路金融商服区。产业发展方面，依照枣庄市总体规划和开发区规划，着重发展精细化工、高端装备制造业、农产品和食品加工业、新型建材、电子科技、纺织服装业以及现代物流业；开发区东区和珠江路金融商服区将主要以聚集吸纳科研研发、电子商务、金融服务和总部经济等生产性服务业项目产业；开发区西区和铁西新区将以聚集高端装备制造、农产品和食品加工、新型建材、电子制造以及纺织服装等制造业为主；精细化工园内原有的重煤化工企业将逐步实施“退城入园”，转向生物医药、精细化工、新能源等产业，实现产业升级，降低园区环境压力；临港铁水物流园将重点打造现代物流业。充分依托以上各专业产业园区，形成集“智、研、产、运”于一体，产业聚集，产品丰富的综合性园区。基础配套方面，在珠江路两侧、疏港路铁西新区处分别建成新型城市或城乡社区以及公共服务区，以满足城乡一体化建设的需要和各类产业园区生产和生活性服务配套的需要。生态环境方面，依托开发区内自然水体河流和京沪铁路以及交通干线，打造生态保护区域和绿色防护景观带；同时，充分利用铁西新区与铁水联运物流园区衔接区域，重点发展观光农业和休闲农业等现代特色农业。最终形成多种产业组合，服务功能齐全，生产生活配套，城乡统筹产业统筹，宜居宜业，生态环保的产城融合型综合性产业园区。

发展机制

2013年，为更好地服务园区发展、提高工作效率，不断探索完善开发区项目管理服务体制、企业税收征管机制和基础设施建设投入等各项配套制度。建立项目清理置换投入机制。为进一步提高开发区发展质量和效益，对区内投资强度低的项目，已停产、半停产的企业，以及经济运行差、长期纳税低的企业，依法实施清理置换，腾出发展空间。对需要清理置换的项目，一律由开发区管委会负责，相关镇（街）和部门搞好配合，严禁镇（街）或部门私自清理置换项目；需清理置换的项目资产和土地由区政府指定区直企业收购；对置换进入开发区建设的新项目由项目引荐单位申报，统一安排、布局。理顺财税体制。开发区对内企业税收征管实行“扎口”管理、统一征收，同时按照分税制原则，凡镇（街）引荐项目所缴纳的税收按财政体制按月计入镇（街）收入。调整经济开发区基础设施建设投入机制。为加强基础设施建设，增强经济开发区承载力和吸引力，开发区及各特色园区基础设施建设以区财政投入为主，由区住建、交通等部门具体负责实施园区道路、路灯、供排水、绿化、环卫等基础设施建设。同时，在原财政核定的基础上，每年从新增部分再按一定比例提取费用，用于经济开发区建设管理。

基础建设

开发区建立以来，按照现代工业“七通一平”的要求，逐年加大建设资金投入力度，配套完善各项基础设施，努力增强项目承载功能，实现道路、通信、供电、供水、排水等“七通一平”和环境绿化美化。区内建有110千伏2处变电所和35千伏1处变电所、4处铁路货场和1座日处理污水8万立方米的污水处理厂，生产条件优越。道路路网畅通，水、电、通信等各类管线配套完备，铺设中水回用、南水北调用水管道，有完善的供电、供气、供热、供排水管网，承载能力及辐射带动能力不断增强。围绕产城融合发展的思路，通过多种方式筹集建设资金，全面提高开发区基础承载和生活配套设施建设，逐步配套建设住宅、学校、医院、市政公交、休闲娱乐等基础和配套设施建设，积极打造适宜生活和居住的良好环境，为实现工业与服务业的深度融合、产城一体发展奠定良好基础。

集约增效

坚持可持续发展的原则，严把项目入区建设关，严格控制用地面积，注重集约、节约利用土地。严把项目用地关。严格把好合理用地、科学用地作为基本前提，根据项目的投资总量、单位面积投入强度、科技含量等指标作为提供土地的依据，2007 年以来，开发区入区项目固定资产投资须在 5000 万元以上，投资强度每亩 200 万元以上，并对科技含量低、有污染的项目以及低水平重复建设的项目坚决不予入园。同时，优化项目用地结构，引进项目和建设重点向支柱产业的核心技术和优势产品集中，向现代服务业集中，向总部经济和研发机构集中。鼓励现有企业做大做强。通过不断改善投资环境，努力提供优质服务，在不新增用地的基础上，吸引企业增资扩股，鼓励企业进行二次投资。充分发挥现有土地、厂房的增产潜力，鼓励企业在原厂房加层或利用超面积绿化用地、空地上建造厂房，推广建造多层厂房在政策上给予优惠，鼓励和引导企业建设多层厂房。盘活闲置用地。加强对入区项目的管理，对投资强度低的项目，已停产、半停产的企业，以及经济运行差、长期纳税低的企业，加大“腾笼换鸟”和项目清理置换力度，全面提高项目运行质量。成立以来，先后清理、整合、置换 40 余个违约项目，累计盘活开发区土地 86.67 余公顷。2013 年以来，先后清理置换项目 11 个，盘活土地 17.33 公顷，置换引进智赢门窗二期、农夫食品、聚源电力、澳牛食品等项目，帮助爱德士鞋业、智赢门窗实现规模扩张，进一步提高土地的利用率，促进开发区健康良性发展。

节能环保

注重节能环保，着力打造绿色开发区。完成开发区环境评价。认真落实《中华人民共和国环境影响评价法》和《建设项目环境保护管理条例》，委托山东省环科院对开发区（精细化工园）环境评价进行综合论证，完成开发区区域环境影响评价报告。同时，完成开发区区域环境评价工作，分别委托山东省环境科学院和山东正衡国土勘测评估有限公司，开展开发区区域环境跟踪评价和土地集约利用评价工作，编制完成跟踪评价报告基本并进入问卷调查阶段，土地集约利用评价“四个发展方向区”已划定并报部备案，综合评价已通过省国土厅专家评审审核。做好中水回用。充分发挥现有污水处理厂的水处理能力，持续加大水处理工程投入，投入使用中水回用工程，所生产的中水主要用于开发区和精细化工园。同时，不断加大污水管网和中水回用管网工程建设，开发区东西区实现污水和中水管网实现全覆盖。着力发展循环经济和产业链经济。依托海化煤业公司，积极引进上下游配套项目，重点发展精细化工产业，实施海化焦炉搬迁，奥瑟亚煤焦油、10 万吨甲醇、埃新斯合成气等项目落户精细化工园。规划建设热电多联产循环经济百亿产业园，项目以炭黑尾气、劣质煤作为燃料，进行供热发电，是集资源综合利用、环境保护、热电多联产于一体的效益工程、民心工程，项目一期已建成发电，项目二期正在积极运作。同时，严把高耗、低效项目入区关，抓好开发区部分高耗高能项目清理工作，切实把开发区内高耗、低效、污染重的企业清理出开发区。

入区企业

开发区紧紧围绕“城市新门户、物流新枢纽、制造业新基地、煤化工新园区”的发展定位，依托传统制造业、煤化工资源和铁水路联运优势，着重培植发展精细化工、机械制造、轻纺服装、临港物流、玻璃制品等主导产业。经过多年的建设发展，开发区已形成以机械制造、精细化工、现代物流、食品加工、新型建材等为主的特色产业格局。特别是近年来建设总投资35.8亿元的污泥焚烧热电多联产、总投资56亿元的万洲·浙商城、总投资3.3亿元的金板建材、总投资2.2亿元的银牛面业等一批大项目、好项目，培植以韩国OCI化工、美国埃新斯制气等为主的精细化工产业，以同济机电、贝斯特机械、北斗风机、金纺印染等为主的机械制造业，以银牛面业、夫宇食品、金穗制粉等为主的食品加工业，以万洲·浙商城、枣庄港、双新物流、恒瑞钢材市场等为主的商贸物流等产业，以爱德士鞋业、新百艺包装、高发玩具等为主的劳动密集型产业，以金板建材、智赢门窗、宏伟装饰为主的新型建材生产加工产业。

第二节　经济开发区企业选介

枣庄市高晟实业公司

枣庄市高晟实业公司始建于1980年，位于枣庄市薛城区经济技术开发区疏港路，占地5.33公顷。公司属集体所有制法人单位，是单独纳税的经营实体，主要经营矿用设备、矿用电器及配件、机械维修、化工制品、树脂锚杆固剂、重介磁铁粉等。拥有固定资产16739万元，年总收入1.5亿元，总产值8000万元，公司工商信用等级为AAA级企业，注册商标为“高晟牌”商标。

爱德士鞋业（山东）有限公司

爱德士鞋业集团主要生产鞋子、服装、化工贸易、房产开发于一体的多元化企业，公司下设江苏南通、如东、睢宁，安徽阜南，山东薛城，以及柬埔寨等10家制鞋和一家服装生产基地，有员工5200人，高管人员300人，技术研发人员120人，是家非常专业的制鞋企业。爱德士鞋业（山东）有限公司系新加坡独资的制鞋专业工厂，于2007年10月入驻薛城经济开发区。2013年，公司成功收购周边工厂并将制鞋业制造总部迁入山东薛城，规模扩增年产300万双的生产流水线。爱德士鞋业（山东）有限公司多次受到区、市政府的嘉奖，连续被评为纳税大户和先进企业。

山东省北斗制冷设备有限公司

山东省北斗制冷设备有限公司是专业从事制冷设备研究、开发、设计、制造、销售、项目承包的现代化综合性股份制有限公司，公司主要生产、经营高效空气冷却器、高效节能蒸发式冷凝器、食品速冻设备、高效低噪通风机、冷库门、风幕机、铝合金排管、各类制冷辅助设备及压力容器等优质产品和压力管道工程的安装；产品广泛应用于石油、化工、医药、水利水电、煤炭、煤化工、化肥等工业制冷及乳品、啤酒、食品饮料、食品、果蔬的低温加工、冷冻、冷藏及冷链物流和建筑空调制冷等领域。公司在国内制冷空调行业率先取得全国工业产品生产许可证，并通过质量、环境、职业健康安全管理体系认证；取得中华人民共和国特种设备制造许可证、设计、安装改造维修许可证；北斗公司注册的“薛风”商标获评山东省著名商标，2011年获枣庄市市长质量奖。同时取得多项科技创新成果和多项发明专利及实用新型专利技术。2009年坝体浇铸冷水冷风机组创新项目得到国家和省的科技基金支持。成立上海交通大学博士工作站及枣庄市制冷设备工程技术研究中心。产品被国家机械工业局评定为一等奖。是中国制冷学会、山东省制冷学会、新疆制冷学会、中国风机协会、中国氯碱协会会员单位。公司一直引领枣庄市制冷企业的发展，生产规模、管理和销售大大领先与枣庄市其他制冷企业。制冷辅助设备生产规模及销售额山东省排名第三位，国内排名第十五位，是山东省制冷学会理事单位。

顺翔科技发展有限公司

顺翔科技发展有限公司于2005年5月建成投产，是由枣矿集团付村煤业公司投资建设，总投资500万元，占地20520平方米，厂房面积5466平方米，办公楼和其他面积4166平方米，公司有员工137人。公司设有综合厂、液压管件厂、锚固剂厂、被服厂4个生产厂点。公司主导产品有金属锚杆系列产品（无纵肋螺纹钢式锚杆、等强螺纹钢式锚杆、弯曲式水泥锚杆）、风筒、锚固剂、钢丝编织液压胶管总成系列产品、三用阀及配件、电缆托架、液压管件系列产品（扣头、直通、三通、四通、弯头、接头、丝堵等）、花栏螺丝、大D卸扣、钢丝绳卡头、工作服、洗化用品等十多个系列，其中，钢编胶管总成系列产品于2006年四季度分别取得国家质检总局和国家矿用产品安全标志中心颁发的全国工来产品生产许可证和矿用产品安全标志证书，金属锚杆MSGGW-235、MSGLW-335、MSGLW-500均取得安全标志证书，是同行业中资质证书最为齐全、科技含量和生产规模都名列前茅的生产企业，产品主要销往付煤公司及集团公司西部矿。

埃新斯（枣庄）新气体有限公司

埃新斯（枣庄）新气体有限公司是由综合能源系统投资有限公司（“SESI”）与山东潍焦集团薛城能源有限公司（“薛城能源”，其前身为山东海化煤业化工有限公司）于2006年10月27日成立的中外合作企业。公司位于枣庄市薛城区精细化工园内，占地4.67公顷，拥有员工120余人，注册资本为6770万美元，其中SESI出资6338万美元，占注册资本的98.05%；薛城能源出资132万美元，占注册资本的1.95%。埃新斯（枣庄）新气体有限公司资源综合利用合成气项目是美国综合能源系统在全球的第一套产业化工厂，为薛城能源10万吨甲醇生产装置供应煤制合成气。该项目采用美国气体技术研究院（GTI）循环流化床粉煤气化技术（U-GAS），利用高硫煤等劣质煤为原料，主要生产氢气、一氧化碳为主要成分的合成气体。2006年10月取得项目批准，2007年1月破土动工，2008年2月19日实现向薛城能源供应合格的合成气。

山东奥瑟亚化工有限公司

山东奥瑟亚化工有限公司原企业名称为山东迪海化工有限公司，是山东潍焦薛城能源公司和韩国OCI株式会社联合投资建设的30万吨/年煤焦油加工企业，2011年2月21日，由山东迪海化工有限公司变更为山东奥瑟亚化工有限公司，股权不变。公司坐落在枣庄市薛城区精细化工园区，占地12.8公顷，员工192人，注册资本2800万美元，山东潍焦薛城能源公司占股份20%，韩国OCI占股份80%。公司于2008年9月26日正式成立并开工建设，厂区主要由沥青装置区、焦油酸装置区、变电站、机修间、原料灌区、成品灌区和消防站等构成。该企业充分利用韩国OCI先进可靠的工艺技术和山东本地丰富的焦油资源优势，对煤焦油进行深加工，可加工轻油、酚油、粗酚、工业萘、洗油、蒽油、防腐油、炭黑油和改质沥青等，生产过程不产生任何废弃物单体装置加工能力全国最大。2010年5月13日正式投入运营。项目自投产以来，产品出口澳大利亚、中东等一些国家和地区，2013年销售收入达到9亿元，利润706万元，税金2742万元，实现外汇收入2700万美元。

枣庄市建阳热电有限公司

枣庄市建阳热电有限公司由枣庄矿业集团蒋庄煤矸石热电有限责任公司投资建设，公司位于枣庄市运河码头北3公里处，疏港路以东，京沪铁路以西，郯薛路以南地块，占地10公顷。该项目投资32655万元，一期项目建设两台每小时260吨循环流化床锅炉，1台50兆瓦汽轮发电机组。项目实施后，可实现年销售收入15641万元，年利润总额4902万元，年平均所得税1226万元，年平均增值税1528万元。该项目以造纸污泥、炭黑尾气、劣质煤作为燃料，进行供热发电，是集资源综合利用、环境保护、热电多联产于一体的效益工程、民心工程。在一期项目全部完成投产的基础上，建阳热电经多方努力，加快二期项目的立项工作，总设计供热面积为600万平方米的供热首站顺利开展。供热首站工程分两期建设，一期工程设计供热面积不小于300万平方米。本着“安、快、好、省、廉”的原则，坚持安全、质量、进度、造价并重，克服工期短、人员少的困难，经过3个月的建设，圆满完成供暖期前完成调试运行目标。

枣庄银牛面业有限公司

枣庄市银牛面业有限公司成立于2004年7月，是发达面粉集团的全资子公司，发达面粉集团股份有限公司是一家集优质小麦基地建设、面粉和挂面加工、包装材料生产、粮食经营、小麦精深加工技术研究于一身，联姻央企，合作国企，在国内两省六地拥有11家子公司和2个科研机构——山东省（发达）小麦精深加工工程技术研究中心、国家小麦加工技术研发分中心的大型粮食企业集团。集团小麦加工能力5000吨/日，挂面加工能力200吨/日。发达面粉集团及其产品、商标先后被国家有关部门和山东省人民政府认定为中国粮食加工业十强企业、国家扶贫龙头企业、全国食品加工业优秀龙头企业、全国农产品加工示范基地、农业产业化重点龙头企业、“中国名牌产品”、“中国消费者满意面粉”、“放心面粉”、“绿色食品”，公司连续11年被金融机构评为“AAA”企业。集团公司先后通过ISO9001国际质量管理体系认证、HACCP国际食品安全管理体系认证、ISO14001国际环境管理体系认证和职业健康安全管理体系认证。公司一期工程日加工小麦1000吨专用粉生产线于2013年8月建成并投入运营，总投资额1.6亿元。该项目全面达产后年可实现销售收入6亿余元，实现利税1200万元，能解决近300人的就业问题，同时项目较大的原料需求带动当地小麦增值0.02元/公斤，实现农产品增值近5000万元。

山东金板建材科技有限公司

山东金板建材科技有限公司位于薛城经济开发区疏港路西侧，地理位置优越，水路交通便利，具有得天独厚的物流运输优势。厂区占地面积14.67公顷，总投资额达33003万元，主导产品纸面石膏板年生产能力6000万平方米，项目投产后成为全国规模最大的纸面石膏板生产企业之一。公司主要产品有各种规格的普通纸面石膏板、耐火纸面石膏板、耐水纸面石膏板、装饰石膏板、石膏粉等多个品种。主导产品纸面石膏板及系列产品作为新型轻质建筑材料，用作隔墙、吊顶，充分满足现代建筑要求，具有防火、隔音、保温、抗震等功能，广泛应用于工商业及民用建筑。该项目原料利用工业副产品石膏（脱硫石膏、磷石膏），做到废物利用，推进节能节地，每年消化脱硫石膏占地面积约6公顷，是国家从财税政策上予以支持的项目。石膏板生产的废物废料全部回收利用，不会造成渣土排放污染。符合国家节能减排、资源综合利用、循环经济、可持续发展的产业政策，是建材行业高技术产业发展的重点之一。

山东智赢门窗系统有限公司

公司最初成立于2001年，名为枣庄市红门装饰材料有限公司，2005年9月变更为山东红门装饰工程有限公司，2008年10月正式成立山东智赢门窗系统有限公司。公司主要从事高档节能、功能性铝合金门窗系统的研发和生产，以向消费者提供完美产品和服务为使命，打造门窗系统国际品牌。该公司始终坚持研发创新，吸收欧洲优秀门窗系统的设计精髓，按照系统门窗的设计精髓，把差异化与人性化设计、功能与艺术完美结合作为产品不断创新升级的终极目标，实现产品的实用性和功能性相统一的良好效果。至2013年年底，公司先后取得3项国家发明专利，16项实用新型专利，100余项外观专利。有产品品种包括蝴蝶梦系列、内置隐纱平开系列，推拉及提升推拉系列等4大系统30余种。公司先后荣获山东省企业专利协会理事单位、山东省“一企一技术”研发中心。2010年公司智赢门窗系列产品获得住房和城乡建设部颁发的“‘十一五’建筑节能减排十大应用新产品”称号，公司董事长及发明人王令军获得“‘十一五’建筑节能减排突出贡献专家”称号，公司为中国金属结构协会会员单位，中国连锁经营协会会员单位。

枣庄市百姓医药有限公司

枣庄市百姓医药有限公司成立于1999年5月8日，是高起点、高投入、高标准的综合型医药公司，有药品批发配送中心、中药饮片批发配送中心、医疗器械配送中心；枣庄市百姓药业零售连锁有限公司；枣庄市红苹果母婴用品连锁有限公司；枣庄新华医院等多个子公司。公司主营业务为中成药、中药饮片、化学药制剂、抗生素、生化药品、生物制品、医用医疗器械、家用保健器等商品的经营批发配送，其市场范围涉及苏、鲁、豫、皖等十多个省份。公司曾获省、市、区“优秀民营企业”“消费者满意单位”“诚信单位”“关爱员工优秀企业”“十大助残先进单位”“创业帮扶示范基地”“AA+信用企业”等二十多个称号。公司自成立以来，员工由刚开始的5人发展到400余人，企业规模不断壮大。公司拥有固定上下游经营客户近3000家，经营品种1.2万多个，无论在企业经营规模和市场份额上讲，都居于全市同行业发展的前列，特别是中药饮片的经营与发展占全市经营销售份额的60%以上，名列前茅。医疗器械批发配送中心主要经营Ⅱ类、Ⅲ类医疗器械，极大满足全区内医疗行业和家庭医疗保健器械的需求。

第九编

经济综述

第一章　经济发展

第一节　发展速度

1991—1995年，薛城区立足于经济发展的现实基础，调整经济结构，强化农业基础，培植主导产业，发展新兴产业，在提高经济整体素质的前提下，提前实现国民生产总值第二个翻番，1995年国民生产总值为14.5亿元，按可比价格计算，比1990年增长3倍，年均增长24.8%，提前八年实现第二个翻番。一、二、三产业增加值分别达到3.5亿元、7.2亿元和3.8亿元，年均分别增长13%、30%和30.5%。人均国民生产总值为3450元，年均增长13.8%。地方财政收入为5812万元，年均增长17%。

1996—2000年，围绕发展社会主义市场经济，加速转变经济增长方式，促进经济增长由粗放型向集约型转变，由资源型向技术开发型转变，调整优化产业结构和生产力布局，经济运行质量提高，经济发展整体素质跃居全市领先。2000年，全区国内生产总值达到22.91亿元，按可比价计算比1995年年均增长11.41%，其中第一、二、三产业分别达到3.98亿元、12.17亿元和6.76亿元，年均分别增长6.2%、12.7%和11.9%。人均国内生产总值达到5062元，年均增长9.9%。全区地方财政收入为1.44亿元，年均增长24%。

2005年，全区完成生产总值52.98亿元，年均增长19.1%。其中，一、二、三产业增加值5.34亿元、34.13亿元、13.51亿元，年均增长6.1%、22.9%和14.9%；人均国内生产总值为14500元，年均增长23.7%；地方财政收入为2.85亿元，年均增长14.6%。

2010年，全区完成生产总值99.09亿元，年均增长12.8%，其中，一、二、三产业增加值达到10.88亿元、61.26亿元（其中，工业增加值57.67亿元）、26.88亿元，其中，年均分别增长12.7 %、12.1%和14.3%；人均GDP为27083元，年均增长11.6%；地方财政收入为4.12亿元，年均增长9.97%。

2015年，全区完成生产总值286.32亿元，年均增长23.6%，其中，一、二、三产业增加值为14.3亿元、164.3亿元、164.39亿元（其中，工业增加值156.37亿元）、107.63亿元，其中，年均分别增长5.6%、22%和32%；人均GDP达到56222元，年均增长15.7%；地方财政收入达到16.1亿元，年均增长31.3%。

1991—2015年薛城区国民经济主要经济指标统计表

表9-1　　单位：万元、元

年份	地区生产总值	产业结构比	一产	二产	三产	财政收入	固定资产投资	零售商品总额	城居可支配收入	农民纯收入
1991	58100	36.5：43.2：20.3	21200	25100	11800	4411	4077	27800	1304	684
1992	73600	33：45.3：21.7	24300	33300	16000	4791	7192	31400	1500	917
1993	93500	30.4：45：24.6	28400	42100	23000	7524	40356	38000	2100	1027
1994	120000	26.2：48.8：25	31400	58600	30000	8880	40200	44500	2730	1382
1995	145000	26：50：24	35000	72000	38000	5812	24600	56400	3800	1720

续表9-1

年份	地区生产总值	产业结构比	一产	二产	三产	财政收入	固定资产投资	零售商品总额	城居可支配收入	农民纯收入
1996	218800	20.4：52.6：27	44500	115100	59200	7685	66400	69800	4336	2166
1997	234200	14.6：60.9：24.5	34200	142600	57400	10373	72800	73200	4625	2448
1998	222000	16.1：58.9：25	35900	130700	55400	11682	46200	78470	4793	2575
1999	209600	18：52.3：29.7	37800	109600	62200	13206	50200	83100	5009	2720
2000	229100	17：53：30	39800	121700	67600	14395	52600	89600	5234	2883
2001	238900	17.6：52.3：30.1	42040	124900	71960	13500	62600	96700	6048	3027
2002	282900	16：53.5：30.5	45260	151300	86340	13700	103700	110000	6432	3218
2003	335000	12.8：54.4：32.8	46900	215100	133000	16900	140000	125000	7075	3415
2004	485000	10.6：55.9：33.5	51400	271100	162500	22800	231000	130000	8465	3935
2005	529800	10：64：26	53400	341300	135100	28500	272000	163000	9396	4451
2006	601900	10：66.2：23.8	60140	398400	143360	28800	304600	213700	11020	4920
2007	664000	9.3：66.7：24	62000	443000	159000	34000	396000	249000	12122	5314
2008	771000	9.1：66.9：24	71000	533000	187000	31100	561000	301600	14300	5997
2009	841000	10.7：64.9：25.4	90000	537200	213800	32700	671000	357000	15466	6537
2010	990900	11：61.8：27.2	108800	612600	268800	41200	918300	422000	17630	7301
2011	1180000	9.5：60.9：29.6	111600	718400	350000	53560	1159400	501000	19922	8396
2012	2465200	4.8：79.3：15.9	116900	1955800	392500	107000	1480000	616000	23222	9781
2013	2600500	5.2：71.8：23.0	135900	1868200	596400	124500	1756000	744000	25715	10929
2014	2803800	5.0：70.4：24.6	141400	1972500	689900	149000	2076000	827000	27995	12213
2015	2863200	5.0：57.4：37.6	143000	1643900	1076300	161000	2411000	938000	23935	11576

第二节　横向位次

1990年，全区国民生产总值为6.77亿元，占全省的0.447%，人均国民生产总值1756元，全省1990年人均国民生产总值是1511元，高出全省16.2%。

2010年，全区国民生产总值99.09亿元，占全省的0.25%，人均国民生产总值27083元，山东省人均国民生产总值41295元，枣庄市人均国民生产总值41089元，低出全省34.4个百分点，低出全市34.1百分点。

2010年，国民生产总值、人均国民生产总值分别是1990年的14.6倍和15.4倍，年均分别增长14.3%和14.7%，经济发展实现历史性的突破。但由于薛城历史上是煤炭资源型城市，对煤炭的依存度较大，由于多年的开采，资源逐渐枯竭，开采难度加大，正处于资源城市转型期，接续产业尚未跟上，影响薛城的经济发展，导致国民生产总值、人均国民生产总值均低于全省和全市指标。

2010年，在枣庄市六区一市中，薛城区地区国民生产总值、人均国民生产总值排在全市第五位，财政收入排在第四位，固定资产投资、社会消费品零售总额、农民人均纯收入排在第三位。

2015年，全区完成国民生产总值286.32亿元，占全省的0.45%，在全省146县（市、区）中排名第七十六位；人均国民生产总值56222元，山东省人均国民生产总值64168元，枣庄市人均国民生产总值52372元，低出全省12.4个百分点，高出全市7.4百分点。

第二章　经济结构

第一节　所有制结构

1990年年底，全区工业企业总数3863个，完成工业总产值66003万元，其中乡及乡以上工业企业203个，完成工业产值41898万元；城镇个体工业企业4个，完成工业产值12万元；农村村办工业317个，完成工业产值9411万元；农村合作经营工业215个，完成工业产值2178万元；农村个体工业3124个，完成工业产值12913万元。1990年，工业经济的特点是工业所有制形式单一，数量多，规模小，产品品种少，人均工业产值小。随着国家改革开放的不断深入，1992年，国家提出社会主义市场经济理论，经过20年的发展，二产已逐步成为薛城区的支柱产业，工业经济迅猛发展，工业所有制形式发生巨大变化，各种所有制形式共存，相互补充，每年工业企业数量不断变化，遵循市场规律，适者生存，不适者自然淘汰。

2015年薛城区工业企业行业结构和产值一览表

表9-2

	企业单位数（个）					工业总产值（现行价）				
	合计	1. 规模以上	2. 规模以下			合计	1. 规模以上	2. 规模以下		
				企业	个体				企业	个体
总计	1830	211	1619	334	1285	31214624	30091994	1122630	612000	510630
一、1. 按轻重工业分	1830	211	1619	334	1285	31214624	30091994	1122630	612000	510630
轻工业	953	60	893	150	743	8791906	8332168	459738	199209	260529
重工业	877	151	726	184	542	22422898	21759826	663072	412971	250101
2. 按企业规模分	211	211	0	0	0	31214624	30091994	1122630	612000	510630
中型企业	8	8	0	0	0	2198746	2198746	0	0	0
其中：农村工业	3	3	0	0	0	1068797	1068797	0	0	0
小型企业	1822	203	1619	334	1285	29015878	27893248	1122630	612000	510630
其中：农村工业	1803	184	1619	334	1285	28219586	27096956	1122630	612000	510630
3. 按登记注册类型分	1830	211	1619	334	1285	31214624	30091994	1122630	612000	510630
国有企业	4	4	0	0	0	194173	194173	0	0	0
集体企业	17	14	3	3	0	3255078	3249276	5802	5802	0
有限责任公司	98	94	4	4	0	11876721	11868160	8561	8561	0
股份有限公司	3	2	1	1	0	618878	613548	5330	5330	0

续表9-2

	企业单位数（个）					工业总产值（现行价）				
	合计	1. 规模以上	2. 规模以下			合计	1. 规模以上	2. 规模以下		
				企业	个体				企业	个体
私营企业	415	89	326	326	0	12969256	12376949	592307	592307	0
外商投资企业	8	8	0	0	0	1789888	1789888	0	0	0
个体及其他企业	1285		1285	0	1285	510630	0	510630	0	510630
二、农村工业	1806	187	1619	334	1285	28676383	28165753	510630	0	510630
其中：集体企业	16	13	3	3	0	3166761	3166761	0		
私营企业	401	75	326	326	0	11730592	11730592	0		
有限责任公司	95	91	4	4	0	11564008	11564008	0		
股份有限公司	3	2	1	1	0	613548	613548	0		
外商投资企业	6	6	0	0	0	1090844	1090844	0		
个体工业	1285	0	1285	0	1285	510630	0	510630		510630

第二节　产业结构

1991—1995 年

第一产业稳定发展，第二产业快速增长，第三产业比重明显提高。三次产业的比例由 1990 年的 30∶50∶19，调整到 1995 的 26∶50∶24。农村经济结构突破以种植业为主的传统模式，开始向多元化的现代农业结构转变，林、牧、渔业产值占农业产值的比重由 1990 年的 41% 提高到 48%。工业结构调整取得一定成效，传统产业得到改造，支柱产业不断强化，一些新兴产业和技术含量高的产业已经起步，整个经济向结构优化和合理化演进，经济效益不断提高。1995 年全区乡及乡以上独立核算工业企业实现利税 2.6 亿元，比 1990 年增长 8 倍，全社会劳动生产率达到 10500 元/人，年均递增 23.5%。

1996—2000 年

三次产业的比例，由 1995 年的 26∶50∶24 调整为 2000 年的 17∶53∶30。农业结构调整大见成效，经济作物面积扩大，畜牧养殖业实现大的突破，粮食生产保持稳定，农业产业化向前推进。粮经比例由 1995 年的 79.3∶20.7 调整到 2000 年的 70.7∶29.5。工业结构调整步伐加快，轻重工业比例由 1995 年的 39∶61 调整为 2000 年的 48∶52。支柱产业优势更加明显，一些新兴产业正在形成，第三产业占国内生产总值的比重不断提高，商品物资流通、交通运输等传统产业稳步发展，信息、通信、金融、房地产业发展迅猛。2000 年，全区社会消费品零售总额达到 8.96 亿元，年均增长 9.7%。非公有制经济发展较快，2000 年个体工商户发展到 14060 户，是 1995 年的 3.5 倍，民营经济注册资金和纳税额分别达到 9578 万元和 1741 万元。

2001—2005 年

三次产业比由 2000 年的 17∶53∶30 调整到 2005 年的 10∶64∶26。全区投资建设过千万元项目 27 个，其中过亿元的项目 12 个，壮大经济总量，带动产业结构优化升级。

2006—2010 年

全区投资建设过千万元项目 437 个，其中过亿元的项目 70 个，壮大经济总量，带动产业结构优化升级。三次产业比由 2005 年的 9.9∶64.6∶

25.5 调整到 11∶61.8∶27.2。工业经济实现规模和效益双提高。规模以上工业增加值达 80.8 亿元，比 2005 年增长 114.26%，规模以上工业占全部工业的比重由 2005 年的 87.95%上升到 96.7%；高新技术产业产值达到 57.7 亿元，占规模以上工业的 22.86%，比 2005 年提高 10.37 个百分点。

2011—2015 年

三次产业比由 2011 年的 9.9∶62.5∶27.6 调整到 2015 年的 5∶57.4∶37.6。一、二、三产增加值分别从 2011 年的 9.8 亿元、61.83 亿元、27.3 亿元，增长到 2015 年的 9.8 亿元、61.83 亿元、27.3 亿元，产业结构更趋合理。

第三节　投资结构

固定资产投资规模

1991—1995 年，全区固定资产投资累计完成 16 亿元，是前十年 10.7 倍。1996—2000 年，全社会固定资产投资累计完成 26.5 亿元，是前五年的 1.7 倍。2000—2005 年，全社会固定资产投资累计完成 86.6 亿元。五年间，年均增长 70.5%。2006—2010 年，固定资产投资快速增长，全社会固定资产投资累计完成 297.2 亿元，五年间年均增长 16.4%。2011—2014 年，固定资产投资快速增长，全社会固定资产投资累计完成 647.14 亿元。四年间年均增长 16.4%，体现出经济发展的巨大潜力。

固定资产投资项目

1991—1995 年，建成一批大中型各类骨干项目。其中，工业项目建设累计完成 9 亿元，完成新建、扩建技改项目 280 个，基础设施建设累计完成投资 2.8 亿元，完成各类项目 168 个，使城区面貌发生历史性的变化。全区实现全日连续供水，城区管道煤气日供气能力达到 500 立方米。城区建设坚持新建、扩建与旧城改造相结合，兴建一大批商业网点和公共设施，共累计完成小区开发 45 万平方米，新增综合商业网点 15.8 万平方米，新建各类批发市场 16 处，临山公园、沿河公园建设已初具规模。交通、邮电事业发展迅速，城乡公路交通历程已增加到 203 公里，公路密度每百平方公里为 70 公里，实现历史性突破，长途电话、电路增加到 300 路，电话交换机容量达到 1.7 万门。环境污染得到有效治理，环境质量得到明显改善。

1996—2000 年，各项城市公用基础设施建设取得明显成效。五年间，共完成小城镇开发面积 50 万平方米，城区开发面积 70 万平方米。城乡电网改造基本完成，新扩建 110 千伏、220 千伏变电站 3 座；区驻地供水能力达到 3 万吨/日，日供气能力达到 1 万立方米，气化率达到 80%。京福高速公路薛城段完成投资 2 亿元，新修店韩路、南外环路、华众大桥、长江路；改造永福路、临山路和永兴路。全区公路通车里程 760 公里。新增固定电话用户 3.86 万户，移动电话新增 1.2 万户。

2000—2005 年，重点工程项目建设成效显著，技术改造明显加快。重点项目建设成效显著。五年间，“十五”期间，投资建设过千万元的项目 128 个，其中过亿元的项目 56 个。济正保健品、贝莱得空调、锦辉铸钢、华众纸业扩建、海化甲醇、顺兴水泥、金正钢铁、枣庄港口、污水处理、高速镦锻、枣庄站改造、德容纸业、润滑油脂、高晟产业园、城乡电网改造、山官线、郯薛线、光明大道、枣曹线、枣庄八

枣庄港

中南校等一大批重点项目建设进展顺利，已经按时完成。薛城经济开发区和张范经济园区累计完成固定资产投资25.6亿元，入园企业123家，投产87家，集约效应初步显现。基础设施建设步伐加快，城乡面貌变化巨大。不断加强城区基础设施建设力度，拉开以中心城区建设为重点，组团式发展的城市框架，城区面积达到16平方公里。五年间，累计投资5亿元，修建改造城区道路12条（郯薛线、山官线、枣曹线、甘陈路、嵩山路、泰山路、永福路、临山路、永兴路、光明西路、天山路、长江路），新建公路大桥4座（永福南路大桥、黄河路大桥、泰山北路大桥、嵩山路大桥），建设供排水设施2处（污水处理厂、长江水厂一期工程），配套完善公园2处（铁道游击队纪念园、沿河公园），完成村村通油路361公里。开发商住房66万平方米，新增绿地26.5万平方米，市容市貌明显改观。供电、供水、供气、供暖能力明显增强，城镇公用设施和环境质量明显改善。城乡一体化步伐加快，陶庄、张范、邹坞、周营等镇驻地建设取得新进展，陶庄镇被国家确定为小城镇建设示范镇。生态区建设全面启动，完成文明生态村规划建设18个。

2006—2010年，全区投资建设过千万元项目437个，其中过亿元的项目70个，造纸、煤炭、煤化工、机械制造、玻璃、轻工食品等支柱产业进一步壮大。薛城经济开发区和张范经济园区累计完成固定资产投资25.6亿元，入园企业达到123家，投产87家，集约效应初步显现。城市建设步伐加快，城乡面貌焕然一新。以建设鲁南门户城市为目标，全面加快城市建设步伐，推进城乡统筹发展，城乡面貌明显改善。坚持规划先行，编制新一轮城市发展总体规划、部分控制性详规，为城乡建设提供遵循和依据。强力推进城南新区开发，完成4个城中村改造，实施“五纵六横”路网建设，建设安置小区59万平方米、高档商住小区76.4万平方米，配套建设奚仲市民健身园，实施小庄河景观改造，形成12平方公里新区框架。大规模改造旧城，顺利完成燕山路、火车站等4处、69.7万平方米棚户区拆迁。投资1.17亿元，完成所有背街小巷改造，配套完善供排水管网110公里；投资1亿多元，对城区进行大规模绿化，城市绿化率由19%提高到36.8%。五年累计完成城市建设投资61.9亿元，城市建成区面积由“十五”末的13平方公里扩大到27.5平方公里，城市人口由11万人增加到18.5万人。小城镇集聚效应进一步显现，完成镇驻地商住房开发42万平方米；新农村建设扎实推进，创建文明生态村31个，转化经济薄弱村22个，培植市级新农村建设示范村21个，建设农村社区9个，完成农房建设、危房改造133万平方米，基本实现村村通油路、通客车、通自来水、通有线电视，群众生产生活条件明显改善。

2011—2013年，全区坚持“大招商、招大商”理念不动摇，围绕加速产业聚集，改进招商办法，从整合招商力量入手，改变过去全民招商模式，从各镇街、区直有关部门抽调优秀人员组建煤化工、城市经济等10个产业招商组，组建城市招商中心，实行产业招商组集中办公，主攻国内外500强、行业百强企业，每个产业招商组从产业规划、项目包装选择、洽谈、签约，直至项目落地建设、投产达效，全过程负责，一抓到底。招商引资成果丰硕，新引进过亿元项目147个。坚持传统产业带动的原则不动摇，依托老工业基地和城市转型发展的良机，大力发展新型煤化工产业，先后建设薛城能源循环经济百亿产业园和热电联产循环经济百亿产业园。两个园区按照循环经济产业链设计，各项目上下游互为关联，产品互为利用，通过拉长产业链条，变“废料”为“原料”，实现资源能源的高效清洁利用。已建成成为全省乃至全国具有领先地位的绿色、循环、高效经济园区。全区发展新型煤化工企业18家、产品26个，实现产值40亿元；世界煤焦油生产企业前三强中，JFE、OCI两家公司落户全区，建成后煤焦油深加工能力可达110万吨，位居世界第五、亚洲第二。

薛城區志

第十编 农业

1990年，随着农业科技的发展与不断推广，农业从粗放型转变到科技型，全区农业发生翻天覆地的变化。总土地面积420.51平方公里，农业可利用面积56.7万亩，耕地面积37.2万亩，主要以种植小麦、玉米、花生、大豆、蔬菜等作物为主，农民人均纯收入4451元，人均耕地1.47亩。农作物总播种面积67.08万亩，其中粮食作物面积43.31万亩，总产17.12万吨，单产395.2公斤/亩，人均占有粮食674.8公斤。

2005年，按照农业现代化的要求，以转变农业发展方式为主线，以农业增效、农民增收为目标，以提高农业综合生产能力、抗风险能力和市场竞争能力为主攻方向，着力促进农业产业化、标准化、市场化、规模化、集约化发展，强化政策、科技、设施装备、人才和体制支撑，完善现代农业服务体系，提高农业现代化水平和农民生活水平，加快发展现代生态环保精品农业。确保农产品质量安全，使农业发展取得重大突破。

2008年，全区新扩经济作物1.53万亩，新增蔬菜大棚2630个、食用菌大棚260亩、池田藕490亩，瓜菜总产60万吨；新上、技改和扩建农业龙头企业6家，新发展农民专业合作经济组织6个，兑现农民种粮直补、农资直补2234万元，小麦、玉米良种补贴和农机具购置补贴320万元，完成农村劳动力转移培训1000人，新型农民培训1000人。全区粮食总产达到20万吨，单产416公斤，油料总产达到1.5万吨以上，农民人均纯收入5877元。

2009年，随着科技推广应用水平大幅提高，农业法律保障和政策扶持体系的全面落实，农业基础设施的进一步加强，农业发展的速度、质量和效益同步增长，农业增长方式实现较大转变，产业化、现代化进程有效推进，农业劳动生产率和农业综合生产能力有较大提高，全区农业和农村经济持续健康发展。

2013年，全区粮食总产20.95万吨，其中小麦平均亩产430公斤，单产较上年增产12.3公斤，玉米单产442.5公斤，单产较上年增产12公斤，总产10.54万吨；农林牧渔增加值9.6亿元，增长3.5%，全区农民人均现金收入达到10419元，增长18.1%。完成农业结构调整20520亩，新扩经济作物5500余亩，拥有无公害生产基地18处，获得认证的国家级无公害、绿色食品32个，其中，无公害食品18个，绿色食品14个。无公害农产品基地14万亩，主要生产石榴、油桃、草莓等干鲜果品，张庄石榴被评为奥运会推荐果品。全区共有农业龙头企业62个，粮食作物品种资源有3科13种，主要粮食作物有小麦、玉米、地瓜、高粱、小杂粮等。油料作物资源有10科11种，有花生、大豆、芝麻等。

第一章　农业综情

第一节　管理机构

区农业局

1991年11月，薛城区农业局恢复党组。1993年11月，区政府机关改革，设区农业服务中心，撤销农业局。1996年3月，设立区农业局，与区农业委员会一个机构、两块牌子，为区政府组成部门，区农业局是主管全区农业与农村经济发展工作的区政府工作机构。1999年，撤销“薛城区多种经营服务中心”“薛城区棉麻服务中心”“薛城区蔬菜办公室”，合并设立“薛城区多种经营管理局”，为科级事业单位，归口农业委员会。2000年，成立枣庄市薛城区农业监察大队。12月，设立区农业环境保护监测站，为局所属股级事业单位，与区植保站一个机构、两块牌子。2002年4月，根据区委、区政府党政机构改革的实施意见，撤销区农委，将农村环境保护的职能移交区环境保护局，区农委归口管理的几个中心和多种经营管理局，区经管局归区农业局管理，局机关编制总额 18 人，行政编制 14 人，退管编制 2 人，工勤人员 2 人，区农业局下设办公室、政策法规与发展计划办、市场与产业化办公室、科教调研办公室、生产办公室 5 个职能科室，有植保站、土肥站，种子管理站、农技站 4 个事业站室。2004 年，农业综合执法大队成立，具体承担种子、农药、肥料登记管理等职能。2009 年，区能源服务中心、区多种经营管理局合并到区农业局，为局属股级事业站室。2013 年，区农业局有正高级职称 1 人，副高级职称 7 人，中级职称 18 人，初级职称 6 人。

区农业综合开发办公室

1995 年 5 月，区政府成立薛城区农业综合开发办公室，正科级机构，归口区农业委员会管理，人员编制 11 人。内设综合办公室、土地治理股和产业化股。主要职能是根据国家农业开发要求，对全区开发项目规划、设计、申报、施工、管理、监督和验收等相关服务。2010 年 8 月，薛城区政府机构改革，区农业综合开发办公室划归区财政局管理。2013 年，人员编制人员 13 人，其中在职 7 人，内退 6 人。

第二节　农业区划

区划布局

2000 年以前，农业缺乏系统的规划，各镇以种植粮食作物为主，其他经济作物、粮食作物的种植基本上按照农民的种植习惯，分散种植。2000 年后，全区按照产业化的发展方向，制定发展规划，基本上按照周营镇重点发展蔬菜生产，打响“周嬴”品牌，逐步建成蔬菜产销专业镇；沙沟镇重点发展林果业和设施蔬菜，逐步建成林果产销专业镇。常庄镇重点发展畜牧业和食用菌栽培，加快实现养殖从庭院到田间的转变；临城街道重点发展蔬菜和花卉生产，尽快实现无粮化种植目标；陶庄、邹坞两镇北部山区重点发展优质林果生产，店韩路两侧重点发展食用菌高效栽培生产基地；沿光明路、店韩路两侧和山区进行科学布局和规模开发，逐步建成生态旅游和观光农业。每个镇街重点培育 1~2 个“一村一品”的示范园，按照以点带面，有序推进，专业化、规模化的发展思路，重点培育“一村一品”“一镇一业”“ 示范园”。2012 年，全区累计完成新扩经济作物 22993 亩，其中新建瓜、菜、菌各类大棚 8206 个，新扩花卉、苗圃、金银花、草莓、葡萄、林果等 14787 亩。其中仅三秋完成新扩经济作物 13663 亩，新建瓜、菜、菌各类大棚 3500 个。初步形成以周营为主的品牌蔬菜优势农产品产业区；以沙沟主的优质石榴、草莓、蓝莓、食用菌等优势农产品产业区；以邹坞为主的核桃、园铃枣、金银花等优势农产品产业区；全区具有相当规模的国家或省级特色农产品商品生产专业化基地 3 个。

种植结构调整

1990 年以后，全区不断加大农业结构调整力度、优化农业结构布局，结构调整取得快速发展。2006 年，新扩经济作物及瓜菜种植面积共计 2.5 万亩，其中新开发池藕 600 余亩，新建大棚 1700 个，培育无公害生产基地 7 处；组织申报认证农产品品牌 7 个，其中有机食品品牌 2 个，绿色食品品牌 2 个，无公害农产品品牌 3 个。

2008 年年底，瓜菜果食用菌总面积 16 万亩，其中：瓜菜面积 10.24 万亩，果品面积 5.46 万亩，食用菌面积 0.3 万亩。全区建成瓜菜、果、食用菌标准化基地 10 处，其中省级一处、市级 4 处、区级 5 处，总面积 12.8 万亩。取得“三品”认证的农产品 38 个，其中认证为无公害农产品 21 个、绿色食品 11 个、有机食品 6 个，认证总面积达到 10.5 万亩，其中：瓜菜认证面积 5.48 万亩，果品认证面积 4.72 万亩，食用菌认证面积 0.3 万亩。其中，周营镇铁佛村已建成省级无公害标准化生产示范基地，全年种植各类瓜菜面积 4000 亩，建设蔬菜批发市场 1 处，500 吨蔬菜冷藏库 1 处，四个蔬菜品种获得农业部农产品质量检测中心无公害农产品、绿色食品认证，产品畅销上海、广州等地。

2013年，全区累计完成新扩经济作物20520亩，新建大棚1500余个，食用菌投料8000余吨，瓜菜面积达到13.73万亩。新创建现代农业示范乡镇1个，省级蔬菜标准园1处，市级蔬菜标准园3处，市级果品标准园1处。

第三节　农业综合开发

土地治理

1998年，薛城区列入农业综合开发县，先后高标准实施六期利用世界银行贷款加强灌溉农业项目，进行五年的农业综合开发项目建设。1998—2013年，全区累计投入资金2.15亿元，其中，实施土地治理项目14个，土地治理改造中低产田30万亩，建成高标准农田2.2万亩，全区120个村，30万名农民受益，农民年人均增收260元左右。共建桥涵闸5116座，新修机耕道路1491.82公里，建提水站99座、拦河坝15座、蓄水池276座、新打机井2852眼，铺设低压管道573.07公里，建防渗渠道800公里，挖排水沟1811.78公里，砌垒梯田坝堰68.5公里，栽植林网树木78.96万株。农业综合开发，集中资金投向，重点扶持优势主导产业，建设高效农业生产基地，大力增强农业龙头企业的辐射带动作用，形成现代农业的发展框架。农业综合开发项目进行山、水、田、林、路综合治理，营造优越的生产和生态环境，达到“开发一片、带动一批、发展一项、致富一方”的目的，成为高效农业的样板方，带动周边地区，形成以项目区为中心共同发展的格局，发挥较好的示范和辐射作用。

1988—2013年薛城区土地治理项目一览表

表10-1

时间	投资金额（万元）	项目内容
1988—1990	330	第一期世行项目（含一期农业开发项目）包括夏庄、南石地下管道、机井建设
1991—1993	594	第二期农业开发项目，包括夏庄、南石4万亩土地治理
1994—1996	748	第三期农业开发项目，包括常庄、沙沟3万亩土地治理
1997—2002	2980	第四、五期农业开发项目，包括沙沟、周营、南常、张范、邹坞10万亩土地治理
2003—2005	5676	第六期农业开发和潘庄灌区节水改造工程项目，包括陶庄1万亩土地治理，邹坞6000亩小流域治理，常庄、沙沟1.7万亩土地治理
2006—2009	3591	常庄、沙沟、周营、陶庄世行三期项目7.5万亩土地治理
2010	833	周营镇改造中低产田0.8万亩
2011	800	陶庄镇改造中低产田0.7万亩
	112	沙沟镇张庄石榴合作社改造中低产田0.1万亩
2012	976	常庄镇改造中低产田1万亩
	60	周营镇修复因自然灾害损毁农田0.8万亩
2013	1394	常庄镇建设高标准农田1万亩
	24	邹坞镇中陈郝村找水打井1眼

农业产业化经营

2000年后，按照产业化的发展方向，紧紧围绕农民增收，以增强农产品竞争力为目标，坚持科技先导、体制创新，重点发展农产品精深加工。通过市场引导、龙头带动、中介连接、农民参与、政策扶持、社会服务，大力培育壮大农业龙头企业，建设集约化、专业化和标准化生产基地，发展农村合作经济组织，全面提高全区农业产业化水平，农业产业化经营得到快速发展，各类农业产业化经营组织规模不断扩大，辐射带动能力不断增强。

2007—2013年薛城区农业产业化项目一览表

表10-2

年度	投资金额（万元）	项目内容
2007	383	鲁南养猪场8000头优质种猪扩建项目
2008	350	枣庄海河食品有限公司实施“500吨鮰鱼片加工扩建”项目
2009	250	枣庄海河食品有限公司实施“300吨调理鮰鱼系列产品深加工”项目
	26	枣庄金虹食品“1000吨熟食加工技改扩建”贴息项目
2010	140	沙沟镇张庄石榴种植专业合作社建设1000亩石榴基地
	389	枣庄金穗制粉有限公司实施1万吨富硒小麦深加工项目
2011	90	周营镇铁佛蔬菜种植合作社建设1万吨蔬菜基地
2012	428	枣庄金穗制粉有限公司5万吨富硒小麦自动化配比加工改扩建
2013	123	周营镇铁佛蔬菜种植合作社建设1000吨蔬菜种植基地
	100	邹坞镇玉农福种植合作社建设200亩小麦良种繁育示范基地

第四节　生态农业

1990年后，全区蔬菜、瓜类种植面积与产量不断增加，生态农业布局日渐显现。蔬菜塑料大棚兴起，蔬菜新品种不断增加，主要有马铃薯、辣椒、毛豆、西瓜、芹菜等。2000年后，全区的蔬菜面积迅速扩大，蔬菜种植面积7.428万亩，瓜果种植面积1.1055万亩。2001年，蔬菜种植面积扩大到14.037万亩，瓜果种植面积1.644万亩。2007年以后，大力发展标准化种植，完成新扩经济作物面积1.5万亩；新建钢架无立柱蔬菜大棚2000个；新开发池田藕面积500亩，全区优质绿色池田藕规模发展到1200亩；新建食用菌生产基地2处；全区标准化生产基地面积达到12.8万亩，瓜菜种植总面积达到15万余亩，总产56万余吨。2013年，完成农业结构调整20520亩，新建大棚1500余个。

2013年，全区5个镇（街）累计建设标准化“一池三改”或“一池三改”农村能源（沼气）1.2万余户，累计总投资5160万元，受惠农户占全区总农户的17%。改造畜牧小区36处，建设大、中、小型沼气工程17处，节约标准煤3.7万余吨，新增经济效益2000万元，项目户均新增纯收入2000余元。

第五节　特色农业

2007—2013年，全区共实施特色农业产业化项目16个，累计完成投资3484万元，扶持农民专业合作社6家，扶持农业产业化龙头企业5家，形成周营镇建成以土豆、辣椒、西红柿等特色蔬菜种植为主的绿色农产品种植区。周营镇铁佛蔬菜专业合作社发展带动铁佛村的蔬菜种植基地面积2400亩，年销量达2万余吨，销售额达5000余万元，从事蔬菜销售运输人员达到100人，带动周边褚楼、张场及弯槐树村等18个村庄1000余农户的种植蔬菜，辐射带动面积已达到3万亩。合作社注册绿色无公害蔬菜“周赢”牌商标，产品打入北京、上海等大城市超市。沙沟镇依托世行三期项目合作社试点，组建成立枣庄市张庄石榴专业合作社，注册会员154人，石榴种植面积5000多亩、10万余株，品种26个。石榴果已在国家工商局注册为“千寿槐”牌商标，被省无公害认证委员会定为无公害农产品，年产石榴300万公斤，产值1100万元以上，纯收入700万元，社员每户年均增收近3000元。

特色蔬菜

马铃薯　薛城区各镇街均有种植，其中周营镇种植面积最大，并成功注册“周赢”牌马铃薯，2004年，被农业部认证为无公害绿色食品。2007年以来，全区马铃薯年种植面积稳定在3万多亩，占全区耕地面积的10%左右，年总产量7.5万吨，平均单产2000余公斤，年总产值达9000万元。其中，以“周赢”牌诺兰红皮马铃薯为主的产品畅销香港、澳门、广东、上海、江苏等地，深受客商和消费者的青睐。随着农业结构调整和淀粉加工业的不断发展，全区马铃薯种植基地规模面积在逐年扩大。

周营大葱　以其株高白长、脆嫩味美、营养丰富，已有多年的栽培历史。随着农业的发展，周营大葱作为农业支柱产业之一，越来越受到当地政府的重视，资金投入逐年增加，开发潜力巨大。周营大葱已有保健型富硒大葱、富锌大葱、锌硒大葱等系列，周营镇“周赢”牌大葱几年前就通过绿色食品大葱的产品认证，国家级标准化生产示范基地的建设实施，为周营镇大葱的发展带来前所未有的机遇。周营大葱最佳生产条件：年平均日照时数2600小时左右，年平均降雨量在600毫米左右，其中6—8月占全年雨量的一半以上。相对湿度在50%至84%之间，冬春季寒冷干旱，夏季高温多湿，秋季凉爽，属典型的大陆气候。土层深厚，土质肥沃，中黏壤土。20厘米土层内含有有机质1.7%~2.6%，氮0.08%，磷0.07%~0.135%，土壤PH值7.5~8.2，微碱性土壤。常年种植面积1万亩左右，占薛城区耕地面积的八分之一。年产量3.1万吨，产值0.62亿元。

四缨萝卜　薛城区著名的优良地方品种，因四缨较大明显，故称四缨萝卜。四缨萝卜品种优良、营养丰富、纤维较少、肉质根中含水分90%以上，还有钙、镁、锌、铁等多种微量元素和无机盐类、多种维生素。四缨萝卜主要产地分布在薛城区的周营镇、沙沟镇和邹坞镇一带，尤以周营镇面积较多品质最佳。常年面积9000亩、产量3000吨。

草莓　品种繁多，薛城有10个优良品种，果实鲜红美艳，柔软多汁，甘酸宜人，芳香馥郁。草莓营养丰富，富含多种有效成分，每百克鲜果肉中含维生素C60毫克，比苹果、葡萄含量还高。果肉中含有大量的糖类、蛋白质、有机酸、果胶等营养物质。此外，草莓还含有丰富的维生素B1、B2、C、PP，以及钙、磷、铁、钾、锌、铬等人体必需的矿物质和部分微量元素。草莓是人体必需的纤维素、铁、钾、维生素C和黄酮类等成分的重要来源。草莓又叫红莓、杨梅，主要分布在薛城区的沙沟镇、常庄镇、临城街道、邹坞镇。常年面积8000亩、产量4000吨。

龙头企业

把发展农业龙头企业作为提升农业产业化水平、促进农村经济转型的重要引擎来抓，按照“抓龙头、带基地、兴产业、促发展”的思路，以项目建设为载体，加大投入力度，强化工作措施，全区农业龙头企业规模不断膨胀，档次不断提升，辐射带动能力不断增强。2013年，全区农业龙头企业总数达到62家，其中省级龙头企业3家、市级37家，基本涵盖全区粮食、林业、畜牧、水产等各类主导产业；企业总资产14.36亿元，实现年销售收入29.51亿元、利税7600万元，带动农民增收总额达2.63亿元。

2005年8月，枣庄金虹食品有限公司和山东鲁南种猪繁育有限公司被命名为省级农业产业化重点龙头企业。

2006年，全区有8家企业被命名为市级农业龙头企业：枣庄金虹食品有限公司、枣庄市捷利木业有限公司、山东鲁南种猪繁育有限公司、枣庄市天顺木业有限公司、枣庄东兴工贸有限公司、枣庄市金穗制粉有限公司、枣庄市犇牛乳业有限公司、枣庄市海河食品有限公司。

2007年，全区有2家企业被命名为市级农业龙头企业：枣庄市银牛面业有限公司、薛城区厚磨面粉厂。

2008年，全区有2家企业被命名为市级农业龙头企业：枣庄广超肉牛养殖加工有限公司、枣庄夫宇食品有限公司。

2009年，全区有4家企业被命名为市级农业龙头企业：枣庄甘霖园林工程有限公司、枣庄市农家盛圆面粉有限公司、枣庄市盛大畜禽养殖有限公司、枣庄市薛城区天方面粉厂。

2010年6月，枣庄金穗制粉有限公司被命名为省级农业产业化“重点龙头企业”。同年，全区有5家企业被命名为市级农业龙头企业：枣庄海友食品有限公司、枣庄海润蔬菜冷藏加工有限公司、枣庄展英通畜牧科技有限公司、枣庄市桂源成猪业良种繁育有限公司、枣庄市金玉食品有限公司。

2011年，全区有6家企业被命名为市级农业龙头企业：枣庄恒大良种猪繁育有限公司、枣庄市立博畜牧养殖有限公司、枣庄市腾辉禽业有限公司、枣庄润康畜禽养殖有限公司、枣庄佳润食品有限公司、枣庄翰伟畜牧生态养殖有限公司。

2012年，全区有7家企业被命名为市级农业龙头企业：山东北斗生物科技有限公司、枣庄市农家乐蛋禽养殖有限公司、枣庄宸泰农业科技发展有限公司、枣庄昌隆蔬菜种植有限公司、山东浩宇实业有限公司、枣庄凯铭实业有限公司、枣庄市盛泓畜禽养殖有限公司。同年12月，枣庄金虹食品有限公司被枣庄市人民政府命名为枣庄市农业产业化经营“十佳龙头企业”。枣庄海友食品有限公司被枣庄市人民政府命名为枣庄市农业产业化经营“十佳最具发展潜力龙头企业”。

2013年，全区有7家企业被命名为市级农业龙头企业：山东颐田园商贸有限公司、枣庄市世纪种业有限公司、枣庄农夫食品有限公司、枣庄市永乐牛羊养殖有限公司、枣庄市金瑞丰食品有限公司、薛城亿隆饲料厂、山东昊森木业有限公司。

“三品一标”品牌认证

2005年后，“三品一标”认证数量不断增加，2007年，获得认证的农产品品牌6个（有机食品4个，绿色食品2个）。2013年，全区农产品获“三品认证”42个，其中绿色食品15个，无公害农产品27个，面积14.2万亩，批准产量17.2万吨。通过这些名牌农产品的带动作用，在全区范围内形成优势农产品的区域布局，使全区农业产业化水平得到显著提升，提高农产品的市场竞争力和农业综合效益，提升农产品的知名度，增加农民收入。

2011年，新申报3处标准化基地：薛城区张范镇小香城无公害番茄标准化生产基地、薛城区常庄镇王庄蔬菜无公害标准化基地、薛城区周营镇张场村标准化生产基地。

2011年，新认证“三品”3个：无公害品牌2个，即枣庄市薛城区核之缘果品种植专业合作社的核桃、枣庄市薛城区瑞丰长隆蔬菜种植专业合作社的奚仲牌西红柿。绿色食品1个，即枣庄金穗制粉有限公司的小麦粉。

2013年7月，陶庄镇农家盛园公司小麦粉获得农业部绿色食品发展中心绿色食品认证许可。9月，金穗公司小麦粉、挂面获得农业部绿色食品发展中心绿色食品认证许可。11月，周营镇沙河崖青萝卜种植专业合作社无公害萝卜、西红柿获得农业部无公害农产品复查换证；枣庄宸泰农业科技发展有限公司马铃薯、大葱、大白菜和花生仁获得农业部无公害农产品复查换证；绿之园果蔬种植合作社大白菜、西瓜、甜油桃获得农业部无公害农产品复查换证；邹坞镇清泉山果蔬种植合作社萝卜、樱桃、大枣获得农业部无公害农产品复查换证；沙沟镇张庄石榴专业合作社石榴、柿子获得农业部无公害农产品复查换证。同月，周营镇小巩湖村马铃薯；铁佛村马铃薯、辣椒；大孙庄村万顺合作社马铃薯、辣椒；沙沟镇金鑫合作社马铃薯、豇豆、大葱、菜用大豆获得农业部无公害农产品认证许可。同月，组织2家市级以上农业龙头企业第二届中国山东（济南）国际农产品交易会，薛城区参展的“金虹”牌五香猪蹄和“壮冠”牌铁板烤肠荣获畅销产品奖。同年，周营镇小巩湖村马铃薯生产基地被命名为枣庄市市级标准化生产基地。

第二章　种植业

1990年以来，全区粮食作物主要有小麦、玉米、地瓜、大豆、绿豆、高粱、谷子等；经济作物主要有棉花、花生、油菜、芝麻等。

1992年，全区粮食播种面积37832公顷，总产量208438吨，占全区农作物总播种面积的87.3%。夏粮播种面积26009公顷，总产量97844吨，其中小麦播种面积19966公顷，总产97765吨，杂豆播种面积43公顷，总产79吨；秋粮播种面积17823公顷，总产量110594吨，其中玉米播种面积10631公顷，总产68614吨，谷子播种面积706公顷，总产2333吨，高粱播种面积652公顷，总产2161吨，地瓜播种面积4121公顷，总产33977吨，大豆播种面积1220公顷，总产2382吨，杂豆播种面积63公顷，总产103吨，其他粮食播种面积430公顷，总产1024吨，地瓜播种面积4121公顷，总产33977吨。经济作物播种面积3934公顷，其中棉花播种面积2000公顷，总产1758吨，花生播种面积1587公顷，总产4646吨，芝麻播种面积341公顷，总产383吨，其他经济作物6公顷。

2000年，全区粮食播种面积31488公顷，总产量155157吨，占全区农作物总播种面积的71%。夏粮播种面积17825公顷，总产量65340吨，其中小麦播种面积17764公顷，总产65268吨，夏杂豆播种面积61公顷，总产72吨；秋粮播种面积13623公顷，总产量89817吨，其中玉米播种面积9745公顷，总产65294吨，谷子播种面积162公顷，总产640吨，高粱播种面积142公顷，总产570吨，地瓜播种面积1737公顷，总产16117吨，大豆播种面积1589公顷，总产6445吨，绿豆播种面积206公顷，总产548吨，其他粮食播种面积42公顷，总产203吨。油料作物播种面积6736公顷，总产23450吨，其中，花生播种面积6318公顷，总产22919吨，油菜籽播种面积307公顷，总产418吨，芝麻播种面积111公顷，总产113吨。棉花播种面积186公顷，总产217吨。

2005年，全区粮食播种面积28876公顷，总产量171181吨，占全区农作物总播种面积的65%。其中小麦播种面积17070公顷，总产量102976吨；秋粮播种面积11806公顷，总产量68205吨，其中玉米播种面积10488公顷，总产量61308吨，谷子播种面积11公顷，总产量51吨，高粱播种面积107公顷，总产量300吨，地瓜播种面积503公顷，总产量4251吨，大豆播种面积648公顷，总产量2132吨，绿豆播种面积49公顷，总产量163吨。油料作物播种面积4281公顷，总产量14594吨，其中，花生播种面积3755公顷，总产量13818吨，油菜籽播种面积293公顷，总产量510吨，芝麻播种面积233公顷，总产量266吨。棉花播种面积86公顷，总产量121吨。

2010年，全区粮食播种面积35488公顷，总产量223270吨，占全区农作物总播种面积的80.1%。其中，小麦播种面积18739公顷，总产量119697吨；秋粮播种面积16749公顷，总产量103573吨，其中玉米播种面积15411公顷，总产量97859吨，地瓜播种面积250公顷，总产量2227吨，大豆播种面积991公顷，总产量3206吨，绿豆播种面积48公顷，总产量130吨。油料作物播种面积2616公顷，总产量10307吨。其中，花生播种面积2367公顷，总产量8770吨，油菜籽播种面积248公顷，总产量505吨。棉花播种面积297公顷，总产量495吨。

2013年，全区粮食播种面积32699公顷，总产量212403吨，占全区农作物总播种面积的82.2%。其中，小麦播种面积16826公顷，总产量108517吨；秋粮播种面积15873公顷，总产量103886吨，其中玉米播种面积15073公顷，总产量100488吨，地瓜播种面积155公顷，总产量1191吨，大豆播种面积593公顷，总产量1917吨，绿豆播种面积53公顷，总产量127吨。油料作物播种面积1449公顷，总产量4888吨。其中，花生播种面积1193公顷，总产量4306吨，油菜籽播种面积248公顷，总产量518吨，芝麻播种面积1.5公顷，总产量1.6吨。棉花播种面积179公顷，总产量266吨。

随着强农惠农政策的不断出台，在区委、区政府对粮食实行规模化、产业化、集约化生产鼓励扶持下，使一部分进城务工的农民把土地流转给种粮大户种植经营，产生种粮大户，2013年底，全区500亩以上粮食专业合作社有8户。50亩以上种粮大户26户，总面积8600余亩，其中50~100亩7户，100亩以上11户，500亩以上8户，主要分布在周营镇、沙沟镇、陶庄镇、邹坞镇和常庄镇等五镇。

第一节　粮食作物

薛城区主要以种植小麦、玉米、花生、大豆、蔬菜等作物，典型种植制度为小麦—玉米一年两熟制，为进一步增强全区粮食综合生产能力，提高种粮科技含量，促进粮食稳步发展和农民持续增收，全区按照省、市的统一部署和工作要求，在稳定面积的前提下，大力实施粮食高产创建工作，坚持政策驱动、科技推动、示范带动，狠抓关键增产技术的普及应用，努力提高单产、增加总产，发挥示范方在粮食增产中的示范带动作用。

小麦

小麦是全区第一大粮食作物，长期以来，全区通过大力改善小麦种植条件，不断扩大小麦种植面积，小麦产量逐年稳步提高。1992年，全区小麦种植面积29.9万亩，占粮食作物种植面积的52.8%，单产326公斤，总产达到97765吨。2000年，全区小麦种植面积26.6万亩，占粮食作物种植面积的56.4%，单产245公斤，总产达到65268吨。2005年，全区小麦种植面积25.6万亩，占粮食作物种植面积的59.1%，单产410公斤，总产达到102976吨。2010年，全区小麦种植面积28.1万亩，占粮食作物种植面积的52.8%，单产426公斤，总产达到119697吨。2013年，全区小麦种植面积25.2万亩，占粮食作物种植面积的51.4%，单产430公斤，总产达到108517吨。

全区小麦生产通过大力实施高产创建项目，全区主要推广济麦22、烟农19、鲁原502、泰农18等优质高产稳产小麦品种；重点推广小麦宽幅精播、规范化播种、深耕深松、播后镇压、氮肥后移、“一喷三防”、秸秆还田技术、种子包衣、病虫草害综合防治技术等关键技术。为优化品种布局、提高单产、增加总产，起到重要的推动作用。2013年，薛城区建成常庄镇3.8万亩整建制省级粮食高产创建示范方1个，沙沟镇、周营镇万亩省级粮食高产创建示范方各1个。是年5月28日，山东省农业厅组织审查复核组对常庄镇3.8万亩整建制粮食高产创建示范方小麦产量进行审查复核，确定示范方小麦平均亩产达到653.6公斤；省农业厅审查复核组专家分别对陶庄镇皇殿、井亭、后湾等村小麦高产创建示范田进行严格的实地复核，经复核确定示范方小麦平均亩产为607.54公斤，小麦产量达到省粮食高产创建示范方建设考核验收要求。

玉米

1992年，全区玉米种植面积15.9万亩，占粮食作物种植面积的28.1%，单产430公斤，总产达到68614吨。2000年，全区玉米种植面积14.6万亩，占粮食作物种植面积的31%，单产447公斤，总产达到65294吨。2005年，全区玉米种植面积15.7万亩，占粮食作物种植面积的36.3%，单产390公斤，总产达到61308吨。2010年，全区玉米种植面积23.1万亩，占粮食作物种植面积的43.4%，单产423公斤，总产达到97859吨。玉米已完全成为全区第二大粮食作物。全区玉米种植品种逐步向适合机械化作业、耐密植、抗倒伏、适应性强、熟期适宜、高产潜力大的品种发展，主要推广郑单958、登海605、浚单20、金海5号、天泰33号、鲁单9066等品种；重点推广玉米一增四改、一防双减、适时晚收、秸秆还田技术、种子包衣、病虫草害综合防治技术等关键技术。

大豆

大豆是薛城粮油兼用的作物，种植历史悠久。1992年，全区大豆种植面积1.8万亩，占粮食作物种植面积的3.2%，单产达到130公斤，总产2382吨。2000年，全区大豆种植面积2.4万亩，占粮食作物种植面积的5%，单产270公斤，总产6445吨。2000年，全区大豆种植开始逐渐减少，2005年，全区大豆种植面积减少到0.97万亩，占粮食作物种植面积的2.4%，单产220公斤，总产达到2132吨。是年以后，大豆种植面积逐渐增加，2009年，全区大豆种植面积1.65万亩，占粮食作物种植面积的3%，单产208公斤，总产达到3422吨。之后，种植面积开始逐渐减少，2013年，全区大豆种植面积0.89万亩，占粮食作物种植面积的1.8%，单产216公斤，总产达到1917吨。

高粱

随着耕作制度的变革和小麦、玉米等作物面积的扩大，高粱种植面积逐年缩小，在粮食作物中地位也开始降低。1991年，全区高粱面积为1.3万亩，之后，种植面积逐年减少，到2010年，全区高粱种植面积仅为750亩。2012年后，没有种植高粱。

谷子

谷子是历史上农民种植的主要作物之一。1991年，全区谷子种植面积为1.4万亩，1991年以后，谷子的种植面积呈下降趋势，2000年，种植面积为2430亩，到2001年，全区种植谷子仅为645亩，2007年，全区谷子种植面积为195亩，2008年后，几乎无种植。

地瓜

但自80年代以来，由于农业结构调整，地瓜种植面积逐年缩小。1991年，种植面积为6.49万亩，2003年，减少至9630亩。尤其是随着生活水平的不断提高和人们生活质量的逐步提升，地瓜只是作为辅助食品之一。

绿豆

当地人们最为喜爱的一种豆类，也是薛城种植面积较大的杂粮作物之一。多年来，人们多习惯在地势低注的涝地、旱薄的山岭地以及田边地头等处点播绿豆，产量一般在50公斤左右。绿豆有春、夏播之分。

第二节　经济作物

花生

1991年，全区花生种植面积2.4万亩，单产218公斤，总产5301吨。1991年以后，花生种植面积逐步增加，2000年，全区花生种植面积达到9.5万亩，单产242公斤，总产22919吨。是年以后，花生种植面积逐年下降，2005年，全区花生种植面积5.6万亩，单产245公斤，总产13818吨。2010年，全区花生种植面积3.6万亩，单产247公斤，总产8770吨。2013年，全区花生种植面积仅为1.8万亩，单产241公斤，总产4306吨。

芝麻

1991年，全区芝麻种植面积0.5亩，单产78公斤，总产403吨。2000年，全区芝麻种植面积0.17万亩，单产67.9公斤，总产113吨。2005年，全区芝麻种植面积0.35万亩，单产76.1公斤，总产266吨。2009—2011年，仅有零星种植。2013年，全区芝麻种植面积23亩，单产69公斤，总产1.5吨。

油菜籽

1991年仅为零星种植，面积很小。1992年，种植面积为300亩，总产为28吨，1995年，种植面积最大，为1.6万亩，之后，种植面积没有突破万亩。2000年，全区油菜籽生种植面积0.46

万亩，单产 90.8 公斤，总产 113 吨。2005 年，全区油菜籽种植面积 0.44 万亩，单产 116 公斤，总产 510 吨。2010 年，全区油菜籽种植面积 0.38 万亩，单产 136 公斤，总产 505 吨。2013 年，全区油菜籽种植面积 0.37 万亩，单产 139 公斤，总产 517.7 吨。

棉花

本地传统棉花栽培制度为一年一熟制。80 年代前，均种春棉，无夏棉。1991 年，全区棉花种植面积 4.034 万亩，单产 66 公斤，总产 2655 吨。1991 年以后，棉花种植面积逐年减少，1998 年，种植面积为 1.69 万亩。1999 年，种植面积锐减至 0.39 万亩。2000 年，种植面积大幅减少，全区棉花种植面积仅为 0.28 万亩，单产 77.8 公斤，总产 217 吨。2005 年，全区棉花种植面积 0.13 万亩，单产 93.8 公斤，总产 121 吨。2010 年，全区棉花种植面积 0.45 万亩，单产 111.2 公斤，总产 495 吨。2013 年，全区棉花种植面积 0.27 万亩，单产 99.2 公斤，总产 266 吨。

第三节　种　子

种子经营管理

自 90 年代，农户已经注重良种的选择，农民在长期的生产实践中积累起丰富的用种谚语，如“种田选好种，一垄赶两垄”“好种出好苗，好秧多打粮”等。

薛城区种子管理由种子管理站负责，薛城区种子公司隶属于薛城区农业局，具体负责全区的种子供应工作。公司注重总结群众选育良种及使用优良品种取得高产的经验，试验、推广适合全区种植的各种作物的优良品种，并负责组织、调换和经营全区需要的作物良种。

1991 年以来，种子公司将沙沟镇郭洼村、潘庄村、西杨庄村作为薛城区的制种基地。制种面积达 2000 余亩，每年繁育玉米良种近 40 万公斤，品种以掖单 2 号为主，1996 年，开始繁育掖单 19 号。1991—2007 年，区种子公司平均每年经营各种作物良种 80 万公斤左右，1996 年，最高的达到 90 万公斤。2007 年，国家实行政企分开，种子公司改制，取消种子公司，事业编制人员回农业局工作，其他工人下岗再就业，单位负责养老保险等。

90 年代，全区各个镇街农技站都从事种子经营，仅有少数几家个体户经营户种子。2000 年 7 月，《中华人民共和国种子法》出台，大批的个体种子经营户出现，乡镇农技站陆续推出经营舞台。全区从事种子经营单位（户）220 家，遍布各个镇街、村庄。2004 年，薛城区成立区农业综合执法大队，副科级全额拨款事业单位，人员编制 8 人，受农业局委托，具体负责全区种子市场管理。

良种推广

小麦良种推广　90 年代初，大部分农户种植小麦仍然是去杂以后自家留种，少部分购买更换新品种，经营种子也是以区种子公司和乡镇农技站为主，并且经营的数量很少，品种主要有小红芒、济南 17 等。品种沿用多年，加之耕作粗放，产量基本较低。自 2007 年国家实行小麦良种补贴以来，小麦品种相对比较集中，统供的小麦品种以烟农 19、济麦 22 为主，部分泰农 18、良星 77 等。农资市场上仍有部分销售，品种以济宁 12、泰山 23、济宁 16 为主，小麦种植基本全部实行种衣剂包衣，整地相对比较精细，产量都比较高，一般亩产 400~600 公斤。

玉米良种推广　自 90 年代，玉米种子几乎全部选用杂交种，产量明显提高，开始以掖单 2 号为主，陆续推广种植掖单 13、掖单 19，但是由于抗病性差，掖单 19 种植的时间并不很长。90 年代后期，推广大穗型的鲁单 981、农大 108 等品种。2000 年后，玉米又推广登海 1 号、登海 9 号、登海 11 号等。玉米每年都有新的不同的品种审定推广，但仍以郑单 958、浚单 20、隆平 206 等为主，产量相对比较稳定，产量水平较高。

花生良种推广　花生面积在逐步减少，已不足 4 万亩，以夏花生为主，春花生种植更少，只有部分山岭薄地种植。农户仍有自家留种习惯，品种以小白沙、海花 1 号、鲁花 9、鲁花 11 为主。老百姓越来越重视优良品种的重要性，大部分都能主动选购良种。市场上销售的花生品种以山花 13（拔二罐）为主，少量的丰花 3 号、花育 16、花育 17、花育 23 等品种。山花 13 具有株型紧凑、直立、分枝少、节间短、适应性强、早熟高产等特点，受到农民欢迎。

大豆良种推广　90 年代初，大豆以农户自家留种为主，主要种植大黑角、鲁豆 2、鲁豆 4、齐黄 13 号等，2010 年以后，全区大豆种植面积明显减少，但农户很重视良种的选用，良种覆盖率达 100%，品种以中黄 13、中黄 43、鲁豆 4、鲁豆 10 为主。

第四节　肥　料

土壤普查

1985 年，完成第二次土壤普查后，土壤普查成果应用开始进行小面积的配方施肥试验、示范，利用所掌握的测试数据和图件资料，按土壤基层分类单元和不同作物，定点连续布置大田科学施肥试验，积累大量的土壤养分动态变化资料。应用土壤肥力差减法、多水平试验选优法、养分丰缺指标法等方法制定不同的因土因作物施肥的技术方案。

1996 年，耕层土壤养分普查开展土壤丰缺指标的研究，优化配方施肥，推广秸秆还田技术和复合化肥的大量使用，为农业生产的快速发展做出贡献。

测土配方施肥

测土配方施肥是以肥料田间试验、土壤测试为基础，根据作物需肥规律、土壤供肥性能和肥料效应，在合理施用有机肥料的基础上，提出氮、磷、钾及中、微量元素等肥料的施用品种、数量、施肥时期和施用方法。技术基础就是为配方所进行的取土、化验、养分状况分析及耕地地力评价等基础工作

2001—2003 年，在全区开展土壤速测与配方施肥研究，玉米、小麦和蔬菜等作物推广应用配方施肥技术 5 万余亩。方法简便易行，农民便于接受，区乡农技人员便于操作。

2005 年 9 月，薛城区农业局作为测土配方施肥补贴资金项目全国 200 个首批试点县之一，承担农业部测土配方施肥项目，自项目实施以来，按照山东省《2005 年测土配方施肥试点补贴资金项目实施意见》的要求，结合全区实际，坚持“均衡布点，突出重点，示范带动，稳步推进”的原则，因地制宜制定方案，广泛深入宣传发动埋头苦干，狠抓落实，扎扎实实地开展工作，测土配方施肥试点工作取得显著成效，得到农业厅的充分肯定。

自实施配方施肥项目以来，对全区耕地有机质、氮、磷、钾、微量元素及相关属性进行调查、化验和分析，取得大量调查化验分析数据，其中，对土样 PH 值、有机质、碱解氮、有效磷、速效钾进行全量化验，对 460 个土样的缓效钾、全氮进行化验，对 2006 个土样的有效硼、有效锌、有效铁、有效锰、有效铜、有效钼、150 个全磷、全钾、阳离子交换进行化验，取得 57545 个化验数据，为薛城区测土配肥提供科学依据。在全面的野外调查和室内化验分析，获取大量耕地地力相关信息的基础上，进行全区耕地地力的综合评价，评价结果对于摸清全市耕地地力的现状及问题，为耕地资源的高效和可持续利用提供重要的科学依据。通过测土配方施肥项目的实施，免费为农户提供测土配方施肥服务，配方施肥建议卡和施肥技术指导入户率达到 100%，项目区肥料利用率提高 3%~5%，亩节本增效 50 元以上，让农民施肥更简单。

有机肥

2007 年，全区耕地面积 30.37 万亩，播种面积 69 万亩，秸秆资源总量 25.97482 万吨，秸秆作为肥料量 10.2946 万吨，占秸秆总量的 39.63%，其中，直接还田量 1.6982 万吨，过腹还田量 5.7275 万吨，堆沤还田量 2.8689 万吨。农家肥资源总量 88.3 万吨，总用量 73.6 万吨，亩用量 1703.7 公斤，有机肥的使用面积为 368344 亩，占播种面积的 60%。主要是用在蔬菜、小麦及相关经济作物上，一般作基肥施用。

无机肥

薛城区年消耗农用化肥按实物量计算42610吨，其中氮肥18948吨、磷肥7603吨、钾肥5309吨、复合肥10750吨，折纯合计14317吨，其中氮肥5838吨、磷肥1768吨、钾肥1742吨、复合肥4969吨。平均每亩耕地施用114.4公斤，折纯量38.37公斤，比1983年每亩耕地增施19.4公斤，折纯量13.37公斤。小麦施肥上一般复合肥用作基肥和种肥，年后追施氮素化肥的很少，玉米多为小喇叭口期一次追施。经济作物和蔬菜上化肥用量较多。使用化肥是逐渐增加的，作物产量的也是逐年提高的。

微量元素肥料

薛城区有使用微量元素肥料的习惯，如锌肥、硼肥等。由于植物对微量元素的需求量小，最适合叶面施肥。使用方法上有基施、喷施等。长年使用面积在8万~10万亩。

第五节　植物保护

1990年以来，始终执行“预防为主，综合防治”的植保方针，强调在综合防治中要以农业防治为基础，因地制宜地使用化学防治、生物防治等措施，达到经济、安全、有效地控制病、虫害危害的目的。2007年，按照市农业局要求，在全区确定市级基层测报点5个，区级基层测报点6个，并对每个基层测报点明确测报范围。

科学开展病虫预报和信息发布。每年下发《病虫情报》。及时向部、省、市上报旬报、月报、季报及病虫抗性监测等40多期（次），实现预测预报准确率90%以上，发报率100%。病、虫总防面积80万亩次以上，草害总防面积30万亩次以上，鼠害总防面积2.5万亩次左右。防治覆盖率100%，有效控制各种病虫害的危害。

一喷三防

自2012年开始，每年根据山东省农业厅、山东省财政厅《关于印发全省小麦“一喷三防”项目实施方案的通知》和枣庄市农业局、枣庄市财政局《关于印发枣庄市小麦“一喷三防”项目工作实施方案的通知》要求，做好全区小麦“一喷三防”工作，实现“一喷三防”全覆盖，及时研究制定《薛城区小麦“一喷三防”项目工作实施方案》。通过电视、短信、技术培训、明白纸、科技下乡、现场会等形式，加强补助政策宣传，确保一户一张技术明白纸，共计发放明白纸6万余份，让农民充分了解小麦“一喷三防”意义和施用技术，为指导小麦后期田间管理起到有力的促进作用。

病害防治

小麦锈病　全区小麦的主要病害之一，以锈叶和条锈为主。80年代，该病虽常有发生，由于防治及时普遍，实际损失较小，锈病的危害得到有效的控制。1991年，小麦条锈病在全区发生较重，后逐年减轻至小发生。到2001年呈2级发生；全区发生面积达到2.5万亩；2002—2003年连续呈3级发生，发生面积达到5万亩。2004年以来，均为1级发生。

小麦纹枯病　1990年后，逐步上升为小麦的主要病害之一，为2~3级发生，发生面积为3~7万亩。2000年以来，逐年加重，发生为3~4级，

全区集中灭蝗现场

发生面积增加至10万亩左右。

小麦线虫病 俗称“胡麦”，小麦主要病害之一，发病危害多年。1990年，未再发现小麦线虫病。小麦根腐病，自1990年，很少发生。

小麦黄花叶病 山东省近年新发小麦病害，又称梭条斑花叶病。2012年，在薛城区沙沟镇南常东村一地块发现有10~20平方米，病情严重度为1级；2013年，在薛城区沙沟镇南常东村村东麦田点、片发生面积5~10亩，病情严重度为1~2级。

小麦赤霉病 小麦的主要病害之一，该病在1998年、1999年发生严重，分别为5级和3级，发生面积为15万和12万亩，其余年份为轻微发生。

虫害防治

农业害虫天敌 农业害虫天敌种类较多。对害虫起控制作用较明显的有七星瓢虫、异色瓢虫、龟纹瓢虫、草蛉、大灰食蚜蝇、窄姬猎蝽、华姬猎蝽、小花蝽、大眼蝉、长蝽、金毛长腹土蜂、连斑小毛瓢虫、十一星瓢虫、双带盘瓢虫、十三星瓢虫、四星盾瓢虫、曲纹虎甲、中华曲径步行虫、后斑步甲、赤眼蜂、草问小黑蛛、星豹蛛、黄褐新园蛛、猫头鹰、黄鼠狼、蛇、猫等。自1981年起，每年都保护利用瓢虫、草蛉、赤眼蜂、长距茧蜂、大眼蜻蜓、蜘蛛等天敌防治麦蚜、棉铃虫、玉米螟、菜青虫等。

小麦蚜虫 薛城区小麦主要虫害，发生危害多年，在全区常年发生的主要是麦长管蚜、二叉蚜和一管蚜。90年代，麦蚜防治采用综合防治措施，一方面利用小麦播种期、田间镇压划锄、喷灌等农业措施进行防治，一方面使用化学农药进行喷雾防治等，结合保护利用天敌进行防治，效果良好。发生程度为3~5级，发生面积为10~24万亩。2013年后，结合小麦“一喷三防”项目进行防治。

小麦红蜘蛛 小麦历史性主要虫害之一，全区常年发生的有麦长腿蜘蛛和麦园蜘蛛，旱田以麦长腿蜘蛛为主，水浇田长势旺的麦田以麦园蜘蛛为主，发生程度为2~4级，每年发生面积为3万~8万亩。主要采用化学农药进行喷雾防治。

小麦吸浆虫 90年代发生较重，为2级发生，发生面积一般3~5亩。1995年以来，为轻微发生。其他病虫害每年均有发生，但危害不重。

地下害虫 薛城区小麦的主要害虫，同时也是地瓜、高粱、油料作物的主要害虫。地下害虫的种类主要有蝼蛄、蛴螬和金针虫等。1900年以来，大力推广甲基异硫磷、硫环磷、和辛硫磷拌种进行防治，效果很好。

一代黏虫 1990年来，一代黏虫为小麦次要害虫，发生轻，危害小。

玉米螟 当地玉米的主要害虫之一。同时，也是谷子、高粱、棉花、蔬菜等作物的主要虫害。被群众称为“钻心虫”的玉米螟在薛城一年发生三代，以老熟成虫在玉米等作物秸秆内越冬。1990年，推广使用1.5%辛硫磷颗粒剂灌心叶防治。每年都利用玉米螟天敌赤眼蜂、长距茧蜂等进行生物防治。虽然每年玉米螟发生量都较大，但由于防治及时有力，没有造成大的危害。

二点委夜蛾 全区危害玉米的一种新的害虫。2011年，由于气候条件的影响，在全区夏种玉米暴发，全区发生面积近20万亩，占玉米种植面积的76.6%。2012年，因7月份雨季到来，秸秆较厚的地块容易形成田间阴湿小气候，利于二代幼虫孵化和危害。致使该虫在全区玉米幼苗期危害较重，2013年，成轻微发生。

玉米粗缩病 90年少有发生，2005年后，玉米粗缩病发生逐渐加重为三级以上。2008年，为四级发生，发生面积达到3.5万亩，造成损失达262.08吨。2009—2013年，种植较早的地块呈点片发生。

玉米大、小叶斑病 1996年，3级发生，发生面积6万亩。2005—2007年，连续三年为2级发生，其余年份为1级发生。

花生蚜虫 花生的主要虫害之一，也危害豌豆、扁豆、菜豆等多种豆科植物。主要采用综合措施防治，除使用药物防治外，同时利用天敌瓢虫、大眼蝉防治花生蚜，致使花生蚜危害大大减轻。

大豆造桥虫、食心虫　大豆造桥虫是本地危害大豆的一种历史性害虫。对大豆食心虫和豆荚螟的防治主要是选用抗病品种，如小油豆、言选23等，并通过合理轮作避免重茬种植，减轻虫害发生。

棉花虫害　主要有棉花棉铃虫、伏蚜、棉红蜘蛛、盲蝽象等。1990年代以棉铃虫为主，以2、3、4代危害较重。95年后随着种植面积的减少，其危害也减轻。

植物检疫

1990—2007年，做好以春、秋季为重点的种子、苗木等植物检疫专项大检查工作。查处调运种子与检疫证书不相符的及时作出处理结果，限期补办检疫手续，并予以警告处理。并抓好对红火蚁、梨火疫病、黄瓜黑腥病及三叶斑潜蝇等监测工作，以防传播蔓延。2007年，抓好小麦条锈病越冬菌源区精准勘界工作。利用5年时间（2006—2010年），认真开展全区域内的小麦条锈病越冬菌源区精准勘界工作，按照年初确定的8个勘界区域，按要求对勘测内容认真进行调查，总结普查情况和汇总系统调查情况，并及时上报。加大植物检疫法律、法规宣传力度，进一步提高种子、苗木生产、经营单位（户）对植物检疫工作的认识及实施检疫工作的重要性和必要性。2008年后，大力开展良种补贴统一供种的检疫检查。每年根据省植保总站《关于开展良种补贴项目统一供种检疫检查的通知》要求，对全区统一供种企业的小麦、棉花良种和重点种子市场进行执法检查，检查种子经营户120多家，查处调运种子与检疫证书不相符的有20余批次，20多万公斤。

第六节　科技人才

1990年以前，全区农业基本上粗放式经营，农民靠传统的技术经营农业。2000年以后，随着农业科技的发展，对科技兴农的重视程度不断提高，全区大力实施科教兴农战略，不断加大对农业的科技投入，提高农业科技含量，促进农业的增产增效。2007年，以小麦“20+40”和垄作高效栽培模式为重点，全年累计推广各类农业新技术15项，立体种植技术5万亩，保护地栽培12万亩，农业节本增效技术8万亩，平衡施肥技术20万亩，秸秆还田技术25万亩，农作物病虫害规范化防治技术35万亩，挽回经济损失3000多万元。加大科技培训和技术服务力度。以劳动力转移、测土配方施肥、新型农民科技培训为重点，全年举办各类培训班30多场次，培训人数达5000余人次，印发各类技术资料2万余份，同时，开通农技“110”服务热线，全年接待咨询电话136个，解决农民在生产中遇到的困难和问题。

2010年，深入开展送科技下乡入户活动，进一步健全和完善区、镇、村三级科技服务体系，着重推广农业标准化生产、保护地栽培、农作物病虫害综合防治、有机、绿色、无公害农产品生产、农机使用、测土配方施肥、沼气使用等10多项实用技术，举办各类技术培训班10余期，培训农民3000人次，深入田间技术指导1600人次。推广各类农作物新品种10多个，完成立体种植技术8万亩次，保护地栽培技术20余万亩次，农业节本增效技术8万亩次，秸秆还田技术20余万亩次，农作物病虫害防治技术35余万亩次，化学除草技术35万亩次，推广配方施肥面积已达到35万亩次，总节本增效1145万元。开展农村劳动力转移培训和新型农民培训。成立由34人的专家讲师团，深入到各镇、村，进行蔬菜大棚高产栽培技术、家禽饲养与疾病防治、果树栽培等技术培训，共完成10个村1000多余名农民的培训任务，积极联系就业企业，跟踪服务，完成农村劳动力转移培训750人，安排就业500人。

2013年，不断加大农业技术人才的培养力度，区农业局所属7个事业单位，共有正高级职称1人，副高级职称7人，中级职称18人，初级职称6人。同时，注重“土专家”“土秀才”“科技致富带头人”的培养，山东金穗农业发展有限公司总经理，2012年度评为山东省第二届乡村之星。枣庄展英通畜牧科技有限公司董事长刘裕金，2013年度评为首届枣庄市乡村之星。枣庄市薛城区巧姐柳编专业合作社理事长赵秀梅被评为2013年度首届枣庄市乡村之星。

第三章　林　业

第一节　管理机构

薛城区林业局下设办公室、财务科、公安科、林政科、林业站、果树站、森保站等内部机构，夏庄乡、常庄乡、南石乡、金河乡、陶庄镇、邹坞镇、沙沟镇、南常乡、陶官乡、兴仁乡、张范乡、薛城镇、周营镇13个乡镇林业站。1992年，因机构改革，原由区林业局统一管理的13处乡镇林业站、48名在职人员全部下放到乡镇管理。1993年3月，乡镇林业站合并到乡镇农委或农业办公室，“六站一校”合署办公，同年11月，区机构改革，区林业局改为薛城区林业服务中心。1994年，乡镇林业站独立办公，全区13处乡镇林业站定编48人。1995年10月，重新恢复为薛城区林业局。1996年6月5日，区林业局机关内设机构为办公室、林政股、业务股；事业单位设林业站、果树站、森林保护站，事业编制共计20人。2001年3月，乡镇合并，原来13个乡镇合并为6个镇1个街道办事处，镇街林业站也随之减至7个。2002年4月27日，区林业局内部调整，设立办公室、财务科、林政股、林业站、果树站、森保站、森林植物检疫站、种苗站、公益林管理办公室和林业产业化办公室等。有在职人员31名，其中：正科级干部5人，副科级干部4人；高级工程师6人、工程师6人。巨山街道办事处成立后，全区5个镇2个办事处共设立林业站7个。

1992年，薛城区被林业部授予“全国平原绿化先进单位”称号。2003年，薛城区被评为全省林业工作先进单位和全省森林防火工作先进单位。2004年，获得中国林产品交易会优质产品奖，被评为全省2004年度野生动物保护工作先进单位。

第二节　林业资源

林地资源

通过实施城市森林、镇村森林、通道森林、水系森林、山地森林、平原森林等六大森林体系建设，全区林业取得快速发展。2013年，全区林业用地面积12961公顷，其中有林地面积达到10813公顷，其他灌木林地26公顷，未成林造林地1502公顷，苗圃地300公顷。有林地中，防护林4026公顷，用材林1908公顷，经济林4879公顷，特用林213公顷；高标准农田林网化面积达到19261公顷，占已林网面积的100%；镇村驻地总面积4601.39公顷，已绿化覆盖面积达1591公顷，林木绿化率34.6%；全区活立木蓄积由1991年年底的20万立方米，增加到72.5万立方米，果品产量由1991年底的66.9万公斤增加到1936.8万公斤，林业产值由1991年0.2亿元，增加到4.5亿元。

树种资源

1991—2013年，薛城区森林植被有61科98属220多种，栽培种常见的有杨树、柳树、榆树、刺槐、泡桐、臭椿、枣树、苦楝、皂荚、桃树、杏树、柿子、石榴、核桃、梨树、山楂、花椒、樱桃、板栗、法桐、大叶女贞、合欢、玉兰、栾树、国槐、侧柏、黑松、雪松、龙柏、黄栌、桑树等。野生植被常见的有酸枣、黄荆、构树、柘子、火炬、扁担杆子、胡枝子、山葡萄等；用材树种常见的有：杨树、柳树、泡桐等。经济树则以石榴、桃、核桃、柿子、杏树、花椒、樱桃等为主，城镇绿化类以大叶女贞、法桐、雪松、香樟、玉兰等为主。全区百年以上的散生古树共有 34 株（国槐 20 株、银杏 5 株、毛白杨 4 株、丝绵木 1 株、石榴 1 株、皂荚 1 株、扁柏 1 株、构树 1 株），其中被定为国家一级古树 11 株，二级古树 9 株，三级古树 8 株，新近发现尚未确定级别的 6 株。另有沙沟镇张庄村石榴古树群 1 处，占地面积 20 公顷，共有百年以上石榴 650 株。

林木蓄积资源

2013 年，全区活立木蓄积 72 万立方米，人均占有 1.6 立方米，其中森林蓄积 52 万立方米，占蓄积量的 72.2 %； “四旁”树蓄积 20 万立方米。

湿地资源普查

2013 年，全区湿地总面积 2200 余公顷。2008 年，启动蟠龙河湿地资源保护和建设工程，是年 10 月被市林业局批准为市级湿地公园，12 月，“枣庄蟠龙河湿地公园”被省林业厅批准为省级湿地公园。2011 年 3 月，国家林业局批准蟠龙河湿地为国家级湿地公园（试点）。2012 年 7 月，为进一步摸清全区湿地资源现状，为湿地资源的保护管理和合理利用提供统一完整、准确的基础资料，薛城区开展第二次湿地资源调查。通过调查，单块湿地面积在 8 公顷以上的湿地总面积 2207.82 公顷，其中河流湿地面积 1967.05 公顷，人工湿地面积 240.77 公顷，调查湿地植被面积 1106.78 公顷，涉及 41 科 91 属 102 种，湿地动物资源丰富，其中湿地兽类野生动物有 5 个目、7 科、13 种；鸟类 17 个目、49 科、205 种；湿地爬行类约 11 种；两栖类共 10 种；淡水鱼 8 目 64 种；淡水底栖动物共有 31 种。

第三节　植树造林

义务植树

1991 年，区委、区政府开展全民义务植树活动，建立义务植树基地、征收义务植树以资代劳费、营建“纪念林”、推行义务植树双向责任制等措施。薛城区先后 7 次配合市委、市政府在杨峪森林公园、蟠龙河湿地公园、双鸭山、圣土山、日月山举办市级领导绿化点义务植树活动。区林业局从区域划定、苗木调运、开挖树穴、人员分配、车辆调度到技术指导、质量把关、栽后管理等进行全程跟踪服务。2002 年 3 月 11 日，区绿化委员会印发《关于推行义务植树双向责任制的意见》和《2002 年度薛城区领导绿化点、义务植树基地造林绿化技术标准及检查验收奖惩办法》。不论是专业队承包造林还是集体组织群众造林，造林结束后，除按造林合同规定兑现造林费用外，还要将幼林及时移交给林地所有者或承包者，并由镇政府负责拨付给护林者管护经费，与其签订护林合同，确保新造林地“死封”“全封”。

城乡绿化

2011 年 3 月 22 日，区委下发《关于深入开展城乡大绿化建设生态区活动的通知》。全区紧紧抓住春季造林大好时机，结合市“森林城市十大提升工程”及创园工作实际，着力实施“两高”和环城主干道、区内主干道、水系、镇村道路、围村林等五项重点绿化工程，创新《考核奖惩办法》，强化督导调度，采取三天一次现场观摩、现场打分并公布成绩的办法进行十次现场考核。全年，全区完成造林面积 2.1 万余亩，栽植

水系绿化

各类苗木136万株，占年度任务总量的102%。完成300亩以上的片林12处，环城林带、“两高”等道路绿化提升41条，主要河流水系绿化9条；完成312个自然村进村道路绿化；新建围村林带58个。特别是蟠龙河绿化工程，在极短时间内完成12个、3000余亩绿化方建设，实施18公里蟠龙河绿道续建提升工作，成为全市造林绿化工作的亮点。2012年3月3日，区委、区政府下发《关于创建国家森林城市的决定》，大力实施创森六大工程，累计栽植各类苗木1300余万株，完成造林7.5万余亩，城区绿化覆盖率达到40.3%，人均公共绿地面积达到14.7平方米，超额完成创森任务目标。薛城区被市委、市政府授予“创建国家森林城市工作先进区”称号。

荒山绿化

全区山丘林业用地5.2万亩，主要分布于两条东西走向的石灰岩丘陵山脉的中上部，是全区公益林的重点分布区。1991年8月20日，区委、区政府下发《关于二年消灭荒山，三年栽满树，五年绿化薛城的决定》，向荒山进军。1992年3月，区委、区政府提出“1992年消灭荒山，提前实现‘八五’绿化标准”奋斗目标。相继出台《关于建立“三结合”基地绿化责任制的决定》，全区实行以乡村植树造林为基础，区级领导牵头，各部门、乡镇分工承包有山村的“三结合”基地绿化责任制，以帮助、指导、落实有山村村庄的荒山绿化工作，确保绿化任务完成。到1992年年底荒山疏林地全部绿化，造林成活率在85%以上。至2000年年初，全区仍有1.5万余亩荒山疏林地没有达到绿化标准。为彻底解决这一难题，2004年，区林业局总结经验教训，创造性地提出“1234工程造林”方法（即筹集一笔资金，选好施工和监理两支队伍，签好施工、监理和栽后管理三个合同，严把提前整地、苗木质量、栽植质量和栽后管护四个环节），率先在荒山造林工程建设中实行招投标和监理制，形成一套完整的工程造林成功经验，并在全市推广。2005年，实施境内6条主要道路两侧可视山头和新城区周边1.35万亩荒山绿化，2007年年底完成，共绿化山头85座，绿化面积1.8万亩，超额完成绿化任务。至2013年，全区荒山疏林地已基本实现绿化。

平原绿化

1989年3月，区委、区政府出台《关于一年实现平原绿化达标的决定》，实行依法治林，多渠道筹集资金，加大对林业的投入，当年完成新建和改造农田林网13万亩，河滩绿化5055亩，“四旁”植树100万株，发展经济林4900亩，林果育苗1500亩，栽植各类树木200多万株，一举实现平原绿化达标。1992年1月21日，薛城区被林业部授予“全国平原绿化先进单位”称号。2001年，区委、区政府把村庄绿化达标纳入林业六大重点工程建设，每年给各镇街下达10个村的达标指标，同全年林业建设指标一起下达并签订目标责任书，出台一系列扶持政策，林业局出资购买优质苗木，无偿提供给村民栽植。2002年，区委、区政府提出“建设新一代林网”和“把全区沟、渠、路、河堤、村边、宅旁及荒丘、荒滩全部绿化”的目标，使全区形成高标准农田林网体系，总面积达28.8万亩。2005年，全区村庄树木覆盖面积由2000年前的不足1万亩，提高到4.36万亩，占全区林木总覆盖面积的25.8%，全区240个行政村平均村庄林木覆盖率达38%，有三分之一的村庄达到40%以上，53个村建起围村林，面积达6300亩，实现“白天不见庄、夜晚不见光”的目标，村民们形象地把自己的村庄称之为“天然氧吧”“绿色银行”。2013年，共完成新建农田防护林网折算面积171公顷，开展园林化乡镇建设2个、绿化面积864公顷，开展村屯绿化建设67个、绿化面积551公顷，荒滩荒地造林802公顷，栽植杨树、垂柳、女贞、紫薇、紫叶李、广玉兰、蜀桧、雪松等苗木220余万株，提升平原绿化工程建设档次。

绿色通道

2001年9月14日，区委、区政府出台《关于薛城区绿色通道工程建设的实施方案》，从此拉开全区绿色通道建设的序幕。工程建设重点为京福高速公路、枣木路、薛枣一级路、郯薛路、店韩路、环城林带和道路两侧可视山头宜林地全部绿化。至2013年，栽植各类树木89.6万株，投入资金340.8万元。其中完成铁路绿化18公里，绿化面积72公顷，投入绿化资金30.1万元；公路绿化115公里，面积670公顷，投入资金255.3万元；河流沿岸绿化42公里，面积168公顷，投入资金55.4万元。

第四节 林业产业化

果树结构调整

全区走区域化种植的发展格局，逐步形成以沙沟镇张庄村为中心的石榴生产基地；常庄镇种庄村为中心的甜油桃生产基地；周营镇官杨庄、高架子及邹坞镇墓山等村核桃基地；邹坞镇北部山区的桃、杏、樱桃小杂果基地；各类采摘园等五大干鲜果品生产基地，通过调整逐步使全区果树结构布局趋于合理。

果品生产

1991年后，全区以调整产业结构、增加农民收入为核心，到2013年年底，全区共有经济林面积4879公顷，果品年总产量达到1937万公斤，果品总产值8266万元。主要有石榴、桃、柿子、杏、梨、李、葡萄、樱桃、山楂、板栗、核桃、花椒、金银花、香椿、蓝莓等树种。

果品生产品牌化

提出“发展、巩固、提升”并举的发展思路，号召全区开展优质化果品生产，打造名牌产品。薛城区是万亩榴园的西大门，有2000多年的栽培历史。早在1987年北京农产品博览会上薛城张庄石榴就曾获“山东一绝”之美誉，注册的“千寿槐”牌石榴，2003—2006年，先后获得农业部认证的无公害、绿色产品称号。2008年，成功申报并批准为北京奥运会特供产品。常庄镇的“常生源”油桃、“绿之园”葡萄，邹坞镇的“核之缘”核桃、“刘沟”樱桃等先后通过农业部无公害产品认证。“千寿槐”牌石榴、“常生源”油桃分别获全国名优产品称号。沙沟镇张庄村石榴生产基地、常庄镇种庄村油桃生产基地被农业部批准为无公害及绿色产品生产基地。

木材加工

2001年起，通过招商引资、内引外联等形式，先后发展捷利、东盛、天顺、双木、奥翔、鑫汇、申济蒜业等木材和果品加工龙头企业7家，个体木材经营加工户达367家，年产中密度纤维板、胶合板40万立方米，各类果品加工和储藏能力达15万吨，全区林业年产值达3.8亿元。

第五节 特色林果（花卉）基地

90年代起，区委、区政府十分重视林业产业结构调整工作，不断扩大林果基地规模，优化产业结构，使林果业生产规模和经济效益逐年提高，已成为全区林农增收致富的重要产业之一。自1993年8月开始，薛城区下发《关于农业产业结构调整的实施意见》，明确提出种植业实施“2511”工程，即25万亩粮田、10万亩林果、10万亩蔬菜和其他经济作物。在林果开发上实施“三纵一横”计划，即利用“三山五岭”和主要道路两侧开发出4条面积为10万亩的林果带。

1995年4月，区林业服务中心在全区林业系统干部职工中开展《乡乡有典型、人人有项目》科技竞赛活动，号召全区林业系统干部职工开展林业科研推广、培养典型。至1997年年底，全区涌现出一批科技含量高的林果典型项目达到68个，面积达1.1万亩。

2002年9月14日，薛城区委、区人民政府印发《关于全区林果业产业化基地建设的实施方案》。至2007年，完成基地化成片造林10万亩（其中经济林6万亩，速生丰产林4万亩），苗木花卉基地3000亩，新增干鲜果品产量4000万公斤，其他经济林产量100万公斤，林木蓄积60万立方米，年产木材10万立方米，苗木花卉600万株，创林业产值2.2亿元。建设内容为经济林基地建设6万亩（其中3万亩优质大枣基地、1万亩石榴基地、1万亩油桃基地、1万亩桑园基地），速生丰产林基地建设4万亩（包括绿色通道工程建设林带1万亩），种苗、花卉基地建设和森林旅游基地建设初具规模。全区涌现出“张庄石榴、种庄桃、关阁柿子、张岭枣”等一大批林果专业村，林果已成为这些村的支柱产业。至2008年，全区林果专业村已达到65个，年产各类果品600多万公斤，占全区干鲜果品总产量的27.3%，生产的多种无公害果品，畅销省内外20多个大中城市。

其中，张庄石榴享誉国内外。栽培历史悠久，有千年石榴古树，石榴品种大红袍、大青皮被列为全国名、稀、优果品，具有“九州奇树，天下名果”之称。其果实味酸甜、性温涩、富含多种营养，不仅可供鲜食，亦可加工成高级清凉饮料，深受消费者喜爱。果实和果皮中含有多种生物碱和维生素，对腹泻、泻精、冠心病、高血压等均有辅助疗效，具有较高的开发价值。果实优、驰名中外，和峄城区石榴连接，被誉为“中国石榴之乡”，栽培面积2万亩，石榴产业已发展8个品种，总产达30000吨。同时，引进发展大樱桃、核桃、黑莓、柿子等新品种20余个，建立无公害果品生产基地2处，完成科研成果两项，并先后成立张庄石榴合作社、常庄甜油桃合作社、天缘林果合作社、天丰林果合作社和巧姐柳编合作社，使经济林健康稳定发展。抓好邹坞、陶庄、张范矿区塌陷地，沙沟、周营南部、常庄西部涝洼地和境内各大河流、岸堤滩地为重点的杨树速生丰产林基地建设，丰产林面积稳定在3万亩，全区产业化基地建设面积达7.2万亩。

1991年，薛城区本着名、优、新、特的原则，狠抓区镇两级林果良种繁育基地建设，扶持一批林果花卉育苗大户，建设速生杨、优质枣、石榴、桃和荒山绿化用苗等专业性苗圃20多处，全区林果（花卉）育苗基地面积已达5000余亩。全区良种壮苗率达95%以上。2012年10月8日，在山东省第五届花卉博览会上，薛城区参展作品喜获佳绩，共囊括设计布置奖、盆景类、根艺类、观赏石类等1个金将、3个银奖、2个铜奖等各类奖项17个，名列全市前茅。其中由奚仲花卉合作社于成坤先生选送的石榴盆景“大将军”获金奖，薛城区获得布展设计类银奖。

第六节　林权制度改革

1998年4月，针对全区农田林网存在着难栽难管的问题，区政府于4月10日在张范镇召开全区农田林网拍卖现场会，对全区农田林网拍卖工作做统一部署。推出“四公开”“五要素”“六原则”的拍卖模式和“兼顾三方利益”的做法，有效地调动村集体、经营者和林木占地者的积极性。当年全区25万亩林网通过拍卖，落实承包的占95%以上，拍卖金额达500余万元。薛城区的“456”模式和“兼顾三方利益”的做法被全市推广。

2003年11月，薛城区印发《关于做好林木和林地确权发证工作的通知》。区林业局组织专业队伍，进行政策宣传和技术培训，深入镇村，到地块、路段、山头，详细调查和摸底登记，对林木林地位置、四至界限、林种、面积全部登记造册，张榜公布。至2007年年底，全区共发放林权证3785份，发证率达92%以上。

2010年，薛城区在全区范围内实施集体林权制度改革。至2011年，林改主体改革任务已基本完成。110个行政村，3.46万户，11.97万人。完成集体林地发证面积34550亩、农田林网148531米，发放林权证377本，股权证3580份。集体林权制度改革为全区林业的快速发展注入新的活力，造林绿化步伐明显加快，生态效益、经济效益、社会效益不断提高，有效遏制乱占林地、乱砍滥伐、毁林开荒、乱牧牛羊、山林火灾等的发生。

第七节　林业保护

森林公安

封山护林　1999年9月，薛城区组织专业人员，历时一个月对全区11个有山乡镇（含兴仁乡）108个靠山村、72564亩山丘林业用地，进行全面细致的外业调查，并通过内业整理和图纸绘制，圆满完成《薛城区封山育林规划设计》工作。全区共规划设计封山育林小班531个、面积7.2万亩，组建巡护队伍242个，建护林房、瞭望台180处，建永久性封山界桩73处，建设机械围栏2650米，生物围栏11400米，建设防火隔离带7.3万米，总投资为126.53万元。2003年12月8日，薛城区印发《关于贯彻落实〈枣庄市人民政府封山令〉〈枣庄市封山育林管理规定〉、加强封山育林工作的通知》，自2004年开始，全区实施公益林补偿金制度，所有山林配备专职护林员。实施沿林缘埋设界桩、拉铁丝网、砌垒封山墙、建封山界牌界碑及护林房、瞭望台、粉刷永久性标语等基础设施建设。全区累计投入资金达280万元，共埋设界桩5000根、拉铁丝网4.6万米、砌垒封山石墙4000米、建封山界牌界碑56个、护林房32间、瞭望台16处、粉刷永久性标语360幅，多项工作走在全市的前列。2004年6月19日，市委主要领导到邹坞镇调研视察，对该镇封山育林、林果开发和退耕还林工作，给予高度评价。该镇沿山埋设界桩、拉铁丝网的经验和做法，在全市推广。

枣庄市森林公安局薛城区分局，2009年12月，撤销原林业公安科，成立森林公安分局，行政级别副科级，政法机关编制5个，设局长和教导员2个领导职位，科员3个。2010年8月，通过公开招考录取公安干警2名，2013年1月，接收军转干部1名。2012年5月18日，枣庄市森林公安局薛城区分局的正式挂牌成立，列入地方公安大队序列，专门保护森林、野生动植物资源、林地资源和生态安全、维护林区社会治安秩序的重要力量。是生态建设的重要参与者、生态安全的首要保护者、生态文明的积极创造者。主要职能：预防、制止、侦查和处置各类破坏森林、林地和野生动植物资源违法犯罪活动；维护辖区社会治安秩序，制止危害林区社会治安秩序的行为；指导、协调和组织实施森林防火和林业系统内的消防工作，实行消防监督，侦查森林火灾案件；指导和监督林区治安防范工作，做好林区治安的综合治理工作；法律、法规规定的其他职责。

野生动物保护　1996年8月8日，区林业局野生动物保护执法人员与区工商局人员密切配合，对薛城北批农贸市场进行突击检查，共查获青蛙544只，刺猬1只，当场没收猎物和经营工具。同月14日下午，区林业局接到群众举报，迅速集结力量，于次日凌晨埋伏在火车站行李房周围。5时38分，对不法分子围追堵截，共查获青蛙活体8箱1.4万余只，青蛙腿40公斤。当日上午，在数百名围观群众的参与下，将青蛙活体在薛城东沙河全部放生。2000年7月12日，根据群众举报，区林业局执法人员与区工商局、枣庄西站铁路派出所密切配合，在枣庄西站老货场门口成功截获金线蛙活体1.2万只，并没收非法运输工具。

检疫工作　严格检疫制度，每年都组织一次森林植物检疫对象普查，认真做好产地检疫和调运检疫工作，1998年之前，检疫员进驻火车站开展植物检疫工作，控制外来危险性检疫对象传入薛城区，之后，检疫工作重点转入产地检疫和复检。1991—2013年，共检疫苗木2500万株、木材15000万立方米、板材10万立方米，苗木产地检疫率为100%，有效防止危险性林业有害生物的传播和蔓延。

病虫害监测　2012年，建设1处省级林业有害生物中心测报点。2013年，建设4处市级林业有害生物中心测报点和34处区级测报点。林业有害生物预测预报网络逐步完善，共印发《林木病虫情预测预报》203期26000份；举办林木病虫害防治技术培训班65次5000余人次受训，发放技术资料1.5万余份；在电视台安排专家讲座22次，科学指导全区森林病虫害防治工作。2013年11月21—22日，全省林业有害生物防控工作会议在薛城区召开，防控工作经验在全省推广。

病虫害防治　薛城区内主要林业虫害39种，病害7种。虫害有美国白蛾、侧柏毒蛾、杨雪毒蛾、杨树叶甲、柳蓝叶甲、金龟子、松毛虫、日本龟蜡蚧、紫薇绒蚧、草履蚧、枣大球坚蚧、杨圆蚧、桑天牛、星天牛、光肩星天牛、桃红颈天牛、锈色粒肩天牛、黄斑星天牛、云斑天牛、双条杉天牛、吉丁虫、杨扇舟蛾、杨小舟蛾、杨二尾舟蛾、杨树绢野螟、大叶黄杨长毛斑蛾、角斑绢网蛾、桃蛀野螟、柏大蚜、春尺蠖、槐尺蠖、麻皮蝽、悬铃木方翅网蝽、绿翅蝽、硕蝽、斑衣蜡蝉、柳瘿蚊、石榴巾夜蛾、葡萄透翅蛾等；病害有杨树溃疡病、杨树干腐病、杨树黑斑病、石榴黑斑病、石榴疮痂病、石榴腐烂病、枣疯病等。在这46种林业有害生物中，本土有害生物30种，外省传入的有害生物15种。在本土有害生物中，光肩星天牛、桑天牛、杨扇舟蛾、杨小舟蛾、杨溃疡病、杨黑斑病、石榴黑斑病、石榴疮痂病等为危害严重的林业有害生物；在外省传入的林业有害生物中，双条杉天牛、杨圆蚧、美国白蛾等危害较重。这些有害生物主要发生在杨、石榴等寄主上。2009—2013年，共发生各种林业有害生物面积12.6万亩，其中轻度发生面积7.1万亩，中度发生3.2万亩，重度发生2.3万亩，防治率94.1%，无公害防治率为82.3%，共挽回因病虫害造成的损失4200余万元；监测覆盖率为96.83%；测报准确率95%以上。

1995年，区内石榴疮痂病零星发生。之后发生危害逐渐加重，所有果园均有不同程度的发生，局部地方造成成片死亡，大面积树势衰弱，产量降低。2001—2003年，薛城区森保站与山东农业大学联合对该病进行立项研究，经过3年的调查、试验、摸索，摸清病原和发生发展规律，制定综合防控方案，控制该病的扩散蔓延，该项目同时获枣庄市科技进步二等奖。2009年，区内爆发杨小舟蛾，发生总面积为9万亩，其中轻度发生4.05万亩，中度发生2.7万亩，重度发生2.25万亩，成片的杨树被吃光树叶，给全区的林业生产造成很大的损失。2010年10月，在邹坞镇罗岭村首次发现国家级检疫对象美国白蛾，危害杨树、泡桐、构树10余株。2012—2013年，美国白蛾蔓延全区，发生总面积5万余亩，其中轻度发生3.4万亩，中度发生1.3万亩，重度发生0.3万亩，局部地方有吃光叶片的现象，对林业生产造成灾害，为此，采取以下措施：制定《薛城区林业有害生物防控应急预案》；首次成立以分管区长任总指挥、区有关部门主要负责人和镇（街）镇长（主任）任成员、林业局局长任办公室主任的薛城区人民政府林业有害生物防控指挥部。先后购买6台高射程风筒式喷雾器，29台拖挂式高射程喷雾器，黑光灯1500余盏、烟雾机50余台、无公害农药20余吨、性引诱器100余台，高枝剪200余把。2012年、2013年，利用飞机进行美国白蛾、春尺蠖、杨小舟蛾等林业有害生物的防控工作，投资380余万元，防治美国白蛾47万余亩次，有效地控制美国白蛾等疫情的发生，保护造林绿化成果。

森林防火　随着森林资源的不断增加和管护力度的加大，林内可燃物逐年增加，加上上山游玩、上坟祭祖、烧荒开垦等活动频繁，野外用火难以控制，森林防火形势十分严峻，工作任务艰巨而繁重。为此，薛城区成立“薛城区护林防火指挥部”，先后制定并下发《关于加强全区护林防火工作的意见》、《关于实行护林防火工作责任制的通知》和《薛城区重大森林火灾紧急救援应急预案》等一系列文件，组建薛城区护林防火专（兼）职队伍，通过加大宣传和对护林防火基础设施建设的投入力度、强化对护林员管理、及时查处森林火灾案件等措施，有效地预防森林火灾的发生，使全区的森林防火工作始终走在全市的前列，多次受到省市的表彰奖励。

1996年2月20日，区林业局根据林业部、省林业厅和市林业局的部署，历时一个月，通过外业实地调查规划、内业汇总整理、外业补充调查和内业成果编绘四个阶段，全面完成《薛城区生物防火林带规划设计方案》的编制任务。规划涉及10个乡镇108个村，共设立防火隔离带226.3公里，其中生物防火林带219.4公里，规划面积349.6公顷。方案的实施，使全区森林防火基础设施建设有很大提升。

2000年，区镇先后投资110余万元，购置便携式风力灭火机30台，背负式灭火机15台等一大批防火器具，建立护林员通信网络，新建护林防火物资储备库2处，修建防火通道120余公里，砌垒石墙30余公里。2002年，通过区镇村层层选拔组建100余人的专职护林队伍，由区林业局统一管理，并为每位护林员配备服装和卫星定位

手机。每年对全区护林员进行一次护林防火知识培训和防火扑火实战技能演练，实行防火期领导带班值班制度。区护林防火指挥部每周一调度，每月一检查，重点时期一天一调度，关键时段，区级帮包领导、区林业局全体人员、相关部门负责人和当地干部群众一起上山巡查，重点部位委派专人严防死守。实行护林防火目标责任制和“一票否决制”。实行区级领导包镇、镇领导包村、村领导包山头防火责任制，同时还在全市率先推出区、镇、村防火责任人缴纳风险抵押金的做法，部分乡镇每人每年缴纳风险抵押金2000元。对未出现山林火灾的责任人防火期结束后加倍返还，否则扣除全部风险抵押金并取消当年评先树优资格。强化护林防火的宣传教育。通过出动宣传车、设立宣传站、印刷宣传标语、悬挂过路横幅、手机群发短信、薛城周讯报纸、电视台滚动字幕、印发公开信以及在坟头张贴提示语等形式，向全社会宣传森林防火、扑火知识，并在全区中小学校开展“五个一”防火安全教育活动，收到良好的作用。2010年，全市森林防火现场会在薛城召开。

林业执法 在加快林业发展的同时，加大对全区林业资源的保护力度，严格执法，严厉打击各类破坏森林资源的违法行为。通过加大对《中华人民共和国森林法》《中华人民共和国野生动物保护法》《山东省森林资源管理办法》的宣传和实行林木限额采伐、征占用林地审批、征收森林植被恢复费、清理整顿开山采石、查处无证采伐和运输木材等一系列措施，使全区森林资源得到有效保护。

1997年5月13日，根据《中华人民共和国森林法》和枣庄市人民政府51号令等规定，成立“薛城区林木采伐更新审批委员会”，局长任审批委员会主任，林政科科长任办公室主任。2001年11月6日，区林业局出台并印发《薛城区林木采伐审批制度》，对林木采伐作十条具体规定。2002年8月14—24日，区林业局组织林业执法人员对全区征占用林地及违法占用林地情况进行清理整顿。经逐一核实，全区征占用林地的单位和个体户共44个，占用林地总面积367.9亩。其中，已在林业主管部门办理征占用林地许可证的38个，占用林地总面积344.9亩；无证占用林地的6个，占用林地面积10亩，超过批准数量多占林地的3个，多占用林地面积13亩。区林业局对无证和多占林地的单位及个人依法进行处理。2003年1月8日，区林业局印发《关于进一步规范林木采伐工作的通知》，对不予办理林木采伐的8种情况作出明确规定。2005—2013年，全区共接到林木采伐申请1000余份，经严格审查批准办理的700余份，采伐林木达3万余立方米。

古树名木保护 全区建立古树名木档案，对所有古树名木进行登记造册、拍照、GPS定位和挂牌保护。

公益林管理 全区林业用地面积154500亩，公益林面积81650亩，占林业用地面积的52.8%。确定市级公益林面积为5万亩，涉及邹坞、陶庄、张范、常庄、沙沟、周营等六镇，56个自然村，48个行政村，108个山头，254个小班。市级补偿金25万元，全区共有专职护林员86名。林业局成立公益林管理办公室，具体负责全区护林员选配、培训、考核及兑现补偿基金和基础设施建设等工作。对护林员实行区镇两级管理，两级补偿，双向与百分考核制度，与护林员签订薛城区生态公益林管护承包合同书。由薛城区林业局、镇政府（甲方）与护林员（乙方）签订护林承包合同书，采取一年一签，月月考核制度，规定甲、乙双方的责任义务等条款，并明确补助标准，实行工资浮动发放与防火抵押金等制度。同时，给护林员统一配备服装、手机和灭火器械等。

第八节 林业科技

网络体系建设

为促进全区果品生产，解决发展管理与销售之间的矛盾和果农的后顾之忧，积极建立健全协会、学会等网络体系，建立石榴、油桃、樱桃、核桃、蓝莓、金银花等合作社12个。平均每年举办各类技术培训班50余期，受训人员达1万余人次，接受咨询2000余人，发放技术资料、技术明白纸1万余份，推广林果新技术10余项。2013年，枣庄市张庄石榴专业合作社获省级示范社称号。

科技队伍

2013年，全区林业科技人员共有30人，其中高级职称6人，中级职称12人，初级职称12人。朱其增于1990年被评为薛城区农业十大科技推广先进个人；1991年，被评为枣庄市优秀科技工作者；2000年，被评为枣庄市第三批优秀青年科技人才；2003年，被评为枣庄市果树学科带头人；2013年，被评为山东省从事林业工作30年称号等。王燕于2008年和2010年连续两届被评为薛城区具有突出贡献的中青年专家。孙士迎于2011年11月被评为枣庄市建市50周年十大林业人物。

科技成果

林业站成果 1993年10月，《中林系列杨树新品种引种试验与开发》获得市科技进步三等奖。1996年5月，《大香城村落实完善山林经营体制的调查报告》获得市委研究室市林业局科技二等奖。同月，《北安阳村护林员管护山林经营体制的调查报告》获得市委研究室市林业局科技二等奖。是年10月，《两万亩陡坡山地综合开发》获得市科技进步三等奖。1999年10月，《窄冠毛白杨引种技术推广》获得市科技进步三等奖。2004年7月，《矿区塌陷地黑杨派良种选择及丰产栽培技术研究》获得省林业科技三等奖。同月，《菊花高效栽培技术研究》获得省林业科技三等奖。2005年8月，《薛城区林业资源现状与可持续发展研究》获得省林业科技三等奖。同月，《薛城区主要道路两侧可视山头绿化规划设计》获得省林业优秀设计三等奖。

在省级以上刊物发表林业科技论文30余篇。其中《窄冠毛白杨营造技术》《杨树速生丰产林栽培与管理》《侧柏直播造林调查报告》《雨季造林后应注意的几个问题》《侧柏育苗要把握的几个要点》《如何提高造林成活率》等在林业生产中被广泛应用，有力提高林业生产技术水平，推动全区林业持续健康发展。

果树站成果 2003年10月，《薛城冬枣低产园改造》获市农牧渔业丰收奖三等奖。2004年9月，《大枣高接换种快速丰产技术开发》《枣庄鲜食枣基地建设》获枣庄市科技进步二等奖。2006年9月，《石榴新品种选育与早期丰产栽培技术研究》获枣庄市科技进步二等奖。在国家级刊物发表论文10余篇，有《石榴新品种“枣选—018枣选—027”选育》《黄金梨的引进与速丰栽培技术研究》《论大枣高接换头快速丰产试验》《浅谈庭院石榴栽培技术》《石榴硬枝扦插技术试验》《山地石榴优质化栽培技术试验》等。

森保站成果 1994年11月，《干基打孔防治大袋蛾》获区科技进步二等奖。1999年11月，《危害火炬树的主要害虫生物学特性及防治研究》获枣庄市科技进步三等奖。2000年3月，《枣的重要害虫——大造桥虫》获区科技进步三等奖；11月，《杨树叶部害虫根部防治》获薛城区科技进步三等奖。2001年12月，《石榴疮痂病研究》获枣庄市科技进步三等奖。同年，《星天牛在薛城冬枣上的生物学特性及防治技术初步研究》获山东省林业科技进步二等奖。2002年12月，《冬枣病虫害研究》获枣庄市科技进步三等奖。2003年10月，《石榴疮痂病研究》获市科技进步三等奖。2004年9月，《杨四刺瘿螨防治研究》获市科技进步二等奖。同年7月，《枣庄茶树主要虫害生物学特性及无公害防治》获省林业科技进步三等奖。2011年3月，蟠龙河湿地公园被国家林业局批准建设试点国家湿地公园。

在省级以上杂志发表森保科技论文20余篇。其中《石榴疮痂病病源菌生物学特性研究》《几种药剂对石榴疮痂病的防治》《临城桃花器结构及人工授粉的效果》《杨四刺瘿螨的生物学及发生为害特征》等影响较大，引用较多，促进薛城林业发展。

第四章　农业机械

1991年后，区农机部门强化依法行政，优化农机结构，创新服务机制，增强服务功能，努力提高农业机械化水平，促进农机事业快速、健康、稳定发展。2013年，全区总动力29.5万千瓦，比1991年11.2万千瓦增长204.96%，机械深耕（松）作业面积23.5万亩，机播作业面积47.38万亩，机收作业面积45.24万亩，秸秆粉碎还田45.24万亩。全区耕、种、收农机化综合机械化水平达到91%。

第一节　管理机构

1993年12月，薛城区农业机械总公司改称为薛城区农业机械服务中心。2012年6月，改为薛城区农业机械管理局，下设办公室、农业机械安全监理站、农业机械管理站、农业机械技术推广站、农业机械化学校。业务范围：为全区农机管理、推广与应用提供服务，指导培训拖拉机驾驶员、拖拉机及其驾驶员发证和年审、全区农机的管理调度等。

第二节　农机装备

耕种机具

犁：主要是与15~120马力拖拉机配套的2~5铧悬挂犁。单体犁铧作业幅宽27厘米、30厘米或35厘米。旋耕机：利用刀片的旋转运动和拖拉机的前进运动，对土壤进行耕耙、破碎作业的耕整机具，作业效率比犁高。根据配套动力不同其作业幅宽及效率不同，分为150、180、200、230及250型。播种机：主要使用外槽轮式、窝眼式及排钟盘式谷物播种机，可机播小麦、玉米、大豆、花生等农作物。

浇灌机械

以5~8马力柴油机或汽油机为动力的小型移动式喷灌机为主。

植保机械

全区小型背负式手动及电动喷雾机为主要机型。至2013年底，全区保有量为5862台。

收获机械

全区小麦、玉米联合收获机已全部升级换代，均为自走式联合收获机。

运输工具

农用运输车、低速载货汽车、农用挂车（拖拉机）。

农副产品加工机械

以电动机为动力的磨面机、打糊机、榨油机、花生脱壳机、铡草机及以柴油机为动力的玉米脱粒机等。

农用动力机械

拖拉机　最常用的农用动力机械，2000年以前，以小型拖拉机为主，用于整地、机种及运输，近年来，小型拖拉机逐步减少和淘汰，向大中型机械发展。

柴油机　最常用的农用动力之一，它以柴油为燃料，柴油机各式各样广泛应用于各种农业机械，为各种农机具提供动力，常见的拖拉机、联合收割机、抽水机等大都是以柴油机为动力的。

电动机　常用的农用动力之一，按电源的性质可分为直流电动机和交流电动机两类，常用于排灌机械和农用加工机械。

汽油机　一种农用的动力之一，主要应用于风力灭火器、喷雾剂、植保机械等小型机械。

第三节　农机供应

1997 年，区供销社农机公司成立。其经营产品主要是小麦联合收割机、拖拉机、机引犁、旋耕机、柴油机、喷灌机及农机配件。因经营管理不善，效益逐年下滑，2003 年被宣布依法破产。

2002 年，薛城区福田农机经营部成立。该经营部为股份制公司，其经营主要产品是福田雷沃小麦、玉米联合收获机、拖拉机。2010 年，该经营部撤销。

2003 年，枣庄市金源农机有限公司成立。其主营产品是小麦、玉米联合收割机，拖拉机、机引犁、旋耕机、小麦免耕播种机、柴油机、喷灌机等。

2010 年，枣庄市惠农农机有限公司及枣庄恒福农机有限公司成立。其主营产品是小麦、玉米联合收割机、拖拉机及配套农机具、小型农用工程机械等。

第四节　农机管理

牌证管理

1993 年 1 月 1 日，农业部农机化管理司颁布并实施《农机监理员管理办法》，明确农机监理人员的职业道德和岗位规范。1995 年 3 月 1 日，农机监理收费统一标准第一次发布实施，国家计委、财政部联合下发《关于“九二”式拖拉机牌证收费标准的通知》，明确拖拉机牌证及相关收费标准，为启用换发新牌证提供收费政策依据。1996 年颁布的《山东省农业机械事故处理办法》授权农机监理机构处理道路外发生的农机事故。2004 年 9 月 6 日，农业部颁布《拖拉机驾驶证申领和使用规定》《拖拉机登记规定》《联合收割机及驾驶员安全监理规定》，授权农机安全监理机构负责拖拉机、联合收割机及驾驶员的登记、核发牌证、检审、考试和安全监理业务。至 2013 年年底，全区共核发各类拖拉机行车证 3894 本，联合收割机行车证 1305 本，拖拉机驾驶员证 4016 个，联合收割机驾驶员证 1369 个。

农机维修

2000 年以来，按照农机新“三包”规定，联合有关部门，规范农机修配市场秩序。依法开展对农机维修网点的分级、分类管理，严格执行就业准入制度，按照行业标准审定、核发农机维修技术合格证书 25 个。2008 年、2009 年财政资金扶持，开展免费检修服务，购买小麦切碎还田机的刀片，免费逐台进行更换。2009 年，推行农机维修“两保”服务，丰富维修中心内容。2010 年，推进区域农机维修中心建设，袁庄农机维修中心建设已初具规模。开展“星级文明农机维修网点”创建活动，经省农机办考核，全区有 16 家农机维修点被评为“星级文明农机维修网点”。2013 年，全区共出动执法人员 80 多人次，发放宣传资料 5000 多份，抽查农机供应点 8 个，农机修理点 12 个，查出不合格产品 22 宗，涉案金额达 1.2 万元，有效地避免农机户的损失。是年，集中开展两次农机市场专项“打假护农”活动；对全区 30 余家农机销售、维修网点进行监督检查，对达不到开业技术条件的维修网点发放整改通知书，限期整改。全区共有农机维修网点 20 个，共创建区（市）级“一星级文明农机维修网点”2 个，市级“二、三星级文明农机维修网点”14 个。

农机培训

农机化学校始建于 1980 年，1992 年纳入成人教育管理渠道，1992 年 5 月获拖拉机驾驶培训许可证。2005 年，学校经市阳光工程办公室审核批准，被确定为农村劳动力转移阳光工程培训基地。自 2009 年 1 月 1 日起，新训拖拉机驾驶员取消培训费，该项支出要求纳入地方政府财政预算。至 2013 年年底，共培训拖拉机驾驶员近 8000 名、联合收割机驾驶员 950 名、复训各类机手 9 万余人次，通过阳光工程向用人单位输送专业人才 743 名。

第五节　农机科研与推广

1990—1998年，主要推广小麦生产机械化技术。主要技术有两项：小麦机械化精播技术和小麦机械化联合收获技术。其中1992—1993两年间，政府采取奖励柴油的方式鼓励农民购置锥盘式小麦精密播种机。1994—1996年，政府采取以奖代补方式大力推广小麦联合收割机。至2001年，全区已基本普及小麦机械化联合收获技术，小麦机械化收获率达90%以上。至此，小麦割晒机及脱粒机基本淘汰。

1998—2000年，引进玉米联合收获机开展试验示范。受种植模式及机械设计不成熟影响，直到2005年，玉米机械化收获技术推广未获大的进展。自2006年开始，国家对农机购置实施补贴政策，通过政策引导与激励，全区玉米收获机发展迅速。至2013年年底，全区小麦、玉米生产已实现机械化。

自2008年开始，在全区推广玉米机收及保护性耕作机械化技术。其核心技术有四项：小麦秸秆切碎还田技术、玉米机械化免耕播种技术、玉米机收技术、小麦机械化免耕播种技术。经过三年连续推广，至2013年年底，全区小麦秸秆切碎还田率98%，玉米机械化直播率98%。

2010年，开始推广小麦机械化秸秆捡拾打捆技术。当年推广秸秆打捆机13台，完成作业2.9万亩。

第六节　农机跨区作业

农机跨区作业是利用不同地区小麦、玉米或其他作物成熟或者耕、播的时间差，组织联合收获机械、拖拉机、播种机开展跨地区流动收获或者耕、播服务。这是一种新型农机社会化、专业化、市场化服务模式，农机跨区作业的发展，解决局部性，季节性短缺的问题，探索出一条中国特色的农机化发展道路。

区农机跨区作业历程大致可分为三个阶段：初级阶段：农民自发进行农机跨区作业，参加的机具少，规模小，只在省内流动作业。这阶段联合收获机全区仅有十余台，且都是悬挂式。行政推动阶段：1996年，农业部、公安部联合六部委成立全国小麦跨区作业领导小组，制定相应的政策措施，通过对跨区作业的联合收获机发放联合收割机跨区作业证，将联合收割机跨区作业纳入统一管理，由区、乡农机部门直接组队外出，参加跨区作业的联合收获机迅速增加。全区联合收获机保有量约76台。行政推动与市场拉动全面推进阶段：2000年起，各种类型的跨区作业中介服务组织应运而生，跨区作业由政府组织转向市场化运行，跨区作业由小麦收获向玉米机收、小麦玉米播种、耕作等农机服务延伸。2000年，农业部颁布并实施《联合收割机跨区作业管理暂行办法》，对跨区作业的组织管理，信息服务，作业质量等方面做出规定，跨区作业由单一的农机部门发展为中介服务组织、经纪人共同参与。农机部门逐步退出对跨区作业的具体组织工作，转而对跨区作业市场进行规范化管理。由于跨区作业机具的增多，跨区作业市场相对饱和，跨区作业小麦的边际收益有所下降，跨区作业开始向玉米、机耕、机播方面延伸。

农机跨区作业

1991—2013 年薛城区耕种机具统计表

表 10-3　　单位：千瓦、台

年度＼项目数量	农机总动力	拖拉机	犁	旋耕机	耙	播种机	小麦联合收割机	玉米联合收割机	秸秆粉碎还田机
1991	112044	1934	1821	33	1081	650	6		11
1992	115064	1950	1839	36	1170	673	18		12
1993	120445	2080	2000	29	1290	844	21		12
1994	118643	2062	2112	34	1388	874	24		11
1995	120619	2196	2093	37	1363	866	28		13
1996	129879	2372	2305	41	1455	1199	66		14
1997	134033	2466	2332	46	1496	1250	138		9
1998	140122	2598	2470	48	1580	1290	192		6
1999	154182	2996	2573	94	1685	1323	226		9
2000	161928	3016	3180	130	2514	1396	237		12
2001	166250	3124	3272	139	2591	1451	244	2	17
2002	176001	3280	3360	153	2712	1556	322	7	23
2003	182851	3143	3367	176	2657	1841	471	10	18
2004	172670	3031	2763	180	2199	1638	582	16	26
2005	177407	3108	3115	278	2403	1561	622	26	33
2006	186768	3251	3171	319	2546	1665	656	37	43
2007	192634	3321	3186	349	2578	1705	686	36	72
2008	202614	3582	3257	391	2644	1650	761	66	186
2009	219700	3649	3318	419	2716	1680	771	156	456
2010	239570	3740	3389	432	2756	2110	942	242	556
2011	253488	3675	3396	458	2756	2320	755	365	572
2012	275193	3822	3404	494	2762	2522	826	419	585
2013	277635	3840	3501	522	2907	2846	920	447	596

2013 年薛城区各镇街主要动力机械拥有量统计表

表 10-4　　单位：台（套）

镇（街）	拖拉机	联合收获机	排灌动力机械	三轮汽车	低速载货汽车
临城	36	8	57	9	4
常庄	692	267	1056	346	68
沙沟	821	302	882	508	59
周营	655	252	1345	489	48
张范	519	206	329	160	66
邹坞	536	172	1041	329	40
陶庄	720	188	1016	145	128
合计	3979	1395	5726	1986	413

2013 年薛城区各镇街农产品、饲料加工机械拥有量统计表

表 10-5　　单位：台（套）

镇（街）	粮食加工机械	油料加工机械	棉花加工机械	果蔬加工机械	饲料加工机械
临城	176	24	14	5	5
常庄	349	36	29	12	31
沙沟	405	55	28	18	26
周营	467	68	36	15	22
张范	362	54	18	13	15
邹坞	506	12	25	12	12
陶庄	451	59	23	13	15
合计	2716	308	173	88	126

第五章　畜牧业

薛城区根据当地的区域优势，因地制宜，围绕“一乡一品”，培植畜牧业区域优势。全区初步形成三大特色养殖区：以周营镇、常庄镇、陶庄镇为中心的生猪养殖区；以常庄镇、沙沟镇、陶庄镇为中心的长毛兔养殖区；以邹坞镇、沙沟镇、陶庄镇为中心的肉鸡、蛋鸡养殖区。同时，在城区大力发展畜禽产品精深加工，全区初步形成布局合理、相对集中、各具特色、竞争力强的产业带和产业群。2001 年，肉类总产 1.9 万吨、禽蛋总产 1.1 万吨、奶类总产 331 吨，2013 年肉类总产量 2.49 万吨、禽蛋产量 0.7 万吨、奶类产量 287 吨。猪、牛、羊、禽的病死率控制在 4%、1%、2%、6% 以下，畜牧技术推广取得明显实效，良种普及率 93% 以上。全区生猪存栏达到 11.9 万头，大牲畜 6287 头，羊 9.1 万只，家禽 140 万只。

第一节　管理机构

1991 年，全区共有畜牧、兽医业工作人员 117 人，其中，畜牧、兽医专业技术人员 113 人。1992 年 8 月，13 个乡镇畜牧兽医站三权下放到辖区政府，人员工资转由镇（街道）财政列支，人、财、物均隶属镇（街道）管理，业务指导隶属薛城区畜牧水产局。1993 年 12 月，薛城区畜牧水产局更名为薛城区畜牧服务中心。2008 年 12 月，薛城区畜牧服务中心更名为薛城区畜牧兽医局，授权行使行政管理职能，核定事业编制 8 名，配备局长 1 名，副局长 2 名。下设动物卫生监督所、动物疫病预防控制中心两个股级财政拨款事业单位，各核定事业编制 6 名。2013 年年底，薛城区设立陶庄镇、邹坞镇、临城街道、常庄镇、周营镇、沙沟镇、巨山街道 7 个畜牧兽医站，具体承担当地动物防疫和技术推广等公益性服务，业务上接受区畜牧兽医局指导，村级动物防疫员工资由省、市、区三级政府统筹发放。

第二节　家畜饲养

大牲畜

牛　1991 年，全区饲养牛 2 万头左右，主要是役用，品种主要有当地黄牛、鲁西黄牛等。由于当地黄牛生产性能低，饲养量逐渐减少。南常、邹坞2处黄牛配种站引用外国利木赞、夏洛莱等肉用品种黄牛改良，改良牛是既能使役又能食肉的品种，数量逐步增加，到1996年，全区改良黄牛存栏量达到2.5万头左右。随着农业机械化程度的提高和城镇化建设，饲养量逐年下降，2013年，全区牛存栏0.8226万头。

奶牛 2013年，全区奶牛存栏95头，多为散养户养殖。品种绝大部分为荷斯坦奶牛。

马、骡 1990年，全区马存栏509匹左右，骡3800头左右。之后，随着农具机械化的推进，马、骡的饲养量逐年减少。至2013年，全区马存栏仅为39匹，骡46头，品种多为当地马、骡等。

驴 2013年，全区驴存栏160头。多为将德州的大黑驴引进后与当地驴杂交而成，毛色黑色较多，体形高大。约占大牲畜总量2%左右。

中小家畜

猪 1991年，全区生猪存栏8.68万头，品种主要外来品种杂交猪，存栏6万余头，约占生猪总存栏量的70%。之后，陆续引进大约克、杜洛克、汉普夏等改良品种，同时规模养殖户不断壮大，养猪专业村陆续出现，普遍推广良种繁育技术。2003年10月，山东益生种畜禽股份有限公司投资兴建的山东鲁南种猪繁育有限公司引进国内外最新型大约克、长白、杜洛克、皮特兰原种猪2600头，年产优良种猪、三元仔猪40000头，加快全区生猪品种改良的步伐。2013年，全区生猪良种普及率93%以上，存栏生猪22.3万头，出栏39.1万头，母猪存栏2.1万头。

羊 1991年，全区羊存栏量8.1586万只，主要品种是当地山羊、绵羊。2005年后，羊肉逐渐被群众接受，随羊肉需求量增加，羊肉价格上涨，羊饲养数量逐年增大，至2010年年底，全区羊存栏量达11.5万只，其中山羊存栏10.89万只、绵羊存栏0.61万只。2013年，全区羊存栏量达12.6万只，其中山羊存栏11.87万只、绵羊存栏0.73万只。

本地山羊 广大农户饲养的传统品种（奶山羊串子），后随外来品种的引进、繁育，当地山羊数量逐年减少，大多都在与外来羊杂交的基础上形成二、三代改良杂交品种。

小尾寒羊 历史悠久，为粗毛羊品种，各地皆有饲养，主要分布在陶庄镇、沙沟镇。

湖羊 稀有白色羔皮羊品种，具有早熟、四季发情、一年二胎、每胎多羔、泌乳性能好、生长发育快、改良后有理想产肉性能、耐高温高湿等优良性状，2012年，陶庄镇枣庄永昌畜牧养殖有限公司引进400只湖羊饲养。

波尔山羊 原产于南非，是肉羊的优良品种，1998年，周营镇畜牧兽医站引进波尔山种羊，繁育改良一代、二代山羊。2000年，沙沟镇畜牧兽医站引进细管冻精在周营镇、沙沟镇实施人工授精改良当地山羊。

家兔 2013年年底，全区兔存栏119.7万只。

毛用兔

本地兔 原产于土耳其安哥城附近，民国初期传入中国，30世纪30年代传入薛城区，全区均有分布。

西德长毛兔 原产西德，由国家外贸部门从西德引进，1978年，枣庄市外贸引进，各乡镇均有分布。

鲁南薛城长毛兔 薛城区畜牧兽医局、薛城区长毛兔研究所和薛城区良种兔繁育场通过当地毛兔与德系长毛兔、哈白兔、法系长毛兔等4个品系、7个血统杂交、经过世代选育而成的长毛兔新品系，1999年，通过山东省畜禽品种鉴定委员会评审认定，被正式命名为“鲁南薛城长毛兔”。鲁南薛城长毛兔具备“一大、三高、三强、一好、一稳定”的优良特性，即体型较大，饲养报酬、繁育率、产毛量高，泌乳力、适应性、抗病力强，毛质好、遗传性能稳定。成年长毛兔年产毛量2500克，粗毛率18%，料毛比38：1，是国内最优秀的长毛兔品系之一。2006年，全区养兔量发展到270余万只，兔毛产量1746吨，养兔业成为当地农民经济收入的主要财源。

皮肉兼用兔

日本大耳兔　原产日本，70年代由外贸部门引入薛城，毛色全白，全区均有分布。因销路不好，现存栏数量较少。

獭兔　全区均有分布，多为散养户饲养，2013年，枣庄市薛城区润达养殖场存养种兔5000只，年供应合同兔10万只，因行情不稳等因素，数量逐年减少。

第三节　家禽饲养

1991年，全区家禽存养125.6万只；2013年，全区家禽存栏140万只。

蛋鸡

当地鸡　自古当地老百姓就有养鸡的习惯。当地鸡是当家品种，遍及各地。该鸡颜色多样，母鸡麻、黄、黑、白、杂皆有，以麻、黄为多。

星杂288　系加拿大谢费公司培育的莱航高产品系。1972年，由巴基斯坦赠送本国，初称“马来”，后经本国提纯重新组合，经农业部定名为“北京白鸡Ⅲ系”，简称京白。

星杂579　系加拿大谢费公司培育的四系配套的中型蛋鸡。

伊莎　由法国伊莎公司培育的四系配套杂交鸡，是目前世界上优秀的高产褐壳蛋鸡之一。

海兰蛋鸡　是美国海兰公司育成的系列蛋用鸡种，主要分为白壳蛋鸡和褐壳蛋鸡二种类型。全区于1996年开始引进饲养，为饲养的主要蛋鸡良种之一。

罗曼蛋鸡　是由德国罗曼总公司下属的育种组织罗曼动物饲养有限公司育成的，1998年开始引进全区。

其他品种　国内品种有：寿光鸡、济南花鸡、浦东鸡、丝毛鸡、苏禽-85、广东三黄鸡。国外品种有白洛克、澳洲黑、科尼什、芦花鸡、罗斯、红育、尼克、洛舵红、星布罗、海布罗、莱航鸡等，全区均有分布。

肉鸡

爱拔益加肉鸡　爱拔益加肉鸡简称AA鸡，由美国爱拔益加家禽育种公司育成。1987年，薛城区开始引进饲养，占全区肉鸡饲养量的90%左右。

艾维茵肉鸡　艾维茵肉鸡是美国艾维茵国际家禽育种有限公司育成的白羽肉鸡。区内在1998年后引进该品种。

麻鸡　原产于广东省清远县（现清远市）。因母鸡背侧羽毛有细小黑色斑点，故称麻鸡。属肉用型品种，体型特征可概括为“一楔”“二细”“三麻身”。1999年后，引进该品种。

鸭

当地鸭　历史悠久，遍及各乡镇散养。

肉鸭　2013年，全区肉鸭存养38万余只。

樱桃谷鸭　是英国樱桃谷农场有限公司培育的快大型肉鸭，以其羽毛纯白，适应性与抗病力强，早期增重快，饲料报酬高闻名。2000年，开始在全区规模饲养。2002—2007年，枣庄隆盛畜禽食品有限公司租用陶庄镇鲁桥养殖场饲养樱桃谷鸭，年出栏100万余只。

鹅

全区历来饲养当地鹅，颜色有白、灰两种，但数量很少。2009年，山东枣庄瑞康畜禽养殖有限公司带动当地养殖户300余家进行放养、代养联营饲养世界著名的法国品种朗德鹅，年饲养朗德鹅10余万只，生产鹅肥肝80余吨，鹅体及其鹅副产品600余吨。

第四节　特种养殖

狐　1998年，南极洲啤酒集团鲁桥养殖场引进银狐、雪狐进行饲养繁育，后因体制调整而转产。

貂　2000年，全区少数私营养殖场饲养，数量不多。

鸽　主要饲养品种有美国落地王、观赏优良品种鸽。多为家庭养殖，数量不多。

蜂　陶庄镇、沙沟镇少数企业和个人养殖，生产蜂蜜自销，1991 年，养蜂 336 箱，2000 年，养蜂 580 箱，2006 年，养蜂 1100 箱，2010 年，养蜂 857 箱，2013 年，数量为 817 箱。

鹌鹑　历史上均有少数饲养，主要作观赏之用，全区饲养量极少。

山鸡　全区饲养量极少。

第五节　饲草饲料

饲草、饲料资源及利用

多年来，薛城区丰富的饲料资源，对促进全区畜牧业发展起到较大的作用。在饲料资源上，有各种农作物的籽实、根茎、食品加工后的副产品，有各种农作物秸秆、秧蔓、树叶、野生草、青绿多汁饲料。在饲料资源的开发利用上，以玉米为主的籽实饲料利用率占总产量的 80%以上，随着食草节粮型畜牧业的发展，以玉米秸为主的农作物秸秆利用率达 35%以上，麦秸的利用率占总产量的 10%左右，以地瓜秧、花生秧为主的秧蔓饲料利用率达 95%以上。其他饲料的利用率随着畜牧业快速发展也得到不同程度的提高。

饲料种类

区内动物饲料的种类很多，特性差异很大，营养价值高低相差悬殊。主要种类有：

粗饲料　干物质中含粗纤维量等于或超过 18%者属于粗饲料。粕饼产物，树实，草籽或油料籽实，干草类（包括牧草）、农副产品类（包括荚、壳、藤、蔓、秸、秧）及糟渣类、树叶类和添加剂及其他类。

青干草　细茎的牧草、野草或其他植物，在秸籽前收割其全部茎叶，经自然（日晒）或人工（烘烤）蒸发其大部分的水分，干燥而成。含蛋白质 7%~20%，粗纤维 20%~30%。

蒿秕类饲料　包括蒿秆和秕壳两大类。蒿秆与叶片，如谷草、玉米秸、麦秸、稻草、大豆秸、豌豆秸等。秕壳包括种子的外壳、荚壳、部分瘪籽、杂草种子等，如麦糠、豆荚子等。同类作物的秕壳比秸秆的营养价值高。

青绿饲料　自然水分含量≥45%的陆地或水面的野生或栽培植物的整株或其一部分。各种鲜树叶、水生植物和菜叶以及非淀粉和糖类的块根、块茎和瓜果类多汁饲料，也属青绿饲料。其营养特点：是家畜廉价蛋白质来源，多种维生素的来源，钙的主要来源，粗纤维含量低，水分含量高，纤维素少，适口性好。

青贮饲料　自然含水的青绿饲料及补加适量糠麸或根茎瓜类制成的混合青贮饲料。适口性好、营养丰富。

能量饲料　主要有谷实类和糠麸类。如谷实类饲料有玉米、高粱、大麦、小麦、稻谷等。麸糠类饲料主要有小麦麸、大米糠、小米糠等，薯粉类饲料有地瓜、南瓜等。

蛋白质饲料　蛋白质饲料又分为植物性蛋白质饲料，动物性蛋白质饲料。

矿物质饲料　天然生成的矿物质和工业合成的单一化合物以及混有载体的多种矿物质化合物配成的矿物质添加剂预混料。

维生素饲料　包括工业合成或由原料提纯精制的各种单一维生素和混合多种维生素。

添加剂　指各种用于强化饲养效果和有利于配合饲料生产和贮存的非营养性添加剂原料及其配制产品，如各种抗生素、防霉剂、抗氧化剂、黏结剂、着色剂、增味剂以及保健与代谢调节药物等。

饲料分布

粗饲料分布　干草类分布于山区、丘陵、田间地头、道路和沟河两旁；农副产品类分布于广大农村千家万户所种植的农作物的下脚料；糟渣类分布于酿糙企业所生产的糟渣等；树叶类分布于山区以种植刺槐、杨树为主的林区以及各类果园。

青绿饲料分布　草地青草、田间杂草分布于广大农村山间、田野；嫩树叶主要分布于有山林的地方。

青贮饲料分布　主要分布于各规模饲养大场、大户，以饲养肉牛、肉羊、奶牛场（户）为主，也有少量的规模养猪场（户）。

能量饲料分布　以玉米和小麦麸为主的能量饲料，分布于平原乡镇的平原村庄。

蛋白质饲料分布　以大豆饼粕为主的植物性蛋白质饲料主要分布于平原乡镇。

维生素饲料分布　各种单一维生素和混合多种维生素，在兽药饲料经营门市部销售。

全价、预混、浓缩数量分布　在全区各级兽药、饲料门市部、门诊均出售。2012 年，薛城区亿隆饲料厂专业从事畜禽浓缩饲料、配合饲料生产，年向养殖户提供浓缩饲料、配合饲料达 4 万吨。

饲料、饲草产量

粗饲料产量：全区小麦、地瓜、花生、大豆等作物风干秸秆年产约 0.65 亿公斤，草山草坡、河滩、林下草地、农田隙地可年产干草 0.5 亿公斤。全区年产风干饲草 1.25 亿公斤。青贮饲料：每年产新鲜各种作物秸秆 2 亿公斤，青贮玉米秸秆 0.2 亿公斤左右。能量饲料产量：每年产玉米 5.5 万吨。蛋白质饲料产量：每年大豆 0.2 万吨。

第六节　畜禽疫病防治

区内动物疫病防治认真贯彻执行“预防为主，综合防治”的方针，认真落实强制免疫、疫情监测、消毒灭源等防控措施，切实加强动物防疫基础建设，强化检验监督，较好地防范重大动物疫情的发生流行，为区畜牧业持续健康发展提供坚强保障。严格按照农业部和上级业务部门制定的有关动物防、检疫办法和规定，积极地开展工作。自 1998 年 1 月 1 日起施行《中华人民共和国动物防疫法》和 2002 年 2 月 1 日起实施《山东省动物防疫条例》以来，加强动物防疫工作，控制动物疫病的发生和传播，保护畜牧业健康发展，维护人体安全。

经费投入

薛城区政府在牲畜口蹄疫、高致病性禽流感、猪繁殖与呼吸综合征、猪瘟和小反刍兽疫等重大动物疫病防治经费投入上，每年仅两次的重大动物疫病集中免疫，区财政投入约 50 万元，免疫时不向养禽户收任何费用，深受群众的欢迎和拥护。

动物疫病预防与控制

重大动物疫病的防控　在重大动物疫病的防控上，区政府成立重大动物疫病防控指挥部，办公室设在区畜牧兽医局，镇街政府成立重大动物疫病防控领导小组，对牲畜口蹄疫、高致病性禽流感、猪繁殖与呼吸综合征、猪瘟和小反刍兽疫等重大动物疫病进行强制免疫。免疫疫苗实行省市区免费、计划供应。区畜牧兽医局负责全区动物免疫用疫苗、消毒药品的调拨，督查、指导每年在全区实施的春季动物疫病集中免疫工作和秋季动物疫病集中免疫工作，以及对辖区内出现的动物疫情进行及时有效地扑灭。以镇（街道）为单位组织防疫小组进行分片包干集中防疫，制定免疫程序，建立养殖档案，定期消毒。至 2013 年，重大动物疫病的免疫率达到 100%，抗体检测合格率达到 80%以上，耳标佩戴率达到 100%，全区常年无重大动物疫病发生。1990 年后，牛瘟、牛肺病、炭疽、马鼻疽、布氏杆菌等烈性人畜共患传染病已在全区扑灭。

其他主要动物疫病防治　对猪丹毒、猪流行性腹泻、猪水肿、仔猪黄白痢、附红细胞体、弓浆虫病、兔瘟、兔巴氏杆菌、鸡新城疫、鸡传染性法氏囊、传染性支气管炎、鸡痘、马立克氏病、鸡球虫病、鸭病毒性肝炎、狂犬病等十几种畜禽主要传染病的防治，随着规模饲养场（户）的发展，防治形式发生变化，尤其是免疫工作由原来以镇（街）兽医站组织的春秋两次集中防疫和日常补免方式，逐渐变为以大场大户自我防疫为主，在免疫过程中，规模场（户）均能根据不同动物疫病的免疫程序科学地进行免疫，每年规模场的免疫密度达100%，散养户达80%以上。2013年，得到有效的控制，极少地方零星散发。

主要动物寄生虫病的防治 动物寄生虫病，多见于鸡、兔的球虫病和羊、兔疥癣病。对寄生虫病的预防，一般采用净化环境，及时清理粪便、污物并堆积发酵，做好圈舍、环境及饲养用具、水槽、料槽的消毒，减少畜禽与粪便的接触，做好定期驱虫。在治疗上，进行对症治疗，如患有球虫病，用磺胺类药物治疗，如患有蛔虫病用阿维菌素等药物治疗。

其他动物疾病的防治 动物的外科病、内科病、产科病等疾病在畜禽的饲养过程中也时有发生，对这些病一般根据引起的原因有针对性地加以预防，在治疗时，根据疾病种类、病的性质、轻重、时间长短、畜体抵抗力的强弱，采用综合性的治疗方法。

强化疫情监测 区动物疫病预防控制中心根据省市畜牧兽医主管部门每年下达的动物疫病监测方案和流行病学调查方案制定全区动物疫病监测方案和流行病学调查方案，并在全区范围内开展疫情监测和流行病学调查，准确掌握全区疫情动态，提高疫情预警预报水平，防患于未然。

加强规模饲养场监管 2002年以后，根据农业部《动物防疫条件审核管理办法》，实施对规模养殖场的全程监管，全区对监管模式、监管内容、监管责任、防疫档案、统计表格和记录等进行规范统一，对监管规模养殖场每周进行1次巡查。

动物卫生检疫

1997年7月，《中华人民共和国动物防疫法》发布实施，将动物防疫检疫工作纳入依法管理的轨道。组织机构及防疫体系建设进一步完善，防疫检疫队伍不断壮大，检疫手段进一步提高，为薛城区畜牧业的健康发展提供有力保障。

动物卫生机构建设 2003年11月，根据《中华人民共和国动物防疫法》规定，成立区动物卫生监督所，因检疫执法工作点多面广、人员严重不足等工作需要，通过考试、考核方式，面向各镇街畜牧兽医站公开择优招聘26名具有动物检疫资格的临时动物检疫人员，纳入区畜牧兽医局统一管理，负责全区畜禽的产地、出入境、屠宰、交易市场的检验检疫和查处经营染疫动物、动物产品的违法行为等工作，人员工资和工作经费全部靠检疫收费按比例返还的资金。2008年，根据《枣庄市人民政府关于兽医管理体制改革的意见》要求，经区编委批准，薛城区畜牧兽医局下设动物卫生监督所、动物疫病预防控制中心两个股级财政拨款事业单位，各核定事业编制6名。根据国务院、省、关于加快推进畜牧兽医体制改革的有关精神和要求，抓住机遇，对全区基层畜牧兽医服务体系进行改革，全区聘任299名村级防疫员（每行政村1名），组织形式由镇街畜牧兽医站管理，具体承担当地动物防疫和技术推广等公益性服务，并签订聘任协议，业务上接受区畜牧兽医局指导，村级动物防疫员补助由省、市、区三级政府统筹发放。根据《国务院机构改革和职能转变方案》中将“生猪定点屠宰监督管理职责”划入农业部门的要求，区政府将原先由薛城区旅服局承担的生猪定点屠宰监管职责移交给区畜牧兽医局，区畜牧兽医局当即成立生猪定点屠宰管理办公室和外来肉管理中心，进一步加强畜产品质量安全监管工作。

动物产地检疫和屠宰检疫 1998年，农业部提出动物防疫检疫工作“四到位”（产地检疫到位、屠宰检疫到位、人员素质到位、仪器设备到位）要求，薛城区认真组织实施动物产地检疫和屠宰检疫工作。

产地检疫 自2001年起，薛城区对动物产地检疫实行报检制度，动物出售时畜主自觉报检，

检疫人员及时到场点按照《畜禽产地检疫规范》对动物实施产地检疫。经检疫合格出具检疫合格证。2005年，在邹坞镇、陶庄镇、沙沟镇、周营镇设立4处检疫申报点，实行分片包干，责任到人，进行目标管理考核，保障动物产地检疫工作的健康开展，动物产地检疫率达到96%以上。

屠宰检疫 1997年12月19日，国务院颁布《生猪屠宰管理条例》，实行生猪“定点屠宰、集中检疫、统一纳税、分散经营”的制度，全区全部实行生猪定点屠宰，定点屠宰场数量达到11个，生猪屠宰管理职能隶薛城区属经贸委。为确保屠宰检疫工作到位，薛城区畜牧兽医局对每个生猪定点屠宰场均委派2名动物卫生检疫员，及时进行严格检疫。检疫人员按照规定的检疫操作程序，严格实施查证验物，无产地检疫合格证明、证物不符的不准进入屠宰场点，并实施重检或补检。动物屠宰前进行临床复检，屠宰时按照要求进行同步检疫，产品合格的依法粘贴规定的检疫验讫标志，出具检疫合格证明。不合格或染疫的动物、产品进行无害化处理。

动物防疫基础设施建设 2006年，投资100余万元进行动物疫病诊断实验室的改造、扩建，配备诊断、检验、监测所需的仪器设备。2007年，设立12处疫情监测点，按照重大动物疫病监测计划严格实施。2008—2009年，实施乡镇基层畜牧兽医站建设，完善冷藏、冷链设施，配备免疫器材以及防疫所需的交通运输、通信、采样、监测等所需的仪器设备。2009年、2012年、2013年省财政分3期投资180万元在京台高速公路鲁苏收费站出口处建设薛城区京台高速公路动物卫生监督检查站，为三层砖混结构，办公用房18间，消毒场地300平方米，隔离圈舍6间，隔离场所400平方米。区畜牧兽医局委派12名动物卫生检疫人员24小时值班，对进入本省的运载动物及其产品的车辆进行监督检查和消毒，有效地防止外源动物疫病传入。

京台高速公路动物卫生监督检查站

第七节　畜牧产值与产品产量

1995年，全区肉类产量2.7万吨、蛋类产量1.33万吨、奶类产量1857吨；畜牧业产值4.273亿元，畜牧业产值占农业总产值44.3%。

2000年，全区肉类产量1.66万吨、蛋类产量0.9万吨、奶类产量303吨；畜牧业产值3亿元，畜牧业产值占农业总产值37.6%。

2005年，全区肉类产量2.24万吨、蛋类产量1.02万吨、奶类产量1177吨；畜牧业产值4.93亿元，畜牧业产值占农业总产值40.3%。

2010年，全区肉类产量2.87万吨、蛋类产量0.78万吨、奶类产量819.86吨；畜牧业产值8.27亿元，畜牧业产值占农业总产值37.9%。

1991—2013 年薛城区畜牧业产值统计表

表 10-6

年份	农业总产值（万元）	畜牧业产值（万元）	占农业总产值（%）	年份	农业总产值（万元）	畜牧业产值（万元）	占农业总产值（%）
1991	32538	11962	36. 8	2003	88072	35870	40. 7
1992	38272	14769	38. 6	2004	106346	40441	38. 0
1993	48170	22108	45. 9	2005	122444	49321	40. 3
1994	72045	31407	43. 6	2006	134611	53147	39. 5
1995	96461	42730	44. 3	2007	155408	64815	41. 2
1996	104514	49235	47. 1	2008	187249	69304	37. 0
1997	82994	26154	31. 5	2009	184883	73971	40. 0
1998	72041	23991	33. 3	2010	217996	82683	37. 9
1999	76260	27495	36. 1	2011	244132	100847	41. 3
2000	79962	30031	37. 6	2012	237607	90769	38. 2
2001	87776	34443	39. 2	2013	268386	98258	36. 6
2002	94066	36338	38. 6				

1991—2013 年薛城区畜牧业产品产量统计表

表 10-7

年份	肉类总产量（吨）	蛋类总产量（吨）	奶类总产量（吨）	毛总产量（吨）	蚕茧总产量（吨）	年份	肉类总产量（吨）	蛋类总产量（吨）	奶类总产量（吨）	毛总产量（吨）	蚕茧总产量（吨）
1991	11783	5211	1353	146	0	2003	18440	9237	147	1179	117
1992	14209	5334	1209	108	0	2004	20013	9684	186	1250	124
1993	11253	7097	788	110	0	2005	22415	10218	1177	1531	124
1994	20915	9752	1901	267	0	2006	24984	10831	1247	1799	0
1995	26919	13257	1857	1344	0	2007	19894	9802	1322	1577	0
1996	30504	14100	1250	1310	0	2008	23009	7480	1136	1381	0
1997	29461	16477	350	1427	0	2009	27997	7358	1435	1342	0
1998	12374	9238	389	1049	0	2010	28660	7763	820	1306	0
1999	16952	10789	417	1539	0	2011	30711	8215	443	1306	0
2000	16648	9104	303	1008	0	2012	25997	7491	282	1242	0
2001	19209	10531	331	1144	0	2013	26738	7572	282	49	0
2002	20902	11208	375	1220	111						

第八节　良种繁育与饲养

1991年以来，全区加大畜禽良种繁育体系建设，区内畜禽良种繁育体系已得到巩固与发展，其引种、育种、制种、供种和配种等基本环节也得到配套与完善，为加快畜禽遗传改良速度，提高畜牧生产科技水平，促进畜牧业的发展起到重要作用。2010年，省核发种畜禽生产经营许可证的场8家，其中种猪场6个、种兔场2个，从业人员达到80余人。随着种畜禽生产经营体制逐步深化，至2013年，全区建设标准化生猪品改点3个、牛品改点2个、羊品改点2个，猪、鸡、牛、羊、兔良种覆盖率达到95%以上。规模养殖场饲养猪、鸡、牛、兔良种率100%。鲁南种猪繁育有限公司集生猪繁育、饲养于一体，年产优良种猪、三元仔猪、育肥猪40000头，带动饲养50头种猪以上的规模养猪场200余户，增加社会饲养优质商品猪20万头。

第九节　新品种引进

薛城区不断加大畜禽新品种引进示范力度，至2013年，共引进畜禽新品种26个。通过新品种的引进和推广，促进薛城区畜禽品种的更新，优化品种结构，促进畜牧业增收，提高全区畜禽的良种化程度。

各类良种畜禽引进、存养、繁育

良种肉牛　引进4个品种（利木赞、夏洛来、西门塔尔、海福特），存养1775头。

良种奶牛　引进1个品种，中国荷斯坦牛即中国黑白花奶牛，存养60头，年繁育20头。

良种猪　引进4个品种（长白猪、大约克、杜洛克、皮特兰），存养2600头，年纯繁种猪5.2万头。

良种绵羊　引进2个品种（新疆细毛羊、小尾寒羊）存养400只，年纯繁种羊1000只。

良种山羊　引进1个品种（波尔山羊），存养2000只，年纯繁4000只。

良种肉兔和皮用兔　引进5个品种（日本大耳白兔、比利时兔、加利福尼亚兔、伊普吕兔、獭兔），存养5000只，年繁育8万只。

良种毛兔　引进4个品种（安哥拉兔、西德长毛兔、唐行、明星），存养良种1000只，年繁育2.5万只。

良种蛋鸡　引进2个品种（伊莎褐、海兰褐），存养1万套，年繁育50万只。

良种肉鸡　引进2个品种（AA肉鸡、艾维茵），存养1万套，年繁育50万只。

良种鸭　引进1个品种（樱桃谷鸭），存养1万套，年繁育300万只。

年向社会提供各类良种商品畜禽

年提供良种商品肉牛2500头，良种商品猪5.2万头，良种商品羊10万只，良种商品兔100万只，良种商品肉鸡50万只，良种商品鸭300万只。

各类畜禽良种覆盖率

肉牛良种100%，奶牛良种100%，猪良种100%，绵羊良种80%，山羊良种78%，肉兔良种100%，毛兔良种100%，蛋鸡良种85%，肉鸡良种100%，肉鸭良种100%，蛋鸭良种98%。

各类良种畜禽的生长速度、生产性能

良种肉牛

利木赞：公犊出生后8月龄体重达286.9公斤，母犊可达242.3公斤，平均日均重分别达1.04公斤和0.86公斤。10月龄平均活重达300~400公斤。屠宰率平均为63%~71%。西门塔尔：12月龄日增重0.9~1公斤，成年公牛体重可达900~1400公斤，母牛可达650~800公斤，屠宰率可达65%。夏洛来牛：公犊牛平均日增重为1.11公斤，母犊牛0.94公斤，9月龄体重300公斤，屠宰率60%~70%，平均日增重1.432公斤，日耗饲料9.26公斤，400日龄体重553公斤。鲁西黄牛：公牛平均体重450公斤，母牛为350公斤，18月龄牛平均屠宰率为57.23%，成年牛屠宰率为58.14%。

良种奶牛

中国荷斯坦牛（中国黑白花奶牛），品种和饲养管理条件好的，一个泌乳期（305天）平均产奶量7000公斤左右；品种和饲养管理一般的平均产奶量5000公斤左右；品种和饲养管理较差的平均产奶量3500公斤左右，乳脂率一般能达到3.6%以上。

良种猪

长白猪：6月龄体重达90公斤，成年猪达350~380公斤，母猪平均窝产仔数11.1头，商品肉猪170~180日龄体重90公斤时，平均日增重为0.68~0.786公斤，料重比为3∶1，瘦肉率63.2%。杜洛克猪：成年公猪体重340~350公斤，母猪300~390公斤；母猪平均窝产仔数9.78头；育肥猪153日龄达90公斤，平均日增重0.881公斤，料重比2.71∶1，瘦肉率60%左右。约克夏猪：6月龄体重90公斤，成年猪体重为350~380公斤。母猪平均窝产仔数为10.57头，从断奶到90公斤的育肥猪，平均日增重0.689公斤，料重比为3.1∶1，瘦肉率61.3%。皮特兰猪：成年公、母猪体重分别为315至410公斤与250~340公斤。母猪平均窝产仔为8.66头，育肥猪达90公斤体重需157日龄，平均日增重0.827公斤，料重比2.8∶1，瘦肉率64%。

良种羊

新疆细毛羊：成年公羊体重平均为93.6公斤，母羊48.29公斤。成年公羊剪毛量平均为12.42公斤，净毛率平均为50.88%；母羊剪毛量平均为5.46公斤，平均净毛率为52.28%。屠宰率为48.16%，净肉率为31.58%。小尾寒羊：成年公羊体重57.63公斤，剪毛量3.67公斤；成年母羊体重42.1公斤，剪毛量1.51公斤，1年2胎或2年3胎，产羔率高达270%左右。波尔山羊：羔羊初生重平均为3.5~4公斤，3.5月龄断奶体重27~30公斤，成年公羊和母羊体重分别为90~100公斤和65~70公斤。41公斤时的屠宰率为52.4%，成年羊屠宰率可达56%~60%。

良种肉兔

日本大耳白兔：成年公兔5公斤，母兔45公斤，一般窝产仔5~9只。比利时兔：成年体重5.5~6公斤，40天断奶重1.2~1.5公斤，平均窝产仔8只。加利福尼亚兔：成年公兔3.5~4.5公斤，成年母兔3.8~4.8公斤，40天断奶体重1.0~1.2公斤，平均每窝产仔7~8只。新西兰兔：成年公兔4.0~5.0公斤，母兔4.5~5.5公斤，平均窝产仔7~10只，屠宰率可达64.4%。

良种毛兔

德系安哥拉兔：成年公兔3.7公斤，母兔4公斤，成年兔年产毛量0.75~0.95公斤，平均窝产仔6~8只，最高可达12只。毛长5厘米以上，粗毛含量一般在15%以下。唐行、明星毛兔：成年兔年产毛量1~1.25公斤。

良种蛋鸡

伊莎褐：0~20周龄育成率97%~98%，20周龄体重1.6公斤，21周龄达5%产蛋率，23周龄达50%产蛋率，25周龄产蛋率93%，76周龄入舍产蛋量292个，饲养日产蛋量302个，平均蛋重62.5克，总蛋重18.2公斤，每公斤蛋耗料2.4~2.5公斤，产蛋期末母鸡体重2.25公斤，存活率93%。海兰褐：0~20周龄育成率97%，20周龄体重1.54公斤，156日龄达50%产蛋率，29周龄产蛋率91%~96%，18~80周龄饲养日产蛋量299~318个，32周龄平均蛋重60.4克，每公斤蛋耗料2.5公斤，20~74周龄母鸡存活率91%~95%。

良种肉鸡

爱拔盖加：肉用仔鸡，7周龄公母混养体重达1.99公斤，耗料量为3.2公斤，56日龄公体重2.99公斤，母2.49公斤，耗料分别为1.95和2.07。艾维茵：艾维茵肉鸡，7周龄公、母体重分别为2.674公斤和2.229公斤，料肉比分别为1.86∶1和1.93∶1。56日龄公、母体重分别为3.205公斤和2.642公斤，料肉比分别为2.05∶1和2.12∶1。

良种鸭

樱桃谷肉鸭：7周龄平均体重3.2公斤，最重可达3.8公斤，每增重1公斤需颗粒饲料2.89公斤，全净膛率（带头脚）79.1%。

第十节　规模化饲养

猪

1991年以来，随着市场经济的深入发展，人民生活水平的提高，全区养猪业规模化持续快速发展，逐步走出庭院养殖的模式，走上饲养小区和规模养殖场养殖之路。2007—2013年，争取中央资金对24个生猪规模养殖场进行改扩建，为全区的畜牧业发展注入新的活力。2007—2013年，全区新建50头以上二元母猪标准化示范场22个，新建年出栏500头以上肥猪标准化示范场32个。鲁南种猪繁育有限公司存栏生猪2万多头。薛城区九顶山养殖场、龟山良种猪场、万祥养殖场，目前均存栏生猪2000多头。枣庄恒大良种猪繁育有限公司生猪、枣庄市君亿畜禽养殖有限公司、薛城区传信养猪场、桂源成猪业良种繁育有限公司、常庄镇道雷养殖场均存栏生猪1000多头。

牛

1991年，存栏牛1.22万头，能繁母牛0.37万头，多为家庭式饲养。1995—2013年，肉牛和奶牛的规模化养殖场和养殖数量不断增加。2005年，中华乳业奶牛养殖场存栏奶牛200余头，广超肉牛养殖场年出栏肉牛2000余头。2010年，常庄镇汇鑫肉牛养殖场年出栏肉牛1500头，赵越养牛场年出栏肉牛1000余头。

羊

1990年以后，细毛羊和半细毛羊达幅度减少，由于羊奶加工滞后，奶山羊存养数量减少，养羊业逐步向肉羊方向发展，羊肉主要以消费为主。1991—2010年，薛城区羊的规模化养殖总体上发展得比较慢，主要是以家庭饲养为主，2011年后，养殖利润可观，规模养殖场数量不断增加。

鸡

1991—2013年是薛城区家禽业发展史上的黄金时期，实现从数量增长为主向质量提高为主的转变。饲养方式由家庭式、半自动化阶段逐渐转向规模集约化生产。1991年后，全区鸡的规模化饲养发展很快，其中邹坞镇凤鸣养鸡场，存栏蛋鸡2.5万只；沙沟镇财源蛋鸡养殖场，存栏蛋鸡3.2万只；沙沟镇圣兴养殖专业合作社，存栏蛋鸡3万只；邹坞镇利华养殖场采用发酵床养殖，年出栏肉鸡20万只。薛城区共有存栏蛋鸡2000只饲养规模户171户，年出栏肉鸡1只以上饲养规模户109户。

鸭、鹅

2009年，周营镇枣庄瑞康畜禽养殖有限公司带动当地养殖户300余家进行放养、代养联营饲养世界著名的法国品种朗德鹅，年饲养朗德鹅10余万只。2009—2013年，肉鸭的规模养殖发展快速，多为大棚式养殖合同鸭，微山宏信畜禽养殖有限公司在全区饲养合同鸭，共建肉鸭养殖大棚200多个，存栏肉鸭10万只。鹅的规模化养殖相对比较缓慢。

兔

1991年，薛城区存栏兔25.75万只，其中：肉用兔1.58万只、长毛兔24.17万只。1995年，存栏兔77.87万只，其中：肉用兔14.28万只、长毛兔63.59万只、兔毛产量384.86吨。1993年以后，薛城区畜牧兽医局成立薛城区长毛兔研究所，通过当地毛兔与德系长毛兔、哈白兔、法系长毛兔等4个品系、7个血统杂交，经过世代选育，1999年，培育出“鲁南薛城长毛兔”，存栏种兔2000只，年向社会提供良种长毛兔20万余只。经广大畜牧工作者的积极推广，至2000年，存栏兔186.46万只，其中：肉用兔7.13万只、长毛兔179.33万只、兔毛产量959.16吨，饲养1000只以上的规模养殖户166家，2005年以后，因价格下滑等原因，兔的存栏量有所减少，较大规模的养兔场有：甘霖实业公司养兔场，存养长毛兔3万余只，其他兔0.5万余只；鲁南长毛兔繁育场，存养长毛兔1万余只；福岭兔业养殖合作社，存养1万余只。沙沟镇正海养殖场，存栏肉兔7000只；薛城区润达养殖场存栏獭兔5000只。

第六章　水利与渔业

第一节　管理机构

1991年，区水利局机关内设政工股、计财股、工程股、工程管理股、经营股、水政股、水保办公室、测绘办公室、抗旱防汛办公室。区水利局内设直属单位：水资源管理办公室、打井队、工程队、潘庄提水站、石庙提水站和水利服务公司。13个乡镇分设水利水保站。

1995年2月，成立薛城区抗旱服务队。10月，设立薛城区水土保持监督管理站。

1996年2月，成立薛城区潘庄灌区管理处(正科级事业单位)，隶属区水利局。

1997年11月12日，成立薛城区水利局水政监察大队。

1998年制定《薛城区水利法制建设五年规划》，围绕水立法、水执法、水管理三大体系建设水行政执法科学化、规范化的目标。水政监察大队成立以后制定完善各项水行政执法的规章制度，包括《薛城区水利局水行政执法责任制》《薛城区水行政执法证件管理制度》《薛城区水行政许可稽查制度》《薛城区水政监察责任追究制度》《薛城区水政监察巡查制度》等。

2002年3月，薛城区水利局调整为薛城区水务局。4月，根据文件精神划出职能：在宜林地区以植树、种草等生物措施防治水土流失行政职能交给区林业局，测绘管理职能交给区国土资源局。8月，区水产行政管理职能移交区水务局，移交人员6人。12月，设立薛城区蟠龙湖管理所，隶属区水务局，编制5人，股级事业。

2010年，薛城区水务局调整为薛城区水利和渔业局。7个镇街水利站成立水政监察中队，聘用30名水政协管员。

2012年，薛城区水利和渔业局联合薛城区公安分局、城管局、国土分局、国税、地税，成立薛城区水利联合执法领导小组。

2013年，设立薛城区南水北调工程建设管理局。薛城区水利和渔业局内设办公室、河道管理所、水政股、水政监察大队、规计室、农村供水监督管理站、水土保持管理办公室、工程建设管理站、水产渔政站、农水股、人事股等行政股室。局属事业单位区南水北调管理局、区防汛抗旱办公室、区水资源管理办公室、区潘庄灌区管理处、区抗旱服务队、区蟠龙湖管理所、区钻井队。

第二节　水利工程

水库

2007年9月，薛城区杨峪水库水利风景区经省水利风景区评审委员会评审通过，批准为第四批“山东省水利风景区”。2009年10月，薛城区黑峪水利风景区、蟠龙河湿地公园经省水利风景区评审委员会评审通过，批准为第六批“山东省水利风景区”。2009年11月25日，区政府出台《薛城区小型水库管理暂行办法》。该办法详细规定全区小型水库监督部门、管理部门及水库的安全管理、工程管理、维护管养、经营管理、生态保护等相关内容。至2010年，全区有19座小型水库列入省级三年除险加固规划。列入国家东部规划内的小（一）型水库2座，为沙沟镇小营水库，巨山街道办事处的黑峪水库，列入省级规划内的小（二）型水库共有17座，分别为沙沟镇楼沃水库、小李庄水库、后北常水库、曹沃水库、车峪水库，周营镇大孙庄水库、许庄水库、蔡官庄水库，常庄镇种庄水库，邹坞镇北安阳水库、西尚庄水库，兴仁街道办事处龙潭水库、西谷山水库，张范街道办事处杨峪水库、东横山口水库、西横山口水库，陶庄镇梁山水库，累计完成投资2000余万元，全区19座病险水库全部通过验收并投入使用。

2013年薛城区水库一览表

表10-8

水库名称	流域面积（平方公里）	建成时间	设计洪水标准（重现期）（年）	校核洪水标准（重现期）（年）
上殷水库	3.60	1965年2月	30	300
东横山口水库	1.25	1967年3月	30	300
井字峪水库	2.10	1975年11月	30	300
北安阳水库	1.20	1967年5月	30	300
匡山水库	1.21	1967年8月	30	300
南常三村水库	6.90	1965年3月	30	300
后北常水库	2.08	1967年5月	30	300
大孙庄水库	2.20	1998年11月	30	300
小李庄水库	4.60	1969年5月	30	300
小营水库	9.86	1967年5月	30	300
曹沃水库	3.02	1967年5月	30	300
杨峪水库	1.54	1976年5月	30	300
梁山水库	1.10	1965年4月	30	300
楼沃水库	1.90	1965年4月	30	300
种庄水库	4.27	1966年11月	30	300
蔡官庄水库	1.80	1998年12月	30	300
袁寨山水库	1.80	1966年5月	30	300
西尚庄水库	2.67	1957年4月	30	300
西横山口水库	0.90	1966年5月	30	300
西谷山水库	4.17	1978年11月	30	300
许庄水库	2.90	2006年11月	30	300
车峪水库	1.85	1965年5月	30	300
黑峪水库	5.40	1966年8月	100	300
龙潭水库	3.27	1968年4月	30	300

塘坝

1990年，全区共有塘坝157座。至2013年，全区塘坝702座。多分布在山丘地带和薛城南部，大部分为自然村先期自行开挖和后期利用世界银行贷款加强灌溉农业项目、土地整理、抗旱应急、小型农田水利建设项目资金扩挖加固而成。

2013年薛城区主要塘坝一览表

表10-9

镇、街	所属村	塘坝数量（处）	镇、街	所属村	塘坝数量（处）
沙沟镇	董庄村村委会	1	周营镇	李村村委会	5
沙沟镇	曹沃村村委会	1	周营镇	胡庄村委会	3
沙沟镇	西界沟村委会	2	周营镇	常埠村委会	1
沙沟镇	戚庄村村委会	1	周营镇	石庙村委会	3
沙沟镇	杜塘村委会	1	周营镇	磨庄村委会	3
沙沟镇	黎旭村委会	1	周营镇	铁佛村委会	1
沙沟镇	班井村委会	1	周营镇	官杨庄村委会	4
沙沟镇	茶棚村委会	3	周营镇	沙井村委会	2
沙沟镇	张庄村委会	1	周营镇	一村村委会	2
沙沟镇	岩湖村委会	2	周营镇	沙河涯村委会	2
沙沟镇	城子村委会	2	邹坞镇	东邹坞村委会	2
沙沟镇	东杨庄村委会	3	邹坞镇	小甘霖村委会	1
沙沟镇	南常西村委会	1	邹坞镇	南陈郝村委会	2
沙沟镇	南常东村委会	4	邹坞镇	野场村委会	1
沙沟镇	埠上村委会	2	邹坞镇	陈楼村委会	2
沙沟镇	北常村委会	4	邹坞镇	东防备村委会	9
沙沟镇	东界沟村委会	1	邹坞镇	马庄村委会	2
沙沟镇	沙沟西村委会	2	邹坞镇	肖村村委会	1
沙沟镇	沙沟东村委会	1	邹坞镇	罗岭村委会	1
周营镇	二村村委会	1	邹坞镇	北安阳村委会	1
周营镇	单楼村委会	2	邹坞镇	墓山村委会	2
周营镇	大韩洼村委会	3	邹坞镇	北陈郝村委会	1
周营镇	高架子村委会	1	陶庄镇	左村村委会	1
周营镇	大巩湖村委会	2	陶庄镇	后院山村委会	3
周营镇	前金马村委会	8	陶庄镇	西防备村委会	3
周营镇	大孙庄村委会	5	陶庄镇	小官庄村委会	2
周营镇	北马庄村委会	3	陶庄镇	天齐庙村委会	1
周营镇	后金马村委会	6	张范镇	北于村委会	2

拦蓄工程

1990年前，薛城区拦河坝建设主要以砌石砼坝为主，拦河闸以手动启闭式为主，随着河道治理的要求越来越提高，薛城区河道拦蓄工程改为橡胶坝。至2013年，全区共建橡胶坝15处，总投资3600万元，蓄水1250万立方米，扩大和改善灌溉面积7万余亩。

华众橡胶坝　工程位于薛城大沙河下游，是薛城大沙河综合治理工程的重要组成部分，2001年11月30日奠基开工，总投资568万元，2002年9月29日竣工。

泰山橡胶坝　工程位于蟠龙河下游，投资480万元，2003年7月1日竣工。

永福橡胶坝　是薛城小沙河上第一座橡胶坝，2004年10月18日动工，2005年1月竣工，投资220万元。

西丁橡胶坝　2007年9月动工，2008年6月竣工，投资600万元。满足周边地区4万亩农田的灌溉及回补金河水源地地下水，形成4公里湿地生态长廊。

西仓橡胶坝　工程位于蟠龙河中游。2007年9月动工，2008年6月竣工，投资328万元。是蟠龙河湿地公园高水位蓄水的关键。2011年，蟠龙河湿地公园经国家林业局批准为国家级湿地公园。

挪庄橡胶坝　2008年建成，投资460万元。

朱桥橡胶坝　工程位于薛城小沙河下游，2008年建成，投资260万元，增加拦蓄水量40万方。

锦阳河四座橡胶坝　2010年建成，投资360万元。

奚仲橡胶坝　工程位于东泥河下游，2013年建成，投资100万元。

天安橡胶坝　坝长38.5米，坝高1.6米，2006年建成，投资60万元。

张场橡胶坝　2006年建成，投资120万元。

河道治理

薛城区河道治理综合兼顾防洪除涝、蓄水调水、生态净化、回灌补源、节水灌溉、休闲游乐等各项功能。其中，农村河道治理以防洪除涝、蓄水灌溉为主；城区水系建设着重构建蟠龙河为主干，城北蟠龙河湿地公园为主体，城南“奚仲湖”为结点，以蟠龙河、小沙河、薛城小沙河故道、小庄河、何庄河为大环境组成“环城水系”，达到河湖相通、河库相济，河河相连，形成“一山城中秀，五河绕城流”为一体独具特色的城市湿地和滨水环境。1994年，薛城区出台《薛城区河道管理办法》，使河道管理走向规范化。

蟠龙河治理　1991—2013年，蟠龙河进行分期分层次治理，累计完成总投资2.5亿元，主河道内陆续梯级建设橡胶坝5座、拦河闸坝7座，生态湿地水面面积达1600余亩，新增拦蓄水能力1260万立方米；建提水站10余座，灌溉面积2万余亩；40公里滨河道路全线贯通，配套植物栽植，形成一条集防洪滞洪、梯级拦蓄、节水灌溉、生态湿地修复、观光旅游于一体的综合性河流，有效改善沿河生态和居住环境，兼顾“防洪、调蓄、回灌、净化、生态、休闲”六大综合效益。2004—2007年，薛城大沙河防洪除涝工程总投资1998万元，两侧完成复堤加固40公里。2013年，蟠龙河北支（邹坞段）治理工程完成投资2004.6万元，治理河道6.5公里，修建交通桥2座，栽植林木5万余棵，河道防洪标准提升到20年一遇。

薛城小沙河治理　1993年11月，薛城小沙河第一期治理工程从泰山路大桥至区人大西，全长1.2公里，开挖河宽25米，加深1.5米，大堤块石砌护，防洪标准达到20年一遇。1996年开始对小沙河城区段泰山路大桥至长江路大桥段进行河道疏浚、两岸砌护及沿河公园的开发建设。完成土方8万立方米，浆砌石6000余立方米，砼1000余方，总投资240万元。2004年，永福橡胶坝开始施工，回水至黄河路大桥上游，拦调水总量60万立方米，完成投资180万元；同时实施小沙河永福橡胶坝上游河道扩容复堤工程，共投资36万元，对坝上游河道扩容复堤600米。2006年，天安橡胶坝开工建设，投资60万元，当年完工。2008年，投资1400万元，对京沪铁路桥下游3.6公里进行治理，动用土方34万立方米，完成朱桥橡胶坝和朱桥跨河大桥建设。

薛城小沙河故道治理　2007年，治理薛城小沙河故道全长8公里，上游至燕山路，动用土石方59万立方米，城区段进行挡土墙砌护，完成投资2157万元。全程分三个标准治理，郯微公路北河底宽度20米，路南河底宽度30米，与小沙河交汇口以下为50米，建设橡胶坝1座、建溢流坝8座，总蓄水量40万立方米。堤内坡栽植速生林5.5万株，绿化树种1.5万株，堤顶路面硬化5.8公里，浸水线栽植簸箕柳，水下种植莲藕、菱角等水生植物21.3万平方米。通过综合治理，薛城小沙河故道水质达到入湖排放标准，下游小沙河流入微山湖水化学需氧量浓度由100毫克每升降到40毫克每升左右，成为全省水质改善最好的河流之一。

周营大沙河治理　1999年，薛城区水利局和周营镇政府组织技术人员20人对周营大沙河及邵楼支流进行全程测量，历时2个月，依据《堤防工程设计规范》完成周营大沙河设计工作和综合治理方案。2000年，完成铁佛拦河坝建设。2001年5月至2002年6月，周营大沙河李河湾、张河湾、褚林、铁佛四座桥带拱坝施工，完成投资90万元，动用土石方1.5万立方米，浆砌石2600立方米，砼及钢筋砼336立方米，治理长度1.3公里。2005—2006年，历时9个月，建成周营大沙河邵楼支流橡胶坝一座，投资120万元。2005年12月1日，李河湾段治理工程开工，2006年1月16日竣工，投资20万元。2006年，投资40万元，完成周营大沙河季庄交通桥至张河湾漫水桥段治理。2007年5月，投资15万元完成周营镇政府西陶官拦河坝至李河湾漫水桥段治理，动用土方3万立方米。12月，投资65万元，完成周营大沙河铁佛漫水桥至铁佛桥坝段治理，动用土方6.6万立方米。2010年6月，投资25.3万元，完成白楼大桥改造和白楼拦河坝建设。11月，投资120万元，对邵楼沙河罗庄段进行全面的规划设计与施工。治理长度1600米，主河槽宽30米，开挖土方14万立方米。

新薛河治理　1993年，投资331万元治理新薛河2.14公里，完成土石方24.98万立方米，河槽加宽10~20米，达20年一遇防洪标准。

小庄河治理　1997年投资30万元，对奚仲湖初步开挖，动用土石方8万立方米；2009年按区政府安排，区水利局和建设局相互配合，对奚仲湖至泰山路段进行综合治理，区水利和渔业局负责河道开挖、橡胶坝建设和调水工程，水利投资完成1200万元，动用土石方3万立方米，建橡胶坝4座，铺设调水管道6.5公里。

蟠龙河南支治理　2009年11月26日，开工对蟠龙河南支进行改道治理，2010年6月完工，完成总投资1102万元，治理长度4公里，开挖土石方58万立方米，达20年一遇防洪标准。

第三节　农田水利

农田水利基本建设

1991—1995年，全区共完成各类水利工程5922项，投资8779万元，其中新打机井345眼，维修改造651眼，新建塘坝24座、提水站27座，修防渗渠196.8公里，桥涵等水工建筑物235座，全区有效灌溉面积由1991年年初的12.78万亩发展到14.27万亩，治理水土流失面积28.1平方公里，解决8个镇驻地社会化供水。投资753万元，于1994年10月，完成潘庄一级站工程建设，设计灌溉面积3.07万亩。投资1408万元，于1995

年12月完成潘庄二级站建设，建设高架渡槽1.4公里，开挖南北干渠4.5公里，设计灌溉面积5.23万亩。

1996年，薛城区开展水利建设年活动，全区共完成各类水利工程1080处，其中新打机井140眼，修复旧井162眼，新建提水站3座，修复改造16座，埋设地下管道19.6公里，新修防渗渠道38公里、塘坝27座，维修加固14座，新增蓄水能力135万立方米，新增和改善灌溉面积5.6万亩；对南南路（南常—南山寨）小流域进行综合治理，砌坝堰5.2万米，整修水平梯田0.24万亩，挖鱼鳞坑7.5万个，修环山路13公里，建蓄水塘坝15座，经济林0.7万亩，治理水土流失面积6.2平方公里；投资430万元对东北矿区涝洼地进行综合治理，开挖排水沟26.1公里，新增除涝面积2.3万亩；完成2.7万人的社会化供水和12个村1.2万人村办自来水工程，全年完成投资2980万元。

1998年，全区共动工兴建各类水利工程1620项，其中新打机井39眼、修复配套48眼，新建防渗渠道8.24公里，铺设地下管道93.66公里，整修加固水库、塘坝18座，新建拦蓄工程21处，桥9座、涵12座、闸11座、倒虹吸18座，机电排灌站2座，架农用线路4公里。完成土石方447.8万立方米，完成砌体1.38万立方米，投工309万个，完成投资2171.35万元，新增和改善灌溉面积3.2万亩，增加除涝面积3.87万亩，治理水土流失2.6平方公里。发展节水灌溉面积1.61万亩。

1999年，全区共动工兴建各类水利工程951项，完成土石方237万立方米，完成砌体0.81万立方米，完成总投资1537万元。其中：建拦河坝8处，新打机井51眼，修复配套机井48眼，除险加固塘坝15处，新建提水站6处，铺设地下管道74.5公里，喷滴灌1000亩，开挖排涝沟25条43公里，治理防洪河道3段6公里，塘坝3处，蓄水池22个，道路17.8公里。新增灌溉面积0.5万亩，改善灌溉面积1.5万亩，增加除涝面积0.5万亩，治理水土流失4平方公里。

2000年，全区完成水利工程967项，工程量380万立方米，总投资2800万元，新增和改善灌溉面积3.4万亩，开挖疏浚沟、渠67.2公里，增加除涝面积0.8万亩，新增节水灌溉面积1.3万亩，治理水土流失4.5平方公里。建防渗渠道41.7公里，桥7座，涵11座，闸10座，倒虹吸18座，机电排灌站2座，喷灌700亩，架农电线路4公里，田间生产路33.9公里。

2001年，全区完成水利工程521项，总投资1760万元，完成工程量210万立方米，新增和改善灌溉面积3万亩，治理水土流失4平方公里。建防渗渠道95公里，铺设管道36公里，开挖排涝沟22公里，加固加高堤防4.8公里，桥4座，涵7座，闸5座，倒虹吸14座，机电排灌站2座，喷灌60亩，架农电线路4公里，田间生产路14.5公里。

2002年，全区共开工兴建各类水利工程528项，累计完成投资1900万元，新增和改善灌溉面积3万亩，增加除涝面积0.9万亩，发展节水灌溉面积1.5万亩，治理水土流失4平方公里。其中：新打机井26眼，新建提水站2座，加固塘坝8座，新修防渗渠及埋设地下管道32公里，完成土石方100万立方米。

2003年，全区共开工兴建各类水利工程560项，其中挖潜配套263项，新建297项，完成投资1690万元，新增和改善灌溉面积3.78万亩，增加除涝面积1.03万亩，改造中低产田2万亩，治理水土流失4平方公里，发展节水灌溉1.5万亩。

2004年，全区共开工兴建各类水利工程625项，其中维修配套327项，完成投资2662.1万元，新增和改善灌溉面积3.93万亩，增加除涝面积1.16万亩，改造中低产田3.09万亩，治理水土流失5.4平方公里，发展节水灌溉2.15万亩，解决16个村2.47万人的吃水问题，发展渔业养殖面积5100亩。

2005年，全区累计完成各类水利工程367项，扩大改善灌溉面积1.4万亩，治理易涝面积0.7万亩，发展节灌面积0.8万亩，治理水土流失面积2.6平方公里。

2006年，全区开工697项，完成投资5085万元，完成土石方182万立方米，扩大改善灌溉面积4.74万亩，新增节灌面积0.9万亩，新增除涝面积0.365万亩，改造中低产田0.7万亩，疏浚加固河道4.82公里，治理水土流失面积5.2平方公里。

2007年，全区完成各类水利工程投资6419.98万元，投工77.49万个，完成土石方182.36万立方米，扩大改善灌溉面积5.64万亩，疏浚加固河道10.5公里，治理水土流失面积5.2平方公里，泰山橡胶坝下游湿地建设1平方公里，解决6.315万名农村人口自来水问题、达到普及率80%以上。同时按计划进度建设西仓、西丁两座橡胶坝，以及薛焦排污沟治理工程。

2008年，全区完成水利工程420项，动用土石方160万立方米，投资7381万元，治理河道长度16公里，建设橡胶坝2座，增加蓄水能力70万立方米，扩大改善灌溉面积1.8万亩，新建和改造自来水供水工程91个村，治理水土保持面积2平方公里，完成永福路城区段两侧绿化8.3公里。

2009年，全区完成水利工程627项，加固河道堤防9.5公里，疏浚河道13.5公里，扩大改善有效灌溉面积2.8万亩，发展节水灌溉面积1.45万亩，治理水土流失面积5平方公里，新增供水受益人口2.86万人，动用土石方342万立方米，完成总投资6150万元。

2010年，全区完成水利工程项目482项，动用土石方410万立方米，投入工日32万个，新建配套小型提水泵站5座，增加改善灌溉面积3万亩，治理小流域6.4平方公里，维修加固河道堤防19公里，解决2.11万名人口饮水安全问题，完成蟠龙河南支改道16公里，动用土石方59万立方米，建设西丁、西仓、泰山、永福橡胶坝远程摇测监控系统，全年完成投资7974万元。

2011年，全区投资5000万元，完成农田水利建设工程450处，年新增节水能力160万立方米。其中蟠龙河湿地完成投资900余万元，治理西丁段、挪庄段及张桥段共计1600米，开挖土方46万立方米，完成河内岛屿绿化、栽植各类树木2万余棵；4.6平方公里的小流域治理、10.1公里河道治理工程和1.52万人的饮水安全项目按时完成；投资674万元的蟠龙河向奚仲湖调水、锦阳河4座梯级橡胶坝工程全部完成，在10月18日前实施通水拦蓄。

西丁橡胶坝

2012年，小农水重点县建投资3114万元，完成陶庄、邹坞2个项目镇2.3万亩，2座拦河坝、18座泵房、221座排水桥涵、管道沟开挖及管道铺设100公里，

5月24日通过市级初验，6月16日通过省级验收。奚仲湖向高铁站调水工程投资600万元，铺设管道4.8公里全线贯通并通水；世行洼地治理项目东泥河河道2.5公里治理工作全部完成；蟠龙河北支（邹坞段）综合治理工程。完成投资1560万元，开挖土石方29万立方米，疏浚扩挖河道6.5公里，建打席村生产桥1座、西南村涵洞1座；蟠龙河生态湿地建设开挖土方30余万立方米，清理建筑垃圾5万余立方米，栽植树木5万余株，水生植物30余万株。同时，按照迎淮核查治污标准，分别在小沙河周庄段、薛城小沙河故道朱桥段上游段栽植水生植物2万株。

2013年，小农水重点县建设投资3609万元，完成常庄、沙沟2个项目镇3.5万亩，建小型提水灌区24处，铺设各类管道204公里、桥涵211座、小型水源工程3处，疏浚排水沟83.5公里，整修道路48公里，种植防护林4.7万株，5月29日通过省级验收；奚仲橡胶坝总投资100万元，增加拦蓄水8万立方米，投入运行；百亿产业园邹坞铁路物流中心项目区河道改迁投资95万元，开挖1.1公里，土方量7.5万立方米；完成对小沙河、小泥河水生植物增补任务；投资260余万元，解决邹坞镇官庄村、西山口村、陶庄镇吴庄新村等5个村的饮水安全问题，完成山丘区找水打井10眼。

灌溉工程

潘庄灌区　1990年11月省计划委批准潘庄灌区工程立项续建。采取一、二级泵站集中提水，三级分散扬水工程建设布局，总装机容量3940千瓦，提水流量10立方米/秒，控制灌溉面积11.6万亩，总投资3333.4万元，省市两级各投资30%。

一级泵站　1992年11月奠基，1994年10月竣工，完成投资753万元。架设35千伏供电线路1.5公里，建变电所19处，泵站装机4台1920千瓦，提水流量10立方米/秒，控制灌溉面积3.07万亩。通过全省公开招标，山东省水利工程局中标承建。该工程获枣庄市水利优质工程一等奖。

二级泵站　1994年11月奠基，1995年12月竣工，完成投资1408万元。架设35千伏供电线路1.3公里，建变电所1处，高空U形渡槽1.4公里，开挖南北干渠4.5公里，泵站装机3台1440千瓦，提水流量7.5立方米/秒。泵站采用干室型结构，中央控制系统在全省率先采用计算机控制，实现多项技术参数自动化测量控制。通过全省公开招标，临沂市水利工程公司中标承建，该工程获枣庄市水利优质工程一等奖，且达省优。1995年11月9日，山东省委书记赵志浩到薛城考察潘庄二级站建设。1996年2月成立“薛城区潘庄灌区管理处”。

石庙灌区　石庙提水站位于薛城区南部周营境内。始建于1968年8月，装机8台容量520千瓦，设计灌溉面积3.68万亩，由于设备老化不能正常运行。2002年3—9月，投资40.7万元对泵站进行更新改造，完成庭院扩建，管理房及泵房改建装修，新建传达室、办公室，前池引渠清淤护坡，机电设备检修更换等。

固定泵站　1991—2013年，全区累计建小型提水站108座，由于管理跟不上和人为破坏、老化失修等原因，至2013年能够使用的70座，万亩以上中型泵站3处，固定站控制灌溉面积9.7万亩。

机电井　1991年全区仅有大小机电井共1744眼，20多年来，机电井迅猛发展，成为主要取水形式，至2013年，全区规模以上机电井（管径大于200毫米）920眼，规模以下机电井（管径小于200毫米）1456眼，取水量小于20立方米机电井21036眼，其中用于农业灌溉机电井2202眼，控制灌溉面积6.55万亩。

流动机　1991年始，喷灌机、小电泵等流动机械灌溉面积有了长足发展，流动机械年灌溉面积达6.27万亩。至2013年，全区各类灌溉工程和流动机械灌溉面积28.45万亩，有效灌溉面积27.58万亩，节水灌溉面积19.8万亩，旱涝保收面积18.15万亩。

1991—2013 年薛城区灌溉面积发展情况统计表

表 10-10 单位：公顷

年度	灌溉面积			
	总面积	有效灌溉面积	林地灌溉面积	果园灌溉面积
1991	13. 08	12. 78	0. 30	0. 00
1992	13. 30	13. 13	0. 05	0. 12
1993	13. 66	13. 48	0. 05	0. 13
1994	14. 26	13. 99	0. 05	0. 22
1995	14. 56	14. 27	0. 05	0. 24
1996	15. 07	14. 76	0. 05	0. 26
1997	15. 31	15. 00	0. 05	0. 26
1998	15. 31	14. 99	0. 05	0. 27
1999	15. 60	15. 28	0. 05	0. 27
2000	15. 89	15. 68	0. 06	0. 15
2001	16. 13	15. 88	0. 10	0. 15
2002	16. 37	16. 06	0. 16	0. 15
2003	16. 60	16. 13	0. 16	0. 31
2004	16. 78	16. 31	0. 16	0. 31
2005	16. 96	16. 49	0. 16	0. 31
2006	17. 61	17. 03	0. 27	0. 31
2007	18. 16	17. 51	0. 26	0. 39
2008	18. 35	17. 70	0. 26	0. 39
2009	18. 53	17. 89	0. 25	0. 39
2010	18. 72	18. 08	0. 25	0. 39
2011	18. 8	18. 15	0. 24	0. 4
2012	18. 96	18. 32	0. 24	0. 4
2013	18. 97	18. 39	0. 29	0. 43
合计	320. 25	312. 44	2. 79	5. 02

排涝工程及涝洼地治理

薛城区多以开挖掘疏通排涝沟、渠为主，结合农业开发项目区建设和小型河道治理作为排涝工程建设，除涝农田达五年一遇一日降雨一日排完标准，全区易涝地面积由 14. 08 万亩减少到 1. 1 万亩。1993—1994 年，国家对黄淮海平原中低产田综合开发，薛城区第二期黄淮海开发项目以兴城街道办事处、陶庄镇、常庄镇为主，开挖排水沟 200 余公里，排涝面积 4 万亩。1995 年，第三期黄淮海开发项目，以常庄、沙沟两镇为主，开挖排水沟 102 公里，排涝面积 2 万亩。1996 年春，为彻底解决薛城东部煤矿集中开采区大面积地面沉陷，投资430余万元，对陶庄、邹坞、张范三镇东部矿区2万多亩涝洼地进行综合治理，开挖排涝沟26.1公里，完成土石方30万立方米，除涝面积2.3万亩。1998—2001年，执行第二期利用世界银行贷款加强灌溉农业项目（以下简称世行项目）建设，总投资2911.7万元，开挖疏浚排水沟79公里，建桥30座，涵46座，疏通农田排涝面积7万亩。2005—2009年，执行第三期世行项目建设，总投资2533.6万元，开挖疏浚排水沟71.7公里，建桥涵725座，疏通农田排涝面积7.5万亩。2008年11月20日至2009年8月20日，投资200万元，完成前洛房排灌站改造工程。完成土方开挖、回填及涵洞清淤15943.85立方米，浆砌石1472.91立方米，砼及钢筋砼723.52立方米。房屋建筑141.46平方米，院墙144米，新安装HL2050-3混流泵3台，排涝设计流量2立方米/秒，灌溉设计流量0.32立方米/秒。安装铸铁闸门PGZ 1.8×1.8米（B×H）5.2t，10千伏供电线路4.5公里，钢管8.04吨，其他设备若干，恢复提水排涝面积2万余亩。2011—2013年，小农水重点县建设，三年疏通排涝面积8.8万亩。其中：2012年完成邹坞镇、陶庄镇2.3万亩，疏通排涝沟50公里，建桥涵185座；2013年，完成常庄、沙沟3.5万亩，疏通排涝沟65公里，建桥涵180座。

节水灌溉

薛城区把发展节水灌溉作为向现代水利转变方向，至2013年，全区节水灌溉面积发展到19.8万亩，其中：移动机喷灌面积由2.35万亩增加到7.1万亩；低压管道灌溉面积由5.4万亩增加到9.7万亩；微灌面积由0.045万亩增加到0.5万亩；渠道防渗面积由10.32万亩减少到2.5万亩。

1993—1994年，第二期黄淮海开发项目完成以兴城街道办事处、陶庄镇、常庄镇为主的机井配套低压管道灌溉面积4万亩。1995年，第三期黄淮海开发项目，以常庄、沙沟两镇为主，完成节水灌溉面积2万亩，新建各类防渗渠50公里，修建提水站9座，13台机组444千瓦。1997年，区水利局协同区农业局、林业局共同完成第二期世行项目可行性研究报告，1998—2001年，实施世行项目建设计划。总投资2911.7万元，水利投资占70%，开发耕地面积10万亩。至2001年项目实施后，改造中低产田10万亩，修建防渗渠道95公里，铺设地下管道180公里，新打机电井16眼，架设农电线路16公里，项目新增灌溉面积4.1万亩，改善灌溉面积5.9万亩。2003年，全国第二批节水增效重点县项目在陶庄镇西部实施，总计投入资金420万元，发展节灌面积1.4万亩，其中管道灌溉0.5万亩，滴灌0.05万亩，其他形式节灌0.85万亩。2005—2009年，实施第三期世行项目建设，总投资2533.6万元，水利占75%，衬砌渠道46.3公里，铺设低压管道295.86公里，新打机电井260眼，架农电线路93公里，发展节水灌溉7.5万亩。2011年，小农水重点县建设，节水灌溉上推广适合多家多户同时灌溉的变频供水，水资源配置利用更高效，灌溉成本大幅度降低。2011—2013年，累计完成投资9562万元，节水灌溉面积8.9万亩。其中：2012年建提水站18座，铺设PE管道105公里，安装放水口1100个，完成邹坞镇、陶庄镇2.3万亩节灌；2013年建提水站22座，铺设PE管道150公里，安装放水口1500个，完成常庄镇、沙沟镇3.5万亩节灌。2013年，投资1200万元，新打机井44眼，配套60眼，安装变压器12台，架设供电线路23公里，配套铺设PE管道，完成常庄镇高标准农田灌溉面积1万亩。

第四节　农村供水

借助实施山东省村村通自来水工程和国家农村饮水安全项目，按照“农村供水城市化、城乡供水一体化”的发展目标要求，形成一镇一网或一镇多网的恒压变频控制设备全日制供水格局。2005—2013年，全区累计完成总投资6587万元，建设规模化供水工程12处，全区通水自然村达324个，供水人口25万人，日均供水量7500吨。

为确保工程安全、长久效益，薛城区出台《薛城区农村公共供水管理办法实施细则》，成立薛城区农村公共供水办公室，负责全区农村公共供水工程建设管理的规划设计、业务培训、技术指导、检查监督、组织协调、水源保护和水质监测、水价核定、考核验收等工作。成立镇级农村自来水公司（农村供水中心），以政府监管为主导，实行市场化运行管理，自负盈亏。由区物价局按市场要求核准并严格水费征收及使用规定，严格保护水源地供水安全，确保供水水质水量安全达标。薛城区出台《薛城区农村供水工程维修专项基金管理办法》，按照水费收入的15%收取农村供水维修基金，区农村供水协会设立专户，对供水单位缴纳的维修专项基金进行管理，保障农村供水维修基金良性支撑，确保群众饮水安全。

第五节 水土保持

全区约有3/5的低山丘岭，特别是南部片麻岩区易风化剥蚀，水土流失严重。中华人民共和国成立初期，政府十分重视水土保持工作，1957年提出每人栽活3棵树的号召，同时提出沟坡兼治。1963年区政府号召山区人民挖鱼鳞坑封山育林，保持水土。进入20世纪80年代，综合治理工作进一步加强。根据普查结果，至2013年已治理69.2平方公里，梯田2474.08公顷，水土保持乔木林2674.8公顷、灌木林20.3公顷，经济林832.24公顷，封育治理920.15公顷，点状蓄水池等97个，线状217.5公里，成效显著。

水土流失现状

全区水土流失面积199.23平方公里，占总面积的39.32%。其中轻度流失面积62.2平方公里，中度流失面积45.82平方公里，强度流失面积91.21平方公里，分别占全区土地总面积的15%、11%、22%。全区平均侵蚀深1.239毫米，年侵蚀总量为84.72万吨，年侵蚀模数1672吨/平方公里。

造成区内水土流失的原因为自然和人为两大因素，水土流失造成活土层浅薄，耕地面积减少，肥力下降，面积减少，对农业生产带来极大影响，林木立地条件变差，幼林成活率低，林木生长慢，保存率低而影响林业的发展。

水土流失治理

薛城区水土保持措施主要为梯田、水保林、经果林、封育治理和点状线状小型蓄水保土工程，保持完好的主要是历年来省、市资助的小流域治理项目建设的工程。

薛城区小流域措施基本是在山顶栽植封育林，河道坑塘附近栽植水保林，半山坡修建高标准水平梯田种植果树，建蓄水池和调水工程发展节水灌溉，在沟道建排水沟和跌水的治理措施，并建设纵横山路。

1991年以来，全区主抓省、市资助的墓山、圣土山、曹沃等小流域10余条，完成治理面积69.2平方公里，完成总投资3000万元。治理中，针对山高陡坡，水资源紧缺的特点，采取山顶栽植水保林涵养水源，半山坡修建高标准水平梯田种植果树，配套蓄水池和调水工程发展节水灌溉，沟道建排水沟和跌水的措施进行治理。

普查检测

2010—2012年，薛城区开展第一次水利普查工作，为确保此次普查数据真实合理，薛城区普查办与国土、农业、林业、统计等部门对接，收集相关数据进行分析、整理、核对，结合谷歌地图测绘和现场勘查审核数据确保数据准确，组织村级普查员在谷歌地图上勾绘梯田边界线，然后利用制图软件测量面积，导出后采取抽查的方法，每个典型地块抽调人员现场测量出软件导出面积与实际面积的差值，汇总后与土管数据对照，最后确定此次普查梯田数据为 2074.08 公顷。点状和现状采取现场查看的方法确定数据的准确性。此次水保普查历时 6 个月，动员各级普查员、指导员 108 名，基本确保数据的准确性。

区普查办成立由水利、林业、国土等部门专家组成的审查组，于 2012 年 5 月 15 日专题召开薛城区水土保持措施普查数据分析会议，会上专家组对各类水土保持措施数据真实性、合理性进行审查认证，确保水土保持措施普查数据真实有效。薛城区水保措施主要分布在山丘地区，环绕山区和山坡形成片状。普查成果数据：梯田 2074.08 公顷，水土保持乔木林 2674.8067 公顷、灌木林 20.3 公顷，经济林 632.24 公顷，封育治理 920.1467 公顷，点状蓄水池等 97 个，线状 217.5 公里。

监督管理

薛城区水土保持重点逐步由治理转向监督管理，结合实际情况，宣传新修订的《中华人民共和国水土保持法》等法律、法规，综合推进水土保持监督管理工作的开展。区成立水土保持委员会，全区建立健全水土保持区、镇、村三级水保班子，采取封山育林、制定水土保持工作条例、落实管理承包责任制等有效措施。1995 年 10 月，设立区水土保持监督管理站。2002 年 4 月，宜林地区以植树、种草等生物措施防治水土流失行政职能交林业局，多措并举保障水土保持监督管理工作的顺利开展。2013 年 1 月，薛城区水土保持委员会再次进行调整。

第六节　抗旱防汛

区、镇两级人民政府每年汛期组成防汛指挥部，1988 年，区防汛指挥部下设农村防汛办公室、城市防汛办公室和煤矿防汛办公室，区水利局防汛负责全区水利工程检查维修，度汛工程项目的安排和验收，及时掌握雨情、水情、灾情、工情，指挥主要河道的洪水调度，管理全区防汛物资的调拨和使用。1996 年，更名为薛城区人民政府防汛抗旱指挥部。汛前区长与各镇街和区直有关部门签订防汛抢险责任状，把各项防汛任务逐级分解落实，逐步建立防汛责任制。

抗旱

1997 年，薛城区内发生 200 年一遇特大干旱，秋季基本无雨，成立前线抗旱指挥部，区委、区政府指挥全区广大干群全力以赴奋战在抗旱第一线，采购水利机械和抗旱应急设备，帮助抗旱救灾，驻薛部队官兵齐上阵帮助清理刘桥和石庙提水站水渠，使刘桥、石庙两处提水站连续提水 20 天。潘庄灌区连续开机 34 天，提水 220 万立方米，全区共利用提水站 72 座，136 台机组，机电井 1720 眼，喷灌机 2500 台，总提水量 1700 万立方米，其中引湖水 500 万立方米，地表水 720 万立方米，抗旱播种面积 21.78 万亩，抗旱保苗 10.8 万亩，全面完成抗旱播种任务。

2001 年，春秋两季全区发生特大干旱，全区兴建应急工程 30 处，动用抗旱机械 4000 余台套，潘庄灌区提水 250 万立方米，确保小麦的丰收。刘桥提水站、石庙提水站开机提水 140 万立方米，造墒 8000 亩，确保周营镇南部一带的小麦适时播种。

2002 年 1—4 月，作物受旱面积 27.75 万亩，成灾 18.15 万亩，旱灾损失粮食 2.25 万吨，抗旱中兴建应急工程 40 余处，打各类机井 200 余眼，动用抗旱机械 5000 余台套。

2007 年和 2008 年两年间，全区农业受旱面积 33.75 万亩，因旱绝收面积 0.72 万亩，因旱造成粮食减产 2.14 万吨，经济作物损失 714 万元。面对旱情，全区采取河中挖河、井中淘井的办法，积极筹措资金，组织技术人员对提水站、机泵、电源线路进行全面检查维修，维修提水站 10 处，配套维修机泵 280 台套，维修及架设线路 16 条 10 公里。修建拦水闸坝 10 座，蓄水池 108 座，开挖大口井 50 个，新建提水站 8 座，打机电井

28眼，其中深井16眼，增加供水能力1.8万立方米/小时。2007年投入抗旱设备3500套，泵站120处，机电井1148眼，抗旱用电56万千瓦时，抗旱用油220吨，抗旱浇灌面积10.8万亩次。挽回粮食损失0.19万吨，挽回经济损失200万元。

2010年9—12月，降水仅1毫米，至2011年2月旱灾频率达百年一遇，受灾农田面积达28.2万亩，地表水严重减少，地下水降幅不大。针对旱情全区认真排查水源，抓好水利工程的拦蓄水工作，合理调配水源，对一些抗旱难度大的区域，实施多级调水，农田普遍灌溉1~3次，抗旱末期经排查摸底，全区地表水蓄水不足500万立方米，水源综合调度发挥巨大的作用，最大限度降低旱灾的影响，完善《薛城区应对特大干旱供水水源优化调配预案》。

防汛抗洪

1993年8月5日，暴雨造成全区城区平均积水0.5米，大面积农田淹没，受灾面积18万亩，区委、区政府率领全区广大干群全力以赴24小时组织抢险护堤、疏通排水，工矿企业较短的时间内恢复生产，使农田成灾面积降到3.8万亩。

1985年前防汛报汛系统以邮电部门为主进行联络，1985年后区水利局设独立报汛系统，全市已构成防汛通信网络。1999年，建成雨水情自动遥测系统，全区设雨量、水位遥测站12处，形成以区抗旱防汛办公室为中心沟通至乡镇水利站的无线自动拨号移动通信监测网，使全区防汛通信实现“有线、无线”双保险，“有电、无电”保畅通。2010年，全区雨水情自动遥测系统，雨量、水位遥测站13处，全部更换为移动SIM卡数据传输，建设雨量遥测查询网站，保证数据实时传输。2012年，新建省、市、区防汛视频会商系统，为全区可能出现超标准洪水，省、市专家对水情的研判，提供技术支持，为防洪抢险提供有力保障。

每年4月，区防办组织水利技术人员对全区主要行洪河道、小型水库、重点塘坝及城区主要地段进行全面细致的检查，及早排查安全隐患，确保安全度汛。汛期严格落实三项防汛责任制，即行政首长负责制、技术责任制、防汛岗位责任制。突出抓好度汛工程的除险加固和清淤除障、通讯畅通，最大限度地保障城区汛期安全。扎实做好防汛常规准备工作，常年组建常备队2000余人，抢险队万余人，预备队1.3万人。全区各防汛重点部门都落实一定数量的防汛料物，储备草袋、麻袋、编织袋、铁丝、木材、铁锨、铁镐、抬筐、杠子等，实行划片、定点存放，建立重点地段定期定时巡查制度。

1991—2013年，全区重要河道普遍进行治理，大堤加高加宽，行洪断面得到拓宽加固，河道防洪标准得到提高，自动化监测设备及时对雨情、水情、工情等汛情变化密切监视，同时扎实做好防汛常规准备工作，严格按照洪水调度方案控制水库、橡胶坝、重点塘坝水位，将出现的险情一一排除，全区没有出现大的灾害损失。随着城市和城镇建设步伐的加快，存在地表径流量加大、开发建设挤占河道现象，形成新的水灾隐患。

第七节　南水北调工程

枣庄市南水北调续建配套工程是国家南水北调工程建设的重要组成部分，是连接干线工程和当地水网的关键和纽带，是与干线工程协调推进、同步见效的重要环节。

2012年12月18日，枣庄市发展和改革委员会批复《南水北调东线一期工程枣庄续建配套工程（枣庄市区供水单元）可行性研究报告》。为保证南水北调续建配套工程的顺利实施，2013年1月14日，薛城区成立南水北调工程建设管理局，具体负责薛城区境内的南水北调续建配套工程关系协调及移民迁占工作。枣庄市薛城供水单元利用潘庄引渠自微山湖下级湖引水，通过输水、

南水北调潘庄一级站

调蓄、供水等工程措施向受水区供水。工程引水量4000万立方米/年，其中向薛城城区供水1200万立方米/年，邹坞工业园供水800万立方米/年，市中区供水2000万立方米/年。2013年4月26日，枣庄市水利和渔业局批复《南水北调东线一期工程枣庄续建配套工程（枣庄市区供水单元）初步设计报告》，投资5.58亿元。建设何庄泵站和黑峪泵站两座泵站，维修改造潘庄一级站和潘庄二级站两座泵站，新建何庄水库、扩建黑峪水库及供水管线铺设。

区内西线工程（潘庄一级站至薛城城区），对现有潘庄一级站进行更新改造，向西输水至山东金板建材科技有限公司、薛城远通纸业（山东）有限公司、山东潍焦集团薛城能源有限公司等企业。薛城区境内主要涉及沙沟镇、常庄镇、临城街道办事处等三镇街，2013年12月10日成功通水。

区内东线工程，对潘庄二级引渠进行清淤及潘庄二级泵站进行改造，利用潘庄二级站提水，向东输水至新建何庄水库，在何庄水库东新建何庄泵站，提水加压后向黑峪水库（调蓄水库）、邹坞工业园、市中区供水。管道设计采用单管敷设，管线全长45.043公里，涉及薛城区13.086公里，高新区13.857公里。

南水北调续建配套工程按“先节水后调水”的要求，在抓好节约、集约用水的基础上，落实最严格的水资源管理制度，对全区水资源进行统一调配，稳步开展工业挤占农业、生态用水和超采地下水的置换工作。

第八节　水　产

水产资源

区内水生生物资源包括浮游生物（浮游植物、浮游动物）、底栖动物、鱼类资源、水生维管植物。它们的种类组成、数量和生物量的变化与水域生产力和鱼产量密切相关。

浮游生物　各类水域内浮游植物、浮游动物量较多。浮游植物数量在60.7万~14845万个/升，7个门类，其中优势种为小环藻、菱形藻、舟形藻、衣藻、盘形藻、星球藻、隐藻、四角藻、曲壳藻、小球藻、兰纤维藻、鱼腥藻等，为鱼类消化利用比例较大，春季高于秋季，平均可消化种类在50%以上。浮游动物量在7212~55440个/升。水库季节性变化不大，其中优势种为：沙壳虫、多枝轮虫、刺胞虫、太阳虫等，轮虫所占比重较大。坑塘浮游动物季节性变化较大，优势种多为原生动物，轮虫、大型枝角类、桡足类等。

底栖动物　底栖动物资源较丰富，种类繁多，南部软体动物资源丰富，北部水库寡毛类、底栖昆虫幼虫丰富。区内主要底栖动物有珍珠蚌、背角无齿蚌、矛形楔蚌、蚶形背角无齿蚌、圆顶珠蚌、河蚬、圆田螺、蜻蜓幼虫、摇蚊幼虫、蚌壳虫、颤蚓、水丝蚓等26种。不少种类是鱼类的饵料，生物量较丰富。

水生植物　水生植物是草食性、杂食性鱼类的重要饵料，水域内有2门，29科，38属，53种，多为自然生长。水生维管束植物资源丰富，主要种类有芦苇、蒲草、莲藕、菱角、浮萍、芡实、苦草、轮叶黑藻、马来眼子菜、水花生、大次藻、小次藻、菹草、金鱼藻等，人工栽培主要有藕、苇和蒲。藕一般在坑塘或沟渠内栽培，历史悠久。

鱼类资源 鱼类共有7目，15科，45属，63种，主要养殖品种：鲤鱼、草鱼、鲢鱼、鳙鱼、鲫鱼、鲂鱼、白鲫、罗非鱼、彭泽鲫、湘云鲫、异育鲫、方正鲫、乌鳢、革胡子鲶、淡水白鲳、黄颡鱼、武鲳鱼、黄泥鳅等，非养殖品种有：银鲴、细鳞斜颌鲴、台氏红鳍鲌、翘嘴红鲌、餐条、麦穗鱼、马口鱼等。1991—2013年注重新品种引进推广工作，共引进健鲤、湘云鲫、异育鲫、方正鲫、革胡子鲶、淡水白鲳、彭泽鲫、罗氏沼虾、南美白对虾、中华绒螯蟹、黄颡鱼、黄鳝、乌鳢等十几种新品种，促进全区名、优、新、珍、稀品种的养殖，提高水产品质量、效益。2004年和2005年的《乌鳢网箱繁育技术研究》《淡水白鲨引种养成技术研究》先后获省科技进步三等奖及市科技进步二等奖，同时与市水产局及滕州水产局合作的《120亩池塘乌鳢高产养殖试验研究》《斑点叉尾鮰引种养殖技术研究》获得省、市科技进步二等奖和三等奖。张范电厂破产后，其温流水养殖场随之关闭，在新品种引进和热带鱼类养殖上薛城区遭到极大冲击，产量有所下降。在区域分布上北部煤矿塌陷地养殖区主要养殖淡水白鲳、草鱼、健鲤、鲂鱼、鲢鱼、鳙鱼、湘云鲫、彭泽鲫、异育鲫、青虾、罗氏沼虾、河蟹等，南部沿湖一带主要养殖鲢鱼、鳙鱼、健鲤、草鱼、鲫鱼、鲂鱼、鲶鱼、乌鳢、黄鳝、青虾、甲鱼等，中部水库塘坝主要养殖鲢鱼、鳙鱼、草鱼、鲂鱼、鲫鱼、健鲤、罗非鱼等品种。

渔业生产

根据薛城区水域特点，水产养殖类型分为池塘养殖、水库养殖、河沟养殖和鱼类增殖等模式。

池塘养殖 池塘养殖是薛城区最主要水产养殖类型，主要养殖品种有草鱼、鲢鱼、鳙鱼、鲤鱼、鲫鱼、罗非鱼、泥鳅、鳜鱼、黄颡鱼、斑点叉尾鮰、鲶鱼、虾、蟹等。养殖模式为单养、混养、轮养等方式，结合配套综合技术措施，使水产养殖水平迅速提高，同时，推动苗种良种化、病害防治、饲料以及水质环境等技术的发展。

水库养殖 水库养殖是20世纪80年代发展起来的养殖类型，已形成大水面增殖、网箱养殖等多种养殖方式，成为水产养殖重要组成部分。由于水库网箱养殖易造成水质恶化且部分水库作为饮用水水源地及抗旱防汛用水逐步实行禁养、限养。2008—2013年，为确保水质清新防止养殖污染，从而达到涵养水源的目的，薛城区在水库开展禁止化肥养鱼及网箱养鱼专项整治行动，对网箱和网拦进行清理，水库主要增养殖品种有草鱼、鲢鱼、鳙鱼、鲤鱼、鲫鱼、团头鲂、黄颡鱼等，大部分为粗放养殖，同时进行休闲渔业开发。

河沟养殖 区内河流水系比较发达，为渔业提供广阔发展空间。养殖户因地制宜开展鱼类增殖放流、河汊围栏养殖和网箱养殖，主要增养殖鱼类品种有草鱼、鲤鱼、鲫鱼、罗非鱼、鲶鱼、黄颡鱼等。

增殖渔业 薛城区是“南水北调”工程必经地，辖区内建有泵站和引水渠等引水工程。遵照省规划中提出“以水源地保护、水域环境质量提升和渔业资源恢复为目标，逐渐推行以增殖、健康养殖和合理捕捞为主的综合生产方式”的指导意见，加大对渔业资源修复力度。区内有薛城大沙河、薛城小沙河、奚仲湖、锦阳河等城市水域300公顷，其涵养的水源地为金河水源地，采用工程和生物操纵技术，通过合理的人工增殖放流对城市水系渔业资源进行培育、保护和合理开发利用，衔接生物链条，修复生态环境，达到水域渔业生产持续发展、资源环境良好，修复生态环境的目的。

观赏鱼及休闲渔业养殖　为更好地与当地旅游业紧密结合，依托自然条件，建设山、水、渔、林、牧、果相互融合、各具特色的休闲渔业旅游观光区，拓展渔业功能，实行综合经营，提高渔业效益。休闲渔业由城郊型向广大乡村开拓，由池塘向水库开拓，由大陆鱼类向名贵鱼类开拓，由单纯的垂钓型向垂钓、美食、度假、游玩融为一体的“渔家乐”型开拓。2009 年在张范黑石岭建成观赏鱼养殖场 1 处，占地 2 亩，主养金鱼、锦鲤等品种。至 2013 年，有渔家乐休闲渔业场所 30 余处。

渔业产量

2008 年开展农业普查时，统计局以农业普查数据为准，养殖面积有所变动。另外，由于网箱及水库化肥养鱼等精养形式予以禁养，产量也随之减少。2011 年全省第一次渔情调查，所以在养殖水面上以渔情调查为准，加之河道的整治及水库的除险加固，水域面积有所增加。

1991—2013 年薛城区水产品养殖情况统计表

表 10-11

年份	水产品养殖面积（公顷）	水产品产量（吨）	年份	水产品养殖面积（公顷）	水产品产量（吨）
1991	183. 3	350	2003	340	1530
1992	193. 3	455	2004	340. 1	1410
1993	210	580	2005	340	1556
1994	220	650	2006	340. 1	1550
1995	230	720	2007	340. 1	1533
1996	230	770	2008	256	1280
1997	260	900	2009	256	1285
1998	288. 5	1120	2010	256	1178
1999	314. 3	1260	2011	486	1248
2000	321. 3	1300	2012	486	1260
2001	348. 3	1508	2013	460	1200
2002	353. 3	1680			

第九节　南四湖水利建设与管理

1981 年 10 月，国务院批转水利部《关于对南四湖和沂沭河水利工程进行统一管理的请示》，对沂沭泗水系的主要河道、湖泊、控制性枢纽工程及水资源实行统一管理和调度运用。1983 年 6 月，南四湖水利管理处正式成立，2003 年，经水利部淮委批准更名为沂沭泗水利管理局南四湖水利管理局，管理局内设 8 个职能科室，下设 6 个基层水管单位和 4 个事业单位。直管工程包括南四湖及湖西大堤、湖东堤，韩庄运河、伊家河，二级坝水利枢纽、韩庄水利枢纽、复新河节制闸和蔺家坝节制闸等，堤防总长 345. 11 公里、水闸

16座，涉及苏鲁两省3个市10个县（区）。

通过直管水利工程基本建设，南四湖基本形成湖泊、河道、堤防和控制性水闸等组成的防洪工程体系，整体防洪能力由5~20年一遇提高到50年一遇，防洪、蓄洪、行洪、泄洪能力大大增强。统管30余年来，先后战胜1991、1993、1995、1997、1998、2000、2003等年份中小洪水，仅过去六年南四湖各控制性水闸就累计分泄洪水279.16亿立方米。

为支持沿湖抗旱，南四湖局通过二级坝闸、复新河闸、苏北堤河闸、刘桥提水站分别向丰县、沛县、薛城区、峄城区、台儿庄区输水抗旱，累计调水近100亿立方米。南四湖局已基本实现由控制洪水向洪水管理的转变，由单一抗旱向全面抗旱的转变，达到水利管理工作的资源化、统筹化标准。湖西大堤联防等机制的建立和完善对保障防汛度汛安全奠定坚实基础。

1983—2004年，共建设完成“东调南下”一期工程、续建工程和水闸除险加固单项工程24个，基本完成南四湖湖东堤、韩中骆堤防、西股引河扩大工程，完成胜利渠首闸拆除重建工程；完成堤防加固163公里，约占直管堤防总里程的47%；扩大河道42.5公里；新建水闸1座，完成交通桥除险加固单项2座，完成水闸除险加固单项14座（次），新建和除险加固水闸数量占直管水闸总数的87.5%。

全面完成水管体制改革，工程维修养护工作日趋规范、科学，建立以“管养分离”为核心的管理体制和以合同管理为核心的运行机制，管理力度持续加强，管理水平明显提高。坚持以水利信息化建设引领水利现代化建设，在水情监测、水闸操作自动化、远程控制等方面积极引进新技术，推动新发展，二级坝闸、韩庄节制闸等4座水闸建成计算机监控系统，工程自动化控制程度显著提高。自2005年起，有6座水闸在闸门及启闭机设备管理等级评定中被评为一类单位工程。

针对所辖水利工程多属省际边界工程，水事纠纷较多的现状，水政监察队伍从1990年成立之初的15人发展到91人，严格公正执法，严肃查处水事违法案件，净化水事环境、整肃水事秩序。

强化同地方政府的联系，加强沟通、增进了解，逐步确立同沿河湖周边市、县、乡、镇各级政府的良好关系。坚持“预防为主，防打结合”，加强巡查和打击力度，与沛县、微山县成立南四湖采砂管理协调领导小组，建立打击湖内非法采砂联合执法机制。2006—2008年，集中开展四次大规模打击南四湖非法采砂专项行动，查处非法采砂船近600条，基本遏制非法采砂势头。2007年，南四湖局被中央综治办、水利部授予“全国调处水事纠纷，创建平安边界先进集体”称号。

第七章　农村经济管理

第一节　管理机构

1997年7月，区经管局成立，为全额事业单位。9月，区经管局制定《薛城区乡镇农村经济经营管理站管理办法》，指导各乡镇经管站开展工作。经管局事业编制10人，领导职数4人。内设办公室、财务审计室、土地减负股、综合室、信访室等。在职人员11名，其中：局长1人、副局长4人、正科级干部3人、副科级干部1人；高级经济师1人、经济师3人。2001年乡镇合并后，全区设7个镇（街）级经管站，人员32人，2008年以来，薛城区经管局被农业部评为农村土地承包纠纷调解仲裁试点先进集体，连续三年被省农业厅评为先进集体。2013年，区经管局被省财政厅、农业厅评为粮食直补工作先进集体。

第二节　农村集体资产与财务管理

农村财务制度和清产核资

1992年，区经管站制定村级财务计划管理、货币资金管理、产品物资管理、固定资产管理、民主理财、财务公开、财会人员岗位职责和会计人员调换交接八项财务管理制度。按照会计核算方法，全区统一会计账簿、凭证、报表、收据、差旅单、工资表等，推行规范记账，做到“账据、账表、账账、账证、账实”五相符。

1994年，区政府下发《关于加强全区农村财务规范化管理的意见》，提出“一稳定、两健全、三具体、四统一、五相符、六不准、七清楚”管理办法。

1997年，区经管局下发《薛城区村级财务票据使用管理办法》，规定村级财务正式使用专用收据，原收款收据同时作废。专用收据实行验旧领新办法，对违反领用规定的给予经济处罚。

2004年，区经管局与区纪委、监察局联合下发《关于开展农村集体资产清理整顿工作的实施意见》，成立农村集体资产清理整顿工作领导小组及办公室和两个农村集体资产清理整顿工作督导组，组织人员深入7个镇（街）督查清理工作，每周出两期简报进行典型引路。共清理出债权总额3460.43万元，债务总额4933.67万元，化解不良债务253.7万元，借支挪用资金74.56万元，不合理开支52.62万元，账外收入211.25万无，账外支出387.89万元，追回拖欠集体资金63.8万元，签订还款协议188份，追回集体固定资产374件，价值62.1万元，消化处理招待费38.4万元，使农村集体资产管理走向制度化、规范化管理轨道。

2005年年初，区经管局开展村级财务管理运行情况调查，针对存在问题和薄弱环节，有针对性制定完善管理措施。7月，区委办公室、区政府办公室下发《薛城区农村财务规范化管理实施办法》，从财务报账、资金管理、票据管理。电算化管理、会计档案管理、债权债务管理、控制非生产性开支、民主理财、财务公开，责任追究等方面，细化管理规定，层层落实责任，明确奖惩措施。

2009年，区经管局与区纪委、区监察局联合下发《关于加强村民委员会公章监督管理和财务专章代管的实施意见》，就村级公章代管的目的、方法、要求、时限作统一安排和部署，全区各行政村委会公章、财务专章相继委托镇（街）经管站代管。区纪委、区经管局分别出台《关于进一步加强农村集体资金、资产、资源管理的意见（试行）》《关于开展农村集体“三资”监督管理工作试点方案》，在全市率先开展农村集体“三资”监管试点工作。

2012年3月6日，省委常委、纪委书记李法泉来薛城区视察农村集体“三资”管理工作，对薛城区农村集体“三资”管理工作给予高度评价。

2013年，各镇（街）分别成立以公共资源交易、财务委托代理、土地流转合同鉴证、村级公章监管为主体的农村集体“三资”委托代理服务中心，配备工作人员，农村集体“三资”监管纳入到区纪委“123农廉工程”。沙沟镇殷庄村成为全市“123农廉工程”的典型示范村。

村务公开

1994年以后，全区逐步健全完善“统一公开时间、统一公开内容、统一公开方式、统一公开程序、统一监督检查”的“五统一”村务公开制度，薛城区相继印发《关于在农村实行村务公开和民主管理制度有关问题的意见》《村级财务公开规范办法》《关于加强村级财务管理工作的意见》等一系列文件，建立起以民主理财、财务公开为主要内容的内部监管与业务部门外部监管紧密结合的“双向监管”模式，走出一条民主管理、监督有力的村级财务管理路子。薛城区村务公开工作始终处在全市前列，1998年3月，全市农村财务公开现场会在常庄镇召开。1998年8月1日，时任中共中央政治局委员、山东省委书记吴官正到薛城区调研村级财务公开工作。

“双代管”

1992年，全区开始实行村级财务代管、村级开支审批制度，村级账簿、资金纳入乡镇（街）统一管理。镇（街）成立农村财务“双代管”办公室（以下简称“代管办”），由经管站长兼任“代管办”主任，并按每6~8个村（单独核算的村）配一名记账员比例配备“代管办”工作人员。村会计必须持有区财政局颁发的会计资格证书和区经管局颁发的上岗证书方能上岗，业务量不大的村只设一名村会计. 不再单设出纳，明确“代管办”和村会计工作职责。

2003年，区政府办公室下发《关于进一步加强村级财务“双代管”工作的意见》，重申“四不变”和“三不准”规定，即村级财务实行“双代管”后，村集体资金所有权不变，村集体资金使用权不变，作为基本核算单位不变，村集体资金用途不变，镇（街）政府及“代管办”不准利用职权平调村集体资金，不准借支村集体资金，不准挤占挪用村集体资金。

调账审计

2004年，全区开始对村财务收支情况进行调账审计。2007年，区经管局在全省率先实行农村财务“两年轮审”制度，进一步规范农村财务管理。对审计查出的问题与被审计村村书记、主任、会计、经管站委托代理会计进行谈话，共与村干部、经管站委托代理会计谈话870余人次。2010年，镇（街）统一使用区经管局监制的审计记录簿，认真进行账前审计，区经管局定期对镇（街）账前审计工作进行检查，并将检查结果通报全区。

第三节　农民负担监督管理

减轻农民负担

1986年后，根据市委，市政府要求，全区农村开展以“清理文件、清理项目、清理非生产性建设、清理承包合同外收费提留，整顿乡提留和乡统筹费的使用与管理、整顿收费罚款的使用与管理、整顿义务工与劳动积累工的使用和管理”为内容的“四清理三整顿”活动。是时，全区共清理涉及农民负担文件56份，其中区级17份，取消涉及农村43项达标升级活动。

1994年1月，区委、区政府印发《关于加强“三提五统”管理减轻农民负担的暂行规定》，提出公积金、公益金、管理费提取，计划生育费，教育费附加，民兵训练费，优抚费、道路修建费统筹限额标准和使用范围，增强“减负”工作可操作性。

1998年，区政府制定印发《关于下达1998年乡镇“三提五统”限额的通知》，农民实际负担比例仅占1996年农民人均纯收入1.35%，连续13年将农民负担控制在上年农民人均纯收入3%以内。自2000年始，区委、区政府将减负工作纳入每年工作目标，与镇（街）签订减负工作目标责任书，对违反减负政策的行为和因增加农民负担引发的恶性案件或群众越级上访事件实行一票否决。

2000年，全区落实三提五统总额为1450.93万元，人均55.93元，于1997年预算数持平，没有出现超过5%的村。认真落实老年人优待政策，对1.28万名70岁以上老年人，减免三提五统73.83万元。

2004—2005年，全面落实村级订阅报刊费用“限额制”，农业税收和涉农价格、收费“公示制”，农村中小学收费“一费制”，取消面向农民征收的屠宰税、基金和行政事业性收费，全区农民负担进一步减轻。

农村税费改革

2002年4月，全区启动农村税费改革工作。2003年，根据税改政策，取消农业特产税征收，全面落实农业“两税”减免政策。2004年起，落实对种粮农产补贴政策。是年，核实全区种粮农产6.8万户，小麦种植面积25.47万亩，发放补贴款331.11万元。2005年年初，区委、区政府下发《关于在全区取消农业税及附加的通知》，印发《致全区广大农民朋友的一封信》，是年，全区核实种植小麦种植面积26.998万亩，补贴款352万元。

薛城区农村土地承包仲裁委员会仲裁庭审现场

涉农信访工作

1986年起，薛城区建立健全党政领导信访接待日和临访案件责任制，妥善处理涉农信访工作。1997年，区监察局和经管局对社会公布举报电话，乡镇在各村村务公开栏旁设立举报箱，对来信来访有专人负责，做到事事有人管，件件有回音。2006年，在区经管局信访室设立农民维权“110”专线电话，由专人负责在线答疑，信访转接等工作，架起与农民沟通的桥梁。是年以来，区、镇两级涉农信访机构接待来信来访59件，信访案件处结率100%。

第四节　农村土地承包合同管理

1982—1983年，全区农村开始推行联产承包责任制。1998年，根据《中共中央办公厅、国务院办公厅关于进一步稳定和完善农村土地承包关系的通知》精神，区政府下发《薛城区农村集体土地承包期延长30年工作实施方案》，并成立农村集体经济承包合同管理仲裁委员会，设立仲裁庭。各乡镇、村也都相继建立农村集体经济承包合同调解委员会和合同管理小组。2001年年底，全区327个村完成延包任务，占总任务的99.4%。2005年8月，区政府下发《关于认真做好农村土地承包经营权证补换发工作的通知》，开展农村土地承包经营流转状况调查. 进一步摸清全区土地承包经营状况，并对二轮延包遗留问题全面彻底纠正。是年，农业部在枣庄市开展农村土地承包纠纷仲裁试点，薛城区下发《薛城区开展农村集体土地承包经营纠纷仲裁试点工作实施方案》，成立区农村集体土地承包经营纠纷仲裁委员会，建设高标准仲裁庭。2008年7月，全国人大调研组到薛城区农村土地承包仲裁委员会观摩农村土地承包纠纷仲裁庭审现场。2009年，区委、区政府印发《关于推进农村土地承包经营权流转的实施意见》，各镇（街）建立农村土地流转服务中心。按照“依法、自愿、有偿”的原则，区经管局加大政策宣传力度，积极引导农户进行土地流转，统一监制农村土地流转合同文本，指导流转合同签订、鉴证，使土地流转工作走向规范化。2013年始，全区开展农村土地承包经营权确权登记颁证工作。至2013年年底，全区160个村完成农村土地承包经营权确权登记任务，共5.02万农户、24.02万亩耕地。

第五节　经营体制改革

2004年，区政府出台《关于大力发展农村合作经济组织的意见》和《薛城区区级农村专业合作经济组织考核评定办法》，建立农村合作经济组织建设联席会议制度，落实政策扶持措施和定期考核表彰奖励机制，有力地推进全区农村合作经济快速健康发展。

2005年，在全省召开的农村合作经济组织建设工作经验交流会上，常庄镇种庄果树协会作《着眼农民致富、发挥协会优势、甘为果农致富奔小康铺路搭桥》典型发言。

2007年年底，全区农民专业合作经济组织数量达到67个，其中34个分别被评为国家级、省级、市级、区级农民专业合作经济组织奖项。全区各类农民专业合作经济组织创产值490余万元、利润176万元，会员人均增加收入1100元。

2011年10月14日，成立全市首家农民专业合作社联合会，举办全区首届农民专业合作社产品展销会。全区7个镇（街）30多家农民专业合作社、120余种特色产品参加展销，展销会销售额124.6万元，签订订单20余份，金额150万元，达成供销意向金额260万元。

2012年，举办第二届农民专业合作社产品展销会。全区农民专业合作社家庭农场发展到551家，其中国家级示范合作社1家，省级4家，市级40家。规模经营土地超过1000亩的合作社达到6家。

第六节　农村合作基金管理

1988—1990年，按照省市业务主管部门批准，薛城区各乡镇先后成立11处农村合作基金会（以下简称基金会）。至1999年3月底，11处基金会共融资1837.7万元，投放资金1655.95万元，对促进全区农村经济的发展做出贡献。区政府成立领导小组，制定清理整顿农村合作基金会实施方案等，各乡镇加大清欠力度，及时足额兑付个人存款。自1999年9月30日起，对全区11处基金会实行“三停”，全区农村合作基金会清理整顿工作全面结束。

薛城區卷

第十一编

工　业

1991 年年初，薛城区以造纸、建材、啤酒、发电为主的区直工业 17 家，工业总产值实现 7292.3 万元，利润 96.9 万元。乡镇企业发展到 160 余家，工业总产值实现 25484.4 万元，利润 1686.2 万元，水泥工业蓬勃兴起。6 月，薛城区实行企业承包责任制，企业经营从封闭型向开放型转变，由国家管理向自主经营、自负盈亏的方向转变，企业管理由传统方式逐步向科学化和现代化转变，产业组织结构由“三就四为”低层次结构开始向专业化、集团化方向发展，企业建设向“两个文明”共同发展的方向转变。是年，薛城区上报市经委技改审批项目 13 个。10 度南极洲啤酒投放市场后，供不应求。

2007 年年底，薛城区拥有规模以上工业企业 156 家；累计实现主营业务收入 182 亿元；实现工业增加值 46.74 亿元。拥有省级技术中心 1 家（原华众纸业技术中心），市级技术中心 3 家（多乐采暖技术中心、天元化工技术中心、万合制冷技术中心）。形成煤炭、水泥、玻璃、造纸、食品饮料、机械制造、木材加工、煤化工等八大产业集群。薛城区工业门类齐全，特色产业明显。基本形成以煤炭、造纸、玻璃、啤酒、机械制造、精细化工为主的传统产业和以煤化工、电子信息、新兴制造业为主的新兴产业体系。工业依托煤炭资源的优势，通过技改、扩建、重组，薛城区形成安阳、安泰两大煤炭企业集团；依托海化煤业发展煤焦化工，新上埃新斯合成气、10 万吨甲醇、10 万吨二甲醚、25 万吨煤焦油深加工等项目已竣工投产并产生效益，10 亿立方煤制气项目正在建设中；依托枣矿集团，建设吉通制管、通晟锻造、贝斯特机械、凌顿空调及铅晶电池等工业项目；以北斗风机为龙头的风机制冷行业，薛城区已发展规模以上企业 6 家；以远通纸业、海象纸业、德容纸业、运河纸业为代表的造纸企业已发展到 5 家；以联兴玻璃为龙头的玻璃行业不断壮大。规模以上工业企业由 2005 年的 128 家发展到 205 家。

2010 年，薛城区规模以上工业实现销售收入 300 亿元、工业增加值 80 亿元、利税 28 亿元、利润 15 亿元，各项指标同比增长都在 18%以上。薛城区各类企业中经营管理人才 3100 余名，专业技术人才 1900 余名，分别占从业人员总数的 8.7%和 5.3%；薛城区拥有国家质量免检产品 1 个，山东省名牌产品 2 个，山东省著名商标 4 个，市级企业技术中心 6 个，省级企业技术中心 2 个。采暖设备依靠不断技术创新和新技术、新产品的更新换代，成为国内知名品牌，产品畅销江北市场；制冷机械依靠稳定的产品质量、可靠的实用性和低廉的价格，使薛城风机这一品牌逐渐唱响，市场覆盖率不断提高，在山东及周边地区的市场占有率已达到 60%以上。

2011 年，薛城区开工建设技术改造项目 56 项，其中已竣工投产项目 11 项；列入省技术改造导向计划的项目 8 项；列入山东省工业振兴计划项目 12 项。列入市过亿元重点项目的 40 亿立方城市制气项目上半年累计完成投资 1.76 亿元，厂区基础建设全面启动。山东远通纸业有限公司 5 号机组建设项目主体设备安装完成，进行联机调试，项目投产后可达到 40 万吨生产能力；枣庄金正钢铁有限公司年产 9 万吨锰钢生产项目高炉主体安装完成；山东同济机电（薛城）有限公司退城进园项目 4 座厂房建设完毕；华信国资电缆项目厂房正在建设，设备订购中。枣庄天元精细化工有限公司年产 6000 吨脱硫剂项目正在进行设备调试和产品检验；山东北斗制冷设备有限公司年产 2 万台船用风机项目已进行试生产。纳入省重点考核的 11 家企业“十一五”期间实现节能量 7.25 万吨标准煤。薛城区万元 GDP 能耗降低 24%以上；万元 GDP 电耗降低 24%以上；规模以上工业万元增加值能耗降低 24%以上；万元 GDP 取水降低 21%以上；规模以上工业万元增加值取水降低 31%以上。薛城区规模以上工业企业实现增加值 200 亿元，年均增幅达到 20%以上；实现销售收入 740 亿元，年均增幅 20%以上；实现利税 70 亿元，年均增幅 20%以上。高新技术产业产值占规模以上工业总产值的比重每年提高 2 个百分点。

2013 年年底，区内煤矿力争实现年销售收入 15 亿元，利税 5 亿元，区外煤矿力争产量达到 75 万吨。薛城区造纸规模达到 200 万吨，纸制品加工产量 50 万吨。“十二五”末，啤酒产量达到 20 万吨。同年，薛城区新兴产业及高技术产业占规模以上工业总产值的 30%。煤化工产业方面，坚持精细化工发展方向，依托海化煤业、埃新斯公司、迪海化工、东洋能源等企业，围绕“焦、醇、烃、苯、油”5条发展主线，年产焦炭200万吨、煤焦油50万吨、醋酸60万吨、合成气40亿立方、二甲醚50万吨、煤基醇醚燃料100万吨的生产规模。薛城区规模以上工业企业中拥有国家和省、市级技术中心40个。薛城区已有全国驰名商标2个、中国名牌产品2个，省级著名商标10个、名牌产品8个。

2013年薛城区主要工业产品产量统计表

表11-1

产品	单位	产量	比上年增长（%）
布	万米	356.45	5.9
液压元件	万件	1.77	-2.8
电动自行车	万辆	2.26	1.3
服装	万件	607.02	36.3
商品混凝土	万立方米	128.12	19.0
金属紧固件	吨	4429	14.6
啤酒	万千升	14.81	-7.6
自来水生产量	万立方米	1054	4.4
玻璃包装容器	万吨	35.35	19.6
工业锅炉	蒸发量吨	752	-1.2
锻件	万吨	4.82	35.5
化学试剂	吨	5525	22.2
人造板	万立方米	20.18	13.0
软饮料	吨	9715	6.0
砖	万块	20505	30.9
鞋	万双	117.63	-35.0
塑料制品	万吨	2.5	60.6
纸制品	万吨	2.57	-39.0
纸浆	万吨	46.61	13.9
机制纸及纸板	万吨	41.91	14.2
饲料	万吨	2.9	4.7
家具	万件	14.08	21.3
小麦粉	万吨	19.63	43.9
涂料	万吨	1.27	7.1
硅酸盐水泥熟料	万吨	37.85	-33.4
水泥	万吨	34.08	-58.0
精甲醇	万吨	4.11	-19.7
冷冻饮品	万吨	1.68	-17.8
泵	万台	1.74	-13.7
变压器	万千伏安	102.24	-2.5
冷冻水产品	万吨	4266	12.7
电光源	万只	466.23	-0.4
焦炭	万吨	194.07	-0.7
煤炭	万吨	813.75	-3.6
发电量	亿千瓦时	17.99	29.6
洗精煤	万吨	425.59	0.1
煤气	万立方米	27929	9.0

第一章　煤炭工业

第一节　煤炭发展

薛城区为全国重点产煤县之一，1990 年，区境内有陶庄、山家林、邹坞、甘霖、黄贝、井亭等 6 处国营煤矿，区及乡镇煤矿 21 处。

2003 年，全区煤矿达 27 处，占全市煤矿总数的二分之一。煤矿地处京沪铁路以东、开采已达百年之久的陶枣煤田，主要分布于枣矿集团联创公司、通晟公司、甘霖煤矿的周围，矿井生产能力小，多为 15 万吨/年以下的小煤矿，办矿时间早、安全装备水平低、生产方式落后、开采煤层条件差，主要开采国有重点煤矿的边角、露头块段或复采国有煤矿已报废的残余煤，上下左右靠近采空区，因历史原因造成大矿与小矿、矿与矿之间老空区相通，地质条件复杂，古井众多，采空水、古空水、汛期地表水对煤矿安全生产影响威胁大，曾多次发生过较大水害事故，是省、市重点监控的水患区域。煤炭产业作为薛城区支柱产业，多年来为全区的经济发展作出巨大贡献，乡镇煤矿已成为镇街政府财政收入的主要资金来源。因区内煤矿生产能力小，开采煤层条件差，煤矿企业销售产品较为单一，仅为原煤销售，未能深化煤炭加工，提高企业产品的附加值，这种状况已不适应当前办矿产业政策和科学发展的要求，同时，受当前办矿产业政策影响制约，煤矿企业的生存发展面临严峻挑战。

2005 年，根据山东省人民政府办公厅《关于加强煤矿安全监管工作的意见》规定，为规避政策关井，提高煤矿安全装备水平，提升单井产能，膨胀集团总体规模，促进全区煤炭工业健康发展，薛城区煤炭局结合全区煤矿实际，制订矿井技改工作规划。

2006 年，通过实施资源整合，技术改造，薛城区天然焦矿整合原张范七号煤矿，将矿井生产能力提升到 15 万吨/年，张范大甘林煤矿整合原张范十号煤矿，将矿井生产能力提升 10 万吨/年，薛城煤矿买断原山亭煤矿扩层扩界办理原黄贝煤矿三水平 1000 多万吨资源，开工建设 30 万吨/年的薛城煤矿北井重点工程，将原张范煤矿购买改造，更名为宏达煤矿将矿井生产能力提升到 6 万吨/年，陶庄防备、六号、215 西井、宏达等煤矿立足矿井实际，外扩内张积极增加矿井资源量，为进一步技改提升矿井生产能力奠定资源保障。

2007 年年底，薛城宏达、陶庄防备、215 西井完善矿井扩层扩界手续，委托市煤炭设计院编制矿井技术改造初步设计。

2008 年，安泰集团 215、防备、夏庄煤矿，安阳集团安阳煤矿，煤炭总公司宏达、大甘林二号 6 处煤矿先后进入技术改造程序。

经过多年的开采，陶枣煤田煤炭储量已近枯竭，2009 年，区内辖属管理煤矿 14 处，其中区属煤矿企业 12 处、省属破产改制煤矿企业 2 处，全年共生产原煤 221 万吨。

2010 年年底，除夏庄煤矿受地质条件变化等客观因素影响外，其他 5 处煤矿完成技术改造实现竣工转产，技改累计投入资金达 2.77 亿元，新增产能 57 万吨。全区 11 处煤矿总年产能由 106 万吨达到 163 万吨。通过技术改造，6 处煤矿面貌焕然一新，装备水平及机械化程度大幅度提高，效益明显增加，为全区经济社会又好又快发展添注新的活力。

薛城区围绕煤炭产业的健康发展，立足于区内，着眼于区外，坚持内挖外扩的原则，积极对煤矿实施技改提升，成立安阳、安泰两大煤炭集团公司，区外在内蒙古、贵州等省区购买煤田，建成内蒙古光裕和贵州新桥2处煤矿，实现区外办矿，走出去发展。同时，积极指导安阳、安泰集团进一步完善运行机制，加快产业结构调整步伐。安阳、安泰集团已分别建成年洗30万吨、120万吨洗煤厂各一处。

2012年，区内辖属管理煤矿减少为11处，核定生产能力198万吨/年。

第二节　煤炭储量

1993年，全区境内地方煤矿（徐庄矿除外）保有可采储量813万吨。其中区直煤矿尚有可采储量438.3万吨，乡镇矿尚有374.7万吨。

2003年年底，全区矿井煤炭储量约2343万吨，可采储量约1438万吨。

2005年，矿井工业储量2515.06万吨，可采储量1311.76万吨。

2009年年底，对生产矿区范围村庄占压煤量调查摸底，薛城区累计拥有采矿权的煤炭地质储量4991.4万吨，可采储量2348.5万吨。

2011年，薛城区地方煤矿可采储量2542.5万吨，地质储量6802.4万吨；破产改制移交地方监管的矿井可采储量430万吨，地质储量1379万吨。

第三节　矿井建设

矿井建设发展概况

1990年，区境内建有国家统配煤矿6处，分别是陶庄煤矿、山家林煤矿、甘霖煤矿、井亭煤矿及邹坞、黄贝井。有区属煤矿2处，乡镇煤矿19处。

2003年，区境建有煤矿27处。

2005年，薛城区境内共有煤矿14处，分别为薛城煤矿、薛城区天然焦矿、金河二号煤矿、薛城镇二号矿、邹坞煤矿、陶庄防备煤矿、陶庄215东矿、陶庄215西矿、陶庄夏庄煤矿、陶庄六号矿、张范煤矿、张范大甘林煤矿、张范大甘林二号煤矿、张范袁庄煤矿。

2007年，将金河二号煤矿（原为常庄镇镇属企业）安全监管的任务交付到常庄镇政府管理。6月，原南石镇袁庄煤矿更名为张范镇袁庄煤矿。7月9日，周营镇周营煤矿完成拉倒井架、填实井筒、井口场地平整、恢复地貌、拆除供电设备和线路等项工作，经有关部门联合验收，达到关闭标准。至2007年7月12日，薛城区已完成南石二号、张范三号、张范五号、周营、沙沟新星等5处煤矿的彻底关闭工作，并经有关部门验收达到关闭标准要求。10月，薛城区在全区煤炭系统开展安全监控系统标准化建设活动，全区煤矿按照有关标准要求做好煤矿安全监控系统的升级改造工作，于2007年11月份完成煤矿视频、数据的正常准确传输。是年，薛城区所辖煤矿变更陶庄镇六号煤矿、宏达煤矿、夏庄煤矿、邹坞煤矿生产能力提升为9万吨/年、6万吨/年、12万吨/年、12万吨/年。是年，薛城区共有生产矿井14处，其中区属办矿3处，枣矿集团陶庄矿区内4处（陶庄防备矿、陶庄215西矿、陶庄215东矿、陶庄六号矿），山家林矿区内6处（薛城金河二号矿、大甘林二号煤矿、袁庄煤矿、薛城镇二号矿、天然焦矿、薛城区宏达煤矿），甘霖矿区内3处（薛城煤矿、邹坞煤矿、大甘林煤矿），井亭矿区内1处（夏庄煤矿）。

2008年，因受“4·9”山家林井田突水及“8·17”山东华源透水事故影响，对金河二号煤矿、张范镇袁庄煤矿、薛城镇二号煤矿3处煤矿实行关闭。

2009年8月，薛城区薛城煤矿、薛城煤矿北井（技改）经区政府及有关部门批准，改制为“山东安阳矿业有限责任公司”。原薛城煤矿、薛城煤矿北井分别更名为“山东安阳矿业有限责任公司洪村煤矿、山东安阳矿业有限责任公司安阳煤矿”。是年9月，薛城区陶庄六号煤矿按照回撤关闭计划予以关闭。

2011年5月，注销枣庄通晟实业有限公司煤矿安全生产许可证，枣庄通晟实业有限公司仍然担负着陶枣矿区的区域性排水任务。

2012年3月，根据国家产业政策要求，分别关闭防备煤矿、大甘霖煤矿。

2013年6月底，根据国家产业政策要求，关闭煤矿5处，分别是洪村煤矿、215煤矿西井、天然焦矿、宏达煤矿、薛城区大甘林二号煤矿。同年7月21日，受降雨及朱子埠煤矿老空水影响，甘霖公司二水平16层东大巷突水而进入三水平16层东大巷，致使三水平16层东大巷被淹停产。

第四节　煤炭生产

1991年，薛城区共有矿井35处，其中区属矿井4处（洪村矿、天焦矿、黄贝矿、徐庄矿），乡镇办矿井28处，村乡（镇）联办矿井3处。生产矿井23处（洪村矿、后湾煤矿、南石一号煤矿、金河一号煤矿、金河二号煤矿、兴仁煤矿、南常煤矿、沙沟煤矿、临城井、陶官煤矿、周营煤矿、张范三号矿、张范五号矿、张范七号矿、张范修庄矿、张范新井、甘林1号、陶庄西防备、陶庄镇西井、陶庄镇北井、邹坞二号东、邹坞刘庄井、常庄三号煤矿），基建矿井3处（徐庄煤矿、兴仁二号、张范九号），改扩建和延深矿井8处（甘林二号、陶庄215井、陶庄六号井、邹坞一号、邹坞二号西、南石二号、天焦矿、黄贝矿），停产矿井1处（常庄二号井）。矿井年生产能力85万吨，开采煤层为2、6、9、13、14、16、17、18八个煤层。2层煤和13层煤为复采。绝大部分煤层厚度在0.4米至0.55米之间。

1992年，为充分挖掘和利用国家煤炭资源，支持乡镇经济发展，薛城区煤炭局同意黄贝煤矿将庄头附近部分6层、9层煤划给金河乡探采。

1993年5月，徐庄煤矿将东夹埠煤井转让给兴仁乡政府开采。是年，金河乡二号煤矿更名为济南军区金河煤矿。是年，邹坞镇二号煤矿分为邹坞二号东井和邹坞二号西井。

1995年2月，区总公司同意后湾煤矿二层煤水体下开采。

1997年8月，山家林煤矿同意将井田的部分13层、14层、16层划给张范镇开采。同年8月，黄贝煤矿同意将其井田的部分12、14、15层煤划归周营镇永祥煤矿开采，部分6、9层以原开采的柴煤边界垂直划给市中区黄庄乡开采，并签订协议。

1998年6月，黄贝煤矿移交给邹坞镇开采经营。11月9日，徐庄煤矿资产移交给省监狱管理局。

2006年，薛城区煤矿在册矿井16处，薛城区天然焦矿、宏达、夏庄、215西井、陶庄六号、大甘林、薛城镇二号、防备煤矿、215东井、袁庄煤矿、大甘林二号煤矿、薛城煤矿、山亭煤矿、张范煤矿、金河二号煤矿（矿井已被山东煤矿安监局鲁南分局指令停产整改）、沙沟新星煤矿（矿井已于2005年停产）。其中区属煤矿3处。设计总生产能力157万吨。薛城区煤矿2006年所开采煤种除少量天然焦外，其他均为肥煤，属中低硫、高热量煤种。

2008年，列入技改提升能力的矿井：薛城区宏达煤矿由年生产能力6万吨提升为年生产能力12万吨。陶庄镇防备煤矿由年生产能力6万吨提升为年生产能力15万吨。陶庄镇215西矿由年生产能力6万吨提升为年生产能力15万吨。张范镇大甘林二号煤矿由年生产能力6万吨提升为年生产能力12万吨。是年，薛城区有煤矿17处，包含国有破产改制移交属地安全监管的联创、通晟、甘霖3处煤矿、区属办矿3处，镇街办矿11处。

2009年，根据省政府、省煤炭局有关文件精神，薛城区政府将原隶属为镇办企业薛城区邹坞煤矿、陶庄215煤矿、陶庄215西矿、夏庄煤矿、防备煤矿、张范大甘林煤矿、张范大甘林二号煤矿收归区级管理。

2010年，薛城区陶庄215煤矿西井、防备煤矿、215煤矿、大甘林二号煤矿、安阳煤矿技改项目完成。

2011年年底，全区境内共有煤矿13处，分别是：安阳公司安阳煤矿、洪村煤矿；安泰公司215煤矿、215煤矿西井、防备煤矿、夏庄煤矿；薛城区煤炭总公司天然焦矿、宏达煤矿、大甘霖煤矿、大甘林二号煤矿；破产改制移交地方监管的矿井2处联创公司、甘霖公司。总核定能力215万吨/年。

2012年9月，夏庄煤矿新建技改工程立井井口距京沪高铁960米，按照有关文件要求，矿井被迫中止技改工程建设。

第五节　煤炭加工运销

联创公司选煤厂始建于1959年5月，1960年2月投产运行。设计生产能力为处理原煤60万吨/年。选煤厂主要洗选产品为肥精煤，主要销往马钢、济钢、南钢等焦化企业。

2009年，安阳公司投资建设“山东安阳洗煤有限公司”“山东安阳制修有限责任公司”。洗煤厂已经投入运行产生效益。

2011年，安阳煤矿所产原煤均由安阳洗煤厂洗精煤后销售。

2013年，联创公司对选煤厂洗煤系统设备技术改造，精煤回收率提高1%，精煤全水分降低约2.5%。

1993—2013年部分年份薛城区煤矿经济效益统计表

表11-2　　单位：万元

年份	工业增加值	产品销售收入	利税总额	资产总额	负债总额	应收账款
1993		22510	2790	2360		
1995	188752	623559	111016	388649	279629	
1997	281864	670232	101275	621405	457519	
1999	111118	369192	67207	303311	236372	34742
2000	174006	532818	71419	312452	228226	43280
2002	326476	793489	109832	226592	127644	23423
2003	1354694	904408	120575	2909508	1967356	237168
2004	609400	1824879	267089	372445	181937	111702
2005	1227504	3053915	427441	389406	164775	31676
2006	1583221	3842691	504334	449746	197696	39088
2007	1780299	4552657	495127	248067	245104	29241
2008	49199.0	115016.0	28508.0	121563.0	114258.0	4439.0
2009	291631	8142435	889763	1465328	694960	37596
2010	67800.0	124333.2	32457.5	149174.0	136016.9	4662.9
2011	69699.0	113134.0	26570.0	158054.0	133399.0	2949.3
2012	60157.9	102449.9	27276.6	159069.9	134306.6	3160.2
2013	42392.8	84460.5	5198.0	150079.1	131503.6	8984.4

1991—2013 年薛城区煤矿煤炭产量统计表

表 11-3　　单位：万吨

年份	产量	年份	产量	年份	产量
1991	90.20	2002	169.94	2009	225.00
1992	150.58	2003	143.05	2010	218.00
1993	166.95	2004	177.17	2011	91.52
1995	202.55	2005	127.18	2012	167.40
1997	246.21	2006	130.6	2013	138.26
1999	137.77	2007	128.00		
2000	151.82	2008	196.00		

第六节　煤矿机电设备管理

1991 年，薛城区对矿井机电设备进行登记，建立档案，健全各种牌板、设备台账及文字资料。

1992 年 6 月，省煤炭工业局分配薛城区地方煤矿 50 台沼气报警仪。区直煤矿“三大保护”、综合保护、风电闭锁装用率达到 100%。40 千瓦以上电机使用真空开关。

2006 年年底，全区煤矿采面装备单体液压支护，区天然焦矿掘进装备小型扒装机，夏庄、宏达、陶庄 215 西井大巷运输装备电瓶车。薛城、宏达、天然焦、陶庄 215、防备、夏庄、邹坞等 7 处煤矿井下主要巷道实现锚喷化、钢铁化支护。有 13 处矿井安装监控系统，实现对矿井实时监控。

2008 年 4 月 21 日，根据国家、省、市文件要求，薛城区煤矿及时更换淘汰落后的生产设备，认真做好煤矿使用的设备及工艺改造更新工作。

2009 年，薛城区下发《切实加强煤矿机电运输安全管理工作全面提升薛城区煤矿机电运输安全管理水平》文件，要求全区煤炭企业加大投入强化更换力度，高度重视并全面做好淘汰设备的更换工作。加强矿井供电管理，全面提升全区煤矿供电安全保障水平。加大提运设备检测、检修以及维护保养力度，确保提升运输系统安全运行。加强对提升运输设备的日常维护保养和定期检修，严格制定提升运输设施检修计划和措施。

2011 年 2 月，薛城区根据省、市煤炭局文件要求，在全区煤矿实施《山东省煤矿用架空乘人装置管理规定（试行）》，要求各煤矿要加强井下架空乘人装置的管理，完善各项制度，确保其安全稳定运行。是年，在全区煤矿开展采掘机械化装备“攻坚”活动。全区煤矿采、掘机械化程度分别达到 50%、80% 以上；垂深超过 50 米斜巷、长度超过 1000 米的平巷实现机械运送人员；采煤工作面采用机械集中运输方式；采区实现带式（或刮板）输送机运煤；掘进工作面全面实现锚（网）喷及钢铁化支护，消灭裸体、顶板无支护巷道，采煤工作面全面实现单体液压支护。

第七节　技术引进

1991 年，薛城区煤炭局为满足煤炭生产通信工作需要，申请建立无线电话网。

1992 年，薛城区生产煤矿把安全工作由“静态”管理转变为“动态”管理，推动安全管理工作的变革，使全区安全生产局面有新的突破。

2006 年，薛城区煤矿做好安全监控系统的维护及管理，实现三级联网，使监控系统正常运转，发挥监测、控制和预警作用。是年，薛城区共有 6 处矿井实施技术改造，分别为薛城区安阳煤矿、薛城区宏达煤矿、薛城区陶庄镇防备煤矿、薛城区陶庄镇 215 西矿、薛城区陶庄镇夏庄煤矿、薛城区张范镇大甘霖二号，并于2010年6月达到联合试运转条件，投入生产。

2007年，薛城区所有煤矿安装和完善井下通讯、压风、防尘供水系统。

2008年，为深刻吸取“8·17”事故教训，进一步加大矿井安全投入，提高煤矿防治水害的安全保障水平，根据省煤炭局《关于受地表水害、底板承压水水害威胁严重矿井建立远程监控集控系统的通知》，要求凡被列入该范围受水威胁严重的矿井必须建立远程监控集控系统。联创公司认真对照文件要求结合矿井受水威胁的实际，决定对中央泵房排水系统进行改造，实现远程监控集控控制。

2009年，在全区矿井中实施枣庄市煤矿现代化矿井建设标准及考核办法，使全区煤矿向现代化矿井转变。

2010年11月，在全区矿井中建设完善井下监测监控、人员定位、压风自救、供水施救、通信联络和紧急避险“六大系统”。各煤矿对已建成的五大系统加强维护，积极整改在功能效果、升级改造等方面存在的问题。对避险硐室和救生舱建设积极开展井下紧急避险系统调研工作，结合自身实际，制定规划和方案，落实工作措施，完成井下紧急避险系统的建设工作，确保“六大系统”完善可靠并能正常使用。

2013年5月，省煤炭工业局为加强煤矿安全监管，全面提升全省煤炭行业管理水平，将组织建设全省煤炭行业基础网络平台。薛城区根据省、市局文件精神对全区联网单位网络建设及应用情况调查。

第八节　矿山安全

1997年1月16日，薛城区煤炭工业局设立薛城区煤炭工业局驻陶庄煤矿安全检查站、驻南石煤矿安全检查站、驻张范煤炭安全检查站、驻邹坞煤矿安全检查站，所需经费从煤矿管理费中解决。

2006年，为进一步加强全区煤矿极薄煤层（0.6米）开采安全管理，确保煤矿安全形势稳定，凡开采极薄煤层（0.6米以下）的生产矿井，要认真组织安全生产、机电等职能科室人员编制矿井开采安全技术措施。对开采极薄煤层的改建、扩建矿井，必须提交经专家审查的开采方案或委托具有相关资质单位的安全评价报告。凡未通过专家论证或安全评价的，禁止矿井改扩建工程施工建设。

2007年，薛城区煤矿按照新“双基”标准，成立相应的组织机构，明确分工、落实责任，认真做好煤矿自查自改工作。

2008年6月，为进一步加强煤矿防治水工作管理，提升矿井应对和防范暴雨、洪水等自然灾害引发水害事故灾难的能力，区煤炭局组织人员编制《煤矿防治水应急预案（试行）》。8月，为建立更加有效的灾害性天气预报预警预防工作机制，提高事故灾难的防范和处置能力，薛城区煤矿加强与区防汛办、气象局、水务局等单位的联系，建立工作联系机制，及时掌握天气变化和雨情信息，超前防范。是年，区煤炭局组织人员编制《薛城区煤矿较大安全事故抢险救灾应急预案》，并成立抢险救灾组织机构。

2009年12月，薛城区贯彻落实《山东省煤矿安全生产调度质量标准化标准及考核评级办法》，各矿井组织调度相关人员贯彻学习新标准，并全面开展达标创建工作。是年，对全区煤矿监控网络进行全面系统地检修维护和故障排除，实现监控数据、网络视频、专线通讯、内部传真“一线通”，并推广使用内部网络传真系统和内部专线通信系统。是年，为切实抓好特殊时期陶枣矿区薛城区煤矿安全管理，区煤炭局依据有关规定编制《山家林井田区域奥灰水害应急处置预案》，下发给各煤炭企业，并立足煤矿实际，建立健全矿井生产应急预案和各类灾害防治专项预案，抓好工作落实。

2010年3月，为进一步落实煤矿安全生产主体责任，切实提高安全管理水平，结合全区煤矿实际，制定《薛城区煤矿“五职”干部安全生产业绩考核办法》，并予下发。

2011年3月，薛城区在全区煤矿中贯彻学习《山东省煤矿生产安全事故信息报告和处置制度》，切实做好煤矿生产安全事故信息报告和处置工作。5月，薛城区煤矿认真贯彻学习国家安监总局关于修改《煤矿安全规程》第二编第六章防治水部分条款的决定的通知，并结合市、区局关于做好煤矿雨季“三防”工作的通知，全面做好煤矿防治水工作。同月，薛城区煤矿认真贯彻落实市煤炭局文件《关于规范煤矿领导干部下井带班记录强化领导干部下井带班制度落实的通知》，进一步增强煤矿安全管理力度。6月，为进一步落实煤矿安全生产主体责任，切实提高安全管理水平，结合全区实际，区煤炭局制定《薛城区煤炭企业副总工程师及以上干部安全生产业绩考核办法》，并下发各煤矿实施。

2012年9月，薛城区各煤炭企业根据市、区政府办公室《关于印发枣庄市生产安全事故隐患排查治理办法的通知》，结合本单位实际情况，认真组织学习，并按隐患排查治理办法的要求，落实好各自的隐患排查治理工作，确保矿井安全生产。

2013年2月，薛城区煤矿按照省、市煤炭局《关于认真学习贯彻落实煤矿矿长保护矿工生命安全七条规定的通知》要求，认真贯彻落实国家安监总局制定下发的煤矿矿长保护矿工生命安全的七条规定，进一步维护矿工的权益，明确矿长维护矿工生产和健康权益的职责；各矿井组织开展对“七条规定”的宣传培训、承诺书签署等各项工作。9月，薛城区煤矿贯彻落实《山东省煤矿重特大生产安全事故应急预案》文件精神，结合该矿实际做好各类应急预案编修和演练工作。

第九节　非煤产业

1994年4月21日，薛城矿山物资供销股份有限责任公司组建，经营方式：购销、代销、代购、代储。经营范围：矿用设备、钢材、木材、煤焦、石油、建筑材料等。企业性质：股份合作。

1998年9月20日，枣庄市薛城区煤炭工业总公司在邹坞建设加油站1处。

山东安阳矿业有限责任公司制修厂主要是制造竹笆、网片和维修单体支柱等，竹笆、网片主要供应矿井生产所需，运转正常，完全满足生产需要。

联创公司有6个下属非煤企业：热电分公司于1988年筹建，设计规模为2×3000千瓦发电机组，配两台20吨沸腾炉，年发电能力3600万千瓦时，于1994年1月正式投产，总投资2700万元；自2004年年底实现对联创公司和安居小区集中供热，扩大到陶庄镇政府、用热企业及周边居民区等，供热面积约50万平方米。创宏实业公司是在原陶庄煤矿多种经营公司和劳服公司的基础上于1999年成立的隶属于枣庄联创实业有限责任公司的具有独立法人资格的企业，下属支架厂、涂料厂、被服厂、织造厂、风筒厂、橡塑制品厂、肥皂（灯具）厂、修造厂、联创宾馆、物业分公司等10个厂点。经营范围包括：矿用产品、建筑建材、劳动保护、房屋租赁、餐饮服务等，年产值规模保持在1200万元至1800万元之间。市场分布主要是枣庄矿区和周边地区。电线电缆厂前身是枣庄市电线厂，2002年，联创公司经过和地方政府充分协商后进行租赁经营，2005—2006年，联创公司对该厂进行技术改造和扩建。机电制修分公司主要产品有U型钢棚、水泥锚杆、道岔、水位报警器、皮带保护装置等多种支护运输类、煤矿低压安全电器等。特种油品厂主要自主生产液压支架用乳化油（ME10-5）和液压支架用乳化油（ME20-5）产品，对乳化油、机械油、钙基润滑脂、锂基润滑脂、防冻液等产品的生产、经营、销售，是兰州炼油厂“黄河飞天”牌润滑油在鲁南地区的独家代理。活性炭厂始建于1982年，设计生产各类活性炭（果壳、椰壳、煤质）1000吨/年。

枣庄矿业集团甘霖实业有限公司在无新井接续的情况下，以防排水为重点，以组织生产自救为依托，投资及中外合资的非煤产业子公司主要有：宏顺达塑业公司主要生产煤矿用PVC管材及PVC托辊等产品（安标）。宏源工贸公司主要生产制造加工各式节能灯、滤芯为主。宏光涂业公司专业生产各种油漆及涂料。宏泰鞋业（合资）专业生产（来料）加工各式男女式皮鞋。恒聚服饰公司（中美合资）生产及来料加工各种服饰。卡络丹兔绒被（专利）及床上用品生产加工等。

山东安泰煤业（集团）有限公司成立奚仲文化旅游开发公司，启动第一期中华车祖苑项目建设工程，建成祭祀区的上山甬道、奚仲陵、冉求墓、车神广场等景点，投资完成奚仲系列丛书的编撰出版，研发与造车有关的汽车挂件。

2013年，为了解决枣庄市煤炭物流布局分散、环境污染等问题，依托枣庄港薛城港区、铁路等设施，组建鲁南煤炭交易中心。鲁南煤炭交易中心位于枣庄市薛城区沙沟镇境内，依托枣庄港薛城港区建设，鲁南煤炭交易中心将依托电子交易平台建设，实现煤炭供需信息发布和线上交易；依托枣庄港薛城港区、铁路专用线完善仓储、加工、配送功能，健全煤炭物流网络，提高煤炭物流能力，创新金融产品服务，形成功能完善、集约高效的煤炭物流基地。

第十节　重点企业选介

山东能源枣庄矿业（集团）有限责任公司

山东能源枣庄矿业（集团）有限责任公司总部坐落在枣庄市薛城区。全区井田东西长约100公里、南北宽约50公里，总面积约5000平方公里。濒临富饶秀美的微山湖，京沪高铁、津浦铁路、枣临铁路、京台高速、104国道、京杭大运河等交通要道纵贯矿区，日照港、岚山港、连云港等与矿区相邻。1992年，经上级批准，枣庄矿务局放开煤炭价格，成为全国第一批面向市场，自主经营的大型煤炭企业。1998年，煤炭部批复，正式同意枣庄矿务局改制为国有独资的枣庄矿业（集团）有限责任公司，枣庄矿业（集团）有限责任公司正式挂牌成立。2000年，枣庄矿业（集团）有限责任公司生产原煤1056.6万吨，首次实现千万吨目标。2001年，枣矿集团公司职工持股会成立。2002年，国家经贸委、国家开发银行批准对枣庄矿业集团公司实施债转股，债转股后组建的新公司——山东中兴能源有限责任公司成立。2011年，成为山东能源集团权属企业。枣矿集团主要生产肥煤、气煤、焦煤等，是全国重要的煤炭生产基地和全国十大商品煤出口基地之一。

枣矿集团有职工6.8万人，生产矿井12座，年产原煤2000万吨，企业总收入150亿元，是集煤炭生产加工、煤电、煤化工、机械制造、建筑建材、家用电器、生物工程、铁路运输、医疗、教学等于一体，跨行业、跨国界、跨所有制的大型企业集团。先后获得国家级企业管理现代化创新单位、全国企业文化优秀企业、全国企业文化示范基地、国家首批生态产业示范基地和试点单位、全国再就业先进单位、全国爱国拥军模范单位、中华慈善事业突出贡献奖、中国建筑工程鲁班奖、全国煤炭工业企业文化示范基地、中国煤炭工业科技创新优秀企业等一系列荣誉，被中宣部、国务院国资委推荐为“全国九大典范企业”，荣列中国500强企业208位，全国最大500家企业集团166位，全国煤炭工业100强企业第9位，位居兖矿之后，是山东第二大煤炭企业。

山东潍焦集团薛城能源有限公司

该公司隶属于山东潍焦控股集团有限公司。山东潍焦控股集团有限公司成立于1971年，是一家以发展煤化工为主，集科、工、贸于一体的国家大型现代化企业集团。集团公司现拥有潍坊昌乐和枣庄薛城两大产业基地，职工3800多人，占地333.33多公顷，总资产97亿元，下辖3个全资子公司、7个控股子公司、3个参股子公司。主要产品有焦炭、炭黑油、工业萘、改质沥青、苯酐、PBT合成树脂、锂电池负极材料、食品添加剂碳酸氢铵、纯苯、苯酚等40余种，广泛应用于冶金、化工、医药、食品加工等行业领域，不仅畅销国内，还远销世界50多个国家和地区。集团公司是山东省人民政府重点扶持的焦化企业之一，并先后被列为“潍坊市构建现代产业体系龙头企业”和“山东省煤化工产业十大重点骨干企业”。

薛城基地位于山东省枣庄市薛城区境内，是2012年7月20日山东潍焦控股集团公司在原山东薛城焦化厂的基础上，改组为现代煤化工企业，并于2012年9月28日成立山东潍焦集团薛城能源有限公司。公司地理位置优越，交通条件便利，煤炭资源丰富，具有得天独厚的发展煤化工的优势。公司占地133.33余公顷，有职工1500人。为认真贯彻国家节能减排政策，公司实施“退城进园”战略，2009年9月，该公司迁址邹坞利用荒山废弃地建设薛城能源循环经济百亿产业园。2013年5月，园区5.5亿立方米/年煤制气工程、50万吨/年煤焦油深加工、4万吨/年苯酐、15万吨/年LNG、140+190吨/小时2套干熄焦，以及配套建设的2×18兆瓦余热发电、5×2千瓦煤气直燃热电联供项目等已投入生产；汽运、化工产品物流等项目已投运；2×20万吨/年煤焦油馏分轻质化项目和铁运物流项目正在建设。公司现已形成年生产焦炭260万吨、焦油14.7万吨、粗苯3.7万吨、硫酸铵4.2万吨、发电2.6亿千瓦时、煤气5.5亿立方、LNG15万吨的能力。园区形成以上游焦化为产业链龙头，以中下游产业为发展重点，上下游产品衔接紧密、产品链条纵横关联的特色煤化工循环经济发展模式。在此基础上，公司将继续向新材料、新能源、精细化工方向延伸发展。为了充分利用“退城进园”迁离的焦化厂原址遗留资产，有效盘活土地资源，公司同清华大学等运营团队合作，计划投资15.6亿元，在老区建设新型孵化器2.0科技创新产业公园项目。该项目在传统科技孵化器的基础上，引入孵化中心、技术咨询、金融商务、创业指导、智能办公、云平台、大数据、机器人等多种孵化工具，将创业、融资、技术、政务、商务等各种平台连同公寓、酒店、文化、休闲、社交等生活设施融为一体的新型孵化器2.0升级版。

安阳煤矿

山东安阳矿业有限责任公司

山东安阳矿业有限责任公司成立于2008年12月，位于枣矿集团甘霖煤矿北侧4公里，地处枣庄市薛城区邹坞镇境内北安阳村前，隶属薛城区人民政府，为国有独资企业。公司下辖安阳、洪村（已于2013年6月关闭）两处煤矿。安阳煤矿为公司技改矿井，设计年生产能力30万吨，2011年1月1日正式投入生产。矿井采用一对立井开拓、单水平上下山开采方式开采，通风方式为中央并列抽出式，主井井筒装备一对箕斗提升，同时兼作回风井和通往地面的安全出口；副井井筒装备一对单层罐笼作为辅助提升，兼作进风井和通往地面的安全出口。采煤工艺为高档普采，走向长壁后退式采煤法，单体液压支柱配合铰接顶梁支护顶板，顶板管理方式为全部垮落法和缓慢下沉法；14204材料巷掘进工作面采用机掘，其余工作面采用炮掘，锚网或锚网喷支护，耙装机扒装，胶带输送机及小绞车提运，掘进工作面机装率达100%。

山东安泰煤业有限公司

山东安泰煤业有限公司位于薛城区陶庄镇驻地，成立于2009年1月，2010年4月，由薛城区国资局注资5000万元进行公司改制，由原来的镇属企业变更为区直国有企业，注册资金6000万元。年设计生产能力洗选精煤30万吨。公司主营煤炭批发销售；煤炭洗选、销售；焦炭、矿山设备及配件、机电产品等销售。

215煤矿东井

枣庄市215煤矿位于枣陶煤田原陶庄井田西部，地处枣庄市薛城区陶庄镇境内。于1977年经山东省煤炭工业管理局批准建井，是年移交生产。设计生产能力3万吨/年。由于2000年陶庄煤矿停止-120米水平排水，原215煤矿-120米水平以上被淹停产，后委托枣庄市工业设计院对矿井进行改扩建设计，设计可利用储量293.5万吨，矿井设计生产能力15万吨/年。改扩建设计采用一对立井开拓，井筒选择在矿井剩余储量的中央。主、副井筒由河南郑州矿业建设集团进行施工，其他工程多为自营施工。改扩建工程于2005年1月基本建成。

枣庄夏庄煤矿有限公司

夏庄煤矿始建于1986年3月，1988年6月正式投产，设计生产能力9万吨/年，2006年，核定生产能力为12万吨/年。开拓方式为斜井多水平开拓。斜井位于井田南北向的中部，把整个井田分为南北两部分。矿井采用倾斜长壁采煤方法，放炮落煤，溜子运煤，全部垮落法管理顶板。工作面用SGW-30B型刮板输送机运煤。采煤工作面全部为炮采工作面，掘进工作面全部采用炮掘。采煤工作面采用单体液压支柱进行支护，巷道支护方式为锚喷支护。

邹坞煤矿

邹坞煤矿位于薛城区邹坞镇庄头村西，陶枣煤田的中西部，隶属于薛城区人民政府的地方国有企业，1994年10月建井，1998年3月投产。矿井初建设计生产能力9万吨/年，2007年，核定生产能力12万吨/年。矿井开拓方式为一对立井开拓，盘区水平大巷，暗斜井及采区集中下山的开拓方式。开采方式为采区主副下山准备巷道，分煤层两翼定向前进式布置工作面，后进式开采，采煤方法为倾斜长壁式炮采全陷采煤法，单体液压支护“三四”峒控制顶板，“见四回一”放炮落煤，人工攉煤，采煤工作面装备：刮板运输机。斜巷11.4千瓦绞车提升。

联创公司

联创公司为枣庄矿业集团的下属煤矿，由原陶庄煤矿改制而成。矿井于1924年开始生产经营，1991年被原煤炭部批准注销生产能力，2004年11月10日政策性破产，成立枣庄联创实业有限责任公司。矿井设计生产能力60万吨/年，核定生产能力45万吨/年。矿井采用斜井、立井多水平开拓方式。副井为二斜井、三斜井，主井四斜井，三条斜井都兼作进风井，二斜井用作提升矸石、上下物料，三斜井提升人员、上下大型设备、材料矸石，四斜井提升煤炭。北一立井为混合提升井并兼作进风，回风井有庄头风井、东风井、北二立井。采煤方法为单一走向长壁采煤法，全部跨落法管理顶板；采煤工艺为炮采，采煤工作面采用单体液压支柱配铰接顶梁支护顶板。掘进工作面均为炮掘工作面，采用机械扒装机，矿车运输。

第二章　建材工业

第一节　建材资源

薛城区建材矿产资源丰富。区内探明或开发利用建材矿产资源累计7种（含亚矿种），其中建筑用石灰岩56处，水泥用灰岩3处，砖瓦用黏土4处，熔剂灰岩、电石灰岩、水泥配料黏土和花岗石矿各1处。另外区内还分布有白云岩、石膏、麦饭石等矿产，因这些矿产勘查程度低，尚未开发利用。石灰岩是全区优势矿产，区内灰岩具有较丰富的资源储量，主要分布于寨山及墓山等地，远景资源量约10亿吨，已探明资源量：建筑用石灰岩1360.20万立方米，水泥用灰岩、电石灰岩及熔剂灰岩共计1832.43万吨，其中水泥岩灰768.32万吨，占全省保有资源储量的1.8%。全区石灰岩用量有限，出现供大于求不良局面，资源浪费严重，在加大开发管理力度同时，积极引导石灰岩开发向多用途、多领域方向发展，变资源优势为经济优势。

第二节　水　泥

2013年，薛城区有立窑水泥生产线13条（顺兴水泥5条、愚公水泥4条、金兴水泥2条、安厦水泥2条），产能130万吨，已淘汰3条（安厦水泥2条、愚公水泥1条）；旋窑水泥生产线1条（顺兴水泥），产能60万吨。为治理水泥粉尘污染，改善空气环境质量，保障人民身体健康，促进全区环境与经济协调发展，按照国家产业政策和山东省淘汰水泥落后产能指标分解计划，薛城区“十一五”期间需淘汰60%的立窑水泥生产线，2007年和2008年各淘汰10%，2009年和2010年各淘汰20%。具体：2007年淘汰愚公水泥1条线，安厦水泥2条线；2008年淘汰金兴水泥1条线；2009年淘汰愚公水泥1条线，金兴水泥1条线；2010年淘汰愚公水泥2条线。对安厦水泥、愚公水泥2家企业实施关闭。

1991—2013年，全区水泥产量1071.11万吨，2001—2010年产量1289.35万吨，2011—2013年产量340.22万吨。

企业选介

山东顺兴水泥股份有限公司　该公司的前身是枣庄市陶庄水泥厂，2002年5月20日经省政府批准设立的股份制民营企业。公司占地面积45.93公顷，共有资产总额1.45亿元，资产负债率为51.2%，公司注册资本金3800万元，职工1850人，其中大专以上文化程度的382人，高中级技术职称的67人。该公司有年产熟料60万吨的新型干法旋窑生产线一条，120万吨粉磨能力，配套年产45万吨微粉生产线及年产30万吨干混砂浆生产线（包括机制沙工艺）年可供优质2万吨混凝土外加剂，现生产PC42.5、PO32.5型普硅水泥，并于2013年获得硫铝酸钙改性硅酸盐水泥（特种水泥）的生产许可，年产水泥150余万吨，产值3.15亿元，实现利税5600万元。

该公司多年来严格执行水泥行业的生产标准，生产过程及投料全部实行计算机自动控制，生产工艺采用先进的生料外加剂和水泥外加剂。1999年以来，产品质量连续被评为山东省免检产品，主要产品广泛应用于工业及民用建筑，具有早强、快硬、色泽纯青、抗酸碱耐腐蚀性等特点，其主导产品自2000年以来通过ISO 9001国际质量体系认证和国家建材产品认证。产品原料主要利用石灰石、废煤矸石及粉煤灰，由于企业产品中废煤矸石及粉煤灰掺渣量达到30%，被认定为山东省资源综合利用企业，受到国家扶持享受税收优惠政策。2006年被认定为“山东省名牌产品”和“山东省著名商标”。于2014年通过清洁生产验收，通过能源体系认证。顺兴牌水泥畅销枣庄周边地区及苏、鲁、豫、皖30多个省区，得到广大客户的认可和信赖。

第三节　石灰石料

石灰

1991年以来，石灰烧制业多以村办、联办和个体办为主，小型石灰窑遍布全区近山村庄。至2010年年底，已对陶庄、邹坞镇境内的30座小石灰窑进行关停取缔。1991—2000年，全区石灰产量达109.63万吨，2001—2010年达193.12万吨。

石料

薛城地区石料加工世代相传。1809年，石匠出身的兴庄人郝传斌带领徒弟30余人在匡山头雕刻石制品，主要有石狮、石碑、枕石、条石等。民国初年，兴庄人张恒义带徒在巨山、薛庄山手工开采石料，以加工块石、石碑、方石为主。70年代以后，石料加工业发展很快。1970年，兴仁公社在匡山头山西南建一座年产能力4000平方米的石料加工厂，主要生产枕石、块石、台阶石、地瓜石等。1979年，兴仁公社与薛城建材公司联合投资5万元，购进五锤式粉碎机1台，建厂房10间，生产不同规格的石子等。1991年，全区石料加工从业人员76人，年产石子3万立方米，石硝6万节。1991—2000年，全区共生产石料301.15万立方米，2001—2010年，生产256.33万立方米，2010—2013年，生产石料44.09万立方米。

第三章　电力工业

第一节　发　电

薛城区发电厂

位于张范镇东夹埠村，注册资本为2083万元，工厂成立以来发展迅速，业务不断发展壮大，主要经营火力发电、热力生产和供应，是省内第一家利用煤矸石发电的厂家，总投资1420万元，装机容量1.2万千瓦时。该企业于2007年7月破产。

枣庄市建阳热电有限公司

由枣庄矿业集团蒋庄煤矸石热电有限责任公司全资投资，注册资金2.6亿元，规划用电200亩。2012年10月正式开工入驻枣庄市薛城区。以造纸污泥、炭黑尾气、劣质煤作为燃料，进行供热发电，是集资源综合利用、环境保护、热电联产于一体的公益工程、民心工程。一期建设两台每小时260吨循环流化床锅炉，1台50兆瓦汽轮发电机组。一期项目实现年销售收入15641万元，年利润总额4902万元，年平均所得税1226万元，年平均增值税1528万元。

中科生态发电有限公司

中科生态发电项目，位于薛城循环经济产业园陶庄片区内，属于环保类城市基础设施建设项目，是枣庄市重点建设项目，也是全市城乡环卫一体化和创建文明城市、园林城市的基础项目。项目一期总投资3.2亿元，建设规模为日处理生活垃圾1000吨，配套两台500吨/天垃圾焚烧炉和两台7.5兆瓦汽轮发电机组及附属设施，已试生产。2013年，投资10.5亿元启动垃圾焚烧发电二期、农林生物质焚烧热电联产和城镇供暖配套工程3个项目。其中，垃圾焚烧发电二期项目将建设800吨/天3号垃圾焚烧炉，城镇供暖配套工程项目建设75吨锅炉及配套管网，农林生物质焚烧热电联产项目建设2台25兆瓦的发电机组。

第二节　供　电

供电机构

新中国成立前，薛城地区没有专门的供电机构，各发电厂所发出来的电直接输送给用户。中华人民共和国成立后，电力工业逐步发展壮大，薛城地区设立供电管理机构。1963年3月，枣庄供电所扩大为枣庄供电局，管辖枣滕电网的供电工作，薛城地区供电直属枣滕电网。1965年3月，成立临城公社供电站。是年9月1日，临城公社供电站被枣庄供电局接管，并改称薛城供电站，有工作人员5名，置站长1人，负责管理薛城地区的供电工作。1966年年初，成立枣庄农电所薛城农电站，工作人员5名，置站长1人，担负着薛城地区的供电管理工作。1968年8月，两站合并为薛城供电站，成为枣庄供电局营业所的一个营业班组，并开始供电营业管理工作。1978年10月，撤销原薛城供电站，成立薛城供电局。建局初期，设有营业班、线路班、农电班等业务班组，下辖金河、陶官、周营、邹坞和西仓5个供电站。后又逐步增设电修班、微波站、生产组等班组，增加南常、沙沟、兴仁、薛城、常庄、张汪和柴胡店7个供电站。是时，薛城供电局辖12个供电站，农村电工发展到102人。2012年5月，应国家电网公司“三集五大”改制工作要求，薛城供电局改称薛城客户服务分中心（运维站），隶属于枣庄供电公司，有职工348人，其中，长期职工69人、农电员工181人，集体企业用工98人。中心下辖1个综合管理室、6个班组和6个供电所。

线路

夏龙Ⅰ线　该线路自夏庄变电站至龙山变电站，电压等级为35千伏，线路全长0.785公里，电缆型号为YJV22-3×300，由枣庄力源电力设计有限公司设计。2013年3月投运。

夏龙Ⅱ线　该线路自夏庄变电站至龙山变电站，电压等级为35千伏，线路全长0.771公里，电缆型号为YJV22-3×300。2013年3月投运。

临焦线　该线路自临山变电站至焦化厂变电站，电压等级为35千伏，线路全长5.3公里，导线型号为LGJ150，电杆33基，其中铁塔13基、水泥杆8基、钢管塔12基。投入资金185万元。2000年5月投运。

夏新线　该线路自夏庄变电站至轧钢厂变电站，电压等级为35千伏，线路全长7.482公里，导线型号为LGJ-240/40，电杆49基，其中铁塔20基、水泥杆29基。2004年1月投运。

建金线　该线路自建国变电站至金正钢铁站，电压等级为35千伏，线路全长7.943公里，导线型号为LGJ-120/20，电杆60基，其中铁塔24基、水泥杆36基。2011年3月投运。

龙陶线　该线路自龙山变电站至陶庄变电站，电压等级为35千伏，线路全长6.353公里，导线型号为LGJ-120，电杆43基，其中铁塔6基、水泥杆37基。投入资金180万元，1994年2月投运。

张邹线　该线路自张范变电站至邹坞变电站，电压等级为35千伏，线路全长7.448公里，导线型号为LGJ-150，电杆45基，其中铁塔27基、水泥杆18基，投入资金144万元，1999年6月投运。

邹陶线　该线路自邹坞变电站至陶庄变电站，电压等级为35千伏，线路全长7.061公里，导线型号为LGJ-150，电杆44基，其中铁塔26基、水泥杆18基，投入资金154万元。1999年6月投运。

兴沙线　该线路自兴城变电站至沙沟变电站，电压等级为35千伏，线路全长23.25公里，导线型号为LGJ-300/40，电杆99基，其中铁塔99基，2009年2月投运。

兴陶线　该线路自兴城变电站至陶官变电站，电压等级为35千伏，线路全长18公里，导线型号为LGJ-300/40，电杆76基，其中铁塔76基。2009年2月投运。

变电

2013年，薛城辖区内共有220千伏变电站2座（夏庄站、兴城站），110千伏变电站11座（薛城站、海化站、常庄站、临山站、张范站、韩泰站、邹坞站等），35千伏变电站5座（沙沟站、陶官站、陶庄站、龙山站、邹北站），有35千伏输电线路15条，共长116.082公里；10千伏公用配电线路68条，共长902.676公里。城区台区282个、总容量14.29万千伏安、居民户均容量3.12千伏安；农村台区804个、总容量17.67万千伏安、居民户均容量1.38千伏安。城乡共有用电客户16.82万户。

110千伏薛城变电站　枣庄力源设计有限公司设计，枣庄力源送变电工程有限公司施工，2008年1月扩建，全所变压器2台，容量为100000千伏安，为枣庄供电公司资产。2008年4月投入运行。

110千伏临山变电站　枣庄力源设计有限公司设计，枣庄力源送变电工程有限公司施工，2015年5月扩建，全所变压器2台，容量为63000千伏安，为枣庄供电公司资产。1998年1月投入运行。

110千伏张范变电站　枣庄力源设计有限公司设计，枣庄力源送变电工程有限公司施工，2011年10月扩建，全所变压器2座、容量为70000千伏安，为枣庄供电公司资产。2012年2

月投入运行。

110千伏凤凰变电站　枣庄力源设计有限公司设计，枣庄力源送变电工程有限公司施工，2011年10月扩建，全所变压器2台，容量为10万千伏安，为枣庄供电公司资产。2005年3月投入运行。

110千伏常庄变电站　枣庄力源设计有限公司设计，枣庄力源送变电工程有限公司施工，全所变压器2台，容量为10万千伏安，为枣庄供电公司资产。2008年1月投入运行。

110千伏海化变电站　枣庄力源设计有限公司设计，枣庄力源送变电工程有限公司施工，全所变压器台2台，容量为126000千伏安，为枣庄供电公司资产。2010年6月投入运行。

110千伏韩泰变电站　枣庄力源设计有限公司设计，枣庄力源送变电工程有限公司施工，全所变压器2台，容量为10万千伏安，为枣庄供电公司资产。2009年1月投入运行。

110千伏龙潭变电站　枣庄力源设计有限公司设计，枣庄力源送变电工程有限公司施工，2011年7月扩建，全所变压器容量1座，容量为50000千伏安，为枣庄供电公司资产。2012年5月投入运行。

110千伏邹坞变电站　枣庄力源设计有限公司设计，枣庄力源送变电工程有限公司施工，全所变压器2座，容量为10万千伏安，为枣庄供电公司资产。2012年2月投入运行。

110千伏朱桥变电站　枣庄力源设计有限公司设计，枣庄力源送变电工程有限公司施工，2013年8月扩建，全所变压器1台，容量为50000千伏安，为枣庄供电公司资产。

110千伏南常变电站　枣庄力源设计有限公司设计，枣庄力源送变电工程有限公司施工，2013年6月扩建，全所变压器2台，容量为100000千伏安，为枣庄供电公司资产。

35千伏陶庄变电站　枣庄力源设计有限公司设计，枣庄力源送变电工程有限公司施工，2007年7月扩建，全所变压器2台，容量为25000千伏安，为枣庄供电公司资产。1995年5月投入运行。

35千伏龙山变电站　枣庄力源设计有限公司设计，枣庄力源送变电工程有限公司施工，1994年2月扩建，全所变压器2台，容量为32000千伏安，为枣庄供电公司资产。1994年9月投入运行。

35千伏陶官变电站　枣庄力源设计有限公司设计，枣庄力源送变电工程有限公司施工，全所变压器容量2座，容量为17500千伏安，为枣庄供电公司资产。1997年9月投入运行。

35千伏沙沟变电站　枣庄力源设计有限公司设计，枣庄力源送变电工程有限公司施工，2008年10月扩建，全所变压器容量2座，容量为22500千伏安，为枣庄供电公司资产。1983年1月投入运行。

35千伏邹北变电站　枣庄力源设计有限公司设计，枣庄力源送变电工程有限公司施工，2007年9月扩建，全所变压器容量1座，容量为12500千伏安，为枣庄供电公司资产。2000年1月投入运行。

第三节　用　电

城区用电

2013年，薛城区共有大客户31户，专变用户288户，专线10千伏线路37条，全长71.44公里；专用变压器412台，容量271900千伏安。城区10千伏线路28条，全长132.85公里；公配变压器282台，容量142950万千伏安。2013年全区工业用电量为10.23亿千瓦时。

农村用电

2013年，农村用电户为12.15万户，用电村366个，用电台区804个，分布6个乡镇和2个街道办事处，10千伏线路40条，全长600公里；0.4千伏线路800公里；变压器804台，容量176700千伏安。2013年全区农村用电量为2.6亿千瓦时。

第四节　电网调度和安全管理

电网调度

配网调控班有成员 7 人，其中本科以上学历 2 人，技师 3 人。负责枣庄市薛城区主城区 18 座变电站 35 千伏及以下设备、15 条 35 千伏输电线路、123 条 10 千伏配电线路（包含高新区）运行监视、调度指挥、方式调整、故障的快速处理恢复送电等工作。配网调控班以“您用电我用心，我调度您放心”的工作理念，以“建卓越智能配调”为目标，创新管理，精心调度，同时为有效提升配电自动化“五率”水平，总结电压调整最佳手段，优化配网运行方式，使城区供电可靠率、居民电压合格率、低压线损率、配电自动化实用率始终位于全省领先水平。

安全管理

薛城客户服务分中心（运维站）始终坚持“安全第一、预防为主”的方针，严格落实安全生产责任制。坚持每月召开一次安全分析会，每周举办班组“大讲堂”，定期举办“送安全知识进供电所”活动，强化安规网上考试制度，严格安全工器具管理，员工的安全意识持续加强。大力推进电网建设，1999 年完成农网一、二期农网改造，2010 年开展“村村强网”工程和贫困村电网改造，电网坚强程度得到持续提升。扎实开展防外力破坏、安全大检查、客户设备安全专项治理等活动，消除设备各类隐患，提高电网健康水平，为安全供电提供坚强的物质基础。2013 年，在工作现场推出“两板八卡”安全管理制度，视频全过程监控制度和违章日通报制度。

第四章　机械和冶金工业

第一节　机械制造工业

机械制造工业是薛城区传统支柱产业，经过多年的不断发展，已形成基础良好、门类较多、具有一定产业规模和知名度的产业体系。2007 年，薛城区共有规模以上机械制造企业 32 家，占薛城区规模以上工业的 20.5%；累计实现销售收入 29.2 亿元，占薛城区规模以上工业的 16.2%；实现利税 2.3 亿元，占薛城区规模以上工业的 13.8%。其中：年销售收入过亿元的企业 8 家，过 5000 万元的企业 13 家；年税收过 500 万元的企业 1 家，过 100 万元的企业 5 家，50 万～100 万元的 6 家，纳税 50 万元以上的企业共 12 家。已形成纺织印染、制冷采暖、锻造机件、矿用机械四大特色产业。2007 年，纺织印染机械规模以上工业企业个数 4 个，占全部机械行业的 12.5%；实现销售收入 1.2 亿元，占全部机械行业的 4.1%；实现利税 523 万元，占全部机械行业的 2.3%。制冷采暖机械规模以上工业企业个数 7 个，占全部机械行业的 21.9%；实现销售收入 15.4 亿元，占全部机械行业的 52.7%；实现利税 1.3 亿元，占全部机械行业的 56.5%。锻件机械规模以上工业企业个数 1 个，占全部机械行业的 3%；实现销售收入 1.7 亿元，占全部机械行业的 5.8%；实现利税 904 万元，占全部机械行业的 3.9%。矿用机械规模以上工业企业个数 9 个，占全部机械行业的 28.1%；实现销售收入 6.2 亿元，占全部机械行业的 21.2%；实现利税 5448 万元，占全部机械行业的 23.7%。其他机械规模以上工业企业个数 11 个，占全部机械行业的 34.4%；实现销售收入 4.7 亿元，占全部机械行业的 16.1%；实现利税 3125 万元，占全部机械行业的 13.6%。

薛城区机械制造行业拥有山东省高新技术企业 4 家（锦辉锻造、多乐采暖、北斗风机、顺翔科技)，市级企业技术中心 3 家（多乐采暖技术中心、北斗风机技术中心、万合制冷技术中心)。拥有山东省名牌产品 2 个（多乐采暖炉、多乐数控锅炉)，山东省著名商标 1 个（多乐采暖炉)。

2013 年，薛城区 50%以上的机械制造行业在经济开发区建设，已形成纺机、印机、风机、采暖机、锻机和矿机六大机械产业。薛城区已形成纺织机械、印染机械、采暖机械、制冷机械、矿山机械、锻造机械、建筑机械七大类机械加工体系，其中：纺织、印染机械在全国具有一定的影响力，制冷机械与“大冷”“烟冷”占据全国前三位，采暖机械在全国具有一席之地，锻造机械由于设备制造水平较高，影响力较大，其他机械在全市也具有一席之地。

企业选介

薛城纺织机械厂　系国家纺织工业部定点生产厂家，有干部职工 378 人，固定资产 432 万元。主要产品有印染前处理及纱、线染整设备，包括 MH502/504 平洗槽；MZ132－8、－6 形洗染机；“R”型平幅炼漂联合机等近 50 余种产品，畅销国内 20 多个省市，远销到东南亚等地区，生产能力为年产 1000 万元。山东省纺机公司生产印染机械骨干企业，承担研制的国家“七五”攻关项目 LMA045-180 型平幅退煮漂联合机，先后获国家科委科技贷款成果“金剑”一等奖，山东省科技兴鲁一等奖；承担研制的“双头松式绳状水洗机”具有国际先进水平。

山东多乐采暖设备有限责任公司　该公司始建于 1970 年，是山东省高新技术企业、中国农村能源行业协会副会长单位，是专业化研究、开发、制造、销售节能环保采暖设备的重点骨干企业之一。主导产品“多乐”牌蓄热式电锅炉、即热式电锅炉、空气源热泵机组、燃气（油）锅炉、燃气壁挂炉、燃气模块锅炉、生物质锅炉、煤气化自控锅炉、兰炭炉具、型煤炉具、无烟煤炉具、水温空调等 16 大系列 266 种产品畅销全国 26 个省、市。公司配有省、市级技术开发中心和工程技术研制中心，每年用于技术研发和技术改进的费用达 300 多万元。在技术上，积极开展国内外合作，聘请德国采暖专家斯密茨教授为长期技术顾问，指导节能环保技术研发，与德国 WOLF 公司建立战略伙伴关系，并合作建立“山东省中德新能源锅炉合作研究开发中心”；在国内与清华大学热工研究院合作成立博士工作站，与国家环保总局气候影响研究中心任阵海院士合作建立院士工作站，拥有各种专利 88 项，其中发明专利 24 项，形成一批具有自主知识产权的核心技术和具有高市场占有率的品牌优势，为企业提升科技含量、树立社会形象、增加运营效能奠定扎实的基础。该公司着力开发和推广节能、环保、高效、符合资源综合利用和清洁生产的新技术、新工艺、新产品。进一步做好燃气锅炉、电锅炉、空气源热泵以及清洁能源替代燃煤锅炉等新能源、洁净能源产品的开发、生产、销售。并响应国家制造升级的号召，对现有企业生产工艺进行改造，开展焊接机器人替代人工的制造升级，分别引进德国库卡、日本安川焊接机器人组建两条生产线；同时，引进德国 Julius Geiger 激光切割设备，意大利奔腾塔式旋转冲床，意大利 GASPARINI 数控折弯设备等加工设备开展生产工序的技术升级。利用院士工作站、博士工作站以及省级研发中心为主要依托，为公司转型升级提供科学技术支撑，提升公司创新能力和管理水平。

山东东大锅炉有限公司　该公司是由大连锅炉集团有限公司控股、澳大利亚爱康国际有限公司及山东多乐新能源科技有限责任公司三方合资的企业，注册资本 4000 万元，总投资 1.5 亿元，固定资产投资 1.1 亿元，厂区占地面积 10 余万平方米，一期建筑面积 35000 平方米。公司是以燃生物质能、燃油、燃气、燃煤等大型热水、蒸汽高效节能环保锅炉和新能源锅炉为主导产品。该公司于 2011 年 9 月动工建设，主厂房工程、办公楼、生活区（综合楼、公寓)、动力区（变电所、泵站）等一期工程于2013年6月全部竣工。公司于2013年7月获取国家特种设备A级锅炉制造许可证；是年，公司取得ISO9001及14001、OHSAS18001质量、环境、安全管理体系资质认证。东大公司全面投产后，年生产能力5000蒸吨，销售收入达5亿元左右，年税收8000万元，新增就业达600余人。

山东省北斗制冷设备有限公司　该公司坐落于山东省枣庄薛城经济开发区。占地面积8万平方米、主厂房53280平方米，拥有国内先进水平的生产加工设备、专业生产线及检验检测设备，建立高水平的风机性能实验室及动平衡试验室，保证产品的优良品质。主要生产、经营高效空气冷却器（高效冷风机）、高效节能蒸发式冷凝器、食品速冻设备、高效低噪通风机、冷库门、风幕机、铝合金排管、各类制冷辅助设备及化工类一、二类压力容器等优质产品和压力管道工程的安装；产品广泛应用于石油、化工、医药、水利水电、煤炭、煤化工、化肥等工业制冷及乳品、啤酒、食品饮料、食品、果蔬的低温加工、冷冻、冷藏及冷链物流和建筑空调制冷等领域。公司在国内制冷空调行业率先取得全国工业产品生产许可证，并率先通过ISO9001质量管理体系认证、ISO14001环境管理体系认证、OHSA18001职业健康安全管理体系认证；取得中华人民共和国特种设备制造许可证（压力容器D1、D2类）、特种设备设计许可证（压力容器D1、D2类）、特种设备安装改造维修许可证（压力管道GC2级）。该公司进行高新技术和专利产品的技术开发、创新、制造、销售及工程安装。成立上海交通大学博士工作站及枣庄市制冷设备工程技术研究中心，并长期与上海交通大学、西安交通大学等大专院校及科研机构合作，充分吸收国内外最新技术，同时取得多项科技创新成果和多项发明专利及实用新型专利技术。

山东智赢门窗系统有限公司　该公司成立于2001年，建筑面积约2.6万平方米（分东、西两个厂区），是集铝系统门窗研发、销售、技术服务及供应链管理为一体的全面的建筑门窗系统解决方案提供商。公司有自己的技术研发团队、性能实验室、产品体验中心和标准化生产车间，生产规模可达到100万平方米。该公司以打造系统门窗国际品牌为目标，专业从事高性能铝系统门窗的研发、生产和销售，是全面的绿建节能门窗解决方案提供商。先后取得国家专利100余项，是国家系统门窗行业标准制定者之一。

枣庄嘉麒人防设备配件有限公司　该公司是一家专业为人防工程配套生产通风设备、排气活门、密闭门、混凝土门、钢制门、矿山设备配件的民营企业，位于薛城区天山南路。公司拥有一流的检测设备，稳定的各类专业人防管理技术人员和售后服务团队，建立完整、科学的ISO9001：2008国际质量认证管理体系。

第二节　冶金化学工业

2009年3月，枣庄市被列为全国第二批资源枯竭型城市，实现城市转型的关键，首要解决的是产业转型，从煤到煤化工及精细化工是枣庄的首选。薛城区政府按照枣庄市委、市政府“一个战略、三大战役”的工作部署，围绕“城市新门户、物流新枢纽、制造业新基地、煤化工新园区”的“四新”发展定位，科学运筹，赶超发展，全面加快城市转型步伐。

2010年，先后引进世界500强日本JFE、世界化学工业50强韩国OCI、美国上市公司SES等化工企业，形成以煤焦化、甲醇、重苯及其下游产品为主的30多种煤化工产品的煤化工企业集群，以煤基多联产为主，以煤气化、煤焦油深加工为核心的三条产业链，已成为鲁南地区具有技术优势和产品竞争力的大型煤化工基地。全区共有化工园区（集聚区）3个，化工企业32家，规模以上化工企业19家，从业人员近1.1万人，生产产品涉及20个系列、近百个品种。2013年全区化工产业实现主营业务收入69.49亿元，利税3.89亿元。

2011年，规划建设薛城经济开发区精细化工园、薛城能源循环经济百亿产业园、陶庄转型工业园3个专业化工园区及化工生产企业集中区。累计投资12.3亿元，完成4个村庄、500余户居民的搬迁，并完善园区规划及道路、水电管网、污水处理厂、人工湿地等基础设施，提高园区承载力和吸引力。薛城开发区精细化工园，总面积3.8平方公里，重点发展以精细化工为核心的新型高附加值煤化工产品，汇聚热电多联产循环经济百亿产业园，以及埃新斯气体等煤化工龙头企业。薛城能源循环经济百亿产业园，总面积6.02平方公里，主要承接煤气化、煤焦化类转移项目，培育煤焦化、煤焦油、煤气综合利用等项目，延伸引进PBT、PET、PBS新型工程型材、锂电池负极、高纯度工业萘、对羟基苯甲醛、香兰素等精细化工产业类项目。陶庄转型工业园区，占地2.5平方公里，以精细化工、专用化学品为重点，规划建设以煤化工新材料、新能源、新医药为核心的现代化煤炭深加工产业基地。成立化工产业专业招商组，加强与韩国OCI、美国SES、日本JFE等企业合作，引进培育薛城能源、奥瑟亚化工、埃新斯新气体等一批化工龙头企业和产业龙头项目，初步形成煤气化、煤焦化两大产业集群。

企业选介

山东能源枣矿集团凯乐公司　该公司位于枣庄市薛城区陶庄镇，原为枣庄矿务局八二四厂，始建于1969年，为全国民爆器材定点生产单位。2006年10月，按照民爆行业兼并重组政策，兼并购买安丘市炸药厂有限责任公司、乳山市八四一有限公司。兼并购买安丘市民爆器材专卖有限责任公司。2006年11月兼并购买新泰市安泰化工有限公司。2006年11月，经山东省国资委批准，枣庄矿务局八二四厂改制为山东凯乐化工有限公司，注册资本2000万元。资产总额24460万元，净资产7885万元。公司分为生产区和总库区，占地33万平方米，有乳化、粉状和胶状乳化炸药三条生产线。核定年生产能力2.9万吨，位居全国民爆大型企业之列。生产的民用爆破器材注册商标为“凯乐”牌，其主导产品有乳化炸药、工业粉状炸药两大系列，能有效满足采煤、冶金、采石等矿山开采，架桥、筑路等各种爆破工程，农田、水利建设的需要。主要生产铵梯炸药、乳化炸药、铵油、铵松蜡炸药等三大品种和直径35/150克、直径35/200克、直径32/150克、直径27/100克、大包装等5个规格的炸药，并可根据用户需要加工特殊规格产品。

山东三和信达新材料科技有限公司　该公司成立于2011年8月，位于枣庄市薛城区邹坞镇驻地，注册资金1000万元。为薛城区2012年度十大重点建设工程项目之一。企业主要通过整合国内先进的工艺技术，充分发挥技术人才优势，对国内C9、C10重芳烃资源进行充分的开发和利用，努力打造山东省C9、C10加工基地。项目于2011年投资7555.36万元建设3万吨/年重芳烃（重苯）分离项目，主要是对C10重芳烃进行加工。公司的主要产品为均四甲苯，副产品主要有1号芳烃、2号芳烃等。均四甲苯的主要用途用于制造聚酰亚胺，聚酰亚胺作为一种特殊的工程塑料，已广泛应用在航空、航天、微电子、纳米、液晶、分离膜、激光等领域。近来，各国都在将聚酰亚胺的研究、开发及利用列入21世纪最有希望的工程塑料之一。聚酰亚胺，因其在性能和合成方面的突出特点，不论是作为结构材料或是作为功能性材料，其巨大的应用前景已经得到充分的认识。

枣庄杰富意振兴化工有限公司　该公司由山东潍焦集团有限公司与日本JFE化工株式会社于2005年合资组建而成，50万吨/年煤焦油深加工项目，占地24.27公顷，总投资7.2亿元人民币，其中山东杰富意振兴化工有限公司控股投资，占58%，山东潍焦集团有限公司占16.8%，日本JFE化工株式会社占25.2%。2005年10月17日开工建设，2014 年 11 月 18 日竣工投产。双方于 2006 年 11 月建成 30 万吨/年煤焦油深加工装置，之后，通过不断改进工艺和技术，加工能力达到 50 万吨/年，成为当时世界上最大的单套煤焦油深加工生产装置，且企业实现连续 7 年盈利。

第五章 轻工业和新能源

第一节 轻工业

薛城区轻工业经过二十多年的发展，形成门类较为齐全的轻工业生产体系。有造纸、玻璃、啤酒、制鞋、肉制品、粮食、木材加工等 10 余个主导行业，从业人员约 1.5 万人，主要产品种类近 120 种。轻工行业发展是薛城区构建产业新体系、保持综合制造体系一个不可缺少的环节，薛城多措并举，扎实推动轻工产业转型升级。

加快产业升级改造。造纸产业，加快推进远通纸业 30 万吨技改、海象纸业余热余压利用等项目，开发特种纸品、高端专用纸品，提升产品档次。机械制造产业，重点支持多乐采暖、通晟制造等企业发扬“工匠精神”，强化品牌建设，打造“百年老店”。玻璃产业，着力引导联兴玻璃、宏伟玻璃对外嫁接联合，推动产业技改、产品升级，增强市场竞争力。食品饮料产业，加快建设青啤易拉罐、银牛面业扩建、夫宇食品等项目，扩大产业优势，提升市场份额。新兴产业，积极引导润恒光能等企业与战略伙伴深化合作，抢占行业制高点。

强化创新引领。突出企业主体地位。围绕打造创新资源的集聚区，制定出台奖励政策，支持企业与知名高校、科研院所合作。突出抓好孵化器 2.0 科技创新产业公园建设，突出科研成果转化。鼓励支持远通纸业、润恒光能、智赢门窗等企业加强科技研发，申报国家高新技术企业，科技型中小企业 5 家、省级以上名牌名标产品 2 个以上。突出人才支撑作用。紧扣产业链、创新链布局人才链，依托省级大学生创业园等平台，新引进高层次、高技能人才 400 人以上，为产业转型提供人才支撑。

完善保障机制。加强监测调度，实施精准帮扶，结合开展联系服务群众“百千万”活动，帮助企业分析问题、解决难题，走出发展困境。加大政策支持，认真落实企业减税费、降成本等政策，搭建同业对标平台，引导企业眼睛向内降本增效，眼睛向外对标提升，增强发展竞争力。持续推进简政放权，打通服务企业的“便捷通道”；坚持以创新激发管理体制、运营机制活力，促进企业健康发展、持续投资，努力打造产业发展、项目建设、企业运营的活力区。

企业选介

青岛啤酒（薛城）有限公司 1999 年 3 月 19 日正式成立，拥有固定资产 2 亿元，年生产啤酒能力 20000 千升，成立 16 年来累计实现啤酒产销量 15 亿余升，累计上缴税金 6 亿余元，提供就业岗位近千个，对拉动经济和相关产业起到较好的促进作用。该公司运用先进管理工具、操作流程，先后顺利通过 ISO9001 质量体系、ISO14001 环境体系、OHSAS18001 职业健康安全管理体系、ISO22000 国际食品安全管理体系和 QS 食品质量安全等系列认证，同时也是枣庄市率先通过计量定量包装能力“C”标志认证和清洁生产认证的企业。2000 年 8 月，被枣庄市人民政府授予“学海尔、学亚星、学邯钢”典型单位。2001 年 3 月，由托普计算机网络中心完成局域网工程，提高现代企业管理水平。2002 年 4 月，反渗透大型水处理设备试车成功，正式投产。2003 年 3 月，

青岛啤酒（薛城）有限公司

获批崂山啤酒产品生产资格，成功上市。2005 年 6 月，“南极洲”品牌产品被枣庄市委、市政府指定为政府接待用酒。2006 年 9 月，美国 AB 公司 David Hollows 酿酒师一行到公司考察。2007 年 7 月，投资 378 万元污水处理再提高工程全面技术改造。2008 年 5 月，积极组织发动向汶川灾区捐款 21500 元，献血 2.6 万毫升。2010 年 4 月，获批青岛啤酒冰醇产品生产资格，成功上市。2012 年 1 月，累计投资 1417.73 万元，进行杀菌机、验瓶机、码垛机等技改项目。2013 年 1 月，产量首次突破 15000 万升，全年产销量 16200 万升，实现历史突破。该公司主要产品涉及青岛冰醇啤酒、崂山啤酒、山水啤酒、银麦啤酒四大品种涵盖箱装、塑包、桶装三种包装形式，产品销往河北、河南、临沂、济宁、枣庄等地。

枣庄夫宇食品有限公司　该公司位于薛城经济开发区，是一家集研发、生产、销售于一体的现代化高端食品生产企业。公司占地 10.67 余公顷，总投资 3 亿元，成为农业产业化龙头企业。

枣庄银牛面业有限公司　该公司的前身为薛城面粉厂，由发达面粉集团于 2004 年 7 月投资建设，产品以普通面粉及副产品为主，采用国际最先进的瑞士布勒制粉技术及设备和 PLC 自动化控制系统，工艺和设备均为国际国内一流水平，年可加工小麦 30 万吨，年产面包粉、水饺粉、民用粉等各类面粉 24 万吨。公司投资 1.2 亿元，新建 6 万吨/年高档挂面项目。又投资 1.5 亿元，建设年加工小麦 23 万吨制粉生产线项目和仓容 2 万吨标准原粮平仓，项目建成后，形成以优质麦种植、仓储、物流、粮食精深加工为一体的产业链条，打造一流的面粉加工和粮食物流集散基地。

薛城区造纸总厂　该厂位于薛城西郊枣微公路南旁，是薛城区唯一一家以生产箱板纸为主的区办造纸企业。1990 年，占地 8 公顷，建筑面积 16000 平方米，固定资产原值年末 12750.7 万元，流动资金年平均余额 984.5 万元，职工 417 人。实现工业总产值 2841.6 万元（按 1990 年不变价格计算），利润总额 431.8 万元，全部职工年平均人数 417 人，全员劳动生产率 32367 元。该厂筹建于 1987 年，设备引进国内最先进的多缸、长圆网结合的 1600 型造纸机。可生产的 280～360 克各类板纸。1988 年建成投产，是年生产板纸 4406 吨。1989 年生产 1.21 万吨，1990 年生产 1.42 万吨，产品替代进口产品畅销全国各地，并间接出口。1989 年，该厂生产的 1 号、2 号箱板纸双获省优质产品称号。其中，1 号箱板纸被评为轻工部优质产品。1992 年 7 月 5 日，中国外贸纸张包装进出口总公司、香港合众股份有限公司、三农联合建立山东华众纸业股份有限公司，2007 年 5 月该公司破产。

山东远通纸业有限公司　该公司成立于 2008 年，是由香港森信集团在收购原山东华众纸业有限公司的基础上组建的大型造纸企业，有资产总额19亿元，员工900人，占地约60公顷，拥有一个省级技术研发中心，三条造纸生产线，年产能37万吨，配套建设4.8万千瓦自备热电厂和日处理能力3万立方米的污水处理厂。该公司主要生产中、高档牛皮箱纸板和高档涂布白纸板为主的特大型企业。拥有国际领先水平的造纸生产线3条，年生产能力19万吨。建设的年生产能力20万吨牛卡纸项目，2010年6月，投入生产。企业破产重组后，已生产涂布白板纸3万多吨，实现销售收入1亿多元。为实现做强做大的经营目标，远通纸业在淘汰原1号机组年产2万吨箱板纸生产线的基础上，技改建设一条年产30万吨牛皮卡纸生产线，该项目总投资8.58亿元，配套建设1台220吨/时锅炉+30兆瓦发电机组，建成后年可实现销售收入10.98亿元，利税1.28亿元。

枣庄市一大造纸有限公司（原薛城一大造纸厂） 始建于1986年春，占地面积2.5万平方米，有职工218人，专业技术人员、大中专毕业生占总员工的40%以上，拥有固定资产1500万元，流动资金500万元。是一个专业生产高强瓦楞原纸的国家中一型企业，拥有四台国内先进的制浆抄纸机组，可生产定量127~180克，800~2700毫米不同规格的高强瓦楞纸，年产量3万吨。该厂技术力量雄厚、设备精良、管理完善，生产的产品均达到《瓦楞原纸》（GB13023-1991）标准，1994—1998年连续再次经山东商检局验收、颁发“出口商品包装质量许可证”该产品产销率达到100%，其中70%用于出口包装。1997年由清华大学环保工程系设计、安装、调试投资300万元的环保治理工程已正常运行，是年经市区环保局验收达标排放、废水排放达到《污水综合排放标准》（GB8978-1996）二级排放标准。企业设计规模为年产5万吨箱板纸和5000吨卫生纸，2008年1—9月，实现销售收入1300万元，实现税金86万元。2009年，由于设备老化耗能高，运行成本加大，加之箱板纸市场竞争激烈，利润空间小，该企业正在扩大生活用纸生产能力，利用原有生产箱板纸的厂房新上2条生活用纸生产线，生活用纸的生产能力年底可扩大到1万吨。仅生活用纸将实现销售收入2亿元，实现利润500万元，实现税金400万元。污水处理后，外排水排放指标达到南水北调的水质要求。

枣庄海象纸业有限公司 该公司位于枣庄市薛城区邹坞镇。年产15万吨的纱管纸生产项目，于2007年3月份开始筹建。是一家经省环保厅和省发改委批准建设的以废纸为原料生产中高档纱管纸为主的造纸企业。该公司有年产9万吨纱管纸生产项目，分两期建设，一期、二期生产工艺完全相同；公司在建项目是锅炉技术改造项目，已有项目和在建项目均在该厂区内。公司拥有国内先进水平的纱管纸生产线三条，生产原料为国内废纸板，采用国内当代先进装备和生产技术，注重环保与安全卫生，严格按国家有关规定及环境保护要求，对污染物进行有效治理，污水实现零排放。2008年8月6日正式投产，总投资2.4亿元，一期工程完成投资1.29亿元，投产后达到10万吨生产能力，年创税收1600万元，安排就业300人。

玻璃制造

1970年11月，薛城区兴建玻璃制品厂，建造一座八缸玻璃圆炉，购置并自制磨光机、转盘机、高立机、倒口机、容器压缩机等设备，生产灯罩、药瓶、半斤酒瓶、异型包装瓶、化妆品瓶等产品。1984年，更名为薛城玻璃厂。1990年，该厂被迫转产。薛城第二玻璃厂始建于1980年，占地面积5600平方米，建筑面积2100平方米，固定资产65.15万元，净值51.15万元，自有流动资金74万元，全厂职工240人。2007年年底，薛城区有规模以上玻璃生产企业4家，产能30万吨，实际产量为20万吨，其中联兴玻璃12万吨，宏伟玻璃5万吨。2008年，薛城区玻璃达到40

万吨生产能力。

山东联兴玻璃股份有限公司　该公司是股份制民营企业，位于枣庄西站南侧，系生产日用玻璃瓶罐的股份制有限公司。公司占地面积7.3万平方米，固定资产1.6亿元，流动资金2000万元。职工400余人，其中技术工120人，年生产能力15万吨。2001年，通过ISO9001质量管理体系认证，2005年，通过ISO14001环境管理体系认证。公司始建于1980年，当时为社办企业，原名常庄乡玻璃厂，1983年更名为薛城第二玻璃厂，1989年更名为枣庄市玻璃制品总厂，1998年年初实施股份制改造，全体员工入股，组建为山东枣庄市联兴玻璃有限公司，2001年年底再次通过实施股份制改造，2002年8月经省政府批准、省工商局注册彻底改制为民营股份制企业。啤酒瓶系列产品经国家质检局检验连续多年被评为优等品，2004年被评为山东省免检产品。联兴牌日用玻璃制品被评为枣庄名牌产品。公司采用国内先进设备，一流生产工艺，从配料到成型都实现计算机控制，主导产品为绿料、普白料、青白料系列的啤酒瓶、白酒瓶、化妆品瓶等，多种产品畅销全国300多个厂家，部分产品直销韩国。

联兴玻璃公司生产车间

枣庄市宏伟玻璃有限公司　该公司位于枣庄市薛城区泰山路北首。注册资金1000万元，经营日用玻璃制品制造。公司主要生产啤酒瓶、白酒瓶、饮料瓶、医药瓶、化妆品瓶等1000多个品种。2006年5月，该公司开工建设，总投资1.2亿元，分三期投入，第一期工程总投资4000万元，于2007年1月正式投产建成40平方米玻璃熔化炉1座；第二期工程投入6000万元，建成88平方米玻璃熔化炉1座，占地面积10万平方米，拥有六条国内同行业最先进的行列机自动化生产线，年生产能力12万吨。2013年，公司根据客户需求投资建设产品深加工车间，可对产品进行喷涂、烤花、磨砂等高档加工，提高产品附加值，提高企业竞争能力。该公司于2009年，通过ISO9000国际认证体系认证。2010年，被国家授予盐水瓶生产企业资格证书。2012年，被评为市级重合同守信用企业并获得进出口检验检疫备案资质。

木材加工业

2007年，产量为13万立方米，其中捷利木业5万立方米，双木木业3万立方米，东盛木业3万立方米，天顺木业2万立方米。主要产品为中密度纤维板和胶合板。2013年，薛城区有规模以上木材加工企业5家，生产能力35万立方米。

枣庄市捷利木业有限公司　该公司始建于2002年5月，是符合国家产业结构调整指导目录所属农林类鼓励型民营企业。公司坐落在枣庄市薛城区沙沟镇工业园内，地理位置优越，周边林业资源丰富。公司注册资本1000万元，银行信用等级AA级。公司占地12余公顷，职工126人（其中大、中专毕业生26人，工程师2人，技术人员37人），固定资产3590万元，年产总值8883万元，年创利税750万元。公司主要产品为中、高密度纤维板，该项目是变废为宝的绿色环保项目，充分利用有限资源保护环境，发展前景良好。产品经国家级检测部门检测，达到国家E2级标准，物理性能达到优级。公司生产的“树益佳”牌系列产品被评为“全国家居（建材）产业绿色环保品牌”。产品销往上海、浙江、江苏、河南、四川、安徽、覆盖周边地市。为扩大生产规模，提高产品质量和性能，同时为响应国家节能降耗减排战略，公司投资2000余万元改建生产线，新做工艺流程，更换具有世界先进水平的热磨机，热压机进行彻底的更换，产品质量有了质的飞跃；安装国内先进布袋除尘设备，除尘减污达到国内领先水平。通过改造后年产量达到8万立方米，年利用枝丫材12万吨。同时带动1000余户农民致富，直接提供几千个就业岗位，为农户创造效益近亿元。由于扩大生产规模，公司建立速生丰产林基地，走龙头带基地，基地连农民的产业化路子。符合国家产业政策，有利于地方经济发展和农民增收。项目建成后，每年可为农民新增产值1000万元，企业创销售收入1500万元，创利税200万元，同时，由于林业产业化的兴起，还会拉动与其相关的其他行业的发展，将会对全区乃至周边地区经济发展起到积极的推动作用，其社会效益可达3000余万元。该公司通过ISO 9001：2008质量管理体系认证，清洁生产审核绩效评价和安全生产标准化管理体系认证。

第二节　新能源工业

薛城区依托薛城循环经济产业园、热电联产百亿产业园，积极引进“四新”项目，以新旧动能转换为引领，大力发展电力、新能源、新材料。2012—2013年，工业结构优化升级。汰一批落后产能，取缔高耗能、高污染及“土小”企业242家，关闭小煤矿7处，全面关停采石企业，退出水泥产业，初步摆脱对资源的过度依赖。全区新增省级优质产品生产基地2处，省级名牌产品1个、著名商标6个；实现规模以上工业增加值158亿元、利税65亿元、利润33亿元。

围绕打造新旧动能转换创新平台，薛城区深化产学研合作，先后与清华大学、中科院上海有机所合作，建设孵化器2.0科技创新产业公园、绿碳化工中试基地两大平台。2013年，孵化器2.0科技创新产业公园一期已建成运营，入驻项目3个、创新创业团队2个；绿碳化工中试基地建成运营。建成省、市级创新孵化基地4处，成功孵化企业75家，汇聚创业商户850余家，带动就业8700余人。

大力招引创新紧缺人才，紧扣产业链、创新链布局人才链，制定国有企业高端人才招引意见，梳理紧缺人才70人，2013年招引20人，为新旧动能转换提供智力支撑。同时，建立人才库，由区里统一招聘后由民营企业使用，建立“只为所用、不为所有”的用人机制，为企业发展提供智力支持。

从太阳能工业光热利用向太阳能光电利用和空气能、地热能、生物质能等领域拓展。太阳能光热在化工、食品加工、纺织等工业领域的应用取得积极成效，要深度开发光伏发电、空气能、地热能、生物质能等新能源应用，提高新能源在工业领域利用水平，减少化石能源消耗。

企业选介

枣庄海帝新能源锂电科技有限公司　该公司成立于2011年12月，是一家专注于新能源产业链中，高附加值和高核心技术产品研发和产销一体的高科技公司。注册资本2000万元，地址在薛城经济开发区永福南路。主要产品是锂电池动力模组、锂电池储能模组等。锂电池模组生产线，年产能为300万安时，为客户提供适用于机器人动力、民用电动汽车，储能及通信基站，移动电源，电动工具等电源高端应用配套方案及产品。在 BMS 管理系统和电池充放电技术等方面获得专利并进行规模化生产。该公司拥有 TS16949、ISO9001、UN38.3、UC、CE、ROSE 等多项国际认证资质，拥有环球资源、中国制造、阿里巴巴等国际网络推广平台。

润恒光能有限公司　该公司是一家专业从事光伏产品的研发、生产和应用的特大型光能生产制造的国家高新技术企业，是国内领先的绿色能源和光伏系统集成供应商。公司注册资金 3 亿元，经营范围主要有晶硅光伏组件的生产研发、光伏电站的建设运营及国内外光伏电站的 EPC 项目总承包。公司有员工 400 余人，其中工程技术人员 120 余人，拥有专利 23 项，产品取得 CE、TUV、MCS、JET、CQC 等国际国内质量认证及 ISO9001 体系认证。该公司拥有先进的技术研发能力和制造能力，产线设备采用日本、德国、瑞士等高智能化设备设施。于 2011 年 5 月动工建设，2012 年 9 月投产运营。建成 10 条全自动生产线，年产多晶硅组件 500 兆瓦，总产值达 30 亿元。

第十二编

商贸流通

第一章　国有商业

第一节　商业管理体制改革

1991年年底，国有商业达到最大规模，全系统商业干部职工1564人，商品销售总额1.26亿元，社会商品零售额5401万元。1992年4月，改为薛城商业总公司。1994年开始，随着商业经营的全面放开，私营商贸流通业日益兴旺发达，国有商业逐渐出现萎缩，部分企业由国营向国有民营、抽本经营、私人承包直至租赁经营的转变。

1993年始，全系统率先在陶庄百货公司、山家林商业公司、甘霖商业公司、商业综合公司实行抽本租赁经营，至1994年，百货大楼、齐鲁商厦、薛城商场等大型网店全面铺开。是年底，由于大的经营环境和企业自身的管理问题，部分企业资不抵债，1995—1996年，薛城百文批发公司、纺织品批发公司宣布破产重组。1996年3月，薛城齐鲁商厦、国汇商业公司破产，组建薛城国货商业大厦。随后薛城商场宣布破产，薛城商场、百文批发公司、鞋帽批发公司共同组建薛城商业集团公司。当年对百货大楼和薛城商场进行改建和扩建，经营面积达到1万平方米。先后以百货大楼为基础，组建百货集团公司，以食品公司为基础，兼并食品厂和果汁公司，组建食品集团公司，形成3个企业集团。2003年6月，薛城商业总公司更名为商业管理办公室。

2008年，商业系统投资建设鲁南小商品批发市场、家具装饰材料批发市场。通过招商引资，先后引进“好而多超市”“百大服饰广场”“商业街家具城”“真喜欢快餐连锁”“手机商城”“伟雁摩托车”等知名品牌。利用外资完成两大市场建设，共完成固定资产投资5000余万元。投资200余万元，新建商业综合办公楼，营业用房采取招租的形式，引进各类专卖店10余家。

2010—2013年，市、区实施的陶庄矿区棚户区改造、燕山路南扩、火车站广场及新华街棚改等全区多项重点项目建设，拆除商业企业10家，600余名职工进行身份置换，解除劳动关系。到2013年，薛城商业系统仅有商业集团公司、陶庄百货公司、甘霖商业公司、食品公司4家企业，职工110人。

第二节　商业经营

1991年，全区形成计划经济与市场调节相互协调配合互为补充体制。1992年后，各种商品价格全部放开，市场开始公平合理竞争。商业系统所属企业不再单纯从各级批发企业进货，转而从一些批发企业或直接从厂家进货。同时，国有商业批发企业没能及时把握市场定位，销售逐渐萎缩。1995—1996年，难以经营，百文和纺织两大批发企业先后破产，而零售企业经营灵活，商业总公司要求各企业积极推行商品进货、销货、存货责任制，建立健全奖罚责任制。1996年10月，薛城百货大楼经过扩建装修，面积3000多平方米，经营品种1.2万余种。当年12月，薛城商场经过改扩建装修，营业面积5000余平方米，经营品种1.5万余种。同年，薛城区生猪定点屠宰办公室成立，办公室设在食品公司，薛城食品公司闲置10年的宰杀生猪10万头的宰杀线和300吨冷库启动，保证全区人民吃上放心肉。

第三节　商业网点

1992年，薛城国有商业网点遍布薛城市区和乡镇。大型商业零售网点有百货大楼、齐鲁商厦、薛城商场、环宇商场、华夏商场，小型商业网点遍布城区各个街道。欣欣商店、百货一店、购物中心、薛城车行、糖酒自选商场等成为大商场。陶庄百货公司、山家林商业公司和甘霖矿区商业公司的零售门店遍布三个矿区驻地。小型商店逐渐实行抽本租赁经营。

2010—2013年，市、区实施的陶庄矿区棚户区改造，燕山路南扩，火车站广场及新华街棚改等全区多项重点项目建设，共拆除商业企业10家，全系统零售网点基本全部拆除完毕。仅剩薛城商业集团公司的几个网点和陶庄百货公司、甘霖商业公司的零售门店。

第四节　企业改制

2010年起，市、区实施的棚户区改造，共拆除商业企业10家，腾空商业企业用地近200亩，实施改制职工600多人，搬迁住家180多户，清理租用商业企业资产的租赁经营户200余家。

2008—2013年，在保持稳定的前提下，积极稳妥地推进商业改革。对四家破产企业进行扫尾清理工作，真正做到资产一次性变现，债务一次性划转，人员一次性分流的要求。完成薛城商贸公司、山家林商业公司两家企业改制任务，职工解除劳动关系，一次性劳动补偿，享受失业待遇。薛城区棚改区域涉及商业企业10家企业（百货公司、食品公司、华鲁公司、糖酒公司、商业综合公司、五金公司、外供公司、物质公司、甘霖商业公司及陶庄百货公司）营业场所全部拆除，根据区政府会议纪要精神，对涉及的600余名职工进行身份置换，解除劳动关系，缴纳养老、医疗保险金，并发放生活费，享受失业待遇。通过积极争取政策、充分的准备、规范的操作、得力的措施，确保改制工作的顺利完成。

第五节　企业简介

薛城齐鲁商厦

齐鲁商厦始建于1987年9月，1990年元旦正式开业，建筑面积10032平方米，主楼6层，南楼4层，员工680人，经营商品品种1万多种，年销售额4000多万元，齐鲁商厦除商品经营外还开有富丽豪酒店舞厅。齐鲁商厦从营业面积、销售额、环境档次是当时枣庄乃至鲁南地区最大的购物商场。但随着计划经济向市场经济转变，该企业经营逐渐萎缩，1995年，更名为国汇大厦，1996年，破产重组更名国货商业大厦，2002年，改制私有退出国有经济序列。

薛城百货大楼

薛城百货大楼建于20世纪70年代，建筑面积1800平方米，共3层，人们习惯称百货大楼为薛城“东大楼”，百货大楼经营品种齐全，包括日用百货、食品、服饰鞋帽、五金、大小家电等万余种商品，由于该企业商品好，信誉佳，企业效益非常突出，职工奖金较高。百货大楼于1996年在原楼基础上扩建南楼3层，新扩建筑面积4000多平方米，并引进好而多超市、服饰广场、

薛城百货大楼

真喜欢快餐等连锁店，员工200多人，该企业于2010年年底区棚改工程拆除。

薛城工业品贸易中心

1984年9月，薛城工业品贸易中心于成立，1989年9月经薛城区人民政府批准确定为中（二）型企业。中心成立前后主要经营各类大宗商品批发业务，拥有多个专业批发公司和大型零售商场，其中有薛城百货文化用品批发公司、薛城糖业烟酒公司、薛城纺织品批发公司、薛城鞋帽批发公司、薛城五金交电化工批发公司、薛城商业综合批发公司、薛城商场、薛城购物中心等企业，正式职工460人，年销售额近亿元，年上缴管理费及税金近百万元。

薛城商业集团公司

由原五金公司、薛城商场、购物中心、鞋帽公司组建而成。所辖经营场所临山路“薛城批发市场”（鲁南小商品城），1999年年底竣工，经多次改造扩建市场初具规模，位于枣庄西站广场至临山路繁华的商业集散地，地处长途汽车站、火车站繁华地段，市场占地2.5万平方米，总建筑面积近2万平方米。140个商铺，40个摊位，经营面积1.2万平方米，安置下岗职工80余人，被区指定为“下岗工人再就业基地”。年收租金100余万元。集团办公楼及场所占地面积0.267公顷，家用电器公司“薛城移动通信手机城”是薛城家用电器公司于2004年与薛城移动通信公司合作成立，该手机城共100多节柜台，经营业户达100多户，是薛城最大的手机及通信器材大卖场。营业房年收租金40余万元。黄河路“薛城家具批发城”占地1.33余公顷，招商引资“海南房地产开发公司”，投资已建成营业房1.3万平方米。

薛城区食品公司

1971年成立，是薛城区唯一一家具有生猪定点屠宰资格的企业，拥有6个乡镇食品站。承担着全区人民的肉食计划供应。90年代初期，食品公司一度陷入危机状态。自1996年5月国家实行生猪定点管理以来，区食品公司严格执行《中华人民共和国动物防疫法》《中华人民共和国食品安全卫生法》《生猪定点屠宰管理条例》等规定，本着定点屠宰，集中检疫，统一纳税，分散经营的原则，严格生猪定点管理，为全区人民提供安全、放心的肉制品。2010年9月，食品公司因区棚户区改造，从火车站区域搬至薛城区永福路722号，同时对企业经营方式进行改革，由原来国营企业改为国有民营，将职工身份进行置换，原岗位就业，年屠宰生猪6万余头。

1991—2010年薛城区商业系统经济指标完成情况统计表

表12-1　　　　单位：万元

项目 年份	商品销售零售额	商品销售总额
1991	5401	12678.3
1992	6695	13280
1993	5246	9627
1994	4633	11004
1995	4935	13167
1996	4567	14851
1997	4518	15489
1998	7486	16024

续表12-1

年份 \ 项目	商品销售零售额	商品销售总额
1999	8548	16140
2000	8613	11616
2001	7146	11489
2002	8170	11177
2003	6976	10096
2004	7462	11120
2005	7633	11173
2006	7621	11271
2007	7308	11218
2008	7354	11184
2009	8193	12393
2010	5278	5998

第二章　供销合作商业

第一节　供销管理机构

1992 年 4 月，区政府批准成立区供销社总公司，与区供销社联合社合署办公（一套机构、两块牌子）。20 世纪 90 年代，全系统在加强为农服务、改进经营方式、提高综合实力方面进行积极探索。90 年代末，受专营市场放开、社员股金清理整顿，加之机制不活、设施陈旧、资金短缺、包袱沉重等因素影响，发展举步维艰。2002—2005 年，全系统进行改革改制，基层企业通过破产、兼并、转让、注销等方式进行重组。2005 年后，在小城镇建设和棚户区改造中，经营网点相继拆除。2008 年后，开展新型经营服务体系建设和组织体系建设，网点逐步改造重建。2013 年，区供销社恢复组建理事会、监事会，发展进入新阶段。全系统有基层供销社 2 家，社属企业 3 家，在职职工总数 139 人。

第二节　生产资料供应

化肥

1991 年，组织强有力的营销队伍，积极组织货源，供应各种化肥 24341 吨。

1992 年，贯彻农资专营规定，以“庄稼医院”为中心，完善系列化服务体系，全年销售化肥 25400 余吨。

1993 年，以生资公司为龙头，以基层供销社为主体，以14处“庄稼医院”和65处村级服务站为基地，采取多种形式方便群众，采购供应各种化肥2.62万吨。

1994年，供销社多方筹措资金，采购各种化肥近3.5万吨，供应各种化肥2.8万吨，虽满足农业生产需要，但由于农资限价政策的影响，供销系统损失59万元。

1995年，全系统共计销售各种化肥3.5万吨。1996年，通过落实货源，降低成本，增设临时网点，拓展周边市场，共销售各种化肥3.8万吨。

1997年，在天气干旱、农资市场供过于求、价格急剧下跌的形势下，在销售、核价、供应、服务上采取灵活方式，全年共销售化肥3.8吨，有力支援全区农业生产。

1998年，化肥经营采取全区“一体化”方式，实行货源组织、调拨、作价、结算“四统一”，确保不误农时，共销售化肥2.5万吨。

1999年，面对化肥专营权取消，坚持做到“市场放开，责任不放”，全系统累计供应化肥18000吨，占全区总量的85%以上。

2000年，面对农村市场的新变化，积极发挥主观能动性，全系统共计销售化肥1.5万吨。

2001年，面对资金紧缺、市场竞争激烈的新形势，调整经营思路，变换对策，努力抢占市场制高点，共销售各种化肥2.1万吨。

2002年，各家基层社、农资公司想方设法筹措资金，共销售供应各类化肥3万余吨。

2003年，组建区社控股的丰禾农资有限公司，以6处基层社为依托，以106处村级服务站为前沿，实行“规划建设、经营运作、监督管理、店牌标识”四个统一，形成区、镇、村三级农资流通网络，发展总经销、总代理品牌16家，实现农资销售收入1500余万元。

2004年，注重运用新的经营理念、策略、方式，做精、做强、做大农资经营业务，努力培育新的经济增长点，供应化肥2.1万吨，确保全区农业生产的需要。

2005年，全力构筑连锁配送经营网络，发展农资连锁店60个，销售各类化肥1万余吨，实现农资销售1500万元。

2006年，以“丰禾农资”为连锁品牌，发展连锁农家店51个，实行采购、价格、配送、标识、经营方式和服务规范“六统一”管理，全系统共组织供应各种化肥3.3万吨，占社会供应量的60%以上，实现农资销售额3700万元。

2007年，丰禾农资公司及“农家店”通过“万村千乡”市场工程验收，供应各种优质化肥3万余吨。

2008年，巩固“万村千乡”市场工程成果，旺季供农资商品品种60余个。

2009年，实行开放办社，依托贵诚农资，新建农资超市7处，农资连锁网点总数58个、近4600平方米，共销售各种化肥2.9万吨，农资销售总额5000余万元。

2010年，整合改造陶庄镇北安阳、沙沟镇杨庄、张范镇大香城、邹坞镇陈郝等农资超市8处，新增营业面积700余平方米，实现农资销售额1080万元，推进农民放心消费、安全消费和便利消费。

2011年，升级改造村级农资超市3个，为农民的生产消费提供更加便捷、安全的服务。

2012年，新建改造农资超市5处，狠抓服务，加强直供，配送农资化肥8000余吨。

2013年，开展大田托管服务，积极参与美好乡村建设，销售各类化肥3000余吨。

农药

1991年7月，薛城区供销社农药分装厂经区政府批准成立，全年累计分装农药72吨。1993年，总计采购供应各种农药43吨。1994年，共供应各种农药62吨。1995年，全系统共计销售各种农药40吨。1996年，全系统共计销售各种农药20吨。1998年，全系统发挥传统优势，积极组织农资采购供应，共销售农药78吨。

2000年，面对农村市场的新变化，区社发挥主观能动性，不断延伸服务层次，拓展服务空间，共计销售农药20吨。2001年，全系统共销售各种农药40吨。2004年，注重运用新的经营理念、策略、方式，做精、做强、做大农资传统经营业务，供应农药40吨，确保全区农业生产的需要。

2005—2013年，随着基层门店个人承包，供销社农药经营随行就市，呈现下降趋势。

农具

1991年，累计供应中小农具2.24万件，农药械4500架。

1993年，采购供应各种农药械3200多架，三车零件2.4万件（套）。

1997年，共向全区供应各种农机器械500余台（件），水龙带10万多米，支援全区抗旱工作。

1998年，调整农机经营思路，以销定购，成立三包服务中心，细化售前、售中、售后服务，共销售各种农机具、加工器械1200余件，完成销售额380万元，市场占有率70%以上。

1999年，销售拖拉机300余台，联合收割机60余部，柴油机70余台，脱粒机120余台，饲料机100余台，各种犁具100余架，实现销售收入360万元。

2000年，在周边农机市场大幅度滑坡的情况下，农机销售实现突破，全年销售拖拉机300余台，播种机100余台，农用三轮车140辆，联合收割机20余台，脱粒机20余台，大小犁具100架，销售收入320万元。

2002年，农机公司改制为民营，退出供销社系统。

农膜

1991年，累计供应各种农膜32吨。1994年，共供应各种农膜58吨。1995年，销售各种农膜30吨。1996年，销售各种农膜15吨。1998年，全系统发挥传统优势，积极组织农资采购供应，共销售农膜210吨。1999年，全系统农膜有相当的比重。2000年，全系统共计销售农膜20吨。2001年，全系统共销售各种农膜50吨。2002年，各家基层社、农资公司共销售供应农膜70余吨。此后，农资公司和基层社破产。

第三节　生活资料供应

1991年，区供销社在一楼三场（供销大楼、人民商场、临山商场、中山商场）开展“迎新春、促购销”竞赛活动，开展工业品联产联销，扩大销售额315万元，代销商品实现销售额667万元，占供销系统商品纯销售额的15.7%。

1993年，全系统实现生活资料销售额4500万元，同比增长15.8%。

1994年，全系统工业品经营实现销售3798.5万元，占销售总额的30.3%。

1995年，区供销社投资100余万元，建设家具商城，从厂家和大型批发市场直接进货率达65%以上，全年新增营业网点面积5000余平方米，日用工业品销售额7500万元。

1996年，全系统工业品实现销售额7017.6万元，占总销售额的31.5%，先后同海尔、海信、雅戈尔等10余家企业建立总经销、总代理关系。

1997年，成立恒大集团公司家电、服装、鞋帽三大经营部，实行批量进货，在畅销商品上取得厂家优先供应权；顺达车行与20多个名优厂家建立稳固的总经销、总代理关系，成为南京玉河摩托车在全省最大的代理商。

1998年，恒大集团已发展“双总”60余家，成立3个专卖店，7个专卖柜，家电维修中心成为海尔、长虹等7个名牌电器厂家在薛城的特约维修站。

1999年，恒大集团厂方专卖柜发展到11家，又增设雅戈尔专卖店，顺达车行开发无锡轻骑品牌，经营品牌发展到27家，并在济南大观园商场租赁场地，经营打入省城市场。家电总站拓宽周边市场，为微山岱庄矿区上门安装空调50余台。

2000年，恒大集团以名优商品为主线，积极开展特色经营，名优品牌占全部经营品种的70%以上，取得2000年度办公用品政府采购特许配送权，配送金额91.5万元。人民商场成为“双星”旅游鞋在薛城的总经销商。顺达车行发展南京金城、江苏新世纪品牌专营项目，在枣庄、滕州设立摩托车专卖店，并与公安部门联合成立便民服务站。

2001年，投资160余万元，组建1500平方米的苏果超市，为南京苏果在枣庄地区的首家加盟连锁店，也是全区当时营业面积最大的购物超市。“新大洲”摩托车专卖店在顺达车行落户。

2002年，恒大集团公司调整供销大楼购物环境和经营布局，积极发展总经销、总代理业务，走名牌带动战略，名牌商品经营比重占40%以上，继续走在全区同行业首列。苏果超市总营业面积扩大到2000平方米，与供销大楼形成一体，优势互补，经营品种达到4个大类2万多个花色品种，并在2处封闭式管理学校开设分销点。

2003年，苏果超市在医院、学校、居民区等人口密集部位，发展连锁网点5家。

2004年，实施超市下乡，利用原周营供销大楼，创办600平方米周营苏果超市，是当时全区规模最大、设施最先进的农村超市之一。

2005年，建成苏果海化连锁店，苏果超市连锁店达到6家，逐步形成带动能力强、辐射区域广、扩张潜力大的品牌经营网络体系。

2006年，抢抓实施“万村千乡”市场工程机遇，以苏果超市为龙头，新建成镇级苏果超市邹坞店、沙沟店2家，面积分别达到450平方米、400平方米，扩建周营苏果超市400余平方米；新建村级连锁超市15个，总营业面积近6000平方米。引进国美家电，盘活闲置资产1800平方米，增加就业岗位80余个。

2007年，深化“万村千乡”市场工程，发展村级“薛城供销超市”12家；工业品连锁超市总营业面积达1.2万平方米，年销售额3500余万元。

2008年，新建、改造镇街中心店、直营店、日用品便民超市12处、分别占行政村总数的24.2%。装修改造6000多平方米苏果超市总店，镇级超市微机联网；村级超市明码标价，开架自选，进一步满足农村消费者的需求。

2009年，依托贵诚超市、苏果超市，建成邹坞北安阳等村级超市10处，经营面积在60~120平方米不等，日用品连锁超市总数达到17处，连锁销售额达到7500余万元。

2010年，建成兴城街办驻地、临城街道东丁村、周营镇铁佛、牛山等村级日用品便民超市8处，营业面积1600平方米，年销售额达到1250余万元。

2011年，升级改造村级日用品超市4处，年销售额达到1300余万元。

2012年，升级改造村级日用品超市5处，把超市、便利店等新型业态送下乡、开进村，改善农民的购物环境。

2013年，拆除服役30多年的周营供销大楼，投资420万元，新建百姓苏果超市，营业面积扩大到3180平方米，成为全区规模最大、档次最高的新型镇级供销超市，单体面积在全市同行中位居前列。

第四节 农副产品收购

20世纪90年代，区供销社农副产品收购以棉花为主，主要由棉麻公司和基层供销社承担。2000年以后，随着市场经济的发展，农副产品收购业务基本停止。

1991年，落实市政府下达给薛城区的2333.33公顷棉花种植计划，印发公开信1.2万份，出动宣传车13辆次，配合乡镇政府深入村队，落实签订棉花订购合同6.91万份，落实种植面积2466.67公顷。配合区棉办购进优良棉种9万公斤，抽调14名技术骨干配合农技站指导棉花种植，全区棉花收购形势有所好转，共收购籽棉367万公斤。

1992年，继续完善棉花生产系列化服务，配合区、乡两级政府落实3333.33公顷种植目标，完善产、供、销服务体系，建立和完善植保服务队和机防队，聘请和培训15名技术人员，开展科技推广和田间管理综合服务。

1993年，全区棉花生产形势严峻，区供销社在人力、物力、财力上加强各项服务工作，做好网点的设置、棉检人员的组合和培训，各种器材的购置和维修，全区共收购籽棉52万公斤。

1994年，棉花收购11593担，收购金额为337万元，棉花外调实现销售额546.8万元，较同期减少 411.9 万元，下降幅度 42.9%。

1995 年，积极开展多种经营，投资 200 余万元新建浸出油厂。全年全系统累计收购籽棉 1050 万公斤。加之外调皮棉 215 吨，棉短绒 132 吨，棉饼 710 吨，累计实现销售额 648.2 万元。

1996 年，在棉花资源紧缺的情况下，工作重点转移到精炼油生产上，组织收购籽棉 5000 余吨，棉油产品供不应求，扭转企业被动局面。

1998 年，收购棉籽 3000 余吨，并通过对毛棉籽剥绒，产出市场行情看好的短绒产品。

1999 年，棉花市场放开，棉厂果断调整“依棉立厂”的思想，转移资金、人员，投向榨油生产，突击收购棉籽 3000 余吨，生产棉油 200 余吨，精炼油精炼率 92%，创建厂以来最好成绩。

2000 年，累计购进棉籽 3500 吨，生产棉油 240 吨、棉饼 1670 吨。是年后，随着专营的取消和基层供销社的破产改制，农副产品收购业务逐年萎缩，全区棉花购销工作实现转移。

第五节　废旧物资回收

1991 年 1 月底，经区政府批准，区供销社成立薛城区废旧物资回收公司，具体负责辖区内废旧物资的收购经营，在全区设立 9 个收购点，具体从事废钢铁、废塑料、废纸、废铜等废旧物资的收购工作。1997 年，物资回收公司组建 5 处加工车间，对废旧钢材进行深加工，增加收入 5 万余元。1998 年，整顿废旧物资市场，取消 3 个废旧物资收购点。1999 年，废旧回收连锁网点发展到 20 个。2000 年后，因废旧物资市场放开，允许个体经营介入，收购受到较大影响。2003 年，废旧物资回收公司改制民营。

第六节　经营管理

计划统计管理

1988 年以后，供销社计划管理的商品只有皮棉、化肥、农药、农膜，1996 年，取消粮棉油三挂钩化肥奖售指标，1999 年后，计划管理商品取消。

1995 年，区供销社将统计管理纳入承包合同中，为各企业配备专兼职统计人员 18 名。1996 年，区供销社深入企业现场办公，进一步加强企业统计管理工作。2001 年以后，全系统推行企业改制，破产企业、改制民营企业 不再向区供销社上报统计报表，区社将业务科改组为业务统计企业改制科，上报报表统计形式以调查、推算、估算为主。

储运管理

1994 年，区供销社对购销调存各个环节严格手续制度。2002 年，投资 10 万元新建 300 平方米烟花仓库，将土产公司从城区搬迁至南部城郊，消除城区安全隐患。2005 年，改造新型的烟花爆竹仓库，经营品种发展到 1000 多个，更好地满足市场需求。2008 年，因吉利烟花公司仓库东临建设洗煤厂导致仓库存在安全隐患，多方协调后重新择址迁建。

1997 年 12 月 26 日，区社建立总公司车队，实行股份合作制方式经营。1999 年 10 月，区社对所有挂靠的运输车辆进行集中清理。

“四防”管理

1994 年，安全保卫工作做到常检查、常督促、及时处置事故隐患。1998 年，结合防洪救灾，完善各种安全措施，对企业安全隐患部位下达整改通知书，限期治理消除隐患，确保安全。1999 年，区供销社组织人员对商场、库房、加油站、烟花经营店安全管理全面进行督导检查。2002 年，投资 10 万元在塑编厂新建 300 平方米烟花仓库，将土产杂品公司迁至城郊。2004 年 11 月，区供销社系统开展“百日安全生产集中整治”活动，组织专项治理检查活动 5 次，发现并整改安全隐患 10 余处，确保企业安全运转。2007 年，与各企业落实签订责任书，制定完善各项管理制度，排查隐患，督导整改，未发生 1 例安全责任事故。2008 年 4 月，认真开展安全生产隐患排查治理活动，落实工作责任制，加强对重点单位和经营场所的监督、检查力度，修订完善管理制度 10 多项，排查整改安全隐患 10 余处。确保安全生产经营，万无一失。2009 年，共进行各类安全大检查 5 次，投入整改资金 2.3 万元，隐患整改率达 100%，确保人、财、物的安全与完整，实现全年无重大责任事故目标。2010 年，组织安全大检查 6 次，排查整改安全隐患 8 处，实现安全无事故目标。2012 年，深入开展“安全生产基层基础强化年”活动，强化措施，落实责任，加强监督，消除隐患，确保系统安全生产形势持续平稳。2013 年，认真落实安全生产责任制，深入开展“安全生产基层基础提升年”活动，系统安全生产形势持续平稳。

第七节　财务管理

1994 年，区供销社集中加强资金管理，盘活用好资金。

1995 年，贯彻全区“管理效益年”活动部署，将财务管理纳入承包合同中，对会计基础工作进行大检查，开展“双增双节”活动，严格控制费用开支。在全系统进行清欠公款专项检查，盘活沉淀资金 220 余万元。

1996 年，区供销社开展清产核资工作，实行资金开支“统一审批、统一调配”，规范资金审批手续。

1997 年，区供销社对财务人员集中进行业务培训，突出抓好工程项目的决算审计，审减固定资产投资 83 万元，强化社员股金的管理与使用。

1998 年 2 月，区社在全系统推行主管会计“委派制”，下发《关于重申规范社员股金管理工作的紧急通知》，推行电算化管理，严格社员股金操作规程；全系统集中进行为期 3 个月的结算资金清理工作，清收资金近千万元。

1999 年，区供销社把企业社员股金还本付息纳入年度考核重点，成立资金清欠办公室，对全系统组织开展资金清欠工作，邹坞供销社 21 个承包班组拖欠 3 年的承租金全部缴清。抽调 10 余名业务骨干，配合区政府工作组，对供销社财务挂账全面清理核查。

2001 年，区供销社重点加强企业流动资金的管理，并加强跟踪审计和监督，在全系统进行借用股金本息清收工作。

2002 年，区社先后 2 次召开企业法人及财务人员专题会议，督促各企业进一步完善财务制度，指导帮助财务人员提高会计核算水平，对个别存在问题的单位进行严厉查处。先后查处供销大楼制冷组、顺达车行个人欠款等经济案件，使涉及企业多年遗留的司法诉讼案件有不同程度的进展。

2003 年，区供销社加大社有资产的变现和各种应收款项的清欠清收力度，清收 450 万元资金交至区财政。

2013 年，区供销社对财务管理制度重新进行修订完善，对报销发票实行财务首先稽核制。

第八节　劳动管理

1992 年 7 月，区供销社对所属 29 家企业领导干部实行聘任制管理。

1996 年 10 月，系统全体干部职工参加企业医疗保险。

1997 年，区供销社对临时工进行清退，腾出岗位安置正式工。

1998 年 5 月，开展“艰苦奋斗、勤俭建社”活动。

2001 年 6 月，制定《关于进一步深化供销社企业改革的意见》，深化企业内部人事、劳动、分配制度改革。

2002 年，通过企业划转合并，扩建改造，兴办短、平、快项目，分流安置在职人员 260 人，退休人员 51 人，遗属人员 42 人，落实政策人员 7 人，对部分困难企业内部退养的股级干部重新进行安置。

2003 年，有 900 余名职工转变原有身份，进入民营企业就业，800 余名职工自愿进入失业，享受失业保险待遇，吸纳接受 300 余名社会闲散人员实现再就业。

2006 年，协调劳动部门将 13 个拖欠养老金的破产改制企业 800 多名职工登记入册，为 108 名退休职工办理医保手续，286 名退休人员医疗保险纳入社区管理。

2007年，把企业离休人员纳入区社统一管理，依法依规对230余名职工历史遗留问题进行解决。

2010年7月，区供销社在编人员工资纳入区级财政。同年9月，区社对“空壳”企业和改制留守单位职工包袱问题集中进行清理解决。对建材城拆迁涉及8家企业165名职工，以2010年12月31日为界限，之前男满50周岁、女满40周岁的，其养老、医疗统筹金缴至本人退休，不承担生活费，待达到法定退休年龄时再予办理退休手续。非“4050”人员，一律解除与原企业劳动关系，给予补缴个人5年的养老、医疗统筹金作为解除劳动合同经济补偿。11月20日，原人民商场、顺达车行、物资回收公司、招待所及星海采购配送中心等企业停止运行，原有设置机构予以注销，涉及的“4050”人员一律纳入丰禾农资公司统一管理。

第九节　企业整顿和改制

企业整顿

1991年，按照“定死基数，有产可超”的原则，进行第二轮承包合同的制定和签订工作。建立内部审计机构，开展对企业法人代表的调离审计和基建项目的跟踪审计；供销大楼、人民商场、周营供销社被评为区级“双信”单位。

1992年，重点抓好企业内部经济秩序的整顿和企业管理制度的完善，建立和完善购销经营制度、财务管理制度、劳动人事制度和奖惩制度，切实解决以包代管的问题。

1993年，集中精力抓结算资金的清理，采取外部吸收、内部清理和开展“双代”业务等方式解决资金不足的难题。

1994年，区供销社对基层企业“小金库”进行专项治理，企业财务管理逐步走向规范化。

1995年，开展“管理效益年”活动，对企业的会计基础工作、财务工作进行大检查，全系统启动盘活资金220万元，处理各种包袱近百万元，开办社员股金服务部，共计吸收社员股金1200余万元。

1996年，推行岗位责任年薪制，加强对流动资金的管理，加强企业履行承包合同的审计监督，坚决杜绝跑、冒、滴、漏现象的发生。

1997年，区社突出抓工程项目决算审计，审计面达85%，审减固定资产投资金额83万元，全系统共清收应收款1080万元。

1998年，区社实行主管会计委派制，启用总社统一印制的社员股金证，全面实行电算化管理，开展“艰苦奋斗，勤俭建社”活动。

1999年，加强对社员股金的管理，把还本付息工作作为考核的重要内容。成立清理债权债务办公室，加强审计监督，加强企业基建工程项目的审计，核减总金额52.1万元。同年7—12月，在全系统集中进行清房工作，共查出有问题住房11套，纠正超标房5套。

2001年3月18日，全系统停止吸纳社员股金，19日起按全区清理整顿社员股金的要求，组织进行当期兑付，到年底，共兑付4524万元，占总数的43%，余额分两期兑付。

2002年，对社有资产的购置、变卖、处理实行申报审批制，减少实际工作中的随意性。

2004年，配合工商、公安等部门开展清理整顿市场经济秩序工作，促进系统内企业规范经营、诚信经营。

企业改制

1992年，区供销社推行经营、价格、用工、分配“四放开”改革，周营社、南石社、供销大楼、生资公司、土产公司、人民商场6个单位进行试点。

1993年，在新一轮承包中引入个体经营，并把利益均沾、风险共担的风险机制引入企业。在不改变班组隶属关系的前提下，对偏远、微利、规模较小的门店实行“抽本承租”；对基层社有发展前景的业务骨干部位、县以上批发企业和综合商场实行全员高额风险抵押承包；对无竞争能力的班组进行拍卖或租赁，实行“抽本承租”的班组共109个，收缴商品认购金191万元，实行高额风险抵押承包的班组共128个，收缴风险抵押金202万元。

1994年，全系统实行“抽本承租”班组109个，收缴商品认购金191万元，实行高额风险抵押班组共142个，收缴风险抵押金212万元。

1995年，区供销社对微利经营或亏损剧增的企业，实行关、停、并、转、破，临城、金河、沙沟、西仓4社撤社留店，并入农资公司，原生资公司进行破产，甩掉债务包袱500多万元，供销大楼兼并土产公司，投资90余万元，兴建家具商城。

1996年，以供销大楼、人民商场、中山商场、家具商城、土产公司、供销招待所6家企业为基础，以资产联结为纽带，组建枣庄市恒大集团，成为全市同行业首家紧密型企业集团，拥有固定资产3600万元，职工700余人，总营业面积18000平方米。

1997年，打破档案工资制，层层签订目标责任状，实行劳效挂钩。

1998年，在基层社中推行进货、作价、销售、账务、分配“五分开”，完善抽本承租经营。推行领导班子逐级聘任制。深化分配制度改革，职工的收入多少凭贡献，依据劳动强度、技术水平、工作环境和责任大小来确定，加工企业中推行计件工资制。

1999年，调整基层社建制，将南石供销社撤社留店并入兴仁供销社，对恒大集团公司进行分离，土产公司于年初从集团公司分出，11月，人民商场由集团紧密型企业变为松散型一级法人企业。

2000年，对华腾面粉厂实施剥离经营。

2001年，出台《关于深化供销社企业改革的意见》，在全系统的小门店、小网点推行独立个体经营，对偏远门店实行出售、转让、置换，在苏果超市开展股份合作制改革试点，在周营、陶庄供销社试行职工身份转换试点，在农机机电公司、顺达车行进行合伙经营试点。

2002年，结合乡镇调整，按照依经济区域建社原则，对6处基层供销社布局进行适当调整，兴仁供销社加工厂并入棉厂，南石中心店并入导电材料厂，农资公司塑编厂并入土产杂品公司，南常社撤社并入周营社，沙沟中心店并入华腾面粉厂，临城社所属门店分别并入农资公司和陶庄供销社。9月份资不抵债的皮革总厂、皮革制品厂、畜产品公司依法宣布破产，为企业甩掉债务包袱近千万元。适应民营经济发展的要求，将处于亏负荷运转的华腾面粉厂整体出售，组建华腾面粉有限公司。

2003年，区社按照建立现代企业制度的要求，多种形式推进改制。争取优惠政策，对面临查封拍卖的资产科学运作，低价买断；对部分社有资产依法抵押保全；并争取到农业银行方面停息挂账五年；对职工就业、失业实行“两不封顶”，全系统组建股份制企业14家，依法实行破产的企业有9个；共计甩掉债务包袱1亿元；1935名在职职工中，有900余人转变原有身份，进入民营企业就业，800余名职工自愿进入失业，享受失业保险待遇，吸纳接受300余名社会闲散人员实现再就业，实现减人、减债、减负的目标。

2004年，稳步推进企业改制工作。组建有限责任公司1个，破产终结企业3个，盘活资产约1000万元。土产杂品公司改组为吉利烟花爆竹有限公司，总公司控股、经营者参股；棉花加工厂、顺达车行、恒大集团公司破产终结。实行按经济区域建社，重新组建周营、陶庄、临城、兴城4家贸易合作社。

2005年，全系统26家独立核算企业中，完成改制25家，组建股份制公司15家，破产企业10家。

2007年12月，区政府在周营镇召开供销改革发展工作会议。

2010年，区供销社根据改革改制进展，对无资产、无经营场地、无经营业务的“空壳”企业和改制留守单位职工遗留问题进行集中清理解决。区供销社下属只保留周营供销社、陶庄供销社、临城供销社、兴城供销社、饮食综合商店、吉利烟花公司和丰禾农资公司七家。同时将改制涉及的“4050”人员纳入丰禾农资公司统一管理。

第十节　企业简介

贵诚购物中心薛城店

系“全国供销系统百强商场”“鲁南商业明珠”，山东贵诚集团购物中心的直营连锁店，位于薛城永兴路。2013 年，商场营业面积达 2.6 万平方米，员工 1000 余人，年销售额 2 亿余元，资产总额 1.5 亿余元，下设 4 个商场、1 个现代化超市和 1 个土产杂品商场，引进永和豆浆、德克士西餐厅以及中国黄金、周大生、玖姿、金利来、百丽、她他、阿迪、耐克等国内国际品牌，店内配有地下大型停车场、自行手扶电梯、中央空调、电子存包柜等现代化设施，环境优雅宜人、商品名优荟萃，成为薛城及周边地区最大的综合购物商场。

贵诚集团邻里中心

位于薛城区城南新区，占地 2 公顷，建设面积 18773.85 平方米，于 2013 年 5 月 26 日正式投入运营，是贵诚集团借鉴新加坡邻里中心模式进行本土化落地的成功典范，也是长江以北首家邻里中心，并成为全国供销系统的一张名片。该项目成为该区域具有地标意义的“一站式”社区配套服务中心。已辐射周边 5 公里内的村居 15 个，影响、带动和服务村居 3 万人以上，对促进区域商业繁荣，创造就业岗位，促进社会和谐与经济发展等方面都发挥重要作用。

国美家电

2002 年薛城国美家电始建，位于薛城皇冠购物广场 B 座三楼，职工 98 人，营业面积从成立的 120 平方米扩大到 5600 平方米，销售额由 2002 年的 100 万元，增加到 2013 年的 3600 万元。利税由 2002 年的 2 万元，增加到 2013 年的 60 万元。枣庄地区单体经营面积最大的专业家电商场。主要经营彩电、冰箱、空调、洗衣机、电脑、3C、生活小家电等家电产品，品种达到 2600 多个，经营的产品全部是国内外名优品牌。十多年来，建立一套进货、销货、送货和售后服务等先进的管理系统。2010 年和 2012 年两次被山东省消费者协会评为“山东省消费者满意商场”等称号。

供销大楼

薛城区供销大楼位于临山路 73 号，成立于 1979 年 10 月。1995 年 1 月，进行二期扩建，营业面积达到 4600 平方米，主营日用百货、家用电器、针纺织品、服装鞋帽、黄金珠宝、烟酒糖茶、化妆洗涤用品、副食品等 17 个大类，经营品种达 4 万余种，是 20 世纪 90 年代薛城人民主要的购物场所，多次评为枣庄市“先进单位”、“质量信得过企业”、山东省供销社“先进单位”。

贵诚购物中心薛城店

供销大楼

1996年7月，作为主体组建枣庄市恒大集团，为全市第一家零售集团。2002年，因亏损严重，恒大集团公司改制，供销大楼对外租赁经营。

人民商场

薛城人民商场位于永兴西路1号，1986年5月成立，主要经营百货，针纺织品等产品。1995年7月，人民商场向东扩展3576平方米。1996年7月，人民商场成为枣庄市恒大集团松散型企业之一。1999年11月，与恒大集团分离，由紧密型变为松散型一级法人企业。2003年8月，人民商场租赁给恒丰商业有限公司，商场解体。

周营百姓苏果超市

位于周营镇驻地，2013年8月建成运营。总投资420万元，建筑面积3180平方米，主营40多个大类上万个品种，安置就业人员100余人，为满足当地群众购物需求打造新型的服务平台。

1991—2013年薛城区供销社主要农业生产资料销售量统计表

表12-2

年份	化肥（万吨）	农药（吨）	农膜（吨）	农机具（件）	年份	化肥（万吨）	农药（吨）	农膜（吨）	农机具（件）
1991	2.4	72	32	22400	2001	2.1	40	50	
1992	2.5	62			2002	3.0		70	
1993	2.6				2004	2.1	40		
1994	2.8		58		2005	1.0			
1995	3.5	40	30		2006	3.3			
1996	3.8	20	15		2007	3.0			
1997	3.8			500	2009	2.9			
1998	2.5	78	210	1200	2012	0.8			
1999	1.8			750	2013	0.3			
2000	1.5	20	20	680					

第三章　粮油贸易

第一节　粮食管理体制改革

1991年，在坚持计划经济与市场调节相结合的情况下，实行粮食经营和价格“双轨制”运行。

1992年4月，为适应改革开放的需要，组建区粮油购销总公司，同月，根据枣庄市委、市政府《关于在全市国合商业企业推行“四放开”改革的通知》精神，更名为区粮食总公司。

1993年2月，区粮食局下属的基层粮油管理所及粮店全部改为实体性粮油公司，隶属于区粮食总公司。原粮所、粮店的牌子不撤，职能不变。12月，区粮食局转为经济实体的科（局）级机构，设立区粮油总公司，其规划、协调、监督、管理等行政职能交经济贸易委员会。

1995年，粮食部门政策性业务和商业性经营分开，全面放开粮食购销市场。

1996年3月，设立区粮食局，为区政府主管粮食工作的职能部门，下设“一室四股”，即办公室、政工股、财务基建股、业务股、审计股。是年，国务院决定要按照政企分开、储备和经营分开、中央与地方责任分开、新老财务挂账分开和完善粮食价格机制的原则（即“四分开一完善”的改革原则），进一步深化粮食流通体制改革。全区共有周营、陶官、南常、沙沟、陶庄、金河、常庄、邹坞、南石、洪洼、夏庄11个粮管所，永兴、福泉、泰山、临山、黄河、北城、古井、山家林、甘霖9个粮油食品供应店和1个面粉厂。上述机构担负着全区粮油的征购、销售、调存、管理等任务，保证军需民食。

1997年，为切实保证农民增产增收、保护农民生产积极性，国务院决定，在粮食丰收情况下，要按保护价敞开收购农民余粮，加强粮食市场管理，严格执行国家粮食销售价格政策。

1998年，中央1号文件进一步明确“四分开一完善”的改革原则，同年5月，国务院作出进一步深化粮食流通体制改革的决定，按照“四分开一完善”的原则，转换粮食企业经营机制，实行政企分开。

1999年3月，为深化薛城区粮食流通体制改革，设立区粮食收储管理中心，为企业化管理的事业单位，隶属区粮食局，下设12个粮食收储站。4月，粮食收储业务与附营业务分离，收储管理中心在各粮所设立收储站。是年，国务院决定进一步完善粮食流通体制改革政策措施，在继续坚定不移地贯彻“三项政策、一项改革”的基础上，适当调整粮食保护价收购范围，降低粮食收购价格水平，完善粮食超储补贴办法，促进顺价销售。10月，成立薛城区军粮供应站，隶属于区粮食局，国有法人单位，常年专职负责驻薛城部队、武警部队的粮食供应工作。

2002年3月，设置薛城区粮食局，为区政府授权行使行政管理职能的事业机构，主管全区粮食工作。原基层12个粮所合并到周营、沙沟、南石、陶庄、邹坞、洪洼、金河、常庄8个粮所。

2004年5月，国务院颁发《关于进一步深化粮食流通体制改革的意见》（即粮食流通体制改革的总体方案），全面放开粮食购销市场和价格，实现粮食购销市场化。同时，颁布施行《粮食流通管理条例》，依法规范粮食经营者和市场监管者的行为，维护正常的流通秩序。

2005年，按照《国务院关于进一步深化粮食流通体制改革的意见》关于粮食行政管理部门机构和职能调整的要求，保留区粮食局，为区政府粮食行政管理部门。主要职能由过去主要管理国有粮食企业转变为管理社会粮食经营企业；由管理国有粮食企业的经营活动转变为管理市场主体的准入和行为；由主要依靠行政手段管理转变为依法管理。保留区粮食收储管理中心（承储区级储备粮）和军粮供应站（继续实行国有独资）。是年，全区国有粮食购销企业进行改革，1107名国有粮食企业职工进行分流安置。是年，区粮食局配合审计、财政、农发行等部门清理审计确认并纳入中央和地方共同贴息范围的1992年4月1日至1998年5月31日期间的新增粮食财务挂账3690万元（已于2011年3月消化完毕）和1998年6月1日至2004年5月31日期间形成的政策性粮食财务挂账764.8万元，合计4454.8万元，从企业全额剥离到区粮食局集中管理。政策性之外的各类挂账按照“债随资产走”的原则处理。粮食购销企业改制后，随着乡镇规模的合并和调整，原有粮食收储站通过撤销合并，保留沙沟、金河、陶庄和邹坞4个粮食收储站。

2006年，粮食局由于工作职能的转变，撤销局业务科，成立粮食市场监督检查科。主要负责全区粮食收购资格的审核认证及监督管理；社会粮食流通统计；依法对粮食经营者从事粮食收购、储存、运输活动和政策性用粮的购销活动及执行国家粮食流通统计制度的情况进行监督检查，协同工商行政管理部门依法共同管理粮食市场等。粮食购销企业改制后，政府收回洪洼粮所、常庄粮所改为其他用途。

2007年，薛城永丰粮食储备库开工建设。2009年6月投入运营。主要从事粮食收购、销售、储备业务。

2010年5月，区粮食局下设粮食收储管理中心（下设金河、沙沟、邹坞、陶庄4个粮食收储管理站）1个事业单位，军粮供应站和永丰粮食储备库2家国有企业。

第二节　收购与销售

收购

1990年秋季，粮食合同定购改为国家粮食定购。收购价格和“三挂钩”政策不变，定购任务以外的粮食采取议价收购。全区定购任务为小麦12500吨，玉米5000吨，油料750吨。

1991年、1992年分别收购粮食32965吨和33875吨。其中，1991年收购定购粮17500吨、议价粮15465吨，油料450吨。

1993年，是粮油经营和价格放开第一年，也是新旧体制转换关键一年。区粮食局完成15500吨定购任务，全年收购粮食34006吨。

1995年，是粮食工作实行各级行政首长负责制第一年。粮食定购任务落实到13个乡镇和农户，做到谁售粮谁得款，随收粮随付款，不打“白条”。当年，完成粮食13500吨的国家定购任务，议购粮食21450吨。

1998年，区粮食局执行“按保护价敞开收购农民余粮，粮食收储企业实行顺价销售，收购资金封闭运行”三项政策，全年收购粮食30506吨。

2000年，在市场粮价下滑、购销价格倒挂、粮食企业经营困难情况下，按保护价常年敞开收购农民余粮。全区国有收储企业全年收购粮食35080吨，为全区粮食收购最多一年。

2003年，全国粮食价格波动频繁，区粮食局仍然及时抓住市场行情，再创历史新高，完成粮食收购任务44917吨。

2004年起，粮食定购任务全面取消。

2006年起，区粮食收储企业执行国家最低收购价政策，承担收储任务。集中收购期为当年的6月1日至9月30日。当年全区收购粮食21061吨。

2009—2013年，随着仓容的新增，收购量随之增加。

销售

1991年至1992年10月31日，对于城镇居民供应，延续定量供应办法，并采取由财政收取补粮基金的办法，弥补购销价格倒挂出现的价差。居民凭粮油供应证和补粮基金券，按定量标准享受粮油供应。

1992年，粮油购销价格进行重大改革。分别于4月1日和10月1日两次提高粮食统销价格，实行购销同价。同年11月1日，全面放开粮油销售价格，取消城镇居民粮油平价供应和农村粮食统销、定销供应，价格随行就市。从此，各种粮油票、粮券、指标划拨证，居民粮证结存的粮油指标不再流通。城镇居民定量供应证由单位和居民自行保存，作为限量供应粮食依据。食油随同粮食一并取消定量供应。全年销售粮食32100吨，食油280吨，实现销售收入3068万元。

1998年，执行顺价销售政策。对出售的原粮，以粮食购进价格为基础，加上当期合理费用和最低利润形成的价格对外销售，不允许以任何形式向任何粮食加工、批发和零售企业亏本销售，这是国有粮食企业不再发生新的亏损挂账，走向正常经营的关键措施。粮所、粮店比区下达计划减亏30万元，减亏20%。

1999年，销售粮食20411吨，实现利润6.67万元，遏制企业亏损。

2000年，全区粮食收储企业广拓销售渠道，采取薄利多销等多种经营策略，全年顺价销售库存粮食38228吨。

2001年5月1日起，取消市镇居民粮食供应转移证明。届时，城镇居民户口在全国范围内迁移以及农业户口转为非农业户口，不再办理市镇居民粮食供应转移证明。至2002年3月底，因不能顺价销售而形成的储存时间长高价位粮食库存34955吨，采取价差补贴的方式，于2002年12月底通过顺价销售全面消化解决。

2006年起，国家实行最低收购价政策，具有收储资格的粮食收储企业，执行最低收购价预案，组织粮食收储业务。这部分粮食粮权属于中央，由中央储备粮所属各责任库点作为贷款主体，行使经营管理和监督权。并由中央储备粮各分公司，根据市场供需情况，合理制定最低销售价，分节段、分地区的通过粮食市场交易平台，采取竞价的方式组织最低收购价粮食的销售业务。2013年，全区具备竞价交易收购的粮食企业，粮食加工企业自主自愿参与竞购。

1991—2013年薛城区粮食产购统计表

表12-3　　　　单位：吨

年份	粮食产量	粮食收购量	年份	粮食产量	粮食收购量
1991	145523	32965	2003	92391	44917
1992	166379	33875	2004	109256	34004
1993	173719	34006	2005	166729	17390
1994	170308	33956	2006	187984	21061
1995	184140	34950	2007	177110	22507
1996	195149	35006	2008	191591	13425
1997	191541	35496	2009	207703	26670

续表12-3

年份	粮食产量	粮食收购量	年份	粮食产量	粮食收购量
1998	164621	30506	2010	217556	51641
1999	187307	25759	2011	206843	31148
2000	134711	35080	2012	200189	69886
2001	134027	33497	2013	201174	52435
2002	133014	33447			

第三节 仓储与储备

仓储建设

1991年，全区共有基层储粮单位11个，总仓容量3.5万吨，建设年代分别为20世纪60年代、70年代、80年代。进入90年代在全区范围内相继加快仓储设施的建设步伐，总计新增仓容13750吨。至2007年12月，在原陶官粮所基础上征用原陶官供销社土地新建薛城区永丰粮食储备库，该库占地2.67公顷，容量30000吨。在仓库建设的同时，逐步淘汰部分老旧失修和交通不便仓房，包括南石粮所、南常粮所、沙沟粮所北库、周营粮所东库等。储备库建成后，彻底改变全区仓房陈旧老化、仓容严重不足的现状，全面提升全区粮食储备水平。至2013年，全区仓储总容量为5.1万吨，仓房完好率80%，基本能够满足本地区的仓储需要。

仓储管理

仓储管理是指粮食在储存阶段保证粮食数量真实、质量良好的管理模式，包括管理和技术两个层面。从管理制度讲，20世纪90年代初，主要推行的“四无粮仓”规定，即储存的粮食要达到无虫、无霉、无鼠雀、无事故。自90年代后期，随着储备制度的落实，相应制定“一符、四无、三专、四落实”的管理规定，即账实相符。粮食按性质做到专仓储存，专账记录，专人保管，储存的各性质粮食做到落实品种，落实数量，落实质量，落实地点。

薛城永丰粮食储备库

20世纪90年代，采用的储粮技术主要是电子测温，密闭施药，采用“双低”（低氧、低药量）和“三低”（低氧、低温、低药量）的管理。但是由于多数单位仓房老旧，条件差，所谓的“双低”和“三低”储粮技术难以达到。到21世纪初，随着新技术和仓房条件的改善，主要采用微机测温，机械通风和环流熏蒸等三项新技术，使粮食储存更加环保、高效、节能。

国家专项储备粮管理

国家专项储备粮食是指国家为应对大的自然灾害、战争的情况而储备的粮食，粮权属中央。2000年以前由各级地方粮食局代储，2000年以后随着国家成立中央储备粮管理总公司，在各地建设国家储备库。国家专项储备粮收归国家储备库管理，地方粮库不再承储。自1992年起，全区承储国家专项储备粮，到2001年全部调出。

地方储备粮管理

地方储备粮就是各级地方政府为应对各辖区出现自然灾害，市场粮价动荡不稳时用以平抑粮价和救济灾民所储备的粮食，一般由本级政府粮食主管部门代管，国有粮食企业代储，粮权属地方政府。2004年6月，区地方储备粮收购储备到位。

第四节　粮食加工

面粉加工

区内从事面粉加工的主要企业是薛城区面粉厂。1991年，废弃旧的加工机组建成并投产新的机组，新机组加工能力为日加工小麦200吨，是枣庄地区较大的面粉加工企业之一，注册的“神农”品牌面粉远销东北三省。20世纪90年代后期，因经营不善造成资不抵债，于2002年3月依法破产。2004年3月，被山东发达面粉有限公司收购并成立枣庄市银牛面业有限公司，继续从事面粉加工并经技术改造形成日加工小麦260吨的生产能力，“神农”品牌依旧使用，经营效益较好。同时私营面粉加工业也发展很快，较有代表的2000年注册成立的枣庄市金穗制粉有限公司，日加工小麦150吨；2003年注册的枣庄市农家盛圆面粉有限公司，日加工小麦100吨；2007年注册的枣庄市顺鑫面粉有限公司，日加工小麦100吨，均成为全区面粉加工的明星企业。

挂面加工

区内主要从事挂面加工企业是区粮食局挂面厂。始建于1989年，1990年投产，日产挂面20吨，初期产品质量好，市场畅销。20世纪90年代后期，粮食市场放开，企业失去计划经济的扶持，加上人员多、负担重，经营连年亏损，于2002年2月依法宣布破产，薛城区的挂面加工主要企业从此消失。

第四章　物资购销

第一节　物资管理机构

1993年，实行政企分开，区物资局变更为区物资总公司，下设木材公司、金属公司、物资服务公司、物资贸易中心、物资局协作办公室、化轻公司、机电公司、物资配套承包公司以及燃料公司、建材公司，并在上海、广州设立办事处。随着物资流通市场完全放开，企业经营多元化，集体和个体经营发展迅速，国有物资企业出现萎缩，市场占有率逐年下降，物资总公司所属大批企业关闭，逐步退出市场。

1998年，清泉农贸市场迁入永福南路原物资服务公司、金属公司院内经营，物资总公司开始利用原破产企业办公场所，从事资产租赁经营服务，主要经营蔬菜、瓜果及其他农产品。

2002年7月，区物资总公司和区工商分局进行资产置换，以办公用房置换区工商分局公用房和北批农产品批发市场。仅有的两个公司，一个于2002年停业，一个于2003年宣布破产，物资下属变身为城区内两大农产品市场的经营者。区物资总公司有编制人员 8 人，非编制人员 32 人，下岗人员 18 人。

第二节　业务开发

木材

1992 年后，随着木材市场经营逐步开放，随即区国有木材市场大面积萎缩。1998 年，国有木材公司退出市场，区木材公司停业。1986—1997 年，区木材公司共向社会提供各种木材 81126 立方米，各种胶合板、纤维板 960 余吨。

金属材料

1993 年，区金属公司独家经营钢材局面被彻底打破，取而代之的是国家、集体、个体私营业户多家经营新格局，区金属公司钢材销售量持续下滑。1994 年，区金属公司业务人员以科室为单位承包经营各自为战，业务多元化。

机　电

1993 年，机电市场全部放开，集体、私营和个体经营业户逐年增多，市场竞争激烈，区机电公司销售额、销售收入分别比上年下降 90%、60%。1994 年后，由于国家实行宏观调控政策，市场需求减少，加之经营呈萎缩态势。1997 年年底，区机电公司停止经营。

化轻建材

1991 年，区化轻建材公司实现销售额 960 万元，为历年最高水平。1992 年，因“6·6 事件”民爆器材经营权被区公安分局取消，公司从此萎缩，加之后续经营不善，于 1997 年破产。

物资服务

物资服务公司经营规模在 1990 年到达顶峰，之后呈逐年下降趋势，后因经营不善，加之当时“三角债”的影响，举步维艰，于 1997 年年底破产。

物资贸易中心和物资局协作办自 20 世纪 90 年代开始，公司在上海广州设立办事处，从事轿车的经营活动，主营桑塔纳、奥迪，辅营日本汽车。随着办公车辆的急速发展，汽车经营异常火爆，桑塔纳成为主打品牌，捷达、奥迪及日本的本田、丰田、日产汽车也同样是紧俏商品。物贸中心的汽车经营覆盖全国各地以及韩国现代汽车也逐年供不应求。1995 年，物贸中心和物资协作办受三角债影响资金链断裂，于 1996 年停业。

第五章　烟草经营

第一节　烟草专卖管理机构

1983 年 10 月，山东省烟草公司枣庄薛城支公司成立。1984 年 7 月，枣庄市薛城区烟草专卖局成立，隶属于枣庄市烟草专卖局（公司），是实行“一套机构、两块牌子”的政企合一单位，负责薛城辖区卷烟专卖市场管理和卷烟销售两项职能。2013 年，区烟草专卖局（营销部）设综合办公室、财务科、法制科、内管（考核）办公室、卷烟营销科、专卖监督管理科 6 个职能科室。专卖管理科分管 1 个稽查大队、3 个稽查分队。全局共有职工 99 人。

第二节　卷烟销售

1991—1993 年，卷烟销售延续烟草实行专卖前的流通模式，实行由各地区烟草公司统购包销的模式，不设置卷烟批发网点。

1994 年，国家烟草专卖局提出建设以“以我为主、归我管理、由我调控”为基本原则的卷烟销售网络，拉开全国网建工作的序幕。薛城区烟草公司筹建驻陶庄卷烟批发部。按照上级局（公司）政策，辖区实行统一限价政策。要求零售户不准提价销售，不准降价、低价竞销，卷烟价格保持相对稳定。

1995年6月，山东省烟草公司枣庄薛城区公司更名为鲁南烟草（集团）有限公司薛城分公司。设立邹坞卷烟批发部、周营卷烟批发部、沙沟卷烟批发部、南石卷烟批发部和城区批发部五个自批网点，当年辖区共有卷烟零售户745户。1995年，销售卷烟7801箱，销售额2202万元，实现利润55万元。

1996年，调整设立自批网点4个，即周营批发点、常庄批发点、夏庄批发点、邹坞批发点，辖区卷烟零售户增加至812户。

2001年3月，对城区卷烟批发部、常庄卷烟批发部、邹坞卷烟批发部、周营卷烟批发部进行注销。是年，按照访销和送货分离的方式，成立周营卷烟批发部、邹坞卷烟批发部、城区卷烟批发部、陶庄卷烟批发部，建立批零联盟。

2004年，国家烟草专卖局下发卷烟产品百牌号目录，通过市场引导，提高名优卷烟市场占有率，发展优势品牌和特色产品，卷烟市场品牌培育工作得到加强。全年实现利税1170万元。

2005年，由山东烟草购销（集团）有限公司枣庄薛城分公司更名为山东枣庄烟草有限公司薛城营销部，取消独立法人资格。区烟草专卖局（营销部）对周营、邹坞、城区、陶庄四个卷烟批发部进行注销，取消烟草销售网点，实行全市统一电话访销，送货车送货上门的服务方式，并设立客户经理岗位对辖区卷烟零售户进行维护和服务。2005年，辖区共有卷烟零售户1947户。

2006年2月，按照枣庄市烟草专卖局（公司）统一部署开展“按客户订单组织货源”工作，经营模式由传统的“自上而下”改变为“自下而上”，是卷烟经营由“计划经济”向“市场经济”转变的一次重要变革。“按客户订单组织货源”坚持以市场为导向，以共同发展为目标，以提高行业竞争实力为主要任务，着力建立“平等互利，互动互信，资源共享，效率责任”的新型工商关系，使行业的生产经营活动能真正贴近市场，提高市场化水平。为加强网络建设，提高服务水平，薛城区烟草专卖局（营销部）配备10辆依维柯送货车和10台客户经理专用微机，增强网络建设的硬件配置，使网络运行质量得到提升。2006年，销售卷烟15662箱，销售额1.66亿元，实现利税4250万元，平均单箱值12391元。辖区卷烟零售户1864户。

2005—2013年，卷烟经营一直采取统一电话访销、统一配送的模式，由市场经理、客户经理对卷烟市场和零售户进行服务维护，卷烟经营一直保持在平稳运行状态。2005—2013年，薛城区销售卷烟202738箱，销售额417413万元。

1995—2013年薛城区烟草销售经营情况统计表

表12-4

年度	销量（箱）	销售额（万元）
1995	7801	2202
1996	7200	2100
1998	6900	2463
2000	8818	2865
2001	9726	4191
2002	12912	7883

续表12-4

年度	销量（箱）	销售额（万元）
2003	13703	11259
2005	14481	14558
2006	15662	19408
2007	17192	24227
2008	18389	28832
2009	19632	30696
2010	19030	37891
2011	19451	45897
2012	20173	52442
2013	20760	54650

第三节　市场管理

区烟草专卖局（营销部）专卖管理科专司烟草市场管理工作。1991—1999年，一直由专卖管理科、稽查大队负责薛城辖区烟草市场管理和稽查工作。

2000年，为加强市场专卖管理力度，在以周营、陶庄为中心的南北两个区域，各成立一个稽查中队，以薛城区烟草专卖局为核心形成专卖管理网络。

2001年，在公安、工商、技术监督等部门的配合下，开展卷烟市场专项治理活动，取缔临北卷烟非法批发市场，使卷烟市场秩序得到有效治理。全年查获非法卷烟经营案件5172起，查扣各类违法经营卷烟57150条，市场标值130余万元，移交工商、技术监督部门处理4起，处以罚款7426元。为加强县级局建设，2007年8月，薛城区烟草专卖局第一烟草专卖管理所（城区所）建成揭牌，又相继成立第二烟草专卖管理所（陶庄所）和第三烟草专卖管理所（周营所），分别负责对应区域的烟草市场管理和稽查工作。

2010年，运行“一户一码”制度，即每一户卷烟零售户所经营的卷烟条盒上，都有唯一编码的标识，且编码的后四位与该店烟草零售许可证号的后四位数字相同，使消费者从直观上易于初步进行卷烟真假的鉴别，有利于维护消费者利益和卷烟市场经营秩序的稳定。

2010年，在区检察院牵头下，区公安、工商、质监、国税、地税、烟草、药监等执法相关部门联合签订《行政执法机关移送案件暂行规定》，促进区烟草局与各行政执法机关在查办案件中的相互配合与公正、严格、规范执法。

区烟草专卖局查处违法卷烟

1995—2013 年薛城区烟草专卖案件查处情况统计表

表 12-5

时间	查获案件（起）	涉案卷烟数量（条）	市场标值（万元）
1995		11400	
1996		5250	
1998	58	45650	123
2000		80950	157
2001	5172	57150	130
2002	2291	35200	73
2004	1789	149740	175
2005	1086	42899	108
2006	962	24442	69
2007	925	13238	102
2008	542	35984	244
2009	349	24358	223
2010	471	17352	15
2011	367	14506	81
2012	352	13824	112
2013	198	4077	89

第六章　食盐与石油

第一节　盐　业

管理体制

2000 年前，枣庄盐业隶属枣庄市供销社管理。2000 年 1 月 18 日，全市盐业从供销社分出，枣庄市盐务局、枣庄盐业公司正式挂牌成立。同年 5 月，原“枣庄市果品盐业总公司薛城区分公司”更名为“枣庄盐业公司薛城分公司”，系山东省盐业总公司的下属企业。同时加挂“枣庄市盐务局薛城分局”的牌子，为枣庄市盐务局的派出机构，负责薛城区的盐产品销售管理工作。2007 年，市盐业公司破产重组。2014 年 12 月，变更为“山东省盐业集团枣庄有限公司薛城分公司”。

盐业经营

食盐供应　实行食盐配送制，提高市场终端服务，严格执行“市场管理、物流配送、监督服务”三位一体的经营管理模式，根据销售网点位置设置合理的送货路径，送盐进村、进厂、进店、进户的“四进”销售方式。提高盐行业服务质量，拉近与零售网点距离，有效抵制私盐冲销，促进食盐的销售。

根据网络网点设置的要求，坚持科学规划，合理布局，本着“方便群众，利于管理，辐射到位”的原则，细化网点设置，加大对网点的动态管理，执行网点管理方案，对辖区网点建档立卡、统一编排，并利用网络平台，把食盐购销情况按盐种、数量、流向，分类整理录入微机数据库，有效地促进市场管理与食盐销售，规范零售网点800多个。全区销售渠道畅通，形成纵到底，横到边的食盐销售网络，确保全区人民吃上合格碘盐。为了能让特殊人群吃上无碘食盐，又能普及好碘盐覆盖率，在原有的网点基础上选择信誉较好的大型商场、超市作为无碘食盐销售网点，进行无碘食盐供应，专门为其免费订制无碘食盐销售标志，对无碘食盐网点进行详细的登记，建立详细的信息档案，并不定期地进行回访，对网点用户起到监控的作用。

工业用盐供应　对工业盐实行日用量细化管理，建立用户档案，与用盐量大的企业签订购货合同，有效地稳定工业用盐的销售。在畜牧、饲料加工盐的管理上，对每个养殖户登记造册，实行定量的细化管理。

2007—2013年薛城区盐产品销量情况统计表

表12-6　　单位：包

品类＼年份	2007	2008	2009	2010	2011	2012	2013
小包食盐	1277	1501	1454	1391	1480	1527	1520
大包食盐	503	784	760	805	1399	1808	3034
工业用盐	2804	1894	1819	1745	1344	1195	558

碘盐宣传

加大食用合格碘盐的宣传力度，营造食盐专营的良好工作氛围。充分利用“3·15”及“5·15”碘缺乏病宣传日期间，坚持开展以“坚持食用合格碘盐，促进全民身体健康”为主题活动。期间自制宣传车，向群众发放《碘缺乏病防治知识》《坚持补碘预防智力残缺》《坚持吃合格碘盐消除碘缺乏病危害》《给学生家长的一封信》《碘盐在畜牧业中的应用》等彩色宣传单，悬挂宣传条幅，设立宣传网点。

2013年，根据卫生部《中国慢性病防治工作规划》、中国盐业“科学用盐健康行动计划”和省政府“减盐控压”行动，积极推广和普及低钠盐、健康营养盐，在“3·15”和“5·15”宣传中，印发小册子和明白纸，进商店、进企业、进机关、进学校、进社区，大力宣传科学用盐常识和健康用盐的新理念，使“低盐膳食”的观念深入人心。

第二节　石　油

机构

薛城石油分公司全称为中国石油化工股份有限公司山东枣庄薛城石油分公司，是中国石化股份有限公司下属的成品油销售企业，隶属于中国石油化工股份有限公司山东枣庄石油分公司。所辖加油站16座，其中，投营14座，在建2座。

薛城石油分公司成立于1973年2月11日，成立之初企业名称为薛城石油库，隶属枣庄石油供应站。1973年3月10日，隶属薛城商业局。1987年1月1日，薛城石油采购供应站与薛城区商业局脱钩，人财物全部上收，行政业务隶属山东省石油公司管理，企业更名为山东省石油公司薛城分公司。1993年1月12日，经山东省人民政府批准，山东省石油公司组建为山东省石油集团总公司，同月18日，薛城石油分公司更名为山东省石油集团薛城分公司。1999年10月26日，中国石化集团组建中国石油化工股份有限公司企业进行重组改制。按照中石化集团公司的要求，枣庄石油总公司组建中国石油化工股份有限公司山东枣庄石油分公司，并保留原存续公司，上市公司与非上市公司在财务和资产的产权上进行分离，顺利地完成重组改制工作。2000年7月14日，成立中国石油化工股份有限公司山东枣庄薛城石油分公司。2006年5月6日，注销薛城石油分公司法人资格，所有人财物隶属枣庄石油分公司。

油库

1973年，建立薛城石油供应站，建地埋式油罐4个，储量2000立方米；1991年，随着经营扩大，经营量增加，增加库容量，新建地上立式油罐4个，总储量4000立方米，卧式油罐10个，储量500立方米。1996年，随着市场需求量增加，油库再次扩容，建立式油罐2个，储量4000立方米。整个油库总储量10500立方米。建有铁路专用线一条，接卸罐位8个，每次接卸罐车8个。2002年，改制落实统一资源，统一价格，统一配置，加油站的油品供应均由枣庄油库配送，薛城公司油库实施拆除关停。

加油站

1996年，薛城石油分公司加油站5座；2000年，加油站增加至8座；2003年，加油站增至12座；2013年，建成新城3站和新城5站2座加油加气站，中国石化薛城石油分公司所辖加油站16座，其中在营站15座，在建站1座。年加油量4.1万吨。

第十三编

财政　税务

第一章　财　政

第一节　管理机构

1996年3月，全区成立科级单位区税收财务物价大检查办公室、国有资产管理局、收费管理局，均隶属区财政局管理。是年，住房资金管理办公室升格为副科级单位。1997年4月，增设区教育费附加征收管理办公室。1998年9月，区税收财务物价大检查办公室更名为财政监督局。是年10月，区经济投资中心成立，隶属区财政局管理。是年11月，设立正科级事业单位区会计管理局，隶属区财政局管理。1999年4月，区收费管理局更名为预算外资金管理局，同时，设立副科级事业单位区政府采购中心，隶属区财政局管理。2001年2月，根据乡镇规模调整，全区由原来的8个镇4个乡，调整为6个镇1个街道办事处，陶官乡财政所并入到周营镇财政所，南常乡财政所并入到沙沟镇财政所，金河乡财政所并入到常庄乡财政所，张范乡财政所并入到南石乡财政所，夏庄乡财政所并入到陶庄乡财政所，薛城镇财政所改为临城街道财政所。2002年5月，区财政局内设办公室、预算股（国库股）、行政事业股、经济建设股（企业股）、社会保障股、农业与农业税收管理股（世界银行贷款办公室）6个职能科室，下辖国有资产管理局、财政监督局、预算外资金管理局3个归口管理的事业单位。是年6月，撤销农税股，设立正科级事业单位区农业税收征收管理局，隶属区财政局管理，各镇街设立农业税征收管理分局（陶庄分局、南石分局、周营分局、沙沟分局、常庄分局、邹坞分局、临城分局），与镇街财政所合署办公。2004年3月，区住房资金管理办公室上划到市住房资金管理中心。2006年，设立薛城区财政局镇街结算中心，隶属区财政局，核定人员编制9人，配备主任1人，所需工作人员从区财政局所属事业单位在编人员中调剂。是年8月，成立审计科和信息中心，同时，撤并税政科、资金管理办公室，其职能归并到国库科。2009年12月，区政府采购中心更名为区政府采购管理办公室，同时，成立国库集中支付中心。2010年12月，区财政局内设办公室、预算股、国库股、行政事业股、经济建设股（企业股）、农业股、社会保障股、综合股8个职能股室，归口管理区农业综合开发办公室。2012年7月，巨山街道办事处财政所筹备组成立。2013年1月，区农业税收征收管理局更名为基层财政管理局，预算外资金管理局更名为非税收入管理局。

第二节　财政体制改革

1994年，国家实行分税制财政管理体制，枣庄市对薛城区上划市属以上企业税收入库、共享收入的入库级次、兴仁乡税收收入、1994年已缴库的财政收入、区体制上解比例等有关问题作出详细规定。1996年，区政府本着“效益优先、兼顾公平、区别对待”的原则，决定对各乡镇实行分税制财政管理体制，在实施中逐步完善新老体制更替。是年，市政府决定将耕地占用税全部下放区和乡镇，市级不再分享；将资源税分享比例由市60%、区40%，调整为市40%、区60%。1997年，根据预算外资金性质实行不同的管理方式，其中对一般性的行政事业收费采取“核定收支计划、收入全额上解、支出统筹安排、结余政府调剂”的管理体制；对用于公共工程和社会公共事业的各种专项基金、附加和收费，实行“核定收支计划、收入全额上解、支出专款专用、政府合理运筹”的管理体制；对各种社会保障性基金，实行收入“全部上解、收支挂钩、专款专用、滚动增值”的管理体制。

1999年，薛城区调整区乡两级共享收入分成比例，乡（镇）企事业单位及个体工商户、私营企业缴纳的增值税25%部分，区级分成10%，乡级分成15%；乡（镇）企事业单位及个体工商户、私营企业缴纳的投资方向调节税、所得税、营业税，区级分成25%，乡级分成75%。同时，对周营、陶官、南常、沙沟、金河等5个乡镇增值税75%部分、体制照顾部分、定额补助，区里不再给予补助。2000年，将乡镇国库并入区级国库统一管理，并库后乡镇财政收入的资金所属性质仍归乡镇政府支配。2001年，全区12个乡镇撤并为7个镇（街），合并乡镇的管理体制相应调整合并。2002年，中央和省分别对所得税、营业税进行分享改革。市确定薛城区非银行金融企业所得税中央分享50%、省级分享10%、区级分享40%，个人所得税中央分享50%、区级分享50%；营业税省级分享20%、区级分享80%。是年6月，市对薛城区包干上交递增比例由7.5%调减为5%，当年节省上解资金近50万元，2003年，节省上解资金107万元，全部用于全区各项事业建设。是年，将合并的新南石镇恢复分成原张范镇、原南石镇，原张范镇为薛城区管辖，原南石镇整建制调整到开发区管辖。其管理体制相应调整，原南石镇各项体制结算事项调整到开发区，市相应调整薛城区有关结算事项。撤销后的张范镇于2005年年初正式恢复。

2004年1月1日起，报关出口货物需退付的增值税，属于薛城区出口退税基数部分的退税额，由中央财政负担；超基数部分的退税额，按中央75%和地方25%比例分别负担，负担金额采取从中央国库和地方国库中直接退库的方式退付。是年，省政府将薛城区纳入全省51个困难县扶持范围，并制定保障性和激励性转移支付办法，具体概括为“五奖一补”政策。

2005年1月1日起，出口退税改革进一步调整，基数内退税额继续由中央财政全额负担；超基数部分退税额，由中央与地方原按75：25分担比例调整为92.5：7.5的比例分担，超基数地方负担部分由直接从地方金库退库改为通过年终结算专项上解。是年，市政府将原属中央与省级6/4分成的共享税：“个人储蓄存款利息所得税”，与原属中央与区分成的个人所得税一并实行中央、省、区（市）按比例分享（中央60%，省级15%，区级25%）。薛城区以2004年为基期，个人所得税收入上划与下划部分相抵，作为与市结算的基数。同时，薛城区率先申请全额免征农业税，成为全市首批实行农业税全免的区（市）之一。

2009年，薛城区域内的土地有偿使用收入市级暂按宗地成交价的8%分成，土地出让收支全额纳入地方基金预算管理，收入全部缴入区国库，支出一律通过地方基金预算从土地出让收入予以安排，实行“收支两条线”。在区国库中设立专账，专门核算土地出让收入和支出情况。2012年1月1日起，全市银行上缴的营业税及枣庄烟草有限公司上缴的增值税和企业所得税，扣除中央和省级分成部分，暂调整为按属地入区（市）级国库。2013年12月，市财政局核定薛城区当年财政体制改革基数3848万元（不含银行营业税、烟草企业增值税和企业所得税），核定薛城区增值税、资源税、房产税、城镇土地使用税、土地增值税、契税收入考核基数40009万元（不含烟草企业增值税）。

第三节 财政收入和支出

财政收入

1991—1993年，全区财政总收入分别实现4215万元、4791万元、7524万元。根据实际财政收入及“定额上缴、比例递增、超股分成”的财政体制计算，1991—1993年，地方总财力分别为3916万元、4300万元、7095万元，全区财政总支出分别实现3919万元、4202万元、6935万元。1993年，全区财力与支出相抵扣除结转下年支出153万元，当年净结余42万元，解决财政历年赤字42万元，累计净结余2万元。1994年，全面实施分税制财政体制和新的税收征管体制后，全区财政收入按老口径完成8880万元，根据当时财政体制，扣除向中央贡献、借调153万元，以及包干上解1256万元后，全区可用财力为7863万元，当年支出7857万元。1995年，广泛开展“管理效益年”和“双增双节”活动，全区地方级财政收入完成4911万元，比上年增长20.19%；扣除向中央贡献、借调153万元，以及包干上解1901万元后，全区可用财力为8126万元。当年财政支出完成8124万元，收支相抵，结余2万元。

1996年，财政收入保持较高的增幅，地方级财政收入7888万元，薛城区跨入全省财政收入“亿元县”扶持行列，总收入12746万元。年终决算按分税制口径计算，全区地方级总财力为11469万元。1997年，乡镇分税制财政体制改革全面运行，12个乡镇普遍实行“份灶吃饭，分级管理，分级负担”的新体制，当年全部实现财政收支平衡。全区地方财政收入完成9869万元，加上中央税收返还、专项补助、各项结算等，地方财力16859万元，跻身全省亿元县行列，财政总量位居全市五区之首。1998年，全区建立税收联席会议制度，认真落实财税各项管理措施，财政部门推行岗位目标责任制和全员风险金抵押制度。全区地方财政收入完成10939万元，加上中央税收返还、专项补助、各项结算等，地方财力14482万元。1999年，全区牢固树立“生财源、壮财政、求发展”的观点，认真贯彻落实积极的财政政策，着力培植新的财源增长点。全区地方财政收入完成12466万元，加上中央税收返还、专项补助、各项结算等，地方财力19039万元。

2000—2002年，通过开展区级税源调查，摸清收入增长的潜力，加大依法治税力度，着力解决企业欠税、偷漏税、截留财政收入、漏征漏管等问题。全区地方财政收入累计完成43603万元。2003—2004年，坚持依法聚财，强化收入征管。将组织收入工作作为“一把手”工程，成立依法治税领导小组，多次召开专题会议研究财税工作，严格定期通报制度、任务进度与奖惩挂钩、财税收入任务“一票否决”和欠收追究等措施。全区地方财政收入完成37630万元，加上中央税收返还、专项补助、各项结算等，地方财力61604万元。

2005—2008年，严格落实征管责任制，健全完善综合治税网络体系和工作机制，加强非税收入征管，完善“收支两条线”管理办法。2006—2008年，通过控制收入增幅、压缩非税收入规模累计调减收入任务近1亿元，使税收质量有较大提高。全区地方级财政收入合计完成116512万元，加上税收返还和体制结算、专项补助及上年结转收入等，全区总财力207372万元。2009—2011年，努力克服金融危机产生的不利影响，加强税源调研，坚持依法治税，强化征管措施，严格非税管理，财政收支达到预期目标。三年间全区地方财政一般预算收入分别实现32696万元、41168万元、53560万元，三年地方财力305264万元。

2012年，市政府对市以下财政体制进行调整，将部分原市属以上企事业税费征管权限按属地原则下放相关区（市），并核定收入基数，实行年终基数上解、增量按比例分享；其后又将银行业营业税入库级次调整为按属地区（市）入库，年终据实上解，区财政预算在年初预算的基础上作出相应调整。由于下划薛城区的原市属以上企业基本以枣矿集团及其相关产业为主，使得全区财政收入中煤炭行业贡献税收所占比重进一步提高；但是受经济总量增速不断下行影响，处于产业链上游的煤炭等能源企业减收严重，组织收入困难加剧。财税部门努力克服经济发展和财政增收中的不利因素，强化税源监控，狠抓增收节支，全区公共财政收入完成106705万元，地方级税收收入完成82058万元，税收占财政收入比重为76.9%。按现行财政体制与市财政结算后，当年全区公共财政收入106705万元，加上税收返还、转移支付等各项补助收入96154万元和上年结余收入54万元，全区公共财政总财力202913万元。

2013年，受宏观经济低迷、国家调整产业结构等政策影响，全区骨干税源煤炭采掘及销售行业效益持续下滑，枣矿集团税收贡献下降尤其明显；增值税、营业税起征点提高和营业税改征增值税等一系列促进实体经济发展的税制改革政策，在降低企业税负的同时，客观上造成财政的减收。财税部门发挥以票控税、纳税评估和纳税稽查作用，改进征管手段，精心组织税收入库；强化对房地产开发和建筑安装企业的税收征管力度，最大限度避免一次性税收流失；启动实施地方税收保障机制，协助税务部门加强征管。同时，薛城区实施产业结构调整，淘汰落后产能，改造、实施和引进一批重点企业和重点项目，成为财税收入新的增长点，一定程度上降低减收因素的影响。全区公共财政收入完成124501万元，同口径增长10.1%；税收完成100099万元，同口径增长13.2%，税收占财政收入比重为80.4%。按调整后的财政体制与市财政结算后，当年全区公共财政收入124501万元，加上税收返还、转移支付等各项补助收入106168万元和上年结余收入4801万元，全区公共财政总财力235470万元。

农业四税征收

农业税　1991年，农业税征收105万元，1992年，征收81万元，比上年减少22.8%，1993年，农业税征收135万元，比上年增长66.7%。1994年，因物价上涨，农业税由原来的0.2元（标准粮每公斤），调整到1元（标准粮每公斤）。1996年，国家再次调整农业税征收价格，标准粮每公斤上调至1.46元，当年征收368万元。1997年，征收353万元，较上年减少4%。2003年，征收1243万元。2004年，全区征收农业税440万元，为全区28万农民减免农业税803万元。2005年，依据国家惠农政策，全面取消农业税征收。

农业特产税　80年代末，农业特产税作为独立税种单独征收，其征税范围主要以园艺、林木和水产品三大类。1991—1993年，区农业特产税三年总共收入54万元，至1996年，全区农业特产发展初见成效，当年农业特产税收入122万元。1997年，收入131万元，较上年增长7.3%。2001年，农特产品发展迅速，当年征收467万元，比上年增长68.6%。2002年，因农村税费改革，中央开始抓减轻农民负担工作，农业特产税征收数额减少。2003年，正式取消农业特产税征收。

耕地占用税　1987年起，征收耕地占用税，征收税率是30元/平方米。1987—1988年，对征收耕地占用税，中央和地方按照五五分成。1989—1993年，按照三七分成。2002年，为方便群众，建立房产交易大厅，设置财政窗口将耕地占用税和契税的征收工作纳入其中。1991—1993年，全区财政所征收耕地占用税总计收入172万元。2002—2012年，征收耕地占用税共计9222万元。

契税　1991年，契税恢复征收工作，全区契税征管工作主要由各乡镇街道财政所负责征收。1992年，征收契税3万元。1993年，征收2万元。2002年至2012年年底，房产交易大厅财政窗口共计征收契税24825万元。2012年12月，农税局因机构职能划转，耕地占用税和契税征管工作划转到区地税局征收。2013年，薛城区农业税收征收管理局更名为基层财政管理局，积极建设惠民综合服务大厅，实现“一个中心对外、一个窗口受理、一站式办结”的服务模式。

1991—2012 年部分年份薛城区农业四税征收情况统计表

表 13-1

年份	总额		农业税		农业特产税		耕地占用税		契税	
	金额（万元）	比上年增长（%）	金额（万元）	比上年增长（%）	金额（万元）	比上年增长（%）	金额（万元）	比上年增长（%）	金额（万元）	比上年增长（%）
1991	187	-22.8	105	-22.8	17		65			
1992	173	73.2	81	66.7	16	-5.8	73	12.3	3	
1993	57	-55.2			21	31.2	34	-53.4	2	-33
1996	673	0	368		122		182		1	
1997	561	342.9	353	-4	131	7.3	72	-60.4	5	400
1999	567	0	310		187		32		38	
2000	802	641.4	256	17.4	277	48.1	138	331.2	131	244.7
2001	1104	166.7	206	-19.5	467	68.6	293	112.3	138	5.3
2002	1488	271.1	946	359.2	304	-34.9	67	-77.1	171	23.9
2003	1588	87.7	1243	31.4			60	-10.4	285	66.7
2004	1088	16.7	440	-64.6			41	-31.7	607	113
2005	2009	3674.3					1558	3700	451	-25.7
2006	1314	62.7					182	-88.3	1132	151
2007	486	-140					37	-79.7	449	-60.3
2008	757	0.8					13	-64.9	744	65.7
2009	1791	2043.1					265	1938	1526	105.1
2010	2688	323.2					1113	320	1575	3.2
2011	6020	234.3					1974	77.4	4046	156.9
2012	17751	340.2					3912	98.2	13839	242

财政支出

1991—1993 年，在资金供求矛盾突出，财政面临极大困难，政策性增资因素较多的情况下，始终坚持财政平衡方针，全区财政支出累计为 15056 万元，其中：农林水事业费和支农生产支出 1835 万元，文教卫类事业费 5088 万元，行政管理费 2003 万元，其他支出 2816 万元。1994 年，在预算执行中坚持量财办事、大力压缩非生产性支出，加强资金调度，确保工资发放。同时为适应分税制体制下地方财源建设的新要求，按照“大力发展新型财源，转变理财观念、拓宽理财渠道、培植新的财源”的方针，重点发展高产、优质、高效农业，支持企业技术改造和生产发展，促进经济建设。当年财政总支出完成 7857 万元，其中农林水事业费和支农支出 1105 万元，文教科技卫生事业费支出 2990 万元，城市维护费支出 523 万元，行政管理费支出 1464 万元，公检法支出 321 万元，专项和其他支出等 1454 万元。1995 年，坚持适度从紧的财政政策，在保证行政事业单位工资正常发放和机关工作正常运转的情况下，增加财政对经济建设和各项事业的投入，较好地满足农业、科技、教育等重点支出的需要。当年财政总支出完成 8124 万元，其中：支农和农业综合开发支出 739 万元；文教科技卫生事业费支出 3197 万元；行政事业费支出 1495 万元。1996 年，财政总支出完成 11410 万元，其中：支农和农业综合开发支出 1028 万元，文教事业支出 3580 万元，行政事业支出 1889 万元，卫生经费支出 1207 万元，城市维护费支出 864 万元。

1997—2003 年，按照“保重点、压一般”的原则，合理安排支出，在保工资、保运转、保稳定的同时，财政对农业、科技、教育、计生等重点支出项目的投入适度增长。六年中全区总支出累计完成 144017 万元。主要支出项目完成情况：支农、农林水事业及农业综合开发支出 17013 万元，文教科技事业支出 41537 万元，卫生经费支出 7729 万元，抚恤和福利救济及社会保障支出 6401 万元，行政管理费支出 15433 万元，行政事业单位离退休经费支出 5637 万元。

2004—2006 年，坚持以经济建设为中心，大力支持“三农”、支持招商引资、支持城市建设，财政支持经济发展力度不断扩大；统筹兼顾，保工资、保稳定、保法定支出，加大社会保障投入，社会保障能力进一步增强。全区财政支出总计实现 122985 万元，其中：农林水支出 15095 万元，文体和教育支出 32934 万元，医疗卫生支出 5689 万元，抚恤和社会保障支出 7582 万元，行政管理费和行政事业单位离退休费支出 20249 万元，城市维护费支出 11796 万元。

2007—2009 年，按照保工资、保运转、保重点、保稳定的有序支出原则，有保有压，统筹安排财力。兑现区乡两级公务员和事业单位人员增资政策；认真落实种粮、农资综合补贴、良种及农机购置补贴等惠农政策，实施家电下乡补贴政策，支持农村基础设施建设，增强农业综合生产能力；全面抓好农村义务教育经费保障机制改革，进一步扩大义务教育经费保障覆盖范围，提高补助标准；加大社会保障支出投入力度，进一步提高全区城镇和农村居民最低生活保障标准、新农合筹资补助标准、农村五保对象分散和集中供养标准，保障城乡困难群众医疗救助金的发放，落实各项就业扶持政策，为下岗职工再就业小额贷款提供财政贴息。三年间，全区财政支出总计 191202 万元，其中：农林水事务支出 22216 万元，占 11.6%；教育支出 50550 万元，占 26.4%；医疗卫生支出 12569 万元，占 6.6%；社会保障和就业支出 23306 万元，占 12.2%；环境保护支出 5877 万元，占 3%；农林水事务支出一般公共服务支出 33590 万元，占 17.6%。

2010—2013 年，优化财政支出结构，积极构建民生财政。主要采取以下措施：加大支农投入，夯实农业发展基础；加大教育支持力度；全面落实社会保障政策；支持医疗制度改革；切实提高居民收入标准。四年间，财政向农林水、教育、医疗卫生、社会保障和就业四项重点领域投入合计达到 53.2 亿元，占一般预算支出总额的 75.2%。围绕城市转型，保障重点建设资金需求。通过预算直接投入、使用融资贷款、运作土地资本等多种渠道，统筹调度安排各类资金 68.8 亿元，大力支持城市基础设施和重点项目建设，努力推动城市加速嬗变。四年全区财政支出总计 742623 万元，其中：农林水事务支出 85741 万元，占 11.5%；教育支出 196979 万元，占 26.5%；医疗卫生支出 72286 万元，占 9.8%；社会保障和就业支出 102245 万元，占 13.8%；环境保护支出 23817 万元，占 3.2%；住房保障支出 73710 万元，占 9.9%；一般公共服务支出 79149 万元，占 10.7%。

第四节　财政管理

预算内资金管理

1991 年年初，薛城区开展财政自办国家能源交通重点建设基金、国家预算调节基金征管试点。1991 年度全区共完成“两金”征收 243 万元，占市下达任务的 104%，比 1990 年多征 154 万元。1994 年，区财政体制上解按照每年 7.5%的比例递增上缴市财政，兴仁乡整建制调整到开发区管理，全区相应调整结算项目。兴仁乡按 1993 年上解基数 150 万元，由市财政在年终与薛城区进行结算。1996年，区对乡镇实行分税制财政管理体制改革，以1993年“两税”（即增值税75%、消费税100%）实际入库数为基数，扣除分享部分作为中央税收返还基数。1997年，全区12个乡镇财政收入（老口径）突破1000万元有1个，过500万元有6个。1999年，全区行政执法机关实施罚款分离。2003年，薛城区将兴城办事处辖区内的陶庄顺兴水泥厂南石分厂、薛城导电材料厂、原南石信用社3户企业，按照属地管理原则，全部移交高新区管理。其中陶庄顺兴水泥厂南石分厂税收基数（55.76万元）不再划转薛城区，恢复为兴城街道办事处收入；薛城导电材料厂、原南石信用社2户薛城区级税源企业，按2002年地方税收基数共计7.3万元，由兴城街道办事处每年定额上解，市财政结算补助给薛城区。

2006年，市财政局核定薛城区机关事业单位工作人员工资和增加离退休人员离退休转移支付1252万元。区加大对财政困难乡镇的配套转移支付力度，确保对其增资补助比例不低于100%，在保证及时足额兑现国家增资政策的同时，尽力缩小区、乡（镇）工资差距。2009年，薛城区年应缴纳南水北调工程基金235.96万元。2011年，市财政局下达薛城区县级基本财力保障机制补助资金2866万元。2012年1月1日起，市财政局核定薛城区下划部分市属以上企事业单位税费收入资金上解比例为45%。

预算外资金管理

1996年，薛城区收费管理局成立，对预算外资金实行统一管理。当年，全区纳入财政专户管理的行政事业单位68户，专户储存资金累计1125万元，支出累计1089万元。按照《山东省收费票据管理办法》，收费票据实行购证制度，验旧换新推广使用新票据，有效地制止乱收费、乱罚款等违纪行为。1997年，行政事业性收费资金由原先所有权和使用权归部门或单位，变为所有权归政府，管理权交由财政部门，真正实行收支两条线管理。对预算外资金实行“核定收入计划、统一收支标准、结余政府统筹、超支政府奖励”管理方式。1999年，薛城区收费管理局更名为预算外资金管理局，当年对费源进行调查，掌握全区收费结构、分布状况和收入总量。2001年，通过银行实现网络收费。在推行“票款分离”系统进程中，确定银行代收网点52个，取消银行过渡户45个，清理回收各类票据2130本。2003年起，贯彻有关“收支两条线”管理规定，切实加强政府对预算外资金的监督管理，提高财政资金使用效益，从源头上预防和治理腐败，由区纪委、监察局、财政局、审计局、物价局联合成立检查组，对预算外收入的项目、标准、票据及收支管理方面执行规定的情况进行检查。2004年，实行新的非税收入征管系统，实现省、市、区收费项目、收费编码、收费金额三级联网。2012年起，将原预算外专户资金管理的收入（不含教育收费）全部纳入预算管理，相关资金拨付由原收支两条线管理调整为通过公共财政预算或政府性基金预算安排。2013年，预算外资金管理局更名为非税收入管理局。

农村教育费附加

1994年10月，全区开始征收农村教育费附加。1997年4月，区财政局增设教育费附加征收办公室，主要征收农村教育费附加、义务教育费。1994—2001年，征收农村教育费附加4044万元。1995—2001年，征收义务教育费427万元。2001年，农村税费改革，农村教育费附加停征。

社会保障资金管理

区财政局设社会保障资金管理股，负责管理区政府统一实施的养老、失业、医疗（公费医疗）、工伤、生育等各项社会保险基金和低保资金发放及再就业工作。1998年，全区全员养老、全员失业、基本生活保障等社会保障基金收入1711万元，其中：全员养老收入1432万元、基本医疗收入163万元、全员失业收入64万元、基本生活保障收入52万元；各项社会保障基金支出552万元，其中：全员养老支出521万元、基本医疗支出12万元、全员失业支出6万元、基本生活保障支出13万元。1998—2013年，全区各项社会保障收入 440029 万元，其中，全员养老收入 285418 万元、基本医疗收入 109065 万元、全员失业收入 14124 万元、工伤生育收入 6109 万元、基本生活保障收入 25313 万元；同期，全区各项社会保障总支出 344955 万元，其中，全员养老支出 210646 万元、基本医疗支出 94283 万元、全员失业支出 11063 万元、工伤生育支出 4570 万元、基本生活保障支出 24393 万元。

国有资产管理

1996 年 3 月，薛城区国有资产管理局成立，编制 10 人，全额拨款事业单位，隶属区财政局。1997 年起，对国有企业进行产权登记，签订国有资产保值增值考核指标，参与企业改制改组，对企业破产清算、资产评估、产权界定进行核准。2007 年 2 月，区委、区政府联合下发《关于深化国有资产管理体制改革的意见（试行）》和《关于印发〈薛城区国有资产统一监管经营暨资产清查工作实施方案〉的通知》改革旧体制，确立责权统一的国有资产监督、管理、经营各负其责的新体系。是年 5 月，注册成立国有独资的枣庄市薛城区锦阳国有资产经营有限公司，公司成立当年筹融资金 1.5 亿元。

2008 年，将原在各单位名下国有划拨土地 28 宗（24.8 公顷）统一过户到区国有资产管理局名下，成功出让土地 3.87 公顷，取得国资收益 6960 万元。是年 3 月，区委、区政府两办联合下发《薛城区公务用车定编配备和使用管理暂行办法》，对公车配备使用管理进一步规范，对全区 109 家区直单位占有使用的公车进行清理，纠正公车私户 48 辆，收缴超编车辆 30 辆，调剂使用 14 辆，公开拍卖处置 16 辆。对剩余的 519 辆公车全部实行编制管理，填制“薛城区公务用车编卡册”，纳入集中统一管理。

2009 年，区政府决定将原陶庄镇夏庄煤矿、防备煤矿、215 煤矿、邹坞煤矿、张范镇大甘霖、大甘霖二号煤矿等收归区级管理，2013 年前关闭年产量低于 30 万吨所有煤矿。先后组建山东安泰煤业有限公司、准格尔旗光裕煤矿、山东安阳矿业有限公司、山东盛泰房地产有限公司、山东仲建发展有限公司、枣庄鸿阳热力有限公司、山东锦辰投资有限公司等国有企业。2011 年，先后出台《关于加强山东安阳矿业有限公司生产经营管理的规定》《薛城区人民政府关于进一步规范安泰煤业公司管理的意见》，进一步明确公司的责任权利。2012 年，区政府办公室下发《关于进一步规范煤炭企业管理加强煤炭安全监管的意见》，进一步明确企业在产品销售、资产购置、融资担保等重大事项报告义务；规范企业管理层业绩考核和薪酬管理，出台目标责任考核及年薪制管理办法；加强企业财务监管，向 6 家企业派驻财务总监，变外部监督为内部监管、事后监督为全程监督。新上资产管理系统，全面反映行政事业单位资产增减变化、资产结构、资产存量等情况。是年 10 月，区委办公室下发《关于印发〈薛城区党政机关公务用车配备使用管理实施办法〉的通知》，对行政事业单位公务用车建立编卡册，实行“一车一卡”，对 116 户行政事业单位、6 户国有企业共 559 辆公务用车登记管理。充分发挥区锦阳国有资产经营有限公司融资平台作用，累计融资 22.16 亿元。

2013 年年底，全区行政事业单位拥有资产总额 16.06 亿元，（其中固定资产 9.86 亿元）同比增长 11.84%；负债总额 6.34 亿元，同比增长 16.97%；净资产 9.72 亿元，国有资产总量 9.72 亿元，同比增长 9.21%。

会计管理

1998 年 11 月，区机构编制委员会设立区会计管理局，正科级事业单位，隶属区财政局管理，人员从区财政局事业单位现有编制人员中调剂解决。同月，区委、区政府决定在全区国有、集体骨干企业和行政事业单位，进行会计人员管理体制改革，对会计人员统一管理，实行聘任委派制度。1999 年 7 月，制定并下发《薛城区会计人员统管、委派实施细则》，对委派会计人员范围、条件、来源、职责与权限、人事管理、工资管理、业务管理、奖惩等做出详细的规定，不断规范会计委派管理模式，建立健全委派会计业务培训、专业技术职务晋升聘任、定期会账、人员奖惩等制度。

2001年5月，薛城区决定在各镇（街）、区直有关部门实行“零户统管”，由镇（街）财政或区直主管部门统一管理会计人员，统一进行资金结算和会计核算，融会计服务和监督管理为一体。

2002年，决定公开选拔符合规定的部门和企业设置总会计师，负责单位的各项财务相关工作。区教育局、区建设局、区财政局、区劳动和社会保障局、区国土资源局、区粮油总公司、区煤炭总公司；首批设置总会计师的企业单位有：区发电厂、区煤矿、区天然焦矿定为首批设置总会计师的行政事业单位和业务主管部门。

2013年，区境4438名在职会计人员重新进行登记，建立会计人员档案，发放全国统一的会计从业资格证书，对未完成继续教育和未进行年检的会计人员吊销会计证，及时更新人员信息。

财政监督检查

1991年后，全区每年进行一次税收财务物价大检查。至1998年年底，共检查行政和企事业单位3641次，年检查面平均超过51%，查处违法违纪金额3877万元、违控金额423万元，增加财政收入3088万元。1999—2010年，按照“收支并举，内外并行，监督并重”的原则，开展日常监督和专项检查工作。累计查处各种违法违纪金额3856万元，收缴入库756万元，查处“账外账”单位8个，存在会计信息失真问题单位25个，归并撤销行政事业单位银行账户98个，提出整改意见和建议850余条。2011年，集中人员，集中时间，集中地点检查涉农专项资金使用部门及镇（街）16个，涉及涉农资金近3000万元，收回违规项目资金67万元；在会计信息质量检查工作，检查涉及能源交通、教育、房地产等行业4家单位，共查处未补税款85.3万元。2012年，对全区7个镇（街）112个村公益事业“一事一议”开展专项检查117个项目，涉及资金1199万元。通过检查提出合理化建议15条，规范账务专户3个；对7个镇（街）农机深松整地作业补贴资金375万元开展专项检查。2013年，对2012年度城镇保障性安居工程跟踪审计，确保国家惠民政策落到实处。对全区2008—2012年涉及专项资金1.2亿元人畜安全饮水、水土流失综合治理、水库工程、小型农田水利建设等项目进行检查。

第二章　国家税务

1991—2013年，薛城区税务系统随着中国财税改革的步伐，及时更新和调整业务职能和自身建设，取得不断进步和发展，诸多方面都发生深刻变化。1994年，国务院决定全国税务系统进行国、地税分设。是年8月，薛城区税务分局在市局的直接领导下，国税、地税分设完成，分别成立薛城区国家税务局和薛城区地方税务分局。23年来，薛城区税务系统本着“聚财为国、执法为民”的宗旨，认真贯彻党的各项方针政策，按照“带好队，收好税，执好法，服好务”的总体要求，坚持科学发展观，与时俱进，开拓创新，顽强拼搏，紧紧围绕组织收入这个中心，大力推进依法治税，稳步实施税收改革，全面强化税收管理，切实加强队伍建设，各项税收工作取得跨越式发展。薛城区国家税务局（所属税务分局）和薛城区地方税务分局（所属税务所）多次被区委、区政府表彰为“先进单位”“行风评议先进单位”；多次被省、市授予“精神文明先进单位”“山东省巾帼文明标兵队”称号；先后被授予“全国三八红旗集体”“全国巾帼文明岗”“全国青年文明号”称号。1991年，全区税收3816万元；2013年全区国、地税总收入17.24亿元，增长44倍多。2004—2013年，薛城区国家税务局共稽查税款1亿余元。

第一节　管理机构

1994年8月，中国税制进行重大改革，实行分税制的财政体制，组建国税、地税两个机构，薛城区国家税务局成立，为国家税务局、省、市国家税务局垂直领导的县（区）级机关。本着内设机构“精简、统一、效能”，征收机构按经济区域划分的原则，薛城区国家税务局内设办公室、税收管理科、征收管理科、计划财务科、人事科、机关党委（思想政治工作办公室）、纪检组（监察室与其合署办公）7个行政科室，征收分局、税务稽查分局两个直属机构，薛城、常庄、兴仁、陶庄、邹坞、沙沟、周营7个税务所。

1996年10月，按照《枣庄市国家税务局系统推行国家公务员制度实施方案》的要求，根据上级初步核定的编制，结合实际情况，对全局职能配置、机构设置和人员编制方案进行修订并报市局审批。根据市局批复薛城区国家税务局内设7个行政科室：办公室、人事科、政工科（与机关党办合署办公）、监察室、计划财务科、税收管理科、征收管理科。2个直属分局：征收分局、税务稽查分局。4个农村征收分局：薛城分局、陶庄分局、邹坞分局、沙沟分局。

1997年5月，按照《山东省国税系统城区机构改革方案》的要求，结合本局实际情况，本着精简、高效的原则并报市局审批，将原设在城区驻地的征收分局与薛城分局合并成立薛城区国家税务局直属征收分局。

1998年4月，按照山东省国家税务局通知要求，根据市局核定的编制，结合实际情况，对局职能配置、内设机构和人员编制进行修订，并报市局审批。薛城区国家税务局内设6个行政科室：办公室、人事监察科、政治工作科、税收管理科、计划财务科、老干部工作科；2个直属机构：征收分局、稽查局；3个农村征收机构：陶庄分局、邹坞分局、沙沟分局。

2001年4月机构改革，薛城区国家税务局内设5个行政科室：办公室、税政管理科、征收管理科、人事教育科、监察室；2个直属机构：稽查局、计划征收局；1个事业单位：信息中心；4个管理分局：城区分局、陶庄分局、邹坞分局、沙沟分局。

2003年5月，薛城区国家税务局系统加速征管信息化建设推进征管改革，经市局批准成立发票管理所，计划征收局、税政科更名为计划征收科、政策法规科。

2005年8月，内设8个科室：办公室、税政管理科、征收管理科、人事教育科、监察室、计划统计科、办税服务厅、税源管理科；1个直属机构：稽查局；1个事业单位：信息中心；4个派出机构：城区税务分局、陶庄税务分局、邹坞税务分局、沙沟税务分局。

2011年1月机构改革，内设10个科室：办公室、政策法规科、税政科、收入核算科、纳税服务科（办税服务厅）、征收管理科、人事教育科、监察室、税源管理一科、税源管理二科；1个直属机构：稽查局；1个事业单位：信息中心；4个派出机构：城区税务分局、陶庄税务分局、邹坞税务分局、沙沟税务分局。2013年无变化。

第二节　税种和税率

薛城区国家税务税种有增值税、消费税、企业所得税、外商投资企业和外国企业所得税、储蓄存款利息所得个人所得税、车辆购置税等7个税种。

增值税

增值税是以商品生产、流通和劳务的增值额为对象课征的一种流转税，是薛城区国家税务局征收的主要税种。1994年，增值税收入5492万元，2013年，增值税收入35425万元，增长6.45倍。

1993年11月26日，国务院第十二次常务会议审议通过《中华人民共和国增值税暂行条例》，1994年1月1日起施行，同时废止《中华人民共和国增值税条例（草案）》和《中华人民共和国产品税条例（草案）》。

2009年1月1日起，国家全面实行消费型增值税。增值税由国家税务局负责征收，税收收入中75%为中央财政收入，25%为地方财政收入。进口环节的增值税由海关负责征收，税收收入全部为中央财政收入。增值税实行三档比例税率，高税率为17%，低税率为13%，出口货物实行零税率。

2013年8月1日起，将交通运输和部分现代服务业营业税改征增值税。其中，交通运输业包括陆路、水路、航空、管道运输业务；部分现代服务业包括研发和技术服务、信息技术服务、文化创意服务、物流辅助服务、有形动产租赁服务、鉴定咨询服务和影视服务。

消费税

消费税是对在全国境内从事生产和出口税法规定的应税消费品的单位和个人征收的一种流转税，是对特定的消费品和消费行为在特定的环节征收的一种间接税。1994年1月1日起征收消费税。消费税设置11个税目13个子目，列举25个征税项目。消费税的税率采取比例税率和定额税率两种形式。

企业所得税

企业所得税是指对中华人民共和国境内的企业（居民企业及非居民企业）和其他取得收入的组织以其生产经营所得为课税对象所征收的一种所得税。作为企业所得税纳税人，应依照《中华人民共和国企业所得税法》缴纳企业所得税，但个人独资企业及合伙企业除外。

原企业所得税法主要是1993年12月23日国务院发布的《中华人民共和国企业所得税暂行条例》和1994年2月4日财政部发布的《中华人民共和国企业所得税暂行条例实施细则》。统一税率为33%。为照顾中小企业的发展，企业所得税实行三档比例税率，企业当年应税利润在3万元以下的税率为18%，在3~10万元的税率为27%，10万元以上的税率为33%。

统一合并后的《中华人民共和国企业所得税法》已由中华人民共和国第十届全国人民代表大会第五次会议于2007年3月16日通过，自2008年1月1日起施行。《中华人民共和国企业所得税法实施条例》已经2007年11月28日国务院第197次常务会议通过，自2008年1月1日起施行。一般企业所得税的税率为25%的比例税率。

外商投资企业和外国企业所得税

外企所得税是对外商投资企业和外国企业的所得征收的一种税。1991年4月9日，第七届全国人民代表大会第四次会议通过并公布《中华人民共和国外商投资企业和外国企业所得税法》，自1991年7月1日起施行。外商投资企业和外国企业所得税税率为30%的比例税率，再加征3%的地方所得税。

《中华人民共和国企业所得税法》已由中华人民共和国第十届全国人民代表大会第五次会议于2007年3月16日通过，自2008年1月1日起施行，同时《中华人民共和国外商投资企业和外国企业所得税法》自2008年1月1日起废止。

储蓄存款利息所得个人所得税

主要指对个人在中国境内取得人民币、外币的储蓄存款利息所得征收的个人所得税。1950年，颁布《利息所得税条例》。1959年，停征存款利息所得税。1993年，又把利息所得列为征税项目。

1999年11月1日，颁布《对储蓄存款利息所得征收个人所得税的实施办法》，实施征收20%利息税。2007年8月15日，利息税的适用税率由原来的20%减按5%执行。

2008年10月9日，对储蓄存款利息所得暂免征收个人所得税。即储蓄存款在1999年10月31日前孳生的利息所得，不征收个人所得税；储蓄存款在1999年11月1日至2007年8月14日孳生的利息所得，按照20%的比例税率征收个人所得税；储蓄存款在2007年8月15日至2008年10月8日孳生的利息所得，按照5%的比例税率征收个人所得税；储蓄存款在2008年10月9日

后（含10月9日）孳生的利息所得，暂免征收个人所得税。

车辆购置税

车辆购置税是对有取得并自用应税车辆的行为的单位和个人征收的一种税。2000年10月22日，国务院发布《中华人民共和国车辆购置税暂行条例》，从2001年1月1日起执行。《车辆购置税征收管理办法》自2006年1月1日起施行。车辆购置税税率为10%。

第三节　征收管理

1994年，全国实施税制改革及分税制改革，全部税种分为中央税、地方税及中央与地方共享税，由新成立的国家税务局、地税局按照划定征管范围分别负责征管，其中，国家税务局系统主要负责增值税、消费税、企业所得税的征收管理。1996年1月，国家税务总局对国家税务局、地税局征管范围做出调整：集贸市场和个体工商户税收，按照收入归属的原则，增值税、消费税由国家税务局负责征收管理，营业税、个人所得税和其他税收由地税局负责征收管理。

税务登记

1996年6月1日至9月20日，薛城国税局对管辖的纳税人进行税务登记和换发税务登记证件工作，根据《国家税务总局关于换发税务登记证统一代码具体使用问题的通知》，统一纳税人识别号。1999年6—11月底，为适应国家对经济类型的重新划分和调整，对管辖的纳税人进行税务登记证件的换发工作。

2004年3月，全省国税系统推广应用《山东省国家税务局外部信息应用管理系统》，初步实现国税与工商行政管理、地税登记信息比对的计算机处理，摸清全省国税与工商、国税与地税登记信息之间的差异，从源头上控管税源。

2005年4月，根据《山东省国家税务局、山东省地方税务局关于统一税务登记代码的通知》，对同一纳税人实行同一税务登记代码。2005年8月，按照省国家税务局规定，个体工商户不论是否达到增值税或营业税起征点，均自领取营业执照之日起30日内，持相关办证资料到税务机关办理税务登记；未达起征点业户发生停业、复业、变更或注销税务登记的，依照《税务登记管理办法》的规定办理有关手续；各级税务机关与工商、地税等部门联系协调，及时交换相关信息，强化对未达起征点业户的户籍控管；对已认定为未达到起征点的个体工商户，在办税服务厅和未达起征点业户经营所在街道、集贸市场等场所进行公布，接受纳税人和社会各界的监督。

纳税申报

1995年7月，国税部门建立起以纳税人自核自缴为基础的申报纳税制度。1998年5月起，实行邮寄申报纳税方式。2000年9月，局实行网上申报纳税、电话申报纳税、银行网点申报纳税征收方式。上线具有增值税专用发票报税、认证数据自动生成和CA加密认证的申报软件，逐步推行税库银税款管理系统，实现纳税人申报税款的自动上解入库，提高国家税款征收的安全性和高效性。2002年始，应用综合征管软件V1.1。2008年7月，开始应用综合征管软件2.0。2013年10月1日起，应用金税三期税收管理系统。

税款征收

1995年7月，薛城区国家税务局逐步取消税务专管员分户管理制度，实行税收征管专业化管理，建立以纳税人自核自缴为基础的申报纳税制度，设置多功能征收服务厅，推行税银一体化服务。

1996年9月，建立“以纳税申报和优化服务为基础，以计算机网络为依托，集中征收，重点稽查”的征管模式。

1997年，取消专管员管理制度，城区征收分局实现税收征管专业化分工管理，农村征收分局推行专业化分工与分阶段兼岗相结合的工作方法。

2000年4月起，形成网上申报纳税、银行网点申报纳税、电话申报纳税三种税款征收方式的试点改革。

1991—1993 年薛城区税收统计表

表 13-2　　　　　　　　　　　　　　　　　　　　　　　　　　　单位：万元

项目 年份	税收收入	产品税	增值税	营业税	所得税	个体所得税	其他
1991	3816	1112	753.8	1084	339	9	518
1992	4641	1437	1014	1559	165	21	444
1993	7625	2006.1	1747.8	2173	309	12	1378

1994—2013 年薛城区税收统计表

表 13-3　　　　　　　　　　　　　　　　　　　　　　　　　　　单位：万元

项目 年份	税收收入	增值税	消费税	营业税	个人所得税	企业所得税	外商投资企业外国企业所得税	城市维护建设税	土地使用税	印花税	滞补罚	车辆购置税
1994	5935	5492	201	82	61	35	0	50	3	4	8	0
1995	5512	5041	202	175	24	13	0	28	0	11	19	0
1996	6353	6044	262	0	0	31	0	0	0	0	15	0
1997	8243	7712	5	67	0	47	400	0	0	0	12	0
1998	9698	8883	7	102	0	31	674	0	0	0	0	0
1999	11432	10347	349	77	0	60	600	0	0	0	0	0
2000	8283	6482	580	374	311	37	500	0	0	0	0	0
2001	9654	7514	1380	182	493	85	0	0	0	0	0	0
2002	10389	8315	1238	112	558	136	30	0	0	0	0	0
2003	11861	9677	1182	17	530	236	219	0	0	0	0	0
2004	15715	12848	1310	0	556	1043	-42	0	0	0	0	0
2005	19367	16202	1765	0	551	848	1	0	0	0	0	0
2006	19808	14942	3559	0	995	312	0	0	0	0	0	0
2007	19990	15277	2606	0	1285	622	110	0	0	0	0	0
2008	29307	25814	2049	0	837	607	0	0	0	0	0	0
2009	27480	23647	2362	0	338	1133	0	0	0	0	0	0
2010	32861	29015	2546	0	55	1245	0	0	0	0	0	0
2011	37011	31651	2838	0	27	2495	0	0	0	0	0	0
2012	59735	52505	3228	0	8	3994	0	0	0	0	0	0
2013	60765	51772	3556	0	3	5434	0	0	0	0	0	0

纳税评估

1999 年，增值税管理领域实施增值税纳税评估管理制度。7 月 1 日，把纳税评估工作步骤分为确定评估对象、审核评析、认定处理三部分，规定各步骤的工作程序和内容。

2000 年 8 月，把纳税评估区分为日常评估和专项评估，明确纳税评估机构的构成及其工作职责、评估资料的搜集整理、评估对象的确定、如何进行审核评析以及举证确认和认证处理等内容。

2001 年 9 月，局上线应用“纳税评估管理信息系统”。2003 年上半年，全省国税系统进行机构调整，纳税评估的管理工作归属国家税务局征收管理科（处）。2005 年 3 月，根据评估对象的不同，纳税评估分为一般程序和简易程序。

税源管理

1994 年，税制改革后，加大税源监控力度，控管所辖税源的 60%以上。

1995 年，国税系统改进和完善税源管理工作，局严格税务登记制度，并与工商行政管理部门建立经常性的照、证核对制度。

1996 年 1 月，实施税收会计核算办法改革，按纳税人设置明细账，通过纳税申报率，即掌握税源变化情况。

1998 年，采取分析信息资料和实地调查测算相结合的方法，加强日常税源监控管理。

1999 年，为摸清税源底数，在强化户籍管理的同时，采取信息共享、划片管理、“拉网式”检查和协税护税结合等方法，对 1998 年全省实现国内“两税”10 万元以上、企业所得税、涉外企业所得税 5 万元以上的企业为主要对象开展大规模的税源调查。是年，在商业零售领域实行销售商品统一开票制度，对个体私营经济加强定期定额管理，推进建账建制，实行社会综合治税等，完善个体私营税收管理机制。

2001 年，国税局上线运行与工商、地税部门的信息比对交换系统、CTAIS 系统，完成“金税工程”二期，并逐步将发票发售、税款征收入库、税源监控、税务稽查、征管质量考核等工作纳入计算机管理，在防伪税控系统推行的范围内假票问题基本得到控制，促使企业如实申报纳税，严密的税源监控和防范漏征漏管的税收征管体系初步构建起来。

2002 年，上线定期定额业户定额核定管理信息系统，利用经营项目、营业面积、地段、用工人数等因素作为参数，实现个体双定业户计算机定税，防止人为因素干预，税源管理更加科学合理。

2005 年 5 月，税收管理员对集贸市场业户实施分类施管，促进基层个体集贸税收精细化管理工作的开展。

培植税源

1994 年，新税制运行初期，薛城区国家税务局集中主要力量，发现、研究、反映和解决税改过程中出现的情况和问题。针对部分行业、产品税负提高过大、影响企业生产经营的问题，按照政策权限予以解决或向上级反映。实施分税制后，促产增收工作主要体现为严格依法治税，落实各项税收优惠政策，包括办理期初库存已征税款抵扣、出口退税、出口免税、校办和福利企业优惠、所得税优惠、三资企业税收返还等。税务机关同各部门密切配合，形成促产合力，促进社会资源合理配置。

第四节　执法稽查

1994 年，薛城区国家税务局稽查队改称为稽查分局，为薛城区国家税务局的直属机构。

1995 年 1 月，国税稽查部门统一稽查文书，按照选案、稽查、审理、执行的流程开展检查工作。5 月，主要考核工作计划及执行情况、税收检查与促进管理、典型案例整理与报送、税务稽查统计报表、税务稽查工作信息和税务稽查信访工作，实行倒扣计分逐级考核制。7 月，税务检查站全部撤销。同月，税务稽查分为全面稽查、专项稽查、专案稽查。稽查对象依照选案标准筛选产生。稽查实施采取调回账簿检查、进驻实地检查或约谈等方式。稽查机构对检查过程中所取得的资料和检查人员提供的检查报告全面审理，审理工作由稽查机构中专门机构或人员负责。

1996 年，推行税务稽查计算机管理，第四季度推行税务稽查选案软件，全面推行计算机选案稽查。11 月，推行国家税务总局开发的税务稽查管理信息系统。

1996—1997 年，征收分局内部设立稽查机构或岗位，按照选案、稽查、审理、执行 4 个环节确立稽查工作规程。

1997 年年底，稽查分局改名为稽查局。

1999 年 6 月，明确举报奖励基金由稽查局管理。为避免重复检查，实行税收检查计划管理制度，10月，建立纳税评估岗位与稽查部门信息交流制度，完善人机结合选案方式，加强对稽查内部和税收征管的监督制约。

2000年6月，试行稽查执法责任追究，包括考核追究、纪律追究、经济追偿三种形式，区局国税机关设立责任追究委员会。

2001年，制定稽查岗责体系，统一稽查局的工作职能、岗位设置、各环节、各岗位工作责任和标准。

2002年3月，实行一级稽查体制，实施错案责任追究制度。

2004年6月，稽查局税收检查权限由省国家税务局统一划分。

2005年，应用“数字化查账助手软件”和“稽查信息控制系统软件”，推进稽查工作信息化建设。

日常与专项检查

1994年第三季度，开展增值税、消费税专项检查。

1995年，全省国税系统稽查部门开展期初存货已征税款分离和动用抵扣情况的审查、增值税专用发票使用情况的检查和增值税、消费税纳税大户情况调查的“三查”工作，组织对流通领域商业、粮食、物资、外贸、供销五行业专项检查和对乡镇企业、重点纳税大户检查。

1997年，开展对酒类行业的消费税检查、农业银行系统所得税缴纳情况的检查。

1998年，开展电力行业专项检查、民政福利和校办企业税收专项检查、金融保险企业营业税和所得税专项检查、涉外企业历年纳税情况的清理检查和重点税源企业的检查。

1999年，开展对税款追缴和协助公安机关调查取证工作、已查税收问题调账情况检查、中国银行、中国建设银行所属汇缴成员企业和单位所得税检查、摩托车生产企业消费税专项检查、出口企业和生产供应出口货物企业出口货物专项检查和涉外企业税收检查。

2000年，开展农业银行、联通公司及股份制商业银行所得税缴纳情况检查，增值税一般纳税人申报抵扣专用发票专项检查，储蓄存款利息个人所得税专项检查，摩托车生产行业消费税、金融保险证券业营业税缴纳情况以及文化公司的专项检查。

2001年，开展企业所得税日常检查、出口退税、商贸企业专项检查。

2002年，全省国税系统稽查部门开展企业所得税检查，集贸市场税收专项整治，跨地区经营的集团性企业专项检查，烟草、石油、石化、证券公司和房地产公司五行业和金融、通信、电力等企业检查，福利企业增值税及增值税优惠政策专项检查，进出口税收、加油站税收、消费税和预提所得税专项检查。

2003年，开展对外国企业取得利息、特许权使用费等征收企业所得税和营业税、化妆品和护肤护发品行业消费税、建筑安装企业和旅行社企业所得税、建筑安装业普通发票、生产企业出口货物“免、抵、退”税、预提所得税和医药行业专项检查。

2004年，“四小票”税收专项检查，汽车市场专项整治，医药生产及购销企业、房地产行业和部分大型超市专项检查。

2005年，对废旧物资回收经营企业及用废企业、以农副产品为主要原料的生产加工企业、财产保险公司和股份制银行、涉嫌接受虚假运输发票的企业进行专项检查。

发票协查

为加强增值税专用发票管理，国税稽查部门设立发票协查岗位，配备专职人员，负责发票协查工作的组织、监控管理和考核。

2000年11月，全省执行国家税务总局《增值税专用发票协查管理办法》，明确县或者县以上税务机关（即受托方）依照办法规定接受其他地区同级税务机关（即委托方）的委托或者按照上级税务机关的布置，对有疑问的或者已确定虚开的增值税专用发票进行查证和处理。

2002年3月，省国家税务局制定《山东省国家税务局增值税专用发票日常手工协查及重大虚开专用发票案件协查管理办法》，明确日常手工协查及重大虚开专用发票案件的协查范围、岗责分工和工作流程。同月，省国家税务局印发《山东省金税工程协查管理工作规程（试行）》，明确省、市、县（区）三级协查管理部门的岗位设置及其工作流程，统一协查文书。

2003 年 10 月，全省执行国家税务总局《金税工程协查信息管理系统机外工作规程（试行）》，明确委托管理、受托管理、实施调查等机外工作环节的工作的流程、时限和要求，制定监控分析考核指标，对协查资料归档工作统一规范。

2004—2013 年薛城区国税稽查情况统计表

表 13-4

检查年份	检查户数（户）	收入（万元）
2004	241	296
2005	87	343
2006	23	211
2007	22	563
2008	214	1274. 91
2009	358	542. 47
2010	348	965. 8
2011	12	202. 8
2012	12	963. 18
2013	20	1477. 51

第三章　地方税务

第一节　管理机构

1994 年 8 月，成立薛城区地方税务局，内设办公室、政工股、税政股、征管股、计会股、装具股 6 个股室，下辖薛城、陶庄、邹坞、南石、张范、周营、陶官、沙沟、南常、常庄、金河、夏庄 12 个基层税务所和 1 个征收分局、1 个稽查分局，共有干部职工 151 人。1995 年，设立税务代理事务所、监察室。1996 年，设立区地税局征收二分局，区检察院驻地税局检察室和薛城公安分局驻地税局公安办公室。1998 年，设立地税局涉外分局。当年 9 月，地税系统实行省以下系统垂直管理，受上级地方税务机关和同级政府双重领导。

2000 年，区地税局“111”服务中心成立。当年 5 月，撤销 12 个农村基层税务所，成立薛城、陶庄、邹坞、沙沟、常庄 5 个农村征收分局，共有干部职工 154 人。2002 年 8 月，区地税局改为枣庄市地税局薛城分局（简称薛城地税分局），为市地税局派出机构，内设办公室、人事政工科、法律征管科、税收管理科、计划财务科、信息管理科、监察室 7 个科室，辖薛城、陶庄、邹坞、沙沟、常庄 5 个税务所。区地税局征收分局改为薛城地税分局直属征收局、区地税局稽查分局改为薛城地税分局稽查局。撤销涉外分局和装具股，相关工作职能转移到直属征收局和计划财务科。2005年，薛城地税分局内设办公室、法规征管科、税收管理科、计划财务科、人事政工科、信息管理科、监察室7个科室，下辖直属征收局、稽查局和薛城、陶庄、邹坞、沙沟4个中心税务所。2013年，薛城地税分局办公室、法规征管科、税收管理科、计划财务科、人事政工科、信息管理科、监察室7个科室，下辖直属征收局、稽查局和薛城、陶庄、邹坞、沙沟4个中心税务所。全系统人员编制113人，实有干部职工131人。

1994—2013年，薛城地税分局获“省级文明单位”“全省地税系统基层建设优秀单位”“党建工作先进集体”“征纳共赢品牌创建先进单位”“枣庄市先进基层党组织”“机关党建工作先进集体”“文明服务窗口”“工人先锋号”“地方税收保障工作先进单位”“全市地税系统优秀单位”“党建工作先进集体”“薛城区先进集体”“先进基层党组织”“十佳文明单位”等240项称号。

第二节　税种和税率

营业税

1994年1月起，工商税制改革。改革后的营业税设置交通运输业、建筑业、金融保险业、邮电通信业、文化体育业、娱乐业、服务业、转让无形资产、销售不动产9个税目，两档比例税率为3%、5%，1个幅度的比例税率娱乐业5%～20%。当年8月，区国、地税局分设的国税局主要负责铁路、银行、保险及其他非银行金融机构集中交纳的营业税征收管理，其他税目均由地税局征收。自2013年8月1日起，全区交通运输业和部分现代服务业营业税改征增值税，由国税局负责征收。

资源税

1994年1月，全区执行新的资源税，设置7个税目，规定8个幅度税额，最高税额60元/吨，最低税额0.3元/吨，由区地税局征收。开征石灰石、石膏、铁矿石资源税，单位税额分别为2元/吨、2元/吨、14元/吨，煤炭税额为1.2元/吨。1999年8月，开征天然矿泉水、建筑用沙、黏土、建筑材料资源税，单位税额分别为3元/吨、1元/立方米、1元/立方米、1元/立方米。自2004年1月起，煤炭单位税额上调为1.8元/吨和2.4元/吨。自2005年5月1日起，煤炭资源税适用税额统一提高至3.6元/吨。

内资企业所得税

1993年11月，根据国务院发布的《中华人民共和国所得税暂行条例》，合并国营、集体、

枣庄市地税局薛城分局开展“众人众卓越团队”拓展训练活动

私营3个内资企业所得税，统一实行33%比例税率。对中小企业，设计二档优惠税率。年应纳税额3万元以下的按18%税率征收，3万元至10万元的按27%税率征收。至此，内资企业所得税得到统一，取消按国营、集体、私营经济性质分立的所得税税种。1994年后，地方企业所得税归属区地税局征收。2002年后，新成立的企业所得税由区国税局负责征收。2008年1月1日起，统一内外资企业所得税，统一税率为25%。

中外合资经营企业所得税

1991年1月开始，在原中外合资经营企业所得税和外国企业所得税基础上统一实行外商投资企业和外国企业所得税，实行30%的比例税率，另按应税所得额征收3%的地方所得税，两项合计负担率为33%。

个人所得税

1994年1月起开征。征收范围为个人收入每月800元以上者，超额累进税率5%~45%；个体工商户生产经营所得，对企业事业单位承包经营、承租经营所得适用5%~35%超额累进税率；稿酬所得、劳务报酬所得、特许权使用税所得，利息、红利所得及财产转让所得、偶然所得和其他所得适用20%比例税率。

土地使用税

1994年税制改革时，将农村非农业用地纳入土地使用税征税范围，以实际占用土地面积为计税依据从量计征，采用按年计算、分期缴纳征收方法。城镇土地使用税税率为一等1.5元/平方米、二等1.2元/平方米、三等0.8元/平方米。自2002年1月1日起，改为一等3.5元/平方米、二等2元/平方米、三等0.8元/平方米。2007年1月1日起，薛城区城市规划内土地为一级，税率为8.00元/平方米。

土地增值税

1994年1月，开征土地增值税。将转让国有土地使用权、地上建筑物及附着物收益纳入征收范围，以增值额为计税依据，实行四级超额累进税率，分别为30%、40%、50%、60%。

房产税

1994年，税制改革后房产税以房产为征税对象，对房产原值一次减除30%为计税余值，或对自用房屋、出租房屋租金收入分别按1.2%、12%税率向产权所有人按年征收、分期缴纳。

固定资产投资方向调节税

1994年，开征固定资产投资单位和个人固定资产投资方向调节税，按其投资额，实行分别为0%、5%、10%、15%和30%的判别税率，按其投资项目的计划投资额预征，年度终了按实际完成投资额结算，项目竣工后清算，多退少补。税款由建设单位开户银行或有关单位代扣代缴。2000年1月，投资方向调节税停止征收。

车船使用税、车船使用牌照税

1999年，按省政府规定：小型客车每年每部260元，大型客车每年每部300元，货车按净吨位每吨每年60元，三轮摩托车每年每部72元，二轮摩托车每年每部56元。对外商投资企业和外籍个人使用车船，征收车船使用牌照税。

印花税

1994年，开征对经济活动中书立、领受凭证的单位和个人征收印花税，采用正列举征税办法，共有13个税目和比例、定额两种税率。比例税率分别为1‰、0.5‰、0.3‰、0.05‰；适用定额税率的只有权利许可证照和营业账簿中其他账簿部分，每件贴花5元。

屠宰税

1994年1月，开始征收新的屠宰税，税额分别为生猪每头10元，牛、马、驴、骡每头20元，羊每头2元。少数民族、机关、团体、部队、企业单位自宰、自食、自养牲畜免税，农民个人自宰、自食、自养和春节前半月内出售自宰、自食、自养多余的猪、羊免税。2002年6月，屠宰税停止征收。

城市维护建设税

1994年起，对从事工商经营的单位和个人，以其缴纳的增值税、消费税、营业税税额为计税依据，按7%税率征收城市维护建设税。负有代扣代收消费税、营业税义务的单位和个人，同时也是城市维护建设税的扣缴义务人，纳税人缴纳增值税、消费税、营业税同时缴纳城市维护建设税，因减免增值税、消费税、营业税而发生的退税，同时退还已缴纳的城市维护建设税。对中外合资企业和外资企业暂不征收城市维护建设税。自2010年12月1日起，对外商投资企业、外国企业及外籍个人征收城市维护建设税。

教育费附加

1994年1月1日，教育费附加率由2%改为3%。对农村不缴纳增值税、消费税、营业税的乡村企业、联合体企业、私营企业和个体工商户，按缴纳人销售收入0.4%附加率征收；对减免增值税、消费税、营业税的企业，在发生退税的同时退还教育费附加；对出口退税企业，不退还已征的教育费附加。自2010年12月1日起，对外商投资企业、外国企业及外籍个人征收教育费附加。

地方教育费附加

自2010年12月1日起，凡缴纳增值税、消费税、营业税的单位和个人，应按规定缴纳地方教育附加，征收标准为以上三税实际缴纳金额的2%。

第三节 征收管理

税务登记

1994—1995年，区地税局对全区752户企业税务登记，其中国有企业352户，集体企业310户、私营企业90户。1996年，对全区2498户个体工商户纳税登记。2005年4月，根据《山东省国家税务局、山东省地方税务局关于统一税务登记代码的通知》，对同一纳税人实行同一税务登记代码。

纳税申报

纳税申报为按规定扣缴义务人纳税申报。纳税人到税务机关办理纳税申报确有困难的，经区地税局批准同意后也可采用邮寄申报方式。对纳税人、扣缴义务人因不可搞原因不能近期办理纳税申报或报送代扣代缴、代收代缴税款报告表的，可以延期办理，当不可抗情形消除后立即向税务机关报告。1997—1999年，全区个体工商户一律实行纳税申报制度。对较小规模个体工商户实行税务登记卡制度，定期验证。2002年后，进一步简化办税程序，核定收入的纳税人可采取以缴代报的简易纳税申报形式。2013年10月1日起，应用金税三期税收管理系统。

税款征收

国家对缴纳增值税个体工商业户实行国、地税双管后，地税局负责征收城建税、教育费附加、个人所得税、房产税、土地使用税等。对账务核算不完整的个体工商户实行核定征收、近期缴纳办法，每户纳税定额年初核定，无特殊情况全年不变，专管员划片管理，上门征收；对工资薪金所得应纳的个人所得税全部由发放单位代扣代缴；对车船使用税、运输业营业税、城建成税、教育费附加、个人所得税，委托区公路局、区交通局代收代缴，年代征税款额320万元。委托代征工作，由区房产管理局代征房产证印花税，区工商局代征营业执照印花税，区土管局代征土地使用证印花税，区农机局代征“五小”车船使用税，区公路局代征车船使用税、营业税、个人所得税，区交通局代征货物运输营业税、城建税、教育费附加、个人所得税，公安分局交警队代征车船使用税。逐步形成“政府管税、部门协税、税务部门专业治税、纳税人依法缴税”格局。

1998年，在餐饮业推广使用定额发票。1999年，开展发票清理检查，共检查2195户，查补税款3.8万元，罚款16.3万元。

2000—2001年，全面实行微机开票，由原来专管员上门手工写票变为纳税人到税务机关申报缴纳、微机开票。新的税收征管法颁布实施后，区境内纳税人、扣缴义务人可直接到税务机关办理纳税申报或办理代扣代缴、代收代缴税款报告表，特殊情况经批准后可采取邮寄、数据电文等方式办理。

2001—2005年，共查处发票违法案件236起，查补税款107万元，罚款21万元，全区地税发票使用量年增长幅度达到32%。2004年，对定期定额纳税户实行微机定税，月定税额50万元，税收收入较微机定税前增长15%，全区实行税收征管责任区制度，确定分局为一级责任区，9个基层征收单位为二级责任区，24个三级责任区。

2011年，自3月1日起，全区耕地占用税、契税由地税分局征收。2012年，积极实践税收管理新模式，一般税源行业化管理，成立房地产税收管理办公室，全年房地产税收入库21113万元，比2011年增长203.6%。项目管理系统和存量房评估系统上线运行，重点项目入库税款20435万元，存量房评估房屋272套，增收税款311万元。2012年8月1日起，全区交通运输业和部分现代服务业营业税改征增值税，由国税部门征收。

2013年，成立巨山税收管理办公室，对巨山街道税收实行“扎口管理”，巨山街道辖区全年税收入库20641万元，增长幅度48.9%，增收6780万元。集中开展规范房地产业建筑业税收秩序集中活动，共清理规范房地产业建筑业126家，入库税款6200万元。是年，积极推进金税三期税收管理信息系统上线工作。

税源管理

2003年，对全区3000余户个体工商业户采取“双委托”（委托代征、代缴）征收税款方式。在发票上印制刮奖区。全面推行社会综合治税，建立起政府协调、地税主管、部门配合、群众参与的社会综合治税网络。成立由区长任组长，分管副区长任副组长，区直26个有关职能部门主要负责人为成员的社会综合治税工作领导小组，在区地税局设立办公室，具体负责地方税收的组织、协调、督导、考核、落实等社会综合治税工作。2004年，对交通运输业、建筑业推广使用专用发票，实行源泉控税。根据山东省地税局《纳税评估管理暂行办法》要求，区地税局根据区情实际制定一整套行之有效的评估办法规定。

2005年，制定《重点税源控管方案与考核办法》，对全区年纳税额30万元以上的68户骨干企业纳入区局监控范围。对1300户个体工商户实行微机定税，安装税装置26台。2007年，薛城区城市规划内土地为一级，税率为8.00元/平方米。2008年，出台《关于进一步加强委托代征管理的实施意见》，提高对零散税收的管理水平。

2009年，开发大项目税收管理系统软件，29个1000万元以上的重大建设项目入库税款1930万元。2010年，加强煤炭企业税收征管，入库税款8070万元，占全年税收比重26.5%。以房源控税源，加强房地产业、建筑业税收管理，房地产业入库税款3055万元，建筑业入库税款5167万元。推行财税库银横向联网工作，全区有659户纳税人可在网上申报划款和打印税收电子转账专用完税证。

2012年，零散税源社会化管理，全年委托代征入库税款910万元。开展国地税“联合办税”工作，全年新增纳税人476户，计算机定税核定个体纳税人1283户，定税率100%。完成市局下划的54户市属以上企事业单位税收管理工作。2013年，开展税源普查，全年共普查企业信息2340户，清理欠税4000万元，新增税款400万元。运用风险管理系统全面开展税收风险识别，对高风险业户、重点行业、重点税源户开展纳税评估任务推送，共评估企业61家，入库税款4200余万元。新上税控机31台，陈旧税控机全部升级改造，实施以票控税，新增入库税款140余万元。年所得12万元个人所得税入库税款926万元。

培植税源

区地税分局从培植财源、建立后备税源出发，用好用活各项税收优惠政策，对单位和个人从事技术转让、技术开发业务和与之相关的技术咨询、服务取得的收入，免征营业税。对企事业单位进行技术转让，年净收入在30万元以下的暂免征收所得税。对发展第三产业的，按产业政策在一定期限内减征或者免征所得税。利用废弃物为主要原料进行生产的，5年内减征或免征所得税。纳税人实际发生的技术开发费，经审核允许在缴纳企业所得税前扣除，国有、集体工业企业及国有、集体企业控股并从事工业生产经营的股份制企业、联营企业发生的技术开发费比上年实际增长10%以上的，经审批允许再按技术开发费实际发生额50%抵扣当年度的应纳税所得额，亏损企业发生的技术开发费可据实扣除。凡投资于符合国家产业政策的技术改造项目的企业，其项目所需国产设备投资的40%，可从企业技术改造项目设备购置当年比上一年新增的企业所得税中抵免。

1995—2013年，区地税分局共为审核1020

户次企业财产损失税前扣除 13570 万元，审核 2002 户次税前抵补亏损 61001 万元。此外，审核 12 户次企业技术开发费，加计 50%税前扣除金额 1028.3 万元。

第四节　执法稽查

1994 年起，每年年初区地税分局都与各执法单位签订税收执法责任书，年底开展一次税收执法专项检查。1998 年 11 月，依法对长期拖欠税款的“钉子户”查封扣押小轿车 8 辆，货车 2 辆，清缴税款 200 万元。2001—2005 年，共查处发票违法案件 236 起，查补税款 107 万元，罚款 21 万元。2009 年，共对 65 户企业进行专项检查，查补入库税款、罚款 280 万元。2012 年，调账检查企业 45 户，查补入库税款、罚款 650 万元。2013 年，集中开展重点税源企业专项检查活动，共调账检查企业 70 户，查补入库税款、罚款 3300 万元。

稽查案件　薛城地税分局管辖的山东海化煤业化工有限公司是由在英属维尔京群岛注册的“中国振兴焦化有限公司”并购境内企业“山东海化集团薛城振兴焦化有限公司”80%的股权于 2004 年 10 月 14 日变更成立的中外合资性质的企业，该单位自工商登记变更之日起就自行享受外资企业的税收优惠待遇。区地税分局在省、市地税局的大力支持下，经过艰巨、细致的反避税工作，2005 年 5 月 23 日，山东省地税局正式批复：山东海化煤业化工有限公司由于外资资本金未到位，不符合享受外商投资企业税收优惠的条件，应按照内资企业的税收法律法规依法缴纳各项地方税收。山东海化煤业化工有限公司共缴纳自企业性质变更之日起未申报缴纳的城建税、土地使用税、教育费附加等地方税费 1000 余万元（包括国税所得税，总量达一亿多元）。

1994—2013 年薛城区地税收入情况统计表

表 13-5　　　　单位：万元

年份	合计	中央级收入	省级收入	市级收入	区县级收入
1994	2580		471	96	2012
1995	3236		501	805	2655
1996	4536.6		477.6	188.6	3870
1997	6066		403.2	239.5	5423.3
1998	6882.8		404	179.6	6112
1999	7770.6		487.4	204.6	7078.8
2000	7465.3		305	231	6925.5
2001	9442		340	294	8808
2002	8147	1330	645	442	5730
2003	8336	583	512	577	6664
2004	11627	2147	821	854	7805
2005	14040	2458	1218	342	10022
2006	15417	1239	1221	835	12122
2007	17012	1081	1112	1214	13605
2008	19757	1263	1540	1292	15661
2009	23208	1566	1876	1246	18520
2010	30456	2027	2639	1642	24148
2011	91368	26786	7588	107	56887
2012	95661	20651	6635	6	68368
2013	104549	14142	12	88	90307

峄城区志

第十四编
金　融

第一章　金融机构

第一节　银行机构及业务

中国人民银行枣庄市薛城区支行

1991 年，中国人民银行枣庄市薛城区支行作为枣庄市中心支行下辖支行，是中国人民银行的派出分支机构。内设办公室、人事科、会计国库科、金管科、计划调研科、货币发行科、保卫科、工会 8 个职能科室。

1992 年，成立“定岗、定编、定员”的“三定”工作办公室。

1993 年，中国人民银行枣庄市薛城区支行认真贯彻国务院关于劳动工资制度改革一系列文件精神，完成全行 47 名干部职工工资改革。

1997 年 9 月，完成辖内县（市）支行人员编制工作。薛城支行属于县支行中等行，核定编制 50 人。

1998 年 10 月，根据省分行要求，中国人民银行枣庄市分行撤销峄城区支行、山亭区支行，撤销调整后人员分流到人民银行枣庄市薛城区支行 26 人，其中，山亭 15 人，峄城 11 人。

2000 年 4 月，完成中国人民银行枣庄市薛城区支行的定编、定岗、定人的“三定”工作。内设综合科（办公室）、货币金银科、保卫科、会计国库科、货币信贷与统计科、金融机构监管科、纪检监察室等 7 个职能科室。同时，组织开展中层干部竞聘和一般员工竞争上岗。

2003 年 2 月，经中国人民银行济南分行同意，撤销中国人民银行枣庄市薛城区支行的发行库。

2004 年 4 月，济南分行明确中国人民银行枣庄市中心支行、县（市、区）支行主要职责、内设机构和人员编制。同年，4 月，中国人民银行枣庄市薛城区支行组织完成中层干部缺职竞聘。内设办公室、政工科（纪检监察、内审）、会计国库科、发行保卫科、计划科 5 个职能科室。

2006 年，根据济南分行关于加强县（市）支行建设的指导意见，中国人民银行枣庄市薛城区支行实施内部机构改革，内设机构“两部两室”，即办公室、综合业务部、调查信息部、纪检监察室。根据工作实际及人员状况，暂设工作人员岗位 26 个，其中办公室 6 个，综合业务部 11 个，调查信息部 6 个，纪检监察 3 个，并组织开展一般人员竞争上岗。

薛城区大学生村官、农村信用青年金融知识培训班

2006—2013 年，中国人民银行枣庄市薛城区支行保持内设机构“两部两室”，即办公室、综合业务部、调查信息部、纪检监察室，正常履行人民银行相关职责。

中国工商银行枣庄市薛城区支行

1992 年 3 月，中国工商银行枣庄市薛城区办事处更名为中国工商银行枣庄薛城区支行，级别、隶属关系不变。内设办公室，人事科，会计科，出纳科，储蓄分部，计划科，信贷科，区办下设营业室、大街储蓄所、北大街储蓄所、新村储蓄所、贸易中心储蓄所、永兴东路储蓄所、焦化厂储蓄所、黄贝储蓄所、甘林分理处、陶庄分理处、山家林分理处，支行正式职工 156 人。

1994 年 10 月，焦化厂储蓄所迁址至泰山南路更名为泰山南路分理处。2000 年 6 月，撤销甘林分理处，8 月，撤销山家林分理处。2001 年 3 月，撤销黄贝储蓄所。2002 年，机构改革后，内设机构整合为市场营销部、风险管理部和办公室两部一室。2003 年 3 月，撤销永兴东路储蓄所，4 月，贸易中心储蓄所更名为贸易中心分理处。

2004 年 6 月，撤销北大街储蓄所。2005 年 9 月，撤销大街储蓄所。是年 10 月，中国工商银行枣庄薛城区支行变更为中国工商银行股份有限公司枣庄薛城支行。内设机构整合为市场营销部、风险管理部和办公室，下辖陶庄、泰山南路两个二级支行，支行营业部和贸易中心分理处、新村储蓄所 5 个网点，股改后支行全辖在职员工 70 人。2006 年 4 月，新村储蓄所迁址至光明西路更名为高新分理处。2008 年 7 月，高新分理处升格为高新支行。同月，泰山南路分理处升格为泰山南路支行。陶庄分理处升格为陶庄支行。2012 年 10 月，新成立薛国支行。

1991 年，办理城镇居民储蓄，吸收工商企业存款，行政事业单位存款，发行金融债券；办理工商企业、城镇集体企业和个体工商业的流动资金贷款；管理工商企业和有关企业主管部门的各项专用基金，办理技术改造、科技开发和商业网点建设贷款；开展委托、代理、投资、租赁、咨询等信托业务；办理现金、转账结算业务等。是年各项存款余额 13050 万元，各项贷款余额 16080 万元。1996 年，各项存款余额 37385 万元，各项贷款余额 57802 万元。1998 年，全面实现个人电子汇兑业务，所有营业网点全部加入全国活期储蓄存款异地通兑通存业务。2000 年，开办中间业务，个人电子汇款和个人实时汇款、个人消费汇款、个人网上银行、手机银行。2001 年，推出“汇款直通车”、银证通、代理保险业务。2004 年，各项存款余额 68018 万元，各项贷款余额 89283 万元。2005 年，不断巩固和扩大结算、代理等传统业务，拓展投资银行、代理发行开发式基金以及理财、个人外汇买卖、网上银行等业务。股改剥离不良资产 62450 万元，各项存款余额 83934 万元，各项贷款余额 30970 万元。2007 年，是工商银行金融改革转化经营机制的重要一年，存贷款余额当年双双突破 10 亿，支行各项存款余额 104405 万元，各项贷款余额 102370 万元。2011 年，不断扩大贵金属、私人银行、金融市场投资、网上缴费等业务产品，各项存款余额 363433 万元，各项贷款余额 198276 万元。

中国农业银行枣庄市薛城区支行

1991 年，薛城区农业银行拥有职工 195 人，下设会计出纳科、企业信贷科、计划统计科、办公室等 10 个专业职能科室和 15 个办事处及 19 个营业场所，还拥有遍布全区的 21 个储蓄所，13 个信用社和 175 个农村信用站。1996 年，农村信用社与农行脱离行政隶属关系，中国农业银行开始向国有独资商业银行转变。2009 年 1 月 15 日，中国农业银行完成工商变更登记手续，由国有独资商业银行整体改制为股份有限公司。区农行变更后全称为中国农业银行股份有限公司枣庄薛城支行。自 1996 年信用社脱离后，区农行加快改革步伐，陆续撤销、合并、迁址部分营业网点。2009 年完成内设机构改革，设部室 4 个，下辖营业网点 8 个，其中营业部 1 个，二级支行 5 个，分理处 2 个。2012 年，各项存款余额 244677 万元，各项贷款余额 129786 万元。2013 年，各项存款余额 207603 万元，各项贷款余额 139642 万元。

中国银行薛城支行

1992 年年底，人民币一般性存款余额 1295 万元，外币存款 21 万美元，人民币贷款余额 1552 万元。1993 年年底，人民币一般性存款余额 2509 万元，外币存款 25 万美元，人民币贷款余额 2071 万元。1994 年年底，人民币一般性存款余额 4119 万元，外币存款 34 万美元，人民币贷款余额 2591 万元。1995 年年底，人民币一般性存款余额 6143 万元，外币存款 38 万美元，人民币贷款余额 3171 万元。1996 年年底，人民币一般性存款余额 8651 万元，外币存款 46 万美元，人民币贷款余额 4036 万元，外币贷款余额 1626 万美元。1997 年年底，人民币一般性存款余额 11257 万元，外币存款 52 万美元，人民币贷款余额 4950 万元，外币贷款余额 1024 万美元。1998 年年底，人民币一般性存款余额 10685 万元，外币存款 72 万美元，人民币贷款余额 4350 万元，外币贷款余额 1024 万美元。1999 年年底，人民币一般性存款余额 29497 万元，外币存款 104 万美元，人民币贷款余额 4870 万元，外币贷款余额 1012 万美元。

2000 年年底，人民币一般性存款余额 23654 万元，外币存款 122 万美元，人民币贷款余额 5801 万元，外币贷款余额 244 万美元。2001 年年底，人民币一般性存款余额 40063 万元，外币存款 144 万美元，人民币贷款余额 8835 万元，外币贷款余额 244 万美元。2002 年年底，人民币一般性存款余额 41067 万元，外币存款 12 万美元，人民币贷款余额 15141 万元，外币贷款余额 744 万美元。2003 年年底，人民币一般性存款余额 45931 万元，外币存款 13 万美元，人民币贷款余额 19765 万元，外币贷款余额 554 万美元。2004 年年底，人民币一般性存款余额 39664 万元，外币存款 27 万美元，人民币贷款余额 10764 万元。2005 年年底，人民币一般性存款余额 50117 万元，外币存款 104 万美元，人民币贷款余额 8503 万元。2006 年年底，人民币一般性存款余额 63537 万元，外币存款 116 万美元，人民币贷款余额 30641 万元。2007 年年底，人民币一般性存款余额 74031 万元，外币存款 105 万美元，人民币贷款余额 32168 万元。2008 年年底，人民币一般性存款余额 99803 万元，外币存款 116 万美元，人民币贷款余额 38309 万元。2009 年年底，人民币一般性存款余额 154904 万元，外币存款 161 万美元，人民币贷款余额 79616 万元。2010 年年底，人民币一般性存款余额 171521 万元，外币存款 239 万美元，人民币贷款余额 126499 万元。

2011 年年底，人民币一般性存款余额 189118 万元，外币存款 164 万美元，人民币贷款余额 120998 万元。2012 年年底，人民币一般性存款余额 147906 万元，外币存款 257 万美元，人民币贷款余额 109021 万元。2013 年年底，人民币一般性存款余额 143110 万元，外币存款 309 万美元，人民币贷款余额 100932 万元。

中国建设银行股份有限公司枣庄薛城支行

中国建设银行股份有限公司枣庄薛城支行（以下简称薛城建行）成立于 1978 年 10 月，注册资金 72 万元。其名称经历两次变化，成立之初为“中国人民建设银行枣庄市薛城区支行”，1996 年 3 月 26 日更名为“中国建设银行枣庄市薛城区支行”，2004 年 9 月 15 日改制为国家控股的股份制商业银行，名称为“中国建设银行股份有限公司枣庄薛城支行”，沿用至今。

1991 年，薛城建行内设部室 9 个，为办公室、筹资科、信贷科、会计科、出纳科、保卫科、评审科、工会、房地产信贷部。所辖办事处机构 2 个，为陶庄办事处、永兴办事处。1992 年，增设建薛综合开发公司、劳动服务公司。1993 年，内设部室精简为办公室、财会部、筹资科、信贷科、稽审科、建经科、保卫科，增设光明储蓄所、水塔街储蓄所，注销劳动服务公司。

1994 年，增设北城储蓄所、古井储蓄所、泰山中路储蓄所、永兴储蓄专柜、永福中路储蓄所、永福北路储蓄所、福泉储蓄所、泰山南路储蓄所、驻地储蓄所、龙泉路储蓄所、陶庄办事处、开泰办事处。

1995 年，增设机构华众储蓄所、信用卡部，增设内设部室计算机科。1996 年，薛城建行名称变更为“中国建设银行枣庄市薛城区支行”，同时更换并启用新名称印章，从枣滕矿区专业支行接手黄河中路储蓄所、黄河东路储蓄所，增设山家林储蓄所。1997 年，撤销华众储蓄所，成立华众办事处。

2001 年，撤销水塔街储蓄所、福泉储蓄所、龙泉路储蓄所、黄河东路储蓄所、山家林储蓄所、泰山中路储蓄所、驻地储蓄所、永兴储蓄专柜、古井储蓄所、开泰办事处。2002年，撤销房地产信贷部，永兴办事处更名为永兴东路分理处。2003年，薛城建行进行机构和人员改革，撤销机构15个，内设部室9个，精简正式工作人员13人。

2004年，改制为国家控股的股份制商业银行，名称为“中国建设银行股份有限公司枣庄薛城支行”，撤销华众办事处，撤销永福中路储蓄所，业务合并到永兴东路分理处，陶庄办事处更名为德源分理处，永兴东路分理处新办公营业楼落成。2006年，撤销德源分理处、振兴储蓄所。

1991—2013年，薛城建行先后被枣庄市委宣传部、市经委、市总工会授予“思想政治工作优秀企业”称号，档案工作达到省先进二级单位标准，2次被枣庄市文明委评为“文明单位”，6次被山东省文明委评为“文明单位”，被山东省建行评为“模范团支部”“文明单位”“模范职工之家”，被山东省工商行政管理局评为“守合同重信用企业”。

薛城建行致力于网点环境建设，先后4次大规模地对所属网点进行装修改造，把网点建设成功能分区更加合理的先进网点，有温馨舒适的客户等候区、专人服务的低柜业务区、安全可靠的个人高柜区、豪华高贵的VIP专区、私密空间的理财区，率先在大堂使用先进的叫号机，更好地为不同类型的客户提供服务。在薛城区繁华路段和场所大力建设自助银行，使网点服务范围和服务时间得到进一步延伸。

1991年，储蓄存款余额1500万元，企业存款余额1100万元，贷款余额4312万元。1992年，储蓄存款余额2700元，企业存款余额1530万元，贷款余额4416万元。1993年，储蓄存款余额3900万元，贷款余额18302万元。1994年，存款余额突破亿元，其中储蓄存款余额5237万元，企业存款余额6149万元。1995年，对公存款余额77549万元，个人存款余额108590万元。2005年，企业存款余额为21735万元，个人存款余额为31089万元，公司类贷款余额为72485万元，个人类贷款余额为2764万元，实现中间业务收入77万元。2006年，企业存款余额26887万元，个人存款余额32663万元，公司贷款余额42502万元，个人贷款余额3415万元，实现中间业务收入116万元。2007年，企业余额40217万元，个人存款余额34718万元，公司贷款余额12814万元，个人贷款余额4455万元，实现中间业务收入281万元。2008年，企业余额58521万元，个人存款余额48796万元，公司贷款余额20045万元，个人贷款余额5920万元，实现中间业务收入425万元。2009年，企业余额76234万元，个人存款余额61884万元，对公贷款余额30600万元，个人贷款余额10660万元，实现中间业务收入504万元。2010年，企业余额90960万元，个人存款余额78305万元，对公贷款余额38809万元，实现中间业务收入640万元。2011年，企业余额93318万元，个人存款余额82150万元，对公贷款余额51400万元，实现中间业务收入1631万元。2012年，2012年10月，薛城建行与薛城区政府签订全面战略合作协议和助保贷业务合作协议，对公存款余额77549万元，个人存款余额108590万元，对公贷款余额77300万元，实现中间业务收入923万元。2013年，对公存款余额60645万元，个人存款余额115575万元，对公贷款余额56040万元，个人贷款余额7526万元，实现中间业务收入1142万元。

枣庄农商银行薛城支行

1994年4月，按照《国务院关于农村金融体制改革的决定》，薛城区13家农村信用合作社与中国农业银行枣庄市薛城区支行脱钩，同时枣庄市薛城区农村信用合作社联合社成立。1996年12月，薛城区农村信用社与区农行脱离行政隶属关系，由枣庄市农村金融体制改革领导小组办公室管理。1997年1月，薛城区农村信用社由人民银行薛城区支行监管。2001年2月17日，根据省委、省政府及人民银行安排，薛城联社接管薛城区城市信用社，并更名为薛城区城郊农村信用社，接管时原城市信用社共有职工38人，辖属1个营业室5个储蓄所。2004年6月，山东省农村信用社联合社成立，薛城区农村信用社纳入省联社管理。2005 年 12 月 30 日，薛城区农村信用社取消区、镇两级法人，实行区一级法人，薛城区农村信用合作联社正式挂牌开业。2008 年 10 月，山东枣庄恒泰合作银行获得中国银监会批准筹建。12 月 13 日，山东枣庄恒泰农村合作银行举行开业庆典，恒泰合行正式成立。2009 年 4 月 15 日，成立全市首家中小企业服务中心。2013 年，正式开始筹建枣庄农商银行工作。

枣庄农商银行营业大厅

1991—2013 年，先后获得“省级文明单位”“山东省服务名牌”“2009 年度最具潜力十佳银行”等。被省妇女联合会授予“省巾帼科技服务先进单位”称号。被枣庄总工会授予“工人先锋号”称号。被山东省银行业协会评为“2012 年度山东省银行业文明规范服务示范单位”称号等。

1994 年 6 月 6 日，薛城区金融系统进行信贷投入体制改革，推行贷款证制度，全年共有 285 户企业领取贷款证。1998 年，枣庄市农村金融体制改革领导办公室在邹坞信用社进行微机软件推广试点，全区信用社实现微机单用户向多用户的转化。2000 年 5 月 18 日，开展贷款上柜台业务，并设立信贷专柜。2001 年年底，全区信用社各项存款余额达 35977 万元，较年初增加 3176 万元；各项贷款余额达 29443 万元，较年初增加 3980 万元。2002 年 1 月 15 日，正式开办储蓄存款通存通兑业务，枣庄市农信系统实现电脑联网。2004 年 2 月 26 日，向枣庄银监分局呈报薛城区农村信用联社专项票据发行申请。2006 年 9 月 4 日，薛城区农村信用合作联社 5170 万元专项银行票据一次兑付成功，当年全省农信系统联网，信贷管理系统上线。是年，主要经营指标均创历史最好水平，年末，各项存款余额达 131906 万元，较年初增加 26634 万元；各项贷款余额达 104476 万元，较年初增加 25278 万元。2007 年 12 月，第一台 ATM 自助取款机在永兴信用社上线。2010 年年底，全行各项存款余额 317167 万元，较年初增加 48840 万元，各项贷款余额 246474 万元，较年初实际增加 43542 万元。2012 年年末，全行各项存款 418179 万元，较年初增加 64300 万元，增幅为 18.17%；各项贷款 300859 万元，较年初增加 27917 万元，增幅为 10.23%。2013 年 12 月 13 日，《金融时报》以《快速贷、不等待》为题对合行的信贷流程化建设进行专门报道。

枣庄银行股份有限公司薛城支行

枣庄银行的前身为成立于 2007 年 7 月的全市第一家股份制性质的金融机构枣庄市商业银行，2012 年，经中国银监会批准正式更名为枣庄银行。按照银行监管部门核准的业务范围，主要经营存款、贷款、支付结算、代理国家和地方政府发行各类债券，代理保险、代保管等中间业务，及监管部门批准的各项新业务。支行积极支持全区社会经济文化发展，帮助解决全区小微企业扩大生产、技术改造的资金需求，先后被团省委授予省级“青年文明号”称号，被薛城区人民银行评为“金融机构 A 级单位”和“现金服务示范网点”，被省工商局评为省级“重合同守信用”企业，被枣庄市人民银行评为“市级现金示范网点”等称号。

2008年3月，薛城支行借迁址优势，积极进行宣传、营销，开业之初各项存款达到46851万元，是年年底各项存款余额达到89224万元，当年增长幅度为90%。2013年，薛城支行贯彻落实总行推出的“三服务”精神，存款规模继续保持在30亿元之上，经营利润突破亿元大关。至年底，各项存款余额为320442万元，其中对公存款192332万元，占比60.02%，储蓄存款45795万元，占比14.29%，保证金存款82315万元，占比25.69%。各项贷款余额为82002万元，存贷比25.59%，其中：保证贷款34621万元（公务员贷款2167万元），抵押贷款40831万元，质押贷款5326万元，贴现1224万元。总收入16795万元，其中贷款利息收入9134万元，占比54.38%；手续费收入324万元，占比1.93%；总支出6628万元，其中利息支出4100万元，占比61.86%；实现拨备前利润10686万元。

山东威斯特车业有限公司坐落于高新区，为高新技术企业，主营锂电子电动自行车生产销售。2013年6月该公司扩大生产急需资金，在总行的支持下，支行开创性的用该公司的知识产权作为质押为其授信500万元，为企业开辟新的融资途径，此业务也成为人民银行在银行业推广的范例为地方经济的发展做出贡献。在贷款投量持续增长的前提下，贷款投向采取“兼顾重点大户、侧重中小企业、服务城市居民”。全部新增贷款总量的70%用于中小企业的发展，已成为薛城区金融支撑的新生力量。

第二节　保险机构

财产保险机构

中国人民财产保险股份有限公司枣庄市薛城支公司　1994年5月，中国人民保险公司枣庄市薛城区保险办事处更名为中国人民保险公司枣庄市薛城区支公司。1996年4月，人保薛城区支公司分设成立中保财险薛城区支公司和中保人寿薛城区营业部，财产分割、人员分流，成为薛城区行政辖区内专营财产保险业务和人身保险业务的专业保险公司。1996年，中保财险薛城区支公司分设后，内部设置办公室、计财科、营业室、业务一科、业务二科、业务三科、运工险科、财产险科、矿区办事处8个科（处）室。1998年，中保财险薛城区支公司改称中国人民保险公司枣庄市薛城区支公司。2003年7月，根据中国人民保险公司股份制改革方案，中国人民保险公司枣庄市薛城区支公司更名为中国人民财产保险股份有限公司枣庄市薛城支公司，原有人员职务不变。

中国太平洋财产保险股份有限公司枣庄市薛城支公司　中国太平洋保险公司于1991年5月13日成立，总部设在上海。1997年12月10日，太保枣庄支公司成立，隶属中国太平洋保险公司济南分公司。2001年2月，分设成立中国太平洋财产保险股份有限公司枣庄支公司。2002年3月，太保财险枣庄支公司更名为中国太平洋财产保险股份有限公司枣庄中心支公司。2003年1月28日，中国太平洋财产保险股份有限公司枣庄市城支公司成立，营业地址设在山东省枣庄市薛城区长江路永泰花园门市西数34间。公司成立初期有员工6人，保险代理人10人。2013年年底，有员工6人，保险代理人数为15人。

天安财产保险股份有限公司薛城营销服务部　天安财产保险股份有限公司成立于1994年10月，是中国首家由企业出资的按照现代企业制度和国际标准组建的股份制商业保险公司，总部设在上海浦东。2002年10月29日，天安财产保险股份有限公司枣庄中心支公司成立。2004年7月9日，天安财产保险股份有限公司薛城营销服务部成立，营业地址设在薛城区光明西路商业银行西。公司成立初期有员工16人。

中国平安财产保险股份有限公司枣庄市薛城支公司　2003年8月28日，中国平安财产保险股份有限枣庄中心支公司成立，隶属中国平安财产保险股份有限公司济南分公司。2014年2月11日，中国平安财产保险股份有限公司枣庄市薛城营销服务部更名为中国平安财产保险股份有限公司薛城支公司。公司内设新渠道、车行、综拓、代理4个渠道，有员工17人。

中华联合财产保险股份有限公司枣庄市薛城营销服务部 2006年7月1日，中华联合财产保险股份有限公司枣庄中心支公司成立。2006年8月，中华联合财产保险股份有限公司枣庄中心支公司薛城营销服务部成立，营业地址设在枣庄市薛城区泰山中路东侧。公司成立初期有员工7人，保险代理人30人。后期营业地址迁至山东省枣庄市薛城区开源花苑安置小区7-1号。2013年年底，有员工6人，保险代理人26人，内设综合部、业务部。

中国大地财产保险股份有限公司枣庄市薛城营销服务部 2003年10月20日，由中国再保险（集团）公司在内的10家境内外投资人共同投资成立中国大地财产保险股份有限公司，总部设在上海。2007年7月19日，中国大地财产保险股份有限公司枣庄中心支公司成立。2008年3月31日，中国大地财产保险股份有限公司枣庄市薛城营销服务部成立，营业地址设在枣庄市薛城区燕山路东侧。公司成立初期有员工3人。2013年年底，有员工9人，保险代理人76人。

永安财产保险股份有限公司枣庄市薛城支公司 1996年9月28日，永安财产保险股份有限公司成立，总部设在陕西省西安市。2007年10月31日，永安财产保险股份有限公司枣庄中心支公司成立。2013年3月28日，永安财产保险股份有限公司枣庄市薛城支公司成立，营业地址设在枣庄市薛城区光明西路770号。公司成立初期有员工人3人。

安邦财产保险股份有限公司枣庄市薛城区营销服务部 安邦保险集团股份有限公司是中国保险行业大型集团公司，总部设在北京。安邦财产保险股份有限公司是安邦保险集团旗下专业子公司，2004年9月30日成立。2007年8月9日，安邦财产保险股份有限公司枣庄中心支公司成立。2008年3月31日，安邦财产保险股份有限公司枣庄中心支公司薛城区营销服务部成立，营业地址设在枣庄市高新区光明路与茂源路交叉口。公司成立初期有员工2人，保险代理人25人。2013年年底，有员工8人，保险代理人40人。

阳光财产保险股份有限公司枣庄市薛城支公司 阳光保险集团股份有限公司于2005年由中国石油化工集团公司、中国南方航空集团公司、中国铝业公司、中国外运长航集团有限公司、广东电力发展股份有限公司等国有大型企业集团发起组建，总部设在北京朝外大街昆泰国际大厦。阳光保险集团股份有限公司分设阳光财产保险股份有限公司、阳光人寿保险股份有限公司、阳光资产管理股份有限公司3家专业子公司。2007年11月28日，阳光财产保险股份有限公司枣庄中心支公司。2008年4月11日，阳光财产保险股份有限公司枣庄中心支公司薛城营销服务部成立，营业地址设在枣庄市高新区富和园小区。公司成立初期有员工7人，保险代理人5人。2012年3月5日，阳光财产保险股份有限公司枣庄中心支公司薛城营销服务部更名为阳光财产保险股份有限公司枣庄市薛城支公司。2013年年底，有员工11人，保险代理人37人。

中国人寿财产保险股份有限公司枣庄市薛城支公司 2006年12月30日，中国人寿财产保险股份有限公司成立，总部设在北京。2010年5月19日，中国人寿财产保险股份有限公司枣庄中心支公司成立。2012年4月26日，中国人寿财产保险股份有限公司枣庄市薛城支公司成立，营业地址设在山东省枣庄市高新区富和园小区。公司成立初期有员工2人，保险代理人5人。2013年年底，内设综合部、互动业务部、渠道业务部3个部门。有员工人6人，保险代理人数量20人。

人身保险机构

中国人寿保险股份有限公司枣庄市薛城支公司 根据《中华人民共和国保险法》“同一保险人不得同时兼营财产保险业务和人身保险业务”之规定，中国人民保险公司实施产、寿险分业经营，改组成立中国人民保险（集团）公司，下设中保财产保险有限公司、中保人寿保险有限公司、中保再保险有限公司三家专业子公司。1996年4月，中国人民保险公司枣庄市薛城区支公司分设成立中保财产保险有限公司枣庄市薛城区支公司和中保人寿保险有限公司枣庄市薛城区营业部，财产分割、人员分流。成为薛城区行政辖区内专营财产保险业务和人身保险业务的专业保险公司。1996年4月，中保人寿保险有限公司枣庄市薛城区营业部分业成立，营业地址设在薛城区临山路139号，有员工9人。1997年引进营销机制，招聘保险代理人15人。1999年3月，中保人寿保险有限公司枣庄市薛城区营业部更名为中国人寿保险公司枣庄市薛城区支公司。2003年11月，中国人寿保险公司枣庄市薛城区支公司更名为中国人寿保险股份有限公司枣庄市薛城区支公司。内设综合部、客户服务中心、个险业务销售部、银保业务销售部、团险业务销售部、健康保险业务部。下辖中国人寿薛城区支公司陶庄营销服务部、中国人寿薛城区支公司兴城营销服务部、中国人寿薛城区支公司周营营销服务部、中国人寿薛城区支公司夏庄营销服务部、中国人寿薛城区支公司邹坞营销服务部。

中国太平洋人寿保险股份有限公司枣庄市薛城支公司　中国太平洋保险公司于1991年5月13日成立，总部设在上海。1997年12月10日，中国太平洋保险枣庄支公司成立，隶属中国太平洋保险股份有限公司济南分公司。2001年2月，中国太平洋人寿保险股份有限公司枣庄支公司分设成立。2002年3月19日，中国太平洋人寿保险股份有限公司枣庄支公司更名为中国太平洋人寿保险股份有限公司枣庄中心支公司。2002年11月29日，中国太平洋人寿保险股份有限公司枣庄中心支公司薛城营销服务部成立。2009年8月4日，中国太平洋人寿保险股份有限公司枣庄中心支公司薛城营销服务部更名为中国太平洋人寿保险股份有限公司枣庄市薛城支公司。公司营业地址设在山东省枣庄市薛城区新城海河路北、六盘山路东（凤鸣园小区商业办公楼）。公司成立初期有员工人2人，保险代理人27人。2013年年底，有员工10人，保险代理人数227人。

泰康人寿保险有限责任公司山东枣庄薛城支公司　泰康人寿保险股份有限公司成立于1996年，总部设在北京。2003年1月9日，泰康人寿保险股份有限公司枣庄中心支公司。2003年4月24日，泰康人寿保险股份有限公司枣庄中心支公司薛城营销服务部成立，营业地址设在枣庄市薛城区燕山中路。公司成立初期有员工4人，保险代理人1213人。2010年8月24日，泰康人寿保险股份有限公司枣庄中心支公司薛城营销服务部变更为泰康人寿保险股份有限公司枣庄市薛城支公司。2013年，有员工8人，保险代理人1280人。

中国平安人寿保险股份有限公司枣庄市薛城营销服务部　2003年9月25日，中国平安人寿保险股份有限公司枣庄中心支公司成立。2008年6月23日，中国平安人寿保险股份有限公司枣庄中心支公司薛城营销服务部成立，营业地址设在薛城区永福路临山路十字路口联通五楼。公司成立初期，有员工1人，保险代理人35人。2013年年底，有员工3人，保险代理人168人。

新华人寿保险股份有限公司枣庄市薛城支公司　新华人寿保险股份有限公司成立于1996年9月，总部设在北京。2004年10月26日，新华人寿保险股份有限公司山东分公司枣庄营销服务部成立。2006年5月26日，新华人寿保险股份有限公司山东分公司枣庄营销服务部更名为新华人寿保险股份有限公司枣庄中心支公司。2006年4月12日，新华人寿保险股份有限公司山东分公司薛城营销服务部成立，营业地址设在枣庄市高新区光明西路光明花苑1号楼。公司成立初期有员工5人，保险代理人101人。2014年9月1日，新华人寿保险股份有限公司山东分公司薛城营销服务部更名为新华人寿保险股份有限公司枣庄市薛城支公司。有员工6人，保险代理人196人。

民生人寿保险股份有限公司枣庄市薛城支公司　民生人寿保险股份有限公司成立于2003年4月1日，总部设在北京。2006年2月4日，民生人寿保险股份有限公司枣庄中心支公司。2007年1月27日，民生人寿保险股份有限公司枣庄市薛城支公司，营业地址设山东省枣庄市薛城区永福北路52号。公司成立初期有员工3人，保险代理人455人。2013年年底，有员工4人，保险代理人 136 人。

太平人寿保险有限公司枣庄市薛城支公司 2008 年 1 月 1 日，太平人寿保险有限公司枣庄中心支公司成立。2008 年 8 月 8 日，太平人寿保险有限公司枣庄市薛城营销服务部成立。公司成立初期，有员工 3 人，保险个人代理人 59 人。2011 年 5 月 9 日，太平人寿保险有限公司枣庄市薛城营销服务部更名为太平人寿保险有限公司枣庄市薛城支公司。2013 年年底，有员工 16 人，保险个人代理人 115 人。

中国人民人寿保险股份有限公司枣庄市薛城支公司 中国人民人寿保险股份有限公司，是由中国人民保险集团公司发起成立的全国性寿险公司，总部设在北京。2008 年 9 月 17 日，中国人民人寿保险股份有限公司枣庄中心支公司成立。2009 年 7 月 16 日，中国人民人寿保险股份有限公司枣庄市薛城支公司成立，营业地址设在薛城区永福北路 345 号。公司成立初期有员工 3 人，保险代理人 12 人。2013 年，内设业务办公室、综合柜面 2 个部门。

合众人寿保险股份有限公司枣庄市薛城营销服务部 合众人寿保险股份有限公司成立于 2005 年 2 月 3 日，总部设在湖北省武汉市。2008 年 1 月 15 日，合众人寿保险股份有限公司山东分公司枣庄营销部成立。2010 年 8 月 27 日，合众人寿保险股份有限分公司枣庄营销部更名为合众人寿保险股份有限公司枣庄中心支公司。2008 年 3 月 26 日，合众人寿保险股份有限公司枣庄中心支公司薛城营销服务部，营业地址设在枣庄市高新区光明西路 161 号鲁沪嘉园。公司成立初期有员工人 5 人，保险代理人 200 人。2013 年年底，有员工 2 人，保险代理人 40 人。

富德生命人寿保险股份有限公司枣庄市薛城支公司 富德生命人寿保险股份有限公司由富德控股（集团）有限公司、深圳市华信投资控股有限公司等企业发起组建，始称生命人寿保险股份有限公司，成立于 2002 年 3 月 4 日，总部设在深圳。2010 年 9 月 1 日，生命人寿保险股份有限公司枣庄中心支公司成立。2011 年 9 月，设立生命人寿保险股份有限公司枣庄市薛城支公司，公司营业地址设在枣庄市高新区天安路 918 号。公司成立初期有员工 7 人，保险代理人 106 人。2013 年，生命人寿保险股份有限公司枣庄市薛城支公司更名为富德生命人寿保险股份有限公司枣庄市薛城支公司。

阳光人寿保险股份有限公司枣庄市薛城支公司 阳光人寿保险股份有限公司 2007 年 12 月 17 日成立，隶属阳光保险（集团）公司，总部设在北京。2010 年 10 月 21 日，阳光人寿保险股份有限公司枣庄中心支公司成立。2011 年 10 月 14 日，阳光人寿保险股份有限公司枣庄市薛城支公司成立，营业地址设在山东省枣庄市薛城区黄河路南侧与泰山路东侧交叉处（天泰大楼第三层）。公司成立初期有员工 3 人，保险代理人 161 人。

天安人寿保险股份有限公司枣庄市薛城支公司 天安人寿保险股份有限公司成立于 2000 年 11 月 24 日，总部设在北京。2012 年 9 月 18 日，天安人寿保险股份有限公司枣庄中心支公司（简称天安人寿枣庄中支公司）成立。2013 年 5 月 15 日，天安人寿保险股份有限公司枣庄市薛城支公司成立，营业地址设在枣庄市薛城区天安二路现代实验学校对过。公司成立初期有员工 4 人，保险代理人 180 人。内设个险部、银行保险部、续期保费部 3 个部门，有员工 23 人，保险代理人 126 人。

第二章　货币发行

第一节　发行库

1991—2003年，中国人民银行枣庄市薛城区支行设发行库，负责保管发行基金管理工作。2001年，中国人民银行枣庄市薛城区支行强化发行库安全管理，积极配合黄金管理体制改革。

2003年2月，中国人民银行枣庄市薛城区按照文件要求，撤销中国人民银行枣庄市薛城支行发行库。撤销后的发行库并入中国人民银行枣庄市中心支库。同时，撤销中国人民银行枣庄市薛城区支行现金业务库。薛城区辖内银行业机构现金业务由其上级管辖行统一办理；薛城区农村信用联社现金业务由中国人民银行枣庄市中心支行集中办理。中国人民银行枣庄市薛城区支行根据上级行要求，负责辖区现金流通分析监测工作，定期报送监测分析报告。

第二节　货币发行流通

1991年4月，中国人民银行发行第四套人民币，与第三套人民币在市场上混合流通。第四套人民币采取一次公布、分次发行的办法。市场流通5元、10元、50元（2种）、100元（2种）为主币和2元（2种）、1元（3种）、5角、2角、1角为辅币。

1992年6月1日，发行第四套1991年版1角、2角、5角流通金属币，共计17种版别。为提高第四套人民币防伪性能。8月20日，国家开始发行1990年版带金属防伪安全线的50元、100元人民币。

1999年10月1日，国家发行第五套人民币，与第三套、第四套人民币在市场上混合流通。第五套人民币取消纸2元和纸2角的券种。2000年7月1日起，停止第三套人民币在市场上流通使用。

2001年，中国人民银行枣庄市薛城区支行根据中国人民银行济南分行要求，对市场流通人民币实行“七成新”标准，加大市场流通人民币回笼，提高市场流通人民币整洁度。

2002年11月18日，至发行纸5元、金属5角后，第五套人民币100元、50元、20元、10元、5元、金属1元、5角、1角8个券别，8个版别全部发行完毕。

第三节　反假货币

1991—1993年，假人民币案件、收缴数量逐年上升，反假人民币形势越来越严峻，引起人民银行的重视，1993年，中国人民银行枣庄市薛城区成立“薛城区反假币领导小组”，配备专职或兼职反假人员，完善反假币工作网络。

1996年8月，薛城区政府成立“薛城区反假货币工作联席会议”，全区14家有关单位和金融部门为成员单位，办公室设在中国人民银行枣庄市薛城支行。2000年，“薛城区反假货币工作联席会议”由薛城区政府打私办直接领导，并重新调整“薛城区反假货币工作联席会议”成员名单。

2001年，中国人民银行济南分行开发和推广使用反假货币管理信息系统，减轻劳动强度，提高工作效率，使反假数据上报更加及时、准确和规范。

1991—2013年，中国人民银行枣庄市薛城区支行积极开展反假货币工作。与公安、工商、司法等部门通力合作，对制贩假币违法犯罪活动始终保持“严打”态势。全区举办反假币培训班30余期，培训金融和社会单位财会出纳人员3000余人次，收缴假人民币21323.5张，金额1753044.5元。

1991—2013 年薛城区假币收缴情况统计表

表 14-1

年份	张数（张）	金额（元）
1991	12	660
1992	25	891
1993	167	10250
1994	148	7075
1995	561	29085
1996	121	7270
1997	96	5330
1998	94	4096
1999	205	9665
2000	333	20642. 5
2001	375	25627
2002	573	45500
2003	176	14625
2004	503. 5	40015
2005	210	15510
2006	217	18230
2007	301	21550
2008	1030	69755
2009	1150	81948
2010	617	52420
2011	896	79035
2012	959	83015
2013	6563	576245

第四节　纪念币

1999 年 9 月 20 日，为庆祝中华人民共和国成立 50 周年国家首次发行 50 元纸制纪念钞。

2000 年，中国人民银行发行迎接新世纪纪念（塑料）龙钞，面值 100 元。

2008 年，中国人民银行发行奥运会纪念钞，面值 10 元。

1984—2013 年，中国人民银行共计发行各类流通纪念币（钞）43 套、60 枚（张）。其中金属流通纪念币 91 套、104 枚；纸制纪念钞 2 套（张），塑料纪念钞 1 套（张）。

1991—2013 年中国人民银行发行流通纪念币（钞）一览表

表 14-2

序号	纪念币(钞)名称	枚数(枚)	单枚面值	发行日期	发行地区	发行量(万套)
1	全民义务植树运动 10 周年纪念币	3	1 元	1991 年 3 月 2 日	全国各地	1000
2	中国共产党成立 70 周年纪念币	3	1 元	1991 年 6 月 18 日	全国各地	3000
3	第一届世界女足锦标赛纪念币	2	1 元	1991 年 11 月 1 日	全国各地	1000
4	宪法颁布 10 周年纪念币	1	1 元	1992 年 11 月 27 日	全国各地	1000
5	宋庆龄 100 周年诞辰纪念币	1	1 元	1993 年 1 月 16 日	全国各地	1044
6	大熊猫特种纪念币	1	5 元	1993 年 6 月 15 日	全国各地	600
7	毛泽东 100 周年诞辰纪念币	1	1 元	1993 年 12 月 26 日	全国各地	2000
8	希望工程 5 周年纪念币	1	1 元	1994 年 10 月 26 日	全国各地	2000
9	反法西斯战争胜利 50 周年纪念币	1	1 元	1995 年 8 月 31 日	全国各地	1000
10	联合国第四次世妇会纪念币	1	1 元	1995 年 8 月 31 日	全国各地	1000
11	第四十三届世乒赛纪念币	1	1 元	1995 年 10 月 25 日	全国各地	1000
12	联合国成立 50 周年纪念币	1	1 元	1995 年 11 月 28 日	全国各地	1000
13	金丝猴特种纪念币	1	5 元	1995 年 11 月 28 日	全国各地	600
14	朱德 100 周年诞辰纪念币	1	1 元	1996 年 11 月 27 日	全国各地	1000
15	白鳍豚特种纪念币	1	5 元	1996 年 12 月 18 日	全国各地	600
16	华南虎特种纪念币	1	5 元	1996 年 12 月 18 日	全国各地	600
17	香港回归祖国纪念币	2	10 元	1997 年 7 月 1 日	全国各地	2000
18	周恩来 100 周年诞辰纪念币	1	1 元	1998 年 3 月 5 日	全国各地	2000
19	朱鹮特种纪念币	1	5 元	1998 年 6 月 2 日	全国各地	600
20	丹顶鹤特种纪念币	1	5 元	1998 年 6 月 2 日	全国各地	600
21	扬子鳄特种纪念币	1	5 元	1998 年 10 月 23 日	全国各地	600
22	褐马鸡特种纪念币	1	5 元	1998 年 10 月 23 日	全国各地	600
23	刘少奇 100 周年诞辰纪念币	1	1 元	1998 年 11 月 21 日	全国各地	2000
24	澳门回归祖国纪念币	2	10 元	1999 年 7 月 15 日	全国各地	2000
25	金斑喙凤蝶特种纪念币	1	5 元	1999 年 7 月 15 日	全国各地	600
26	中华鲟特种纪念币	1	5 元	1999 年 7 月 15 日	全国各地	600
27	全国政协成立 50 周年纪念币	1	1 元	1999 年 9 月 15 日	全国各地	1000
28	中华人民共和国成立 50 周年纪念钞	1	50 元	1999 年 10 月 1 日	全国各地	6000
29	中华人民共和国成立 50 周年纪念币	1	1 元	1999 年 12 月 28 日	全国各地	1000
30	敦煌藏经洞发现 100 周年纪念币	1	1 元	2000 年 6 月 30 日	全国各地	1000
31	迎接新世纪纪念币	1	10 元	2000 年 11 月 28 日	全国各地	1000

续表14-2

序号	纪念币(钞)名称	枚数(枚)	单枚面值	发行日期	发行地区	发行量(万套)
32	迎接新世纪纪念(塑料)龙钞	1	100元	2000年11月28日	全国各地	1000
33	西藏和平解放50周年纪念币	1	5元	2001年5月23日	全国各地	1000
34	辛亥革命90周年纪念币	1	5元	2001年9月27日	全国各地	1000
35	2003(羊)年贺岁纪念币	1	1元	2002年10月25日	全国各地	1000
36	长城纪念币(1组)	1	5元	2002年10月25日	全国各地	1000
37	世界文化遗产兵马俑纪念币(1组)	1	5元	2002年10月25日	全国各地	1000
38	世界文化遗产故宫纪念币(2组)	1	5元	2003年9月30日	全国各地	1000
39	世界文化遗产三孔纪念币(2组)	1	5元	2003年9月30日	全国各地	1000
40	台湾朝天宫(1组)纪念币	1	5元	2003年11月18日	全国各地	1000
41	台湾赤崁楼(1组)纪念币	1	5元	2003年11月18日	全国各地	1000
42	2004(猴)年贺岁纪念币	1	1元	2004年1月6日	全国各地	1000
43	世界文化遗产苏州园林纪念币(3组)	1	5元	2004年5月18日	全国各地	1000
44	世界文化遗产周口店纪念币(3组)	1	5元	2004年5月18日	全国各地	1000
45	邓小平100周年诞辰纪念币	1	1元	2004年8月1日	全国各地	1000
46	全国人大成立50周年纪念币	1	1元	2004年8月1日	全国各地	1000
47	台湾日月潭(2组)纪念币	1	5元	2004年11月18日	全国各地	1000
48	台湾鹅銮鼻(2组)纪念币	1	5元	2004年11月18日	全国各地	1000
49	2005(鸡)年贺岁纪念币	1	1元	2005年1月26日	全国各地	1000
50	世界文化遗产青城纪念币(4组)	1	5元	2005年5月12日	全国各地	1000
51	世界文化遗产——丽江纪念币(4组)	1	5元	2005年5月12日	全国各地	1000
52	陈云100周年诞辰纪念币	1	1元	2005年6月13日	全国各地	1000
53	台湾敬字亭纪念币(3组)	1	5元	2005年11月18日	全国各地	1000
54	2006(狗)年贺岁纪念币	1	1元	2006年1月6日	全国各地	1000
55	北京奥运会体操纪念币	1	1元	2006年12月20日	全国各地	1000
56	北京奥运会乒乓球纪念币	1	1元	2006年12月20日	全国各地	1000
57	北京奥运会射箭纪念币	1	1元	2006年12月20日	全国各地	1000
58	北京奥运会举重纪念币	1	1元	2006年12月20日	全国各地	1000
59	北京奥运会游泳纪念币	1	1元	2006年12月20日	全国各地	1000
60	北京奥运会现代五项纪念币	1	1元	2006年12月20日	全国各地	1000
61	北京奥运会击剑纪念币	1	1元	2006年12月20日	全国各地	1000
62	北京奥运会足球纪念币	1	1元	2006年12月20日	全国各地	1000
63	世界文化遗产龙门石窟纪念币(5组)	1	5元	2006年12月31日	全国各地	1000

续表14-2

序号	纪念币(钞)名称	枚数(枚)	单枚面值	发行日期	发行地区	发行量(万套)
64	世界文化遗产颐和园纪念币(5组)	1	5元	2006年12月31日	全国各地	1000
65	2007(猪)年贺岁纪念币	1	1元	2007年1月5日	全国各地	1000
66	2008(鼠)年贺岁纪念币	1	1元	2008年1月16日	全国各地	1000
67	2008年奥运会10元纪念钞	1	10元	2008年7月8日	全国各地	600
68	2010上海世界博览会纪念币	1	1元	2009年6月10日	全国各地	6000
69	2009(牛)年贺岁纪念币	1	1元	2009年11月26日	全国各地	3000
70	2009“和”字纪念币	1	1元	2009年11月26日	全国各地	1000
71	2009“环保”纪念币	1	1元	2009年11月26日	全国各地	1000
72	2010年环境保护纪念币	1	1元	2009年11月26日	全国各地	1000
73	2010(虎)年贺岁纪念币	1	1元	2010年11月9日	全国各地	3000
74	2010“和”字纪念币	1	1元	2010年11月9日	全国各地	1000
75	2011中国共产党成立90周年纪念币	1	5元	2011年6月16日	全国各地	6000
76	2011(兔)年贺岁纪念币	1	1元	2011年6月16日	全国各地	3000
77	2012(龙)年贺岁纪念币	1	1元	2012年8月28日	全国各地	8000
78	2013(蛇)年贺岁纪念币	1	1元	2013年1月19日	全国各地	8000
79	2013“和”字纪念币	1	5元	2013年9月23日	全国各地	5000
80	2014(马)年贺岁纪念币	1	1元	2013年12月24日	全国各地	10000

第三章　存贷款

第一节　存　款

1991—2010年,存款主要分为企业存款、财政存款、机关团体存款、储蓄存款、农业存款等。1991年年末,薛城区各项存款余额38573万元,存款机构只有人行薛城区支行、工行薛城支行、农行薛城区支行和建行薛城支行4家。1991—1995年,随着中行薛城支行、建行枣滕矿区支行的成立,伴随全区经济较快发展,薛城区各项存款呈现较快增长态势,1995年年末全区各项存款余额达到115032万元,较1991年年末增长198.22%。1996—2000年,期间正逢1997年亚洲金融危机和国家经济转型、国企改革,薛城区各项存款增速明显下滑,到2000年年末余额194312万元,较1996年年末仅增长32.23%。2000—2010年,全国经济快速发展,薛城区各项存款实现快速增长,2005年薛城区存款余额突破50亿元关口,年末余额600019万元。2008年薛城区存款余额突破100亿关口,年末余额1261626万元。2010年末全区存款余额达到1890917万元,较2000年增长873.13%。2011年,中国人民银行总行为适应《存款统计分类及编码标准(试行)》的发布,提高统计分类的科学性和统计数据的准确性,对存款分类进行大幅度调整,主要分为单位存款、个人存款、财政存款和临时性存款。2011—2013 年，薛城区各项存款继续保持快速稳定增长态势，2011 年各项存款突破 200 亿元关口，年末余额 2030742 万元。

企业存款　包括国营、集体、三资、个体工商户的流动资金结算等户存款和企业专用基金户存款。1991 年，薛城区企业存款 5099 万元，2010 年，全区企业存款余额 615699 万元。2011 年后合并到单位存款统计。

财政性存款　包括财政金库存款、机关团体部队存款等，主要是先收后支和先拨后用的财政性资金。1991 年年底，薛城区财政性存款余额-569 万元，2010 年年末全区财政性存款余额 11847 万元。

储蓄存款　包括城乡居民在金融机构和邮政储蓄部门的存款。1991 年年底，薛城区储蓄存款余额为 26993 万元，其中城镇居民储蓄余额 18517 万元、农村社员储蓄 9232 万元。1988 年 9 月 1 日起，根据国务院规定，对城乡居民个人三年起以上储蓄存款按现行利率支付利息外，再按全国统一的保值贴补率支付给补贴利息。后随物价平稳，于 1991 年 12 月 1 日保值储蓄停办。1994 年 3 月 2 日重新开办，至 1996 年 4 月 1 日，保值储蓄停办。为拉动内需，刺激消费，1999 年 11 月 1 日起，国家对储蓄存款恢复开征利息税。2000 年 4 月 1 日，按照国务院第 285 号令《个人存款账户实名制规定》，对居民个人开办的存款账户实行实名制。2010 年年底，全区居民储蓄存款余额达 973591 万元，其中活期储蓄余额 399268 万元，定期储蓄余额 574324 万元。2011 年后合并到个人存款统计。

农业存款（农村集体存款）　包括乡、镇、村的企业单位和农村集体经济存款，农村信用社转存款占农村存款绝大部分。1991 年年底，薛城区农村集体存款余额 2004 万元，2010 年年末全区农业存款余额 3368 万元，2010 年后不再单独统计。

机关团体存款　1991 年年末薛城区机关团体部队存款余额 1802 万元，2011 年年末全区余额 174011 万元，2011 年合并到单位存款统计。

单位存款　2011 年正式起用，指金融机构吸收的除个人和财政部门以外的非金融机构的存款。2011 年年末，薛城区单位存款余额 961559 万元，按性质分别为单位活期存款余额 540289 万元，单位定期存款余额 372070 万元，单位保证金存款余额 41490 万元；按存款主体分别为企业存款 669971 万元，机关团体存款 175522 万元，社保基金存款 32227 万元，部队存款 1650 万元，住房公积金存款 82140 万元。

个人存款　指金融机构吸收的以个人名义存入的存款，2011 年正式起用。2011 年年末薛城区个人存款余额 1047999 万元，其中储蓄存款余额 1040441 万元，个人保证金存款余额 7557 万元。

1991—2013 年薛城区各项存款余额统计表

表 14-3　　　　单位：万元

年份	存款合计	企事业单位存款	财政存款	储蓄存款	信托存款	委托存款	其他存款
1991	38573	8905	-569	26993	34		1396
1992	52509	10193	67	35664	151		6434
1993	62365	10758	193	45147	1317		4950
1994	80212	19847	1598	57034	-20		1753
1995	115032	30601	1967	79515	-238		3187
1996	146947	40765	3565	99447	-36		3206
1997	124991	40888	1748	108673		-31137	4819
1998	142108	42321	2328	120903		-31157	7713
1999	187835	47084	1957	131397			7397

续表14-3

年份	存款合计	企事业单位存款	财政存款	储蓄存款	信托存款	委托存款	其他存款
2000	194312	41135		145987		-6840	14031
2001	255716	63331		183612		0	8773
2002	312412	72533		222941		-6338	23276
2003	417341	115336		266477		-6338	41866
2004	486628	125714		316485		-6338	50767
2005	600019	141006		383563			75450
2006	712899	161895		457399		16	93590
2007	857478	231966		497084		0	128429
2008	1261626	470114		653197			138315
2009	1711360	627876		817099			266386
2010	1890917	617600	11847	973591			287880
2011	2030742	961559	14082	1041591			13510
2012	2260534	962582	5667	1273918			18367
2013	2715937	1128734	1090	1340771			245343

第二节 贷 款

贷款政策

1992年，根据“控制总量、调整结构、强化管理、提高效益”的信贷政策和1993年提出的适度从紧的货币信贷政策要求，薛城区新增贷款主要满足重点行业的资金需求。

1996年起，中国人民银行适度增加货币供应量。1998年起，为应对亚洲金融危机，国家采取在扩大内需，提高贷款质量的前提下，适当扩大贷款规模和货币供应量，取消对国有商业银行的贷款限额控制，实行资产负债管理和风险管理。1999年，在居民储蓄居高不下，消费市场疲软的情况下，薛城区各家银行适时推出消费信贷政策。

积极开展消费信贷业务，大力拉动城乡居民消费。为支持农业结构调整，从1999年开始发放支农再贷款。2001年和2002年国家继续实行稳健的货币政策，薛城区增加对中小企业和个体私营经济的信贷支持。

2001年7月，中国人民银行枣庄市薛城区支行向薛城区农联社发放金融稳定再贷款2216万元，用于弥补原薛城区城市信用社资不抵债额度。

2003—2004年，努力疏导货币政策的传导渠道，不断改善金融服务，有效促进货币贷款政策的实施。2004年6月，薛城农村信用联社以5170万元认购专项中央银行票据，置换该社不良资产5028万元和142万元的历年亏损。

2005年，灵活运用货币政策工具，提高中央银行资金调控水平。合理运用支农再贷款限额，累计发放支农再贷款1.6亿元。

2006年9月，积极运用央行票据支持农村信用社改革，薛城区农村信用联社一次成功兑付央行票据5170万元，壮大支农资金实力。

2008年，人民银行薛城支行协助薛城区政府制订并实施《关于支持全区银行业又好又快发展的实施意见》和《关于金融推动地方经济又好又快发展的实施意见》，引导各金融机构创新“速贷通”等个性化金融产品，积极协调成立两家担保公司，建立薛城区金融支持优质中小企业储备库。

2009年，中国人民银行枣庄市薛城区支行配合人民银行枣庄市中心支行在全国首创钢结构资产抵押贷款业务，组织辖内商业银行为企业开展“上门送贷”活动，为26家企业现场放贷2.11亿元，引导恒泰合行成立中小企业服务中心，与薛城区政府服务业办公室联合出台《关于金融支持专业商贸市场发展的实施意见》和《关于加大金融支持力度 促进服务业发展的指导意见》。

2010年，中国人民银行枣庄市薛城区支行制定《金融支持全区中小企业发展意见》《金融支持扩大城乡消费意见》，积极引导恒泰农村合作银行成立全省首家农信系统小企业金融服务专业支行，累计为146家小企业发放贷款8.15亿元。年底，恒泰农村合作银行再贷款总量为16200万元，其中支农再贷款15000万元，占总量的92.59%。

2011年，人民银行薛城区支行引导枣庄恒泰合作银行创新全省首笔“水利建设经营收益权质押贷款”和“实用新型专利权质押贷款”信贷产品，在全省率先联合发起成立薛城区农民专业合作社信用联社，破解农民专业合作社贷款担保难题。

2012年，人民银行薛城区支行建立101家文化产业企业项目库，从中筛选出25家优质企业或项目及时向银行业金融机构推介对接，成功发放非物质文化遗产贷款第一单；联合农业部门制定《金融支持农村专业合作社健康发展指导意见》，以农民专业合作社、专业市场和同业协会为平台组成大联保体，实现联保体成员的联体联心经营。

2013年，人民银行薛城区支行制定《关于金融支持全区新型城镇化建设指导意见》《关于金融支持陶庄镇省级示范镇建设的实施方案》，确定25个重点支持项目；在全省率先开办大型农机具抵押贷款第一单。2013年3月，成立万方小贷贷款公司，至年末贷款余额7141万元。

贷款规模

1991年年底，薛城区各项贷款余额4.74万元。1991—1995年，随着改革开放的不断深入，各项经济事业的发展带来强烈的资金需求，贷款发放较多，1995年年末各项贷款余额达到14.16亿元，较1991年年末增加198.73%。1996—2001年，国家强化金融宏观调控，先后提出“控制信贷总量，调整信贷结构”和“适度从紧”的货币政策，薛城区贷款规模增幅回落，2001年年末全区各项贷款余额22.85亿元，较1995年年末增长61.37%。从1994年起，金融体制改革不断深化，专业银行开始向商业银行转轨，各国有商业银行实行集约化经营，系统内集中资金支持国家重点建设项目和重点企业，而且更加强调贷款以经济效益为前提。薛城区属经济欠发达地区，被列入国家重点项目少，企业效益不高，在一定程度上抑制贷款投入的增长。2005年年底，全市金融机构本外币贷款余额27.06亿元，较2001年末仅增长18.38%。自2006年开始，国家执行稳健的货币政策和积极的财政政策，引导金融机构不断加大对实体经济投放，薛城区信贷投放节奏明显加快，2010年末薛城区各项贷款余额81.25亿元，较2005年年末增长200.26%。2011—2013年，随着城镇化建设、资源城市转型，薛城区信贷投放呈现快速增长，2013年末薛城区各项贷款余额154.88亿元，全区当年贷款增量、贷款增幅均居枣庄市第一位，贷款增幅高于全市17.41个百分点。

1985—2009年，贷款主要分为工业、农业、商业、基本建设和技术改造五大类。2010年，中国人民银行总行为适应《企业会计准则(2006)》在金融企业的推广，满足金融统计工作的实际需要，对短期贷款和中长期贷款项下相关指标进行简化：终止原有工业贷款、商业贷款、农业贷款等贷款分类指标，设立单位普通贷款、普通并购贷款、银团贷款、贸易融资、个人贷款等统计指标。

工业贷款

主要用于工业企业、交通运输和物资供销企业。1991年年底，薛城区工业贷款余额14610万元，2000年年底，增加到41347万元，2009年年底，全区工业贷款余额71164万元。

农业贷款

包括国营农业贷款、合作农业贷款、预购定金贷款以及对农民的生产、生活贷款等。1991 年年底,薛城区农业贷款余额 3128 万元,2000 年年底,增加到 7407 万元,2009 年年底,全区农业贷款余额 132556 万元。

商业贷款

包括对国有商业、供销合作社、外贸企业以及城镇集体、个体商业的贷款。主要用于商业储备、结算占用和修建简易仓棚等需要。其中用于商品储备的贷款是商业贷款的主体。1991 年年底,薛城区商业贷款余额 15586 万元,2000 年年底,增加到 32215 万元,2009 年年底,全区商业贷款余额 20541 万元。

乡镇企业贷款

1991 年年底,薛城区乡镇企业贷款余额 7637 万元,2000 年年底,增加到 17421 万元,2009 年年底,全区商业贷款余额 28483 万元。

基本建设贷款

主要用于固定资产投资,支持国家批准的基本建设项目。薛城区基本建设贷款余额 762 万元,2000 年年底,增加到 40645 万元,2009 年年底,全区商业贷款余额 92880 万元。

技术改造贷款

主要用于企业技术改造和地方经济开发项目。薛城区技术改造贷款余额 3908 万元,2000 年年底增加到 10961 万元,2009 年年底全区技术改造贷款余额 10000 万元。

单位经营贷款

2010 年末,区境金融机构向境内企(事)业法人或国家规定可以作为借款人的其他组织发放的,用于日常生产经营,单位经营贷款余额 238761 万元。

单位固定资产贷款

2010 年末,区境金融机构向境内企(事)业法人或国家规定可以作为借款人的其他组织发放的,用于借款人购建固定资产。单位经营贷款余额 170465 万元。

个人贷款

2010 年末,区境金融机构发放给境内个人(包括城镇个体户、农户和个人)用于其生产经营或消费的贷款,包括个人经营性贷款和个人消费。个人贷款余额 314422 万元,其中个人消费贷款余额 140065 万元。

涉农贷款

2007 年,人总行建立涉农贷款统计制度。2010 年末,全区涉农贷款余额 183431 万元,其中农户贷款余额 128089 万元,农林牧渔业贷款余额 177408 万元。

房地产贷款

2010 年末,全区房地产贷款余额 198282 万元,其中房地产开发贷款余额 72527 万元,个人购房贷款余额 125755 万元。

民间借贷

2013 年 1 月,薛城区万方小额贷款公司顺利通过省金融办审核并发放金融许可证。共开展三批"助保贷"工作,第一批帮助 6 家企业获得贷款 2100 万元,第二批帮助 4 家企业获得贷款 1200 万元,第三批帮助 4 家企业获得贷款 1100 万元,万方小额贷款公司先后已经累计发放贷款 16965 万元。

1991—2013 年薛城区各项贷款余额统计表

表 14-4　　　　单位:万元

年份	贷款合计	短期贷款	中长期贷款	信托贷款	票据融资	各项垫款	其他贷款
1991	47375	38234	4824	310			4007
1992	66442	47042	11970	448			6982
1993	91828	55344	29612	349			6523
1994	109930	68163	37741	0			4026

续表14-4

年份	贷款合计	短期贷款	中长期贷款	信托贷款	票据融资	各项垫款	其他贷款
1995	141622	85215	33435	0			22972
1996	173975	113019	42393				18563
1997	209218	160977	46384				1857
1998	247968	140014	66477				41477
1999	248023	120451	107725				19847
2000	245277	118218	122454	1676			2929
2001	228489	113115	108140		3540	3694	
2002	297083	158288	120174		14970	3651	
2003	315404	181469	108447		21906	3582	
2004	307503	172139	115932		16653	2779	
2005	270594	142126	114475		12303	1690	
2006	333922	177549	128353		24873	3147	
2007	388841	206044	164209		16669	1919	
2008	456463	221968	197767		36728		
2009	642399	315205	243082		83566		546
2010	812534	382392	353242		76700	200	
2011	950653	448765	438389		63479		20
2012	1076977	523937	461131		91891		18
2013	1358936	580865	544801		74656		158615

第四章　支付结算

第一节　同城票据交换

1994 年 8 月 1 日，为加快票据资金清算速度，提高资金使用效益，枣庄市成立资金清算中心，负责全市同城票据清算工作。中国人民银行枣庄市薛城区支行成立票据交换所，清算薛城区票据交换资金，同时参加枣庄市票据交换，交换跨区的票据并进行清算。

2002 年，中国人民银行枣庄市薛城区支行上线运行枣庄市同城票据清算系统，实行贷记业务票据截留当场抵用，借记业务人工传递票据后隔场抵用，由人民银行按场次按市级管辖行清算资金，市辖跨行清算实现“一站式”清算。

2008 年，利用同城票据清算系统，增加本票系统业务模块，实现本票业务在线签发、兑付。

2010 年，进行系统功能升级，同城清算系统功能更加完善。2012 年，中国人民银行国库因 TCBS

上线实行独立的票据交换,由网点升级为管辖行。2013年年底,国库接收税款实现全部通过支付系统划转,停止运行票据交换系统。

第二节　联行结算

1991年,中国人民银行枣庄市薛城区支行投入运行电子联行往来系统,实现业务"天地对接"。电子联行代替手工联行处理异地跨行资金贷记汇划业务,资金周转速度大大提高。

2000年,薛城区农村信用联社开通山东省特约联行汇兑清算系统。2004年3月,大额支付系统开通运行,2005年4月,小额支付系统开通运行,2006年,薛城支行退出特约联行系统。

2008年,全国支票影像交换系统开通运行,薛城区2010年网上跨行支付清算系统运行,实现跨行资金通过网上银行进行清算。区县级银行以间接参与者身份加入系统,跨行资金清算实现质的飞跃。

第三节　支付清算系统建设

1991—2013年,为适应快速发展的需要,中国人民银行先后完成大小额支付系统、全国支票影像交换系统、境内外币支付系统的建设,支付清算系统建设不断完善,成为全社会资金结算的"主渠道",顺应国际化统一的大支付系统的金融发展趋势。

2006年6月,中国人民银行小额批量支付系统也在全国推广运行。新建成的小额批量支付系统支撑多种支付工具的应用,实行7×24小时连续运行,为银行业金融机构的小金额、大批量跨行支付清算业务提供一个低成本的公共支付平台。除传统款项汇划业务以外,财税库银横向联网业务、跨行通存通兑业务、支票圈存和截留业务、银行本票、公用事业收费、工资、养老金和保险金发放,以及网上支付、电话支付等全天候的支付清算业务,满足社会公众的消费性支付需求。

2007年6月,全国支票影像交换系统的正式运行实现支票的全国通用,便利企事业单位和个人的异地转账结算。6月底,中国人民银行枣庄市薛城区支行运行联网核查公民身份信息系统,为银行机构办理业务时能够有效识别客户身份提供便捷的技术手段。银行账户系统和联网核查系统的建成运行,落实银行账户实名制,建立社会信用体系,打击洗钱等金融犯罪提供重要手段。

2011年,中国人民银行枣庄市薛城区支行依托涉农金融机构基层网点,在全市率先建立综合性农村金融服务中心,薛城区231个行政村,布放金融基础设施1059台,村均设施4.74台,人均持卡1.07张,实现行政村金融基础设施全覆盖。

第五章　外汇管理

第一节　外汇管理体制

1994年年初,国家对外汇体制进行重大改革,取消外汇留成制度,实行银行结售汇制度,实行以市场供求为基础的、单一的、有管理的浮动汇率制度,建立统一规范的外汇市场。

2009—2013年,针对跨境资金流向复杂和规模增大、市场主体便利化需求不断增长的现实,外汇管理加快理念和方式的"五个转变",即从重审批转变为重监测分析、从重事前监管转变为强调事后管理、从重行为管理转变为更加强调主体管理、从“有罪假设”转变到“无罪假设”、从“正面清单”(法无明文授权不可为)转变到“负面清单”(法无明文禁止即可为)。

2000—2013年,薛城区的机械电子、子午线轮胎、纸制品设计制造、精细化工产品、煤焦油深加工等产品出口较好,带动外汇存款的稳步增长。贷款投放主要用于山东八一轮胎制造有限公司、远通纸业(山东)有限公司、山东奥瑟亚化工有限公司、山东潍焦集团薛城能源有限公司、枣庄杰富意振兴化工有限公司等重点企业重点项目基本建设。

2005—2013年薛城区外汇存贷款统计表

表14-5　　单位:万美元

项目＼年份	2005	2006	2007	2008	2009	2010	2011	2012	2013
存款	122	123	111	119	244	463	191	277	816
贷款	0	0	0	0	90	135	0	0	0. 16

第二节　国际收支

1995年,经国务院批准,中国人民银行发布《国际收支统计申报办法》,成为本国开展国际收支统计的法律基础,2013年11月9日,国务院总理李克强签署国务院令,决定对办法进行修订,并从2014年1月1日开始施行,这是健全国际收支统计体系的重要举措。新版办法对国际收支统计申报的范围界定为中国居民与非中国居民之间发生的一切经济交易以及中国居民对外金融资产、负债状况。

为进一步深化外汇管理体制改革,促进贸易投资便利化,国家外汇管理局发布《国家外汇管理局关于印发服务贸易外汇管理法规的通知》,决定自2013年9月1日起在全国范围内实施服务贸易外汇管理改革。境内机构和个人办理服务贸易外汇业务的便利度将显著提高,一是取消外汇局服务贸易购付汇核准,服务贸易收支业务均可在金融机构直接办理。二是金融机构对单笔等值5万美元以下的服务贸易收付汇业务原则上可不审核交易单证,对于仍需审核单证的业务审单要求也进行多项简化。

外贸企业的进出口收付汇管理是以企业主体登记备案和分类管理为基础,要求企业自觉履行监测系统报告义务,包括A类企业30天(不含)以上的预收货款或预付货款及B类和C类企业在监管期内发生的预收货款或预付货款等要求。外汇局对C类企业的全部贸易外汇收支业务和B类企业的部分贸易外汇收支业务在单证审核、业务类型及办理程序、结算方式等方面实施审慎监管,加大对违规企业的管理力度。

第三节　外汇政策宣传

为更好地指导并服务于薛城区涉外企业,加强对辖内进出口企业的政策支持和信息服务,2012年7月,国家外汇管理局薛城区支局召集山东八一轮胎制造有限公司、枣庄德润进出口有限公司、山东新百艺包装有限公司、远通纸业(山东)有限公司等辖内20多家进出口企业,在薛城中行四楼会议室举办外汇政策知识培训班。会上解读货物贸易外汇管理政策与最新知识及改革动向,介绍国际结算及贸易融资产品、跨境人民币业务产品等外汇知识,传达政策知识与实务,达到培训目的和要求。

2012年8月,按照上级要求,薛城区支局积极开展外汇市场“诚信兴商宣传月”活动,宣传外汇政策,倡导诚信意识。并根据国家外汇管理局山东省分局外汇检查处《2012年外汇市场“诚信兴商宣传月”活动计划》的安排,在“诚信兴商宣传月”活

动期间积极组织企业及银行外汇专业人员参加“外汇有奖问答”网络知识竞赛活动，薛城区支局外汇业务专业人员同时参加外汇知识的学习与网络知识竞赛活动。

2013 年 7 月，国家外汇管理局薛城区支局配合枣庄市政府打私办“枣庄市打击走私专项斗争和联合行动方案”行动计划，组织外汇管理专业人员、辖区内各家外汇专业银行开展专项斗争和联合行动，加强对超额携带外币现钞进出境行为的监测分析和信息交换，跟踪监督进境资金使用情况，加大外币现钞和个人结售汇管理力度，深入调查超额携带外币现钞进出境的违法线索，依法查处外汇管理的行为，对外汇专业银行外币现钞进出境情况做出 6 个月的跟踪监测。

第六章　国库及债券

第一节　国库及国库机构

1991—2013 年，中央国库业务由中国人民银行经理，地方国库业务依照国务院的有关规定办理。国库在上级国库和地方政府的正确领导下，紧紧围绕国家财政、金融工作的总方针，认真履行国家赋予的光荣职责，充分发挥国库的职能作用，为国家建设及地方经济发展做出应有的贡献。

1991 年，中国人民银行枣庄市薛城区支行内设机构会计国库科具体负责薛城区区级国库业务。

1995 年 3 月 18 日，公布的《中华人民共和国中国人民银行法》规定：“中国人民银行依照法律、法规的规定经理国库。”11 月 2 日，发布的《中华人民共和国预算法实施条例》规定，中央国库业务和地方国库业务由中国人民银行及其分支机构经理。从而人民银行经理国库有国家法律依据。

2003 年，为适应中国人民银行职能转变，中国人民银行枣庄市薛城区支行将会计国库科更名为国库会计科，进一步明确“经理国库业务”是人民银行的一项重要职能。

2006 年，按照济南分行县支行内设机构调整方案，中国人民银行枣庄市薛城区支行设两部两室，国库业务由综合业务部负责，国库业务为综合业务部的一个重要组成部分。

第二节　国库资金

中国人民银行枣庄市薛城区支行认真贯彻行执行国库会计核算的各项规章制度，加强国库业务管理，严密核算手续，提高核算质量。2000 年 5 月，中国人民银行国库局对《国库会计核算操作规定》进行全面修订，新规定结合近年来出台的财税、金融和国库方面的政策法规，对国库会计核算的管理及具体处理手续等作出详尽规定。

2002 年 9 月，中国人民银行总行又对“规定”进行修订。枣庄辖区各级国库严格执行总行下发的《国库会计核算操作规程》，严格执行各项内控制度，做到“三坚持”：坚持每天与会计、营业部门对账，确保行库往来、大额支付科目余额天天相符；坚持上下级国库之间对账，确保上下级国库划解入库数一致；坚持每月与财、税、海关等征收机关对账，确保国库的入库数与征收机关的征收数一致，使每年的国库会计核算工作做到准确无误。加强检查辅导，整治薄弱环节，防止延压税款，保证国家预算收入及时入库。

1991—2002 年，中国人民银行枣庄市薛城区支库经理薛城区国库、开发区国库、矿务局国库核算业务。

2001 年 9 月，中国人民银行下发《商业银行、信用社代理国库业务管理办法》，进一步加强对商业银行、信用社代理国库业务的监督和管理，规范国库代理和国库经收业务，保证预算收入及时入库，确保政府预算收支计划顺利实现。

2002 年 1 月，为了加快枣庄市高新技术开发区的发展，加大招商力度，高新技术开发区国库业务由中国人民银行枣庄市中心支行国库科具体经理。

第三节　国库电子化建设

1991 年 12 月，中国人民银行枣庄市薛城区支行开始利用微机处理账务，国库账务处理实现电算化。

1996 年 6 月，中国人民银行枣庄市薛城区支行国库业务实现微机通信联网，全区的库款报解、国债和预算收支统计等业务全部并入市中心支行网络传输，缩短库款在途时间，使原来两天才能报达枣庄市级国库的款项做到当日报达，全区库款当日入库报解率达到 100%。

2000 年 11 月，推广使用国家金库会计核算系统（1.0 版），2003 年 4 月，升级使用国家金库会计核算系统（2.0 版），该系统是为适应财政国库管理制度改革和中国现代化支付系统建设而开发出来的全新的计算机核算系统，该系统能够处理现行全部国库会计核算业务，能够通过灵活的参数设置适应各种财政体制的核算需要，能够处理行库往来、同城票据交换业务，能够与支付系统直连，实时处理支付系统的来账和往账，能够使用国库内部往来实现市中心支库与区（市）支库的直连与对账，能够实现上下级国库会计报表的上报与汇总以及各类收入报表的自动对账。国家金库会计核算系统（2.0 版）的运行，标志着国库业务基本实现微机化管理。

2005 年 3 月 14 日，国库会计核算系统向大额支付系统的顺利切换并正式上线运行。5 月 20 日，国税局、商业银行、国库横向联网，确保税款及时入库。

2012 年，正式运行国库会计数据集中系统（简称 TCBS 系统），实现国库核算的全国数据集中处理，达到适应财政国库管理制度改革需要，确保财政资金及时支付与清算，提高财政资金运行效率和使用效益。

第四节　国债发行和兑付

薛城区 1985—1995 年发行的国债主要有国库券、财政债券、国家重点建设债券、国家建设债券、保值公债、特种国债、凭证式国债。

国库券

为了调整与稳定国民经济，适当集中各方面财力，进行社会主义现代化建设，国务院决定从 1981 年起恢复发行国债，每年发行一次国库券。国库券的认购对象是国营、集体所有制企业、企业主管部门和地方政府；机关、团体、部队、事业单位、和农村富裕社队；城乡个人以及个体工商户、私营企业等。其特点是期限长、面额小、按面额发行、利率较高、发行方式多样。至 1994 年年底，薛城区共发行国库券 15096 万元。国库券于 1996 年停止发行。

国家重点建设债券

为了保证能源、交通、原材料等重点项目的资金需要，财政部于 1987 年首次发行 55 亿元国家重点建设债券，期限为 3 年，到期一次还本付息。至 2005 年年底，这种债券只发行一次。枣庄市当年发行金额为 350 万元。认购对象为各级地方政府、全民和集体所有制企业、机关、团体和事业单位、城乡个人等。

国家建设债券

为了筹集国家建设资金，经国务院批准，财政部于 1988 年发行 80 亿元的国家建设债券。在枣庄发行 1530 万元。发行对象为城乡居民、基金会组织，以及金融机构。

财政债券

为了筹集国家建设资金弥补财政赤字，经国务院批准,财政部在 1988 年发行财政债券 80 亿元,在枣庄发行 174 万元。发行对象为各专业银行、综合性银行以及其他金融机构。财政债券不给票券,实行登记制度,到期由财政部还本付息。

保值公债

为了进一步调整经济结构,筹集经济建设所需资金,国务院决定 1989 年发行保值公债 120 亿元,枣庄市发行 2790 万元。发行对象为城乡职工、居民、个体工商户,各种基金会、保险公司以及有条件的某项公司。债券偿还期为 3 年,到期一次还本付息。保值公债利率浮动,随人民银行规定的 3 年期储蓄存款利率浮动,加保值补贴率,外加一个百分点。

特种国债

为了适当集中各方面的财力,支援国家建设,促进经济协调发展,国务院决定 1989 年首次发行 50 亿元特种国债。枣庄市分别在 1989 年、1991 年发行 565 万元、471 万元。发行对象是经济条件较好的全民、集体所有制企业、私营企业、金融机构、企业主管部门、事业单位、和社会团体;全民所有制企业职工退休养老基金,管理机构、待业保险基金管理机构、交通车辆购置附加基金管理机构等。特种国债由各地财政部门办理发行和还本付息事宜。

凭证式国债

凭证式国债是采用填制“中华人民共和国凭证式国债收款单”的方式,由财政部代表国家通过部分商业银行和邮政储蓄柜台,面向城乡居民个人及社会其他投资者发行的储蓄性国债。其主要特点是信用等级高,安全性好。变现灵活,流动性好。利息免税,收益性好。发售网点多,购买方便。国家自 1995 年以来,停发其他种类的国债,只发行凭证式一种国债,一年发行多期。

第七章　金融监管

第一节　薛城区金融工作办公室

2010 年 8 月 8 日,薛城区金融工作办公室成立,为区政府直属正科级事业单位,将原薛城区发展和改革委员会承担的资本市场发展方面的职责划入薛城区金融工作办公室。2011 年 3 月 14 日,薛城区金融工作办公室核定人员编制 8 名,配备主任 1 名,副主任 2 名,为正科级财政拨款事业单位,所需人员从区直在编人员中调剂解决或面向社会公开招考录用。2013 年 12 月 20 日,区金融工作办公室挂区地方金融监督管理局牌子。

金融知识宣传

第二节　账户管理

1994 年,中国人民银行发布《银行账户管理办法》,对规范银行结算账户的开立和使用,维护经济金融秩序的稳定发挥重要作用。

1995 年,中国人民银行枣庄市薛城

区支行加强账户管理,全年组织三次大规模检查,对违规账户进行清理。

1997 年,推广应用银行账户管理系统,实行账户电子化管理。

2003 年 4 月,中国人民银行枣庄市薛城区支行实施《人民币银行结算账户管理办法》。

2005 年 4 月,中国人民银行枣庄市薛城区支行运行全国联网的人民币银行结算账户管理系统,实行基本存款账户、预算单位专用存款账户、临时存款账户由人行核准,非预算单位存款账户、一般存款账户由开户银行通过系统备案。

2008 年,人民币银行结算账户管理系统功能升级,实现账户开立、变更、撤销、久悬、统计、监测、批量变更、批量迁移等业务管理在线操作。

第三节　征信管理

银行信贷登记咨询系统于 1997 年开始筹建,2002 年实现全国联网查询,在全国 344 个地级市(或地区)及 31 个省、自治区和直辖区市建立数据库。借款人基本涵盖除自然人外,所有金融机构发生信贷关系的企业、事业单位及其他借款人。

2006 年 1 月,由人民银行牵头建设的个人信用信息基础数据库是党中央、国务院加强社会诚信体系和失信惩戒机制建设的战略性举措。与此同时,个人征信系统正式运行。

2009 年,中国人民银行枣庄市薛城区支行与区财政局联合下发《政府采购中使用企业信用评级报告暂行规定》和配套实施细则,全省第一家在政府采购中全面使用企业信用评级报告。

2010 年,企业征信系统收录的企业及其他组织近 1576 万户,个人征信系统收录的自然人数达到 6.6 亿人,为 1.03 亿名农民建立信用档案,补充完善未与银行发生信贷关系的中小企业信息 199.2 万户,并开始对外提供数据服务。

2011 年,中国人民银行枣庄市薛城区支行联合团区委印发《薛城区深化农村青年信用示范户创建工作实施方案》,召开创建工作 推进会,为农村青年信用示范户进行授信授予牌,并全部纳入人民银行个人信用信息基础数据库和团委中国青年小额贷款数据库进行管理;在全国率先建立农村青年信用示范户培育基地,成立农村金融服务中心。提请薛城区人民政府印发《关于创建“信用经济开发区”实施方案》,使经济开发区成为吸纳信贷资金的洼地。

2012 年 12 月 26 日国务院第 228 次常务会议通过《征信业管理条例》,2013 年 1 月 21 日中华人民共和国国务院令第 631 号公布。该条例分总则、征信机构、征信业务规则、异议和投诉、金融信用信息基础数据库、监督管理、法律责任、附则 8 章 47 条,自 2013 年 3 月 15 日起施行。人民银行薛城区支行举办机构代码推广应用会议暨业务培训。同年,6 月 5 日成功发放首张信用代码证。

2013 年 5 月 17 日,国家发展改革委、中国人民银行、中央编办《关于在行政管理事项中使用信用记录和信用报告的若干意见》的通知,中国人民银行枣庄市薛城区支行开始实施信用信息查询业务。

第八章　保费收入和理赔

第一节　财产保险

1994 年 5 月,中国人民保险公司枣庄市薛城区保险办事处更名为中国人民保险公司枣庄市薛城区支公司。

1996 年,人保薛城区支公司分设成立中保财险薛城区支公司和中保人寿薛城区营业部,财产分割、人员分流。成为薛城区行政辖区内专营财产保险业务和人身保险业务的专业保险公司。是年，财、寿险分业经营，险种迅速扩大。财产保险类除继承原财险开办的老险种外，又新开办有保证险、责任险、工程险，保费收入850万元。

2004年7月9日，天安财产保险股份有限公司薛城营销服务部成立，开办有18个险种。全区共实现保费收入972.6万元。

2006年8月，中华联合财产保险股份有限公司枣庄中心支公司薛城营销服务部成立，全区共实现保费收入972.6万元。

2008年3月31日，中国大地财产保险股份有限公司枣庄市薛城营销服务部成立；同日，安邦财产保险股份有限公司枣庄中心支公司薛城区营销服务部成立；4月11日，阳光财产保险股份有限公司枣庄中心支公司薛城营销服务部成立。全区共实现保费收入992.6万元。

2012年4月26日，中国人寿财产保险股份有限公司枣庄市薛城支公司成立，全区共实现保费收入976.7万元。

2013年3月28日，永安财产保险股份有限公司枣庄市薛城支公司成立，全区共实现保费收入1238.8万元。

第二节　人寿保险

1996年，财、寿险分业后，人寿保险服务领域大力拓展，开办有两全寿险、养老保险、健康保险、意外伤害保险4个系列35个险种。采用长、短险并举、团体业务与分散业务并举，自办与代办并举的方式，为人民群众提供各类人身保险保障。

1996年4月，中保人寿保险有限公司枣庄市薛城区营业部分业成立。全区共实现保费收入385万元。

2000年，人寿保险股份公司推出全市首个投资类产品——国寿千禧理财保险（分红型）。全区共实现保费收入1663万元。

2001年，人寿保险公司推出分红保险和鸿泰两全保险，新增学平险业务100万元。全区共实现保费收入2400万元。

2002年11月29日，中国太平洋人寿保险股份有限公司枣庄中心支公司薛城营销服务部成立。全区共实现保费收入3460万元。

2003年4月24日，泰康人寿保险股份有限公司枣庄中心支公司薛城营销服务部成立。全区共实现保费收入4300万元。

2005年，人寿保险股份公司推出团意险215万元。全区共实现保费收入5600万元。

2006年4月12日，新华人寿保险股份有限公司山东分公司薛城营销服务部成立。人寿保险股份公司推出大病医疗险324万元。全区共实现保费收入5570万元。

2007年1月27日，民生人寿保险股份有限公司枣庄市薛城支公司成立。全区共实现保费收入5063万元。

2008年3月26日，合众人寿保险股份有限公司枣庄中心支公司薛城营销服务部成立；6月23日，中国平安人寿保险股份有限公司枣庄中心支公司薛城营销服务部成立；8月8日，太平人寿保险有限公司枣庄市薛城营销服务部成立。全区共实现保费收入9639万元。

2009年7月16日，中国人民人寿保险股份有限公司枣庄市薛城支公司成立。全区共实现保费收入10779万元。

2011年9月9日，生命人寿保险股份有限公司枣庄市薛城支公司成立。全区共实现保费收入8391万元。10月14日，阳光人寿保险股份有限公司枣庄市薛城支公司成立。全区共实现保费收入8391万元。

2013年5月15日，天安人寿保险股份有限公司枣庄市薛城支公司成立。全区共实现保费收入8884万元。

第三节　保险理赔

事故损伤理赔

2000年，中国人民保险公司枣庄分公司为薛城华众纸业有限公司暴风事故赔款59万元；2001

年，中国人民保险公司枣庄分公司为薛城华众纸业有限公司赔付106万元。

重大赔案

中国人民财产保险股份有限公司枣庄市分公司重大理赔案件　1995年5月，薛城区张范乡大香城小麦发生火灾，赔款7.8万元。同年11月20日，枣庄车务段GA37-9800奥迪100轿车，在徐州至薛城的前亭路段，撞弯50拖拉机斗上，车损坏，赔27.68万元。1996年2月19日，薛城焦化厂家属宿舍9号楼发生爆炸，赔付65.17万元；同年8月16日，由于遭受暴风雨袭击，薛城华众纸业有限公司导致企业库存产品严重损失，赔付金额为79.85万元。1997年5月6日，山东华众纸业有限公司机损，赔款44.8万元；同年5月15日，薛城燃料化工厂发生火灾，赔款50.4万元。2003年8月30日，山东华众纸业有限公司因暴雨造成财产损失，赔款62万元。

中国人寿保险股份有限公司枣庄分公司重大理赔案件　2002年9月3日，陶庄矿中学生赵某在薛城区支公司投保国寿学生幼儿平安保险附加住院医疗保险，保险金额2万元，年交保费24元。2003年8月12日赵某被诊断为血癌，薛城区支公司调查核实后于当年11月20日将2万元医疗保险金送到被保险人赵某家中。

太平洋寿险公司重大理赔案件　2003年7月10日，被保险人张某因意识不清、鼻出血入薛城区人民医院，抢救45分钟无效死亡，诊为猝死。经公司调查核实，予以赔付保险金10万元，每年家庭保障金1万元，共给付16年。

责任保险重大赔案

2008年，薛城客运公司一长途客车，在安徽蒙城发生造成乘客9人死亡、1人重伤恶性交通事故，人保枣庄分公司赔付208万元。

农业保险重大赔案

2013年4月4日，薛城倒春寒造成20个村303.6公顷小麦冻毁减产。泰山财险枣庄分公司赔付14.2万元。7月1日，薛城连降暴雨造成7个乡镇1282.67公顷玉米减产和绝收，泰山财险枣庄分公司赔付287万元。

安全生产事故类给付案

2011年7月6日，薛城区防备煤矿250米井下一台压风机突然着火，28人被困井下。太保人寿枣庄支公司迅速启动重大事件应急预案，开辟专项理赔绿色通道，在防备煤矿提出预付赔款申请1小时内预付保险金56万元。此次事故共向遇难人员受益人支付保险金112万元。

人身险重大疾病类给付案

2013年10月5日，新农合保户张某于2013年1月经诊断患肺癌。中国人寿薛城区支公司给付张某大病医疗救助补偿金5.8万元。

第十五编
经济管理

第一章　计划管理

第一节　管理机构

2002年3月,区计划委员会更名为区发展计划局,为区政府工作部门。2004年3月,设立薛城区重点项目办公室,隶属区发展计划局。2004年12月,区发展计划局更名为区发展和改革局(区经济体制改革办公室并入发展和改革局),为区政府工作部门。2010年12月,设立区发展和改革局(挂薛城区物价局牌子),区物价局并入区发展和改革局,为区政府工作部门。

第二节　计划编制

“八五”计划

1991年,编制第八个五年计划纲要。“八五”期间,提出六项主要任务和七项发展目标。六项任务:1. 调整经济结构,强化农业基础,培植主导产业,发展新兴产业,在提高经济整体素质的前提下,提前实现国民生产总值第二个翻番。2. 在提高经济效益的前提下,力争经济增长速度高于全市平均水平,人口自然增长率低于全市水平。3. 在严格控制固定资产投资规模的前提下,集中资金,实行倾斜政策,保证重点建设。4. 加强科技教育事业,推动技术进步,使全区科学技术水平和劳动者素质有明显提高。5. 妥善安置就业,切实保护耕地,加强环境保护,实现经济效益、生态效益和社会效益的统一。6. 在发展生产和提高经济效益的基础上,使人民生活水平达小康水平。

七项发展目标:1. 2000年国民生产总值达到21亿元,年递增12% ;1995年达到12亿元。2. 2000年国民收入达到16亿元,年递增11%;1995年达到9.5亿元。3. 2000年工农业总产值达到21.6亿元,年递增13.9%;1995年达到11.04亿元。农业总产值达到2.3亿元,年均递增5%;1995年达到1.8亿元。工业总产值达到19.3亿元,年递增15.8%,1995年达到9.24亿元;乡镇办工业产值达到7.65亿元,年递增15%,1995年达到3.8亿元;村及村以下工业产值达到9亿元,年递增17.4%,1995年达到4.02亿元。4. 2000年财政总收入达到7000万元,年递增8%;1995年达到4760万元。5. 2000年社会商品零售总额达到6亿元,年递增10%;1995年达到3.74亿元,出口商品供货总值达到2550万元,年递增12%;1995年达到1450万元。6. 2000年农民人均纯收入达到1000元,年递增3.8%,1995年达到850元。7. 全区基本普及九年制义务教育,高中在校人数1995年达到1528人,2000年达到2100人;初中在校人数1995年达到20082人,2000年达到20090人;适龄儿童入学率达到99.8%。严格控制人口增长,人口自然增长率平均每年控制在10%以内。

“九五”计划

1996年,编制第九个五年计划纲要。“九五”期间,提出的主要任务:在全面完成现代化建设第二步战略的基础上,到2000年,实现国民经济总产值比1995年翻一番,人民生活达到小康水平。围绕发展社会主义市场经济,加速转变经济增长方式,促进经济增长由粗放型向集约型转变,由资源型向技术开发型转变,调整优化产业结构和生产力布局,全面提高经济运行质量,力争经济和社会发展的整体素质跃居全市领先水平,为到2010年基本实现现代化奠定坚实的基础。

提出的五项发展目标:1. 经济总量,到2000年,国民经济总产值达到29亿元,年均增长15%;到2010年达到90亿元,比2000年增长3倍,年均增长12%。到2000年,一、二、三产业增加值分别达到4.7亿元、15.3亿元和9亿元,年均分别增长6%、16%和19%;地方财政收入2000年和2010年分别达到9380万元和34800万元,年均增长15%和14%。社会商品零售额2000年和2010年分别达到12.3亿元和54亿元,年均增长18%和15.7%。出口商品供货总值2000年和2010年分别达到5.8亿元和26亿元,年均增长22%和16%。工农业总产值2000年和2010年分别达到120亿元和416亿元,年均增长16.8%和13%,其中:农业总产值2000年和2010年分别达到7亿元和12亿元,年均增长6%和5%;工业总产值2000年和2010年分别达到113亿元和404亿元,年均增长18%和13.5%。全社会固定资产投资五年累计争取达到25亿元,投资率保持30%以内。外向型经济在较高的层次上实现新的突破,"九五"期间累计利用外资达到2亿美元。2. 结构调整,到2000年,三次产业比例调整为16∶53∶31,劳动力就业结构调整为38∶36∶26,城镇化水平达到45%;林牧渔业产值占农业总产值的比重达60%以上;轻重工业的比例调整为39∶61。到2010年,力争实现产业结构全面优化升级,三次产业比例调整为7∶48∶45,城镇化水平达到60%。3. 技术水平和效益,到2000年,科技进步对经济增长的贡献率达到50%以上,60%的工业经济技术指标达到90年代初的国际水平,主要产品按国际标准组织生产,产品销售率达到98%以上,工业资金利税率"九五"末提高五个百分点,流动资金年周转次数提高到2.5次,固定资产投资交付使用率达到80%以上,社会劳动生产率提高到1.9万元/人,到2010年,科技进步对经济增长的贡献率达到60%以上,成为推动经济发展的重要因素。4. 人民生活,到2000年,人民生活达到小康水平,人均国民生产总值达到8100元。城镇居民人均生活费收入达到6200元,农民人均收入达到3200元,扣除物价因素,年均分别增长12%和13.5%。城镇居民和农民人均住房面积分别达到15平方米和22平方米。人们的衣、食、住、用、行的数量和质量都有较大提高,平均期望寿命达到74岁。到2010年,人均国民生产总值达到26000元,平均期望寿命达到76岁。5. 社会事业,到2000年,城市普及高中教育,提前三年普及九年义务教育,大中专以上学历人口占总人口的比重提高到2%以上,到2010年提高到4%。人口自然增长率控制在6‰以内。广开就业门路,失业率控制在5%以内,建立起比较完善的社会保障体系,社会治安秩序较好,社会文明程度提高,各项社会事业全面发展。

"十五"计划

2001年,编制第十年五年计划纲要。"十五"期间,主要任务:以邓小平理论、江泽民"三个代表"重要思想和中共十五届五中全会精神为指导,以加快发展为主题,以结构调整为主线,以改革开放和科技进步为动力,以提高人民生活水平为根本出发点,进一步解放思想,大胆创新,放开搞活,围绕财政增长、农民增收、企业增效、实施六大战略(工业强区、城市带动、对外开放、民营经济发展、农业结构调整、科教兴区),做好三篇文章(交通枢纽、枣矿非煤产业、新城建设),强化四项保证(思想政治工作、经济环境保护、依法治区和党的领导),全面推进全区经济发展和社会进步,努力实现经济强区目标,推动人民生活由小康型向富裕型迈进,为基本实现现代化奠定坚实的基础。

主要发展目标:1. 经济总量。国内生产总值年均增长10%,到2005年达到36.9亿元,人均国内生产总值年均增长9%,达到7788元。第一、二、三产业增加值年均分别增长4%、10%和12.5%,分别达到4.82亿元、19.36亿元和12.65亿元。地方财政收入年均增长12%。2. 经济结构与效益。提高产业结构层次,三次产业占国内生产总值的比例调整为11∶49∶40,高新技术产业增加值占工业增加值比重达到18%;加快城乡结构和就业结构调整,城镇化水平达到50%以上,农业劳动者比重下降到40%。优化所有制结构,民营经济纳税额占全区税收总额的比重提高到40%以上。全员劳动生产率每年提高5%,工业产品平均产销率达到

98%以上。3. 投资和物价。全社会固定资产投资五年累计完成 25 亿元，年均增长 12%，投资率达 30%左右；社会消费品零售总额年均增长 10%，达到 14.4 亿元；物价涨幅年控制在 5%左右。4. 对外经贸。到 2005 年，进出口总额达到 6000 万美元，其中实现外贸出口创汇 1000 万美元。5 年累计实际利用外资 6000 万美元，利用区外资金 15 亿元。5. 人民生活。到 2005 年，农民人均纯收入达到 3679 元，城镇居民人均可支配收入达到 6680 元，年均分别增长 5%和 5%。城镇居民基本住上经济适用房，人均居住面积提高到 20 平方米，农村居住条件进一步改善。城市人均绿地面积达到 8 平方米。人们的营养状况、健康水平有较大提高，平均期望寿命达到 73 岁。6. 科技教育和社会事业。到 2005 年，科技进步对经济增长的贡献率达到 45%以上，小学适龄儿童入学率保持在 99%以上，城镇和有条件的农村基本普及高中阶段教育。全区农村普遍建立初级卫生医疗保健制度，平均每千人拥有医生数提高到 4 人。努力扩大就业，城镇登记失业率控制在 4%以内。7. 可持续发展。"十五"期间，全区人口自然增长率控制在 6‰以内；环境污染及其他生态破坏得到有效治理，工业"三废"实现达标排放，工业废水处理率提高到 95%，工业固体废物综合治理提高到 90%，工业废气处理率提高到 95%。努力提高水资源利用率，基本满足工农业生产和人民生活需要。8. 重点项目建设。根据国民经济发展的阶段性目标，依据需要和可能，力争"十五"期间投资增长速度略高于经济增长速度，总投资约 16 亿元。重点投向农业、支柱产业和优势产业，加快并适度超前发展交通、通信、信息化和城市基础设施，改善投资环境。重点建设项目为：华众纸业有限公司新上 40 万吨牛皮卡纸生产线，啤酒厂 15 万吨扩建工程，联兴玻璃有限公司扩建 20 万吨玻璃制品生产线，常庄造纸厂 8 万吨造纸生产线，潘庄电灌站配套工程，火车站站前综合开发工程，长江水厂 5 万吨建设工程，交通道路改造工程，实验高中建设项目，污水处理厂建设，垃圾处理厂建设，常庄民营园区建设，城区道路改造工程，光明路节水灌溉工程，大沙河治理工程，南常榴园综合开发，光明路、店韩路农业综合开发，铁道游击队纪念馆建设。

"十一五"规划

2006 年，编制第十一个五年规划纲要。"十一五"期间，提出总的发展任务和目标：坚持以邓小平理论和"三个代表"重要思想为指导，按照以人为本、科学发展观和五个统筹的要求，以结构调整、经济转型为主线，以体制创新、科技进步为动力，紧紧围绕"四个千方百计"（千方百计增加固定资产投入，千方百计增加农民收入，千方百计增加财政收入，千方百计扩大就业），加快实施五化一统筹（农业产业化、新型工业化、城乡一体化、服务业现代化、经济外向化、统筹发展社会事业），推动三大文明（物质文明、政治文明、精神文明）协调发展，建设富裕、文明、和谐的新薛城，力争到 2010 年全区综合经济实力全省位次前移，在全面建成小康社会的基础上，到 2020 年基本实现现代化。

计划本着科学合理、适度超前、积极稳妥、留有余地的原则，确定"十一五"经济社会发展的主要目标：1. 经济发展实现新跨越。按照市委、市政府提出的发展速度快于全省、发展水平领先山东省西部的要求，到"十一五"末，全区人均 GDP 超过全省平均水平，实现 GDP 总量、人均 GDP、财政收入和固定资产投资四个翻一番的目标，即 2010 年 GDP 达到 116 亿元，年均增长 17%；人均 GDP 达到 4000 美元；财政收入达到 7.6 亿元，年均增长 20%；全社会累计固定资产投资达到 198 亿元，年均增长 40%；社会消费品零售总额 34.2 亿元，年均增长 16%。2. 结构调整取得新突破。三次产业结构比例调整为 7∶55∶38，高新技术产业产值占规模以上工业产值的比重达到 21%以上，万元生产总值综合能耗每年降低 2.5%，经济外向度达到 8%以上，民营经济占全区经济总量的比重提高到 60%以上。3. 各项改革实现新发展。加快企业产权制度改革，公有资本从竞争性领域全面退出，企业真正成为市场竞争的主体;加快事业单位改革,实现政事分开,建立起充满生机与活力的运行机制;加快行政管理体制改革,把政府的工作重点转移到经济调节、社会管理、市场监督和公共服务上来;推进投融资体制改革,实现投资主体多元化;深化完善财政体制改革,实行乡财县管;深化农村改革,促进农业经济持续稳定发展。4. 对外开放再上新水平。"十一五"期间,累计完成进出口总额达到1亿美元,实际利用境外资金1亿美元,引进区外资金累计达到140亿元。5. 城市建设树立新形象。完善基础设施,健全城市功能,改善人居环境,建设生态、园林城市,镇驻地建设得到加强,形成合理的城镇布局,加快建设社会主义新农村。6. 社会事业开创新局面。科技进步对经济增长的贡献率不断提高,科研经费占GDP比重达到2%;义务教育巩固率达100%,高中阶段教育入学率达90%以上,人均预期受教育年限达到12年;城乡文化、体育设施完备,文化、体育、旅游产业初具规模,居民平均期望寿命达到75岁;人口出生性别比趋向平衡,人口自然增长率控制在6‰以内。7. 人民群众得到更多实惠。城镇居民人均可支配收入达14300元,年均增长9%,农民人均纯收入达到5960元,年均增长7%;城镇人均居住面积29平方米;农村人均住房面积32平方米;进一步健全保障制度,城镇职工养老、医疗、失业、工伤、生育保险和城乡居民生活最低保障实现全覆盖,农村新型合作医疗覆盖面达到90%以上;城镇登记失业率控制在4%以下。

"十二五"规划

2011年,编制第十二个规划纲要。"十二五"期间,提出总的发展任务和目标:围绕"建设市驻地,打造新薛城"的目标,坚持以邓小平理论和"三个代表"重要思想为指导,深入贯彻落实科学发展观,以转方式调结构为主线,以招商引资和重点项目建设为抓手,以建设"四新"(城市新门户、物流新枢纽、制造业新基地、煤化工新园区)为目标,突出"三大重点"(工业振兴、城市建设、服务业发展),抓好"五个关键"(信访稳定、安全生产、计划生育、节能环保、廉政建设),坚持"四个注重"(城乡统筹、改善民生、优化环境、队伍建设),努力建设富裕文明、生态宜居、充满活力、平安和谐的新薛城。

提出的主要目标:1. 经济总量实现新跨越。国内生产总值年均增长14%以上,达到190亿元。地方级财政收入年均增长19.5%以上,达到11亿元。全社会固定资产投资年均增长22%以上,达到248亿元。城镇居民人均可支配收入和农民人均纯收入年均分别增长12%、10%,达到31070元、11758元。社会消费品零售总额年均增长17%,达到93亿元。万元GDP能耗年均下降3%,主要污染物化学需氧量(化学需氧量)、氨氮(NH3-N)、二氧化硫(SO_2)、氮氧化物(NOx)排放总量分别完成省、市下达的控制目标。2. 产业结构调整取得新突破。"十二五"期间,特别是前三年,继续保持经济快速发展的良好势头,在实现量的积累到质的跨越的同时,服务业增加值占GDP的比重每年提高2个百分点;高新技术产业产值占规模以上工业总产值的比重每年提高2个百分点。到"十二五"末,全区三次产业比调整到8∶52∶40。3. 对外开放再上新水平。"十二五"期间,累计完成进出口总额2亿美元,实际利用境外资金1.6亿美元,引进区外资金160亿元。4. 城市建设树立新形象。完善各项规划,先进的建设理念得到充分落实。基础设施更加完善,城市更加生态宜居,"一山城中秀,五河绕城流"的城市生态景观全面形成。镇驻地建设得到加强,新型农村社区建设全面铺开。到"十二五"末,城市化水平达到60%。5. 生态文明建设成效凸显。到"十二五"末,全区森林覆盖率达到40%,城区绿化覆盖率达到40%以上,固体废弃物(垃圾)处理率达到100%,城镇污水集中处理率达到85%以上,主要污染物减排量达到国家规定标准。6. 社会事业全面协调发展。各项社会事业全面发展,社会保障水平明显提高。科技投入力度不断加大,全社会科技经费投入占GDP的比重达到 1.5%以上;义务教育巩固率达到 100%,高中阶段教育入学率达到 80%以上,人均预期受教育年限达到 14 年;城乡文化、体育设施健全,居民平均寿命达到 76 岁;人口出生性别比趋于平衡,人口自然增长率控制在 7‰以内,出生人口性别比控制在 115~116 之间。7. 居民生活水平进一步提高。城镇人均住宅面积达到 35 平方米,农村人均住房面积达到 38 平方米;社会保障体系更加健全,城镇职工养老、医疗、失业、工伤、生育保险和城乡居民最低生活保障实现全覆盖,新农合参合率保持在 99%以上;城镇就业更加充分,城镇登记失业率控制在 3%以内。

第三节　计划实施

“八五”计划实施

“八五”期间,是全区人民解放思想,锐意改革,扩大开放,促进发展,全区经济和社会发展事业实力增长迅速的五年。在这五年中,全区各条战线认真贯彻邓小平同志重要谈话和中共十四大精神,坚持以经济建设为中心,坚持两个文明一起抓,按照“强化基础,突出主导,启动两翼,大办三产,科教兴薛”的发展思路和奋斗目标,改革开放取得重大进展,生产力水平跨上一个大台阶,国民经济持续、快速、健康发展,各项社会事业生机勃勃。人民生活水平大幅度提高,全区综合经济实力和社会面貌发生深刻的历史性变化。

1. 国民经济持续快速发展。1995 年国民生产总值达到 14.5 亿元,按可比价格计算,比 1990 年增长 3 倍,年均增长 24.8%,提前 8 年实现第二个翻番。一、二、三产业增加值分别达到 3.5 亿元、7.2 亿元和 3.8 亿元,年均分别增长 13%、30%和 30.5%。人均国民生产总值达到 3450 元,年均增长 13.8%。地方财政收入达到 4664 元,年均增长 17%;1995 年全区工农业总产值达到 55.3 亿元,按可比价格计算比 1990 年增长 5.95 倍,年均增长 42%。2. 结构调整取得较大进展。第一产业稳定发展,第二产业快速增长,第三产业比重明显提高。三次产业的比例由 1990 年的 30∶50∶19,调整到 21∶51∶28。农村经济结构突破以种植业为主的传统模式,开始向多元化的现代农业结构转变,林、牧、渔业产值占农业产值的比重由 1990 年的 41% 提高到 48%。工业结构调整取得一定成效,传统产业得到改造,支柱产业不断强化,一些新兴产业和技术含量高的产业已经起步,整个经济向结构优化和合理化演进,经济效益不断提高。1995 年全区乡及乡以上独立核算工业企业实现利税 2.6 亿元,比 1990 年增长 8 倍,全社会劳动生产率达到 10500 元/人,年均递增 23.5%。3. 农村经济全面发展。“八五”期间全区上下始终把农业放在突出位置,不断增加对农业的投入,使全区农村面貌发生深刻变化。在稳定粮棉油生产的前提下,积极调整农业内部结构,努力增加农民收入,大力发展高产、优质、高效农业,加快农业经济向专业化、商品化、社会化发展的步伐。1995 年全区农业总产值达到 5.3 亿元,比 1990 年增长 1.8 倍,年均增长 12.8%。农业经济总收入达到 35 亿元,比 1990 年增长 6 倍,农业生产能力显著提高,农产品产量大幅度增长,1995 年粮食总产达到 22.23 万吨,棉花总产量达到 1600 吨,油料总产量达到 1.5 万吨,“八五”期间,肉类总产量达到 2.15 万吨,蛋类总产量到 9750 吨,分别比 1990 年增长 2 倍和 2.3 倍,奶类总产量达到 1900 吨。乡镇企业蓬勃发展,已成为全区壮大农村经济,增加农民收入的一条有效途径。1995 年乡镇工业总产值完成 43.5 亿元,比 1990 年增长 8.9 倍,年均递增 54.7%,占全区工业总产值的 88%。农业生产条件有较大改善,“八五”期间投入 1.8 亿元,大搞农业综合开发,完成潘庄电灌站等各类建设项目 6500 项。扩大农田灌溉面积 26666.67 公顷,完善农田灌溉面积 7333.33 公顷,开发复垦土地面积 333.33 公顷。4. 工业经济快速增长。“八五”期间全区工业经过增加投入,加强管理,使速度和效益同步增长,已形成门类齐全,结构比较合理,具有一定规模和地方特色的工业体系。工业企业总数由1990年的3863个发展到1995年的4920个,已初步形成板纸、煤炭、水泥、电力、钢铁、啤酒、玻璃、塑料、化工、机械电器十大支柱产业,主导产业和高新技术产业已初步开始起步,整个工业经济不断向结构合理化迈进。1995年工业总产值达到50亿元,比1990年增长7.6倍,平均年均递增49.9%,其中区直工业产值达到6.6亿元,比1990年增长8.5倍,平均每年递增53.5%。"八五"期间,新增主要生产能力有发电装机容量1.2万千瓦,原煤开采148万吨,原煤入洗100万吨,水泥100万吨,机制纸7万吨,轧钢5万吨,啤酒7万吨,日用玻璃10万吨。企业的装备状况和技术水平显著提高,企业市场竞争能力和发展后劲进一步增强。5. 重点建设成效显著。"八五"期间,全区固定资产投资累计完成16亿元,建成一批大中型各类骨干项目。其中,工业项目建设累计完成9亿元,完成新建、扩建技改项目280个,基础设施建设累计完成投资2.8亿元,完成各类项目168个,使城区面貌发生历史性的变化。全区日供水能力达到1万吨,实现全日连续供水,城区管道煤气日供气能力达到500立方米。城区建设坚持新建、扩建与旧城改造相结合,兴建一大批商业网点和公共设施,共累计完成小区开发45万平方米,新增综合商业网点15.8万平方米,新建各类批发市场16处,临山公园、沿河公园建设已初具规模。交通、邮电事业发展迅速,城乡公路交通历程已增加到203公里,公路密度每百平方公里达70公里,实现历史性突破,长途电话、电路增加到300路,电话交换机容量达到1.7万门。环境污染得到有效治理,环境质量得到明显改善。6. 人民生活水平显著提高。1995年农民人均纯收入达到1720元,城镇居民人均生活费收入达到3500元,分别比1990年增加1033元和1600元。城乡人民居住条件明显改善,人均居住面积分别达到11.5平方米和20.8平方米。城镇每百户居民拥有电视机109台,洗衣机96台,电冰箱63台,农村每百户居民拥有电视机78台,洗衣机8台。过去5年,是全区人民得到实惠最多,生活水平提高最快的时期。7. 科技教育和其他事业取得长足的发展。"八五"期间,全区取得重要科技成果55项,其中工业成果30项,农业成果20项,软科学成果5项,有45项达到国内省内先进水平,科技进步对经济增长的贡献率达到40%以上,成为推动经济增长的重要动力。教育事业,努力改善办学条件,大力发展基础教育,使教育事业的发展有新的突破,城乡中小学校舍有根本性改观,八中新校迁建工程完成。全区中小学实现"六配套",小学"四率"达到省级标准、小学毕业升初中率达到98%。计划生育工作成绩显著,人口自然增长率由1990年的7.6‰下降到6‰以下。广播电视、文化艺术、卫生体育等各项社会事业都得到较快的发展。完成铁道游击队纪念碑、电视转播塔重点项目工程。8. 对外开放的格局和层次不断提高,1995年全区出口商品供货总值达到2.15亿元,比1990年增长26倍,平均每年增长92%,5年间累计批准外商投资项目24个,实际利用外资达1450万美元。引进资金、设备、技术,嫁接改造老企业成为优化产业、产品结构的重要组成部分,涉外领域和范围迅速扩大,已同世界上16个国家和地区建立经贸关系。9. 各项改革取得重大进展。从农村到城市,从微观到宏观,从经济领域到社会事业,改革全面展开,逐步深化。农村改革普遍推行家庭联产承包责任制和统分结合的双层经营体制,极大地调动农民的积极性。城市改革。企业通过转换经营机制,推行股份制企业,对市场的应变能力明显增强,已经成为具有较强活力、自主经营、相对独立的经济体制。与企业改革相配套的财税、金融、外贸、价格、投资和社会保障制度等各项改革相继出台实施,多种经济成分全面发展,社会主义市场经济体制已成雏形,经济的市场化进度不断加强,市场对优化资源配置的基础性作用大大增强。10. 坚持"两手抓,两手硬",为经济和社会发展创造良好的环境。正确处理改革、发展、稳定的关系,实现三者的统一。坚持一手抓改革开放,一手抓打击犯罪;一手抓经济建设,一手抓民主法制;一手抓物质文明,一手抓精神文明。不断巩固和发展安定团结的政治局面,以发展保稳定,以稳定促发展。

"九五"计划实施

"九五"期间,全区在中共十五大和十五届三中、四中全会精神的指引下,以党的基本理论、基本路线和基本方针为指导,坚持以经济建设为中心,全面推进改革开放,加快结构调整步伐,正确处理改革、发展和稳定的关系,团结实干,开拓进取,国民经济保持稳定增长,各项社会事业全面发展。

1. 国民经济持续稳定增长。2000年,全区国内生产总值达到22.91亿元,按可比价计算比1995年年均增长11.41%,其中第一、二、三产业分别达到3.98亿元、12.17亿元和6.76亿元,年均分别增长6.2%、12.7%和11.9%。人均国内生产总值达到5062元,年均增长9.9%。全区地方级财政收入达到1.44亿元,年均增长24%。全区各类存款余额达到19.4亿元,年均增长0.7%;各类贷款余额24.5亿元,年均增长17.5%;城乡居民储蓄余额达到14.6亿元,年均增长19.9%;保险类各项收入达到2500万元,年均增长24.8%。2. 结构调整取得明显进展。三次产业的比例,由1995年的25.8∶49.5∶24.7调整为2000年的17.4∶53.1∶29.5。农业结构调整大见成效,经济作物面积扩大,畜牧养殖业实现大的突破,粮食生产保持稳定,农业产业化向前推进。粮经比例由1995年的79.3∶20.7调整到2000年的70.7∶29.5。工业结构调整步伐加快,轻重工业比例由1995年的39∶61调整为2000年的48∶52。支柱产业优势更加明显,一些新兴产业正在形成,第三产业占国内生产总值的比重不断提高,商品物资流通、交通运输等传统产业稳步发展,信息、通讯、金融、房地产业发展迅猛。2000年全区社会消费品零售总额达到8.96亿元,年均增长9.7%。非公有制经济发展较快,2000年个体工商户发展到14060户,是1995年的3.5倍,民营经济注册资金和纳税额分别达到9578万元和1741万元。3. 农业基础地位得到加强。2000年全区农业增加值达到3.98亿元,年均增长6.2%。农林牧渔总产值比例为53.4∶1.9∶43.7∶1.0。农业内部结构进一步优化。粮食产量稳定在21万吨左右,油料总产量1.7万吨,水果总产量0.64万吨,年均分别增长5.76%和16.8%,瓜、菜生产继续增加,总产量达到17.5万吨,年均增长11.4%。生猪存栏量、长毛兔饲养量和大牲畜存栏量分别达到10.7万头、153万只和2.14万头,肉、蛋、奶总产量分别达到17900万吨、11300吨和420吨。5年间,共完成造林合格面积1.53万亩,完成各类水利工程4851项,完成投资1.1亿元。潘庄灌区配套工程、黄淮海农业综合开发、二期世行贷款开发工程、农业科技示范园等一批重点农业项目的建设,使农业生产条件得到进一步改善。4. 工业生产稳定增长。"九五"期间,全区工业经济通过实施规模带动战略,狠抓骨干企业的规模扩张,重点培植造纸、啤酒、玻璃三大支柱产业,加大对中小企业的扶持力度,逐步形成结构比较合理、具有一定规模和地方特色的工业体系。五年间,累计完成工业项目投资11.8亿元,建成投产项目23个。开发工业新产品320种,其中12种达到国际先进水平,19种填补国内、省内空白,44种被评为省优市优产品。主导工业产品的产量大为增加,新增主要年生产能力有:发电装机容量3.6万千瓦,水泥33.2万吨,板纸15万吨,啤酒5万吨,玻璃制品(液)12.26万吨。工业运行质量和效益明显提高,2000年限额以上工业增加值达到8.4亿元,年均增长12%;工业利税达到2.55亿元,年均增长7.3%。5. 重点建设成效显著。"九五"期间,全社会固定资产投资累计完成26.5亿元,确定的重点项目建设,大部分按期完成,特别是一大批符合国家产业政策的基础产业和基础项目建成投产,为经济的持续快速健康发展提供有力的支撑,进一步增强经济发展的后劲。各项城市公用基础设施建设取得明显成效。五年间,共完成小城镇开发面积50万平方米,城区开发面积70万平方米。城乡电网改造基本完成,新扩建

110千伏、220千伏变电站3座；区驻地供水能力达到3万吨/日，日供气能力达到1万立方米，气化率达到80%。京福高速公路薛城段完成投资2亿元，新修店韩路、南外环路、华众大桥、长江路；改造永福路、临山路和永兴路。全区公路通车里程达到760公里。新增固定电话用户3.86万户，移动电话新增1.2万户。6. 国内贸易和外向型经济有了新的发展。2000年全区社会消费品零售总额达到8.96亿元，年均增长9.7%，商品零售价格指数和居民消费价格指数由1995年的115%和114.7%调控到2000年的100%和102%。积极实施外向带动战略，外贸出口稳定增长，五年间，全区实现外贸出口3569万美元，实际利用外资6769万美元，分别是"八五"期间的3.37倍和6.6倍。7. 人民生活水平不断提高。到2000年，农民人均纯收入达到2883元，城镇居民人均可支配收入达到5234元，比1995年年均分别增长10.9%和6.6%。人们的衣食住行开始向多元化、中高档化发展。城市和农村居民人均居住面积扩大，分别达到16.5平方米和25平方米。城镇每百户居民拥有彩电103台，洗衣机96台，电冰箱79台；农村每百户居民拥有彩电37台，洗衣机29台。8. 各项社会事业不断发展。科技和教育事业在改革中继续前进。五年间全区共取得重要科技成果52项，科技成果向现实生产力的转化加快，成为推动经济增长的主要动力，科技进步对经济增长的贡献率达到41%以上。普及九年义务教育取得明显成效，素质教育稳步推进，教育投资增长较快，先后投资6800多万元新建改建校舍17万平方米，新建体育中学、舜耕中学和临山小学。教育质量明显提高，五年间高考本科录取878人。计划生育工作全面落实三为主，积极推行三结合，严格落实人口目标管理责任制，全面完成人口控制目标。

"十五"计划实施

"十五"期间，全区坚持以邓小平理论和"三个代表"重要思想为指导，认真贯彻中共十六大、十六届三中、四中全会精神，牢牢把握发展这个第一要务，解放思想，大胆创新，开拓进取，干事创业，克服经济社会生活中诸多深层次矛盾和困难，国民经济和各项社会事业取得显著成就，提前一年完成"十五"计划确定的任务目标。

1. 国民经济持续增长，综合实力明显增强。"十五"末，全区完成生产总值52.98亿元，年均增长19.1%。其中，一、二、三产业增加值分别达到5.34亿元、34.13亿元、13.51亿元，年均增长6.1%、22.9%和14.9%；人均GDP达到14500元，年均增长23.7%；地方财政收入达到2.85亿元，年均增长14.6%。三次产业比由2000年的17.4∶53.1∶29.5调整到10∶64∶26。2. 固定资产投资快速增长，重点项目建设成效显著。"十五"期间，全社会固定资产投资累计完成86.6亿元，年均增长70.5%。重点工程项目建设成效显著，技术改造明显加快。"十五"期间，投资建设过千万元的项目128个，其中过亿元的项目56个。济正保健品、贝莱得空调、锦辉铸钢、华众纸业扩建、海化甲醇、顺兴水泥、金正钢铁、枣庄港口、污水处理、高速镦锻、枣庄站改造、德容纸业、润滑油脂、高晟产业园、城乡电网改造、山官线、郯薛线、光明大道、枣曹线、枣庄八中南校等一大批重点项目建设进展顺利，已经按时或预期完成。薛城经济开发区和张范经济园区累计完成固定资产投资25.6亿元，入园企业达到123家，投产87家，集约效应初步显现。3. 基础设施建设步伐加快，城乡面貌变化巨大。不断加强城区基础设施建设力度，拉开以中心城区建设为重点，组团式发展的城市框架，城区面积达到16平方公里。5年间，累计投资5亿元，修建改造城区道路12条（郯薛线、山官线、枣曹线、甘陈路、嵩山路、泰山路、永福路、临山路、永兴路、光明西路、天山路、长江路），新建公路大桥4座（永福南路大桥、黄河路大桥、泰山北路大桥、嵩山路大桥），建设供排水设施2处（污水处理厂、长江水厂一期工程），配套完善公园2处（铁道游击队纪念园、沿河公园），完成村村通油路361公里。开工建设"一港两站"，开发商住房66万平方米，新增绿地26.5万平方米，市容市貌明显改观。供电、供水、供气、供暖能力明显增强，城镇公用设施和环境质量明显改善。城乡一体化步伐加快，陶庄、张范、邹坞、周营等镇驻地建设取得新进展，陶庄镇被国家确定为小城镇建设示范镇。生态区建设全面启动，完成文明生态村规划建设18个。4. 改革开放进一步深化，市场经济框架逐步确定。大力推进企业产权制度改革，全区95%的国有及集体企业完成改制，发展活力和后劲明显增强。所有制结构调整迈出实质性步伐，民营经济已成为支撑薛城经济的重要力量，个体工商户和民营企业分别达到7837户和1163家，2005年民营经济纳税额达到1.7亿元，年均增长18%。社会保障、劳动人事、财税金融等配套改革同步推进，市场在资源配置中的基础性作用日益增强。全区开放意识进一步提高，全方位宽领域的对外开放格局初步形成。"十五"期间，共引进区外资金75亿元，其中，境外资金3050万美元，进出口总额达到9980万美元。5. 城乡居民收入不断增加，人民生活水平明显提高。2005年，农民人均纯收入达到4451元，城镇居民人均可支配收入达到9396元，年均分别增长9%和12.5%。居民消费水平不断提高，2005年社会消费品零售总额达到16.3亿元，年均增长12.7%。城乡居民储蓄存款达到38.36亿元，各级金融机构存款余额达到62.26亿元，比2000年分别增加21.76亿元、42.86亿元。就业和再就业工作得到加强，社会保障体系逐步完善。深入开展扶贫济困活动，较好地保障困难群众的生活。6. 社会事业和谐发展，精神文明建设成效明显。科技工作不断加强，5年间共取得重要科技成果105项，科技进步对经济增长的贡献率不断提高。教育事业快速发展，九年义务教育取得明显成效。加大教育投资，新建八中南校、双语实小，扩建八中北校、五中、四中、二十九中，教育教学质量明显提高。五年间高考本科录取4421人。计划生育工作水平稳步提高，严格落实人口目标管理责任制，全面完成人口控制目标。土地矿产资源和环境保护得到加强，生态环境明显改善。"平安薛城"建设扎实推进，社会治安综合治理得到加强，安全生产工作扎实有效，全区呈现出社会稳定、政治安定、人民安居乐业的局面。

"十一五"规划实施

"十一五"期间，全区坚持以邓小平理论和"三个代表"重要思想为指导，认真贯彻落实科学发展观，全区经济社会呈现出稳中趋快、蓬勃向上的良好态势，为"十二五"打下坚实基础。

1. 国民经济持续增长，综合实力显著提升。"十一五"末，全区完成生产总值98.93亿元，年均增长12.8%，其中，一、二、三产业增加值达到9.8亿元、61.83亿元、27.3亿元，年均分别增长12.7%、12.1%和14.3%；人均GDP达到27104元，年均增长11.6%；地方财政收入达到4.12亿元，年均增长9.97%；全社会固定资产投资完成297.2亿元，年均增长16.4%；城镇居民人均可支配收入达到17216元，农民人均纯收入达到7237元，年均分别增长10.2%和11.7%。2. 产业结构不断优化，经济发展方式明显转变。"十一五"期间，全区投资建设过千万元项目437个，其中过亿元的项目70个，壮大经济总量，带动产业结构优化升级。三次产业比由2005年的10∶64∶26调整到11∶61.8∶27.2。工业经济实现规模和效益双提高。规模以上工业增加值达80.8亿元，比2005年增长114.26%，规模以上工业占全部工业的比重由2005年的87.95%上升到96.7%；高新技术产业产值达到57.7亿元，占规模以上工业的22.86%，比2005年提高10.37个百分点。万元GDP能耗下降23%，化学需氧量、二氧化硫排放总量分别削减6880.2吨和4400吨。造纸、煤炭、煤化工、机械制造、玻璃、轻工食品等支柱产业进一步壮大。服务业发展实现重大突破。规划建设"四大旅游板块"，其中中华车祖苑一期部分景点已对外开放，民国影视文化城成为江北最大的民国影视文化基地，蟠龙河湿地公园被评为国家级湿地公园。奚仲文化得到有效挖掘、开发，举办3次研讨会，出版发行《奚仲文化系列丛书》,联合拍摄《车神奚仲》等系列影视剧。规划建设杨峪体育公园,举办5场国家级车赛,薛城荣膺全国赛车新兴城市。建设铁水联运物流区和张范高端物流区,引进建设钢材市场、银海药业物流等7家物流企业,发展汽车4S店12家,“物流新枢纽”建设开始破题。引进建设一批大型超市、品牌连锁店和金融担保企业,全区限额以上商贸企业达到178家,社会消费品零售总额达到42.2亿元、年均增长17.9%。农业经济实现平稳健康发展。粮食生产连续5年实现丰产丰收,全区蔬菜、林果等特色农业种植面积达到15466.67公顷;农业龙头企业达到58家、农民合作经济组织118个;各项农业改革顺利推进,支农惠农政策全面落实,农业发展活力进一步增强;改造中低产田5000公顷,农业生产条件进一步改善。3. 城市建设步伐加快,城乡面貌焕然一新。以建设鲁南门户城市为目标,全面加快城市建设步伐,推进城乡统筹发展,城乡面貌明显改善。坚持规划先行,编制新一轮城市发展总体规划、部分控制性详规,为城乡建设提供遵循和依据。强力推进城南新区开发,完成4个城中村改造,实施“五纵六横”路网建设,建设安置小区59万平方米、高档商住小区76.4万平方米,配套建设奚仲市民健身园,实施小庄河景观改造,形成12平方公里新区框架。大规模改造旧城,顺利完成燕山路、火车站等4处、69.7万平方米棚户区拆迁。投资1.17亿元,完成所有背街小巷改造,配套完善供排水管网110公里;投资1亿多元,对城区进行大规模绿化,城市绿化率由19%提高到36.8%。5年累计完成城市建设投资61.9亿元,城市建成区面积由“十五”末的13平方公里扩大到27.5平方公里,城市人口由11万人增加到18.5万人。小城镇集聚效应进一步显现,完成镇驻地商住房开发42万平方米;新农村建设扎实推进,创建文明生态村31个,转化经济薄弱村22个,培植市级新农村建设示范村21个,建设农村社区9个,完成农房建设、危房改造133万平方米,基本实现村村通油路、通客车、通自来水、通有线电视,群众生产生活条件明显改善。4. 改革开放不断深入,发展活力明显增强。“十一五”期间,政府机构改革深入实施,社会保障、劳动人事、财税金融、医疗卫生、文化体制等配套改革同步推进,市场在资源配置中的基础性作用日益增强。对外开放意识进一步提高,全方位、宽领域的对外开放格局初步形成,共引进利用区外资金135.4亿元,其中境外资金11029万美元,完成进出口总额11210万美元。所有制结构调整迈出实质性步伐,民营经济单位总数发展到1.01万户,纳税额年均增长20%,达到4.8亿元,民营经济已成为支撑薛城经济的重要力量。5. 社会事业全面发展,人民生活不断改善。教育资源实现有效整合,教育教学质量明显提高,高考主要指标连续多年保持全市领先。新型农村合作医疗参合率达到99.6%,城镇居民医疗保险参保率达到95%,建设镇村标准化卫生院(室)144所。计划生育工作有效

奚仲健身园

扭转被动局面，全面完成人口控制目标，人口自然增长率稳控在6.5‰以内。科技创新能力进一步增强，五年间共取得科技成果135项，被评为全国科技富民强县专项行动试点区。民族宗教、妇女儿童、青少年、民兵预备役等各项社会事业都取得新成绩。严格资源保护利用，坚决打击各类违法盗采矿产资源行为，坚守基本农田红线；水污染防治彻底扭转被动局面，关停高耗能、高污染企业268家，立窑水泥完全退出，工业项目退城进园，生态环境明显改善，森林覆盖率由2005年的26.6%提高到34.2%。城镇累计新增就业再就业4.7万人，城镇登记失业率控制在3.2%以内。完善企业基本养老金正常调节机制，新型农村养老保险试点扎实推进，城市低保标准由2005年的每人每月143元提高到220元，农村低保标准由2005年的每人每年600元提高到1200元，城乡一体保障网络逐步健全。先后5次提高机关事业单位人员工资和津贴补贴标准，区、镇人均月增资1230元、1320元，发展成果较好地惠及广大干部职工。6. 发展环境逐步改善，社会更加稳定和谐。民主法治建设深入推进，普法工作扎实开展，依法行政水平不断提高。大力推进精神文明建设，公民思想道德建设工程深入实施，未成年人思想道德建设得到加强，公民素质不断提高。“平安薛城”创建逐步深化，社会治安综合治理不断加强，化解企业改制、城市拆迁等一大批历史遗留信访问题，妥善处置“5·20”火灾、煤矿透水等安全事故，全区呈现出政治安定、社会稳定、人民安居乐业的好局面。

“十二五”规划实施

“十二五”时期，面对严峻复杂的经济形势和艰巨繁重的改革发展稳定任务，全区经济社会发展取得重大成就，顺利完成“十二五”发展的主要目标任务，为“十三五”发展奠定良好的基础。

1. 综合实力稳步提升，经济社会跨越发展。2015年全区生产总值可达到296亿元，是2010年的3倍，年均增长10.6%；财政收入达到16.09亿元，是2010年的2.3倍，年均增长14.8%；纳税过百万元和千万元企业分别达到112家、14家，比2010年增加71家、4家；五年累计完成固定资产投资885.2亿元，是“十一五”时期的3.15倍，年均增长21.1%；全区城镇居民和农村居民人均可支配收入分别达到2.4万元、1.2万元，年均增长11.6%、12.9%。连续6次获得全市科学发展现场观摩会第二名的好成绩，在全省县域经济综合实力排名由105位前移至74位。2. 发展质量不断提高，城市转型成效明显。把产业转型作为城市转型的关键，坚定不移地转方式、调结构，发展质量效益同步提升，城市转型步入新阶段。三次产业比由11∶61.9∶27.1调整为4.7∶57.5∶37.8。工业转型步伐加快。大力淘汰落后产能，全面退出水泥产业、采石行业，完成薛焦搬迁，关停30万吨以下小煤矿，基本摆脱对煤炭资源的依赖。培植壮大煤化工产业，加强与日本JFE、韩国OCI、潍焦集团、枣矿集团战略合作，培植薛城能源、热电多联产两大循环经济百亿产业园，累计发展煤化工企业18家。技改提升传统产业，累计实施技改项目231个，完成投资244亿元，造纸、啤酒、玻璃产业逆势扩张，产能分别提升到70万吨、21000万升、22万吨，全区规模以上工业企业发展到136家。现代服务业量质同升。“十二五”累计完成服务业投资518.52亿元、占固定资产投资的58.6%，三产占比较2010年提高10.7个百分点，“四个中心”建设卓有成效。生产性服务业方面，建设铁水联运物流园、邹坞铁路物流中心，建成运营万洲·浙商城、天衢物流港等一批项目，引进枣庄铁路物流园等项目，全区物流企业发展到130家、专业市场达到14处，区域性物流枢纽正在形成；全区总部型企业发展到186家，电商平台和电商业户分别达到10个、1200家，电子商务、总部经济、楼宇经济等业态蓬勃发展。生活性服务业方面，燕山路、舜天国际、西姚邻里中心等商圈片区建成运营，瀚景名座、嘉吉大厦等高端楼宇投入使用，枣庄万达广场、银座商城鲁南旗舰店等正加快建设，累计发展品牌名店418家、限额以上商贸企业191家，初步打造区域性休闲购物中心。现代农业稳步发展。国家农村改革试验区建设深入推进,农业生产基础更加坚实,强农惠农政策全面落实,农业产业化水平显著提升。3. 城市建设步伐加快,城乡面貌焕然一新。把建设现代化市驻地作为应有担当,积极作为,强势推进,大规模实施城市开发改造,全面拉开130平方公里的城市发展框架。抢抓历史性机遇,实施火车站、新华街等32处棚户区和城中村改造,完成征收3.92万套、619.7万平方米,带动市场开发602万平方米,拆迁老城区的51%,建成12平方公里的城南新区;顺利完成"三区合一",承接新城建设管理重任和高新区教育、卫生、社保等社会事务,城市建成区面积由14.2平方公里扩大到54.1平方公里。借助拆迁改造,下大力气弥补历史欠账,提升城市功能和品位,累计完成基础设施投资24.8亿元,修建城市道路24条、158公里,铺设热力、水电管线248公里,城区绿化率由2010年的36.8%提高到41%,城市面貌实现翻天覆地的变化。同时,围绕中心城区建设,明确各镇街功能定位,推进全域城镇化,扎实开展美丽乡村建设,城乡环卫一体化实现全覆盖,农村面貌焕然一新。4. 改革创新深入推进,发展动力显著增强。重点改革不断深化。稳步实施新一轮政府机构改革,理顺食品药品、工商质监、卫生计生等部门管理体制。大力推进简政放权,精简行政权力幅度达41.2%。实施工商改革实验区建设,市场主体由2010年的1.65万户发展到2.87万户。深化财税体制改革,建立全口径财政预算体系,全面实施国库集中支付,依法推行社会综合治税,财政管理更加科学规范。加快金融体系建设,引进济宁银行、交通银行等金融机构3家、发展保险证券、小额担保、互联网金融等机构10家。创新能力持续增强。坚持大众创业、万众创新,全区规模以上企业均建立技术研发中心,建立院(博)士工作站、工程技术研究中心等科技创新平台24家,实施市级以上科技项目56项,获得山东名牌产品13个、著名商标6个、市长质量奖6个。建设创业孵化基地5处,成立枣庄创业大学薛城分院,建设孵化器2.0科技创新产业公园,SOHO珠江大学生创业园被评为省级大学生创业示范园区。重点项目扎实推进。坚持项目带动战略不动摇,创新实施产业招商,引进韩国OCI、日本JFE、大连万达等国内外上市企业,累计利用区外资金362亿元,境外资金9438万美元。"十二五"期间,全区累计完成投资829.7亿元,建设各类重点项目379个,分别较"十一五"期间增加639.4亿元、175个,为转型发展提供有力支撑。5. 社会事业全面进步,幸福指数不断提升。始终将民生保障作为工作的出发点和落脚点,财政每年民生支出比重保持在75%以上,滚动实施惠民实事70项,入学、就医、社保等事关群众切身利益的难题得到较好解决。社会事业快速发展。整合优化城乡教育资源,新改扩建校舍44所、7.8万平方米,严格实行划片招生,"大班额、入学难"得到有效化解,区职业中专成功创建国家改革发展示范校,高考万人比连续9年全市领先。在全市率先实施县级公立医院改革,完善区镇村三级医疗体系,加强公共卫生与疾病预防,强化卫生计生管理服务,严格食品药品监管,群众健康水平不断提高。扎实推进精神文明创建,开展邻里文化节、全民健身运动会等系列群众文体活动,公民道德素质和社会文明程度有新的提升。人民生活持续改善。健全就业服务体系,新增城镇就业2.1万人,转移农村劳动力3.5万人,城镇登记失业率控制在1.9%以内。5年6次调整机关事业单位津贴补贴和基本工资标准,兑现乡镇工作人员基层津贴补贴,人均月增资2379元,工资水平与市直保持一致。居民基本医疗保险、基本养老保险实现全覆盖,城乡低保标准分别比2010年提高86.4%、133.3%,农村五保分散、集中供养标准分别提高135.7%、104.5%,企业退休人员养老金实现"十一连增",广大群众在发展中得到更多实惠。生态建设成效明显。连续3年实施城乡大绿化,扎实推进大气污染防治、水系治理和山体修复,取缔城区燃煤小锅炉108台,成功创建国家森林城市、园林城市,为枣庄市代表山东省赢得淮河流域和全国九大流域水污染防治核查“双第一”做出突出贡献。社会治理不断创新。全面加强社区建设，实行网格化管理，社区服务水平显著提升。扎实开展“双包双联”“结亲交友”活动，推动镇街2/3机关干部下基层，听取民意，解决诉求，群众满意度显著提升。深入推进“法治薛城”“平安薛城”建设，圆满完成“六五普法”，建立安全生产网格化监管体系，加强应急队伍建设，开展社会治安综合治理，巩固社会稳定和谐的良好局面。

第二章　统计管理

第一节　管理机构

薛城区统计局成立于1982年，根据2010年机构改革三定方案，下设3个职能股室和1个事业单位：办公室、工业投资统计股、贸易外经统计股和薛城区农村社会经济调查队。机关编制总额为7名，其中行政编制6名，工勤人员编制1名。事业编制总额为3名。有正式在编人员13名，其中行政编制人员4名，事业编制人员9名。2013年在职在岗的有10人，统计业务人员7名。区统计局先后被国务院第二次经济普查领导小组办公室授予“先进集体”称号，被山东省第二次农业普查领导小组办公室授予“先进集体”称号。

第二节　统计调查

经济普查

2004年开展第一次经济普查，2008年开展第二次经济普查。2013年，按照《全国经济普查条例》，开始全区第三次经济普查。普查对象是在薛城区境内从事第二产业和第三产业的全部法人单位、产业活动单位和个体经营户。通过普查，查清全区第二产业和第三产业的发展规模及布局，掌握产业组织、产业结构、产业技术的现状以及各生产要素的构成，查实服务业、战略性新兴产业、小微企业和高技术产业(制造业)的发展状况，普查结果资料显示：2013年年末，全区共有产业活动单位3965个，其中，从事第二产业和第三产业的单位3739个，比2008年年末增加1724个，增长85.6%。在从事第二产业和第三产业的单位中，法人单位2952个，增加1513个，增长105.1%。个体经营户30632个，增加10298个，增长50.6%。

专项调查

农村住户调查　1984年开始农村住户调查，全区农村记账户100户，每一点均由一名调查员负责指导记账，月底收集账本报乡镇统一微机录入，报区统计局农村社会经济调查队统一汇总，然后上报市农村社会经济调查队。农村住户调查主要统计农村劳动流向，计算农民人均纯收入和生产生活消费支出。

1991—2013年薛城区农民人均纯收入统计表

表15-1　　单位：元

年度	总收入	工资性收入	家庭经营收入	财产性收入	转移性收入	纯收入
1991	1135	158	878	2	97	783

续表15-1

年度	总收入	工资性收入	家庭经营收入	财产性收入	转移性收入	纯收入
1992	1293	243	942	7	101	918
1993	1533	342	1088	33	70	1027
1994	2118	478	1586	32	22	1389
1995	2316	476	1705	36	99	1720
1996	2966	618	2229	19	100	2166
1997	3200	780	2293	14	113	2448
1998	3251	809	2310	15	117	2574
1999	3373	900	2361	16	96	2719
2000	3886	977	2710	14	185	2883
2001	4142	1111	2929	20	82	3057
2002	4437	1162	3053	102	120	3218
2003	4772	1285	3292	77	118	3414
2004	5384	1525	3530	135	194	3934
2005	5844	1712	3730	157	245	4451
2006	6288	2227	3452	235	374	4919
2007	7208	2616	4070	207	315	5442
2008	7756	2942	4162	212	440	5997
2009	9021	3381	5010	164	468	6535
2010	9492	3979	5014	107	392	7301
2011	10424	4954	5120	44	304	8432
2012	11559	5840	5361	35	323	9588
2013	13483	6847	6214	35	387	10860

1991—2013年薛城区农民生活消费支出统计表

表15-2　　　　单位:元

年份	生活消费支出	食品	衣着	居住	家庭	交通	文化	医疗
1991	617	342	51	79	64	27	19	10
1992	717	393	74	91	55	25	27	22
1993	815	450	84	89	76	3	66	20
1994	1025	450	106	105	105	45	108	81
1995	1567	733	111	424	86	40	90	69
1996	1657	958	120	244	114	30	116	45
1997	1902	1014	134	334	124	30	165	70

续表15-2

年份	生活消费支出	食品	衣着	居住	家庭	交通	文化	医疗
1998	1698	953	141	157	146	55	142	59
1999	1959	938	124	393	112	82	212	73
2000	2053	1040	125	353	114	85	200	72
2001	2107	1030	132	380	104	154	183	81
2002	2229	1031	141	508	112	157	179	66
2003	2484	1154	161	382	156	186	313	76
2004	2507	1265	184	246	121	220	338	72
2005	2741	1249	267	352	153	197	234	188
2006	3025	1331	303	320	203	295	253	184
2007	3403	1467	212	512	169	315	397	234
2008	3585	1455	244	657	225	316	298	264
2009	3723	1465	274	670	266	354	270	270
2010	4073	1529	273	690	338	395	278	334
2011	5017	1749	441	1047	381	661	260	175
2012	5869	2136	498	787	574	902	255	261
2013	6739	2252	520	1366	638	905	270	230

抽样调查

农产量(粮食)抽样调查　山东省统计局制发《山东省农产量抽样调查实施细则》,组织实施农产量抽样调查。省级农产量网点的确定,采取按粮食亩产高低排队、五段、等距抽样的方法,抽选调查点。五段即省抽县、县抽公社、公社抽生产队、生产队抽地块、地块抽小样本。2000 年,对建立"农村多目标"抽样调查网络进行统一部署,并对农产量抽样调查网点进行轮换,建立新的农产量调查点,自 2001 年 1 月 1 日起正式启用。同时,将农产量与农村住户调查网点分别设立。预测作物包括调查季节的全部农作物,包括水稻、小麦、玉米、高粱、谷子、红薯、大豆、棉花、花生、蔬菜等种作物;实测工作只对小麦、玉米两种农作物,进行实割、实测。

畜牧业抽样调查　1997 年,薛城区统计局根据国家统计局、山东省、枣庄市农村社会经济调查对 1997 年畜牧业生产统计的有关要求,对畜牧业统计方法制度进行变革,1997 年公报和 1998 年定期报表实行双轨制统计,政府统计部门和畜牧部门各统计一套装,双方按不同的调查方法进行统计。统计系统对畜牧业生产单位和规模户(猪出栏 20 头及以上或养能繁殖的母猪 5 头以上;牛出栏 10 头以上或养能繁殖的母牛 5 头以上;羊存栏 50 只以上;蛋鸡、鸭存栏 800 只以上或肉鸡鸭出栏 2000 只以上;毛兔存栏 100 只以上或肉用兔出栏 500 只以上)进行全面统计,对散养户由各区(市)统计局农村抽样调查队(科)根据农村住户调查资料进行推算。各乡镇统计站结合农业普查,对 1996 年的畜牧业生产单位和 1997 年的增减变动情况进行全面的清理,对达到标准的规模户和生产单位进行一次性摸底调查统计。

规模以下工业抽样调查　1999 年,为满足国家经济核算的需要,按照《山东省规模以下工业抽样调查制度》的要求,配合枣庄市企业调查队开始建立规模以下工业抽样调查,调查名称为限额以下工业抽样调查,调查范围(总体)是所有规模以下工业。具体包括,调查年份年初在册的年产品销售收入 500 万元以下的非国有工业企业、全部个体经营工业单位和当年新建的年产品销售收入500万元以下的非国有工业企业和新增的全部个体经营工业单位。调查频率和时间是每年调查四次,每季度一次。调查时间分别为每年的3月、5月、9月和11月。

限额以下批发零售贸易、餐饮业抽样调查 2002年10月,薛城区统计局根据山东省、枣庄市统计局限额以下批发零售贸易、餐饮业抽样调查方案的要求,制定全区限额以下批发零售贸易、餐饮业抽样调查方案。采用四阶分层二相抽样的方法,对全区范围内的限额以下批发零售贸易业、餐饮业企业(单位)和个体户进行抽样调查,调查内容主要包括:1. 批发零售贸易业销售额、零售额及其相关指标;2. 餐饮业营业收入、商品零售额及其相关指标。方案确定每年4月、10月为调查月份,以调查月份的数据为基准,根据当地前三年基准月份数据的均值与某一推算月份均值的比例关系,测算出报告期该月份的数据,即以调查月份的数据来推算一年中其他月份的数据。限额以下批发零售贸易、餐饮业抽样调查为真实、全面地反映薛城区限额以下批发零售贸易、餐饮业发展状况提供依据。

群众安全感抽样调查 为准确、客观地把握广大人民群众对当前社会治安状况的反映以及对公共安全、社会治安秩序的真实感受,及时反映"严打整治"斗争成果,进而找出、找准影响当前群众安全感的主要因素和存在的突出问题,开展群众安全感抽样调查工作,群众安全感调查每年进行一次,调查工作从每年的11月1日开始,至11月10日结束,为期10天。群众安全感调查由调查员入户发放群众安全感调查问卷,由被调查人自己填写,填写完毕,由调查员负责收回。对于年龄较大或不识字的被调查人可以采取调查员入户访问登记的方法。调查结束后,群众安全感调查问卷直接报送山东省统计局进行数据处理。

第三节 统计服务

1991—2013年,统计部门通过统计调查所取得的反映社会、经济、科学技术发展情况的统计信息,在报送上级统计机关的同时,运用特有的方法进行加工、整理、综合、分析,形成便于人们了解和使用的数字、文字和图表资料,向党政领导机关和社会公众提供统计服务。随着统计工作的不断加强,统计制度方法和计算、传输技术的不断完善,统计服务内容不断充实。服务形式由单一变为多样,既有系统反映社会、经济发展变化的数字资料,也有深入分析各种社会、经济现象的文字报告,以及适合不同服务对象需要的其他服务形式。服务领域也由过去主要为计划服务、为党政领导服务,变为既为党政领导服务,又为社会公众服务。服务方向由"封闭式"向"开放式"转变,服务质量不断提高。通过统计服务,发挥统计的信息、咨询、监督作用。

90年代后,区统计部门积极适应市场经济新形势,内强管理严格数据质量,外树形象提高服务水平。实行统计数据质量责任目标奖惩制度、统计报表三级审核签字盖章制度和下管一级制度,推行综合因素异常波动评估说明办法等,负责对各乡镇(街道)目标管理(经济部分)进行考核。推行农业统计多目标分季抽样调查等改革;对规模以上工业实行企业直报,规模以下工业实行抽样调查;对薛城区农村小康进程和妇女、儿童事业发展纲要、科技进步实施监测;改善统计工作条件和办公设施,实现与上级业务部门计算机联网,推动统计办公信息网络化、电子自动化进程。开展统计"三五""四五""五五""六五"普法和纪念《中华人民共和国统计法》颁布20、30周年等宣传活动,为各级党政领导举办《中华人民共和国统计法》学习培训,分期分批对基层统计人员进行业务培训;健全统计历史资料和原始账表,加强统计基层基础建设,突出《中华人民共和国统计法》贯彻执行情况、统计"双基"建设等工作重点,深入开展统计执法大检查。响应政府工作提速和环境创新的号召,制定落实统计"两个例会"制度,对六大类主要统计指标数据实行快速上报;及时把握薛城区经济社会发展的"脉搏",围绕亮点、难点、重点问题,深入调研分析。

1991—2013年,《统计信息》《统计月报》《统计年鉴》等资料，多篇专题分析报告，分别在《政务信息》上刊发。每年都有一定数量的统计分析进入区领导的决策。区统计部门每年提供统计分析报告100多篇。

第四节　统计信息自动化

2012年与市统计局内部建立内部局域网，内部局域网通过光缆与省局内部局域网连接，通过VPN设备与各区统计局连接，运行的信息系统主要是统计信息网网站信息发布系统，薛城区统计局也主要运用此系统，向社会公众提供统计信息，系统停止后对统计业务没有影响，系统遭受攻击后对社会公众也没有影响。信息技术处理有省、市局与自行处理相结合的方式，没有外包服务。

区统计局由统计局办公室进行网络安全管理，分管领导负责网络安全管理工作，建立计算机信息系统安全管理制度、网络安全管理制度、计算机维修、更换、报废信息系统安全管理制度、网络信息上传发布信息系统安全管理制度、区统计局信息系统安全管理流程、补丁分发策略等各项制度。按照等级保护标准，建立等级保护制度，制订薛城区统计局网络安全应急预案，建立薛城区统计局涉密计算机维修、更换、报废保密管理制度、机房管理规定、工作人员上网规范、存储介质管理等各项制度。

操作风险主要来自内部，完善网络内部控制制度，建立科学的操作规范，严格内部制约机制，将不相容职务分离、制作者与执行者分离，对主管和操作员实行加口令鉴别，任何进入系统的操作必须有日志记载。

统计局建立信息安全事件应急预案，并根据实际情况及时进行修改和完善，但没有对预案进行过演练，对信息发布系统做到每周两次备份，采用双机异地备份。

第三章　审计管理

第一节　管理机构

1984年5月，薛城区审计局成立，编制5人。2000年，成立薛城区经济责任审计办公室，副科级事业单位，人员编制6人。2002年4月，重新进行职能调整将指导和管理社会审计的职能划归区财政局，增加对区直机关、事业单位及国有企业法定代表人的任期经济责任进行审计和审计监督社会保障资金和环境保护资金两项职能，人员编制13人。2010年，薛城区审计局升格为正科级单位。是年，再次对审计职能进行调整，机关人员编制11人，增加对镇街党委、政府（办事处）领导干部的经济责任审计职责；增加对薛城区的中央、省、市、区安排重点建设工程投资项目的审计职责；调整对社会审计机构审计业务质量的监督范围，不再核查社会审计机构对审计机关审计监督对象以外的单位出具的相关审计报告，加

薛城区审计局到南京审计大学审计业务培训

强对关系国计民生的资源、环境保护和社会保障资金、财政资金经济效益的审计职责。2013 年 1 月，薛城区经济责任审计办公室升格为正科级事业单位，薛城区政府投资审计办公室单独设立成为副科级事业单位。

第二节　国家审计

财政审计

1997 年开始，薛城区全面开展财政审计(又称同级预算执行审计)。是年，查处各类违规资金 2533.03 万元。2004 年，同级预算执行审计单位 6 个，查处违规金额 170 万元。2013 年，审计金额 197676 万元，查处违金额 27638 万元，是同级预算执行审计违规资金最多的一年。是年，区审计局受政府委托，向区人大常委会做《本级预算执行和其他财政收支的审计工作报告》。至 2013 年，区审计局围绕预算资金征缴、分配、拨付和使用环节，对财政、地税、国税以及其他预算单位部门 133 个次进行审计，重点检查和揭露预算执行审计中不合法、不真实、不规范等问题，查处挪用转移预算资金、违规扩大预算支出、钻政策孔子截留国家预算收入、挤占各种基金、违控购置及偷逃税款等违纪金额 58196.8 万元。

金融审计

1991 年开始，区审计局先后对工商银行、农业银行、建设银行和农村信用社等薛城区金融机构财务收支、资产负债损益情况、信贷资产质量等进行审计，基本查清银行系统资产家底，核实盈亏。1993 年，对区建设银行的财务收支情况进行审计，查处违纪违规金额 7 万元。1997 年，国有商业银行职能上划后，审计对象仅限于区农村信用联社和基层社。至 2013 年，累计审计金融单位 9 个次，查处偷漏税、违规放贷等问题金额 23.09 万元。

企事业审计

1995 年，查处行政事业单位违规资金 298 万元，为行政事业审计查处违规资金最多的一年。1997 年，共对 19 家企业进行审计，查处违规资金 2648 万元，为企业审计查处违规资金最多的一年。至 2013 年，共对 295 个次行政事业单位进行定期审计，查处有关“收支两条线”、企业职工基本养老保险金、企业所得税分享改革、防治“非典”资金、城镇土地出让金等违规资金 925.2 万元，共审计企业单位 237 个次，查处违纪违规金额 6654 万元。

固定资产审计

1993 年，对 6 个单位的 8 个基建项目进行审计，审计总金额 2766 万元，查处问题资金 2536 万元，其中违纪金额 61 万元。1997 年，共审计项目 8 个，查处违纪金额 546 万元，为历年审计查出违规金额最多的一年。1998 年以后审计工作由开工前审计过渡到竣工决算审计。2009 年，固定资产投资审计又重新得到重视和发展，当年 11 月，薛城区政府投资审计办公室成立，为经济责任审计办公室下属科室，工作人员 10 名，重点对政府投资项目进行结算审计，为政府节约大量的资金。当年，共审计项目 30 项，审计工程造价资金总额 8345 万元，审减资金 1435 万元，审减率为 17%。2011 年 11 月，薛城区政府出台《薛城区政府投资项目审计监督办法(试行)》。是年，共审计项目 39 个，审计工程造价资金总额 99400 万元，审减资金 23600 万元，审减率为 23.7%。2013 年 1 月，薛城区政府批准投资审计办公室为副科级事业单位，当年完成审计项目 39 个，审计工程造价资金总额 36913 万元，审减资金 26770 万元，审减率为 27.48%。政府投资审计共审计项目 213 项，包括中小学校舍安全工程、“211”中小学校舍采暖工程，农村住房及危房改造工程等项目，共审计工程造价资金总额 25.17 亿元审减资金 6.19 亿元，审减率 24.59%。

经济责任审计

1987 年，开始对承包企业实行厂长(经理)离任审计，当年审计项目 1 个，查出违纪金额 55 万元。1998 年《山东省机关事业单位及国有企业法定代表人离任审计条例》和 1999 年《中共中央办公厅和国务院办公厅有关离任职审计工作“暂行规定”》相继颁布施行，经济责任审计工作走上制度化和法制化轨道。按照“全面审计，突出重点，积极稳妥，量力而行”的指导方针，在具体审计工作中，统一组织安排，统一时间，统一实施步骤，对审计范围、审计内容、审计文书格式、审计结果处理统一定案，按时保质保量提交审计结果报告。当年，共实施经济责任审计45个，查处违规违纪金额6952万元。2000年，成立薛城区经济责任审计办公室，人员编制6名。2001年，共实施经济责任审计68个，共审计发现5起案件线索，处理涉案人员20余人。2002年4月，审计局重新进行职能调整，增加对区直机关、事业单位及国有企业法定代表人的任期经济责任进行审计的职能。2011年6月，区委组织部和审计局共同制定《关于在党政领导干部开展任中经济责任审计工作的意见》，加大对党政领导干部任中审计督查力度。2013年1月，薛城区经济责任审计办公室升格正科级事业单位，人员编制8名。1991—2013年，共对369名党政机关、事业单位负责人和企业法定代表人进行离任审计，查处违规金额55551.1万元。

跟踪审计

2013年，区审计局按照上级通知要求，积极对全区稳增长促改革调结构惠民生相关政策措施落实情况进行长期审计摸底调查，对国家19个方面、63项政策措施的落实情况进行跟踪审计，重点对取消和下放行政审批事项、推进简政放权政策、加快棚户区改造、加大保障性安居工程、深化铁路投融资体制改革、金融支持实体经济、加快城市基础设施建设、减轻和公平企业税负等方面的政策措施落实情况进行摸底调查，每季度上报一次跟踪审计报告。

第三节　内部审计

内部审计机构

1992年，全区组建内审机构42个，其中专职机构23个，配内审人员58人，其中专职人员32人。2011年1月19日，薛城区内部审计协会成立并召开第一届理事会议，通过协会章程，选举产生薛城区内审协会第一届理事会理事、常务理事、秘书长、副会长、会长，当年全区内审机构16个，内审人员200人。共举办内审培训班11期，培训214人次。

内部审计工作

1991年，开始实行内审三项审签(即对会计报表、纳税申请表、贷款申请书进行审查签章)制度。当年，审签单位240个，提高经济效益55万元。1991年，根据审计署颁布的《关于进一步加强内部审计工作，充分发挥内部审计监督作用的通知》，内部审计工作作用进一步发挥，全年共审计项目430个，为历年内审单位审查项目最多一年。1992年，全区内审单位增至42个，查处违纪金额273万元、损失浪费资金73万元，促进增收节支227万元。1997年，共审计项目295个，查处损失浪费金额319万元，为历年最多的一年。2001年，全区内审单位共审计项目385个，查处违纪资金1820万元，促进增收节支427万元，提出并被采纳审计建议412条为均历年最多的一年。2003年，审计署《关于内部审计工作的规定》颁布实施，建立内部审计人员认证制度。至2013年，共完成内部审计单位3702个次，纠正违纪违规金额4920万元，查处损失浪费资金857万元，促进单位增收节支2724万元。

第四节　社会审计

社会审计机构

1991年，区审计师事务所有工作人员5人，至1997年，达到18人。1999年12月，根据财政部、审计署规定脱钩改制，区审计师事务所改制为枣庄公则会计师事务所，由国有事业单位变革为以注册会计师为主体，自我约束，自我发展，自担风险，独立承担法律责任的中介机构。

社会审计工作

1989年，社会审计工作主要进行工商企业注册资金的验证和年检。1990年，依据国家审计署《关于社会审计工作的规定》，开展集体企业审计。1991年，对34个单位进行基建项目决算审计，审计决算额652万元，审减137.7万元。受区审计局委托进行离任审计9项，审计资金额2766万。1992年，区政府制定《集体企业审计实施细则》出台，区城乡集体企业审计趋于规范。

1996 年，对 39 个国有企业审计查证，全年查处违纪金额 3164 万元。1991—1999 年，区审计师事务所进行国有企业审计查证 166 家，审计金额 84965.1 万元，给累违规违纪金额 3164 万元。资产评估 46 项，审计基建项目决算 409 个，鉴证资金总额 43271 万元，审减工程造价 6692 万元，审减率 15.5 %；工商企业进行验资和年检 4724 次，签证资金总额 7.7 亿元，核减虚假注册资本金 9583 万元；集体企业审计 212 户次，查处违纪资金 119.9 万元。

第四章　工商行政管理

第一节　管理机构

1991 年，工商局内设政工股、财务股、经济合同管理股、市场管理股、商标广告管理股、企业登记管理股、个体私营经济管理股、经济检查所、生产资料市场管理所、机动车辆交易市场管理所，派出机构有临城、陶庄、邹坞、沙沟、周营、郊区等 6 个工商所。1993 年，区物价局并入区工商局，工商局增加至 139 人。内设机构新增设办公室、纪检监察室、物价管理股、物价检查所。派出机构临城工商所更名为薛城工商所，新设立临山工商所。1994 年 7 月，区工商局归枣庄市工商行政管理局领导和管理，改称枣庄市工商行政管理局薛城分局，为枣庄市工商行政管理局派出机构。人员编制、内设机构均未变化。派出机构名称改为枣庄市工商行政管理局薛城分局某某工商所。1995 年 10 月，撤销薛城工商分局的物价管理股和物价检查所，其人员调入新成立的区物价局。工商行政管理人员增至 146 人。内设办公室、政工股、财务股、纪检监察室、市场管理股、企业登记管理股、商标广告管理股、经济合同管理股、个体私营经济管理股、经济检查所，新设法制股，撤销生产资料市场管理所和机动车辆交易市场管理所。派出机构有薛城、陶庄、邹坞、临山、沙沟、周营、郊区等 7 个工商所。

1998 年 12 月，省以下工商行政管理机关实行垂直领导，薛城工商分局人、财、物上划省工商局。2001 年，工商行政管理人员 160 人，年底在城区组建永兴工商所。2002 年 10—11 月，薛城工商分局按照省、市工商局统一部署进行机构改革，编制 103 人，实有（含离退休人员）160 人。内设办公室、人事政工科、财务装备科、纪检监察室、法制科、市场与合同管理科、消费者权益保护科、商标广告管理科，均为股级单位；新设 2 个直属机构，企业注册局、公平交易局，均为副科级单位；派出机构有 6 个工商所，其中 4 个副科级工商所，分别是枣庄市工商行政管理局薛城分局临城工商所、陶庄工商所、常庄工商所、邹坞工商所；2 个股级工商所，分别是沙沟工商所、周营工商所。2010 年，内设机构中市场与合同管理科同商标广告管理科合并为市场监管局，为股级单位，其他内设机构、直属机构和派出机构未变。同年 4 月组建张范工商所。2012 年 7 月，撤销张范工商所，组建巨山工商所。

第二节　集贸市场管理

集市建设

20 世纪 90 年代以来，在建设大市场、促进大流通、多渠道建市场、谁投资谁受益方针指导下，建成北城批发市场、清泉批发市场、凤凰台装饰城、铁鹰建材市场、临山商业城等一批规模大、档次高的综合和专业市场。

1990 年，区政府提出力争把薛城建设成为鲁南地区一个重要的商品集散地。是年，在临城镇动工兴建一处规模较大、标准较高、设施完善、半封闭式综合消费品批发零售市场，即薛城北城综合批发市场，于 1991 年 11 月建成启用。1992 年，区工商局和常庄镇东小庄村联合兴建临山农副产品综合市场。是年，北城批发市场第二期工程竣工。全区新建、改建、扩建市场 7 处，总面积 3.3 万平方米。1993 年 5 月，北城批发市场第三期工程破土动工，10 月投入使用。夏庄集贸市场于 7 月动工，9 月初投入使用。

1994 年，改址新建陶庄镇山家林集贸市场，新建南石集贸市场，5 月动工建设位于临山西路的鲁南小商品批发市场，10 月薛城北城批发市场第四期工程竣工启用。1995 年 5 月 18 日，举行薛国建材市场开业典礼。1995 年，将清泉市场移交区物资总公司，其他市场移交镇（乡）政府或村民委员会。2002 年，将北城批发市场移交区物资总公司。

1996 年，工商部门协助陶庄镇政府落实陶庄市场 1.3 万平方米的扩建工程。是年，区物资总公司于永福南路西侧重建清泉市场——集纺织品、农副产品于一体的综合消费品市场，1997 年竣工使用。1998 年，投入 600 余万元资金，用以改建扩建北城、清泉、沙沟、南石、香城、西仓桥等 6 处市场，改扩建面积 1.3 万平方米，市场条件与规模发生新变化。

2000 年，完成鲁南小商品批发市场的改建配套和北城批发市场的扩建配套工程，启用张范镇东夹埠集贸市场，新建周营镇粮食市场和铁佛农贸市场，改扩建陶庄市场。兴建薛城建筑装饰材料批发市场（又称凤凰台装饰城），2001 年投入使用。

2002 年 4 月，四里石社区居委会投资兴建薛城四季春农贸批发市场，位于燕山北路人民医院东侧，占地 5.73 公顷，可容纳 1700 余经营户，是薛城区规模最大的农贸市场。是年，薛城区商业集团公司扩建改造鲁南小商品批发市场，更名为薛城批发市场。2004 年，位于薛城永兴西路的服装市场“财富大世界”启用，古路街市场因区域拆除而取消。2005 年，常庄镇政府按照薛城区市场升级改造整体规划，由铁鹰建材装饰有限公司投资，对闲置多年的薛国建材市场进行改造，建成档次较高的“薛城铁鹰建材批发市场”。

2010 年，南石市场、大香城市场随南石镇行政区划变更而划归枣庄市高新区管辖。是年 4 月，薛城工商分局落实区委、区政府关于棚户区改造的工作部署，组织拆除宝山商场。2012 年 4 月，枣庄居然之家家居建材有限公司建成居然之家家居建材购物中心，位于祁连山路西侧，面积 7 万平方米，聚集商户 200 家。2013 年，薛城四季春农贸批发市场改造升级，大棚内建铝塑合金门市房，由室外摊位经营变为室内经营。是年，临城街道办事处北二社区居委会于永福路北端西侧建淞江农贸市场。至 2013 年，全区共有商品交易市场 32 处，其中专业市场 6 处，消费者品综合市场 26 处。薛城区规模较大的商品交易市场有 9 处，其中专业市场 4 处，包括薛城批发市场临山商业城、薛城“财富大世界”服装市场、薛城建筑装饰材料批发市场、铁鹰建材批发市场；消费品综合市场 5 处，包括薛城四季春农贸市场、薛城北城批发综合市场、薛城清泉农副产品综合批发市场、陶庄消费品综合市场、常庄钱江消费品综合市场。共有古庙会和物资交流会 37 个。

薛城区商品交易市场一览表

表 15-3

市场名称	地址	形成时间	交易日期（农历）
薛城北城综合批发市场	薛城永福北路	1991 年	天天
薛城清泉农副产品综合市场	薛城永福南路	1985 年	天天
薛城四季春农贸批发市场	薛城燕山北路	2003 年	天天
薛城“财富大世界”服装市场	薛城永兴西路	2004 年	天天
薛城淞江市场	薛城永福北路西侧	2013 年	天天

续表15-3

市场名称	地址	形成时间	交易日期(农历)
薛城钱江市场	常庄镇辖区	2015 年	天天
薛城临泉市场	薛城西部铁西社区	1989 年	天天
薛城建筑装饰材料批发市场	薛城永福北路	2001 年	天天
薛城批发市场临山商业城	薛城临山西路	2002 年	天天
临城市场(集市)	常庄镇驻地	古集	五、十
薛城铁鹰建材批发市场	薛城永福南路	2005 年	天天
临山市场	常庄镇东小庄村	1992 年	天天
六炉店兔毛专业市场	常庄镇六炉店村	1989 年	一、四、六、九
金河市场	常庄镇薛庄村	古集	一、三、六、八
陶庄市场	陶庄镇驻地	民国初	天天
西陶庄市场	陶庄镇驻地	古集	天天
薛城花鸟鱼虫市场	常庄镇东小庄村	1997 年	天天
山家林市场	陶庄镇前院山村	1985 年	天天
西仓桥市场(集市)	陶庄镇西仓桥村	古集	三、五、八、十
芦桥市场(集市)	陶庄镇芦桥村	古集	二、五、七、十
后湾市场(集市)	陶庄镇后湾村	1995 年	一、四、六、九
奚仲市场	陶庄镇夏庄	2005 年	天天
邹坞市场	邹坞镇驻地	古集	一、四、六、九
甘霖市场	邹坞镇甘霖村	1975 年	天天
中陈郝市场(集市)	邹坞镇中陈郝村	古集	三、五、八、十
周营市场	周营镇驻地	古集	二、四、七、九
陶官四通市场	周营镇陶官村	1997 年	三、五、八、十
牛山市场(集市)	周营镇牛山村	1999 年	一、三、六、八
铁佛市场	周营镇铁佛村	2000 年	一、四、六、九
沙沟市场	沙沟镇驻地	古集	天天
南常市场(集市)	沙沟镇南常一村	古集	二、五、七、十
岩湖市场(集市)	沙沟镇岩湖村	1992 年	一、三、六、八

薛城区古庙会和物资交流会一览表

表 15-4

会名	地址	会期(农历)
常庄会	常庄镇常庄	三月二十八日
	常庄镇常庄	四月初八
	常庄镇常庄	四月二十日
	常庄镇常庄	十月初十
姚山会	常庄镇姚山村	九月二十四日
金河会	常庄镇金河	三月初三
	常庄镇金河	清明节
	常庄镇金河	九月二十一日
陶庄会	陶庄镇陶庄	三月初六
	陶庄镇陶庄	九月十六日
夏庄会	陶庄镇夏庄	三月二十日
千山头会	陶庄镇千山头村	九月十二日
西仓桥会	陶庄镇西仓桥村	九月二十三日
南石会	南石镇南石村	四月初四
	南石镇南石村	十月十八日
邹坞会	邹钨镇邹坞	三月二十八日
	邹钨镇邹坞	十月初八
	邹钨镇中陈郝村	四月十八日
中陈郝会	邹钨镇中陈郝村	十月二十五日

会名	地址	会期(农历)
沙沟会	沙沟镇沙沟	二月十六日
	沙沟镇沙沟	三月十六日
	沙沟镇沙沟	四月初一
	沙沟镇沙沟	十月初一
	沙沟镇沙沟	十月二十日
	沙沟镇沙沟	十一月十三日
	沙沟镇沙沟	十二月初八
南常会	沙沟镇南常村	二月二十日
	沙沟镇南常村	二月二十五日
岩湖会	沙沟镇岩湖村	二月二十八日
	沙沟镇岩湖村	四月初六
	沙沟镇岩湖村	十二月十八日
周营会	周营镇周营	正月初七
	周营镇周营	三月初七
	周营镇周营	三月二十八日
	周营镇周营	十月十五日
陶官会	周营镇陶官村	三月二十五日
	周营镇陶官村	九月二十八日

集市贸易管理

1992 年,落实省、市工商局《关于加强集贸市场规范化管理的意见》,健全完善市场管理规章制度和规范化管理措施,积极开展经济信息咨询和信息传递服务。在集贸市场内设置价格栏、信息栏、公平秤,为经营者和消费者提供服务,及时处理交易纠纷,查处欺行霸市、强买强卖、制假售假、哄抬物价等违法违章行为。

1995 年,开展集贸市场规范化管理,宣传和落实《商品交易市场管理规范实施办法》和《山东省城乡集贸市场管理条例》,在北城批发市场组织规范化管理试点。加强商品明码标价和度量衡器管理,没收失准秤 480 杆,推广使用双面度盘弹簧秤 270 台。查处市场交易中的非法活动,打击欺行霸市、短尺少秤等违法违章行为,处罚违法违章经营 246 人,处理"市霸"14 人。强化肉类市场管理,防止病死肉类进入市场,保证消费者买到"放心肉"。

1996 年,在消费品市场推行巡查制,对区驻地市场和乡镇首集全面实行以巡查为主要方式的动态管理。开展创建"无假冒市场"活动,教育、引导经营者文明经商、守法经营,严厉打击欺行霸市、掺杂使假等违法违章行为。积极开展生猪定点屠宰工作,上市猪肉必须有卫生检疫标志和手续,市场监管执法人员对上市生猪肉进行卫生复检,杜绝病死、注水猪肉进入市场。1998 年,创建规范化文明市场,加大市场管理力度,重点治理市场秩序、环境卫生、食品卫生、亮证经营、欺行霸市、短斤少两、市场消防、度量衡器等方面存在的问题。1999 年,全

工商执法人员进行集贸市场检查

区申报5处“规范化文明市场”，经市工商局验收全部合格。

2003年，积极投入抗击“非典”的斗争，采取有力措施加强集贸市场监管，取得显著成效。

2004年，扎实做好防治禽流感期间的市场防范工作，对日用消费品市场进行有效治理。2007—2009年，加强食用农产品市场管理，对北城、清泉等市场重点进行整治；在各工商所设农产品检测室，为各工商所配备农产品残毒检测仪；督导市场开办单位履行职责，加强市场环境卫生管理；结合“文明城市”创建活动着力整治集贸市场秩序，规范经营摊位，清理占道经营，改善市场面貌。对全区24处集贸市场进行基本数据调查和档案完善，推行商品交易市场信用分类监管。2011年，积极开展网络商品交易监管工作。面对网络商品交易这一新的经营方式，工商部门开拓思路，创新实践，采取新模式开展网络商品交易监管工作。2012年，开展机动车市场集中整治，立案查处违法违章经营行为14起。是年，工商部门研发并推广应用市场电子化监管系统。2013年，积极开展“省级卫生城市”“省级文明城市”和国家级卫生城市创建活动，加大薛城北城、清泉、四季春市场整治力度，督导市场开办者整治市场环境卫生，修缮市场设施，规范经营摊位，清理占道经营，整治市场秩序，消除安全隐患，改善市场面貌。

农资市场管理

1991—1994年，贯彻落实国务院及省市关于搞活市场，建立正常的市场交易秩序的要求，逐渐加强农业生产资料市场管理，实行农业生产资料经营许可证制度和销售农业生产资料提供“信誉卡”制度，对非法经营农业生产资料和非法交易机动车辆行为予以查处。

1995—1998年，加强农业生产资料市场监督管理，规范经营渠道和经营行为，联合区有关部门17次开展种子、农药、化肥、农膜经营专项检查，打击掺杂使假、牟取暴利等坑农害农行为。取缔不具有经营资格的单位、个人57家，查处非法经营化肥200余吨、不合格农药500余公斤。在全区60多处农资专营点推行农资销售“信誉卡”制度，配发价格牌，规定种子、农药、化肥、农膜限价，消费者购买种子、农药、化肥、农膜有“护身符”。

1999—2003年，对农资经营实行定点、挂牌、亮证经营，全面推行农资销售“信誉卡”制度。对农资市场进行15次专项检查，重点检查供销社系统和农业局“三站”农资专营点的经营资格和经营行为，取缔无照经营34家，没收假劣农药7000公斤、过期农药8320瓶，查处无合格证的种子32吨、非法经营的化肥14吨。

2004—2007年，改革农资市场监管模式，对农资经营户实行的规范管理制度，初步建立长效监管机制。取缔非法经营24家，查处劣质复合肥42吨、农药20吨、假冒种子2.2吨，查处违法经营农资案件6起。

2008—2009年，积极开展“红盾护农”行动，对农资经营户加强巡查监管，督促其落实长效管理制度。加强对种子、化肥、农药三大类商品质量抽检，立案查处农资经营违法行为17起。

2010—2013年，开展春、夏、秋季节农资市场专项检查，查处违法违章经营农资行为182起，查处不合格肥料20吨、假冒麦种1.8吨,有效维护农民利益。

第三节　工商企业登记管理

企业登记注册

1991年,大力发展第三产业,区工商部门制定支持企业搞活经营的四条措施,放宽经营范围和经营方式,允许企业增设分支机构、兴办第三产业,允许部分企业搞一次性经营。新登记企业法人53家、营业性企业173家,累计企业法人493家、营业性企业1226家。1992年,邓小平同志南方讲话后,改革开放进入新时期。改革不适应市场经济体制的企业登记管理制度和监督管理方式,简化登记手续和程序,缩短办理时限,清理前置许可项目。区工商部门设登记办公窗口,使用微机打印营业执照,实行对当年登记企业进行回访检查制度。新登记企业法人167家、营业性企业205家,注销236家,累计企业法人660家、营业性企业1431家。1993年,区直机关机构改革,区工商局企业登记管理股与个体私营经济管理股合并。同年,新登记企业数量明显增长,登记企业法人268家、营业性企业264家,注销82家,累计企业法人905家、营业性企业1636家。指导党政机关团体办经济实体68家,200名党政机关干部转入经济实体。是年,全省注册登记业务软件统一,企业档案资料输入微机。

1994年,新登记企业法人146家、营业性企业206家,注销、吊销699家,累计企业法人850家、营业性企业1344家,共2194家。贯彻《全民所有制企业转换经营机制条例》,支持和服务企业转换经营机制。自此,非公司企业在工商分局登记,公司企业在市工商局登记。1995年,新登记企业法人71家、营业性企业173家,注销484家,累计企业法人749家、营业性企业1205家,共1954家。1996年,企业登记管理与个体私营经济管理职能分离,机构分设。1997年,企业登记实行“一审一核制”,简化程序。新登记企业法人36家、营业性企业114家,注销322家,累计企业法人678家、营业性企业954家,共1632家。9月,成立枣庄市工商局高新技术产业开发区分局,薛城区部分企业划归高新技术产业开发区工商分局监管。

1998—2001年,薛城区国有集体企业改制进入快车道。工商部门为企业改制做好法规宣传、咨询服务、参谋策划、注册登记等项工作,促进企业改制。由于企业改制为公司和新设立公司的须在市工商局登记,因而区工商部门登记企业数量就明显减少。1998—2001年,薛城每年登记内资企业分别为70家、128家、39家、52家,2000年吊销企业503家。至2001年年底,累计登记内资企业933家。

2002年11月,企业登记管理股与个体私营经济管理股合并,设立企业注册局,为薛城工商分局的直属机构,副科级单位。同年,工商部门建设企业登记服务大厅,此后各工商所陆续建立登记服务厅,对前来办事的企业、个体工商户、投资人实行“一站式”服务。将注册的29家煤矿企业的登记档案移交省工商局,由省工商局核发营业执照。新登记内资企业72家。2003—2005年,进一步完善微机网络,登记业务系统全省联网,提高办公自动化程度,为企业和投资人提供高效服务。至2005年,累计登记内资企业865家。

2006年,积极推进新农村建设,出台《推进社会主义新农村建设的实施意见》,指导丰禾农资公司在农村设立60多家农资直营店,苏果超市在各镇驻地设立8家食品直销店和加盟店,沙沟镇10余户农民成立小麦专业合作社,邹坞镇15户农民开办农业服务有限公司。办理企业设立登记144家。2007—2009年,出台大力促进全区经济又好又快发展的28条政策措施,进一步宽松促进发展的政策环境和服务环境。新发展企业421家,办理农民种养业专业合作社登记40家。

2010年,出台《关于竭诚服务全区经济发展的实施意见》和《关于积极服务农村改革发展的实施意见》,广泛开展“红盾帮扶一对一”活动,组织举办全区民营企业负责人和优秀个体工商户代表培训班,邀请中国民营经济研究资深专家袁青鹏教授作“中国民营企业发展战略”讲座,新发展各类企业 230 家。

2011 年，出台《关于进一步促进全区服务业加快发展的实施意见》，开展企业内部二、三产业分离登记工作，促进投资担保、现代物流、房地产、咨询服务、商务服务、文化旅游、劳务中介等行业持续增长。新增企业 150 家、农民专业合作社 28 家，发展农村经纪人 12 人。

2012 年，出台促进和服务 薛城经济转型发展的 30 条政策措施，大力营造宽松的发展环境，千方百计催生市场主体发展活力。新增企业 214 家、农民专业合作社 32 家。

2013 年，市工商局将薛城区确定为工商改革试验区，区政府出台大力培育市场主体快速发展的政策措施，全力打造经济发展环境"洼地"，有效释放市场主体发展活力。全区市场主体数量迅速增长。新发展企业 302 家、农民专业合作社 166 家。

监督管理

1991 年，贯彻"清理整顿、深化改革"方针，对农资专营、彩电专营、汽车修理、农机、建筑等行业开展专项整顿，为企业深化改革净化外部环境。检查企业 1031 家，查处企业违法违章行为 189 起。

1992 年，结合年度检验查处企业违反工商行政管理法规行为 74 起。1993 年，年检企业 994 家，回访新登记企业 140 家。组织召开企业主管部门及部分企业负责人座谈会，探讨企业走向市场的途径。

1994 年，根据国家工商局颁布的《企业法人年度检验办法》，强化企业年检力度，实检 1605 家，注销 50 家，吊销 649 家已停业但未办理注销手续企业的营业执照。加强《中华人民共和国公司法》宣传，支持企业转换经营机制，培训企业负责人 1430 人(次)，向 350 名企业法定代表人颁发法定代表人合格证。

1995 年，年检企业 1710 家，变更登记证 286 家。积极推进《中华人民共和国公司法》实施，开展清理"假集体""三无企业"专项整治，注销"假集体"112 家、"三无企业"29 家。

1996 年，企业年检由检催制向报检制转变，薛城区 80%的企业在规定期限内主动到工商部门办理年检，共年检 1533 家。

1997 年，1482 家企业通过年检，其中 A 级企业 1461 家，B 级企业 21 家。A 级为遵守国家法律法规良好的企业，B 级为有违反工商行政管理法律法规行为的企业。回访企业 142 家，检查企业 400 家，清理非法中介组织 6 家，注销"三无企业" 31 家。

1998 年，年检企业 1186 家，其中 1140 家被定为 A 级企业，46 家被定为 B 级企业。清理"三无"企业 22 家，注销"假集体"5 家。

1999 年，国家工商局规定对企业重新换发新营业执照，薛城区法人营业执照的注册号由原来的"1645×××-×"变为"37040318×××××"，营业单位注册号由原来的"8645×××-×"变为"37040319×××××"。其中 37 代表山东，04 代表枣庄，03 代表薛城区，18 代表企业法人，19 代表营业单位，后五位数为顺序号。开展"查六小"(小煤矿、小水泥厂、小炼钢厂、小石炭窑等)专项整顿，关闭 6 家小煤矿、6 家小水泥厂。注销"假集体"和"三无企业" 41 家。整顿粮食收储企业，取消不具备粮食经营资格企业 5 家。开展部队、政法机关经办企业专项整治，注销 13 家。

2000 年，把审查企业前置审批文件和许可证作为企业年检的一项重要内容，凡前置审批文件和许可证到期或逾期的，一律不予通过年检，或者变更为不需要前置审批的经营项目通过年检。是年实检企业 875 家，定为 A 级企业 851 家，B 级企业 24 家。对烟花爆竹、炸药生产经营企业进行整顿，责令 5 家停业整顿。

2001 年，加强镇办小煤矿的监督检查，加大无照经营行为查处力度，处罚违法违规企业 55 家。对 42 家镇办小煤矿收缴营业执照，取缔"三无企业"30 家。2002 年，年检企业 657 家，注销 38 家。结合企业年检开展企业检查，责令 280 家企业补办前置许可证件。开展对煤矿企业、危险化学品生产经营单位及网吧的安全检查，依法责令 2 家证照不全的煤矿停止生产，查封非法网吧 23 家，取缔非法采煤小企业 4 家、液化气灌装点 5 家、采石场 7 家，责令 10 家网吧、6 家医疗机构、4 家采石场限期整改。

2003年，国务院颁布《无照经营查处取缔办法》后，查处取缔无照经营成为加强市场主体监管的一项重要工作。企业监管实行双轨制，推行工商所对市场主体的属地管理。对网吧、煤矿企业、非煤矿山、危险化学品等关系人民群众生命财产安全的行业实施重点监管。开展煤炭、农资、液化气经营专项整治，取缔无照经营煤矿1家、无照经营煤炭26家、非法经营液化气4家、非法经营农资9家。加强企业"经济户口"监管工作，建立健全企业"经济户口"。实行企业信用度分类和风险度分级管理，将"经济户口"按企业信用度分为守信、警示、失信和严重失信四类，按企业风险度分为高、中、低三级，制定不同的巡查周期实施日常监管。

2005年，把审查出资人是否具有主体资格作为企业年检的内容之一，出资人不具备投资主体资格的不予通过年检。全区企业通过年检424家。利用省工商局统一开发的企业"经济户口"业务软件，实现"经济户口"微机管理，日常巡查监管内容直接录入微机存档。开展无照经营专项整治，取缔非法经营农资10家，责令12家网吧限期整改，取缔"黑网吧"7家。

2006年，推进以"经济户口"为重点的登记监管方式创新，促进登记规范化建设。科学界定审批权限，落实"一审一核"制和首办责任制，实现提速提效。大力清理无照经营，取缔无照经营企业42家，清理"黑网吧"23家。

2007年，严格执行法定的市场准入条件，规范注册官登记行为，严把市场主体登记注册和企业年检关，年检各类企业528家。完善信用度分类、风险度分级、警示信息、重点区域监管"四位一体"的监管方式。全区动员开展清理无照经营专项整治，积极探讨部门联动机制，对无照经营户补办注册登记76家、行政处罚24家、取缔17户。工商、公安、文化、电信等部门联合开展互联网营业场所专项整治，取缔"黑网吧"18家。

2008年，加大力度整治规范市场主体，严把企业登记注册及年检关，坚持疏堵结合、注重帮扶引导方针，不懈清理、规范无照经营，共清理规范62家。开展企业"两虚一逃"、废旧物品收购、反兴奋剂、"迎奥运、除隐患、保平安"等专项整治活动，有关部门联合开展煤矿、非煤矿山、网吧、娱乐场所、危险化学品生产经营单位专项检查，取缔非法经营9家，责令整改14家，行政处罚8家。

2009年，先后3次开展网吧及互联网经营场所专项检查，取缔"黑网吧"18家。加强企业安全生产监管工作，多次开展对煤炭企业、化工类企业、燃气经营单位等高危行业和公共聚集场所的安全生产检查。

2010年，大力整治规范无照经营，3—10月开展市场主体全面调查，11月开展清理无照经营集中行动，排查企业1340家，办照规范165家，责令23家企业整改，查处无照经营行为46起，取缔"黑网吧"9处、无证无照采石场4家，促进安全生产。

2011年，年检国有集体企业189家、私营企业531家，年检率分别为80%和75%。多次开展煤炭企业、非煤矿山、危险化学品经营、烟花爆竹经营等高危行业和网吧、游戏厅等公共聚集场所安全生产检查，重点检查主体资格，责令63家企业进行整改，查处无照经营46起，规范无照经营40家，查处企业违法行为40起，取缔无照经营煤炭企业12家、"黑网吧"6处、超范围经营液化气罐装点4家。

2012—2013年，依法吊销未按规定参加年检企业223家。开展市场主体全面排查和整治无照经营行动，检查企业1300家、无照经营78家，规范无照经营67家，查处无照经营行为7起，取缔黑网吧4处。

国有集体企业改制

1990—1997年，薛城区企业改革、改制未能触动企业产权，致使企业资产运营效率和效益低下，企业固有的各种矛盾和问题没有解决。1997年年底，全区56家区直国有企业负债额18亿元，资产负债率为94.7%。导致亏损和资产流失的主要原因在于企业经营机制未得到根本转变，造成产权不连心，经营不精心，亏损不痛心。如果继续沿用旧体制下的管理机制，将会被优势企业挤垮，被"大锅饭"吃垮，被个体私营经济逼垮。其间，工商行政管理部门认真履行职责，做好工商法律法规政策宣传与咨询服务，为改制企业出主意、解难题，及时办理登记手续。1997 年，10 家企业采取股份制、承包经营等形式进行改制。

1998 年，薛城区根据市委、市政府提出的企业改革“产权一次买断、资产一次变现、债务一次划转、改革一步到位”的总体要求，确定“不求所有，但求所在，优化结构，盘活存量，增加税收，安置就业”的企业改革思路，制定《关于深化企业产权制度改革的实施方案》，科学规划，分步实施，因企施策，重点突破，全面推进，不断将企业改革推向深入，实现“三个转变”：由企业管理方式改革向产权关系变革转变，由行政推动改革向企业及主管部门主动改革转变，由着重于区直工业企业改革向区、乡镇企业和商贸流通企业全面推进改革转变。企业改革进入一个全新阶段。

1999 年，乡镇企业改制出现高潮。张范彩印厂、兴仁化工厂、常庄造纸厂、常庄玻璃厂、夏庄水泥厂、华腾面粉厂、夏庄冷藏厂、南石花炮厂等 68 家国有或集体企业采取重组、出售、兼并等方式完成股份制改制。改制后的企业多数呈现新的生机，经济效益大幅度上升，联兴玻璃有限公司、顺兴水泥股份有限公司、多乐采暖设备有限公司等企业成为乡镇的利税大户。至 2000 年年底，全区 242 家区、镇国有集体企业进行不同形式、不同程度的改制，其中公司化改造 29 家，出售、转让、承包、租赁 121 家，破产 92 家，破产债务金额 10. 8 亿元，重组资产 8. 12 亿元，盘活资产 2. 6 亿元，募集股金 2. 9 亿元，收回产权转让金 9615 万元，安置下岗职工 4070 人。

自 2001 年，工业企业和商贸流通企业改制进入快车道，薛城啤酒厂、天元化工厂、第四棉纺厂、纺织机械厂相继改制，商业、物资、供销系统的企业改制陆续完成，并向粮食、市政、城建、环卫、供水等企业化管理的公共服务行业和种子、农药、化肥等控制性、专营性流通行业延伸。改制后，青岛啤酒(薛城)有限公司、华众纸业有限公司、天元化工有限公司、锦辉钢铁有限公司、海化集团等成为薛城区的支柱企业。2002 年，陶庄水泥厂、陶庄水泥三厂、南石特种水泥厂、邹坞水泥厂、薛城新大水泥厂联合改制为薛城区第一家股份制有限公司—顺兴水泥股份有限公司。至 2002 年年底，乡镇和区直国有集体企业除煤矿、电力系统外，大都改制转为民营企业。

第四节 私营与个体工商业管理

个体工商户私营企业登记

1990 年 11 月，区工商局设个体经济管理股。1993 年 2 月，个体经济管理股连同个体工商户登记管理职能并入企业登记管理股。1996 年 1 月，薛城工商分局设个体私营经济管理股，负责个体私营企业登记管理。2002 年 11 月，工商分局个体私营经济管理股与企业登记管理股合并，设立企业注册局。2005 年，薛城工商分局以授权方式将个体工商户登记注册职权下放到工商所。

1991 年，区工商部门落实国家工商局私营企业登记程序，加强个体私营经济登记管理，做到“快审、快填、快发、不积压”，提高工作效率。举办个体工商户和私营企业主培训班，学习法律法规。强化管理与服务，促进个体私营经济持续、健康发展。重点发展购销贩运、手工业、服务业，解决城镇闲散人员就业难和农村剩余劳动力无出路等问题。发展个体工商户 1871 户，从业人员 2575 人，发展私营企业 14 家。

1992 年，大力发展第三产业，放宽生产经营范围，推动个体私营经济发展。城镇居民吃早点难、乘车难、洗澡难、小儿入托难等日常生活中的难题得到解决。工商部门使用微机进行登记注册、打印营业执照。累计发展个体工商户 4992 户，从业人员 8446 人。个体、私营企业经营范围越来越宽，已形成工业、建筑、交通运输、商业、饮食、服务、修理、养殖八大行业经营 2000 多个品种的新格局。

1993 年，落实“放宽政策、积极引导、热情扶持、适度管理”的方针，制定关于进一步促进个体经济发展的“八条规定”和支持第三产业发展的“八项措施”，创造良好发展环境。发展个体工商户 1126 户，私营企业 11 家。

区工商局发放营业执照

1994 年，出台《关于促进个体私营经济发展的若干规定》，发展个体工商户 1263 户，从业人员 5344 人，累计发展 6415 户，从业人员 20346 人；发展私营企业 27 家，累计 55 家，从业人员 1135 人。个体私营经济产业结构发生变化，经营领域进一步拓展，经营范围已扩展到信息咨询、科技开发、外贸出口等行业。

1995 年，坚持发展、保护、管理并举，保证个体私营经济稳步发展。探索对种植、养殖业登记造册，培育种植、养殖、加工专业村 57 个。新发展个体工商户 2090 户，累计 8842 户、从业人员 26718 人。发展私营企业 31 家，累计 86 家、从业人员 1910 人。

1996 年，发展个体工商户 1408 户，累计 10200 户；发展私营企业 33 家，除注销者外，累计 108 家。是年开始，实施企业下岗职工“再就业工程”。

1997 年，发展个体工商户 1754 户，累计 11280 户、从业人员 33846 人；发展私营企业 22 家，累计 130 家、从业人员 2638 人。是年，全区有 700 余名企业下岗职工从事个体私营经济。是年 9 月，将薛城区部分区域划归枣庄市工商局高新技术产业开发区分局管辖。

1998—2000 年，发展个体工商户 3091 户，私营企业 202 家。累计个体工商户 13985 户（含试营业的培育户）、私营企业 286 家，个体私营从业人员共 55317 人。

2001 年，发展个体工商户 987 户，累计 4413 户；发展私营企业 46 家，累计 149 家。

2002 年，实施登记注册服务“提速工程”，简化个体私营企业登记办照程序和手续，缩短办理时限，优化服务环境。发展个体工商户 1161 户、私营企业 119 家（其中有限公司 74 家）。

2003 年，发展个体工商户 1180 户、私营企业 52 家。2004 年，认真落实扶持民营企业做大做强的政策和措施，帮助民营企业解决实际问题；积极稳妥地实行企业注册“一审一核”制，新增个体工商户 1259 户，累计 5419 户；新增私营企业 64 家，累计 185 家。

2005 年，认真落实服务承诺制，推行登记注册工作“一审一核制”，进一步简政放权。新注册个体工商户 1420 户，注销 320 户，累计 6519 户；新增私营企业 136 家，累计 321 家。

2010 年，举办全区民营企业负责人和优秀个体工商户代表共 400 余人的培训班，邀请中国民营经济研究资深教授作“中国民营企业发展战略”讲座，启迪企业家的思路，破解民营企业发展中的一些难题。新注册个体工商户 2840 户、私营企业 214 家、农民专业合作社 38 家，个体工商户注册创历史新高。

2011—2013 年，积极促进现代服务业加快发展，新注册个体工商户 4622 户、私营企业 605 家、农民专业合作社 226 家、农村经纪人 72 人。

监督管理

1991 年，在个体私营企业中开展争当“文明守法户”“文明守法私营企业”活动，评选“文明守法户”23 户、“文明守法私营企业”2 家。

1992 年，登记注册统一使用微机打印营业执照，开展个体验照、私营企业年检和回访私营企业活动,查处未验照户35户,取缔无照经营34户,查处违法违章经营39起。1993年,对私营企业和个体工商户换发新式营业执照,实际换照4057户。

1994年9月下旬至10月中旬,开展“个体私营企业管理月”活动,重点整治集贸市场和沿街摊点群,查处无照经营139户。

1995年,普查个体私营企业,规范经营主体。个体验照6643户,私营企业年检55家。在个体工商户中推行缴费卡制度,以此规范缴费行为。开展清理“假集体”和无照经营专项活动,将77家“假集体”企业和170户无照经营户规范为私营企业或个体工商户。

2003年,个体验照4990户,注销1120户;年检私营企业160家,注销8家。对个体工商户和私营企业实行工商所属地管理,加强“经济户口”建管工作,强化工商所监管责任。认真贯彻落实国务院《无照经营查处取缔办法》,区政府统一组织,工商部门牵头,各有关部门配合,开展清查取缔无照经营集中行动,查处无照经营559户,取缔221户,补办营业执照290户。

2005年,创新个体私营企业监管方式,上门服务开展个体验照和私营企业年检,个体工商户验照5360户,私营企业年检143家。对个体工商户和私营企业实行信用度分类和风险度分级管理,联合公安、文化、电信等部门开展网吧专项整治,取缔“黑网吧”17家。2006年,清理规范无照经营298户。

2007年,全区动员开展无照经营专项整治,坚持疏导规范与查处取缔并举,积极探讨部门联动机制,无照经营户补办营业执照633户、行政处罚122户、取缔119户。开展“四小”企业主体资格专项整治行动,检查“四小”企业74家,取缔无照经营29家。

2012年,先后4次开展安全生产专项检查和危险化学品、“五小”场所、中秋国庆期间市场安全检查,52家私营企业进行整改。7—10月,集中开展市场主体全面排查和整治无照经营行动,检查私营企业和个体工商户6810户、无照经营867户,规范无照经营668户,查处无照经营案件37起。

2013年,排查个体私营业户2586家,发现无照经营728家,规范无照经营504家。市场主体文明诚信、守法经营意识不断增强。

第五节　经济监督检查

打击假冒伪劣商品

1991年,把“扫假清劣”和查处投机违法违章案件作为稳定经济、稳定政治、稳定社会,密切党群关系的一项重要工作。查处倒卖卷烟150件、棉花32.2吨、假冒卷烟204条、白酒7546瓶、蜂蜜400瓶、洗衣膏295箱、化肥195吨、农药200瓶,劣质啤酒16780瓶、茶叶95公斤、麦乳精15719瓶、糕点1991公斤、电线42700米,掺假煤炭228吨,煤矸石645吨。

1992—1993年,落实全国“打假”会议精神,借助“中国质量万里行”,掀起“打假”热潮。区委、区政府作出统一部署,实施统一领导、分线作战、部门配合、突出重点、断源截流,对13个乡镇、15处集贸市场进行检查,查处违法案件88起,其中万元以上的18起,移交检察机关5起,逮捕5人。捣毁制假售假窝点12个,查处假冒商标标识26万张、麦乳精728公斤、水果糖1010公斤、饮料7.2万瓶、蜂蜜2656瓶、白酒52131瓶、卷烟991条、机油430桶、皮鞋414双,劣质食用油1039公斤、食品1260公斤、家庭厨房多用机160台,掺假煤炭1085吨。

1994年,以查处制售假冒伪劣商品行为为重点打击不正当竞争,查处薛城辖区内仿冒娃哈哈果奶24万瓶。开展节日消费品市场、煤炭市场、农资市场专项检查,办理千元以上案件17起,移交司法机关1起,逮捕1人。取缔非法经营农资业户20户、煤矸石加工户24户。查处假冒白酒6324瓶、卷烟433条、饮料3030瓶、化妆品1560瓶、摩托车15辆、化肥33吨、农药0.25吨,查处煤矸石粉碎机26台,捣毁制假窝点5个,没收制假工具4套、假冒包装标识5万套。取缔两处贩卖病死畜禽的黑市,查获并销毁病死畜禽1200公斤。

1995年,开展生活日用品、煤炭、农资、水泥、石油、电线电缆、粮食、棉花等市场专项治理,查处案值千元以上案件64起,其中万元以上的8起,移送司法机关3起。捣毁制假窝点12个,查处假冒卷烟4000多条、白酒14万余瓶、饮料2.4万瓶、化妆品3.6万瓶、化肥200吨、农药5675公斤,劣质食品4000公斤,冒牌包装袋7万个,计划内转为高价销售的农用柴油80吨。强化煤炭市场监管,严厉查处煤炭掺假和为掺假提供服务的行为,处理此类行政处罚案件40余起,查扣掺假煤炭1600余吨,用于掺假的煤矸石粉1000余吨。

1996年,开展"公平交易执法年"活动,先后开展进口汽车、摩托车、家用电器、粮食、农资、夏季饮料、煤炭、电线电缆等市场专项整顿,捣毁造假窝点9处,查处千元以上的案件60起,其中万元以上的12起,查处假冒伪劣白酒、卷烟、饮料、食品、化妆品、服装、皮鞋、化肥、农药、电线电缆、掺假煤炭等充货值80余万元。4次组织假冒伪劣商品展览与销毁,扩大打假声势。

1997年,开展"打假清劣保双节"、农资市场、饮料市场、"迎中秋打假劣"专项检查,积极查办大要案件,办理千元以上的案件66起,捣毁造假窝点8个,查获假冒白酒29000瓶、卷烟4100条、化妆品500瓶、洗衣膏51箱,劣质饮料1.5万瓶、汽车配件100件。

1998年,查处生活消费品、煤炭、农资、家用电器经营中的违法案件,挖出制假销假窝点13个,查处假冒白酒4500瓶、卷烟1500条、果冻250余公斤、洗衣膏200箱,劣质饮料2万余瓶(袋),不合格复合肥15吨。

2000年,开展春、秋两季农资市场检查,查处违法经营19家,没收国家禁售农药2吨,封存无合格证玉米种5吨、不合格复合肥30吨,有效保护农民利益。挖造假、存假窝点7个,查获假冒伪劣商品充货值45万元。

2001年,工商部门牵头,质监、公安、运输等部门配合,开展违法拼装拆解汽车行为专项整治,取缔拼装拆解汽车专业户4家。开展煤炭市场专项整治,以汤庄——山家林公路沿线为重点,对煤矿和煤矸石加工点反复检查,取缔煤矸石非法加工点40个,没收煤矸石粉碎机22台,查获掺假煤炭130吨。改变薛城区煤炭市场一度混乱的局面。

2002年,整治煤炭、粮食、农资、手机、家用电器市场。工商部门牵头,卫生、质监、公安等部门联合行动,重点整治北城、清泉和陶庄市场,有力打击制假售假、欺行霸市等违法违规行为。

2003年,查处无照经营煤炭业户26户,查获掺假煤炭256吨,清理煤矸石粉800余吨。按照上级部署投入抗击"非典"的斗争,开展集贸市场、饭店、宾馆、旅店、网吧等公共聚集场所专项整治,查获假冒消毒液11吨及假冒防"非典"的中药、口罩、眼罩等商品一宗。查封劣质玉米种10吨、农药50箱。

2004年,加强食品、饮料、牛奶制品监管,查获假冒白酒7000余瓶,劣质奶粉一宗,冒牌包装鲜牛奶大宗。加强煤炭、农资市场检查,查处涉煤、涉农案件32件,取缔非法经营煤矸石18户,查扣掺假煤炭320吨、劣质复合肥30吨、农药60箱,清理煤矸石粉630吨。开展奶粉和鲜奶市场专项整治,没收劣质奶粉35公斤、冒牌包装鲜牛奶5.6吨。工商部门联合卫生、药检、公安等部门对全区集贸市场及其他场所的"毒鼠强"制售点多次进行检查,取缔"毒鼠强"销售点7个,没收"毒鼠强"拌和粮食7公斤。

2005年,开展"红盾护农"行动,规范农资经营渠道,假冒伪劣农资明显减少。开展流通领域商品质量监管方式创新,在具有一定规模的流通企业建立商品准入制度,严把商品质量关。整治煤炭市场,取缔无证照经营煤炭9户、煤矸石非法加工7户,没收煤矸石粉碎机11台,查扣掺杂使假煤炭130吨。开展卫生纸市场专项整治,查封非法生产卫生纸窝点3处。

2006年,落实上级治理商业贿赂工作部署,以医药购销回扣作为切入点,对9家医院进行调查查账,立案查处4起,行政处罚15.6万元。2007年,将治理商业贿赂的领域延伸到供电和教育系统,对区供电局和4处中学进行调查,由市工商局立案查处。

2009—2010年,反不正当竞争执法工作拓宽监管执法领域,对部分具有独占地位的公用企业经营活动和商场、超市的促销、交易行为进行检查和规范;开展房地产交易秩序专项整治,对制假售假、煤炭掺假等违法违规行为加大查处力度,立案查处不正当竞争行为7起。

2011年,市场监督管理工作注重行政指导,下达责令改正通知书等行政指导性文书1200份,将人性化执法理念融入执法活动之中。薛城工商分局被省工商局授予全省工商系统法制教育工作先进集体。

2012年,开拓办案思路,积极查处企业不正当竞争行为,办理不正当竞争案件4起。联合开展企业专项整治,查办大要案件3起。

2013年,从公用企业滥收费用入手,开展反不正当竞争执法活动,查处不正当竞争行为7起。

1991—2013年薛城区工商局办理行政处罚案件统计表

表15-5　　单位:件

年份	案件数	其中万元以上案件数	移送司法机关
1991	39	5	
1992	38	18	5
1993	50	12	
1994	17	5	1
1995	64	8	3
1996	60	12	
1997	66	8	
1998	44	4	2
1999	63	8	
2000	19	6	
2001	17	4	
2002	24	8	2
2003	26	12	
2004	50	24	3
2005	14	5	
2006	486	31	
2007	240	22	2
2008	299	34	
2009	198	72	
2010	212	86	2
2011	704	214	4
2012	745	364	
2013	193	176	

打击走私贩私

1991—1993 年,开展以“打假查私”为重点的经济检查工作。1991 年,查获走私尿素 195 吨、汽车 1 辆、彩色电视机 5 台。1992 年,查获走私汽车 11 辆。1993 年上半年,省政府对全省打击走私作出重大部署。薛城区成立打私办公室。区工商部门采取集中时间、集中力量、重点突破、主动出击的工作方法,深入开展反走私贩私斗争,张贴 1000 份打私通告,发动群众举报,勒令从广东、海南、福建三省无证购买进口汽车以及非法走私汽车的单位限期自报,执法人员对企事业单位未经工商行政管理部门验证检查私自安户挂牌的非法进口汽车进行清查,依法处理。立案查处倒卖进口汽车案件 36 件,涉案走私日本产“皇冠”“蓝鸟”“公爵王”等轿车和日本产“丰田”、美国产“道奇”等面包车共 87 辆。

1994—1997 年,对私货市场和走私贩私物品进行清理,重点检查汽车、摩托车、照相机、家用电器经销单位,对私货交易行为进行严厉打击。

1998 年,薛城工商部门认真贯彻上级打私会议精神,在全区范围内开展以打击走私汽车、摩托车、家用电器、香烟、纺织原料、化工原料、盗版光盘、成品油为重点商品的专项斗争,查获走私摩托车、微波炉、手表、空调等商品一宗。9 月下旬至 12 月上旬,在全区范围内开展严厉打击卷烟走私贩私专项活动,查获走私卷烟 1500 条。

1999 年 11 月,工商部门会同区电信局查处走私移动电话机、伪造进网许可证或无进网许可证电话座机、电话交换机行为。

2000 年,开展 “打私护企” 专项治理,重点对家用电器、音像制品、通信器材、照相机、感光材料、成品油、化妆品、烟酒、医疗器械、计算机设备等物品进行查缉。走私贩私得到有效遏制。

2001—2013 年,薛城区走私贩私行为已不多见,但工商部门对走私贩私活动一直保持警惕,检查的重点是进口农资商品、走私盗版光盘和手机、充电器、电池等。其间,多次开展反走私综合治理行动,重点对冷库冻品批发点、重点家电电子产品市场、汽修汽配、“两油”(汽油、柴油)、烟酒、进口食品、废旧物资市场进行检查,未发现走私违法行为。

打击行业垄断

1998 年 3—6 月,配合市工商局对薛城区公用企业限制竞争行为进行检查,这是《中华人民共和国反不正当竞争法》实施以来对公用企业或其他依法具有独占地位的经营者限制竞争行为的第一次专项整治活动。

2001 年,对区供电部门在农村电网改造中滥收费用行为、信用社强制预先收取贷款户利息行为、烟草公司强制搭售卷烟行为、邮政部门向被录取大学生强行推销《金榜题名册》行为、保险公司在学生平安保险业务中搞商业贿赂行为依法进行调查取证,作出处理。2002 年,对区煤气公司收取煤气表保底金的不正当竞争行为进行查处。2003 年,开展反不正当竞争专项整治,责令纠正或予以行政处罚。2004 年,查处取缔 1 家商业企业利用“消费储值”从事非法经营活动。2005 年,配合市工商局查处 7 起公用企业或其他依法具有独占地位的经营者限制竞争的案件。2006 年以后,薛城区公用企业利用独占地位搞行业垄断、限制竞争和滥收费用的情况已很少见。2012—2013 年,重点对邮政、通信、金融等公用企业利用独占地滥收费用等行为进行检查,办理不正当竞争案件 12 起。

打击传销

1995 年 9 月 22 日,国务院办公厅发布《关于停止发展多层次传销企业的通知》,要求停止批准成立多层次传销企业。1997 年前,薛城区没有传销活动。1997 年 11 月 24 日,国家工商局、公安部发布《关于严厉禁止非法传销培训活动的通知》。是年,薛城工商部门取缔非法传销组织 5 个,立案查处 2 起。1998 年 4 月 18 日,国务院发布《关于禁止传销经营活动的通知》。1998—2002 年,薛城工商部门密切关注传销活动动向,查处取缔传销培训活动 8 起。2003 年,工商部门在公安部门配合下,先后 9 次组织对传销活动实施出击,取缔传销窝点 9 处,驱散大型集会 2 次,遣散参与传销人员 400 多人,抓获传销头目 2 人,移交公安机关处理。2004 年,取缔传销窝点 11 处,遣散参与传销人员

400余人。

2005年,国务院《禁止传销条例》《直销管理条例》先后于11月1日、12月1日颁布实施。薛城区成立以工商、公安、银监、新闻媒体等部门和镇街政府为成员单位的打击传销领导小组,全区形成政府统一领导,相关部门密切配合,群防群控的打击传销工作新格局。工商、公安重拳出击查传销,对规模大、影响面广、危害严重的大要案,采取"抓头目""端窝点""堵回流""封账号""退钱款"等强有力措施彻底查办,迅速瓦解传销组织。重点清查出租房屋、城郊接合部居民楼,以及宾馆、礼堂等公共场所,取缔传销聚会点与授课点5处、居住点15处,遣散参与传销人员460人。2006—2008年,重拳打击传销活动,形成高压态势。成立临城"打传"大队,建立"打传"长效机制,开展联手"打传"集中行动,26次联合出击,取缔传销授课点和居住点116处,遣散参与传销人员4358人,立案查处传销案件37起,移送公安机关4起。2009年,落实打击传销长效机制,大力压缩传销生存空间,3月份前取缔传销窝点5个,4月份后没有发现传销活动,传销在薛城区失去立足之地。2011年,捣毁一起打着直销幌子从事传销活动的秘密窝点,抓获传销头目4人(移交公安机关2人),疏散参与传销人员50人。开展创建"无传销镇(街)"活动,树立常庄镇和临城街道办事处为示范点。

第六节　消费者权益保护

"12315"建设

2002年11月,薛城工商部门设立消费者权益保护科(简称消保科),成立"12315"投诉举报指挥中心,设12315投诉、举报专线电话和专用电脑。2003年,工商部门各基层工商所设立"12315"中心工作站,设号码尾数为315的电话,制定统一的工作制度、"12315"投诉举报工作流程图,畅通监督举报、投诉渠道。2005年12月,工商部门进一步完善"12315"投诉举报系统,为12315投诉举报指挥中心配备专职人员,利用12315系统软件对消费者投诉、举报、咨询进行受理、分流转办、反馈和上报。2003—2013年,在行政村、社区、商场、超市、铁道游击队纪念园(临山公园)建立100余个"12315"投诉举报联络站。

"12315"消费维权体系形成后,日常的咨询服务工作便集中于"12315"申诉举报指挥中心、"12315"申诉举报中心工作站和"12315"申诉举报联络站。2003—2013年,受理消费者咨询2.6万余人(次)。

维权服务

宣传与咨询服务　开展街头宣传服务。1991年以来,工商部门每年都组织街头设点服务,尤其借助3·15国际消费者权益纪念日,在区驻地及各乡镇开设宣传咨询服务站,采取现场解答咨询、散发宣传材料、车队巡回宣传等形式,开展《中华人民共和国消费者权益保护法》、消费维权知识宣传和咨询服务活动。1991—2002年,每年上街设咨询服务站8处,共服务群众8000余人(次)、印发宣传材料1.5万份。2003—2013年,上街设咨询服务站96处,印发宣传材料5万多份,设置宣传牌168块、宣传标语144幅,出动宣传车360余辆,服务群众1.4万多人(次),现场受理消费者投诉、申诉200多起。广大消费者的消费维权意识不断增强。组织假冒伪劣商品展览。1991—2013年,工商部门每年都利用3·15国际消费者权益纪念日或其他有利时机,在区驻地及乡镇举办假冒伪劣商品展览和真假商品识别活动,揭露不法企业、不法人员制售假冒伪劣商品坑害消费者的违法行为,提高广大消费者识假辨假和自我保护能力。

受理消费者投诉与行政调解　工商部门设立消保科之前,消费者投诉、举报由区消费者协会和各工商所受理。消保科设立后,承担消费者投诉、举报的受理与行政调解工作。2006年,处理投诉360件、举报86件,挽回经济损失2万元。2009年处理投诉335件、举报8件,挽回经济损失5.6万元。妥善处理常庄镇辖区36户农民不当使用除草剂致4.33公顷玉米绝产的投诉案,农资经营户向受损失农民补偿4.8万元。2012年处理投诉425件、举报32件,挽回经济损失14万元。2013年处理投诉543件、举报37件,挽回经济损失6万元。

2013年,充分发挥12315投诉举报平台作用,及时处理消费者投诉举报640件、举报9件,为消费者挽回经济损失30余万元。至2013年年底,共处理消费者投诉8620件、举报550件,内容涉及家用电器、手机、食品、服装、建材、农业生产资料等商品质量和假冒日用品等,为消费者挽回经济损失96.1万元。

质量监管

监管机构　2003年,薛城工商部门成立食品安全监管领导小组,局长任组长,领导小组下设办公室,设在消保科。各工商所所长为辖区食品安全监管第一责任人。工商所管辖区划分为若干片,工商所人员划分为若干小组,各小组组长为片区负责人。工商部门局长与工商所所长、工商所所长与片区负责人签订食品安全监管责任书,一级对一级负责。

建立健全自律制度　2004年,工商部门在全区食品经营户中推行食品经营者自律制度和"两账一卡"(进货台账、销货台账、商品销售信誉卡)制度,统一印制"两账一卡",由工商所指导、监督食品经营者使用"两账一卡",落实自律制度。以苏果超市和枣庄贵诚购物中心薛城店为示范点,召开现场会,指导全区800多家食品经营户接受、落实自律制度。2006年,着重抓流通企业商品质量内部检查、不合格商品退市等制度落实,工商所建立食品经营户档案,及时反映经营户信用状况。2007年,推行农村食品市场监管"四项制度"(食品经营户"一户多档"制、食品从业人员"实名登记"制、农村集市熟食经营摊点"证明登记"制、散裸装食品"标牌公示"制),组织试点和培训,在邹坞镇召开现场会推广。2008年,在城区推行食品市场监管"四项制度",城区184户食品经营户落实"四制",落实率为89%。2009年,实行食品经营户食品流通许可证制度,督导办理食品流通许可证150件。2011年,大力推动食品经营自律"三条线"和"一票通"等长效机制落实,健全食品经营者档案,不断完善食品安全追溯系统信息,做到源头可控、去向可查、问题可溯、责任可追。2012—2013年,开展食品安全放心乡镇创建活动,推进食品安全长效机制落实,监管水平和风险防控能力有新的提升。

日常监管　自2003年,按照国家工商总局《工商行政管理所食品安全监督管理工作规范》要求,工商部门指导工商所建立健全食品市场巡查工作制度,按照市场巡查"六查六看"要求对辖区食品经营者进行月巡查和专项检查,建立完善对辖区食品经营者的动态监管档案。每年新年、春节、中秋、国庆等重要节日期间,工商部门都组织开展食品市场专项检查。

2004年,开展食品包装标识专项整治。2005年4月,对全区食品、乳制品经营户和生产加工企业进行专项检查,全区仿冒食品明显减少。9—10月,开展中秋、国庆两大节日食品质量安全专项整治,检查北城、清泉、陶庄、邹坞、沙沟等市场14处,商场、超市8家,个体食品经营户410户,重点检查与人民群众切身利益密切相关的食品、饮料、烟酒、保健食品等,查处制假酒窝点1处,查获"三无"(无厂名、厂址、生产日期和保质期)小食品720公斤、"三无"过期月饼437公斤、假冒白酒5400瓶,取缔非法生产月饼小作坊6家,促进"两节"市场净化。2005年,开展乳奶品市场专项检查,检查乳奶品经营户57户和部分生产企业,取缔无证照加工点2家,捣毁制造冒牌包装乳奶窝点1处,查扣冒牌包装乳奶2000多公斤及大宗假冒商标标识和包装箱,对造假者进行严厉处罚。

2006年,加强对食品经营主体的规范,取缔无照经营26户,进一步完善食品经营户"经济户口"。2007年,开展食品安全整治,尤其是春节、中秋、国庆节期间,对猪肉、食用油、乳饮品、散装食品等进行重点检查,对酱油、食醋、散装白酒等8类食品进行抽检,查获"三无"、过期食品450公斤、冒牌乳饮品305箱、劣质食用油780公斤、冒牌酱油食醋1120袋、假冒白酒14100瓶,立案查处食品质量案件4起。2008年,加强法定节日期间、奥运会期间市场检查,组织对中小学周边经营户的专项检查。针对"三鹿奶粉事件",迅速启动食品安全应急预案,开展拉网式检查,督促食品经营单位做好乳制品清查退市和对消费者的退货换货工作。

2009年，贯彻《中华人民共和国食品安全法》，进行食品添加剂、纯净水、乳制品等商品专项检查和啤酒质量抽检，查处食品和啤酒质量案件9件，取缔制售假冒伪劣食品窝点3个。2010年，开展食品安全监管"百日会战"，督导落实"三条线"制度，取缔制假窝点3处，没收过期啤酒18495瓶、假冒"蒙牛"牌液态奶500箱、冒牌"八宝粥"1200箱，查处食品经营违法行为13起。2011年，针对乳制品、葡萄酒、面条、猪肉、火腿肠、"地沟油"、食品添加剂、桶装饮用水等开展专项整治，抽样检验23种食品，立案查处食品安全案件22件，责令11家超市和58家食品经营店进行整改，消除食品安全隐患。2012年，加强食品现场制售行为监管，在陶庄镇进行试点并召开现场会，探讨食品现场制售监管模式。

2013年，开展"双节"（元旦、春节）食品市场、"美素丽儿"问题奶粉、高考期间食品、肉制品等专项检查和风险隐患排查活动，抽检10家超市和食品店的50种食品，对25种不合格食品的经营者予以行政处罚。

第七节　商标管理

注册商标管理

1990年，区工商部门设立商标广告管理股。1991年核转商标10件，全区共有注册商标78件。1992年开展《中华人民共和国商标法》实施10周年纪念活动，召开注册商标企业负责人座谈会，指导企业正确运用商标策略开拓市场。核转商标14件，全区共有注册商标92件。1994年，将商标监管工作重点转向大中型企业，指导企业运用商标战略开拓市场，开发新产品，提高产品质量和企业知名度。对全区注册商标进行清理，除已废止的外，实有注册商标78件。

1995年，举办培训班4期，培训企业有关人员200多人（次）。举办"南极洲杯"商标知识竞赛，7家企业参加竞赛活动。74件注册商标验证54件（因企业停业、歇业停止商标使用19件）。帮助企业办理商标变更手续12件、续展2件。1996年，对13家指定印制商标企业进行年检、换照。南极洲啤酒股份有限公司健全商标印制、使用、保管档案。1997年，26件商标因企业停产而停止使用未能验证，其余49件商标全部验证。薛城区南石乡的冬枣产于冬季，个大味甜。1997年，南石乡政府给冬枣注册"雪丹"牌商标。"雪丹"成为薛城区第一件在农产品上使用并申请注册的商标。

1998—2001年，开展省、市两级著名商标推荐、认定、颁奖工作。运用商标管理手段为企业改制与发展服务，企业办理商标注册申请24件、转让5件、续展6件、许可使用备案1件。开展商标侵权专项治理活动，对知名度较高的商标实施重点保护，对商标印制企业进行检查、换证。2002年，枣庄天元精细化工有限公司申报山东省著名商标，2003年该公司的"薛星"牌商标被认定为"山东省著名商标"。2004年，成功注册"薛曹"元宵商标，这是薛城区第一件食品商标。

2005年，企业申报山东省"著名商标"3件，农民申报农副产品注册商标10件。办理"铁道游击队"商标注册申请，在影视、工艺品、服装等25大类250个小项目上申请注册商标。个体工商户和自然人注册商标的意识明显增强，2003—2005年，先后申报注册"薛曹"元宵"205羊汤""谷香村"辣子鸡、"冠壮"火腿肠、"柏山泉"矿泉水等商标。2005年年底，全区共有各类注册商标338件。2006—2010年，共申报商标注册109件，成功注册95件。张范镇申报"杨峪"12类120件小项目注册商标。

2011年，制定《关于推进商标战略实施商标兴区的意见》。2012年，改进商标注册服务方式，在重点企业、重点乡村设立"商标服务联系点"，开展"商标助企""商标富农"服务活动。2013年，对注册商标持有人、未注册商标使用人、大型商场、超市、专营专卖店的基本情况和经营行为进行调查摸底，完善商标监管档案。调查企业和自然人270家、注册商标310件，充实注册商标信息库。

1991—2013 年薛城区商标注册情况统计表

表 15-6

年份	成功注册商标数(件)	年份	成功注册商标数(件)
1991	10	2003	24
1992	14	2004	28
1993	6	2005	61
1994	5	2006	44
1995	10	2007	12
1996	17	2008	14
1997	20	2009	18
1998	17	2010	21
1999	16	2011	34
2000	22	2012	38
2001	22	2013	110
2002	21		

商标专用权保护

商标侵权查处　1991 年,对经营食品、饮料、酒类商品企业的商标使用情况进行全面检查,责令 5 家使用商标不规范的企业限期改正。1992—1995 年,查处商标侵权案件 18 起,没收假冒商标标识 2 万余套。1996 年,对全区 12 家水泥厂的商标使用与印制情况进行检查,对 29 家加油站进行治理,清除非法使用的“火炬”牌商标,查处商标侵权案件 9 起,没收假冒商标标识 83000 张。1997 年,对非法使用他人注册商标的汽车维修站(点)进行检查,处罚有侵权行为的站点 5 家。1999 年,以北城批发市场为重点,开展商标违法行为专项治理。协助枣庄采暖设备厂等企业查处外地企业冒用薛城区注册商标的违法行为,维护企业合法权益。2000 年,对擅自使用他人注册商标作为专卖店、专修店名称或营业招牌的违法行为进行清查。2001 年查处商标侵权案件 17 件。

2002 年,以食品、药品、农资等关系人民群众生活、生产安全的商品为重点,开展商标侵权行为查处工作,查处商标侵权案件 13 件。2003 年,与名优企业联合开展“联手打假保优”活动,针对“多乐”牌采暖炉在外地市场出现大量仿冒产品现象,工商部门派员与枣庄多乐采暖设备有限公司人员赴沂水、沂南等地,会同当地工商行政管理机关对生产销售假冒“多乐”牌产品的经营户挨家挨户查封,有效保护“多乐”企业的合法权益。

2004 年,重点查办在食品、药品等关系人民群众身体健康和生命安全的商品上发生的商标侵权案件、侵犯驰名商标和著名商标专用权的案件、侵犯地理标志专用权的案件和非法印制及购买使用假包装、假标识、假商标的案件,共查办案件 12 件,没收假冒商标标识 8000 多套。2005 年,加大力度开展保护注册商标专用权行动,查获侵犯“康师傅”注册商标专用权的“唐帅博”方便面 140 箱,假冒“老人头”注册商标的皮鞋 91 双,假冒“皮尔卡丹”注册商标羊毛衫 19 件,假冒“浏洋河”“张裕古酿”“银剑南”等品牌的白酒 248 箱(1488 瓶)。

2006—2007 年,配合兰陵酒业、张裕酒业、蒙牛乳业等厂家对薛城辖区市场上假冒仿冒商标行为进行多次检查，查处商标侵权案件26起。2008年，查处白酒、化妆品等商品商标侵权案件21起，查获侵权商标标识6000余份。2011年，配合蒙牛乳业、广东宝洁洗化等5个厂家开展打假维权活动，查获商标侵权液态奶、洗化用品一宗，查处商标侵权案件5起。2012年，开展打假保名牌专项检查，查处商标侵权案件9起。开展商标专用权保护和打击"傍名牌"专项执法活动，查处商标侵权案件4起。

商标印制管理　1991年1月，枣庄市工商局印发《关于对我市商标印制单位发放指定商标印制单位证书的通知》，其中确定薛城区临山路纸箱厂、薛城区古井纸箱厂、薛城区常庄乡纸箱厂、薛城镇包装材料厂、薛城区印刷厂、枣庄市磷肥厂综合加工厂、薛城区劳动服务公司、卫生局青年印刷厂取得指定商标印制单位证书，可从事商标印制业务。1992—1995年，工商部门认真做好商标印制单位年检和检查回访，指导企业合法经营。1996年发展指定印制商标单位2家。1997年，对全区17家印制商标企业进行整顿，为10家印制企业换发新证书。1998年，对全区28家印刷企业和10家商标印制单位进行检查，纠正承印商标业务不规范问题。2000年，对商标印制单位进行换证，对商标印制管理人员进行培训。

2001—2002年，针对全区商标印制企业急剧减少的实际，指导企业转变思路，走创新之路。2003年，取消商标印制企业许可证和商标印制企业管理员证，工商部门加强对商标印制企业的动态管理。2004年9月1日，国家工商总局颁布实施《商标印制管理办法》。工商部门对全区26家印制单位负责人进行培训，并制定加强商标印制管理规章制度。2005年，召开商标印制单位负责人会议，增强诚信、守法意识，接受新的管理理念。2006—2013年，对商印制单位实施规范管理，健全完善监管档案，有计划地进行检查，注重行政指导，加强诚信教育，督导企业强化内部自律。

著名商标评选

1997年，工商部门组织薛城区企业参加山东省"20佳著名商标"和枣庄市著名商标评选，推荐7件商标参加市级评选，将其中3件推荐参加省级评选。1998年，薛城区企业山东南极洲集团股份有限公司的"南极洲"和山东华众纸业有限公司的"山峰"注册商标被认定为"山东省著名商标"，"南极洲""山峰"和枣庄市薛城区面粉厂的"神农"、山东省枣庄市采暖设备厂的"多乐"等4件注册商标被认定为枣庄市著名商标。

2001年，山东多乐采暖设备有限责任公司（原山东省枣庄市采暖设备厂）的"多乐"注册商标被认定为山东省著名商标，"山峰"被再认定为山东省著名商标。2002年，枣庄天元精细化工有限公司的"薛星"注册商标被认定为山东省著名商标。2004年，枣庄市安厦水泥有限公司的"唐人"注册商标被认定为山东省著名商标，"多乐""山峰"被再认定为山东省著名商标。2005年，"薛星"被再认定为山东省著名商标。至此，薛城区共有4件山东省著名商标，包括"唐人""多乐""山峰"和"薛星"。2009年申报山东省著名商标2件。2011年，为陶庄镇的"凯乐""晟强""升光"3件优秀商标申报山东省著名商标。2012年，枣庄市宏光化工有限公司的"新月"及图案、山东贝斯特机械设备有限公司的"贝斯特"及图案被认定为山东省著名商标。2013年，山东北斗制冷设备有限公司的"薛风"及图案、枣庄市多乐采暖设备有限公司的"多乐"及图案被认定为山东省著名商标。

第八节　广告管理

广告业

1991年，城区内设置固定平面广告牌26块，累计56块，广告宣传栏18处。1992年，枣庄矿务局系统内部成立电视台，扩大广告宣传媒体。是年，利用薛城地处交通要道的优势，引导企业广告宣传向立体式发展，设置立体式广告牌52块，路灯杆广告牌157块。1994年发展广告经营单位4家。1995年,《薛城周讯》报社成立,为广告宣传增添新媒体。

90年代以后,电视和报纸成为广告宣传的主要手段。90年代后期,广告公司陆续成立。1997年,薛城区有3家广告性质的公司。2000年11月30日,国家工商总局颁布《广告经营许可证管理办法》,其中规定从事个体广告业务的不需办理许可证。自此,广告业发展步子加快。2002年,新发展广告经营单位6家,全区广告经营业户累计76家,其中广告公司14家。2005年,全区从事广告经营的个体、私营业户共118家。广告形式从以往的路牌、过路标语、墙体广告、街头宣传等向霓虹灯、电子屏幕、车体广告等更加先进的形式发展。电视、报纸、广播、宣传品广告更加活跃。2006—2010年,全区发展广告经营业户32家,累计150家,其中广告公司27家。路灯杆广告牌1000多块,霓虹灯广告牌20多块,电子屏幕广告800多处,车体广告登记200余件。2011—2013年,发展广告经营业户60家,累计210家,其中广告公司46家。路灯杆广告牌2000多块,霓虹灯广告牌60多块,电子屏幕广告2000多处,车体广告登记300余件,发布广告的电视台2家、报社2家、广播电台1家,纸质广告宣传品制作发送2家。

监督管理

1991年,广告经营单位全部实行专用发票和广告业务员证制度,工商部门帮助广告经营单位建立广告审查登记和档案管理制度。1994年,宣传新颁布的《中华人民共和国广告法》,广告监管工作步入法制轨道。工商部门联合区卫生、公安、文明委等部门对全区户外广告进行清理,清除各种非法设置广告牌300余块。

1995年,针对野医乱贴医疗广告行为,联合区卫生局取缔在薛城活动的野医,没收医疗广告纸2000余张。开展户外广告整顿,清理非法设置的广告牌40块,清除乱贴广告纸800余张,没收非法印刷品广告1.7万余份,对3家广告经营单位作出行政即时处罚。是年,采取多种形式开展广告法规宣传,举办广告法规培训班2期,培训企业有关人员50多人。举办部分企业参加的"南极洲"杯广告知识竞赛,促进企业学法活动。

1997年,落实户外广告登记和设置许可证制度,对临时性广告活动实行审批登记,对医药、医疗器械、招生、招工等广告实行发布前审查备案制度。工商部门组织开展药品、医疗器械、代乳品广告和户外广告四项专项检查,立案查处违法广告案件8件,没收非法广告宣传材料3.1万张。1998年,对媒体广告严格进行发布前的审查,对招工、招生、医疗和"三品"(食品、饮品、保健品)广告审查率为100%,审查各类广告276条。对300多处乱贴非法广告的场所进行清理,没收并销毁非法印刷品广告18000份。

1999年,对广告经营单位主体资格进行审查,对2家广告经营单位进行年检和换证。审查各类媒体广告73条,制止非法广告通过新闻媒体发布。选送3件广告作品参加山东省第五届优秀广告作品展,均获得优秀作品奖。对50多家广告经营单位和医院、卫生院、药店、门诊部进行专项检查,停止发布药品和医疗广告4起,查处广告违法案件2起,取缔野医窝点1个,没收医疗、药品印刷品广告6000余份。2000年,根据国家工商局、省工商局《关于集中开展整治虚假违法医疗、药品、保健食品广告的通知》,工商部门开展人民群众反映强烈的药品、医疗、保健品、加工承揽、电视直销广告整治活动,检查各类广告70条,发现有问题的广告32条,其中限期改正11条、暂停发布6条、重新审批备案15条。积极参加城区市容环境综合整治,全面清理不符合规定标准的户外广告牌匾。2001年,针对医疗、药品、保健食品广告宣传面广、特别分散、流动性强、管理难度大、群众反映强烈的实际,工商部门与卫生、药品监督、公安等部门联合,对17家药店、医院、门诊部、医疗服务机构、保健品商店和大型商场进行检查,收缴并销毁非法印刷品广告3万余份,取缔非法诊所、药店3家。2003

年,抗击“非典”期间,开展虚假广告和户外广告专项清理整顿,查处违法广告案件15起,没收非法广告宣传品8000余份。

2005年,按照《广告经营许可证管理办法》规定,对个体工商户从事广告业务的不再进行年检,但从事广告业务的企业仍需每年到市工商局进行年检换证。针对一些电信信息服务发布含有淫秽、色情、封建迷信等内容电信广告,电信信息服务的收费标准不规范,电信业广告宣传用语不规范等现象,制定制度对电信信息服务广告及电信业广告宣传用语加以规范。按照上级部署开展“打虚假、树诚信”广告专项整治行动,建立广告监测制度、广告案件查处制度、广告行业自律制度、媒体广告责任人等项制度。以医疗、药品、保健食品及高校招生、房地产广告为重点,加大力度进行整治,查处违法广告案件10起,查缴非法广告宣传品1万余份。

2006—2008年,加强对医疗、医药、美容、房地产等广告行为监管,对户外广告、印刷品广告加强巡查监管,对新闻媒体、广告公司等单位定期检查,审查户外广告210件,责令改正广告发布124条,查处广告违法案件37起。2009年,对公交公司、客运公司经营广告和医疗机构等单位发布虚假广告宣传行为进行调查,办理违规广告即时处罚案件27起。2010—2013年,加强对电视台、医院等单位广告发布行为的监测,查处违法发布广告案件12起。办理户外广告登记180件。

公益广告

1997年前,薛城区主要靠印发宣传材料、墙体广告、设置标语、街头设点宣传、流动宣传车宣传等形式发布公益广告,宣传形式和内容有很大局限性。1997年后,薛城区公益广告意识逐渐增强,公益广告发布形式越来越丰富。通过报纸、电视、广播、灯箱、标语、宣传品、广告牌、霓虹灯等多种形式发布公益广告,有力宣传薛城文化,弘扬时代精神,推动精神文明与物质文明建设。1997年9月,为推动社会主义精神文明建设,迎接中共十五大召开,工商部门组织开展“自强创辉煌”主题公益广告宣传活动,广告经营单位共制作、播放公益广告280条,突出时代特点,展现两大文明建设成果,发挥广告在社会主义精神文明和物质文明建设中的积极作用。

1999年,薛城城区设置公共广告栏3处、灯箱广告街3条、公益广告牌198块。2000年,发布一批主题鲜明、思想性强、具有较强时代特色的公益广告,新闻媒体制作、刊播、发布公益广告52条,在城区设置大型公益广告路牌18块、灯箱公益广告37个。2003年,工商部门组织新闻媒体和广告经营单位开展公益广告宣传活动,广播电视每套节目发布公益广告的时间不低于3%,报纸刊出公益广告的版面不少于发布商业广告版面的3%。组织广告经营单位积极参与“3·15”消费维权年主题、计划生育、环境保护等内容的公益广告宣传活动。2004—2005年,在城区主要街道利用灯箱、霓虹灯、大型广告牌等形式发布以计划生育、“关爱女孩”为主题的公益广告,宣传计划生育政策和历史及当代女性名人自强不息的精神。在沿河公园、铁道游击队纪念园、临山公园等地设置以精神文明建设为主要内容的大型公益广告牌。

2006—2010年,在城区主要街道、车站、公园等地,利用灯箱、霓虹灯、大型广告牌等形式,发布奚仲文化、精神文明建设、计划生育、环境保护、省级卫生城市创建等内容的公益广告;区广播电视台、《薛城周讯》报发布公益广告1800余条。2011—2013年,在城区、镇驻地及农村,利用霓虹灯、大型广告牌、墙体广告栏、电子屏幕、车体广告等形式,广泛发布省级文明城市创建、国家园林城市创建、国家级卫生城市创建、城乡环卫一体化、大气污染防治、美丽乡村建设、路域环境治理、“四德”(职业道德、社会公德、家庭美德、个人品德)工程等为主题的公益广告。区电视台、《薛城周讯》报、区广播电台发布此类内容公益广告3000余条,宣传薛城文化、弘扬时代精神和社会主义核心价值观,引领全区人民的意识形态,推进精神文明和物质文明建设。

第九节　合同管理

合同制推广与经济合同管理

1990年8月20日，国家工商局发布《经济合同示范文本管理办法》。此后，工商部门进行广泛宣传、学习和推行，开展经济合同文本的领取、分发和管理工作。

1991年，引导企业参加“质量、品牌、效率年”活动，推进经济合同文本、档案、台账“三统一”工作。全区形成工商部门统一管理、企业业务主管部门各负其责、企业自我管理的“三位一体”的经济合同管理体系。查看263家企业的经济合同2536份，查出不合格合同162份，合同签订总金额606万元。

1992年7月，开展《中华人民共和国经济合同法》颁布实施10周年宣传活动，组织彩车巡回宣传，举办首届《中华人民共和国经济合同法》知识竞赛。是年，在陶庄镇组织农村经济合同制试点，枣庄市工商局在陶庄镇召开全市农村合同制现场会。按照省工商局统一时间、统一教材、统一试题的规定，对全区企业厂长、经理、经济合同管理员、合同承办人员进行上岗培训，培训后向570人发放上岗证。对薛城啤酒厂84份供销合同全部备案协查，使该厂避免经济损失397万元。查看264家企业的经济合同2492份，查出不合格合同2787份，合同签订总金额707万元。

1994年，办培训班17期，培训企业合同管理人员1120人(次)，对考试合格者发经济合同管理岗位培训证书。着重抓农产品购销合同管理，工商部门配合区农业局对全区46家农业经济实体、12家涉农龙头企业，指导建立合同管理机构，配备合同管理人员，推行统一的合同文本，指导签订合同。加强棉花定购合同管理，指导签订棉花定购合同3万余份。查看293家企业的经济合同3480份，合同签订总金额6320万元，查出不合格合同235份，金额360万元。

1995年，广泛推行经济合同统一文本和授权委托制度，发放经济合同统一文本500本、授权委托书4500件，为企业办理合同管理资格证书85个、年度授权委托证367件。全面开展《山东省经济合同管理条例》实施情况大检查，检查企业452家，查看经济合同6188份，查出不合格合同265份，金额397万元。

1996年，发放授权委托书3686件、年度授权委托证86件，规范企业签约行为。对376家企业的经济合同管理情况进行检查，查看合同6900份，总金额1.5亿元。

1998年，培训企业合同管理人员173人，办理签订与管理合同资格证书111个，查处合同欺诈案件2起。1999年，广泛开展“6.12”《中华人民共和国担保法》宣传日活动，举办培训班，培训企业合同管理人员725人(次)。深入179家企业实地检查，查看合同6445份，合同签订总金额7.6亿元。查处合同欺诈案件5起，为当事人挽回经济损失120万元。

2000年，培训企业合同管理人员536人(次)，查处违法经济合同案件3起。2001年，省工商局于10月份检查薛城工商部门合同监管工作，评价薛城合同监管工作走在全省的先进行列。

2001—2013年，推进企业合同制的主要措施是深入开展“守合同、重信用”企业评选活动，规范企业合同管理，加强抵押合同登记监管，重视对“公司+农户”经营方式中推行合同制的探索。2006年，探讨合同助农，指导周营镇蔬菜种植大户、沙沟镇石榴、草莓种植大户实行订单农业，逐渐推行“公司+农户”经营模式。2012—2013年，开展以汽车销售为重点领域的格式合同“霸王条款”专项整治，查处“霸王条款”案件36起。

守合同重信用活动

1991年，全区5家企业被命名为省级“重合同、守信用”企业(以下简称“重守”企业)，77家企业被命名为市级“重守”企业。1992年，广泛开展“重守”企业评选活动，省工商局在薛城区兴仁乡组织召开全省经济合同管理工作现场会,兴仁乡经委作经验介绍。全区179家企业参加"重守"企业评选,经过企业业务主管部门推荐、企业自查、区工商部门考核、市工商局审批四个环节,89家企业被命名为市级"重守"企业。薛城区兴仁乡经委等5个部门被命名为市级"经济合同管理先进业务主管部门",5家"重守"企业通过省工商局的复核。

1993年,区政府召开全区"重守"企业表彰大会,对7家省级、96家市级"重守"企业和4个"经济合同管理先进业务主管部门"、26名市级"优秀经济合同管理员"进行表彰。

1994年,指导企业业务主管部门和省、市级"重守"企业完善、规范工作制度,80%的"重守"企业达到规范化要求。1995年,对96家市级"重守"企业进行复核,其中71家保留称号。开展第三届省级"重守"企业复核推荐工作,全区推荐上报11家,被省工商局批准命名9家。

1996年,9家省级"重守"企业通过复核验收,85家企业被命名为市级"重守"企业。1997年,对上年度"重守"企业进行复核评比,82家企业被评为市级"重守"企业,10家企业被省工商局命名为"重守"企业。

1998年,新命名省级"重守"企业2家。薛城工商分局被省工商局评为全省合同监督管理工作先进单位。1999年,47家企业被命名为市级"重守"企业,8家企业被命名为省级"重守"企业。

2000年,对55家省、市级"重守"企业进行整顿,对其中44家符合条件的进行年度审核,对11家不符合条件的撤销"重守"称号。2001年,29家省、市级"重守"企业保留称号。

2002年,国家工商总局将"重合同、守信用"改为"守合同、重信用"(以下简称"守重")。这年,巩固省、市级"守重"企业27家。2003年,被评为省级或市级"守重"企业共35家。2005年,被命名为省、市级"守重"企业共36家。2006—2008年,36家省、市级"守重"企业通过年审,新发展省级"守重"企业3家、市级"守重"企业5家。

2009年,年审省、市级"守重"企业36家,新发展2家。2011年,举办"守重"银企座谈会,为实现"银行与企业合作"搭建平台。新发展省、市级"守重"企业12家。

2012—2013年,指导全区50家"守重"企业加强合同管理和信用建设。培育省、市级"守重"企业18家(其中省级6家),新发展市级"守重"企业6家。累计省级"首重"企业25家、市级的34家。

抵押登记管理

1995年10月1日起施行《中华人民共和国担保法》(以下简称《担保法》)。10月18日国家工商局发布《企业动产抵押物登记管理办法》。1996年,工商部门积极开展企业抵押物登记,摸索工作经验,办理抵押登记并发证74件。市工商局在薛城工商分局召开抵押登记工作现场会。1997年,采取有力措施贯彻《担保法》,开展抵押合同登记管理,在邹坞信用社组织试点,总结经验。市体改办和市工商局联合组织在邹坞信用社召开抵押登记工作现场会。是年,办理抵押登记528件,企业实现金融贷款1.55亿元。1998年,开展企业调研,加强法规宣传,建立管理网络,在区信用联社和区农业银行开展抵押登记三级管理网络试点,促使抵押登记网络化、制度化、规范化。是年,办理抵押登记392件,企业实现金融贷款2.6亿元。1999年,指导金融单位、规范信贷抵押担保行为,建立抵押登记台账和责任人制度。办理抵押登记300件,企业实现金融贷款2亿元。2000—2005年,办理抵押登记795件,企业实现金融贷款6.13亿元。2006—2008年,办理动产抵押登记257件,企业实现金融贷款4.75亿元。

2009年,开展钢结构资产抵押登记。办理动产和钢结构资产抵押登记102件,企业实现金融贷款3.3亿元。2010—2011年,办理动产和钢结构资产抵押登记123件,企业实现金融贷款6.5亿元。2012年,在陶庄镇试点"红盾联银助发展"融资模式,破解小微企业贷款难题,企业实现金融贷款3.2亿元。2013年,开展股权出质登记。办理动产抵押和股权出质登记 78 件，企业实现融资 4.8 亿元。

合同鉴证管理

1991 年，鉴证合同 62 份，总金额 229.8 万元。1992 年，鉴证合同 204 份，总金额 1134 万元。

1993—1994 年，鉴证合同 625 份，总金额 5380 万元。对薛城啤酒厂供销合同全面鉴证，查出不合格合同 29 份，发协查信 83 件，使该厂避免经济损失 1723 万元。1995 年，在金河、夏庄两乡开展棉花订购合同鉴证试点。共鉴证各类合同 8307 份（其中棉花订购合同 7500 份），总金额 2180 万元。1996 年鉴证合同 3948 份，总金额 2.2 亿元。工商所普遍开展合同鉴证工作。周营工商所注重“龙头”企业的合同鉴证，带动农村经济发展。沙沟工商所侧重开展种子合同鉴证工作，鉴证玉米种购销合同 1258 份，合同约定种植面积 139 公顷。

1997 年，重点抓建筑合同和南极洲啤酒股份有限公司等重点企业购销合同鉴证，共鉴证合同 239 份，总金额 4.29 亿元。自 1997 年 1 月 1 日起施行《中华人民共和国拍卖法》，工商部门对拍卖行业合同实施监督管理。1998 年，向企业和企业主管部门印发《合同鉴证办法》，推进合同鉴证工作，共鉴证合同 951 份，总金额 5.2 亿元。鉴证拍卖合同 2 份，金额 9 万元。1999—2002 年，鉴证合同 8916 份，总金额 13 亿元，为当事人避免经济损失 677 万元。鉴证拍卖合同 46 份，鉴证金额 160 万元。2003 年鉴证合同 51 件，监督企业认真履行合同，讲诚信求发展。之后，合同鉴证数量逐年减少，到 2005 年，已没有合同鉴证事务。2003—2013 年，重点对拍卖行业主体资格和拍卖行为实施监管，拍卖呈减少趋势，共鉴证拍卖合同 126 份，现场监督拍卖活动 36 次。

第十节　薛城区个体私营企业协会

组织建设

1994 年，成立薛城区私营企业协会。2005 年，两协会合并成立薛城区个体私营企业协会，是年，区个体私营企业协会有 6 个基层分会完成选举换届，当选的基层分会理事共 48 人。1999—2013 年，区个体私营企业协会支出 100 多万元用于改善协会和分会的办公场所、办公设施、办公条件。至 2013 年，全区个体私营企业中建党委 2 个、党支部 52 个，拥有党员 1617 人。建团支部 15 个，拥有团员 413 人。区个私协会与工、青、妇等有关部门配合，建工会组织 36 个、青年组织 12 个、妇女组织 14 个。

代表大会

1993 年 12 月，在区机关招待所召开薛城区第二届个体劳动者代表大会，198 名代表出席会议。

1999 年 12 月，召开薛城区第三届个体劳动者代表暨薛城区第二届私营企业者代表大会。

2002 年 11 月，召开薛城区第五届个体劳动者代表大会。

2005 年 9 月 30 日，召开薛城区第六届个体劳动者代表暨薛城区第三届私营企业者代表大会，成立薛城区个体私营企业协会。65 名代表出席会议。

2012 年 6 月，召开薛城区个体私营企业协会第七届会员代表大会，110 名代表出席会议。

主要活动

形势和政策教育　1998 年，市、区发布《关于加快个体私营经济发展的若干规定》。2007 年，区工商部门出台大力促进全区经济又好又快发展的 28 条政策措施。2010 年，区工商部门出台关于竭诚服务全区经济又好又快发展的政策措施。2011 年，组织举办全区民营企业负责人和优秀个体工商户代表培训班，邀请中国民营经济资深教授作中国民营企业发展战略讲座，破解民营企业发展中的一些难题。2012 年，区工商部门出台促进和服务薛城经济转型发展的 30 条政策措施。2013 年，区政府出台大力培育市场主体快速发展的 30 条政策措施，区个私协会采取多种形式广泛宣传，广大个私协会会员不断坚定从事个体私营经济并做大做强

的信心和决心。

法治与职业道德教育　完成“三五”至“六五”普法教育，举办法治培训班124期，培训骨干3200多人。开展公民道德教育，倡导“爱国守法、明礼诚信、团结友善、勤俭自强、敬业奉献”的基本道德规范，不断增强会员诚实劳动、公平竞争、守法经营、照章纳税的职业道德意识和“诚实守信光荣，欺诈失信可耻”的从业观念。开展“致富思源、富而思进”教育，引导会员思源不忘本，思进求发展，激励会员再创业。个私协会先后制定《关于全区会员职业道德教育五年规划》《关于在全区会员中广泛开展“户户讲道德、店店无假货”活动的通知》。1998年，区个私协会在广大会员中开展争创“光彩之星”活动，是年11月，共评出90户“五星级”个体私营业户，挂上“光彩之星”光荣牌。1999年以来，按照中国个协和省、市个私协会要求，在全区个私协会会员中开展争创“光彩之星”、文明诚信经营户、“青年文明号”等活动，广大会员踊跃参加。至2013年，60名会员获得省、市级“光彩之星”称号，238户获得省、市、区级“文明诚信个私业户”“文明诚信民营企业”“文明诚信个体工商户”“青年文明号”等称号。

2005年，枣庄市万合制冷设备有限公司获省级“文明诚信民营企业”称号。2007年，评选省、市级“文明诚信个私业户”31家，省级“诚信农资企业”1家。2009年，评选省、市级“文明诚信个私业户”25家。2010年，评选市、区级“文明诚信个私业户”25家，市级“优秀诚信农资企业”3家。2012年，评选表彰市、区级“文明诚信个私业户”22家。

强化政策服务

2000年、2006年、2012年，区个私协会先后对全区个体私营经济发展情况进行调查研究，就全区个体私营业者的所急、所想、所盼及加快发展的对策写出调查报告，呈报区委、区政府领导，引起区委、区政府领导的高度重视并采取措施，在证照办理、税费征收、土地征用、贷款、培训、招聘人才等方面，为个体私营企业发展提供更多政策优惠。组织私营企业者赴外地参展产品和引进人才。1999年以来，区个私协会组织会员参加省个私协会和省内外其他组织举办的“名优产品展销会”，总成交额达2400万元。区个私协会多次组织私营企业参加全国、全省、全市举办的“人才招聘交流会”，40多家企业引进人才200多人。

回报社会

1994年，区个私协会成立后，针对会员生产经营中遇到的资金投入难等问题，区个私协会组织开展资金互助活动，帮助有困难的会员解决资金1000余万元，组织开展多种形式的服务人民的活动。

兴办福利事业，开展健康有益的文体活动。外地到薛城经营的越来越多，看病难、子女入托难、业余生活单调等问题也随之产生。区个私协会重视抓福利设施建设，组织引导会员建会员之家9个、个体医疗诊所和托儿所60余个。组织开展象棋、篮球等体育项目比赛，组织文艺演出，与工商部门、驻薛城部队联合举办“八一”、国庆联欢会等活动，丰富会员的文化体育生活。

支援国家，回报社会，会员互助。教育会员致富不忘国家，自觉照章纳税。广大会员通过各种方式服务人民、回报社会，表达热爱祖国、热爱人民之情。480人先后被评为乡镇、区、市、省和国家级“纳税模范”。

开展助学活动。临城分会于1998年开展“结对助学献爱心”活动，个私协会员与15名家庭困难儿童结成对子，资助他们完成学业。沙沟、常庄、邹坞等分会自1999年起开展“代理妈妈”活动，做15名失去亲人儿童的“代理妈妈”，关心、帮助他们接受9年义务教育。2011年，区个私协会与工商部门联合开展“红盾爱心捐款助学”活动，区个私协会18位常任理事自愿捐款助学，至2013年，与区工商分局干部职工共资助102名寒门学子克服困难，实现大学梦想。

开展拥军服务活动。自1992年，区个私协会及临城、永兴、陶庄分会联合区工商部门开展拥军服务活动，与驻军 54953 部队、济南军区后勤部汽车驾驶训练大队、薛城武警部队等结为“双拥共建”对子，在“八一”、中秋、春节期间，组成个体私营企业拥军服务队，到军营以为指战员义务服务的形式进行慰问。服务项目主要是理发、修鞋、配钥匙、修表、修手机、缝补衣服、修自行车、修家用电器等。鼓励有技术特长的个体私营业者对退伍军人带徒传艺，100 多名退伍军人学到养殖、烹饪、理发、修车、修家电、微机操作等技术。

开展尊老敬老活动。区个私协会及各分会每年利用中秋节、春节等时机，组织个私协会员到辖区镇（街）福利院慰问孤寡老人，送去食品和衣物，为老人洗衣服、打扫环境卫生。2000 年，区个私协会发起设“敬老服务点”的尊老敬老行动，薛城 38 家个体照相馆、理发店、眼镜店等自愿在店门口挂上“敬老服务点”牌子，免费或优惠价为老人照相、理发、配眼镜等。2002 年春节前夕，区个私协会组织各分会开展春节献爱心活动，会员捐款 8600 元，购买年货慰问镇（街）福利院老人。2013 年春节前夕，区个私协会及各分会组织会员捐款 12200 元，购买面粉、食油、鸡鱼肉蛋、水果、糕点等物品，送到各镇（街）福利院慰问孤寡老人。

第十一节　薛城区消费者协会

组织建设

1987 年 9 月 10 日，成立薛城区消费者协会（简称区消协）。1988 年后，陆续成立区消协各乡镇分会，各乡镇消费者协会办事机构设在各乡镇工商所，工商所所长任会长。2002 年 11 月 24 日，在薛国大酒店召开区消协换届大会，消协在镇街设分会 7 个，在农村、社区、商场、旅游景点设消费者协会投诉站 126 个。至 2013 年，五任会长先后带领消费者协会认真履行《中华人民共和国消费者权益保护法》赋予的职责，积极开展消费维权法律和消费知识宣传，年年围绕消费维权年主题开展有益活动，重视消费维权组织网络建设，评选“消费者满意单位”，处理消费者投诉，架起政府联系广大消费者的桥梁，消费维权事业之路越走越宽。

调节处理消费者投诉

1987—2013 年，区消协认真履行《中华人民共和国消费者权益保护法》赋予的职责，充分发挥党和政府联系消费者的桥梁和纽带作用，满腔热忱为广大消费者服务，为维护社会安定、规范市场秩序、促进经济发展、构建和谐社会做贡献。处理消费者投诉案件 2603 件，为消费者挽回经济损失 368 万元，化解大量消费纠纷引发的社会矛盾，为消费者解决大量实际困难。

1997 年 8 月，区消协处理一起电冰柜电死儿童的消费者投诉案件。微山岛居民马某于 1996 年 7 月在薛城区某商店购买一台江苏省常熟市某厂生产的“白雪”牌电冰柜，使用中因外接电源漏电造成 9 岁男童死亡。区消协认真调查并请产品质量检验机构做冰柜技术鉴定，结论是冰柜外接电源三相插座的拉线混乱，使冰柜和运载冰柜的铁制小推车带高压电，导致玩耍的男童手扶小推车触电死亡。区消协做出大量调解工作，冰柜生产厂家给予受害者亲属补偿 3 万元。

1999 年 8 月，区消协认真处理夏庄乡刘某等 16 户农民投诉假劣农药害农案件。刘某等 16 户农民因使用辛硫磷颗粒剂农药，使 2.96 公顷玉米干芯减产。区消协追根溯源进行调查，弄清制售假劣农药的事实，对受害农民和农药销售责任人多次调解，最终达成协议，被诉方向 16 户受害农民赔偿 12085 元。工商部门对售假者作出行政处罚。

2001 年 3 月，区消协处理一起劣质烟花爆炸伤人案件。消费者王某购买一盒“中国制造天坛牌”小礼花弹（属于升空爆炸型），在家燃放时未升空爆炸而是在地面爆炸，炸伤王某左眼视膜，经法医鉴定为 8 级伤残。区消协派员到生产厂家河北省辛集市某烟花厂调查取证，弄清事实，经多次调解达成协议，厂方一次性赔偿王某医疗费、误工费等 14800 元。

2002 年，区消协处理一起购房纠纷案。消费者崔某于1月投诉：枣庄某房地产开发公司在售房合同逾期后仍不交房，不交钥匙，不安装供暖，设施缺水少电，刁难购房者。区消协多次进行调查和调解，最终达成协议：开发公司按双方新商定日期安装水、电、气、暖设备，交付钥匙，向崔某支付违约金及其他费用2320元。

薛城区3·15国际消费者权益日纪念活动

2009年，区消协处理一起农民维权案。是年麦收前夕，薛城区常庄镇大山村、薛庄村等9个村庄的36户农民先后到区消协和薛城工商分局等部门投诉，他们使用山东某化工有限公司生产的“高效麦田除草剂”后，麦苗不结苞抽穗，造成绝产。对此，区消协和工商部门及时派出人员联合区农业局技术人员深入农田勘察麦情，逐家逐户丈量受损麦田面积共4.33公顷，仔细调查该“除草剂”质量、使用方法、注意事项和农民操作等情况。经反复调查，该“除草剂”是正规厂家的合格产品，部分农民没有严格按照“使用说明”操作使用“除草剂”，有使用不当因素。但包装上“使用说明”较复杂，有的农民看不太明白。“除草剂”经销商应从社会责任角度，指导农民正确使用“除草剂”。经多次做经销商和农民的说理与劝导工作，最终达成协议：按常庄镇近5年小麦产量最高一年(2009年)的亩均产量430公斤、国家定价每公斤0.435元的标准给予农民补偿，共补偿48633元，于7月1日全部发送到36户农民手中。

2013年，区消协调解一起空调起火纠纷。周营镇驻地李某于2012年夏季购买某品牌挂式空调1台，半年来一直使用正常。3月上旬，空调在待机状态下发生自燃，引起火灾，室内部分物品被烧毁。李某几次找当地经销商索赔无果。区消协接到投诉后，立即派员到现场调查勘验，积极与驻地经销商、枣庄地区代理商及生产厂家沟通协调，于3月14日达成赔偿协议：空调生产厂家为李某更换同一型号品牌空调，并赔偿由空调起火造成的财产损失1000元。

宣传“3·15”主题活动

1989—2013年，区消协上下联动，与工商行政管理等部门联合，齐心协力，将“3·15”国际消费者权益日打造成消费者的盛大节日。每年采取不同形式举行“3·15”国际消费者权益日纪念活动，召开“消费者满意单位”、名优企业和消费者代表座谈会，听取消费者的意见和建议；组织开展企业产品宣传、展销活动；举办“3·15”文艺晚会；利用报纸、电视、传单、标语牌、过路横幅标语等形式广泛宣传；组织召开“3·15”纪念大会，区委、人大、政府、政协等机关有关领导出席，区政府领导发表讲话；联合有关部门单位上街设宣传站，宣传消费维权法律法规和消费知识，提供咨询服务，现场受理消费者投诉，展出假冒伪劣商品，曝光制假售假、侵害消费者合法权益的案件，或派出宣传车巡回宣传。宣传形式贴近群众，宣传效果越来越好，接受宣传的消费者逐年增多。

开展“消费者满意单位”评选活动

1990—2005年，在全区开展评选省、市、区级

“消费者满意单位”活动6次，共评选出“消费者满意单位”86家。其中，省级消费者满意单位3家：中国网通（集团）有限公司枣庄市薛城区分公司、枣庄贵诚购物中心有限公司薛城店、青岛啤酒（薛城）有限公司；市级消费者满意单位20家：中国联通有限公司薛城分公司、中国人寿保险股份有限公司枣庄市薛城区支公司、中国电信集团公司山东省枣庄市薛城区电信分公司、山东移动通信有限责任公司薛城分公司、山东省枣庄市薛城区新华书店、枣庄市薛城区种子公司、枣庄市光大百货超市有限公司、枣庄市薛城区华业壹分利超市、中国铁通集团有限公司枣庄分公司薛城分局、山东省薛城五金交电化工采购供应站、中国人民财产保险股份有限公司枣庄市薛城支公司、枣庄市世宽农资贸易综合有限公司、枣庄市华腾面粉有限公司、枣庄市百姓药业有限公司、枣庄市薛城区城市供排水总公司、枣庄市恒丰商业有限公司、枣庄供电公司薛城供电局、枣庄市薛城区邮政局、枣庄金虹食品有限公司、枣庄市新时代商业有限公司（原供销大楼）；区级消费者满意单位12家：枣庄市薛城庆芝车行、枣庄薛国旅行社、枣庄市薛城名仕商务酒店、枣庄市薛城三星批发超市、枣庄市捧云广告有限公司、枣庄天水家居用品有限公司、枣庄市薛城区泉头纯净水厂、山东金纺印染机械有限公司、枣庄市薛丰面粉有限责任公司、枣庄市薛城区国美家用电器城、枣庄市真喜欢快餐店、枣庄市薛城和兴通用制冷机械厂。

2009年，评选省级“消费者满意单位”5家：枣庄贵诚集团购物中心有限公司薛城店，枣庄市薛城区华业壹分利超市，中国联合网络通信有限公司枣庄市薛城分公司，中国通信集团山东有限公司枣庄市薛城分公司，中国电信有限公司枣庄市薛城分公司。

2011年，评选市级“消费者满意单位”16家：中国移动通信集团山东有限公司薛城分公司、枣庄市贵诚购物中心薛城分店、中国电信股份公司薛城分公司、中国联通公司薛城分公司、枣庄市薛城国美家用电器城、青岛啤酒（薛城）有限公司、枣庄市众致汽车销售有限公司、枣庄市天旭农资贸易有限公司、山东奚仲电子科技有限公司、枣庄同泰门业有限公司、山东恒特机械有限公司、薛城庆芝车行、枣庄市薛城区华业壹分利超市、薛城区陶庄镇房地产开发有限公司、枣庄市薛城区富王摩配经营部、枣庄奥威汽车销售服务有限公司。

第五章 质量技术监督

第一节 管理机构

1991年7月17日，薛城区标准计量局成立计量测试所和产品质量监督检验所。1992年12月22日，薛城区标准计量局更名为 薛城区技术监督局。1993年12月30日，因机构改革撤销薛城区技术监督局，组建薛城区标准计量所，31日，将产品质量检测所、计量测试所合并设立标准计量所，更名为薛城区技术监督中心，隶属区经济贸易委员会。1996年6月5日，薛城区技术监督中心挂技术监督局牌子，为科级单位。2001年9月4日，建立枣庄市质量技术监督局薛城分局党组。2010年7月29日，取得省编办批复的质检所、计量所事业单位法人资质。2010年8月25日，枣庄市质监局恢复薛城区计量测试所检定、测试业务，原整合到市计量所的人员、资产全部返回薛城区计量测试所，工资执行当地工资标准。2013年12月10日，根据上级改革完善市县食品药品工商质监管理体制要求，将质监省级以下垂直管理改为地方政府分级管理体制，市质监系统完成人员划转交接工作，并与区级完成划转交接。同月31日，薛城区人民政府将市质量技术监督局薛城分局更名为薛城区质量技术监督局，作为同级政府工作部门，业务上接受上级工商、质监部门的指导和监督。核减区质监局行政编制2名。从区质监局稽查队相应划转4名事业编制。

第二节　质量管理

《中华人民共和国产品质量法》于1993年9月1日起施行，产品质量在生产与流通环节上的监督与管理从此走上法制轨道。区质监局开展《中华人民共和国产品质量法》的宣传与培训，积极做好落实工作。1996年，区质监局与区供销社联合在基层供销社及农资公司设立化肥、农药保质监销机构，健全保质监销程序，让农民用上放心化肥、农药。1998年，生产许可证开始实行全省统一管理，区质监局帮助指导企业申办工业产品生产许可证。自2000年，质量管理和实施名牌战略职能划归质监部门。质量监督范围从产品质量扩展到工程质量和服务质量。区政府制定《薛城区质量振兴规划(2001—2010年)》，为全面掌握企业质量状况，2001年对全区企业开展调查摸底，建立企业质量信息平台，2003年2月，对全区企业的质量状况建档立册，纳入微机管理，建立企业质量档案库。2005年7月，薛城质监分局在沙沟、陶庄2个镇组建派出机构设立分局，对全区建立健全质量、计量器具档案、产品执行标准和特种设备登记档案，共156家企业建立纸质档案，分成A、B、C、D四级进行分类监管。2006年11月，全面运行电子化区域监管信息系统，运用PDA进行企业巡查，加大区域监管工作力度，增强服务企业实效。2007年，推广“三位一体”电子监管。把辖区9家食品获证企业和特种设备较多的企业纳入视频监管，运用PDA巡查企业131家，推荐39家企业签订产品质量电子监管网入网合同。2008年，电子化监管系统走向成熟。是年录入149家企业信息，将7家企业纳入视频监管，11家企业加入产品质量电子监管网，全部赋码并激活。

品牌争创

1997年3月，南极洲牌啤酒、华众纸业公司的“山峰牌”涂布白板纸被评为“枣庄市十大名牌产品”。是年9月，南极洲啤酒、神农牌特一粉、银狐牌酸性钢焊条、薛星牌水泥、顺兴牌水泥、陶庄215煤矿筛选煤获得枣庄市质量信得过产品证书。1999年，推荐区供销社家电总站参加省级销售企业“三包示范”先进单位评选并获得此称号。2000年，华众纸业有限公司“山峰牌”单布涂面白板纸、枣庄市多乐采暖设备有限公司“多乐牌”多用炉被评为山东省名牌产品，薛城区面粉厂“神农牌”面粉被评为枣庄市名牌产品，华众纸业有限公司被评为“山东省质量工作管理先进单位”。

2003年，“南极洲”系列啤酒、“顺兴”水泥获得2003年度山东省免检产品称号。2004年，华众纸业有限公司“山峰牌”单布涂面白板纸、枣庄市多乐采暖设备有限公司“多乐牌”多用炉被评为山东名牌产品称号；联兴玻璃啤酒瓶、银桥电缆聚氯乙烯绝缘无护套线缆获得2004年度山东省免检产品称号。2005年10月，区政府出台《关于实施质量兴区战略的意见》，召开“质量兴区”启动动员大会，通报表彰奖励名牌产品生产企业。是年，青岛啤酒(薛城)有限公司“南极洲”啤酒获得“山东名牌”称号。2006年，山东多乐采暖设备有限责任公司的多乐牌采暖锅炉和山东顺兴水泥股份有限公司的水泥被评为山东省名牌产品。2007年，山东多乐采暖设备有限责任公司生产煤气化(旋燃)自控锅炉获得“国家免检”资格，填补薛城区无“国家免检”产品的空白。2009年，山东枣庄恒泰合作银行被评为服务业山东名牌，成为枣庄地区首家金融业“山东名牌”单位。2010年，枣庄甘霖实业有限公司生产的“卡珞丹”兔绒毛被，山东凌顿人工环境设备有限公司生产的“凌顿”水源热泵机组LGHP系列、LSHP系列产品被评为山东省名牌产品，山东多乐采暖设备有限责任公司获2010年枣庄市首届市长质量管理奖(组织)奖。2012年1月，山东多乐采暖设备有限责任公司生产的煤气化自控锅炉、多用炉两个产品和山东宏顺达塑业有限公司生产的煤矿井下用聚氯乙烯管被评为2011年山东省名牌产品;2013年1月,山东奚仲电子科技有限公司生产的康德诚牌蜂窝电话用锂离子电池被评为山东省名牌产品。薛城区铁道游击队纪念园管理处、山东枣庄恒泰农村合作银行被评为山东省服务名牌(复评)。

优质产品生产基地创建

薛城区的传统优势产业风机及制冷设备制造业至2011年发展到24家,其产品在全省、全国市场占有率分别达80%、60%。2010年12月14日,省创优办对优质产品生产基地的创建工作进行初评。2011年,薛城启动空气冷却器联盟标准的编制和申报工作。是年9月7日,薛城区召开制冷企业大会,薛城区首个标准联盟正式成立。2012年12月29日,山东省质量强省工作领导小组印发文件,对2012年创建山东省优质产品生产基地及龙头骨干企业进行通报表彰,薛城区成功创建山东省优质制冷设备风机生产基地,实现优质基地创建工作零突破。山东省北斗制冷设备有限公司、山东凌顿人工环境设备有限公司被评为龙头骨干企业。

质量监督检查

2007年9月始,开展产品质量和食品安全专项整治。共出动执法人员1043人次,检查各类企业1223家,办理各类案件42起,取缔非法生产经营单位5家,停产整顿企业32家。2008年,开展为期8个月的重点产品质量专项整治行动。重点整治家具、玩具、服装、油漆涂料、仿真饰品等产品。是年9月,中国爆发三鹿婴幼儿奶粉受污染事件,薛城区立即开展涉乳产品专项检查,严格监管重点企业,杜绝原材料含有三聚氰胺。2009年,在全区开展为期4个月的打击违法添加非食用物质和滥用食品添加剂专项行动。2010年10月至2011年3月,集中开展打击侵犯知识产权和制售假冒伪劣商品“双打”专项行动,共出动执法人员300人次,执法车辆100余辆(次),检查食品、化肥、人造板、水泥、危化品等生产企业及购物超市120多家(次)。自2011年5月1日起,薛城区全面禁止面粉生产中添加过氧化苯甲酰、过氧化钙。2012年,按照国家质检总局部署,开展“质检利剑行动”,全力打好食品、农资、建材、汽配、化妆品整治五大战役,至2013年,共检查农资经销商企业22家、食品生产企业32家、建材13家、企业配件相关企业9家、经营商户18家。2012—2013年,全区工业产品质量合格率分别为82%、84%。

第三节　计量管理

计量建标

1991年,开展计量专项检查,没收市尺292把,市制量提43个,市斤木杆秤105杆。下半年新增压力表、“电三表”、汽车里程表及加油机检定项目。1997年,不准集贸市场固定摊位使用木杆秤。2004年12月26日,根据市质监局要求,薛城区分局计量所整合至市计量所,名称为枣庄市计量测试所薛城区工作站,不再开展计量检定、维修及校准工作。计量工作主要职能为监督管理、业务咨询、技术服务及宣传工作。2010年7月,薛城区计量所重新进行事业单位法人登记,对原有业务进行重新建标,2010年年底,恢复建立衡器、加油机、压力表三项社会公用计量标准,全面启动计量检定、维修及校准工作。

企业计量管理

1991年,全区18家企业通过计量升级定级、复核合格。1992年,停止企业计量升级、定级工作。2005年,组织开展定量包装商品生产企业计量保证能力评价工作。是年12月,青岛啤酒(薛城)有限公司通过“C”标志认证考评。2007年,山东顺兴水泥有限公司通过“C”标志认证初审,成为山东省第一家通过“C”标志认证的水泥生产企业。加强能源计量和民生计量监管,开展民用四表、医用计量器具、眼镜等监督检查。2009年,开展“山东省计量惠民示范点”创建活动,对200余台(件)计量器具登记造册,并与204户业主签订“诚信计量承诺书”。是年9月，北城批发市场通过“山东省诚信计量示范单位”审核。2010年9月，杨宁超市通过“山东省诚信计量示范单位”审核。2011年8月，中石化薛城加油站第二分站和大华眼镜店通过“山东省诚信计量示范单位”初审验收。2012—2013年，深化诚信计量体系建设，选择2家信誉好的经营单位作为诚信计量体系建设试点单位，通过典型带动，推进服务业计量管理整体水平提升。

计量器具检定

自1993年1月15日起，对全区水表实施强制检定。1996年检定计量器具4600台(件)。1998年，检定计量器具5592台(件)，其中衡器1800台、电磁类仪表1500件、砝码800个、天平50架、测力机12台、压力表350块、加油机140台、车速里程表120块、水表1000块。1999—2003年，共检定各类计量器具32057台(件)。2004年开展计量器具检定和委托检定服务，共对检定计量器具8700余台(件)，在用计量器具合格率达90%以上，强检计量器具受检率达80%。2005—2009年，停止计量器具检定工作。2010年，建标完成后又恢复计量器具检定工作，检定各类计量器具500余台(件)。2011年，省质监局给予配备检衡车等设备，是年，检定计量器具1394台(件)。2012年，对全区200余家企业、大中型超市、集贸市场、加油站的压力表、汽车衡、加油机进行检定。联合区交通局开展公路在用汽车衡专项检查，检查公路在用汽车衡12台件，对3台超周期未检汽车衡责令停止使用、限期整改。2013年，对全区300多家企业的3000台(件)计量器具统计建档。开展“民生计量进市场、诚信计量进金店、安全计量进矿区”活动，对2处集贸市场中113台电子秤免费计量检定，帮助集贸市场建立计量管理制度。检定衡器1000多台(件)、压力表1000多块、定量包装25台(件)、加油机245台(件)、重力式自动装料衡器100多台、联系检测民用四表3000多块。

计量监督检查

1993—1998年，计量法在全区深入贯彻实施，重点开展加油机计量准确度、水泥包装袋重、煤矿风表、瓦斯计、锅炉压力表和台秤检查。打击违法行为。2011年，组织10名计量专家组成节能降耗计量服务队，帮扶重点用能企业节能增效，全区12家重点用能企业实现能源计量数据的动态化管理。是年6月，对辖区洗煤厂贸易结算用电子汽车衡进行全面检查，出动执法人员20人(次)，检查洗煤厂15家，查处超期未检的电子汽车衡3台。8月，对辖区医院、社区医疗服务中心在用强检计量器具进行专项执法检查，查处医院3家。9月，对辖区各大超市、卖场经销的礼盒装月饼进行全面“计量”检查，治理月饼过度包装。2013年7月，开展餐饮业计量器具专项检查。未发现短斤少两等计量违法行为；对辖区内金银饰品经销单位进行计量专项监督检查，检查金银饰品经销商8家，电子天平10台，大多数金银饰品经销商都配备精度合规的电子天平，并在检定周期内使用，金银饰品所标注的重量准确。8月，开展加油站计量专项执法检查，出动执法人员35人次，检查加油站8家，加油机31台，在用加油机均在检定有效期内，未发现计量违法行为。

第四节　标准化管理

1991年，帮助纺织机械厂、造纸总厂等7个厂家制修订30多个企业标准，帮助塑料厂、啤酒厂等3家企业完成采用国际标准验收和企业达标验收工作。产品标准覆盖率由原来的76%上升到91%。1993年，查处不符合国家标准的电熨斗、安定性不合格水泥，促进企业重视标准化工作。1996年，指导企业起草产品标准3个，啤酒厂等6家企业通过采用国际标准验收。举办食品标签通用标准和企业标准化检查员培训班，培训标准化检查员110人。1998年，办理产品标准登记3个、备案16个、标签备案20个。1999年，薛城区被确定为消灭无标生产示范区。5月，区政府成立消灭无标生产工作领导小组，6月，召开消灭无标准生产动员大会。2000年,通过省质监局组织的消灭无标准生产考核验收。2001年,加快推进薛城区采标步伐,枣庄市全兴水泥有限公司、枣庄市愚公水泥有限公司通过采标验收。是年,强化标准化执法,查处无标生产企业4家,盗用、冒用条码违法行为企业2家,对12家酱油、食醋生产企业进行新标准宣传。2003年,帮助企业起草标准37个,复审登记40个。2004年,培训标准化审查员101人,帮助企业起草产品标准59个,登记备案标准107个。2005年2月28日,成立"薛城区标准化协会",72家单位和60名在标准、计量、质量方面有影响的个人加入协会,搭建质监部门为企业发展服务的平台,成为企业之间相互沟通的桥梁,促进全区总体质量水平的提高。是年,为132家企业制定、备案、登记、查询配备标准210个。青岛啤酒(薛城)有限公司通过标准化良好试点企业的验收。

2006年,为50家企业年检、修订、登记、配备标准74份。枣庄天元精细化工有限公司通过采标工作。2007年,为30余家企业登记、制订、备案标准45个,查询、检索、下载标准120余份。开展农业标准化,为陶庄池藕、邹坞小麦制定4项农产品标准。2008—2009年,帮助90余家企业登记、制订标准、提供标准查新或,备案新标准。2010年,枣庄联创电线电缆有限公司两个产品通过采标工作,山东北斗制冷设备有限公司、枣庄甘霖实业有限公司、枣庄恒通橡塑有限公司、山东凌顿人工环境设备有限公司通过"AA级标准化良好行为企业"验收,枣庄天元精细化工有限公司通过"AAA级标准化良好行为企业"验收,是薛城区首家通过的"AAA级标准化良好行为企业"。2011年,新登记产品标准40个、年审20家、备案5个,枣庄市宏光涂业有限公司、山东宏顺达塑业有限公司、山东奚仲电子有限公司建立的企业标准体系通过"AA级标准化良好行为企业"验收。2012年,对32家企业的标准进行注销;制定、修订企业标准14个、备案14个、年审51个、登记35个;免费为企业查询标准30余次,提供标准文本20份,山东贝斯特机械设备有限公司通过"AA级标准化良好行为"考核验收。2013年,对41家企业的500余条执行标准及引用标准进行查新,发放企业技术标准有效性确认报告41份,备案企业标准7个。

代码证办理

1993年8月18日,区政府成立机关、企事业单位和社会团体统一代码标识制度领导小组,设立办公室,负责办理颁发统一代码证工作。是年8月25日始,为全区各类机关、行政事业单位、企业和社团以及驻薛企事业单位办理"统一代码标识",年底与全省统一代码数据库并网开通。2000年,在社会保障管理开启公共信息IC卡应用。2003年10月30日《山东省组织机构代码管理办法》颁布实施,组织机构代码工作走上法制化轨道。2004年,完成代码年检330家、换证62家、新办57家、变更58家。2006年,代码年检、变更、新办、换证536家,办理条码3家。开展代码数据清理整顿工作,共注销沉淀数据787条。2007—2011年,代码年检1884家、新办674家、变更434家、换证344家。2012年,新办代码业务进驻区审批服务中心,新办267家、年审469家、换证161家,变更117家。

认证认可工作

《中华人民共和国认证认可条例》自2003年11月1日起施行。是年,薛城区开始实施强制性产品认证制度。指导金虹食品有限公司取得猪肉、猪蹄两种产品国家"无公害农产品"标志证书,帮助镇政府通过周营土豆、常庄油桃、沙沟草莓、南石西瓜等农产品农业部无公害产品认证。2004年起,承担食品生产加工企业食品卫生监督职能,是年,对纳入生产许可证管理的18家企业30种产品进行生产许可证审查,7家面粉生产企业和1家酱油食醋企业获得食品安全生产许可证。2005年,全区22家企业通过ISO9000质量管理认证,2家企业通过ISO14000环境体系认证,4家企业通过"CCC"认证,16家企业取得食品生产许可证。12月,青岛啤酒(薛城)有限公司通过考评,成为枣庄市唯一一家获得“C”标志认证的企业。2006年，指导22家企业通过ISO9000质量管理认证，2家企业通过ISO14000环境体系认证，4家企业通过“CCC”认证，3家企业取得食品生产许可证。2007年，29家食品企业取得食品生产许可证，28家工业企业31个产品取得工业产品生产许可证，27家企业通过ISO9000质量体系认证，3家企业通过ISO14000环境体系认证，5家企业通过“CCC”认证。2008年，3家企业取得工业产品生产许可证，5家企业取得食品生产许可证，对25家工业产品生产许可证企业、17家食品生产许可证企业进行年审。至2010年年底，全区共26家工业企业工业产品生产许可证企业，30家企业通过质量管理体系认证，6个产品通过“CCC”认证，6家企业通过环境管理体系认证，3家企业通过职业健康安全管理体系认证，1家企业通过HACCP认证。2011年，帮扶22家企业办理质量管理体系认证。2012年，帮扶17家食品生产加工企业、24家工业产品生产企业申办、换发生产许可证。至2013年年底，全区工业产品获证27余家，食品生产许可证36家，质量管理体系认证26家，环境管理体系认证18家，职业健康安全管理体系认证7家，“CCC”认证3家，农产品认证27家。

第五节　质量监督检验

1992年4月，区政府印发《薛城区企业产品质量监督管理暂行办法》，7月，区标准计量局产品质量监督检验所通过省级计量认证考核，检验项目认证32个。

1993年，区技术监督中心检验所78个检验项目通过省级计量认证考核，合法检验项目增至110余个。1994年8月16—26日，区技术监督中心质检所受省技术监督局委托，承担对全区预制混凝土圆孔板国家统检任务，对18个生产厂20个批次的产品进行统检，合格率为100%，检测结果输入国家局计算机。这是薛城区法定质检机构第一次受委托代表国家实施产品质量检验。9月27日始，对眼镜配制镜片进行质量检验。

1996年，共对全区六大类产品586个批次实施监督检验，合格率为65%。1999年，开展定期检验457批次，监督检验314批次，平均检验合格率为55%。2001年，监督检验60个重点产品668批次，其中：预制板19批次，烧结砖33批次，建筑用钢筋51批次，水泥2批次，眼镜片19批次，煤炭43批次，柴汽机油148批次，农药45批次，食用植物油32批次，白酒83批次，食品、糕点84批次，调味品36批次，饮料、冷食品24批次，纯净水28批次，面粉挂面21批次，60种重点产品年检率为90%以上。

2003年起，质量技术监督行政执法工作的重点从生产、流通两大领域转向单一的生产领域，注重源头抓质量，实行区域监管，划片管理，责任到人，对生产企业实施全方位监督管理与帮扶。

2004年上半年，监督检验660批次。7月26日，薛城区质检所合并至枣庄市质检所，名称为市质检所薛城区工作站，不再开展质量检验工作。局稽查队负责由市质监局布置的专项监督检查和对产(商)品质量的日常监督检查，发现产(商)品质量有问题，抽取样品送法定质检机构对产(商)品质量进行检验。2005年8月，工作重心下移，监管关口前移，设立陶庄监管分局和沙沟监管分局，实行驻地管理，监管模式有新突破。

2005年，推行“三员四定、三进四图、两书一报告”区域监管责任体制，以建立专业监督员、政府协管员、企业检验员为基础，以落实定人、定责、定区域、定企业为保障，以进村、进户、进企业开展全面调查摸底为切入点，以企业变化动态图、食品行业分布图、监管责任落实图和特种设备安全警示图为载体，以政府责任书、企业承诺书和质监部门定期监管报告为手段，全面推行巡查、回访、监督抽查和质量预警。2007年，完成山东金质区域监管信息系统设备安装、系统调试，对130家生产企业建立电子质量档案，使用掌上电脑(PDA)进行巡查；

12家企业签约加入中国产品质量电子监管网，3家食品生产企业和2家重要特种设备使用单位安装视频监控设备，纳入企业质量安全管理信息系统。区域监管成为质监部门履行综合管理与行政执法两大职责的主要方式和主要抓手。

2010年，辖区内有食品企业86家，7月起，恢复薛城区质检所。2013年4月，质检所挂面、面粉、肉制品、腐竹、蛋制品、乳制品6个产品的35个项目的检验方法参数顺利通过省实验室资质认定监督评审现场考核。

第六节　打　假

1991年1月，区标准计量局设立法制监督管理股，负责行政执法工作。是年，开展六次产品质量专项检查，没收冒牌食品袋5000个、冒牌泰山洗衣膏72箱、不合格饮料7548瓶、劣质电线321盘、固体劣质饮料1400瓶、假酒、劣质酒483瓶。10月，开展流通领域的机电、毛纺、食品、饮料、农用生产资料等商品进货报验，报验结果表明：伪劣商品高达30%以上。1993年年底机构改革，更名为技术监督中心，为事业单位。

1994年，区人民政府办公室下发《关于薛城区技术监督中心行政执法授权的通知》，成立行政案件审理委员会，负责案件审理及复议应诉等工作。标志着技术监督行政案件审理工作走向规范化轨道。是年，开展生产许可证、低压电器、冷冻饮品、农资、节日市场、石油市场、眼镜质量等检查，有效打击各类违法行为。8月14日，捣毁一处用硝酸铵冒充俄罗斯产尿素的非法窝点，追缴假尿素7.65吨。处理8起有关电暖器、农用运输车、水泥、脱粒机等质量投诉，为消费者挽回经济损失1.8万元。

1996年1月，薛城区人民政府授权区技术监督局行政执法职能，是年，组织各项检查16次，查获假劣产品标值6万元，立案处罚22起，处理产品质量、计量投诉15起，为用户挽回经济损失6万元。

1997年6月28日，成立薛城区技术监督稽查所，为区技术监督局专职行政执法机构。1998年2月，山西朔州毒酒致死伤百余人案曝光后，薛城区及时发布电视通告，同时组织拉网式排查，未发现山西毒酒。是年，把种子、化肥作为重点开展春秋季检查，未发现假劣种子、化肥坑农案件。10月，开展农用机械、农机配件、农药化肥、节日食品质量大检查，检查经营单位317家，商品172种，处罚47起，没收假劣商品货值1.7万元。

1999年，组织实施“查市场、保两节”“打三假、保春耕”“查建材、包建筑”三大战役，检查商品200余种，打掉制造假劣酱油、食醋窝点1个，立案查处违法行为为48起，罚没款10.5万元，查获假烟300余条、假劣瓶装白酒6000余瓶、假劣饮料2000余瓶(包)、假劣食品500余公斤、劣质酱油1600公斤、造假用色糖1600公斤、劣质农药1000余瓶(包)、不合格钢筋12吨、假冒金狮自行车21辆，货值30余万元。

2001年，开展查市场保“两节”活动，对北批市场重点检查，查获售假窝点3处，没收假冒白酒2.8万瓶，不合格食品1000公斤、假冒燃气灶具100余台、不合格面粉20吨、食用油17吨。开展小水泥、小轧钢等“五小”企业整顿，责令关停无生产许可证、无质量保证体系的小水泥、小轧钢企业，查获劣质水泥3200吨、钢材78吨，货值45万元，关停小水泥、小轧钢企业4家。重点打击公路两旁、煤矿驻地打矸、掺矸等违法行为，清理取缔违法经营户20个，没收掺杂、掺假煤炭300余吨。9月，整顿农资市场，检查生产销售单位51家，没收不合格化肥20吨、农药23吨，货值3万余元。10月，开展面粉、酱油、食醋、食用油、大米五种商品专项整治。查处假冒面粉窝点2个，没收假冒面粉15吨，假冒劣质酱油、食醋3吨，食用油2吨，货值3.8万元。

2002年，区政府打假办公室设在质监局。12月，取缔一无证生产土锅炉窝点。2004年，开展

“地条钢”专项整治、农资打假、奶粉检查、建材检查以及食品整治和3C认证、生产许可证检查等活动，打掉造假窝点3处，售假窝点1处，涉及商品货值80余万元。

2006年8月，开展打击无证生产桶装水整治行动，取缔无证生产桶装水窝点4处。是年，开展食品、建材、农资、3C认证产品、定量包装执法检查，检查企业和经营户450家，查封净含量不合格水泥220吨、无证生产桶装水1000余桶、假化肥2.5吨、劣质香肠2吨，拆除隐患锅炉2台，捣毁制假窝点5个，取缔小作坊2家。

2007年9月，开展产品质量和食品安全整治行动，查获劣质种子510公斤、农药1310公斤、肥料4200公斤、假冒五粮液陈香酒480箱、假冒茅台迎宾酒、五粮液11瓶。端掉隐蔽在陶庄镇一村民院内灌装假冒黑土地白酒的窝点。查货假冒黑土地白酒1065瓶，假标签、合格证、酒盒、纸箱大宗。

2009年4月，设立山东省枣庄市质量技术监督局薛城分局稽查队，承担查处产品质量违法行为、打击假冒伪劣违法活动以及“12365”质监热线管理工作。是年，把农用生产资料和人民群众生活密切的消费品、食品、建材等产品列为当年监督检查重点。春节期间市场检查中，打掉3个批发销售假冒伪劣机油、摩托车专用油窝点，查获假劣机油696桶。春季，查获假劣种子16吨，假劣化肥20吨。是年，查处无证生产面粉5吨、酸酸乳2000箱、花生奶500箱、粉条生产淀粉5吨、粉条2吨。5月，开展建筑外窗专项整治，查处无证塑钢建筑门窗100余平方米，涉案金额2万余元。

联合区公安分局执法人员开展建筑工地所用原材料及装饰装修材料专项检查，检查建筑工地6个、查处不合格钢筋12吨、无3C标识电源插头插座、低压控制开关、灯具共20余箱，配电柜10余个，安全帽一宗。

2013年4—5月，开展装饰装修材料执法检查，检查生产企业3家、销售单位8家、建筑工地24个，建材门市15家。

第七节　特种设备安全监察

2000年11月，按照国务院关于机构改革职能调整的文件要求，将由劳动和社会保障部门负责的特种设备安全监督管理职能划转到质量技术监督部门。

2001年1月，区劳动和社会保障局与区质监分局办理职能划转手续，区质监分局设立特种设备安全监察科，对8类特种设备的设计、制造、安装、使用、检验、维修、改造“七个环节”实施监督管理。7月中旬，正式启动“锅容管特”注册登记工作。严格履行特种设备安全“准入”“准用”制度，全区锅炉、压力容器及特种设备的注册登记及金质特种设备数据库更新、使用情况普查和建档工作，至2002年3月底，全面完成“锅炉管特”普查登记，建立电子档案，纳入全省质监系统特种设备管理数据库，进行实时监控，动态管理。锅炉注册登记单位172个，242台，压力容器注册登记单位13个，410台，特种设备注册登记单位37个，142台，其中电梯注册登记单位6个，14台，起重机械注册登记单位17个，61台，厂内机动车辆注册登记单位14个，67辆。开展锅炉管特、游乐设施不定期安全检查10次，下达监察意见书32份，检查意见书43份。对10台不能使用的锅炉、17台容器、24台特种设备作报废处理，消除隐患51处。

2003年，坚持“安全第一，预防为主”的原则，大力开展各项安全检查。对268个单位的锅炉、压力容器、压力管道等特种设备进行检查，责令报废6台土造锅炉，一个无证生产土锅炉单位立即停止制造，强制拆除薛城区泰恒液化气充装站。普查登记气瓶716个，11月底前完成气瓶产权转移。2004年，制定《特种设备突发事故应急处理预案》，对196个单位的406台种设备进行检查，下达监察意见书134份，提出整改意见389条，实施产权转移气瓶3860个。

2005年，开展锅炉、危化品、压力容器、起重机械百日集中整治等集中整治活动。共检查特种设备使用单位256家，设备1200台，下达现场安全监督检查记录310份，安全监察指令书112份。

2006年11月，完善区域监管信息系统，广泛应用PDA对特种设备等四类重点企业实行电子巡查。开展“春季安全大检查”“安全月”等大型整治活动，完善特种设备动态管理系统，检查特种设备使用单位156家、设备600余台，下达现场检查记录168份，安全监察指令书42份，提出整改意见620条，现场整改400项。

2008年，完善特种设备事故预警、事故救援和责任追究三个机制，形成大检查、严监控、重监管、保安全四个防范体系。特种设备作业人员持证上岗率、特种设备定检率保持100%。是年，共检查特种设备使用单位236家、特种设备720余台、下达现场检查记录193份、安全监察指令书22份、提出整改措施700余项，现场整改330条。新注册登记设备120台。

2009年，开展锅炉、压力容器、压力管道、起重机械、危化品企业和气瓶充装等专项整治活动。加大对重点设备、重点场所、重点行业、重点隐患事故的监管力度，共出动执法人员500余人次，检查使用单位200余家，特种设备800余台，下达现场检查记录74份，安全监察指令书56份，提出整改措施368条，消除重大安全隐患10余条。是年11月，薛城质监分局与区公安消防大队在山东海化煤业化工有限公司开展内容为二甲醚罐区压力管道锈蚀爆裂发生火灾事故消防技能比武、消防应急救援和特种设备事故应急救援联合演练。2010年10月，开展工业压力管道专项整治工作及气瓶充装单位、电梯维保单位采用RFID即时推广工作。

2011年，开展“安全生产基层基础深化年”和“安全生产百日集中整治”活动，工业压力管道、气瓶充装单位和矿用设备为整治重点。落实企业安全主体责任，与特种设备使用单位签订特种设备安全生产责任书120份。出动检查人员550人次，检查使用单位320家，特种设备1100台，下达安全监察指令48份，消除安全隐患120条。是年6月，薛城质监分局联合山东海化煤业化工有限公司举行特种设备应急救援实战演练。7月在青岛啤酒（薛城）有限公司组织开展锅炉爆管事故应急救援演练。

2012年，开展“安全生产基层基础深化年”集中行动和特种设备“打非治违”等专项整治、自查、互查活动，出动执法人员500余人次，检查特种设备使用单位300余家，特种设备1000余台，下达责令整改通知书31份，提出整改意见90条，消除安全隐患100余处；是年6月，联合山东海化煤业化工有限公司举行危化品压力容器应急救援实战演练。

2013年，开展“安全生产基层基础提升年”四次集中行动和液化石油气瓶、小型蒸汽锅炉、电梯、氨制冷企业特种设备、工业压力管道五次专项整治活动，共检查特种设备使用单位310家，特种设备930台、压力管道11.6公里，下达责令整改指令书76份。6月，薛城质监分局、山东潍焦集团薛城能源有限公司在二甲醚装置区成功举行压力容器事故应急救援演练。会同电梯维保单位在枣矿集团中心医院组织开展电梯事故应急救援演练。11月，联合区安监局在山东潍焦集团薛城能源公司组织危险化学品生产安全事故应急救援演练暨消防趣味运动会活动。

2005年11月，薛城区举办第一期特种设备安全管理人员培训班，培训133人。2006年4月，举办第一期司炉工培训班。至2010年，共举办培训班12期，培训1000余人次。2011年，举办司炉工、水质化验员、厂内机动车辆操作人员培训班，培训水质化验员60余名、司炉工130余名、厂内机动车辆操作人员100余人。2013年，培训电梯维保单位10余家负责人、电梯使用单位50余家负责人、特种设备安全管理人员180余名、司炉工100余名。

第八节　食品安全监管

2001年,薛城区实施食品标签审查认可制度。2002年,实施食品生产企业生产许可证。对大米、小麦粉、食用植物油、酱油、食醋五类食品实施生产许可证管理。

2005年,加大对食品生产、销售企业的监管力度,先后开展饮用水、肉制品加工、面粉、食醋等专项整治活动。以糕点、粮油、纯净水、肉制品、乳制品为重点产品,以超市、集贸市场、农村及城乡接合部为重点区域,突出做好认证监督检查工作,检查食品加工与销售企业30家,产品80种,查处无证、无照生产行为5起,取缔不具备生产条件,生产环境脏、乱、差的手工小作坊2家。是年9月,开展食品饮料、啤酒市场专项整治,检查85家单位,抽取样品43个,异地封存捆扎啤酒30捆,没收超期啤酒一宗。

至2006年,将所有食品分为28大类全部纳入生产许可证管理。食品生产企业取得全国工业生产许可证后,方可生产并在产品上加贴"QS"标志准予进入市场销售,这项制度称之为"食品质量安全市场准入制度"。1—3月,对面粉、食用油、肉制品、饮料乳制品、白酒、奶粉等17类与群众生活密切相关的商品进行专项检查,检查超市、批发部、集贸市场30余家,查封无证白酒40箱,肉制品108箱、膨化食品40公斤,无证大桶水1000余桶,假冒QS标志食品60余袋,对10家无证生产桶装水、面粉、肉制品生产企业责令停产整顿,限期进行生产条件与化验室改造、化验员培训,取得食品生产许可证后方能生产销售。对全区43家食品生产企业建立电子质量档案,同食品生产企业签订责任书43份,开始实行食品添加剂备案制度。2009年《中华人民共和国食品安全法》颁布。9月中旬,对苏果超市、杨宁超市等进行检查,对没有QS标志的作下架处理。

2010年,对30家食品企业开展日常巡查,指导使用生产食品添加剂企业建立"一承诺两台账"制度,将使用情况进行备案,食品添加剂购进使用得到严格有效监管。食品生产年抽检合格率为78.3%。

2011年始,食品生产加工企业签订食品企业质量安全承诺书,增强企业负责人法律意识和责任意识。对29家食品及食品添加剂生产企业进行清查,查处1家无标生产食品添加剂企业,对5家小麦粉生产企业使用的12台"增白剂"喂料机进行拆除。食品生产年抽检合格率为81.6%。

2012年,开展面粉、饮料、肉制品、瘦肉精、食品添加剂等专项执法检查,出动执法人员352人次,检查企业205家(次),对3家省抽、市抽不合格企业进行立案查处。食品生产年抽检合格率为84%。

2013年,开展肉制品、豆制品、婴幼儿配方奶粉、食品添加剂等专项整治,抽检31家企业生产的19类117批次产品,合格94批次,合格率80.3%。实物合格111批次,合格率94.8%。

第六章　国土资源管理

第一节　管理机构

1991年8月,枣庄市国土资源局薛城分局设立党组、纪检组、监察室。1995年3月,恢复土地管理局,建立地质矿产局。2001年1月,设立副科级土地储备开发中心事业单位。2003年12月,设立副科级执法监察大队事业单位。2005年8月,

国土资源法宣传

上划枣庄市国土资源局，改为枣庄市国土资源局薛城分局。下设临城、邹坞、陶庄、张范、常庄、沙沟、周营7个国土资源所。

第二节　基本农田保护

1993年7月，薛城区把基本农田划分为三个等级，并把基本农田保护区指标分配到各乡镇。区、乡（镇）、村三级都建立基本农田保护区领导小组，建立基本农田保护档案、填写表、卡，绘制基本农田保护区图。2013年，市政府分配给薛城区耕地保有量25177.4公顷，基本农田保护面积21958.9公顷。1994—2013年，区政府相继出台多个基本农田保护规范性文件。区、乡（镇）、村层层签订《基本农田保护责任书》，区政府每年年终考评。制定相应的管理制度。区政府发布"关于加强基本农田保护区管理工作的布告"。明确"五不准"：不准在基本农田保护区内建设住房、上项目、不许毁田植树；不准在农田保护区建鱼池、藕池；不准毁田取土、取沙和烧砖瓦；不准圈地建坟；不准撂荒闲置。列入保护区的农田一般不准改变用途，特殊工程建设需要占用的，所在村或乡（镇）应增加相应的耕地补充保护面积。以确保基本农田保护区的面积不减少，真正做到占补平衡。建立保护标志、落实管理人员。保护标志主要设在地片较大、行人较多的田边路旁，真正起到宣传保护作用。以乡（镇）为单位设立保护牌，标明农田类型，保护面积数量，四周边界、保护年限和立牌单位。明确管理人员，责任到人。建立基本农田保护区登记制度。登记以村为单位进行，被保护的农田按类型分开，注明四至、面积数量、利用状况等。进行动态监测，形成常规登记制度。加强质量管理，防止土地污染，提高土地肥力。建立基本农田建设投入制度，加大公共财政的扶持力度，划定基本农田集中区、进行重点保护和建设。建立基本农田保护示范区，全面实现基本农田建设工作标准化，基础工作规范化，保护责任社会化，监督管理制度化。

依据《薛城区土地利用总体规划（2006—2020年）》和《薛城区土地整治规划（2011—2015）》，根据市政府分配的高标准基本农田建设任务，区政府于2012年直接划定3893.33公顷的高标准基本农田。邹坞镇直接划定高标准基本农田保护区面积753.93公顷，主要分布在东防备村、陈楼村、野场村、埠后村、周村、肖村、刘沟村、岩家埠等村。陶庄镇直接划定高标准基本农田保护区面积364.88公顷，主要分布在井亭村、前西仓村等村。常庄镇直接划定高标准基本农田保护区面积为1028.43公顷，主要分布在东黄村、西黄村、孟庄村、泉头村、水寨村、小辛庄村、东辛庄村、四角楼村、种楼村、薛庄村、上于村、西泥沟泉等村。沙沟镇直接划定高标准基本农田保护区面积为925.94公顷，主要分布在西界沟村、东界沟村、黄楼村、东杨庄村、李店村、关阁村、南常东村、南常西等村。张范镇直接划定高标准基本农田保护区面积824.19公顷，主要分布在东夹埠村、张范西村、张范东村、北于村、大甘霖村、黑石岭村、化庄村、南于村、小屯村、辛庄等村。

第三节　土地规划和城乡建设用地

首轮《薛城区土地利用总体规划(1990—2000年)》,规划土地总面积50700.6公顷,规划至2000年,耕地保有量29491.41公顷,基本农田保护面积26733.33公顷,建设用地总规模控制在11076.9公顷内。该轮规划于1993年10月22日经枣庄市人民政府批准实施。

1998年,对规划进行修订,2000年10月8日,经山东省人民政府批准实施。规划土地总面积50782.1公顷,规划至2010年,耕地保有量28497.4公顷,基本农田保护面积23625公顷,建设用地总规模控制在11355.4公顷内。

新一轮《薛城区土地利用总体规划(2006—2020年)》,规划土地总面积50650.33公顷,耕地保有量25297.42公顷,基本农田保护面积21958.90公顷,建设用地总规模控制在13057.47公顷内。规划于2010年6月22日经山东省人民政府批准实施。

自2010年以来,薛城区分两个批次申报城乡建设用地增减挂钩试点项目6个,并获得建新区总面积138.60公顷,折旧区总面积214.88公顷,安置区面积770.79公顷。至2013年,完成拆旧区面积30.93公顷,复垦为农用地30.93公顷,复垦为耕地28.07公顷,获得增减挂钩周转指标22.87公顷。

第四节　土地征收利用

1992年,批复薛城区园林管理处35.67公顷土地用于临山公园建设;批复市公路管理局28.87公顷土地用于枣薛公路建设、20公顷土地用于枣木公路薛城段建设。

1993年,批复市水泥厂在邹坞镇18.27公顷土地用于水泥厂建设;批复市公路管理局8.67公顷土地用于枣木公路薛城段建设。

1994年,批复枣矿集团在薛城区驻地6.33公顷土地用于机关办公楼建设。

1995年,批复薛城区人民医院迁建燕山路东侧55亩土地用于新院建设;批复华众纸业有限公司在常庄镇(原金河乡)268亩土地用于造纸项目建设。

1996年,批复华众纸业有限公司在常庄镇(原金河乡)452亩土地用于造纸项目建设;批复薛城区交通局763亩土地用于店韩路新建及拓宽工程建设;批复薛城区交通局100亩土地用于金薛线周营段改线工程建设;批复薛城区交通局95亩土地用于泰山南路工程建设;批复薛城区交通局290亩土地用于南环路新建及拓宽工程建设.;批复山东十里泉发电厂84亩土地用于运煤铁路专用线建设。

1998年,批复邹坞水泥厂70亩土地用于水泥厂建设;批复陶庄水泥厂810亩土地用于水泥厂建设;薛城区水泥厂总厂在陶庄镇(原夏庄乡)91亩土地用于水泥厂建设;批复京福高速公路管理局3971亩土地用于京福高速公路薛城段及附属设施建设。

2000年,批复枣庄市第八中学扩建50亩;批复薛城区自来水公司87亩土地用于新建长江供水厂建设;批复市捷鸿经贸发展有限公司43亩土地用于枣庄火车西客站改造。

2003年,批复出让枣庄建发房地产开发有限公司97亩用于长江花园住宅小区建设。

2004年,批复常庄镇47亩土地用于迁建枣庄市第四十四中学建设。2006年,批复薛城区广播电视局在长江东路北侧17亩土地用于新建业务用房建设。2007年,批复薛城区双语实验小学在广场西路西侧77亩用于新校建设。

2008年,批复枣庄市民政局在沙沟镇40亩土地用于儿童福利院建设;批复薛城区民政局在沙沟镇41亩用于老年公寓建设;出让工业项目3宗面积106亩,山东迪海化工有限公司煤化工项目、埃新斯(枣庄)新气体有限公司煤化工项目、海乐燃气项目。

2009年，批复薛城区职业中专、薛城区委党校位于沙沟镇17亩用于新校建设；批复枣庄市公安局在沙沟镇200亩用于民警训练基地项目建设；批复市建委位于陶庄镇土地118亩用于生活垃圾处理工程项目建设。出让工业项目13宗面积896亩，山东安阳矿业有限责任公司新矿址、枣庄市德容纸业有限公司年产5万吨电脑提花纸项目、枣庄金正钢铁有限公司1.5万吨/年精密铸件生产线项目、枣庄市金利昂家具有限公司、山东圣火煤业有限公司40万吨捣固焦项目、山东安泰煤业有限公司年产10万吨宏伟玻璃制品项目、薛城区锦阳国有资产经营有限公司砼结构构件制造项目、枣庄市凯瑞化工有限公司年产1.6万吨固体氢氧化钠项目、山东迪海化工有限公司25万吨/年煤焦油深加工项目、山东东阳能源有限公司退城进园40万立方米/天煤制气工程项目等。

2010年，批复山东高速集团有限公司1376亩土地用于临沂—枣庄公路（薛城段）项目建设；批复济南铁路局2430亩土地京福高速铁路薛城段及附属设施建设；出让工业项目5宗面积267亩，山东吉通科技制管有限公司年产2万吨PE管材建设项目、枣庄银海药业有限公司新建医药物流配送中心项目、山东鲁南装备制造有限公司电子配件组装项目、山东欣兴电子科技有限公司年产3000吨切割钢线生产线项目、山东奚仲电子科技有限公司锂离子动力电池2000万安时建设项目。

2011年，批复枣庄长河港业有限公司位于沙沟镇80亩土地用于枣庄港（台儿庄港薛城作业区）建设；批复鲁南（枣庄）经济开发投资有限公司101亩土地用于枣庄高铁站前广场和客运中心及广场南路建设；出让工业项目5宗面积556亩，山东华信国资电缆有限公司特种电缆建设项目、山东金板建材科技有限公司年产6000万平方米纸面石膏板项目、枣庄金正钢铁有限公司年产2万吨精密铸件生产线建设项目、山东东大锅炉有限公司新能源、高效节能环保锅炉（一期）项目、枣庄市薛城区锦阳国有资产经营有限公司年产9000万平方米各类高档纸质包装用品项目项目。

2012年，批复鲁南（枣庄）经济开发投资有限公司110亩土地用于新城太行山南路、珠江路建设；批复枣临铁路有限责任公司321亩用于改建、新建枣庄至临沂铁路（薛城段）项目建设。

2013年，批复枣庄市妇幼保健院77亩用于新城迁建项目；批复枣庄市第三中学200亩用于枣庄市实验中学（新城高中）项目建设；批复枣庄市中医医院23亩用于迁址新城建设项目建设；枣庄市薛城区鸿阳热力有限公司40亩用于建设城区集中供热项目建设；批复薛城区住房和城乡建设局250亩用于薛城经济开发区道路改造工程项目建设；批复枣庄金声文化产业发展有限公司502亩用于市民中心项目建设。出让工业项目11宗面积701亩，枣庄市海象纸业有限公司年产9万吨纱管纸（纺筒板纸）项目、枣庄三一工程机械有限公司工程机械整机及零部件再制造项目、枣庄国宁车业科技有限公司年产3万辆新能源电动车及5000套配件建设项目、山东三和信达化工有限责任公司3万吨/年重苯分离项目、枣庄市银牛面业有限公司日处理小麦1000吨（500吨×2）制粉生产线建设项目、山东潍焦薛城能源有限公司40万立方米/天煤制气工程项目等。

1991—2013年薛城区土地征用情况统计表

表15-7

年度	土地征收面积（公顷）	土地供应面积（公顷）
1991	55.8292	55.8292
1992	289.2917	289.2917

续表15-7

年度	土地征收面积(公顷)	土地供应面积(公顷)
1993	96. 1433	96. 1433
1994	49. 9774	49. 9774
1995	135. 4573	135. 4573
1996	154. 9847	154. 9847
1997	59. 9449	59. 9449
1998	312. 5636	312. 5636
1999	45. 7517	45. 7517
2000	42. 6155	42. 6155
2001	260. 1507	260. 1507
2002	35. 4262	35. 4262
2003	60. 9465	60. 9465
2004	62. 6432	62. 6432
2005	2. 4515	2. 4515
2006	3. 0793	3. 0793
2007	3. 2228	3. 2228
2008	13. 8968	13. 8968
2009	127. 9359	122. 0515
2010	290. 7141	269. 8771
2011	367. 2599	150. 503
2012	392. 3013	262. 9807
2013	173. 4071	103. 7058

第五节　地籍管理

2008—2010 年,薛城区组织开展境内农村土地和城镇土地第二次大调查,投入财政资金 208 万元。城镇地籍调查包括张范镇、邹坞镇、陶庄镇、常庄镇、沙沟镇、周营镇 6 个乡镇;兴仁街道、兴城街道、临城街道三个街道。共计 50. 99 平方公里的用地。该次城镇地籍调查把薛城区城镇地籍调查范围划分为 9 个街道,112 个街坊。

薛城区二级分类土地利用现状一览表

表 15-8

土地分类		面积(平方米)	比例(%)
土地总面积		10786190.65	1
耕地(01)	小计	1768403.69	0.16
	水田(011)	0	0
	水浇地(012)	67411.89	0.01
	旱地(013)	1700991.8	0.16
园地(02)	小计	12650.61	0
	果园(021)	12650.61	0
	茶园(022)	0	0
	其他园地(023)	0	0
林地(03)	小计	453814.74	0.04
	有林地(031)	280238.4	0.03
	灌木林地(032)	0	0
	其他林地(033)	173576.34	0.02
草地(04)	小计	22385.29	0
	天然牧草地(041)	0	0
	人工牧草地(042)	0	0
	其他草地(043)	22385.29	0
商服用地(05)	小计	296454.22	0.03
	批发零售用地(051)	65315.79	0.01
	住宿餐饮用地(052)	38282.3	0
	商务金融用地(053)	14110.07	0
	其他商服用地(054)	203936.14	0.02
工矿仓储用地(06)	小计	2360630.32	0.22
	工业用地(061)	1784107.97	0.17
	采矿用地(062)	556261.47	0.05
	仓储用地(063)	20260.88	0

续表15-8

土地分类		面积(平方米)	比例(%)
住宅用地(07)	小计	2552083. 36	0. 24
	城镇住宅用地(071)	1469571. 51	0. 14
	农村宅基地(072)	511. 85	0
公共管理与公共服务用地(08)	小计	436453. 55	0. 04
	机关团体用地(081)	154870. 2	0. 01
	新闻出版用地(082)	0	0
	科教用地(083)	136888. 72	0. 01
	医卫慈善用地(084)	91487. 5	0. 01
	文体娱乐用地(085)	6987. 34	0
	公共设施用地(086)	31386. 47	0
	公园与绿化(087)	14833. 32	0
	风景名胜设施用地(088)	0	0
特殊用地(09)	小计	9284. 09	0
	军事设施用地(091)	0	0
	使领馆用地(092)	0	0
	监教场所用地(093)	0	0
	宗教用地(094)	6628. 1	0
	殡葬用地(095)	2655. 99	0
交通运输用地(10)	小计	1942463. 8	0. 18
	铁路用地(101)	142006. 81	0. 01
	公路用地(102)	807740. 82	0. 07
	街巷用地(103)	956947. 22	0. 09
	农村道路(104)	35768. 95	0
	机场用地(105)	0	0
	港口码头用地(106)	0	0
	管道运输用地(107)	0	0
水域及水利设施用地(11)	小计	199782. 85	0. 02
	河流水面(111)	78531. 5	0. 01
	湖泊水面(112)	0	0
	水库水面(113)	0	0
	坑塘水面(114)	26298. 27	0
	沿海滩涂(115)	0	0
	内陆滩涂(116)	0	0
	沟渠(117)	51206. 38	0
	水工建筑用地(118)	43746. 7	0
	冰川及永久积雪(119)	0	0

续表15-8

土地分类		面积(平方米)	比例(%)
其他土地(12)	小计	731784.13	0.07
	空闲地(121)	645099.87	0.06
	设施农用地(122)	86684.26	0.01
	田坎(123)	86684.26	0.01
	盐碱地(124)	0	0
	沼泽地(125)	0	0
	沙地(126)	0	0
	裸地(127)	0	0

按国家年度土地变更调查的技术规程和政策要求,薛城区认真组织开展历年的年度土地变更调查和遥感监测工作,自2009年始,国家加强卫星遥感监测的技术手段和分辨率,薛城区每年的年度土地变更调查成果均顺利通过国家检查验收。

按照国土资源部“十一五”规划要求,统一标准,统一规划,建立形成结构完整,功能齐全,技术先进的地籍信息服务体系。认真开展土地登记工作,1991—2013年,全区共颁发国有土地使用权15155本,土地使用权他项权利登记496宗,抵押权注销登记466宗,累计抵押货款金额32.7亿元,积极做好土地权属调处工作,共受理土地权属争议案139件,有效调处139件。

2012—2013年,薛城区组织开展辖区内的集体土地确权登记发证工作。全区集体土地确权工作量涉及辖区面积403.8165平方公里(不含高新区和新划出的张范镇,含高新区新划入的16个村居39.255平方公里),7个镇街,198个集体土地性质行政村,331个农村集体经济组织,约7.8万宗农民宅基地。集体土地所有权确权登记面积355.61平方公里,调查地籍区7个,地籍子区210个,涉及国有土地使用权调查769宗、国有河流和道路124宗;颁发929个集体土地所有权证书,发证率99.04%,形成争议区的地块9宗,占应发证率的0.06%。2013年7月,农村集体土地所有权确权登记发证工作成果通过市级验收,是年8月,通过省级验收。

第六节　矿产管理

矿产资源开发利用

规划开采的矿种包括探明储量或已开采利用的矿产资源种类,根据国家矿业宏观调控政策,依据区内矿产资源特点及矿产开发实际状况,确定开发矿种。2005年后,禁止在耕地中开采黏土矿产;限制煤炭的开采量、部分水泥灰岩、建筑灰岩等矿产;禁采与限采之外的矿产均允许开采矿产。

开采规划分区。薛城区的山石资源分布特点北部多,南部少,东部多,西部少。大部分出露于地表。全区共划分四个可采区,四个限采区和七个禁采区。四个可采区:千山头—梁山灰岩开采区、长鱼山灰岩区、于山—上山口灰岩开采区、张范和尚寺灰岩开采区。四个限采区:奶奶山花岗岩石材限采区、黄龙山灰岩限采区、柳河子—侯许庄灰岩限采区、周营牛山灰岩限采区。七个禁区:金河柏山灰岩禁采区、井字峪灰岩禁采区、邹坞虎山灰岩禁采区、沙沟焦山—日月山禁采区、沙沟张庄羊鼻子山禁采区、黄风口西侧黄谷山禁采区、黄风口东侧圣土山禁采区。

新建矿山准入条件。新建矿山企业除应符合国家有关法律法规外,还须具备下列条件:(1)资源条件要有资源储量管理部门批准认定的相应地质勘查报告和经认证的矿产资源储量。(2)设计条件要符合国家规定的矿山设计或开发利用方案，开采方法或选矿设备要先进、合理、科学。设计中“三率”指标和共伴生矿产的综合利用水平须达到矿产资源规划要求。(3)规模条件符合规划确定的矿区最低生产规模标准，并与可供开采的资源储量相适应，符合节约集约经营3原则。(4)规划分区条件所规定的禁止开采区、禁止开采的矿种和已开发利用的矿区以外区域。(5)生态环境保护条件所产生的矿山生态环境问题可以得到及时有效治理，符合生态环境保护要求。

矿业结构调整。保持矿山生产规模与矿床储量相适应，矿山最低开采规模按矿床规模限定。优化开采、加工结构，发展深加工产品。加强横向联合，关闭生产规模较小企业，中型企业采取配套成熟的工艺技术进行改造。调整产品与技术结构。重点支持企业发展迫切需要解决的关键性、共性、关联度大的技术和高附加值产品的研究开发，增强精深加工产品生产能力。重点发展煤焦化工，通过横向联合，发展洁净煤技术；充分利用工业废物，保护环境、兴建煤矸石厂；鼓励利用页岩或红色泥岩制造砖瓦，替代黏土砖瓦制品；发展大型干法回转窑水泥、特种水泥及高标号水泥、推广水泥砌块、水泥预制件等轻质墙体材料应用。

提高回采率。依科技进步和规范化管理，提高矿山回采能力，加大开采力度，发展多层居民建筑，减少煤炭资源压覆，煤矿回采率薄层不低于75%，厚层煤不低于60%；露采石灰岩矿山要合理开拓，充分剥离，提高回采率。

闭坑矿山生态环境治理。严格闭坑矿山的审查与管理，矿山企业在闭坑前必须提交闭坑地质报告，报告中应有生态地质环境恢复治理措施。提交闭坑报告的矿山必须完成全部的治理义务或交清全部环境治理工作费用方可批准闭坑。已停采或关闭的矿山，由原矿山主管部门组织做好土地复垦、绿化、地质灾害治理等工作。

开发利用保护现状

薛城区对山石资源进行保护，采取措施先后划定和公告七个地质地貌景观保护区，分别是千山头奚公山地质地貌景观保护区、墓山地质地貌景观保护区，南山寨地质地貌景观保护区、羊峪地质地貌景观保护区、杏峪地质地貌景观保护区、柏山自然保护区、薛城区保护区，保护区内无一家开采山石企业。

根据《枣庄市露天开采矿山及矿山生态环境专项整治工作方案》要求，薛城区政府委托山东鲁南地质工程勘察院编制《枣庄市薛城区露天开采矿山及矿山生态环境专项整治工作方案》，在对以往资料收集和对辖区内遗留损毁山体现状野外调查、实地测量基础上编制完成该方案。方案对位于周营镇、沙沟镇、陶庄镇、邹坞镇的68处关闭矿山采石损毁山体遗留现状，按照独立山体、相邻相近、集中连片原则划分21个治理区，并对治理区分别编制具体整治方案。21个治理区预算治理费用为1.23亿元。

矿山企业

2013年，薛城区探明或已开采利用的矿产共计9种(含亚种)，煤及石灰岩矿是薛城区优势矿产。全区共有甲类和乙类企业160余家企业，其中煤矿企业85对矿井，非煤矿山企业75家。根据国家经济发展需要薛城区逐步关闭布局不合理、资源浪费严重、环保能力差、科技含量低的小煤矿78家。关闭生产规模小，对生态环境破坏严重、生产条件落后的、位于交通主干道两侧的采石场75家，同时全部关闭从耕地中取土的砖瓦企业，鼓励发展用煤矸石、页岩及混凝土等新型材料制作的建筑材料，至2007年，薛城区电石灰岩、熔剂灰岩、白云岩、花岗岩、磷矿没有开发利用。

2000年，全区开发利用矿产6种，矿山企业达112个，其中煤炭企业47个，建筑石料用灰岩矿56个，水泥灰岩采矿业共5个，砖瓦黏土矿4个，这些采矿业仅两家为中型煤矿企业，其他均为小型矿山企业。2005年后禁止在耕地中开采黏土矿产；限制煤炭的开采量，部分水泥灰岩、建筑灰岩等矿产；禁采与限采之外的矿产均允许开采矿产。

2005—2013 年薛城区矿山企业一览表

表 15-9　　单位:家

年度	2005	2006	2007	2008	2009	2010	2011	2012	2013
煤矿企业	24	23	14	13	13	11	11	9	9
非煤企业	22	20	22	10	10	7	7	7	0

矿产资源监管

针对矿山资源日趋枯竭的状况,从设计入手,千方百计优化开拓布局及时修改设计。精心选用合理的采煤工艺,采取迎头分打分装,区段煤柱带采等方式开采,实现资源利用的最大化。把资源损失尽可能地降至最低程度。提高资源回采率。有效延长矿山服务年限。强化"三率"指标的制定与考核,并与生产责任制挂钩,建立健全严格的考核制度,提高采区回采率和资源回收率。各矿山企业签订安全互保协议。定期、不定期开展相邻矿井的开采动态互查。有效防止越界开采等违法行为的发生。严格检查矿山企业是否按《矿产资源开发利用方案》施工;是否在批准的矿区范围内开采,采掘工作面图的填绘是否与采掘现场一致;实际采出量与生产统计及销售量是否成比例;是否有完善的资源管理领导小组及储量管理制度,储量管理的台账与图纸、储量检测报告是否建立;矿产资源补偿费是否及时足额缴纳。对查出的问题现场向矿山提出整改意见,并要求限期整改。同时坚持监督检查与服务相结合,把为矿山服务放在重要位置,为矿山企业安全生产和提高效益出谋划策,提出合理化建议 20 余条。充分发挥镇街国土所和矿产督察员的作用,弥补矿政人员不足的缺陷。保证年检工作的顺利按时完成。

打击非法采矿

区政府成立打击非法采矿领导小组。制定实施方案,层层签订打击偷挖盗采责任书,并实行属地管理风险抵押金制度。采取"重点宣传,宣传重点"的办法,利用多种渠道开展打击非法采矿宣传教育。重点宣传矿产资源法、刑法等宣传教育内容,并把党政机关干部、矿山企业法人、乡村干部作为重点宣传对象。做到领导干部送法上门,企业法人送书上门,乡村干部送报上门。同时张贴《关于严厉打击偷挖盗采煤炭资源违法行为宣传提纲》。建立健全工作制度、举报制度、定期报告制度、巡查制度、非法采矿查处制度、档案管理制度。国土资源分局、公安分局、检察院、纪检监察、行政执法、煤炭、安监、工商、电力等有关部门联合执法,始终保持对非法采矿行为进行打击的高压态势。2011 年 4—12 月,联合执法队对东部矿区进行拉网式巡查,共排查废弃井口 83 处;洗煤厂,煤炭堆放场所 57 家;动力电用户 600 余户;共填平、取缔盗采井口 30 余处,扣押煤炭约 160 吨,浇灌混凝土 800 立方米,回填土石方 2600 立方米,拆除用于掩护的建筑物 1600 余平方米,复耕土地 2 公顷,查扣电缆、绞车等盗采工具 10 宗,抓获盗采分子 14 人,刑事拘留 3 人。坚持打防结合的长效防范机制。在内部监督和外部监督上实行"两手抓",在内部监督上,实行政务公开,不仅公开执法结果,而且将执法差错进行通报。在外部监督上实行行政执法公示制度,将打击非法采矿行政执法的法律依据、办事程序、人员岗位职责对社会进行公开公示,主动接受社会各界监督。聘请人大代表、政协委员、纪检、检察等各界人士为国土执法监督员,定期监督、检查、评议。同时完善区、镇、村三级监督网络,并设立举报电话和举报箱。

第七节　地质环境治理和地质灾害防治

地质环境治理

2007—2013 年,薛城区共承担中央及省级矿山地质环境治理项目共 10 个。(1)2007 年山东枣庄市黄峰口风景区露天采石场地质环境治理工程项目。黄峰口露天采石场位于薛城区东南沙沟镇、枣庄市薛城区黄峰口风景区一带。补助资金300万元。5月14日,工程开始施工,2010年8月27日,完成全部治理工程。通过治理,消除地质灾害隐患,修复地形地貌,美化生态环境。(2)2010年枣庄市陶枣煤田区(薛城辖区)煤矿废弃井及工业广场治理工程项目。项目位于张范镇、邹坞镇和陶庄镇。工程于2012年2月9日开工,2013年2月15日完工,主要是对辖区内废弃井口进行封堵治理,立标示牌,消除地质灾害隐患;对废弃的工业广场因地制宜开展土地复垦和植被恢复重建工作,恢复土地使用功能。(3)2010年枣庄市薛城区黄贝煤矿矸石山及废弃工业广场治理工程项目。项目中央资金1000万元。2012年11月28日开工,2013年5月29日完工。(4)2010年枣庄市薛城区245省道两侧黄风口破损山体治理工程项目。项目中央资金1000万元。治理区位于沙沟镇辖区内。工程于2012年4月20日开工,开挖石方、石方爆破、石方回填、种植土回填、植树绿化、挂网团粒喷播绿化和截水沟等均按设计和相关规范进行施工。2012年10月12日完工。通过治理,恢复可利用土地面积约23000平方米,栽植适应当地生长的柿树、石榴等经济作物,产生很好的经济效益和社会效益。(5)2010年枣庄市高新区245省道两侧黄风口破损山体治理工程项目。项目中央资金1000万元,工程位于枣庄市高新区西南与薛城区交界处。(6)2011年薛城区245省道东侧黄风口破损山体矿山地质环境治理工程。项目中央资金850万元。治理区位于沙沟镇辖区内。完成山体排险,爆破削坡,回填渣土等工程。(7)2011年薛城区245省道西侧黄风口破损山体矿山地质环境治理工程。项目中央资金900万元。治理区位于薛城区黄风口风景区,245省道西侧。该项目2013年12月4日正式施工,完成爆破土石方,渣土回填,削坡整形,清理坡面,修建截水沟、挡土墙、蓄水池等工作。(8)2011年薛城区奚仲公园周边破损山体矿山地质环境治理工程。项目中央资金700万元。治理区位于薛城区陶庄镇,治理区域为奚仲公园北侧千山头破损山体。通过项目的实施有效消除奚公山破损山体对当地人民财产安全的隐患,同时改变奚仲公园整体美观效果。(9)2012年枣庄市薛城区店韩路黄风口石灰岩矿区矿山环境治理与生态修复示范县(第一批)工程项目。该项目为省级示范县建设项目,项目省财政资金1500万元。治理区位于沙沟镇辖区内。(10)2012年薛城区S352省道南侧柳河子山破损山体矿山地质环境治理工程。项目中央资金700万元。

地质灾害防治

受2008年7月22—23日大雨影响,位于薛城区天然焦矿西南部“张范湖”涝洼地一带地表大面积积水,7月23日下午3∶40分左右,距原张范六号煤矿西北约100米处发现一古井溃水,古井口长、宽、深分别为15米、20米、30米。发现溃水后,区天然焦矿立即启动矿井应急抢险救援预案,关闭井下-32米水平防水闸门。地面溃水首先淹没原周营二号、原张范六号二层焦采空区。地面溃入井下水量约4万立方米,到达一定水位后进入天然焦矿西翼采空区,水位上升淹没主排水泵房导致井下停电停产。区政府调集出动人员2000余人次,动用各种车辆(铲车、挖掘机、自卸车、拖拉机等)60余辆,治理古井口填充矿车皮10余辆,大型翻斗车2辆,竹笆、苇箔两大车、麦草垛10捆、编织袋2万余件、钢管、篷布、树木、道轨、木料等物资一宗,共投入资金约210万元;回填矸石、石料、土方、白灰、沙、水泥等近5000立方米,共投入资金约150万元。区天然焦矿在“7·23”古井溃水事故中,经济损失1030万元。

全区重点地质灾害易发区有四处:1. 原常庄二号煤矿南部地质灾害易发区。在陶庄煤田范围内,原常庄二号煤矿南部,东西走向的蟠龙河位于原常庄二号矿采空区附近,而蟠龙河北部,有一处古井陷落,且陷落面积较大,同时也不排除有其他古井的存在。一旦汛期到来，有古井陷落或导水断层的存在，蟠龙河水会灌入原常庄二号矿井下，从而进入215煤矿西井，从215煤矿西井进入陶庄大矿。2. 张范镇张范村北部地质灾害易发区。在张范镇张范村北部约500米处，分布着薛城区宏达煤矿、原沙沟一号、原张范五号煤矿、原张范九号煤矿，并且有许多古井分布。该地区汛期地表会有大量积水，积水沿古井或地表裂缝进入井下，通过原沙沟一号、原张范五号、原张范九号，威胁薛城区天然焦煤矿、薛城区宏达煤矿和山家林煤矿。3. 山家林井田南部地质灾害易发区。在薛城区张范镇西夹埠村南部，为山家林井田18层煤露头区。露头区为古采区，在店韩路桥的以东为蟠龙河的南部分支。已不能起排洪作用，此处以往陷落古井3处，且均在河底部，此处可积水20万立方米，水患威胁严重。一旦积水从古井到古采区，会进入原沙沟镇光明煤矿，再进入兴仁煤矿也威胁着袁庄煤矿，最后进入山家林煤矿。4. 薛城区天然焦矿西部地质灾害易发区。在薛城区天然焦矿西部、原张范镇七号煤矿北部，有二矿开采的古采空区，此地区到汛期地表会有大量积水，积水有可能沿断层或裂缝进入古空区。有淹天然焦矿、张范镇七号煤矿的可能，严重危及两矿的安全。

第八节　国土资源监察及行政执法

2003年3月，对全区土地市场进行全面彻底的调查摸底，共清查出各类违法占有地105宗，面积168.91公顷。并全部下达行政处罚决定书。对95宗违法用地的单位或个人进行查处。累计罚没款290.28万元，拆除违法建筑面积2925.2平方米，补交土地出让金370万元。2005年，分别在3月份和11月份开展春、秋两季执法大检查活动，共发现各类国土资源违法行为50起，依法制止各类违法用地苗头10起，当年查处各类违法用地案件32起，面积46.67公顷。对群众反映强烈的案件进行公开曝光，处理违法责任人。

2006年11月，开展查处土地违法违规案件专项行动，共查处各类违法违规用地30起，面积30余公顷；立案查处16起，面积21.1666公顷；现场制止拆除10余起，拆除面积6000平方米，恢复土地面积10.67公顷；共收罚款80.9481万元。移交给司法机关1起，行政拘留1人，受到党纪政纪处分的9人。同时配合各镇（街）政府拆除违法建筑30户，拆除圈占院墙1000米，恢复土地面积8.67公顷。

2007年5月，第七次土地执法检查经过现场测量核实，全区12个图斑涉及22个单位，11个图斑为违法用地，面积为21.65公顷。9月，开展土地执法百日行动，全区共查处“以租代征”违法用地6宗，面积为6.1733公顷。

2008年，薛城区第八次卫片土地执法检查，共有监测图斑43块，共涉及45宗建设用地，面积424.109亩。其中已办理合法用地手续8宗，面积168.06亩，处罚6宗，35.795亩；未变化7宗，148.5亩；进一步调查的24宗，71.754亩。10月开展土地违法违规问题专项整治行动，共清理清查2007年度违法违规用地4宗，面积11.35亩，2008年，新发生违法违规用地29宗，面积155.69亩。

2009年，第九次卫片土地执法检查，共有监测图斑47块，监测面积为1769.4亩；涉及48宗土地，面积1741.6亩。其中新增建设用地39宗，面积1623.2亩（违法用地5宗，面积为126.5亩，合法用地34宗，面积1497亩）。实地伪变化的用地9宗，面积为118.42亩。5宗违法用地全部立案调查，并下达行政处罚决定书，收缴罚没款153.872万元。

2010年，薛城区新增建设用地185宗，面积2818.1亩，其中耕地1940.4亩。实地伪变化斑图39宗，面积为477.2亩，其中耕地271.6亩。合法用地168宗，占用地总宗数的90.8%，面积2579.4亩，占总面积的91.5%；其中耕地面积1771.9亩，占耕地总面积的91.3%，违法用地17

宗，占新增建设用地总宗数的 9.2%，面积为 238.7 亩，占总面积的 8.5%，其中耕地面积 168.5 亩，占耕地总面积的 4.3%。对 17 宗违法用地进行立案查处；实地伪变化图斑 39 宗，面积 477.2 亩，其中耕地 271.6 亩。是年，开展为期 3 个月的违法违规用地专项整治行动，共查处 12 宗违法用地，面积为 161.1 亩。其中占用耕地 55.7 亩。

2011 年，查处违法用地 83 宗、542.6 亩，其中 9 宗、149.8 亩违法用地处罚完毕，并已补办农转用手续；拆除复垦违法用地 14 宗、127.7 亩；其余 60 宗违法用地已全部立案查处，共收缴罚没款 660.21 万元。

2012 年，违法用地 43 宗、323.25 亩，已全部立案查处；共收缴罚没款 822.8326 万元。

2013 年，遥感监测卫片图斑涉及的 45 宗违法用地，面积 577.77 亩，占用耕地面积 280.94 亩。已全部予以处罚，共收缴罚没款 459.31 万元。

第九节　测绘管理

《中华人民共和国测绘法》自 2002 年 12 月 1 日起施行。每年 8 月 29 日为《中华人民共和国测绘法》宣传日。全区共有测绘控制点 15 个，均匀分布薛城区各个乡镇，常庄镇 5 个，沙沟镇 4 个，周营镇 1 个，巨山街道 1 个，邹坞镇 2 个，陶庄镇 2 个，其坐标数据属于国家秘密范畴，其数据在市级测绘管理处保存，县级只进行保护与监督管理，没有其详细数据。每年都对地图市场进行检查，发现有问题的地图及时清理，如书刊、广告、地球仪、电视和互联网等登载的中国地图图形漏绘南海诸岛、钓鱼岛、赤尾屿等重要岛屿以及错绘国界线的问题地图及时进行查处，开展国家版图意识宣传教育。

第十节　土地收储及供应

薛城区土地储备开发中心成立后，完善规章制度，依法依规完成土地收购储备交易工作。2001 年 4 月 9 日，薛城区土地管理局发布第一次国有土地使用权拍卖公告，26 日，成功拍卖出第一宗国有使用权，枣庄市薛城区公证处出具第一份国有土地拍卖公证书。

国有土地使用权拍卖会

表 15-10　2010—2013 年薛城区棚户区城中村改造土地出让统计表　单位：平方米

年度	2010	2011	2012	2013
面积	299975	604228	613294	1018337

表 15-11　2010—2013 年薛城区经营性用地出让统计表　单位：平方米、万元

年度	2003	2004	2005	2006	2007	2008	2009	2010	2011	2012	2013
面积	95282	157307	148357	138337	44614	104332	272468	494370	773026	631957	1374382
成交价款	4422.51	8627.99	14961.78	22575	9075	17100	30278	94315	254738	162058	348051

第十一节　土地租金征收

2002 年 7 月 10 日，薛城区开展土地租金和收益金征收工作。2010 年 11 月 17 日，薛城分局国土资源税费征收所更名为薛城分局土地资产监管中心，承担国有建设用地批后监管职能。

为有效避免国有建设用地审批和监管脱节，杜绝少批多用、改变用途、擅自提高容积率等批后失控现象发生，薛城区对所有用地项目实行“一档、一库、一牌、一表”管理。在全市领先实行国有建设用地现场交地确认制度，签订国有建设用地交地确认书，组织多部门到现场进行交地确认。实行开竣工申报制度，要求与国土资源部门签订国有建设用地使用权出让合同、国有建设用地使用权划拨决定书。取得国有建设用地使用权的土地使用权人，必须在宗地内建设项目开工前 15 日内、竣工后 15 日内向国土资源部门书面申报建设用地开发利用情况。实行竣工核验制度，要求建设项目竣工后，建设单位或个人在组织建设工程竣工验收时应提出用地检查核验申请，提交竣工测绘及其他验收必备资料，国土部门组织审核资料，多部门现场查验用地情况，有效避免项目地块位移、超占等行为发生，取得较好的监管效果。

2012 年 3 月 19 日，山东省委副书记、省长姜大明对此作出重要批示，《山东省政务信息·特刊》刊登《枣庄市薛城区严格执行土地批后监管的做法》，要求在全省推广这一做法。是年 8 月 21 日，《中国国土资源报》在第一版也刊登《枣庄市薛城区建设用地批后监管出“奇”制胜》。2013 年 6 月 10 日，国土资源部调研批后监管工作。8 月 15 日，《中国国土资源报》《国土资源导报》头版报道薛城区率先实行现场交地确认经验做法。

第七章　物价管理

第一节　价格管理和收费管理

1991—1992 年，在全区开展“物价计量信得过”活动，薛城齐鲁商厦等 9 家单位获此殊荣。

1993 年，全区开展饮食业和娱乐场所实行明码标价活动，凡在薛城区范围内经营饭店、餐厅、舞厅、茶座、卡拉 OK、酒吧、电子游戏厅以及其他娱乐设施的单位和个体工商户，都实行明码标价。

1994 年，对全区公办幼儿园、托儿所、学前班收费标准进行调整；对居民生活必需品和服务实行价格监审制度。其中，面食制品、食油、酱油、食醋、饲料实行提价申报制度；食糖、洗衣粉（膏）、肥皂、民用煤实行差率控制。

1995 年，取消电话月租附加费、长途电话与农村电话附加费等电信附加费，改按国家和省规定的电信附加费统一征收范围和标准执行。统一“九二”式拖拉机牌证收费标准，委托管理的拖拉机号牌收费标准为：反光号牌每副 86 元；农田作业的拖拉机号牌收费标准为：不反光号牌每副 30 元，反光号牌每副 50 元；临时行驶拖拉机号牌（纸牌）每副 5 元；试车号牌每副 5 元。

1996—1997 年，调整食盐价格。调整自来水价格，生活用水价格由每吨 0.4 元调整到 0.6 元；生产经营性用水价格由每吨 0.7 元调整到 0.9 元。实施峰谷分时电价。调整舜耕中学收费标准，每生每年收取教育成本费 1000 元，住宿费每生每学期 40 元。核定清泉农贸市场摊位收费标准（摊位费、设施费、场地清扫费）。调整有线电视收视维护费标准，由每月每户 5 元调整为每月每户 11 元。

1998—1999 年，调整出租客车运价标准，由原来执行的二类价区调整为三类价区，简易车型

(各种面的)，由 1.2 元/车公里降为 1.0 元/车公里；普通车型（夏利），由 1.4 元/车公里降为 1.2 元/车公里；中级车型（普通桑塔纳）由 1.7 元/车公里降为 1.5 元/车公里；高级车型（桑塔纳 2000 以上）由 2.0 元/车公里降为 1.8 元/车公里，起步价仍为：简易车 5.0 元/3 公里；普通车 6.0 元/3 公里；中级车 7.0 元/3 公里；高级车 8.0 元/3 公里。调整电价，居民生活用电价格由每千瓦时 0.382 元提高到 0.432 元，其他各类用电电价水平不动。公布城镇居民生活用电安装"一户一表"收费标准，全区统一规定为每户不超过 100 元。调整幼儿园、托儿所、学前班收费标准和全区中小学收费标准。调整自来水价格和污水处理费，自来水价格每吨提高 0.2 元，即居民生活用水价格由 0.6 元/吨调整到到 0.8 元/吨；生产经营性用水由 0.9 元调整到 1.1 元；饮食、建筑业用水价格由 1.2 元/吨调整到 1.4 元/吨。公布收费许可证管理办法。

2000 年，对薛城区舜耕中学和薛城区实验中学的教育成本费进行核定，确定收费标准。对薛城区八一小区的建筑安装工程、配套工程结算等有关资料进行核定，核定八一小区经济适用房销售价格每平方米 828.00 元；楼内储藏室销售价格每平方米 384.00 元。调整管道煤气价格，薛城焦化厂煤气出厂价格由每立方米 0.57 元调整为 0.64 元；居民生活用气价格由每立方米 0.90 元调整为 1.00 元；非经营性职工食堂和机关、企事业单位办公用茶水炉用气与居民生活用气执行同价，亦为每立方米 1.00 元；工业企业生产用气价格由每立方米 1.00 元调整为 1.20 元；经营性用气价格由每立方米 1.40 元调整为 1.60 元。调整自来水价格和污水处理费征收标准，居民生活用水价格由每立方米 0.80 元提高到 0.95 元；生产经营性用水价格由每立方米 1.10 元提高到 1.30 元；饮食建筑业用水价格由每立方米 1.40 元提高到 1.80 元；污水处理费标准相应调整。

2001 年，核定区 101、102、103 路公共交通专线车线路票价，101 路公交车，票价 1 元 1 票制；102 路公交车，票价 1 元起价，超过 18 站票价 2 元，全程票价 2 元；103 路公交车，票价 1 元起价，超过 7 个站票价 2 元，全程票价 2 元。开展农民建房收费专项治理工作。

2002 年，规范中介服务收费。实行城乡居民生活用电同价。执行 2002 年国办普通高中收费标准：每生每学期，省级重点高中（含省级规范化学校）800 元，城市高中 500 元，农村高中 300 元；有条件的普通高中，可适量招收部分择校生，其招生比例不得超过招生计划的 20%，学杂费收费标准上线为：每生每学期，省重点高中 1600 元，城市高中 1000 元，农村高中 600 元。贯彻落实下岗职工再就业各项收费优惠政策。

2003 年，受全国部分地区发生的非典型性肺炎疫情影响，境内出现中药、84 消毒液、口罩等相关商品购买比较集中，货源紧缺，价格上涨的现象，个别品种涨幅较大，区物价局严格执行国家和省规定的价格政策，加强预防"非典"自制制剂、中药饮片价格管理，对经国家中医药管理局推荐的预防"非典"服用的中药处方及自制剂价格实行限价，严格控制与"非典"相关商品价格上涨，引导市场价格行为。在全区范围内开征水资源费，具体标准为：自备井按 0.75 元/立方米征收；公共供水中居民生活用水暂按 0.30 元/立方米征收；公共供水中生产经营性用水按 0.45 元/立方米征收；公共供水中饮食、建筑业用水按 0.65 元/立方米征收；从河流、湖泊、水库等取用地表水的，按 0.30 元/立方米征收。核定薛城区部分镇（街）有线电视建设费、收视维护费标准。核定薛城区人民医院高档病房收费标准为：一室一床，40 元/床·天；一室二床，25 元/床·天。对薛城舜耕中学、薛城实验中学、薛城双语实验小学等 8 家社会力量办学的学校进行调研，根据各学校的办学条件、办学规模和培养成本，分别核定相应的收费标准。调整客运出租汽车运价标准，将 4 种车型的 4 个起步价标准。调整为一个标准，不分车型，统一起步价，即 3 元/2 公里；将现行公里计费改为百米计费。

2004 年，在全区义务教育阶段学校试行"一费制"收费办法，即在严格核定杂费、课本和作业本费标准的基础上，统一向学生收取的费用。核定农村分类统一电价每千瓦时分别为：农业生产用电 0.68 元，非普工业用电 0.808 元，非居民照明用电 0.88 元。核定铁道游击队影视城临时门票价格每人每张 30 元。

2005 年，向供热单位及城市低收入家庭征收污水处理费，对持城市居民最低生活保障证和生活救济证并使用城市公共供水的家庭居民，按照先征后返、收支平衡的原则，自 2005 年第一季度起给予补贴，补贴标准为：户人数为 1～3 人的，每月每户 1.5 元，4 人以上的每月每户 2.5 元，补贴费用来源于征收的污水处理费。

2006 年，公布《枣庄市城市垃圾处理费和卫生有偿服务费征收使用管理细则》《枣庄市物业服务收费管理实施办法》。铁道游击队影视城与鲁南民俗博物馆实行一票通，通票价格为每人次 20 元。核定薛城远程教育学校教育培养费和住宿费，标准为：教育培养费每生 6300 元/3 年；住宿费，每生每学期 150 元。全区客运出租汽车运价调整，起步价，不分车型，统一由 3 元/2 公里（另加 1 元燃油差）调整为 5 元/2 公里，取消燃油差价。

2007—2008 年，公布枣庄市城市房屋拆迁服务性收费和附属物补偿标准、《山东省明码标价管理办法》、山东省行政事业性收费项目目录、山东省政府定价药品目录和城市绿化补偿费收费标准。免除义务教育阶段学生杂费，包括公办、民办在校学生。枣庄铁道游击队影视城通票价格调整为 60 元/人每次。建立并实行物价上涨与提高困难群众生活和保障标准联动机制。开始实施枣庄市应对价格异常波动工作预案。

2009—2011 年，停止征收个体工商户管理费和集贸市场管理费。执行防止生猪价格过度下跌调控预案。调整集中采暖供热价格，居民冬季采暖用热出厂价格每吉焦 40.50 元，换热首站运行费用为 4.80 元；二级换热站站前结算价为 44.00 元；供居民住宅采暖用热价格每平方米为 19.20 元。执行商品房销售明码标价规定，要求辖区内房地产开发企业和中介服务机构商品房销售价格需到区物价局申报备案。

2012 年，居民生活用电试行阶梯电价，居民用户每月用电量划分三档，电价实行分档递增。公布 2012—2013 年采暖季居民用热两部制热价，将基本热价由 50%降至 30%，继续执行“多退少不补”政策。对蓝鸽艺术幼儿园进行教育成本监审，参照枣庄市及周边地区幼儿园收费标准：全日制班由原定收费标准 400 元/生每月，调整至 700 元/生每月（含保育费、管理费、杂费、代办费）。开展全区公立医院综合改革医疗服务价格调整，按照“患者整体费用不增加、医疗合理收入不减少、政府和医保可承受”的原则，以破除“以药补医”机制为关键环节，统筹推进医院补偿机制等综合改革。

2013 年，对周营镇供水成本进行核算和价格听证，核定周营镇农村自来水价格为 1.30 元/吨。对薛城区实验幼儿园的财务状况进行成本核算，结合薛城区城镇居民收入水平，调整薛城区实验幼儿园保教费收费标准为：330 元/生每月（含管理费、保育费、代办费、杂费）。对区供排水总公司中水生产、利用情况进行调研，对该单位进行财务审计和中水价格成本监审，并召开中水定价座谈会，听取社会各界对中水价格的意见、建议，拟定薛城区中水出厂价格为 1.35 元/吨。公布非居民天然气销售调整价格：每立方米上调 0.37 元，调整为 3.42 元/立方米。

第二节　价格监测

90 年代，市场物价涨幅达到中华人民共和国成立以来最高水平。为适应控涨治乱的需要，提高预警预报能力，山东省物价局建立价格风险（调节）基金和主要商品储备情况报告制度、主要农副产品价格快报制度、价格监测制度。薛城区的价格监测工作从 1992 年开展，在价格监测工作中，选择价格统计基础比较好、在全区具有代表性的农贸市场、商场超市设立监测点，进行价格监测。监测的主要内容有：主要农副产品、居民基本生活必需品、服务收费、农业生产资料及耐用消费品4大类64种，1995年增加到80种。1993年12月，物价局撤并到工商局后，该项工作由工商局检查所负责，1995年12月从工商局分开，物价局成立综合信息科，定期编发《物价情况》《薛城区价格信息》《价格形势分析月报》等。2004年价格信息中心更名为价格监测中心。

薛城区物价局检查教育收费公示情况

2003年，“非典”期间，区物价局为全面掌控市场动态、防止价格异常波动，选择一定数量的医院、药房、市场为监控单位，实行专人监控调查，筛选22个与“非典”防治有关的药品和人民生活必需品价格实施重点监控，每天上报，对倾向性、苗头性问题及时进行预警预报。2011年，薛城区在全省率先开展重要居民商品价格采集公示工作：通过经营者报价，义务价格市场监测员采价和物价部门汇总复核的方式产生一时段的具体销售价格。同时启用信息管理系统，通过区电视台、周讯报纸、物价局价格监督服务网络、价格信息公示栏、电子显示屏等各类载体向社会公布的一项价格信息服务系统工程。

第三节　监督检查

1991—1995年，薛城区物价检查所对零售市场，开展粮油价格、药品价格、农电价格、居民用煤价格、专储粮价格、农业生产资料、经营性收费等专项检查。1996年，进行化肥、农膜、农药、种子等农资价格专项检查；对环卫、司法、民政等行政部门进行收费专项检查。

1997—1998年，进行明码标价执行情况的专项检查、公用电话和代办业务收费专项检查以及医疗收费、铁路行业价格、建设项目收费等16项专项检查。1999—2000年，主要开展对取消收费项目的专项检查，开展涉农收费、房地产价格、中小学收费、医疗卫生、旅游服务、物业管理等专项检查。建立价格举报中心，设立举报电话12358和举报箱。2001—2002年，重点进行涉农价格和收费的专项检查，对下岗职工再就业收费、工商和集贸市场收费、药品和医疗收费，经济适用房价格等方面进行专项检查。

2003年2月，薛城区物价检查所被山东省物价局评为规范化物价检查所。2003年4—5月，防治“非典”期间，84消毒液、过氧乙酸等消杀用品以及口罩等卫生材料出现价格异动、群众盲目抢购、一些不法商家趁机抬价。全区价格监督检查人员连续检查20余天，对全区所有经营防治“非典”医药及用品的企业、药店和零售商店进行反复检查，严肃处罚不法商家，并利用新闻媒体曝光违价行为。

2004—2007年，进行涉农收费、农业生产资料价格、医疗服务收费和药品价格、电力价格、石油产品零售价格、教育收费、民用爆破器材价格检查、化肥价格检查、出租汽车收费价格检查、土地和住房建设收费等专项检查。2008年，开展惠农价格收费政策落实情况专项检查工作，另外还重点进行奶制品价格监管，继续推进价格诚信建设。

2009—2011年，继续开展各项涉农、惠农价费专项检查，配合经管局开展农村减负、涉农公示收费专项检查。重点开展行业协会收费专项检查。集中规范强制性和竞争不充分的中介服务收费行为。开展铁路联运收费检查。开展涉企收费专项检查。2011 年 3 月，针对部分市民误信谣传出现哄抢食用碘盐的事件发生，紧急组织 2 个市场检查组，对区驻地规模较大的几家大型超市和乡镇较有影响的超市、集贸市场进行检查，同时发出薛城区物价局关于碘盐经营者加强价格自律、维护市场价格秩序的告诫函，两日内平抑食盐抢购风波。

2013 年，开展保障性住房价格及相关收费、商品房销售明码标价、交通、建设、工商、质监收费等专项检查。集中整治物业公司代收电费行为。开展 H7N9 禽流感医药用品价格专项检查。

1991—2013 年薛城区价格监督检查违法案件统计表

表 15-12　　　　单位：件、万元

年度	查处违法案件数	查出违法金额	经济制裁额	退还	没收	罚款
1991	56	21. 55	23. 79	12. 96	8. 59	2. 24
1992	32	20. 86	22. 66	13. 34	7. 52	1. 80
1993	41	23. 42	26. 05	16. 47	6. 95	2. 63
1994	83	63. 19	63. 86	38. 49	24. 70	0. 67
1995	90	33. 21	33. 36	22. 08	10. 53	0. 75
1996	96	107. 39	116. 99	97. 86	9. 53	9. 60
1997	206	3. 04	19. 15	0. 00	3. 04	16. 11
1998	100	11. 49	14. 25	4. 70	6. 79	2. 76
1999	60	6. 99	8. 25	0. 31	6. 68	1. 26
2000	42	8. 56	11. 02	2. 46	4. 83	3. 73
2001	11	27. 55	30. 78	26. 85	0. 70	3. 23
2002	11	6. 99	6. 99	4. 69	2. 20	0. 09
2003	69	23. 69	25. 80	23. 12	0. 57	2. 11
2004	25	212. 09	218. 20	208. 78	3. 31	6. 11
2005	31	486. 71	68. 30	59. 79	0. 94	7. 57
2006	28	371. 65	382. 65	371. 65	2. 80	8. 20
2007	18	296. 60	41. 27	1. 87	0. 00	39. 40
2008	16	279. 82	19. 73	0. 09	10. 44	9. 20
2009	31	45. 95	45. 95	0. 00	32. 97	0. 50
2010	28	30. 20	25. 00	0. 00	18. 10	6. 90
2011	29	42. 07	42. 07	0. 00	42. 07	0. 00
2012	43	74. 87	74. 87	0. 00	74. 87	0. 00
2013	13	54. 00	35. 05	0. 00	15. 05	20. 00

第四节　价格鉴证

薛城区价格认证工作始于1993年。1996年5月，薛城区价格事务所作为物价局依法设立的科室，负责全区涉案物品价格鉴证和价格行为合法性、价格水平合理性认证及价格纠纷调解工作。2001年7月，根据《关于规范价格鉴证机构管理意见的通知》："县级以上每个行政区划内只设立一个价格鉴证机构。各级政府价格部门为价格鉴证机构的主管部门，负责本行政区域内价格鉴证机构的管理监督工作。"薛城区价格事务所更名为薛城区价格认证中心，具有事业法人资格。2003年7月，薛城区价格认证中心取得国家发改委核发的价格鉴证机构资质证书。2001—2005年，先后6人取得价格鉴证师职业资格。2006年，执行《山东省价格鉴证操作规范（2006年修订版）》。认证中心受理司法机关、行政机关、纪律监察机关等在办理案件过程中依法扣押、追缴、没收、查封的物品以及涉案、涉纪的其他物品价格鉴定，与交警部门配合，巩固交通肇事车物损失价值认定工作，同时拓宽工作领域，相继开展成本认证、纠纷调解、价格援助等多个业务领域价格认证工作。1993—2013年，共受理价格鉴证3558件，鉴证标的额9065万元。2007年，被省物价局授予"省级规范化价格认证机构"称号。2008年被国家发改委、国家发改委价格认证中心授予"2006—2008年度价格认证机构规范化建设达标单位"称号。

1993—2013年薛城区价格认证中心价格鉴证情况统计表

表15-13

年度	总件数（件）	总标的额（万元）	涉案（刑事）		交通事故财损（行政）		社会认证		成本认证		其他鉴证	
			件数（件）	标的额（万元）	件数（件）	标的额（万元）	件数（件）	标的额（万元）	件数（件）	标的额（万元）	件数（件）	标的额（万元）
1993	66	127	64	116							2	11
1994	51	71	51	71								
1995	19	53	19	53								
1996	42	93	42	93								
1997	90	147	90	147								
1998	125	223	125	223								
1999	130	269	109	258	13	8					8	3
2000	105	247	80	167	16	13					9	67
2001	148	185	89	125	50	33					9	27
2002	300	335	92	140	192	151					16	44
2003	274	494	97	174	171	125					6	195
2004	251	444	116	161	125	84					10	199
2005	307	744	164	610	130	76					13	58
2006	178	291	120	218	49	35					9	38

续表15-13

年度	总件数（件）	总标的额（万元）	涉案（刑事）		交通事故财损（行政）		社会认证		成本认证		其他鉴证	
			件数（件）	标的额（万元）	件数（件）	标的额（万元）	件数（件）	标的额（万元）	件数（件）	标的额（万元）	件数（件）	标的额（万元）
2007	247	398	146	151	89	196					12	51
2008	204	620	95	249	87	344					22	27
2009	194	396	115	179	57	149					22	68
2010	171	314	93	136	40	109					38	69
2011	187	465	98	192	67	244					22	29
2012	192	924	97	257	76	323					19	344
2013	150	653	80	189	49	97	17	43	4	324		

第五节　物价管理体制改革

体制改革

1993年10月，撤销物价局，与工商局合并，更名为薛城区工商行政管理局物价所，承担价格管理、收费管理、价格评估、监督检查等职能。1995年12月，从工商局分离，成立薛城区物价局，开展价格管理、收费管理，价格评估、价格监督检查等业务工作。2001年，撤销价格事务所，成立薛城区价格认证中心，成为独立事业单位。至此，薛城区价格认证中心与薛城区物价检查所一同，成为薛城区物价局下属的两个事业单位，授权行使有关行政管理职能，业务上受薛城区物价局领导。局内设办公室、价格调控股、收费管理股、物价检查所、价格认证中心。2005年，物价检查所更名为价格监督检查所。2010年12月，按照《薛城区人民政府办公室关于印发薛城区发展和改革局（薛城区物价局）主要职责内设机构和人员编制规定的通知》，设立薛城区发展和改革局（挂薛城区物价局牌子），区物价局的职责划入区发展和改革局，为价格管理股。2012年，价格监督检查所由事业单位过渡为行政机构。2013年，物价局内设办公室、价格管理股、价格监督检查所、价格认证中心。

物价改革

1991年，市场价格基本放开，工业品价格呈稳步上涨趋势，个别物品价格稳中有降。1992年，全区价格改革的主要特征是加快价格市场化进程，加强宏观调控。1992年下半年，在全区经济进入新一轮快速增长的同时，又出现局部过热的现象，经济泡沫泛起，市场供求趋紧，再度引发严重通货膨胀。1993年年底出现争购粮油的风潮，全区商品零售价格和居民消费价格总水平大幅上涨，1994年达到中华人民共和国成立以来最高水平。薛城区贯彻落实国家适度从紧的财政货币政策和加强宏观调控的措施，重点抑制通货膨胀，继续实行价格总水平调控目标责任制，严格控制投资规模和消费基金增长。认真抓好“米袋子”“菜篮子”工程建设，加强对基本生活必需品价格和服务机构的监管，加强价格立法，打击垄断涨价、牟取暴利和价格欺诈行为。通过这一阶段的改革，抑制物价上涨势头，初步形成政府定价和市场价相结合，以市场价为主的价格管理新局面。1996年，市场物价总水平回落，保障经济改革实现“软着陆”。

1997年，价格工作由抑制通货膨胀转向扩大内需，优化结构，政府价格管理方式从“管价格”到“管行为”“重管理”到“管理和服务并重”过渡，重点转向完善宏观调控措施，加强价格法制建设，整顿价格秩序，价格矛盾，规范价格行为。1998年《中华人民共和国价格法》颁布，物价体制改革进入全面建立和完善社会主义市场价格机制阶段。这一时期，全区物价体制改革也根据市场经济规律的要求，加大价格立法和执法力度，制定市场规则，维护市场价格秩序。

2000—2002年，继续深化改革，强化价格服务，推行涉价格和收费公示制度，切实减轻农民负担，促进农村发展。2001年，薛城区对粮食、生产资料等重点产品的价格进行结构性调整，对大部分工业生产资料实现单一市场价。同时逐步把价格改革引入城市公共交通、自来水、教育、医疗等领域，促进公用事业的发展，确立市场形成价格的主体地位。

2003—2004年，强化清费、治乱、减负力度，全面实行价格和收费公示制度，优化区经济发展环境。2007年，薛城区设立价格调节基金征收管理办公室，将价格调节基金的征收与管理作为政府调控市场价格的重要经济手段。初期的征收对象主要是煤炭、水泥等商品，2011年后，煤炭产量逐渐下滑，征收对象开拓至房地产产业。征缴的价格调节基金全额上缴国库。

2013年，物价体制改革进一步深入，竞争性产品的价格完全由市场形成，垄断行业产品的价格形成引入竞争机制，价格管理侧重在总量调节基础上有针对性进行结构调节。

第八章　安全监督管理

第一节　管理机构

2001年11月，安全生产委员会办公室改为区安全生产监督管理局，隶属区政府领导，工作人员7人，下设监管一室、监管二室、信息科技室和办公室。2005年6月，成立区安全生产监察大队，工作人员8人。

第二节　安全生产

安全宣传教育

自2002年始，薛城区每年在全国“安全生产月”活动期间，组织各镇街、区直有关部门及规模以上企业开展宣传活动。2012年，在第11个“安全生产月”期间，区安监局联合山东顺兴水泥有限公司在区舜耕中学举办“顺兴杯”安全知识竞赛。至2013年，全区组织安全生产宣传车100余辆，安排宣传点500余处，发放宣传材料10万余份。

安全监督

2002年始，区政府及区政府办公室每年的1号文件都是安全生产文件，每年第一个大会是安全生产会议，并与各镇街、区直有关部门签订安全生产目标责任状，实行安全生产一票否决制。2003年全区初步形成安全生产管理体系，各镇街和有关部门根据区政府《关于建立健全基层安全生产监督管理网络的通知》要求，先后成立安全生产管理机构，配备专、兼职人员，并有一名镇长（街道办事处主任）分管。2007年各镇街根据区政府1号文件要求，成立安全监察中队。是时，全区安全生产管理组织机构40余个，专、兼职管理人员180余人，形成横向到边、纵向到底的安全生产综合监管网络体系。2013年，区政府召开全区安全工作会议，与7个镇街、12个部门签订安全生产目标责任书。

安全检查

自2002年以来，每年除开展数次专项检查外，针对事故多发时节，重大节日、重点时期，突出重点，检查煤矿、危化品、建筑施工、工商贸、道路交通、城市燃气、特种设备、公共聚集场所等行业领域。组织专家，抽调执法人员50人，带队领导20人，分20个检查组，深入到工矿企业每一个生产点、每一条生产线，特别是井下生产一线每一个掘进迎头和工作面，开展安全生产大检查，对查出的安全隐患，逐一下达执法文书，限时间、定人员、逐条落实整改，力争把事故隐患消灭在萌芽状态。

2002—2013年，全区通过安全生产大检查，查出不安全生产隐患和问题6.3万条，提出整改意见、建议6.5万余条，挽回经济损失3200余万元。

2002—2013年薛城区安全检查情况统计表

表15-14

年份	查出问题（条）	整改（条）	整改率（%）	提合理化建议（条）	挽回经济损失（万元）
2002	2300	2200	95.6	90	50
2003	2400	2300	95.8	120	80
2004	2600	2550	98	110	100
2005	3000	2900	96.6	150	90
2006	3200	3100	96.8	200	130
2007	4500	4300	95.5	300	200
2008	5500	5000	90.9	400	280
2009	6000	5800	96.6	500	320
2010	6500	6200	95.3	550	300
2011	5800	5500	94.8	400	350
2012	6800	6500	95.6	600	390
2013	6000	5900	98.3	500	350

安全事故

2003—2011年，区境内出现一起重大以上伤亡事故。2011年7月6日18时45分，薛城区防备煤矿井下-255米水平运输下山底部车场一台空气压缩机着火，造成28名矿工被困井下，最终导致28名矿工遇难。2012—2013年，全区杜绝一次3人以上重大伤亡事故，完成市政府下达的安全生产控制指标，实现安全生产年。

2002—2013 年薛城区安全事故情况统计表

表 15-15

年份	事故起数（起）	死亡人数（人）	重伤人数（人）	经济损失（万元）
2002	278	30	23	108.92
2003	236	29	28	98.76
2004	269	28	30	109.37
2005	204	28	34	128.06
2006	203	28	33	110.97
2007	163	25	32	47.29
2008	137	19	61	52.47
2009	103	18	45	41.36
2010	101	16	36	60.24
2011	90（煤矿 1 起）	40（煤矿 28 人）	32	
2012	72	11	31	21.67
2013	92	9	23	65.66

第十六编

中国共产党薛城区委员会

第一章　党员代表大会

第一节　代表选举

1988—2013 年，中共薛城区第四次至第九次代表大会先后召开，历次代表大会均由党员直接选举代表。区委根据《中国共产党章程》规定，确定代表总名额，将名额分配至各选举单位，选举单位党组织根据《中国共产党地方组织选举工作条例》，采取自下而上、自上而下的方法，酝酿出多于应选代表 20%的候选人名单。举行大会开幕式（大会第一次全体会议），作党委（纪委、党费）工作报告；审议和讨论会议文件，酝酿有关人选名单；党员代表大会正式选举，全体党代表大会代表选举产生新一届党的委员会、纪律检查委员会，听取关于大会选举结果的汇报，通过新一届党委第一次全委会和纪委第一次全委会召集人；宣布选举得票情况和当选人名单，通过大会各项决议。

第二节　历次党代会

中共薛城区第四次代表大会

1988 年 4 月 27—29 日，中国共产党枣庄市薛城区第四次代表大会召开，出席会议的代表 235 名。会议审议通过林兆义代表上届区委作的题为《深化改革、振兴薛城、在党的十三大精神指引下开拓前进》的工作报告。大会提出薛城区经济建设的奋斗目标是：全区工农业总产值达到 4.5 亿元，年平均增长 12.8%。其中工业总产值达到 3 亿元，年平均增长 16.4%；农业总产值达到 1.5 亿元，年平均增长 5.9%。乡镇企业总产值达到 1.3 亿元，年平均增长 19.5%；粮食总产力争达到 1.7 亿公斤，年平均增长 1.0 万公斤；农民人均收入达到 650 元，年平均增长 5.3%。大会审议通过区纪委的工作报告。在中共薛城区四届一次会议上，选举林兆义、刘顺、牛家义、胡玉才、沈启端、徐广余为常委，林兆义为书记，刘顺、牛家义、胡玉才为副书记。

中共薛城区第五次代表大会

1993 年 3 月 24—26 日，中国共产党枣庄市薛城区第五次代表大会召开，出席会议的代表 266 名。会议审议通过薛城区委和区纪委的工作报告，选举产生薛城区第五届委员会，以及中共薛城区纪律检查委员会。在中共薛城区委五届一次会议上，选举高惠民、吴承鉴、徐广余、王泽新、杨位彦、沈启端、王桂敏、陈庆宇、刘瑞生为常委，高惠民为书记，吴承鉴、徐广余、王泽新、杨位彦为副书记。

中共薛城区第六次代表大会

1998 年 12 月 5—7 日，中国共产党枣庄市薛城区第六次代表大会召开，出席会议的代表 265 名。会议审议通过吴承鉴代表上届区委作的题为《全面贯彻党的十五大精神，为实现薛城跨世纪发展目标而努力奋斗》的工作报告。大会提出薛城区的总体思路是：始终坚持以经济建设为中心，紧紧围绕加快发展和从严治党两条主线，全面实施“外向带动、城乡一体、科教兴薛、可持续发展”四大战略，突出抓好农业结构调整、深化企业改革、推进科技进步、转变干部作风、确保社会稳定五个重点，努力把薛城区建设成为经济强区。会议审议通过区纪委的工作报告，选举产生中共薛城区第六届委员会，以及中共薛城区纪律检查委员会。在中共薛城区委六届一次会议上，选举吴承鉴、殷延柱、张旋宇、彭庆云、杨家明、谢云文、颜景龙、张作玲、杜宜俊、孙法远为常委，吴承鉴为书记，殷延柱、张旋宇、彭庆云、杨家明为副书记。

中共薛城区第七次代表大会

2003年3月6—8日，中国共产党枣庄市薛城区第七次代表大会召开，出席会议的代表262名。会议审议通过张旋宇代表上届区委作的题为《与时俱进、奋发有为，努力开创薛城现代化建设新局面》的工作报告。大会提出薛城区总体奋斗目标是：经济发展跨上新台阶。国内生产总值年均增长12%，地方级财政收入年均增长13%，固定资产投资年均增长15%，主要经济指标人均占有在全市领先；经济总量在全省位次前移。改革开放迈出新步伐。深化各项改革，市场机制更加灵活，经济秩序更加规范。招商引资到位资金年均增长10%，实际利用境外资金年均增长20%，出口创汇年均增长30%。城乡建设呈现新面貌，到2007年，城市建成区面积达到25平方公里，人口达到20万人，城市化水平达到42%，基础设施体系、生态环境体系和城市管理体系基本完善。城镇居民人均可支配收入年均增长8%，农民人均纯收入年均增长5%，城乡医疗卫生服务水平进一步提高，社会保障体系更加健全，社会就业更加充分，人民群众的物质生活更加宽裕，文化生活健康充实。群众性精神文明创建活动丰富多彩，各项社会事业全面进步，民主法制建设不断健全完善。党的建设取得新成效。各级党组织的创造力、凝聚力、战斗力进一步增强，广大党员的先锋模范作用得到充分发挥。

会议审议通过区纪委的工作报告，选举产生由30人组成的中共薛城区第七届委员会，以及中共薛城区纪律检查委员会，其中区委委员25名，候补委员5名。在中共薛城区委七届一次会议上，选举张旋宇、刘儒良、于良、王业胜、韩惊涛、孙法远、王世勤、杨列淦、翁运恒、贾福章、王艳君为常委，张旋宇为书记，刘儒良、于良、王业胜、韩惊涛为副书记。

中共薛城区第八次代表大会

2007年2月6—8日，中国共产党枣庄市薛城区第八次代表大会召开，出席会议的代表264名。会议审议通过秦元祥代表上届区委作的题为《继往开来、抢抓机遇、为建设市驻地打造新薛城而努力奋斗》的工作报告。大会提出薛城区的奋斗目标是：全区生产总值年均增长17%以上，2011年突破150亿元，人均生产总值超过4500美元；地方级财政收入年均增长20%以上，达到10亿元。农业基础地位更加稳固，三次产业比调整到7：55：38。各项改革深入推进，对外开放不断扩大，经济发展外向度显著提高。城乡建设呈现新面貌。到2011年，城市建成区面积达到36平方公里，人口达到30万人，城市化水平达到50%以上，成为名副其实的“市驻地”。小城镇管理规范、生态良好、特色鲜明；广大农村交通便捷、村容整洁、乡风文明。城镇居民人均可支配收入年均增长9%，农民人均纯收入年均增长7%，社会保障体系更加健全，精神文体生活更加丰富，民主法制建设不断完善。自然资源利用趋于合理，资源节约和环境保护取得明显成效，全区森林覆盖率达到35%，万元生产总值能耗、单位COD污染物排放量大幅下降，生态环境更加优化。各级领导班子更加坚强有力，全区领导干部思想政治素质明显提高，广大党员先锋模范作用充分发挥，党群干群关系进一步密切。

会议审议通过区纪委的工作报告，选举产生由39人组成的中共薛城区第八届委员会，以及中共薛城区纪律检查委员会，其中区委委员33名，候补委员6名。在中共薛城区委八届一次会议上，选举秦元祥、岳德川、赵作亮、韩惊涛、吴磊、贾福章、王艳君、王继启、李宏岚、沙雪斌、王明先为常委，秦元祥为书记，岳德川、赵作亮为副书记。

中共薛城区第九次代表大会

2012年1月7—9日，中国共产党枣庄市薛城区第九次代表大会召开，出席会议的代表273名，会议审议通过《站在新起点、开启新征程，为加快建设富裕宜居活力文明和谐幸福新薛城而努力奋斗》的工作报告。大会指出薛城区的奋斗目标是：到2016年年底，实现“一个前移”：综合实力在全省前移20个位次以上，达到全市一流、全省中游水平。实现“两个优化”：经济结构更加优化，三次产业比调整到8：52：40；城

中国共产党薛城区第九次代表大会

乡结构更加优化，城市化率达到 61%。实现“三个下降”：单位 GDP 能耗年均下降 3%，主要污染物排放总量下降 13%，重大刑事案件发案率下降 10%。实现“五个倍增”：地区生产总值、地方财政收入、全社会固定资产投资以及城镇居民人均可支配收入、农民人均纯收入均增长一倍以上，分别突破 240 亿元、12 亿元、270 亿元、39844 元和 16500 元。

会议审议通过区纪委的工作报告，选举产生由 49 人组成的中共薛城区第九届委员会，以及中共薛城区纪律检查委员会，其中区委委员 41 名，候补委员 8 名。在中共薛城区九届一次会议上，选举张鲁军、吴磊、韩惊涛、张凤麟、王明先、刘侠、颜景干、张德伟、李良军、刘真政、赵登伟为常委，张鲁军为书记，吴磊、韩惊涛为副书记。

第二章　组织机构

第一节　领导机构

历次中共薛城区代表大会选举产生中国共产党薛城区委员会（以下简称区委）并召开第一次全体会议，选举区委常务委员，在委员会闭会期间行使委员会职权。

1988—2017 年，薛城区先后召开第四、五、六、七、八、九、十次党代会，选举产生第四、五、六、七、八、九、十届薛城区委常委，林兆义、王光荣、高惠民、吴承鉴、牛启忠、梁宪廷、张旋宇、秦元祥、岳德川、张鲁军、吴磊、姜山、赵刚先后任书记。

第二节　工作部门

1987 年 11 月，薛城区委共有工作部门 14 个，即区委办公室、区委组织部、区委宣传部、区委统战部、区委政法委、区委农村工作部、区委老干部局、区机关党委、区委党校、区委党史资料征集研究办公室、档案局（馆）、信访科、调研科、打击经济犯罪分子办公室。1989 年 6 月撤销区委农村工作部。1993 年 12 月，根据全省县乡机构改革会议精神，薛城区党政机构设置为 29 个，区委设置 7 个工作部门，即区委办公室、区委组织部、区委宣传部、区委政法委、区委统战部、区纪委、区机关党委；撤销科局级的调研室、机要科、保密局和信访局、档案局，保留区档案馆，为正科级事业单位，隶属区委办公室管理。区委老干部局归口区委组织部管理，不作为区委直属管理部门。区纪委与区监察局合署办公。1996 年 6 月，设立区精神文明建设委员会办公室，为科级机构，由区委宣传部代管。2002 年 3 月，根据中央和省、市关于区乡机构改革的方针和原则，薛城区调整规范后的区委设有7个工作部门和2个部门管理机构，即薛城区纪律检查委员会（监察局与其合署办公）、区委办公室、区委组织部、区委宣传部、区委统一战线工作部、区委政法委、区直机关工作委员会和区委、区政府信访局、区老干部局。区档案馆为区委办公室领导的事业单位，挂档案局牌子。区委党校、区委党史研究室是区委直属的事业单位。至2013年，区委工作部门无变化。

中共薛城区委员会第四届至十届领导成员任职情况一览表

表16-1

届次	职务	姓名	任期	备注
第四届 1988. 04—1993. 03	书　记	林兆义	1989. 12 离职	
		王光荣	1989. 12—1993. 02	
	副书记	刘　顺	1989. 04 离职	
		牛家义	1989. 12 离职	
		胡玉才	1992. 02 离职	
		魏建国	1989. 04—1992. 04	
		徐广余	1990. 10—1993. 03	
		吴承鉴	1992. 04—1993. 03	
		王泽新	1992. 04—1993. 03	
		高惠民	1993. 02—1993. 03	
		杨位彦	1993. 02—1993. 03	
	其他常委	沈启端	1988. 04-1993. 03	
		徐广余	1988. 04—1990. 10	
		陈庆宇	1989. 04—1993. 03	
		王泽新	1989. 12—1992. 04	
		傅常海	1989. 12—1993. 02	
		刘瑞生	1990. 10—1993. 03	
第五届 1993. 03—1998. 12	书　记	高惠民	1993. 03—1997. 12	
		吴承鉴	1997. 12—1998. 12	
	副书记	吴承鉴	继任—1997. 12	
		徐广余	继任—1994. 06	
		王泽新	继任—1995. 12	
		杨位彦	继任—1997. 12	
		张旋宇	1995. 12—1998. 12	常务副区长
		殷延柱	1997. 12—1998. 12	
		彭庆云	1997. 12—1998. 12	
		杨家明	1997. 12—1998. 12	

续表16-1

届次	职务	姓名	任期	备注
第五届 1993.03—1998.12	其他常委	沈启端	继任—1993.08	
		王桂敏（女）	1997.12离职	
		陈庆宇	继任—1993.05	
		刘瑞生	继任—1995.12	
		于光寅	1995.12离职	
		刘贵发	1994.02—1997.12	宣传部部长
		李士松	1994.02—1996.03	
		殷延柱	1995.12—1997.12	
		谢云文	1995.12—1998.12	纪委书记
		马怀宝	1995.12—1997.12	组织部部长
		孙晋华	1995.12—1997.12	
		马　岩	1996.11—1998.12	
		颜景龙	1997.12—1998.12	
		杜宜俊	1997.12—1998.12	
		孙法远	1997.12—1998.12	
		张作玲（女）	1997.12—1998.12	
第六届 1998.12—2003.03	书　记	吴承鉴	继任—2000.07	
		牛启忠	2000.07—2001.01	
		梁宪廷	2001.01—2003.01	区委党校校长
		张旋宇	2003.01—2003.03	区委党校校长
	副书记	殷延柱	继任—2001.04	
		张旋宇	继任—2003.01	区长
		彭庆云	继任—2003.01	
		杨家明	继任—2001.03	
		孙铁军	1999.08—2001.04	挂职
		张传武	2000.06—2003.01	挂职
		王业胜	2000.12—2003.03	
		陈增玉	2001.04—2003.01	
		刘儒良	2003.01—2003.03	区长
		于　良	2003.01—2003.03	
		韩惊涛	2003.01—2003.03	

续表16-1

届次	职务	姓名	任期	备注
第六届 1998.12—2003.03	其他常委	谢允文	继任—2001.01	纪委书记
		颜景龙	继任—2001.04	
		张作玲（女）	继任—2003.01	
		杜宜俊	继任—2001.04	
		孙法远	继任—2003.03	
		孔庆均	1998.10—1999.03	
		张长洋	1999.03—2003.01	
		牛启忠	2000.07—2001.01	
		王世勤	2000.07—2003.03	
		杨列淦	2001.01—2003.03	副区长
		翁运恒	2001.01—2003.03	
		贾福章	2001.04—2003.03	
		王艳君（女）	2003.01—2003.03	
第七届 2003.03—2007.02	书　记	张旋宇	继任—2006.12	区委党校校长
		秦元祥	2006.12—2007.02	区委党校校长
	副书记	刘儒良	继任—2007.01	区政府党组书记、区长
		于　良	继任—2006.12	开发区管委会主任
		王业胜	继任—2007.01	纪委书记
		韩惊涛	继任—2007.02	纪委书记
		赵作亮	2006.12—2007.02	
		岳德川	2006.12—2007.02	区长
		渠玉桥	2003.05—2007.01	
	其他常委	孙法远	2003.03—2003.05	常务副区长
		王世勤	2003.03—2003.07	
		杨列淦	2003.03—2007.01	陶庄镇党委书记
		贾福章	2003.03—2007.02	组织部部长
		翁运恒	2003.03—2007.01	宣传部部长
		王艳君（女）	2003.03—2007.02	政法委书记
		严立玉	2003.07—2005.01	
		沙雪斌	2016.12—2007.02	
		王继启	2005.01—2007.02	

续表16-1

届次	职务	姓名	任期	备注
第八届 2007.02—2012.01	书　记	秦元祥	继任—2007.11	区委党校校长
		岳德川	2007.11—2011.12	区委党校校长
		张鲁军	2011.12—2012.01	
	副书记	岳德川	继任—2007.11	区长
		吴　磊	2007.11—2012.01	区长
		赵作亮	继任—2011.11	区老年大学校长
	其他常委	吴　磊	2007.01—2007.11	副区长
		韩惊涛	2007.02—2012.01	副区长
		贾福章	继任—2007.11	组织部部长
		王艳君（女）	继任—2010.12	纪委书记
		王继启	继任—2010.06	
		李宏岚（女）	2007.02—2011.11	政法委书记
		张凤麟	2007.11—2012.01	组织部部长
		沙雪斌	继任—2011.02	宣传部部长
		王明先	2007.02—2012.01	区委办主任、副区长，纪委书记
		杜飞廉	2007.11—2011.11	区委办公室主任、副区长
		刘　侠（女）	2011.02—2012.01	宣传部部长
		颜景干	2010.06—2012.01	
		张德伟	2010.12—2012.01	副区长、区委办主任
		刘真政	2011.11—2012.01	副区长
		赵登伟	2011.11—2012.01	组织部部长
第九届 2012.01—2017.01	书　记	张鲁军	继任—2013.05	
		吴　磊	2013.05—2016.11	区委党校校长
		姜　山	2016.11—2017.01	区委党校校长
	副书记	吴　磊	继任—2013.05	区长
		刘中波	2013.05—2015.11	区长
		姜　山	2015.11—2016.11	区长
		程春常	2015.11—2017.01	
		韩惊涛	2012.01—2015.11	薛城经济开发区管委会主任、组织部部长
		张　伟	2016.11—2017.01	副区长、代区长

续表16-1

届次	职务	姓名	任期	备注
第九届 2012.01—2017.01	其他常委	张凤麟	继任—2017.01	副区长
		王明先	继任—2016.04	纪委书记
		刘　侠（女）	继任—2013.05	宣传部部长
		王洪燕（女）	2013.05—2017.01	宣传部部长、纪委书记
		颜景干	继任—2012.03	
		张德伟	继任—2017.01	区委办公室主任
		李良军	2012.01—2016.12	政法委书记
		刘真政	继任—2017.01	副区长、组织部部长
		赵登伟	继任—2014.02	组织部部长
		于建水	2012.03—2017.01	
		高　欣	2012.09—2014.08	挂职
		李玉森	2015.11—2017.01	副区长
		王慎孝	2016.04—2017.01	宣传部部长、政法委书记
		王绪彬	2016.05—2017.01	挂职
第十届 2017.01—	书　记	姜　山	继任—2019.08	区委党校校长
		赵　刚	2019.08—	区委党校校长
	副书记	张　伟	继任—2019.08	区长
		程春常	继任—2019.08	
		尹作义	2019.08—	区长
		刘真政	2019.09—2021.05	
		姜　妍（女）	2021.05—	组织部部长
	其他常委	王洪燕（女）	继任—2018.11	纪委书记、监委主任
		张德伟	继任—2019.11	援疆
		刘真政	继任—2019.09	组织部部长
		于建水	继任—2017.09	
		李玉森	继任—2019.08	副区长
		王慎孝	继任—2019.11	政法委书记
		王绪彬	继任—2017.04	挂职
		马　骞	2017.01—2021.04	区委办公室主任
		孙中坤	2017.01—	统战部部长
		姚　静（女）	2017.03—2018.02	挂职
		赵连志	2017.04—2018.05	挂职
		崔士永	2018.02—2020.02	

续表16-1

届次	职务	姓名	任期	备注
第十届 2017.01—	其他常委	朱向忠	2018.04—2019.03	挂职
		聂存明	2018.05—2019.08	挂职
		张传美	2019.01—2020.04	纪委书记、监委主任
		党向磊	2019.05—2021.05	挂职
		马　峰	2019.09—	副区长
		翁增光	2019.09—	宣传部部长
		曹保营	2019.12—	政法委书记、区委办公室主任
		王　巍	2020.02—	
		张建兴	2020.04—	纪委书记、监委主任
		李利萍	2021.04—	副区长、政法委书记

第三章　区委重要决策

第一节　四届区委重要决策

经济体制改革

会议决定，继续推行和完善承包经营责任制。抓住搞活企业这个重点，把承包制引入乡镇企业、引入村办企业。同时，大作“配套、完善、深化、发展”的文章，把主要精力放在完善企业内部经营机制上。继续深化农村第二步改革。围绕建立农工商一体化和城乡一体化经营，通过完善农村双层经营体制，为农民提供优质服务，解决一家一户不易解决的难题，积极发展适度规模经营。加快建立和培育市场体系。形成综合市场与专业市场并举、相互配套、功能齐全、生产和流通融为一体的市场体系。充分发挥各职能银行的作用。充分发挥国营商业、供销、外贸等部门的主渠道作用，满足生产资料和生活资料的需求。

政治体制改革

全区政治体制改革总的指导思想是：围绕改善和加强党的领导、建设社会主义民主政治这个目标，把政治体制改革和经济体制改革结合起来，协调展开。建立有利于提高效率、增强活力和调动各方面积极性的领导体制，以改革现行领导体制为主，以搞好党政分开为重点，从业已成熟的问题入手，逐步深化，努力在一些方面取得实质性的进展。会议决定，实行党政分开。区委作为一级地方党组织，应在执行中央路线和保证国家政令统一的前提下，对全区工作实行政治领导。经济工作是全党的中心，党政分开后，党委管好经济工作，重点是管好经济战略规划、发展方针政策、地方重大经济决策等。进一步下放权力。正确处理区同乡镇的关系，政府同企事业单位的关系，区委和政府同群众组织的关系，把那些该由下级、基层和群众办的事情放下去，让下级、基层、群众有权在法律和制度的范围内自行处理。建立社会协商对话制度。开展多层次，多渠道的协商对话，真正做到上情下达、下情上传、彼此沟通、互相理解、民主协商，提高领导活动的透明度和开放程度，推进民主政治的建设。

社会主义精神文明建设

以中共十三大精神为指针，按照中央和省、市委关于加强精神文明建设的部署，继续贯彻落实区委《关于“七五”期间社会主义精神文明建设的规划》，强化改革、开放和理想、纪律、道德教育，努力创造有利于改革开放的舆论力量、价值观念、文化条件和社会环境。进一步解放思想，更新观念。认真学习中共十三大文件，深刻领会中共十三大报告的精神实质，用中共十三大精神统一思想和行动。在改革开放中，只要是为了发展生产力，即使出现某些失误也不要大惊小怪。要振兴，就要思想更敏锐一些，胆子更大一些，创造性更强一些。努力提高全区人民的思想道德素质。宣传和提倡以“爱祖国、爱人民、爱劳动、爱科学、爱社会主义”为基本内容的社会主义道德，全区人民都要以此来规范自己的言论和行动，建立和发展平等、团结、友爱、互助的人与人之间的新型关系。加强和改进思想政治工作。继承和发扬党的思想政治工作的好传统，努力探索社会主义初级阶段思想政治工作的新路子。形成全党、全社会都来做思想政治工作的新格局，形成一股强大的合力，提高思想政治工作的社会化、现代化水平。加强社会主义民主和法治建设。增强民主观念，自觉接受群众的监督和批评，提高决策民主化、科学化水平，当好人民公仆。按照一手抓建设和改革，一手抓法治的要求，继续抓好全民普法教育。加快发展教育、文化、卫生等各项事业。抓好中小学、幼儿园的基础设施和配套建设，加快实施九年制义务教育。卫生工作要充实基层技术力量，提高医疗水平，形成区、乡、村医疗防治网，解决群众看病难、住院难的问题。体育工作要在开展群众性体育活动的同时，加快体育运动设施建设。实行计划生育是基本国策，力争“七五”期间把全区人口自然增长率控制在6‰以内，使人口与国民经济协调发展。

加强党的建设

在社会主义现代化建设的新时期，党领导改革，又改革自身。党建工作必须遵循中共十三大确定的、党的一切工作都必须保证党的基本路线的贯彻执行、党的自身建设也必须进行改革的指导思想，在执政和改革开放的考验中，努力把党的建设提高到一个新水平。加强党的思想建设。深入地向党员进行社会主义初级阶段党的基本路线教育。党员教育要经常化、制度化，区乡两级党委都要提高教育水平，党员每年培训不少于十天，党员干部培训每年不少于二十天。加强党的作风建设。立章建制，堵塞漏洞，各级党组织要抓好党内监督规定的制定和实施，严格目标监督、制度监督、群众监督和自我监督。加强党的组织建设。调整配备好各级领导班子。党员发展工作注意对党外积极分子的培养、教育和考察，注意把工作、生产、教学科研第一线特别是改革中涌现出来的优秀分子及时吸收到党内来。密切党和人民群众的联系。加强领导工会、共青团、妇联、科协等群众团体，做好民族、宗教、对台、侨务等方面的工作，加强同一切爱国人士的团结合作，进一步巩固和发展爱国统一战线。树立高效、务实的工作作风。扎扎实实、大力提倡实干作风，讲实效、办实事、加快工作节奏，提高办事效率，坚决反对摆花架子、松松垮垮的坏作风。

第二节　五届区委重要决策

优质高效农业

在稳定和完善双层经营机制的前提下，绝不放松粮食生产，大力发展多种经营，靠政策、靠科学、靠投入、靠流通，搞好种养加、农工商、内外贸和农科教的结合，把农业推向市场，加快农村奔小康的进度。抓好农业的高产优质高效。把着力点放在高效的农业效益上，实现由单纯增量增效并重的转变。进一步优化种植业内部结构，突出抓好以保护地蔬菜生产为主的“白色农业”。抓好农业资源的综合开发。荒山开发要全面规划，综合治理，大力发展干鲜果和经济林，发展名优稀特产品。抓好农田水利基本建设，以引湖灌溉和节水型灌溉两大工程为重点，着力抓好潘庄电灌站、金河水源回灌等一批骨干工程。抓好农业的社会化服务。以兴办服务实体为突破口，重点推进，全面提高。区级重点抓好区直部门的职能转变，兴办龙头企业；乡镇重点依托“一委六站一校”，抓配套服务；村级重点是增加服务项目。

工业经济发展

以高新技术产业开发区为龙头，以资源优势产业和外向型企业为两翼，以区直企业和乡镇企业两大主力军为载体，抓住投入、技改和管理三大环节，培育新的经济增长点，形成新的经济优势，促进企业上规模、上水平、上效益。在讲求经济效益的前提下，发展速度能搞多快就搞多快。抓好骨干项目建设。坚持新上改造并举、内涵外延并重、内贸外贸结合、后劲速度兼顾的原则，本着项目高起点、建设高速度、发展求规模的要求，聚集一定的建设要素，集中力量抓好项目建设。加快技术改造。以市场为导向，以优势拳头产品为龙头，积极采用国内外先进的技术、工艺和设备，有计划、有步骤、有重点地对传统产业和骨干企业进行改造和嫁接，提高企业整体素质。全力抓好企业管理。坚持从严治厂、从细管理。强化安全生产，大力推行目标成本、价值工程等现代管理方法，利用微机、信息等现代化手段装备企业，使企业的管理更严格、更科学。大力发展乡镇企业。促进乡镇企业超常规快速发展。实现由“围绕农业办工业，办好工业促农业”的农本思想向乡镇企业是带动农村经济发展的龙头上转变，改变过去乡镇企业乡镇办的做法，坚持乡镇企业社会办；由因陋就简、土打土闹的“庄户作坊”向依靠科技进步、开发“高精尖”产品方向转变。

第三产业

第三产业要高于一、二产业的速度优先发展，加快发展。重点抓好投资少、见效快、效益好、就业容量大、与经济发展和人民生活关系密切的行业；发展市场潜力大、带动能力强、附加值高的金融保险、信息咨询、房地产等新兴产业，形成行业齐全、布局合理、城乡一体的发展格局。思想观念上要由产品经济思想向市场经济的价值观和竞争观转变，要制定优惠政策，要搞活大流通。抓好“一城、三网络”建设，即规划建设集购物、娱乐、美食为一体的商城；以工业品贸易中心为基地的商业综合批发销售网络，以齐鲁商厦为中心的零售购物网络和以区供销社为龙头、基层社为网点的农用生产资料销售网络，推动大流通的形成。要建设大市场。按照大中小结合、城乡结合、综合批发市场与专业市场的结合的原则，规划建设一批市场。

经济体制改革

经济体制改革的总目标是建立社会主义市场经济体制，一切改革都要围绕实现这一目标进行。改革要以“三个有利于”为标准，大胆实践，积极探索。要转换企业经营机制。进一步完善企业经营承包责任制，全面落实企业经营自主权，使企业真正成为自主经营、自负盈亏、自我发展、自我约束的法人实体和市场竞争的主体。要转变政府管理职能。政府各部门不应干预企业的生产经营和企业内部管理活动，主要是做好行业规划、协调服务和监督检查工作。加快实行股份制步伐。要尽快选择一批区直工业和国合商业进行股份制经营，新建企业原则上都要实行股份制。建立健全社会保障体系，积极建立和完善养老保险、待业保险和医疗保障等社会保障制度，推进城镇住房制度改革。

城市服务

以建设现代化新薛城为目标，坚持新老城区并重，开发改造并举的原则，高标准、高起点、高速度，加快城市建设步伐，增强城市服务功能。加快交通、邮电和水电等基础设施建设。重点抓好泰山路、光明路、长江路和钱江路等主要道路的完善和新建，尽快形成城区外环路。完成铁路货场和潘庄港口建设。在旧城改造上搞突破。着重搞好黄河路沿线开发和新华街、向阳小区、河西小区、火车站广场南侧的改造。在市容市貌整治上搞突破。重点抓好城区绿化、美化、硬化、抓违章建筑拆除，房地产开发上搞突破。在商业、旅游、服务和文化娱乐设施上搞突破。把薛城建成服务功能齐备、投资环境良好、涉外能力较强的现代化新城市。

对外开放

按照全区改革开放工作会议确定的总体思路和工作任务，继续抓好落实。要全力支持开发区建设。用足用好用活开发区的优惠政策，充分利用现有资源，形成机械、造纸、煤炭、硅铁、化工、灵芝和优质农产品等七大出口支柱产业。要扩大利用外资规模。依托开发区，采取更加灵活的方式和政策，提供更方便的条件，积极吸引外资。

"科教兴薛"方针

科学技术是第一生产力。必须抓住科技教育这个关键，促进薛城经济的振兴和各项事业的发展。科技工作要面向经济建设主战场，把重点放在解决工农业发展中的技术问题上，努力提高科学技术在经济增长中的比重。加大科技投入，建立科技开发基金，增强科技开发实力。加快八中新校新建速度，完成乡镇中小学标准化建设的扫尾工作。加强师资队伍培训，全面提高教育质量。

政治体制改革

大力加强社会主义民主。进一步完善人民代表大会制度，充分发挥各级人民代表大会和区人大常委会的立法、监督等职能和人民代表的作用，切实保障人民管理国家和社会事务的权力。进行机构改革。按照转变职能、理顺关系、精兵简政、提高效率的原则，重点加强宏观调控和监督部门，强化社会管理职能部门。建立健全机关和工作人员责任制，把竞争机制引入机关，优化组合，把精简机构和提高机关工作人员素质结合起来。

精神文明建设

高度重视法制建设。在扎实有效地搞好"二五"普法教育的同时，积极推进依法治区的进程，用法制来规范社会秩序。搞好社会治安的综合治理。强化人民民主专政职能，依法严厉打击各种严重刑事犯罪和严重经济犯罪活动。强化基层基础工作，把社会治安综合治理的各项措施真正落到基层。做好思想政治工作。以邓小平同志建设有中国特色社会主义的理论为指导，做好各方面、各层次的经常性思想政治工作，寓思想政治工作于各项工作中去，把思想政治工作的落脚点，转移到引导广大党员干部群众参与改革、振兴薛城经济上来。

党的建设

用建设有中国特色社会主义的理论武装全党。各级党组织要把积极、全面、正确地贯彻十四大精神作为头等重要的政治任务，深刻领会十四大精神实质，坚持用邓小平同志建设有中国特色社会主义的理论武装头脑，统一思想认识，增强广大干部群众贯彻执行党的"一个中心，两个基本点"的基本路线的自觉性和坚定性，把全区人民的注意力引导到发展社会主义市场经济上来，引导到加快改革开放上来，引导到加速经济发展上来。把抓好各级领导班子和基层组织建设作为工作重点。坚决持久地搞好党风和廉政建设。坚持和健全民主集中制，严肃党的纪律，增强党的团结。适应社会主义市场经济的要求，加强和改善党对经济工作的领导。

第三节　六届区委重要决策

农业基础地位

会议决定，以党的十五届三中全会精神为指导，坚持把农业放在经济工作的首位，确保农业增产、农民增收、农村稳定。进一步稳定党在农村的基本政策，认真做好延长土地承包期工作。维护农民的合法权益，切实减轻农民负担，保护和调动农民的积极性。加大农业结构调整力度，认真实施《农业结构调整规划》，着力发展蔬菜、冬枣、石榴等高效经济作物。积极推进农业产业化经营，组建一批农产品加工、贮藏、销售龙头企业。加快农业服务体系建设，鼓励机关人员建立示范基地、开展科技承包、创办服务实体，搞好产前、产中、产后服务，真正把农民千家万户的小生产与千变万化的大市场对接起来，形成产加销一体化的生产经营体系。不断增加对农业的投入，坚持不懈地搞好农田水利基本建设，提高农业抗御自然灾害的能力，实现农业生产水利化。同时，要加快先进农业机械的引进与推广，最大限度地提高农业机械化水平。

工业兴区意识

会议决定，强化工业强区意识，突出工业主导地位，促进工业整体。实力再上新水平。要大力实施"骨干膨胀"和"名牌"战略，以优势企业为依托，通过存量调整、资产重组和增加投入，着力培植板纸、啤酒、玻璃、煤炭、建材等支柱产业；培植一批在全省、全国叫得响的名牌拳头产品；培植一批销售收入过亿元、过5亿元、过10亿元的企业集团。各乡镇都要在培植骨干企业上下功夫，形成几个规模大、效益好、后劲足的骨干企业、支柱财源。要加大有效投入，抓好新上技改项目建设，提高企业装备水平，提高产品科技含量。

营造宽松环境

会议决定，把个体私营经济的发展纳入国民经济发展规划，作为重要的经济增长点来抓，继续按照“四放开”“五不限”“六个一样”的要求，让个体私营经济走上经济发展的大舞台，成为经济发展的生力军。认真落实好鼓励个体私营经济发展的有关政策规定，制定出更加灵活具体的措施和办法，为个体私营经济发展提供优质服务，创造宽松环境。大力发展第三产业，重点抓好商贸流通企业和各类市场建设。充分发挥国有商业企业规模大、信誉高的优势，抓住一批骨干流通企业，着力推进工商联合，组建产加销一体的工贸集团；推进农商联合，组建产加销一体的农贸集团；推进商商联合，组建大型商贸集团。

以改革统揽全局

会议决定，始终把改革放在统揽全局的地位，以只争朝夕的精神，坚定不移地把改革推向深入，以改革的大突破，推动经济社会的大发展。继续深化农村改革。在稳定土地承包关系的基础上，本着农民自愿的原则，逐步建立合理的土地承包经营流转机制，推动土地适度规模经营，促进农业生产集约化。全力打好企业改革攻坚战。以建立现代企业制度为目的，以产权制度改革为中心，以资产重组为重点，以盘活存量资产为突破口，按照“三个有利于”的标准，大胆实践，勇于探索，全面推进，重点突破。积极稳妥地推进机构改革。转变政府职能，实行政企分开，精简机构，分流人员，建立办事高效、运转协调、职责分明、行为规范的管理体系；深化人事制度改革，完善公务员制度，形成竞争上岗，能上能下，能进能出的新机制。

实施外向带动战略

会议决定，全面实施外向带动战略，开放开发并举，内引外联同步，形成全方位、多层次、宽领域的开放格局。加大招商引资力度，提高利用外资的规模和水平。坚持中外合资、中中合资、中中外合资一起上，一、二、三产业一起抓，引导外资更多地投向高新技术产业、开发性农业、基础设施建设和城市服务设施建设。实行以大引大，以外引外，以强引强，推出一批好企业、好项目、好产品与外商合资合作。高度重视国内的开放、联合，面向大城市、大市场，面向大集团、大企业，面向中央和省市大机关、大专院校、科研单位，引进项目、引进资金、引进技术、引进人才。切实改善投资环境，以良好的信誉、优质的服务、淳朴的民风，不断增强薛城区对外开放的吸引力。

城乡建设

会议决定，按照新一轮城市发展总体规划要求，坚持高起点规划、高标准建设、高水平管理，加快城市现代化、乡村城镇化、城乡一体化进程，全面提高城乡综合服务水平，为全区经济社会发展提供强有力的支撑条件。切实抓好旧城改造，抓好住宅小区开发，抓好供水、供气、供电、通信等基础设施的建设、完善和配套，提高城市综合经济技术承载能力。坚持建设与管理并重的原则，切实加大城市管理力度，搞好城市环境综合整治，大力实施“绿地工程”和“光亮工程”。继续深化小城镇建设年活动，以商贸房开发为重点抓好乡镇驻地建设，沿交通干线开发一批新兴集镇。要发挥各自优势，搞好功能分区，注意单体设计，促进小城镇建设上规模、上档次、上水平，努力建成几处功能齐全、辐射力强、带动一方经济发展的中心城镇。同时，要以旧村改造和村内道路建设为重点，下大气力搞好村庄的规划、建设和管理，每个乡镇都要抓好3~5个样板村，通过典型带动，形成一批居住舒适、卫生整洁、文明富裕的社会主义新农村。

科教兴薛

会议决定，坚定不移地实施科教兴薛战略，切实把经济增长转移到依靠科技进步和提高劳动者素质的轨道上来。要牢固树立科学技术是第一生产力的观点，积极开发和引进新技术，大力发展高新技术产业，促进科技成果向现实生产力的转化。切实把教育摆在优先发展的战略地位。突出抓好基础教育，依法多渠道筹措教育经费，鼓励支持社会各界投资办学、捐资助学，不断扩大办学规模；大力发展成人教育和职业教育，积极搞好再就业培训，为经济社会发展培养各类适用人才。制定和完善培养人才、吸引人才、起用人才、留住人才的政策和措施。严格控制人口过快增长，不断提高人口素质。进一步增强环保意识，着力加强工业污染控制和治理，大搞植树造林，增加城市绿地，加快以污水处理厂为重点的环保项目建设，逐步实现空气净化、水质清化、环境美化。

精神文明和民主法制建设

会议决定，以培养“四有”公民为目标，坚持用邓小平理论教育干部群众，深入持久地开展爱国主义、集体主义和社会主义教育，加强社会公德、职业道德和家庭美德建设，在全社会树立艰苦奋斗、励精图治的创业精神，倡导自强不息、乐于奉献的时代风尚，形成扶危济困、平等友爱的人际关系，弘扬文明礼貌、遵纪守法的社会风气，激励全区人民以昂扬的精神状态投身改革开放和现代化建设。把发扬民主与健全法治结合起来，实施依法治区，广泛开展“三五”普法教育，增强干部群众的法律意识，特别是提高领导干部的法治观念和依法行政、依法办事的能力和水平。把维护社会稳定，确保一方平安，作为一项严肃的政治任务，不断加大工作力度，打防并举，标本兼治，严厉打击各类犯罪活动，牢牢把握维护稳定的主动权。认真做好信访工作，努力把各种不安定的因素解决在基层，解决在萌芽状态，确保全区政治安定，社会稳定。

第四节　七届区委重要决策

经济建设

会议决定，坚定不移地把发展作为第一要务，充分发挥区位优势，利用一切有利条件，挖掘方方面面的潜力，力求发展得更快、更好。提高对外开放水平。把招商引资作为长期的战略重点、中心任务来抓。实行全民招商引资，扩大招商引资的规模。放宽政策。搞好项目的论证、包装，做好立项审批等前期准备工作，加大对外推介力度，搞好对外工程承包和劳务输出，提高经济发展的外向度。全面振兴工业经济。树立全党抓经济，重点抓工业，关键抓投入的思想，充分发挥政府的推动作用，金融部门的主渠道作用，企业投资的主体作用，聚集更多的资金，新上更多的项目，推动工业的快速发展。抓好骨干企业、优势产业。深化企业改革，加快体制创新、机制创新、技术创新和管理创新，提高经济运行质量和效益。增加农民收入。以发展优质、高产、高效、生态、安全农业为核心，继续抓好以“三线”“六基地”为重点的种植结构调整。要把畜牧业作为农民增收的重要渠道。推进农业产业化，加快龙头企业建设，提高辐射带动能力。加强农业基础设施建设，提高农业抗御自然风险的能力。全面落实党在农村的各项政策，巩固农村税费改革成果。

大力发展民营经济。落实促进民营经济发展的优惠政策，创造更加宽松的环境，提供更加优质的服务，借助外资外力，激活民资民力，进一步扩张总量，提高质量，加快发展。推进区民营园区建设，吸引更多的资金、技术、人才、项目向园区集中。加快推进城市化进程。在加快旧城改造的同时，推动城区向东滚动发展，做大城市规模、打造城市形象、增强城市实力。高起点规划城市。抓好供电、供气、供排水和信息网络等基础设施体系建设，提高城市功能和承载能力；强化城区环境秩序综合治理，切实解决好脏、乱、差问题，改善市容市貌。加快小城镇建设，积极探索转移农民、减少农民的路子，增强对农村人口的吸纳能力。推动经济社会可持续发展。开发和引进新产品、新技术，切实搞好农业科技示范基地建设，培养一批科技致富带头户，引导广大群众学科技、用科技，依靠科技勤劳致富，努力争创全国科普示范区；充分发挥企业在技术创新中的主体作用，鼓励和支持企业与高等院校和科研机构合作，提高科技在经济增长中的贡献份额。

文明法制环境

会议决定，提高精神文明建设和民主法治建设水平，为全区改革开放和现代化建设提供强大的思想保证，创造良好的社会环境。加强思想道德建设。认真贯彻《公民道德建设实施纲要》，进一步完善和落实市民守则、村规民约和行业道德准则，全面推进社会公德、职业道德、家庭美德建设，营造人人讲公德、讲文明的社会氛围。大力发展文化事业。重视优秀文化遗产的保护、开发和利用，特别要深入挖掘、广泛宣传古薛文化和铁道游击队事迹，并赋予新的时代内涵。要贴近群众生活，大力加强社区文化、广场文化、企业文化、家庭文化、校园文化、街道文化建设，广泛开展群众喜闻乐见、格调高雅的文化活动。推进民主法制建设。坚持和完善人民代表大会制度，坚持和完善共产党领导的多党合作和政治协商制度，加强与各民主党派、工商联和非公有制经济代表人士等社会各界的合作共事，发挥工会、共青团、妇联等群团组织广泛联系群众、参与管理社会事务的重要作用；坚持党管武装，做好民兵预备役工作，深入开展双拥共建活动。优化经济发展环境。推进政府提速，改进机关作风，公开办事程序，减少办事环节，提高办事效率，为投资者提供优质、快捷、高效的服务。加大社会监督力度，依法规范市场秩序，促进公平竞争。做好社会稳定工作。妥善处理各种社会矛盾和利益关系，强化社会治安综合治理，做好就业和再就业工作，健全社会保障体系，完善养老、失业、医疗、工伤、生育等保险制度和最低生活保障制度，关心和帮助弱势群体，切实安排好城乡困难群众的生活。重视信访工作，高度重视安全工作。

党的建设

会议决定，以“三个代表”重要思想为指导，加强党的思想、组织、作风建设，提高领导水平和执政能力。加强思想政治建设。深入学习邓小平理论、“三个代表”重要思想和中共十六大精神，形成全党学习、全民学习、终身学习的学习型社会。加强领导班子和干部队伍建设。坚持民主集中制原则，建立健全党内情况通报、情况反映和重大决策征求意见制度。树立正确的用人导向，深化干部人事制度改革，加强基层组织建设，推进非公有制经济社会组织党建工作，抓好党员队伍建设。加强党的作风建设。坚持群众观点，深入基层，及时解决涉及群众切身利益的困难和问题。反对形式主义、官僚主义，坚决反对虚报浮夸、欺上瞒下。建立“目标责任到人、党政联席考核、人大政协监督、组织纪检跟踪”的抓落实机制。加强党风廉政建设。加强党性党风党纪教育，强化党内监督、法律监督、审计监督，充分发挥群众监督和舆论监督的作用。弘扬艰苦奋斗的作风，以清正廉洁的良好形象赢得群众、赢得民心。

第五节 八届区委重要决策

经济发展

会议决定，实施“工业强区”战略，狠抓重点项目建设。做大做强支柱产业和骨干企业。大力发展园区经济。扩大开放，发展更富活力的开放型经济。加大招商引资力度。放手发展民营经济。大力优化经济环境。坚持“三高”标准，加快建设市驻地。高起点规划城市，高标准建设城市，高效能管理城市。解决“三农”问题，扎实推进新农村建设。加快发展农村经济。增强农村发展活力。大力改善农村面貌。积极倡树农村新风尚。充分发挥区位优势，大力发展第三产业。提升传统服务业。培育新兴服务业，做大做强文化旅游业。

构建社会主义和谐社会

会议决定，全面推动社会文明进步。坚持正确的舆论导向，使“建设市驻地，打造新薛城”的理念深入人心。全面贯彻《公民道德建设实施纲要》，开展创建文明城市、文明社区、文明单位和“五好”文明家庭活动，塑造薛城人文精神，提高市民素质和教育水平。统筹发展各项社会事业。大力实施“科教兴区”战略，坚持教育优先发展战略，坚持现行人口和计划生育政策不动摇，加快医疗卫生体制改革，树立人才是第一资源观念，开展群众性文体活动，加大生态建设和环境保护力度。加强民主法治建设。坚持和完善人民代表大会制度，坚持和完善共产党领导的多党合作和政治协商制度，积极支持民主党派、工商联和无党派人士参政议政，充分发挥工会、共青团、妇联等人民团体的桥梁纽带作用。坚持党管武装，加强民兵和预备役部队建设。解决关系民生的热点难点问题。加快社会保障体系建设，健全农村社会养老保险制度，建立健全社会救助制度，使发展成果最大限度地惠及广大群众。推进平安创建工作。加强社会治安综合治理，加强基层基础建设，加强信访工作，切实把问题化解在基层，坚决控制和减少集体越级上访。高度重视安全生产工作。要重点抓好煤炭企业安全生产，严格落实安全生产责任制，强化经常性监督检查，坚决防止重特大事故发生，确保人民群众的生命财产安全。

党的执政能力和先进性建设

会议决定，围绕永葆共产党员先进性，切实加强思想政治建设。坚持把思想政治建设放在党的建设的首位，扎实地开展学习党章和《江泽民文选》活动，开展创建“学习型、创新型、服务型机关”活动，不断巩固保持共产党员先进性教育活动成果。提高执政能力和执政水平，树立正确的用人导向，开展评先树优活动，培养选拔优秀年轻干部，重视培养选拔妇女干部和党外干部，深化干部人事制度改革，改进领导方式和工作方法。围绕夯实党的工作基础，着力加强基层组织建设。开展“三级联创”活动，加强企业党建工作，加强社区和社区党组织建设，做好发展党员工作，提高党员队伍的整体素质。围绕密切党群干群关系，大力加强党的作风建设。加强调查研究，经常深入基层、深入群众，坚持讲实话、办实事、求实效，以严谨扎实的作风干好每件事。围绕提高拒腐防变能力，不断加强党风廉政建设。开展反腐倡廉教育，树立正确的权力观、地位观、利益观，筑牢拒腐防变的思想道德防线。

第六节　九届区委重要决策

经济结构调整

会议决定，做优做强工业。大力培育优势产业。培植壮大骨干企业。注重加强自主创新。做大做活服务业。积极发展生产性服务业。大力提升生活性服务业。加快发展旅游业。做特做精农业。坚持固农强基不动摇，大力发展特色、高效农业，加快传统农业向现代农业转型。提升农业产业化水平，加强农业基础建设，强化农业发展支撑。

城乡一体发展

会议决定，加快城市化进程作为未来发展的主导战略，主动承担起建设市驻地的重任，努力建设宜业宜居的现代家园。优化城市空间布局。立足打造区域性中心城市和现代化市驻地，积极融入“三区合一”的整体布局，拓展城市发展空间。加快城市开发改造。按照“老城做减法，新城做加法”的思路，打造高品质、现代化的生态新区。提升城市建设品质。打造独具魅力的“山水薛城”。推行城市精细化管理，构建常态长效的管理机制。推动城乡联动发展。发挥小城镇统筹城乡发展的节点作用，大规模开展路域环境综合整治，扎实推进新农村建设。

聚合发展要素

会议决定，深化改革出活力。转变政府职能，增强政府活力。深化企业内部改革，打造活力企业。完善扶持政策。深化农村综合改革。扩大开放出活力。加大招商力度，搭建开放平台，推进薛城经济开发区“二次创业”。打造宽松的政策环境，打造良好的创业环境，积极服务驻薛城大企业发展，营造良好氛围。

先进文化

会议决定，大力弘扬文明新风。以创建省级文明城市为抓手，加强精神文明建设，深入开展群众性文明创建活动。发展公益文化事业。实施文化惠民工程，丰富群众文化生活。加快公益性文化事业单位改革，激活文化事业发展活力。培育特色文化产业。制定文化产业发展扶持政策，实施文化振兴工程，加快建设奚仲文化产业园，积极发展车赛娱乐经济、汽车及相关配套产业，努力将独特的车祖文化转化为产业优势。大力发展民俗文化，规模开发剪纸、泥塑、石雕等非物质文化遗产。

社会管理创新

会议决定，夯实社会管理基础。加强基层社区建设，推进基层政法综治组织规范化建设。强化农村社会管理，构建行之有效的农村社会管理新模式。深化平安薛城创建。加强社会治安综合治理，完善应急管理机制。高度重视安全生产，加强食品药品安全监管，让人民群众吃得放心、用得安心。加强民主法治建设。积极支持人大、政协履行职能。支持民主党派、工商联和无党派人士参政议政，充分发挥工青妇等人民团体的桥梁纽带作用，做好人民武装工作，扎实开展“六五”普法和“五五”依法治区工作。

改善民生民计

会议决定，完善社会保障体系。坚持就业富民。发展慈善、助残等社会福利事业，大力实施保障性安居工程，抓好农村住房建设和危房改造，努力实现住有所居、住有宜居。提升公共服务水平。坚持教育优先发展。深化医药卫生体制改革，坚持计划生育基本国策，加强养老服务设施建设。统筹抓好科技、体育等工作，促进社会事业全面发展。建设生态宜人环境。成功创建省级生态示范区；实行最严格的环境保护制度，加强城乡污染防治；加强湿地保护和景观建设，努力打造天蓝水清地绿的宜人环境。

党建工作

加强思想政治建设，凝聚科学发展的精神力量。深化理论学习培训，始终用党的最新理论武装头脑。加强干部人才队伍建设，打造领导发展的中坚力量。树立正确的用人导向，优化领导班子配备，重视选拔培养优秀年轻干部、妇女干部和党外干部。加强基层组织建设，筑牢推动发展的战斗堡垒。实施新一轮“强基工程”，加强村级班子建设，加强社区党组织建设。认真做好党员管理和服务工作。加强党的作风建设，坚持群众路线，开展领导干部大调研活动，坚持和完善行之有效的体制机制。勤俭办事，杜绝铺张，把有限的财力用于促进发展、改善民生。加强党风廉政建设，营造保障发展的清正环境。坚持以教育防腐，坚持以制度反腐，坚持以监督治腐。保持清醒头脑，时刻自重、自省、自警、自励，珍惜岗位、勤勉干事，秉公用权、依法用权、谨慎用权，不以权谋私，确保既干成事，又不出事，树立清正廉洁的良好形象。

第四章　中共薛城区纪律检查委员会

第一节　组织机构

1993 年 4 月，中共薛城区纪律检查委员会（简称区纪委）与薛城区监察局合署办公，实行一套工作机制，两个机关名称的体制，履行党的纪律检查和政府行政监察两种职能。根据纪检监察职责，区纪委机关、区监察局综合内设：办公室（监察综合室），信访室（举报中心），案件审理室（政策法规室），宣传教育室（调查研究室)，党风廉政建设室（干部管理室)，执法监察室，纪检监察一室，纪检监察二室，纠风室。2001 年 5 月，成立区机关效能监察经济环境投保中心。

2003 年 3 月 28 日，设立薛城区机关效能投诉中心，为副科级全额预算管理的事业单位，隶属区纪委（区监察局)。

2009 年 12 月 18 日，区纪委、区监察局派驻机构实行统一管理。组建 6 个纪检组、监察室，作为区纪委、区监察局的派驻机构，负责对区直 63 个部门（单位）及所属系统进行监督检查。其名称为“中共薛城区纪委派驻第 X 纪检组、薛城区监察局派驻第 X 监察室”，简称“第 X 纪检组、监察室”。每个纪检组、监察室，单列编制 5 名，设组长（主任）1 名，配备正科级领导干部，享受部门正职待遇，设副组长（副主任）2 名，配备副科级领导干部。

2011 年 3 月 14 日，区纪委机关内设机构原与党风廉政建设室合署的干部管理室单独设置。

1988—2020 年中共薛城区纪委历任书记任职情况一览表

表 16-2

任职时间	姓　名
1988. 04—1993. 03	傅常海
1993. 03—1995. 12	杨位彦
1995. 12—2001. 01	谢云文
2001. 04—2003. 03	陈增玉
2003. 03—2007. 01	王业胜
2007. 01—2007. 12	韩惊涛
2007. 12—2011. 01	王艳君
2011. 02—2016. 04	王明先
2016. 04—2018. 11	王洪燕
2019. 01—2020. 04	张传美
2020. 04—	张建兴

第二节　廉政建设

党风廉政教育

1991 年，根据省市纪委工作安排，在“学党章，正党风”活动的基础上，全区广泛开展党规党纪教育活动。编印 2000 本党的政策法规，印发 2. 4 万余份党的纪律知识百题答卷，组织党员进行答题，区委党校举办两期科级干部培训班，300 多名科级干部参加学习，区纪委作专题辅导。

1992 年，上半年重点抓反腐防变为主要内容的党风党纪教育，下半年重点开展以反嫖娼活动为主要内容的专题教育。表彰 63 个廉洁勤政的先进党支部、143 名优秀共产党员的事迹，通报 14 余起以权谋私腐化堕落的典型案例。

1993 年，全区各级党组织共举办党课讲座 420 场次，受教育党员达到 2. 5 万人次。在全区范围内播放 10 部专题党风党纪教育片，组织全区党员干部 5000 余人观看反腐败纪实教育片《新中国第一大案》，总结推广 29 个党风廉政建设的先进单位及个人的事迹，通报、剖析 21 起以权谋私、腐化堕落的典型案例。

1994 年，下发在全区党员干部中开展党风廉政教育的实施意见，具体制定“五要、五不做”活动的措施和内容，组织“学邓选、庆七一、促廉政”演讲报告团，巡回演讲 14 场次 5000 余人，开展知识竞赛答卷活动，3000 名党员干部进行答题，巡回放映大邱庄禹作敏审判纪实等党风党纪教育片 40 余场次，通报 5 起违纪违法案件，推广宣传正面典型 13 个。

1995 年，继续开展“五要五不做”活动，开展“学英模、树形象、做公仆、促廉政”大讨论，深入开展“三学”活动，对广大党员干部进行共产主义世界观、人生观教育。

1996 年，进行以“讲学习、讲政治、讲正气”为主要内容的党性、党风、党纪教育，将中纪委二次全会以来的有关规定编印成廉洁自律学习手册，发放给广大党员干部。在全区广泛开展

“学条规、守纪律、做表率”活动，集中上党课150余场次，放录像620余场次。

1997年，认真学习《中国共产党纪律处分条例（试行）》和《中国共产党党员领导干部廉洁从政准则》，组织全区近千名科级干部参加党纪政纪知识竞赛活动。

1998年，在全区范围内举办《中华人民共和国行政监察法》知识考试，4000余名党员干部参加省纪委组织的党风廉政法律法规知识考试，各乡镇和区直机关进行机关整顿，普遍开展一次学习邓小平理论活动，广大党员干部认真从思想、作风、纪律等方面查找存在的问题。配合三查，区纪委先后通报9起违纪违法典型案件；召开全区廉洁勤政事迹报告会，从正反两方面进行教育。

2001年，先后开展“学党章、守纪律、正党风”和“三创三争”等学习教育活动，组织观看《生死抉择》《厦门特大走私案》等多部廉政教育专题片。全区共开展廉政专题教育讲座、演出100余场次，受教育党员干部近万人。

2004年，在全区开展以两个条例为重点的党风廉政法规学习教育，在区电视台、《薛城周讯》分别开设“权力观集中教育”和“党风与党纪”专题栏目，共在电视台播放专题新闻15次，在报纸开设专栏8期，刊登稿件32篇。全年共举办各类专题辅导报告会65场次，领导干部写体会文章100余篇，组织播放电教片106场次，进行党纪法规知识竞赛25场次，发放各种宣传资料1.6万余份。

2005年，全年集中专题辅导报告3场次，廉政讲座50余场次，理论中心组学习30余次，40名区级干部、760余名科级干部参加两个纲要的知识竞赛活动。在全市率先精心设计并印制一万张以“永葆共产党员先进性”为主题的党风廉政建设宣传画，各部门各单位广泛张贴。从大量书画中选出100幅参展佳作，成功举办“薛城党风廉政建设书画展”。

2006年，在全区党员干部中开展以树立正确权力观、地位观、利益观为主题的专题教育活动；全面启动廉政文化“六进”活动，组织全区纪检监察干部进行以实施纲要和党章为主要内容的知识测试；印制12期《清廉文鉴》，组织观看上级纪委发行的电教片和电视剧《天地良心》《忏悔录》；组织47个部门759名党员干部观看市纪委举办的廉政书画展；编辑印发《崇廉尚洁启蒙星》一书；设计印制1万余份以树立社会主义荣辱观和永葆共产党员先进性为主题的宣传张贴画。

2008年，大力加强以党员领导干部为重点的党风廉政教育，深化以“六进工程”为内容的廉政文化建设。在全区党员干部和公务员中开展为期三个月的“学法守纪、廉洁从政”主题教育活动，举办“庆七一红盾杯”知识竞赛活动，召开廉政文化示范点创建经验交流会议，举办“廉政书画笔会暨廉政文化月”活动，编印《百个廉洁小故事》2000册，创作廉政书画作品、宣传图片146幅。

2009年，下发《加强党性修养，弘扬优良作风》教育读本800余本，组织观看廉政电教片60余场次，受教育党员干部1万余人次。在区电视台开设《薛城廉政》专题栏目，并制作播出9期专题片。

2010年，发放廉政教育读本900余份，观看廉政电教片90余场次，播放“扬正气、促和谐”优秀廉政公益广告200余条，受教育人数达1万余人次。继续深化“算好清廉七笔账，走好人生每一步”专题警示教育活动，组织全区副科级以上干部240余人次到枣庄监狱接受警示教育，组织观看反面典型案例100余场次，召开民主生活会30余次，受教育党员干部7000余人次。

2011年，发放教育读本1000余本，观看廉政电教片90余场次，受教育人数1万余人次。组织科级以上领导干部300余人次到枣庄监狱接受警示教育。在区电视台播放《薛城廉政》5期，通过党政办公网下发《清廉文鉴》10期。

2012年，开展“能力提升年”“恪守从政道德、保持党的纯洁性”等活动，发放廉政教育读本900余本，观看廉政教育片60余场次，受教育党员群众600余人次。

2013年，累计开讲廉政党课160场，播放警示教育片600余场，受教育人数达1万余人次。组织区直部门主要负责人、镇街班子成员及重点部门和行业党员干部11批次、600余人到枣庄监狱接受警示教育；结合村级换届工作，组织全区7个镇街、189个村（居）书记（主任）接受警示教育，覆盖率达到100%。在薛城手机报开辟专栏，定期发送警示漫画、廉政图片340余幅，警示教育全区广大党员干部，阅读量达到4万人次。

领导干部廉洁自律

1995年，区纪委会同有关部门制定《关于搞好乡科级干部和基层站所负责人廉洁自律的实施意见》《关于全区国有企业领导干部廉洁自律实施意见》。

1997年，区委制定下发全区反腐败工作实施意见，对党员干部廉洁自律提出严格要求。区纪委认真抓学习贯彻中央、省委文件精神，1月8日、12月5日两次召开惩治腐败情况通报会，3月26日、6月16日先后召开区纪委六次全委（扩大）会议和全区党风廉政建设工作会议，对各级领导干部的思想作风建设特别是廉洁自律的问题提出明确要求。

2006年，探索推行党务公开，强化对镇村干部的管理监督，编发《党员干部廉政从政知识简明手册》，廉洁自律工作不断向基层延伸。

落实党风廉政建设责任制

2001年，制定下发党风廉政建设责任制实施细则和考核办法，分级签订责任书，对全区726名科级干部建立廉政档案，对43名违反党风廉政建设责任制规定、负有领导责任的党员干部进行责任追究，其中给予党纪政纪处分的26人，诫勉的17人。

2003年，制定下发《区直部门2003年党风廉政建设和反腐败工作任务分工意见》，实行任务分解。严禁领导干部在土地、建设工程等方面为个人和亲友谋取私利。

2004年，协助区委重新制定下发《关于全区党风廉政建设和反腐败工作的分工意见》，区委领导与各镇（街）、区直有关部门的18个党委签订2004年党风廉政建设重点工作责任书。制发《薛城区党政领导成员党风廉政建设责任制目标分解》《在全区科级领导干部中实行个人重大事项报告制度的办法（试行）》。

2005年，区委主要领导与镇街和28个区直部门“一把手”签订党风廉政建设目标责任书，认真落实廉政谈话、述职述廉、个人重大事项报告等工作制度，规范党员领导干部的从政行为。

2006年，与29个单位主要负责人签订责任书，强化责任追究，35人受到责任追究。

2009年，制定下发《2009年全区党风廉政建设和反腐败工作实施意见》，与各责任部门签订党风廉政建设重点工作责任书。大力加强农村基层党风廉政建设，按照“试点先行、总结完善、稳步推进”的原则，完成7个市级试点村和14个区级试点村的试点阶段工作任务。

2010年，将54项主要任务，落实到33个牵头单位、102个责任单位。与区直部门和各镇街签订目标责任书，将65项重点工作层层分解到相关单位。对全区117个单位主要负责人进行述职述廉民主测评。压缩公务接待、车辆购置等费用619万元。

2012年，完成185个涉农行政村清产核资工作，共清查核实资产总额2.73亿元，清理规范不合理合同157份，解决历史遗留问题30个；进一步推行基层组织党务公开，覆盖率达到100%。

2013年，以“123”农廉工程为主线，创新机制，搭建平台，强化“三资”监管，全区199个村的“三资”全部实现镇街代管，规范村级招投标项目14个，节约资金48万元。及时公开“三务”，依托“薛城区农廉网”，建立集党务、政务、村务等一体的网络平台，共设立公开栏318个，公开各类信息1.8万余条。搭建服务平台，投入900余万元，新改建镇级便民中心4个、1500余平方米，村级便民服务站156个。全区所有行政村全部完成勤廉考核工作，农村信访量同比下降35%。在全市“123农廉工程”现场观摩会上，沙沟镇殷庄村党风廉政建设工作，在全市

2302个村中作为唯一典型进行观摩。

专项治理

清房　1991年，全区清查出干部职工在城区建私房156间，建筑面积16205.6平方米，占用耕地2.67余公顷。其中违纪违法建私房51户。共罚款51970元。有3人被纪检机关立案查处，3人被移交司法机关处理。在受处理的51户中，党员干部22人，职工29人。同时，查出20名干部、职工多占住房21套。其中科级干部14人。对多占的住房，按照有关规定基本都作出清退，交由原单位重新安排。另外，清查出住户不缴纳房租费359户，建筑面积25500平方米。按照城区住房规定，全部移交房产部门定期收取房租费。

1994年，成立由区建委、区纪委、监察局、区委办等13个部门人员组成的清房办公室，查清全区党政机关、事业单位县科级领导干部235人（实职县级27人，科级208人）住房238套，建筑面积14702.2平方米，使用面积12928.95平方米，企业单位中（含下属单位的主要负责人）县科级干部73人（县级1人，科级72人），住房74套，建筑面积5101.12平方米，使用面积3840.06平方米。对照有关规定核实，共有4人多占住房4套，4名乡镇干部在城区购房（建筑面积223平方米，预交房款4万元），108人住房面积超标达1697.24平方米。

1996年，全区集中开展清房工作。其中科级以上干部中，有54人多占成套住房，297人住房超标面积6100平方米，清理中已有8人主动退出多占的成套住房。

1997年，全区12名县级干部、136名科级干部和196名一般干部在住房方面存在的问题，结合房改有关规定全部进行处理。共计退房112套，变更过户65套，市场价购买111套，两套合并计算加租的40套，租房的12套。共收取补交以市场价购房款176万元。同时，清房促进房改工作，房改收款1900万元。

1998年，结合住房制度政策的落实，对党员干部住房情况继续进行清理。共有787套共有住房进行房改，57套以市场价购买，为财政收取房改款352万元。为加强建房管理，实行购建住房审批手续，重点审查资金来源、建筑面积、建筑标准。对违反规定乱建住房的区法院6人给予通报批评，拆除多占地基。

2001年，开展清房“回头看”，对一名科级干部多占住房问题进行查处。

2005年，对干部职工违规购建住房问题进行专项清理，共清理500多套违规购建住房。

2006年，全面抓好清房工作，完成88个单位的自查任务。

清理纠正违控购买超标小汽车　1994年，成立由区纪委牵头，财政局、公安分局、工商局等单位人员组成的清车办公室，查实全区1992年1月1日至1993年12月底违控购买并安户的小汽车136辆，违控金额达1998.7万元，其中安户自用的69辆，安户他用的13辆，安户卖掉的45辆，有户无用车单位的9辆。按照市委、市政府有关规定，收缴罚款及附加费220万元，除去卖掉等其他原因，占应收款的66%。

1997年，全区党政机关和企、事业单位申请购买的58辆小汽车全部按照程序报批，其中区直机关事业单位的7辆，双管部门的6辆。2003年，清理公务违规超标小汽车4辆，其中公开拍卖1辆、调剂用途3辆。

2008年，重新修订《薛城区党政机关、企事业单位公务用车定编配备和使用管理办法》，对全区党政机关、企事业单位配备使用小汽车情况进行全面清理检查。共涉及单位106个，核实公务用车593部，查处各类问题车辆169部，收缴超标、超编车辆31部，追回车随人走区外车辆3部，对186部未入国有资产账车辆全部纳入国资管理，纠正部分干部的违规违纪行为。全区共519公务用车纳入国资定编管理，统一发放编卡。

2009年，加强公务用车定编管理，公开拍卖清缴的部分超标超编车辆，对新购车辆执行审核定编情况进行专项检查，新购车辆22辆，全年压缩车辆购置及运行费用164万元。

2013年，开展违规公务用车清理清查，共涉及企事业单位24个、车辆76部，公车使用行为进一步规范。

清理干部职工拖欠公款　1994年，成立清欠工作领导小组，设立清欠工作办公室，下发《关于检查清理个人借欠挪用公款的通知》，查清全区党政机关、团体、事业单位，出现借欠公款67个单位，涉及342人（104名党员）。其中县级干部1人，科级干部66人，职工275人，借欠公款总数77.87万元。经过处理还款59.42万元，死账13.67万元，回收率92%。同时清理企业单位315个，借款人数1529人（党员85人），借款766.56万元。回收657.51万元，占85.77%。

清理公费配备手机和安装住宅电话　1998年，按照市里的统一部署，对全区党政机关、企事业单位配备使用的移动电话进行清理。共查处公费配备使用移动电话695部。其中，党政机关225部，事业单位128部，企业342部。个人购机公款报销话费的105部。按照枣庄市制定的《关于清理公费移动电话有关问题的纠正处理办法》，对该配备使用的199名机关事业单位的人员和154名企业领导干部核发使用证。对不该配备的342人使用的手机，分别收缴、变卖和退还原单位等处理。清机处理收取资金15.6万元。话费实行包干，每年节约公款200余万元。

2008年，按照省市纪委要求，对全区党政机关、事业单位个人“小灵通”捆绑单位办公电话、公款支付话费问题进行集中清理，共清理违规“小灵通”276部，涉及21个单位。

清理党政机关、事业单位违反规定用公款为个人购买商业保险　2003年，严格规范党员干部的从政行为，对用公款为个人购买商业保险的行为进行专项治理，共清缴违纪资金4.6万元。2004年，清理违规用公款购买商业保险131人，金额18.4万元。

清理干部职工虚报冒领工资补助问题　2005年，开展对“五个不许”落实情况的专项检查，对干部职工虚报冒领工资补助问题进行专项清理，涉及92人，追究清理出超领工资66万元。2008年，结合“阳光工资”制度的执行，联合财政、人事、审计等职能部门制发《薛城区规范区直机关津贴补贴实施方案》，严明纪律，强化督查，确保津贴补贴在阳光下运行，杜绝一切“暗箱操作”行为。

第三节　案件查办

受理信访举报案件

1991年，全区纪检系统共受理信访件210起，全部进行处理。其中区纪委受理150件，自办107件，下转43件，自办率71.4%。在区纪委自查案件中，其中领导包查的41起，占自办案件的38%。1992年，全区共受理群众来信来访279件，其中来信214件，来访65人次。来信来访中属于控告的275件次，申诉的4件。在279件次来信来访中，其中区纪委受理122件次，处结122起，处结率100%。初信初访一次结案率达95%，优质结案率95%。

1993年，共受理群众来信来访301起，519件次。其中来信207起，311件次；来访94起，208人次，属于检举控告党员干部问题的247起，占82%。党员申诉3起，占1%。不属于纪检监察业务范围的31起，占17%。对所受理的信访案件结案率为100%，优质结案率98%。1994年，共受理群众来信来访298起，506件次，其中来信223起，369件次，来访75起，137件次，查结率100%。区纪委受理151起，查结率100%，重点案件优质查结率100%。

1997年，围绕中心任务制订信访工作三年规划，健全完善领导批办、督办制度。配合“减负”执法监察开展专项举报，使信访工作为案件检查提供线索。全年共受理来信来访389次，初核190起。市纪委要结果要回报的11起，全部查结上报。1998年，全年共受理来信来访、举报电话385件次。

2001年，全区纪检监察机关共受理群众来信来访、电话举报170件次。2003年，受理来信来访和电话举报113起共151件次。其中，上级转办信件28起、区纪委受理43起、镇（街）受理42起。2004年，共受理群众来信来访、电话举报

126起。其中，上级转办46起、区级受理45起、镇街受理35起，同比下降5.6%。2005年，全年共受理群众来信来访来电举报94起，106件次，其中上级转办33起、区级受理39起、镇街受理22起。坚持文明接访，全年无一起到中央和省、市纪委集体越级上访。市纪委9起、省纪委1起要结果的信访案件，均结案。

2006年，充分发挥信访举报的主渠道作用，吸收群众代表参与信访查处，逐步推行信访听证制度，全年共受理群众来信来访及电话举报68起80件次。2008年，共受理群众来信来访及电话（网上）举报51起，其中来信22件，来访22件（含重复访），电话举报及网上举报7起，越级到省、市上访3起（含到市集体访1起），省、市纪委转办及要结果信访17件，其中省纪委带条形码信17件，信访总量与去年同期相比减少15起；全市纪检监察信访举报工作会议暨全市纪检监察信访听证现场观摩会在薛城区召开，并作经验介绍。

2009年，全年共受理信访举报69件187人次，配套解决全省纪检监察电视会议和远程视频接访系统，实现省、市、县三级纪检监察机关异地共同接访。2010年，扎实开展“信访监督年”活动，受理群众来信来访、电话举报112起，上级纪委转办信访件17件，信访件查办率98%，查结率95%，实名信访举报回复率100%。积极开展重点信访、重信重访专项治理工作，排查问题5起，及时制定稳控措施，确保信访稳定。2011年，共受理各类信访举报107起，处结率达95%以上，初信、初访处结率达100%。2013年，全年共受理群众来信来访及电话（网上）举报52件，信访件查办率98%、查结率95%以上，实名信访举报回复率达100%，解决香江花园房产证办理等群众反映的信访问题和苗头性问题17个。

查处违纪案

1991年，全区纪检系统共立案查处各位违纪案件84起，结案79起。全区共处分党员54人。区纪委共自办案件15起，比1990年增加8起。

1992年，全区共立案检查各类违纪案件79件，查结78起，共处分党员56人。由司法机关给予刑事处分的11人。

1993年，共立查各类违法违纪案件132起，查结132起，共处分党员78人。给予行政处分38人。由司法机关给予刑事处理5人。在受处分的党员干部中经济违法违纪21人，占案件总数的27%，其中万元以上大案4起。通过办案，挽回经济损失40余万元。

1994年，全区纪检监察系统立查各位违法违纪案件158起，查结158起。在立查案件中，涉及科级干部11人，5000元以上经济案件7起。通过办案，挽回经济损失105万元。

1995年，全区纪检监察机关共立查各类违法案件159起，处分党员干部151人。立查大要案19起，比上年增长47.5%，挽回经济损失79.86万元。区检察机关1995年共立查贪污受贿等经济犯罪案件27起，其中大要案22起，占立案数的81.5%。涉及科级以上干部9人，为国家和集体挽回经济损失260万元。

1996年，全区纪检监察机关共立查各类违纪案件160起，给予党政纪处分128人。

1997年，全年立查案件160起。在立查的案件中，大要案43起。全年共处结案件156起156人，给予党政纪处分136人，免予党纪处分9人，免予政纪处分7人，取消预备党员资格4人。受党纪处分104人，其中开除党籍22人，留党察看23人，撤销党内职务3人，严重警告34人，警告22人，党内受撤职以上重处分占46%。行政处分49人。

1998年，全年初核174起，查结各类违法违纪案件160起，处分党员干部140人，其中给予党纪处分的109人，政纪处分的40人，受党政纪双重处分的9人。立查的案件中，涉及科级干部案件8起，5000元至1万元的案件12起，万元以上的案件12起，为国家和集体挽回经济损失170.38万元。

2001年，共初核各类违法违纪案件126起，立案120起，立查科级干部要案19起，万元以上大案23起，共处结案件120起，处分党员干部

120人。受党纪处分的88人中，受政纪处分的51人。为国家和集体挽回经济损失270多万元。

2003年，共立查各类案件112起。其中经济类案件44起、失职渎职类案件62起、违反计生政策3起、其他类案件3起，为国家和集体挽回经济损失120万元。在区供销社股金清查上，立查案件19起，收缴违纪资金80余万元。受理审结违纪案件115起，其中自办40起、协审75起。给予党纪处分的81起、政纪处分的38起（含双重处分4起）。在给予党纪处分的81人中，警告40人、严重警告18人、撤销党内职务2人、留党察看7人、开除党籍14人。

2004年，立查各类案件100起，其中，经济类案件26起、失职案件55起、其他案件19起。自办案件59起，其中大要案13起，移交司法部门追究刑事责任2起，涉及2人，13起大要案，涉及科级干部5人。全年受理审结违纪案件86起，党纪处分82起，政纪处分8起（含党政纪双重处分4起）。

2005年，全区初核案件100起。其中，经济类案件51起，失职渎职、妨害社会管理秩序等案件49起。委局机关自办案件60起，占案件总数的60%。立查大要案32起，占案件总数的32%，刑事责任9起，为国家和集体挽回经济损失285万元。全年审结违纪案件92起，涉及92人。给予党纪处分的85起，政纪处分的9起（含双重处分2起）。给予党纪处分的85人中，警告35人、严重警告20人、撤销党内职务1人、留党察看7人、开除党籍20人、免予纪律处分2人。在给予政纪处分的9人中，警告4人、记过2人、记大过1人、撤职2人。

2006年，全区共立查各类违纪违法案件100起。全年共审结各类违纪案件60起，处分60人，其中党纪处分56人，政纪处分5人（双重处分2人），免予党纪处分1人。受党纪处分的56人，为国家和集体挽回经济损失418.05万元。认真开展治理商业贿赂专项工作，全区共自查药品回扣等商业贿赂案8件，查处违法违纪资金100余万元。

2008年，共立查各类案件105件，为国家和集体挽回经济损失300万元。共审结违纪案件78起，处分78人。

2009年，立查各类违纪违法案件89件，自办案件40件，其中经济类案件30件，大要案23件；审结案件77起，给予党纪处分75人、政纪处分5人，涉及科级干部7人、村支部书记16人；为国家和集体挽回经济损失1000余万元。

2010年，立查各类案件85件，其中大要案20件，给予党政纪处分85人，涉及科级干部6人，追缴违纪资金100余万元，为国家和集体挽回经济损失1600余万元。

2011年，全年立查各类案件85件，给予党政纪处分85人，共涉及科级干部7人，追缴违纪资金79万余元，挽回经济损失2600余万元，严肃党纪政纪，教育党员干部，增强党的凝聚力和向心力。

2012年，全年共立查各类案件86件，其中大要案21起，给予党政纪处分84人，追缴违纪资金260余万元。

2013年，共立查案件85件，其中大要案17件、自办案件46件，挽回经济损失400余万元，稳步推进“审理助辩”，薛城区上报的2例案件均被评为全省纪检监察案件审理优质案件，办案质量和水平进一步提升。

第四节　信息宣传

1991年，被市纪委主办的《枣庄纪检》刊物采用的文字稿件9篇，照片7幅。市农村党风党纲建设会议和农村清财会议作典型经验介绍3次。市纪委办公室、干教室、信访室采用信息6篇。

1992年，被国家级新闻单位采用2篇，省纪委和新闻单位采用9篇，市纪委和新闻单位采用36篇。

1993年，全年被市级以上业务上级及新闻单位采用52篇。其中，省纪委及新闻单位采用11篇。

1994年，全年上报稿件156篇，被市级以上新闻单位采用112篇。其中，国家级采用6篇，省级采用17篇，《党风园地》、枣庄电台、《枣庄日报》、枣庄电视台等采用89篇，包括正面典型13个，通报案例10个，理论文章15篇。

1997年，全年被《中国纪检监察报》等国家级报刊采用稿件24篇，省级采用40篇，市级采用106篇。工作情况被省纪检监察信息转发6篇，市级转发18篇。

2003年，全年市级以上新闻稿件采用575篇。其中，国家级40篇（条）、省部级88篇（条）、市级447篇。开展调研活动10余次，撰写调研报告48篇、理论文章72篇，被各级各类刊物采用72篇。编发《纪检监察信息》9期，向省纪委编发《信息专报》96期，分别采用7条和26条。

2004年，专报省、市纪委信息200余条，省纪委采用29条、市纪委采用73条。全区开展调研活动6项，共形成调研报告76篇。被省纪委评为“读报思廉先进集体”。

2005年，牢牢把握廉政建设的舆论导向，大力开展廉政宣传报道工作，全年被市以上新闻媒体采用稿件566篇，被市以上纪检监察机关采用信息235条，印发《清廉文鉴》12期。

2006年，加大对上报道力度，及时反映反腐倡廉工作成果，全区在市级以上各类媒体发稿626篇，在各级业务简报采用信息180余条、调研报告68篇，在省级以上新闻媒体宣传正面典型50个，起到多角度、多层面的廉政教育效果。

2008年，积极做好宣传信息工作，全方位、多渠道的反映全区反腐倡廉成果，全区在市级以上各类媒体发稿516篇，其中国家级21篇，省级62篇。

2009年，加大对上宣传报道力度，共在市级以上各类媒体发稿496篇，市级以上纪检监察刊物采用信息调研文章100余条，全方位、多渠道地反映全区反腐倡廉工作成效。

2013年，积极开展廉政文化“六进”活动，高标准打造廉政文化示范点4处，在市级以上媒体发稿512篇，其中国家级9篇、省级48篇、市级455篇，进一步扩大反腐倡廉宣传效果。

第五节　行政监察

执法监察

1992年，区纪委会同区政府有关部门成立纠风办公室，全区13个乡镇和区直18个重点部门也相应成立纠风领导小组，全区共有专兼职纠风工作人员96人。劳动局技校招生，区纪委派员参加，会同劳动部门清查出替考生26人，取消录取资格的2人。大中专招生中，会同教育局经查实后，取消4名已进入分数线的复读生的录取资格。在47名转正教师中，查出1名弄虚作假的，予以除名。

1996年，全区共开展执法监察和专项检查项目12个，被检查单位267个（次），查处违纪金额371.4万元，挽回经济损失250万元，提出改进建议42条，协助有关单位建章立制131项。

1997年，清理欠交规费40余万元，下达整改通知书35份，促进建筑市场的整顿。全区先后开展执法监察和专项检查项目13个。共涉及被查单位773个（次），涉及金额49516.37万元，查出违纪金额901.76万元，挽回经济损失436.4万元，纠正退还违法违纪金额10.5万元，追缴罚款20多万元，提出建议95条，协助建章立制57项，推广先进典型11个。立查案件2起，给予党政纪处分各1人，通报批评1人，废止涉及农民负担的文件2个。

2001年，全区共开展执法监察项目28项，检查各级各类单位3559个次，涉及资金6.25亿元。追缴违规违纪资金1019.60万元，受处理人员16人。积极配合有关部门开展专项治理检查，先后对城区规划建设用地，税源普查、审计执法等情况进行专项检查，共追缴违纪资金108万元，提出各类整改意见和建议37条。

2003年，全年共执法监察项目20项，其中协立10项、自立10项。涉及检查单位1356个（次），涉及违纪资金554.42万元，挽回经济损失350万元，追缴入库385万元，纠正退还违纪资金151.4万元，避免经济损失719万元，提出整改建议62条。

2004年，全区共完成执法监察项目10个，全年共检查单位753个（次），发现违规资金613万元，为政府提供收益1468万元。清理拖欠征地补偿费298万元，追缴土地出让金503万元。全年通过招标拍卖挂牌方式出让经营性土地17宗，面积15.73公顷，出让金达8167万元，招拍挂率达100%；规范和完善政府集中招标采购，政府采购4066万元，节约846.6万元，节支率达20.8%。清理镇街借用公款307人，清欠追缴资金278万元；清理农村集体资产197个村，处理不合理开支52.62万元，化解不良债务235.7万元，追缴拖欠资金128.5万元，追回集体资产374件，价值60多万元，清理呆账、死账46笔，资金17.8万元，清理账外支出388万元，规范42个村的民主理财。

2005年，全年安排并完成执法监察项目16个，共检查机关、企事业单位860个（次），发现违规资金1196.67万元，纠正退还违纪违法资金200.94万元，挽回经济损失670余万元，避免经济损失260余万元，提出监察建议40条，采纳40条，协助建章立制52项。开展行政许可法执行情况监督检查，取消和调整项目216项，废止修订规范性文件8件，纠正不符合法定条件主体3个，建章立制52条。开展对违法排污问题专项检查，查处设施运转不正常、超标准排污企业7个，取缔土炼焦、土炼硫60余座。开展对落实“收支两条线”规定情况的检查，查出违规单位41个，纠正违规资金195.3万元。开展救济救灾款物分配管理使用情况专项检查，2000—2004年间，查处救济救灾未到位资金72.6万元，全部进行纠正处理。开展农村有线电视收费情况专项检查，对查出的问题，提出监察建议5条。

2006年，共开展执法监察项目11项，检查机关、企事业单位1150个次，发现违规资金1890.28万元，纠正退还违规违纪资金1020.56万元，挽回经济损失580余万元，避免经济损失230余万元，提出监察建议30条，协助建章立制28个。

2008年，全年共立项12项，其中上级安排项目3项，自立项目9项，检查机关、企事业单位512个（次），涉及资金9000余万元，提出监察建议24条，追缴入库各类税费1690余万元。开展城乡规划建设实施及居民小区开发建设专项检查，追缴拖欠税费670余万元，处罚10万元；开展社会抚养费征收管理使用专项检查，累计追缴社会抚养费800余万元；开展全区煤炭资源开采管理专项检查，追缴各类税费220.95万元。

2009年，全年共立执法监察项目15项，重点开展城乡规划实施及居民小区开发建设、工程建设领域专项整治、“小金库”专项治理、清理教育系统吃空饷、房地产市场秩序整治、招投标市场交易预防性监督、生产安全事故处理落实等情况的监督检查，追缴各类违纪资金1299万元，挽回经济损失2136万元。强化对国有土地使用权出让招、拍、挂的监督，共受理监督土地招、拍、挂16宗，其中商业用地8宗，涉及出让土地15.93公顷，政府获土地收益1.4亿元，工业用地8宗，涉及出让土地46.87公顷，政府获土地收益4171万元。

2010年，深入开展工程建设领域突出问题和扩大内需项目专项检查、人事代理专项清理、“收支两条线”制度执行情况专项检查、社会抚养费管理和使用情况等11项专项检查，检查机关企事业单位360余个，纠正退还违规资金108.5万元，挽回经济损失2714万元，避免经济损失2560万元。监督检查强农惠农政策落实情况，确保2346.55万元资金落实到位。加大农村财务审计力度，调账审计86个村，审计违规违纪资金124万元，纠正66万元，挽回集体经济损失37万元。

2011年，开展新增投资项目专项检查等执法监察活动11项，提出监察建议30余条，查处违规违纪资金9300余万元，为国家挽回经济损失6200余万元。扎实做好招投标监管工作，对20个政府投资工程建设项目、25个政府采购项目的招投标进行监督，节约政府投资1.3亿余元。

治理经济环境

2001年，全年共受理群众对“三乱”问题的投诉30件次，查结25起，优化经济发展环境。

2003年，实行纪委常委联系企业制度，深入18个企业调查了解环境方面的突出问题，形成《全区经济发展环境存在问题及建议的报告》。7月12日，召开3000人参加的全区环境治理大会。区投诉中心围绕效能监察明察暗访16次，受理来信来访42次。围绕重点项目开展效能监察，在每个重点项目开工后及时设立“治安办公室”，维护好经济发展软环境。先后召开效能监察和政务公开现场会、全区优化经济软环境座谈会，为18位外来投资者发放客商证。

2004年，先后组织明察暗访3次，受理信访投诉51件次，其中一次性告知26件次，查结投诉案件25起，召开新闻发布会两次，通报批评两个单位的5名违规人员，给予党纪处分2人，效能告诫2人，退回多收取企业的收费2万余元。为解决企业的困难和实际问题，区纪委常委每人联系2家企业，对28家企业实行重点联系，为112家企业的151名企业法人发放客商证，经常深入企业了解情况，帮助解决问题。每半年召开一次企业法人座谈会，让企业法人反映困难和实际问题。全年共收集意见和建议34条，为14个企业解决问题43个。

2005年，选择30家企业作为经济环境监测点，为有效治理发展环境及时提供检测信息。聘请35名人大代表、政协委员和企业法人代表为义务监督员，对机关效能和经济环境进行有效监督。进行经济环境专项治理活动，对“三强五霸”分子严厉打击，共抓获各类“霸痞”分子84名，破获案件49起，缴获赃款赃物20余万元。通过明察暗访，对16个问题突出的单位进行公开曝光和通报批评，对20名违规违纪具体责任人给予效能告诫。区投诉中心全年共受理各类投诉48件，其中经济环境投诉19件，机关效能投诉29件。

2006年，先后组织12次暗访，范围覆盖全区各镇街、区直单位和社会团体，重点对涉企行政执法部门及其人员进行暗访，对严重影响机关作风建设的单位和个人进行公开处理，全年召开3次新闻发布会，对典型案例进行公开曝光；对企业周边环境、执法人员执法服务等情况进行全面摸底。共受理各类投诉49件，查处破坏经济环境案7起，打掉“三强五霸”团伙3个，效能告诫38人。

2008年，先后制定《关于进一步加强机关效能监察优化服务环境的意见》《关于设立企业协会、商会经济环境监测点的意见》《区纪委常委帮包企业联系执法部门实施意见》，重申《关于工作日午间禁酒规定的通知》等规定。召开两次经济环境机关效能新闻发布会，对13人进行效能告诫。积极参与配合全市“经济环境万人评”活动，向市、区两级人大代表及政协委员，各类企业、个体工商户及普通市民，共计发放调查问卷1044份，同时组织各类代表90人参加对市直部门涉企窗口（科室）的现场打分评议。重点督查区委、区政府的重大决策、重要工作部署、重点项目、外来投资落地、惠民工程建设落实情况。强化治理，保证工业园区生产秩序，对工业园区附近26个有代表性的企业进行走访调研，并对24家区纪委常委重点帮包企业进行挂牌；对3个治安乱点进行重点治理；对扰乱企业正常生产经营秩序的3个涉企执法部门给予通报批评。

2009年，在《薛城周讯》和区电视台刊播47个单位的公开服务承诺内容，并对落实情况进行全面检查，开展“优质服务窗口”评选活动。加强对中央、省、市保增长、保民生等一系列重大决策部署贯彻落实情况的监督检查，对涉及农业、社会事业等方面的16个项目、2216.1万元项目资金的管理、使用情况先后开展7次集中检查。实行重点工程项目跟踪问效制，对全区50项重点工程的项目进展情况、资金到位情况、工程建设中存在的问题及外部环境等进行督查。全年共受理办结投诉29件，开展明察暗访活动30余次。制定下发《关于对企业检查实行备案制的实施办法》，规范涉企检查行为。选聘12名特邀监察员，拓宽监督渠道。召开全区优化经济环境座谈会，对与会代表反映的涉及经济环境的12条意见建议、25个问题，责成有关部门研究落实，疏通政企沟通渠道。

2010年，深入开展“优化经济环境专项治理年”活动，各部门（单位）行政许可事项办结时限，在2009年压缩30%的基础上，又压缩20%。积极开展“非办公电脑软件清理”活动，对全区49个单位、7个镇街1700多台电脑进行清理。大力开展重点项目跟踪督查问责专项督查活动，对全区60项重点工程、省市拉动内需项目、政府性投资项目进展情况进行督查，通报批评4个镇街、8个区直单位。继续开展机关效能专项检查，组织明察暗访27次，涉及7个镇街、50余个单位，查处网上炒股等24人。召开新闻发布会，公开曝光工作日饮酒5人、违反工作纪律5人、乱检查乱收费单位3个。认真做好投诉受理查处工作，全年共受理日常投诉案件24起，市转投诉件11起，并全部查结，投诉回访满意率为100%。

2011年，深入开展“转作风、提效能”等专项活动，着力解决发展环境中存在的“中梗阻”“吃拿卡要”、作风拖沓、效率低下等突出问题，全年开展明察暗访20余次，通报批评区直单位4个、效能告诫9人次；受理投诉件32件次，全部查结，投诉者满意率达100%，促进经济发展环境的明显改善。扎实开展督查活动，对全区100项重点工程、区直单位周五集中学习等情况进行专项检查，特别是深入实施工程建设领域突出问题专项整治，查处整改涉及规划审批、房地产开发、土地出让等方面问题35个，清理整治房地产开发项目14个，追缴税费3112万元。

2012年，围绕优化经济发展环境，开展明察暗访20次、纠正违规行为为63起，受理各类投诉51件、办结率100%，推行76个参评单位民主评议，在全市创新实施政府性投资工程保廉增效体系建设，全区在建和已建成的30多个政府重大投资工程，前期审批办理时间节省60%，节约政府投资约1.4亿元。

2013年，认真做好投诉受理，共受理各类投诉52件，全部办结回复，群众满意率100%。加强对90个重点项目的监督检查，重点整治优化企业外部环境，整治“慵懒散”，开展明察暗访15次，纠正违规行为为39起，促进环境优化、经济发展。以回迁工程建设、城乡环卫一体化、专项资金审计等为重点，积极服务城市“六位一体”发展建设，进一步加大督查力度，共开展执法监察13项，提出监察建议20余条，确保全区重点工作的有序稳步实施。

反腐败源头治理

1991—2001年，全区各级纪检监察机关坚持标本兼治、综合治理的原则，改革管理制度，实行规范运作，加大从源头上治理腐败的工作力度。进一步规范完善“三务”公开。政务公开注重抓内容的延伸和程序的完善，加大检查指导力度，公开面达95%。区教委对所属126所中小学校，在全市率先推行校务公开，公开率达100%，受到市有关部门的肯定。村务公开覆盖面达98%。全区有23家国有、集体企业实行厂务公开，职工满意率达90%以上。继续加大财政制度改革。落实“收支两条线”工作进一步规范；政府采购规模进一步扩大，全年政府采购累计支出2646万元，节约资金638万元，节支率19.6%。会计管理体制不断创新，在原来实行会计委派的基础上，对有关镇（街）、区直部门的财务管理实行“零户统管、集中核算”。全区实行零户统管的单位105个，一次性集中划拨资金1580万元。狠抓建筑市场秩序的整顿。对49个建筑工程、81个建筑项目进行检查整顿，下达整改建议18条；特别是对污水处理厂的工程监理、设备采购、生产区工程招标情况进行全过程监督，三项涉标金额达1500万元，共节约资金210多万元。

2003年，制定下发《薛城区农村财务“双代管”管理办法》，积极探索从源头上治理腐败的路子，坚持区纪委正副书记同镇（街）和区直部门主要领导谈话制度，对38名区级领导个人重大事项继续执行报告制度。

2005年，区政府在全市率先实行政务公开，并投资40余万元建立全市一流的公开栏和电子政务公开网页，印制政务公开服务指南。对村务、厂务工作进行专项检查，“两务”基本做到逐笔序时公开，村务公开率达到95%以上，企事业内部管理事务公开工作规范率达90%以上。全年政府集中采购金额达3822万元。全年26个建设工程招投标活动，实施全过程现场监督。对每宗土地招拍挂都实行集体会审和集体决策，全年共完成14宗土地的处置，面积13.7万平方米，总成交额达1.34亿元，为政府获得收益8186万余元。加快财政制度改革步伐，财政国库集中支付系统正式运行，从源头上防范和遏制腐败现象的发生。

2008年，开展为期一个月的非税收落实“收支两条线”专项检查，共检查单位61家，发现违纪违规资金近千万元，处罚追缴资金28.65万元，纳入财政统一管理87万元。进一步健全完善政府采购监督机制，扩大政府采购范围和规模，全区实行政府采购4016万元，节约资金805万元，节支率达16.7%。不断加大商业贿赂专项治理力度，共查结商业贿赂案件11起，给予刑事处罚10人，追缴违纪金额65.6万余元。

2009年，开展非税收入“收支两条线”专项检查，收缴违规违纪资金30余万元。积极推进政务中心筹建工作，构建“一拖六”电子综合监察系统。认真做好部门正职以上领导干部配偶子女从业情况登记申报、机关违规建房检查整改等工作。加强对中央和省、市关于党政机关厉行节约、坚决制止公款出国（境）旅游等制度落实情况的监督检查，压缩接待、水电油等费用150余万元。

2010年，实行商业贿赂案件季报制度，共立案查处商业贿赂案件16起，涉及人员16人，追缴违纪资金82.9万元。全年共节约采购资金1015.9万元，节支率19.04%。参与政府投资工程项目招投标监督7起，节约政府投资8685万余元。在全市率先推行农村集体“三资”监管工作，被市纪委作为先进经验在全市推广。

2011年，启用区行政审批服务中心，推动工作依法有序开展。实行查办商业贿赂案件情况季报制度，全区共立案查处商业贿赂案件9起，涉及人员9人，追缴违纪金额60万元。

2012年，开展“收支两条线”专项检查，督促纳入财政专户管理资金160余万元，源头治理工作走向深入。

2013年，全面推进科技防腐，建设区电子政务网络平台，启用区级公共资源交易中心，对行政审批、公共资源交易实行全程监控、预警纠错，完成各类项目交易48场次、金额2.46亿元。进一步规范招投标制度，将保廉增效体系建设扩展至社会开发投资工程，跟踪监督招投标及政府采购项目52个，涉及金额8.2亿元，节约政府投资约5000万元。

第六节　机关效能监察

健全高效行政制度

2001年，在区电视台、《薛城周讯》分别开设“开展效能监察，提高机关效能”专题和专栏；先后召开工作现场会和新闻发布会；各部门、各单位结合实际，分别制定首问责任制、限时办结制、服务承诺制等一系列制度，使机关运作趋于规范。绝大部分机关单位实行干部挂牌上岗，许多窗口单位建立高标准服务大厅，开展“一条龙办公”“一站式服务”。全区各级机关效能监察投诉中心受理群众投诉22件，处理办结20起，效能告诫12人，从而有效地促进投资环境的改善和经济的健康发展。当年，组织有关人员，先后对区直44个部门和单位转变职能服务经济情况，进行民主评议，量化打分，排出名次，按最高分到最低分予以通报，推动作风的转变。

2004年，为进一步落实服务承诺，提高工作效率，开展服务承诺回头看活动。将各单位服务承诺的工作职责、服务标准、办事程序、办事时限、投诉受理程序等进行重新梳理，并公开公布上墙，并对原来的承诺进行自我检查，在此基础上形成自查报告，并限期整改，使服务承诺得到进一步兑现。

落实中央八项规定、纠正“四风”

2013年，以公务用车、公款接待、公款送礼和工作日午间禁酒为重点，抓住元旦、春节、“五一”、中秋、国庆等重点事件节点，先后开展集中明察暗访9次，不定期检查15次，共梳理问题19个，提出整改建议11条。设立24小时公开举报电话，受理群众举报7起，均及时查实，并予以回复。完成全区党政机关会员卡专项清理，清退范围内的3462名党政机关干部全部做到“零持有、零报告”。开展党政机关、企事业单位超标准办公用房专项清理，在全面自查自纠的基础上，加大监督检查力度，确保整改落实到位。

巡视工作

配合省委第三巡视组做好巡视工作，巡视期间，省委巡视组共移交问题线索及信访件139件，其中重复信访件22件，实际办理信访件117件；要情况信访件244件，其中重复件53件，实际办理191件，合计308件。其中，117件要结果信访件、191件要情况信访件全部完成调查，并上报省委巡视组，区纪检监察机关据此立查案件66起，给予党政纪处分98人，其中科级干部8人。

省委巡视组反馈意见后，区委召开常委（扩大）会议，成立整改工作领导小区，下设5个工作小组，每个小组由区委常委任组长，具体负责整改落实工作。区纪委对于牵头办理的3个方面、13项整改任务，在认真研究梳理分析、分类梳理的基础上，制定整改方案，建立工作台账，实行销号管理；出台《开展“乱收费、乱罚款、乱摊派”专项整治活动实施方案》，重点围绕7个方面内容开展集中整治，形成自查报告70余份，开展监督检查4次，检查抽查单位43个；下发《关于进一步严明纪律破除党员干部“拜把子”、结小圈子等行为的通知》，全区38名县级党员干部向区委常委会作出承诺，819名副科级以上干部向区纪委做出承诺，其他党员干部向所在单位党组织作出承诺。注重成果运用，紧紧围绕问题易发多发的重点领域和关键环节，在强化权力运行监督制约、完善干部选任科学机制等方面建立14项制度机制，从制度和机制上铲除滋生问题的土壤和条件。

第七节　纠风正纪

减轻农民负担

1992年，对全区363个村，178个乡（镇）直部门，1989—1991年财务收入情况进行全面清理，共清理出债权1353.4万元，收回1140万元，占85%。其中私人欠款198.4万元，收回192.4万元，占97%；单位欠款1155万余元，收回率66%；集体财产损失952件，收回861件，占丢失件数的94.3%；收回拖欠承包金46.8万元，占应收欠款的87%，同时收回被个人贪污挪用的公款8.3万。区纪委共立案查处严重违纪案件16起，处分党员干部12人，其中5人受到刑事处分。

1993年，对农民负担征、管、用情况进行“四清理三整顿”，深入到全区12个乡镇，86个村庄，125个农户，座谈了解核定农民的实际收入及实际承受的费用金额。取消和废止6个文件23个收费项目，减轻农民负担260万元，及时纠正不合理的农民负担收取、管理、使用办法。1993年全区农民人均负担26.09元，占上年人均收入的3.22%，大大低于条例规定5%的比例。区供销社对生资公司的农资供应情况进行监督检查，查出基层供销社欠64万元的生资款，并采取措施予以收回。

1994年，设立监察、农委、财政等单位组成的农民负担监督检查办公室。下发《关于继续做好减轻农民负担工作的紧急通知》，组成10个调查小组，进行关于农民负担问题的百户调查，召开全区减轻农民负担工作会议，对1994年全区农民负担情况进行抽查，全区人均负担23.22元，占上年人均纯收入的2.37%，较上年人均减少2.87元，下降0.83个百分点。

1996年，集中开展“减负活动月”，全区聘请139名市区人大代表和政协委员为减负监督员，举办减负工作培训班，落实农民负担合同书。纪检监察机关会同有关部门对夏秋粮油征购及提留情况进行事前、事中、事后的检查，促进各项政策措施的落实。1996年全区农民人均负担43.51元，占1994年人均纯收入的3.36%。

1997年3月，开展“减负政策宣传月”活动，按政策规定，层层签订农民负担合同书。夏秋两季征购期间，先后进行监督检查，督促抓好兑现工作。

1998 年，为了从根本上制止增加农民负担的现象，在张范镇抓了农村制度建设的典型，在常庄镇抓了村级财务公开的典型，建立健全民主管理制度，规定党员干部的权力行为，杜绝不合理开支，减轻农民负担，4 月 16 日，市政府、市纪委在常庄镇召开现场会议，全市进行推广。围绕农民减负，开展农村土管建房执法监察活动，4—5 月，对 12 处乡镇 1995 年以来农村土管建房税费收管用情况进行检查，纠正 11 个违规收费项目，查处 25 起违反规定多收费和贪污公款、侵占农民利益的行为。共开展对机关企事业单位和农村执法监察和专项检查项目 16 个，涉及被查单位 551 个（次），纠正退还违纪金额 425.3 万元，挽回经济损失 963.9 万元。

2001 年，对全区 7 个镇（街）农村“三乱”问题进行调查，对发现的问题给予纠正和处理，特别是在夏秋粮征购期间，深入粮食收购现场，跟踪检查到村到户，使不执行国家粮食收购政策、压级、压价、压秤等加重农民负担现象得到及时解决。

2003 年，全年农民减负 342 万元，人均减负 12.9 元，减负率为 30%。落实 70 岁以上老人免税政策，减免 60 岁以上老人“两工”28.3 万个。加大监督检查力度，狠抓涉农收费价格公示制度落实，全区 203 个行政村建立村务、财务公开栏，及时向群众公开热点、难点问题。

2004 年，加大对农村“三乱”治理力度，全年为农民减负 120 万元。2005 年，通过涉农收费项目专项治理，减轻农民负担 671.6 万元。2006 年，落实农村贫困家庭学生“两免一补”资金 60.4 万元、资助 6788 人，落实农民负担检测户 156 户，对加重农民负担的问题及时进行查纠。

2011 年，加大对强农惠农政策落实和减轻农民负担工作的监督检查，确保 2765 万元粮食直补、农资综合补贴等惠民资金足额发放到位。

2013 年，组织强农惠农集中检查 7 次，抽查行政村 110 个，走访农户 1000 余户，解决群众实际问题 45 个。

减轻企业负担

1993 年，清理出党政机关团体无偿占用企业人员 3 人，资金 78.46 万元，集资 7.89 万元，实物折款 5.22 万元。区建材局纪检组清理出下属 11 个单位的债权 172 万元，收回 89 万元，帮助企业追回私人欠款 7 万余元。以政府文件宣布取消 3 个系统，29 家收费许可证，减轻企业负担 118 万元。

1994 年，成立以监察、财政、物价、工商等单位人员组成的清理整顿办公室，取消 18 个系统 109 类收费项目。查处违纪单位 15 个，查出违纪金额 10 余万元，收缴入库 4.2 万元。退回占用企业的小汽车、人员、资金，并对责任单位给予通报批评。

1995 年，区纪检监察机关会同工商、物价、减负办、技术监督中心等部门，通过深入乡、镇、村、户和收购现场走访调查，及时制止和纠正少数单位借粮食征购之机，搭车代扣，乱搞集资摊派等错误行为。全区共取消不合理收费项目 76 个，减轻农民负担 1008 万元。

1997 年 4 月，区纪委监察局对 5 个区直企业和 6 个乡镇企业实行“挂牌保护”，帮助企业建立收费、罚款、摊派的登记制度，7 月，进行企业“三乱”检查，查出“三乱”资金 209.7 万元，追缴单位和个人在企业报销的费用 1.14 万元。

1998 年，在全区重点企业建立制止三乱监督点，先后为区电厂、金河木器厂、陶庄二一五煤矿、沙沟锻造厂等 20 个区直和乡镇、私营企业挂牌保护，帮助企业建立收费登记制度，制止向企业乱收费、乱罚款、乱摊派现象。区纪委下发《关于在企业改制中严明纪律的通知》，区纪委抽调人员参与改制中的监督检查，配合区里对徐庄煤矿、黄贝煤矿等企业改制转让工作进行财务审计检查，确保工作顺利移交，并严肃查处违反财经纪律的案件。

2001 年，先后对 33 个国有、非国有企业实行挂牌保护，有效遏制“三乱”行为，全区企业负担由 2000 年的 11.5 万元，下降到 4.2 万元，同比下降 63.5%。

治理公路“三乱”

1995年，区纪检监察机关会同公安、交通等部门，对公路乱设卡、乱收费、乱罚款进行清理检查，对顶风违纪者给予严肃处理。

2003年，继续加强治理公路“三乱”工作，会同交通、公安、林业等部门层层签订治理公路“三乱”目标责任状，加强公路“三乱”多发易发路段的重点监控，全年清理取消机动车行政事业性收费基金10.3万元。2004年，深入治理公路“三乱”，清理和取消向机动车收取的行政事业性收费、基金168.2万元。

2008年，对重点路段进行明察暗访20余次，现场纠正问题4个，查处公路“三乱”信访件2起。

2009年，开展公路“三乱”易发路段明察暗访10余次，发现纠正问题6件。

治理中小学乱收费

1993年，区教育局纪委清退全区42所中小学校收缴的桌凳押金及高价生款15万元。

1995年，区纪委会同区教委，对中小学乱收费开展专项检查，采取学校自查和职能部门集中检查的方法，认真纠正收费不合理问题。全区共查出乱收费项目9个，清理清退不合理收费5.3万元，向全区5万名中小学生统一发放收费卡，将收费项目、收费标准和收费办法向社会公布，接受群众监督。

1997年，教育系统落实收费公开、收费报批、教学用书、中小学复习辅导资料管理、收费管理等五项制度。7月份，通过检查查出违规收费11.2万元，退还学生10.5万元，没收、罚款0.77万元。同时对财务不清、管理混乱的两处学校4名教师进行调查处理，其中3人受到党纪政纪处分。

2001年，对中小学乱收费问题进行查处，追缴违规违纪资金1.58万元，给予党政纪处分2人。

2003年，深入治理教育乱收费，要求中小学必须认真执行省定的收费项目和代收费，聘请各界代表70人为教育系统行风收费监督员。会同物价、审计等部门对全区120处中小学收费情况进行专项检查，查处违规收费18717元，对责任人给予及时处理，并在全区通报批评。2004年，取消教育的微机上机费，为学生减负300余万元。

2008年，开展“教育规范收费示范校”创建活动，加强全区中小学校收费专项检查，全年共对5.7万名学生实施“两免一补”政策，减轻学生家长经济负担1800余万元。2011年，深入治理教育乱收费，累计减免义务教育阶段学生“两免一补”资金3230万元。2012年，组织教育乱收费、“两免一补”集中检查，减免中小学费用2500余万元。

2013年，对中小学收费管理情况进行检查，覆盖义务教育阶段“两免一补”政策学生5.3万余名，减免费用总额1400余万元。

查处违规发放使用各种代币购物券

2001年，对领导干部收受现金、有价证券和支付凭证进行清理，共拒收有价证券1.13万元，存入“510”廉政专户2600多元；清理“小金库”11.78万元，全部上交区财政。2003年，落实领导干部不准收受与自己行使职权有关系单位和个人现金、有价证券、支付凭证的规定，加强对科级干部8小时以外活动的监督检查。

纠正医药购销不正之风

2001年，对全区223个医疗卫生机构进行检查整顿，查出违纪案件10起，违纪收入18.88万元，规范全区医药市场秩序。

2003年，共检查卫生行业医疗、经营单位386家，取缔无证经营25家，查处“三无”药品149批次，清理销毁假劣、过期药品和医疗器械总案值5.2万元，净化医疗、药品市场。加大对药品集中采购的监管力度，医院集中招标采购药品总金额452万元，占医院购药总金额的48.5%，让利于患者45万元，使老百姓用药得到实惠。

2004年，加强医德医风建设，查处“三无”药品98批次，清理销毁不合格药品、器械总值5.2万元，收回16人次上交的“红包”“回扣”6630元。

2005年，对药品“开单提成”、收受“红包”等问题进行重点治理，区直两家医院集中招标采购总额1384万元，让利于患者456万元，全区医疗器械招标采购全额602万元，节约资金180余万元，对103家医疗经营单位进行全面检查，查处非法医疗机构12家、“三无”药品36批次。2006年，药品集中招标采购1110万元，让利于患者160万元。

2008年，开展卫生系统“两好一满意”创建活动，加大对药品集中招标和医疗器械采购的监管力度，区直医院通过招标采购医疗器械、药品总额3000余万元，让利于患者500余万元。

2011年，坚决纠正医药购销和医疗服务中的不正之风，让利医病患者500余万元。2012年，组织医药购销集中检查，让利医疗患者700余万元。

2013年，加强药品和医疗器械采购监督，让利患者2118万元，较好地解决人民群众反映强烈的热点、难点问题。

民主评议行风

1994年，向全区77个单位发放测评表500份，对邮电、供电、工商行政、财政、土管等9部门从实行公开办事制度、工作作风和服务态度、健全完善规章制度、“三乱”治理等几个方面进行行风民主评议，并公开评议结果，通报评议情况，向重点部门反馈意见，帮助部门和行业分析问题、查找原因，制定整改措施。

1995年，坚持“两公开一监督”，民主评议领导干部制度，邀请人大代表、政协委员、民主党派人士参与监督检查，并注意发挥新闻舆论监督作用。

1998年，开展对邮电、供电、交警等8个部门和单位推行社会服务承诺制和行风情况的民主评议活动，促进全区行风建设。

2004年，按照省市安排，结合薛城的实际，组织开展对32个职能部门的民主评议行风活动，促进部门和行业作风建设。

2008年，对66个区直单位和40个部门的129个与经济建设、社会发展和人民群众生产生活紧密相关的业务科室进行集中评议，特别注重对评议结果的运用，对综合得分最后一名的三个类别的3个部门进行通报，对21个位列综合得分后10%的科室负责人进行免职和调整处理。

2009年，组织开展政风行风民主评议、职能部门主要业务科室评议和“网上评机关”活动，对在部门单位评议中排名后三位的3个单位进行通报，对在科室评议中位列后10%的14个科室的负责人进行职务调整，对部门负责人进行公开通报批评，对连续两次评议位列后10%的3个科室的2名分管领导进行诫勉谈话，群众对职能部门业务科室的综合满意率由两年前的84%提高到95%，认真抓好区长做客“政风行风热线”直播间节目中群众反映问题的落实办理。

2010年，继续开展政风行风民主评议活动，涉及单位33个、主要业务科室72个，通报表扬4人，命名政风行风示范科室4个，通报批评业务科室14个。

2011年，深入推进政风行风建设，对全区72个参评部门单位进行民主评议；同时，通过区长坐客市广播电台“政风行风热线”活动，解决群众反映问题20个，政风行风建设进一步加强。

2013年，深入推进政风行风建设，认真开展160余个参评单位的民主评议活动；通过区长坐客市广播电台直播间活动，解决群众反映问题23个；对“枣庄民意通”栏目涉及网友反映的320个问题进行督办处理，并全部予以回复。开展“庸懒散”明察暗访12次，对24起违纪行为在全区通报批评。

狠刹用公款请客送礼、大吃大喝风

1991年，根据省政府7月下发的《紧急通知》精神，区纪委下发文件，对全区各单位提出具体要求，各级纪委把狠刹这股歪风当作一件大事来抓，认真进行监督检查，安排部署。

1992年，针对在改革开放中不好把握的是非问题，制定经济交往中应酬接待与大吃大喝、互赠礼物与行贿受贿、承包兑现与滥发财物、灵活变通与搞对策等七个方面的政策界限，调动改革者的积极性。

1993年，制定狠刹用公款请客送礼、大吃大喝之风的三条意见，并抽调专门人员进行巡回监督检查，全区8—12月招待费较前4个月下降43%。

1994年，根据省委、省政府“两办”的通知精神，以区委、区政府“两办”下发《关于严禁用公款请客送礼、树立廉洁新风的通知》，采取电视录像曝光和登记车牌车号的办法，在重点饭店、酒店、餐馆和宿舍区域进行巡回检查。

1995年，区监察局、区国税局等六部门制定《关于加强票据管理，狠刹公款吃喝风几个问题的暂行规定》。1996年，从区级机关到基层单位，认真修订和规范接待标准，加强预算外资金和各类票据的管理，在项目剪彩和庆典活动中，严禁用公款大吃大喝。市委、市政府《关于在全市党政机关实施禁酒的规定》下达后，区委、区政府及时传达部署，对执行规定提出明确要求。区纪委、监察局会同区委、区政府“两办”，采取经常性检查与突击检查相结合，明察暗访相结合等办法，进行监督检查。

1997年，区纪委、监察局会同区委区政府两办和有关部门组成检查组，先后30余次对驻地饭店酒家进行检查，对用公款吃喝的20余人进行批评教育。对违反禁酒规定，在群众中造成不良影响的干部进行严肃处理。

1998年，重申外出考察学习的审批制度，严禁借外出学习之机公款旅游挥霍浪费。各级党政机关、企事业单位根据区委、区政府关于狠刹用公款吃喝玩乐决定精神，制定招待规定，统一招待标准，实行工作餐制度、纪检监察机关组织人员先后120余次对酒楼饭店进行检查，公款吃喝风得到明显遏制。

2003年，制定下发《禁止用公款大吃大喝的通知》，区领导带头执行通知精神，推动全区廉政建设工作。

2008年，制定实施《关于工作日午间禁酒的规定》，通过开展明察暗访，对执行规定情况进行监督检查，通报个别有令不止的问题。

第五章　组织工作

第一节　基层党组织与党员

基层党组织

基层党组织及分布　至2013年，全区共有基层党组织933个（一级党（工）委24个，二级党委7个，党总支95个，党支部807个），其中城市街道党组织114个，乡镇党组织392个，国有企业党组织76个，集体经济党组织34个，非公有经济党组织114个，事业单位党组织224个，机关党组织185个。

农村（社区）党组织建设　全区有7个镇街，192个行政村，189个农村党支部，6787名农村党员；共有村“两委”成员856名，村党支部书记和村主任“一人兼”的村78个，村“两委”成员交叉任职373人。通过持续开展基层组织建设年、基层组织建设深化提高年等活动，薛城区农村基层组织建设取得明显成效，整体上呈现出“一好两优两提升”的特点。“一好”，即村“两委”关系协调好，绝大多数村“两委”班子关系理顺，团结协作，支部书记作风民主，认真落实民主集中制，班子成员之间相互支持，相互配合，形成合力，工作开展顺利。“两优”，即村干部年龄和文化结构得到进一步优化：全区村“两委”成员平均年龄46岁，其中，村党组织书记中，35岁以下12人，35~45岁56人，分别占6.3%和29.6%；村主任中，35岁以下11人，35~45岁67人，分别占5.7%和34.9%；村“两委”成员中，高中及中专以上学历492人，占57.5%。通过大力实施“村干部素质提升”“北

雁南飞”等工程，使全体村干部基本轮训一遍，村干部政治素质、履职能力和工作水平得到明显提升。多数村干部具有较强的服务意识和一定的致富带富能力，乐于为群众办事，把带领群众致富放在心上、抓在手上，通过采取结对帮扶、项目帮带、技术资金支持等措施，带领党员群众发家致富。此外，一些村还探索推行党支部领办、创办合作社模式，走出发展村级集体经济的新路子。

企业党组织建设　薛城区共有公有经济控股企业82家，其中大中型企业6家，建立党委的2家，建立党总支的9家，建立支部的71家

新经济组织党组织建设　薛城区共有非公有经济控股企业136家，其中从业人员100人以上企业32家，从业人员50人以上45家，法人代表是党员的25家，建立党委的4家，建立党总支的3家，建立支部的66家。

机关党组织建设　扎实开展机关作风建设年活动，以创建“作风硬、服务优、形象好、纪律严、效率高”的机关形象为目标。着力解决工作作风上的“庸、懒、散”问题、着力解决工作作风上的“假、浮、蛮”问题、着力解决工作作风上的“私、奢、贪”问题。建立健全并严格落实岗位责任、服务承诺、首问负责、一次性告知、限时办结、责任追究等便民制度，打通直接联系和服务群众的通道，推行区直部门公开承诺。各部门、各单位在政府网站、薛城周讯、薛城电视台等媒体公开各部门、各单位行政许可、行政确认、行政监督、行政奖励等行政权力清单；公开办事流程、办结时限、接受监督；重点项目、重点工程、惠民实事，结合单位职责任务，倒排工期、明确时间节点，公开进行承诺。全区开展100个重点科室评议活动，把转变机关作风工作做细、做实，全面实现机关作风进一步转变，行政行为进一步规范，服务意识进一步增强，机关效能进一步提升，群众满意度进一步提高的目标。

持续深入开展“双包双联为民服务”活动。各级领导干部特别是部门主要负责人，要高度重视，带头沉到基层，推动党员、2/3的机关干部下基层，围绕加强村级组织建设、深化生态文明建设、推进基层法治建设、提升群众就业创业能力为帮扶目标，坚持住村制度、坚持重心下移、人员下沉，做到问题在一线发现、矛盾在一线解决、工作在一线落实、成效在一线检验，确保干部作风得到有效转变。加强社区组织建设。以“机关党建进社区、服务群众在一线”为主题，深入开展“两进一促”活动，督促在职党员进社区报到工作，配合社区党组织参与社区建设，以社区实际、居民需求为导向开展志愿服务，接受群众监督。多种形式组织先锋助民志愿者服务活动。充分利用节假日、双休日等，组织机关志愿者到社区、到农村广泛开展讲文明树新风、关爱空巢老人、关爱农民工、关爱残疾人等各类志愿服务活动，让广大党员干部在服务他人和奉献社会中锤炼党性、增强才干、受到教育、作出表率。

党员和党员发展

1991年，全区共有党员12807人，在党员发展中坚持三级把关（组织部、基层党委、党支部）、两级培养（入党介绍人、党支部），对入党积极分子建立考察、纪实、民主测评、组织员谈话等制度。全区共发展党员350名，其中大专及以上学历的62名，占总数的17.7%；35岁及以下的229名，占总数的65.4%；女性47名，占总数的13.4%。

1992年，全区共有党员13128人，全区共发展党员341名，其中大专及以上学历的57名，占总数的16.7%；35岁及以下的235名，占总数的68.9%；女性44名，占总数的12.9%。

1993年，全区共有党员13440人，全区共发展党员341名，其中大专及以上学历的67名，占总数的19.6%；35岁及以下的205名，占总数的60.1%；女性50名，占总数的14.7%。

1994年，全区共有党员13796人，全区共发展党员397名，其中大专及以上学历的88名，占总数的22.2%；35岁及以下的278名，占总数的70.1%；女性62名，占总数的15.6%。

1995年，全区共有党员14431人，全区共发展党员660名，其中大专及以上学历的149名，

占总数的22.6%；35岁及以下的486名，占总数的73.6%；女性135名，占总数的20.5%。全部解决10年以上未发展党员的村16个。

1996年，全区共有党员14994人，全区共发展党员632名，其中大专及以上学历的169名，占总数的26.7%；35岁及以下的461名，占总数的72.9%；女性128名，占总数的20.3%。

1997年，全区共有党员15447人，全区共发展党员513名，其中大专及以上学历的157名，占总数的30.6%；35岁及以下的376名，占总数的73.3%；女性105名，占总数的20.5%。

1998年，全区共有党员15842人，全区共发展党员425名，其中大专及以上学历的137名，占总数的32.2%；35岁及以下的325名，占总数的76.5%；女性92名，占总数的21.6%。

1999年，全区共有党员16332人，规范党员发展资料和发展程序，严格培训教育关、材料审查关和谈话关，并对五年以上未发展党员村进行专题调研，实行销号制度。全区共发展党员550名，其中大专及以上学历的163名，占总数的29.6%；35岁及以下的372名，占总数的67.6%；女性125名，占总数的22.7%。

2000年，全区共有党员16674人，制定下发《关于加强党员发展工作的几点意见》，建立发展党员对象预审制度、基层党委派员列席参加发展新党员支部大会制度，认真执行组织员谈话制度，实行长期不发展党员登记、预警、销号制度。全区共发展党员402名，其中大专及以上学历的124名，占总数的30.8%；35岁及以下的306名，占总数的76.1%；女性79名，占总数的19.7%。

2001年，全区共有党员17049人，进一步健全完善党委派员列席支部党员大会制度，发展党员对象预审制度，发展党员公示制度，组织员谈话制度，预备党员教育管理制度，基层党委书记与新党员谈话制度，长期不发展党员登记、预警、销号制度，发展党员工作失误追究制度等八项制度。全区共发展党员435名，其中大专及以上学历的180名，占总数的41.4%；35岁及以下的338名，占总数的77.7%；女性96名，占总数的22.1%。

2003年，全区共有党员17436人，全区共发展党员433名，其中大专及以上学历的196名，占总数的45.3%；35岁及以下的309名，占总数的71.4%；女性82名，占总数的18.9%。

2004年，全区共有党员17754人，加大发展35岁以下青年党员和“推优”工作力度，妇女和高层次人才的绝对数均逐年提高。全区共发展党员367名，其中大专及以上学历的134名，占总数的36.5%；35岁及以下的268名，占总数的73.1%；女性77名，占总数的21.0%。

2005年，全区共有党员18029人，加大在贫困后进村和非公有制企业中发展党员工作的力度，杜绝3年不发展党员的村的出现，使职工人数50人以上的非公有制企业都有党员，全年共发展党员380人。

2007年，全区共有党员18337人，全区共发展党员378人，其中35岁以下的295人，占78%；妇女72人，占19%；生产、工作一线215人，占57%；专业技术人员163人，占43%，进一步优化党员队伍结构。

2009年，全区共有党员18788人，全区共发展党员391人，其中高中及以上学历的349人，占总数的89.26%；35岁以下的281人，占总数的71.9%；女性党员88人，占总数的22.5%。

2012年，全区共有党员19104人，把7月份定为“公推直选”月，大力实施“后秀培养”工程，每村“公推直选”3～5名入党积极分子和1～2名后备干部，特别是注重从外出务工、经商青年和产业带头人等优秀人才中推选入党积极分子和后备干部。全区共发展党员346名，其中高中及以上学历党员300名，占总数的86.8%；35岁以下的230名，占总数的66.5%；女性92名，占总数的26.7%。

2013年，全区共有党员19357人，深入实施“后秀培养”工程，全区共推选入党积极分子632人、后备干部400余人，发展党员310人。

第二节　领导班子配备和干部队伍建设

1991年，抓好领导班子的充实调整。对全区13个乡镇和区直有关部门的领导班子进行两次集中调整和充实。通过多种形式，对在职领导干部不断进行马克思主义基本理论教育，党的路线、方针、政策教育，党的宗旨教育和党性观念教育。完善干部管理制度。建立与纪委、监察、信访等部门的工作联系制度。在干部的选拔任用、干部的离任等环节上，认真听取监察部门的意见。制定强化干部调配纪律的五项规定，以文件下发全区遵照执行，解决干部任免、调配工作中存在的个别无组织、无纪律现象。

1992年，抓住年底乡镇党政班子换届的有利时机，重点调整充实乡镇党政班子。对区管后备干部及时进行调整充实，采取选送到市党校，大专院校学习培训和到农村下派锻炼等形式，加强对后备干部的培养锻炼，提高他们的思想水平和实际工作能力。按照“小政府、大服务”的路子，积极稳妥地进行乡镇机构改革，各乡镇精简机构，减少人员，兴办实体。通过机构改革，强化乡镇机关服务经济建设的职能，促进农村经济的发展。

1994年，考察调整45个区直部门、12个乡镇和6家厂矿企业的领导班子，使全区各级领导班子的结构更加合理，选拔一批年龄在35岁左右的年轻有为的干部作为后备干部进行培养。共选出科级后备干部100名，为各级领导班子储备力量。为给后备干部提供锻炼的舞台，从区、乡机关选拔40名优秀年轻干部到贫困村担任村支部书记或主任，任期2~3年。

1995年，按照区委《关于大力培养和选拔跨世纪优秀年轻干部的意见》，在全区范围内开展动员社会各界推荐优秀年轻科级后备干部活动。同时，坚持培养与使用相结合，采取专门培训、下派挂职、易岗锻炼等形式，有针对性地强化培养。对46个部门、18个企事业单位的领导班子作调整充实。加强对各乡镇党委、人大换届工作的指导。从班子调整后的人选看，全区乡镇党政领导班子成员的平均年龄为37.4岁，比调整前下降1.4岁；党政一把手的平均年龄为38.1岁，比换届前下降1.1岁，11个乡镇配上1名女副乡（镇）长。乡镇党政领导班子成员大专以上文化程度的占71%，比上届增长23%，党政正职大专以上文化的占86%，均达到上级提出的比例要求。制定和完善领导干部谈话、领导干部诫勉等7项制度，并会同纪检、检察、法院、检察院、审计、计生等执法执纪部门，加强对选拔使用干部工作和领导干部的监督。

1996年，以全面推进干部队伍年轻化为重点，加大培养选拔措施。积极探索年轻干部成长规律，坚持对年轻干部早压担子、压重担子，多岗位轮流压担子，促进他们在多岗位、多层次的实践锻炼中，积累经验，增长才干。完善下派、轮岗交流等锻炼形式，重点抓好下派干部、到农村任实职干部的跟踪教育管理工作，大力提倡和鼓励年轻后备干部到基层、到最艰苦的环境中工作。

1997年11月，为配合区级班子换届，组成6个考察组，对全区各镇街、各部门及区属企业领导班子进行全面考察。重点开展向孔繁森、王廷江等模范人物的学习活动，强化班子成员的服务意识，工作作风进一步转变，服务功能明显增强。

1998年，通过召开领导班子民主生活会和区级领导调查研究交流会，制定党员领导干部廉洁自律九条规定，各级班子的思想政治建设得到进一步改进和加强。全区创办示范服务基地44个，从业人员720人，分流机关富余人员200多人，较好地发挥示范、辐射、带动作用，为乡镇机关转变工作作风、分流富余人员创造有利条件。

1999年，加强领导班子和干部队伍建设。在抓好法院、检察院、广播电视局机关内部中层干部竞争上岗的同时，对建委下属企事业单位主要领导实行公开竞争上岗。实行干部考察责任制。坚持提拔任用干部实行会签制度。组织部提出的人事安排、建议方案在提请区委常委会决定前，将拟提拔的干部名单分别交区纪委、监察局、计生委等有关部门签署意见，再提请区委常委会研究。抓好干部政绩公开工作。对乡镇和区直部门政绩公开进行督查通报，达到规范化、制度化、正常化要求。精简分流乡镇人员。通过明确时间任务标准要求、推行竞争上岗、广开分流渠道、加强指导督查等措施，全区乡镇共精简分流人员1487人，精简分流人员占乡镇原机关总人数的45.7%。

2000年，坚持推行领导干部政绩公开制度，加强后备干部队伍建设，对全区35岁以下、原始学历大专以上的338人纳入后备干部人才库管理，加强党员干部培训、重点对纪检干部、青年干部、妇女干部和农村干部进行培训学习。组织起草《关于激励全区干部群众为加快经济发展做出更大贡献的几点建议》，重点提出企业法人的贡献大小与干部职级挂钩。

2001年，大胆起用年轻干部，配齐配强各镇（街）和区直部门领导班子。规范和完善公开选拔领导干部的程序和方法，采取公开选拔的形式，成功地选出两名中医院副院长，两名区直小学校长。选派8名科级干部和2名股级干部赴温州挂职招商，组织2名企业干部赴南开大学参加培训学习，接待两批共11名新疆到薛挂职学习干部。建立科级干部任职法律知识考试制度。与区普法办联合下发《关于在全区建立科级干部任职法律知识考试制度的意见》，明确规定由科员升任副科级以上领导职务的干部必须进行任职法律知识考试。

2002年1月，完成6个镇的党政领导班子换届选举工作，换届后镇党政班子成员平均年龄35.9岁，党政一把手的平均年龄38.3岁；每个镇都配备1名第一学历为大学本科的副书记。3月，实施党政机关机构改革，区委、区政府印发《关于薛城区区级党政机关机构改革的实施意见》《薛城区镇（街道）党政机关机构改革的实施意见》和《薛城区镇（街道）事业单位机构改革的实施意见》，印发《关于全区机关机构改革人员分流的意见》，通过带职分流，定向培训，加强企事业，优化结构等形式，改善机关人员的年龄结构、知识结构和专业结构，减少机关工作人员。

2003年，以培养选拔优秀年轻干部为重点，进一步充实调整领导班子和干部队伍。针对换届后新情况，加强领导班子和干部队伍作风建设。针对换届后干部调整面较大的实际，加强对班子成员的教育引导，建立领导干部作风建设“一把手”负责制和责任追究制，对工作落实不彻底或弄虚作假、欺上瞒下造成恶劣影响的人和事，进行责任追究；建立驻村蹲点、联系后进村、贫困户制度，要求领导干部深入群众。建立公开接访制度，要求领导干部带头接访，认真受理群众来访。

2004年，以培养选拔优秀年轻干部为重点，充实调整领导班子和干部队伍。大力加强干部监督工作。对全区所有科级干部的家庭重大事项，重新进行登记。7月，把2003年在基层锻炼的选调生全部安排到区直机关轮岗锻炼。积极做好新疆挂职干部的服务工作。10月，对2002年7月《党政领导干部选拔任用条例》颁布实施以来的贯彻执行情况进行自查。抓好人才队伍建设。新选调12名优秀大学本科毕业生到薛城工作，任命为镇长助理到基层锻炼。

2007年，进一步做好领导班子和干部队伍考察调整、区镇换届工作。4月，联合区纪委组成4个考察组，对全区区直部门、事业单位领导班子及科级干部2006年度工作情况进行全面考察，12月，对全区区直部门、事业单位领导班子及科级干部2007年度工作情况进行全面考察。配合市委考察组做好对区人大、政府、政协换届第一、二轮考察工作，同时，做好对镇人大、政府换届考察和镇（街）党委年度考察工作，精心组织镇人大、政府换届选举，圆满完成镇级换届任务。继续抓好干部人事制度改革各项政策法规的贯彻落实，联合区人事局，做好全区公务员认定、登记、审核和呈报等工作。建立并完善公务员登记信息系统，抓好公务员登记系统信息录入、档案整理及相关材料补遗归档工作，并向全区各有关单位反馈意见。

2008年，共调整干部6批次，涉及干部224

人。在干部调整时，把镇街、经济部门和重点工程建设任务重的单位作为重点，提高服务科学发展的能力。全年有22名业务能力强、工作中做出优异成绩、群众公认度高的干部被提拔为副科级干部，有10余名工作经验丰富、业绩突出的干部被提拔、重用到一把手的关键位置上。建立干部关怀机制，为推动科学发展凝心聚力。对由于个性差异等原因，工作中存在问题的干部，及时进行谈话，提出改进意见。建立动态考核机制。每季度对镇街、有关区直部门主要经济指标和重点工程项目组织一次考核，有效地解决一些长期积累问题，增强这些班子和干部的活力。

2009年，针对部分区直部门单位主要领导职位空缺情况，积极探索实行“两公开四差额”选任干部工作，成功选出区残联理事长和区民政局局长2名区直部门单位正职人选。分别面向全区和全市组织开展从优秀村党组织书记中考试录用镇机关公务员、公开选拔党外干部工作。根据笔试面试和体检考察结果，成功考录1名镇机关公务员，选任1名党外的区监察局副局长。开展公开考选副科级后备干部活动。进一步改进完善选拔方式，采取“两推三考一公示”的办法，公开选拔32名优秀年轻干部到镇街和区重点工作一线进行挂职锻炼。全年共进行干部调整4批次，涉及干部290人。其中，提拔、重用163人，交流调整83人，因到龄内退等原因免去职务44人。

2010年，坚持重视基层、重视一线，加强基层一线力量。先后抽调300名中层干部、年轻干部到城南新区建设、燕山路和火车站广场拆迁改造等工作一线。结合经济工作目标动态考核工作，扎实推进重点工作一线跟踪考察干部办法，对在镇街基层和重点工作一线埋头苦干、成绩突出的干部，优先提拔、重用。高度重视“领头雁”的作用，特别是对与经济社会发展紧密相关的部门正职和重要岗位，干部调整时给予重点考虑，根据发展需要及时选配。对不能发挥专业特长或工作不超脱的班子成员，及时进行交流或转任安排。2010年，通过开展扩大干部初始提名公开推荐区直部门正职工作，有10余名工作经验丰富、综合协调能力强、开拓进取、政绩突出的干部选配到区发改、财政、水利、农业、审计、林业等重要部门正职的关键位置上。加大公开选拔干部特别是年轻干部工作力度。1名镇街公务员选拔为沙沟镇党委委员、1名镇街干部选拔为镇街公务员，有38名年轻干部选派到重点工作一线挂职锻炼，有12名年轻挂职干部得到提拔重用。

2011年，在换届工作中，精心做好制定区镇换届工作方案和乡镇换届实施意见、筹备召开换届工作动员会议、组织开展镇街换届考察、配合市委考察组对区级领导班子进行换届考察、区镇换届人事安排方案报批、严肃换届纪律、参与区党代会筹备等工作，促进区镇换届工作有序开展、扎实推进。积极稳妥推进干部人事制度改革。深入实施“百名科级后备干部先期培育工程”，选派第三批38名年轻干部到镇街和区信访稳定、招商引资、项目建设等重点工作一线挂职锻炼，对考察对象进行德的专项测评和反向测评，进一步完善德的考核指标和考核方式。

2012年，认真做好区第九次党代会和区人代会、政协会筹备工作，全力以赴抓好会议期间组织部承担的各项工作特别是组织选举任务，保证换届选举圆满成功。10月，对区纪检系统、宣传文化系统、教育卫生系统、巨山街道（筹备处）等部门单位和镇街，12月，对区人大、政协委室、区残联等区直单位的领导班子和领导干部进行调整和充实配备，进一步调顺、配强区直部门单位和个别镇街领导班子和干部队伍。认真做好党外后备干部队伍建设工作，联合区委统战部召开全区党外干部队伍建设座谈会，制定出台《关于加强全区党外后备干部培养、管理、使用的实施意见》，加强党外后备干部培养、管理和使用。完善党外区级领导与党外干部联谊交友制度。

2013年，对部分空缺岗位或力量薄弱的部门单位进行充实配备，对个别不和谐的部门单位干部进行调整，对表现优秀的科级干部、年轻干部、后备干部进行提拔、重用，做好抽调部分科级干部、年轻干部到产业招商组、城市拆迁一线实践锻炼工作。开展在全区范围内选拔团区委副书记活动，成功选拔团区委副书记2名。认真贯彻落实新修订的《党政领导干部选拔任用条例》，特别是参照省管干部选拔任用流程，研究制定《区管干部选拔任用工作流程》，明确干部选拔任用的酝酿动议、听取意见、推荐考察、征求意见、举报查核、研究任职、公示宣布等环节的工作程序和具体要求，进一步落实干部选拔任用工作责任制。

第三节　干部教育

1992年，从改革开放和经济发展的长远需要出发，以培训班的形式，加强领导干部的思想教育，会同区委宣传部和区委党校举办两期中央2号文件学习班，选调64名县科级干部参加市委组织部和市委党校举办的中共十四大学习班。1994年，加强干部培训工作。共举办各类培训班7期，拓宽各级干部的视野，提高干部队伍的政治业务素质。

1996年，以领导班子思想政治建设为重点，全面提高领导干部素质。分期分批选调各级领导干部到区委党校进行轮训，举办科级领导干部、乡镇新进党政领导班子成员等培训班；在全区党员领导干部中开展“为谁掌权，为谁工作，为谁服务”大讨论，形成讲学习、讲政策、讲正气的良好风范。

1997年，加大党员干部培训教育工作力度。加强对青年后备干部的培养锻炼。1998年，加强党员干部的学习培训。以邓小平理论、中共十五大精神和江总书记有关讲话精神为主要学习内容，在区党校先后举办科级干部、年轻后备干部、村级干部、入党积极分子培训等各类班次44期。

2001年，加大干部教育培训力度。结合开展农村“学教”活动和“三创三争”活动，按照中共十五届六中全会精神，进一步加强干部作风的学习教育力度，干部的综合素质进一步提高，作风有明显转变。

2003年，区、镇（街）党校为重点，坚持理论武装与岗位知识培训相结合，传统教育方法与电化教育手段相结合，课堂封闭培训与外出学习考察相结合，突出抓好领导干部特别是新任领导干部和优秀年轻干部的培训，办好各类培训班次。年内举办各类培训班39期，受训人数2034人次。

2004年，中共十六届四中全会召开后，会同区委党校，采取集中培训，压茬进行的方式，对全区682名科级干部分6期进行系统的全会精神的学习培训。

2005年，制订下达科学合理的全年干训计划，对干部培训的班次、人数、时间、内容及其他相关要求做出明确规定。全年共举办14期24个培训班。

2006年，搞好全区科级干部、优秀青年干部和妇女干部等各类班次的培训工作。以学习贯彻《干部教育培训工作条例（试行）》为契机，狠抓制度建设，整合培训资源，逐步建立和完善干部教育培训体系。

2007年，及时制订下达全年干训计划，对干部培训的班次、人数、时间、内容及其他相关要求做出明确规定，并定期召开专题会议协调解决干部培训工作中的重要事项和问题。共举办村支部书记培训班、村主任培训班、入党积极分子培训班、妇女干部培训班、科级干部培训班等各类培训班9期，培训人员1000余人次。

2008年，加强干部教育培训工作，努力提高干部队伍能力、素质。全年举办科级干部学习贯彻中共十七大精神培训班、挂职锻炼年轻干部培训班、科学发展观培训班等培训班17类、32期，培训干部3300余人。同时，配合市委组织部，选调部分县级干部、科级干部参加高层次培训。

2009年，坚持每2个月组织一次中心组理论学习，每月举办一次理论学习报告会，每周五下午定为全区机关集中学习时间，每季度举办一次“领导讲坛”，充分发挥区委党校主阵地作用，先后举办纪检监察干部培训班、行政执法干部培训班、妇女干部培训班、农村党支部书记（村会计）培训班、新任科级干部培训班、入党积极分子培训班、大学生村干部和挂职锻炼年轻干部培训班等各类主体培训班次。年内，共举办各类培训班次 22 类、34 期，培训党员、干部 3525 人次。

2010 年，以开展“名师送教”行动为抓手，不断加强干部教育培训工作。全区各镇街、区直有关部门踊跃申报煤化工产业发展、城市建设管理、新农村建设、文化旅游、领导科学与方法、人力资源管理等方面“名师送教”专题 30 余个，邀请市级名师在邹坞镇、沙沟镇、常庄镇、张范镇等举办 5 场“名师送教”专题报告会，辅导、培训基层党员干部 1400 余人次。依托区委党校等干部教育教训阵地，先后举办全区纪检监察干部培训班、农村党支部书记培训班、区直机关入党积极分子培训班、劳动保障年度审查培训班、新任科级干部法律知识培训班、城市社区工作者培训班、药品从业人员培训班、信访干部暨司法协理员培训班等培训班 20 余期，培训党员干部 3000 人次。

2012 年，办好“主体班次”，制定 2012 年干训计划，联合区委党校，统筹设置各类专题培训班 21 期，举办各类培训班次 20 多期，培训干部 4000 余人次。开展“高端培训”，5 月上旬在清华大学组织举办领导干部高级进修班，实现走出去开展高端培训的重大突破，得到广大领导干部的一致好评。实行“学分管理”，制定、实行《薛城区干部教育培训学时学分制实施办法》，进一步提升干部教育培训的质量和效果。

2013 年，扎实做好干部教育培训重点班次组织工作。制订 2013 年干训计划；做好在浙江大学、复旦大学举办领导干部专题研修班的有关组织工作；制定全区领导干部高级公共管理研修班工作方案，抓好高级公共管理研修班的开班启动工作。充分发挥区委党校干部教育培训主阵地、主渠道的作用，开设培训专题 12 个、班次 18 期，累计培训领导干部及各类人才 2300 余人次。组织实施“新常态新作为·习近平总书记系列重要讲话精神学习月”活动。依托网络学习平台，抓好干部在线学习。按照市里县处级以上干部每年在线学习不得少于 50 学时的要求，对区级领导在线学习情况进行逐一登录核实，对未完成学习任务的区级领导所在单位，督促加快完成年度目标任务。

第四节　干部监督

1996 年，建立健全干部管理监督制度。重点抓好领导干部回复组织函询制度、谈话制度、诫勉制度的落实。加强干部考察工作，健全和完善领导班子和领导干部跟踪考察、年度考评和届中考察制度，并把考察干部同加强对干部的管理监督有机地结合起来。

1997 年，进一步健全领导干部谈话、领导干部诫勉等制度，并会同纪检、监察、计生、司法、审计等执法执纪部门，加强对选拔使用干部工作和领导干部的监督。

2001 年，加强对领导干部和干部选任工作的监督。健全落实组织部门与纪检监察、计生等执法执纪部门的联席会议、会签制度，领导班子和领导干部诫勉制度，组织函询、谈话打招呼制度，领导干部任期经济责任审计、离任审计等项制度，做好干部的日常监督工作。

2003 年，深入贯彻执行《领导干部选拔任用条例》，推进干部工作科学化、民主化、制度化。组织开展《领导干部选拔任用条例》“万人知识竞赛活动”。坚持和完善民主推荐、民主评议、任前公示、任前会签、试用期和离任审计等制度，规范干部选任和监督工作机制。

2005 年，规范和加强干部任免及监督工作。坚持和完善民主推荐、民主评议制度，继续完善实行考察预告、任前公示、联审会签、试用期制度和离任审计等制度。认真执行领导干部重大事项报告制度，做好领导干部的日常监督工作；继续做好组织信访工作。全年共收到群众反映的各类问题和干部待遇落实等信访件 18 件，接待来访 22 人次。

2006 年，推行干部档案任前审核工作，进一步规范干部选拔任用工作机制，增强干部工作的透明度和准确度。进一步加强对领导干部特别是党政“一把手”的监督，会同纪检机关认真抓好党员领导干部述职述廉和诫勉谈话等工作。

2007年，着眼于建设一支高素质的干部队伍，坚持党要管党、从严治党的方针，以《领导干部选拔任用条例》和《中国共产党党内监督条例》等党内法规为依据，坚持和完善民主推荐、民主评议制度，继续完善实行考察预告、任前公示、联审会签、试用期和离任审计等制度，做好干部任前、任中、任后的全程把关，避免干部“带病上岗”“带病提拔”。

2009年，开展规范区委书记选人用人行为试点工作。9月开始，启动并扎实开展“科学规范和有效监督区委书记用人行为”试点工作，研究制定《薛城区“科学规范和有效监督区委书记用人行为”试点工作方案》和《薛城区委书记选人用人行为规范（试行）》等指导性文件，建立比较系统规范的干部选用工作行为规则。

2010年，制定下发《薛城区深入学习宣传“四项监督制度”活动实施方案》，召开全区纪检干部、组工干部贯彻落实“四项监督制度”专题培训班，印制“四项监督制度”单行本发放给各镇街、区直各部门单位每一位机关干部，组织全区3000多名机关干部进行“四项监督制度”测试，开通区委组织部“12380”举报网站，开展学习贯彻“四项监督制度”征文活动，将“四项监督制度”学习贯彻活动不断推向深入，确保领导干部100%熟知、纪检和组工干部100%精通、党员干部100%知晓目标的实现。为有效预防干部尤其是关键岗位、重要岗位干部“带病提拔”“带病上岗”，建立拟任镇街和区直部门正职考察对象廉政申报制度。审计等部门严格研究审核，发现有违反政策规定行为的，建立干部监督信息定期报送制度，发现的苗头性、倾向性问题，及时给相关干部指出，并责令限期纠正；情节严重的，给予严肃处理，促进广大干部自觉遵守各项法律法规，自觉做到依法行政、廉洁勤政。

2011年，坚持从严管理、严格监督，努力营造风清气正换届环境。制定《关于在党政领导干部中开展任中经济责任审计工作的意见》，根据工作需要，对任职满1年以上、区委管理的党政机关、企事业单位、人民团体主要负责人和镇街党政正职，有计划、有重点地实施任中审计。结合镇街换届工作，对全区7个镇街的14名党政正职集中进行任中审计。

2012年，制定组织工作满意度提升工作方案，先后3次召开会议专门安排部署这项工作。在全区深入开展“干部任用法规学习宣传月”活动，举办区委理论学习中心组专题学习活动。认真开展组织部长“双向约谈”工作，进一步理顺情绪、化解矛盾，激发干部工作的积极性和主动性。扎实做好干部监督信息定期报送、离任审计、任中审计、拟任单位正职廉政申报等日常监督工作。年内，先后对14名干部进行离任审计，对6名干部进行任中审计，对9名干部进行任前廉政申报。认真做好干部方面信访件的受理、调查和处理工作，做到件件有着落、事事有回音。

2013年，制定下发《关于进一步规范机关事业单位人员借调和调动工作的通知》和《关于进一步严肃机关事业单位人员借调工作纪律的通知》，对全区机关事业单位借调人员进行考核、备案，对借调工作进行规范。对干部在企业和行业协会商会类社会组织兼职（任职）情况进行摸底统计。对近年来干部选拔任用工作进行全面自查，建立工作台账。制定下发《关于印发〈薛城区干部监督工作联席会议制度〉〈薛城区干部监督信息定期报送制度〉的通知》，认真开展离任审计、任中审计18人次，加强对干部的日常监督管理。

第五节　干部下派

1994年，为加强和改进对农村工作的领导，尽快改变后进村落后面貌，区委从区直机关抽调155名机关干部组成乡镇企业工作队，进驻8个乡镇的36个村、12家企业帮助工作。全体工作人员认真按照区委提出的“转变作风，面向基层，强化服务，发展经济”的要求，帮助所在村发展乡村企业，搞好农业结构调整，强化农业基础，加强基层班子建设，提前完成原定工作目标任务。10月，为帮助南石乡发展经济，改变面貌，从区直各部门抽调104名机关干部，组织工作队进驻南石等乡镇的26个村，实行帮包工作，有效地保证下派工作的顺利开展。

1995年，按照区委要求，从区直、乡镇机关选派40名干部到21个贫困村担任实职，并再次从区直机关抽调104名干部帮包南石等乡镇的26个村。在乡镇党委、政府换届中，有14名下派任实职干部被充实到党政领导班子中。

2008年，为进一步加大优秀年轻干部培养选拔力度，优化各级领导班子结构，更好地促进全区经济和社会事业发展，8月，区委选派31名优秀年轻干部到镇街和区重点工作一线进行为期一年的挂职锻炼。

2009年，为扎实推进百名科级后备干部先期培育工程，9月，在吸取2008年选派挂职锻炼干部工作经验的基础上，进一步改进完善选拔方式，采取“两推三考一公示”的办法，公开选拔32名优秀年轻干部镇街和区重点工作一线进行挂职锻炼，全力打造一支政治可靠、素质优良、数量充足、结构合理、能够满足各方面需要的科级后备干部队伍。

2010年，加大向镇街基层和工作一线选调干部力度，先后抽调300名中层干部、年轻干部到城南新区建设、燕山路和火车站广场拆迁改造等工作一线，直接参与重点工作，既有效地历练干部，又推动重点工作顺利开展。按照百名科级后备干部先期培育工程总体部署安排，又选拔38名年轻干部到镇街和重点工作一线挂职锻炼。

第六节　人才队伍建设和知识分子工作

1994年，薛城开展首批专业技术拔尖人才的选拔工作，经过自下而上的推荐选拔，共选出首批专业技术拔尖人才7名。

1995年，选拔配备科技副乡（镇）长工作取得较大的进展，全区12个乡镇全部聘任科技副乡（镇）长，从而使全区的科技工作得到加强。

1996年，选拔培养跨世纪人才，公开选拔后备干部。实施后备干部“511”工程。按照公开选拔、平等竞争、择优录取的原则，选拔30岁以下的优秀年轻干部到乡镇工作，为1998年的乡镇换届准备。

1997年，抓住“科技兴区年”活动契机，开展第二批区级拔尖人才的评选工作，选拔出10名为第二批区级拔尖人才。开展“农村科技大王”评选活动，评出农村科技大王6人。加强对乡村优秀科技人才的管理，对乡村人才建档立卡。

1998年，加大高层次人才培养力度。制定“551”后备干部计划，在全区推选出500名农村支部书记、村主任，50名企业厂长（经理），100名乡镇和区直部门负责人的后备干部，促进干部队伍建设。引进各类人才10余名，其中国外专家7名，为华众公司、啤酒厂、常庄二玻等企业的发展注入生机和活力。

2000年，做好市级第五批专业技术拔尖人才和第三批优秀青年科技人才的选拔推荐工作。经个人申报、单位同意、部门把关、专家评定、组织审查等程序，向市委组织部推荐6名专业技术拔尖人才候选人和6名优秀青年科技人才候选人。

2003年，坚持“党管人才”，抓好人才队伍建设。新选调13名优秀大学本科毕业生到薛城区工作，并重点加强对他们的培养、使用，全部任命为镇长助理到基层进行锻炼。公开选拔7名总会计师和8名中小学校长，为切实用好专业干部开辟新渠道。

2004年，新选调12名优秀大学本科毕业生到薛城工作，任命为镇长助理到基层锻炼。7月，把2003年在基层锻炼的选调生全部安排到区直机关轮岗锻炼。

2005年，进一步建立健全人才政策和制度，新选调8名优秀大学本科毕业生和2名硕士研究生到薛城区工作，积极引进和合理使用各类优秀人才。

2007年，形成《薛城区人才状况调研报告》《薛城区民营企业人才状况调查报告》，为做好人才工作打下良好基础。通过赴福州、济南等地参加人才交流会，网上招聘等形式，为民营企业、部分事业单位引进一批急需人才。积极申报优质项目，争取国外专家到薛城指导工作，成功申报国批项目1个、省批项目6个，5名国外专家到薛城指导工农业生产。在全省区县一级率先举办“首届农业引智成果精品展”，9家单位展出40多项引智成果。联合区民营局完成对民营企业专业技术人员情况的调查摸底工作，完善人才市场服务功能，全年有120多家招聘单位到人才市场招聘人才，有1600余名大中专毕业生到人才市场求职登记，免费为1200余名大中专毕业生发布求职招聘信息，有360余名毕业生实现成功就业。

2008年，举办专项供需洽谈会5场，为企业引进高层次人才62人。开通“薛城人事人才网”，依托区人才交流中心，为167家单位办理招聘登记，为1400多人办理求职登记，成功为260多人推荐就业。申报“农引推”国批项目3个，省批项目4个，专家项目12个。完成7名公务员的考录工作和14家事业单位的109人参照公务员管理的申报、审批工作。开展“首席技师”评选活动，有4人被评为“薛城区首席技师”，推荐2人参加省、市“首席技师”评选，1人被评为“山东省首席技师”，1人被评为“枣庄市首席技师”。

2009年，大力实施“人才强区”战略，制定《关于鼓励和引导高校毕业生面向基层就业的实施意见》。10月，公开招聘60名大学生到区直事业单位工作。坚持每月在区人才市场举办一次人才交流会。全年举办人才交流会12场次，参会单位150余家，入场求职人员达1900人次，340余人找到就业岗位，为20余家企事业单位引进急需人才96人。根据人才需求情况，举办3次大型人才招聘会，共有130余家企业进场招聘，实施人才强企战略，加强企业家队伍培养管理。制定《关于实施人才强区战略进一步加强企业家队伍培养管理工作的意见》，培养一批适应现代企业发展要求的复合型实用人才。

2010年，加大人才引进力度，举办3次大型人才招聘会，共有200余家各类企业进场招聘，提供就业岗位1200多个，有1300名各类人才参与应聘，签订就业意向200余份。加大国外智力引进力度，德国专家何利伯特施密兹到山东多乐采暖设备有限责任公司进行为期半个月技术指导活动，帮助解决热能转换方面技术难题5个。

2011年，编制《薛城区中长期人才发展规划纲要（2010—2020年）》，制定《关于建立健全人才工作责任体系的意见》《薛城区人才工作目标责任制考核办法》，建立区人才工作领导小组和办公室工作制度、区人才工作领导小组联席会议制度、领导干部联系专家制度等，初步建立人才工作落实体系。开展重点产业人才状况调研活动，积极加强人才平台载体建设，先后在北斗制冷、东阳能源、多乐采暖等全区支柱行业的龙头企业建立3家博士工作站，促进企业产业技术转化升级。

2012年，深入实施“重点产业人才集群工程”，抽调90多名专业性干部、关键性人才到全区七大重点板块开展产业招商工作，制定出台《关于做好农村实用拔尖人才培养、选拔、管理工作的实施意见》，着力培养选拔种植、养殖、创办合作经济组织等方面的农村实用优秀人才，加强高层次人才平台载体建设，成功建立省级院士工作站1个，市级企业技术中心2个，市级工程技术研究中心1个。

2013年，开展人才工作大调研，摸清各类人才底数。全区共有各类人才2.41万人，其中党政人才960人、专业技术人才1.1万人（享受国务院特殊津贴专家2人，省、市有突出贡献的中青年专家11人）、企业经营管理人才4100人、高技能人才3200人（市首席技师5人）、农村实用人才4200人（省乡村之星2人）、社会工作人才640人。

第七节　老干部工作

落实老干部“两项待遇”

政治待遇　薛城区始终坚持老干部阅读文件、听报告、参加重要会议和重大活动、向离退休干部通报情况、组织离退休干部就近就地参观学习、走访慰问离退休干部等制度。1992年，区委聘请

4位县级退休干部担任老干部工作联络员，使老干部工作的组织力量得到加强。1993年12月，组织召开老干部纪念毛泽东同志100周年诞辰座谈会。1995年，邀请20余名老干部参加铁道游击队纪念碑落成典礼，对22位易地安置老干部进行走访慰问。1998年，举办老干部学习中共十五大报告座谈会。1999年，针对美国轰炸中国大使馆等事件，召开形势报告会和老干部座谈会。2001年，组织全区老干部学习宣传“三个代表”重要思想，区委、区政府主要领导为老干部做专题辅导报告。2001年，开展建党80周年易地安置离退休干部走访慰问活动。2002年，区委举办老干部世界贸易组织有关知识报告会，召开全区老干部思想政治工作经验交流会，组织实职副县级以上离退干部赴香港、澳门参观考察。2003年，开展“解放思想大讨论”活动，向老干部发放意见卡400余份，收到老干部的意见建议53条，举办老干部“三个代表”重要思想学习培训班。2005年，开展庆祝抗日战争胜利60周年老干部走访慰问活动，对32名抗战离休干部和22名易地安置离休干部进行逐一走访。2008年，区委、区政府召开纪念改革开放30周年老干部座谈会。2009年，组织开展中华人民共和国成立60年老党员、老工人、老干部走访慰问活动；举办“迎国庆·话发展”离休干部庆祝酒会，为离休干部颁发荣誉纪念牌。2011年，开展建党90周年离休干部大走访活动，为每位离休干部送去建党90周年纪念牌、慰问金和慰问信；制定下发《关于利用社区资源做好离退休干部服务工作的实施意见》。2012年6月，区委组织部、区委老干部局向离退休干部发放《致离退休老同志的一封信》，向老干部们通报组织工作、换届工作、严肃换届纪律等工作情况。

生活待遇　薛城区按照生活从优的原则，坚持把老干部的生活待遇落到实处，为他们多办好事、实事，帮助解决生活中的实际困难。1991—2012年，着力清欠离休干部“两费”（离休费和医药费），2002年7月，建立离休干部“三个机制”（离休费保障机制、医药费保障机制和财政支持机制），从根本上保证离休费的按时发放和医药费的据实报销，彻底解决老干部的后顾之忧。2003年，离休干部医药费统筹金由每人每年6000元提高到7000元。2004年10月，将镇街退休干部退休金全部统一上划到区财政，由劳动和社会保障局实行社会化发放。2006年，在全市率先建立老干部就医网络平台，离休人员医药费统筹金每人每年7000元提高到8500元，将55名企业离休干部的管理服务收归上级主管部门管理，彻底解决老干部的后顾之忧。自2007年1月起，全区离休人员医药费统筹金由每人每年8500元提高到1.1万元，进一步提高保障能力。2009年，制定下发《离休干部及遗属特殊困难专项救助办法》，建立离休干部及遗属特殊困难帮扶机制。

老干部党组织建设

1994年，举办全区老干部支部建设工作现场会，南常乡、区教委、区商业总公司等单位做典型发言。1997年，对少数软、散老干部党支部班子进行充实调整，先后调换5个支部，调整8名支部书记和成员。1999年，将老干部党支部建设纳入全区党建工作整体规划，南常乡老干部党支部受到省委、省政府的表彰。2004年11月，薛城区委老干部党校成立，拓展老干部政治学习的空间。2006年，建立老干部支部书记及骨干党员定期培训制度。2006—2013年，先后举办学习“八荣八耻”“讲党性、重品行、作表率”活动、学习实践科学发展观、学习中共十七大、中共十八大、党的群众路线教育实践活动等专题培训班16期，培训老干部支部书记及骨干老干部党员1500余人次。2010年，组织召开老干部系统创先争优工作经验交流会。2011年，修订《离退休干部工作检查考评细则》，把争创“五好”老干部党支部和“五好”老干部党员活动纳入考评体系。2012年6月，成立全市第一个老干部家庭党支部，《中组部工作通讯》《光明日报》等对薛城区经验做法进行宣传报道；7月，薛城区离退休干部党工委成立。离退休干部党工委成立后，创新组织设置，在镇街、单位、村居、社区、楼道、家庭等建立老干部党总支、支部近100余个，党小组400个，选优配强支部班子，确保每位离退休干部党员都能参加活动，接受组织的教育管理。

发挥老干部作用

1991年，区委下发《关于组织老干部参与实体经济建设的意见》，鼓励引导老干部开发庭院经济、创办实体经济。1993年，对5个开发庭院经济和23个创办实体经济的先进老干部进行表彰奖励。1995年，组织老干部开展争创“万元户”活动，创收万元以上的老干部达40户。1998年，组织老干部开展“帮困助学”活动，老干部累计捐款2.8万元，救助困难学生72人。1999年，在老干部中实施“113”工程（即每位老干部帮助一位困难学生，为群众做一件好事，每个单位要有3个老干部发挥作用示范点）。2003年非典期间，开展“争做健康老人”活动，老干部为防非捐款1万余元，100余位老干部为防非典做义务宣传员。2005年，区老年“同心”腰鼓队，为全国贫困村——云南省昭通市昭通县盘河乡冷坪村捐赠衣物1736件的善举，受到市委、市政府主要领导的高度评价和社会各界的广泛赞誉。2006年，编撰完成17万字的《古薛文化》，国家图书馆名誉馆长（原馆长）任继愈为该书题写书名；举办支援新农村建设捐书活动，发动老干部捐献书籍达7000余册。2008年，由老干部编撰的《古薛文化》，在人民大会堂举办的首届中国奚仲文化研讨会上，作为奚仲文化系列丛书的主要作品受到与会者的高度赞誉。2008年，在四川汶川地震发生后，老干部们发扬“一方有难，八方支援”的精神，以捐款、捐物、献血等形式积极支援抗震救灾。2009年，组织区老年大学关工委到临山小学开展“庆六一”赠书活动。2010年，组织离退休党员为区直机关入党积极分子上革命传统党课。2013年，区关工委办公室隶属关系由团区委调整到区委老干部局，全区基层关工委组织达到全覆盖，镇街、机关事业单位、学校关工委“五好”达标率达到85%以上，企业、社区（村居）关工委达到75%以上。

老年教育

1992年，区老年大学创办校刊——《薛城老年教育》，全区新成立乡镇老年学校9所，村级老年学校6所。1993年9月，全区乡镇老年教育现场会在南常乡召开。1995年年底，全区12个乡镇全部建立老年学校。1997年，投资70余万元，对老年大学综合楼装修改造，增加教室3间。1999年，投资80余万元，装修老年大学校舍，举办老年大学建校10周年庆祝活动。2001年，区委、区政府出台《关于进一步加强全区老年教育工作的意见》，成立薛城区老年教育工作委员会。2002年，根据形势变化和老干部的需求，区老年大学增设微机、英语等课程，成立老年大学关心下一代工作委员会。2003年，组织老年大学学员到枣庄监狱开展“送情助教”活动，看望薛城籍服刑人员。2004年，举办老年大学建校15周年系列庆祝活动，制作《老有所学结硕果　与时俱进谱新篇》的老年教育专题片。2005年8月，区老年大学被省委老干部局命名为省级老年大学示范校，沙沟、周营、常庄三镇老年学校被评为市级示范校。2006年12月，区老干部活动中心被省委老干部局授予省级示范老干部活动中心称号。2008年，区老年大学举办“迎奥运”首届趣味运动会。2009年，举办薛城区老年大学成立20周年系列庆祝活动，先后举办大型体育项目展演、趣味运动会、摄影作品成果展等大型庆祝活动8场次。是年3月，区老年大学被授予“全省关心下一代教育基地”称号。2011年，区老年大学与微山县老年大学开展联谊活动，共同主办老少同乐“阳光杯”书画笔会。2013年，组织区老年大学教师走进周营、常庄等社区老年学校，开展优质课下乡活动。

老干部文体活动

1987年，薛城区投资建设薛城区老干部活动中心，设有8个门球场、4个地掷球场、2个露天舞场和台球室、棋牌室、健身房等12个活动室。1992年，举办全区老干部运动会、象棋比赛等活动，参与老干部达500余人次。1993年，举办老年人交谊舞培训班，并参加全市老年人交谊舞表演赛，取得第2名的优异成绩。1997年，成立老干部京剧票友会，建立京剧训练队6个，辅导站

9个。1999年3月，创办全省第一家老年体育大学，开设太极拳、台球、门球等7个专业，招收学员640余人。1999年，举办“庆国庆、迎澳门回归”座谈会、文艺演出等系列活动，承办全市老干部台球和门球友谊赛。2001年，成立“夕阳红”艺术团，在“七一”、重阳节等节日举办一系列文艺演出活动。2003年，举行“庆国庆、迎重阳”老年人太极拳、刀、棍、操表演，1000余名老干部参加。2004年，组织老干部参加全市第六届运动会，获得金牌4枚。2005年9月，成功举办苏鲁豫皖冀津华东五省一市老年门球赛。2006年，承办全省老年人体育运动会地掷球比赛。2007年，承办苏鲁两省四地市京剧票友联谊会和台儿庄薛城京剧票友联谊会。2008年，区老年体育大学门球队在“花冠杯”苏鲁豫皖老年门球赛中获第三名的优异成绩。2011年，组织老干部开展建党90周年“心系党情”歌唱比赛、“与党同呼吸、共命运、心连心”征文、“颂党恩”老干部艺术展等庆祝活动，举办“大德昌”杯薛城区首届中老年书画大赛，参赛作品达到300余幅。2012年，围绕离退休制度建立30周年，开展图片回顾展、老干部运动会、文艺展演和征文活动。

第六章　宣传工作

第一节　理论教育

1991年，组织学习《毛泽东选集》第二版有关著作。1994年，组织学习《邓小平文选》第三卷，以及《中共十四届四中全会决定》。1995年，组织学习《邓小平文选》和《邓小平建设有中国特色社会主义理论学习纲要》以及中共十四届五中全会文件。1997年，组织学习《中共十四届六中全会决议》和《邓小平论社会主义精神文明建设》一书；学习江泽民总书记在中共十五大所作《高举邓小平理论伟大旗帜，把建设有中国特色社会主义事业全面推向二十一世纪》报告。1999年，组织学习中共十五届四中全会公报和《中共中央关于国有企业改革和发展若干重大问题的决定》等。2002年，组织学习“三个代表”重要思想、世界贸易组织知识、中共十六大文件。2003年，征订《“三个代表”重要思想学习纲要》，全区科级干部人手一册。2004年，薛城区多家单位、企业被评为市思想政治工作十佳企业、优秀企业。

2007年，制定《党委中心组理论学习意见》《区委中心组学习计划》，完善考勤、述学、考学机制。中共十七大召开后，先后制定《区委理论中心组中共十七大精神专题学习计划》《全区中共十七大精神学习宣传联席会议制度》等；组建学习中共十七大精神宣讲团分赴各镇街和区直单位宣讲20余场次；11月10日，邀请省委学习中共十七大精神宣讲团成员、省委讲师团副团长何克亮作报告，在全区掀起学习宣传中共十七大精神热潮。为提高党员干部的综合素质，区委还先后邀请省委党校郑洪祥教授作《大力加强作风建设》辅导报告，邀请国家一级律师、市律师协会副会长崔少华作《中华人民共和国物权法》学习辅导报告。

2008年，制订全区理论中心组学习计划，编辑《贯彻落实科学发展观促进经济社会又好又快发展》《改善民生促进社会和谐》等学习辅导资料；组织四次六个专题的区委中心组集中学习；举办六场高规格的区委理论学习报告会，先后邀请中央党校曾业松教授、张蔚萍教授，国家发改委经济研究所王小广博士等专家学者作辅导报告。各基层党委按照区委部署，把集中学习和个人自学相结合，分阶段有重点地组织读书会、座谈会、专家辅导会50余场次。区委理论学习中心组被省委宣传部评为2008年优秀县级党委理论学习中心组。

2009 年，制定下发《区委理论学习中心组 2009 年理论学习安排的意见》，进一步完善区委理论中心组学习制度。2 月 12 日，下发《中共薛城区委关于在全区党员干部中开展理论学习年活动的意见》，在全区开展理论学习年活动，集中利用一年的时间对广大党员干部进行培训。学习年活动期间共编发简报近 90 期，全区各党委共举办各层次集中学习 2000 余次，办培训班 150 余次，外出参观 50 多次，举办演讲比赛、征文等活动 20 余场次，各级党员干部共撰写理论调研报告 500 余篇，心得体会 1000 多篇。是年，全年共组织区委理论学习报告会 12 场次，先后邀请中央党校王天义、王东京教授、中组部郭驰处长、清华大学的董关鹏教授等专家学者作辅导报告，报告内容涉及政治、经济、文化、管理、规划设计等多个方面。开展理论下基层宣讲，重点做好中共十七届三中全会、社会主义核心价值体系建设等重大理论宣讲，全年共组织宣讲活动 100 余场次，听众达 2 万余人次。

2010 年，制定《2010 年区委理论中心组学习的意见》和《关于进一步加强和改进全区各党委（党组）理论学习的通知》，健全机制，完善措施，推动全区理论中心组学习，区委理论中心组被评为全省先进县级理论中心组。邀请北京大学、清华大学、中国人民大学、中国社科院、中国人民解放军工程兵指挥学院等高层专家学者举办 12 场高规格、高层次理论报告会，并及时将理论报告会实况刻录成光盘，免费发放到基层，组织党员干部学习，扩大理论报告会的辐射面、影响力。切实抓好《七个“怎么看”》《理论热点面对面·2010》等理论通俗读物的学习宣传，面向基层组织各级宣讲团开展宣讲 70 多场次。8 月，制定《薛城区推进学习型党组织建设实施意见》，成立薛城区建设学习型党组织工作协调小组，积极开展理论中心组集中学习研讨、理论宣讲、深入基层调研、“我爱读书活动——好书推荐”等多项活动。

2011 年，制定《区委理论学习中心组 2011 年理论学习安排的意见》，精心选配书目，配合区委理论中心组举行集中学习 7 次。邀请美国全速达集团总裁张大仁、中央政策研究室农村局局长冯海发、清华大学教授王传利等专家学者举办中共十七届六中全会解读、旅游经济、文化产业发展等方面的 6 场高规格理论学习报告会。积极开展“读书月”“先进学习型党组织”和“优秀学习型党员干部”推荐评选、建党 90 周年和建市 50 周年理论研讨、“三个一切”群众路线主题教育等多项活动。11 月 12 日，成立学习贯彻中共十七届六中全会精神宣讲团，到镇街、学校、企业开展理论宣讲 30 余场次，听众超过 1 万人，迅速掀起学习贯彻六中全会精神的热潮，区委党校被列为市级理论宣讲基地。积极做好《从“怎么看”到“怎么办”》等理论通俗读物的学习宣传，扎实推进理论下基层活动。

2012 年，制定《2012 年区委理论中心组学习的意见》，指导各级党委（党组）完善制度，做好计划，抓好学习教育活动；1 月 30 日，结合区委、区政府中心工作，制定 2012 年度区委理论学习报告会计划，邀请清华大学、山东大学等高层专家学者举办 6 场专题理论学习报告会，并把每场报告会实况刻录成光盘，免费发至各党委（党组），指导基层广大党员干部学习。3 月 5—6 日，制定《关于做好市委宣讲团赴各镇街宣讲工作的通知》，计划宣讲市十次党代会精神 7 场次；12 月 29 日，制定《关于成立薛城区学习中共十八大精神宣讲团的通知》，组织开展中共十八大精神宣讲；区委党校、区住建局被市委宣传部确定为理论教育宣讲基地，区教育局、区法院被确定为市级理论大众化示范点。

2013 年 1 月 30 日，结合区委、区政府中心工作，制订 2013 年度区委理论学习报告会计划，全年完成区委理论学习报告会 6 场次。3 月 12 日，制定下发《中共薛城区委办公室关于进一步加强学习的通知》，对区委理论中心组、全区科级以上干部和全区广大群众的理论学习工作进行安排部署，创办 3 期《学习参阅》。7 月，组织开展“我的中国梦”主题宣传教育活动。12 月

18—26 日，开展市、区十八届三中全会精神宣讲 20 场次。区铁道游击队纪念园管理处被省委宣传部、省社科联评为省级社科普及教育基地，区铁道游击队纪念园管理处和区奚仲中学被评为市级社科普及教育基地。

第二节　新闻报道

区委宣传部设专职科室，组织全区通讯报道队伍，向上级和国内新闻媒体及时报道薛城区政治、经济、文教卫生诸领域改革发展成就，宣传薛城区新人新事。为提高全区新闻通讯队伍业务素质，提高报道质量，1991—2013 年，区委宣传部先后召开新闻工作例会 76 次，举办通讯员培训班 32 期，召开全区新闻专题会议 26 次。邀请《工人日报》《大众日报》等上级新闻单位编辑、记者到薛城区讲授通讯报道理论知识，接待中央及省、市新闻记者到薛城传经送宝和采访 1100 余人次。先后组织 168 人次到大众日报社等上级新闻单位参加培训。

1991—2013 年，全区在市及市以上级新闻媒体发稿 10 万余篇，其中省级及省级以上媒体发稿 5.9 万余篇。其中，在《人民日报》刊发《百余名铁道队员迫降千余名日军——胜利后的斗争》，《光明日报》刊发《指尖上的麦秸记忆》，《工人日报》刊发《薛城支持农民当“网上掌柜”》，《农民日报》刊发《山东枣庄：就业一人 脱贫一户》，《大众日报》刊发《320 多套异地安置房咋变抢手货》等系列重头稿件，有力地提升薛城美誉度，树立薛城良好的外部形象。

2012 年，李方伦、万照广撰写的稿件《群众进政府没了“门槛”》获山东省好新闻奖。张皓、万照广撰写的稿件《政府建园孵化 大学生拎包入住》获山东省好新闻奖。自 2011 年起，薛城区连续 3 年分别获评《大众日报》社和市委宣传部“对上报道先进集体”。

第三节　对外宣传

1991 年 12 月，15 万字《抗战楷模：孙伯龙烈士专辑（薛城文史第四辑）》出版发行。1994 年，邀请省市媒体记者对铁道游击队碑奠基仪式进行报道。

1995 年，为纪念抗日战争胜利 50 周年，邀请省市媒体记者对铁道游击队碑揭碑仪式进行报道。是年，32 开本《铁道游击队》出版发行。1996 年，配合市委宣传部摄制中英文、中韩文对照的《中国·枣庄》薛城部分专题片。1997 年，《铁道游击队连环画》（作者白水）出版发行。

2005 年 3 月，为纪念抗日战争胜利 60 周年暨铁道游击队纪念碑落成 10 周年，编撰 39.9 万字、160 幅图片的《铁道游击队在薛城》。是年，出版发行《铁道游击队传奇》。

2007 年 6 月，启动《奚仲文化丛书》编撰工作，全面挖掘奚仲文化历史内涵，彰显“造车鼻祖奚仲故里”的文化底蕴。

2008 年 4 月，薛城区被中国先秦史学会、中国文化产业促进会、中国汽车工程学会、中国汽车工业协会在人民大会堂授予“造车鼻祖奚仲故里”的牌匾，组织邀请 100 余家中央、省、市级媒体记者进行报道。4 月 25 日，中华奚仲网官方网站（网址：http：//www.xizhong.gov.cn）正式开通。

2009 年 2 月，邀请中央电视台拍摄专题纪录片《车神奚仲》，在中央电视台《走遍中国·走进枣庄》节目刊播，主要讲述奚仲造车的起因、经历和造车后对全世界的影响，对宣传薛城区的奚仲文化和创新精神有重要作用。10 月，设计制作奚仲像（樟木）、奚仲汽车挂件，创作《车神奚仲》电视剧本。

2010 年 11 月，12 卷本《奚仲文化丛书》正式出版。共 260 余万字，1000 余张图片，这是薛城第一套系统的历史文化丛书，是一部全面系统地记述薛城历史文化的综合性著述，是对薛城历

车神奚仲开机仪式

史文化的全面挖掘、整理和抢救，对推动薛城文化大发展大繁荣具有重要意义。

2011 年，出版《车祖奚仲造车剪纸集》。

2012 年 4 月，组织邀请 60 余家省、市级媒体记者对薛城全国摩托车场地越野锦标赛、“车祖奚仲·亿和输送带杯”全国摩托车越野锦标赛（薛城站）进行宣传报道。

2013 年 8 月，出版发行《铁道游击队解读》。10 月，拍摄《飞跃薛城》大型宣传片，时长近 10 分钟，全面展示棚户区改造后的薛城城市变化、城市面貌。

第四节　精神文明建设

管理机构

薛城区精神文明建设委员会办公室，是薛城区精神文明建设委员会下设的正科级办公室，于 2003 年 6 月正式成立，简称文明办，核定编制 3 人。

思想道德建设

爱国主义教育基地　为缅怀民族先烈，弘扬爱国精神，薛城区委、区政府分别于 1995 年、2005 建成铁道游击队纪念碑、铁道游击队纪念园，铁道游击队纪念园位于薛城区中部区域，是薛城区红色景区的龙头。经过 20 余年的持续打造，形成由纪念广场、纪念碑、“三雄墓”（刘金山、王志胜、赵明伟）、铁道游击队影视城、鲁南民俗博物馆、中陈郝古瓷窑展览等 20 多个景点组成的红色旅游景区。铁道游击队纪念园已成为全国爱国主义教育示范基地、全国红色旅游经典景区，并入选第一批国家级抗战纪念设施、遗址名录和全国 30 条红色精品线路，累计接待国内外游客 2000 多万人次，在弘扬革命精神、教育激励后人、引领经济社会发展中发挥重要作用。

公民道德建设　2007 年，在全区广泛开展社会主义荣辱观宣传和教育活动，推进“八荣八耻”的基本要求进机关、进企事业单位、进社区、进农村、进校园、进家庭。

2009 年，为进一步落实《中共中央国务院关于进一步加强和改进未成年人思想道德建设的若干意见》，不断提高未成年人的思想道德素质，以“做一个有道德的人”为主题，在全区广大未成年人中开展“知荣辱、树新风、我行动”道德实践活动。

2010 年，在全区组织开展社会公德和市驻地意识宣教活动，各部门采取灵活多样的形式，相继开展宣教活动“集中宣传日”活动、交通秩序“集中整治月”活动、城区“六乱”专项整治活动、“争做文明驾驶员做表率”活动、“小手拉大手，同爱我家乡”等主题实践活动，并得到广大市民的积极响应和广泛赞誉，城区环境得到明显改观。

2013 年，在全区农村、社区、机关、学校、企业全面开展四德工程建设，围绕奉献爱心，组织开展“美丽薛城·一起行动”“我参与、我奉献、我快乐”文明劝导等 10 项主题实践活动；围绕优化服务，开展“创服务品牌，树良好形象”活动、创建“劳动关系和谐企业”活动，全区涌现出各级文明窗口 46 个；围绕尊老爱幼，开展“和谐家庭”专题讲座25场次，成立社区家庭美德志愿宣传小分队，发放家庭美德宣传手册8600余份，开展“孝亲感恩·与爱同行”面对面集中宣讲活动16次，组织开展“孝德建设年”活动，大力弘扬和传承中华民族敬老、爱老、孝老、养老的传统美德，全区公民的思想道德素质得到显著提升；围绕积善成德，组织开展全民阅读、书香家庭评比活动。薛城区被评为市级四德工程建设先进区，陶庄镇东仓村被评为省级四德工程建设示范点。

精神文明创建活动

文明城市创建　2008年以来，组织开展省级文明城市创建工作。多方位强化宣传，在区内新闻媒体开设专题专栏，刊发创城稿件1200余篇，曝光不文明行为300余起，对全区12个部门主要负责人进行专题访谈；印发致市民的一封信、《生活·文明》宣传手册等宣传品20万余份，在城区设置各类公益广告1万余幅；编发创城简报600余期、创城手机信息2万余条。开展集中专项整治，实施建筑工地、绿化美化亮化等10项集中专项整治活动，对15个重点路段、重点区域实行县级干部帮包，重点解决学校门口无减速带、交通秩序混乱、临时停车位划设不科学、公共环境卫生脏乱差等一批制约城市管理的“老大难”问题。实施市民文明素质提升工程，组织开展“小手拉大手，文明齐步走”、文明劝导、文明出行、净化社会文化环境等10项主题实践活动，市民文明素质进一步提升，取得良好的社会反响。薛城区被评为创建省级文明城市工作先进区。

文明单位创建　2003年，薛城区开始组织全国、省、市、区级文明单位创建活动。区内各单位积极参与文明创建，通过开设文明创建宣传橱窗，为文明创建工作营造浓厚氛围，并开展一系列创建活动，广大干部职工精神风貌大为改观，一批单位跻身文明单位行列。2011年，全区组织开展“十佳文明单位”“十佳窗口服务单位”评选活动。2012年全区共有5个单位被评为第二届枣庄市文明服务窗口。

文明村镇创建　2004年以来，按照市委、市政府统一部署，以改善农村人居环境为切入点，以发展农村经济、增加农民收入为主要目标，以提高农民思想道德素质、科学文化素质和健康素质为根本目的，开展以“建设生态环境、发展生态经济、建立生态文化”为主要内容的文明生态村创建活动。先后投资3400余万元，抓文明生态村的村庄规划、道路硬化、村庄绿化、村庄净化、村庄亮化、文体广场、文明生态户、改厕、改厨等工作，全区先后有31个村被市委、市政府授予“市级文明生态村”称号，全区文明生态村实现环境整洁、村风文明、经济发展。

2012年，薛城区以村容村貌建设、村风民俗建设、乡村道德建设、生活方式建设、平安村庄建设、文化惠民建设等六大建设为重点，组织实施乡村文明行动。8月，以《实施“乡村文明行动”，建设文明幸福新农村》为主题，对全区农村党员干部进行专题培训。薛城区被评为第二批省级乡村文明行动示范区，全区共建成省级文化特色建设示范镇1个、省级“乡村文明家园”建设示范村10个、市级乡村文明行动示范镇3个、市级乡村文明家园33个。是年，将生态文明乡村建设、乡村文明行动、和谐城乡建设行动和生态区建设等四项工作统筹起来，在全区牵头组织开展幸福文明乡村建设活动，集中力量打造生态秀美、文明和谐的新农村。

2013年开始，把城乡环卫一体化作为实施乡村文明行动的中心工作来抓，重点开展农村环境治理工作。全区累计建成垃圾中转站11座，购置大型车辆23辆、各类保洁车649辆、垃圾桶6.2万个、移动箱体459个，配备村级保洁员808人，环卫设施不断完善，保洁队伍不断壮大。全区7个镇街分别与昌邑康洁等保洁公司签订外包合同，全区所有自然村实现服务外包全托管。制定下发服务外包考核办法、作业标准，建立完善区、镇街、保洁公司三级监管机制，环卫保洁工作逐步纳入正常轨道。组织开展薛城区“美丽村庄”评选活动，通过组织推荐、媒体公示、乡村采风、公众投票等环节，在全区评选出10个“美丽村庄”。定做并发放城乡环卫一体化公益扇10万把、民生手册15万册，广泛宣传一体化的目的、意义以及群众的责任与义务，获得群众好评。

文明社区创建　2007年，制定下发《关于在全区深入开展创建文明社区活动的实施意见》，结合文明城市创建，深入研究探讨社区文明创建的有效机制，不断深化“四进社区”活动，抓好“五大任务”落实，推进文明社区创建活动深入开展。2008年，结合省级文明城市创建，在社区集中抓好“两治”（治脏、治乱）、“三增”（增绿、增亮、增美），重点对社区进行集中整治，拆除破旧、污损户外广告，更新户外灯箱广告，清除覆盖各类乱贴乱画、乱喷乱涂“野广告”，清理涂抹各类墙体、路面“办证”电话号码，统一粉刷沿街、社区建筑物墙体立面。至2013年，全区共有省级文明社区9个、市级文明社区9个。

“讲文明树新风”活动

2005年开始，组织开展“文明薛城”建设工作，全区各行业各部门结合实际开展一系列主题实践活动。建设部门实施城市亮化、绿化、美化工程，对城区的两条主干道进行改造；城管部门开展整治夜市摊点、清除“牛皮癣”、拆除非法建筑等专项活动；卫生部门开展创建“百姓满意医院活动”；工商部门开展“整顿市场秩序，建设诚信薛城”活动，查处违章经营138起，评选80家“文明诚信民营企业”和“文明诚信个体工商户”，20家“消费者满意单位”。全区涌现出20个“文明薛城”工作先进单位。

2006年5月31日，召开全区“开展荣誉观教育，推进‘文明薛城’建设”座谈会，把“文明薛城”创建活动进一步引向深入。2008年，结合省级文明城市创建，先后组织开展“创建文明城市，文明单位先行”活动、“创建文明城市从我做起”主题教育实践、“文明礼貌、遵纪守法”教育、“五个一”文明创建和青年志愿者等活动，不断加强市民行为规范教育。

2010年，为深入开展“公民基本道德行为40则”宣传普及活动，教育引导广大群众明确公民道德规范，养成文明行为，提高整体道德素质，组织开展第八个公民道德宣传日活动。2011年，在个体工商业主中开展评选“文明工商户”活动；在交通客运行业中开展评选“文明服务示范车”活动；在中小学校开展评选“文明小使者”活动；在农村和城市社区广泛开展“和谐家庭、文明家庭、文明社区”创建活动，营造良好的文明创建环境。

2012年，以“提高公民文明素质，提升城乡文明水平”为主题，组织开展“文明薛城在行动”活动。在城区大力开展“学雷锋、讲文明、树新风”志愿服务、“争做文明使者”机关干部职工承诺签名、“文明出租车”评选等7项主题实践活动，在农村大力实施“乡村文明行动”。4月，响应市委、市政府创建国家森林城市的号召，开展创建国家森林城市城区绿化活动，制定《关于建立健全“创建国家森林城市文明先行”工作长效机制的意见》，组织开展周五义务大扫除、创森护绿等多项志愿服务活动，形成爱绿护绿志愿服务长效机制。

2013年，组织开展“美丽薛城·一起行动”活动，坚持每周五发动全区机关工作人员进行义务劳动，广大机关工作人员受到教育、得到提升，在全社会树立良好的形象，城乡面貌也得到较大改善。

先进典型评选

薛城区大力开展各类先模人物评选表彰，先后组织开展十星级文明户、“感动薛城十大人物”“薛城好人”、百佳文明市民、文明卫生示范户等评选表彰活动，涌现出全国见义勇为英雄司机绳明良、贫困残疾低保户殷延才拾到11.9万元现金不动心、全省涉外捐献造血干细胞第一人地税干部孙晓红、枣庄八中学生曹阳勇救两名失水儿童并捐1万元奖金救助病重同学、出租车驾驶员田伟将120万元钱物物归原主等一大批好人好事。在全区形成崇德向善、见贤思齐的浓厚氛围，充分发挥以典型示范普及核心价值理念的作用，全区社会风气持续好转。

2007年，849户居民被评为区十星级文明户。2008年，866户居民被评为区十星级文明户，2009年，4人被评为第一届全市道德模范，910户居民被评为区十星级文明户。2010年，897户居民被评为区十星级文明户。

2011 年，评选表彰 50 名“薛城好人”。杜温庆被评为第三届全省道德模范，徐世珍等 9 人获得第二届全市道德模范、道德模范提名奖称号。733 户居民被评为区十星级文明户。

2012 年，王忠安等 8 人被评为山东好人。18 人被评为枣庄好人，6 人被评为全市未成年人思想道德建设工作先进个人，9 人被评为全市文明服务明星，10 人被评为首届“感动薛城十大人物”，771 户居民被评为区十星级文明户。

2013 年，4 人被评为山东好人，6 人被评为第三届全市道德模范，亓君佩被评为第三届感动枣庄十佳人物。849 户居民被评为区文明户。

第七章　统战和对台工作

第一节　民主党派和无党派人士工作

搭建交流平台

1991—2013 年，薛城区建立民主协商制度，情况通报制度，定期征求党外人士意见制度，联席会议制度等一系列工作联系制度。坚持与民主党派协商每年不少于 1 次，重要情况随时协商，协商内容涉及全区经济社会文化发展规划各个方面。协商中充分发扬民主，广开言路，对各民主党派提出的意见建议认真办理和答复。在坚持民主协商的同时，每年至少召开两次情况通报会，重要情况随时通报。2008 年以来，薛城区委统战部进一步完善各民主党派、工商联、无党派人士交朋友、谈心、通报、联席会议、走访慰问等制度。区级 23 名中共党员领导干部与 23 名党外代表人士结成交朋友对子；5 个民主党派对口联系部门加强相互工作的了解和交流；定期通报党风廉政建设和反腐败工作情况；统战部每季度召开一次各民主党派、工商联季度联席会议；每年到各民主党派成员所在单位就民主党派成员发挥作用情况开展调研；春节期间区委领导走访慰问离岗的区级党外领导干部和民主党派主委，送去党的关心和爱护。

参政议政

2001 年开始，薛城区定期举办党外干部培训班，帮助党外人士提高理论水平和参政议政能力。先后推荐多人到省社会主义学院学习统战理论，到无锡党校学习非公有制经济知识。10 多次邀请省市专家讲课交流。多次组织民主党派、无党派、工商联会员到上海、无锡、淄博、潍坊等地参观学习，组织统战成员参观社会事业发展，开阔眼界，增强发展出力的信心。2009 年 12 月 8 日，成立薛城区社会主义学校，为民主党派成员、党外知识分子、非公有制经济代表人士学习培训搭建平台，进一步提高全区党外干部的思想政治业务素质、合作共事能力和参政议政水平。

建言献策

区委统战部每年组织民主党派对全区的农村建设、农村合作医疗、中小学教育、民营企业发展、城市建设、环境保护等工作进行实地考察调研，并就以上工作情况要求各民主党派提出意见和建议。《关于治理山东海化煤业化工有限公司污染的建议》（民革）、《关于减轻农民负担的建议》（民盟）、《引导非公有制经济向科学化、规范化方向发展》（民建）、《薛城区农业产业化发展的调研报告》（农工党）、《采取有力措施，加强农村卫生保健工作》（九三学社）等一批高质量的意见建议被市委、市政府及区委、区政府采纳，推动全区乃至全市经济社会发展。2009 年，全球金融危机爆发时，区委统战部班子成员联合部分民主党派主委组成调研小组，利用两周的时间深入到全区 7 个镇街、3 个协会、12 个区直部门、33家企业进行考察，召开10个座谈会，与68家企业的负责人进行座谈交流，向薛城区委提交关于薛城区企业受金融危机影响情况及企业界对改善环境、提供服务的建议。

党外领导干部

1991年8月21日，区委组织部、区委统战部联合下发《关于培养、选拔党外干部的工作规划》。是年8月30日，薛城区党外干部队伍建设工作会议召开，对选拔、任用党外干部的近期目标、标准条件，选拔党外干部的程序和党外干部的管理都做出明确规定，党外干部队伍建设工作蓬勃开展，多次对党外后备干部进行调整充实，健全党外后备干部档案。2012年，区委组织部、区委统战部联合下发《关于加强全区党外后备干部培养、管理、使用的事实意见》，切实加强薛城区党外后备干部队伍建设。

第二节　民族宗教事务工作

1993年12月，民族宗教办公室合并到统战部，统战部内设民族宗教办公室。2003年3月，民族宗教办公室更名为民族宗教事务局。民族宗教办公室（民族宗教事务局）始终坚持“汉族离不开少数民族、少数民族离不开汉族、各少数民族之间也相互离不开”的指导思想，落实党的民族政策；坚持“保护合法、制止非法、打击犯罪、抵制渗透”的工作原则，依法加强对宗教事务的管理。

落实党的民族政策

薛城区历来重视落实党的民族政策，关注少数民族群众的生产生活状况。每年都认真做好少数民族中、高考考生的民族成分认定工作，每年至少一次对清真食品进行安全卫生检查。在区教育部门食堂清真食品政策落实方面严格要求，不仅在少数民族学生人数多的学校都设有专门的清真餐厅，人数少的学校设有清真窗口，而且仅有一名回族学生的学校还设有清真专座，充分体现对少数民族学生的关心爱护。重点加强镇村宗教管理网络建设，在各个村（居）都配备民族宗教工作助理。2001年开始，每年10月在全区范围内开展民族团结进步宣传月活动，制作宣传资料，到街头和少数民族居住比较集中的村居进行宣传发放。2008年以来，每年的宣传月活动中，《薛城周讯》、广播电视台开辟宣传专栏，重点宣传马克思主义民族观、党和国家的民族政策、法律法规以及民族基本知识。2002年，薛城区委统战部在陶庄镇回民居住较多的村（街），选择十户有创新能力、善于钻研的回民，组成考察小组奔赴外地考察学习。在此基础上，划出土地为回民群众建立综合养殖场，发展养鸡、养羊等养殖业。陶庄镇回民吃水有困难时，区委、区政府领导带头捐款，筹集资金1万余元，帮助铺设管道，使回民吃上自来水。2009年，陶庄镇被省民族委员会评为民族团结进步先进镇。2012年，薛城区民族宗教局被市政府表彰为“全市民族团结进步模范集体”。

依法规范宗教活动秩序

为确保宗教活动安全有序，薛城区委统战部每年都对全区依法登记的宗教活动场所进行安全检查，加强管理，对基督教三自爱国会50名组成人员进行爱国爱教培训。1995年1月9日，薛城区基督教三自爱国会第一届代表大会召开，三自爱国会的成立为薛城区爱国统一战线输入新的血液。1998年，协助陶庄镇新建清真寺。2005年6月，对北临城天主教堂的房屋修缮工作多次进行检查指导，帮助协调有关方面的关系，办理有关施工的手续，对施工安全提出建议。2007年4月，落实政协提案，帮助协调解决陶庄镇清真寺维修问题，督促陶庄镇投资近3万元对陶庄清真寺进行修缮。2007年11月，区民族宗教局协助陶庄清真寺管委会积极筹备，成立薛城区伊斯兰协会。陶庄清真寺和邹坞小甘霖基督教堂被评为省级“和谐宗教活动场所”单位，北临城天主教堂和张范南于基督教堂被评为市级“和谐宗教活动场所”单位。2013年，北临城天主教堂被评为山东省和谐宗教活动场所“示范窗口”。

第三节　经济统战

非公有制经济人士的思想政治工作

1991—2013年，区委统战部组织区工商联认真贯彻“团结、帮助、教育”的方针，走出一条采取学习培训，活动育人，服务凝心，典型带动，媒体引导和联谊交友等方法开展教育活动的政治思想工作新路子。自2007开始，每两年都联合人大、政协、总工会、法院、人口和计生局、环保局、安监局、工商局、公安局、地税局、工商联、人力资源和社会保障局、纪委监察局、国税局等单位，开展非公有制经济代表人士综合评价活动，便于有针对性地做好代表人士的思想政治工作。2009年12月8日，成立薛城区社会主义学校，使非公有制经济代表人士的有固定的学习、培训场所。2010年5月，在全区非公有制企业党组织中开展“振兴薛城比贡献、创先争优当先锋”活动，120个非公经济党组织、550名党员积极参加活动，组织开展党员岗位互换提速活动1387人次，岗位技能比赛2214人次，党员自愿加班活动2861人次，党员职工技能创新576个、提高企业产品附加值9100万元，15家民营企业与32名残疾人签订用工协议。2013年，开展非公有制经济人士理想信念教育实践活动，思想政治素质、合作共事能力和参政议政水平不断提高。

近10年来，薛城区委统战部每年都组织非公有制经济人士开展形式多样的致富思源回报社会活动。2003年5月，国内部分地区发生“非典”疫情，薛城区委统战部、工商联都极为关心疫情的发展，积极教育非公有制经济人士，支持政府采取的防疫措施，义务做好防疫宣传员，还组织工商联会员自愿为抗击“非典”捐款，共捐资19660元。8月，组织部分民营企业家开展“光彩助学”捐款活动，共捐款1.6万元，建立光彩助学基金会，资助3名特困大学生顺利入学。2007年2月2日，组织非公有制经济人士对敬老院、困难群众及统战系统帮扶的农村贫困户进行走访慰问，发放节日礼品，赠送慰问金；“八一”期间，看望驻薛城部队官兵，送去4万余元的现金及慰问品。2008年9月，非公有制经济人士在区委统战部的组织下，到沙沟镇敬老院、周营镇敬老院、周营镇陶官小学、金马小学进行走访慰问，向两所学校分别捐赠一台价值4000元的电脑，给敬老院老人带去价值约7000元的粮油食品和洗刷用品，送去节日祝福。是年5月12日，四川省汶川县发生强烈地震，薛城区非公有制经济人士积极为灾区捐款，共捐款52万元，帮助灾区人民渡过难关重建家园。2010年，在抗击青海玉树地震灾害中，广大统战成员积极捐款捐物奉献爱心，共捐款（物）40余万元。

服务经济工作

1998年1月，区委、区政府确定1998年为企业改革年，区委、区政府坚持以产权制度改革为主线，以资本经营为重点，以股份制、股份合作制和拍卖为主要形式，因企制宜，统筹规划，整体推进，全面深化企业改革。这一时期，非公有制经济得到飞速发展，为社会主义建设，为薛城区经济社会发展做出巨大贡献。

2001年11月30日至12月2日，薛城区举办首届民营企业名优产品推介会，共有40余家民营企业、外地驻薛城经销商参加，参展商品达100多个品种。2002年7月，举办枣庄市民办企业发展研讨会。2003年，薛城区委统战部、薛城区工商联在全区非公有制经济人士中开展“解放思想、加快发展、同进共富建小康”教育活动，邀请临沂朱老大食品有限公司总经理朱呈镕到薛城区做报告，介绍她的创业史，坚定薛城区发展非公有制经济的信心和决心。2005年7月，赴烟台等地考察学习统一战线为经济建设服务的经验。2006年3月17日，薛城区举办民营经济理论与实务培训班，北京华商管理科学研究院的袁青鹏教授进行辅导，200余名民营企业管理人员参加培训。是年6月，组织部分民营企业家赴新疆喀什参加东亚经贸洽谈会。2006年7—8月，与杭州下城区、上海松江区建立友好商会，进行项目考察推介，签订一项投资协议。2007年7月，举办民营企业《中华人民共和国物权法》培训班，邀请枣庄市政协常委、市龙头律师事务所主任张德琦为全区160余名民营企业家讲授《中华人民共和国物权法》。

至2013年，薛城区已成立装饰业、餐饮业等17个行业商会。在全市率先成立女企业家商会和服务业品牌联盟。在应对金融危机中，他们抱团取暖，没有裁员的现象发生。成立信用担保商会7家，76家会员企业参保，共为企业融资担保2.6亿元，其中银行授信8100万元，撬动民间资本建立过桥资金5000万元，深受银行和民企欢迎。2012年11月，成立注册资金1亿元的四方小额贷款公司，先后召开银企对接会、协调会、座谈会、金融产品推介会10余次，累计帮助企业协调解决贷款3.3亿元，协调继续过桥资金1.2亿元。发挥商会联系广泛优势，通过云南省蔬菜行业商会联络对接20多家冷链物流企业，签订供应合同16份，额度3.8亿元。

第四节　对台工作

机构

1985年，中共薛城区委建立对台工作领导小组，设立对台工作办公室。1991年8月，中共薛城区委台湾工作办公室和薛城区人民政府台湾事务办公室为一个机构两块牌子，是区委、区政府主管台湾工作的办事机构。1993年12月，台湾工作办公室合并到统战部，统战部内设台湾工作办公室。2004年12月从区委统战部独立出来，挂靠区委办公室，为正科级事业单位，编制4人，办公经费区财政单列。2014年经市、区编办审核批复，区台办为正科级行政机构。2006年—2012年，连续7年被省台办授予对台宣传调研先进单位；2013年，被市台办授予对台宣传调研先进单位。

对台宣传

积极争取在华夏经纬网、海峡时空、中国台湾网等市级以上报刊、网络介绍区对台工作做法。自2008年以来，累计报送对台信息400余篇，宣传薛城区经济社会发展情况，提升薛城区对台工作的影响力。

台胞台属台商

1988年9月21日，薛城区第一次台属代表大会召开，大会制定并通过台属联谊会章程，选举产生区台属联谊会，孙继龙为会长，张兆东、刘福仁、赵汝修为副会长。1993年7月1日，区第二次台胞台属代表大会召开，26名代表出席会议。会议选举产生区台属联谊会第二届理事会，孙继龙为会长，张兆东、刘福仁、赵汝修、华广其为副会长，马金城、高文选等14人为理事。1999年7月6日，区第三次台胞台属代表大会召开，选举孙继龙为会长，张岩梅、张兆东、华广其为副会长，马金城、王广信、刘宝荣等15人为理事。2013年5月10日，区第四届台属代表会暨台属联谊会换届会议召开，34名台属代表参会。会议选举刘洪彦为会长，周公鲁、高理刚、孙杰、郝新华为副会长，王尚兰、田传灿等12人为理事。1991—2013年，区台办累计接待返乡探亲及从事经贸洽谈台胞400余人次，协助台属办理赴台探亲手续30余人次。全区共有台属200多户、3000余人，台属企业15家。薛城区历来关注台胞台属的生产生活状况，积极引导帮助台属勤劳致富。其中发展较好的台属企业是：薛城级翔茶叶工艺礼品总汇、周营金汇浴池、周营三村预制厂、薛城北城批发部、陶庄镇夏庄长毛兔繁殖场、枣庄市东方婚纱摄影有限责任公司。涌现出养鹿大户王广信、养兔能手李传甲、食用菌栽培能手王尚吉等一批台属致富的先进典型。

对台招商引资

按照省市台办要求，定期组织经贸考察团，参加各类对台招商产业合作恳谈会、“台湾·山东周”经贸活动，到台北、台中、高雄等地联络对接台企、台商，介绍薛城区的经济社会发展情况、资源条件、区位优势和投资环境，并针对有合作意向的台商，积极主动做好合作细节洽谈工作，为进一步推动薛城与台湾两地的经贸合作奠定坚实基础。2003年，区委统战部组织召开侨台属招商引资座谈会，针对全区建设等方面进行座谈，动员侨台属积极为招商引资牵线搭桥。2004年9月，组织参加第十届鲁台经贸洽谈会，结识一批台湾客商。会上全区共签约引资项目7个，合同金额3500万元。2008年7月，由市、区台办牵头引进的和裕丰田4S店开工建设，占地面积17.1亩，建筑面积4600平方米，总投资1000万美元，一期工程投资430万美元。该店依照一汽丰田最高标准建设，拥有国际上最先进的发动机分析仪、电脑解码仪等主要大型检测维修设备，是一家集整车销售、零配件、售后服务、信息反馈、旧车置换、汽车信贷、汽车美容装饰、上牌为一体的现代化汽车销售服务公司。年销售汽车500辆，维修车辆2000辆次，实现销售收入1.2亿元，利税1200万元，安置就业70余人。该公司的成功运营，填补全市知名品牌汽车交易服务空白，是全国地级城市第一家台商投资的品牌4S店项目，也是枣庄地区最大、最具实力和行业竞争力的汽车销售服务公司。2013年，该公司因“三区合一”划归枣庄市高新区。

对台交流

1991年6月12日，薛城区举办海峡两岸书友聚会，交流书法技艺，使海峡两岸骨肉同胞结下深厚的友谊。2013年，区台办依托龙潭智慧社区、二十九中、枣庄八中等工作交流平台，积极做好两岸基层代表、青少年学生交流考察工作。共接待高雄市、台北市基层代表人士考察团、台湾媒体采访团等6批次、180余人。

第八章　综合党务和机关党建

第一节　政策研究和督查考核

政策研究

1988年12月，区委政策研究室成立，围绕区委中心工作和重要部署，在服务领导决策、发挥参谋助手作用上下功夫，完成领导交办的各项工作任务。先后被市委政策研究室、市人社局授予全市调研工作先进集体称号，并多次获得全市优秀调研成果奖。2008年，先后对“工业振兴”计划、资源城市转型发展、第三产业发展等事关全局问题，进行重点调研，形成的调研报告在国家和省、市级刊物上发表。

2000—2013年薛城区委文件制发一览表

表16-3

类别 年份	薛发（件）	薛委发（件）
2000	53	
2001	41	
2002	34	25
2003	37	50
2004	22	36
2005	20	30
2006	17	14
2007	22	56
2008	19	19
2009	18	34
2010	14	27
2011	20	49
2012	18	52
2013	9	30

督查考核

机构设置　2005年6月，区委办公室信息督查科更名为区委督查室，为区委办公室内设机构。2008年5月，区委、区政府整合区委督查室、区政府督查室、区纪委（监察局）、区委组织部等部门的力量，建立综合督查工作体系，出台《中共薛城区委 薛城区人民政府关于建立综合督查工作体系的意见》，成立以区委书记岳德川任组长，区委副书记、区长吴磊任副组长，区委常委、区政府常务副区长韩惊涛，区委常委、区纪委书记王艳君，区委常委、区委组织部部长张凤麟，区委常委、区委办公室主任杜飞廉，区政府副区长李清华为成员的综合督查工作体系领导小组，杜飞廉兼任领导小组办公室主任。工作人员从区委办公室、区政府办公室、区纪委（监察局）、区委组织部等有关部门抽调组成。区纪委、区委办公室、区政府办公室、区委组织部明确一名副职具体联系此项工作。区综合督查工作体系领导小组主要负责对全区综合督查工作的领导、部署，定期召开领导小组成员会议，安排综合督查工作，研究确定督查结果使用问题。领导小组办公室在综合督查工作体系领导小组领导下开展工作，主要负责研究制定全年和每月综合督查工作计划，整合全区督查工作力量，组织、协调和实施具体督查事项。

区委、区政府日常督查工作不纳入区综合督查工作体系，仍分别由区委督查室和区政府督查室负责。2009 年 3 月，结合区委督查工作的任务、特点和规律，由区委督查室组织编写《区委督查工作手册》，共 3 大篇、18 项、121 条，明确督查工作职责，理顺督查办理程序，完善自身建设措施，增强督查各环节的操作性，形成一套内容完整、行之有效的规章制度，为督查工作开展提供有力遵循。印发《关于进一步加强和改进党委督查工作的意见》。

2011 年 3 月，整合区委督查室、区政府督查室职能，成立中共薛城区委、薛城区人民政府督查中心，正科级财政拨款事业单位，编制 8 人，为更好地履行督查职责，促进各项重大事项、重点项目顺利推进，由区委区政府督查中心、区重点项目办公室、区信息中心利用政府网络共同策划设计重大事项、重点项目督查管理系统，设置督查通知、督查通报、重大项目进展、领导检查工作四大板块，对全区重大事项、重点项目进展落实全过程，进行全方位的动态跟踪和系统管理。每季度制作重点项目 PPT，以图文的形式展示进展情况，在重点项目季度观摩会议上播放，激励先进，鞭策后进，督促重点项目责任单位加快推进各项建设任务。

领导批示件办理　按照“批必办、办必果、果必报”的要求，对市委、区委领导有明确办结时限要求的，及时催办，督促落实；对承办单位的办结报告，进一步规范行文格式和上报程序，保证领导批示内容落到实处。进一步完善办理流程，规范事前转办、事中催办、事后报结有关程序，做到事事有结果，件件有回音。同时，以《督查事项周报》《区委主要领导批示件办理情况的报告》形式反馈办理情况，使签批领导随时掌握批示事项办理进展。2009 年，共办理市委、区委领导批示 195 件，其中市委领导批示 36 件，区委领导批示 159 件，办结率 100%；开展专项督查活动 37 次，编发各类督查通报 42 期、督查专报 72 期。全年办理各级领导批示、开展督查活动批 2008 年和 2007 年两年总和还多，比 2006 年区委督查室成立时增长 4 倍多。2013 年，办理市、区领导批示件 80 余件。

重点项目督查　每年年初，根据政府工作报告中所列的当年度重点项目，联合区重点项目办在制定区级重点项目推进计划和领导责任分工，明确项目责任单位，并以区委办公室文件正式下发。责成项目责任单位采取“倒排工期”的形式，制定出每个项目的实施路线图，明确任务时间节点，将重点项目建设任务分解细化到月。对重点项目进展情况，坚持一月一督查、一通报；同时积极配合全市科学发展现场观摩会薛城项目的准备工作，抓好拟观摩项目建设任务的督查调度，有力地促进全区重点项目建设。

专题会议任务督查　每年春节后，根据区委、区政府召开的各类专题会议研究确定的任务，进行分解立项，明确责任单位、完成时限、督查周期，适时开展专项督查，对督查结果以《督查专报》或督查短信的形式报区委、区政府领导，以

《薛城督查》通报有关镇街、区直部门。2013年，创新工作方式，利用移动手机短信平台，对领导交办事项的进展情况，在调度的当天以短信形式报给区委、区政府领导，并通报到有关责任单位领导，让区领导在第一时间知晓督查调度事项的情况。这种“短平快”的方式，极大地提高了工作效率，节约了办公成本。

科学发展综合考核　2008年实行经济重点工作动态考核制度制定镇街和区直部门科学发展综合考核细则，按照“差异定位、特色发展、分类考核”的办法，科学发展综合考核涉及镇街和区直部门的各项指标体系进行分解、细化、量化，按季度进行考核，实行一季度一考核、一排名、一通报。四个季度的成绩汇总成各单位年终成绩，直接决定着单位评先树优的名次和奖项。

第二节　保密工作

机构

区委保密委员会办公室、区保密局成立于1990年11月，一个机构、两块牌子。1993年12月撤销，1994年8月恢复，归口区委办公室。2014年8月，区保密局更名为区国家保密局。

具体工作

区委保密委员会定期召开保密委成员会议，对保密工作安排部署，增强相关部门做好新形势下保密工作责任感。保密宣传方面。区委保密办、区国家保密局以贯彻落实各项保密法规为重点，制定明确的工作职责和工作制度，形成较为完善的保密工作责任体系。在《中华人民共和国保密法》《保密法实施条例》颁布之际，区委保密办、区国家保密局积极组织开展保密宣传教育活动，举办保密干部培训班18次；7月在周讯报刊全文刊登《中华人民共和国保密法》《保密法实施条例》。保密管理方面。全区各部门、各单位结合业务工作特点，明确各自保密事项，在文电收发、阅办、存档、销毁等各个环节，以及自动化、计算机网络管理等方面，制定严格保密规章制度。对公、检、法、纪检和组织人事等涉密较多单位，采取分类指导和重点督查办法，指导有关单位严格按照定（解）密程序，根据要求随产生、随定密，对产生的国家秘密实行动态管理。2013年3月，召开网络管理、信息审查公开上网会议，与全区有关保密部门签订保密承诺书，坚持做到谁起草、谁审批、谁负责的保密原则，建立台账，明确责任。每年定期不定期抽调专门人员成立保密检查小组，对全区50余家单位进行检查，督促各部门严把计算机操作人员选用关，严格执行《涉密计算机管理保密暂行规定》，对涉密计算机禁止上网和非涉密计算机不能存储办公材料，制定严格的保密制度和管理办法，做到专人使用管理，确保国家秘密安全。

第三节　信访维稳工作

管理机构

区信访局　1990年4月，区信访局隶属区委、区政府双层领导。1993年12月撤销区信访局，1994年5月恢复，归口区委办公室。1994年8月改名为区委、区政府信访局，为区委、区政府综合职能部门。2002年4月，区委办公室、区政府办公室《关于印发中共薛城区委、薛城区人民政府信访局职能配置和人员编制方案的通知》，规定设立中共薛城区委、薛城区人民政府信访局，由区委办公室、区政府办公室管理，以区委办公室管理为主。机关编制总额6名，其中行政编制5名，工勤人员1名。

薛城区人民来信分理中心　2004年12月设立，为副科级全额拨款事业单位，编制3人。

薛城区人民政府信访事项复查办公室　2013年9月设立，加挂薛城区人民政府信访事项听证办公室牌子，为区委、区政府信访局内设机构。

区维护稳定工作办公室　2008年11月设立，为正科级财政拨款事业单位，编制4名。负责综合分析影响全区社会稳定的带有倾向性、苗头性的问题，及时向区委、区政府报送信息，并向区委、区政府提出解决问题的建议和意见；负责协调、交办、督办处理维护稳定方面的工作；指导全区各级各部门维护社会稳定工作的开展，督促各项维护社会稳定措施的落实；承办各级领导关于维护社会稳定工作方面的重要指示，维护全区社会稳定。

基层信访机构　1990年11月，区委根据省委文件精神，为全区13处乡（镇）配备信访助理员。1994年8月，区委、区政府《关于进一步加强信访工作的意见》，要求切实加强基层信访工作，各乡镇要有一名负责人分管信访工作，配专人处理信访事务，设立人民来访接待室，并挂牌办公。区直部门和企事业单位要有分管负责人，明确专人做信访工作，确保将信访问题控制在基层，解决在初发阶段。2004年6月，区委、区政府《关于进一步加强信访工作的意见》，要求突出抓好镇街、村居和企事业单位三个重点，不断提高基层就地化解矛盾的能力。镇街要配齐专职副科级信访助理员，区直各党委要明确一名领导抓信访工作，并配备专兼职信访助理员，区直信访量大的部门要设立信访室；村居、企事业单位配齐信访员。2009年，全区开展“信访工作基层基础建设年”活动，在每个村、居设立一名信访信息员，每个管区设立一个信访稳定工作管理片，每个镇街以信访办公室为主体设立一个妥善化解各类信访矛盾的社会管理平台和每个镇街成立一个矛盾纠纷排查调处协调指挥中心的“一员、一片、一平台、一中心”建设，构建起纵到底、横到边的信访网络。2013年，全区以打造“阳光信访”“责任信访”“法治信访”为目标，突出抓好信访工作基层基础建设，健全信访工作机构，配备足够工作力量，在村居建立信访信息员信访代办员队伍，动员社会各方面力量参与到基层矛盾化解和信访工作来，形成党政领导、群众参与、社会共治的基层信访工作新局面。

信访制度和规范化建设

为适应新信访形势的需要，更好地保护公民的合法权益，维护信访秩序，1995年10月28日，国务院颁布《信访条例》，这是中国第一部信访行政法规。2005年5月1日，国务院新修订《信访条例》施行，系统地设计信访活动的法律程序和有关单位和人员的权利义务。2007年3月，中共中央、国务院颁发《关于进一步加强新时期信访工作的意见》，明确新时期信访工作的目标任务是：以切实维护群众合法权益、及时反映社情民意、着力促进社会和谐为目标，构建统一领导、部门协调，统筹兼顾、标本兼治，各负其责、齐抓共管的信访工作新格局，建立畅通、有序、务实、高效的信访工作新秩序，形成与构建社会主义和谐社会目标任务相适应的信访工作新机制，推进信访工作的制度化、规范化和法治化。中共十八大和十八届三中、四中全会提出，要改革信访工作制度，实行“诉访分离”，把信访纳入法治化轨道。关于信访工作一系列基础性、支柱性、关键性改革措施陆续推进、落地生根，有效解决和化解一大批事关群众切身利益的信访问题，促进社会和谐稳定。1991—1994年，薛城区信访工作在落实政策、解决历史遗留问题、解决上访老户、处理信访积案以及妥善处理改革发展过程中出现的信访问题等方面，做出大量卓有成效的工作，取得很大成绩。1994年8月，区委、区政府《关于进一步加强信访工作的意见》，进一步加强全区信访工作，巩固和发展薛城区安定团结的政治局面，密切党和政府与人民群众的联系，使信访工作更好地为稳定社会服务，为领导机关服务，为人民群众服务。1994年12月，薛城区制定印发《薛城区人民群众逐级上访接待处理办法》，明确人民群众到各级国家机关上访反映问题，受法律保护，但是必须遵守宪法和法律，不得损害公共利益和他人的合法权益。上访人员反映问题，应先到当地乡镇党委、政府或主管部门反映。如对处理不服，需持本级的《上访答复意见》到上一级党委、政府或主管部门反映。

2003年7月，区委办公室、区人大常委会办公室、区政府办公室印发《区级机关归口分工处理人民来信和接待人民来访的规定》，明确区直部门处理群众信访问题，应当坚持分级负责、归口办理，谁主管、谁负责的原则。凡属于部门范围内的信访问题，要各负其责，依法、依政策妥善处理；不属于部门范围内的信访问题，应按职责分工，与有关部门联系，并负责介绍到有关部门；对涉及几个部门的问题，主办单位要主动与有关部门协商处理。同月，区委办公室、区政府办公室印发《关于贯彻落实省委办公厅、省政府办公厅印发的〈群众逐级上访和分级受理办法〉的通知》，要求认真贯彻执行，确保群众上访反映的问题及时就地得到解决，切实保障人民群众的合法权益。

2005 年 8 月，区委办公室、区政府办公室印发《关于印发〈关于在全区开通群众来信“绿色邮政”的实施意见〉的通知》，进一步畅通信访渠道，引导群众通过书信方式反映和解决问题。2006 年起，薛城区认真贯彻落实《山东省“阳光办信”制度（试行）》，保障来信人的知情权、参与权和监督权，促进信访事项的解决。

2009—2010 年，薛城区开展“信访工作基层基础建设年”活动。区委办公室、区政府办公室印发《转发市委办公室、市政府办公室〈关于开展“信访工作基层基础建设年”活动的实施意见〉的通知》，明确要按照“五个一”标准，使基层信访工作的开展具备强有力的保障。“五个一”标准即：构建一个完善的信访工作网络；建设一个良好的信访接待场所；形成一套行之有效的信访工作机制；拥有一支高素质的信访工作队伍；配齐一系列标准化的办公设施。建立健全矛盾纠纷调处、信访信息预警处置、信访事项三级终结、信访案件督查督办、宣传教育引导、利民便民服务等“六项机制”。在镇街设立“三个中心”，即：信访信息排查中心、信访事项办理中心、信访事项督查中心。推行“三评机制”，即在镇街推行信访事项风险评估机制、群众阳光评议机制、集体专业评审机制。2009 年 2 月，区委、区政府《关于进一步落实信访工作责任制的意见》，对信访工作领导责任、组织网络建设、领导公开接访和定期下访、目标管理、隐患排查、信访问题的解决、重点人员的稳控、责任倒查追究等 14 个方面的制度进行完善，形成较为健全的信访工作机制。通过两年“信访工作基层基础建设年”创建活动，全区信访基层基础工作得到进一步加强，信访工作整体水平得到明显提高。

2011 年 3 月，区委、区政府印发《关于进一步落实信访工作责任制的意见》，对实行信访工作党政领导责任制、信访工作组织网络建设规范制、领导公开接访和定期下访长效制、信访工作目标管理制、信访介入和重大决策风险评估机制、信访隐患排查台账制、领导包案责任制、信访问题分级归口负责制、劝返上访人员责任制、重大节日、信访责任倒查制、信访风险抵押金制、信访案件认定制等 14 项制度作出健全完善。积极探索加强信访稳定工作新机制，先后研究制定《关于推进信访工作新机制建设加快信访工作由治标向治本转变的意见》《关于在全区建立健全社会稳定风险评估机制的意见》《薛城区信访风险评估办法》等制度。在全区重要决策、重点工作、重点事项研究、重点工程项目建设等工作中坚持实行信访工作介入制度、重大信访事项风险评估制度、信访风险处理预案制度、信访信息研判与交流报送制度及信访风险化解责任制、联席会议等制度，并形成长效机制。

2011 年，薛城区开展“信访工作规范年”建设活动。活动重点突出信访网络、工作制度、基础设施和信访干部队伍等方面的建设，实现组织、阵地、制度和业务“四规范”的目标。区级进一步加强信访部门的载体建设，在抓好“网上办信”“省长信箱”、全国信访信息系统等来信来访的办理工作基础上，强化信访 110 电话、区长信箱、绿色邮政等功能，实行“阳光办信”和“办信三见面”制度，使办信质量大大提高。

2013 年，薛城区坚持问题导向、法治思维、改革创新，确保基础夯实、责任压实、任务落实，积极预防和化解信访突出问题，不断提升信访工作效能和群众满意度。区信访局组织人员对信访业务各项工作制度、程序、参考文书进行集中梳理，形成《薛城区信访业务工作规程汇编》，主要包括群众来访接待、办信、网上信访事项办理、督查督办、信访积案化解、信访隐患排查、信访事项复查等工作规程，以及信访案件处理、听证等参考文书，以供信访干部作为参考，促进全区信访工作标准统一、程序规范、责任明确、衔接畅通，不断提升全区信访工作规范化、法治化水平。

法规宣传

1993年，薛城区开展《山东省信访处理暂行规定》《山东省人民群众上访程序》集中宣传活动，活动采取举办培训班、设立宣传站点等形式，引导教育群众正确行使民主权利，依法进行信访活动。

1996—1997年，薛城区开展国务院《信访条例》集中宣传活动。举办3期培训班，对全区信访干部进行系统培训。利用广播、电视、讲座、宣传栏等形式，全面宣传国务院《信访条例》，明确依照《信访条例》办事就是守法，不依《信访条例》办事就是违法。

2000年12月27日，《山东省信访规定》发布。2001年、2002年，薛城区分别开展信访法规宣传月活动。活动采取张贴布告、电视广播等形式，大力宣传《山东省信访规定》，做到报刊上有名，电视上有影，广播里有声。全区印制宣传资料8000余份，张贴信访法规条例1万余张。通过活动的开展，广大群众对依法上访逐渐形成共识，有效促进依法治信治访水平的提高。

2004年，薛城区集中开展信访法规宣传教育活动。重点宣传国务院《信访条例》《山东省信访规定》和《枣庄市人民政府关于依法维护和治理信访秩序的通告》，积极推行群众逐级上访、办信“三见面”、落实归口办理制度，创建文明有序的信访秩序。

2005年5月1日，新修订的国务院《信访条例》施行。2005年、2006年、2010年，薛城区分别以《信访条例》修订实施、《信访条例》实施1周年、《信访条例》实施5周年为主题，分别开展声势浩大的集中宣传活动。2005年5—12月，全区开展《信访条例》和信访工作先进典型宣传活动。活动采取多手段、多层次、多渠道、立体式的宣传方式，面向各级各部门领导干部和国家机关工作人员，面向广大信访干部，面向广大群众、特别是信访群众进行宣传。5月17—22日，举办全区信访法规培训班。培训班共分3期，每期2天。活动以领导署名文章、答记者问、现场采访、问题答疑等形式进行新闻媒体宣传。6月10日，开展全区《信访条例》集中宣传日。区党政领导及有关部门负责同志走上街道，分发宣传品，为群众答疑释惑。区、镇街统一组织宣传车队，在城区、乡村进行巡回宣传。镇街和区直有关部门在人民来访接待室，设立醒目的宣传栏，对来访群众在接待场所将信访法规直接面对面宣传，并对来访群众做到人手一份“明白纸”，对可能写信上访的群众，提前介入开展宣传，对办理完毕的信访问题，在复信回访时，寄送“明白纸”，使信访群众人人遵守信访法规。2006年5—9月，全区开展信访法规集中宣传活动。活动突出宣传、教育、培训三个环节，将5月30日定位集中宣传日，召开动员大会，区领导发表电视讲话，设立宣传站点24个，悬挂各类宣传横幅50余幅，发放各类宣传材料7000余份，现场解答法律咨询1200余人次。2010年5月20日，全区开展以《信访条例》为主题的法律法规宣传日活动。各镇街及区信访局、司法局、法院等26个单位参加活动，出动宣传车辆21辆，设立宣传站点26个，悬挂各类宣传横幅80余幅，发放各类宣传材料10000余份，现场解答法律咨询2000余人次。2013年，全区开展信访宣传活动。通过悬挂宣传标语、播放录音录像、展示信访工作成就、设立法规政策咨询台、发放信访指南及张贴画等形式，宣传“阳光信访”“责任信访”“法治信访”“满意信访”等知识。设立法律咨询台39个，展示宣传展牌41块，悬挂横幅49条，现场发放各类宣传资料1.3万余份，解答法律、法规、政策方面的咨询360余人次。

领导处理信访

1991年，薛城区建立“认识一致、党政齐抓、各方配合、制度约束”的合力机制。做好信访工作，不仅有利于维护全区安定团结的政治局面，而且是密切党和政府同人民群众联系的重要途径，是实现党的群众路线的具体表现。党政齐抓，即在统一认识的基础上，区委、区政府进一步充实加强信访工作领导小组，正副组长分别由区委、区政府的分管领导担任，区委办、政府办、纪委、组织、人事、监察、信访、公检法司等部门的主要负责人为成员，形成阵容强大的信访工作领导力量。各乡镇也分别成立相应的领导小组。各方配合，即区级六大领导班子和区直各部门都有一名领导分管信访工作，并在区委、区政府的统一领导下，全力做好各单位的信访工作。制度约束，即为保证领导工作到位，区委、区政府研究制定四项制度。区级领导实行轮流接访，每月不少于2次。同时，要求对人民群众来访所反映的问题，认真登记，及时批办、督促检查办理情况，直到解决问题为止。区委常委会和区政府常务会议，每季度分别听取一次信访工作的情况汇报。对一些推诿、扯皮的重点、疑难案件，由区领导出面召集有关部门开会研究，协调解决。把信访纳入全区三位一体考核内容，作为考核基层组织和干部实绩大小的依据之一。在合力机制的运行下，全区形成村对乡镇负责，乡镇和各部门对区委、区政府负责的信访工作格局。1991年全区信访工作达到中央、省、市、区四级无积案，无进京赴省去市集体上访案件，跨入全省信访工作先进行列。

1992—1998年，区委、区政府不断加强信访工作的领导，及时充实调整区信访工作领导小组成员，把信访工作纳入重要议事日程，定期听取信访工作汇报，分析研究信访工作中出现的问题，安排部署信访工作任务。建立区级领导定期接待群众来访制度。每月15日、30日，区委、区政府领导轮流公开接访。各乡镇党政成员、区直部门负责人，也按各自排定的日程表进行公开接访。区委、区政府领导通过阅批群众来信、接待群众来访，对群众来信来访中反映的热点、难点或带有普遍性的问题，都亲自过问，并要求报送处理结果，促进信访案件的及时有效化解。

1999—2007年，薛城区认真落实党政一把手负总责、分管领导具体抓、其他领导分工抓、阅批群众来信、领导公开集中接访、领导包案等一系列信访工作制度。2002年3月，区委、区政府印发《关于加强和改进信访工作的意见》。区委、区政府主要领导定期或不定期听取信访工作情况汇报，安排部署信访工作。对重点问题专门调度，专题研究信访工作，解决信访问题。区分管领导深入基层开展调研，督促重点信访案件的处理。2003年，区委办公室 、区政府办公室发布《关于区委区政府领导同志接待群众来访实行“工作线”负责制的意见》。改善区委、区政府领导同志定期轮流接访形式，对农业农村和涉纪工作、工业工作、财贸和商业流通工作、城建和公交工作、涉法工作、文教卫生和计生工作等六个方面实行分线公开接访，突出接访的针对性和实效性。同时，加大领导包案力度，对反映较大的重要信访案件和排查出的信访隐患，按照领导信访线分工和“一岗双责”的要求，由领导亲自包案进行解决处理，并坚持党政主要负责人每月至少处理一件信访案件制度，使一大批疑难案件和信访隐患得到化解。

2008—2013年，薛城区按照新时期信访工作要求，以切实维护群众合法权益、及时反映社情民意、着力促进社会和谐为目标，积极构建统一领导、部门协调，统筹兼顾、标本兼治，各负其责、齐抓共管的信访工作新格局。2009年9月，区委办公室、区政府办公室印发《关于印发〈关于领导干部定期接待群众来访的实施办法〉〈关于区直机关定期组织干部下访的实施办法〉〈关于把矛盾纠纷排查化解工作制度化的实施办法〉等三个文件的通知》，明确参与定期接待群众来访的领导干部范围、领导干部定期接待群众来访的方式方法、领导干部定期接待群众来访的基本要求，区委、人大、政府、政协四大班子领导干部，区直部门、人民团体领导干部，镇街党政班子成员都要参与定期接待群众来访。其中，区委书记、区长一般每月至少安排1天时间接待群众来访，其他区级领导轮流值班接访；镇街和区直部门领导干部随时接待群众来访。领导干部定期接待群众来访，坚持公开透明、规范有序，方便群众、解决问题的原则。年初制定领导干部定期接待群众来访日程表，并根据领导干部变动情况，及时进行调整。在领导干部公开接待群众来访前，按照接访领导、范围、时间、地点、程序“五公开”的要求，采取适当的方式进行公示，方便信访群众的参与。健全完善领导包案制度。对群众反映强烈的突出问题，实行领导包案，严格落实包掌握情况、包思想教育、包解决化解、包息诉罢访的“四包”责任制。对涉及面广、时间跨度大、容易升级激化，带有普遍性的疑难复杂问题，实行领导包案、一包到底。区委、区政府主要领导以身作则，率先垂范带头接待群众来访和阅批群众来信，第一时间对《信访要情专报》《重要预警信息》等作出批示，亲自调度督办信访事项。2013 年，薛城区制定下发《关于进一步健全完善区级领导干部定期公开接待群众来访制度的通知》《关于进一步强化各级领导干部公开接待群众来访制度的意见》等文件，健全完善领导干部公开接访、下访机制。从区四大家主要领导做起，区级领导带头接访，每月至少公开接访 2 次；镇（街）和信访问题突出的部门，每天都有 1 名班子成员值班接访，镇街书记、镇长（主任）每周三、周六轮流公开接访。对群众反映的问题，实行“谁接待、谁负责”，责任到人，负责到底。在公开接访的同时，积极推行重点约访、专题接访、带案下访、下基层接访、领导包案等，提高工作的针对性、实效性。是年，成立区群众反映问题协调处理联席会议，建立健全群众反映问题协调处理机制。实行镇（街）每周 1 次对群众反映问题进行梳理汇总，镇（街）能够解决的由镇（街）解决，不能解决的向区里汇报；区里由区委副书记、常务副区长、区委办公室主任、政法委书记牵头，每月 5 日专门召开 1 次联席会议，对梳理上报的问题集中研判、厘清职责、限期解决。2013 年，区群众反映问题协调处理联席会议协调解决涉及群众生产生活切身利益的问题 89 件。成立区维护群众合法权益协会，通过政府提供办公场所，搭建服务平台，把公检法司退休老干部、老法律工作者、人大代表、政协委员以及社会知名人士吸纳到维权协会，从普及法律知识、倡导理性维权入手，引导帮助群众依法、合理、有序反映利益诉求，从而达到化解矛盾纠纷、维护社会稳定的目的。协会共接待信访群众 170 起 286 人次，协调解决问题 55 个。

1991—2013 年薛城区区级领导处理信访问题统计表

表 16-4

年度	接待批次（批次）	接待人数（人数）	阅批来信（件）	包案处理（件）
1991	108	253	6	7
1992	8	463	64	36
1993	26	681	50	40
1994	46	646	31	21
1995	35	536	29	19
1996	94	1191	33	38
1997	85	825	42	47
1998	82	785	69	57
1999	63	800	93	61
2000	100	1064	51	42

续表16-4

年度	接待批次（批次）	接待人数（人数）	阅批来信（件）	包案处理（件）
2001	76	974	52	53
2002	120	1470	68	50
2003	34	759	39	27
2004	70	1824	56	45
2005	53	687	32	24
2006	72	610	14	22
2007	108	473	7	46
2008	314	986	8	40
2009	43	289	25	16
2010	46	239	32	24
2011	90	246	35	52
2012	138	277	29	66
2013	426	750	32	59

受理来信来访

1991年以来，改善接访环境，长期坚持文明接访，热情服务。在区委、区政府分别设立接访室，各镇（街）、区直有关部门也设立信访接待场所，对信访工作的各项处理程序、制度进行公开、公示。实行严格来信来访登记、初审和首办工作。接访中工作人员对所有来信来访建立登记台账，并根据来信来访情况，进行审定，完成解释答复、转送交办、呈送报批、劝返稳控等首办工作。汇总上报信访数据、分析信访情况，为信访工作决策服务。接访工作人员按每月、每季、每年接访情况统计来信、来访、重信、重访、集体访、越级访等数据，并根据情况形成有情况、有分析、有建议的群众来信来访文字材料，实现信访信息资源的分析汇集共享。参与领导定期、不定期接访、约访，为领导接待群众来访服务。接访工作人员承担着为区级领导定期接访、重大信访问题不定期约访等服务，负责做好宣传接访工作纪律，通知协调相关部门，建议信访事项处理意见，督办落实处理结果等，通过领导接访解决重要信访事项。推行联合接访，促进接访工作与信访事项办理紧密结合。接访工作人员对重大或重点集体上访、到市赴省进京上访，通过向有关领导请示报告，组织有关部门到现场，当面答复信访人或者就信访人提出的问题作出解释，实现跟踪接访办理重要信访事项，减少不稳定因素。1991—2013年，全区各级党政信访部门共受理群众来信来访37867件批次，其中来信9751件次，来访28116批次。区信访局共接待群众来信来访12458件批次，其中来信2863件次，来访9595批次，来访中集体访5069批次。

网上信访

2007年8月，山东省信访局“网上信访”系统正式开通。“网上信访”的开通，为群众提供一条更加方便、快捷、经济、高效的诉求表达渠道，对于进一步畅通信访渠道，提高信访事项处理效率和质量，密切党和政府与群众的联系，促进社会和谐稳定将会发挥积极的作用。2007—2013年，全区共办理“网上办信”“省长信箱”、信访信息系统转办的来信来访395件，到期办结率达到100%。

1991—2013 年薛城区信访局处理来信来访情况统计表

表 16-5

年度	来信来访（件、批次）	来信（件）	来访批次（批次）	来访人数（人）	其中集体访（5 人以上为集体访）	
					来访批次（批次）	来访人数（人）
1991	542	12	530	624	11	96
1992	529	230	299	688	10	86
1993	361	10	351	1801	10	1130
1994	327	108	219	2020	64	1805
1995	354	107	247	1866	68	1545
1996	612	145	467	106	2369	1643
1997	606	138	468	2292	104	1583
1998	678	219	459	2904	101	2372
1999	609	231	378	3258	98	2872
2000	610	226	384	4083	148	3566
2001	474	106	368	3845	140	3440
2002	494	191	303	3080	124	2772
2003	368	97	271	2123	89	1834
2004	592	134	458	3032	135	2483
2005	476	87	389	1922	120	1469
2006	382	85	297	2020	103	1663
2007	285	24	261	1648	82	1327
2008	668	39	629	2257	110	1450
2009	316	63	253	2052	108	1762
2010	357	27	330	3048	147	2618
2011	345	9	336	2016	107	1745
2012	204	84	120	1584	83	1249
2013	508	166	342	4053	125	1745

信访事项复查复核

信访事项复查复核是国务院《信访条例》确定的一项基本工作制度，是维护信访人合法权益的程序保障。2005 年修订的国务院《信访条例》通过第三十四条、三十五条的相关规定，将复查复核作为信访工作的一项重要制度确立下来。2008 年 6 月 30 日山东省人民政府令第 204 号公布《山东省信访事项复查复核办法》，自2008年7月1日起施行。2009年5月，省政府办公厅印发《山东省信访事项终结认定暂行办法》。同一信访事项，经过三级终结，信访人仍以同一事实和理由提出投诉请求的，各级人民政府信访工作机构和其他行政机关不再受理。2005年以来，薛城区根据《信访条例》和复查复核办法等规定，依法有序开展工作，在办理过程中严把信访事项复查复核的入口关、质量关、出口关，努力推动案结事了。2005—2013年，全区复查审核信访案件67件，受理复查申请39件，信访人合法权益得到有效维护。通过信访事项复查复核依法终结武连夫等一批中央和省委政法委、省联席办督导的信访案件，其做法得到省、市领导的充分肯定。

听证工作

听证制度是行政机关在行政活动中倾听人民意见和建议的具体表现。2005年修订的国务院《信访条例》通过第十三条、三十一条、三十五条的相关规定，将听证作为信访工作的一项重要制度确立下来。2006年4月山东省人民政府办公厅印发《山东省信访事项听证办法（试行）》。2005年以来，薛城区把信访听证作为促进信访问题解决的有效抓手，积极推进信访听证工作，全区信访事项听证工作得到长足进展。2005—2013年，薛城区对重大疑难或久拖未决的信访案件，采取公开听证的方式，让信访人、承办单位、人大代表、政协委员、律师、法律工作者及左邻右舍群众代表等共同参与案件的分析与评判，通过“有没有道理让群众说了算”“该不该给让群众表决”形式，推进问题的解决。先后召开听证会27次，化解案件23个。

重点信访积案处理

2003年2月，针对越级访、集体访、重复访较往年偏多的情况，薛城区在全区范围内开展“四访”（集体访、越级访、重复访、老户访）专项治理活动，筛选10件重点案件，落实一案一策措施，对符合政策规定的马上解决；对不符合政策但有道理的变通解决；对既不符合政策也不能变通解决的，表明态度，使其息诉罢访；对一时解决有困难的认真做好解释工作。通过集中化解，结案化解7件。2004—2006年，全区将信访积案专项治理作为信访工作的重中之重来抓，各级各部门以“宁宽勿严、宁急勿缓”和“四个一批”（对有政策落实的，从快解决一批；对无政策落实的，但有一定道理和困难的变通解决一批；对有问题应该解决暂时无法解决的，通过做思想工作，稳定一批；对无理取闹的依法处理和教育警示一批）的原则，解决一大批多年来未解决的难题，全区的信访问题大幅度下降，取得良好的专项治理效果。

2007—2013，薛城区每年都定期开展信访积案集中化解活动，并把2009年定为“信访积案化解年”。为促进信访积案得到有效化解，全区对信访积案逐一梳理，建立台账，实行党政领导包案“五包”责任制（包掌握情况，包研究处理，包思想疏导，包解决问题，包息诉罢访）。2012年8月，全市信访专项资金管理使用工作经验交流会在薛城区召开，相关经验做法在全市予以推广。2012年9月，薛城区代表全市迎接中央督导组对信访稳定工作的督导检查，得到中央督导组的充分肯定。

敏感节点期间信访维稳工作

1991—2013年，薛城区坚持把做好重要节会期间的信访维稳工作作为重要抓手，精心组织、超前谋划、全力以赴、务求实效，确保党的历次重要会议、各级“两会”召开以及亚运会、庆祝香港澳门回归、奥运会、世博会举办等一系列重大敏感节点期间的信访稳定，实现上级提出的信访维稳工作目标。

敏感节点期间，薛城区健全完善矛盾纠纷排查化解、值班备勤等工作机制，形成抓重要敏感期间信访稳定工作的长效机制，确保节会顺利进行和重点时期的社会稳定。深入开展矛盾纠纷排查。切实抓好信息收集、研判工作。重大节日、敏感节点，启动信访信息“零报告”制度，有事报情况，无事报平安。严格落实24小时值班制度。敏感节点期间，各级各部门每天有一名领导班子成员带队值班，并明确要求各单位主要负责人和分管负责人原则上不准外出，确需外出的，要向区委、区政府请假，确保24小时通信畅通。选派得力人员进京赴省到市值班。专门成立值班工作组，选派责任心强、经验丰富、大局意识强的人员进京赴省到市值班，做到组织领导、人员、车辆、经费、后勤保障“五到位”。

第四节　档案管理

1991年，区档案馆有档案库房2层，600平方米，馆藏档案71个全宗（“全宗”是一个国家机构、社会组织、个人形成的具有有机联系的文件整体，是档案馆档案的第一层分类、管理单位），文书档案14937卷，照片档案267张，录音磁带5盒，馆藏档案初具规模。

1991—1993年，区档案馆对建区前大公社时期三个全宗档案进行鉴定，按照开放档案的标准要求，对馆藏74卷档案予以开放，并编制开放档案检索工具。对区委、区革委、区政府三大全宗八大级别，跨年度1962—1979年、1989—1991年，计21年的文号索引进行编制，对1388卷文书档案进行登记，核对和重新编排。达到“馆内全宗号不重，一个全宗内目录号不重，一本目录内案卷号不重”的规范要求。2008年，区档案馆被评为国家二级档案馆。2010年，区档案局联合区发改局下发《关于加强重点建设项目档案管理工作的意见》，对薛城区的重点建设项目档案管理提出具体意见和明确要求。至2013年，全区60项重点建设工程项目档案全部进行登记管理，已规范整理档案10000余卷（件）。2013年年底，薛城区档案工作规范化管理达到省级标准的单位51个，其中，达省特级标准的6个，达省一级标准的10个，达省二级标准的35个。共接收98个区级机关，43个撤销单位和7个区镇乡文书档案46253卷进馆。还接收照片1711张，录音录像12盘，已撤销、合并单位的印章32枚。

资料收集和分类

1991年，区档案馆收集资料49种，5145册。1991年以来，区档案馆将收集资料列入常规工作。1996年开始，区档案馆将全部资料进行清理鉴定，按照图书分类的办法，并考虑其具有档案的性质，将馆内资料分为15个大类，即内部资料、公开（文献）资料、史志资料、档案业务资料、刊物、军事、报刊资料、其他资料等。到2013年年底，收集经典著作、党史、革命史260册，收集各个时期法律、法规、政策性文件汇编和选编1343册，收集各专业主管机关的业务书刊和资料汇编986册，收集史志、家谱、人物传记和工具书243册，订有《人民日报》《大众日报》《经济日报》《薛城周迅》等报刊，1800余册。

档案保护

1991—1995年，投资16.1万元，添置新档案柜30个，配备档案保管所需的基础设施及有关档案复制、裱糊、印刷、冲洗等技术保护设备。1998—2003年，投资5万元，购置增加铁制档案橱20余套，配备空调、消毒机、吸尘器、微机、扫描仪、打印机等设备。2006—2010年，投资资金20余万元，购置密集架42节，微机5台，空调5台，激光打印机1台，接通互联网，使单位的办公自动化水平有较大提高，为档案信息化建设打下基础。2001年，区档案馆补充修订立卷归档、鉴定、销毁、保密、保管、防火、查借阅利用、档案设备维护、统计和岗位责任等制度。1991—2013年，区档案馆从未发生过火灾、档案失泄密、虫蛀、损毁等问题。

档案利用

1991—1997年，馆内设有查阅室，备有档案检索工具和查阅用品，各单位的利用者持单位介绍信，可来馆查阅并摘录有关档案资料。区档案馆配有专人负责接待工作，开展咨询服务，指导或协助利用者查阅档案。利用者需要复制件的，在复制件上签注全宗号、目录号、案卷号、页号和查阅时间，与档案原件核对无误后加盖公章，与原件有同等效用。1997年4月，根据国家档案局《各级国家档案馆开放档案办法》的规定，区档案馆的相关资料向社会开放。凡中国公民，只要持有有效证件（身份证或工作证），即可到档案馆查阅已开放的档案资料。是年下半年至2013年，区档案馆向社会开放期间，共接待档案利用者2100人次，提供档案资料7000余卷（册）次。

档案执法与业务指导

执法检查　1991年以来，区档案局贯彻执行《中华人民共和国档案法》作为全局的重要工作来抓。每年对7个镇（街）、126个机关、企事业单位学习、贯彻和执行《中华人民共和国档案法》的情况进行检查，对档案工作搞得好的单位，给予表彰，对个别单位不重视档案工作，造成档案管理混乱的，责令其限期整改。

业务指导　1991—2013年，区档案局把档案业务指导作为每年的常规工作来抓，区档案局根据档案工作"统一领导、分级管理"的原则，始终紧抓文书集中立卷工作不放松，每年年初都专门下发文件，组织全区各镇街、区直各单位进行集中立卷。局业务人员分头把关，对文件材料的分类组卷、编目等工作程序进行跟踪指导，全区每年单位集中立卷率都保持在95%以上。自1995年开始，区档案局每年都要派专人深入到村一级，指导协助镇（街）做好村级建档工作，至2013年，全区50%的行政村建起综合档案室，积存多年的文件材料得到规范整理，共计整理各种门类档案100000余卷（件）。陶庄镇实现村级建档"一片红"，全镇30个行政村全部建起规范化综合档案室。2007年"全市档案系统学习宣传贯彻中共十七大精神，加强农村档案建设工作"现场会在薛城区召开。2008年，按照实现"两个转变"，建立"两个体系"的要求，围绕服务民生的需要，突出民生档案在档案资源建设中的地位，将镇街接收范围扩大到与群众关系密切的政府现行公开文件、民生专门档案和部分基层单位的涉民档案，累计整合各类民生档案资源8万余卷（件）。2010年，区档案馆为进一步加强服务民生的能力，将区民政局、劳动人事局、卫生局等单位涉及民生的离退休、新农合等档案电子目录全部接收进馆，建立起"薛城区民生档案目录数据库"，累计建立各类目录20余万条。

第五节　机关党建

机构

1996年7月，薛城区区级机关工作委员会成立。区级机关党工委作为区委的派出机构，协助区委对区级机关各系统（部门）党委党的有关工作实行领导；隶属于原区直属机关党委的总支（支部）直属机关党工委领导；对党的组织关系在薛的省、市驻薛单位党的建设给予指导。原中共薛城区直属机关委员会撤销。2002年4月，设立中共薛城区委区直机关工作委员会，简称区直机关党工委，主要负责领导区直机关党的工作，领导区直机关工会、共青团、妇女等群众组织的工作。2009年和2011年，区直机关党工委获"山东省机关党建工作创新奖"。

思想政治工作

1991年，组织召开区直机关学习贯彻中共十三届七中全会精神经验交流会。1992年10月，印发区直机关《关于认真学习贯彻党的十四大文献的安排意见》。1993年8月，在区直机关全体党员中组织举办以党章为主要内容的考试。1996年9月，在区直机关深入开展讲政治进行思想作风整顿的教育活动。1997年5月，区直机关开展"庆七一·迎回归"一系列纪念活动。1998年，在区直机关党务干部中开展"强素质、树形象、创一流"活动。1999年，在区直机关深入开展"三讲"教育活动。2000年，在区直机关开展贯彻"三个代表"重要思想活动。2003年4月，区直机关工委研究决定，利用五年时间，在区直机关关开展学习型机关活动，出台《关于在区直机关开展建设学习型机关活动的意见》。2006 年 6 月举办区直机关庆祝建党 85 周年“党在我心中”演讲比赛。2008 年，开展“讲党性重品行做表率”活动，建立开展“机关党员活动日”制度。2009 年 3—8 月，在全区区直机关组织开展“深入学习实践科学发展观”活动，举办区直机关全体党员干部参加的“奚仲杯”学习实践科学发展观知识竞赛。2010—2011 年，在全区机关开展“振兴薛城比贡献、创先争优当先锋”活动中，深入推进创先争优活动。2012 年，开展“建设五型机关、服务薛城发展”主题实践活动和“创建国家森林城市机关先行”和“机关党员干部护绿”活动。组织开展全区机关党建三级联创活动。各镇街全部新建成立机关党总支。2013 年，机关各级党组织深入学习宣传贯彻中共十八大精神，组织开展“怎样当好新形势下的机关党务干部”征文活动，部署开展“我与中国梦”百姓宣讲活动。

基层组织建设

1991 年，制定印发《关于认真学习贯彻执行〈中国共产党基层组织选举工作暂行条例〉的通知》，促进机关党组织的全面建设。每年春季举办全区入党积极分子培训班，每次培训入党积极分子 200 余名。1994 年，制定印发《关于整顿区直机关基层党组织工作的安排意见》，对区直机关党组织进行一次集中整顿活动。2000 年 6 月，制定《关于进一步加强区直机关党支部建设的意见》，进一步加强机关党支部建设。2002 年 2 月，印发《关于开展基层党建经常性工作创新方法实践活动的通知 》。2003 年 2 月，召开第七次中共薛城区区直机关工委党员代表大会。2007 年 6 月，区直机关工委对 35 个基层党组织、56 名共产党员、20 名党务工作者分别授予“先进基层党组织”“优秀共产党员”和优秀党务工作者荣誉称号。2008 年，按照中组部下发的《关于做好部分党员交纳“特殊党费”用于支援抗震救灾工作》的通知，区直机关工委共有 2138 名党员自觉交纳“特殊党费”81 万元，占党员总数的 95.4%。2008 年 10 月，组织举办一期区直机关党务干部培训班，102 名基层党务工作者参加培训。2009 年，开展“基层组织建设年”活动，按照《中国共产党和国家机关基层组织工作条例》和省实施意见的要求，对机关各党组织进行合理设置，配齐配强区直机关各级党组织班子。强化党员队伍管理。实施党员轮训工程，制定“一年抓一批，三年抓一遍”的党员培训规划。2010 年，区直机关工委召开党支部副书记（组织委员）培训班，专题研究党支部制度建设问题。2011 年，召开区直机关工委党代表大会，通过投票表决，推选出 59 名区第九次党代会代表。

廉政建设

1996 年 5 月，薛城区直属机关委员会制定下发《关于加强区直机关党员干部廉政勤政促进自身建设的意见》。2001 年 8 月，制定《中共薛城区区级机关工作委员会关于开展机关效能监察工作的实施意见》。2008 年 6 月，区直机关工委制定印发《关于在区直机关党员领导干部中开展“做勤廉表率促科学发展”主题教育活动的实施方案》和《进一步加强机关廉政文化建设工作的实施方案》，7 月，组织区直机关全体党员、公务员参加区纪委“学法守纪、廉洁从政”电视知识竞赛。2009 年，在区直机关广泛开展“马上就办”活动。2011 年，开展思想纪律作风整顿活动，协助区纪委抓好机关工作人员工作日中午禁酒的规定。制定《关于在区直机关基层党组织全面开展推行党务公开工作的实施方案》。2012 年，与区纪委等部门联合举办“迎七一”党风廉政建设知识竞赛活动。2013 年，为贯彻落实好中央“八项规定”精神和区委、区政府的“十项规定”要求，区直机关工委向全区机关发出开展“五带头五抵制”活动倡议。

精神文明建设

1991 年 4 月，制定印发《关于转发 1991 年城区精神文明建设工作计划要点的通知》。1997 年 3 月，在区直机关开展社会主义精神文明建设年活动。1999 年 5 月，在区直机关开展“创文明机关，做人民公仆”活动。2001 年 7 月，区直机关工委研究决定利用两年的时间，在区直机关开展“创新、创业、创优，争创好班子、好干部、好党员（三创三争）活动。”2004年3月，在区直机关开展“创建党建工作先进单位”活动。2005年，在区直机关广泛开展“文明公仆教育工程”活动，制定《中共薛城区区直机关工委关于在区直机关开展“文明公仆教育工程”的实施意见》。2007年，在区直机关各党组织组织开展“建文明薛城、树良好形象”文明创建活动。2008年4月，组织开展区直机关“创建文明城市从我做起”主题教育实践活动。5月中旬，组织区直2000余名机关干部参加“全区五城同创万人行”启动活动。开展“创建文明城市机关先行”活动。建立机关干部义务劳动日制度，每个月的第三周星期六为全体机关干部义务劳动日，开展环境卫生大扫除活动。组织全区机关3800多名志愿者，深入社区、街道、学校、企业单位和公共场所，开展一系列志愿者服务活动。2012年，开展“创建文明机关、争做文明使者”活动，倡议并持续开展“敞开大院、便民停车”活动。2013年，组织开展“美丽薛城·一起行动”活动，推进创建文明城市和创建森林城市工作。

群团工作

1991年6月，制定印发《关于印发基层团组织政治指导员职责的通知》，进一步加强党对共青团工作的领导。2007年，区直机关工委与区农联社党委联合举办“我与薛城共奋进”演讲比赛。2010年，举办区直机关创先争优“百姓药业杯”演讲比赛，共有11个单位的17名选手参赛。2011年，在区直机关部门单位二级机构或企业新组建工会组织41个。组织区直机关职工参加区庆三八“创先争优、巾帼建功”演讲比赛活动。2012年，召开区直机关工会工作会议，选举产生25名代表参加区工会第七次代表大会。组织区直机关干部职工参加区“工运杯”第四届乒乓球赛，取得团体第一的好成绩。指导机关团组织深入开展“学雷锋、讲文明、树新风”活动，使“雷锋精神”在新时期得到进一步发扬光大。

第九章　党校教育和党史研究

第一节　党校教育

机构

1991年，区委党校原为正科级单位，1995年6月升格为中等专业学校体制，副县级单位，主要负责全区党员干部群众的教育培训工作。2009年12月，区委决定成立薛城区社会主义学校，设在区委党校，从而形成一校两牌的办学体制。1995年7月设立教务室总务室，2001年7月改为教务处、总务处。2001年7月设立党建教研室。2004年5月设立业教处。2002年经过考选进教师5人；2010年1月经过考选录取教师3人。2013年，党校在编在岗员工21人，其中专职教师15人，教师中有6人具有高级职称。

中共薛城区委党校

1993—2019 年中共薛城区委党校历任领导任职情况一览表

表 16-6

	任职时间	姓　名
历任书记	1993. 10—1997. 02	樊维节
	1998. 07—2007. 11	张宝军
	2007. 11—2011. 01	张美安
	2011. 02—2019. 12	李丽滨
历任校长（兼）	1993. 10—1995. 12	王泽新
	1995. 12—1997. 12	杨位彦
	1998. 10—2001. 02	吴承鉴
	2001. 02—2003. 04	梁宪廷
	2003. 04—2007. 02	张旋宇
	2007. 02—2007. 11	秦元祥
	2007. 12—2011. 12	岳德川
	2011. 12—2013. 05	张鲁军
	2013. 05—2016. 11	吴　磊
	2016. 11—2019. 09	姜　山
	2019. 09—	赵　刚

干部培训

1991—2000 年，培训规模每年近 2000 人；2004—2009 年，每年培训总量均在 3500 人次以上。2012 年，在浙江嘉兴市委党校开设“异地课堂”，分两批对全区村书记进行异地培训，并从中选拔 20 余人在当地农村进行挂职锻炼。2012 年、2013 年先后在清华大学、浙江大学、复旦大学开设“高端课堂”，组织区有关部门主要负责人进行培训。为更好地提高党员干部执政能力，2013 年 8 月，区委党校与区委组织部共同谋划，与浙江大学合作，在全市率先启动领导干部高级公共管理研修活动，一方面在临城街道、周营镇设立干训基地，另一方面积极依托“流动党校”，开展好“送课下基层”活动，年送课宣讲均在 20 余场次，受训人员 1000 余人。

学历教育

1992 年 9 月，第一次招生辽宁函授党校第五届马克思主义理论学历班，招生 292 人。1992 年 12 月 13 日，区委党校与徐州师范学院联合举办经济贸易大专班，招生 73 人。1995 年 9 月，区委党校开始承办山东省委党校业余函授教育，承办专业有经济管理、会计、法律、行政管理，以经济管理专业为主。2005 年 9 月和 2008 年 9 月分别举办村（居）干部山东省委党校业余函授教育经济管理大专班和本科班，共培养 237 名村干部。

理论研究

2006 年，《关于周营镇加强基层组织建设情况的调查》被区委转发，并报省委组织部采用；2007 年，有关城市建设、工业振兴、新农村建设三篇调研报告被区委办公室转发；2008 年《关于对全区重点项目建设情况的调研》被区委书记签发，并被评为省委党校系统优秀调研成果。先后在各类报刊发表文章100余篇。

2006年3月，江海玉“实践‘三个代表’永葆共产党员先进性”课题获市委宣传部党课二等奖。5月24日，江海玉、娄连阔在全市党校系统“建设社会主义新农村”理论研讨会上获优秀论文奖。7月，江海玉、刘小红、程丹等三位老师分别撰写的文章在市委宣传部、市委党史办联合召开的纪念中共成立85周年研讨会上获优秀论文奖。

2007年12月3日，江海玉、娄连阔老师所写的“弘扬中华文化 建设中华民族共有精神家园”“深入贯彻落实科学发展观”两篇理论文章在全市党校系统“学习中共十七大精神”理论研讨会上获优秀论文奖。

2008年6月，区委党校召开“区委党校纪念改革开放三十年”理论研讨会。

2009年7月14日，江海玉、赵慧、陈柏衡分别撰写的论文在全市党校系统庆祝中华人民共和国成立60周年理论研讨会上获优秀论文奖。

2010年2月，江海玉所撰写的《于无声处听春雷——论建国60年执政党建设的伟大历程》获山东省党的建设研究会“新中国60年与党的建设”征文二等奖。赵慧所撰写的理论文章《谈建国60年来党的执政方式的变化》获得征文优秀奖。

第二节　党史研究

机构

中共薛城区委党史资料征集研究办公室，1998年改名为区委党史研究室，为区委直属的正科级事业单位。2008年11月列入参照公务员管理的事业单位，编制5人。

党史专题研究

2002年，区委党史研究室开展“试论鲁南铁道大队抗日的功绩和经验说明统一战线的重大胜利”这一课题的研究。2003年，根据省委党史研究室要求，就“十年建设时期国民经济发展状况同中华人民共和国成立头七年经济成就之比较来阐述冒进浮夸的深痛教训”作深入的研究，查找研究大量的历史档案资料。

2004年8月，围绕探索新形势下县级党史工作的思路和党史工作如何为加强和改进党的基层建设服务等专题进行研究和探讨，撰写论文2篇，参加省论文评选。

2006年5月，区党史研究室开展薛城区抗战时期人员伤亡和财产损失专题调研活动。前后历时三个多月，深入到全区202个行政村和社区进行走访调研，系统全面地获得大量的第一手的实证材料，准确反映出日军的残暴统治和对薛城人民犯下的累累罪行，统计出薛城区在1938年3月至1945年8月期间薛城区人口伤亡和财产损失情况。完成薛城区抗战时期人员伤亡名单、大事记、档案卷文献卷公证卷及惨案专题卷等资料。2008年5月，完成市委交办的《枣庄改革开放三十年》薛城部分的供稿任务，前后历时两个月，共计7个镇街及8个企业的文字材料5万余字，照片100多幅。

2010年11月，完成薛城区革命历史遗址普查工作。根据中央、省市党史研究室安排，在全区范围内开展革命历史遗址普查工作，征集资料3万余字，照片30余幅。全区的革命遗址逐一拍照、丈量登记，同时对有关革命历史遗址的文献档案资料、图片、影像资料进行搜集整理，最后分类存档。

2012年5月，完成省委党史研究室安排部署的“十百千”党史工程有关薛城区部分的工作。根据省委党史研究室的安排部署，安排人员，查阅档案资料百余卷，完成省委党史研究室交办的《伟大的转折——薛城拨乱反正情况》资料一篇。完成省委党史研究室安排部署的“惨案卷”有关薛城区部分的工作。

2013年4月，根据省委党史研究室的安排部署，实地走访、查阅资料，完成省委党史研究室交办的《抗日战争时期有关薛城部分五个惨案》调研资料及报告一份。

党史宣传教育

区委党史研究室始终把宣传教育作为党史工作的重要内容来抓，每逢建党建国及党的其他重大节日，区委党史研究室多形式、多角度地开展系列宣传教育活动，不断探索党史宣传教育的新形势和新方法，着力增强党史宣传教育的感染力、说服力、影响力，取得党史宣传的新突破。

2000年、2001年配合上海卫视、山东电视台、河北电视台拍摄铁道游击队在薛城战斗过的地方纪录片、《历史不会忘记》6集系列电视纪实片、《八路》等电视节目。

2001年6月，与区委宣传部、区委党校联合举办薛城区纪念建党80周年学术研讨会，参加人员有镇（街）党委、区直部门党委党组，评选出优秀论文15篇。

2002年5月，与区宣传部、区委党校联合举办纪念建区40周年理论研讨会，参加人员有区直部门分管领导及工作人员。征集到区直有关部门的优秀论文25篇，是年，举办薛城区建区40周年发展变化图片展，包括经济、建设、社会事业等六个方面，反映薛城区建区40周年发展变化情况。

2004年8月，由区委办公室、区政府办公室、区委宣传部、区委党校、区委党史研究室联合举办的纪念邓小平同志100周年诞辰暨邓小平理论及薛城经济发展研讨会召开。全区25个党委分管领导及工作人员参加会议，征集论文25篇。10月，组织机关干部和部分中小学生到新城会展中心参观枣庄革命历史图片展，参观人数1000余人。

2005年9月，与区武装部联合，邀请央视七频道《国防时空——红军蓝军》栏目组举办大型《走进铁道游击队故乡——薛城》益智竞赛活动，缅怀铁道游击队英烈及抗日事迹，宣传薛城政治、经济、文化成就，展现全区军民的国防情结，鱼水深情。

2009年10月，在铁道游击队纪念园广场举行庆祝中华人民共和国60周年图片展览，共10万余人参观展览活动。

2010年清明节前，与民政局、广电局合作，先后深入到陶庄、张范、周营、常庄、邹坞等镇（街）实地拍摄，走访证人，录制宣传烈士事迹系列专题片共7集，在区电视台播放后，社会反响热烈。

2011年6月，为了纪念建党90周年，根据省、市安排，在薛城区举办党史知识竞赛活动，组织各行各业共6000余人参加党史知识竞赛，共收到答案6000余份，对参与该项工作的15个先进单位、100名先进个人进行表彰。是年，在“七一”建党90周年前夕，与区委宣传部、区委党校共同举办薛城区庆祝建党90周年理论研讨会，全区20多个党委参加理论研讨会，收到论文30余篇。

党史书籍编纂

区委党史研究室一直以强化研究为中心，强化抓精品意识，有计划、有步骤地开展党史正本的编纂出版发行工作，先后出版发行《中共薛城历史大事记》《铁道游击队史》《中共薛城组织史》等党史书籍。

1989年8月，《中共薛城组织史（1927—1987.10）》由中共薛城区委组织部、中共薛城区委党史资料征集研究办公室、薛城区档案局编纂，山东新闻出版局出版，准印证号2-078，共43.2万字。该书主要收录薛城区区划范围内的党组织和同级政权、军事、统战、群团系统的组织机构沿革的领导人名录资料。

1992年5月，《中共薛城历史大事记（1921—1949.10）》正式出版，该书17万字，由中共党史出版社出版，该书主要记述1921—1949年薛城辖区域内，新民主主义革命时期中共党组织的建立、发展沿革及其领导下的政权建设统一战线武装斗争、群众团结等重大活动和重要事件，并适当收录对薛城有重大影响的其他党史事件。

2002年6月，《中共薛城历史大事记（1949—2001.12）》正式出版，该书70万字，由枣庄市新闻出版局出版。该书记载1949年10月至2001年12月薛城区辖区内中共地方组织概况和党的自身建设情况，记述党领导人民在政治经济、军事、文化、教育、卫生、科技等领域和群众工作等方面的重大活动，力求大事突出，要事不漏。

2005年12月，《铁道游击队史》由中共薛城区委党史研究室编纂，中央文献出版社出版，38.5万字。该书全面系统地记述铁道游击队的建立发展壮士战斗历程，填补历史空白，为中外史学届研究铁道游击队提供真实系统详细的历史资料。

2007年6月，《中共薛城区组织史》（1987.11—2007.12）由中共薛城区委组织部、中共薛城区委党史研究室、薛城区档案局编纂，由中国文史出版社出版，244.8千字。该书全面系统收录党的组织、政权组织、政协组织、军事组织、群众（社会）团体，省市驻薛派出机构和具有行政管理职能的企事业单位中的副科级以上组织机构及其担任副科级以上职务的干部、军事组织中副营级以上组织机构和副科级以上干部，客观真实地反映全区组织机构、党员队伍、干部队伍的发展变化情况。

2013年，编纂《中国共产党薛城历史》，书稿40余万字，照片30余幅，地图10余幅。《中中国共产党薛城历史》（1919.5—1978.12）该书记述1919年5月薛城在五四运动影响下，一批革命青年反抗帝国主义侵略、追求革命真理、寻找救国之路和1923年中共三届执行委员罗章龙在临城指导建立鲁南第一个党支部——中共临城车站支部开始至1978年中共十一届三中全会结束，薛城党组织领导人民群众由新民主主义革命、社会主义革命进入社会主义建设道路上，经历艰难曲折、逐步发展的历史和基本经验教训。

党史资料征集

区委党史研究室自成立以来，注重对各个历史时期，各个重大事件等党史资料的搜集整理。在党史资料搜集过程中根据点线面相结合的原则，做到全方位搜集党史资料与重点搜集某个方面的党史资料相结合的方法，搜集整理大批珍贵的党史资料，同时又注重加强搜集资料多样化的方式，既搜集文字资料，又搜集照片、音像等资料，从而丰富薛城区的党史资料文库。先后搜集自薛城区有党组织以来的大量历史资料图片，同时加大对专题研究党史资料的搜集。2005年3月，开始搜集铁道游击队有关史料，文字资料200多万字，照片近200幅。2006年5月，在全区范围内深入到社区、村居、工矿企业和济南、济宁、枣庄等10余个档案馆，搜集抗战期间薛城区人员伤亡和财产损失等相关资料，档案资料100余万字，文献资料200余万字。口述资料200余万字，照片600幅，音像资料100余分钟。2009年5月，开展搜集整理新中国成立60周年薛城发展变化等一系列党史资料，并在此基础上，进行分类整理归档，共征集照片500多幅，文字资料5万余字。

第十七编

薛城区人民代表大会

第一章　组织机构

1990—2013 年，薛城区人民代表大会共选举产生六届人大常委会。

区人大常委会机关内设若干委室，第三届设有办公室，第四届设办公室和调研室，从第五届起内设委室逐步健全。至 2013 年，区人大常委会内设 8 个委室，分别为办公室、政研室、信访室、人事代表工作室、教科文卫工作委员会、财政经济工作委员会、法制工作委员会、农侨外委工作委员会。

薛城区第六届到第十二届人大常委会主任、副主任一览表

表 17-1

届别	职务	姓名	任职时间	备注
第六届 1990. 02—1993. 02	主任	李继泉	1990. 02—1993. 02	
	副主任	李德远	1990. 02—1993. 02	
		段成广	1990. 02—1993. 02	
		王桂敏	1990. 02—1993. 02	
		秦永仕	1990. 02—1993. 02	
		胡继武	1990. 02—1993. 02	不驻会
		赵成太	1991. 03—1993. 02	
第七届 1993. 02—1998. 01	主任	李继泉	1993. 02—1998. 01	
	副主任	李德远	1993. 02—1998. 01	
		段成广	1993. 02—1998. 01	
		秦永仕	1993. 02—1998. 01	
		胡继武	1993. 02—1998. 01	不驻会
		赵成太	1993. 02—1995. 07	
		孙晋元	1993. 02—1998. 01	
		张崇俨	1996. 03—1998. 01	
第八届 1998. 01—2003. 01	主任	李继泉	1998. 01—2003. 01	
	副主任	刘贵发	1998. 01—2003. 01	
		秦永仕	1998. 01—2003. 01	
		张太敏	1998. 01—2003. 01	
		胡继武	1998. 01—2003. 01	不驻会
		孙晋元	1998. 01—2003. 01	
		张崇俨	1998. 01—2003. 01	
		孔庆均	2000. 01—2003. 01	

续表17-1

届别	职务	姓名	任职时间	备注
第九届 2003.01—2007.12	主任	彭庆云	2003.01—2007.12	
	副主任	马怀宝	2003.01—2007.12	
		张长洋	2003.01—2007.12	
		张裕广	2003.01—2007.12	
		胡继武	2003.01—2007.12	不驻会
		李克远	2003.01—2007.12	
		宋　勤	2003.01—2007.12	
		翁运恒	2007.01—2007.12	
		张士文	2007.01—2007.12	
第十届 2007.12—2012.01	主任	彭庆云	2007.12—2011.01	
		岳德川	2011.01—2012.01	书记兼
	副主任	张长洋	2007.12—2010.12	
		翁运恒	2007.12—2012.01	
		宋　勤	2007.12—2012.01	
		贾继芳	2007.12—2012.01	不驻会
		吴茂成	2007.12—2010.12	
		王艳君	2011.01—2012.01	第一副主任主持工作
		孙卫锋	2011.01—2012.01	
第十一届 2012.01—2017.01	主任	贾福章	2012.01—2017.01	
	副主任	贾继芳	2012.01—2017.01	不驻会
		孙卫锋	2012.01—2017.01	
		李天禹	2012.01—2017.01	
		胡安海	2012.01—2017.01	
		种法家	2015.01—2017.01	
第十二届 2017.01—	主任	王艳君	2017.01—	
	副主任	贾继芳	2017.01—	不驻会
		孙卫锋	2017.01—	
		李天禹	2017.01—	
		胡安海	2017.01—	
		种法家	2017.01—	

第二章　薛城区人民代表大会会议

第一节　第六届人民代表大会

薛城区第六届人民代表大会任期自1990年2月至1993年2月，共召开3次会议。共征集代表议案、建议、批评和意见219件。

第一次会议

1990年2月13—17日在区经委礼堂召开。大会应到代表209名，实到204名。大会由区委书记王光荣致开幕词，魏建国作区政府工作报告，王泽新作薛城区1990年国民经济和社会发展计划报告，张崇俨作区财政预决算报告，马洪源作区人大常委会工作报告，冯维仁、董金镛分别作区人民法院和人民检察院工作报告。大会审议通过以上各项报告，并作出相应决议。大会选举产生薛城区第六届人民代表大会常务委员会主任1名，副主任5名，委员11名；选举产生薛城区人民政府区长1名，副区长6名（含挂职副区长2名）；选举产生区人民法院院长和区人民检察院检察长。

第二次会议

1991年3月20—23日在区经委礼堂召开。大会应到代表207名，实到200名。会议听取审议魏建国所作的区政府工作报告，副区长所作的《薛城区国民经济和社会发展十年规划及第八个五年计划纲要（草案）的报告》，张崇俨所作的区财政预决算报告，李继泉所作的区人大常委会工作报告，杨士元所作的区人民法院工作报告，杨家明所作的区人民检察院工作报告。会议通过以上各项报告，并作出相应决议。会议补选薛城区人大常委会副主任1名。

第三次会议

1992年2月26—28日在区经委礼堂召开。大会应到代表210名，实到205名。会议听取审议魏建国所作的区政府工作报告，张崇俨所作的区财政预决算报告，李继泉所作的区人大常委会工作报告，杨士元所作的区人民法院工作报告，杨家明所作的区人民检察院工作报告，会议通过以上各项报告，并作出相应决议。

第二节　第七届人民代表大会

第七届人民代表大会任期自1993年2月至1998年1月，先后召开五次代表会议。共征集到代表议案、建议、批评和意见365件。

第一次会议

1993年2月12—16日在区经委礼堂召开。大会应到代表209名，实到202名。会议听取和审议吴承鉴所作的区政府工作报告，王泽新所作的薛城区十年规划及“八五”计划修改意见和1993年度国民经济和社会发展计划（草案）的报告，张崇俨所作的区财政预决算报告，李继泉所作的区人大常委会工作报告，孔宪功所作的区人民法院工作报告，杨家明所作的区人民检察院工作报告。会议通过以上各项报告，并作出相应决议。会议选举产生薛城区第七届人民代表大会常务委员会主任1名，副主任6名，委员12名；选举产生薛城区人民政府区长1名，副区长7名（含1名挂职副区长）；选举产生区人民法院院长和区人民检察院检察长。同时选举产生枣庄市第十一届人民代表大会代表61名。

第二次会议

1994年2月27日至3月1日在区经委礼堂召开。大会应到代表210名，实到207名。会议听取和审议吴承鉴所作的区政府工作报告，徐广余所作的薛城区1993年国民经济和社会发展计划执行情况与1994年计划（草案）的报告，张崇俨所作的区财政预决算报告，李继泉所作的区人大常委会工作报告，杨保君所作的区人民法院工作报告，杨家明所作的区人民检察院工作报告。大会通过以上各项报告，并作出相应决议。

第三次会议

1995年2月21—23日在区经委礼堂召开。大会应到代表206名，实到201名。会议听取和审议吴承鉴所作的区政府工作报告，唐久富所作的薛城区1994年国民经济和社会发展计划执行情况与1995年计划（草案）的报告，张崇俨所作的区财政预决算报告，李继泉所作的区人大常委会工作报告，杨保君所作的区人民法院工作报告，杨家明所作的区人民检察院工作报告。大会通过以上各项报告，并作出相应决议。

第四次会议

1996年3月11—13日在薛国大酒店召开。大会应到代表208名，实到代表202名。会议听取和审议吴承鉴所作的薛城区国民经济和社会发展第九个五年计划及2010年远景目标的报告，唐久富所作的薛城区1995年国民经济和社会发展计划执行情况与1996年计划（草案）的报告，张崇俨所作的区财政预决算报告，李继泉所作的区人大常委会工作报告，杨保君所作的区人民法院工作报告，杨家明所作的区人民检察院工作报告。大会通过以上各项报告，并作出相应的决议。大会补选区人大常委会副主任1名。

第五次会议

1997年3月5—7日在薛国大酒店召开。大会应到代表206名，实到195名。会议听取和审议吴承鉴所作的区政府工作报告，唐久富所作的薛城区1996年国民经济和社会发展计划执行情况与1997年计划（草案）的报告，张建刚所作的区财政预决算报告，种法振所作的薛城区教育改革和发展情况的报告（书面），李继泉所作的区人大常委会工作报告，杨保君所作的区人民法院工作报告，杨家明所作的区人民检察院工作报告。大会通过以上各项报告，并作出相应决议。

第三节　第八届人民代表大会

第八届人民代表大会任期自1998年1月至2003年1月，先后召开五次代表会议。共征集到代表议案、建议、批评和意见390件。

第一次会议

1998年1月16—21日在薛国大酒店召开。大会应到代表202名，实到193名。大会听取和审议殷延柱所作的区政府工作报告，唐久富所作的薛城区1997年国民经济和社会发展计划执行情况与1998年计划（草案）的报告，张建刚所作的薛城区1997年财政预算执行情况与1998年财政预算（草案）的报告，种法振所作的薛城区教育发展和改革情况的报告（书面），李继泉所作的区人大常委会工作报告，王振恒所作的区人民法院工作报告，张士宇所作的区人民检察院工作报告，大会通过以上各项报告并作出相应决议。

大会选举产生薛城区第八届人大常委会主任1名，副主任6名；选举产生薛城区人民政府区长1名，副区长6名；选举产生区人民法院院长和区人民检察院检察长。同时选举产生枣庄市第十二届人民代表大会代表50名。

第二次会议

1999年3月5—7日在薛国大酒店召开。大会应到代表197名，实到186名。大会听取和审议殷延柱所作的区政府工作报告、唐久富所作的薛城区1998年国民经济和社会发展计划执行情况与1999年计划（草案）的报告（书面）、张建刚所作的薛城区1998年财政预算执行情况与1999年财政预算（草案）的报告、种法振所作的薛城区教育改革和发展情况的报告、李继泉所作的薛城区人大常委会工作报告、王振恒所作的薛城区人民法院工作报告、张士宇所作的薛城区人民检察院工作报告。大会通过以上各项报告，并作出相应决议。

第三次会议

2000年1月24—26日在薛国大酒店召开。大会应到代表199名，实到186名。大会听取和审议殷延柱所作的薛城区人民政府工作报告、张建刚所作的薛城区1999年财政预算执行情况与2000年财政预算（草案）的报告、唐久富所作的薛城区1999年国民经济和社会发展计划执行情况与2000年计划（草案）的报告（书面）、种法振所作的薛城区教育发展和改革情况的报告（书面）、刘贵发所作的薛城区人大常委会工作报告、王振恒所作的薛城区人民法院工作报告、张士宇所作的薛城区人民检察院工作报告。大会通过以上各项报告，并作出相应决议。

大会补选区人大常委会副主任1名，委员5名，枣庄市第十二届人民代表大会代表2名。

第四次会议

2001年1月11—13日在薛国大酒店召开。大会应到代表204名，实到198名。大会听取和审议张旋宇所作的薛城区国民经济和社会发展第十个五年计划纲要（草案）的报告、区长助理张士文所作的办理代表建议、批评和意见情况的报告、张建刚所作的薛城区2000年财政预算执行情况与2001年财政预算（草案）的报告、唐久富所作的薛城区2000年国民经济和社会发展计划执行情况与2001年计划（草案）的报告（书面）、种法振所作的薛城区教育发展和改革情况的报告（书面）、刘贵发所作的薛城区人大常委会工作报告、宫文峰所作的薛城区人民法院工作报告、张士宇所作的薛城区人民检察院工作报告。大会通过以上各项报告并作出相应的决议。

大会选举产生薛城区人民政府区长，选举产生薛城区人民法院院长。

第五次会议

2002年1月28—30日在薛国大酒店召开。大会应到代表202名，实到196名。大会听取并审议张旋宇所作的政府工作报告、魏延武所作的关于区政府系统办理区八届人大四次会议代表建议、批评和意见的报告、唐久富所作的薛城区2001年国民经济和社会发展计划执行情况与2002年计划（草案）的报告（书面）、张建刚所作的薛城区2001年财政预算执行情况和2002年财政预算（草案）的报告、陈召海所作的薛城区教育发展和改革情况的报告（书面）、刘贵发所作的薛城区人大常委会工作报告、宫文峰所作的薛城区人民法院工作报告、张士宇所作的薛城区人民检察院工作报告。大会通过以上各项报告并作出相应决议。

第四节　第九届人民代表大会

第九届人民代表大会任期自2003年1月至2007年12月，先后召开五次代表会议。共征集到代表议案1件，建议、批评和意见326件。

第一次会议

2003年1月20—25日在薛国大酒店召开。大会应到代表200名，实到196名。大会听取和审议刘儒良所作的区政府工作报告、魏延武所作的关于全区政府系统办理区八届人大五次会议代表建议、批评和意见情况的报告、唐久富所作的薛城区2002年国民经济和社会发展计划执行情况与2003年计划（草案）的报告、张建刚所作的薛城区2002年财政预算执行情况与2003年财政预算（草案）的报告、陈召海所作的薛城区教育发展和改革情况的报告、刘贵发所作的薛城区人大常委会工作报告、宫文峰所作的薛城区人民法院工作报告、陈群所作的薛城区人民检察院工作报告。大会通过以上各项报告并作出相应决议。

大会选举产生薛城区第九届人民代表大会常务委员会主任1名，副主任6名，委员12名；选举产生薛城区人民政府区长1名，副区长6名，选举产生区人民法院院长和薛城区人民检察院检察长。选举产生枣庄市第十三届人民代表大会代表52名。

第二次会议

2004年1月4—6日在薛国大酒店召开。大会应到代表201名，实到代表193名。大会听取并审议刘儒良所作的区政府工作报告、张建刚所作的薛城区2003年财政预算执行情况与2004年财政预算（草案）的报告、魏延武所作的关于全区政府系统办理区九届人大一次会议代表建议、批评和意见情况的报告、唐久富所作的薛城区2003年国民经济和社会发展计划执行情况与2004年计划（草案）的报告（书面）、陈召海所作的关于薛城区教育发展和改革情况的报告（书面）、马怀宝所作的区人大常委会工作报告、宫文峰所作的区人民法院工作报告、陈群所作的区人民检察院工作报告。大会通过以上各项报告并作出相应决议。

第三次会议

2005年1月12—14日在薛城实验中学召开。大会应到代表206名，实到193名。大会听取和审议刘儒良所作的区政府工作报告、张延东所作的薛城区2004年财政预算执行情况与2005年财政预算（草案）的报告、魏延武所作的全区政府系统办理区九届人大二次会议代表建议、批评和意见情况的报告、唐久富所作的薛城区2004年国民经济和社会发展计划执行情况与2005年计划（草案）的报告（书面）、马怀宝所作的区人大常委会工作报告、宫文峰所作的区人民法院工作报告、陈群所作的区人民检察院工作报告。大会通过以上各项报告并作出相应决议。

大会补选薛城区第九届人民代表大会常务委员会委员4名，命名表彰10名区级优秀人大代表；表决通过《关于加强薛城区人民代表大会会议会风建设的规定》。

第四次会议

2006年1月8—10日在枣庄八中南校召开。大会应到代表205名，实到198名。大会听取和审议刘儒良所作的关于薛城区国民经济和社会发展第十一个五年规划纲要（草案）的报告、张延东所作的薛城区2005年财政预算执行情况与2006年财政预算（草案）的报告、魏延武所作的全区政府系统办理区九届人大三次会议代表建议、批评和意见情况的报告、唐久富所作的薛城区2005年国民经济和社会发展计划执行情况与2006年计划（草案）的报告（书面）、马怀宝所作的区人大常委会工作报告、宫文峰所作的区人民法院工作报告、陈群所作的区人民检察院工作报告。大会通过以上各项报告并作出相应决议。

大会补选薛城区第九届人民代表大会常务委员会委员4名。

第五次会议

2007年1月16—18日在枣庄八中南校召开。大会应到代表203名，实到193名。大会听取和审议岳德川所作的区政府工作报告、薛城区2006年国民经济和社会发展计划执行情况与2007年计划（草案）的报告（书面）、薛城区2006年财政预算执行情况与2007年财政预算（草案）的报告（书面）、全区政府系统办理区九届人大四次会议代表建议、批评和意见情况的报告（书面）、马怀宝所作的区人大常委会工作报告、刘学贵所作的区人民法院工作报告、陈群所作的区人民检察院工作报告。大会通过以上各项报告并作出相应决议。

大会选举产生薛城区第九届人民代表大会常务委员会副主任2名；选举产生薛城区人民政府区长，选举产生区人民法院院长。

第五节　第十届人民代表大会

第十届人民代表大会任期自2007年12月至2012年1月，先后召开四次代表会议。共征集到代表建议、批评和意见306件。

第一次会议

2007年12月6—9日在薛国大酒店召开。大会应到代表207名，实到203名。大会听取和审议吴磊所作的区政府工作报告、孟繁渠所作的薛城区2007年国民经济和社会发展计划执行情况与2008年计划（草案）的报告（书面）、王汝东所作的薛城区 2007 年财政预算执行情况与 2008 年财政预算（草案）的报告（书面）、崔家斌所作的全区政府系统办理区九届人大五次会议代表建议、批评和意见情况的报告（书面）、张长洋所作的区人大常委会工作报告、刘学贵所作的区人民法院工作报告、赵勇所作的区人民检察院工作报告。大会通过以上各项报告并作出相应决议。

大会选举产生薛城区第十届人民代表大会常务委员会主任 1 名、副主任 5 名和委员 15 名；选举产生薛城区人民政府区长和副区长 6 名，选举产生区人民法院院长和薛城区人民检察院检察长。

第二次会议

2009 年 1 月 6—8 日在薛国大酒店召开。大会应到代表 210 名，实到 204 名。大会听取和审议吴磊所作的区政府工作报告、孟繁渠所作的薛城区 2008 年国民经济和社会发展计划执行情况与 2009 年计划（草案）的报告（书面）、王汝东所作的薛城区 2008 年财政预算执行情况与 2009 年财政预算（草案）的报告（书面）、崔家斌所作的全区政府系统办理区十届人大一次会议代表建议、批评和意见情况的报告（书面）、张长洋所作的区人大常委会工作报告、刘学贵所作的区人民法院工作报告、赵勇所作的区人民检察院工作报告。大会通过以上各项报告并作出相应决议。

第三次会议

2010 年 1 月 6—8 日在薛国大酒店召开。大会应到代表 214 名，实到 208 名。大会听取和审议吴磊所作的区政府工作报告、孟繁渠所作的薛城区 2009 年国民经济和社会发展计划执行情况与 2010 年计划（草案）的报告（书面）、王汝东所作的薛城区 2009 年财政预算执行情况与 2010 年财政预算（草案）的报告（书面）、程利所作的全区政府系统办理区十届人大二次会议代表建议、批评和意见情况的报告（书面）、张长洋所作的区人大常委会工作报告、刘学贵所作的区人民法院工作报告、赵勇所作的区人民检察院工作报告。大会通过以上各项报告并作出相应决议。

大会命名表彰 10 名区级优秀人大代表和 5 个代表建议办理承办单位。

第四次会议

2011 年 1 月 7—9 日在薛国大酒店召开。大会应到代表 209 名，实到 204 名。大会听取和审议吴磊所作的区政府工作报告、薛城区国民经济和社会发展第十二个五年规划纲要（草案）、种法勇所作的薛城区 2010 年国民经济和社会发展计划执行情况与 2011 年计划（草案）的报告（书面）、胡安海所作的薛城区 2010 年财政预算执行情况与 2011 年财政预算（草案）的报告（书面）、张长洋所作的区人大常委会工作报告、刘学贵所作的区人民法院工作报告、赵勇所作的区人民检察院工作报告。大会通过以上各项报告并作出相应决议。

大会选举产生薛城区第十届人民代表大会常务委员会主任 1 名，副主任 2 名锋。

第六节　第十一届人民代表大会

第一次会议

2012 年 1 月 12—15 日在薛国大酒店召开。大会应到代表 210 名，实到 207 名。大会听取和审议吴磊所作的区政府工作报告、王介清所作的区人民法院工作报告、彭云龙所作的区人民检察院工作报告、种法勇所作的薛城区 2011 年国民经济和社会发展计划执行情况与 2012 年计划（草案）的报告（书面）、李钢所作的薛城区 2011 年财政预算执行情况与 2012 年财政预算（草案）的报告（书面）、谢刚所作的全区政府系统办理区十届人大代表建议、批评和意见情况的报告（书面）、孙卫锋所作的区人大常委会工作报告。大会通过以上各项报告并作出相应决议。

大会选举产生薛城区第十一届人民代表大会常务委员会主任 1 名、副主任 4 名和委员 17 名；选举产生薛城区人民政府区长 1 名和副区长 6 名，选举产生区人民法院院长和薛城区人民检察院检

第十一届人民代表大会第一次会议

察长。选举产生枣庄市第十五届人民代表大会代表 63 名。此次会议收到代表对各方面工作提出的建议、批评和意见 63 件，加上改作建议、批评和意见的议案 2 件，共计 65 件。

第二次会议

2013 年 1 月 15—17 日在薛国大酒店召开。大会应到代表 211 名，实到 200 名。大会听取和审议吴磊所作的区政府工作报告、种法勇所作的薛城区 2012 年国民经济和社会发展计划执行情况与 2013 年计划（草案）的报告（书面）、李钢所作的薛城区 2012 年财政预算执行情况与 2013 年财政预算（草案）的报告（书面）、谢刚所作的薛城区人民政府关于全区政府系统办理区十一届人大一次会议代表建议、批评和意见情况的报告（书面）、孙卫锋所作的区人大常委会工作报告。王介清所作的区人民法院工作报告、彭云龙所作的区人民检察院工作报告、大会通过以上各项报告并作出相应决议。

大会补选薛城区第十一届人民代表大会常务委员会委员 3 名。此次会议收到代表对各方面工作提出的建议、批评和意见 53 件。

第三次会议

2013 年 7 月 19—20 日在薛国大酒店召开。大会应到代表 210 名，实到 199 名。大会听取刘中波所作的关于 2013 年以来全区经济社会发展情况和下半年政府工作打算的汇报。

大会选举产生薛城区人民政府区长。

第三章　薛城区人民代表大会常务委员会

第一节　第六届人大常委会

第六届人大常委会任期自 1990 年 2 月 17 日至 1993 年 2 月 16 日，其间共召开 25 次常委会会议。第六届常委会在任期内的主要工作是：作出《关于在全区公民中进行第二个五年法制宣传教育的决议》《关于加强农村初级卫生保健工作的决议》《关于进一步加强计划生育工作的决议》；制定《常务委员会议事规则》《常务委员会关于人事任免办法》《区人大与“一府两院”工作联系制度》《关于人民群众来信来访的处理办法》；听取审议区政府关于贯彻实施《中华人民共和国矿产资源法》《中华人民共和国水法》《中华人民共和国森林法》等法律法规情况的汇报；对计划和财政执行情况、农业资金投入和使用效果、科技兴农、产业结构调整、卫生保健、农村改革、城市管理、教育改革、财政预算变更、普法、审判和执行、打击经济犯罪等重要工作进行审议；任免区人大机关及“一府两院”工作人员166名，接受区政府区长辞职1名，副区长辞职1名，区人大常委会委员辞职1名，免去区政府组成部门负责人职务2名，区法院庭长1名；督办代表建议、批评和意见219件；完成区、乡两级人大换届选举工作，组织262905名选民，选举出新一届区级人大代表209名。

第二节　第七届人大常委会

第七届人大常委会任期自1993年2月16日至1998年1月21日，其间共召开34次常委会会议。第七届常委会在任期内的主要工作是：作出《关于进一步开展依法治区的决议》《关于在我区国家机关实行执法责任制的决定》；制定《区人大常委会组成人员守则》；听取审议区政府贯彻实施《中华人民共和国中外合资企业法》《城市容和环境卫生管理条例》《治安管理处罚条例》《中华人民共和国森林法》等法律法规情况的汇报；对计划和财政执行情况、转换工业经营机制、外向型经济、煤炭安全生产、农民减负、广播电视发展、商业流通、依法治区和普法工作、文化工作、卫生事业、工业企业推行股份制、公路建设、教育“双基”工作、农村能源建设、社会治安、部分政府部门实行执法责任制情况、经济体制改革等重要工作进行审议；对法院、检察院的工作进行评议；组织四级人大代表对乡镇企业等工作进行视察；任免区人大机关及“一府两院”工作人员246名，接受区人大常委会副主任辞职1名，委员辞职4名，“一府两院”领导成员辞职6名，免去区法院庭长职务1名；督办代表建议、批评和意见364件；完成区、乡两级人大换届选举工作，组织284609名选民，选举出新一届区人大代表203名。

第三节　第八届人大常委会

第八届人大常委会任期自1998年1月21日至2003年1月25日，其间共召开45次常委会会议。第八届常委会的主要工作是：作出《关于对区人大常委会任命的国家机关工作人员实行法律知识考试的决定》《关于对公、检、法部分案件实行备案制度的决定》《关于邀请公民旁听区人大常委会会议的决定》《关于实施个案监督的决议》《关于加强区人民法院执行工作的决议》《关于在全区公民中开展第四个五年法制宣传教育的决议》《关于薛城区依法治区第三个五年规划的决议》；制定《区人大常委会议事规则》；听取审议区政府关于贯彻实施《中华人民共和国文物保护法》《中华人民共和国煤炭法》《中华人民共和国公路法》等法律法规情况的汇报；对计划和财政执行情况、法院审判工作、检察院执法监督工作、区直企业管理、个体私营经济、农业结构调整、企业改制、交通、林业规划、审计、二期世行项目、城市规划及管理、工业生产、医疗保险制度改革等重要工作进行审议；对金河水源地污染治理、《山东省计生条例》落实情况、农民减负、全区煤矿安全执法、“两院”实行错案追究责任制等项工作进行专题视察；对区监察局局长、民政局局长进行述职评议；开展优秀法官、检察官、警察、司法工作者评选活动；任免区人大机关及“一府两院”工作人员346名；督办议案1件，代表建议、批评和意见390件；补选市人大代表2名，区人大代表31名，接受代表辞职22名，暂停代表职务3名，罢免代表职务1名；完成区、乡两级人大换届选举工作，组织300570名选民，选举出新一届区人大代表200名。

第四节　第九届人大常委会

第九届人大常委会任期自2003年1月25日至2007年12月9日，其间共召开常委会会议24次。第九届常委会的主要工作是：作出《关于加强对任命干部考察和监督的决定》《关于表彰优秀区人大代表的决定》《关于进一步加强代表建议、批评和意见办理工作的决定》《关于建设生态区的决议》；制定《关于做好评议工作的意见》《关于在全区人大代表中开展“解放思想、干事创业、争做优秀人大代表”活动的意见》《关于加强区人民代表大会代表工作的暂行办法》《关于街道人大工作室工作规则》《关于加强区人民代表大会会议会风建设的规定》《关于督查工作办法》；听取审议区政府贯彻实施《中华人民共和国森林法》《中华人民共和国税收征管法》《中华人民共和国安全生产法》《中华人民共和国食品卫生法》《中华人民共和国审计法》等法律法规情况的汇报；对计划和财政执行情况、审计工作、民办教育、重点工程、畜牧业、招商引资、社会综合治税、生态区建设、普法等重点工作进行审议；对区政府组成部门和部分双管单位及法院、检察院进行工作评议；对计划生育、防治“非典”、防治高致病性禽流感、新型农村合作医疗、法院、检察院、公安、建设、交通、劳动保障、教育、卫生、水务、林业、工商、技术监督、《土地管理法》执行情况等项工作开展视察或调研；任免人大机关及“一府两院”工作人员111名，接受政府副区长辞职1名；补选市人大代表1名、区人大代表16名，接受人大常委会委员辞职3名，代表辞职6名，暂停代表职务1名；督办议案1件，代表建议、批评和意见191件，表彰办理人大代表建议先进单位；开展常委会向人大代表述职活动；命名表彰优秀区人大代表；组织庆祝人民代表大会制度建立50周年知识竞赛。完成区乡两级人大换届选举工作，组织316210名选民，选举出新一届区人大代表200名。

第五节　第十届人大常委会

第十届人大常委会任期自2007年12月9日至2012年1月15日，其间共召开常委会会议31次。第十届常委会的主要工作是：作出《关于薛城区城市总体规划的决议》《关于同意区政府对薛城区粮食储备库项目建设进行财政专项补贴的决定》《关于同意薛城区人民政府对西仓平原水库项目建设进行财政专项补贴的决议》《关于表彰优秀区人大代表、代表建议办理工作先进单位的决定》《关于批准区政府提请燕山路棚户区土地储备贷款承诺报告的决议》《关于表彰优秀代表建议的决定》《关于批准区政府提请将薛城新华街棚户区改造拆迁补偿资金列入区财政预算的议案的决定》《关于批准区政府提请新华街棚户区土地储备贷款承诺的议案的决定》《关于在全区公民中深入开展第六个五年法制宣传教育的决议》《关于批准区政府提请山东省枣庄市第八中学实验室扩建项目资金列入区财政预算的决定》；制定《薛城区人大常委会组成人员守则》《关于评选区人大代表建议、批评和意见办理工作先进单位的实施意见》《薛城区人民代表大会常务委员会规范性文件备案审查办法》《关于区人民代表大会换届选举工作实施方案》；听取审议区政府贯彻实施《中华人民共和国食品安全法》等法律法规情况的汇报；对计划和财政执行情况、审计工作、重点工程、城区中小学教育资源整合、全区“五五”普法和“四五”依法治区、新型农村合作医疗工作、农业基础设施建设、环保工作、城市建设、城市管理行政执法、农村道路建设及管护、安全生产、粮食工作、传染病防治、旅游业发展、农村土地流转、农田水利建设、计划生育、深化医药体制改革等重点工作进行审议；对城区中小学教育资源整合、全区“五五”普法和“四五”依法治区工作、新型农村合作医疗、食品药品执法工作、农业基础设施建设、环保工作、城市建设、城市管理行政执法、农村道路建设及管护、安全生产、粮食工作、传染病防治、旅游业发展、农村土地流转、农村教育发展、招商引资、农田水利建设、计划生育、深化医药体制改革、法院、检察院等项工作开展视察或调研；任免人大机关及“一府两院”工作人员161名，接受区法院院长、区检察院检察长辞职2名；补选市人大代表11名、区人大代表19名，接受人大常委会委员辞职3名，代表辞职11名，暂停代表职务6名；督办议案代表建议、批评和意见161件，表彰办理人大代表建议先进单位；开展市人大代表述职和评选优秀市人大代表活动；完成区乡两级人大换届选举工作，组织330922名选民，选举出新一届区人大代表207名。

第六节 第十一届人大常委会

第十一届人大常委会任期自2012年1月15日开始，主要工作是：作出《关于批准区政府提请将增减挂钩项目土地出让金收入专项用于偿还银行贷款的报告的决定》《关于批准2012年财政预算调整方案的决议》《关于表彰优秀区人大代表的决定》《关于批准区政府提请山东省枣庄市第八中学东校区实验室教学仪器设备项目资金列入区财政预算的决定》《关于枣庄市薛城区人民医院办理银行贷款的报告的决定》《关于批准区政府提请山东省枣庄市第八中学仪器配备项目资金列入区财政预算的决定》；听取审议区政府贯彻实施《中华人民共和国动物防疫法》《中华人民共和国药品管理法》《中华人民共和国农业机械化促进法》等法律法规情况的汇报；对计划和财政执行情况、审计工作、检察院反渎职侵权工作、文化旅游工作、重点工程、科技创新助推经济转型工作、全区“六五”普法和2011—2015年依法治区工作、现代服务业发展等重点工作进行审议；对区政府组成部门和部分双管单位及法院、检察院进行工作评议；对全区文化旅游和服务业发展、城区交通、农业结构调整、重点项目建设、恒泰合行信贷支持“三农”发展、科技创新助推经济转型发展、小农水重点项目建设、“六五普法”和“五五”依法治区、计划生育、教育、医疗卫生、城镇环境综合整治（城乡环卫一体化）、现代服务业发展、法院、检察院、公安等工作开展视察或调研，对《中华人民共和国动物防疫法》《中华人民共和国药品管理法》《中华人民共和国农业机械化促进法》等法律执行情况进行执法检查；任免人大机关及“一府两院”工作人员150名，接受政府区长辞职1名；补选市人大代表5名、区人大代表8名，接受人大常委会委员辞职3名，代表辞职5名，暂停代表职务2名，罢免代表职务2名；表彰优秀代表建议和代表建议办理先进单位；开展市人大代表述职活动，常委会向人大代表述职活动；命名表彰优秀区人大代表。

第十八编
薛城区人民政府

第一章　组织机构

第一节　领导机构

1990 年 2 月、1993 年 2 月、1998 年 1 月、2003 年 1 月、2007 年 12 月、2012 年 3 月、2017 年 1 月分别召开区第六届、第七届、第八届、第九届、第十届、第十一届和第十二届人民代表大会，选举产生第六届、第七届、第八届、第九届、第十届、第十一届和第十二届人民政府区长、副区长。

薛城区第六届至第十二届人民政府领导成员任职一览表

表 18-1

届次	职务	姓名	任期	备注
第六届 1990.02—1993.02	区长	魏建国	1990.01—1992.04	
		吴承鉴	1992.04—1993.02	代理区长
	副区长	王泽新	1990.02—1993.02	
		殷延柱	1990.02—1993.02	
		于光寅	1990.02—1993.02	
		危学芝（女）	1990.02—1993.02	
		赵毓伟	1990.01—1993.02	挂职
		王法胜	1990.01—1991.06	挂职
		周玉臣	1991.01—1993.02	
		温志运	1991.06—1993.02	挂职
		左学清	1992.09—1993.02	挂职
第七届 1993.02—1998.01	区长	吴承鉴	1993.02—1997.12	
		殷延柱	1997.12—1998.01	代理区长
	副区长	徐广余	1993.02—1994.07	
		于光寅	1993.02—1995.12	
		殷延柱	1993.02—1997.12	
		张作玲（女）	1993.02—1998.01	
		周玉臣	1993.02—1998.01	
		左学清	1993.02—1998.01	挂职
		张太敏	1993.02—1998.01	
		张裕广	1995.12—1998.01	
		李士松	1996.03—1998.01	
		付廷安	1997.12—1998.01	

续表18-1

届次	职务	姓名	任期	备注
第八届 1998.01—2003.01	区长	殷延柱	1998.01—2000.09	
		张旋宇	2000.09—2001.01	代理区长
		张旋宇	2001.01—2003.01	
		刘儒良	2003.01—	
	副区长	张旋宇	1998.01—2000.09	
		张裕广	1998.01—2003.01	
		陈召海	1998.01—1995.05	
		卢友存	1998.01—2003.01	
		李宏岚（女）	1998.01—2003.01	
		谷延栋	1998.01—2003.01	
		付廷安	1999.01—2003.01	
		李传伟	1999.07—2003.01	
		孙法远	2000.10—2003.01	
		张士文	2001.04—2003.01	
		张　平	2001.10—2003.01	挂职
第九届 2003.01—2007.12	区长	刘儒良	2003.01—2007.01	
		岳德川	2007.01—2007.11	
		吴　磊	2007.11—2007.12	代理区长
	副区长	孙法远	2003.01—2003.07	
		李宏岚（女）	2003.01—2007.12	
		谷延栋	2003.01—2006.06	
		付廷安	2003.01—2007.12	
		张士文	2003.01—2007.01	
		国际昌	2003.01—2007.11	
		张　平	2003.01—2006.10	挂职
		杨列淦	2003.07—2007.01	
		李清华	2006.06—2007.12	
		吴　磊	2007.01—2007.11	
		陈召海	2007.01—2007.11	
第十届 2007.12—2012.03	区长	吴　磊	2007.12—2012.03	
	副区长	韩惊涛	2007.12—2012.01	
		王明先	2007.12—2011.02	
		李清华	2007.12—2012.03	
		林捷（女）	2007.12—2012.03	
		李良军	2007.12—2012.01	
		王汝东	2007.12—2010.12	
		张德伟	2010.12—2011.02	
		杜飞廉	2011.02—2011.11	
		李玉森	2011.02—2012.03	
		刘真政	2011.11—2012.03	

续表18-1

届次	职务	姓名	任期	备注
第十一届 2012.01—2017.01	区长	吴　磊	2012.03—2013.06	
		刘中波	2013.06—2013.07	代理区长
		刘中波	2013.07—2015.11	
		姜　山	2015.11—2016.01	代理区长
		姜　山	2016.01—2016.12	
		张　伟	2016.12—2017.01	代理区长
	副区长	张凤麟	2012.03—2017.01	
		刘真政	2012.03—2015.11	
		李清华	2012.03—2015.11	
		林捷（女）	2012.03—2017.01	
		李玉森	2012.03—2017.01	
		王慎孝	2012.03—2016.05	
		赵宝廷	2013.01—2014.12	挂职
		李备有	2015.07—2016.06	挂职
		焦　鹏	2015.11—2016.11	
		孙中坤	2016.05—2017.01	
		孙宏伟	2016.12—2017.01	
		杨　鹏	2016.12—2017.01	挂职
第十二届 2017.01—	区长	张　伟	2017.01—2019.09	
		尹作义	2019.09—2020.01	代理区长
		尹作义	2020.01—	
	副区长	李玉森	2017.01—2019.08	
		孙宏伟	2017.01—2019.12	
		李利萍（女）	2017.01—	
		孙晋群	2017.01—	
		邓贞彦	2017.01—2019.09	
		杨　鹏	2017.01—2017.12	挂职
		孙　宾	2017.08—2018.08	挂职
		朱向忠	2018.04—2018.03	挂职
		马永强	2018.09—2020.09	挂职
		庞引明	2018.09—2020.06	挂职
		常　涛	2019.08—	
		马　峰	2019.09—	
		张　恩	2019.12—	

第二节 工作机构

1992年4月，成立薛城区供销总公司、商业总公司、物资总公司，粮油购销总公司更名为粮食总公司，总公司作为一级法人、其成员企业作为二级法人。7月，区政府设立“人民政府驻济南办事处”。12月，人民政府经济协作办公室改称为经济技术协作公司、标准计量局改称为技术监督局。

1993年6月，薛城区邮电分局更名为薛城区邮电局。12月，煤炭工业局改称为煤炭工业总公司。

1994年2月，区政府设立驻上海、深圳、厦门办事处。3月，成立外汇管理支局。4月，区政府设立珠海办事处。5月，恢复信访局、撤销文体委，分别设立文化局和体委。6月，对外贸易总公司更名为对外经济贸易办公室。

1995年1月，常庄乡改为常庄镇。4月，成立经济体制改革办公室。8月，工商行政管理局改为市局领导。

1996年3月，设立区驻济南、上海办事处，分别为副科级机构，由区政府办公室管理；设立农业局，区农业局与区农业委员会一个机构、两个牌子；设立林业局、区粮食局；设立物价局，由区计委管理；原区土地矿产管理局分设为区土地管理局和区地质矿产局；区广播电视中心挂广播局的牌子，授权行使有关行政职能；设立区税收财务物价大检查办公室、区国有资产管理局、区收费管理局，均为科级机构，隶属区财政局；设立区财贸办公室，科级机构，归口区经贸委管理；设立区蔬菜办公室，科级机构，归口区农委管理；区残疾人联合会升为正科级机构，由民政局管理；设立区考核委员会办公室，为副科级机构，隶属区人事局；区人事局原设立的区人才交流服务中心升格为副科级机构；区房地产管理处更名为区房地产管理局，授权行使有关行政职能，归口区建环委管理；区爱国卫生委员会办公室升格为科级机构。6月，将经济贸易办公室更名为对外经济贸易委员会，为科级机构；区技术监督中心挂技术监督局的牌子，为科级单位；设立住房制度改革办公室，同房地产管理局合署办公，一个机构、两块牌子；恢复设立区煤炭工业局，与区煤炭工业总公司一个机构、两块牌子；恢复区环保局，为科级单位。

1997年3月，张范乡撤乡改镇。4月，区经济体制改革办公室恢复为区经济体制改革委员会。10月，农村经济经营管理局成立。

1998年9月，撤销邮电局，成立邮政局和电信局。11月，南石乡撤乡设镇。同月，将原区税收财务物价大检查办公室更名为财政监督局。

1999年2月，撤销多种经营服务中心、棉麻服务中心、蔬菜办公室，合并设立多种经营管理局。4月，将收费管理局更名为预算外资金管理局。同时，设立政府采购中心，隶属财政局管理。5月，设立城市房屋拆迁办公室，归口建委管理。7月，将劳动局更名为劳动和社会保障局。8月，设立计划生育管理办公室，隶属计生委管理。

2000年4月，将计划生育服务站和妇幼保站合并，设立计划生育和妇幼保健综合服务站，实行一个机构、两块牌子。12月，设立民营经济发展委员会、招商局、信息中心，隶属政府办公室管理。设立医疗保险事业处，隶属劳动和社会保障局管理。

2002年3月，区计划委员会更名为区发展计划局，区经济贸易委员会更名为区经济贸易局（内设贸易办公室、安全生产监督管理办公室），区教育委员会更名为区教育局，区科学技术委员会更名为区科学技术局，区建设委员会更名为区建设局，区计划生育委员会更名为区计划生育局，区水利局更名为水务局。撤销区乡镇企业局，组建区民营经济发展局（挂中小企业局牌子）。区地质矿产局与土地管理局合并，组建国土资源局。区农业委员会与区农业局合并，组建区农业局。

区体育运动委员会、区文化局、区林业局、区粮食局、区物价局、区对外经济贸易委员会转体为事业机构，授权行使行政职能。区体育运动委员会更名为区体育局，区对外经济贸易委员会更名为区对外贸易经济合作局。6月，设立安全生产监督管理局。

2003年3月，设立民营经济园区管理办公室，作为民营经济园区管理委员会的办事机构。6月，撤销商业总公司，设立商业管理办公室，隶属经济贸易局管理。10月，将地震办公室更名为地震局。11月，设立城市管理行政执法局。

2004年3月，设立旅游局、重点项目办公室，隶属发展计划局、撤销卫生防疫站，设立疾病防控中心，隶属卫生局。撤销卫生监督执法办公室，设立卫生局卫生监督所。

2005年1月，将发展计划局更名为发展和改革局。组建城市管理行政执法局。将城建监察大队更名为城市行政执法大队，隶属城市管理行政执法局领导。组建安全生产监督管理局；撤销经济贸易局内设的区安全生产监督管理办公室，撤销民营经济发展局，将其职能并入经济贸易局，在经济贸易局内设中小企业办公室；撤销作为政府部门的招商局，将其职能并入对外贸易经济合作局，实行一个机构、两块牌子；将计划生育局更名为人口和计划生育局。经调整后，人民政府设置区政府办公室等工作部门22个。6月，将政府办公室调查研究信息督查室更名为区政府督查室，将信息中心升格为正科级事业单位。将工业园更名为经济开发区，工业园管理办公室更名为经济开发区管理办公室。

至2013年年底，薛城区第十一届人民政府设工作部门21个：区政府办、区发改局（物价局）、区经信局（中小企业局）、区教育局、区科技局（知识产权局）、区民政局、区司法局、区财政局、区人社局（外国专家局）、区住建局、区交通运输局、区水利渔业局、区农业局、区旅游和服务发展局、区卫生局（中医药管理局）、区人口和计划生育局、区审计局、区环保局、区统计局、区安监局、区城管局（行政执法局）。直属事业单位11个：薛城经济开发区管理委员会、区商务局、区文广新局、区广播电视台、区体育局、区林业局、区粮食局、区煤炭局、区金融办、区老龄办、区地震局。

第二章 施政政绩

第一节 第六届人民政府

第六届政府是1990年第六届区人民代表大会第一次会议选举产生的。三年来，按照第六届人民代表大会及其常委会的各项决议，坚持以经济建设为中心，坚持改革开放，坚持两个文明一起抓，团结和带领全区人民知难而进，扎实奋斗，努力工作，较好地完成区六届人大一次会议提出的各项奋斗目标。国民经济和社会事业在上届政府工作的基础上继续稳步健康发展，政治形势更加安定。1992年，全区国民生产总值达到7.26亿元。比1989年增长49.2%，年均递增14.3%；国民收入达到6.3亿元，比1989年增长45.37%，年均递增13.3%；工农业总产值达到15.71亿元，比1989年增长108.1%，年均递增27.7%；财政收入完成4791万元，比1989年增长80.45%，年均递增21.74%。人民生活进一步得到改善，全区职工年平均收入、农民人均纯收入分别比1989年增长55.58%和39.72%；科教文卫、城乡建设、计划生育等项社会事业和民主法治、社会治安等项工作又有新发展，取得新成果。

城乡经济

农村经济　全区农业总产值达到3.5亿元，农村经济总收入达到8.14亿元，分别比1989年增长37.1%和55.96%，农民人均纯收入达到917元，比1989年增加261元。粮食生产连续两年亩增百斤以上，平均单产达到367.3公斤，总产实现20.8万吨，分别比1989年增长38.08%和36.27%；连续三年超额完成国家下达的粮油定购任务；棉花生产克服诸多不利因素，发展较快，总产达到1758吨；林牧业三年迈出三大步，总产值达到1.54亿元，比1989年增长150%。以稳定家庭联产承包责任制为重点，逐步完善统分结合的双层经营责任制靠政策调动农民的积极性。以改善生产条件为重点，加快基础设施建设。动员全区农村干部群众大搞农田水利基本建设，农业灌溉条件大为改善。突出抓张桥橡胶坝、潘庄电灌站、金河水源地回灌、世行项目和黄淮海项目区等重点工程项目的建设与配套。全区三年共投工721万个，投资3828万元，建成各类水利设施3420项，新增和改善灌溉面积6466.67公顷，治理水土流失19.2平方公里。以科技兴农为重点，积极推进技术进步。主要抓科学种植养殖、良种引进培育、间作套种、配方施肥等规范化生产和技术队伍建设等关键环节，三年共推广应用新技术、新成果25项，引进培育优良品种21个，农业生产的科技含量明显提高，推动“两高一优”农业的发展。综合开发和基地建设。先后完成市下达的中低产田改造、吨粮田建设等五项开发任务，共改造中低产田4333.33公顷，建成薛城、夏庄两个吨粮乡镇。在基地建设上，主要抓饲养、果园和蔬菜基地建设，全区大牲畜存养量2.17万头，猪9.52万头，羊8.45万只，兔77.86万只，家禽125.57万只，比1989年均有较大幅度增长，果园面积达到564公顷，果品产量2858吨，分别比1989年增长49.8%和86.18%；蔬菜种植达到1238公顷。城郊乡镇冬暖式大棚建设，全区塑料大棚达到500个。林业以平原绿化和荒山绿化为重点，连续三年打硬仗，平原林网绿化经省验收实现达标，全区林木覆盖率比1989年提高5%，将提前一年完成“八五”绿化任务。农机保有量继续增加，三年共新增农业机械1200台（部），农业机械在农业生产中起到重要作用。农业区划和农村能源工作取得新成绩连年受到省、市表彰。

工业经济　发展速度连续三年处在全市前列，获市委、市政府工业生产奖。全区工业实现产值12.21亿元，实现利税8046万元，分别比1989年增长142.5%和107.3%。围绕上规模、上水平，抓技术改造。三年共完成新上改造项目89个，总投资2.3亿元。突出抓规模大、投资多、后劲强的骨干项目。总投资1.8亿元、全市最大的合资项目、造纸厂二期工程已开工建设，设备订货和土建主体工程基本完成，新增产值4亿元，新增利税6000万元。设计能力为30万吨的徐庄煤矿建设，完成主井开挖和副井冻结。投资4000万元的薛城钢厂开工建设。大型骨干项目的建设增强工业发展后劲。围绕发展新兴产业、优势产业和产品开发，加快结构调整。一方面依托开发区优势，重视发展高新技术项目。通过技术引进、技术联合，对已有企业进行嫁接改造，加快高新技术产业的形成。另一方面，依托资源优势，大力发展建材和煤炭工业。全区新上改造水泥项目6个，建成投产后形成年产能力45万吨，实现建材工业的新突破；通过对矿井改造和煤炭加工转化，原煤产量和经济效益明显提高，煤炭工业稳步发展。新产品开发加快，三年共开发新产品137项，其中达到国际水平的4项，填补国内空白的4项，国内先进水平的21项，填补省内空白的61项。抓企业管理，经济效益明显提高。认真开展“质量、品种、效益年”活动，突出抓质量管理、现场管理和经济核算，造纸总厂、第二玻璃厂被市政府评为市级管理样板企业。企业的整体素质明显提高，促进经济效益的不断增长。全区企业的全员劳动生产率和人均创利税分别比1989年提高56.6%和85.2%。22种产品创部优、省优和市优。扭亏增盈成绩显著，区啤酒厂、玻璃厂、常庄造纸厂等企业扭亏为盈，亏损企业和亏损额比1989年分别下降31.3%和54.8%。三年全区共有23个企业被评为市级以上先进企业。其中区造纸总厂被评为国家二级企业，常庄二玻被评为部级先进企业。进一步拓宽市场，扩大产品销售。全区实现工业销售收入5.6亿元，比1989年增长109.7%。大力发展乡镇企业。按照“一调、二改、三上”的指导方针，积极实施“百千亿”工程，制定落实发展乡镇企业的优惠政策，涌现一批规模效益型企业。全区乡镇企业共完成产值10.1亿元，乡镇办工业实现利税6064万元，分别比1989年增长166.7%和104.2%。三年共完成新上改造项目60个，总投资1.1亿元。共开发新产品33项，有17家企业被评为部、省、市级先进企业。全区亿元乡镇已发展到4个，千万元企业8家，百万元村14个。乡镇企业开始步入良性循环的发展轨道。

综合财力　积极进行开源节流、增收节支，连续八年实现财政收支平衡。既保证吃饭，又保证各项改革政策措施的出台和办实事的需求。加强预算外资金管理。三年共利用财政间歇资金、预算外代管资金和争取上级财政资金2786万元扶持工农业生产。认真组织税收、财务、物价大检查，三年共查出各类违纪金额1435.9万元，追缴入库1100万元。受到国务院和省、市大检办的高度评价。强化税收征管，增强依法纳税意识。为鼓励企业技术改造和新产品开发，三年共减免税6760万元，涵养税源。全区居民储蓄余额3.57亿元，比1989年增长126%；发放各类贷款6.64亿元，比1989年增长110%；保险金额达到20亿元，比1989年增长150%，三年共支付各类赔款452万元，有力地促进全区经济发展。

第三产业　全区第三产业产值达1.81亿元，占国民生产总值的25%，比1989年增长72.4%；社会商品零售总额达3.14亿元，比1989年增长25.5%。商业、物资等流通部门采取灵活多样的经营方式，大力组织货源，适时吞吐调节，加快物资流转，繁荣物资市场；粮食部门围绕粮食销售和农副产品加工开展多种经营，为农产品转化和销售开辟市场；注重发挥城市功能，狠抓网点建设；开办多种形式的服务项目，产生良好的经济和社会效益。市场建设加快，全区各类市场已发展到26个，个体工商户达到4992个，集市贸易成交额达1.25亿元，比1989年增长82.1%。

改革开放

高新技术开发区不断发展壮大，对外开放的步伐加快，成为全市和全区对外开放的窗口和阵地。先后制定《引进人才、引进技术投资的优惠办法》和《鼓励外商投资的优惠办法》等10多个政策办法，加大对外开放的力度，基本形成以开发区为主体的对外开放格局。区内科技孵化中心和科贸城已开工兴建，组建煤化工、新材料、生物工程、光机电四大产业集团，并组建16个科研开发服务机构，加快科工贸一体化进程，增强开发区的吸引力和辐射力。三年共有44个项目进区兴建，累计投资5.8亿元，用于基础设施和项目建设。其中，兴建三资企业11个，利用外资723万美元。ABS工程塑料有限公司、斯达利鞋业有限公司等项目已建成投产；新益气动元件有限公司、金鹰蒜茸食品有限公司等项目加紧建设。产品出口进一步扩大，出口商品收购值达3689万元，比1989年增长260%。

城乡建设

城市建设以“齐鲁杯”竞赛活动为主线，立足于完善基础设施建设、改善投资环境和生活环境，提高城市综合服务功能和城乡建设水平。认真组织《中华人民共和国城市规划法》的宣传教育，强化规划意识，完成城区发展的近期及中远期等15项规划，城区规划面积达50.2平方公里。完成临山公园的总体规划和单体设计，公园建设开始起步。综合开发进展较快，三年共开发商品房6万平方米，住宅开发率达92.2%。基础设施建设加快，对城区5条主干道、14条次干道进行大面积整治，总投资1600万元。为适应全区经济发展和开发区建设需要，重点进行基础设施和服务设施建设。新修辽河路、燕山路、松江路和光明西路；开通直拨电话2000门，邮件分拣中心已开工兴建，5000门程控电话工程正加紧建设；新建11万千伏变电站一座，通信供电能力明显提高；新建3万吨水场加压站，自来水复线工程已开工建设；煤气管网经过延伸改造已达12.5里；30吨/小时集中供热站已投入使用；薛国大酒店、科技人员住宅楼、专家公寓、标准厂房等服务设施有的已投入使用，有的即将投入使用。完成基础设施建设工程12万平方米，累计投资1.7亿元。开发区内实现“七通一平”，投资环境得到根本改善。加强全区建筑市场管理，工程质量不断提高：工程合格率达100%，16项工程被评为省市级优良工程。通过狠抓城市绿化美化、摊点整治和集市管理，城区市容明显改观。以陶庄镇的规划、治理和建设为重点，抓乡村规划建设，效果明显。公路交通发展很快，三年共筹集资金5700万元，用于公路建设，新增通车里程55公里，公路密集度高于全省平均水平。

社会事业

科技工作紧紧围绕经济建设这个中心，积极组织科技攻关和新技术、新成果的推广应用。三年共完成“星火”“火炬”等科技项目50项，其中有44项获奖。共推广工业、农业新技术、新成果100多项，申请批准专利15个，推进工农业技术进步，取得显著的经济效益。健全区、乡、村三级科技管理和推广服务体系，全区科技示范村达到46个，示范户5500户。认真贯彻《中华人民共和国义务教育法》，加强师资队伍建设，教育质量不断提高，并开始由升学教育向素质教育转变。三年共向国家输送大中专学生1899名。办学条件明显改善，共投资2152万元，新建改造校舍4.1万平方米，城镇中小学改貌在全省首批验收合格，8个乡镇实现中小学校标准化建设。实施义务教育步伐加快，有8个乡镇实现初等义务教育。各类教育事业蓬勃发展。计划生育工作，在广泛宣传国家人口政策，开展“人均”教育，努力转变人们生育观念的同时，层层落实责任制，狠抓基层基础和后进转化工作，深入开展以双女户结扎、流引产为重点的计划生育集中活动，取得显著成效。土地管理在依法管好、用好、保护好耕地的前提下，强化对各项建设用地的管理，既节约耕地，又保证各项建设用地的需要。注重抓了土地开发复垦，三年共开发复垦土地1066.67公顷。环境保护坚持治理与预防相结合，分别对12家污染企业实施关停转治，对新上项目严格执行“三同时”，有效地控制新污染源的产生。同时，加强对矿产资源和水资源的管理，强化标准计量和技术监督工作，使之走向依法管理的轨道。文化工作，围绕服务于经济建设，开展丰富多彩的文化活动，活跃城乡文化生活。卫生事业，以实施初级卫生保健为龙头，加强三级医疗、预防、保健网建设，服务质量、医疗水平有新的提高。争创全国体育先进县工作，通过国家体委验收，达到全国体育先进县标准。劳动就业工作成绩显著，三年共安置待业青年1950名，占待业青年总数的97%，被评为省级先进单位。“双拥”工作成绩突出，分别被省、市评为“双拥先进区”和“双拥模范区”。

民主与法制建设

自觉接受人大的法律监督和工作监督及政

协的民主监督，虚心听取人大代表、政协委员的批评和建议。三年共办复人大、政协建议、提案633件。积极做好信访工作，三年共办理人民来信来访1524件（次）。加强法制建设，制定并实施《中华人民共和国依法治区方案》，狠抓“二五”普法启动，广泛开展《行政诉讼法》《行政复议条例》及单项法规的学习、宣传和检查，政府机关和行政执法人员依法行政的自觉性明显增强。以维护稳声为中心，大力组织专项斗争，严厉打击各种犯罪分子，有效地震慑犯罪，安定社会。为薛城区经济发展和人民生活创造一个良好的环境。

政府自身建设

三年来，各级政府认真履行职能，把反腐倡廉作为政府机关建设的一项重要任务常抓不懈，促进机关作风的转变。加强廉洁勤政教育，增强政府机关人员，特别是各级领导干部的服务意识和公仆意识。加强制度建设，制定《关于加强廉政建设的几项规定》和《加强政府自身建设的决定》，收到较好效果。加强行政监察和监督工作。三年共立案查处行政违纪案件66起，有43人受到政纪处分。开展治理“三乱”和纠正行业不正之风工作，取得初步成效。完善机关岗位目标责任制，增强政府工作人员的责任感和事业心，提高政府机关的办事效率和工作质量。

为民办实事

区政府经过认真调查研究，本着量力而行的原则，共提出36件要办的实事。除区医院双回路供电因客观原因不能实施外，涉及人民生活的14个村的吃水、供电，4处农贸市场，4处粮所（站）的新建改建，城区供水管网、浴池、统配楼供煤气、北城市场二期工程；涉及文教卫生的增加一套电视节目、新建广播电台、幼儿园教学楼、部分教师宿舍楼、中医院综合楼工程；涉及城建、交通的自来水二期工程，长青、安阳等六条街巷整治，泰山南路、黄河路中、东段铺筑，薛城到洛房段拓宽铺油等道路建设工程已经基本或全部完成。建成张桥橡胶坝，实现乡乡通柏油路，基本实现乡乡通直拨电话。金河水源地回灌工程、潘庄电灌站一期工程、八中新校建设完成计划工程量。金河水源地至城区自来水复线工程、教育电视台的建设正紧张施工。这些工程和设施的建成，方便群众生活，为经济发展创造条件，也得到人民群众的拥护和赞成。

第二节　第七届人民政府

第七届政府自1993年区第七届人民代表大会第一次会议选举产生以来，紧紧围绕改革、发展、稳定的大局，坚持以经济建设为中心，以改革开放为动力，以全区各项工作实现大变化为目标，团结和带领全区人民，抓住机遇，知难而进，顽强拼搏，扎实工作，全面完成区七届人大一次会议确定的各项奋斗目标。

国民经济

1997年，全区国内生产总值达到20.83亿元，是1992年的2.83倍，年均增长23.1%；工农业总产值达到68.75亿元，是1992年的4.37倍，年均增长34.3%，其中，农业总产值达到6.35亿元，是1992年的1.82倍，年均增长12.7%，工业总产值达到62.4亿元，是1992年的5.1倍，年均增长38.5%；第三产业增加值达到5.2亿元，是1992年的3.27倍，年均增长26.7%；地方级财政收入完成9598万元，同口径是1992年的3.33倍，年均增长27.2%，连续十年实现财政收支平衡。围绕增强财政实力和实现收支平衡，狠抓财源建设，深化财税改革，强化第二预算管理，财政收入稳定增长，1997年跨入全省财政收入亿元县行列。

农业经济　按照“抓两化、促两增、奔小康”的总体目标，制订《农业产业化三年规划》，实施“强乡富民”工程，狠抓结构调整、畜牧开发和生产条件的改善，促进农业和农村经济的快速发展。全区粮经比例由1992年的8.5∶1.5调整为6∶4，粮食生产实现由中产向高产的跨越。通过开展“水利建设年”活动和百项水利工程竞赛，狠抓潘庄灌区配套、第三期黄淮海农业开发、东部矿区涝洼地和南南路小流域治理等一批骨干工程项目，改善农业生产条件，形成13333.33公顷旱涝保收的高产稳产田。

工业兴区　把工业作为振兴薛城经济的关键来抓，全面实施规模带动战略，编制实施《工业发展三年规划》，重点培植煤炭、造纸、水泥、啤酒、玻璃、化工、纺机等十大支柱产业，完成华众公司、啤酒集团、常庄二玻、徐庄煤矿等一大批骨干企业的扩建改造，五年累计完成技改项目306项，投入资金23亿元，增强发展后劲；立足扭亏增盈和达产增效，开展“管理效益年”“村办企业年”活动，企业管理水平、市场竞争能力和经济效益不断提高。

第三产业　重点抓市场培育、商业流通企业振兴和个体私营经济的发展。五年投资3500万元，新建扩建改造各类市场15处，个体私营经济得到较快发展，为全区经济注入新的活力。

企业改革

推进企业股份制和股份合作制改革，组建啤酒、纺机、恒大、造纸、联兴等一批具有较强实力的企业集团；农村以家庭联产承包为主的责任制和统分结合的双层经营体制进一步完善；财税、社会保障制度等改革进一步深化，市场对资源配置的基础性作用增强。1993年按照“一调、二改、三上”的发展思路，调整工业结构；1994年推行股份制和股份合作制，全区股份制企业发展到27家，总股本达到2.67亿元；1995年抓住机遇，依法对26家资不抵债的企业实施破产，破产企业债务总额达1.54亿元，并通过资产重组，使大部分企业重新启动；1996年以产权重组为纽带，组建啤酒、纺机、恒大、联兴、造纸五个企业集团，盘活存量资产；1997年着力放小活小，对“小微亏”企业通过多种形式进行改革，先后有53家企业实现改制。在不断深化改革的同时，坚定不移地扩大对外开放，依托资源优势和现有基础，抓“两引”“三外”并举，面向“两大”招商，坚持“两高”起步，走出一条以资源换技术、以市场换项目、以存量换增量的招商引资路子，推动外向型经济向大规模、高层次发展。全区累计批准外商投资项目28个，实际利用外资6571万美元，特别是华众公司三期工程一次性引进外资1.5亿美元，成为全区改革开放和经济发展的标志工程。

城乡建设

把城乡基础设施建设作为扩大开放和发展经济的载体来抓，按照以城带乡、以乡促城、城乡一体、共同繁荣的思路，实施城乡联动战略，加快城乡一体化进程。在城区，着重抓造纸城、商贸城、文化娱乐城、啤酒城建设，实施五纵七横一环道路建设规划，开通泰山南路，新修长江路、南环路，改造永福路、临山路，绿化燕山路，拓宽城市发展空间，实现城区东扩南移；立足改善居民生活环境，先后对10个居民小区实施拆迁改造；开发建设临山公园、沿河公园、文化广场和铁道游击队纪念碑；完成城区复线供水和煤气加压站建设；新建邮件分拣中心和5000门程控电话扩容工程，城区基础设施建设上新台阶。坚持建设与管理并重的原则，在1993年创建省级卫生城的基础上，通过强化管理，市容市貌又有新的改观。在农村，以乡村道路建设为突破口，全面实施农村“四通”工程，实现村村通柏油路、通电、通电话。深入扎实地开展“小城镇建设年活动”，乡村面貌发生明显变化。五年累计完成旧城改造和新区开发面积60万平方米，新修城区道路15公里，城区面积由1992年的7平方公里增加到9.8平方公里，城市基础设施逐步配套完善；农村道路建设实现历史性突破，新修乡村道路380公里，是中华人民共和国成立以来到1994年全区兴建公路总里程的4倍，一个规划合理、功能齐全、既方便生活又服务生产的城乡建设体系基本形成。

精神文明建设

科技教育与经济建设进一步融合，计划生育、土地管理、环境保护等国策观念逐步深入人心，民主法制建设不断加强，全区人民的精神面貌发生积极的变化。围绕争创全省精神文明建设先进区，积极开展丰富多彩的精神文明创建活动。在城区开展“建文明城市、创文明单位、做文明市民”活动；在机关开展“创一流、树形象”“讲文明、树新风”活动；在农村开展争创“文明乡镇”“文明村”“文明家庭”活动，为全区经济社会发展提供思想保证。

坚持科技是第一生产力，建立健全区乡村三级科技机构，加大对科技的投入，完成区科技服务，中心建设，积极研究开发应用一批科技成果和专利技术，科技进步贡献率逐步提高。坚持教育优先发展战略，不断增加教育投入，办学条件得到明显改善。先后投资8000多万元，新建改建校舍13.1万平方米，迁建枣庄八中，新建临山小学、体育中学、舜耕中学，教育“两基”工作通过省、市验收。全面落实“三为主”，积极推行“三结合”，严格落实人口目标管理责任制，全面完成人口控制计划。合理开发和利用土地、矿产资源，提高资源利用率。坚持经济建设、城乡建设与环境建设同步发展的方针，全面落实环境目标责任制，严格执行环保法规，有效地控制环境污染，改善环境质量。大力发展广播、电视、文化事业，建设电视转播塔、有线电视网和以电影院、文化馆为中心的文化广场，开展丰富多彩的文娱活动和送戏下乡活动，丰富群众的精神文化生活。坚持把卫生事业纳入经济社会发展的总体规划，投资3000万元，将区人民医院建成全省硬件标准最高的县级医院，建立区、乡、村三级医疗预防保健网络，提前五年实现“人人享有卫生保健”目标。实施全民健身计划。广泛开展群众性倖育活动，全国体育先进县成果得到巩固发展。加强军政军民团结和双拥共建，积极做好拥军优属工作。完成《薛城区志》的编纂出版发行工作，并获得全国社会科学奖二等奖。五年来，先后获得“全国科技先进区”“全国农村能源先进区”“全国科普工作先进集体”“全国铁路护路联防先进单位”“全省双拥模范区”“社会治安综合治理工作先进区”　“省级卫生城”，以及全市“突出贡献单位”等称号。

人民生活水平

1997年，城镇居民人均可支配收入达到4598元，农民人均纯收入达到2448元，分别比1992年增加2994元和1530元；城乡居民储蓄余额由1992年年末的4.51亿元增加到10.2亿元；城市和农村居民人均居住面积分别由1992年的8平方米和19平方米增加到13平方米和23平方米；经验收有3个乡镇、48个村达到小康乡镇、小康村标准，部分农民已向富裕型生活迈进。

政府工作水平

各级政府自觉接受人大的法律监督和政协的民主监督，定期向人民代表、政协委员和老干部通报情况，虚心听取、广泛征求各级人民代表、政协委员和社会各界人士的批评、意见和建议，五年共办复人大、政协提案、建议和意见808件，改进政府工作。坚持依法行政，抓“二五”依法治区规划和“三五”普法规划的实施，增强各级政府和广大群众的法制观念。切实加强政府自身建设。以实施干部形象工程为主线，深入开展“机关思想纪律作风整顿”“创一流、树形象”“做合格人民公仆”活动，抓自身建设，转变工作作风，树立各级政府的良好形象。

第三节　第八届人民政府

第八届政府自1998年1月区第八届人民代表

大会第一次会议选举产生以来，团结带领全区人民，以经济建设为中心，全面推进改革开放，正确处理改革、发展、稳定的关系，与时俱进，开拓创新，坚定不移地朝着建设经济强区的目标迈进，全面完成区八届人大一次会议确定的各项任务。

综合经济实力

2002年国内生产总值完成28.9亿元，比1997年增长72.5%，年均增长11.5%。地方级财政收入完成1.45亿元，连续15年实现财政收支平衡；2002年年底各项存款余额和城乡居民储蓄余额分别达到30.7亿元和22.2亿元，比1997年分别增长96.8%和103.7%。社会消费品零售总额达到11.04亿元，比1997年增长50.1%。五年全社会固定资产投资累计完成32.63亿元，是前五年的1.65倍。

经济结构调整

三次产业由1997年的14.6∶60.9∶24.5调整到2002年的15.6∶53.7∶30.7。农业粮经比例达到52∶48。工业产业结构、产品结构和企业组织结构不断优化。2002年，规模以上工业实现利税3.3亿元，比1997年增长81%；年销售额过亿元的工业企业由1997年的1户发展到4户。第三产业发展较快，全区非公有制经济单位总数、注册资金、从业人员和纳税额分别达到7000个、5.7亿元、2.6万人和1.1亿元，成为国民经济中重要组成部分。

改革开放

企业改革实现新突破。完成242家公有制企业的改制改组，重组资产8.12亿元，盘活资产2.6亿元，安置职工4070人，改制后的企业发展活力和后劲明显增强。农村改革取得重大进展。家庭联产承包责任制和统分结合的双层经营体制进一步完善，土地延包和农村税费改革全面完成。区镇机构改革和乡镇、行政村规模调整顺利结束，住房制度、人事制度、财税制度和养老、医疗、失业保险制度等配套改革全面推进。对外开放成绩显著。五年利用境外资金3955万美元，是前五年的1.8倍；2002年外贸出口创汇9100万美元，是1997年的3.6倍。

基础设施建设

拓宽筹资渠道，着力解决“瓶颈”制约，城区和镇驻地规划、建设、管理取得积极进展。新建改造京福路、郯薛路、山官路、前薛路、永福南路、泰山北路等26条路段；稳步推进城区东扩南移，建成区面积由1997年的15平方公里扩大到20平方公里。五年境内道路总投资达13亿元，全区公路通车总里程达到646公里。驻地旧区改造和新区开发步伐加快，五年新、改、扩建居民小区15处，完成开发90万平方米，临山南侧行政办公区已成为建设的热点。扎实开展城市硬化、净化、绿化、亮化、美化活动，供水、供电、供气、治污等公共设施更加完善，投资1.1亿元的农村电网改造全面完成，区驻地日供水、供气能力分别达到5万吨和1万立方米，城乡电话用户分别达到3.2万户和3.3万户，比1997年各增加2.2万户和2.4万户，移动电话用户由1997年的4000户猛增到5万户，信息化水平显著提高。小城镇建设成效明显，镇驻地面积进一步扩大，设施逐步完善，功能不断增强，五年完成投资6.5亿元。

社会事业

在加快建设经济强区的同时，把科技教育放在振兴经济的战略位置，统筹兼顾，协调推进，实现经济社会的健康发展。大力实施科教兴区战略，走技术引进与自主创新相结合的路子，建立农业科技示范基地和企业技术开发中心，积极推进科技兴农、科技兴工、科技兴三产，利用科技手段组织教育教学，普及科技知识，培养创新人才，五年间开展各类科技培训6万多人（次），累计完成工业技改投入16亿元，促进科技、教育与经济的高度融合。五年共引进科技成果300余项，开发研制新成果120项，其中86项达到国内或省内先进水平。教育事业成绩显著，五年教育投资累计达6亿元，新、改、扩建学校18处。特别是投资1.2亿元新建的实验中学，成为全省规模大、档次高的民办学校之一。深化办学体制和教学体制改革，全面实施素质教育，民办学校发展到32处（含学前教育）五年升入本科院校的学生达1639人。着眼可持续发展，毫不放松地抓好人口与计划生育工作，依法利用和合理保护各种资源，严格执行环保法规，环境质量继续改善，人口素质得到提高，巩固并发展人口、资源、环境与经济协调进步的良好局面。人口出生率和自然增长率年均控制在10.1‰和6‰以内。人民群众医疗保健水平明显提高。生态环境建设和资源保护利用扎实有效。

精神文明和民主法制建设

认真贯彻落实《公民道德建设实施纲要》，广泛开展“三创三争”、创建“文明社区”“文明村镇”“十星级文明户”活动，广大干部群众的精神面貌发生变化。民主法治建设稳步推进。“三五”普法和“二五”依法治区任务全面完成，“四五”普法开局良好，群众法治观念和法律意识明显增强。各级政府和工作人员主动接受人大的法律监督和政协的民主监督，五年共办复人大建议、政协提案1781件，政府工作有较大改进。全面推行“三务公开”，深入开展反腐败斗争，共立案查处行政违纪案件325起，对17名科级干部和308名一般干部进行严肃处理，维护政府的社会形象。全区先后获得全国“爱心献功臣行动”先进单位、全国体育工作先进区、全国武术之乡、全省双拥模范区、全省农村卫生工作先进单位、全省社会治安综合治理先进区等5项国家级、7项省级称号。

第四节　第九届人民政府

第九届政府自2003年1月区九届人大一次会议选举产生以来，团结依靠全区人民，以科学发展观统领全局，牢牢把握第一要务，在调控中抢抓机遇，在竞争中开拓奋进，超额完成区九届人大一次会议确定的各项目标任务，实现经济社会健康协调快速发展。2007年，全区生产总值完成66.4亿元，地方级财政收入完成3.4亿元，分别是2002年的2.3倍和2.4倍，年均分别增长18.1%、18.8%；一、二、三产业增加值分别达到6.2亿元、44.3亿元、15.9亿元，比2002年分别增长40.9%、184%、78.9%。五年来，全区共获得全国科普示范县、全国科技工作先进区、全国体育工作先进区、全省群众体育特色县、“平安山东”建设先进区、全省计划生育优质服务先进区、全省新型农村合作医疗试点工作先进区、全省双拥模范区、全省老干部工作先进单位等9项国家级、省级称号。

经济结构

农业基础地位更加稳固，粮食生产平稳增长，特色产业发展迅速，畜牧业产值占农业总产值的比重预计达到42%，林果、瓜菜种植面积达到17933.33公顷，新增造林5666.67公顷，发展农业龙头企业24个，建设省、市级标准化基地5处，组建合作经济组织67家，农业产业化体系初步形成。工业产业结构更加优化，煤炭、玻璃、啤酒、机械制造等传统产业稳步发展，煤化工、空调、电子等新兴产业正在崛起，一批能耗低、污染少、科技含量高、发展前景好的企业相继建成投产，工业运行质量明显提高。服务业更加活跃，房地产、旅游、金融、物流发展加快，超市、连锁、电子商务各类业态协调并进，2007年社会消费品零售总额达24.9亿元，是2002年的2.3倍。三次产业比调整到9.3∶66.7∶24，产业结构渐趋合理，经济发展方式积极转变。

工业经济

累计完成全社会固定资产投资149.9亿元，新建扩建重点工业项目148个，锦辉锻造、凌顿空调、联创电缆、贝斯特模具、高晟铅晶电池等项目达产达效，10万吨甲醇、埃新斯合成气一期、大宇食品、北斗风机等项目建成投产，联兴玻璃二期、锦辉汽车配件、金虹食品、神工制冷、磁性材料、海象纸业等项目，投资的拉动作用逐步显现。工业企业改制全面深化，流通领域企业改制基本完成。招商引资增势强劲，五年累计实际利用区外资金116.8亿元，引进落地5000万元以上项目110个，其中亿元以上项目45个，为经济发展奠定坚实基础。薛城经济开发区和张范经济园建设步伐加快，累计完成基础设施投入4.7亿元，入区企业137家，投产114家，实现工业销售收入88.6亿元、利税9.6亿元，承载力、集聚力日益增强，成为薛城区最具活力的经济增长点。

城乡面貌

统筹城乡发展，城乡一体化进程加快。坚持按市驻地标准规划建设管理城市，加快城区东扩南移步伐，建成区面积扩大到20平方公里，城市化水平达到46%。投资4.5亿元，完成“两站”(枣庄火车站、长途汽车站)、“两园”(铁道游击队纪念园、沿河公园)、“两网”(供排水管网、燃气管网)、“五桥”(永福南路大桥、黄河路大桥、泰山北路大桥、嵩山路大桥和黄洪路大桥)建设，改造城区干道9条、背街小巷11条，开发商住房48万平方米，新增绿地24万平方米，启动城中村改造6个，基础设施更加完善，服务功能不断增强。新农村建设稳步推进，创建文明生态村31个，建成高标准农村体育健身园39个，转化经济薄弱村10个，培植经济强村30个，改造旧村30个，首批8个新农村建设试点村逐步启动；全区202个行政村全部实现通油路、通客车，269个自然村用上自来水，190个自然村看上有线电视，城乡生产生活环境显著改善。

社会事业

五年间，完成各类科研成果169项，申报专利技术251项；教育管理体制趋于完善，累计投资1.2亿元，新、改、扩建学校31处、5万平方米，输送本科生6548人，本科实录万人比等重要指标连续五年全市第一；公共卫生体系进一步健全，完成5处镇卫生院改貌工程，非典、狂犬病、禽流感等疾病防控扎实有效，新型农村合作医疗全面推开，累计为农民报销医药费1732万元，受益群众达到32.5万人次；人口控制目标全面完成，计生服务质量稳步提高，跨入全省先进行列；生态区建设扎实推进，关闭“土小”企业80余家，治理河流43公里，大沙河成为全省南水北调东线治污示范工程；“平安薛城”建设卓有成效，社会治安形势明显好转，安全生产创历史最好水平。

群众生活

认真落实各项惠农政策，全面取消农业税及附加，兑现各项农业补贴2970万元，发放“两免一补”资金1673万元，受益学生6.7万人次；先后四次提高工资标准和补贴，区、镇(街)机关事业单位人均分别增资770元、680元。2007年，农民人均纯收入达5314元，城镇居民人均可支配收入突破1.2万元。居民住房、汽车、通信、旅游等消费不断扩大，城乡居民人均住房面积分别达到22平方米和31平方米。社会保障和救助体系日渐完善，新增就业再就业4.7万人，输出劳务4万人，“薛城轮胎吊司机”获“全省驰名劳务品牌”和“全国优秀劳务品牌”称号；企业离退休基本养老金、失业金标准分别提高到920元和296元，城乡低保标准分别提高到163元和800元。五年累计发放社会保障金、低保金、救助金3.6亿元，使更多群众感受到党和政府的温暖。

执政能力

自觉维护区委的决策和权威，主动接受人大的法律监督、政协的民主监督，虚心听取各方面的意见和建议，五年共办复代表建议、委员提案827件；认真贯彻实施《中华人民共和国行政许可法》，扎实开展保持共产党员先进性教育、机关作风建设年和行风评议活动，整治发展环境，完善政务公开，精简审批事项，推行电子政务，政府依法行政能力和行政效率有新的提高。健全完善各类突发事件应急救援预案，积极化解典当行、供销社社员股金风险，认真解决原变压器厂、水泥总厂、华众公司改制遗留问题，妥善处理突发事件，维护全区和谐稳定的大好局面。切实加强廉政建设，纠正部门和行业不正之风，树立清正廉洁的政府形象。

第五节　第十届人民政府

第十届政府自区十届人大一次会议选举产生以来，团结带领全区人民，以“建设市驻地，打造新薛城”宏伟目标统一思想，坚定信心，攻坚克难，经受住金融危机的洗礼，有效应对城市转型的考验，开创科学发展、赶超跨越的新局面。

经济社会发展

牢牢把握发展第一要务不动摇，经过全区上下的共同努力，主要经济指标实现“五个倍增”，2011 年实现生产总值 118 亿元，是 2007 年的 1.71 倍；完成全社会固定资产投资 115.94 亿元，是 2007 年的 2.59 倍，实现社会消费品零售总额 50.1 亿元，是 2007 年的 2.01 倍；完成地方财政收入 5.36 亿元，是 2007 年的 1.74 倍；金融机构存款余额达到 203.07 亿元，是 2007 年的 2.34 倍。经济结构实现“四个优化”，三次产业比由 10.3∶65.8∶23.9 调整为 9.5∶60.9∶29.6；税收占财政收入比重、三产增加值占 GDP 比重、三产投资占规模以上固定资产投资比重分别比 2007 年提高 18.1 个百分点、5.7 个百分点、19.4 个百分点。城乡居民收入增长实现“三个高于”，城镇居民人均可支配收入达到 19922 元、农民人均纯收入达到 8396 元，分别增长 13%、15%，均高于 GDP 增幅；农民收入增幅高于城镇居民收入增幅。新农合、新农保、新城保、基本药物制度等社会保障提前实现“四个全覆盖”。节能减排实现“五个下降”，万元 GDP 能耗及化学需氧量、氨氮、二氧化硫、氮氧化物排放总量连年下降，完成上级下达的控制指标。城镇登记失业率控制在 3.2%以内，人口自然增长率稳定控制在 7‰以内。全区综合实力全省排名前移 18 位，标志着全区站在新的发展平台上。

城市转型

工业转型升级　淘汰一批落后产能，取缔高耗能、高污染及“土小”企业 242 家，关闭小煤矿 7 对，水泥产业基本退出。提升一批传统产业，四年累计投资 108 亿元，实施技改项目 196 个；煤炭产业组建安阳矿业公司，对光裕、新桥煤矿实施技改，煤炭总产能提升到 300 万吨；造纸产业破产重组原华众纸业，引进香港上市公司森信集团组建远通公司，壮大德容、海象、运河纸业规模，造纸总产能提升到 60 万吨；玻璃液、啤酒产能分别提升到 50 万吨、21000 万升，传统工业实现脱胎换骨式的发展。引进一批新兴产业，规划建设精细化工园、邹坞陶庄煤化工聚集区、浙江产业园，实施海化煤业“退城进园”，培植埃新斯、奥瑟亚、东阳能源等煤化工龙头企业，新上鲁南装备制造、华信国资电缆等新型制造项目，煤化工、新能源项目发展到 18 个，规模以上机械制造企业达到 46 家。培植一批知名品牌，建设博士工作站 3 家、市级工程技术研究中心 12 家，培育自主知识产权产品 260 项，争创省级以上名牌产品 12 个，高新技术产业产值占工业总产值的比重提升到 19.3%。全区规模以上工业企业发展到 168 家、比 2007 年增加 46 家；全额纳税过百万元工业企业发展到 54 家、比 2007 年增加 42 家，过千万元 10 家、增加 8 家，工业经济实力显著增强。

服务业　围绕打造“四个中心”，建载体、引业态、提档次，2011 年实现三产增加值 35 亿元、增幅超过 GDP 和二产增加值增幅，实现税收 3.14 亿元、比 2007 年增长 208.7%。生产性服务业快速发展，规划建设鲁南铁水联运物流园、张范物流园、邹坞铁路物流园，建成枣庄港，打通疏港路，畅通“公铁水”联运通道，引进银海药业物流等龙头项目 10 个、知名品牌汽车 4S 店 20 家、大型仓储物流企业 8 家，现代物流逐步壮大，物流新枢纽初具规模；组建恒泰农合行，引进城市商行、邮储银行，全区金融保险机构发展到12家，担保中介机构发展到3家，信息咨询、会计事务等新兴业态日渐繁荣。生活性服务业档次提升，规划布局燕山路商圈、火车站城市综合体等一批块状商业体，引进银座商城鲁南旗舰店等高档品牌连锁店150家，发展限上商贸企业200家、比2007年增加180家，区域经济活跃度显著提升。文化旅游业活力彰显，深入挖掘奚仲文化，以“两园”（奚仲文化产业园、杨峪体育公园）为载体，形成“一书两剧三赛事、一会一节一产业”的开发格局，打响“拜车祖、保平安”的旅游品牌；蟠龙河湿地公园晋升为国家级湿地公园，民国影视文化城成为江北最大的民国风格影视基地；累计招徕“二日游”游客12万人次，接待外地游客194万人次，旅游业实现由输出型向输入型的重大转变。

农业增收增效　坚持固农强基不动摇，全面落实支农惠农政策，累计发放种粮直补、农机补贴、深耕补助、家电下乡等各项专款1.91亿元，完成农业基础投入4.03亿元，实施水库除险加固18个，治理河道62.1公里，农业有效灌溉面积达到1200公顷，改造中低产田4400公顷，建成高产示范方2666.67公顷，2011年粮食总产达到22.6万吨。深化农村土地产权制度改革，累计流转土地4.47万亩，发展专业合作社110家、标准化生产基地10处，认证“三品”品牌38个，培植农业龙头企业62家，畜牧业产值占农业总产值的比重达到41.3%。大力发展休闲农业、观光农业，兴办“农家乐”项目，转移农村劳动力，工资性收入成为农民增收新亮点。

项目建设　坚持把项目建设作为城市转型的牛鼻子，四年累计实施重点项目240个，其中过亿元项目125个、过10亿元项目16个，完成投资280亿元，220个项目投产运营。着力挑商选资、招大引强，引进世界化工50强韩国OCI、美国上市公司SES、香港上市公司森信集团等国际知名企业集团，累计利用区外资金177.5亿元、境外资金1.06亿美元，发展自营进出口企业50家，实现进出口总额1.95亿美元，增强发展活力，助推城市转型。

宜居城市建设

城市建设　牢固树立“抓城市建设就是抓经济发展”的理念，着眼旧房变新房、旧区变新区、城市建设变城市经济，把业态布局、载体配套与城市经济紧密结合，投资4000余万元，聘请国内外一流团队，精心编制8大类45个规划，引领城市建设高标准实施。老城区顺利征收燕山路、火车站、新华街等棚户区150万平方米，1.3万户居民住进高档社区，生活条件得到根本改善；城南完成西姚、东姚、邵庄、东小等城中村搬迁115万平方米，拉开城南生态新区发展框架，城区面积由15.5平方公里扩大到27.5平方公里，城市化率达到46.5%。四年累计投入城建资金117亿元，新建泰山南路、燕山路等城区道路13条，改造背街小巷21条，建成奚仲市民健身园等广场、游园14处，铺设水气暖等管网81公里，启用长江水厂，推进集中供热，实施夜景亮化、强弱电下地、示范街创建工程，综合整治城区环境，市容市貌明显改观；建设回迁工程11处、165万平方米，实施各类开发437万平方米，全区建成、在建及已审批的高层建筑达328幢。

新农村建设　坚持以城带乡、一体发展，累计投资10亿元，编制村镇规划75个，建设新型农村社区46处，完成农村住房建设与危房改造155万平方米，实施农村主干道两侧建筑“金镶边”改造近10万平方米，修建农村公路202公里，新增城乡公交线路6条，基本实现村村通油路、通客车、通自来水。深入开展城乡环境综合整治，创建国家级生态镇3个、省级生态镇2个、文明生态村30个，镇容村貌持续改观，群众生产生活条件明显改善。

生态建设　创新小流域污染治理模式，实施大小沙河截污导流、小清河生态综合整治，完成污水处理厂扩容及配套建设，大沙河成为全省出境水质最好河流之一，水污染防治由三任省长挂牌督办变为全国先进。投入资金5.23亿元，整治采煤塌陷地1666.67公顷，新增耕地1600公顷，关闭采石企业41家，治理损毁山体3处；高标准建设蟠龙河生态长廊、锦阳河生态景观带，持续开展城乡大绿化，栽植树木480万株，新增城区绿化面积71万平方米，城市绿化率达到40%，全区林木覆盖率达到35%。

民生保障

始终把保障和改善民生作为政府工作的重中之重，将更多财力向民生领域倾斜，城乡低保标准分别由2007年的178元、900元提高到260元、1500元，农村五保分散、集中供养标准分别由1200元、2000元提高到1800元、2600元。财政累计补贴2.27亿元，新农合筹资标准由2007年人均54元提高到250元，累计为参合农民报销医药费1.2亿元；基本药物制度全面实行，减少群众药品支出1299万元；新农保、新城保全面推开，41615位60岁以上老人受益。建设各类保障性住房10.4万平方米，城乡人均住房面积分别达到29.6平方米、32平方米。健全就业援助和创业扶持机制，四年新增城镇就业4.5万人，实现动态“消零”。先后6次为区镇机关事业单位人员增资，人均月工资水平由1586元提高到3600元，增长127%，城乡教师工资实现统一标准发放，农村教师工资率先达到市直标准。

社会事业

扎实推进素质教育，优化整合教育资源，“三校合一”工程投入使用，新建扩建学校27所、10.3万平方米，高考实录万人比保持全省领先，“薛城教育”名片进一步擦亮。不断强化科技创新，申报专利技术1300项，完成各类科研成果134项。深入开展计生集中服务活动，规范经常性工作开展，计生基础进一步夯实。稳步实施医药卫生体制改革，九大公共卫生服务项目全面展开，新建改造镇村、社区卫生服务机构155处，持续开展食品药品安全专项整治，提高群众健康水平。大力加强文体基础设施建设，农家书屋、农民体育健身园、有线电视基本实现全覆盖。强化社会公德教育，深入开展文明城区创建、“薛城好人”评选活动，社会文明程度显著提高。

社会稳定

高度重视信访稳定，集中解决信访积案，先后投入8600万元，化解历史遗留难题930余件，有效解决3万多名失地农民、破产改制企业职工的基本保障问题。扎实推进“法治薛城”建设，圆满完成“五五”普法、“四五”依法治区规划。深入开展社会治安综合治理，严厉打击各类违法犯罪，群众安全感明显增强。完善应急救援体系建设，加强安全生产工作，惩治私挖盗采行为，妥善处理突发事件，巩固社会稳定和谐的大好局面。

自身建设

坚持决策讲民主、工作讲规则、办事讲程序，政府工作法治化、制度化、规范化水平明显提高。大力加强学习型政府建设，推行政府常务会议集中学习、部门周五学习制度，选拔一批年轻人到一线实践锻炼，政务人员业务素质和干事创业的能力显著提升。深入开展机关思想纪律作风整顿，实行工作日午间禁酒、经济工作动态考核、民主评议职能部门业务科室等制度，倡导马上就办，严格政务督查，强化效能监察，提高政府系统的执行力和落实力。严格执行社会稳定风险评估、重大决策论证和公示听证制度，积极推行政务公开，畅通区长邮箱、公开电话，自觉接受区人大法律监督、区政协民主监督，累计办复人大代表建议317件、政协委员提案537件，办理群众来信来电1689件，办结率和群众满意率达到100%，四年承诺的60件惠民实事全部兑现，政府公信力、凝聚力持续提升。认真落实党风廉政建设责任制，严格执行政府集中采购、项目招投标、土地招拍挂等制度，加强政府性投资审计，推行国库集中支付，从源头上、制度上预防和治理腐败，树立清正廉洁的政府形象。全区共获得“中国赛车新兴城市”“中国民间文化艺术之乡”“全省双拥模范区”“全省平安建设先进区”“全省国土资源执法模范区”“全省计划生育优质服务先进区”等16项省级以上称号；水污染治理、新农合“一卡通”“旅游护照”等先进经验在全省乃至全国推广；“造车鼻祖·奚仲故里”在国内外叫响，6次车赛在央视现场直播，《铁道游击队》等影视剧在全国热播，政府门户网站日点击量突破3万次、主流网站引擎搜索量突破470万条，薛城的知名度和美誉度显著提升。

第三章　综合政务

第一节　调研信息

调研工作

机构　区政府调研室（全称：薛城区人民政府调查研究室），原为区政府内设股室—文秘室，为更好地组织开展调查研究，为政府决策提供服务，2008年3月20日，设立薛城区人民政府调查研究室，为正科级财政拨款事业单位，隶属区政府办公室管理，核定人员编制6名，配备主任1名，副主任2名。

专题调研　2009年6月，区政府调研室编报《把握历史机遇、加强两地交流——在台儿庄古城前的思考》在《财富鲁南》发表；2011年7月，编报《薛城区2010年度第一批城乡建设用地增减挂钩有关情况的调研报告》获得山东省2011年度优秀调研成果三等奖；2012年3月，区政府调研室编报《薛城区以“土地预算”保障科学发展需求》在山东省政府政务信息《特刊》发表、获得山东省省长姜大明的批示；4月，编报《枣庄市薛城区严格执行土地批后监管的经验》在《山东政务信息·特刊》刊发，受到省委副书记、省长姜大明关注；5月，编报《薛城区坚持造城与造市并举——以棚改改善民生助推转型》在《领导科学报》发表；12月，编报《关于薛城区社会救助体系建设情况的调研报告》获2012年度全省政府系统优秀调研成果三等奖。

信息工作

机构　2006年6月，根据工作需要，信息督查室分开办公，成立区政府办公室信息室。2013年7月，实施全员办信息制度，区政府办公室专职信息员5人，兼职信息员达到26人。

主要工作　2008年10月，区政府信息室创刊《政务动态》。2011年获评全市政府系统政务信息先进单位。2012年5月，编报的《枣庄市薛城区严格执行土地批后监管的做法》被省政府办公厅、市政府办公室以分别以《特刊》《信息专报》刊发，并被省政府主要领导批示，经验做法在全省推广。2013年，《政务动态》改版为《政府信息》，创设《财经（要闻）》《快讯》两个刊物，搜集整理国家、省、市级层面最新政策、前沿咨询和市、区（县）级层面的先进做法，形成“纵到底、横到边”的信息平台，进一步增强信息辅政功能。

第二节　法治建设

机构

薛城区人民政府法制办公室（简称区法制办）成立于1989年7月，成立之初为正科级机构，核定行政编制8个。1991年，区法制办并入区政府办公室，为政府办公室内设科室。

政府规范性文件审查

2013 年，组织专人对全区 2002—2011 年的所有规范性文件进行审查清理，共计清理规范性文件 659 件，其中保留 173 件，废止 485 件，修改 1 件；并将清理结果予以公布。2013 年，制定出台《薛城区人民政府办公室关于落实规范性文件统一登记编号公布制度有关事项的通知》，对规范性文件的登记与编号、公布以及施行日期和有效期进行规范。

行政复议应诉

1991—2013 年，共办理行政复议案件 258 件，没有复议后诉讼发生；办理行政应诉案件 82 件，出庭应诉 200 余次，胜诉 70 件，胜诉率 85%。2013 年，全年共接受行政相对人行政复议咨询 33（人）次，受理行政复议案件 6 件，其中撤销 1 件，经调解申请人自愿撤回申请 4 件，维持 1 件。准备答辩意见 15 件，其他法律文书 59 件，代表区政府出庭应诉 19 次。2013 年，代区政府办理行政应诉案件 19 件，民事应诉案件 3 件，参加法庭审理及庭外座谈 27 次。

行政执法监督

根据《山东省行政执法监督条例》，建立行政执法全过程记录、重大行政执法决定法治审核、行政执法主体公告、行政执法人员持证上岗和资格管理、行政执法案卷评查等制度，及时发现和纠正违法或者不当行政执法行为。共组织各种法律法规执法检查 56 次，开展案卷评查 48 次，其中，2013 年，共抽查各镇街、国土分局、食药监局、安监局、城管局、卫计局等 17 个执法主体行政执法案卷 65 宗，其中行政处罚卷 47 宗，行政许可卷 18 宗。根据《山东省行政执法监督条例》和省法制办《关于开展全省行政执法人员专项清理工作的通知》，对薛城区行政执法主体和行政执法职权进行清理，明确理顺区级具有行政执法权机关 25 个，法律法规授权组织 20 个。2013 年，对全区区级行政权力进行集中清理审查并公布，决定保留行政权力事项 3705 项，其中行政审批 199 项（原公布 168 项，新增市级下放行政审批 31 项），行政处罚 2890 项，行政强制 121 项，行政征收 36 项，行政给付 20 项，行政裁决 7 项，行政确认 61 项，行政奖励 34 项，行政监督 237 项，其他权力 100 项。

第三节　信息化建设

机构

薛城区信息中心成立于 2000 年 10 月，为副科级全额预算事业单位，人员编制为 6 人。2005 年 6 月，区委、区政府为适应发展形势需要，加快推进全区电子政务建设，将薛城区信息中心升格为正科级全额预算事业单位，人员编制增加至 12 人。

政府网站建设

2000 年 10 月，薛城政府网（www. xuecheng. gov. cn）开通。2001 年 3 月，薛城区招商引资网（www. xczs. gov. cn）开通；4 月，中心机房实现光纤接入，政府网站全面提速。2003 年 7 月，区委、区政府启动镇街、部门、企业上网工程。2004 年 3 月，薛城区政府电子邮件系统启动运行。2008 年 9 月，薛城政府网全面改版，初步建成服务社会大众、发布政府信息、拓展网上办事的服务型政府综合信息平台。网站开设走进薛城、政务公开、服务市民、服务企业、服务三农、互动交流、招商营商、观光旅游八个频道，公众服务能力明显增强，受到社会各界的好评。2012 年 5 月，薛城政府网·城市生活频道开通，该平台以便民、为民、惠民为宗旨，打造薛城及周边地区市民生活资讯发布平台。2013 年，区政府办公室下发《薛城区人民政府办公室关于进一步加强政府网站建设和管理的通知》《薛城区人民政府办公室关于印发〈关于开展政府信息化建设提升年活动的实施方案〉的通知》，进一步规范明确镇街、部门网站建设任务。

电子政务建设

2005年12月，薛城区电子政务内网建设开始启动。2006年10月，薛城区电子政务内网联网单位完成88家。2008年3月，薛城区电子政务内网全面正式运行。7月，薛城区电子政务内网与上一级电子政务内网对接，实现与市、省电子政务内网的互联互通。2008年11月，全区信息化建设暨政府信息公开工作会议召开，会议下发《关于加强全区电子政务建设的实施意见》《关于转发〈枣庄市人民政府关于加快推进信息化建设的意见〉的通知》《关于做好电子政务办公自动化系统正式运行工作的通知》《关于做好电子政务内网接入工作的通知》《关于调整全区信息化工作领导小组成员的通知》等文件，为薛城区电子政务建设开启新的一页。2013年6月，薛城区电子政务外网建设项目和中国联通公司枣庄分公司正式签约。12月，薛城区电子政务外网与枣庄市电子政务外网联网。

对外宣传工作

2008年4月，由薛城区信息中心开发制作中华奚仲网官方网站，在北京人民大会堂新闻发布厅开通。2013年7月，开展薛城区老照片征集活动启动，共征集到反映薛城不同时期城市风貌、社会发展、民俗风情的老照片4000余张，展出1800余张，设计展板50余块，先后在区委、区政府、鑫街商业步行街等6个场所向广大市民展示，并设计制作出版薛城老照片宣传画册。2000年以来，区信息中心共出动人员采访政务信息6000余篇，采集拍摄照片30万幅，开设专题专栏195个，有力地提升薛城对外宣传形象和政府门户网站品位。至2013年年底，共编辑制作各项政务活动多媒体专题片（Flash、PPT）90余部，制作素材脚本270余篇，承担区政府各类政务活动多媒体播放173余次。

信息公开工作

2008年11月，全区信息化建设暨政府信息公开工作会议召开，会议下发《关于做好施行〈中华人民共和国政府信息公开条例〉有关工作的通知》，标志着薛城区政府信息公开工作全面开展。2013年3月，区政府下发《关于调整区政府信息公开工作协调推进领导小组的通知》；12月，区政府办公室下发《薛城区人民政府办公室关于做好政府信息发布保密审查工作的通知》，建立健全全区政府信息发布保密审查领导机构，制定完善政府信息公开保密审查制度，保障全区政府信息发布工作的规范性、严谨性。至2013年年底，全区完成政府信息公开查阅站点建设任务21家，使群众查阅政府信息初步实现便捷化、低成本。

第四节　史志工作

机构

1991年12月，薛城区第三次调整区地方志编纂委员会，成员27人，区史志办公室升格为一级全额事业单位，隶属区政府办公室管理。1996年5月，第四次调整地方志编纂委员会，成员27人，隶属区政府管理。是年，设立薛城区志审定委员会。1998年6月，第五次调整地方志编纂委员会，成员27人，史志办公室隶属区政府办公室管理。2003年12月，第六次调整地方志编纂委员会，成员34人。2007年，第七次调整地方志编纂委员会及薛城区年鉴编辑委员会，成员29人。2009年，第八次调整地方编纂委员会及薛城区年鉴编纂委员会，成员26人。至2013年，区史志办先后获“《山东年鉴》优秀供稿单位”，12人次被省史志办评为“全省优秀撰稿人”，12人次被市史志办评为“全市史志工作先进个人”“全市年鉴工作先进个人”“全市优秀撰稿人”。

修志工作

第一轮修志　第一轮《薛城区志（1840—1990）》编修。1985—1995年，每年都召开一次全区地方志工作会议，总结上年工作，部署下年度工作任务，表彰奖励先进集体和先进个人。每年年初或7月初，召开区直各部门、各乡镇（街道）和驻薛有关单位修志主笔人调度会议。共举

办培训班7期，聘请省、市史志办领导专家授课，参加学习560余人次，编发《薛城区志简报》，《薛城区志》编纂方案、框架设计和修志分工及编写大事记、人物志、农业章、工业章、文卫科教章等修志辅导材料29余件。1995年年底，薛城区志稿评审会召开。1996年3月，《薛城区志》定稿。1997年4月，《薛城区志》由中华书局正式出版发行。全书计110万字，内容涵盖薛城区境一个半世纪的政治、经济、文化等各方面发展，历史方面追溯到夏时奚仲受封时。1997年，《薛城区志》被中国地方志协会评为“中国地方志二等奖”、印刷质量一等奖。1998年11月6日，全市史志系统干部培训班在薛城区举办，推广薛城区史志工作经验。

第二轮修志　2010年6月，《薛城区志》续修工作启动，区政府召开全区续修《薛城区志》工作动员大会，传达贯彻区委办公室、区政府办公室关于印发《薛城区志（1991—2010）》编纂工作方案的通知，区长吴磊作动员讲话。由于资金短缺等多种因素，续修区志工作一度搁浅。2011年7月11日，薛城区制定出台《薛城区地方史志工作管理暂行办法》，在全区组织实施。2015年3月27日，薛城区再次召开续修《薛城区志（1991—2013）》编纂工作暨业务培训会议。会上，传达并下发《区委办公室、区政府办公室关于印发〈薛城区志（1991—2013）〉编纂工作方案的通知》和框架设计及供稿分工的通知。会议邀请市史志办专家进行业务辅导，200余名单位领导和修志主笔人接受业务培训。聘请两位修志业务专家，帮助指导业务工作，严把修志工作质量关，修志工作中，采取业务集训，深入基层登门进行业务辅导相结合等，收集大量素材，自2015年3月启动第二轮修志工作以来，累计征集资料550万余字，完成续修区志总纂稿190万字，随后历经打磨，形成150万字评议稿。

年鉴工作

第一部《薛城区志》出版后，为做好修志延续工作为第二轮修志做好资料准备，2009年，《薛城年鉴（2007—2008）》出版，全书共22个栏目，载录薛城区政治、经济、文化和社会发展等诸多内容，收录500余幅彩色插图，全书80余万字。2013年，编纂出版《薛城年鉴（2009—2012）》，全书共22个栏目，载录薛城区政治、经济、社会发展、政法、军事、对外贸易、社会民生等情况，为续修新方志积累部分资料。

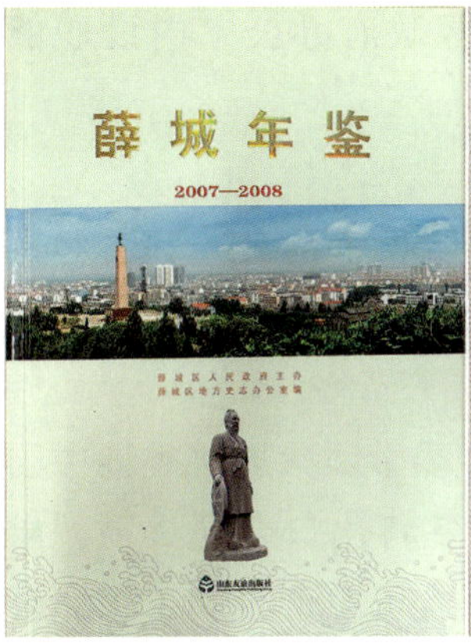

地情编纂

1996年4月25日，薛城区地方志编委会召开全区编纂《薛城区大事记》工作会议，成立《薛城区大事记》编纂委员会，并投入紧张的编写工作，组织发动收集大量资料进行多次筛选编纂。一部涵盖政治、经济、文化、人物等四大类部，共计30万字的《薛城大事记（1962—1997年）》于1998年3月由山东新闻出版局出版。

文字信息工作

1996—2013年，先后完成山东各地概况5万字，涵盖境域行政区划、自然条件、经济状况、文化事业、重大事故、著名人物、名胜古迹等内容。完成涵盖境域建置区划、人口民族、自然环境、自然资源、工业、民营经济、农业、商业流通、招商引资、交通邮电、城乡建设、科技、教育、文化、广播电视、体育、卫生、人民生活、旅游共5万字《枣庄市志》薛城部分。完成上报省煤炭局3.6万字《搬迁搬裂工农关系大事记》资料征集。完成3000字《铁道游击队在薛城》征稿。完成2万余字110幅照片《山东旅游丛书》薛城版。

第五节　外事和侨务工作

机构

1991年，薛城区人民政府侨务办公室，为隶属于区政府办公室的副科级行政单位。1998年，区外事办公室成立。2002年，薛城区区级党政机关机构改革，区外事办公室和侨务办公室合并为区外事侨务办公室，为区政府办公室内设职能股室。

重要外事活动

1992年12月，区经贸委带队赴美国，对枣庄迅达利电子工业有限公司电话机设备问题进行考察。

1993年3月，区外经委带团参加“香港中国山东枣庄经贸洽谈会”。签订出口合同2项，出口金额270万美元；签订合资生产合同1个，合同利用外资310万美元。是年8月16—29日，区经贸委随枣庄市赴韩国经贸代表团，参观汉城（现韩国首尔）举行的“中国商品展览会”。在韩期间，参观“1993年大田国院出口博览会”、考察东喜金星商事并签订ABS树脂生产原料供货合同。

1994年6月15日，“俄罗斯民族音乐歌舞团”在薛城影院、龙泉剧院演出。演出的节目有“乌克兰舞”“西班牙舞”“法国舞”“俄罗斯民歌”“三套马车”“喀秋莎”等歌曲。这是薛城区首次接待国外艺术团体。是年7月，美国客商到薛城铁合金厂参观考察。是年8月，德国水泥专家海固茨、迪特尔、马尔海讷到南石水泥厂进行技术指导，这是全市首次在乡镇企业中引进国外专家。是年10月，新西兰环保专家一行8人，在省环保局及区领导的陪同下，对薛城区申请利用世界银行贷款、拟建城市污水处理厂等有关事宜进行考察。是年12月14—30日，应美国蒽醌用户的邀请，兴仁办事处党委书记王荣义、染料化工厂厂长张依白赴美国考察市场。先后走访16用户，扩大用户14家，并在洛杉矶设立蒽醌销售网点、跨国办事处。经经贸部批准，争取到全市唯一的乡镇企业直接出口自营权。

1995年9月，应枣庄市及薛城区人事部门邀请，法国专家组织负责人菲利普·米利昂，在省人事部门有关负责人的陪同下，考察薛城区山东华众纸业股份有限公司及南极洲啤酒集团股份有限公司等企业。

1996年3月22日至4月18日，区人事局邀请法国造纸设备专家德拉罗舍到山东华众纸业有限公司进行技术指导。

1997年10月19日，区政府考察团参加由张清泉捐资1000万元兴建的福建省仙游县华侨纸业中学立碑揭牌仪式。

2007年，旅美华侨安全忠捐资1600万元兴建杭庄新村，共建设欧式小康楼70套，1.4万平方米，均为两层建筑结构，并配套建设300余平方米的村民活动中心。

2008年10月15日，杭庄新村被省侨办揭牌为“侨爱新村”，成为省侨办挂牌的第一个“侨爱新村”。杭庄新村的投入使用，极大地改善村民的生活条件，是薛城区利用侨资、服务侨务、建设社会主义新农村的一个缩影。

2009—2012年，共接待和处理华人华侨及侨眷侨属来信来访170件，办结回复率达100%。共派出3位华文教师赴菲律宾、泰国等国支教，4名教师被选拔进入国侨办外派教师储备库。

2011年12月8日，国侨办“侨爱新村”揭牌仪式在薛城区邹坞镇杭庄新村举行。全区有海外侨胞298人，分布在15个国家和地区；拥有侨资企业8家，注册资本9523.6万美元。

2013年，临城街道福泉社区被省侨办确定为“省级侨法宣传角”；是年成立侨界法律顾问团，设团长1人，聘请法律顾问3人，为归侨、侨界及侨资企业提供免费的法律咨询和法律援助。同时，协调医疗机构，确定区中医院为区级归侨侨眷定点医院，在医院相关部门设立归侨侨眷就诊窗口和优先就诊提示牌，选定知名专家定期坐诊服务。镇街、社区也确定对侨优惠的定点医疗机构，发放卫生保健服务卡，提供义务体检诊疗服务，对卧床不起的侨属采取登门服务、定期走访。

第六节　工农关系

1993 年，区政府工农关系办公室由区政府办公室监管。1997 年后，区政府工农关系办公室先后 4 次获省级压煤搬迁工作先进单位称号。

1991—2013 年，区境遍布国家统配煤矿和地方煤矿，区政府工农关系办公室主要工作任务是解决压煤村庄搬迁，调处房屋斑裂、土地塌陷赔偿等工农关系纠纷。区政府工农关系办公室共接待群众来访 8370 人次，召开处理工农纠纷会议 427 场次，终结压煤搬迁问题赔偿 196 起，涉及赔偿资金 5344. 63 万元。其中，土地塌陷面积 517. 82 公顷，赔偿资金 1075. 90 万元；土地绝产面积 32. 88 公顷，赔偿资金 162. 90 万元；房屋斑裂面积 136. 25 万平方米，赔偿资金 4105. 83 万元。

1991—2013 年薛城区压煤搬迁处理情况统计表

表 18-2

年份	赔付（起）	土地塌陷		土地绝产		房屋斑裂	
		面积（公顷）	赔偿金额（元）	面积（公顷）	赔偿金额（元）	面积（平方米）	赔偿金额（元）
1991	6	43. 47	782400			32503. 60	747582. 8
1992	8			0. 67	33165	22420. 67	605358
1993	13	24. 23	436140			86102. 32	1980353
1994	15	10. 13	182340	1. 21	59895	126500. 24	2530005
1995	9	40. 53	729480	2. 08	102960	39872. 31	1036680
1996	6	26. 50	476520			38442. 18	1380334
1997	8	9. 70	174600			36852. 67	1614592
1998	9	33. 38	600768	0. 35	17325	52660. 60	1474497
1999	10	37. 43	673680			68037. 41	1564861
2000	8	21. 73	391200			62100. 21	1614605
2001	13	43. 4	780000			68550. 84	2536381
2002	7	23. 35	420360	5. 07	252450		
2003	7			2. 63	130185	102887. 10	2675065
2004	12	14. 67	264060			60233. 71	2047946
2005	11	12	216000	3. 54	175230	104590	2614750

续表18-2

年份	赔付（起）	土地塌陷		土地绝产		房屋斑裂	
		面积（公顷）	赔偿金额（元）	面积（公顷）	赔偿金额（元）	面积（平方米）	赔偿金额（元）
2006	9			0.5	24750	37640.97	978665
2007	8	28.46	512244	9.73	481635		
2008	11	7.31	1571640	1.83	90585	37273.30	1418220
2009	7			5.27	260865	27300	900900
2010	6					80940.06	2832902
2011	4	56.02	1008360			78068.13	2420112
2012	3	50.8	914400			99733.30	3191465
2013	3	34.71	624840			85466.70	2393068

第七节　政务服务管理

行政审批工作

2009年12月，薛城区委、区政府批准成立薛城区行政审批服务中心，为区政府办公室管理正科级财政拨款事业单位。2010年，开始筹备建设，2011年6月，正式启用运行。

政务服务大厅运行之初，进驻单位24家，进驻人员46名，受理各类审批（服务）事项142项。2013年7月15日，第16次区长办公会议提出建设新政务服务大厅的意见。根据国务院、省、市相关文件要求，对行政许可（服务）事项进行四轮审查清理，明确公布保留行政许可事项113项，调整（转变管理方式）事项63项，上报行政审批事项61项，取消、暂停行政审批事项43项，下放、委托、下沉办理审批事项32项。清理审查结果以《薛城区人民政府关于公布薛城区行政审批事项的通知》对社会公布。是年12月，薛城区人民政府印发文件，确定薛城区行政审批事项168项，取消、暂停行政审批事项53项，下放、委托、下沉办理审批事项32项。至2013年年底，共受理各类行政审批和便民服务事项23756件，受理咨询服务36991件。

公共资源交易

2012年3月，建立公共资源交易中心，与行政审批服务中心合署办公，探索实施公共资源交易统一进场，集中交易管理。4月26日，薛城区第一单政府采购项目在区公共资源交易中心举行。2013年8月，注册成立“枣庄市薛城区公共资源交易中心”，企业类型为全民所有，实行企业化运营模式，构建政府引导市场、市场公开交易、交易规范运作、运作统一管理的公共资源交易管理服务新体系，制定出台《关于印发薛城区公共资源交易保证金管理暂行办法的通知》，严格实施保证金集中收付、专户管理、统一收退、及时退付管理，严格监管中介机构进厅执业行为。共与15家中介代理机构签订约定准入协议，组织完成项目交易176场/次，交易金额达11.43亿元。

薛城區卷

第十九编

中国人民政治协商会议

薛城区委员会

第一章　组织机构

根据《中国人民政治协商会议章程》有关规定，中国人民政治协商会议薛城区委员会（以下简称政协薛城区委员会）的组成结构，由委员会议、常委会议和主席会议组成，常委会由主席、副主席、秘书长和常务委员组成。1990 年 2 月至 2012 年 1 月，政协薛城区委员会共选举产生第三届至第八届委员会。

第三届委员会

1990 年 2 月，薛城区第三届政协委员会第一次会议选举产生薛城区第三届政协委员会。

薛城区第三届政协委员会（1990 年 2 月至 1993 年 2 月），设主席 1 人，副主席 7 人。设有办公室、提案委员会、经济科技委员会、文教卫生委员会、文史资料委员会。

第四届委员会

1993 年 2 月，薛城区第四届政协委员会第一次会议选举产生薛城区第四届政协委员会。

薛城区第四届政协委员会（1993 年 2 月至 1998 年 1 月），设主席 1 人，副主席 7 人。设有办公室、调研室、提案委员会、社会政法委员会、经济科技委员会、文教卫生委员会、文史资料委员会。

第五届委员会

1998 年 1 月，薛城区第五届政协委员会第一次会议选举产生薛城区第五届政协委员会。

薛城区第五届政协委员会（1998 年 1 月至 2003 年 1 月），设主席 1 人，副主席 7 人。设有办公室、调研室、提案委员会、经济科技委员会、文教卫生委员会、人资环委员会、文史资料委员会。

第六届委员会

2003 年 1 月，薛城区第六届政协委员会第一次会议选举产生薛城区第六届政协委员会。

薛城区第六届政协委员会（2003 年 1 月至 2007 年 12 月），设主席 1 人，副主席 7 人，秘书长 1 人。设有办公室、调研室、委员工作室、提案委员会、经济科技委员会、人资环委员会、文教卫生委员会、文史资料委员会。

第七届委员会

2007 年 12 月，薛城区第七届政协委员会第一次会议选举产生薛城区第七届政协委员会。

薛城区第七届政协委员会（2007 年 12 月至 2012 年 1 月），设主席 1 人，副主席 7 人，秘书长 1 人。设有办公室、调研室、委员工作室、提案委员会、经济科技委员会、人资环委员会、文教卫生委员会、文史资料委员会、机关服务中心（老干部工作室）。

第八届委员会

2012 年 1 月，薛城区第八届政协委员会第一次会议选举产生薛城区第八届政协委员会。

薛城区第八届政协委员会（2012 年 1 月），设主席 1 人，副主席 7 人，秘书长 1 人。设有提案委员会、经济科技委员会、人资环委员会、文教卫生委员会、文史资料委员会、办公室（下设机关服务中心、老干部工作室）、调研室、委员工作室。

第三届至第九届政协薛城区委员会主席、副主席、秘书长任职情况一览表

表 19-1

届次	职务	姓名	任职时间	备注
第三届 1990. 02—1993. 02	主席	王守让	1990. 02—1993. 02	
	副主席	刘胜益	1990. 02—1993. 02	
		黄振江	1990. 02—1993. 02	不驻会
		丁成钢	1990. 02—1993. 02	不驻会
		黄汝龙	1990. 02—1993. 02	不驻会
		王庆斗	1990. 02—1993. 02	
		洪祖训	1990. 02—1993. 02	不驻会
		董金镛	1991. 03—1993. 02	
第四届 1993. 02—1998. 01	主席	王守让	1993. 02—1997. 02	
		王泽新	1997. 02—1998. 01	
	副主席	王泽新	1995. 12—1997. 02	
		董金镛	1993. 02—1998. 01	
		刘贵发	1993. 02—1994. 02	
		洪祖训	1993. 02—1998. 01	不驻会
		黄振江	1993. 02—1998. 01	不驻会
		黄汝龙	1993. 02—1998. 01	不驻会
		李潭生	1993. 02—1998. 01	不驻会
		董金玉	1994. 02—1998. 01	
第五届 1998. 01—2003. 01	主席	王泽新	1998. 01—2003. 01	
	副主席	谢云文	2001. 01—2003. 01	
		李士松	1998. 01—2003. 01	
		杨保君	1998. 01—1999. 04	
		黄振江	1998. 01—2003. 01	不驻会
		黄汝龙	1998. 01—2003. 01	不驻会
		李潭生	1998. 01—2003. 01	不驻会
		季克远	1998. 01—2003. 01	
		王清祥	1999. 07—2003. 01	
第六届 2003. 01—2007. 12	主席	谢云文	2003. 01—2007. 12	
	副主席	卢友存	2003. 01—2007. 12	
		黄汝龙	2003. 01—2007. 01	不驻会
		李潭生	2003. 01—2007. 01	不驻会
		王清祥	2003. 01—2007. 12	
		周本顺	2003. 01—2007. 12	
		贾继芳（女）	2003. 01—2007. 12	不驻会
		彭景涛	2007. 01—2007. 12	不驻会
		安　朝（女）	2007. 01—2007. 12	不驻会
	秘书长	常兴玉	2006. 01—2007. 12	

续表19-1

届次	职务	姓名	任职时间	备注
第七届 2007.12—2012.01	主 席	贾福章	2007.12—2012.01	
	副主席	徐德用	2007.12—2012.01	
		侯宗盾	2007.12—2011.01	
		彭景涛	2007.12—2012.01	不驻会
		安　朝（女）	2007.12—2012.01	不驻会
		王江波（女）	2007.12—2012.01	
		姚　磊	2007.12—2012.01	不驻会
		张美安	2011.01—2012.01	
	秘书长	常兴玉	2007.12—2012.01	
第八届 2012.01—2017.01	主席	王艳君（女）	2012.01—2017.01	
	副主席	彭景涛	2012.01—2017.01	不驻会
		安　朝（女）	2012.01—2017.01	不驻会
		王江波（女）	2012.01—2017.01	
		姚　磊	2012.01—2017.01	不驻会
		张美安	2012.01—2017.01	
		程　利	2012.01—2017.01	
	秘书长	常兴玉	2012.01—2013.01	
		孙尚亭	2013.01—2017.01	
第九届 2017.01—	主席	张凤麟	2017.01—	
	副主席	林　捷（女）	2017.01—	
		姚　磊	2017.01—	不驻会
		程　利	2017.01—2019.12	
		刘洪彦（女）	2017.01—	不驻会
		姚剑峰	2017.01—2019.12	
		庞　东（女）	2017.01—	不驻会
		张贵强	2019.12—	
		张　军	2019.12—	
	秘书长	孙尚亭	2017.01—	

第二章　政治协商会议

1990年2月12日至2012年1月11日，政协薛城区委员会历经六届换届选举。第三届任期3年，第七届任期4年，其余各届任期均为5年。

第一节　区政协全委会议

三届全委会议

第一次会议　1990年2月12—15日，政协第三届薛城区委员会第一次会议在区机关招待所召开。出席会议的委员141人，共17个界别。会议选举王守让为区政协主席，刘胜益、黄振江、丁成钢、黄汝龙、王庆斗、洪祖训为区政协副主席，并选举常务委员27名。

第二次会议　1991年3月14—16日，政协第三届薛城区委员会第二次会议在区机关招待所召开。出席会议的委员159人，共18个界别。会议选举董金镛为区政协副主席。

第三次会议　1992年2月25—27日，政协第三届薛城区委员会第三次会议在55301部队召开。出席会议的委员150人，共18个界别。

四届全委会议

第一次会议　1993年2月11—15日，政协第四届薛城区委员会第一次会议在55301部队召开。出席会议的委员138人，共19个界别。会议选举王守让为区政协主席，董金镛、刘贵发、洪祖训、黄振江、黄汝龙、李潭生为区政协副主席，选举常务委员21名。

第二次会议　1994年2月26—28日，政协第四届薛城区委员会第二次会议在55301部队召开。出席会议的委员154人，共19个界别。会议选举董金玉为区政协副主席，增选常务委员3人，刘贵发辞去区政协副主席职务。

第三次会议　1995年2月20—22日，政协第四届薛城区委员会第三次会议在55301部队召开。出席会议的委员150人，共19个界别。

第四次会议　1996年3月10—12日，政协第四届薛城区委员会第四次会议在枣庄市委党校召开。出席会议的委员153人，共19个界别。会议增选王泽新为区政协副主席，增选常务委员3人。

第五次会议　1997年3月4—6日，政协第四届薛城区委员会第五次会议在55301部队召开。出席会议的委员171人，共23个界别。会议接受并批准王守让主席的辞呈；选举王泽新为区政协主席。

五届全委会议

第一次会议　1998年1月15—19日，政协第五届薛城区委员会第一次会议在55301部队召开。出席会议的委员143人，共23个界别。会议选举王泽新为区政协主席，李士松、杨宝君、黄振江、黄汝龙、李潭生、季克远为区政协副主席，并选举常务委员24名。

第二次会议　1999年3月4—5日，政协第五届薛城区委员会第二次会议在55301部队召开。出席会议的委员160人，共23个界别。会议增选常务委员4人。

第三次会议　2000年1月23—25日，政协第五届薛城区委员会第三次会议在区机关招待所召开。出席会议的委员162人，共23个界别。会议增选王清祥为区政协副主席。

第四次会议　2001年1月10—12日，政协第五届薛城区委员会第四次会议在区机关招待所召开。出席会议的委员151人，共23个界别。会议增选谢云文为区政协副主席。

第五次会议　2002年1月27—29日，政协第五届薛城区委员会第五次会议在区机关招待所召开。出席会议的委员163人，共23个界别。会议增选常务委员6人。

六届全委会议

第一次会议　2003年1月19—23日，政协第六届薛城区委员会第一次会议在区机关招待所召开。出席会议的委员156人，共24个界别。会议选举谢云文为区政协主席，卢友存、黄汝龙、李潭生、王清祥、周本顺、贾继芳为区政协副主席，并选举常务委员32名。

第二次会议　2004年1月3—5日，政协第六届薛城区委员会第二次会议在区机关招待所召开。出席会议的委员167人，共24个界别。会议增选常务委员5人。

第三次会议　2005年1月11—13日，政协第六届薛城区委员会第三次会议在区机关招待所召开。出席会议的委员 166 人，共 24 个界别。会议增选常务委员 2 人。

第四次会议　2006 年 1 月 7—9 日，政协第六届薛城区委员会第四次会议在区机关招待所召开。出席会议的委员 170 人，共 24 个界别。选举常兴玉为区政协秘书长，增选常务委员 4 人。

第五次会议　2007 年 1 月 15—17 日，政协第六届薛城区委员会第五次会议在区机关招待所召开。出席会议的委员 175 人，共 24 个界别。会议补选彭景涛、安朝为区政协副主席，黄汝龙、李潭生辞去区政协副主席职务。

七届全委会议

第一次会议　2007 年 12 月 5—8 日，政协第七届薛城区委员会第一次会议在区机关招待所召开。出席会议的委员 175 人，共 24 个界别。会议选举贾福章为区政协主席，徐德用、侯宗盾、彭景涛、安朝、王江波、姚磊为区政协副主席，常兴玉为区政协秘书长，并选举常务委员 25 名。

第二次会议　2009 年 1 月 5—7 日，政协第七届薛城区委员会第二次会议在锦泉假日酒店召开。出席会议的委员 175 人，共 24 个界别。区委、区政府、区政协联合表彰王伟等 9 名优秀政协委员、9 件优秀提案和 8 个提案办理先进单位。

第三次会议　2010 年 1 月 5—7 日，区政协七届三次会议在薛城宾馆召开。出席会议的委员 181 人，24 个界别。增补常务委员 4 人。

第四次会议　2011 年 1 月 6—8 日，区政协七届四次会议在薛城宾馆召开。出席会议的委员 195 人，24 个界别。会议补选张美安为区政协副主席，侯宗盾辞去区政协副主席职务。增补常务委员 3 人。区委、区政府、区政协联合表彰王伟等 10 名优秀政协委员、10 件优秀提案和 10 个提案办理先进单位。

区政协八届二次会议

八届全委会议

第一次会议　2012 年 1 月 11—14 日，区政协八届一次会议在薛城宾馆召开。出席会议的委员 186 人，24 个界别。会议选举王艳君为区政协主席，彭景涛、安朝、王江波、姚磊、张美安、程利为区政协副主席，常兴玉为区政协秘书长，并选举常务委员 36 名。

第二次会议　2013 年 1 月 14—16 日，区政协八届二次会议在薛城皇冠花园大酒店召开。出席会议的委员 205 人，24 个界别。会议补选孙尚亭为区政协秘书长，并增补常务委员 7 名。

第二节　区政协常委会议

第三届常委会议

第一次常委会议　1990 年 3 月 26 日，区政协三届一次常委会议在区机关招待所召开。会议传达学习中共十三届六中全会文件，传达贯彻市政协四届三次会议精神，研究 1990 年区政协工作计划和区政协七个专门委员会组成人员名单。

第二次常委会议　1990 年 7 月 21 日，区政协三届二次常委（扩大）会议在区政协三楼会议室召开。会议学习中共中央江泽民书记在全国统战工作会议上的讲话，听取有关通报，讨论通过区政协工作规则、通则、条例和委室干部任命名单，增补部分政协委员。

第三次常委会议　1990年9月14日，区政协三届三次常委会议在区政协三楼会议室召开。会议传达学习市委主要领导在全市统战工作会议上的讲话，听取区政府关于“三秋”生产工作情况的通报，通过“给全区政协委员的一封信”。

第四次常委会议　1990年11月22日，区政协三届四次会议在区政协机关召开。会议传达学习省政协工作会议精神、省政协主席李子超的讲话、《中共山东省委关于进一步发挥人民政协政治协商、民主监督职能作用的意见（讨论稿）》，参观枣庄市高新技术产业开发区。

第五次常委会议　1991年1月23日，区政协三届五次常委会议在区政协机关召开。会议学习中共十三届七中全会公报，听取区政府关于区政协三届一次会议以来提案办理情况的通报，传达全区政协工作会议精神，审议通过《政协第三届薛城区委员会一九九〇年工作总结和一九九一年工作要点（草稿）》和《政协第三届薛城区委员会关于召开政协第三届薛城区委员会第二次会议的决定（草案）》。

第六次常委会议　1991年3月2日，区政协三届六次常委会议在区政协机关召开，会议研究区政协三届二次会议有关事宜，讨论协商《区政府工作报告》。

第八次常委会议　1991年5月21日，区政协三届八次常委会议在区政协机关召开。会议听取区政府关于几项社会事业发展情况的通报，听取区计生委、教育局、卫生局工作情况的通报，审议通过区政协关于加快城镇普及初级中等教育步伐的建议案，通过“给全区政协委员的一封信”以及有关人事任命事宜。

第九次常委会议　1991年8月21日，区政协三届九次常委会议召开。会议听取区政府关于农业工作情况的通报，听取区农业局、林业局、土管局工作情况的通报，讨论通过区科协作为区政协组成单位的决定，增补和辞去部分政协委员，听取全区政协工作会议精神贯彻落实情况的通报和区政协上半年工作情况的通报。

第十次常委会议　1991年11月21日，区政协三届十次常委会议在区政协机关召开。会议通报区委工作会议精神，听取区政府工作情况的通报，听取区体改委、经委、乡镇企业局工作情况的通报。

第十一次常委会议　1992年1月22日，区政协三届十一次常委会议在区政协机关召开。会议听取区委关于区委四届七次全委扩大会议精神和社会治安综合治理情况的通报，听取区政府提案办理情况的通报。

第十二次常委会议　1992年2月15日，区政协三届十二次常委会议在区政协机关召开。会议研究区政协三届三次会议有关事宜，审议通过《政协薛城区委员会一九九二年工作要点》和《政协薛城区委员会提案工作条例》等。

第十四次常委会议　1992年5月14日，区政协三届十四次常委会议在区政协机关召开。会议听取区委关于改革开放情况的通报和区政府关于农业农村情况的通报以及区科委、科协关于科教兴农情况的通报。

第十五次常委会议　1992年7月24日，区政协三届十五次常委会议召开。会议听取区委关于精神文明工作情况的通报和区建委、区民政局有关工作情况的通报，学习讨论区委工作会议精神。

第十六次常委会议　1992年9月16—17日，区政协三届十六次常委会议召开。会议参观全区部分乡镇企业，听取区政府关于乡镇企业工作情况的通报。

第十七次常委会议　1992年12月10日，区政协三届十七次常委会议召开。会议学习中共十四大政治报告，听取提案办理情况的通报和财政、税务、物价大检查工作情况的通报。审议通过《关于召开政协薛城区第四届委员会第一次会议的决定（草案）》，协商通过《政协薛城区第四届委员会人事安排工作方案》。

第四届常委会议

第一次常委会议　1993年3月6日，区政协四届一次常委会议召开，会议审议通过《政协薛城区委员会一九九三年工作要点（草案）》《关于开展先进工作室及优秀政协委员评选活动的意见》，协商讨论区政协各专门委员会组成人员建议名单及有关人事事项。

第二次常委会议　1993年5月10日，区政协四届二次常委会议召开，会议集中协商讨论全区农村社会化服务体系建设和种植结构调整情况。

第三次常委会议　1993年8月24日，区政协四届三次常委会议召开。会议听取政法部门关于区政法工作情况的通报，协商增补部分政协委员。

第四次常委会议　1993年11月23日，区政协四届四次常委会议召开。会议学习中共十四届三中全会公报，听取区经济工作情况通报、反腐倡廉工作情况通报和区政府办公室关于四届一次会议以来提案办理工作情况的通报，委员们就全区经济工作作大会发言。

第五次常委会议　1994年2月1日，区政协四届五次常委会议召开。会议审议通过《政协第四届薛城区委员会常务委员会工作报告》并推举报告人，会议审议通过《政协第四届薛城区委员会提案委员会关于四届一次会议以来提案办理工作情况的报告》，审议通过《关于召开政协第四届薛城区委员会第二次会议的决定（草案）》和《关于召开政协第四届薛城区委员会第二次会议的方案（草案）》，审议通过区政协四届二次会议秘书长、副秘书长建议名单。

第八次常委会议　1994年4月26日，区政协四届八次常委会议召开，会议传达学习全国政协八届二次会议及省政协七届六次常委会议精神，学习修改后的政协章程，讨论通过《关于进一步加强同委员联系的决定》。

第九次常委会议　1994年7月18日，区政协四届九次常委会议召开，会议听取区政府关于在全区工商企业中推行股份制改革、关于促进外向型经济发展和鼓励外商投资的优惠政策及关于促进个体私营经济发展若干规定的通报。

第十次常委会议　1994年12月3日，区政协四届十次常委会议召开。会议听取区政府提案办理工作情况的通报、教育工作情况通报以及计划生育工作情况通报。

第十一次常委会议　1995年1月11日，区政协四届十一次常委会议召开。会议讨论通过政协四届三次会议工作报告（讨论稿）、政协四届二次会议以来提案办理情况的报告（讨论稿）、召开政协四届三次会议的方案（草案）、召开政协四届三次会议的决定（草案）以及有关人事任免事项，协商增补辞退部分政协委员。

第十三次常委会议　1995年4月24日，区政协四届十三次常委会议召开。会议听取全区畜牧养殖工作情况、道路建设工作情况、全区土地管理工作情况的通报。

第十四次常委会议　1995年7月26日，区政协四届十四次常委会议召开。会议听取区政府关于全区重点工程建设情况的通报、区经贸委关于区直企业开展“管理效益年”活动情况的汇报、区乡镇企业局关于全区乡镇企业开展“管理效益年”活动情况的汇报。

第十五次常委会议　1995年11月11日，区政协四届十五次常委会议召开。会议传达全市政协工作会议精神，听取区政府关于区政协四届三次会议政协提案办理情况的通报，听取区教委关于全区教育“双基”达标和城区中小学入学情况的汇报，审议表决增补区政协委员名单和人事任免事项。

第十六次常委会议　1996年1月23日，区政协四届十六次常委会议召开，会议听取并讨论关于中共薛城区委五届四次会议全委（扩大）会议情况和主要精神的通报，审议通过《政协第四届薛城区委员会常务委员会工作报告（讨论稿）》并推举报告人，审议通过区政协提案委关于四届三次会议以来提案工作情况的报告（讨论稿），审议通过关于召开政协第四届薛城区委员会第四次会议的决定（草案），审议通过关于召开政协第四届薛城区委员会第四次会议的方案（草案），审议通过区政协四届四次会议秘书长、副秘书长建议名单，审议通过有关人事任免事项和增补区政协委员名单。

第十七次常委会议　1996年3月9日，区政协四届十七次常委会议在市委党校会议室召开。会议审议通过区政协四届四次会议日程、委员分组及召集人名单、常委轮流值日名单；增补和辞去区政协委员，通过有关人事任免事项。

第十九次常委会议　1996 年 5 月 24 日，区政协四届十九次常委会议在区政协四楼会议室召开，会议听取区政府关于全区流通行业工作情况的通报，听取区供销社、粮食局、物资总公司关于各自系统工作情况的通报，增选部分政协委员。

第二十次常委会议　1996 年 7 月 26 日，区政协四届二十次常委会议在区政协四楼会议室召开。会议学习中共中央总书记江泽民《努力建设高素质的干部队伍》重要讲话，听取区政府关于上半年全区经济工作情况的通报和区财政局关于全区上半年全区财政工作情况的通报，审议通过《政协薛城区委员会关于政治协商、民主监督、参政议政的规定》。

第二十一次常委会议　1996 年 12 月 4 日，区政协四届二十一次常委会议在区政协四楼会议室召开。会议传达学习中共薛城区五届五次全委会议精神，听取区政府关于“强乡富民”工程实施情况的通报和区水利局关于全区农田水利基本建设工作的通报。

第二十二次常委会议　1997 年 1 月 28 日，区政协四届二十二次常委会议在区政协四楼会议室召开。会议听取区政府关于区政协四届四次会议以来提案办理情况的通报；审议通过关于召开政协第四届薛城区委员会第五次会议的决定、会议方案；审议通过区政协四届五次会议日程、议程，秘书长、副秘书长名单，各组召集人名单、常委轮流值日名单；审议通过常委会工作报告（讨论稿）、提案工作报告（讨论稿）；审议通过人事任命及增补区政协委员名单等事宜。

第二十四次常委会议　1997 年 4 月 15 日，区政协四届二十四次会议在区政协四楼会议室召开。会议听取区政府通报全区煤矿生产、安全工作情况和区地矿局通报关于贯彻执行《中华人民共和国矿产资源法》工作的情况。

第二十五次常委会议　1997 年 7 月 22 日，区政协四届二十五次常委会议在区政协四楼会议室召开。会议听取区政府关于上半年全区国民经济和社会发展计划执行情况的通报，听取区水务局关于全区防汛工作情况的通报，组织学习有关文件。

第二十六次常委会议　1997 年 10 月 16 日，区政协四届二十六次常委会议在区政协四楼会议室召开。会议传达学习中共十五大会议精神，听取区政府通报政协提案办理工作情况，总结交流四届区政协工作经验。

第二十七次常委会议　1997 年 12 月 30 日，区政协四届二十七次常委会议在区机关招待所召开。会议审议通过关于召开区政协五届一次会议的决定；审议通过新一届区政协委员名单；审议通过大会主席团和秘书长建议名单、大会主席团常务主席建议名单、大会执行主席分组建议名单；审议通过大会委员分组和召集人名单；审议通过大会提案审查委员会建议名单；审议通过大会副秘书长建议名单；审议通过四届区政协常委会工作报告（讨论稿）；审议通过四届区政协提案工作情况报告（讨论稿）。

第五届政协常委会议

第一次常委会议　1998 年 3 月 26 日，区政协五届一次常委会议在区政协四楼会议室召开。会议学习李瑞环主席在全国政协九届一次会议闭幕会上的讲话，听取区政府关于发展特色农业、加强林果开发与管理情况的通报，关于全区乡村道路建设管理情况的通报，审议通过区政协常委会工作规则等文件，协商增补五届区政协委员，审议通过区政协人事任命事项和各专门委员会成员名单。

第二次常委会议　1998 年 7 月 21 日，区政协五届二次常委会议在区政协四楼会议室召开。会议听取区政府关于全区上半年国民经济运行情况的通报、关于全区企业改制工作情况的通报、关于全区区直企业下岗职工基本生活保障和再就业工作情况的通报，审议通过区政协人事任命事项。

第三次常委会议　1998 年 9 月 29 日，区政协五届三次会议在区政协四楼会议室召开。会议听取区法院关于法院工作情况的通报、区检察院关于检察院工作情况的通报、区公安局关于全区公安工作情况的通报。

第四次常委会议　1998 年 12 月 10 日，区政协五届四次常委会议在区政协四楼会议室召开。会议听取区委关于中共薛城区第六次代表大会会议精神的通报、区政府关于区政协五届一次会议提案办理工作情况的通报、区老干部局关于全区老干部工作情况的通报。

第五次常委会议　1999 年 1 月 22 日，区政协五届五次常委会议召开。会议审议通过关于召开区政协五届二次会议的决定，大会议程、日程（草案），大会秘书长、副秘书长名单，大会委员分组及各组召集人名单，大会常委轮流值日名单，审议通过五届区政协常委会工作报告并推举报告人，审议通过区政协五届一次会议以来提案工作情况报告，协商增补五届区政协委员，审议通过区政协人事任免事项及增补区政协五届常务委员会委员建议名单。

第七次常委会议　1999 年 5 月 24 日，区政协五届七次常委会议召开。会议听取区政府关于全区农业结构调整情况的通报和关于加强农村制度建设情况的通报，审议通过政协薛城区委员会关于全区水资源开发利用管理保护情况的调查报告。

第八次常委会议　1999 年 7 月 23 日，区政协五届八次常委会议召开。会议听取区政府关于上半年全区国民经济运行情况的通报、全区计划生育工作情况的通报、区政府关于贯彻实施《中华人民共和国建筑法》情况的通报，审议通过区政协人事任命事项，协商增补五届区政协委员。

第九次常委会议　1999 年 10 月 15 日，区政协五届九次常委会议在区政协四楼会议室召开。会议学习中共十五届四中全会文件，听取区政府关于贯彻实施《社会保险费增缴暂行条例》工作情况的通报、关于全区环境保护工作情况的通报、关于区政协五届二次会议提案办理工作情况的通报等。

第十次常委会议　2000 年 1 月 14 日，区政协五届十次常委会议召开。会议听取全区经济工作会议精神通报，协商讨论区政府工作报告（征求意见稿）；审议通过关于召开区政协五届三次会议的决定，大会议程、日程（草案），大会秘书长、副秘书长名单，大会委员分组及各组召集人名单，大会常委轮流值日名单，审议通过增选五届区政协副主席候选人建议名单，审议通过五届区政协常委会工作报告并推举报告人，审议通过区政协五届二次会议以来提案工作情况的报告。

第十二次常委会议　2000 年 3 月 22 日，区政协五届十二次常委会议召开。会议学习李瑞环主席在全国政协九届三次会议上的讲话，传达省政协八届三次会议、市政协六届三次会议精神，审议通过区政协 2000 年度工作计划要点。

第十三次常委会议　2000 年 5 月 17 日，区政协五届十三次常委会议在常庄镇政府会议室召开。会议听取并讨论区政府关于城市规划及执行情况的通报、关于薛城区二期世行项目实施情况的通报，审议通过区政协“关于全区二期世行项目开发建设的几点建议”。

第十四次常委会议　2000 年 7 月 21 日，区政协五届十四次常委会议在区政协机关会议室召开。会议听取并讨论区政府关于全区企业改革情况的通报以及邹坞镇、沙沟镇、区天元精细化工厂等单位深化企业改革的汇报。

第十五次常委会议　2000 年 10 月 31 日，区政协五届十五次常委会议召开。会议学习中共十五届五中全会精神及李瑞环主席在山东考察工作时的讲话，听取区政府办公室关于区政协五届三次会议提案办理情况的通报，听取区法院关于行政诉讼案件审判工作情况的通报，听取区政府关于贯彻实施《中华人民共和国土地管理法》工作情况的通报。

第十六次常委会议　2001 年 1 月 3 日，区政协五届十六次常委会议召开。会议听取关于中共薛城区六届四次全委会议精神的通报；审议通过关于召开区政协五届四次会议的决定，大会议程、日程（草案），大会秘书长、副秘书长名单，常委轮流值日名单，委员分组及各组召集人名单；审议通过五届区政协常委会工作报告并推举报告人，审议通过五届区政协常委会关于提案工作情况的报告并推举报告人；审议通过辞去五届区政协委员名单。

第十八次常委会议　2001年1月11日，区政协五届十八次常委会议召开。会议审议通过政协第五届薛城区委员会第四次会议选举办法（草案），审议通过增选政协第五届薛城区委员会副主席候选人建议名单，审议通过第五届薛城区委员会第四次会议总监票人、监票人名单。

第十九次常委会议　2001年1月12日，区政协五届十九次常委会议召开。会议审议通过区政协常务委员会关于政协五届四次会议提案审查情况的报告（草案），审议通过《政协第五届薛城区委员会第四次会议决议（草案）》。

第二十次常委会议　2001年3月16日，区政协五届二十次常委会议召开。会议传达学习李瑞环主席在全国政协九届四次会议闭幕会上的讲话和省政协八届四次会议精神，听取区政府关于全区招商引资和治理经济环境工作情况的通报，审议通过《薛城区政协提案工作条例（修正案）》、增补区政协委员名单和人事任命名单。

第二十一次常委会议　2001年7月25日，区政协五届二十一次常委会议召开。会议听取区政府关于全区上半年国民经济运行情况的通报和关于城镇职工基本医疗保险制度改革情况的通报，协商通过增补五届区政协委员名单，审议通过区政协人事任免事项。

第二十二次常委会议　2001年10月30日，区政协五届二十二次常委会议召开。会议听取区政府关于旧城区控制性详规编制及实施情况的通报、关于全区道路建设规划及实施情况的通报、区政府系统办理区政协五届四次会议提案情况的通报，审议通过有关人事事项。

第二十三次常委会议　2002年1月15日，区政协五届二十三次常委会议召开。会议听取区政府关于全区经济工作会议精神的通报；听取区纪委关于全区反腐倡廉工作情况的通报；审议通过关于召开区政协五届五次会议的决定，大会议程、日程（草案），大会秘书长、副秘书长名单，常委轮流值日名单，委员分组及各组召集人名单；审议通过五届区政协常委会工作报告并推举报告人；审议通过五届区政协常委会关于提案工作情况的报告并推举报告人；审议通过区政协关于表彰“两优一先”的决定、区政协人事任命和增补委员名单。

第二十四次常委会议　2002年1月27日，区政协五届二十四次会议召开。会议审议通过增选区政协常务委员会委员名单，大会选举办法（草案），总监票人、监票人名单（草案）。

第二十六次常委会议　2002年4月29日，区政协五届二十六次常委会议召开。会议学习传达李瑞环主席在全国政协九届五次会议闭幕会上的讲话和省政协八届五次会议、市政协六届五次会议精神，听取区政府关于“四五”普法和“三五”依法治区实施情况的通报。

第二十七次常委会议　2002年7月19日，区政协五届二十七次常委会议召开。会议听取区政府关于全区农村税费改革工作情况的通报、关于全区村级规模调整及村委会换届工作情况的通报。

第二十八次常委会议　2002年11月26日，区政协五届二十八次常委会议召开。会议传达学习中共十六大精神，听取区政府关于区政协五届五次会议提案办理情况的通报，审议通过有关人事任命事项。

第二十九次常委会议　2003年1月11日，区政协五届二十九次常委会议召开。会议审议通过关于召开区政协六届一次会议的决定；审议通过六届一次会议建议议程、日程（草案）；审议通过六届一次委员分组及各组召集人建议名单；审议通过六届一次会议大会主席团和秘书长、常务主席建议名单、执行主席分组建议名单、副秘书长建议名单；审议通过五届区政协常委会工作报告（讨论稿）及提案工作报告（讨论稿）。

第六届政协常委会议

第一次常委会议　2003年4月10日，区政协六届一次常委会议召开。会议传达贯彻省政协九届一次会议、市政协七届一次会议精神，听取区人行负责人所作的关于金融知识和金融形势的报告，审议通过区政协人事任命事项。

第二次常委会议　2003 年 6 月 30 日，区政协六届二次常委会议召开。会议传达学习区委工作会议、市政协七届一次常委会议精神，传达学习区委转发区政协党组关于维护政协委员合法权益的意见的通知，听取区政府关于招商引资和民营园区建设情况的通报、关于上半年国民经济运行情况的通报，审议通过致全区政协委员的一封信、政协薛城区委员会常务委员会关于加强建设的意见。

第三次常委会议　2003 年 10 月 17 日区政协六届三次常委会议召开。会议听取区政府关于实施“畜牧富民”工程情况的通报和关于全区政府系统办理区政协六届一次会议提案情况的通报，协商增补六届区政协委员，审议通过区政协人事任免事项，审议修订区政协提案工作条例。

第四次常委会议　2003 年 12 月 23 日，区政协六届四次常委会议召开。会议审议通过关于召开区政协六届二次会议的决定，区政协六届二次会议议程、日程（草案），大会秘书长、副秘书长名单，六届区政协常委会工作报告，区政协六届一次会议以来提案工作情况的报告，常委轮流值日名单，各组召集人名单，关于表彰“优秀政协委员”和“优秀提案”的决定，增补和辞去六届区政协委员名单。

第六次常委会议　2004 年 3 月 29 日，区政协六届六次常委会议召开。会议传达贯彻全国和省、市政协会议精神，听取区计生局关于贯彻落实“山东省计划生育条例”、建立完善计划生育政策利益导向机制工作情况的通报和区卫生局关于（街）卫生院改革后运营情况的通报，审议通过区政协常务委员会关于评选优秀区政协委员、优秀提案、提案工作先进单位的意见。

第七次常委会议　2004 年 8 月 17 日，区政协六届七次常委会议召开。会议参观全区重点项目建设现场，听取区政府关于 2004 年上半年全区经济社会发展情况的通报、关于全区劳动和社会保障工作情况的通报。

第八次常委会议　2004 年 11 月 30 日，区政协六届八次常委会议召开。会议传达学习全市政协工作会议精神，审议通过《政协薛城区委员会关于委员管理工作的办法（试行）》，听取区政府关于政府系统办理政协提案工作情况的通报、关于全区重点工程项目建设情况的通报、关于全区旅游业发展情况的通报等。

第九次常委会议　2005 年 1 月 6 日，区政协六届九次常委会议召开。会议审议通过区政协六届三次会议议程、日程（草案），优秀政协委员、优秀提案和提案办理先进单位表彰名单及人事任免事项等。

第十一次常委会议　2005 年 3 月 25 日，区政协六届十一次常委会议召开。会议学习贯彻全国政协十届三次会议、省政协九届三次会议、市政协七届三次会议精神，审议通过区政协 2005 年工作计划要点和区政协关于进一步加强招商引资工作的意见，审议修订区政协主席联系常委（委室）、委室联系委员和划分委员学习组的意见。

第十二次常委会议　2005 年 7 月 26 日，区政协六届十二次常委会议召开。会议听取区委政法委关于推进“平安薛城”建设、构建和谐社会工作情况的通报，听取区政府关于全区上半年经济和社会发展情况的通报。

第十三次常委会议　2005 年 12 月 24 日，区政协六届十三次常委会议召开。会议听取区政府关于政府系统办理政协提案工作情况的通报、全区重点工程项目建设情况的通报、薛城区“十一五”规划编制情况的说明，审议通过区政协六届四次会议有关文件。

第十五次常委会议　2006 年 3 月 16 日，区政协六届十五次常委会议召开。会议传达学习中共中央加强人民政协工作的意见和全国、省、市政协会议精神，审议通过关于进一步发挥区政协专门委员会基础作用的意见，关于进一步加强对区政协专委会年度工作考核的通知、关于进一步加强对区政协委员年度工作考核的通知等文件，审议通过区政协2006年度工作要点和各专委会组成人员名单，听取区政协提案委员会关于区政协六届四次会议后提案汇总、交办情况的说明。

第十六次常委会议　2006年8月2日，区政协六届十六次常委会议召开。会议传达学习全省政协工作会议精神，听取区政府关于上半年国民经济和社会发展情况的通报、区政府关于农村义务教育发展情况的通报。

第十七次常委会议　2006年11月9日，区政协六届十七次常委会议召开。会议传达学习中共十六届六中全会精神，听取区政府系统办理区政协六届四次会议以来提案办理情况的通报、全区重点工程项目建设情况的通报、关于推进社会主义新农村建设情况的通报，协商增补部分区政协委员。

第十九次常委会议　2007年1月16日，区政协六届十九次常委会议召开。会议听取区委关于增选区政协副主席情况的说明，审议通过大会选举办法（草案），审议通过总监票人、监票人建议名单，审议通过此次会议期间提案审查情况的报告（草案）和区政协六届五次会议决议（草案）。

第二十次常委会议　2007年3月27日，区政协六届二十次常委会议召开。会议传达学习全国和省、市“两会”精神，审议通过区政协2007年度工作要点，听取薛城经济开发区建设情况的通报和区政协提案委员会关于区政协六届五次会议提案汇总、交办情况的汇报。

第二十一次常委会议　2007年7月24日，区政协六届二十一次常委会议召开。会议视察部分重点工程项目建设现场，听取区政府关于全区上半年国民经济和社会发展情况的通报，审议通过《关于城区中小学教育及设置情况的调查报告》。

第二十二次常委会议　2007年8月9日，区政协六届二十二次常委会议召开。会议审议通过政协第六届薛城区委员会增补委员名单和政协第六届薛城区委员会人事任免名单。

第二十三次常委会议　2007年11月29日，区政协六届二十三次常委会议召开。会议审议通过关于召开区政协七届一次会议的决定（草案），审议通过区政协七届一次会议议程、日程（草案），听取关于七届区政协委员人选安排及界别设置情况的说明，协商通过七届区政协委员名单，审议通过区政协七届一次会议委员分组及各组召集人建议名单，审议通过区政协七届一次会议提案审查委员会成员建议名单，审议通过区政协七届一次会议主席团、秘书长、常务主席、大会执行主席分组及副秘书长建议名单，审议通过六届区政协常务委员会工作报告（讨论稿），推举报告人，审议通过关于区政协六届一次会议以来提案办理工作情况的报告（讨论稿），推举报告人。

第七届政协常委会议

第一次常委会议　2008年2月25日，区政协七届一次常委会议召开。会议审议通过区政协2008年度工作要点、《政协第七届薛城区委员会常务委员会关于加强自身建设的意见》《审议通过政协第七届薛城区委员会常务委员会工作规则》《审议通过政协第七届薛城区委员会专门委员会组织通则》《审议通过政协第七届薛城区委员会委员视察办法》《审议通过政协第七届薛城区委员会提案工作办法》，审议通过政协第七届薛城区委员会人事任命事项和各专委会组成人员名单。

第二次常委会议　2008年7月11日，区政协七届二次常委会议召开。会议听取关于2008年以来全区经济社会发展情况的通报，审议通过《政协薛城区委员会关于区政协委员参加活动履行职责的有关规定》《政协薛城区委员会关于评选优秀区政协委员的意见》和区政协《关于对区农村信用联社信贷支农工作情况的调研报告》。

第三次常委会议　2008年10月15日，区政协七届三次常委会议召开。会议听取全区重点工程项目建设情况的通报；听取区政府系统办理区政协七届一次会议提案工作情况的通报；对全区12家提案承办单位进行民主测评。

第四次常委会议　2008年12月26日，区政协七届四次常委会议召开。会议审议通过关于召开区政协七届二次会议的决定；区政协七届二次会议议程、日程（草案）；区政协七届二次会议秘书长、副秘书长建议名单；七届区政协常务委员会工作报告（讨论稿），推举报告人；关于区政协七届一次会议以来提案办理工作情况的报告（讨论稿），推举报告人；区政协七届二次会议常委轮流值日建议名单；区政协七届二次会议委员分组及各组召集人建议名单；区政协七届二次会议列席会议人员建议名单；“两优一先”表彰决定（草案）。

第五次常委会议　2009年1月6日，区政协七届五次常委会议召开。会议秘书组汇报各组讨论情况；审议通过此次会议期间提案审查情况的报告（草案）；审议通过区政协七届二次会议决议（草案）。

第六次常委会议　2009年3月10日，区政协七届六次常委会议召开。会议传达学习省政协十届二次会议、市政协八届二次会议精神，审议通过区政协2009年工作要点及人事任免事项，视察部分土地经营权流转现场，听取区政府关于全区农村土地经营权流转情况的通报等。

第七次常委会议　2009年7月15日，区政协七届七次常委会议召开。会议视察部分全区重点工程项目和区政协七届二次会议重点提案办理情况现场，听取区政府关于上半年全区经济社会发展及重点工程建设情况的通报。

第八次常委会议　2009年10月27日，区政协七届八次常委会议召开。会议传达学习中共中央胡锦涛总书记在庆祝中国人民政治协商会议成立60周年大会上的讲话、省政协关于认真学习贯彻《胡锦涛总书记在庆祝中国人民政治协商会议成立60周年大会上的讲话》的通知等，听取区政府系统办理区政协七届二次会议提案情况的通报和区委政法委关于“平安薛城”建设情况的通报，审议通过辞去区政协委员名单，对区政府系统部分提案承办单位进行民主评议。

第九次常委会议　2009年12月25日，区政协七届九次常委会议召开。会议审议通过关于召开区政协七届三次会议的决定（草案），区政协七届三次会议议程、日程（草案），大会秘书长、副秘书长建议名单；审议通过政协第七届薛城区委员会常务委员会工作报告（讨论稿）并推举报告人；审议通过区政协第七届薛城区委员会常务委员会关于区政协七届二次会议以来提案工作情况的报告（讨论稿）并推举报告人；审议通过区政协七届三次会议常委轮流值日建议名单、各组召集人建议名单、列席会议人员建议名单、增补和辞去区政协委员名单等。

第十次常委会议　2010年1月7日，区政协七届十次常委会议召开。会议听取秘书组汇报各组讨论情况；审议通过此次会议期间提案审查情况的报告（草案）；审议通过区政协七届三次会议决议（草案）；审议通过辞去和增补区政协常务委员会委员建议名单；审议通过选举办法（草案）；审议通过总监票人、监票人建议名单。

第十一次常委会议　2010年2月8日，区政协七届十一次常委会议召开。会议传达学习省、市政协会议精神，审议通过区政协2010年度工作要点，审议通过区政协人事任免事项和增补区政协委员名单。

第十二次常委会议　2010年5月27日，区政协七届十二次常委会议召开。会议视察部分棚户区改造和农村住房建设现场，听取区政府关于全区棚户区改造和农村住房建设工作情况的通报，审议通过区政协《关于全区农村卫生室标准化建设情况的视察报告》。

第十三次常委会议　2010年8月31日，区政协七届十三次常委会议召开。会议听取区政府办公室关于政府系统办理区政协七届三次会议提案情况的通报和关于全区教育工作情况的通报。

第十四次常委会议　2010年12月29日，区政协七届十四次常委会议召开。会议听取关于召开区政协七届四次会议筹备工作情况的汇报；审议通过关于召开区政协七届四次会议的决定（草案），会议议程、日程（草案），大会秘书长、副秘书长建议名单；审议通过政协第七届薛城区委员会常务委员会工作报告（讨论稿）并推举报告人；审议通过政协第七届薛城区委员会常务委员会关于区政协七届三次会议以来提案工作情况的报告（讨论稿）并推举报告人；审议通过区政协七届四次会议常委轮流值日建议名单、各组召集人建议名单、列席会议人员建议名单、关于表彰“两优一先”的决定（草案）；审议通过增补区政协委员名单和七届区政协委室主任任免名单（草案）。

第十五次常委会议　2011年1月7日，区政协七届十五次常委会议召开。会议听取秘书组汇报各组讨论情况；审议通过此次会议期间提案审查情况的报告（草案）；审议通过区政协七届四次会议决议（草案）；审议通过辞去区政协副主席、常务委员名单；审议通过增补区政协副主席、常务委员候选人建议名单；审议通过选举办法（草案）；审议通过总监票人、监票人建议名单。

第十六次常委会议　2011年3月9日，区政协七届十六次常委会议召开。会议传达省政协十届四次会议、市政协八届四次会议精神；审议通过区政协2011年工作要点；听取区政府关于全区城市规划建设工作情况的通报。

第十七次常委会议　2011年8月10日，区政协七届十七次常委会议召开。会议听取区政府关于全区上半年经济社会发展情况的通报；听取区政府关于全区人口和计生工作情况的通报；审议通过有关人事事项。

第十八次常委会议　2011年10月25日，区政协七届十八次常委会议召开。会议传达学习全省、市政协工作会议精神（书面）；听取区政府关于全区重点工程项目建设情况的通报；听取区政府系统办理区政协七届四次会议提案情况的通报；对提案承办大户办理区政协七届四次会议提案工作情况进行民主测评。

第十九次常委会议　2011年12月30日，区政协七届十九次常委会议召开。会议审议通过关于召开区政协八届一次会议的决定（草案）；审议通过区政协八届一次会议议程、日程（草案）；听取关于八届区政协委员人选安排及界别设置情况的说明；协商通过八届区政协委员名单；审议通过区政协人事任命事项；审议通过区政协八届一次会议各组召集人及列席会议人员建议名单；审议通过区政协八届一次会议提案审查委员会成员建议名单；审议通过区政协八届一次会议主席团、秘书长、常务主席、大会执行主席及副秘书长建议名单；审议通过七届区政协常务委员会工作报告（征求意见稿），推举报告人；审议通过关于区政协七届一次会议以来提案工作情况的报告（征求意见稿），推举报告人。

第八届政协常委会议

第一次常委会议　2012年3月14日，区政协八届一次常委会议召开，会议传达省、市政协会议精神；审议通过《政协薛城区委员会2012年工作要点》；审议通过《政协第八届薛城区委员会常务委员会关于加强自身建设的意见》；审议通过《政协薛城区委员会常务委员会工作规则》；审议通过《政协薛城区委员会专门委员会组织通则》；审议通过《政协薛城区委员会全体会议工作规则》；审议通过《政协薛城区委员会提案工作办法》；审议通过《关于区政协委员参加活动履行职责的有关规定》；审议通过有关人事任免事项。

第二次常委会议　2012年7月10日，区政协八届二次常委会议召开，会议听取区政府关于全区上半年经济社会发展情况的通报；听取区纪委关于全区反腐倡廉工作情况的通报。

第三次常委会议　2012年10月24日，区政协八届三次常委会议召开，会议视察全区部分重点工程项目建设现场；听取区政府关于全区重点工程项目建设情况的通报；听取区政府办公室关于政府系统办理区政协八届一次会议提案情况的通报；对提案承办大户办理区政协八届一次会议提案工作情况进行民主测评。

第四次常委会议　2012年12月28日，区政协八届四次常委会议召开，会议听取区政府关于2012年以来全区经济社会发展情况的通报；审议通过《政协薛城区委员会关于深入学习贯彻中共十八大精神的意见》；听取区政协八届二次会议筹备工作情况的汇报；审议通过关于召开区政协八届二次会议的决定（草案）；审议通过区政协八届二次会议议程、日程（草案）；审议通过区政协八届二次会议秘书长、副秘书长建议名单；审议通过政协第八届薛城区委员会常务委员会工作报告（讨论稿），推举报告人；审议通过政协第八届薛城区委员会常务委员会关于区政协八届一次会议以来提案工作情况的报告（讨论稿），推举报告人；审议通过区政协八届二次会议常委轮流值日建议名单；审议通过区政协八届二次会议各组召集人建议名单；审议通过区政协八届二次会议列席会议人员建议名单；审议通过增补和辞去区政协委员名单。

第五次常委会议　2013 年 1 月 5 日，区政协八届五次常委会议召开。会议听取关于各项报告讨论情况的汇报；审议通过大会决议（草案）；审议通过提案审查情况的报告（草案）；听取关于增补和辞去区政协常务委员会组成人员情况的说明；讨论通过大会选举办法（草案）；审议通过增补八届区政协常务委员会组成人员候选人名单；协商通过大会总监票人、监票人建议名单；审议通过区政协人事任免名单。

第六次常委会议　2013 年 3 月 7 日，区政协八届六次常委会议召开。会议听取区政府关于国家农村改革试验区建设工作情况的通报；传达学习省、市“两会”精神（书面）；审议通过区政协 2013 年工作要点；审议通过区政协人事事项名单。

第七次常委会议　2013 年 6 月 27 日，区政协八届七次常委会议召开。会议听取区政府关于全区民生项目投入及建设情况的通报；审议通过《关于加快推进我区城中村改造的调研报告》。

第八次常委会议　2013 年 10 月 16 日，区政协八届八次常委会议召开。会议听取全区现代服务业发展情况的通报；听取区政府系统办理区政协八届二次会议提案情况的通报；对提案承办大户进行民主测评。

第九次常委会议　2013 年 12 月 20 日，区政协八届九次常委会议召开。会议听取区政府关于 2013 年以来全区经济社会发展情况的通报；听取区政协八届三次会议筹备工作情况的汇报；审议通过关于召开区政协八届三次会议的决定（草案）；审议通过区政协八届三次会议议程、日程（草案）；审议通过区政协八届三次会议秘书长、副秘书长建议名单；审议通过政协第八届薛城区委员会常务委员会工作报告（讨论稿），推举报告人；审议通过政协第八届薛城区委员会常务委员会关于区政协八届二次会议以来提案工作情况的报告（讨论稿），推举报告人；审议通过“两优一先”表彰决定；审议通过区政协八届三次会议常委轮流值日建议名单；审议通过区政协八届三次会议各组召集人建议名单；审议通过区政协八届三次会议列席会议人员建议名单；审议通过增补和辞去区政协委员名单。

第三章　政治协商活动

第一节　调研视察活动

第三届政协调研视察

1990 年 7 月 20 日，区政协组织部分委员开展区职业中专和职业高中教育情况调研活动，并向区委、区政府报送调查报告。

1991 年 4 月 12 日、13 日，区政协组织委员对区驻地贯彻实施《中华人民共和国义务教育法》情况进行调查。6 月，联合区人大对区夏粮收购工作进行视察。7 月 23 日、24 日，区政协组织省市区部分政协委员 20 多人，对全区 6 个重点乡镇的山区开发、平原农田林网绿化进行实地视察和调查。7 月 27 日，省市政协领导到薛城对全区工作进行全面检查和指导。9 月 10 日、11 日，区政协组织提案委负责人、部分政协委员对部分单位政协提案办理情况进行视察。9 月 27 日，省政协调研组到薛城区调研“科技兴鲁”情况。10 月 17 日，区政协组织部分市区政协委员、民主党派成员及无党派民主人士参观部分区、乡属企业。10 月 31 日，区政协向区委、区政府报送《薛城区人大常委会、薛城区政协常委会关于联合视察区政府办理实事完成情况的总结》。

第四届政协调研视察

1994 年 5 月，区政协对全区流通行业和铁路运输进行专题调查。

1995 年 4 月 26 日，市政协视察组视察薛城区农村社会治安综合治理工作。11 月 23 日，区政协组织省、市、区三级政协委员，对薛城区工业、农业和社会发展情况进行参观视察。

1996 年 4 月 3 日，全国政协常委、全国总工会副主席刘珩到薛城区视察工作。5 月 21 日，区政协组织部分委员开展企业实现“两个转变”，提高资本经营效益情况的调研活动，并向区委、区政府报送调查报告。9 月 11 日，区政协开展“普九”工作情况的视察活动，并报送视察报告。11 月 6—8 日，区政协组织辖区民主党派代表人士及部分政协委员，参观视察全区农田水利基本建设及强乡富民工程实施情况。11 月 14 日，市政协副主席庄隆玉、张树慈带队到薛城区视察工作。12 月 29 日，区政协向区委报送《关于视察煤炭安全生产情况的报告》。

1997 年 3 月 24—27 日，区政协对区煤矿安全及生产情况进行专题调查，并向区委、区政府报送调查报告。5 月 13 日、14 日，市政协专题调查组对区宗教工作进行全面认真的视察调查。6 月，区政协组织各乡镇工作室对夏粮征购和农民负担合同兑现落实情况进行视察检查。6 月 13—14 日，区政协视察乡镇煤炭安全生产工作。7 月 8—10 日，区政协组织部分政协委员视察全区防汛设施。8 月 29 日，市政协薛城委员视察团赴市中区视察乡镇企业。

第五届政协调研视察

1998 年 6 月 30 日，区委办公室转发区政协《关于区林果开发与管理情况的调查报告》。

1999 年 4 月 21 日，区政协向区委、区政府报送《关于采取紧急措施保护金河泉、清凉泉两大水源地的建议案》。6 月 28 日，区委、区政府转发区政协《水、尚未敲响的警钟—关于区水资源情况的调查报告》。

2000 年 5 月 22 日，区政协开展区两大水源地保护情况的视察活动，向区委、区政府报送视察报告。10 月 8 日，区政协开展计划生育工作情况的调研活动，向区委、区政府报送调研报告。11 月 4 日，省政协常委、原省一轻厅厅长林昭森到薛城区视察。

2001 年 11 月 1 日，省政协主席韩喜凯到薛城区视察。11 月 16 日，区政协组织驻薛省市政协委员视察区民营经济园。12 月 20 日，区政协组织住薛城省、市政协委员赴山亭区视察参观。

2002 年 4 月 11 日，区政协开展文化市场管理情况和区宗教事务工作情况的视察活动，并向区委、区政府报送视察报告。9 月 12 日，区委、区政府印发区政协《关于区流通企业改革发展情况的调查报告》。

第六届政协调研视察

2003 年 8 月 1 日，区政协组织开展薛城区农税征管情况的视察活动，向区委、区政府报送视察报告。9 月 2 日，区政协组织部分农业界政协委员对全区农业科技推广情况进行专题视察。

2004 年 3 月 9 日，省政协调研组到薛城区调研计划生育工作。4 月，省政协副主席朱铭带领部分省政协委员到薛城区视察教育工作。7 月 14—19 日，区政协组织人员对《中华人民共和国老年法》贯彻情况进行专题调研。11 月 2 日，省政协主席到薛城视察工作。

2005 年 7 月 5 日，区委办公室转发区政协《关于区农村富余劳动力转移和劳务输出情况的调查报告》。7 月 21—22 日，市政协副主席程圣辉到薛城区调研薄弱村帮扶工作。

2006年5月14日，全国政协人资环委副主任杨魁孚、李伟雄，全国政协人资环委委员王福中等一行8人到薛城区就农村老龄工作问题进行调研。5月19日，市政协副主席程圣辉一行到薛城区调研农民增收工作。5月23日，区政协组织部分市、区政协委员对区沙河流域水污染治理进行专题调研。5月30日，区委办公室转发区政协《关于全区农村道路建设养护管理等情况的调查报告》。6月23日，区政协开展薛城区文物保护情况视察活动，向区委、区政府报送视察报告。6月28日，区政协组织各民主党派、工商联主委对全区“乡财乡用县管”贯彻执行情况进行调研。7月25日，区政协组织开展薛城区实施“乡财乡用县管”改革情况的视察活动，向区委、区政府报送视察报告。9月20日，省政协副主席、民革山东省主委周鸿兴到薛城区视察南水北调山东段部分地区的污染治理工作。11月6日，由全国政协人口资源环境委员会副主任温克刚率队的全国政协调研组，就“南水北调东线水质保证”问题到薛城区视察蟠龙河综合治理工程。

2007年4月9日，省政协副主席、人口资源环境委员会主任张敏一行到薛城区调研关于中央决定贯彻落实情况。5月17日，市政协调研组到薛城区调研污水处理项目建设运行管理情况。5月22日，区政协组织部分政协委员到区劳动局对全区社会保险基金征管和使用情况作专题调研。6月12日，区政协组织开展区社会保险基金征缴管理情况的调研活动，区政协向区委、区政府报送调研报告。7月31日，市政协调研组到薛城区调研境外投资（外资）企业发展情况。8月14日，区政协组织部分政协委员视察区煤炭资源储量情况。

第七届政协调研视察

2008年3月25日，区政协对区土地资源储备开发与利用情况进行视察。4月8—18日，区政协对区农村信用联社信贷支农工作情况进行专题调研。4月10—12日，区政协带领部分政协委员、区直有关部门负责人赴安徽亳州、河南漯河参观考察服务业发展情况。4月23日至5月23日，区政协对全区环境污染减排工作进行专题调研。5月14日，市政协调研组到薛城区调研法律援助工作开展情况。6月5日，市政协到薛城区调研公共文化服务体系建设情况。

2009年3月26日，区政协视察区民族宗教事务工作情况。4月13—22日，区政协对区第三产业发展现状进行专题调研。4月23日，市政协调研组到薛城区调研农村社会保障体系建设情况。4月29日，市政协视察组到薛城区职业中专视察职业教育工作。5月13日，市政协调研组到薛城区调研失业再就业、大学生就业及农民工就业情况。6月26日，区政协组织部分政协委员视察区社会治安综合治理工作。7月31日，市政协调研组到薛城调研农村公路建设管理养护工作。8月14—30日，区政协对城市社区建设工作情况进行专题调研。11月5日，区政协主席贾福章带领区政协机关老干部参观全区重点工程。11月17日，市政协调研组到薛城区调研中医事业发展情况。

2010年3月31日，市政协视察组到薛城区视察档案馆工作。4月26日，市政协视察组到薛城区视察交通重点工程建设情况。5月5日，市政协调研组到薛城区调研棚户区改造及农村住房建设工作。6月2日，区政协视察全区城市环境综合整治工作情况。10月9日，市政协视察组到薛城区视察全市交通系统重点工程建设情况。11月10日，区政协组织人员到有关镇街、区直部门，对老年法规和优待政策贯彻落实情况进行专题调研。

2011年2月23日，省政协副主席王新陆到薛城区视察。2月24日，区政协视察全区农业抗旱及农田水利基础设施建设情况。3月8日，济南市政协考察组到薛城区就《山东区域文化通览》的编撰、政协委员提案的办理及历史资料的开展情况进行考察。3月10日，云南省政协文史委主任傅仕敏一行到薛城区就有关抗日战争遗址保护利用及海峡两岸交流基地建立活动情况进行考察。4月15日，辽宁省鞍山市政协副主席刘文彦一行到薛城区参观考察。4月19日，东营市政协考察组到薛城区考察文化旅游建设情况。4月26日，区政协组织部分区政协委员对省级文明城区创建工作情况进行专题视察。5月4日，市政协调研组到薛城区调研城区扬尘污染治理工作情况。5月11日，区政协对全区学前教育发展情况进行专题视察。6月上旬，区政协组织部分委员对全区现代服务业发展情况进行专题调研。9月22日，省政协专题调研组到薛城区对保障性住房建设工作进行专题调研。11月3日，区政协就全区非物质文化遗产挖掘保护和旅游开发情况进行专题视察。

第八届政协调研视察

2012年4月10日，市政协调研组到薛城区调研《中华人民共和国律师法》贯彻落实情况。4月23日，蒙阴县政协主席带领县党政考察团到薛城区考察城区建设工作。4月24日，省政协调研组到薛城区调研社会养老服务体系建设情况。4月27日，市政协调研组到薛城区调研文化创意产业发展情况。5月10日，市政协调研组到薛城区调研新型城镇化建设工作。5月11日，区政协对全区节能减排工作进行专题视察。10月13日，省政协副主席王新陆到薛城区检查指导棚户区改造工作。10月17日，区政协视察城区集中供热工作。10月26日，市政协调研组到薛城区调研长白山南路绿化工作。11月9日，市政协调研组到薛城区视察居民饮用水安全情况。11月15日，区政协部分政协常委、委员对全区教育资源整合情况进行视察。12月7日，区政协视察组视察区新型农村社区建设工作。

2013年4月10日，省政协调研组到薛城区就培育消费热点有效扩大内需进行专题视察指导。4月24日，青岛即墨市政协调研组到薛城区考察学习镇街政协工委工作。4月25日，河南省鹤壁市政协调研组到薛城区考察新型城镇化建设工作。4—6月，区政协对城中村改造情况进行专题调研。7月22日，市政协调研组到薛城区调研社会管理与创新工作。7月22日，全国政协委员、中国扶贫开发协会执行副会长、发展中国论坛（CDF）副主席、民革中央人资环委委员、经济专家林嘉騋教授一行10余人到薛城区考察文化创意产业发展。8月20日，区政协对公立医院综合改革试点工作开展情况进行视察。9月24日，区政协对社区矫正工作进行视察。9月25日，市政协视察组到薛城区视察交通运输工作。10月10日，市政协主席邓滕生到薛城区视察经济社会发展情况。11月14日，市政协视察组到薛城区视察新型城镇化工作。12月13日，区政协组织部分委员视察全区城乡环卫一体化工作。

第二节　提案征集与办理

第三届政协提案

三届区政协期间，共收到提案299件。其中有关治理整顿、深化改革方面的58件，占全部提案的19.4%；有关经济建设方面的38件，占12.7%；有关社会政法劳动人事方面的30件，占10%；有关教育、科技、文化、卫生、体育方面的57件，占19.1%；有关城乡建设、交通方面的56件，占18.7%；有关人民生活方面的41件，占13.7%；有关统战、政协、民族、宗教方面的19件，占6.4%。至1992年7月，全部办复完毕。从提案办复情况看，提案所提问题解决或基本解决的128件，占办复提案的42.8%；正在解决或纳入计划准备解决的143件，占47.8%；因客观条件所限、暂时不能解决或供作参考的28件，占9.4%。

1990年2月，区政协三届一次会议委员们提出提案118件。其中，有关薛城区经济建设、治理整顿、深化改革方面的29件，有关城乡建设、环卫交通方面的22件，有关教育、科技文化、人民生活方面的20件，有关民族、宗教、统战政协方面的13件，有关组织、劳动人事方面的6件。至1990年11月，全部办复完毕。从办理情况看，所提意见和建议被有关部门采纳、解决或基本解决的48件，占办复提案的41.5%；有关单位列入计划，正在研究办理的有54件，占办复提案44.5%。

1991年3月，区政协三届二次会议共收到提案104件。其中，有关经济建设方面的62件，有关教育、科技文化、卫生、体育方面的24件，有关统战、政协、民族、宗教、侨务方面的6件；有关政治法律、劳动人事方面的12件。至1991年9月底，全部办复完毕。其中委员所提建议和意见，有关部门采纳，解决或基本解决的有46件，约占办复提案的44.2%；有关单位正在研究办理或纳入计划准备办理的50件，约占办复提案的48.1%；所提建议尚不具备条件不能解决或留作参考的8件，约占办复提案的7.7%。

1992年2月，区政协三届三次会议共收到提案77件。从提案办复情况看，提案所提问题解决或基本解决的34件，占办复提案的44.2%；正在解决或纳入计划准备解决的39件，占50.6%；因客观条件所限、暂时不能解决或供作参考的4件，占5.2%。

第四届政协提案

四届区政协期间，共收到提案487件，经审查立案479件，立案率占提案总数的98.4%。提案人对提案办理质量表示满意和基本满意的，每年都占立案总数的90%以上。在区政协四届三次会议期间，对24件优秀提案和10个提案承办先进单位进行表彰。

1993年2月，区政协四届一次会议共收到委员提案99件，立案95件。其中有关经济、科技方面的27件；工商、财贸、交通、城建方面的20件；文化、教育、卫生、体育方面的31件；廉政建设、社会政法、劳动人事方面的7件；民族、宗教工作方面的4件；统战、政协工作方面的3件；其他3件。从办理情况看，在立案的提案中，被区委、区政府和有关单位采纳并解决的46件，占全部立案的48.4%；被采纳正在解决的45件，占全部立案的47.4%；因条件所限暂不能解决的4件，占全部立案的4.2%。从提案人反馈意见看，满意和基本满意率为100%。

1994年2月，区政协四届二次会议共收到委员提案76件，经审查立案75件。其中，民主党派提出4件，联组5件，联名52件，个人14件；在75件提案中，有关深化改革、经济建设方面的13件，精神文明建设方面4件，文化、教育、体育、卫生方面13件，工商、财贸、交通、城建环保方面25件，民主党派、宗教、政协方面4件，政法普法、廉政、劳动人事14件，其他2件。提案转办后，在1994年6月30日前全部复文答复完毕。提案办理的基本情况是，采纳落实42件，占全部立案的56%；计划采纳落实的30件，占40%；因条件不具备，说明理由暂不办理的3件，占4%。

1995年2月，区政协四届三次会议共收到委员提案121件，经审查全部立案。其中，民主党派和专门委员会以组织名义提出提案2件，委员联名提案38件，个人提案81件。在全部提案中有关工业、农业方面的35件，有关文化、教育、体育、卫生方面的31件，有关城乡建设、流通领域方面的23件，有关法制、廉政、劳动、人事方面的18件，有关统战、政协、民族宗教方面的7件，有关精神文明建设方面的4件，其他方面的3件。提案转办后于1995年10月上旬全部复文答复完毕。提案办理的基本情况是，采纳落实的72件，占总数的60%。列入计划逐步解决的40件，占33%。因条件所限不能解决的9件，占7%。

1996年3月，区政协四届四次会议共收到提案109件，经审查立案108件。其中，涉及经济建设方面的30件，占27.8%；涉及城市建设管理方面的37件，占34.3%；涉及文教卫生方面的25件，占23.1%；涉及法治建设和人事劳动方面的14件，占13%；其他方面的2件，占1.8%。到1996年年底，提案全部办复完毕。从汇总情况看，提案被采纳落实和基本采纳落实的达到70件，占总数的65%；计划采纳落实的27件，占25%；由于条件限制暂不能采纳的11件，占10%。根据反馈情况统计，委员们对承办单位办复情况表示满意和基本满意的占93.3%。

1997年3月，区政协四届五次会议共收到提案79件，经审查立案78件。其中，以党派、团体名义提出提案5件，委员提案73件。有关经济建设方面的18件，占23%；有关劳动人事、群众生活、城建、环保、交通方面的26件，占33%；有关科教文卫体方面的15件，占19%，有关政治、法律、廉政、精神文明建设方面的16件，占20%；有关统战政协民族宗教工作方面的3件，占4%。1997年年底，全部办理完毕，办复率达100%。

第五届政协提案

五届区政协期间，共收到提案439件，立案427件，立案率达97.3%。其中党派团体提案28件，委员提案399件。从提案办复情况看，提案所提问题解决或基本解决的336件，占78.7%；正在解决或纳入计划准备解决的69件，占16.2%；因客观条件所限，暂时不能解决或供作参考的22件，占5.1%。从反馈情况看，委员对提案办复工作的满意率达到90%以上。在区政协五届三次和五次会议上，对优秀提案和提案办理先进单位进行表彰。

1998年1月，区政协五届一次会议共提出提案101件，审查后立案101件，立案率达100%。根据分类，属于经济建设方面的20件，占19.8%；属于城建、环保、交通、劳动人事、群众生活方面的53件，占52.5%；属于科教文卫方面的15件，占14.8%；其他方面的13件，占12.9%。至1998年7月全部办复完毕。在101件提案中，问题得到解决和正在解决的70件，占总数的69.3%；计划解决的20件，占总数的19.8%；因条件限制暂不能解决的11件，占总数的10.9%。

1999年3月，区政协五届二次会议共收到5个党派团体和103名委员提出的提案84件，经审查立案78件，立案率92.8%。其中党派团体提案12件，占15.4%。至7月底，78件提案全部办复完毕，所提问题得到解决和正在逐步解决的提案70件，采纳落实率为89.7%。

2000年1月，区政协五届三次会议共收到提案93件，其中委员提案89件，党派团体提案4件；经审查立案90件，占收到提案的96.8%。90件提案中，有关经济建设方面的14件，占15.6%；有关劳动人事、群众生活、城乡建设、环保交通、科教文卫方面的53件，占58.9%；有关政策法律、精神文明建设方面的23件，占25.5%。至2000年年底，提案全部办复，办复率达到100%。提案涉及问题得以解决和计划逐步采取措施进行解决的79件，采纳落实率87.8%。

2001年1月，区政协五届四次会议共提出提案76件，其中党派团体提案6件，委员提案70件。经审查立案75件。提案涉及经济建设方面的10件，占13.3%；涉及劳动人事、群众生活、城乡建设、环境交通、科教文卫方面的56件，占74.7%；涉及党风廉政、精神文明建设方面的9件，占12%。7月底，提案全部办复，办复率达到100%，其中，66件提案涉及问题解决或部分解决，采纳落实率88%；对于受政策或条件限制暂不能解决的9件提案分别作出详细的解释说明。

2002年1月，区政协五届五次会议共提出提案85件，立案83件。从提案办复情况看，提案所提问题解决或基本解决的40件，占48.2%；正在解决或纳入计划准备解决的23件，占27.8%；因客观条件所限，暂时不能解决或供作参考的20件，占24.1%。委员对提案办复工作的满意率达到92%以上。

第六届政协提案

六届区政协期间，共收集提案716件，立案682件，立案率达95%，提案办复率达100%。解决或基本解决的占81.6%，列入规划逐步解决的占办理总数的12%，委员满意和基本满意率达95%。在区政协六届三次和五次会议上，对优秀提案和提案办理先进单位进行表彰。

2003年1月，区政协六届一次会议共征集提案174件，经审查立案167件。其中，党派团体提案7件，委员提案160件。经研究，确立重点提案14件。六届三次常委会议审议通过补充修订完善的《政协薛城区委员会提案工作条例》。11月底，经过区委、区政府有关承办单位的积极努力，全部提案办复，办复率达到100%。提案涉及问题得以解决和正在逐步采取措施进行解决的143件，采纳落实率86%。

2004年1月，区政协六届二次会议共征集提案140件，其中，会中提交130件，会后收到10件；委员提案139件，党派、团体提案1件。在审查立案的140件提案中，有关经济建设方面的11件，占8%；有关文教卫生方面的24件，占17.6%；有关城建、交通、环保方面的53件，占39%；有关农村、农业方面的13件，占9.6%；有关人事劳动方面的8件，占5.9%；有关党风廉政、精神文明方面的17件，占12.5%；有关其他方面的10件，占7.4%。经区政协提案委员会审查、分类、筛选出12件有分量、可行性较强的提案，提请主席会议研究确定为重点提案，分别报送区委、区政府办公室交有关单位和部门进行办理。经过党政各有关部门的共同努力，7月底，除2件提案因有特殊情况外，其余138件提案全部办复完毕，办复率占98.6%。8月，区政协提案委向每位提案委员寄发《关于征求2004年度提案办理、落实情况意见的通知》，满意率占62.2%；基本满意率占37.8%；不满意率为零。

2005年1月，区政协六届三次会议征集提案123件，立案123件，其中委员提案117件，党派、团体提案6件。立案的123件提案涉及方方面面，事关经济建设6件，科教文卫22件，城市建设35件，交通、环保8件，农村、农业13件，民政、社会保障6件，党风廉政、精神文明、社会治安17件，其他方面16件。全部提案经区政协提案委员会审查分类，报送区委、区政府办公室交有关单位和部门进行办理完毕。经过党政各有关部门的共同努力，123件提案全部办复。在区政协六届三次会议上，对《服务民营企业，促其发展壮大是经济工作面临的首要任务》等12件优秀提案给予表彰。

2006年1月，区政协六届四次会议共征集提案127件，立案115件。其中委员提案121件，党派、团体提案6件。立案的115件提案涉及方方面面，事关经济建设6件，科教文卫23件，城市建设35件，交通、环保9件，农村、农业13件，民政、社会保障6件，党风廉政、精神文明、社会治安19件，其他方面16件。全部提案经区政协提案委员会审查分类，报送区委、区政府办公室交有关单位和部门进行办理。2006年年底，115件提案现全部办复完毕。

2007年1月，区政协六届五次会议共征集提案152件，立案137件。2007年年底，115件提案全部办复完毕。在区政协六届五次会议上，对12件优秀提案及区政府办公室等7个提案办理先进单位进行表彰。

第七届政协提案

七届区政协期间，共征集提案641件，经严格审查立案555件（含党委、政法系统承办）。其中，委员个人提案432件，各党派团体和政协专门委员会提案123件。至2011年12月底，提案所提问题解决的504件，占90.8%；正在解决或列入计划的42件，占7.6%；因条件所限暂不能解决的9件，占1.6%。

2007年12月，区政协七届一次会议共收集提案180件，立案169件，立案率达95%。5—6月，区政协分别在区公安分局、区农业局、区教育局召开由提案大户和重点提案承办单位主要负责人和部分提案人代表参加的提案现场办理督办座谈会。10月中旬，在七届区政协三次常委会议上，区政协常委对12个提案承办大户提案办理情况进行民主测评。至2007年年底，提案办复率达100%。解决或基本解决的占84%，列入规划逐步解决的占办理总数的16%，委员满意和基本满意率达95%。

2009年1月，区政协七届二次会议共收集提案155件，经严格审查立案122件，其中，重点提案4件。在七届二次会议上对2008年度《关于提升沿河公园景观的议案》等9件优秀提案和区政府办公室等8个提案办理单位予以表彰。4—8月，区政协不断创新方式，加大督办力度，邀请部分政协委员，由主席、分管副主席亲自带队，会同区委、区政府督查室到部分承办单位进行现场督办、座谈交流。先后召开重点提案承办单位座谈会、群众关注度较高的提案办理汇报会、提案承办大户办理座谈会。在区政协七届七次常委会议期间，组织全体常委对重点提案办理情况进行专题视察。4 次督办共涉及 19 个部门和镇（街）、98 件提案，占立案总数的 80.3%。在 10 月召开的七届八次常委会议上，政协常委们通过无记名投票的方式，对区建设局、行政执法局等 11 个提案承办大户进行民主测评。至 2009 年底，解决或基本解决的占 76%，列入计划逐步解决的占 24%，提案办复率达 100%，委员满意和基本满意率达 95%以上。

2010 年 1 月，区政协七届三次会议共征集提案 159 件，经严格审查立案 130 件。其中，各民主党派提案 10 件，工商联提案 10 件，人民团体提案 11 件，区政协专委会提案 9 件，委员个人提案 90 件。4 月 20 日，召开重点提案及重点督办提案办理面商会议。会上，提案人与各承办单位进行“面对面”交流。6 月 8 日，召开提案承办大户办理座谈会。总结交流提案办理进展情况和工作经验，并就如何做好下一步的提案办理工作进行研究部署。4 月下旬，区政协提案委联合区政府督查室，组织部分委员，采取集中走访、电话调度和专题督办等形式，深入到区卫生局、区水利和渔业局、区交通运输局等单位和有关镇街，查资料、看现场、听汇报、座谈交流，对提案办理进展情况进行督导，并针对办理过程中存在的困难和问题，进行现场协商解决。《联合日报》《枣庄政协》、枣庄广播电台《议政时空》等省、市新闻媒体和栏目，对区政协的提案工作经验进行宣传报道。至 2010 年 12 月底，130 件提案全部办复完毕，办复率达 100%。其中落实和基本落实的 107 件，占提案总数的 82.3%；列入计划着手落实的 15 件，占提案总数的 11.5%；因条件不成熟暂时难以落实的 8 件，占提案总数的 6.2%。

2011 年 1 月，区政协七届四次会议共征集提案 147 件。经提案委员会审查，对内容相同或相近的 13 件提案作并案处理，最后确定立案提案 134 件。并在区政协七届四次会议上，对 2009 年度、2010 年度《关于在长江路段设立特色雕塑，提升薛城知名度的提案》等 10 件优秀提案和区政府办公室等 10 个提案办理先进单位予以表彰。至 2011 年年底，134 件提案全部办复完毕。

第八届政协提案

八届区政协期间，共征集提案 935 件，经严格审查立案 842 件，立案率达 90.1%。在八届三次、五次会议上对 19 件优秀提案和 18 个提案办理先进单位进行表彰。

2012 年 1 月，区政协八届一次会议共征集提案 177 件，立案 169 件，立案率达 95.5%。4—7 月，先后对区住建局、区文化局、区人保局等重点提案承办单位和提案承办大户进行督导。在区政协八届三次常委会议上，对区交运局、区城管局、区旅服局等 11 家提案承办大户进行民主测评，现场公布测评结果，并在会后形成通报材料，及时反馈给各承办单位。至 2012 年年底，169 件提案全部办复完毕。其中，解决或基本解决的为 156 件，占 92.3%，委员满意和基本满意率达 97%。

2013 年 1 月八届二次会议共收到提案 201 件，立案 196 件，确立重点提案 5 件、重点督办提案 5 件。4—8 月，联合区政府督查室，组织部分委员，采取集中走访、电话调度、座谈交流和专题督办等形式，先后深入到区住建局、区卫生局、区旅服局等提案承办大户，对提案办理进展情况进行督导。5 月，组织召开重点提案及重点督办提案办理面商会议。10 月中旬，对重点提案办理情况进行专题视察。10 月，在区政协八届八次常委会议上，对区教育局、区人社局、区公安分局等 10 个提案承办大户进行民主测评，现场公布测评结果，并在会后形成通报材料，及时反馈给各承办单位。11 月，开展优秀提案及提案办理先进单位评选活动。至 2013 年年底，全区政府系统承办的 196 件提案全部答复完毕。其中，问题得到解决和正在解决的 181 件，占 92.3%；问题列入计划逐步解决的 15 件，占 7.7%。

第三节　文史工作

1986 年 1 月，出版《薛城文史》第一辑。

1987年8月，出版《薛城文史》第二辑。1990年12月，出版《薛城文史》第三辑。1991年12月，出版《薛城文史》第四辑（抗战英模——孙伯龙烈士专辑）。1995年8月，出版《薛城文史》第五辑（抗战英杰——缅怀邵剑秋同志）。2005年1月，编辑出版薛城文史第六辑《铁道游击队在薛城》。2007年，枣庄市政协文史委开始编撰《枣庄文史》，薛城区政协文史委积极供稿，2007年、2008年相继完成《枣庄文史（2007）》《枣庄文史（2008）》薛城文稿的编撰工作。2008年区政协与鲁南（薛城）宋氏文化研究会联合出版《薛城文史》第七辑（宋氏文史）。2009年4月23日至7月31日，对《枣庄文史（2009）》薛城部分进行编纂。2009年9月，编辑出版庆祝人民政协成立60周年暨薛城区政协成立25周年《光辉历程》纪念画册。2010年，配合市政协完成《枣庄文史2010》《枣庄人文自然遗产》《运河名城——枣庄》3本书26万字、130余幅图片的征集编撰任务。2011年，完成《枣庄文史2011》《枣庄人文自然遗产》《运河名城——枣庄》3本书22万字、90余幅图片的征集编撰任务。2012年，完成《枣庄文史2012》《山东区域文化通览》2本书8万字、70余幅图片的征集编撰任务。2013年，完成《枣庄文史2013》6万字，20余幅图片的征稿任务，并配合省政协完成《天南地北山东人》薛城籍人的线索征集。

第四节　联谊活动

薛城区第三届政协委员会紧紧围绕“一国两制”的科学构想，充分发挥政协委员联系广泛的优势，采取各种有效形式，大力开展“三胞”联谊工作，热情接待回国探视的台湾同胞，召开各界人士和台属中秋赏月会及迎春茶话会，经常走访“三胞”眷属，协同有关部门认真落实台属政策等，收到明显的效果。1990—1992年，共接待“三胞”192人次。1992年，参与接待2个台湾大型经贸考察团，积极为全区外向型经济牵线搭桥；1993—1997年，先后接待来薛城访问、探亲和进行商贸、文化交流活动的“三胞”150多人次，多次举办“三胞”亲属座谈会联谊会、侨台属代表经济工作会等。1994年9月14日，区政协召开全区侨台属代表经济工作会议。1997年6月24日，在区政协机关会议室举行的全区各界认识“迎回归、话统一”座谈会，将全区政协、统战系统的庆祝活动推向高潮。1997年10月4日，召开全区侨台属代表座谈会。

第五节　建功奉献活动

1993—1997年，在全区政协委员中开展“爱我薛城、多做贡献”的岗位建功活动。5年中区政协委员共有80多人次受到市区党委政府的记功和嘉奖，有200多人次受到有关部门的表彰奖励。分别在区政协五届三次、五次会议上对45名政协委员进行表彰。2003—2007年，开展4次优秀区政协委员评选表彰活动，共表彰46人次优秀区政协委员。有9名委员因连续两次以上评为优秀委员，被区委区政府记三等功。与区电视台、区报社、信息中心合作，开办“委员风采”专栏，广泛宣传委员岗位建功、干事创业、履行委员职能的事迹。2008—2011年，在全体委员中开展“四个一”主题履职活动。此届政协共对19名优秀政协委员进行表彰，持续开展“委员风采”宣传活动，进一步激发委员的履职热情。八届区政协期间，在全体委员中开展以“献爱心”“三下乡”“大走访”为主要内容的“集中服务月活动”以及“三服一推”“三联一结”“提高委员履职能力，增强协商民主实效”等主题实践活动，持续开展“委员风采”宣传活动，并在区政协八届三次、五次会议上对34名优秀政协委员进行表彰。

第六节　文体活动

1991年7月31日，枣庄市书画联谊会薛城分会成立，举办为期10天的书画展。经过推选，刘胜益为枣庄市书画联谊会薛城分会名誉会长，副会长为袁宪良、张继国，会员为刘福仁。

2006年3月18—20日，举办区政协“和谐杯”台球邀请赛。12个代表队经过273场次紧张激烈的角逐，区政协一队、枣矿集团、区老干部活动中心代表队分获团体第一、二、三名，郭荣珠获个人第一名。

2007年6月26日，为庆祝建党86周年和香港回归祖国10周年，宣传“建设市驻地，打造新薛城”的施政理念，区政协在玉河园举办“和谐薛城”全区书画艺术大展。

2007年7月6—8日，举办区政协第二届“和谐杯”台球邀请赛。来自区老干部活动中心、枣矿集团、区政协等单位的12支代表队48名选手参加比赛。经过角逐，团体总分前3名的单位和个人总分前8名的选手受到表彰。

2008年1月5日，为庆祝市人大政协两会的胜利召开，2008年枣庄市政协委员书画名家笔会在东方之润大酒店举行，全市20多名书画名家挥毫泼墨，现场创作近百幅书画佳作。10月28日，为纪念改革开放30周年，深入贯彻落实科学发展观，弘扬爱国主义精神，发展古薛文化和奚仲文化，推动书画艺术的繁荣，在薛国大酒店举行由政协薛城区委员会、枣庄中山书画院主办的“纪念改革开放30周年——薛城区政协委员书画展”。

2009年7月31日，庆祝中华人民共和国暨人民政协成立60周年书画展在薛国大酒店举行，市政协副主席李华中为书画展剪彩。此次书画展共展出作品106幅，书法以隶、楷、行、草见长，绘画以山水、花卉居多，丰富多彩，各具风姿，以书画特有的艺术形式和视角，诠释中华人民共和国成立60周年和人民政协成立60周年的巨大成就和光辉业绩，展示60年来全区城乡巨大变迁、经济社会建设取得的丰硕成果。

第二十编

民主党派　人民团体

第一章　民主党派

薛城区于1988年成立第一个民主党派组织。至2013年，全区已有5个民主党派、9个民主党派基层组织、193名民主党派成员。25年来，在中共薛城区委的正确领导下，全区民主党派从无到有，逐步发展壮大，多党合作制度日趋完善。各民主党派、工商联积极参政议政、建言献策，为区委、区政府科学决策提供重要依据；主动开展科技、文化服务等活动，积极参与社会公益事业，在开展技术培训、扶危济困等方面做出大量扎实有效的工作；真实反映社情民意，积极协助党委、政府做好化解矛盾、凝聚人心的工作，为维护全区改革、发展、稳定的大局做出重要贡献。

第一节　中国国民党革命委员会薛城支部

组织建设

1994年1月22日，民革薛城支部召开第一次全体党员大会，成立民革薛城区支部，选举产生第一届支部委员会。

1997年4月16日，民革薛城支部召开全体党员大会，选举产生第二届支部委员会。

2001年9月28日，民革薛城支部召开全体党员大会，选举产生第三届支部委员会。

2007年1月31日，民革薛城支部召开全体党员大会，选举产生第四届支部委员会。

2011年9月27日，民革薛城支部召开全体党员大会，选举产生第五届支部委员会。

2013年，民革薛城支部有党员25人，均是各单位业务骨干。支部成员中姚磊当选为民革山东省第十一次党代表，王新慧当选为民革山东省第十二次党代表。市政协委员2人，民革市委委员2人，薛城区政协副主席1人，区政协常委2人，区政协委员9人，科级干部4人。

参政议政

民革党员中市、区两级人大代表、政协委员人数占党员总数的30%，他们每年都撰写一定数量的提案、议案，根据民革市委提出的“近学滕州远学青岛”的口号，在党员中开展参政议政人人心系群众，关注社情民意，学习青岛“一人一案”的做法，每年初支部根据民革市委提出的调研课题，要求党员中的人大代表、政协委员每人每年至少写提案、议案、反映社情民意3件，其他党员至少1件以上，在区政协会上每年保证1件集体提案。2007年，王新惠参与撰写的3个建议均被评为枣庄市人大代表优秀建议，在市人代会上提出的《关于治理山东海化煤业化工有限公司污染的建议》引起市委、市政府的高度重视。2010年，姚磊在市政协八届一次会议上所提出提案《关于整合我市城区物业管理资源的建议》被市政协评为优秀提案。姚磊、崔成芳的相关文化、卫生等提案受到市政府和办理单位的重视，曾被邀请走进市人民广播电台“议政版”直播间。支部在区政协会议上提出的《关于合理利用水资源的建议》《关于加强农村文化建设的建议》等10多件集体提案受到区委、区政府及有关部门的采纳。支部组织部分党员进行调查研究，提出《关于改进城区排水设施的几点建议》，被区政协列为重点提案进行督办。

社会服务

民革支部自成立以来，充分发挥自身优势，积极开展社会服务活动，先后10多次组织参加中共薛城区委统战部组织的科技下乡活动，培训农民群众1000人次，咨询人数4000人次，既提高农民群众的科学种田知识，又扩大民革组织的影响。党员崔成芳、赵恒义、袁道英多次参加送医下乡活动；老党员田永安2004年赴台探亲期间，积极宣传“一国两制”及中共中央对台的新政

民革薛城支部“送春联下乡”活动

策，为祖国统一尽职尽责。“春节义务写春联、送书画”活动是民革薛城支部每年工作计划中的重头戏。针对党员中书画人才较多的优势，在省市乃至全国率先成立党员联谊中心，《团结报》和民革中央网站同时刊发推广创新经验。中心除了举办一系列公益性文化活动外，每年春节前都要组织部分党员深入乡镇和城区街头为群众义务写春联送书画，坚持16年之久。人民网、人民政协网、《团结报》《中国书画报》《联合日报》《山东民革》《枣庄日报》等10余家报刊刊发新闻。支部全体党员先后向5个困难农民家庭、1个困难民营企业和城南森林公园捐款捐物5000余元。其中，支部主委姚磊个人捐款约3000元，党员朱美华捐款600元。不管是慈心一日捐，还是扶贫助困、扶残助学，支部党员纷纷踊跃捐款，表达民革党员的爱心之情。为推介薛城独特的地域文明和文化特色，支部联合枣庄中山书画院10多次举办艺术采风、6次书画笔会、4次书画展览，弘扬薛城奚仲文化，助力旅游事业发展。

党派荣誉

2007年、2009年，支部分别被民革山东省委、民革枣庄市委评为“先进支部”。2007年，主委姚磊被民革山东省委评为“省级优秀党员”；2011年，被评为民革山东省委评为“民革山东省参政议政工作先进个人”；2012年，姚磊撰写的论文《新农村残疾人文化建设的现状与思考》，在《光明日报》《联合日报》共同举办的“学习贯彻十七届六中全会精神推动文化大发展大繁荣政协委员建言献策”全国征文中获得三等奖。姚磊创作的扇面书画应邀赴美国展出，《光明日报》等中央级报刊发表新闻，其诗作3次获得全国诗赛一等奖。支部委员王新慧2007年、2009年被枣庄市政府2次授予嘉奖，获民革山东省委优秀女党员称号，枣庄市科技成果进步奖三等奖。支部老主委苏昌发曾多次被民革枣庄市委评为“优秀党员”。2013年，支部李爱军、王新来、田伟、高裕亮4位党员被民革枣庄市委评为优秀党员。党员秦奋、朱美华、杨福新、褚福祥、王明祥、娄连伟、程鹏、颜玲侠、岳保国等多次在省市获得专业和论文奖项。

第二节　中国民主同盟薛城总支部

组织建设

1991年12月27日，民盟薛城支部召开民盟薛城区第二次盟员大会，选举产生第二届支部委员会。

1999年8月，经民盟枣庄市委批准，民盟薛城支部改组为总支部，下设4个支部，8月6日，召开第三次盟员大会，选举产生民盟薛城总支第一届委员会和各支部委员会。

2001年9月28日，民盟薛城总支召开第四次盟员大会，选举产生民盟薛城总支第二届委员会和各支部委员会。

2007年1月31日，民盟薛城总支召开第五次盟员大会，选举产生民盟薛城总支第三届委员会和各支部委员会。

2011年9月27日，民盟薛城总支召开第六次盟员大会，选举产生民盟薛城总支第四届委员会和各支部委员会。

参政议政

30年来，民盟薛城总支集中盟员和群众的意见，围绕市、区大政方针和中心工作，针对群众关心的热点问题，提出建议19条，提案和议案399份，涉及教育卫生、城市建设、农业发展、环境保护等方面，大多数提案被区委区政府采纳并付诸实施，产生良好的经济及社会效益。

1993年，支部主委胡继武在市人大会议上提交《关于减轻农民负担的建议》，被列为市人大十一届一次会议议案；在市、区人大、政协会议上分别提交《枣庄八中迁建拨款应及时到位》和《八中迁建应加速进行不能旷日持久》的提案，受到高度重视，薛城区迅速成立八中搬迁领导机构，多方筹资、紧急施工、次年春节后高中新校舍竣工投入使用，实现八中搬迁。1994年，民盟支部在市人大会议上提交《依法治农势在必行的建议》，市政府采纳后制定《关于宣传贯彻农业"两法"的实施方案》，召开全市贯彻农业"两法"新闻发布会，下达市政府21号文件，取消不合理收费项目40个，出台《关于加强基层农业技术推广机构建设的实施意见》，扭转农业推广组织网破线断人散的现象。同年民盟支部在区政协会议上提交的《关于进行全区企业产权改革的提案》，是枣庄市较早涉及产权改革的提案之一。1995年，在区政协会议上提出《副科级以上干部应在我区廉政建设中率先垂范》的提案，若干内容被区纪委在制订廉政建设若干规定中采纳。1996年，在区政协会议上又提交《继续采取有力措施，防止农民负担反弹》的提案，区政府出台对农民负担进行全面检查、开展全区减负活动月、严把农民负担审批关、聘任农民负担监督员四项措施。1997年，在区政协会议上提交《加速筹建八中教职工宿舍》提案，被区政府采纳并实施，一年之后，96户教师家庭迁入新居。1997年和1998年，在区政协会议上相继提交《设立困难企业职工解困资金》《政企联手，广开下岗职工再就业门路》2件提案，区政府采纳后出台困难职工救济措施和下岗职工再就业的政策规定，帮困资金当年发放到户。2000年，调研全区各乡镇教师工资兑现发放的情况，在区政协会议上提交《积极妥善解决部分乡镇拖欠教师工资》的提案，两级政府采取措施，使拖欠教师工资现象得到一定程度的遏制。2001年，提交《让电脑进入我区课堂》《建设远程教育信息高速公路》的提案，该提案被采纳实施，全区投资1000余万元，用于建设学校微机室、语音室、电子阅览室、电子备课室和校园电台，实现四机一幕进课堂。2004年，在市、区两会上提交《关于尽快治理焦化厂污染》的提案，市、区人大、政协领导带队到焦化厂进行现场提案办理，改善城区的污染。近年来，盟员撰写的提案中有6件被区政协定为重点提案，7件被评为优秀提案。2008年，《强化现代农业科技支撑，培育新型农民》提案被采纳后，开展新型农民科技培训工程和劳动力转移培训工程，成立由34名中级职称以上专家组成的讲师团，印制通俗易懂的小册子，讲师团深入到各镇、村，就农民所急需的蔬菜大棚高产栽培技术、家禽饲养与疾病防治、果树栽培等技术进行培训。对全区25个村、3000多名农民进行培训，培养一批农村致富带头人，促进农业发展、农民增收。2009年，提交《加快我区农业结构调整，促进农业产业化发展》的提案，被区政协确定为5个重点办理提案之一，区政府制定下发相关的实施意见，农业主管部门采取6项落实措施。2009年3月3日，高文勇做客枣庄电台参加《议政时空》栏目《加快农业结构调整，促进产业化发展》的专题访谈。

民盟薛城总支及各位盟员积极履行自身的参政职能，切实发挥参政议政的作用，2007年，对全区教育情况进行调研，撰写完成《我区教育及设置情况》的调研报告；2011年，为全面了解当前全区学前教育发展情况，推动全区学前教育均衡发展，组织开展学前教育发展情况专题视察，撰写完成《我区学前教育发展情况》的视察报告；调研视察报告上报给区委、区政府后，为制定全区教育发展规划提供参考依据。

2010年5月，高文勇参加市政协主席专题座谈会，并作《深入挖掘历史文化资源，提高城市文化品位》的专题发言。内容刊登在2010年《枣庄政协》第二期。2012年，提案《建议棚户区改造要高标准规划、建设基础设施尽量避免事后重复建设》被评为市政协优秀提案。2013年，季文野关于《建议进一步合理配置教育资源，逐步实现义务教育阶段小班化》在市政协九届二次会议上被推选为大会发言，并被盟省委和盟中央采纳。为发挥政协委员的民主监督作用，及时反映社情民意，总支和盟员近年来提交8条社情民意信息，其中盟员季文野给市政协上报的关于《提高市民文明素养，提升城市形象》的信息，由市长亲自批示。

民盟薛城总支进行义诊

服务经济

民盟薛城总支全体盟员，每年都组织有专长的盟员开展送科技、卫生、文化下乡和科技进教堂活动，利用集中授课、街头咨询、田间地头等形式进行现场指导。2006年以来，共编印发放各种技术资料5万余份，接受咨询2万余人次，举办农技电视讲座、教育讲座50次，举办农技培训班230场，接受培训的农村干部、乡村农技员和专业户等共1.5万余人次，接受群众咨询2000余人次，获得群众好评。

教育界盟员，对教师的基本功训练、课堂教学进行辅导、检查与考核，辅导60余名青年教师参加全国、省、市教学比赛并获得奖励，培养9位在省、市教学比赛中获一、二等奖的青年教师，组织教师培训讲座80余次。盟员李跃被枣庄市选派赴新疆英吉沙县支教，成为枣庄市选派的10名第四批援疆教师之一。

文化、卫生、经济界盟员，利用各自的业务专长和技术优势，分别为社会各界提供服务，如文化、卫生下乡、春节义务写春联、举办书画摄影培训班、街头义诊、工程审计等，盟员苏敏然曾为市摄影家协会理事、区摄影家协会常务副主席，几十年来拍摄大量反映人们政治、生活的照片，举办过多次大型图片展览，摄影作品多次获奖。至2013年，有24名盟员被评为省、市、区级先进个人、先进班主任、优秀教师，6名盟员获国家级、省级优秀辅导奖，评选和发表的国家级论文76篇，主编出版专著6部，编写教学用书12部。

民盟薛城总支及广大盟员积极开展扶贫和爱心捐助活动。2007年和临城街道一贫困户结成帮扶对子，对其捐助资金帮助两个孩子上学，进行科技脱贫致富指导。民盟总支在1998年抗洪救灾、2004年防治“非典”、2008年四川抗震救灾活动中，自愿捐款、捐画、捐物，交特殊盟费共计价值6万余元。2013年，在开展的“三联一结”活动中，联系帮扶困难户10户。

第三节　中国民主建国会薛城支部

1990年7月25日，中国民主建国会（简称民建）薛城区支部成立。至2013年，民建薛城支部共有会员26名，平均年龄44岁，大专以上学历21人，科级以上干部7人、县级干部1人。会员界别特征和优势明显，支部会员大部分是经济界人士。其中：金融及企业会员13名，政府职能部门工作人员11名，教育界2名。市、区两级政协委员7名，市政协委员3名，区政协常委3名，1人被民建中央授予“全国先进会员”称号，1 人被民建山东省委授予“全省先进会员”称号。

组织建设

1990 年 7 月 25 日，民建薛城支部召开成立大会，选举产生第一届支部委员会，会员 8 名。

1993 年 11 月，民建薛城支部召开换届会议，选举产生第二届支部委员会，会员 9 名。

1997 年 4 月 2 日，民建薛城支部召开换届会议，选举产生第三届支部委员会，会员 12 名。

2001 年 9 月 28 日，民建薛城支部召开换届会议，选举产生第四届支部委员会，会员 13 名。

2007 年 1 月 31 日，民建支部召开换届会议，选举产生第五届支部委员会，会员 17 名。

2011 年 12 月 6 日，民建薛城支部第六届支委会产生，会员 25 名。

参政议政

民建薛城支部自成立以来，认真履行参政党职能，充分发挥经济界人士较多的优势，紧紧围绕党和政府的中心工作和全区经济社会的热点、难点问题，积极参政议政，为全区的经济社会发展献计出力。针对区非公有制经济规模偏小、科技含量较低、资金不足、管理粗放等问题，提出《引导非公有制经济向科学化、规范化方向发展》的提案。针对网吧经营业户违规违法经营，容留未成年人上网带来的社会问题，对全区网吧经营情况进行实地调查分析，形成《关于进一步规范网吧经营的建议》的提案。通过对非公有制职工权益保障情况进行调研，提出《维护职工利益，保障职工权益不受侵犯》的提案。民建支部的《促进第三产业发展》提案，金鹏的《关于加强园区企业安全生产，确保园区经济健康发展》《关于切实做好党外干部的实职安排工作》提案，安朝的《关注市场经济及重视招商引资的提案》，朱西红的《治理网吧》《关注弱势群体的提案》，孟祥硕的《关于结构调整与农产品批发市场同步》《关于信贷消费》《关于建设社会主义新农村需要加强农业产业化发展》《关于维护职工权益、保障职工利益》《实施四个一工程促进服务业发展》《关于加强我区安全管理，促进经济健康发展》，庞东的《关于加强全区幼儿教师队伍建设的建议》《关于采取有效措施，推进文化产业大发展大繁荣的建议》《关于加大文化遗产，挖掘整理擦亮薛城文化名城名片》等具有前瞻性、实际性和操作性的提案议案，从不同角度、不同领域为经济发展献计献策，为区委、区政府决策提供科学依据。2005—2013 年，支部在“两会”期间共提出提案 50 余件，内容涉及经济发展、科技文化、教育、环保、医疗、信贷等诸多领域，其中 4 件提案被列为重点提案，2 件团体提案、2 件个人提案被评为优秀提案。1 位会员被枣庄市政协授予“优秀政协委员”称号。

服务经济

民建薛城支部自成立以来，积极开展捐资助学、扶贫济困等社会服务工作，10 余年来，在 1998 年抗洪、八中新建、防治“非典”、光彩事业、思源助学工程等社会活动中，累计捐款 100 多万元。2002 年，朱广水主委为枣庄八中捐献 12 万元；2005 年 3 月，民建薛城支部捐资 5000 元，在临山公园建设“民建绿地”，成为民建会员长期植树造林的基地。原主委金鹏、主委朱广水和会员安朝热心光彩事业，发动社会各界，筹资 20 多万元筹建全市第一所光彩小学——薛城区沙沟镇光彩小学。2012—2013 年，思源助学工程捐资 7 万元，资助大学生 20 名、优秀中学生 15 名。向沙沟镇、周营镇捐助新桌椅 400 套。组织区电影公司，配备数字电影放映设备，将大批适合老年人题材的电影送到 6 个镇街敬老院。组织“文化下乡”活动，为群众送福字 1000 余幅。

第四节　中国农工民主党薛城支部

农工党薛城支部成立于 1988 年 4 月 23 日。党员以卫生界中高级知识分子为主，共有党员 30 人，其中 2 人为市级政协委员，5 人为区级政协委员，1 人为政协常委。

组织建设

1988 年 4 月 23 日，农工党薛城支部召开成立大会，选举产生第一届支部委员会，3 名支部委员。

1991年12月31日，农工党薛城支部召开换届会议，选举产生第二届支部委员会。

1995年12月6日，农工党薛城支部召开换届会议，选举产生第三届支部委员会。

1999年5月18日，农工党薛城支部召开换届会议，选举产生第四届支部委员会。

2001年9月28日，农工党薛城支部召开换届会议，选举产生第五届支部委员会。

2007年1月31日，农工党薛城支部召开换届会议，选举产生第六届支部委员会。

2011年9月21日，农工党薛城支部召开换届会议，选举产生第七届支部委员会。

参政议政

围绕2007年政协工作报告，提出关于如何加快农村的城市化进程、使农民尽快富起来、失地农民的保障等问题。参与撰写《加强城区汽车美容点管理的几点意见》《优化环境，留住人才》《加强农田水利设施的管理》《加快农村村容整治》《关于发展养殖业，增加农民收入的建议》《关于"村村通"公路后期管养的建议》《关于推动大樱桃生产产业化建设的建议》等议案。刘洪彦撰写的《薛城区农业产业化发展的调研报告》、姜纯宁撰写的《关于全区煤炭资源的调查报告》在全区统战理论调研成果交流会上公开交流，受到市、区委统战部门领导的充分肯定，对区委、区政府决策具有重要的参考价值。刘洪彦当选为市优秀政协委员；刘洪彦、姜纯宁、王成明被推荐为政协薛城区第七届委员会委员，刘洪彦、姜纯宁为常务委员。

2009年，在区政协七届二次会议上，薛城支部撰写的《规范村级卫生室管理，提升农民群众健康水平》《加强农村科普工作，助力社会主义新农村建设》《合理规划，加快城市建设步伐》《调整信号灯和路面标线》《规范马路沙厂，保障交通安全》等提案，得到区政协领导和与会委员一致好评。其中，与九三学社薛城支部联合撰写的提案——《关于加快建设薛城区人民医院病房楼的几点建议》，被确定为全区4个重点提案之一。

2010年，撰写10余件提案，内容涉及文化、旅游、城市建设、服务业等诸多方面，如《加快奚仲文化综合开发 丰富薛城旅游产业内涵》《关于加快蟠龙湖湿地公园建设的建议》《关于我区城中村改造的建议》《关于加强农村乡镇公路养护的建议》等。在市政协八届三次会议上，主委刘洪彦撰写的提案《加快枣庄港建设大力发展临港物流经济的建议》被中共枣庄市委、市政府和市政协评为优秀提案。

2011年，在市、区政协会议上，支部党员撰写《优化城区交通环境 打造城市新门户》《建好蟠龙河湿地公园 打造生态薛城》《优化城市建设结构 加快鲁南门户城市建设》等提案6篇，涵盖交通环境治理、城市建设和棚户区改造等多方面内容，得到市、区政府的高度重视，被全部批转相关部门办理。

2012年在市、区政协会议上，《加快奚仲文化发展 提高我区文化活力》《关于建立劳动力市场的建议》《加强古树名木保护 丰富我区文化内涵》等11篇提案，得到市、区政府的高度重视，其中《加快奚仲文化综合开发，丰富枣庄旅游产业内涵的建议》被评为"优秀提案"。

2013年，《进一步做好创森工作 推进生态文明建设》《关于加强校园周边环境治理的建议》《加强食品小作坊监管 保障人民群众饮食安全》等提案13篇，向市、区政协反映《关于完善无偿献血机制的建议》《倡导光盘行动 杜绝舌尖上的浪费》《关于加强电子垃圾回收处理工作的建议》等社情民意8篇，得到市、区政府的高度重视，全部批转相关部门办理。

服务经济

1995年，农工党薛城支部组织力量到南石乡开展义诊活动，聘请医师到南石卫生院长住坐诊，帮助该院引进一些必要的仪器设备，彻底改变南石乡看病难的问题。2007年，组织医疗专家赴周营开展义诊活动，给群众诊病，解答医学疑难，为群众做好事、办实事；联合农工党枣庄市委组织市、区数十名医疗专家送健康到薛城老年大学、老干部活动中心，为教师和学员免费查体和健康咨询，组织卫生界的政协委员、医护专家开展送医进社区活动，举办防治高血压讲座，为50余名病人建立档案，免费赠送药品，为群众义诊150人次。

2008年，农工党薛城支部组织党员以书画作品表达对奥运的支持和期盼，创作的3幅作品入选农工党山东省委在青岛举办的“激情奥运，扬帆青岛”书画艺术展，均被保存在农工党山东省委。11月，选送参加市委统战部举办的纪念改革开放30周年书画展的作品——“肝胆相照，荣辱与共，共铸和谐、至上民生”。组织党员参加纪念“五一口号”发布60周年征文活动，《坚持政治协商 共建和谐社会》内容丰富，思想深刻，并在《枣庄农工》上发表。组织医务界的专家深入沙沟镇楼沃村，开展送医药、送科普下乡活动，接受咨询500人次，为180余名村民进行免费查体，赠送价值近5000元药品，发放有关农技、保健知识宣传资料3600份，向楼沃小学捐赠价值1000余元的科普图书、挂图，给孩子们带去七巧板等智力玩具。此次活动被山东电视台、枣庄电视台、《枣庄日报》、薛城电视台和《薛城周讯》等多家媒体报道。“5·12”汶川大地震发生后，组织党员通过交纳“特殊党费”多种形式为灾区捐款，为抗震救灾做出贡献。

2009年，农工党支部联合区科协、区教育局举办“青少年科普报告百校行”活动，提升未成年人科学素质；4月，联合农工党枣庄市委、薛城区科协和老科协举办“薛城区学习实践科学发展观，科普惠农你我共参与——辉煌太阳能杯大型科普宣传系列活动”，整个活动历时10天，活动范围涉及全区7个镇街，共举行科普惠农专场演出14场，发放科普宣传资料5万份，展示科普展板30块，受益群众5万余人。

2010年，联合区委统战部，将邹坞镇陶然农庄确定为支部农业科技服务基地，结成帮扶对子，为基地的发展提供技术支持和资金扶持。当年支部5次为基地聘请专家指导生产，帮助基地成功申报科技示范项目，协调争取银行贷款，修建高标准门楼1座，完成路面硬化1200米，基地达到年产优质大樱桃3万公斤、年销售收入80万元的全新规模，解决50多人的就业问题，带动周边农村群众栽培大樱桃66.67多公顷，促进农业结构调整和农民增产增收。此外，还在西姚社区综合服务基地，开展“回报社会感恩行动”，广泛普及健康保健科学知识；在奚仲中学科普教育基地举办“山东省科学大讲堂——青少年科普报告百校行”报告会，促进未成年人科学素质快速提升；6次组织医疗专家到邹坞镇卫生院医疗技术服务基地开展业务培训工作，有针对性地指导卫生院开展新技术及新业务。

2011年，联合区科协、区老科协制定《抗旱支农工作实施方案》《关于做好当前科学抗旱工作的建议》。组织老专家先后深入张范镇小屯村、横山口村和沙沟镇张庄村，开展抗旱技术指导和抗旱科普知识宣传活动；开设心理热线，不断强化未成年人心理辅导工作和危机干预工作，为全区未成年人心理健康教育工作树立典范。积极指导支部科普教育服务基地——奚仲中学开展科普教育工作，帮助奚仲中学成功申报三星级山东省科普教育基地，帮助学校编写《科技创新教育》校本教材，聘请中科院教授为科技教育顾问，举办“校园科技节”系列活动。

2012，为常庄镇西姚社区详细制定以健康保健、法律和反邪教科普知识宣传、送医药进社区及帮扶困难户为主要内容的帮扶计划。7月，联合市区科协在该基地开展科普车、科普电影放映活动周活动。邀请市科协科普大篷车开进西姚社区，给居民带来科普互动仪器，并放映反邪教和野生动物保护科普影片及消夏故事片。当年该基地被中国科协评为“基层科普行动计划”先进单位，被省科协评为“全省优秀科普社区”。9月，邀请省科协党组书记、副主席燕翔为奚仲中学“山东省科普示范校”揭牌。同时为学校聘请由农工党党员担任的心理咨询师和法律咨询师，接受师生咨询3000余人次，培养他们科学态度、科学精神和创新精神，促进未成年人科学素质快速提升。

2013年3月，联合市、区科协开展山东省“流动科技馆县县通”薛城区巡展活动，历时2个月，激发青少年学科学、爱科学的浓厚兴趣，促进全民科学素质快速提升。5月，联合九三学社薛城支部、市科协、区科协、老科协在沙沟镇张庄村开展送科技下乡活动，向群众免费发放农药50袋、农业实用技术光盘20盒、农药使用科普挂图50张、玉米病虫害防治明白纸100张，专家们深入田间地头，现场向群众传授石榴的整形、修剪等管理知识。6月，联合农工党枣庄市委在铁道游击队纪念广场联合举办“第六届中国环境与健康宣传周”活动，为群众量血压、解答群众咨询、发放宣传资料。10月，联合区委统战部、区科协、区卫生局、区人民医院等单位在铁道游击队纪念广场开展“白金十分钟——全国自救互救活动日”科普宣传活动，现场对群众进行心肺复苏和止血包扎技术培训。

第五节　九三学社薛城支社

组织建设

1991年12月28日，九三学社薛城支社召开换届会议，选举产生第二届支社委员会。

1995年11月17日，九三学社薛城支社召开换届会议，选举产生第三届委员会。

2001年9月28日，九三学社薛城支社召开换届会议，选举产生第四届委员会。

2007年1月31日，九三学社薛城支社召开换届会议，选举产生第五届委员会，社员28人。

2011年9月27日，九三学社薛城支社召开第六次社员大会，选举产生第六届委员会，社员34人。

参政议政

2011年以来，广大社员、特别是担任各级人大代表、政协委员和政府及政府有关职能部门实（兼）职及担任监督员的社员，通过向各级人大、政协提交的建议、提案和社情民意信息，在中共薛城区委召开的各种形式的民主协商会、联席会等会议上，就有关问题发表意见和建议，参加各级人大、政协及相关单位组织的各种检查、视察和调研等活动，认真履行参政议政这一主要职能。

社员担任人大代表、政协委员等情况　社员中先后担任市级政协委员5人；区人大代表3人，其中区人大常委会副主任1人，区人大常委1人；区政协委员10人，其中区政协副主席1人，区政协常委2人。有1人担任枣庄市政协法律顾问、枣庄市仲裁委仲裁员、枣庄市统计局监督员、枣庄市律师协会副会长、理事、薛城区人民政府首席法律顾问，薛城区商会常委，山东省社会新阶层党外知识分子联谊会常务理事。

人大建议与政协提案工作　2011年以来，在市、区人大、政协会议上共提出建议、集体和个人提案113件，其中一些提案被列为重点提案、重点督办提案，许多具有可行性的意见和建议被采纳和实施，产生良好的经济效益，有8件建议被区人大评为优秀建议，1件提案被评为优秀提案。这些建议和提案紧扣改革与发展的主题，围绕薛城工业、农业、文化教育、医疗卫生、城市建设以及精神文明建设等方面存在的突出矛盾和问题，提出积极的意见和建议。《加大投入，尽快实施九年义务教育》《采取有力措施，加快八中搬迁步伐》《多渠道筹措资金、进行区医院的搬迁》《采取有力措施，加强农村卫生保健工作》等建议和提案，引起区政府和有关部门的重视并被采纳实施。《关于完善永兴东路配套设施的建议》被列为重点提案之一，区政府高度重视，积极采纳，把落实该建议作为实施城市绿化、美化、亮化工程的重要内容来抓，投资140万元，完成包括永兴东路在内的城区新修道路的亮化工程，安装路灯400余盏。针对全市农村卫生工作仍比较薄弱、农民因病致贫、因病返贫的问题，彭景涛在市政协七届二次会议上提出《加大农村卫生投入、保障农民身体健康》的提案，该提案被列为重点提案之一，市政协专门召开重点提案督办会议，听取承办单位负责人关于重点提案办理情况的汇报。

在区十一届人大一次会议上，贾继芳代表提出《关于进一步加大农村环境综合整治力度的建议》被区人大列为重点建议案，区委、区政府专门成立一套班子，重点对建议落实情况到基层走访百姓，对脏乱差治理采取一系列解决办法，最后由区委办和政府办联合下发城乡环卫一体化实施方案、美丽乡村建设实施方案，开展建设美丽乡村、城乡环卫一体化建设等工作。李建代表提出的《关于加强农村道路建设与管护的建议》作为重点建议案，区政府召开以交通局牵头，住建局、公路局及镇街等相关单位参加的联席会议，落实责任、分工明确，研究部署并下发道路建设管护工作落实意见，把农村道路建设管护工作落实到镇街，安排专款专人负责道路建设养护工作。

九三薛城支社集体提出的《关于加快建设区医院病房楼的提案》被区政协评为优秀提案。区政协八届二次会议上，谢慧委员提出的《关于进一步提高小区物业管理服务质量的建议》被区政协列为重点提案。区政协八届三次会议以朱会为第一提案人提出的集体提案《关于薛城区新农合运行情况的建议》被区政协列为重点督办提案；区政协八届四次会议上，许秋茹委员提出的《关于加强对幼儿园建设和管理的建议》被区政协列为重点提案。所提建议区政府有关部门均采取有力措施，使问题得到妥善解决。

社情民意信息工作　2010年以来，支社社员共撰写社情民意信息40余条，其中2条被省政协采用；2条被九三学社省委采用；14条被市政协采用；8条得到市区领导的重视并作出批示；2条社情民意信息分别被薛城区政协在七届四次会议和八届二次会议上评为“优秀社情民意信息”。所提建议均受到有关部门的重视并采纳。谢慧提出《关于进一步改善城区交通环境的建议》，这个信息得到市、区领导的充分肯定，市委、市政府、市政协主要领导都作出重要批示。所提建议得到有关部门的重视，积极采取措施，交通环境明显改善。

参政议政工作　支社委员会领导及部分社内人大代表、政协委员多次参加区委、区政府召开的各民主党派座谈会、协商会以及区委统战部召集的联席会。在市纪委和监察局召开的监督员座谈会上，就市纪检监察机关实行“十个不准”和“五条禁令”的落实情况，实事求是地提出意见和建议，并提交书面材料。在纪念《中共中央关于坚持和完善中国共产党领导的多党合作和政治协商制度的意见》下发15周年座谈会上，代表薛城支社作了题为《积极履行参政党职能，进一步开创参政议政、民主监督和社会服务工作的新局面》的发言，并刊登在《枣庄九三》的社刊上，此文被推荐到省委统战部参加优秀调研成果评选并获得2004年度市九三学社优秀调研成果奖。为了解新型农村合作医疗制度这项造福农民的民心工程在辖区的试点运行情况，支社委员会于2006年8月组织部分社员深入薛城区部分乡镇，分别召开座谈会，走访农户和乡镇医院，听取有关部门的情况介绍，形成5000余字的调查报告，提出有针对性的意见和建议，受到领导的高度重视。为了发展农村卫生事业，进一步加强乡镇卫生院建设，支社对全区的乡镇卫生院建设进行专题调研，其调研情况在区政协七届二次会议上作大会议政发言。为了充分发挥意见、建议和提案在参政议政工作中的主渠道作用，在许多有分量的意见、建议和提案形成前，薛城支社主委贾继芳单独或与区人大、政协及有关部门一起，就发展现代农业、农业基础设施建设、医疗卫生等进行专题调研。

社会服务

支社委员会积极支持鼓励和组织协调全体社员在做好本职工作的基础上，充分发挥社员个人特长，开展为社会服务工作。多次到敬老院、乡镇进行义务查体和科技咨询，受到社会各界的好评。

1992—1993年，到邹坞五中和金河中学为师生义务查体3000余人次。2002年8月，去陶庄镇敬老院和清真寺为老年人及部分回族群众查体并免费送药。2004年重阳节，组织医疗专家到邹坞镇敬老院义务为40多位老人检查身体，并对其中30多位患病的老人给予治疗，免费赠予药品1000余元。2007年4月25日，组织社员去周营镇义诊并发放宣传材料，受益群众100余人，发放材料200余份；6月29日，参加市政协人资环委及九三市委组织的去邹坞镇东山口村的义诊活动，当天共为60余名村民进行义诊，发放健康宣传单100多份，免费赠予药品2000余元；10月18日，重阳节前夕，去沙沟镇给敬老院的20余名老人进行健康查体，并免费赠予1000余元的药品。2008年重阳节为薛城区80岁以上的67名老年人进行免费健康查体。

在1998年8月区委统战部组织的全区各民主党派向灾区捐款的活动中，社员踊跃捐款850元。2000年9月，为响应社中央支边扶贫的号召，社支委组织全体社员进行捐款支援西部开发，共计捐款近千元。2003年，积极响应社中央号召，为菏泽曹县捐资助学510元；在同年防治“非典”的斗争中，支社委员会组织全体社员各尽所能，奉献爱心，共捐资捐款700余元。2007年，救助山亭贫困学生捐款600元。2008年四川地震后，全体社员参加社市委组织的捐款活动共捐款3700元。

2010年1月和2011年1月，配合市委统战部去陶庄二郎庙村义诊，为部分老人进行心电图检查。同时，还为群众免费发放药品，两年共发放药品价值3000余元。其活动情况报道在薛城区政府网站上刊登。

2012年和2013年重阳节，支社带领医疗专家走进邹坞镇敬老院为老人们义诊并建立健康档案。两次义诊共为201名老人进行健康体检，免费发放4000余元的药品，并向老人们赠送蛋糕。

2013年5月，到沙沟镇张庄村举办林果技术培训班，邀请市林业局专家授课，手把手教农民石榴嫁接和裁枝，得到果农的拥护。8月，支社在陶庄镇奚仲广场开展送科技卫生下乡活动，共组织10余位社员和农业、林业、卫生科技专家志愿者，为农民朋友进行种植、养殖方面的农业技术咨询及疾病预防、健康咨询和义诊服务。此次活动共接受400多位农民朋友农业技术咨询、健康咨询和义诊。共发放农业种植养殖技术读物800余本、惠农政策宣传单1000余份，健康知识读本180余本、宣传折页2000余份，各类健康宣传单、宣传画600余份，控盐勺150余套、宣传围裙100余个，摆放健康知识展板4副。

2010—2013年，青海玉树发生地震，支社全体在职社员积极向灾区捐款2000余元；为促进森林公园建设，支社全体在职社员捐资3200元；在区政协“三联一结”活动中，支社向市、区政协委员帮包困难户捐资2600元。

第二章　人民团体

第一节　薛城区总工会

组织建设

1995年，全区90%单位、企业配备副科级工会主席，是年9月，薛城区首家私营企业傅庄钢窗厂工会成立。1997年9月，全区最大私营企业薛城区锻造厂工会成立。2013年，全区共有工会组织1738个，发展会员10.6万人。

工会代表大会

1988年8月25—26日，薛城区工会召开第三次代表大会，参加会议正式代表110人，特邀代表5人，选举产生19人组成的区总工会第三届委员会（其中常委5名），同时选举产生由5名委员组成的第三届经费审查委员会。

1994年9月11—13日，薛城区工会召开第四次代表大会，常委7人。

1999年9月13—15日，薛城区工会召开第五次代表大会。

2006年4月27—28日，薛城区工会召开第六次代表大会，会议选举产生第六届委员会委员25人，经费审查委员会委员5人，常委9人。

2012年6月1—2日，薛城区工会召开第七次代表大会。会议选举产生第六届委员会委员30人，经费审查委员会委员5人，常委9人。

民主管理

1999年，成立“薛城区厂务公开民主管理领导协调小组”，办公室设在区总工会。2002年，区煤矿被评为省厂务公开先进单位。2003年，下发《关于开展职代会星级创建的实施意见》和《关于对职代会星级创建活动考核验收的通知》。2010年3月，召开劳动关系和谐企业星级创建表彰会，6月，承办市总工会在薛城区山东北斗制冷设备有限公司召开的全市“共同约定”行动现场推进会。2012年7月，在邹坞镇召开全区首场区域性、行业性工资集体协商现场会，枣庄恒泰合行获得山东省“四星级劳动关系和谐企业”称号。2013年，联兴玻璃有限公司获得省级厂务公开先进单位称号，枣庄恒泰合行获得山东省模范职工之家称号，区供排水公司获得山东省“四星级劳动关系和谐企业”称号，金正钢铁有限公司获得省级双爱双评先进企业工会称号。

女职工工作

1992年3月，区总工会举办庆“三八”中老年女职工迪斯科健身操比赛。1993年5月，区总工会组织全区开展妇女病普查普治和对七周岁以下儿童进行健康查体活动。1994年3月，请上海乳腺疾病专家为全区38个单位的450名妇女接受乳腺疾病的专项查体。2003年7月，区总工会举办女职工“立足岗位、振兴薛城”学习报告会。2005年3月，区总工会举办“素质提升、岗位建功”全区女职工演讲比赛。2009年3月，在临山广场举办全区“庆三八、巾帼展风采”拔河比赛，16支代表队，200余名女职工参赛。2011年3月，举办“创先争优、巾帼建功”全区女职工演讲比赛。2013年，潘成梅获全国“五一巾帼标兵”称号。至2013年，全区共建立工会女职工组织1621个，女职工会员41332人。

职工教育培训

1992年6月，区总工会举办全区工会干部岗位培训班。1995年5月，举办工会干部调拨经济理论培训班，80名工会主席参加；9月，举办工会主席岗位培训班，102名工会主席参加；开展教育培训工作，招收2个中专脱产班和2个业余大专班，新招收水泥专业中专脱产班和财会业余大专班60名学员。1997年8月，举办各乡镇工会工作委员会全体成员岗位培训班；9月，组织开展“学忆话迎”系列教育知识竞赛。2004年3月，召开“创建学习型组织，培育知识型职工”大会。2012年，陶庄镇获得“全国职工书屋”称号。2013年12月，区总工会聘请省工会干部管理学院教授举办全区工会干部大型培训2次，培训人员200余人次。

工会宣教文体活动

1991年2月1日，薛城区工人文化宫落成，10月举办全区职工交谊舞比赛。1994年10月，区总工会举办“全区职工工会法知识电视大奖赛”。1997年4月，在薛城大酒店明星俱乐部举办全区“庆五一、迎回归”职工文艺会演。1998年，举办全区党政工负责人卡拉OK大奖赛，20个单位，26名选手参加决赛。1999年6月，举办中华人民共和国中国人民政治协商会议成立50周年暨迎接澳门回归，薛城“电信杯”演讲比赛活动。2000年10月，举办薛城区“南极洲杯”职工象棋比赛。2002年3月，举办薛城区“庆五一”职工篮球比赛。2004年4月，举办“庆‘五一’薛城区（移动杯）首届职工书画展”，征集书画作品290余幅，100余幅优秀作品参展。2005年8月，举办薛城区首届“工运杯”职工乒乓球赛，区教育局代表队取得第一名。2006年5月，同薛城煤矿联合举办“庆五一”劳动者之歌联欢会；8月，举办薛城区“和谐杯”职工篮球赛，12支代表队，100余名运动员参赛。2007年7月，举办薛城区第二届“工运杯”职工乒乓球赛，20支代表队，100余名运动员参赛，区梦燃公司代表队获得第一名。2009年9月，举办“职工美术书法摄影展”，征集作品近千幅，展览4天，并编印书画摄影集。2010年10月，举办“薛城区第三届工运杯职工乒乓球赛”，20多支代表队，100多名职工队员参与。2012年

区总工会组织全区劳模进行健康查体

11月，举办“薛城区第四届工运杯职工乒乓球比赛”。

困难职工救助

2001年，区总工会举办全区工会保障工作干部培训班；6月，开展“庆七一、献爱心、送温暖”活动。2002年8月，联合区邮政局发行“山东省送温暖工程邮资明信片”活动。2003年12月，薛城区总工会困难职工帮扶中心成立。2004年2月，帮扶中心为116户特困职工，1378户困难职工，58个单亲困难女职工，10个困难劳模建立动态管理。接待困难职工125人次，提供信访、法律服务25人次，帮助45人解决生活、工作等问题，发放救助金3万元。2007年5月，薛城区职工帮扶救助中心大厅落成，为全区困难职工的帮扶工作提供救助平台，被省总工会评为省级保障工作先进单位。2009年8月，创办薛城区职业技术学校、田田民间手工坊、薛城程氏美容美发中心3个工友创业实训基地。2010年，增加薛城区仁合职业培训学校工友创业实训基地。8月，开展“金秋助学”活动，为30名考入高等院校的困难、特困职工子女，提供4.4万元的资助。

职工技术协作

1996年11月，设立“职工保险互助会薛城区代办处”。1997年6月6日，中国职工保险互助会枣庄办事处薛城区代办处正式成立；同月，薛城区职工消费合作社正式成立。2000年年初，下发《关于加强全区技协工作的意见》，督促建立健全技协组织，当年全区发展技协组织48个，会员613人，并被省技协评为先进单位。

劳模评选与管理

1992年“五一”期间，召开部分劳动模范、先进工作者座谈会。1994年，开展评选百名“兴薛立功”职工活动，“五一”期间对百名“兴薛立功”职工颁发奖章、证书。1995年4月，南极洲啤酒公司董事长张文民被省政府授予“省劳动模范”称号。2002年4月20日，对全区劳动模范进行健康查体。2005年5月1日，薛城区庆“五一”劳动劳模表彰会议在区机关招待所召开，评选出17名首届区级劳动模范。2008年5月，推荐董刚、张建锋2人为省劳动模范。2009年4月，薛城区周营镇铁佛村党支部书记张建锋获评首位全国劳动模范称号。2010年，薛城区召开全区劳模大会，评选出薛城区劳动模范39名。2011年5月，组织市、区的书画艺术家为薛城区劳模献书画活动，并印刷出版《劳模风采录》一书。2013年4月，全区庆“五一”暨劳模表彰大会召开，评选20名薛城区劳动模范。

第二节　共青团薛城区委员会

组织建设

1994年5月，共青团薛城区委员会（简称团区委）开展“团的组织建设年”活动，加强团的基层组织建设。1997年，团区委被团省委、团市委同时授予红旗团委称号。1998年，团区委联合区委组织部共同下发《关于进一步加强团干部队伍建设的意见》，确保团的工作保持科学性和连续性。2001年，薛城区青年联合会成立。2003年

12月，召开党建带团建工作会议。2009年11月，印发《农村基层团组织建设指导意见》，推进农村基层团组织创新。

团员代表大会

第六次代表大会　1993年6月25—26日，共青团薛城区第六次代表大会召开，代表217名。大会审议通过共青团薛城区第五届委员会工作报告，选举产生共青团薛城区第六届委员会。

第七次代表大会　1999年9月9—10日，共青团薛城区第七次代表大会召开，代表208名。大会审议通过共青团薛城区第六届委员会所作《高举邓小平理论伟大旗帜，团结带领全区青年阔步迈向二十一世纪》的工作报告，选举产生共青团薛城区第七届委员会，团区委委员29名，候补委员7名。

第八次代表大会　2006年5月15—16日，共青团薛城区第八次代表大会召开，代表140名。大会审议通过共青团薛城区第七届委员会所作《深入实践"三个代表"团结带领全区广大团员青年为全面建设小康社会而努力奋斗》的工作报告，选举产生共青团薛城区第八届委员会。

第九次代表大会　2010年11月30日至12月1日，共青团薛城区第九次代表大会召开，代表180名。大会审议通过共青团薛城区第八届委员会所作的工作报告，选举产生共青团薛城区第九届委员会。

第十次代表大会　2013年12月29—30日，共青团薛城区第十次代表大会召开，代表134名。大会审议通过共青团薛城区第九届委员会所作《高举团旗跟党走 聚力共圆中国梦 为建设富裕宜居活力文明和谐幸福新薛城贡献青春、智慧和力量》的工作报告，选举产生共青团薛城区第十届委员会，委员27名，候补委员9名。

团员青年工作

文化宣传活动　1994年10月，团区委举办庆祝中华人民共和国成立45周年"祖国在我心中"诗歌朗诵比赛活动。1997年9月，常庄镇团委举行"革命传统教育报告会"，激发广大青少年的爱国热情。

1999年4月，团区委表彰薛城区第一届"十大杰出青年"。5月，区教育局团委开展"光辉五十年读书征书活动"，并组织部分团员青年参加全国级大赛，200多名同学获国家级一、二、三等奖。9月，枣庄市四十四中学举办"庆祝中华人民共和国成立50周年，喜迎澳门回归"艺术节大型系列活动。

2000年7月，团区委开展暑期大中专学生文化科技卫生"三下乡"活动。2006年4月，开展"知荣辱、树新风"主题教育和道德实践活动，倡导树立社会主义荣辱观。2011年，在全区窗口单位和服务行业、全区非公有制企业广大团员青年中深入开展"为民服务创先争优"活动。

2013年，线上线下开展"我与国旗合个影""我为核心价值观代言"等活动，全区3万名青少年积极参加。

志愿服务活动　1993年3月，为纪念"向雷锋同志学习"题词30周年，团区委组织开展"学雷锋志愿服务"活动，各镇街、区直部门团委积极参与其中，各种形式的志愿服务活动收效明显，受到社会好评。

1996年6月，团区委组织52支志愿服务队，3000多名团员青年参加三夏义务帮工活动。1998年3月，开展"为下岗青工献爱心行动"，帮助实现再就业。4月，邹坞镇团委组织青年志愿者营建"墓山青年绿化工程"，植树2000株。

1999年2月，团区委组织开展"城乡遍开文明花、温暖奉献千万家"活动，为人民群众生产、生活需要提供服务。5月，陶庄镇团委组织20名青年志愿者开展纪念五四运动80周年志愿服务活动，义务为群众修理电器、法律咨询、义务查体等服务活动，服务群众600人次。

2003年7月，团区委筹集1.3万元，在城区主要街道及公共场所安放84个"共青团便民椅"，方便居民出行休息。2008年3月，组织300余人次开展"服务创城、文明出行"活动，营造良好社会氛围，树立青年文明形象，助力创建省级文明城市。

2013年，团区委开展"凝聚青春力量、共建森林城市”共青林建设、青少年绿化基地建设及全民义务植树等活动，向市民发放2万余份倡议书，植树5620棵。开通全区“志愿薛城”线上服务平台，面向社会招募志愿者2.65万人，募集善款7万余元，物资价值1万余元。

希望工程和帮扶活动 1995年，团区委组织开展“关爱希望、共享阳光”主题实践活动，帮助经济困难的学生完成学业。

1998年9月，团区委成立劝学领导小组，开展“98希望工程志愿者劝募行动”，救助困难家庭贫困失学的儿童重返校园。12月，举行希望图书捐赠仪式，共捐赠图书1200余册。

2000年11月，团区委举行“救助特困家庭未成年子女助学行动救助仪式”，向50名家庭贫困的孩子颁发救助金。2007年，筹资40万元援建“国家电网南安阳爱心希望小学”。

2011年3月，开展未成年人救助保护专项行动，共接送12名流浪孩子回家，提供救助资金1万余元。

2012年，开展关爱留守儿童活动，为家庭困难的儿童提供救助。2013年10月，在周营镇建立留守儿童快乐成长活动站，为留守儿童营造1处接受关爱、健康成长的社会场所。

2013年，开展希望工程圆梦行动，向100余名家庭困难、品学兼优学生发放助学金，圆学子大学梦。

建功立业、青春创业活动 1994年，实施“农村青年科技致富工程”，培养青年星火带头人100名。

2000年，区团委联合区农村信用联社，对全区农村青年领办创办科技项目提供专项贷款扶持活动，共提供专项资金300万元。

2007年，沙沟镇农村青年服务中心主任李玉森获“2007年度全省农村青年创业致富带头人标兵”称号。

2011年，推行农村青年信用示范户试点工作，帮助有信用、有创业能力、有贷款需求的农村青年就业创业。

创建“青年文明号”和“青年岗位能手”活动 1994年8月，团区委在全区企事业单位、车间、岗组开展争创“青年示范岗”活动，15个单位、62个岗（组）、近万名团员青年积极参加活动。1997年，金融系统创建“青年文明号”活动成效显著，枣庄市恒泰合行薛城支行被评为省级“青年文明号”，6个单位被评为市、区级“青年文明号”。1999—2004年，沙沟派出所连续6年被团省委、省公安厅授予“青年文明号”称号。2005年8月，沙沟镇派出所被团中央、公安部授予“青年文明号”称号。2006年8月，开展“青年文明号与下岗青工一对一”活动，为下岗失业青年、残疾青年等弱势青年群体排忧解难。2013年，薛城区烟草专卖局城区专卖管理所获“山东省青年文明号”称号。

科技带头人和科技培训

1994年，邹坞镇团委选树各级“带头人”18名，科技示范户27户，支持建立千亩青年优质枣开发基地、西南青年大棚菜示范基地等。12月，邹坞、陶庄等9个种养殖基地被评为区青年科技示范基地。

1999年，沙沟镇先后组织500余人次，到山亭等地参观学习大棚草莓种植技术、花香菇栽培技术、日本大耳白肉兔养殖技术。

2006年，全区成立7所农村青年政治科技学校，培养思想政治素质佳、创造能力强的新型农民。

2010年，开展“农村青年科技特派员创业行动”，先后培养10多名农村青年科技特派员，重点推广农村实用技术和科技项目、开展科技下乡活动，帮扶成立20个青年农民专业合作社。

少先队工作

1993年以后，团区委少年儿童工作委员会（简称区少工委）结合实际，配合学校教育，开展一系列有益少年儿童健康成长的爱国、爱党、爱劳动、爱科学活动。2013年，区少工委被评为“省少先队工作红旗单位”。全区26家单位和59名个人获得团市委表彰。

思想道德教育引领 1993年，区少工委开展“红领巾心向党”主题教育活动。1997年，积极

组织实施《雏鹰奖章争章卡》制度，帮助少先队员培养行为规范和生活技能。2008 年，区北临城小学少先大队组织 200 名优秀少先队员开展“红领巾走进军营”活动。2011 年，全区各中小学开展“继承先烈遗志、迎接 60 华诞”为主题的网上祭先烈活动。2013 年，张馨月获“枣庄市十佳中学生”称号。

服务少年儿童成长成才　1995 年，区少工委组织开展“城乡队员手拉手互助”活动，家庭条件好的城市队员与身边困难的小伙伴结成“手拉手”对子，在学习和生活各个方面互相帮助，参加队员达 3000 多人。2003 年，区少工委组织开展“争当科技小能手活动”，共评选出各类“科技小能手”60 多名，临山小学尚云舟同学参加少年科技大赛并获全国二等奖。2006 年，开展“青春红丝带行动”，帮助青少年远离艾滋病。2009 年，开展“防震减灾科普知识进校园”活动，增强安全自护能力。2010 年，开展外出务工农民子女帮扶活动。

救助、敬老、环保等公益活动　1996 年 4 月，区少工委开展中华“孝心”教育演讲比赛。同年 9 月，张范镇开展“重阳节，献爱心”等敬老爱老活动，常庄镇组织 50 名少先队员代表与 10 多位敬老院老人同游铁道游击队影视城活动。2000 年 6 月，陶庄镇开展孝心教育，组织少先队员给妈妈洗脚、为妈妈捶背等。2005 年，开展“两免一补”“代理妈妈”等活动，加大对贫困中小学生的救助工作。2006 年，沙沟镇发放“韦宁奖学金”专项款 1.2 万元，解决部分特困学生的上学难问题。2013 年，区北临城小学组成少先队员志愿服务小分队到临城敬老院、“红领巾一条街”进行敬老、环保等便民服务活动。

关心下一代工作

机构队伍　1992 年，薛城区关心下一代工作委员会（简称区关工委）成立。1998 年，区关工委被评为省级先进集体。2002 年，区关工委设立办公室，挂靠团区委。随后，乡镇（街道）、村（社区）、机关学校和企事业单位相继成立关工委组织，形成区、镇（街）、村（社区）三级组织网络，实现基层全覆盖（企业除外）。2013 年，经常参加关心下一代活动的老年人超过 6000 人，“五好”基层关工委数量 338 家，约占基层关工委数的 70%。

“五老队伍”建设　1997 年 4 月，区关工委开展基层专题调研活动，摸清基层关工委现状，出台加强基层建设意见。2004 年，开展争创“五好基层关工委”活动。2006 年 3 月，开展“朝霞映夕阳，青春重晚晴”尊老、敬老、助老活动，激发和调动广大老年人从事关心下一代工作的积极性。是年，区关工委副主任傅常海出版《崇廉尚洁启蒙星》《引领时代新风尚》两本书，为教育青少年提供理论保障。2007 年，开展“五老”表彰活动，授予关传允等 104 名“五老”“优秀五老”称号。2009 年，聘任 100 名“五老”义务网络监督员，为青少年健康成长保驾护航。2010 年，聘请 21 位有专业特长的“五老”为关工委活动指导团成员。

教育关爱活动　1997 年，区关工委开展“同在一片蓝天下，手拉手助成长”爱心活动，帮扶 20 名农村特困学生。2004 年 4 月，开展“千名五老下基层”、争做青少年“十大员”活动，与近 1000 名青少年进行“结对子、双关爱”。2007 年，全区成立各级“关爱工作团”19 个，到城区和部分镇街中小学校巡回举办法制讲座 60 场次，受教育学生 4 万余人。2013 年，组织老干部、老党员、老战士等老年人，组成“五老”宣讲团，深入社区、农村、企业和学校，开展做报告、讲革命传统等活动方式，增强青少年爱党、爱国、爱社会主义的情感。

第三节　薛城区妇女联合会

组织机构

1995 年 6 月，经区委同意，区妇联下发《关于在党政机关事业单位成立妇委会的通知》。8 月底，在全区 28 个党政机关、事业单位建立妇委会，2013 年，建立 31 个妇委会。

妇女代表大会

1995年3月，第四次妇女代表大会召开，进行换届选举，选举新一届妇联主席。2000年3月，第五次代表大会召开。2011年3月，第六次代表大会召开，认真回顾薛城区第五次代表大会以来的各项工作，研究确定五年全区妇女工作的基本任务，选举产生薛城区妇女第六届执行委员会，大会评选出“三八”红旗集体15个、“三八”红旗手21名、先进基层妇女组织12个、巾帼致富带头人22名。

1991年，区妇联获省妇联授予的“先进妇联组织”称号。1993年，获省“双学双比”竞赛活动先进协调组织奖。1997年，薛城区妇联荣获山东省妇联系统参与社会治安综合治理工作先进集体和全国年轻妈妈读书评比活动组织奖。2004年，获评省“三八绿色工程”活动先进集体。2009年，获得全省“三八红旗集体”称号。2012年，获得全省妇女创先争优先进集体，多次获得省妇联系统信访工作先进集体称号。

巾帼建功活动

1998年，开始创建“巾帼文明岗”活动。至2013年年底，共创建“巾帼文明岗”省级5个，市级15个。

2005年，开展“争做文明新女性”活动，在电视台开辟巾帼风采专栏；举办薛城区“喜相逢杯”争做文明新女性演讲比赛。全区37个单位参加“争做文明新女性”演讲比赛。创建100个文明生态庭院，实施“巾帼就业创业工程”。

2006年3月，举办全区庆“三八”巾帼之声大型演唱会，全区12个参演队，共1000余人参加大型演唱会。

2009年3月6日，在薛国大酒店举行“庆三八”巾帼创业事迹报告会，对15名巾帼创业带头人进行表彰，9名代表进行发言。

2011年，实施“巾帼增收倍增”行动，大力发展特色加工专业村，组织各镇（街）妇联主席、部分村妇代会主任和巾帼致富女能手赴台儿庄、峄城、邹坞等地参观来料加工、手工编织现场，先后在张范、沙沟、常庄镇举办来料加工经纪人、技术人员培训班4期，培训人员共600余人。

妇女儿童宣传教育

2005年5月，区妇联建立“代理妈妈”志愿者队伍，共有314名志愿者加入到代理妈妈活动中。

2007年5月，举行大型“创建和谐家庭”万户家庭大行动启动仪式活动。

2008年3月，举办庆“三八”迎奥运巾帼风采模特秀。

2012年3月，开展“三八”妇女维权周系列宣传实践活动，活动现场共发放“妇女权益保障法”“女职工劳动保护”“预防和制止家庭暴力”“妇女法律援助”等多种法律宣传资料2万余份，同时还设置多个咨询服务台，接受到场群众的咨询2000余人。

2013年，在全区深入实施“四德”工程推进“幸福新薛城”建设活动。4月，与文明办联合实施“新农村新生活”培训工程，在全区农村开展大规模“新农村新生活”培训，重点对村（社区）指导员、农村广大妇女和文明家庭主要成员进行培训。开展培训30期，培训人员2800余人。

妇女儿童维权工作

1995年4月3日，经区委决定，将区“儿童少年工作委员会”改为区“妇女儿童工作委员会”，办公室设在区妇联，成员单位36个。

大力推进“两个规划”实施。1996年6月，颁布实施《薛城区妇女发展规划（1996—2000年）》，1996年9月，颁布实施《薛城区儿童发展规划（1996—2000年）》；2012年5月，区政府正式印发《薛城区妇女发展“十二五”规划》《薛城区儿童发展“十二五”规划》。

2010年，开通薛城区“12338”维权热线，为妇女群众提供法律援助、免费咨询等服务。

2013年，实施农村适龄妇女“两癌”免费普查工程，实现“两癌”检查镇街全覆盖，实现“两癌”检查目标人群覆盖面达到60%。

妇女干部培训

加强妇联干部能力培养。每年举办一期“妇

女干部”培训班；2011 年，开展村、社区“两委”换届，保证妇女 100%进“两委”。

第四节　薛城区科学技术协会

组织建设

1981 年 5 月，薛城区科学技术协会（简称区科协）成立。1991 年，13 个乡镇均成立科协组织，各类农研会、协会共 47 个，建立部分村级科协小组。同年 12 月，区成立科技咨询中心。1993 年 3 月，市科协命名薛城区 25 个村为“市级科普先进村”并予以挂牌表彰。1995 年 12 月，薛城区科协荣获“全国农村科普工作先进集体”称号。2000 年，薛城区被省科协命名为“全省科普示范区”。2003 年，调整区科普工作领导小组，成立创建全国科普示范县工作领导小组，制订《创建全国科普示范县实施方案》。2005 年，科协实施村村通科普工程，投资 27 万元，完成 202 个科普栏建设工程。2007 年，薛城区全面启动《全民科学素质纲要》实施工程，制定《薛城区全民科学素质行动计划纲要实施工作方案》，开展科普培训、科普展览、科普讲座等科学普及工作，学校开展青少年创新竞赛活动，“七巧科技”系列活动。2007 年 7 月 29 日，薛城区老科技工作者协会成立。2013 年 11 月 15 日，薛城区反邪教协会第一次会员代表大会成立。随后常庄镇反邪教协会及珠江社区反邪教协会、临城街道反邪教协会、邹坞镇反邪教协会、陶庄镇反邪教协会先后成立。是年，启动实施薛城区数字科普工程，全区安装数字科普终端 30 台。

科学技术普及

1991 年，创建市级标准科普村 17 个，播放科教电影、录像 150 多场次，收看人员 5 万多人次，发放科技材料 3.5 万份，举办各类专业培训班 110 期，培训人员 1.2 万人，促进农村经济的发展。

1994 年，区果树协会举办科技培训班 80 余场次，受训人数 1 万人，现场指导 1500 余人次，推广幼树早期丰产栽培、果树套袋、配方施肥等新技术 3000 公顷，培养典型果园近百处，取得良好的经济效益和社会效益。在“三下乡”活动中，帮助发展科普示范基地 36 个，引进 120 个新品种，70 篇科技论文获市级优秀科技论文奖。

2003 年，在科普示范基地建设中，发展特色种植基地 15 个，发展特色养殖基地 30 个，送科技下乡活动 12 次，向群众赠阅科普刊物 3000 多份，赠送影碟机 1 台，光盘 360 盘，接待群众咨询 3000 多人。“非典”期间，制作科普展览牌 22 块，发放传单 2000 多份，接待群众咨询 600 人次。在城区设立 2 处画廊，向人们展示环境、健康、计生等科普知识。

2004 年，区科协与枣庄八中、二十九中联合开展“走进社会、体验生活、了解科技”夏令营活动，引导孩子对科技的兴趣。了解科技在生产生活中的作用。两项科技创新成果获省级三等奖。

2005 年，薛城区实施村村通科普工程，投资 27 万元，完成 202 个科普栏建设工程。2007 年，学会、协会、各镇街农技协会举办各类研讨班、交流会 17 次，为农民提供良种、化肥、农药等生资供应，提供农产品信息 37 条，区级学会会员、专家组织科技下乡、举办培训班等活动 16 次，受益农民 4600 人。

2008 年，以科普为平台，加强专业协会建设为载体，开展惠农工程建设，建设科普活动站 7 个，农村科普示范基地 46 个，村级科普活动站 18 个，科普宣传栏 202 个，选拔培养科普宣传员 202 人。农村专业技术协会、研究会 48 个，会员 2780 人，科技带头人 1800 人，带动农民学习新技术，推广新品种。

2009 年，组织各种形式的农民培训活动 90 多期，先后组织 70 多名农业技术人员深入镇、村、科技大户和科技示范基地进行技术指导，举办专题讲座 7 次、农业技术培训班 20 期，培训专业科技人才 2000 人次，培训农民 2 万余人。4 月 17—27 日，举办“薛城区学习实践科学发展观，科普惠农你我共参与大型科普宣传系列活动”。历时 10 天，深入全区 7 个镇街，共举行科普惠农专场演出 14 场，展示节能环保科普知识展板 30 块，发放节能环保科普宣传资料 5000 份，受益群众7000余人。

2010年，开展科技下乡、科普进社区、进学校、进企业等各类科普宣传活动50多场次，发放科普宣传资料1.1万份（册），采取“基地+协会+品牌”的新模式，协调各镇村建立农村科普示范基地60多个。

2011年10月，区农业局在周营镇开展“走基层农业科普宣传活动”，组织兽医、植保、蔬菜、小麦、果树等行业的10位专家耐心解答群众提问，接受群众咨询2000余人次，帮助解决生产中遇到的疑难问题200多个，发放《冬小麦常见病害及其防治方法》《马铃薯幼苗期的管理》《辣椒病毒病防治》等农业科普宣传资料5000余份。

2012年3月，区农业局等单位举行“薛城区放心农资宣传周”活动，组织数十名农业专家宣传种植养殖知识和法律法规，解答农民群众提出的疑难问题，普及农资科学使用和识假辨假知识，发放各种农业实用技术等资料上千份。3—6月，区农业局扎实开展“一人一村”科技服务活动，与科技下乡、科技进村等活动。

2013年，启动实施薛城区数字科普工程，在全区安装数字科普终端30台，推动科普工作信息化和现代化。9月，“科普助力城乡环卫一体化”活动，出动宣传车10辆，悬挂宣传标语、横幅580余条，张贴发放科普挂图6500余张，为村级图书室提供科普图书2500余本。政府官网的“服务三农”栏目设立“农业技术”专栏，提供种植、养殖、病虫害防治等知识近200条，并根据农民需要定期更新；区人民医院网站开设“医学科普”，提供情感心理、健康教育、美容健身等医学科普知识100多条。加强科普资源的开发与共享。建设完善科普宣传栏、科普图书室、科普活动站等软硬件设施，累计开展农业实用技术培训15期，培训农民5000余人次，帮助农民群众熟练掌握多种种植、养殖等实用技术。在全区共安装数字科普终端86台，推动科普工作信息化和现代化。

全民科学素质工作

2007年，薛城区全面启动《全民科学素质纲要》实施工作。

2008年，召开全区实施《科学素质纲要》动员大会，传达《薛城区人民政府关于贯彻全民科学素质行动计划纲要的实施意见》，成立薛城区全民科学素质工作领导小组，明确《科学素质纲要》的主要任务，印发《薛城区实施科学素质纲要文件汇编》。区直学校举办各类科普教育活动40~50场次，受教育学生1万余人次。在“山东省青少年科普报告百校行”活动中，邀请中科院和北京师范大学等高等学府的资深专家向青少年传授地球物理、天文等科学知识，举办青少年科技夏令营暨航模、小制作、科幻画、信息学竞赛活动，在全国科普日期间，邀请老专家科普讲师团，开展以“节约能源资源、保护生态环境、倡导低碳生活、保障安全健康”为主题的科普讲座进校园活动。

2009年5月31日，在福泉社区举办“防震减灾科普知识进社区”图片展，展示地震成因、抗震避震方法、震中自救等科普知识展板12块，发放地震科普知识宣传资料1000多份，使广大居民熟练掌握防震减灾科普知识，提高自救、互救能力。7月29日，在临城街道福泉社区举办“科普车社区消夏科普活动”，展示相关科普知识展板17幅，放映科普数字电影60分钟，并邀请医疗专家为社区500余名群众进行健康义诊，解决医疗健康难题600余个。

2010年6月，省督查组实地查看区实验小学和奚仲中学的青少年科普活动现场，观看青少年科普教育工作专题片和活动展板，高度评价薛城区的《科学素质纲要》落实工作。

2012年9月19日，成功承办全市全国科普日活动启动仪式。邀请航天专家张厚英教授为青少年讲解航空航天科学知识。

2013年，举办科技文化卫生“三下乡”活动启动仪式，为群众现场解答农业技术、健康保健难题，发放科普资料7500多份，义务为群众书写春联，举行“食品药品安全与公众健康”科普展览和科普仪器互动体验活动。启动实施薛城区数字科普工程，在全区安装数字科普终端30台。

老科协工作

2007年7月29日，薛城区老科技工作者协会成立。2008年4月22日，全市第一个镇街老科协——周营镇老科协揭牌成立。张范镇老科协、临城福泉社区老科协、多乐公司老科协相继成立。老科技工作者开展科普宣传、科技下乡活动20余次，接受群众咨询2000余人次，发放各种科普宣传资料5000份。2009年，先后成立联兴玻璃公司老科协和常庄镇老科协、沙沟镇老科协。5月22日，区老科协联合市老科协，邀请市、区老专家科普报告团成员在邹坞镇举办“市区老专家畜牧养殖培训班”。组织会员中的农技专家于8月27日至9月4日在全区7个镇街巡回开展秋收技术培训班。

2010年，筹备和承办枣庄市老科协一届四次理事扩大会议。邀请全体与会人员参观指导薛城区老科协科技示范项目邹坞镇大樱桃科技示范园及薛城区重点项目工程，发放邹坞镇大樱桃科技示范园简介及优质大樱桃品种介绍材料360余份、区重点工程项目建设介绍材料660多份。按照“服务三农百千万活动”的要求，组织区老专家宣讲团成员到农村举办科技培训活动8次，发放科技资料7600份，受益农民9420人次。

2011年，成立枣庄八中老科协、常庄镇西姚社区老科协和临城街道龙潭社区老科协。八中老科协组织农业老专家和畜牧兽医老专家进行全区古树名木和畜牧兽医队伍状况的调查，并撰写《关于全区古树名木科学管护的建议》和《关于加强全区畜牧兽医队伍建设的建议》的调研报告。组织农业专家深入周营、沙沟等镇开展蔬菜栽培、病虫害防治等科技讲座，参与培训农民260余人，组织全区种子、农药、化肥经销人员120人进行“种子、农药、化肥效能与使用”的业务培训活动，收到良好效果。

2012年，区老科技工作者组织、举办农村实用技术宣传、培训、讲座等50余场次，受益群众1万余人。开展“一人一村”科技服务活动。为农村培养一批有文化、懂技术、会经营的“土专家”。

2013年，区老科协联合区农业局、枣庄职业技术学院开展种植、养殖带头户农业技术“阳光培训”活动，对老科协示范基地及其他种养殖户5000余人进行培训，培训重点围绕农业产业结构调整、新技术推广、农作物病虫害防治进行。老科协“三下乡”活动期间共举办农业科技咨询80场次，发放科技资料4600份。组织老医务专家开展下农村义诊活动，接受义诊群众560人次，免费做心电图110人次，免费发放常用药品价值1600余元。

反邪教工作

2013年11月15日，薛城区反邪教协会第一次会员代表大会召开。随后，常庄镇珠江社区、临城街道、邹坞镇、陶庄镇反邪教协会相继成立，建立“纵到底、横到边、全覆盖”的反邪教组织网络。

反邪教协会共对广大村民和居民举办宣讲教育活动231次，印发《防范抵制邪教 构建和谐社会》等宣传材料上5000份，张贴宣传画248幅，悬挂、粉刷、设立永久宣传标语188个，播放反邪教电视片25场次，受教育人数3000余人次，通过血淋淋的镜头，教育群众相信科学、远离和反对邪教，逐步形成“崇尚科学为荣，愚昧无知为耻”的良好社会氛围。在全区范围内开展反邪教文艺会演活动。邹坞镇政府举行反邪教协会成立大会，并举办薛城区反邪教文艺巡演活动；临城街道龙潭社区开展“创建文明城市、科普进万家”活动，并以“崇尚科学、反对邪教、共建和谐”为主题举办专场文艺晚会；巨山街道高楼社区举行枣庄市暨薛城区反邪教法制宣传周活动，大合唱、三句半、对口快板等形式丰富多彩，向群众宣传反邪教科学知识。自薛城区反邪教协会成立以来，共印发宣传单、宣传册等反邪教宣传材料5万余份。

第五节　薛城区工商业联合会（商会）

组织建设

薛城区工商联始建于1953年，历经3届，

“文化大革命”期间停止活动。自1988年7月召开第四次会员代表大会恢复活动。1994年4月27日，根据工商联章程，经中共薛城区委批准，薛城区工商联同时并称薛城区商会，主委、副主委称谓改称会长、副会长。2008年4月，根据《中华全国工商业联合会章程》规定和中央、省、市委统战部文件要求，区工商联会长、副会长称谓改称主席、副主席。2010年9月，建立区非公有制党工委，为加强党的领导奠定坚强的组织保障。在基层组织建设方面，在每个基层商会成立前，深入调研，切实掌握镇街企业情况、企业经营状况及企业家的真实诉求。至2013年，全区建成基层行业商会30家，镇街基层商会7家。区工商联先后被全国工商联和省、市工商联授予全国工商联系统先进单位、全省工商联系统先进单位、全省五好商会以及全市先进单位等8项称号。

会员代表大会

第五届代表大会　1993年5月，薛城区工商联第五届会员代表大会召开，出席代表93人，选举主委1人、副主委4人。

第六届代表大会　1998年4月，薛城区工商联第六届会员代表大会召开，出席代表109人，选举执委28人、会长1人、副会长4人、执委秘书15人。

第七届代表大会　2002年3月，薛城区工商联第七届会员代表大会召开，出席代表167人，选举执委64人、常委19人、会长1人、副会长14人、副秘书长1人。

第八届代表大会　2007年3月，薛城区工商联第八届会员代表大会召开，出席代表153人，选举执委60人、常委22人、会长1人、副会长15人、副秘书长1人。

第九届代表大会　2011年9月，薛城区工商联第九届会员代表大会召开，出席代表146人，大会选举产生主席（会长）1名、副主席（副会长）20名、常委31名、执委65名、正副秘书长各1名。

参政议政

1991—2013年，区工商联组织会员紧紧围绕民营经济发展和经济环境治理，深入调查研究，积极参政议政，建言献策。1991年形成《关于我区个体私营经济发展环境的调查报告》，1992年形成《关于治理经济环境促进民营经济发展的调查报告》，1998年形成《关于企业资金需求情况的调研报告》，2006年形成《关于全区工业产业集群发展情况的调研报告》，2010年形成《关于我区第三产业发展情况的调研报告》等调研报告30余篇，优秀提案28件。其中《关于我区个体私营经济发展环境的调查报告》《关于治理经济环境促进民营经济发展的调查报告》《关于企业资金需求情况的调研报告》等调研成果进入区委、区政府决策。

担保融资

针对企业资金“瓶颈”制约难题，遵循非营利性、互助性、中介性的原则，2003年1月成立薛城区民营经济信用担保商会，2004年5月组建成立薛城区民营企业担保商会，2005年8月组建成立联邦担保公司，参加企业36家，注入担保基金2.9亿元，累计担保贷款16亿元。

教育培训

2004年起区工商联围绕市场经济发展规律，每年都研究制定切合会员企业发展实际的《年度培训工作计划》。2004年3月，组织开展“二次创业”；2005年，组织开展“感恩教育”；2007年，组织开展“科学管理与企业发展”；2008年9月，组织各担保商会会长、秘书长、各担保商会全体人员参加工信部在青岛举办的新形势下担保风险规避和私募基金知识讲座；2010年10月，邀请深圳中旭企管教育集团和枣庄仁和职业培训学校分别对全区100余名民营企业家和1000余名企业员工进行培训；2012年7月，邀请中国制冷学会、山东省制冷学会在薛城区召开山东制冷学术年会。

社会公益

深入会员企业，开展面对面、灵活多样、适合市场经济特点、企业家乐于接受的思想政治工作，倡导并弘扬“致富思源、富而思报、扶贫济困、义利兼顾”精神，引导非公有制经济人士

"争献爱心、回报社会"。1991—2013年，先后组织会员企业捐款1935万元。其中，建设希望小学2所、光彩小学1所，建设奚仲阁捐款600万元，为玉树地震灾区捐款30万元，抗旱救灾捐款20万元，矿难捐款100万元，每年走访慰问全区7个镇街的敬老院老年人，资助贫困小学生50名、大学生100名。

特色活动

2010年4月，济南第四届山东国际自行车电动车及零部件展览会期间，举办"枣庄薛城电动车项目推介会"；"2010年北京—深圳自行车骑行活动"中，实地推介中华车祖苑和杨峪赛车场；2011年3月，天津国际北方自行车电动车展览会期间，举办"薛城新能源车业项目推介会"；2011年5月，承办知名企业家"薛城行"和海内外知名企业家"齐鲁行"等系列活动；2012年9月奚仲文化节期间，举办中国北方车业发展论坛。

薛城區志

第二十一编
政　法

第一章　社会治安综合治理

第一节　维护社会政治稳定

1991年6月，成立区社会治安综合治理委员会（简称区综治委），下设社会治安综合治理办公室（简称区综治办）。全区社会治安综合治理工作以服务和保障改革发展稳定大局为重点，根据各个不同时期的社会治安重点，不断深化严打整治斗争、健全社会治安防控体系、妥善化解社会矛盾、实施普法依法治理、防范和处理邪教等社会治安综合治理各项措施，深入开展平安薛城建设，保持全区社会安治持续稳定。

1991年以来，区综治委及其办公室确保香港澳门回归，中华人民共和国成立60周年，北京奥运会残奥会，上海世博会，广州亚运会，建党70周年、80周年、90周年，中共十五大、十六大、十七大、十八大等重要节庆和重要政治活动期间，全区社会政治安全稳定、治安秩序良好，做了大量卓有成效的工作。

1991年，区委下发《全区社会治安综合治理1991—1995年规划和实施方案》，重点加强全区综治机构建设，抓好“四个一”（建立乡镇综治办、派出所、法庭、司法所）、“两个六”（六个体系：联防帮教、普法调解、群防群治、自防自卫、联防协作、管理约束六个体系。六支队伍：治安联防、普法、调解、帮教、厂企内部、农贸市场治安管理六支队伍）和“一个组”（村民治安联户组）的建设目标。是年，全区乡镇派出所办公用房均达433平方米，8个乡镇建立法庭，综治办和司法所办公设施得到改善，全区建立综治办382个，成立乡镇、工作片、村三级治安联防队13个，警务联防队57个，村级联防队212个，共有联防队员1761人；建立企业护卫队62个、联防队63个，防护力量达1809人。城区设立治安岗亭25个，重点区域配备治安人员55人，形成以派出所为龙头、群防力量参与的治安防范体系。

1993年，深化刑侦队伍和现行侦查体制改革，刑警队升格为刑警大队，建立案件分级管理体制。强化审判和调解服务职能，建立经济纠纷调解中心，对律师事务所实施有效管理。抓好两区（城区、矿区）、一线（铁路线）促平安的思路，构建治安防控体系，矿区周边和铁路沿线落实群防自卫力量，确保重点部位安全。城区82.1%的居民小区实行封闭管理，被盗案件下降68%。

1994年，按照“以城促乡、以乡保城、城乡一体、全面推进”的治安防范思路，强化基层群防群治网络建设，城区专业治安队伍350人，人防、物防、技防覆盖面达90%以上。普遍建立乡、村民兵治安联防组织，治安联防队伍317个1753人，区镇两级投入300多万元用于强化治安防范工作。

1995年，按照“城乡一体、全面推进”的综治工作思路，区委制定《关于创建社会治安综合治理模范区的决定》，各级财政投入810万元用于改善政法综治基础设施。强化基层治安后进村整治，调整两委班子168人，健全区、乡、村民兵治安联防组织，全部村达到年初制定的安全村创建目标。被省委、省政府授予“全省社会治安综合治理先进单位”称号，被中央综治委命名为“全国铁路护路联防先进单位”。

1996年，开展基层综治规范化建设年活动。健全13个乡镇综治委、综治办“四个一”建设标准。开展“安全单位、遵纪守法户”争创活动，整治20个治安后进村。命名表彰9个模范乡镇、339个安全村、56个安全单位、5个安全小区、38110个文明守法户。

1998年，在维稳工作中，更加注重履职责任，把“谁主管、谁负责和一票否决制”纳入维稳履职工作中，区、乡镇（单位）、村层层签订社会治安综合治理责任书，落实创安责任，8个乡镇先后被省市命名为“安全镇”。

1999年，按照“围绕经济抓治安，抓好治安促发展”的政法综治思路，区委下发《关于集中整治农村社会治安的实施方案》，成立3个工作大队，狠抓基层创安，272个村达标，达标率为80%，安全文明户10.5万户，达标率为90%，12个乡镇、20个事业单位均达到创安标准。当年，被省委、省政府授予“全省社会治安综合治理模范区”称号。

2000年，狠抓企地共建、军地共建活动，120余家企业、单位建立综治联建。新增治安示范村55个，充实综治专职人员30人。2001—2003年，在全区开展社会治安综合治理“抓三基、促三化”三年规划活动，进一步加强全区基层政法综治“八个一”建设（一村一室、一村一校、一村一街、一村一栏、一组一长、一户一书、一户一册、一户一档），基层综治工作更加牢固。2001年，全区投入资金860余万元用于政法综治工作基层基础设施建设。

2002年，全面推进社会治安综合治理工作“以打为主”向“打防结合、预防为主”的转变，加强基层政法综治专职力量和治安群防自卫建设，在基层“两所两会”（司法所、派出所、治保会、调委会）建设。全区建立治保组织229个，村级联防组织223支，调委会240个。在城区实施店户联防活动，建立联防小组351个，3655家店户参加联防活动。

2003年12月，区委、区政府印发《关于建设“平安薛城”的决定》，在全区开展平安创建活动。强化以专业治安巡防队伍为主、物防技防相结合的治安防范体系建设。群防群治组织建设成效显著，建立治保组织284个，村级联防队203支，共有成员2310人。人民调解组织284个，调解员1006人。实施“两个一”工程（一村一个法律大专生，一户一个法律明白人），当年培养法律大专生105人、法律明白人2万人。店户联防活动参与店铺3655家，城区治安防范网络完善。

2004年，在全区深入开展平安区、平安镇街、平安村居、平安单位“四级联创”活动，深化企地共建、军地共建，抓镇街“五位一体”综治办建设。在城区治安联防工作中推行城区保安和城管执法“两队联建”工作模式，加强“4050”社区巡防队伍建设。2005年，按照区委办公室、区政府办公室下发的《关于进一步加强社会治安防控体系建设的实施意见》，重点加强社会面防控、社区治安防控、单位内部防控、卡点堵控、科技防控“五大防控网络”建设，建立以治安承包和义务联防相结合的“网格化”治安防范体系。完善治保组织284个，联防组织554个，城区142处重点部位安装电视监控系统。

2006年，为应对突发事件、解决维护社会稳定工作难题，区委专门设立社会公共安全资金管理机构，由财政统一划拨该项资金，并于2007年印发《关于成立薛城区社会公共安全资金管理委员会领导小组的通知》，进一步加强该资金使用管理，妥善化解一批影响社会稳定的突出问题。区委办公室印发《关于进一步加强社会治安防控工作的意见》，在全区开展“民警包村、保安驻村”和“治安双保”工作，进一步健全农村治安防控体系建设。强化政法队伍规范化管理，开展社会主义法治理念教育和“执法规范化建设年”活动，为每名执法干警建立“执法档案”，进一步规范公正文明执法行为。薛城区被省委、省政府授予“平安山东建设先进区”称号。

2007年，区综治委下发《关于深入开展平安农村建设的实施意见》，在全区各镇街实施综治工作中心建设规划，7个镇街均建立集综治、信访、矛调、维稳于一体，面积100平方米、高标准、规范化的综治工作中心。全区231个村庄社区都建立平安建设办公室和治保、调解、普法、帮教、巡逻等村级综治组织，达到“六有”（有必要的办公场所，有健全的组织体系，有完备的规章制度，有必要的巡逻器械，有合理的工资报酬，有统一的工作标志）标准。加强“两所”“两会”规范化建设，赋予“两所”对“两会”主任的任免建议权、工作检查考评权、工资待遇发放权。全区231个村（社区）治保会、调委会做到“组织、人员、责任、报酬”四落实，共有治保、调解人员2211人，治保、调解主任568人。深化“民警包村、保安驻村”和“治安双保”工作，当年，落实包村民警71名、驻村保安164名，全区168个村48106户村民办理治安保险。在全区开展“创新人民防线、构建薛城品牌”活动，国家安全人民防线建设更加牢固。

2008年，区委、区政府印发《关于深化“平安薛城”建设的实施意见》，提出争创平安山东建设模范区工作目标。进一步完善“平安薛城”建设八大体系（严打整治、治安防范、治安管理、信访化解、安全生产、社会保障、宣传教育、基层基础八个体系）和四项工作机制（决策目标、责任执行、经费保障、考核监督四项机制）。区委成立重点工作分线负责工作机制，把信访稳定工作作为八大重点工作线之一，整合四大家领导力量集中联合抓好维护稳定工作。区委办、区政府办印发《关于进一步加强动态监控系统建设的实施意见》，提出建设“电子监控城”工作目标，加强公安分局监控中心电视监控、内部电视监控、居民住宅小区、金融单位、各大企业和关系国计民生要害部位的技防设施建设，完善联网报警系统。2008年年底，省委常委、政法委书记柏继民，省人民检察院检察长国家森先后到薛城检查指导工作。薛城区被省委、省政府授予“平安山东建设先进区”荣誉称号。

2009年年初，区委办、区政府办印发《关于进一步加强治安防范工作的实施意见》，重点在预防、治本、源头上解决治安突出问题。在综治工作中，探索实施“综治管区”工作模式，实现镇街、管区、村居互相衔接的综治模式，在全市推广，当年建成综治管区10个。强化人防、物防、技防建设，在组建100人的城区专职巡逻队的基础上，选聘保安人员310人充实到治安一线，镇街均组建10~20的专职巡逻队。建立农村、社区管区警务室46个，城区居民物防设施安装率达到90%以上。技防设施健全，安装联网报警单位500余家，全区安装电视监控探头1900个，形成点线面结合治安防控体系。在全区开展“法治薛城”建设年活动，提出深入开展“法治学校”“法治机关”“法治镇街”等创建活动，进一步促进全区法治化进程。

2010年，区委研究设立中国共产党薛城区政法系统委员会，整合区委政法委、区综治办、区信访局、区维稳办、区法院、区检察院、区司法局、区公安分局等10个单位维稳力量，进一步加强党对政法综治工作的领导。区委办公室、区政府办公室先后下发《关于深入推进三项重点工作的实施意见》《薛城区社会稳定风险评估管理办法》《关于在全区建立健全社会稳定风险评估机制的意见》，在全区开展推进“社会矛盾化解、社会管理创新、公正廉洁执法”三项重点工作，明确“八大工程”（严打整治斗争、治安防控建设、基层基础建设、治安重点治理、社会组织管理、反邪教斗争、反恐怖斗争、队伍建设等八大工程），并把社会稳定风险评估与全区经济建设各项工作结合起来，进行社会稳定风险预测。结合平安创建工作要求，开展“四无”镇街、单位创建活动（无重大群体性事件、无重大涉法涉诉非正常访案件、无重大民转刑事件、无重大干警工作人员违法违纪案件）。强化警务工作下移，在城区重点部位建立5个警务工作站，划分58个警务责任区，新建居民小区全部设立警务室。统一招考治安巡防队员140人、选聘保安队员360人，充实到基层一线。着重加强技防设施建设，全区65%的村庄社区安装治安监控设施。代表枣庄市迎接省委、省政府年度考核，并取得优异成绩。被市委、市政府授予平安枣庄建设、法治枣庄建设、信访稳定工作先进区。

2011年，加强公安派出所等一线实战单位、城乡校园、重要路段和国计民生重点部位治安监控设施建设，与公安分局监控单位网络实现链接。全区安装电视监视系统390套，监控探头3407个，增强对社会面的动态监控能力。

2012年，区委、区政府召开区综治委全委会，下发《中共薛城区委、薛城区人民政府关于加强和创新社会管理的意见》，区综治委名称由区社会治安综合治理委员会更名为区社会管理综合治理委员会，将区综治委成员单位由原来的54个增加到71个，新成立14个专项工作组，明确各专项组在加强社会管理工作中的职责任务。实施“警灯闪烁”工程，增强社会面治安管控能力。开展社会治安保险工作，区综治委专门成立治安保险工作领导小组，制定《关于推进全区治安保险工作的意见》和《薛城区2012年度开展治安保险工作方案》，全区30%以上居民户参保。积极发动市民为见义勇为基金会募捐，动员全区党政机关、企事业单位、社会团体和社会各界群众踊跃捐款，累计捐款100余万元，圆满完成市见义勇为基金募捐任务。

2013年，投资480余万元在全区兴建视频监控全覆盖工程，科学制定《全区视频监控全覆盖工程实施方案》和《2013年度全区视频监控全覆盖工程建设任务》，全区一类监控探头目标完成167个，完成比例64.5%；二类监控探头目标完成309个，完成比例58.6%；三类监控探头目标已完成184个，完成比例52.3%。扎实开展“十进社区”活动，并于2013年4月和8月分别召开“十进社区”活动动员会和推进会，累计投资400余万元保障6个市级示范社区建设，全区55个城乡社区均具有综合服务阵地，45%的社区健全一站式社区服务平台。

第二节 预防青少年违法犯罪

1991年以来，按照中央和中央综治委关于预防青少年违法犯罪工作的有关要求，不断从家庭教育、学校教育、社会教育和司法保障上持续加强预防青少年违法犯罪工作，大力加强文化建设，集中整治校园周边治安秩序。按照各个阶段普法要求，以普法依法治理、落实学校法制课堂和办好“青少年法律学校”为载体，加强青少年法治教育。通过开办“家长学校”，提高家长素质和教育管理能力。全区中小学全部聘任“法制副校长”和“法制辅导员”，教育辅导青少年学生增强法律素质。通过法治讲座、知识竞赛、图片展览、模拟法庭等法律主题宣传活动，提高青少年法律意识和自护能力。强化青少年成长环境治理，开展校园周边环境综合整治，清理不良网吧、非法音像制品和文化娱乐场所、整顿交通和治安秩序，净化青少年成长环境。强化挽救和矫治，坚持“教育、感化、挽救”的方针，成立少年审判法庭、建立青少年维权岗等，提供法律援助，做好案中帮教、案后回访、青少年矫治和刑释解教人员安置帮教，帮助青少年犯、未成年犯重塑人生。加大对非法使用“儿童工”打击和留守儿童的保护教育力度，大力救助失学儿童，为每名儿童健康成长营造良好环境。

1994年，全区193所中小学校把法律知识列入教学大纲，坚持依法育人，依法治校。1995年，组织监狱服刑人员到学校现身说法5次，增强青少年学法守法意识。1999年，利用5月、6月两个月的时间，开展校园内部及周边治安秩序综合整治活动，拆除43家违章建筑，打击7名破坏校园教学秩序分子，收缴非法出版物3000余册，净化校园教学环境。

2000年，按照《中央关于认真落实江总书记重要指示进一步加强预防和减少青少年违法犯罪工作的意见》，成立青少年教育管理工作领导小组，强化法制宣传教育、加强社会管理和集中整治校园环境。在全区开展校园治安秩序整治，重点整顿枣庄八中、二十九中学校治安秩序。154所中小学校聘任法制副校长和法制辅导员，全年法律进校园讲座50场次，举办图片展10次，组织观看法制电影75场次，受教育师生5万人次，全年未发生中小学生违法犯罪案件。

2001年，区委、区政府召开全区预防青少年违法犯罪工作现场会议，总结交流全区先进经验做法。

2002年，少年模拟法庭竞赛获全市一等奖。进一步深化青少年维权岗活动，建立预防青少年违法犯罪社会网络，构筑家庭、学校、社会、司法和社会预防的“五道防线”。

2003 年，区综治委调整预防青少年违法犯罪工作领导小组成员，由区委副书记任组长，进一步强化预防青少年违法犯罪工作的领导力量。实施“依法治校”工程，成立依法治校工作领导小组，全市依法治校工作现场会在薛城区召开。

2006 年，区综治委成立学校及周边秩序整治领导小组，并下发工作意见，组织综治成员单位集中清理整顿校园及周边治安秩序。

2007 年，深化依法治校工程，各中小学校设立依法治校领导机构，78 名优秀干警担任学校法制副校长，建立以领导小组为核心，以法制辅导员为指导，以教职工为主体的依法治校工作网络。制定《薛城区中小学校依法治校规程》，落实学校法制课教学计划、教材、师资和课时。在 7 所学校设立依法治校示范点，积极开展法制宣传教育，各校印制安全宣传展板 400 余块，印发宣传单 1 万余份。

2008 年，青少年维权岗为未成年人提供法律援助 40 余起，切实维护青少年的合法权益。举办“送法进校园”活动 35 次，举办服刑人员进校园现身说法活动 10 余次，受教育师生 2 万余人次。

2009 年，区委办、区政府办联合印发《关于开展“法治薛城”建设年活动的实施意见》，提出深入开展“法治学校”创建活动，进一步提高青少年学生学法守法意识，促进学校法治化进程。全区城乡中小学校均成立建设“法治学校”工作机构，年底，均达到法治校园创建标准。

2010 年，认真落实校园安全保卫责任，以中小学校、幼儿园安全保卫工作为重点，加强校园安全保卫措施，全区 79 所中小学校、68 所幼儿园均落实警务室、专职保安和治安监控设施。强化校园治安安全大检查，清查重点部位 268 个，整顿网吧 52 家，清理摊点 68 个，破获侵害校园安全案件 3 起，抓获犯罪嫌疑人 10 人，净化教书育人环境。2011 年，坚持“安全第一、预防为主、综合治理”的方针，强化落实责任、完善监控设施、排查整治隐患，持续做好校园安全保卫工作。全区设立 12 个校园警务室，配备专职保安人员 101 人，配备警用钢叉 57 个，80 所中小学校及幼儿园安装电视监控设备。区委办公室、区政府办公室印发《薛城区校园安全稳定工作责任追究办法》，严格责任落实。开展安全大检查及校园周边交通秩序、校车安全、文化市场等清理整顿活动 5 次。整改安全隐患 150 余处，下发整改通知 210 份。全区校园秩序良好，未发生校园安全事故。

2012 年，成立少年审判法庭，畅通法律援助通道，为失足青少年提供法律援助，累计援助案件 24 起，其中刑事案件 20 起，民事案件 4 期。认真做好案中帮教、案后回访、青少年矫治和刑释解教人员安置帮教，帮助青少年犯、未成年犯重塑人生。加大对非法使用“儿童工”打击和留守儿童的保护教育力度，大力救助失学儿童，为每名儿童健康成长营造良好环境。

2013 年，积极开展“法律进校园”活动，邀请区法院少年法庭、区司法局法律援助中心等单位到全区各中小学校开展法治讲座，累计举办预

法律进校园活动

防青少年犯罪、关爱青少年成长法治报告会32场。加大法律援助力度，为44起未成年人违法犯罪案件免费提供法律援助。区综治办牵头组织开展校园周边环境集中整治行动5次，检查校园周边重点场所、部位268个，清理网吧及游戏厅13家，整改安全隐患500余处，整顿食品业主15家，取缔摊贩53家，查处销售假冒伪劣食品220公斤，取缔占道经营业主40家，拆除安全隐患广告牌11个，纠正学校租用接送车辆近100辆。在临城实验小学成立“青少年法制教育基地”，全区74所中小学全部聘任“法制副校长”和“法制辅导员”，通过开展法治讲座、知识竞赛、图片展览、模拟法庭等法律主题宣传活动，提高青少年法律意识和自护能力。通过开办“家长学校”，引导家长、社会各界的安全防范意识，全区形成学校、家长、社会各界良好互动的全方位校园安保体系。

第三节　矛盾纠纷处理

1991—2013年，按照中央综治委关于加强人民调解工作的部署要求，建立区级矛盾纠纷排查调处中心，镇街设立以综治工作中心为主抓的矛调中心，各村居依托治保会、调委会设立矛调工作小组，在各大系统、企事业单位设立调解办公室，明确1~2名信息员，全区共有人民调解委员会249个，调解员859人。形成纵到底、横到边、兼顾专业、责任到人、层层负责的“大调解”工作网络。健全矛盾纠纷定期排查、领导公开接访挂牌包案、结案回访、定期通报、重大疑难纠纷联合调处、矛调联席会议、考核奖惩等工作制度，保障矛盾纠纷排查调处工作规范有序开展。政法机关完善司法救助、法律援助、巡回办案等举措，着力解决“打官司难”“执行难”等根本问题，人民群众合法权益得到维护。在完善专业调解工作的基础上，发挥社区老党员、老干部、青年志愿者、司法行政协理员、司法协助员、信访助理员、人民监督员等社会各界群体积极参与矛盾调处的群防群治作用，形成多元化解矛盾纠纷、专群结合的良好模式。

1991年年初，区委下发《全区社会治安综合治理1991—1995年规划和实施方案》，重点加强全区综治机构建设，各乡镇司法所办公设施建设得到改善，建立规范的普法调解工作队伍和工作体系建立。20世纪90年代，每年坚持开展2月、3—8月、9月矛盾纠纷集中排查化解月活动，矛调率都达96%以上。1998年，开通“148”法律服务热线，有效解答群众法律咨询。2000年，印发《薛城区矛盾纠纷排查调处工作制度》。在各乡镇建立社会矛盾调处中心和人民调解庭建设，13个乡镇均建立规范的调解组织。2001年，排查调处矛盾纠纷119起，调处率达96%。2002年，区委办印发《关于对社会矛盾纠纷排查调处工作实行“一个中心、两条主线”管理的实施意见》，形成以矛盾纠纷排查调处中心为主，司法局、信访局两条工作线共同调解纠纷的工作格局。当年排查调处矛盾纠纷281起，调处率达97%。

2003年，区委、区政府把矛盾疏导控制体系纳入“平安薛城”建设六大体系之一，整合资源抓好社会矛盾纠纷化解。区委办公室、区政府办公室下发《关于进一步加强人民调解组织建设的实施方案》，全区人民调解组织284个，调解员1006人。在全区实施“两个一”工程（一村一个法律大专生，一户一个法律明白人），积极参与基层矛盾纠纷排查化解工作。当年培养法律大专生105人、法律明白人2万人。

2004年，完善矛盾纠纷定期排查、综合调解、联合调处等工作机制建设，开展为期4个月的矛盾纠纷排查化解活动，调处矛盾纠纷468起，调处率达97%，防止激化矛盾9起172人。2005年1月，在全区推行陶庄司法所“流动调解庭”经验做法。所长李汝统被司法部评为全国模范人民调解员。在全区开展集中解决“执行难”活动，一大批执行案件得到执行，进一步维护群众合法权益，减少大量社会矛盾隐患。

2007年，完善信息反馈、交办督办、联动联调、领导接访等工作机制。全区共排查重大疑难纠纷299起，成功调处272起，防止群体性上访

13 起 202 人次。邹坞法庭庭长褚夫课被最高人民法院、司法部联合表彰为全国法院指导人民调解工作先进个人。2008 年，区委办、区政府办印发《关于在全区村居设立司法行政协理员的实施意见》，每个村居选聘 1 名协理员，负责普法、矛调、法律服务等基层维稳工作。全区 202 个村的司法行政协理员排查重大疑难纠纷 288 起，成功调处 287 起，调处成功率达 99%。

2009 年，区委办、区政府办联合印发文件，调整全区人民调解工作领导小组、公布区人民调解工作指导委员会组成人员、公布进一步加强新形势下人民调解工作的意见，强化调解方式、工作规范、调解诉讼程序衔接等环节，进一步发挥人民调解工作功能，有效发挥作用。下发《关于进一步完善多元纠纷解决机制的意见》，整合人民调解、行政调解、仲裁裁决、司法审判等资源，推进多元纠纷解决工作机制建设。全区人民调解委员会、调解小组分别达到 266 个、358 个，调整充实调解员 930 名。区法院选聘 164 名司法审判协助员参与诉前、诉后调解工作，取得良好效果。全区共排查各类矛盾纠纷 349 起，成功调处 342 起，化解率达 98%，避免民转刑 7 起 22 人次，避免群体性事件 13 起 196 人。开展为期一年的集中清理执行积案活动，共执结多年积案 604 件，涉案标的 1800 万元，维护群众合法权益。36 件重点案件全部执结，历史遗留涉法涉诉信访案件得到有效化解。“一揽子”集中执行积案做法被省高级人民法院在全省推广。薛城区被省委政法委评为全省集中清理执行积案工作先进区。

2010 年，区委办公室、区政府办公室印发《关于进一步加强和规范村居司法行政协理员工作的意见》，进一步完善基层人民调解人员工作机制和保障。以政法、综治、维稳、信访综合协调、社会各界广泛参与的“大调解”工作体系进一步健全。全区机关、企事业单位、村居和“两新”组织完善人民调解机构 235 个，充实人民调解员 835 人。排查调处矛盾纠纷 506 起，调处率达 98%，避免民转刑案件 37 起 82 人次，避免集体上访 12 起 151 人次。5 月，陶庄司法所所长孙中国被司法部评为全国模范人民调解员。

2011 年，完善“联动联调”“流动调解庭”“矛盾信息采集”等成功做法，健全矛盾纠纷排查预防机制、调处机制、信息反馈机制和督查机制，构建以人民调解、行政调解、司法调解为主，司法调解中和解、调解、仲裁、诉讼等多种手段并举的多元纠纷解决机制。排查各类矛盾纠纷 299 起，调解 293 起，防止集体性上访 7 起 48 人次，避免民转刑案件 21 件 36 人次。加强行业性、专业性人民调解组织建设，成立薛城区道路交通事故纠纷人民调解委员会。成功调处道路交通事故纠纷 19 起，为当事人避免和挽回经济损失 30 余万元。

2012 年，强化区域性、行业性、专业性调解组织建设，道路交通事故调解工作机制得到巩固完善，医患纠纷人民调解委员会建设取得实质性进展，人民调解组织化解社会矛盾的能力、水平得到明显提升。全年累计排查调处各类矛盾纠纷 412 起，成功调解 397 起，防止群体性上访 57 起 312 人次，避免民转刑案件 25 件 49 人次。在全区开展信访问题集中化解和涉法涉诉信访集中攻坚活动，通过领导接访、司法救助、办理低保、落实“三险”政策等有效手段，化解一大批信访突出问题。全区共受理群众来信来访 197 件起 1126 人次，分别下降 42.9% 和 22.72%，其中集体访 83 起 1322 人次，分别下降 15.31% 和 17.58%，中央交办的 7 起涉法涉诉信访案件全部息诉罢访。特别是在中共十八大期间，全区实现进京“零上访、零登记”的目标，6 个单位和 16 人受到市委、市政府的表彰奖励。

2013 年，整合人民调解、行政调解、司法调解等资源，完善诉调对接、检调对接、司法调解对接联动、刑事和解和刑事附带民事调解、行政诉讼和解等大调解体系，做好案前释法、诉讼调解、案后答疑工作，最大限度地把矛盾化解在萌芽状态。坚持每季度召开社会矛盾纠纷联席会议，分析研判重大矛盾纠纷。全年排查调处矛盾纠纷 520 起，化解率达 98%。妥善做好涉法涉诉信访案件化解工作，加大案件执行力度，执结案件

689件，妥善化解涉法涉诉案件51件，为469人提供法律援助，为当事人减免诉讼费25万余元，确保案结事了、息诉罢访。对重点疑难信访积案，组织开展“百日攻坚”集中化解活动，对梳理汇总的28个涉案单位127件信访案件进行交办，利用3个月的时间进行集中攻坚。

第二章　公　安

第一节　机构设置

薛城公安分局主要担负全区社会治安、户籍、交通安全管理、刑事案件侦察破案和经济侦察任务，自1996年起开通110报警系统，负责全区110接处警工作。

1991年8月，武警枣庄市消防大队薛城中队改称中国人民武装警察部队枣庄市薛城区消防大队。11月，薛城区公安分局增设信访科、考评科、培训科。1992年1月，恢复临西派出所，临城派出所更名为新华派出所，新建永福派出所，西仓派出所更名为夏庄派出所。1993年5月，刑侦科改建为刑警大队，内部仍称刑侦科，交警中队改为大队。1994年3月，组建巡警大队，首批招收队员20名。是年7月，原隶属区建委及公安分局双重领导的城市治安民警中队收归区公安分局专管。1995年4月，区公安分局党组改建成党委。1998年1月，设立警务督察队。2000年1月25日，经保科更名为经侦大队。2001年3月，将原有的16个派出所撤并为12个派出所。撤销陶官派出所并周营派出所；撤销南常派出所并沙沟派出所；撤销金河派出所并常庄派出所；撤销张范派出所并南石派出所；是年工会成立。2002年8月机构改革，新增审计科、指挥中心。2006年3月，出入境管理科、反邪教侦查大队改为国内安全保卫大队。2010年10月，治安巡逻大队更名为治安管理大队。2011年6月，设立广场治安办。2013年5月，户政科更名为行政审批中心，办理户政、出入境业务，设主任、副主任职务。

2013年薛城公安派出所情况一览表

表21-1

序号	名称	常住户数（户）	流动户数（户）	总户数（户）
1	新华派出所	15433	177	15610
2	永福派出所	20354	0	20354
3	临山派出所	7640	654	8294
4	常庄派出所	10740	0	10740
5	夏庄派出所	7667	0	7667
6	陶庄派出所	12597	0	12597
7	邹坞派出所	11371	55	11371
8	凤鸣湖派出所	7266	117	7266
9	沙沟派出所	14732	0	14732
10	周营派出所	7892	0	7892
11	高铁派出所	不设户政科		

第二节　社会治安管理

公共场所管理

薛城公安分局根据辖区公共场所不同特点，制定例会、报告、奖惩等一系列规章制度。在深入调查摸底基础上对辖区1136户公共场所经营单位办理登记手续，各派出所与经营业户签订治安责任书。

2012年10月，2012世界旅游小姐走进奚仲故里暨金秋车展房展系列活动在奚仲文化广场、铁道游击队纪念园、中华车祖苑进行，市、区领导及新闻媒体记者共计200余人参加。薛城公安分局完成此次安保任务。

2013年1月，薛城公安分局在全区范围内组织开展集中整治娱乐场所秩序专项行动，取得突出成效。这次行动共端掉“黄赌毒”窝点4个，破获涉及“黄赌毒”刑事案件4起、刑事拘留4人，查处行政案件3起，抓获违法行为9人，收缴电子游戏机37台。

枪支弹药及爆炸物品管理

1986年以后，对全区6家涉枪单位进行检查，对持枪人员实行人、枪、证对照点验，对集中保管枪支库房进一步落实电子监控和坚守看护措施，确保公务用枪安全。

1996年5月，全市“收枪治爆”现场会在薛城召开。薛城公安分局治安大队协同各派出所对全区在册的1207支枪支统一进行校验。半月之内收缴各类非法枪支1277支。其中手枪45支，火药枪900支，猎枪208支，气枪123支，小口径枪1支。收缴散失雷管2523枚，子弹98发，火药50公斤，刀具176把。捣毁制枪窝点2处。抓获涉枪涉爆犯罪分子11人。

1997年后，薛城公安分局贯彻“积极预防，从严管理，服务生产，保障安全”方针，严格爆炸物品生产、销售、运输、存储、使用等环节的管理，执行《三级目标管理的实施意见》，对涉爆单位实行规范管理、核定用量、限量审批、一天一购买、一天一使用，剩余退回等制度，有效防止丢失、被盗和爆炸事故的发生。

2012年6月，在市公安局刑侦、技侦、网警支队的指导下，薛城公安分局刑侦大队会同陶庄派出所历经一个多月侦查，成功破获公安部督办的“12·26”非法制贩枪支案，共破获非法买卖枪支弹药案5起，抓获犯罪嫌疑人4名，查获冰毒0.5克，收缴六四式自制手枪2支、弹药33发。

2013年11月30日，在市公安局技侦支队的指导下，刑侦大队经缜密侦查，抓获2名贩毒犯罪嫌疑人，缴获冰毒11克，麻古11粒。

第三节　户口管理

户籍管理

户政管理科自1985年设立以后，于2006年3月并入治安巡逻大队，主要负责城乡户籍管理，出生、死亡、迁入、迁出登记及2004年新出台的二代身份证换领任务。其中，户口簿登记常住人口，并根据人口变动情况随时填入和注销，以掌握实有人口情况。2013年5月，户政科从治安大队分出，外事科从国保大队分出，合并成立独立科室“行政审批中心”，主要职责办理户政、出入境管理业务。

迁入迁出

1992年，迁入2476人，迁出2489人。之后，办理迁入、迁出量逐年增加。1997年，迁入5218人，迁出2544人。2001年，迁入880人，迁出944人。2007年，迁入3524人，迁出3225人。2013年，迁入1513人，迁出1779人。

身份证管理

2005年7月1日，开始换发第二代居民身份证，当年换发23339份。1991—2005年，全区查纠身份证重证号1300余对，重新办理身份证600余份，并全部实行微机化管理。至2013年，二代身份证经过10年的一、二代交替，换证率达到95%。

第四节　打击刑事犯罪

1991—2013年，全区公安机关在区委、区政府和市公安局的坚强领导下，以建设“平安薛城”为主线，严厉打击各类刑事犯罪，有效维护全区社会治安大局的稳定。共立查各类刑事案件21353起，破案19427起，破获年前案件23747起、外地案件6371起，其中立查八类重大案件571起，破案504起，命案侦破率达到94.4%；抓获违法犯罪嫌疑人6838人，其中刑拘4156人，逮捕1771人，移诉2422人；摧毁犯罪团伙757个，抓获团伙成员2297人，追缴赃款赃物折款677.35万元，净化社会治安环境。坚持“重案必破、命案必破”，打好“合成战、信息战、科技战、证据战”，成功侦办公安部督办“2012·4·19”特大拐卖儿童案等一大批影响案件。坚持“黑恶必除、除恶务尽”，打掉黑社会性质犯罪组织1个，打掉恶势力团伙6个，抓获团伙成员21名。特别是抓获公安部A级逃犯万某，公安部发来贺电祝贺。坚持民生导向，严打食品药品环境领域犯罪，深入开展“打四黑除四害”专项行动，查办食品药品领域犯罪案件46起，捣毁“黑窝点”“黑工厂”168处。深入推进严打经济犯罪“破案会战”“亮剑”“天网”等专项行动，共破获经济案件1006起，发动集群战役566起。

第五节　城市交通管理

交警大队

薛城区地处鲁南地区重要交通要道，公路交通十分发达。随着业务工作任务的日益繁重，1989年，薛城交警大队成立，干警16人，协勤20人。交警大队在原有科室的基础上于1996年又设立办公室、宣教股、内业股、安全股和6个公路巡逻中队。1998年，交警大队设车管所、财务科，科室细化之后，各负其责，各巡逻中队负责路面的安全巡逻及交通违章查处工作。

机动车管理

1996年，对全区无证驾驶、农用车和拖拉机载人、酒后驾驶、驾驶摩托车不戴头盔等违章驾驶依法进行查纠，整治3500余次，对无牌照农用车、摩托车督办牌照300余次。2000年，整治违章车辆9000余部次。督办牌照1000余部次。2013年查处机动车假牌无牌行动，查处车辆1.7万余部次，违章车辆1100余部，均责令整改。

驾驶员安全教育

交警大队为了警示驾驶人员文明行车，每年均采取多种形式开展交通法规的宣传教育，驾驶人员培训等，1995—2013年，平均每年对全区驾驶员上交通安全课20余次，散发交通宣传材料5万余份。

2000—2013年薛城区交通事故统计表

表21-2

年份	起数（起）	死亡人数（人）	伤人数（人）
2000	939	51	68
2001	1123	49	355
2002	147	2	
2003	724	1	3
2004	1701	8	20
2006	259		

续表21-2

年份	起数（起）	死亡人数（人）	伤人数（人）
2007	2641	13	96
2008	2268	18	187
2009	2143	17	44
2010	2827	15	31
2011	1971	12	12
2012	2540	12	22
2013	2720	7	15

第六节　公安消防和110报警服务

消防

1991年8月，武警枣庄市消防大队薛城中队改称中国人民武装警察部队枣庄市薛城区消防大队。队址设在永福南路，隶属武装部队枣庄支队和薛城公安分局领导，配备消防车6部，以薛城区机关、厂企和农村为主要消防责任区。2007年11月，消防大队迁入城南新区，常庄民营园区东侧，占地9500平方米，楼高5层，配有4部新型消防车及消防设备。

薛城公安分局消防大队主要负责区境132个消防监督检查、火灾原因调查、建筑防火审核、建筑消防验收等工作，每年除进行平时常规检查外，还进行元旦、春节、夏收、夏种、冬季取暖期间的局部大检查。

1994年6月21日凌晨，枣庄矿务局井亭煤矿供销公司综合楼招待所发生重特大火灾。死亡8人，重伤2人，直接经济损失62万元。

2007年5月20日晚23时，薛城永福路图门烧烤店（个体）发生火灾。接警后，消防大队快速赶赴现场，于23时10分左右将大火扑灭，现场发现9具尸体（均系窒息死亡），其中男子4人，女4人，约2岁女童1人。

消防演练

110报警服务

1996年，市公安局成立110报警服务中心，薛城公安分局110报警服务中心为二级服务单位，接转市公安局110报警服务中心交办的工作。并与119火警、122交通事故报警台组成三台合一应急服务体系。

2001年，薛城公安分局成立110报警服务中心，下联各派出所。2004年，公安分局成立巡警中队，110报警服务工作由巡警担任，接警、处理更加高效、快捷。

2012年5月，为进一步提升警队执法装备水平，促进110接处警规范化建设和夏季治安整治行动的深入开展，公安分局购买100部执法记录仪，于6月8日集中配发给各派出所及治安、交警、刑侦等单位。

第七节　看守所

2007 年 5 月 1 日，薛城新看守所举行开工奠基仪式。2009 年 5 月 8 日，看守所建成并投入使用。新建看守所启用后，沿袭武警中队驻守和驻所检察室制度，公安机关以及看守人员对犯罪嫌疑人实行教育挽救政策，不打骂，不体罚，依法办案，并接受人大和检察机关监督。

第三章　检　察

第一节　机构设置

1991 年，内设机构 13 个，人员 61 人。

1992 年 4 月，设立“薛城区人民检察院民事行政检察科”和“薛城区人民检察院驻薛城区工商局检察室”，内设机构 15 个，人员 64 人。

1993 年 10 月，撤销薛城区人民检察院驻薛城区工商局检察室，设立薛城区人民检察院驻沙沟检察室，内设机构 15 个，人员增至 69 人。

1995 年 5 月，成立“薛城区人民检察院反贪污贿赂局”正科级机构，反贪局下设反贪一科、反贪二科、反贪三科。1995 年年底，内设机构 16 个，在职人员 85 人。

1998 年，设立“薛城区人民检察院渎职侦查局”正科级机构，内设侦查科、综合科，局长 1 人，副局长 1 人，内设机构 21 个科、室、局、队。

1999 年 4 月，设立“薛城区人民检察院司法会计鉴定中心”。

2000 年 4 月，增设“薛城区人民检察院行政监管室”和“薛城区人民检察院驻枣庄矿业集团检察室”。

2002 年 10 月，中共薛城区委办公室下发《薛城区人民检察院机构改革方案》，批准内设办公室、侦查监督科、公诉科、反贪污贿赂局、渎职侵权侦查局、监所检察科、民事检察科、控告申诉检察科、职务犯罪预防科、检察技术科、法律政策研究室、法警大队 13 个职能部门，另设党的纪律检查组、机关服务中心及党、团、妇组织，派出机构另设。人员编制总额 60 名（其中政法编制 59 名，离退休管理人员编制 1 名），检察长 1 名，副检察长 3 名，政治处处长 1 名，党的纪检检查机构按有关规定执行，科级干部职数与全院科级以下工作人员之比最高不超过 1∶1.9，事业机构和编制，薛城区检察院机关服务中心编制 18 人，从事行政、管理和服务性工作。

2005 年 6 月，“薛城区人民检察院渎职犯罪侦查局”更名为“薛城区人民检察院反渎职侵权局”，8 月，加快检察工作信息化建设，成立“薛城区人民检察院信息中心”。

队伍建设

1991 年，全院在职人员 61 人，中共党员 43 人，团员 13 人，大学本科 2 人，专科 15 人，中专 4 人，高中 2 人，法律专业证书大专 31 人，中专 1 人。检察长 1 人，副检察长 2 人，检察员 31 人，其中副科级以上检察员 14 人，助理检察员 15 人，书记员 1 人，法警 3 人，其他人员 6 人。

2005 年，全院在职干警 68 人，中共党员 58 人，研究生 3 人，本科 54 人，专科 13 人。检察长 1 人，副检察长 4 人，党组成员 9 人。干部身份 46 人，工人身份 22 人，检察委员会委员 11 人，检察员 23 人，书记员 1 人，法警 3 人，副科级以上检察员、干部 22 人。

2010 年，全院在职人员 86 人，中共党员 72 人，团员 5 人。研究生 4 人，本科 72 人，专科 6 人，高中中专 5 人，初中 1 人。检察长 1 人，副检察长 5 人，党组成员 9 人，干部身份 64 人，工人身份 22 人，检察委员会委员 13 人，检察员 20 人，助理检察员 9 人，书记员 9 人，法警 3 人，副科级以上检察员、干部 29 人。

第二节　刑事检察

1991 年，共受理公安机关提起批捕的案件 117 案 187 人，经审查批捕逮捕 111 案 177 人，受理区检察院自侦部门移送审查批捕的案件 12 案 12 人，其中经济犯罪案 10 案 10 人，侵权案件 1 案 1 人，重婚案件 1 案 1 人，经审查全部决定逮捕。受理公安机关移送审查起诉、免诉案件 108 案 188 人，其中移送起诉 106 案 178 人，移送免于起诉 2 案 10 人。审结 103 案 176 人，审结率为 95.3%，其中提起公诉 93 案 155 人，自行免诉 3 案 10 人，上呈 5 案 8 人，积存 5 案 12 人。受理区检察院自侦部门移送审查起诉的案件 16 案 18 人，移送免于起诉 11 案 12 人。提起公诉 12 案 15 人，自行免诉 9 案 11 人，积存 3 案 3 人，审结率为 88.9%。批捕起诉准确率为 100%。

1992 年，共受理公安提捕的案件 103 案 134 人，全部审结，其中逮捕 97 案 126 人，审查决定逮捕自办案件 10 案 10 人。受理公安和区检察院自侦案件 127 案 164 人，其中移送起诉 111 案 146 人，免诉 16 案 18 人，审结 119 案 156 人，审结率为 93.7%。其中提起公诉 95 案 121 人，免诉 15 案 18 人，上呈 4 案 5 人，移交 1 案 3 人。办案中开展建立社会治安综合治理联系点和对免诉人员的回访 2 件。

1993 年，共受理公安提捕的案件 126 案 192 人，其中批捕 120 案 178 人，不批准逮捕案 11 人；公安撤回 2 案 3 人。审结决定逮捕经济法纪犯罪案件 10 案 14 人。共受理起诉免诉各类案件 159 案 248 人。其中受理公安移送起诉 122 案 199 人，移送免诉 6 人；受理自侦部门移送起诉 17 案 21 人，移送免诉 20 案 22 人，提起公诉 127 案 198 人，免诉 19 案 31 人，上呈 5 案 7 人，退案 3 案 6 人。

1994 年，共受理的公安抓捕的案件 113 案 173 人。经审查批捕逮捕 105 案 155 人，受理本院自侦部门送审查批捕案件 13 案 14 人，全部决定逮捕。共受理公安机关移送免诉的案件 103 案 163 人，审法 99 案 157 人，其中起诉 90 案 143 人，免诉 3 案 6 人，上呈市院 6 案 8 人；受理自侦科室移送起免诉案件 30 案 32 人，审查 25 案 27 人，其中起诉 16 案 16 人，免诉 9 案 11 人，对法院开庭审理的案件全部出庭支持公诉，发表公诉词 120 篇。提前介入制度。批捕环节介入 37 案，占重大案件的 71.2%；起诉环节介入 35 案，占重大案件的 67%。追捕漏犯 2 案 2 人，追诉 2 人；不批准逮捕 4 案 12 人；改变公安定性 6 案 10 人；挖余罪 2 起；提起抗诉 2 起。

1995 年，共受理公安提请逮捕的案件 109 件 162 人，经审查批准逮捕 101 案 145 人，案件数与 1994 年基本持平；受理自侦案件 13 案 13 人，全部决定逮捕。受理公安移送审查的起诉案件 96 案 130 人，全部审结，起诉 88 案 121 人，免诉 4 案 5 人，上呈 3 案 3 人，移送其他检察院 1 案 1 人；受理自侦案件 35 案 37 人，其中经济案件 28 案 29 人（含上年 2 案 2 人），法纪案件 7 案 8 人；审结 33 案 35 人，审结率为 94.5%，其中起诉经济案件 16 案 16 人，免诉 8 案 8 人；起诉法纪案件 2 案 2 人，免诉 6 案 7 人，移送其他检察院 2 案 2 人。

1997 年，共受理各类案件 132 案 163 人。其中公安机关提请批准逮捕 119 案 148 人，比上年下降 37%和 44%。批准逮捕 104 案 123 人，不批准逮捕 10 案 9 人。受理本院自侦部门移送批捕的案件 13 案 15 人，全部决定逮捕。全部审结，准确率 100%；受理公安移送起诉的案件 113 案 147

人，受理本院自侦部门移送起诉的案件 28 案 33 人，市检察院交办 1 案 3 人，已审结 137 案 174 人，审结率 97.2%。其中起诉 125 案 158 人，不诉 1 案 1 人，上呈 4 案 8 人，退查 8 案 12 人，积存 4 案 4 人。起诉案件的准确率 100%。重特大案件共批捕 43 案 52 人，占批准数的 36.1%。交通肇事案件共批捕 8 案 8 人，撞死两人以上的案件就有 3 起。

1998 年，共受理各类提请逮捕 134 案 188 人。其中公安机关提请逮捕 122 案 176 人，批准逮捕 98 案 141 人，不批准逮捕 21 案 30 人；受理本院自侦部门移送批捕的案件 12 案 12 人，经审查决定逮捕 11 人，准确率 100%，受理公安机关移送起诉的案件 108 案 186 人，受理本院自侦部门移送起诉的案件 26 案 26 人，去年积存 4 案 6 人，共计 137 案 187 人，审结 135 案 187 人，审结率 98%。其中提起公诉 119 案 155 人，上呈 4 案8 人，退查 10 案 16 人，积存 3 案 7 人。其中重特大案件 75 起，占案件总数的 58%。对重大疑难案件提前介入，在批捕环节介入 61 案，起诉环节介入 59 案，介入率分别达 77% 和 46%。全年不批捕 21 案 30 人，建议公安撤案 2 案 4 人，退查 7 案 7 人，通知公安机关立案 1 案 2 人，向公安机关提出口头检察建议 32 次，追捕漏犯 1 人，追诉漏犯 1 人，挖余罪 13 起，改变移诉定性 6 案 8 人。

1999 年，共受理各类提请逮捕 154 案 228 人，经审查批准逮捕 131 案 188 人，比上年同期上升 19.09% 和 22.87%。在办案过程中提前介入 59 案 105 人，其中重特大案件介入 39 案 63 人。共受理移送起诉案件 140 案 210 人，其中公安机关移送 123 案 193 人；本院自侦部门移诉 17 案 17 人。审结 140 案 210 人，结案率 100%。其中起诉 127 案 174 人，退查 8 案 15 人，上呈 5 案 21 人，起诉案件法院已开庭判决的 102 案 146 人，有罪判决率 100%。不批准逮捕 18 案 35 人，建议公安撤案 4 案 4 人，通知公安机关立案 2 案 2 人，追诉漏犯 2 人，挖余罪 3 起。审查后改变定性 5 案 5 人，抗诉 2 案 3 人，其中 1 案 1 人已改判有期徒刑。

2000 年，共批准逮捕 103 案 132 人；受理移送起诉 108 案 152 人，刑事案件起诉 91 案 135 人。特别在打击五霸斗争中，共批捕五霸分子 18 人。共不批捕 15 案 25 人；通知公安机关立案 7 案 7 人，追漏犯 3 人，挖余罪 2 起。

2001 年，共受理公安机关提请批准逮捕 184 案 270 人，审查后，批准逮捕 167 案 248 人，不批准逮捕 5 案 12 人（自侦提请逮捕 5 案 5 人，审查后决定逮捕 4 案 4 人），受理各类移送起诉 185 案 284 人，审查后提起公诉 168 岸 54 人，其中严打以来提起公诉 139 案 214 人，比上年同期上升分别 124% 和 152%，批捕起诉准确率均为 100%。批捕环节提前介入 181 案 268 人，起诉阶段提前介入 94 案 153 人，一般案件的提前介入率达到 90% 以上，重大案件的提前介入率达到 100%，通过提前介入大大缩短办案时间，提高办案效率，平均办案时间，批捕阶段为 2.06 天，起诉阶段为 3.75 天。侦查监督方面，不批准逮捕 5 案 12 人，建议公安撤回 8 案 9 人，退回公安补充侦查 2 案 3 人，在立案监督方面，通知公安机关立案 11 案 16 人，追诉漏罪 3 条，改变案件定性 6 起。在审判监督方面，共受理 21 案，立案 9 起，其中对民事行政判决裁定提请抗诉 7 起，建议提请抗诉 1 起，提出检察建议 1 起。

2002 年，共受理 168 案 236 人，审查后批捕 155 案 223 人，决定逮捕 6 案 6 人，不批准逮捕 4 案 4 人，公安机关撤案 2 案 2 人，正在审查 1 案 1 人。立案监督 3 案 8 人。公诉受理 181 案 253 人，起诉 163 案 230 人，退查 14 案 22 人，上呈市检察院 5 案 6 人，移送机关撤案 1 案 2 人，积存 17 案 25 人，判决 139 案 211 人，其中公安机关移送案件受理 162 案 234 人，起诉 140 案 206 人，退查 11 案 19 人，移送机关撤案 1 案 2 人，积存 9 案 16 人，改变定性 3 条，追漏犯 3 人，追漏罪 2

条。自侦案件，受理19案19人，起诉10案10人，退查3案3人，积存9案9人，改变定性1条。不批准逮捕4案4人，建议撤回2案2人，退回补充侦查2案3人，通知公安机关立案3案8人；追漏犯3人，追漏罪2条，改变案件定性4条。

2003年，共受理各类移送审查逮捕案件152案228人，其中本院移送9案9人，审查后全部决定逮捕；公安机关提请批准逮捕案件143案219人，审查后批准逮捕130案216人，审结起诉116案193人，重特大案件提前介入率为100%。对侦查机关应该立案而未立案的依法监督，立案1案1人，对不符合法定逮捕条件的不批准逮捕5案6人，建议公安机关撤回8案12人。追捕4人，改变案件定性2件，追漏罪7条。

2004年，共受理各类提请批准（决定）逮捕的刑事案件168件236人，审查后批捕155件223人，决定逮捕6件6人，不批准逮捕4件4人，公安机关撤案2件2人，正在审查1件1人。公诉部门共受理181件253人，起诉163件230人，退查14件22人，上呈市检察院5件6人，移送公安机关撤案1件2人，积存17件25人，判决139件211人，其中公安机关移送案件受理162案234人，起诉140案206人，退查11案19人，移送机关撤案1案2人，积存9案16人，改变定性3条，追漏犯3人，追漏罪2条。自侦案件，受理19案19人，起诉10案10人，退查3案3人，积存9案9人，改变定性1条。不批准逮捕4案4人，建议撤回2案2人，退回补充侦查2案3人，通知公安机关立案3案8人，追漏犯3人，追漏罪2条，改变案件定性4条。

2005年，共受理各类审查逮捕案件203件308人，审查后批准逮捕189件278人，受理移送审查起诉案件236件365人，当年审结起诉227件356人，审查批捕和起诉准确率均为100%。全年共与公安机关召开联席会议11次，解决疑难复杂案件15件。重特大疑难复杂案件的介入率为100%。通过审查不批准逮捕8件23人，审查后建议公安机关撤回5件6人，监督公安机关改变强制措施2起，书面纠正违法4次，口头纠正违法19次，追捕漏犯2人；追诉工作通过审查起诉，改变公安定性4起，追诉漏罪6条。

2006年，共受理各类提请审查逮捕案件173件260人，审查后批准逮捕154件230人；受理各类提起公诉案件192件317人，审结起诉182件298人，批捕、起诉准确率和有罪判决率均为100%。通过审查，不批捕17件27人，口头纠正侦查部门违法30余次，书面纠正违法9次，通过审查起诉改变侦查部门移送案件定性5起，追诉漏犯4人，追诉漏罪5条。

2007年，共受理各类提请审查逮捕案件234件355人，审查后批准逮捕204件308人；受理移送审查起诉案件247件427人，审查后提起公诉221件382人，提起公诉的案件法院一审全部作有罪判决，审查批捕和起诉准确率均为100%。侦查部门通过审查，不批准逮捕26件42人，建议撤回3件5人，监督公安机关立案10件10人，口头纠正违法20余次，书面纠正违法3次；公诉部门通过审查起诉，改变公安机关定性15条，追诉漏犯12人，追诉漏罪10条，发出检察建议10份，发出纠正违法11份。

2008年，共受理各类提请审查逮捕案件226件338人，审查后批准和决定逮捕191件287人，因不符合逮捕条件或无逮捕必要不批准逮捕30件44人；受理各类提起诉讼案件246件436人，审查起诉242件414人，批捕、起诉准确率和有罪判决率均为100%。区检察院侦查监督和公诉部门共调解案件双方当事人矛盾27件，其中21件双方在诉前达成共识，消除因刑事犯罪带来的社会治安隐患。全年共监督侦查机关立案14件16人，追捕漏犯22件35人，追诉漏犯12人，追诉漏罪10条，发出检察建议10份、书面纠正违法11次，成功抗诉1件2人。

2010年，共受理审查逮捕案件248件365

人，审查后批准逮捕205件289人；受理审查起诉案件309件540人，审查后提请公诉283件474人。全年所有以简易程序提起公诉的案件，均与起诉书同时提交法院量刑建议书，采纳率为100%；所有以普通程序提起公诉的案件，公诉人均当庭发表量刑建议，采纳率超过70%。全年共案外调解40余件次。全年共监督立案80件98人，不批准逮捕犯罪嫌疑人38件70人，改变侦查定性8件。

2011年，共受理审查逮捕案件235件356人，审查后批准逮捕181件271人；受理审查起诉313件506人，审查后提起公诉247件370人。审结起诉的66件简易程序，在送达法院时均同时送达量刑建议书，法院采纳率100%，普通公诉案件，公诉人当庭发表量刑建议，采纳率超过70%。监督立案15件19人，不批准逮捕77人，追捕漏犯13人，纠正违法10件16人。受理二审申诉案件10件，建议提请抗诉7件，省检察院采纳7件，受理一审申诉案件16件，其中向市院提请抗诉5件、市院采纳5件，受理针对法院执行进行监督的申诉案件4件，均向法院提出检察建议。针对看守所监管执法行为，向监管或办案部门提出纠正违法10余次，发出检察建议1份，杜绝超期羁押现象。将全区监外执行罪犯232人情况及时录入计算机系统。

2012年，共受理审查批准逮捕案件237件358人，审查后批准逮捕182件265人，与2011年基本持平。因不符合逮捕条件或无逮捕必要不批准逮捕51件87人；受理审查起诉案件482件816人，同比分别上升47.85%和52.23%，审查后提起公诉332件560人，同比分别上升9.21%和38.95%。共依法追诉漏犯13人，追诉漏罪44条，刑事抗诉2件，针对侦查活动中存在的问题，纠正违法16次。强化民事行政诉讼监督力度，全年受理不服法院判决裁定的民事行政申诉案件41件，提请市院抗诉8件，建议提请省院抗诉9件。对提请审查逮捕的未成年人犯罪案件6件10人依法作出不捕决定。

2013年，共审查逮捕案件241件368人，审查后批准逮捕191件282人，与往年同期比案件数上升5.5%，案件人数上升6.8%。受理审查起诉案件286件484人，审查后提起公诉259件382人，审查批准逮捕和提起公诉的案件，有罪判决率为100%。依法不批准逮捕44件77人，不起诉2件2人，适时变更为取保候审5人，促成刑事和解案件22件。共受理审查逮捕未成年人涉嫌犯罪案件15件35人，审查起诉案件20件41人。不批准逮捕1件6人，未作起诉13人。对不符合程序的侦查和审判活动依法提出纠正意见10件次，追捕、追诉漏犯10人，追诉漏罪2条，刑事抗诉4件6人。

第三节　反贪污贿赂

1991年，共受理初查各类经济犯罪线索47起，经过查证立案23起23人。其中贪污、受贿案件15案15人；陶庄检查室立查6案6人，税务检查室立查案2人。其中中共党员15人，国家干部7人，副局级以上干部2人，为国家和集体直接挽回经济损失40万元。

1992年，共受理各类经济案件线索46起，经初查立案20起。其中贪污、受贿11起，挪用公款3起，假冒商标6起，逮捕9人，挽回经济损失70余万元。把查处大要案件为主攻方向。

1993年，共受理初查各类经济案件线索32件，立案26人，其中贪污受贿案件16案17人，挪用公款案件3案3人，偷税案件1案1人，假冒商标案件1案5人。立查局级干部犯罪4人。

1994年，共立查各类经济犯罪案件26起，比上年多立5起，上升24%。其中，贪污贿赂案件20起，占立案数的77%，比上年增加25%；挪用公款、偷税抗税犯罪案件6起，比上年增加50%。立查各类经济犯罪大案21起，占立案数的81%，比上年增加61.5%。其中，贪污受贿万元以上大案17起，挪用公款特大案件2起，偷税抗税大案2起；立查科级干部犯罪的案件6起；国家工作人员15人；党员14人，逮捕人犯11人。

1995年，共受理初查经济案件线索52起，立查各类经济犯罪案件27起27人，比上年增加1起。立查各类贪污贿赂案件23起，占立案数的85.2%，比上年高8个百分点；立查大要案22起，占立案数的81%，其中查办要案2起，占全市立案数的50%。立查国家干部16名，其中科级以上（包括企业）干部9人。通过办案共挽回经济损失260万元。

1997年，共受理各类经济犯罪案件线索37起41人。经过初查决定立案27起31人，其中贪污贿赂案件7起，挪用公款7起，侵占案件6起，挪用资金案件6起，诈骗案件1起。大案22起，占80%；特大案件8起，占30%。逮捕13人，为国家和集体挽回经济损失350余万元。已办结23起。

1998年，共受理各类经济犯罪案件线索36起，初查后决定立案23起；大案20起，其中特大案件7起，查处副科级以上干部5人；已侦查终结23起，依法逮捕11人。通过办案，为国家和集体挽回直接经济损失500余万元。其中大要案比例高，且犯罪数额巨大。

1999年，共受理各类经济犯罪线索25起，立案查处14起，其中要案2起（均为副县级），特大案1起，大要案3起，一般案件8起，全部侦查终结，依法逮捕10人；查处副科级以上干部7人。通过办案为国家挽回经济损失480余万元。查办副科级以上的领导干部犯罪案件7起，占立案总数的50%。

2000年，共受理各类案件24起，审查后立案查处18起，比上年上升20%；其中要案3起，大案9起，大要案比例占立案数的67%；要案占全市要案数的43%；逮捕9人，涉案金额182万元，通过办案为国家挽回经济损失419万元。

2001年，共受理贪污、受贿等经济犯罪案件线索30起，立案查处18起，其中贪污案8起，贿赂案6起，挪用公款4起，通过办案，为国家和集体挽回经济损失150余万元。查办的18起案件中，大要案共14起，占立案数的78%。

2002年，立案18起，大要案18起，侦结率93%，大要案比例为100%，移送起诉率和有罪判决率均为100%，开展个案预防14案。通过办案，为国家和集体挽回经济损失190余万元；所查办的18起贪贿案件中，大要案18起，占立案数的100%，同比上升22个百分点。

2003年，共立查各类经济犯罪案件18起20人，其中贪污案8起10人，受贿案件6起6人，挪用公款案件4起4人，全部为大案，其中特大案件5起，逮捕犯罪嫌疑人9人，为国家和集体挽回经济损失700余万元。

2004年，共立查各类经济案件18起，大要案18起，侦结率93%，大要案比例为100%，移送起诉率和有罪判决率均为100%。开展个案预防14案，预防犯罪工作效果好。通过办案，为国家和集体挽回经济损失600余万元。查办的18起贪贿案件中，大要案18起，占立案数的100%，同比上升22个百分点。

2005年，共立查贪污贿赂案件13起19人，逮捕犯罪嫌疑人5人，均为大案。通过办案为国家和集体挽回经济损失120余万元。认真查办群众反映强烈、社会影响大，震动大的案件6件9人。立查的职务犯罪案件提起公诉20件29人，法院审理后已判决17件24人，均为有罪判决，其中实刑4件4人。异地抓捕在逃犯罪嫌疑人4名；促使4名已经出逃的犯罪嫌疑人主动投案自首。积极开展预防职务犯罪工作。开展工程优质、干部优秀评选活动，主动参与政府采购、重大工程招投标活动。参加开标议标活动12次，签发在重大工程建设中开展预防职务犯罪活动的实施方案5份，在重大工程建设中加强廉政责任和管理的规定3份；参与原材料购置招投标监督6次，参加工程廉政建设检察11次，开展各种形式的法制教育4次，发放各种宣传材料400余份，促进领导干部依法行政，减少和遏制职务犯罪的发生。

2006年，共立查25件25人，其中科级干部12人，副县级干部1人，通过办案为国家挽回经济损失400余万元。把涉及商业贿赂的职务犯罪案件作为工作的重点，集中查办矿业集团和医疗卫生系统商业贿赂案件11起11人，特别是在全市率先查办医疗卫生系统中的6起商业贿赂大案，对降低药价、净化医疗市场，解决群众看病贵、就医难问题起到推动作用，取得良好的社会效果。从基层群众利益入手，积极查办侵农、三权案件。共查办侵农案件3件3人，查办三权案件7件7人。

2007年，共立查各类贪污、贿赂案件19件19人，其中科级以上干部10人，大要案比例为100%。通过办案为国家和集体挽回各类经济损失400余万元。实刑判决率和高刑期案件比例不断提高，10年以上刑期案件2件2人。

2008年，共立查各类职务犯罪案件20件20人，其中反贪部门立查贪污贿赂犯罪15人，通过办案为国家挽回经济损失400余万元。在交通运输、国土资源管理和房产交易系统集中查办贪污、受贿和滥用职权案件5件5人。立查煤炭系统经营领域的商业贿赂职务犯罪7件7人，其中有2人涉案金额29余万元。有罪判决率保持100%。提起公诉的职务犯罪案件中，判处实刑者6人，其中3人刑期10年以上，实刑判决率从上年的9%提高到当年的33%。积极探索职务犯罪预防的新途径。与税务部门建立检税联合预防工作预警机制；创办“移动预防课堂”，把预防职务犯罪法制宣传教育课办到农村党员和干部的家门口。全年开展警示教育活动41次，受教育人数6000余人。经验做法被省检察院转发，并被《新华每日电讯》《人民日报》《大众日报》等多家媒体宣传报道。

2010年，共立查各类职务犯罪案件22件22人，其中贪污贿赂犯罪案件16件16人。加强对重点行业的职务犯罪预防。采取以案说法、上法制课、图片展览等形式，对税务建设、电力等重点行业和燕山路、火车站棚户区拆迁工程等人员开展警示教育活动18次。开通“预防职务犯罪直通车”，深入农村基层宣讲法律知识；利用网络、报纸、杂志等各种宣传媒体，多渠道开展法制教育，拓展预防职务犯罪工作的广度和深度，《新华社每日电讯》《大众日报》《山东法制报》分别多次报道，《枣庄日报》连续三版对区检察院预防工作进行宣传。充分利用检察建议、行贿犯罪档案查询等手段，为促进社会诚信体系建设发挥职能作用。全年受理查询64次，出具查询告知函64份，及时将查询情况反馈给申请查询的建议方。

2011年，共立查各类职务犯罪案件21件23人，其中贪污贿赂犯罪案件16件16人。

2012年，对公安机关移送审查起诉的各类经济案件193件360人，依法退回公安机关118件218人。其中，朱某、程某等6人重大非法经营案件，严重破坏市场经济秩序，该案的办理获得省、市检察院的高度评价。共立查各类职务犯罪案件22人，其中针对区防备煤矿“7·6”矿难重大事故处理工作，深挖事故背后的职务犯罪。

2013年，共立查各类职务犯罪案件27人，比上年增长22%。其中贪贿案件20人，涉及行政管理、企业经营、医疗卫生、民生工程等多个领域，大要案比例为100%，通过办案为国家挽回经济损失500余万元。

第四节　反渎职侵权

1991年，共受理各类法纪案件线索26件，经初查立案4案4人，其中非法拘禁1案1人，重大责任事故2案2人，玩忽职守1案1人。

1992年，共受理各类法纪案件26件，立案7案7人，比上年增长75%，其中，非法拘禁2案2人，重大责任事故3案3人，玩忽职守1案1

人，非法侵入他人住宅1案1人，大案3起，做到“三个及时”“两个慎重”。

1993年，共受理各类法纪案件31起，立案查处8起。

1994年，共受理各种法纪案件38起，比上年增加6起。立案查处8案9人，其中重大责任事故6案7人，非法拘禁1案1人，非法侵宅1案1人。已全部审清。煤矿发生责任事故11起，死亡14人，比上年减少3起35人。

1995年，共受理法纪案件22件，立案7案8人，其中非法拘禁案4案5人，重大责任事故案2案2人，非法侵入他人住宅1案1人。受理办理扣押人质型的非法拘禁案件14起，立案4起5人，比上年增加3起，占立案数的57.1%；办理因经济纠纷引起的非法扣押人质型案件11起12人，解救人质11人；在解救人质帮助调解债务纠纷时，清理债务41.8万元，保护公民人身权利和合法权益。安全生产方面，受理13起死亡14人，比上年分别减少7起15人，下降率分别为35%和5%；立查责任事故案件比上年减少4起。

1997年，受理各类案件线索28起，立案6案6人。其中玩忽职守3案3人，重大责任事故2案2人，伪证诈骗1案1人。

1998年，共受理查处渎职案件线索16起，查结13起，立案1起。

1999年，新成立渎侦局以来，积极摸索案件线索，共受理案件16起。

2000年，受理渎职侵权犯罪案件6起，立查2起滥用职权案和1起非法拘禁案，立案数比上年上升200%。

2001年，共受理渎职侵权犯罪案件线索10起，立案查处5起，其中非法批准征用占用土地2起，玩忽职守案2起，非法拘禁案1起。

2002年，依法初查渎职侵权犯罪案件线索10起，立案查处5起，大案3起，侦结率100%，大要案比例为60%，移送起诉率100%。

2003年，立查渎职侵权案件3起，其中非法拘禁案件1起1人，非法搜查案件2起2人。

2004年，渎检部门依法初查渎职侵权犯罪案件线索6起，立案查处4起，大案3起，侦结率100%，大要案比例为60%，移送起诉率100%。

2005年，初查各类渎职侵权案件线索6起，立查渎职侵权案件3件4人，当年全部侦查终结。

2007年，反渎部门立查渎职侵权案件5件6人。立查的25起职务犯罪案件，均为大要案。大要案比例为100%。

2008年，反渎部门立查渎职侵权犯罪5人。

2010年，立查渎职侵权犯罪案件6件6人。

2011年，立查渎职侵权犯罪案件5件7人。

2012年，共查处国家机关工作人员渎职侵权犯罪6人，其中科级干部3人。

2013年，立查渎职侵权案件7人，大要案比例为100%。

第五节 监所检察

1991年，组织“帮教报告团”进行宣传教育，驻所检查室上法治课26次，受教育1386人次，个别谈话教育117人次，集体教育20余人次，提出检察建议26次，口头纠正违法22次，消除各种隐患5起。

1992年，对出入人犯实行登记、建卡制度，联合检察10次、自行检察43次，口头提检察建议7次，口头纠正违法12次，开展打击“牢头狱霸”的专项活动，集体教育6次，个别谈话教育80人次。

1993年，对看守所的监管工作依法监督，全年口头提检察建议17条，口头纠正违法19次。

1994年，集体上课教育6次，个别讲话教育70余人次，打击牢头狱霸6人次。

1995年，共提检察建议20次。对看管场所安全检查87次，发现不安全因素及时提出改正建议，提出建议28次，预防自杀事故1次，脱逃事故1次。对在押人犯进行集体教育10次，受教育652人次，个别谈话教育146人次。对监外罪犯执行改造自行改察1次；由政法委牵头、公检法参与联合对全区监外犯罪全面改察1次。社会治安综合治理方面；5月，组织职业中专50多名师生到省第七监狱参观，对师生进行遵纪守法教育；8月组织帮教团，分别到省第七监狱，滕州监狱和枣庄监狱现场帮教，并向薛城籍350名犯人每人赠送1只钢笔和1个写着“祝早日自新成才”的日记本，给其精神鼓励和政治教育，促进起改造。

1997年，进行安全检查60余次，纠正不安全因素20余次；对犯人进行集体教育8次，个别谈话教育144次。对全区监外犯罪的执行改造情况上半年自行检查1次，下半年在政法委的组织下，公检法司4家单位进行联合检查。社会治安综合治理方面，5月组织服刑犯人在区职业中专枣庄八中、四十四中、十二中五中和啤酒厂、玻璃厂等九处学校、工厂做八场忏悔演讲报告，受教育学生、工人1.2万余人。

1998年，对年内发现的12起不符合法律政策的现象及时向有关部门提出纠正，纠正11起不安全因素。对全区监外罪犯的改造情况上半年自行检察1次，下半年由区政法委牵头，组织公检法司4家单位进行联合改察。

1999年，纠正超期羁押4件，对违反安全防范措施，体罚被监管人等违法问题提出纠正意见8次，消除事故隐患3起。

2000年，纠正超期羁押现象3起，纠正其他违法现象8起；对112名外执罪犯进行改察，批捕起诉1起被监管人员重新犯罪案件。

2001年，针对看守所羁押犯人多，且重刑犯多的实际情况，加强对各办案单位对即将到期案件的催办工作，加快对在押人犯的消化处理。全年没出现一起违法违纪案件，没有出现任何事故，确保看守所的安全。

2002年，查处罪犯又犯罪案件2案3人。

2003年，协助公安机关清理监管场所60余次。全年2次对薛城区140余名监外执行罪犯进行改察。

2004年，提出检察建议2次，书面纠正违法1次；针对看守所在押人员的管理工作，与公安联合检查11次，自行检察44次，撰写在押人员思想动态报告3份。

2005年，加大各个诉讼环节监督力度，口头提出检察建议3次，书面纠正违法3次，与公安部门联合检查12次，自行检查50次。防止和减少诉讼活动中违法情况的发生，连续五年没有超期羁押现象的发生。

2006年，严格执行法律规定，坚决杜绝超期羁押，针对不符合法律规定的现象，向监管部门或办案部门口头提出检察建议8次，书面纠正违法2次。

2007年，共提出纠正违法50余次，其中，书面27件次，口头23件次，均得到纠正。发出检察建议16条，其中书面4条，口头12条，均被采纳。召开思想动态分析会4次，个别教育60余人次，杜绝超期羁押现象的发生。

2008年，共提出纠正违法50余次，其中，书面27件次，口头23件次，均得到纠正。发出检察建议16条，其中书面4条，口头12条，均被采纳。召开思想动态分析会4次，个别教育60余人次，杜绝超期羁押现象的发生。

2010年，进一步规范看守所监管执法行为，针对不符合法律规定的现象，向监管或办案部门提出检察建议10余次，杜绝超期羁押现象，防止安全事故发生。定制检察官约见卡和权利告知卡，在看守所内设置检察官信箱；并设立“检察官谈话教育室”，畅通在押人员的权利诉求渠道；在全市率先完成与看守所监室监控视频联网，加大对“牢头狱霸”体罚虐待被监管人员等现象的监督力度。

2011年，针对看守所监管执法行为，向监管或办案部门提出纠正违法10余次，发出检察建议

1份，杜绝超期羁押现象。将全区监外执行罪犯232人情况及时录入计算机系统。

2012年，强化监所监督，对看守所等监管场所开展械具和禁闭专项检查，加大对牢头狱霸体罚虐待被监管人员等现象的监管力度。

2013年，全年共参与社区矫正人员法制教育8次。

第六节 控告申诉检察

1991年，受理公民控告申诉171件次，其中属于区检察院管辖的157件次，不属于区检察院管辖转有关部门处理14件次。民事行政诉讼法律监督初步开展，受理案件9起。

1992年，共受理来信来访188件，及时作出处理，审查申诉案件2起，查办重婚案件1起，查处打击举报人案件2起。

1993年，共受理来信来访179次，其中举报类172件次，申诉3件次，情况反映4件次。协助市检察院复查申诉案件1起。

1994年，共受理来信来访154件次，其中来信108件，来访46次；受理“两不一免”申述案件3起。

1995年，共受理人民群众来信来访184次件，其中来信719件，来访59次，电话举报6次，解决易激化矛盾3件，上访老户息诉1件。初查案件线索14件，其中经济案件线索123件，重婚案件线索2件，挽回经济损失10余万元。

1997年，共受理群众来信来访193件次，初查案件线索52起，立案侦查1起，办理不服免诉的申诉案件1起，协助市院办理申诉案件1起。

1999年，共受理人民群众来信来访78（件）次，初查案件线索63起，在检务公开及举报宣传周等活动中，检察长共接访48件（次），集体接访9件（次）。

2000年，共受理群众来信来访66件（次），初查线索33起。

2001年，共受理各类群众来信来访55件（次），审查后，初查案件线索42起。检察长共接访58件72人，作出相应处理。在全国控申举报宣传周活动中，进行图片展览20余次，电视讲话1次，散发宣传资料2000余份，出动宣传车12辆（次）。

2003年，共受理各类群众来信来访73件（次），初查案件38起。

2005年，共受理来信来访64件，初查51件，接待群众来访286起326人，发放宣传材料4500份，协助区委接访6次。认真坚持首访责任制和检察长预约接访制度。

2007年，共受理各类职务犯罪线索59件59人次，初查案件21件，立案21件21人，市院交办3起，检察长接访24件24人次，接待群众法律咨询132件147人次，回访8次，图片展览6次，发放宣传材料2000余份，协助区委接访15次。

2008年，共接待群众来访90余人次，化解矛盾纠纷19起，解决来访群众实际困难6件，主动下访巡防11次，梳理可能引发上访的矛盾7条，与群众面对面座谈交流87人次。

2010年，共受理群众来访40人次，来信53件，解答群众咨询72件92人次。本院控申科连续6年保持最高检察院授予的“全国文明接待室”称号。严格落实首办责任制和领导接访、下访、巡防等制度，定期组织干警到人口密集的地方开展法律宣传，现场接受控告、申诉、举报和提供法律咨询。增强法制宣传的针对性。经常深入基层，深入农村开展举报宣传活动，以“举报宣传周”、开通“民生检察服务热线”等方式，提高群众的法律意识。为群众排忧解难。

2011年，共受理来信来访101件次，检察长接访25件次。控申科连续7年保持最高检察院授予的“全国文明接待室”称号。救助8名刑事被害人或近亲属。

2012年，共受理群众来访举报线索173件

179人，受理群众来信451件，解答群众咨询507件536人次。

2013年，受理群众来访138件260余人次，群众来信49件，民事监督案件10件，检察长接访23件，解答群众咨询130件231人次，受理处结率为100%，息诉罢访率95%以上，保持全年涉检涉诉赴京进省零上访。

第七节　民事行政检察

1992年，散发宣传材料1000余份，受理案件6起，查访1起。

1993年，受理各类民事申诉案件7起，立案2起，向法院提出检察建议2起。

1994年，共受理不服法院民事、经济，行政判决、裁定的申诉案件11件，已审结8件。其中主案5件，是上年的2.5倍。向法院提出纠正检察建议2件，法院改判1件。同时从审查案件中，发现经济犯罪案件线索2起，其中主查一起挪用公款8万余元的案件。

1995年，共受理不服法院判决的各类民事，经济申诉案件13件，立案6起，审结4起，向法院建议提请抗诉2件，向市检察院提请抗诉1件，实现抗诉案件零的突破，打开民事行政检察工作的新局面。

1997年，共受理不服法院判决的申诉案件21起，立案12起，比上年多5起，提请抗诉1起，建议提请抗诉3起，直接向法院提出检察建议2起，息诉10起。受市检察院委托出席法庭再审2次，法院改判1起。

1998年，共受理不服法院判决、裁定的民事申诉案件24起，经审查立案14起，提请抗诉9起，建议提请抗诉1起，直接向法院建议再审的2起。

1999年，共受理申诉案件26起，审查后立案14起，其中提请抗诉7起，建议提请抗诉3起，提出检察建议1起。

2000年，共受理民事行政申诉案件29起，立案10起，提请抗诉7起，建议提请抗诉4起。

2001年，共受理不服法院判决的申诉案件21起，审查后立案9起，其中提请抗诉7起，建议提请抗诉1起，提出检察建议1起。

2002年，共受理30起案件，立案8起，提请抗诉8起，被市检察院采纳4起。

2003年，依法提请或建议提请抗诉6起，向法院提出检察建议2起。

2004年，共受理不服法院判决裁定的申诉案件21起，审查后依法提请抗诉3起，建议提请抗诉2起，向法院提出检察建议2起。不符合抗诉条件终止审查处理13起，正在审查的2起。工作中效率高，审查细，判断准，提请抗诉和建议提请抗诉的5起案件，全部被上级业务部门采纳，采纳率为100%。其中10起案件从受理到改判仅用68天的时间。

2005年，共受理不服法院判决裁定的申诉案件30起，立案24起，审查后提请抗诉8起，建议提请抗诉5起，向法院提出检察建议2起，终止审查15起，提请抗诉和建议提请抗诉的案件，全部被上级业务部门采纳。

2006年，共受理不服已经生效判决裁定的申诉案件21起，通过审查提请抗诉3起，建议提请抗诉2起，提出检察建议2起。

2007年，共受理当事人不服人民法院一、二审判决裁定的民事行政案件24件。审查后，立案14件，提请抗诉7件，建议提请抗诉4件，提出检察建议6件，通过审查认为不符合抗诉条件，作出息诉，终止审查处理的7件，提出检察建议后，法院改变已经裁定而再审的6件，均做出调解或改判处理。

2008年，共受理当事人不服法院生效判决、裁定的民事行政申诉案件31件，审查后立案16起，提请抗诉和建议提请抗诉13起，提检察建议3起，息诉、终止审查处理15起。

2010年，对不服法院判决、裁定的审诉案件认真审查，主动与当事人双方沟通，做好息诉、服判工作；同时对确有错误的判决裁定进行监督，全年共受理案件 55 件，立案 15 件，依法提请或建议提请抗诉 13 件，发出检察建议 7 件。

2013 年，受理不服法院判决裁定的民事行政申诉案件 11 件。

第八节　检察技术工作

1991 年，坚持“技术为办案服务”的宗旨，共受理各类案件 138 件，法医门类 62 件，司法会计类 11 件，各类照相 42 次，现场勘察 23 次。共出具各类鉴定书 34 份。

1992 年，共受理各类案件 84 件，出具各类鉴定报告 38 份。其中，司法会计鉴定 8 份，法医鉴定 30 份，尸体检验 15 具，活体检验 11 人次，准确率达 100%。

1993 年，受理各类案件 101 件，出具各类鉴定书 68 份。其中，法医鉴定 26 份，法医文审 9 份，司法会计鉴定 8 份，现场勘察及其他检验报告 25 份。

1994 年，共受理各类案件 132 件，出具各类鉴定书 46 份，其中法医鉴定书 16 份，法医文审 15 份，现场勘查笔录、绘图 12 份，司法会计鉴定 3 份，准确率均为 100%。同时，配合区检察院的中心工作，积极开展摄像等宣传工作，共照相录像 21 次，为配合办案、扩大宣传起到重要作用。

1995 年，共受理各类案件 127 起，出具各种鉴定书 41 份，准确率 100%，为保证案件的质量提供可靠的科学依据。技术设施，办公用房、技术档案管理达到标准化、规范化。

1997 年，共受理各类鉴定案件 104 件。其中法医门类 35 件，司法会计门类 12 件，视听门类 57 件。出具各类鉴定书 44 份，准确率达 100%。

1998 年，共受理 173 件，其中法医类 36 件，司法会计 12 件，视听技术 111 件，保险理赔 7 件，其他 9 件，共出具各类鉴定书 26 份，文审书 21 份，准确率 100%，被区电视台以上录用电视新闻 27 次，被各类报纸杂志录用新闻照片和报道 15 幅。全年共受理查办 7 起理赔案件，结案 6 起，为企业避免经济损失 93 万元。

1999 年，共受理各类鉴定案件 126 件，其中法医类 60 件，司法会计类 27 件，保险理赔类 15 件，出具各类文书 68 份。

2000 年，为加大技术监督力度，成立人体损伤检验治疗中心，受理案件 400 余起。

2001 年，共受理各类案件 620 件，其中法医类 504 件，会计类 10 件，视听类 75 件，保险类 6 件，其他 5 件。

2002 年，半年受理案件 575 件，出具鉴定文书 550 件，准确率为 100%。

2010 年，继续做好综合信息平台建设的同时，不断加强区检察院网络设备自查维护、应用及管理等工作，充分发挥检察技术在各类案件中的作用。

第四章　法　院

第一节　审判机构

1991 年，薛城区人民法院（简称区法院）设立 11 个庭、科、室，刑事审判庭、民事审判庭、经济审判庭、行政审判庭、告诉审判庭、执行庭、政工科、监察室、办公室、调研室、法医室，全体干警 85 名。辖区设立 13 处人民法庭，每处法庭配备庭长 1 人，副庭长 1 人。

1994 年 10 月，区法院增设临山中心法庭，院辖中心法庭 14 个：薛城法庭、金河法庭、兴仁法庭、临山法庭、沙沟法庭、周营法庭、南石法庭、南常法庭、张范法庭、陶官法庭、陶庄法庭、夏庄法庭、常庄法庭、邹坞法庭等。

1996年9月，区法院新办公大楼启用，办公新址位于薛城区泰山中路，主楼5层，建筑面积2000平方米，有大、小审判庭6个，全院在编人员119人。

1998年6月，区法院将原14处中心法庭合并为5处，设立薛城中心法庭、临山中心法庭、沙沟中心法庭、陶庄中心法庭、邹坞中心法庭。每处中心法庭分别配备干警8人。1998年11月28日，区法院设立机关服务中心，为全额拨款事业单位，编制28人。

1999年9月，区法院共有干警121人，其中在编118人（中央行政编90人、1998年11月区编委批准增加地方事业编28人），编外人员3人。

2001年7月，经最高人民法院批准，5处中心人民法庭合并成4处，设立临山法庭、陶庄法庭、沙沟法庭和邹坞法庭。

2002年，区法院新审判法庭建成启用，建筑面积2600平方米，内设大中小审判法庭10个，分别配备微机，实现庭审记录现代化，联通闭路监控、同步录音录像和电子触摸查询系统，提高审判工作的科技含量。2004年，区法院在机关和派出法庭建起多媒体审判庭，使机关和法庭局域网、数字监控网形成一体，在审判庭安装信号屏蔽系统，进一步净化审判环境；开通远程电子监控系统，上级法院和区法院领导可随时随地登录局域网，对庭审活动进行同步监督。

2005年，区法院开展“学习型法院”创建活动，全年组织干警参加业务培训150余人次，先后4次开展庭审观摩活动，举办优秀裁判文书展示评比、调解能手评选和审判（执行）能手评选活动。是年，薛城法院被省高级法院表彰为“全省法院系统选调生工作先进单位”。

2006年8月，区法院对网络中心进行改造和升级，安装远程数字监控系统，实现对立案、庭审活动的同步监督；在机关和法庭分别建成多媒体审判法庭，全面建设远程电子签章、证据投影展示、庭审笔录同步屏显三大硬件系统，庭审透明度增加，庭审效率提高。是年，薛城法院被省高级法院表彰为“全省思想宣传工作优秀单位”“人民陪审员工作先进单位”，邹坞法庭庭长褚夫课被评为“全省优秀青年卫士”“全省公正执法标兵”等。

2007年11月，区法院对陶庄法庭审判综合楼进行装修改造，并分别为每处法庭设立调解室，法庭司法条件改善。区法院4处法庭率先全部达到“五化”标准，被省高院命名为“五化法庭”。邹坞法庭庭长褚夫课被表彰为“全国法院指导人民调解工作先进个人”。

2008年3月，区法院建立“阳光社区审判庭”、交通事故损害赔偿巡回审判庭、大甘霖村指导人民调解办公室、常庄、周营巡回办案点等便民场所，实行巡回办案、就地审理，让司法更贴近人民群众。是年，薛城区法院被省委政法委表彰为“公正执法先进单位”，被省文明委评为“省级文明（保持）单位”，邹坞法庭庭长褚夫课被评为“全国优秀法官”。

2009年7月，区法院重新启动立案大厅，设立6个服务窗口，实行“一站式”服务方便群众。是年，薛城区法院被评为“全省‘平安全运’专项整治活动先进单位”。

2010年10月，区法院经中共薛城区政法委员会同意，设立党总支委员会和支部委员会，下设6个党支部，共有党员干警127人（含离退休人员）。是年，薛城区法院被省高级法院评为“全省法院文化建设示范单位”，被市委、市政府评为“全市党建创新先进单位”。

至2013年，区法院设立部门23个：刑事审判庭、少年审判庭、民事审判一庭、民事审判二庭、行政审判庭和赔偿办、审判监督庭、审判管理办公室、执行局（执行一庭、执行二庭、执行三庭）、立案庭（诉讼服务中心、信访办）、政治处、办公室、机关服务中心、纪检监察科、研究室、技术室、法警大队和4处人民法庭，全院在编干警106人，其中法官61人（四级高级法官18人、一级法官24人、三级法官1人、四级法官3人、五级法官3人，审判员12人），法警7名；其他干警（事业编）26人，聘用人员96人；人民陪审员127人；离退休法官29人。

第二节 刑事审判

刑事犯罪审判

1991年，区法院坚持把严厉打击严重刑事犯罪活动，作为维护社会稳定的重要任务来抓，共受理各类刑事案件122件、209人，分别比上年增长14%和18.1%。判处犯罪分子180人，其中判处10年以上有期徒刑16人，5至10年有期徒刑58人，3年至5年有期徒刑70人，为国家和集体挽回经济损失9.8万元。先后公开宣判案件122件。1991年，区法院成立少年审判庭，专门审理未成年人犯罪案件。

1992年，共受理各类刑事案件222件，审结219件，判处犯罪分子248人。其中，判处10年以上有期徒刑的15人，判处3年至10年有期徒刑114人，判处3年以下有期徒刑、拘役119人。全区盗窃案件突出，共审结63件，对盗窃案集团首要分子、重大盗窃、惯犯、流窜犯、特别是盗窃通讯电力设备的犯罪分子予以严惩。坚决依法打击贩运伪造国家货币和毒品犯罪等新型犯罪活动。依法严惩拐卖妇女儿童的犯罪分子，共审结拐卖妇女、儿童案件25件，判处犯罪分子47人，其中判处犯罪10年以上有期徒刑8人，打击犯罪分子的嚣张气焰。

1993—1997年，受理各类刑事案件815件，审结797件1082人。其中，判处10年以上有期徒刑的68人，5至10年有期徒刑的479人。为配合上级法院和单独召开宣判大会19场次，就地审理宣判案件12件，设立刑事宣传站和专题讲座电视讲话7场次。

1998—2000年，共受理各类刑事案件662件，审结537件，判处犯罪分子916人，其中，判处10年以上有期徒刑的64人，5年至10年有期徒刑的469人。

2001年，共受理各类刑事案件292件，审结260件，判处犯罪分子294人。其中，判处10年以上有期徒刑的40人，占13.6%；判处3年至10年有期徒刑的176人，占59.9%。

2002年，共受理各类刑事案件225件，审结228件（含旧存），判处犯罪分子277人。其中，判处10年以上有期徒刑的26人；判处3年至10年有期徒刑的114人；判处3年以下有期徒刑、拘役、管制等刑罚的136人。

2003年，共受理各类刑事案件222件，审结237件（含旧存），判处犯罪分子323人，其中判处10年以上有期徒刑的21人；判处3年至10年有期徒刑的114人。深入开展严惩“两抢”“三强五霸”等危害社会治安的刑事犯罪活动，共审结此类案件188件299人，打击犯罪分子的嚣张气焰。自诉案件坚持多调少判原则，共审理自诉案件32件，调解撤诉率占结案的84.4%。

2004年，共受理各类刑事案件217件，审结203件，判处罪犯307人，其中被判处10年以上有期徒刑的20人，3年以上10年以下有期徒刑的156人。

2005年，共受理刑事案件271件，审结249件，判处犯罪分子353人，其中被判处10年以上有期徒刑的23人，3年以上10年以下有期徒刑的154人，对杀人、伤害、绑架、抢劫、寻衅滋事等带有黑社会性质的团伙犯罪、暴力犯罪和流氓恶势力犯罪进行重点打击，共审结此类案件60件。

2006年，共受理刑事案件224件，审结221件，判处犯罪分子298人，其中判处10年以上有期徒刑的23人，3年以上10年以下有期徒刑的166人。

2007年，共受理刑事案件218件，审结206件，判处犯罪分子311人，其中判处10年以上有期徒刑的 26 人，3 年以上 10 年以下有期徒刑的 163 人。

2008 年，共审结各类刑事案件 260 件，判处犯罪分子 446 人。积极参与全区“控建拆违”和文明城市创建工作，惩治破坏拆迁行为；依法调处包括“5·20”图门烧烤案在内的 119 起刑事附带民事诉讼、自诉案件，既打击犯罪，又使被害人家属得到合理赔偿。

2009 年，审结各类刑事案件 323 件，判处犯罪分子 529 人。其中，判处 10 年以上有期徒刑的 44 人，3 年以上 10 年以下有期徒刑的 160 人。根据中级人民法院指定，依法从严审理全市首例涉黑犯罪，有力打击和震慑黑恶势力犯罪。

2010 年，审结各类刑事案件 313 件，判处犯罪分子 520 人。其中，判处 10 年以上有期徒刑的 36 人，3 年以上 10 年以下有期徒刑的 177 人。

2011 年，审结各类刑事案件 310 件，判处犯罪分子 331 人，其中，判处 10 年以上有期徒刑的 28 人，3 年以上 10 年以下有期徒刑的 168 人。

2012 年，审结各类刑事案件 343 件，判处犯罪分子 537 人。重点打击抢劫、盗窃、诈骗等多发性侵财犯罪，审结此类案件 175 件，判处犯罪分子 289 人，审结“醉驾”、涉毒涉枪、寻衅滋事等犯罪 109 件，追究刑事责任 153 人。

2013 年，审结刑事案件 328 件，判处罪犯 478 人，维护社会稳定。重点打击杀人、绑架等暴力犯罪以及抢劫、盗窃等多发性侵财犯罪，审结案件 172 件 249 人。

1991—2013 年薛城区审结各类刑事案件情况一览表

表 21-3　　　　单位：件

年份	杀人	强奸	抢劫	盗窃	诈骗	伤害	拐卖妇女	贪污	受贿	挪用公款	玩忽职守	非法拘禁	交通肇事	其他	合计
1991	2	6	11	29	11	19	5	3	4	4			21	7	122
1992	1	7	20	41	7	29	7	6	6	5		1	23	66	219
1993—1997	6	31	125	39	41	175	25	36	29	11	2	5	178	94	797
1998—2000	4	18	90	44	24	131	14	15	21	6		2	97	61	537
2001	1	5	21	61	14	45	6	8	5	1	1	4	44	44	260
2002	1	9	19	55	6	38	3	10	8	2		3	36	122	228
2003		6	17	48	11	46	7	7	6	4	3		47	35	237
2004	2	4	22	32	8	51	4	6	9	2		1	38	24	203
2005	1	11	23	51	5	29	6	8	11	3	1	2	41	56	249
2006	1	7	26	31	4	53	5	4	11	2		1	38	12	221
2007		7	31	52	2	30	3	7	8	2	2	1	31	30	206
2008	1	5	18	48	5	30	4	4	3			7	51	83	260
2009	3	13	25	61	6	45	4	4	12	4		6	59	99	323
2010	1	7	27	54	13	49	4	6	9	3		13	52	55	313

续表21-3

年份	杀人	强奸	抢劫	盗窃	诈骗	伤害	拐卖妇女	贪污	受贿	挪用公款	玩忽职守	非法拘禁	交通肇事	其他	合计
2011	2	11	14	61	10	33	4	6	5	1		5	70	88	310
2012	1	16	11	60	12	48	6	8	13	11		3	52	112	343
2013	1	7	20	48	8	64	5	11	5	1		6	42	110	328

经济犯罪审判

1991—1992年，区法院严厉打击各类经济犯罪活动，共审结贪污、贿赂、挪用公款、诈骗等经济犯罪案件15件，判处犯罪分子17人，其中，判处3年以上有期徒刑11人，3年以下刑罚6人，通过审判，惩罚犯罪分子，为国家、集体挽回经济损失46万元。

1993—1997年，共审理各类经济犯罪案件107件，判处犯罪分子112人。

1998—2000年，依法惩处贪污、受贿等经济犯罪案件15件，判处罪犯19人。

2001—2003年，共审结贪污、贿赂、挪用公款、诈骗等经济犯罪案件18件，判处犯罪分子20人。

2004—2007年，积极参与反腐败斗争，审结贪污、贿赂、渎职案件43件，判处犯罪分子47人。

2008—2012年，依法惩处贪污、受贿等经济犯罪案件61件，判处罪犯61人。

2013年，审结贪污、贿赂、渎职等职务犯罪21件，追究刑事责任26人。

青少年犯罪审判

1991年，薛城区法院针对青少年犯罪增多的趋势，探索建立少年案犯合议庭，研究探索青少年犯罪的规律、特点以及改造挽救办法，特邀区教育局、妇联、团委等单位5人作为人民陪审员，出庭审理少年犯。对缓刑和刑满释放的青少年定期跟踪帮教。

1992年，贯彻落实《中华人民共和国未成年人保护法》和最高人民法院《关于办理少年刑事案件的若干规定》，设立少年审判庭，对缓刑和刑满释放的少年犯实行建档立卡、跟踪教育。

2005年，区法院运用圆桌审判方式审理未成年人刑事案件26件，判处未成年人罪犯33人，依法适用缓刑14人，占未成年罪犯的42.4%，保护未成年人的合法权益。2006年，区法院先后到枣庄二十九中、二十中、舜耕中学等学校举办“克服不良行为，预防违法犯罪”报告会6场次，对预防和减少青少年犯罪发挥积极作用；坚持“寓教于审、惩教结合”方针，配合有关部门做好社区矫正和帮教工作，对判处缓刑、管制案犯和少年犯回访帮教15人次，促进罪犯改造，减少重新犯罪。

2008—2012年，区法院扎实做好审判延伸工作，成立少年法庭，开展圆桌审判，参与社区矫正，组织回访帮教，推动防控未成年人违法犯罪机制的建立和完善。

2013年，区法院为教育、感化、挽救犯罪的未成年人，组织开展“法治讲座”“模拟法庭”“少年法律信箱”等多形式的宣传教育活动，选任具有心理咨询培训师资格的法官担任少年法庭庭长，探索实施“建立接触点、发现闪光点、寻找感化点、激发共鸣点”的庭审教育方式，进一步完善防控未成年人违法犯罪机制。

第三节 民事案件审判

1991—1992年，区法院审结民事案件2829件。

1993—1997年，审理婚姻家庭、债务、赔偿、房屋纠纷等各类民事案件6010件。为加强民事审判力量，区法院将1995年社会招考录用的15名年轻人全部充实到法庭工作。

1998—2000年，审理民事纠纷案件2178件，其中婚姻家庭纠纷896件，债务纠纷778件，人身损害赔偿243件，房屋、继承、相邻关系的纠纷案件161件。全区离婚案件有所上升，较1994年增长7%，引起区法院高度重视，区法院从坚持婚姻自由，反对草率离婚，着重做好调解和好工作，婚姻和好率64%。

2001年，妥善处理婚姻家庭、债务、损害赔偿等纠纷案件1141件，维护社会婚姻家庭关系和人身、财产关系。审结劳动争议、劳动报酬案件67件，涉案标的额65万元，化解社会矛盾，促进劳动力市场的形成。

2002年，审理各类民事案件1534件，其中，审理婚姻家庭、债务、损害赔偿等纠纷案件736件，审结交通事故、损害赔偿、劳动争议、劳动报酬等案件274件，审理债务纠纷案件524件。

2003年，审理各类民事案件3171件，其中，审理婚姻家庭、债务、损害赔偿等纠纷案件1530件；审结交通事故、损害赔偿、劳动争议、劳动报酬等案件637件。区法院主动拓宽服务领域，为企业送法上门276人次，帮助企业完善合同243份，提出司法建议56条，举办法制讲座8次，印制法院便民卡1000份，为当事人及时提供法律服务。

2004年，审结离婚、抚养、赡养、继承以及家庭财产分割案件453件，审理财产权属、相邻关系、损害赔偿等权属侵权案件536件，妥善处理“三农”案件92件，适用特别程序，采取即收即执的方式结案3102件。

2005年，妥善处理婚姻家庭、债务纠纷、人身损害赔偿等传统民事纠纷1829件，运用支付令方式解决小额债务纠纷、简易民事纠纷3545件，全年调解结案1684件。

2006年，妥善审理离婚、抚养、赡养、继承等婚姻家庭纠纷411件，人身、财产等各类权属、侵权纠纷2078件，用支付令方式快速解决小额债务纠纷967件，审理各类劳动争议案件17起，全年通过诉讼调解结案3583件，经做工作当事人和解自动撤诉的625件，诉讼案件的调解撤诉率达到76%。

2007年，审理离婚、抚养、赡养、继承以及家庭财产分割案件453件，审理财产权属、相邻关系、损害赔偿等权属侵权案件536件，适用特别程序，采取即收即执的方式结案3102件。

2008—2012年，共审理事关人民群众切身利益的婚姻家庭、交通事故、劳动争议、社会保障、医患纠纷以及涉农等案件16555件。

2013年，审理婚姻继承、权属侵权等与民生密切相关的案件3570件，聚合人民陪审员、司法协助员、执法执纪监督员各界力量，统筹诉前调解、立案调解、诉中调解多种方式，建立人民法庭与辖区司法所、派出所和村（居）委会“1+3”工作机制，共同化解矛盾纠纷，协同推进调解工作，案件调解撤诉率达68%。

1991—2013年薛城区民事案件收结案情况统计表

表21-4　　单位：件

年份	审结案件	婚姻家庭纠纷	侵权纠纷	涉农纠纷	金融信贷纠纷	房地产纠纷	其他
1991	1756	635	214	132	135	114	526
1992	1325	486	357	86	150	165	81
1993—1997	9615	6010	1321	101	689	452	1042

续表21-4

年份	审结案件	婚姻家庭纠纷	侵权纠纷	涉农纠纷	金融信贷纠纷	房地产纠纷	其他
1998—2000	3180	896	161	177	742	365	839
2001	1740	741	154	125	362	311	47
2002	2120	414	676	85	224	137	584
2003	5057	1823	617	104	440	188	1885
2004	5723	1053	1339	92	870	231	2138
2005	5660	1707	1201	138	770	276	1568
2006	5533	1411	780	172	967	209	1994
2007	6588	1672	1236	159	783	223	2515
2008	5639	1504	896	176	573	254	2236
2009	5490	2013	609	106	478	325	1959
2010	6138	1828	928	146	203	307	2726
2011	5027	1763	710	89	406	367	1692
2012	5840	1881	936	125	323	418	2157
2013	5305	1537	668	56	623	346	2075

第四节 经济纠纷案件审判

1991—1992 年，区法院以经济工作为中心，将工作重点放在审理生产、流通领域的经济纠纷，受理经济纠纷案件 757 件，结案标的额 2430 余万元，为了拓宽经济审判服务领域，该院建立司法联络员制度，举办经济司法联络员培训班，培训人员 36 名，同时积极开展司法建议活动，共向企业提供各类司法建议 126 条。

1993—1997 年，区法院对经济审判庭进行充实调整，把经济纠纷案件受理权限下放到法庭，凡标的额 40 万元以下的经济纠纷案件，法庭均可办理，同时规定其他业务庭在完成本职工作的前提下，经院长批准，均可办理经济纠纷案件。1993 年 2 月 26 日，薛城区法院成立经济调解中心。随着国家立法的发展和完善，立法机构将经济领域的纠纷，划归民事范畴，取消经济审判称谓。1994 年，按照上级有关规定，薛城区法院经济调解中心又合并到经济庭。1993—1997 年，区法院共审理购销合同贷款纠纷、借款合同纠纷、企业承包合同纠纷等各类经济纠纷案件 3605 件，标的额 2.26 亿元，其中包括一批企业生存无望的破产案件。1996—1997 年，受理破产案件 28 件，破产总值 1.7 亿元，对于减轻经济发展负担，促进资源优化配置和劳动力的再分配，发挥积极作用。

1998—2000 年，区法院共审结经济纠纷案件 1002 件，结案标的额 4952 万元。2001 年，共受理经济纠纷案件 248 件，审结 227 件，结案标的额1252万元。重点加强对涉及企业承包、联营、租赁、兼并、破产、转让等案件的审判，共办理破产案件9件，标的额2.6亿元。

2002年，审理各类商事案件586件，结案标的额1700余万元。其中，审理企业买卖合同案件472件，审理各类借款纠纷案件114件，加强对企业破产、兼并案件的审理，共办理该类案件8件，标的额3.01亿元。

2003年，共审理各类商事案件1886件，结案标的额1910余万元。其中，审理企业破产案件19件，稳妥处理企业债务1.6亿元；审理涉及金融债权案件440件，维护金融秩序。

2004年，审理涉及企业改制、破产、买卖合同、建筑工程承包、运输合同、金融纠纷等案件870件，处理组合不良资产3766万元，审理劳动争议、劳务合同纠纷案件268件。

2005年，审结土地使用权出让转让纠纷、建筑工程合同纠纷、房屋买卖租赁合同纠纷等房地产案件142件，审结劳动合同、劳务合同纠纷案件216件，审结农村土地承包纠纷38件。

2006年，受理各类商事案件2039件，审结2060件（含旧存），标的额1046.2万元。其中，审理买卖、借款、租赁、运输等各类合同纠纷1971件，审结金融信贷纠纷86件，终结破产案件3起。

2007年，共审理各类商事案件3486件，其中，审理买卖、借款、租赁、运输等各类合同纠纷3158件，审理企业破产案件22件，稳妥处理企业债务上亿元，审理农村土地承包经营权流转纠纷255件。

2008—2012年，共审理事关人民群众切身利益的婚姻家庭、交通事故、劳动争议、社会保障、医患纠纷以及涉农等案件16555件。深入全区重点企业、重点项目进行调研，制定实施《关于为全区重点企业、重点项目建设提供司法服务和保障的意见》，并逐步建立提前介入和沟通机制，帮助企业排查矛盾隐患，预防诉讼风险，化解经济纠纷，优化发展环境。

2013年，审结商事案件1735件，案件调解撤诉率达68%。

1991—2013年薛城区经济案件收结案情况统计表

表21-5

年份	收案（件）	结案（件）	标的额（亿元）	年份	收案（件）	结案（件）	标的额（亿元）
1991	341	376	0.11	2004	1155	1138	0.29
1992	352	381	0.13	2005	2218	2129	0.47
1993—1997	3714	3605	2.26	2006	2039	2060	0.10
1998—2000	1078	1002	0.49	2007	3477	3486	1.12
2001	248	227	0.12	2008—2012	11035	10764	3.26
2002	597	586	0.17	2013	1728	1735	1.51
2003	1901	1886	0.19				

第五节　行政案件审判

1990—1992年，区法院共审理行政案件32件。随着行政法规的增多，涉及的领域不断扩大，审结的行政案件中，维持行政决定的21件，原告撤诉的6件，撤销1件，行政机关申请法院强制执行行政决定17件。

1993—1997年，区法院共审理各类行政案件173件，其中包括减轻农民负担等省内外有较大影响的案件，充分保护行政相对人的合法权益。1995 年，区法院行政审判庭先后获“全省法院行政审判信得过法院”和“全省行政审判工作先进法院奖”等称号。

1998—2001 年，共审理各类行政案件 296 件，审结 281 件，其中撤销行政机关行为的 89 件，维持和原告主动撤诉的 187 件，驳回起诉 5 件。

2002 年，共受理行政诉讼案件 32 件，审结 29 件，其中撤销行政机关行为的 4 件，维持和原告主动撤诉的 18 件，驳回起诉等 7 件。依法执结行政机关申请强制执行的非诉讼案件 48 件，标的额 31 万元。

2003 年，共受理行政诉讼案件 49 件，审结 52 件（含旧存），其中撤销行政机关行为的 8 件，维持和原告主动撤诉的 22 件，变更行政行为的 12 件，驳回起诉等 10 件。依法执结行政机关申请强制执行的非诉讼案件 68 件，执结 59 件，标的额 63 万元。

2004 年，区法院受理各类行政诉讼案件 99 件，审结 99 件；受理行政机关非诉讼执行案件 58 件，执结 51 件。重点加强因农民负担、投资环境等问题引发的行政纠纷案件的审理和执行，并做到监督有力，保障有方，维护外商等管理相对人的合法权益，支持政府依法行政。

2005 年，共受理行政诉讼案件 67 件，审结 67 件，依法受理行政机关申请强制执行的非诉讼案件 102 件，执结 107 件（含旧存），标的额 86.2 万元。区法院在行政诉讼工作中，强化庭审中被告的举证责任，推行判前评断的审判方式，避免缠诉上访案件的发生。

2006 年，受理各类行政诉讼案件 90 件，审结 90 件；受理行政机关非诉执行案件 62 件，执结 56 件。在行政审判、非诉讼执行过程中，探索实施行政案件协调处理机制，对违法的具体行政行为，及时与行政机关及其上级部门联系，督促行政机关主动撤销或变更行政行为。

2007 年，共受理各类行政案件 92 件，审结 92 件；受理行政机关非诉讼执行案件 55 件，执结 45 件，标的额 498.5 万元，既促进行政机关依法行政，又保护行政相对人的合法权益，取得党委满意、行政机关满意、人民群众满意的良好效果。

2008 年，共审结各类行政诉讼案件 136 件，既有力保护行政相对人的合法权益，又有效监督和支持行政机关依法行政；依法审查行政机关申请执行的非诉讼案件 94 件，使合法有效的行政决定得到及时执行，维护行政管理秩序；健全完善行政案件协调机制，积极通过协调方式解决行政争议 121 件，促进行政管理关系的和谐。

2009 年，审结各类行政诉讼案件 138 件，其中判决维持行政机关具体行政行为的 55 件，裁定驳回原告起诉的 38 件；通过与行政机关良性互动，健全行政案件协调制度，积极通过协调方式化解行政争议 45 件，促进干群关系的和谐。依法审查城建、计划生育等部门申请执行案件 25 件，使合法有效的行政决定得到及时执行，维护行政管理秩序。

2010 年，审结各类行政诉讼案件 150 件，其中判决维持行政机关具体行政行为的 70 件，裁定驳回原告起诉的 20 件。

2011 年，坚持监督与支持并重的原则，受理行政案件 90 件，审结 67 件（含旧存），保护公民，法人和其他组织的合法权益，维护和监督行政机关依法行政，进一步规范全区经济社会管理秩序。

2012 年，审结行政诉讼案件 72 件。其中，积极探索行政争议实质性解决新途径，以协调方式化解社会保障、土地征收等社会广泛关注的行政案件 61 件，增进理解认同，优化法治环境。建立行政审判与行政执法间的良性互动关系，审查非诉讼执行案件 85 件，有力地支持行政机关依法履行社会管理职责。

2013 年，审结行政诉讼案件 30 件，审查非诉讼执行案件 49 件，依法支持行政机关履行社会管理职责。同时，积极推进行政审判与行政执法的有机衔接和优势互补，通过联席会议、专题研讨、组织座谈、开展讲座等形式，促进提高行政执法水平，服务法治政府建设进程。

第六节 执行工作

1990年，区法院执行庭成立，实行以执行庭为主，执行庭执行与业务庭执行相结合的执行方法。

1991年，共执结各类案件884件，执行标的额610余万元。其中，执行各类民事案件322件，执行涉及土管、城建、环保、卫生防疫等行政案件5件，执行涉及公证、仲裁等案件4件。坚持教育疏导与依法强制执行相结合的工作方法，坚持保护当事人的合法权益与促进生产力发展相结合。

1992年，共执结各类案件796件，标的额810余万元。为确保及时执行，规定法律文书到期后10日内由原审业务庭执行，逾期不执行的，移交执行庭执行，避免案件久执不决。5—7月，区法院积极参加全国执行会战，按照最高法院和省法院关于集中开展执行工作的部署，抽调30余名干警组成执行突击队，赶赴全国各地依法执行，共执结案件267件，为国家、集体和个人挽回经济损失354万元，被省高级法院记集体二等功。

1993—1997年，共执结各类案件2961件，标的额3810余万元。在执行工作环境较差的情况下，采取积极、稳妥、及时的工作方法，力克“执行难”，案件执行率逐年提高。

2000年，共执结各类案件902件，标的额1210余万元。是年12月，区法院执行工作局成立，为隶属于该院的正科级机构，配备局长、副局长各一人。执行局下设执行一庭、执行二庭和执行三庭，每个庭配备3名正式干警。为扭转“执行难”的被动局面，区法院采取对被执行人公开曝光、公告执行、召开被执行人大会、领导包案、执行听证等方式，保证执行工作的顺利开展。

2001年，共执结各类执行案件690件，执行标的额1026万元。

2002年，共执结各类执行案件1248件，执行标的额1860万元。为攻克“执行难”，区法院采取以执行局牵头、各法庭配合、分片包干、整体联动的方式，开展声势浩大的集中执行活动。

2003年，共执结各类案件983件，执行标的额2200万元。开展涉及单位案件的专项执行活动，共执结该类案件82件，收回贷款400余万元。同时加大对进城务工人员工资等案件的执行力度，共执结该类案件310件。积极开展跨区域执行活动，执结该类案件167件，为企业挽回损失380余万元。

2004年，共受理执行案件678件，执结674件，标的额1539.5万元。为克服“执行难”，继续实施巡回执行、公告执行、执行听证、发放债权凭证、悬赏执行、先执行后收费等执行方式和制度，大力倡行“人性化执法”。

2005年，受理各类执行案件523件，执结519件，标的额1243万元，开展大规模集中执行活动2次，出动警力380人次，对96名被执行人实施拘留，对62名被执行人在新闻媒体上曝光，扣押车辆16辆，查封房屋32间，冻结划拨银行存款67万元，执结案件186件，标的额316万元。

2006年，共受理各类执行案件475件，已执结662件（含被清理积案），执行标的额1674.6万元，《山东法制报》先后2次在头版头条报道区法院克服“执行难”的经验和做法。

2008年，新收各类执行案件799件，结案607件（含旧存），通过法官以案释法和说服教育，以执行和解方式结案253件，执行质量和效率有较大提高。

2009年，共受理各类执行案件1036件，执结1042件（含旧存），标的额8321万元。省法院领导2次到区法院调研“清积”工作，并在全省法院推广该院涉镇街案件“一揽子”执行方法。

2010年，受理各类执行案件847件，执结

薛城区法院开展金融债权集中执行活动

798件（含旧存），标的额1.1亿元。大力开展创建“无执行积案先进法院”活动，有效提高案件执结率，实现执行收结案的良性循环。

2011年，受理各类执行案件660件，执结647件（含旧存），标的额1.3亿元。

2012年，执结案件783件，标的额1.4亿元，加大对拒执行为的打击力度，联合检察、公安、司法等政法各部门，建立“四力合一”的反规避执行联动新机制，依法对45人实施司法拘留，惩治恶意逃避债务履行的行为。

2013年，受理执行案件729件，执结691件，开展“涉弱势群体案件重点执行”“反规避专项执行”和“金融债权集中执行”等活动，司法拘留86人，惩治恶意逃避债务履行的行为，维护生效裁判的司法权威。

第七节　告诉申诉和信访工作

1991年，区法院根据工作需要，设立告诉申诉庭，负责对不服案件审判结果的当事人进行接待，履行审查告诉申诉职能。全年共处理告诉申诉、来信来访444人次，涉及案件数312件。其中，刑事申诉案件立案再审14件，民事申诉案件立案再审4件，经济申诉1件，已全部审结。受理各类告诉案249件。

1992年，受理再审案件56件，其中维持原判32件，占57%，改判15件，占27%，由于申诉案件处理得当，进京上访申诉案件逐渐减少，是年上访人数比上年减少42%。

1993—1997年，共受理再审案件6件。告诉申诉审判重点围绕方便群众诉讼开展工作，发挥好法院的“窗口”“桥梁”作用。在充实加强审判力量的同时，推出“院长接待日”制度，由院长和各副院长轮流到告诉申诉接待室接待当事人和信访群众，及时处理案件，听取群众意见，提升接待服务水平。并对告申庭进行改革，赋予其“统管”职能，统一立案，统一收费，进一步规范审判秩序。耐心细致做好缠访户的息诉工作，减少越级上访，几年来没有发生重大问题。妥善审理部分申诉案件，体现执法的严肃性。1995年，为了及时受理案件，方便群众诉讼，区法院按照上级法院的指示精神，积极开展“统管型”告申工作，对诉讼至法院的告诉案件，统一由告申庭审查立案，转交有关业务庭审理，实现立审分离，全年共接待信访来访320件次，立案转办68件，发挥人民法院联系群众的窗口作用。

1996年4月，为进一步规范审判秩序，健全监督制约机制，实现立审分离，审执分离，办案与收费分离，保证案前、案中、案后监督，制定《薛城区人民法院告诉申诉工作暂行规定》。规定一审民事案件、经济纠纷案件和刑事自诉案件，有管辖权的人民法庭可以立案办理。

1998年7月，区法院成立立案庭，人员配备5人。随着人民法院改革的不断深入，法院内设机构的职能也发生调整转换，1999年9月，薛城区人民法院告诉申诉庭更名为审判监督庭。

1998—2000 年，受理再审案件 3 件，审结 3 件。

2001 年，受理再审案件 33 件，审结 28 件，其中改判 12 件，维持 14 件，调解 1 件，驳回 1 件，案件再审后，均能做到案结事了，维护法律的尊严和当事人的合法权益。当年推行院长接访制度，全年组织各类接访活动 44 次，接访当事人 308 人次，处理群众来信 78 封。

2002 年，受理再审案件 10 件，审结 8 件，案件再审后，均做到案结事了。全年组织各类接访活动 46 次，接访当事人 122 人次，处理群众来信 20 人次，上门回访 17 人次。

2003 年，受理再审案件 7 件，审结 7 件，所审结的案件无超审限、无改判、无发回重审。接待来信、来访 323 人次，出台《关于信访申诉答疑及听证程序流程管理的规定》，建立和完善立体联动信访格局。

2004 年，受理再审案件 2 件，审结 1 件，以审监庭为主体，每月初对各业务庭审执结案件及二审发回重审和改判案件进行评查，评查结果以“案件评查月讯”的形式在院内通报。全年审监庭对 2650 起案件进行评查，对所有发回重审和改判的案件进行原因分析和通报。

2005 年，受理再审案件 3 件，审结 4 件（含旧存），完善以审监庭为主体的案件质量评查体系，全年先后对 3100 起案件进行评查，对 12 位瑕疵案件责任人进行经济处罚。全年处理来信 48 件次，接待来访 386 人次，有效化解矛盾纠纷。

2006 年，受理当事人申诉再审案件 13 件，审结 13 件，接待群众来访 260 人次，处理来信 35 件次，调处各类缠访、闹访事件 14 起。党组领导带队回访当事人 26 名，较好地发挥审判监督职能，维护当事人诉讼权利。

2007 年，区法院共接待群众来访 246 人次，处理来信 27 件次，调处各类缠访、闹访事件 12 起。5 月，信访大厅正式投入使用，实现接访、处访工作的流水作业和阳光操作，进一步保护当事人的信访权利。

2008 年，受理当事人申诉再审案件 11 件，同比上升 10%；审结 9 件，同比上升 28%；通过全方位、立体化的管理，全院再审和二审改判、发回案件同比分别下降 7% 和 9%。接待群众来访 251 人次，处理来信 29 件次，调处各类缠访、闹访事件 17 起。本着“说服教育、实施稳控、解决问题”的原则，稳控无理上访人，化解一批多年缠访、闹访的案件，实现奥运、残奥会及国家重大活动期间，不出现有影响的涉法信访问题的目标。

2009—2010 年，受理当事人申诉再审案件 12 件，审结 10 件。接待群众来访 700 余人次，积极为燕山路、火车站棚户区改造拆迁工作提供法律咨询和司法保障。该院积极开展案件评查、回访“千百”活动，对近五年来所有审执结的 3 万余起案件全部进行自查。在自查的基础上，随机抽取 1200 起案件进行评查，评选出“十佳案件”，表彰“十佳案件”承办人，查找、整改案件审理中程序和实体方面存在的问题，提高案件质量。在各庭室自行回访 776 名当事人的基础上，随机抽查回访 107 名当事人，耐心倾听当事人反映的问题，真正做到让当事人说真话、吐心声，法院听实言。

2011 年，受理当事人申诉再审案件 8 件，同比上升 14%；审结 9 件（含旧存），同比上升 50%。

2012 年，受理当事人申诉再审案件 10 件，同比上升 25%；审结 14 件（含旧存），同比上升 55%。接待群众来访 252 人次，处理来信 30 件次。设置导诉台和诉讼触摸查询系统，全面推行诉讼风险提示、咨询解答、诉讼引导、诉前调解、立案审查、判后答疑等“一站式、全方位、多层次、低成本”的便民服务。

2013 年，受理当事人申诉再审案件 6 件，同比下降 40%；审结 6 件，同比下降 64%。共接待群众来访 222 人次，处理来信 33 件次。

第八节　审判改革

1991 年，区法院根据“以工作促建设”的指导思想，建成标准化法庭 4 处，全区 13 个乡镇有 6 处实现法庭建设标准化。

1992 年，建成标准化法庭 10 处，多处法庭配备适应审判任务的交通、通信工具，工作环境和办案条件有较大改善，促进办案效率的提高，多数法庭结案在 150 件以上，最多的达 260 余件。

1993—1997 年，区法院以新办公大楼建成、搬迁为标志，实现法庭基础建设的较大突破。陶庄法庭新建办公楼 1 处，已搬迁使用，邹坞、陶官、沙沟等法庭进一步改变面貌。区法院购置多部警车、电脑、传真机等，交通、通讯和现代化办公条件得到改善。同时，该院全面推进审判方式改革，民事、经济审判方式在不断摸索、实验的基础上，逐步实现规范化，基本实现按照新的审判方式要求开庭审理案件，《中华人民共和国刑事诉讼法》修改公布后，区法院组织刑庭、告申庭和法庭干警到中级人民法院参加学习，为新刑事诉讼法的实施，奠定基础。行政审判改变过去重视调解、忽视判决的倾向，所有案件全部开庭审理。审判方式改革增强案件审理的公开透明，便于接受监督，促进审判人员业务技能的提高。

1999 年 9 月，区法院制定《薛城区人民法院关于民事、经济审判方式改革实施意见（试行）》，要求审判管理实行立、审、执、监分离。中心法庭成立立案组、审判组、执行组，在庭长的统一管理、协调下，各组之间互相配合，各司其职。同时，审判案件实行主审法官负责制，其他审判员、助审员协助主审法官办理案件。

2001 年，区法院围绕公正与效率主题，积极推进法院改革，实行公开审判，强化庭审功能，积极探索证据规则，试行庭前证据交换制度、证据时限制度、非法证据排除制度和判前评断制度，较好地避免“暗箱操作”问题，提高案结质量，全年各类诉讼案结平均审限 32 天，比上年度缩短 17 天。

2002 年，区法院为提高审判工作的现代化水平，购置警车 6 部、电脑 34 台、空调 32 台、激光打印机 4 台、数码复印机 1 台，为档案室安装密集架，完成局域网、虚拟网的综合布线、中心机房建设、网页设计等工作。临山法庭整修院落，改建装修办公室和 2 个审判庭；沙沟法庭新接三层楼房 1 座，新增审判法庭 3 个；陶庄法庭开挖工艺水池，美化法庭环境；邹坞法庭添置微机、传真机、空调等设施，改善干警的工作和生活环境。4 处法庭建设进一步实现规范化、规模化、现代化和标准化，省法院以简报形式对该院法庭建设取得的成绩向全省法院推广。

2003 年，区法院投资 150 万元重建邹坞法庭。购置警车及业务车辆 10 辆，激光打印机 5 台、数码摄像机 2 台、扫描仪 3 台、电脑 27 台，全院有计算机 93 台，率先在全市法院实现计算机人手一台的目标。

2004 年，区法院推行证据时限制度，强化当事人的举证责任；对案件进行繁简分流，扩大简易程序的适用范围；进一步完善服务承诺制度，在法定期内，规定各类案件的办结期限，要求法官除法定情况外在规定期限内必须办结；通过微机网络全面启用省法院“综合信息管理系统”，使立案、送达、审判、执行各个环节的数据全部网上运行，并完善预警、督办、惩处等各项管理制度，以案件管理通报的形式，全面加强对案件审限的综合管理。

2005 年，区法院积极加强审判管理，建立健全细节提示、示范、监督、纠错四个机制，用精细化管理规范法官司法行为，制定出台《薛城区人民法院干警行为提示》，对法院工作中可能遇到的 150 个问题，正确的处理方法 350 条、应当避免的倾向 300 项进行提示，为干警提供行为指南。根据审判工作的内部特点和规律，为全院法官构建庭审观摩、裁判文书发布、法律文书宣读、法律文书全员展示、调解能手评选、审判（执行）能手评选、书记员计算机技能考核、法警技能比武等 8 个展技平台，并将部分优秀观摩庭和典型执法活动制作成专题片，定期通过网络影院播放，为法官学习交流工作经验提供良好契机。

为从细微之处规范、监督诉讼活动，在审判大楼安装安检门，由专职法警对进入法庭的各类人员进行安全检查；在机关和法庭的院落、立案大厅、审判法庭、档案室等重点部门安装录像探头，实行全天候监控，并不定期组织干警观看监控录像剪辑，对不规范行为进行整改；在审判庭安装信号屏蔽系统，进一步净化审判环境；开通远程电子监控系统，通过该系统，上级法院和本院领导可随时随地登录局域网，对庭审活动进行同步监督。

2006年，区法院继续完善“多轨制”立案方式，先后设立周营镇、常庄镇和兴城街道3个办案点选派法官巡回审判，减轻当事人的诉累；实行案件繁简分流，加强诉前调解，推行“普通程序简便审，简易案件速裁审”的办案方式，尽量简化诉讼程序，提高办案效率。全年共通过诉前调解方式妥善化解各类民商事纠纷34起，涉案标的额近70万元。

2007年，区法院认真贯彻落实全国人大常委会《关于完善人民陪审员制度的决定》，依法向区人大提请任命人民陪审员10名，参与审理案件103件，较好地发挥人民陪审员作用，弘扬司法民主，区法院连续两年被省法院表彰为“人民陪审员工作先进单位”。

2008年，区法院为适应修改后《中华人民共和国民事诉讼法》的要求，及时转变审判监督工作思路，制定实施《关于加强审判执行过程监督的意见》，实现对立案、审判、执行全过程的同步监督。通过全方位、立体化的管理，全院再审和二审改判、发回案件同比分别下降7%和9%。根据部分人大代表和当事人对法庭收案不规范问题的反映，开展深入调研，及时修订实施《关于规范法庭收案范围的意见》，使各法庭地域管辖更加合理，方便当事人诉讼。

2009年，区法院成立少年法庭，装修改建专门的少年审判庭，通过圆桌审判、校园模拟法庭、社区矫正、回访帮教等形式，预防和减少青少年违法犯罪，被表彰为全市“关心下一代工作先进单位”，得到市、区关工委的充分肯定。制定实施《为全区重点企业、重点项目建设提供司法服务和保障的意见》，对涉及重点企业、重点项目案件实行领导把关、做好诉前化解、开辟诉讼“绿色通道”等10项措施，为企业发展和重点项目建设提供优质高效的司法服务，此举被枣庄中院批转在全市法院推广。

2010年，区法院建立化解矛盾纠纷联席会议制度，积极与政府有关部门、政法机关、人民团体、行业协会等加强沟通协调，实现诉讼调解与人民调解、行政调解的有机衔接，确保及时、有效地化解社会矛盾。来自全区157个单位的164名司法协助员，积极参与司法、协助司法、监督司法，取得“党委认可、政府支持、群众受益、社会满意”的良好效果。

2011年，区法院开展“法院管理年”活动，成立审判管理办公室和民商事案件研究小组，召开社会矛盾化解研讨会，建立健全权责明确、相互配合、高效运转的审判管理工作机制；坚持“以管案促管人，以管人促管案”原则，从加强案件管理入手，开展案件评查、回访“千百”活动、“庭审观摩月”专项活动及清理未结诉讼案件活动，建设审判管理网络监控中心，开通“网上法院”，强化审判监督管理职能，切实做到向管理要质量，向管理要效率，向管理要形象，以管理保公正，以公正促公信。

2012年，区法院以信息化建设为基础，实现审判管理的科学化。建设审判管理网络监控中心，在全市法院率先安装启用司法文书纠错系统，完善流程管理体系，加强信息节点控制，规范网上审查程序，促进案件高效运行。以健全完善制度为抓手，实现审判管理的标准化。

2013年，区法院为促进科学管理，提升工作效能，制定岗位目标考核办法，推行部门、人员的分类管理，实现岗位、职责的区别考评，建立量化、细化的绩效指标，做到工作有标准、行为有规范、考核有依据，树立良好的用人导向，增强干警的工作动力。

第九节　司法鉴定

薛城区法院于1978年设立法医室，配备法医1名，主要承担刑事自诉案件中的人身伤害和民事案件伤害赔偿需要医学鉴定工作。1991年10月，山东省高级人民法院下发文件，印发《法医门诊工作管理暂行办法（试行）》的通知，规定法医门诊一般采取人民法院和医院合办的形式。合办体制实行以人民法院为主，法院、医院双重领导，由人民法院院长、医院院长及其他有关人员组成法医门诊管理委员会或领导小组，对法医门诊工作实行领导和监督。

1998年6月，薛城区法院法医室更名为技术室，配备正式干警4名，辅助人员1名，司法技术鉴定机构的职责转变为“对外委托、鉴定、拍卖、评估”，不再自行履行鉴定工作。

区法院的法医学鉴定，从建立之初的单纯损伤、伤残程度评定逐步扩大到医疗费用审查、医疗纠纷鉴定、司法精神病鉴定、性功能鉴定、家庭暴力伤情鉴定、亲子鉴定、医疗时限鉴定、后期医疗费用评估、外伤与疾病共同存在时的参与度判定等多个法医学鉴定领域。同时，区法院司法鉴定案件的数量和质量得到进一步提高。据统计，1991—2013年，区法院共受理法医学鉴定、文检鉴定等共计4919件，涉及刑事、民事、行政和执行等各个领域，人均年办案超过60件，解决大量诉讼中的专门性问题，为查清案件事实，维护当事人的合法权益发挥着巨大的作用。

第十节　司法警察

1993年9月，薛城区法院法警大队建立，主要负责警卫法庭、解押人犯、送达有关法律文书，按照上级法院命令执行死刑案件，处理突发事件和执行区法院有关指令等工作。法警队编制4人，设队长1人，副队长1人，配备法警2人。1997年4月，《人民法院司法警察暂行条例》印发施行。条例规定，基层人民法院设立警察大队。司法警察受所在人民法院院长的领导，接受所在人民法院和上级人民法院司法警察部门的管理。1997—2013年，区法院法警大队持续完善法警聘任制度，法警大队负责案犯的押解、值庭、值班、保卫、参加上级调警与执行死刑等工作，均能做到安全、规范、准确、及时的工作要求，为审判活动的开展提供良好的服务和优质的保障。

区法警大队成立之初，每年押解人犯的数量在200多人次。随着案件的增加，法警大队的职责越来越重要，职责范围越来越广，工作量逐年增加。2004年，法警大队共解押人犯660余人次，值庭700余人次，拘传17人，拘留11人，制止各类突发事件10次，参与执行死刑4次。2013年，法警大队提押人犯900余人次，值庭1200余人次，参与拘传14人，实施拘留20余人次。

2013年薛城区人民法院人民法庭一览表

表21-6

单位	建庭时间	地址	法庭人数	辖区
临山法庭	1994.10	薛城区泰山北路	正式干警5人，聘用人员8人	兴仁街道、兴城街道、巨山街道
沙沟法庭	1982.4	沙沟镇关帝庙村	正式干警4人，聘用人员10人	沙沟镇、周营镇、常庄镇
陶庄法庭	1976.3	陶庄镇驻地	正式干警4人，聘用人员7人	陶庄镇
邹坞法庭	1982.4	邹坞镇驻地	正式干警4人，聘用人员8人	邹坞镇、张范镇

第五章　司法行政

第一节　管理机构

1994年，区司法局内设办公室、政工股、基层工作股和宣传教育股“一室三股”。机关行政编制32人（包括乡镇司法助理员）。1997年6月，区司法局内设机构增加到5个，分别为办公室、政工股、基层工作股、宣传教育股和律师公证管理股，机关编制总数38人，其中行政编制36人、工勤编制2人，行政编制含乡镇司法助理员12人。2002年4月，薛城区人民政府办公室《关于印发薛城区司法局职能配置内设机构和人员编制规定的通知》，规定内设机构为5个，分别是办公室、法制教育股（挂普法办公室牌子）、律师公证管理股、基层工作股（挂安置帮教办公室牌子）、政工股（挂警务股牌子）。机关编制总额24名，其中政法编制21名、离退休干部人员编制1名，工勤人员编制2名，配备局长1名、副局长2名。2010年12月，薛城区人民政府办公室《关于印发薛城区司法局主要职责内设机构和人员编制规定的通知》，规定6个职能股室分别是办公室、法制宣传股（挂普法办公室牌子）、律师公证管理股、基层工作股（挂安置帮教办公室牌子）、政工股（挂警务股牌子）、社区矫正办公室。机关编制总额39名，其中行政编制37名（含基层司法所行政编制16名），工勤人员编制2名，配备局长1名、副局长2名。2013年5月，薛城区机构编制委员会《关于为陶庄镇司法所增加政法专项编制的通知》，为陶庄司法所增加政法专项编制1名，编制调整后，薛城区司法局机关（含基层司法所）政法专项编制总额为38名。

各镇（街）司法所作为薛城区司法局派出机构。1994年11月，依据薛城区机构编制委员会《关于恢复和成立乡镇司法机构的通知》，恢复设置乡镇司法所；成立乡镇法律服务所，为股级事业单位，编制2~4人，经费实行自收自支。2002年9月，薛城区机构编制委员会下发《关于调整镇（街）司法所管理体制的通知》，将镇（街）司法所收归区司法局垂直管理，作为区司法局的派出机构；镇（街）司法所使用政法专项编制，每个司法所核定编制2人；镇（街）司法所的人、财、物上划至区司法局统一管理。

薛城区司法局有二级机构3个（薛城公证处、薛城区法律援助中心、山东薛国律师事务所），内设科室6个（办公室、政工股、法制宣教股、基层股、律师公证管理股、社区矫正办公室），直属司法所7个，合伙律师事务所1个，个人律师事务所3个，法律服务所10个。

第二节　法制宣传

1991年3月18日，区委、区政府批转《区委宣传部、区司法局〈关于在全区公民中开展法制宣传教育的第二个五年规划〉的通知》。4月18日，区六届人大常委会第九次会议审议通过《关于在全区公民中进行第二个五年法制宣传教育的决议》。5月3日，全区普法工作会议在区机关招待所召开，总结回顾第一个五年普法工作，表彰奖励先进集体、先进个人，安排部署第二个五年普法任务，全区掀起“二五”普法高潮。

1992年4月，薛城区司法局宣教股被国家税务总局表彰为税法宣传先进单位。4月18日，全区第六次法制宣传工作会议召开，安排部署“二五”普法工作。10月，全区依法治村、民主管理现场会在薛城镇古井村召开。1993年4月2日，第七次全区法制宣传教育会议在区机关招待所召开。下发区政府《政府领导成员学法用法实施意见》、区委、区政府《关于印发〈薛城区依法治村暂行规定〉的通知》。12月27日，区制定《五年依法治区实施方案》。区委、区人大、区政府先后聘请省内外法学专家、律师和法律工作者上课34场，各级党校开办领导干部培训班。

1994年，“十五法两条例”综合考试举办，全区4943名干部的合格率为100%。“二五”普法期间，全区共召开干部学法用法座谈会、讲用会28场次，270多名干部参加讲演，制定规范性文件75件，清理1961年以来制定的各类规范性文件247件，废除51件，共举办企业厂长、经理、经营管理人员、主管经济工作的行政领导及普法骨干培训班18期，对2842人次进行经济法规的系统培训。全区186所中小学均开设法制课。

1996年10月18日，全区第八次普法依法治理工作会议召开。会议对全区24个先进集体，79名先进个人进行表彰。1996年8月，薛城区司法局被枣庄市委、市人大、市政府表彰为全市“二五”普法依法治理工作先进集体。

1997年12月9日，区委组织部、区委宣传部、区委政法委、区人事局、区普法办公室联合出台《关于在全区科以上干部和执法人员中实行普法考核证制度的实施意见》，规定组织人事部门在机关工作者和公务员年度考核中，把干部学法、用法、守法和执法情况列为一项重要内容。考核结果作为干部任免、奖惩的依据，考试考核不合格者不能被提拔重用、评选先进。12月18日，第九次全区普法依法治理工作会议召开。总结“三五”普法和“二五”依法治区以来工作情况，安排部署下一步普法工作。

1999年7月24日，区人大常委会对任命前的检察委员会委员和检察员进行首次法律知识考试。11月8日，区人大常委会对拟提拔任命的区人民法院8名审判人员进行法律知识考试。28日，全区副科级以上干部和执法人员2400余人分别在枣庄二十九中、舜耕中学进行普法考试。

2001年8月，薛城区司法局被枣庄市委、市政府表彰为“1996—2000年度全市普法依法治理”先进单位。9月14日，薛城区第八届人大常委会31次会议审议通过《薛城区“四五”普法规划（草案）和“三五”依法治区规划（草案）》。10月15—21日，薛城区在全区范围内开展“四五”普法、“三五”依法治区宣传活动周。活动共设立宣传站24处，悬挂横幅32条，录制普法宣传录音带30盒，散发宣传材料2万份，现场提供法律咨询260人次，制作宣传板46块，张贴标语300多张，出动宣传车8辆，直接参加宣传人员700多人，10万余人受到教育和影响。10月30日，对1996—2000年普法依法治理工作中做出突出贡献的51个先进单位、72名先进个人进行表彰。全区95%的中小学校开设法制课，98%的中小学聘用法制副校长和法制辅导员，45%的中小学聘请法律顾问，薛城区荣获全市首届中小学模拟法庭比赛第一名，舜耕中学“小交警”活动受到全省表彰，全区依法治校覆盖率达到100%，全区为202个行政村培养219名法律大专生、7.7万名法律明白人。张范镇大甘霖村、陶庄镇徐村被命名为省级“民主与法治示范村”，陶庄镇尚马村等22个村被命名为市级“民主与法治示范村”。

2006年9月22日，第十二次全区普法依法治理工作会议在薛国大酒店召开。表彰2001—2005年全区普法依法治理先进集体、先进个人，安排部署全区“五五”普法“四五”依法治区工作。聘请兼职法制副校长79名，覆盖面达到全区中小学的98%以上，共举办法制副校长、法制辅导员培训班16期，举办法制教育报告会39场次，开展“忏悔演讲”活动12场次，组织“以案释法”展览53场次，受教育学生6万余人次。开展以“共享法制阳光、同建和谐家园”为主题的外来流动人口法制宣传教育活动，组织法律进社区活动30余次，现场解答法律咨询1000余例，受教育群众6万余人次。2009年2月，薛城区普法办公室被山东省全民普法依法治理工作领导小组表彰为全省“五五”普法依法治理中期先进集体。薛城区被市委、市政府表彰为2005—2010年度普法先进单位。

2011年9月15日，区十届人大常委会第27次会议通过《薛城区人大常委会关于在全区公民中开展第六个五年法制宣传教育的决议》《薛城区人大常委会关于薛城区2011—2015年依法治区规划决议》，决定从2011年到2015年在全区公民中组织实施法治宣传教育第六个五年规划，编制《公民常用法律知识问答》5000本，播放法制公益广告40期，发放各类法治宣传材料、法律明白纸3万余份。深化“法治薛城”建设。组织开展创建省级文明城区、平安薛城建设成果展、村级“两委”换届、“3·15”消费与民生、法律咨询面对面、释疑解惑零距离等主题宣传活动35场次，为群众提供法律咨询、法律服务2700人次。在全区中小学校举办预防青少年犯罪、关爱青少年成长法制报告会16场。巩固完善“123”网络普法模式。刊发普法宣传、法治建设动态信息300余条，新下载法律常识3000余条，《今日说法》《法律讲堂》、普法情景剧等视频节目500余条。在《薛城周讯》刊登《与法同行》100余期；录制《释法明理》《法治薛城》电视专题20期，并制作成《法治薛城》视频集锦光盘，多角度、深层次、新视野开展“以案释法”，取得良好社会效果。运用普法赛吧测试软件、“12348”法律服务热线、“法治薛城”微博、微信等互动平台，提高全社会法治化管理水平。扎实开展“法律六进”活动。坚持推进法律进机关、进乡村、进社区、进学校、进企业、进单位，健全完善领导干部、执法人员任前及年度法律知识考试制度，实行网上测试和集中考试相结合，将新任村“两委”成员及社区干部、信访维稳干部、企业经营管理人员法律知识培训纳入2014年薛城区干部培训工作计划，受训人员600余人次。实施法制宣传栏、法律图书角全覆盖工程，新建改建法制宣传栏92个、法律图书角75个。调整充实区级“普法宣讲团”队伍，继续实施“三普联动”村居普法工程，开展“法律咨询面对面、释疑解惑零距离”“法治文化城乡行”等主题宣传活动27场次，为群众提供法律咨询、法律服务3500余人次。深入推进“法治薛城”建设。认真抓好区委、区政府《关于深入推进法治薛城建设的意见》贯彻落实。实施“十个一”法治惠民工程，即每天一条法治讯息，每周一期与法同行专栏，每旬一期释法明理专题，每月一次法治主题宣传活动，每季一次法治专题报告会，每半年开展一次案件质量评查、一次行政执法检查活动，每年一次网上学法能手大赛、一次领导干部、执法人员普法考试、一次“12·4”宪法宣传日活动、一次“法治薛城”建设表彰。分别明确牵头单位、责任部门和责任人，并落实责任，确保实事办实。每月一次法治主题宣传活动得到群众普遍欢迎，共举办“春风行动·法律相伴”“崇尚法律·依法维权”“安全你我他·法律送万家”等主题宣传活动36场次。强化基层民主法治建设。开展“依法行政示范单位”“诚信守法企业”“民主法治示范村”“民主法治示范社区”创建活动，整合社会法治宣传教育资源，培植区委党校、龙潭社区、区检察院、双语实小等25个示范典型，发挥好示范带动作用。其中，常庄镇珠江社区被命名为第六批全国民主法治示范村（居），临城街道龙潭社区被命名为第六批全省民主法治示范村（居），沙沟镇殷庄村等24个村居被命名为全市第五批民主法治示范村（居）。

2013年12月28日，省“六五”普法依法治理工作中期督导组到薛城区检查督导“六五”普法依法治理工作，对薛城区普法依法治理工作取得的成效给予充分肯定。薛城区普法办被省普法办表彰为全省“六五”普法中期先进普法办公室。

第三节　基层司法

人民调解组织

1985年12月，乡镇调解组织发展到361个，厂、企、矿调解组织已建27个，全区共有调解人员1534人，其中乡镇1161人，厂、企、矿、街道375人。1991年，区司法局下发《关于1991年度全区基层人民调解组织冬季整训的通知》，对全区的人民调解组织进行冬训。2002年9月，中共中央办公厅、国务院办公厅转发《最高人民法院、司法部关于进一步加强新时期人民调解工作的意见》《中华人民共和国人民调解若干规定》，自2002年11月1日起施行，当年全区共建调委会299个，调委会委员1090人。2003年4月，区委办公室、区政府办公室印发《关于进一步加强人民调解组织建设的实施方案》，整合人民调解各项职能，规范镇街人民调解委员会，在镇街司法所设立人民调解庭，进一步健全村（居）调委会、调解小组、“十户三员”（法制宣传员、信息员、调解员）组成的三级调解网络，全面提升人民调解水平。2008年3月，区委办公室、区政府办公室《关于转发〈区司法局关于在全区村（居）设立司法行政协理员的实施意见〉的通知》，在全区231个村（居）设立司法行政协理员，将司法行政职能向基层农村延伸。

2009年12月，全区人民调解工作会议召开，印发薛城区委办公室、区政府办公室《关于转发〈薛城区人民法院薛城区司法局关于进一步加强新形势下人民调解工作的意见〉的通知》。

2010年8月28日，《中华人民共和国人民调解法》颁布，该法对人民调解委员会组成人数等调解组织建设问题作明确规定。是年12月，区司法局集中开展《中华人民共和国人民调解法》宣传，同时举办全区《中华人民共和国人民调解法》培训班，受训人员500多人。12月2日，薛城区举行学习贯彻《中华人民共和国人民调解法》集中宣传学习日活动。12月13日，薛城区《中华人民共和国人民调解法》培训班开班仪式在薛城区陶庄镇举行。此次培训共举办7期，受训人员500余人。

2011年3月25日，枣庄市人民调解规范化建设现场会在薛城区召开。与会人员实地观摩薛城区常庄法律服务中心等现场。6月1日，薛城区道路交通事故纠纷人民调解委员会在薛城公安分局交警大队揭牌。

2013年年底，共调处各类纠纷5.1万余件，成功率保持在98%以上，制止“民转刑”案件513件、涉及1270人，防止因民间纠纷引起自杀280件、涉及361人，其中，道路交通事故纠纷人民调解委员会共调解交通事故纠纷1985件，涉及金额4620余万元。切实筑牢维护社会稳定“第一道”防线。先后有102个调解组织被评为区级以上优秀调解组织，235名调解员被评为区级以上优秀调解员，涌现出全国模范人民调解员李汝统、孙中国、杨洪振，全国人民调解能手张开驰，全省模范人民调解员韩宗勤，全省优秀人民调解员顾兴河、王峰、邵永等一批先模人物、典型事迹。张范司法所、临城司法所被省司法厅授予“全省优秀人民调解委员会”称号。

道路交通事故纠纷人民调解委员会揭牌仪式

司法所建设

1990年6月27日，区委办公室、区政府办公室印发《关于批转区司法局〈关于建立乡镇司法所的报告〉的通知》，在乡镇建立司法所，较系统地明确各司法所的职责范围、管理体制、人员编制，进一步明确司法所是乡镇政府的一个职能部门，是乡镇一级的司法行政机构。

1992年5月25日，区司法局在金河乡召开全区司法所规范化建设现场会。金河、周营、夏庄3个乡镇分别介绍升级达标经验。

1996年8月8日，区司法局在南石乡召开全区司法所规范化建设工作会议。南石乡、金河乡、薛城镇等3个司法所分别作经验介绍。是年11月5日，薛城镇、南石乡、陶庄镇、金河乡、常庄镇、南常乡6个司法所通过省司法厅规范化建设达标验收。

2002年9月27日，薛城区人民政府印发《关于调整镇（街）司法所管理体制的通知》。将全区镇（街）司法所收归区司法局垂直管理，作为区司法局的派出机构。镇（街）司法所使用政法专项编制，每个司法所核定编制2人。12月30日薛城区司法局根据区委、区政府部署，正式接收全区7个镇（街）司法所12人为区司法局派出机构组成人员。

2003年7月11日，全区人民调委会暨基层司法所规范化建设现场会在陶庄镇召开，陶庄镇作经验介绍。9月23日，省司法厅副厅长刘爱卿到陶庄司法所视察“流动调解庭”工作。2004年7月6日，薛城区农村合同监管现场会在周营镇召开，农村合同监管工作在全区推广。

2007年，争取中央政法补助专款30万元（装备专款21万元、维修补助专款9万元）购置微型面包车7辆充实基层司法所，解决基层司法所交通工具落后的问题。2013年，各司法所配齐警车、电脑、打印机、照相机等装备，机关科室配齐电脑、打印机，为全区基层司法行政工作深入扎实开展提供有力保障。

2009年1月15日，山东省人事厅相关处室、省编办、省司法厅处室负责人组成联合调研组到薛城区调研基层司法所建设情况。4月23日，市司法局调研组到薛城区调研基层司法所规范化建设情况。5月13日，区信访干部暨村（居）司法行政协理员培训班在区委党校开班。全区各镇（街）信访办工作人员，管区、村（居）信访信息员，基层司法所长，村（居）司法行政协理员参加培训。

2005年3月，陶庄司法所所长李汝统被司法部授予“全国模范人民调解员”称号。5月，张范司法所被山东省司法厅授予模范人民调解委员会称号。2006年3月，陶庄司法所被山东省司法厅表彰为全省模范司法所。2011年5月17日，临城司法所被司法部表彰为全国先进司法所。2012年8月，常庄司法所所长张开驰，被司法部授予“全国人民调解能手”称号。2013年2月，临城司法所被司法厅表彰为“省级规范化司法所”，奚仲法律服所被司法厅表彰为“省级文明法律服务所”。8月，周营司法所所长杨洪振被司法部表彰为“全国模范人民调解员”称号。12月，临城司法所被司法厅表彰为“全省优秀人民调解委员会”，邹坞司法所所长邵永被司法厅表彰为“优秀人民调解员”称号。

基层法律服务

1991年9月，《乡镇法律服务工作业务细则》出台，规定乡镇法律服务所的业务范围：聘担任法律顾问；代理参加民事、经济、行政诉讼活动；代理非诉讼法律事务；主持调解纠纷；解答法律询问；代写法律事务文书；协助办理公证事项；协助司法助理员开展法制宣传教育和其他有关业务工作。同时规定：乡镇法律服务所办理各项法律服务业务，应当在本乡镇人民政府及其司法助理员（司法所）的领导下进行。2000年3月，《基层法律服务所管理办法》规定，设立乡镇法律服务所，由住所地的县级司法行政机关组建，或者在县级司法行政机关指导下，由辖区内的乡镇人民政府组建。并由县级司法行政机关依照该办法对基层法律服务所进行管理和指导。至2013年年底，全区共有法律服务所11个，其中乡镇基层法律服务所7个，合伙制所4个，法律服务工作者59人。

第四节　律　师

1981年1月，经薛城区政府同意设立山东薛国律师事务所，是国家出资设立的律师事务所，前身为薛城区法律顾问处。1992年6月，经薛城区编制委员会批准更名为薛城区律师事务所。

1993年4月，薛城区政府办公室《批转薛城区司法局关于我区律师工作改革的意见（试行）的通知》，要求把律师推向社会法律服务市场，律师事务所主任实行选举聘任制。

1995年9月，经省司法厅核准更名为枣庄薛国律师事务所。1999年5月，经省司法厅批准更名为山东薛国律师事务所。有执业律师24名，全部具有法律本科以上学历（其中4名法律硕士及在读研究生），实习律师9名。拥有1000平方米的办公场所，每位律师办公室均安装固定电话、开通电脑宽带网。

2004年6月15日，山东长明阳律师事务所批准成立，是薛城区第一家合伙律师事务所。2007年6月，山东长明阳律师事务所在全市率先成立律师事务所党支部，对无党员的律师事务所全部选派党的工作指导员，实现党的组织和工作全覆盖。山东长明阳律师事务所主任赵长森被司法部确立为全国律师行业争先创优活动党员律师标兵。

2011年11月1日，经省司法厅批准设立山东祥鼎律师事务所，是薛城区第一家个人律师事务所。同年12月，山东祥鼎律师事务所正式挂牌成立，这标志着薛城区律师事务所的组织形式从传统的合伙制向个人制拓展的新跨越，是对全区律师业发展模式的又一新探索。

2013年，区司法局出台《关于实施社区法律惠民工程的意见》，根据枣庄市《转发〈关于进一步推进法律顾问全覆盖和律师社区工作室、律师会客厅等工作的意见〉的通知》精神，结合自身实际，明确律师进社区分配表及联系表，成立工作领导小组，为律师进社区开展便民活动构建良好的服务平台。7月31日，经省司法厅批准，山东邦齐律师事务所正式成立，是薛城区又一家合伙制律师事务所。12月25日，山东诚硕律师事务所经批准正式挂牌成立，属于个人律师事务所。

第五节　公　证

1991年，薛城公证处共接待办理公证的群众177人次，受理31件。

1992年6月22日，薛城区公证处在区机关招待所召开聘请公证联络员大会。会上共聘请全区社会各界公证联络员27名，并颁发聘书。

1993年11月，薛城公证处对全区农村承包土地实行两田制合同进行公证。共办理“两田制”合同公证3000余件。

1997年9月，薛城公证处开始办理国有土地使用权转让、财产赠予和强制执行许可证业务。

1999年6月25日，薛城区公证处分别承办全区行政事业单位车辆燃油、办公用品定点采购等两起招标活动现场监督公证活动，为区政府采购活动提供优质高效的法律服务。

2004年1月14日，薛城区公证处组织律师、公证员到南石镇南于赶大集开展“法律下乡”活动，现场解答群众咨询100余人次，捐赠法律书籍300余本，发放法律明白纸2000余份。

2007年8月，经区政府同意更名为山东省枣庄市薛城公证处。

2010年3月开始，薛城公证处积极参与燕山路、火车站、新华街一期（二期）、天山路棚户区和城南新区拆迁改造工作，共办理各种拆迁安置协议书公证7000余件，现场证据保全400余次，解答公证法律咨询1.2万余人次。

2012年4月，薛城公证处到枣庄监狱办理1件特殊人群公证案件。5月，薛城公证处向社会公开招聘6名高学历的公证员助理。2013年1月1日，薛城公证处设在区交警队的道路交通事故公证调解室正式办公。是年底，薛城公证处参与燕山路1200多户回迁安置房分房活动。

第六节　法律援助

法律援助工作

1999年9月10日，薛城区编委下发《关于设立薛城区法律援助中心的批复》，薛城区法律援助中心正式成立，为副科级的全额财政拨款事业单位，编制5人。

2001年9月18日，薛城区妇女法律援助联络中心成立。10 月 18 日，薛城区残疾人法律援助联络中心成立。2002 年 7 月 20 日，薛城区军人军属法律援助联络站成立。9 月 15 日，薛城区法律援助委员会成立。

2003 年 8 月 20 日，薛城区人口与计划生育法律援助联络中心成立。2004 年 9 月，为庆祝国务院《法律援助条例》实施 1 周年，全区举办为期一个月法律援助宣传月活动。此后，每年 9 月，全区均举办法律援助宣传月活动。2005 年 10 月，开展老年人法律援助宣传月活动。此后，每年 10 月均开展老年人法律援助宣传月活动。

2006 年 7 月 6 日，薛城区 7 个镇街法律援助工作站成立。是年，薛城区法律援助中心承办的骆某某、刘某某劳动争议案件，作为工伤双赔典型案例，被《人民权利报》《中国法律援助》《枣庄日报》等报纸杂志先后刊发。

2008 年 8 月办结的李某交通事故人身损害赔偿纠纷一案，在肇事车辆未购买交强险的情况下，法院采纳援助律师的观点，判令肇事人先行在交强险范围内赔偿，剩余部分按责任划分，为李某某挽回损失 36000 多元。

2009 年 6 月至 2010 年 12 月，区法律援助中心开展为期一年半的“法律援助便民实践活动”。活动期间，共发放法律援助便民手册 5000 余份，发放法律援助绿卡 1200 余份，签订法律援助协议书 74 份，开展法律咨询 21 场次，举办法制讲座 7 场。

2010 年 1 月，法律援助管理系统启动使用。7 月 6 日，区司法局下发《关于切实做好社会律师基层法律服务工作者履行法律援助义务工作的意见》，对法律服务人员承办法律援助案件，从申请、审查、受理、指派、承办到考核确认，进行规范。建立事前研究、事中监督、事后评查、过错追究和举报制度，对法律援助案件因主观原因出现差错，引起当事人不满或社会举报的，根据援助条例和律师管理方面的规定予以追究，确保法律援助案件的质量。7 月 15 日，全区法律援助座谈会召开，公安、检察、法院、财政、民政、劳动等 11 个部门参加座谈会，进一步统一法律援助工作。

2010 年 8 月，法律服务综合大厅投入使用，形成集接待、咨询、申请、受理、指派、办理、监督、心理疏导等于一体的一条龙服务体系。将法律援助的范围在薛城区司法局门户网站上公告，印制法律援助绿卡《法律援助便民服务手册》，畅通群众寻求法律服务、申请法律援助渠道。同时，整合法律服务资源，建立法律援助人员数据库，实行指派和点援相结合的援助制度，满足应援人的法律需求。累计发放资料 3 万余份，办理各类法律援助案件 2710 件，为当事人挽回损失 2000 余万元，做到所有案件“零违法、零违纪、零投诉”。2007 年 1 月，被山东省司法厅表彰为“全省司法行政系统法律援助工作先进集体”；2007 年 5 月，被山东省高级人民法院、公安厅、司法厅、残联表彰为“全省残疾人维权示范岗”；2009 年 2 月，被市司法局表彰为“司法行政先进单位”。2013 年 1 月，被司法部授予“全国法律援助便民服务示范窗口”称号。

2011 年 3 月 15 日，薛城区青少年维权中心成立。4 月 10 日，薛城区民族宗教人士法律援助工作站成立。4 月 13 日，印发《法律援助归档规定》《法律援助案件质量检查规定》。5 月，开展残疾人宣传月活动。6 月 1 日，薛城区法律援助中心驻交警队工作站成立。6 月 26 日，临城街道残疾人法律援助工作站成立揭牌。7 月，山东省法律援助山东薛国律师事务所受理正式设立。

2012 年，建立法律援助半小时工作圈，大力开展“援调对接”工作。2 月，被市司法局表彰为优秀法律服务单位。6 月，被共青团枣庄市委、市综治办、市创建优秀青少年维权活动领导小组表彰为“枣庄市 2012 年度青少年维权岗”。8 月 16 日，由山东广播电视台电视公共频道、山东省司法厅主办，枣庄市司法局协办，薛城区人民政府承办的“法律援助在基层”活动在薛城区临山广场举行。

法律服务专线

1998 年 11 月 12 日，区委办、区政府办下发《关于成立“148”法律服务专线协调领导小组的通知》《关于转发区司法局〈关于“148”法律服务专线建设的实施方案〉的通知》，标志着区“148”法律服务专线正式成立。之后，各镇街“148”法律服务专线陆续成立。1999 年 3 月 16 日，薛城区开展“148”法律服务专线宣传日活动，之后每年 3 月 16 日，薛城区均开展“148”法律服务专线宣传日活动。

2000 年 3 月，区法律援助中心正式对外开展业务后，“148”法律服务热线归属援助中心管理。10 月 15 日，薛城区“维护军人军属合法权益‘148’法律服务拥军线”设立。2003 年 3 月 11 日，“148”专线按照省司法厅《关于印发〈山东省“12348”法律服务专线工作规范化建设意见（试行）〉的通知》进行规范化建设，热线号码变更为“12348”，累计解答法律咨询 1 万余人次。

第七节 安置帮教和社区矫正

安置帮教

1996 年 12 月，薛城区刑释解教人员管理办公室设立，副科级内设机构，编制 3 人。

实行亲情帮教。采取社会关注、政府照顾、亲情关爱、以身示范、回报社会的方式，协调有关部门为符合条件的服刑人员家庭办理最低生活保障、临时性生活救助等，解除服刑人员的后顾之忧。强化技能培训。依托薛城区帮教安置养殖示范基地，强化刑释解教人员特别是“三无”人员技能培训，引导他们转变就业观念，拓宽安置就业渠道，尽快融入社会。沙沟镇韩某某，2000 年 10 月，因寻衅滋事被法院判处有期徒刑 6 年。2004 年 9 月假释出狱，出狱后的韩某某曾一度自暴自弃。薛城区司法局按照“帮安身、帮致富、帮发展”的思路，实施教育改造帮教安置一系列措施，为韩某某提供致富信息、协调生产用地、提供担保贷款，使韩某某重新树立起生活的信心和勇气，经营养鸡场从最初的存栏 2000 只发展到 3 万只。致富后的韩某某不忘感恩、回报社会，在自己的养鸡场建立起帮教安置养殖示范基地，主动为社区矫正对象和帮教安置人员提供技术、信息等方面的帮助。

深入推进“黄丝带”帮教工程。每逢春节、仲秋等重大节日，区政府都组成“送温暖”帮教团，在区司法局的具体实施下，组织服刑人员家属和司法行政干警赴枣庄监狱看望薛城籍服刑人员，通过举行文艺会演、社会志愿者亲情座谈、服刑人员家属规劝、吃亲情餐、赠送学习生活用品等措施，对服刑犯人进行亲情帮教、亲情感化。18 年来，组织人员赴监狱开展规劝帮教活动 40 次，累计安置帮教刑释解教人员 1700 余人，在管的 825 名刑释解教人员无一人重新违法犯罪。

社区矫正

2003 年 7 月 10 日，最高人民法院、最高人民检察院、公安部、司法部联合颁发《关于开展社区矫正试点工作的通知》。10 月，薛城区作为全省首批开展社区矫正试点工作的区县之一，率先在全省开展社区矫正试点工作。12 月，薛城区社区矫正工作领导小组成立，并成立办公室。7 个镇（街）相应成立社区矫正试点工作领导机构，明确各司法所为社区矫正工作执行机构，各项工作机制逐步建立。2004 年 8 月，选择临城、陶庄两个镇（街）先行试点，从枣庄监狱、劳教所借调 7 名监狱、劳教干警充实社区矫正专职人员队伍。11 月，枣庄市社区矫正试点工作动员会议在薛城区召开，标志着薛城区社区矫正工作全面展开。2007 年 1 月，薛城区司法局社区矫正办公室被山东省司法厅表彰为社区矫正工作先进集体，并记集体二等功。

2009 年 10 月，最高人民法院、最高人民检察院、公安部、司法部《关于在全国试行社区矫正工作的意见》，明确自 2009 年起在全国试行社区矫正工作。2010 年 3 月，全省社区矫正工作电视电话会议召开。根据省高级人民法院、人民检察院、公安厅、司法厅《关于在全省试行社区矫正工作的实施意见》要求，全区进一步完善社区矫正工作制度和运行机制，规范工作程序，搞好衔接协作，抓好档案管理，强化监管措施，矫正工作质量不断提高。2011 年 5 月 1 日，《中华人民共和国刑法修正案（八）》正式实施，规定对判处管制、宣告缓刑、裁定假释的罪犯依法实行社区矫正，标志着国家社区矫正法律制度正式确立。

2012年3月1日，最高人民法院、最高人民检察院、公安部、司法部联合制定的《社区矫正实施办法》正式实施，明确司法行政机关负责指导管理、组织实施社区矫正工作，司法所承担社区矫正日常工作。3月14日，全国人大通过的《中华人民共和国刑事诉讼法修正案》，规定对判处管制、宣告缓刑、假释和暂予监外执行的罪犯依法实行社区矫正，由社区矫正机构负责执行。

2013年，投资30万元，建立社区矫正监管中心、训诫室、谈话室、心理测试室、档案室，在司法所、矫正基地增加监控设备。委托相关公司开发研制社区矫正监管软件。实现区司法局实时与各个镇街司法所、社区矫正安置帮教基地进行视频、信息互通，与公、检、法信息共享。依托社区矫正监管平台，建立远程帮教服务中心，实现罪犯亲属与监狱内服刑罪犯“面对面”的交谈，开辟一条新的帮扶渠道。

为适应社区矫正和安置帮教的新形势、新要求，薛城区司法局于2013年10月在沙沟镇北常村建设薛城社区矫正基地。基地规划面积20公顷，是一处以现代农业综合开发为基础，集技能培训、监管教育、过渡安置等于一体的社区矫正公益劳动基地。开展种植养殖等技能培训12期170人（次），协调提供安置岗位21个，为矫正人员提供实用技能培训，既提高矫正质量，拓宽帮扶路子，又解决社区矫正人员生活困难状况。依靠社会力量分别建立邹坞林果基地、周营蔬菜基地，满足特殊人员不同劳动技能培训需求，取得良好的法律效果、社会效果和经济效果。

第二十二编
军 事

第一章　军事组织

第一节　军事机构

人民武装委员会

1979年，中共薛城区委人民武装委员会恢复重建。至2013年，历任区委书记均兼任区人武部第一政委或武装部党委第一书记。保证国防后备力量建设大政方针的贯彻落实，促进全区民兵预备役工作健康发展。区人民武装委员会经常召开全体成员会，研究解决全区武装工作中重要问题，组织协调各部门为开展民兵预备役工作创造有利条件和良好环境；经常组织武委会成员开展活动，并结合其他工作对基层民兵工作进行检查和巡视。根据人民武装委员会成员的工作变动情况，及时调整充实人员，保持人民武装委员会组织健全。

薛城区人民武装部

1986年6月，根据中央文件精神，中国人民解放军薛城区人民武装部改归地方建制，称山东省枣庄市薛城区人民武装部，为副县级单位。区武装部设部长、政委，不设副部长。机关设办公室、军事科、政工科三个科室，编制干部14人，职工3人。改归地方建制后的区人民武装部性质、任务不变，仍实行上级军事机关和地方党委双重领导制度，人员管理以地方为主。

1996年4月，根据中央文件精神，区人武部收归军队建制，为正团级单位，编制现役干部11人。设部长、政治委员、副部长各1人，机关设军事科、政工科、后勤科3个科室。

2004年10月，部队编制调整改革，区人武部人员进一步精减。至2013年年底，区人武部编制现役军人9人，部领导设部长、政委、副部长兼军事科长各1人。机关设军事、政工、后勤3个科室。

第二节　中国人民武装警察部队

武装警察部队薛城中队

1983年组建，隶属于武警枣庄支队。武警薛城中队担负薛城区公安局看守所看押任务，维护社会治安。组建后30多年来，中队党支部带领全队官兵，坚持与时俱进，不忘宗旨，牢记使命，扎实苦干，乐于奉献，全面加强部队建设，圆满完成以看押执勤为中心各项任务。1990年8月26日，少数不法分子挑唆不明真相群众围攻殴打公安干警，并抢夺枪支砸坏警车，严重阻碍公安人员执行公务。薛城武警中队接到上级指示后，迅速赶往现场，协助公安机关将不法分子抓获，平息事态。2003年7月27日，滕州木石煤矿发生透水事故，26名矿工被困井下，中队闻讯后出动20名官兵赶赴现场参加救援，支援矿山抢险救灾。武警薛城中队曾先后2次立集体三等功，多次被评为基层建设先进单位；中队党支部3次被武警山东总队政治部表彰为先进党支部。

武装警察部队枣庄消防支队薛城大队

中队始建于1980年1月，为枣庄市公安消防支队第四中队。1991年7月，改称薛城公安消防大队。1996年8月，改称枣庄市公安消防支队薛城大队。担负薛城区、市开发区灭火和救援任务。消防大队自组建以来，在上级消防部队和各级党委政府的领导、支持下，大队建设有很大发展，是一支装备齐全、思想过硬、训练有素、技术熟练、作风优良、英勇善战的公安消防队伍，为保障经济建设、维护社会稳定、保卫人民生命财产安全做出应有贡献。

第二章　兵　役

第一节　兵役制度

志愿兵役制

抗日战争时期，枣庄地区在中国共产党领导下建立的人民抗日政府，为人民武装筹集兵员的方式是实行志愿兵制。战争年代广大人民群众自觉自愿参加人民军队、地方武装组织、民兵组织，为党和人民的解放事业而奋斗。参军参战的青年，出于高度的政治觉悟和民族大义，不计个人得失，为民族利益和自身解放而英勇战斗。抗日战争和解放战争期间，党和军队充分依靠群众、宣传群众、发动群众，调动广大人民群众参加人民军队的积极性和自觉性，大批青年踊跃参加八路军、新四军。中华人民共和国成立后，境内执行国家统一的兵役制度。1950—1953 年抗美援朝期间，薛城有志青年踊跃参加志愿军。青年入伍时，母送子，妻送郎，情景动人。入伍青年披红戴花，群众敲锣打鼓，扭着秧歌欢送自己的子弟参军。其间，薛城区共有 1886 人应征参加中国人民志愿军。

义务兵役制

1955 年 7 月第一部《中华人民共和国兵役法》公布实施，取消志愿兵役制，实行义务兵役制。义务兵役制强调依照国家法律服兵役是公民应尽的义务，规定征集年龄和服役期限。1955 年 8 月，开始普遍实行义务兵役制。征集新兵一般每年一次，特殊情况下一年两次或不征。征兵中按照政审、体检标准，好中选优，由征兵办公室批准入伍。义务兵役制的优点在于服役时间短，定期征兵和退伍，有利于常备兵员补充和更新，既可保持军队的兵员素质，又可为国家储备大量后备兵员；同时也可有更多的人服现役，使公民的兵役负担公平合理。

义务兵与志愿兵相结合兵役制度

1978 年国家对兵役制度进行修订后，实行义务兵与志愿兵相结合兵役制度。1984 年 5 月，国家颁布新的《中华人民共和国兵役法》，实行以义务兵为主体的义务兵与志愿兵相结合、民兵与预备役相结合的兵役制度。由于义务兵转换周期快，不利于军队战斗骨干和技术力量的保留；随着武器装备的不断更新和军队现代化建设的发展，单一的义务兵役制已不适应军队建设的发展，需要有新的兵役制度与之相适应，国家制定义务兵与志愿兵相结合、民兵与预备役相结合的兵役制度。根据部队建设需要和本人志愿，战士在服役期间，将部分超期服役的义务兵改为志愿兵，实行以义务兵役制为基本兵役制度，同时保持一定数量的志愿兵。实行民兵与预备役相结合，28 岁以下的复员退伍军人和基干民兵服一类预备役；29~35 岁的复、退军人和普通民兵服二类预备役。1985 年，薛城区的民兵预备役制度建立起来。

1998 年 12 月 29 日，第九届全国人民代表大会第六次会议对 1984 年发布实施的《中华人民共和国兵役法》又进行修改，兵役制度进一步调整：(1) 取消“义务兵役制为主体”的提法，实行“义务兵与志愿兵相结合、民兵与预备役相结合”的基本兵役制度。(2) 缩短义务兵服现役期限。从过去陆军 3 年、海空军 4 年改为陆、海、空军义务兵服役期限一律为 2 年，并取消义务兵超期服役规定。(3) 调整志愿兵最低和最高服役期限，实行分期服现役制度。选取志愿兵不仅从服役期满的义务兵中选取，也可直接从地方有关部门具有专业技能的公民中直接招收。1999 年，服现役的志愿兵改称士官。1999年后，薛城区武装部兵役工作，按照兵役法要求，完成历年的兵役工作任务。

第二节　兵役登记

1962年，薛城区武装部成立后，开始对全区适龄青年、退伍战士、转业军官进行兵役登记。适龄青年兵役登记工作每年7—9月进行，登记对象为当年12月31日以前年满18岁的男性公民。区武装部在各基层武装部设立兵役登记站，具体开展兵役登记工作。

兵役登记以区政府名义发布登记布告，兵役机关召开会议动员教育，并利用多种宣传方式，广泛宣传加强国防建设和军队建设的重要性，激发适龄青年参加兵役登记和依法服兵役的积极性。达到服兵役年龄的男性公民，按照兵役机关的通知，按时到兵役登记站进行登记。本人因特殊情况不能前往登记的，可以书面委托其亲属或所在单位代为登记。改革开放以后，针对外出人员多的实际情况，兵役机关采取多种形式召回在外打工经商的适龄青年回乡参加兵役登记。

进行兵役登记后，由人武部确定预征对象，跟踪做好预征对象的管理教育和考察了解工作，为年度征兵做好基础性工作。预征对象外出打工或离开居住地一个月以上，需向乡镇武装部报告去向和联系办法，并按武装部通知及时返回应征。

退伍军人服预备役由退伍时所在部队决定，退伍后30天之内，本人应到当地兵役机关办理预备役登记手续。每年区武装部都要对全区退伍军人进行一次预备役登记、统计和核对工作，掌握退伍军人在各单位的分布和军事专业技术情况，一旦需要，就能将他们迅速集合起来，以最快的速度补充到部队。

从1996年6月起，薛城区开始对全区高级中学应届毕业生进行兵役登记。应届高中毕业生的兵役登记时间一般在高考之前进行，参加登记的学校为枣庄四中、五中、八中及相当高中教育的学校，学生户口属当地户籍，政治、身体、年龄符合登记条件，都应参加登记。兵役机关在各高中学校分别设立兵役登记站，组织应届毕业学生就近登记。各学校对学生进行广泛的宣传发动，提高学生对参加兵役登记重要意义的认识。学校还组织学生开展向党旗宣誓活动，增强青年学生的兵役观念、国防观念。1996年，登记应届高中毕业生117人。1997年，登记应届高中毕业生401人。以后随着在校高中学生的不断增加，参加兵役登记的人数也不断增多。

地方与军事专业对口技术人员兵役登记，与社会适龄青年兵役登记工作结合进行。人武部门通过军地对口专业技术人员预备役登记，走寓兵于民的路子，在常规部队大量裁减的情况下，为国防建设储备后备兵员。地方与军事专业对口技术人员登记，涉及面广、工作量大。1988年3月，全区进行对口专业技术人员登记时，各乡镇、厂企武装部在广泛宣传和积极发动的基础上，坚持做过细的工作，认真搞好登记对象的考察，严把登记质量关。在登记中，坚持既看业务技术，又注重政治表现，既要有专业特长，又要注重身体素质。

地方与军事专业对口技术种类在20世纪80年代中后期分汽车司机、汽车修理工、卫生员、报务员、焊钳铸造等33种专业技术。进入新的历史时期，国防现代化建设不断发展，军事领域里新技术、新装备有较大变化，军地对口专业技术也随之发生大的变化。2000年，对口专业技术分17个专业类、153个对口专业技术。登记对象中，对口专业技术人员的专业技术资格认定，也不再采取考察的方法，而是采信国家统一颁发的职业资格证书或专业水平等级证书。

区、乡镇（街道、企业）人武部建立健全各类预备档案资料，做到分类清楚、登记准确、人卡相符、动员快速、管理科学。随着兵员动员工作的开展，1998年各类预备役登记、统计工作有专门的管理软件，区人武部对预备役登记、统计实现微机化管理，提高预备役动员工作效率。

1992 年 4 月，薛城区开始军队转业干部服预备役登记工作。登记的范围和条件为 1988 年 9 月 1 日至 1992 年 3 月 31 日期间转业，政治、身体、年龄符合预备役军官要求的，都进行登记。全区共登记转业军官 15 人。此后，转业军官预备役登记工作列入人武部门预备役工作范围，每年由区武装部进行一次登记、统计和核对。1996 年《中华人民共和国预备役军官法》颁布实行，规范军官预备役登记和管理工作。

第三节　兵役征集

1955 年，《中华人民共和国兵役法》实施后，义务兵征集一般每年进行一次。1955 年《中华人民共和国兵役法》规定，当年 6 月 30 日前，年满 18 岁男性青年应服兵役，未满 18 岁男性青年报考军校者，不受年龄限制。1984 年《中华人民共和国兵役法》进一步规定，当年 12 月 31 日前，年满 18 岁男性公民为征集对象，当年未被征集者，在 22 岁以前仍可被征服现役。根据军队需要和个人自愿，也可征集未满 18 岁的女青年。征集兵员工作是一项社会系统工程，在党委政府领导下依靠各有关部门齐抓共管。区人民政府征兵办公室承办全区征兵工作。征兵实施大体分为宣传发动、体检政审、审批定兵和新兵起运几个阶段。

宣传发动阶段，利用多种宣传形式，开展爱国主义、兵役法规、国防观念等教育，增强全体公民和应征青年的从军报国积极性，为征兵工作营造良好的社会氛围。在外打工、经商的预征对象在接到兵役机关通知后，及时返回家乡做好应征准备。

体检、政审是保证兵员质量的关键环节。区人武部加强征兵体检站建设，按照标准化、正规化要求，设置体检站。2003 年，征兵体检站添置现代化体检设备，安装体检管理系统软件，实现体检自动化管理。在征兵实施过程中，区政府征兵办公室按照职责分工，对人武部、卫生、公安、民政等单位建立严格的目标管理责任制，实行哪个环节出现问题，就追究哪个主管部门和承办人的责任，加大工作力度，确保兵员质量。

定兵中坚持择优定兵的原则，确保把那些政治表现好、文化高、身体条件强的青年送到部队。采取积极措施，坚持尽量多征集具有高中以上文化程度的青年入伍，有效保证兵员质量。2004 年，区征兵办公室被济南军区征兵办公室评为先进单位，受到通报表彰。薛城区每年都要对新兵开展多种形式的役前教育，举行新兵宣誓、开展为家乡人民做好事活动，或组织瞻仰临山铁道游击队纪念碑进行传统教育，鼓励新入伍青年牢记家乡人民嘱托，争当优秀士兵。

2003 年 6 月，薛城区征兵办公室首次承担上级军事机关从非军事部门具有专业技能的公民中招收士官试点任务。承担试点任务后，区征兵办公室按照政审、体检程序对报名应招人员进行体检、政审，协助上级军事机关进行专业技术考试。此后连续两年薛城区均承担从非军事部门具有专业技能的公民中招收士官试点工作，为招收士官工作摸索经验。

区武装部协助军队院校、当地学校及招生办公室做好军队院校在高中学校的招生工作，人武部门负责报考军校考生的政审，办理被录取考生的入伍手续登记。为动员应届高中毕业生积极报考军队院校，薛城区武装部协同教育部门利用高中生兵役登记和高考填报志愿等有利时机，搞好《中华人民共和国国防法》《中华人民共和国兵役法》宣传，引导青年学生报考军校，激励他们投身国防事业。高考分数达到全省本科一批分数线，经面试、体检、政审合格，由军队院校、省招生办公室择优录取。薛城区每年都有不少应届高中毕业生被军队各类院校录取，他们毕业后积极为国防建功立业，成为部队建设的栋梁。

高中学校招收飞行学员工作，1986 年以前由区武装部负责组织实施。在1985年招飞中，枣庄八中有5名同学被空军航空学校录取，是输送飞行学员最多的年份，薛城区因此受到省招飞办公室的表彰奖励。从1987年起，招收飞行学员工作改由空军部队直接与当地招生办公室和高中学校组织实施。报名考生需经过预选初检、全面检测、政治审查、全国统一高考和身体复查等多项环节筛选，合格考生数量极少，是名副其实的百里挑一。薛城区有多名学生被空军部队招收为飞行学员。

第四节　退役安置

义务兵退出现役后，按照从哪里来、回哪里去的原则，由原征集地的人民政府接收安置。农业户口的义务兵退伍，回原居住地由乡镇人民政府安排生产和生活，单位招工时，同等条件下优先录用退伍军人。城镇户口的退伍兵由区政府按照安置政策进行安置，劳动用工制度改革前，实行由区劳动部门下达用工指标，对退伍兵进行安置。劳动用工制度改革后，坚持“按系统分配任务，实行包干安置”的办法，由区政府下达指令性安置计划，安排退伍军人。

薛城区政府十分重视对参战、伤残退伍军人的安置。1980年年底，薛城籍战士参加对越自卫反击战退伍后，其中因战致残退伍回乡的二、三等伤残退伍军人全部安排工作，对其中2名一等伤残特殊照顾，安置在区政府机关工作。1988年，对全区参加1979年对越自卫反击战和1985年云南老山地区防御作战立三等功以上的退伍军人，全部安排工作。特别是对因战、因公致残的特等、一等伤残退伍军人，给以重点的关怀和照顾，解决好他们的住房、生活待遇以及婚姻、家庭等问题。

1987年，薛城区民政部门会同武装部门在全区开展退伍军人两用人才的开发利用工作。战士在服役期间，学习和掌握工农业生产某项技术特长，退伍后有利于安置就业。薛城区在全区13个乡镇成立以民政所牵头，乡镇武装部参加的农村退伍军人两用人才开发利用工作站，立足当地实际，对退伍兵进行多种形式、多种渠道的开发使用。具有一技之长的退伍兵推荐到乡镇企业就业；对军政素质好、具有一定工作能力的推荐担任农村基层干部。据常庄镇统计，退伍军人担任村支部书记、村主任的占34%，担任镇、村企业负责人的占24%。多年来，薛城区有不少回乡退伍军人利用在部队学到的实用技术，搞起种植、养殖、农副产品加工，成为远近闻名的致富户，发挥退伍军人的影响和带动作用。对退伍回乡后生产和生活有特殊困难退伍军人，区政府和乡镇政府给以重点照顾，帮助他们解决生产和生活上的困难。

1995年，区政府对退伍军人的安置实行有计划分配和自主择业相结合的双向就业安置政策，政府部门在积极做好安置工作的同时，引导退伍军人参加用人单位的人才招聘，到市场求职。不少具有一技之长的退伍军人，被用人单位接受安排。

2000年，薛城区根据枣庄市委组织部、枣庄军分区、共青团枣庄市委《关于选拔培养以农村优秀退伍军人为主体的村级后备干部的通知》精神，选拔农村优秀退伍军人，送市团校培训。培训结束后，全部安排当村干部。这些人在建设新农村中发挥骨干作用。

2002年，安置部门针对退伍军人安置存在的实际问题，走出去到各镇（街道）、民营企业等单位多方联系，积极寻求接受安置单位；实行安置任务有偿转移的办法，对完成接受安置任务确有困难的单位收取有偿转移金，用于有偿安置；对自谋职业的退伍兵发给自谋职业补助费。在安置工作难度不断增大的情况下，区政府安置部门克服各种困难，做好退伍军人的接受安置工作。

第三章　民　兵

第一节　民兵组织

20 世纪 90 年代初期，针对有些地方和单位出现的削减民兵组织、撤并基层武装部问题，区武装部大力宣传《中华人民共和国兵役法》和《民兵工作条例》，宣传加强国防后备力量建设、实现国家长治久安和社会稳定的重要性，坚持搞好民兵组织建设。通过严把民兵出入转队、增加民兵训练任务、防止民兵漏登漏编等具体措施，保持一定数量的基干民兵，有效地制止基干民兵数量下滑现象。

1993 年，区武装部下大力抓民兵组织基层基础建设，针对有的基层单位民兵组织不健全、民兵干部配备不力、活动不经常等问题，突出抓民兵干部配备、基层组织巩固、活动阵地建设和民兵工作资料健全四项工作。民兵干部队伍建设主要是选配好民兵连长，坚持把那些军政素质好、热爱民兵工作、年龄较轻的复员、转业、退伍军人以及基干民兵选拔上来，充实民兵连长队伍。村干部员额在 4 人以上的村，一律配备专职民兵连长。农村民兵连长一般要进村党支部或村民委员会班子，并享受村干部固定补贴。邹坞、张范、南石等乡镇的民兵连长固定补贴，实行每月由乡镇武装部发放的管理办法。民兵组织主要任务是巩固和保持一定数量的基干民兵。编入基干民兵组织的除退伍军人、经过训练的人员外，在地方专业技术人员比较集中的交通运输、邮电通信、医疗卫生、供水供电等与军事专业对口的单位，成立基干民兵队伍，组建民兵对口专业技术分队。农村民兵按村村都有基干民兵的要求发展民兵组织，消灭基干民兵“空白村”现象。民兵连基本设施主要是抓好活动阵地建设。区、乡镇两级人武部门下大力搞好民兵连部、民兵值勤室、民兵之家阵地建设，全区大多数基层民兵连基本达到有民兵连部、民兵之家、民兵执勤室，其中标准较高的有 59 个民兵连。民兵连实行“四盒一簿”制度，即民兵军事工作资料盒、政治教育资料盒、民兵组织资料盒、征兵工作资料盒及民兵连工作记录簿，完善基层民兵动员工作资料建设。

1997 年 10 月 20 日，总参谋部、总政治部发出《关于深化民兵工作调整改革的意见》，提出新时期民兵工作调整改革的基本方针和任务。薛城民兵组织调整改革的主要任务：压缩基干民兵数量，调整城乡民兵编组结构，民兵组织向新兴企业、合资企业扩展，实现以农村为基础、以城镇厂企为重点的编组格局。区武装部组成 3 个工作组，分别深入 13 个乡镇、5 家企业和部分民兵连进行调查研究，制定《薛城区民兵工作调整改革实施意见》。

1998 年，区人武部贯彻“减少数量，合理布局，突出重点，分类建设，确保质量”的要求，坚持有利于领导、有利于提高质量、有利于开展活动、有利于执行任务、有利于平衡负担的原则，对民兵组织进行编组调整。农村基干民兵的编组，在以行政村为主建立民兵组织的基础上，向生产经营比较好、有一定规模的乡镇企业扩展。在常庄联兴玻璃有限公司、邹坞采暖机械厂、兴仁化工有限责任公司、后湾煤矿等 6 家乡镇企业和薛城镇、张范镇机关新建立民兵组织；对村办企业发达、经济基础好的薛城镇北一、陶庄镇前院山、夏庄乡东仓等村，将民兵组织全部编组在村办企业。民兵组织由过去在各村分散型编组转向镇办企业集中型编组。城镇民兵编组，突出民兵集中的特点，以大中型企业为主建立民兵组织，集中在华众纸业有限公司、青岛啤酒（薛城）有限公司和薛城焦化厂等企业。撤销原区纺织机械厂、市通用机械厂、市阀门厂等破产企业和区商业、供销系统的民兵组织，压缩停产、半停产企业的基干民兵数量。民兵应急分队由原来的每个乡镇都编，集中到薛城、常庄、陶庄、邹坞、兴仁、南石6个重点乡镇和2家企业编组。民兵专业技术分队由原来9个调整为3个；在邮电、卫生2个部门分别组建起通信、医疗救护2个民兵对口专业技术分队。实现农村民兵组织逐步向乡镇企业转移，城市民兵组织向新兴企业转移，应急分队向重点部位转移，对口专业技术分队向科技密集型单位转移。民兵组织建设更加符合形势和任务的需要。

1999年12月，区委、区政府、区武装部积极协助济宁预备役炮兵师，完成预备役炮兵四团三营在薛城的预编组建任务。区里成立预编领导小组，立即开展预编动员，对民兵预备役人员进行思想发动。预编实行以乡镇为单位建连，以村、企为单位建班、排的编组办法，按照“专业对口、好中选优、合理分布、均衡负担、便于快速动员、便于管理”的原则。1999年，区武装部被评为“民兵组织调整改革先进单位”，受到枣庄军分区、省军区的表彰。

2002年，民兵编组扩大专业技术分队比例，控制应急分队规模，减少步兵分队数量。全区民兵组织总体布局上，减少农村基干民兵数量，扩大城镇基干民兵编组范围。使民兵组织更加适应生产组织形式，适应战备任务要求。

2003年，区武装部从未来战争对民兵工作的需求出发，继续优化民兵组织编成结构，加强质量建设，把民兵工作的着力点放在做好军事斗争准备上。依据民兵担负的遂行部队作战、维护社会稳定、参加抢险救灾等任务，整合民兵队伍。在技术人员较多、行业又比较稳定的供电、交通、建设等部门新组建对口专业分队。从薛城地处新城区和重要交通干线，未来战争民兵担负任务艰巨的实际出发，扩建民兵工程抢修、装卸载分队。

2005年以来，民兵组织建设坚持“扩大专业技术分队比例，控制应急分队规模，减少步兵分队数量”的原则，重点抓专业技术分队、对口专业分队、民兵应急分队3支骨干队伍的建设。形成以民兵专业技术分队为基础，以对口专业分队、应急分队为骨干，以步兵分队为补充的民兵组织新格局。枣庄军分区在薛城召开全市民兵整组现场会，部领导介绍整组经验，与会人员参观常庄镇东小庄民兵连、区医疗救护分队和民兵应急分队整组现场。

第二节　民兵政治教育

政治教育制度

民兵政治教育主要进行党的路线方针政策、法制宣传和形势战备、国防知识、民兵性质任务等教育。党的方针政策、法治教育一般由区宣传部门按照全民教育纲要安排统一组织，人武部门配合，组织民兵带头参加。形势战备、国防知识、民兵性质任务等教育由人武部门组织实施，地方有关部门配合。民兵政治教育是一项社会系统工程，多年来薛城民兵政治教育坚持在党委、政府领导下由人武部、宣传部、工会、共青团、教育、广播电视等单位齐抓共管，搞好民兵政治教育的落实。

1980年总政治部对民兵政治教育提出“基干民兵要坚持每月上一堂政治课；从年度军事训练中拿出10%的时间进行政治教育；结合征兵、整组和重大节日，每年对普通民兵进行4~5次”三项教育。后来，随着农村经济体制改革和商品经济的发展，民兵外出务工、经商人员不断增多，基干民兵每月一堂课政治教育时间很难落实。1984年民兵政治教育三项制度的内容作调整，除坚持从年度军事训练中拿出10%的时间用于政治教育外，将基干民兵每月一堂政治课改为每年进行4次教育，普通民兵结合征兵、整组和重大节日进行2次教育。至今仍然坚持这种教育方式。

人武部现役干部、专武干部、民兵连干部是民兵政治教育的教员。人武和专武干部，把民兵政治教育当成一项重要的民兵业务工作，加强政治学习，积极开展岗位练兵活动，努力提高自身业务素质和授课能力，较好地担负起民兵政治教育任务。

乡镇党委书记、厂矿企业党组织的领导和农村党支部书记，担任着各单位民兵营（连）教导员或指导员，肩负着民兵政治教育的责任，他们经常结合民兵活动，给民兵讲政治课。特别是在民兵集合点验、承担急难险重任务等时机，都亲自给民兵作政治动员或上政治课，有力地促进民兵政治教育的落实。

政治教育内容

薛城民兵开展“坚持党的领导、坚持马克思列宁主义毛泽东思想、坚持社会主义道路、坚持无产阶级专政”四项基本原则教育，引导民兵正确看待形势，坚信党的领导，坚定社会主义信念。区、乡镇两级人武部门，结合民兵应急分队组建和拉动演练，对民兵进行集中教育，发挥政治思想工作威力，促进民兵组织的健康发展。

1991年，区人武部把组织民兵带头参加两个文明建设，作为新形势下搞好民兵政治教育的重要内容和突破口。在全区选定41个民兵连作为民兵“带建”点，区乡两级武装部深入民兵连进行指导帮助，以推动全区民兵“带建”活动的开展。区武装部机关干部分片包干，抓好民兵连“带建”活动。还组织全区民兵开展向雷锋和见义勇为好战士徐洪刚学习活动，利用学雷锋纪念日，组织民兵走上街头开展便民服务。3月5日，区武装部组织焦化厂、通用机械厂、经贸委系统以及薛城镇、常庄镇等驻地民兵，在永兴路开展便民服务一条街活动，义务为群众理发，修理家电、自行车、农机具，进行国防知识宣传，受到社会的好评。

1997年，民兵政治教育主要进行中国特色社会主义理论教育，并结合《中华人民共和国国防法》的颁布实施，进行形势战备、民兵性质任务教育。组织民兵开展“爱心献功臣”活动，为老复员转业退伍军人、功臣模范帮工帮困送温暖。人武部门和民兵连还普遍成立维护军人、军属合法权益咨询服务站，为军人、军属排忧解难。张范镇大甘霖村民兵连、常庄镇六炉店村民兵连分别被省委宣传部、省军区政治部、省文明委和市委宣传部、枣庄军分区、市文明委评为“民兵精神文明建设示范点”。

2000年，军事变革对民兵政治教育提出新的要求。薛城民兵政治教育贯彻中共中央总书记江泽民“三个代表”重要思想，提高教育质量，确保民兵预备役人员政治合格。围绕这一目标，组织民兵学习时事政策以及《中国民兵》杂志登载的教育讲课材料，进行形势政策、国防观念教育。中央宣传部《公民道德实施纲要》颁布后，区武装部印制公民道德规范宣传材料2000多份，发到民兵手中，引导民兵带头履行公民道德行为规范。

2004年，总政治部重新颁布民兵誓词。区人武部把民兵誓词作为政治教育的重要内容，利用年度民兵整组时机，在基干民兵集合点验大会上，组织民兵宣誓，增强民兵的责任感。

2005—2013年，民兵政治教育进一步更新，主要进行科学发展观教育和党的群众路线教育。为不断发展壮大民兵组织，适应紧跟时代新形势要求，对民兵教育提出更高的要求。

政治教育形式

集中教育　集中教育是落实民兵政治教育的基本形式和主要做法。主要是坚持上好政治课，在年度军事训练中，政治教育与军事训练统筹安排；利用组织民兵承担急难险重任务的时机，上好动员课；利用征兵、整组和重大节日，组织民兵进行国防教育。区武装部政工科每年制定民兵政治教育计划，抓好督促落实。民兵集中教育的落实，纳入人武干部、专武干部工作目标责任制，定期进行检查考核。为将民兵政治教育纳入全区整体工作范围，区里将民兵政治教育纳入乡镇党委的目标责任制，制定出具体考评指标，每年都由区里进行考评总结。

刊授教育　1988 年，全区民兵开展刊授教育，发挥民兵刊物的宣传教育作用，学习新知识、接受新思想。落实好民兵刊物的征订。每年区、乡镇两级人武部门采取有力措施，抓好民兵刊物的征订，对要求订到民兵连的《中国民兵》《黄河民兵》《山东国防教育报》等报刊，坚持落实到民兵连。区武装部对民兵刊物的征订采取定指标、分解任务的做法，统一做好征订工作，征订《中国民兵》杂志 202 份、《黄河民兵》杂志 426 份，保证每个民兵连、基干民兵班都有民兵刊物。邹坞镇订民兵两刊 93 份。建立和完善刊授教育网络。区武装部牵头有关部门成立刊授辅导中心，政工科制订刊授教育计划，拟制刊授作业题，定期进行考核。乡镇、厂企武装部设立刊授辅导站，民兵连组织学刊用刊。采取多种形式促进刊授教育活动开展。区武装部定期对民兵刊授教育情况检查考评、组织有奖答卷、知识竞赛等活动，促进刊授教育落实。

宣传教育　充分发挥广播、黑板报、宣传栏等宣传阵地作用，对民兵进行政治教育。随着社会宣传手段的改进和提高，宣传形式更加丰富多彩。民兵政治教育充分利用广播电视、电化教学等现代传媒手段，使教育形式多样。区武装部在薛城电视台开辟《国防时空》专栏，播出省军区制作的国防教育专题片《和平树下》；向区广播电视台提供军事题材的电子光盘进行播放；利用民兵训练基地电化教学手段，搞好军事训练中的民兵政治教育。随着互联网逐渐走进城乡千家万户，利用互联网，宣传国防知识，开展国防教育，起到较好效果。

“青年民兵之家”教育阵地　区武装部把建好、管好、用好“青年民兵之家”当成民兵工作的一项重要内容，坚持长期抓，抓出成效来。1988 年、1993 年、2003 年，人武部集中力量，在经济基础比较好的单位突击抓“家”的建设，召开流动现场会，推广先进单位的做法，有力推动全区民兵建“家”活动开展。薛城镇、沙沟镇、焦化厂等单位，达到每个民兵连均建立起“青年民兵之家”。1997 年，薛城镇北一村“青年民兵之家”被济南军区政治部授予“红旗民兵之家”称号。常庄镇东小庄、张范镇大甘霖村、陶庄镇前院山村等民兵连，建起标准较高的民兵教育阵地。民兵预备役人员利用“青年民兵之家”，参加政治学习，接受思想教育，学习科学文化知识，开展丰富多彩的文化娱乐活动，既增强民兵组织的吸引力，又提高民兵的思想文化素质。

第三节　民兵军事训练

基地化专业和应用技术训练

1991 年，民兵军事训练逐步实行小批量多批次的训练方式，将全区参训民兵分成 2~3 批进行组训。为适应训练方式的改变，训练基地成立专门负责训练和基地管理机构——民兵训练中心，改变以前年年临时成立训练大队的做法。训练中心主任由军事科副科长兼任，抽调军政素质较强的专武干部、退伍军人，充实训练中心。根据训练任务和基地承受能力，每次集中民兵，分批次实施训练，有效地提高训练质量。

1997 年，按照突出重点、分类施训的原则，重点抓好应急分队、专业技术分队和民兵连、排长的训练。民兵专业技术分队训练，从过去以基础训练为主改变为以应用训练为主；参训人员从过去以新入队民兵单个训练为主，改变为以按建制训练为主，提高专业技术分队整体战斗力。

1999 年，薛城民兵训练适应科技练兵要求，从民兵应有装备出发，加大训练中的科技含量，充分利用电化教学手段，实施科学的训练方法。训练中组织民兵学习现代军事高科技知识，研究民兵在未来战争中的新战法，创新训练思路，促进民兵预备役人员训练落实。

对口专业分队的训练主要依托对口单位的技术和装备，立足已有条件，由区武装部和地方对口单位共同组织。2000 年和 2003 年，区武装部与区电信公司共同组织民兵通信专业训练，由通信专业现役干部、区电信局技术干部担任教员。进行电台的开设与撤收、无线电报收发、沟通联络、无线电话业务呼叫问答等业务训练，进行有针对性的战场通信模拟演练，提高对口专业技术分队的通信保障能力。

民兵应急分队的训练，是民兵军事训练的重要部分。应急分队的训练内容主要根据担负的应急任务，进行共同科目训练和紧急拉动、治安防暴等内容的训练。1990 年 4 月，区武装部首次组织民兵应急分队训练，参训民兵 100 名，训练时间 7 天。开展队列、防暴技术、哨兵勤务等集训。1998 年，随着民兵应急分队装备器材配备不断补充和完善，应急分队训练内容有所增加，按照"精干、可靠、管用"的原则，在完成共同科目训练和连排战术训练的基础上，突出应用科目训练。每年安排一次应急连的集结与机动演练，锻炼提高应急分队处置突发事件的能力。1999 年，民兵应急分队训练从过去以新入队的单个民兵训练和基础训练为主改为按建制训练和应用训练为主，发挥应急分队的整体遂行作战任务和应付突发事件的能力。薛城民兵应急分队还经常参加军分区组织的集结点验、接受检阅等活动，锻炼提高民兵应急保障能力。

1999 年 7 月，薛城区民兵应急分队参加枣庄军分区组织的全市应急分队大比武，取得总分第二名。

2003 年 3 月，区武装部组织常庄镇和临城街道的应急分队成员，进行以制止暴乱为背景的紧急拉动演练，参加演练的应急队员接到集结命令后，都在规定的时间内赶到火车站广场，锻炼提高民兵的组织纪律性和应急保障能力。同年 6 月，区人武部在城西大沙河绳桥段组织民兵抗洪抢险演练，拉动 7 个镇、街应急分队成员。演练中进行巡堤查险、加固大堤、炸堤分洪、转移群众等内容的训练，锻炼应急分队处理突发事件和抢险救灾能力。

2004 年 9 月，区武装部组织应急分队、专业技术分队的民兵，顶烈日冒酷暑，进行 10 多天的强化训练。参加军分区组织的国庆阅兵和军事训练成果汇报表演，薛城民兵的冲锋枪方队、警棍盾牌方队的汇报表演，受到市党政军领导的好评。

2005—2013 年，针对新时期民兵训练的内容变化，及时调整训练计划，每年针对民兵整组工作指示和具体的训练任务，及时组织对口专业分队训练，根据需求建立相应的民兵作战队伍、应急队伍、保障队伍、支援队伍等队伍建设，保证民兵平时练，战时能打，做到"一声令下、立即出动"随时做好应付突发事件的准备。

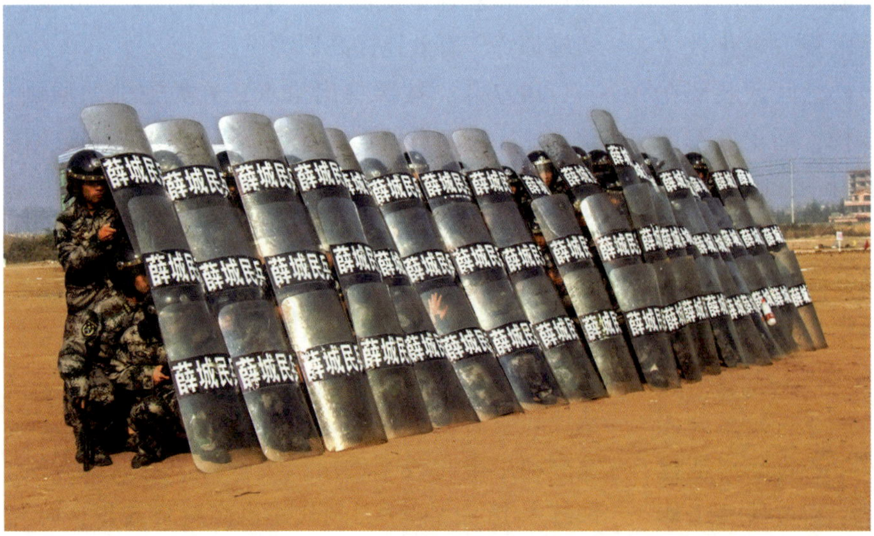

民兵防爆演练

训练基地建设

1986 年 4 月建成民兵训练基地，坐落于临山北侧，枣庄八中校园东部，占地

2.8公顷，建有教学楼、训练场、餐厅，训练和生活设施配套齐全，建筑面积4180平方米，一次可容纳200余人吃、住、训，是枣庄军分区系统内一处规模比较大、标准比较高的民兵训练基地。当年建成后即承担全区民兵集中训练任务。1987年，因区里办职业教育，刚刚投入使用的民兵训练基地移交薛城区职业中专学校。1988年年初，区武装部另建民兵训练基地。1989年12月，投资40万元，建起一处面积1200平方米的楼房，作为训练基地使用。2004年，训练基地积极开展以劳养武活动，采取以基地养基地的办法，创收经费10多万元，利用这笔创收资金对民兵训练基地进行大规模改造建设。所有房屋得到整修改造，达到训练设施齐全、生活设施配套完善，一次能容纳120人训练、住宿。

第四节　民兵武器装备

武器装备管理

1985—2005年，薛城区民兵武器装备枪支类有六三式自动步枪、五六式半自动步枪、五六式冲锋枪、五六式轻机枪、五三式重机枪、五八式14.5高射机枪和五四式12.7高射机枪；火炮类装备六三式60迫击炮、五三式82迫击炮和六五式无坐力炮；反坦克火器装备六九式40火箭筒和五六式40火箭筒；民兵通信装备15瓦电台、884步谈机等。

1994年，民兵对口专业分队组建后，武器装备的配备和保障实行平战结合、军民结合的原则，在以军事系统配备为主的基础上，充分利用军民通用装备，解决对口专业分队的装备配备。薛城区在电信、交通、卫生、城建等部门建有通信、运输、工程抢修、医疗救护民兵对口专业分队，这些单位的通信、车辆、机械、医疗等设备，依据这些单位的技术人员和器材装备，组建起民兵对口专业技术分队。组建单位在民兵技术装备的保障上，服从民兵建设和国防建设大局需要。

民兵应急分队的武器装备由人武部门按编制配备。执行维护社会治安等任务时，所配备的警具、服装、通信器材等，由区武装部统一购置，所需经费，由地方人民政府保障。民兵应急分队所购置的装备器材，为民兵战备物资，列入民兵装备实力，严格管理、使用、交接等手续，保证民兵执行任务的需要。

民兵武器装备的管理，经历由民兵个人保管、民兵连保管、公社武装部保管、区民兵装备仓库集中统一保管的过程。二十世纪的六七十年代，配备民兵的武器，要定人、定枪、定弹，由民兵个人负责保管。配备武器的基层民兵连，每支枪编有3个持枪手，枪支由第一持枪手保管。持枪民兵必须经所在单位党支部严格政治审查，经公社、厂矿、机关、事业单位的党委批准，报区武装部备案。从1971年开始，民兵武器由个人保管逐渐向民兵连保管过渡。1973年，薛城区配发武器的115个枪点，逐渐实行由民兵连集中保管。

1982年年初，根据形势的发展变化，为更好地保证民兵武器的安全，原由民兵连保管的武器，逐渐过渡到由公社武装部进行集中保管。薛城区13个公社在办公场所十分拥挤的情况下，挤出办公用房，进行加固改造，当作民兵武器保管室。各公社选拔责任心强、有一定军事知识的退伍军人和民兵，担负武器看管工作。乡镇专武干部在基层工作十分繁忙的情况下，尽职尽责搞好武器管理，经常与看管人员一起住库值班。到1983年年底，薛城区13个公社武器库（室）全部达到“四有”要求（有安全牢固的库室、有保管橱架、有专人看管、有管理制度），武器完好率达95%以上。

1985年，为适应民兵建设战略方针的调整，薛城区在民兵武器管理上，将原来由各乡镇保管的民兵武器逐步集中到区民兵装备仓库保管。1987年7月，区武装部对集中存放的民兵武器，除留下一部分作民兵训练、执勤用，其余武器全部进行封存保管。对未封存武器实行定期擦拭保

养制度，使武器装备始终处于良好状态。

民兵武器装备集中到区民兵装备仓库统一保管后，区武装部始终把加强仓库安全建设列入重要议程，常抓常议。历任军政主官坚持定期到仓库检查安全管理工作，机关干部坚持节假日和战备期间，轮流住仓库值班。区委、区政府的领导十分关心民兵武器装备管理，把仓库安全工作列入全区安全工作的重点，经常到民兵武器库检查落实。节假日和战备期间，部领导、机关干部到仓库轮流住库值班。仓库与驻地沙沟派出所和驻地村庄建立军警民联防，抽调基干民兵，组成应急联防分队，随时保证仓库安全。装备仓库建立并坚持严格的警卫执勤制度、武器出入库制度、“双人双锁”制度、擦拭保养制度等，坚持每季度对库管人员进行一次教育整顿，每月召开一次安全形势分析会，每周进行一次安全检查。库管人员把坚持各项保管制度，落实各项安全措施，保证武器装备的万无一失，当作自己的天职。

区民兵武器装备仓库自1980年建成使用后，连续27年实现安全无事故，多次受到济南军区、山东省军区、枣庄军分区和省政府、市政府的表彰奖励。2000年3月，枣庄军分区在薛城区武装部召开全市民兵武器装备管理工作现场会，推广薛城区搞好仓库建设，加强武器管理的经验。2001年3月，薛城区武装部被总参谋部表彰为“民兵武器装备管理工作先进单位”。

民兵武器装备仓库建设

薛城区民兵武器装备仓库1979年4月开工建设，1980年年初建成投入使用。1990年进行扩建。1991年，对装备仓库又进行改造加固，将原库房的土木软顶结构改造成钢筋混凝土结构，输电、报警线路改为地下暗线，建库房缓冲间，安装钢质密闭门窗和通风防鼠门窗，进一步改善仓库安全条件。1999年，为加强正规化建设，创一流民兵装备仓库，区武装部筹集资金28万元，加固加高围墙，修建防护壕沟，安装脉冲电网和电视监控系统；在生活区建起融住宿、执勤于一体的二层楼房，改善生活设施，美化环境。2000年，又投入资金安装4套红外线报警器、3套电视监控系统，更换防雷击装置，科技监控手段大大加强。2003年，又投入资金对武器库房和弹药库房的隔热层进行整修和处理，增强隔热效果，淘汰旧的消防器材，配齐新的灭火器材，更新库房内外的空气监测仪器，改善保管条件。

1996年12月8日，区人民政府编制委员会对民兵装备仓库机构设置、人员编制等问题专门行文，规定区民兵装备仓库为副科级事业单位，定编7人，其中仓库主任1名（副科级）、保管员6名。1997年年初，区武装部重新任命配备装备仓库主任，并将长期担任保管员工作的5名退伍军人全部转为正式职工，纳入仓库编制员额。

第五节　民兵重大活动

1991年，张范乡蟠龙河北支段因矿区采煤造成地面塌陷河道淤塞，100公顷农田积水，需要清淤治理2.5公里河道，工程量大任务重。乡武装部组织全乡民兵上阵清淤。连续奋战5天，完成河道清淤任务，解决乡政府多年没有解决的难题。

1992年3月，枣庄市重点工程枣薛一级路建设开工。区人武部动员全区民兵积极参与重点工程建设，在土地征用、房屋拆迁等问题上，民兵带头顾大局守纪律，做到个人利益服从整体利益，协助工程指挥部顺利解决征地、拆迁等补偿问题，保证工程按时开工。张范、邹坞、南石、陶庄、兴仁、薛城6个乡镇组织民兵上阵，承担土方工程任务，促进枣薛一级路工程建设。

1997年10月，薛城区南部地区遭受干旱威胁，周营、陶官2个乡镇旱情严重，周营、陶官2个乡镇的民兵与赶来支援的驻薛城官兵一起奋战，经过1天的拼搏，疏通渠道，引来微山湖水，保证秋季播种，解决地方政府和人民群众的燃眉之急。

1998年，全区民兵组织进行调整，民兵应急分队的编组也相应作了调整，统一配备执勤应急装备。区民兵应急分队结合形势和任务，经常组织拉动演练，做好随时应付突发事件的准备。

1999年，全区民兵开展带头建设精神文明示范点活动。区乡两级人武部重点抓好30个民兵连带头建设精神文明示范点。张范镇大甘霖民兵连发动民兵带头搞好村容村貌治理，修建村内道路2万平方米，修下水道1000米，建起一条长800米的文明村街，村容得到美化。

2000年，张范镇大甘霖村民兵连、常庄镇六炉店村民兵连分别被省委宣传部、省军区政治部、省文明办和枣庄市委宣传部、枣庄军分区政治部、市文明办表彰为“精神文明建设示范点”。围绕全面建设小康社会的总体目标，组织发动民兵预备役人员积极参加文明生态村创建，民兵预备役人员带头优化环境、带头科技致富，80%以上的民兵掌握1~3门致富技术。民兵开展创建文明生态村活动，使不少村庄出现村容村貌整洁、群众收入增长、社会治安良好的可喜局面。有的村庄还被市、区评为“文明生态村示范点”。

2001年4月，《中华人民共和国国防教育法》颁布实施，区武装部组织民兵预备役人员走上街头，设立宣传咨询站，向群众讲解国防常识，散发宣传材料，宣传国防教育法内容。7月28日，在“八一”节到来之际，区武装部在邹坞镇举办以《中华人民共和国国防教育法》为主要内容的国防知识竞赛活动。9月，区武装部在周营镇陶官村、邹坞镇张岭村建立帮扶点，开展以加强农村基层党组织建设为主要内容的帮扶后进村活动。12月，在年度民兵组织整顿中，区武装部针对年初乡镇机构改革、部分行政村合并的实际情况，坚持搞好民兵组织整顿。

2002年3月，区武装部组织民兵走上街头清除垃圾、栽种树木，协助城管部门整治市容市貌。5月，区武装部向帮扶点邹坞镇张岭村捐资2000元，帮助协调资金5万元，为该村打机井，解决群众吃水难问题。

2003年，在抗击“非典”战斗中，全区出动民兵，配合卫生、公安等部门设立防“非典”检查点60多处。防“非典”期间，民兵还帮助外出务工人员抢收抢种，解除外出务工人员的后顾之忧。3月4日，区武装部组织民兵应急分队队员在火车站广场进行紧急拉动演练，锻炼民兵应急分队快速反应能力，做好应付突发性事件的准备。6月，区武装部与薛城网通公司进行民兵通信专业训练。进行线路抢修、卫星通信系统开设等训练，提高对口专业分队战时通信保障能力。7月10日，区人武部组织7个镇（街）民兵应急分队在大沙河绳桥段进行抗洪抢险演练。350名应急分队成员进行巡堤查险、抢救群众、炸堤分洪等课目演习，锻炼应急保障能力。8月，区武装部组织民兵预备役人员，承担新城区通信光缆沟开挖施工，经过5天奋战，圆满完成军分区下达的施工任务。8月，区武装部抽调邹坞、陶庄、张范、兴仁、兴城5个镇、街道的民兵，承担枣庄至新城通信光缆沟开挖任务。

2004年6月，薛城区武装部和薛城区社会治安综合治理委员会联合发出《关于组织民兵参与建设“平安薛城”的通知》，发动民兵预备役人员积极开展社会治安综合治理，为薛城的经济建设和改革开放提供良好的社会治安环境。全区基层民兵组织配合公安部门巡逻设卡、围堵犯罪分子、参与专项治理活动，组织各基层武装部、民兵连配合公安机关开展打击“三强五霸”，维护社会治安，营造招商引资良好氛围，为建设“平安薛城”做贡献。9月25日，区武装部组织民兵参加全市国庆阅兵和军事训练成果汇报表演。薛城民兵冲锋枪方队、警棍盾牌操方队的汇报表演，受到军分区首长和市委、市政府领导的高度赞扬。

2005年2月，全市民兵组织整顿工作汇报暨现场观摩会在薛城区人武部召开，区人武部领导向会议汇报民兵组织整顿进展情况和经验做法，与会人员观看临城街道办事处武装部、东小庄民兵连、区民兵医疗救护分队整组现场。6月24日，全省科学发展观现场会在枣庄新城召开，薛城区武装部组织应急分队成员协助公安机关维护交通秩序、为会议站岗执勤，完成会议保卫任务。7月2日，薛城区武装部在全区民兵预备役人员中开展军事训练和国防知识教育。为配合中央电视台《国防时空》节目组到薛城拍摄《走进铁道游击队故乡》专题片，区武装部从参训民兵中选拔军事素质强、国防知识竞赛取得优秀成绩的人员，并组织驻薛城部队官兵人组成红蓝对抗队，配合摄制组圆满完成节目摄制。9月28日，区人武部组织机关干部、民兵教练员、仓库保管员开展岗位练兵活动，在军分区组织的“信息化条件下岗位练兵比武竞赛”中，夺得单位团体第一名、民兵教练员业务比赛第一名、参谋业务比赛第一名。

2006年8月，山东省军区组织对基层武装部进行达标验收，区人武部取得总分97分，进入达标行列，得到省军区的高度赞扬和好评。

2007年3月，根据区委、区政府的要求，人武部积极组织协调驻薛城部队400人次进行义务植树。

2009年4月，积极响应区委、区政府的号召，组织武装部干部职工参与建设“美丽薛城一起行动”活动，共出动500余人次清理垃圾8吨，为薛城创建文明城市建设做出贡献。6月，在区民兵训练基地，组织枣庄矿业集团护卫队进行军训。

2010年3月，薛城发生严重干旱，人武部积极响应区委、区政府的号召，迅速组织干部职工和民兵预备役人员，挖掘机2台，车辆50余台，积极协调陶庄203油库，汽油、柴油各3吨，支持地方抗旱，为薛城经济建设做出应有贡献。6月，在民兵训练基地，组织枣矿集团护卫队进行军训。

2011年5月，在区民兵训练基地，组织枣庄矿业集团护卫队进行军训。7月6日18时，薛城区防备煤矿井下压风机突然着火引发事故，28人被困井下。在历时21天的救援中，区人武部认真执行上级的决策部署，围绕救援指挥部的决心意图，积极发动民兵预备役人员参加救援，每天及时了解掌握矿难抢险救援工作动态，顾全大局、克服一切困难做好抢险救援工作，妥善处理28户遇难矿工家属善后处理维稳工作。

2012年2月开始，在薛城棚户区改造中，人武部积极和区有关部门协调联系，从镇（街）抽调民兵预备役，帮助执勤、维护秩序，使棚户区改造顺利进行，确保薛城社会的稳定。4月，组织为期10天民兵信息员集训，收到良好的效果。6月，枣庄军分区在周营镇组织民兵“星级化”管理现场观摩会，观摩成果在枣庄区推广实施。

2013年3月，根据薛城区委、区政府的统一安排部署，组织武装部干部职工和驻薛城部队参加义务植树。11月，根据山东省军区统一部署，薛城区人武部组织民兵预备役人员，进行为期15天的国防动员治安维稳实兵演练，演练成果得到省军区领导的认可。

第四章　国防动员

第一节　组织机构

1997年9月，薛城区成立国防动员委员会，区武装动员办公室会与区人民武装委员会合并为区国防动员委员会，成员由区委、区政府、区人武部主要领导和区有关部门主要负责人组成。2000年，为了加强领导和协调工作，理顺国防动员与国防教育的关系，遵照上级国防动员委员会指示精神，把区国防教育工作归属于区国防动员委员会领导。区国防动员委员会在枣庄市国防动员委员会、区委、区政府、区武装部的领导下，主管全区国防动员工作。按照机构精简的要求，区国防动员委员会与区人民武装委员会实行一个工作机构两个名称。

按照国防法规赋予的国防动员工作职责和上级关于国防动员工作的指示，区国防动员委员会下设6个办公室：综合办公室，设在区武装部军事科；政治动员办公室，设在区武装部政工科；人民武装动员办公室，设在区武装部军事科；经济动员办公室，设在区发展和改革局；人民防空办公室，设在区人防办；交通战备办公室，设在区交通局。

1997年，区国防动员委员会和各办公室成立以后，组织领导全区的人民武装开展、国防经济动员、人民防空、交通战备工作；积极协调国防动员工作中经济与军事、军队与政府、人力与物力之间的关系；监督检查国防动员法规的实施和国防动员计划的执行。严格履行国防动员委员会各项制度，每年定期召开一次国防动员委员会全体成员会议，总结、部署工作，研究确定国防动员工作的重大事项。国防动员委员会各办公室成员认真履行职责，积极完成国防动员委员会赋予的各项任务。人民武装动员办公室拟制修订国防后备力量建设发展规划和武装力量动员计划，搞好民兵组织调整和改革，重点加强民兵应急分队和民兵专业技术分队建设，抓好退伍军人预备役登记统计，采取积极措施保证兵员征集质量，后备力量建设得到进一步加强。人防办在城区各中学定期开展“三防”知识讲座，大力开展人防法律、法规宣传教育；完善防空设施维护和建设，对老化、破损的防空设施进行检查维修；编制防空袭预案，搞好防空袭演练，加强防空袭教育，在每年9月18日都要进行一次防空袭警报试鸣。经济动员办公室按照上级军事机关的部署，认真搞好经济动员潜力调查，掌握全区战时各项物力动员潜力。交通战备办公室认真贯彻《国防交通条例》，强化职能，将国防交通建设纳入全区省、县主要交通道路建设范围，加强道路建设和管护；加强对各类运输车辆的管理，提高交通运输应急保障能力。

区国防动员委员会自成立后，成员因工作变动，由接替职务者接任国防动员委员会的职务，保持机构健全，活动经常。

第二节　国防教育

1989年8月，薛城区国防教育委员会成立。薛城区委制定《关于加强全民国防教育的意见》，明确全民国防教育的组织领导、教育形式、教育内容和教育分工。提出国防教育分五个层次同时进行。一是干部教育，由区委宣传部负责，把国防教育纳入干部政治学习内容，纳入党校培训教育计划，搞好落实。二是民兵预备役人员的教育，由区人武部门负责，充分利用民兵训练、民兵组织整顿、征兵等时机，搞好教育。三是学生教育，由区教育部门、共青团组织负责。四是厂矿企业职工教育，由区工会、区经委负责。五是城乡人民群众教育。由区宣传、民政、妇联等部门负责，分工协作、抓好落实。

1990年7月，组织全区国防知识竞赛活动，向各乡镇、区直各部门印发国防知识竞赛100题。

区武装部每年利用“八一”节之际，组织区委、人大、政府、政协和区纪委等领导班子成员开展军事日活动，学习军事常识，体验军事生活，接受国防教育，带动全民国防教育的开展。

国防教育普遍开展，全区17个设有基层武装部的单位，都成立国防教育领导小组，突出党政干部和民兵预备役人员这两个教育重点，区党校干部理论学习班每期都安排国防教育内容，由区武装部领导进行国防知识和国防法规的宣讲。教育形式多样、内容丰富。

1995 年 8 月 15 日，在纪念抗日战争胜利 50 周年之际，临山铁道游击队纪念园和纪念碑落成，为薛城区开展全民国防教育提供良好阵地。人民群众在休闲游园之机，瞻仰英雄业绩，缅怀先烈，接受光荣传统教育，激发爱国热情。每年清明节，全区中小学校组织学生到铁道游击队纪念碑前为革命先烈敬献花圈，接受国防教育。

2001 年 4 月，《中华人民共和国国防教育法》颁布实施，规定 2001 年 8 月 31 日为第一个全民国防教育日。区里组织人员走上街头，设立宣传咨询站，散发宣传材料，宣传国防教育法内容。

利用每年的全民国防教育日，采取多种宣传教育形式，广泛开展国防教育活动。宣传国防知识、国防法规以及开展军人、军属优抚政策等方面的咨询。

2002 年 4 月，区国防教育委员会组织全区国防知识竞赛活动，区直、临城街道、邹坞等镇 8 个单位组成的代表队参赛，推动全民国防教育的深入开展。

薛城区引导社会各界和人民群众扎扎实实做好拥军优属工作，把做好爱国拥军工作和为部队官兵排忧解难，当成最现实的全民国防教育。全区坚持认真开展拥军优属活动，区政府积极协调有关单位，为驻薛炮团无偿划出菜地 2 公顷，解决官兵吃菜难问题。区工商局利用节假日经常到部队上门为部队指战员服务，邮电局、广播电视局免费为驻军部队安装程控电话、闭路电视。地方党政领导经常到部队走访慰问，听取驻军对地方的意见和要求，及时为部队排忧解难。

2000 年 10 月，薛城区法院成立涉军案件协调小组和涉军法庭，加强涉军案件的审理，依法维护军人、军属和薛城驻军的合法权益。区司法局开通“148”法律服务热线，受理军人、军属的法律咨询。区武装部和镇（街道）武装部成立保护军人、军属合法权益服务咨询站，为现役军人和军人家庭提供法律服务。

第三节　经济动员

全区经济动员工作贯彻落实上级国防动员委员会指示精神，坚持“军民结合、平战结合”的方针，对新上建设项目合理布局，统筹规划，协调发展，增强国防经济实力。搞好战略物资储备，提高军民兼容、平战转换能力。区经济动员办公室根据动员工作要求，将经济动员工作纳入全区国民经济发展规划。

2001 年，区国防动员委员会按照上级军事机关的部署，全面系统地进行动员潜力调查。各单位抽出人员和时间参与调查工作，按时完成 1000 余条调查统计数据，较好地掌握经济动员中的各项潜力资源。2013 年对动员潜力数据作进一步的核实上报。区国防动员委员会每两年进行一次动员潜力调查，及时掌握全区兵员动员、物质动员数据。

第四节　交通战备

1996 年前，区交通战备领导小组办公室设在区经贸委。1997 年 9 月薛城区国防动员委员会成立，区交通战备领导小组自行撤销，成立区交通战备办公室，为区国防动员委员会下设的办事机构，仍设在区经贸委。2001 年县乡机构改革，区交通战备办公室改设在区交通局，主管全区战备交通工作。

区交通主管部门结合国家和地方道路交通建设，立足平时、着眼战时，认真贯彻执行国防交通建设要求，提高道路、桥梁建设质量标准。大力加强道路交通专业保障队伍建设和民用车辆管理，提高应急交通保障能力，以适应未来战争交通保障的需要。

薛城区陆路交通四通八达，京沪铁路、京福高速公路纵贯南北；区境内有光明大道、枣曹公路、郯薛公路、店韩公路、山官公路 5 条省道，建设标准全部为二级以上公路标准。104国道从区境南部穿过，县乡公路四通八达，形成城镇贯通、干支线交错的交通网络。全区公路通车里程639.4公里，公路密度每平方公里126公里。

全区有薛枣铁路支线和数条铁路专用线，多处铁路货运站台，枣庄站设有铁路军用站台1处，铁路运输方便快捷。

全区各类载重汽车652台、大型公路平板车30辆、大小乘坐车1545辆、各种特种车辆133台。车辆维修厂6个：泰山路桑塔纳汽车维护厂、永福路汽车二队汽车维护厂、松江路矿业集团四处汽车维护厂、光明路奥迪特约维修站、光明路一汽轻卡服务站、道成汽车维护厂。

第五章　人民防空

第一节　组织机构

人防办公室

1993年政府机构改革，薛城区人民防空办公室合并到薛城区建设局，为薛城区建设局下属副科级事业单位。2002年年底，薛城区人民防空办公室整体上划至枣庄市人民办公室并更名为薛城人民防空办公室，为市人民防空办公室下属正科级事业单位，编制13人。同时，薛城人防办各项业务工作由市人防办重新进行整合，薛城人防办仍负责薛城辖区内的人防工作。至2013年，无变化。

人防指挥体系建设

因市委、市政府的搬迁，薛城（新城）成为市委、市政府的新驻地，薛城区人防指挥体系与信息化建设纳入到市人防指挥体系与信息化建设中。2011年年底，市人防办建成基本指挥所、地面应急指挥中心、机动指挥所“三位一体”的人防指挥体系，建立完善人防综合信息数据库、人防指挥控制训练系统、空情接受自动化处理系统和人防北斗导航定位系统，形成以指挥所为中枢的指挥控制、通信、情报、警报、导航、定位、监视等一体化信息系统，全面提高人防指挥实战化水平。

第二节　人防工程建设

1998年，薛城区被列为重点防空县城。在人防工程建设上，结合城市建设和经济发展，借枣庄新城西迁契机，积极搞好新一轮城市规划，按照城市建设、居民区开发、旧城改造与人防同步协调发展的原则，搞好人防工程建设。区人防办积极配合规划、建设等部门，把人防工作纳入城市规划，对新上建设项目进行联合审批，严格把关，依法落实防空地下室建设。同时，加大执法力度，依法查处漏建、漏报和不按标准建设防空地下设施的案件，督促有关单位依法补建防空地下设施或补缴易地建设费。区人防办每年收取人防易地建设费200余万元。

2002年，薛城区人防办上划到市人防办后，薛城区内的人防工程建设纳入到市人防办统一规划布局。1997年1月1日，《中华人民共和国人民防空法》正式施行，明确规定人防工程建设实行长期准备、重点建设、平战结合的指导方针，贯彻与经济建设协调发展、与城市建设相结合的原则。按照这一方针和原则，薛城人防办积极推动人防建设与地方经济建设、社会建设和城市建设的融合发展。

第三节　防空袭工作

防空袭预案

2004年，为适应高技术条件下城市防空袭需要，依据上级关于城市防空袭的原则和意图，充分做好防空袭斗争准备，圆满完成上级赋予薛城区防空袭斗争的任务，重新制定《薛城区防空袭预案》。组建抢险抢修、医疗救护、通信、运输、治安、消防、防化七种人防专业队。防空专业队的主要任务是：运用多种手段保护重点目标，保障指挥通信，消除区内重点目标空袭后果，将敌空袭造成的破坏减少到最低程度。2013年，薛城人防办根据枣庄市人防办的统一部署和要求，进入新一轮的防空袭预案修订。

防空袭演练

1984年8月，区人民防空办公室制定城市防空袭实施方案和城市人口疏散计划。制定疏散路线、范围、方法、通讯联络等，在区驻地安装报警器，规定警报信号，指定专人控制使用，并结合防空袭演练，进行报警试鸣。

1994年和1999年，对全区防空袭预案进行修订和完善，并对人口疏散、人防工程保障、医疗救护、工程抢修、通信保障、消防保障、运输保障、物质保障、水电保障、治安保障、“三防”保障、灯火管制、危险品处理、战时人民防空政治工作14项保障计划进行修订。

2004年，根据城市建设发展和国内外形势要求，区人防办会同区武装部对城区防空袭预案进行新一轮修订完善。成立战时防空袭指挥部。按照平战结合、条块结合、专业对口的原则，在相关业务部门编设伪装设障、防化救援、工程抢修、通信保障、交通运输、医疗救护、技术抢修、治安联防、消防、气象服务10支人防专业队伍。战时，这些人防专业队伍按照先急后缓、先指挥系统后保障系统、先人员后物质的顺序，进行抢险抢修，消除空袭后果，恢复生产、生活秩序。

区驻地设防空警报器4台，分别配置在海化集团（薛城）振兴焦化厂物业管理办公楼、薛城供销大楼、区政府办公楼和兴仁农行营业所办公楼。对报警设施的管理，落实社会化管理制度，始终保持警报器良好使用状态。2003年，警报试鸣日由每年的1月1日改为9月18日。区人防办每年都要在9月18日进行报警试鸣，警报器鸣响率100%，覆盖率80%。

防空警报器

2007年，城区内电动警报器全部更换为电声警报器，并根据城区的发展每年增加相应数量的电声警报器。至2013年年底，全区防空警报器21台，基本覆盖全部城区。

2012年，薛城城区内的21台电声警报器实行全市通控。每年开展的全市人防“9·18”警报试鸣宣传活动都是在市人防办警报指挥通控中心直接遥控操作城区所有警报器，全部实行防空警报器的自动化控制，音响覆盖率和试鸣率均达到100%。

第四节　人防宣传教育

薛城区自成立人民防空机构始，经常不断地进行人民防空战备教育和防空演练，利用广播、电影、幻灯、宣传栏宣传人民防空的重要作用，宣传防空袭知识和“三防”（防核武器、防化学武器、防生物武器）知识。

区人防办结合《中华人民共和国人民防空法》的颁布实施，每年都进行大型宣传活动，出动宣传车、设立宣传站、散发宣传材料，广泛宣传贯彻落实《中华人民共和国人民防空法》的意义，增强人民群众的防空意识。

区人防办每年会同区教育主管部门，在城区初中学校开展以“三防”知识为主要内容的学习教育，将人防教育纳入学校教学计划，每年大约有2300名初中二年级学生接受人防教育。枣庄二十九中学在对学生开展“三防”教育中，做到教育制度落实、教育形式规范、教学力量和教育器材有保障，2001 年被评为“全省人防教育先进集体”。

根据山东省人防办统一安排，自 1990 年起，全区三防教育工作主要以城区初级中学二年级在校学生为主要教育对象，至 2013 年，受教育师生累计达到 7.5 万人。为认真贯彻第六次全国人民防空会议和山东省人民防空宣传教育会议精神，强化全民人防意识，提升人民防空能力，薛城人防办于 2012 年开始逐步推进人防宣传教育进学校、进机关、进企业、进社区、进网络“五进”工作，创新教育培训手段，同时将防空防灾知识融入社会团体组织的公益宣传活动中，形成全社会了解人防，关注人防，支持人防，建设人防的新局面。

第六章　双拥共建

第一节　重要活动

“双拥”，是地方开展拥军优属，军队开展拥政爱民活动的总称。薛城区委、区政府、驻薛城部队和全区人民历来重视“双拥”工作，大力开展拥军优属、拥政爱民活动。围绕发展生产力，提高战斗力的目标，广泛开展军民共建精神文明，大力支持地方工农业生产，创建“双拥模范城”，培养军地两用人才，爱心献功臣等活动，弘扬中国特色社会主义先进文化，促进改革开放、社会稳定、经济发展，加快社会主义精神文明建设步伐。1992—2013 年，薛城区连续 6 次被山东省委、省政府、省军区评为“双拥模范城”。

第二节　拥军优属

1992 年，薛城区开展争创“双拥模范城”活动，制定军民共建公约，通过会议、广播、电视、活动日、图片展等多种形式进行广泛宣传发动，印发双拥材料 1.7 万份；全区商业网点和公共场所设置“军人优先”“军烈属优先”标志 1000 余个，制作大型永久性宣传标语、宣传栏、宣传画；50 余家企事业单位与部队建立军民共建关系；区政府优先为部队解决粮食、燃煤供应和随军家属工作调动、子女入托入学等问题。

1994 年，区委、区政府召开“双拥”工作座谈会，军地双方共同制定《薛城区双拥领导小组关于双拥工作的意见》，对驻军和部分优抚对象进行走访慰问，赠送价值 1.1 万元的慰问品，为部队和优抚对象解决困难 150 余件次，密切军政军民关系。

1998 年，为维护军人军属的合法权益，薛城区成立维护军人军属合法权益领导小组，区、乡（镇）两级分别成立法律咨询服务站。区法律咨询服务站由区人武部政工科 2 名现役干部和司法局 2 名律师组成，乡（镇）法律咨询服务站由各乡（镇）武装部长、司法所长和司法助理员组成，400 个村（居）建立法律咨询服务小组，全市形成以区、乡（镇）、村三级为主线的军人军属法律服务网络。至 2007 年，全区“三级”军人军属法律服务网络为军人军属提供法律咨询服务 260 余次，处理涉军纠纷和案件 100 余起，处理来信来访 30 余件。区法院成立涉军案件法庭，涉军案件法庭由区法院副院长、民事庭庭长和刑事庭、经济庭各派 1 名审判员组成。区涉军案件法庭对各类涉军案件本着“特案特办”的原则，为部队和军人军属解决涉法问题开辟“绿色通道”。

1999年，薛城区委、区政府积极为驻军、军烈属解决实际问题。为驻军解决建房资金、干部住房、就业、子女入学等实际困难。

2000年，区政府拨出专款10万元，购买各种慰问品，并大力支持驻军搞好“菜篮子”“米袋子”工程，积极帮助驻军建造供粮基地和蔬菜大棚。为支持驻薛城部队做好军事斗争准备工作，为部队军事训练提供交通、场地、水电、饮食等各项保障。

2002年，区委、区政府出台《关于进一步加强民政工作的意见》，对“双拥”工作提出明确要求。6月，区教育局下发《关于确保随军子女入学入托的通知》，各中小学和幼儿园无条件接收随军子女。

2003年，为保护军事设施安全，区政法委抽调10名民警组成拥军巡警队，负责军营和军事设施的保卫工作，先后处理3起盗窃破坏军事设施的案件，震慑犯罪分子，维护军营和军事设施的安全。

2005年，薛城区积极开展科技和文化拥军工作，军地双方多渠道加大投入，实现微机、科技图书、电教器材“三到连”。以区科技局为主，各系统密切配合，整合科技信息，协调科技攻关，为驻薛部队提供科技咨询和现场服务，帮助部队解决生产、管理、训练中的难题，提高科技练兵、科技强军水平。区政府拨出专款，为驻薛部队赠送计算机和图书。区教育、文化系统发挥行业优势，累计为驻薛部队举办计算机和外语培训班19期，培训官兵600余人次。

2006—2013年，每年“八一”和春节期间，薛城区政府拿出20万元资金，到驻薛部队走访慰问。

第三节　拥政爱民

支援地方建设

1989—1991年植树节期间，区人民武装部、驻薛部队分别到公路两旁植树造林，栽种杨树、刺槐、侧柏、花椒树、山楂树等，投入5100余人次，植树5.5万株。1992—2013年植树节期间，区人民武装部、枣庄市公安局消防支队薛城大队、武警枣庄支队薛城中队等单位组织部队官兵，上山下乡植树造林，绿化荒山，美化环境，共投入兵力46820人次，植树30万株。

2011年，薛城区开展精神文明城创建活动，人武部帮包海河路，积极协调老干部局、房管局、气象局、农业局有关责任单位，集中清理垃圾，整治占道经营，粉刷道路两侧的墙皮，清除小广告，协助交警做好文明执勤，在长达半年的时间，共动用车辆50余台次，2000余人次，清理垃圾20余吨。2013年创建精神文明城，人武部帮包嵩山路，积极协调区农发行、科技局、农业开发办，枣庄二十九中等有关责任单位和部门。集中整治打扫卫生，出动车辆50余辆，2600人次，清理垃圾12吨，受到区委、区政府的高度评价。

在薛城棚户区改造中，区人武部积极和区有关部门协调联系，从镇（街）抽调民兵预备役人员400人，帮助执勤、维护秩序，使棚户区改造顺利进行，确保薛城社会的稳定。

1998—2013年，薛城区先后6次开展创建山东省文明卫生城活动，驻薛城部队把这些活动当成自己义不容辞的任务，按照区政府的部署，除搞好营区的卫生外，组织人员到城区卫生任务繁重的街道和地段打扫卫生、铲除杂草、清除垃圾。共出动官兵5367人次，出动车辆590台次，清除垃圾1500余吨，粉刷墙壁11250平方米，疏通下水道15.1公里。

抢险救灾

1992年春，薛城区遇到干旱，驻军油料仓库立即组织救灾突击队，出人出车出机械，官兵们吃住在工地，经过10个日夜的奋战，为驻地建成提水站，万亩庄稼得到浇灌，当年获得大丰收。

1993年6月5日，薛城区商业大楼三楼突然发生火灾。驻薛部队组织300余名官兵赶赴火灾现场，与武警枣庄消防支队第四中队官兵并肩奋战。经过1个多小时的奋力扑救，终于扑灭大火，保住一、二楼内所有的货物，数百名顾客和服务人员无一伤亡，挽回经济损失500余万元。

1993年8月4—5日，薛城区普降暴雨，雨量超过200毫米，最高达到400毫米。水库洪水猛涨，从低坝处外溢，多处地段出现险情。驻薛城部队组织150余名官兵赶赴水库，奋战12个小时，挖土石600立方米，加固堤坝12处，保护水库安全。

1998年，长江、嫩江、松花江流域发生特大洪涝灾害，薛城区驻军采取多种形式，大力支持抗洪救灾。薛城区人武部发动民兵预备役人员全力支持前线抗洪救灾，并要求基层武装部认真学习抗洪前线官兵先进事迹，积极为抗洪前线战友排忧解难。

2000年春，薛城区又遇干旱，驻薛城部队和武警枣庄消防支队第四中队，帮助驻地群众拉水抗旱，组织人员620人次，出动车辆539台次，帮群众播种866.67公顷，保苗533.33余公顷。

2003年10月，鲁中南地区普降暴雨，东平湖水位猛涨，随时都有决口的危险，驻薛城炮兵团在接到上级抗洪抢险命令后，迅速组织200余名指战员，连夜赶赴梁山东平湖抢险第一线，同其他部队联合作战，在湖堤上连续奋战10昼夜，挖土石1.5万立方米，加固湖堤坝4公里，保住东平湖的安全。

2010年年初，薛城发生严重干旱，区人武部积极响应区委区政府的号召，迅速组织干部职工和民兵预备役人员1000余人次，挖掘机2台，车辆50余台，积极协调陶庄203油库，调动汽油、柴油各3吨，支持地方抗旱。

扶贫帮困

1998年，长江沿岸发生洪涝灾害，驻薛城部队广大指战员积极响应上级号召，纷纷捐款捐物支持灾区群众，共捐被褥116床，衣服1680件，捐款64320元。

1999年，区人民武装部和驻薛城部队深入开展以帮“三老”、解“三难”为主题的爱心献功臣活动，各单位分别制定帮扶计划，与全区356名老英模、老复员军人、老干部结成帮抚对子，帮助他们发展生产，解决生产生活等方面的难题。

2001年，全区人武系统开展帮扶后进村活动，按照“帮村先帮支部，扶贫先扶思路，抓面先抓示范点”的工作思路和“建一个好班子、培养一支好队伍、选准一条好路子、健全一套好制度”的总体目标，先后与12个后进村建立帮扶关系。同时，成立由区人民武装部和区委组织部主要领导参加的帮扶工作领导小组，抽调专人组成联合办公室，建立学习培训、形势分析、检查讲评、考核验收、奖惩激励等制度，先后召开全区帮扶工作动员部署大会，在全区人武系统进行广泛发动，并下发《帮扶工作实施意见》。

2002年6月，组织召开全区人武系统帮扶后进村党支部活动示范点建设现场观摩会，进一步围绕开展“建班子、找路子、解扣子、办实事”为主要内容的“送温暖”活动，促进帮扶工作的深入发展，涌现出一批帮扶示范点，取得明显成效。全区人武系统帮扶的点分别甩掉落后帽子，跨入区先进村（居）行列。先后为农民引进和传授种植、养殖技术180多种，帮助新上致富项目161个，农民年人均收入由帮扶前的2660元增长到3690元，22个村基本实现脱贫致富。先后修路10.6公里，架桥5座，打井58眼，修建水渠7500米，改造供电线路13440米，更换、新上变压器6台，较好地夯实后进村发展的基础。争当文明户、文明村民的氛围逐渐形成，学科学、学文化、学法律的风气日益浓厚，关爱弱势群体、关爱贫困学生的好人好事层出不穷，打架斗殴、游手好闲、不贤不孝、信奉迷信等不良现象明显减少。

2004年，驻薛城部队积极响应区委、区政府号召，为薛城区贫困家庭捐款26500元，捐献衣服2230件。

2005年，驻薛城部队在全区新增帮扶点11个，选派帮扶官兵30余人，筹集协调资金20余万元。

2005—2011年，区人武部响应区委、区政府的号召，积极开展“慈善一日捐”活动，捐款2.8万余元，用以支援扶持贫困家庭。

防病治病

驻薛城炮兵团卫生所，在做好单位伤病员治疗工作的同时，其门诊病房对外开放。1984—2007年，共接待地方门诊病人53120人次，住院治疗1793人，抢救伤病员152人。2002—2007年，济南军区司机训练大队卫生队经常派出医疗卫生小分队，为孤寡老人送药上门，为群众义务巡诊700余人次，免收医疗费2万余元。

学雷锋活动

1990年，为弘扬雷锋精神，驻薛城各部队采取作报告、读书演讲会、经验交流会等形式深入进行思想发动，用先进典型教育大家，树立学习的光荣感、责任感。驻薛城炮兵团第一学雷锋小组，连续十几年为驻地五保老人送温暖，一年四季为老人送粮送药和所需物品。

1993年，驻薛城部队将3月定为“学雷锋活动月”。各单位分别召开纪念会、座谈会、经验交流会，宣传学习雷锋的意义，宣扬单位学雷锋先进单位和先进个人，掀起学习雷锋新热潮。武警枣庄消防支队第四中队派出3支学雷锋小组，巡逻值勤，维护驻地钢材批发市场秩序和安全。驻薛城炮兵团组织学雷锋读书演讲小组，给中小学校学生作报告，深得师生欢迎。每年3月，驻薛城部队都开展“学雷锋活动月”活动，大力弘扬雷锋精神。广大指战员利用节假日走出军营，为群众做好事。

2000年，驻薛城部队除节假日开展活动外，平时也经常深入街道和村（居）为群众修理家用电器、自行车、手表，清理垃圾、打扫卫生，为群众看病治病等。

2001—2013年，每年“八一”和元旦、春节期间，驻薛城部队主要领导组成慰问小组，到地方党政机关和市直有关部门走访慰问。植树节期间，派出大批指战员植树造林。元旦、春节期间，开展“爱民月”活动，广大指战员走上街头，开展便民服务活动，到火车站、汽车站和繁华街道打扫卫生，清扫垃圾，学雷锋做好事，弘扬雷锋精神，促进军政军民团结。

薛城區志

第二十三编

人事劳动和社会保障

第一章　人事工作

第一节　管理机构

1980年，薛城区政府设立人事局。1991年，内设办公室、调配股、工资福利股、编制办公室等。1993年，机构编制委员会办公室与人事局合署办公。1996年，设立考核委员会办公室。2002年，设立国外智力引进办公室。2010年，将原区人事局、原区劳动和社会保障局的职责整合，设立薛城区人力资源和社会保障局。原与区人事局合署的区机构编制委员会单独设置。在区人才交流服务中心、区劳动就业办公室的基础上，整合设立区人力资源服务中心。

第二节　机构改革

1993年，全区进行党政机关和乡镇管理体制改革。区委、区政府印发《中共薛城区委 薛城区人民政府关于党政机构改革的实施意见》，按照简政放权、政事政企分开的原则，进一步划清职责范围，加强对经济和社会发展的统筹规划、组织协调和检查监督。同时印发《中共薛城区委 薛城区人民政府关于乡镇管理体制改革的实施意见》，按照精简、统一、效能的原则，在“小机构、大服务”的方针指导下，合理规范机构，精干人员，建立适应农村发展需要的管理体制。各乡镇内设机构统一规定为6个综合性办公室。根据经济发展状况和人口、面积等因素，将乡镇划分为二类四个类型，分别确定人员编制和领导职数。

2002年，以中共十五大和十五届五中、六中全会精神为指导，以加快发展为主题，围绕建立社会主义市场经济体制，转变政府职能，精简机构，压缩财政供养人员，切实减轻财政和农民负担的精神指导，薛城区进行镇（街道）党政机关和镇（街道）事业单位机构改革。镇（街道）党委、政府（办事处）机构合并设置5个综合性办公室：党政办公室（加挂社会治安综合治理办公室牌子），农业办公室，经济发展办公室，社会事务办公室，计划生育办公室。将原有378名行政编制精简20%后，核定302名。根据省、市规定，各镇（街道）财政拨款事业单位（不含教育、卫生事业单位）设置8个：农业技术服务中心，水利水保服务中心，村镇建设服务中心，经管财务服务中心，计划生育服务中心，劳动保障服务中心，科技文化服务中心，法律服务中心。根据上级有关规定，市核定镇（街道）财政拨款事业单位的人员编制为255人。根据《中共薛城区委 薛城区人民政府关于薛城区区级党政机关机构改革的实施意见》，区委设置工作部门7个，部门管理机构2个；区政府工作部门设置22个（区监察局与区纪委机关合署，列入区政府工作部门序列，不计政府机构个数）。按照省、市规定区委机关行政编制精简12%，区政府机关行政编制精简25%，区人大、政协机关行政编制精简12%，区群团机关行政编制精简15%。

2005年，区委、区政府印发《中共薛城区委 薛城区人民政府关于薛城区人民政府机构改革的实施意见》，以邓小平理论和“三个代表”重要思想为指导，按照完善社会主义市场经济体制和推进政治体制改革的要求，进一步转变政府职能，调整和完善政府机构设置，科学规范政府部门职能：（1）加强国有资产的监管，国有资产的监管由区财政局负责履行。(2) 完善宏观调控体系，将区发展计划局更名为区发展和改革局，撤销区政府办公室内设的区经济体制改革办公室，其承担的行政职能和区经济贸易局承担的审批企业重大技术改造投资管理的职能，划入区发展和改革局。(3) 改革行政执法体制。组建薛城区城市管理行政执法局，为区政府工作部门，使用行政编制。(4) 加强安全生产监督管理体制建设，组建区安全生产监督管理局，撤销区经济贸易局内设的区安全生产监督管理办公室。(5) 理顺经济贸易管理体制。撤销区民营经济局，将其职能并入区经济贸易局。(6) 撤销作为政府部门的区招商局，将其职能并入区对外贸易经济合作局。(7) 推进人口和计划生育工作的综合协调。将区计划生育局更名为区人口和计划生育局。经上述调整，区政府工作部门仍为22个。

第三节　公务员管理

1993年11月，薛城区召开人事系统工作会议，学习贯彻《国家公务员暂行条例》。

1996年，根据《国家公务员暂行条例》《国家公务员制度实施方案》《山东省国家公务员制度实施》等文件，薛城区正式推行公务员制度，行政机关工作人员向公务员过渡。经过准备阶段、实施阶段和验收总结阶段，全区有665人进入公务员编制序列。

1997—2002年，进入全面深化改革阶段。全区在公务员管理工作中有效地引进竞争激励机制，加大公务员竞争上岗和轮岗工作力度，有力地推动公务员管理各项改革措施的落实。

2003年，针对公务员岗位出现职位空缺的实际，组织公务员考试录用工作。经过笔试、面试、考核、体检等程序，最后录用国家公务员12人，体现“公开、平等、竞争、择优”的公务员录用原则。对新录用人员统一进行初任培训。之后，历年公务员考录工作中，都坚持“凡进必考”制度、初任培训制度。同时，组织开展公务员科级以下公务员培训班，组织科级以下公务员培训成为一项每年都要开展的重要工作。

2007年9月，经中共枣庄市委组织部、枣庄市人事局批准，薛城区6个人民团体和社会团体机关纳入参照公务员法管理单位。

2008年11月，经中共枣庄市委组织部、枣庄市人社局批准，薛城区14个单位被列入参公管理单位。对符合参照条件的人员组织公务员法律、法规考试，通过考试过渡、登记参照《中华人民共和国公务员法》管理公务员99人，并套改相应的公务员职级工资。

2009年2月，组织薛城区森林公安分局人员参加省厅组织的公务员过渡考试，并按要求进行工资套改和公务员登记。为全区招录公务员8名。

2013年3月，针对公务员岗位出现职位空缺的实际，组织公务员考试录用工作。经过笔试、面试、考核、体检等程序，最后录用国家公务员2人。是年12月，根据市人社局通知要求，完成薛城区价格监督所10人的公务员过渡工作。

第四节　职称评定管理

1992年11月，区人事局根据全市职称改革工作会议精神，开展全额、差额事业单位专业技术岗位设置工作；企业专业技术职务实行自主评聘；实行企业化经营和经费自收自支的事业单位参照企业的办法进行专业技术职务评聘工作。

1993年12月，薛城区开展最后一次经济、统计、会计、审计专业技术职务任职资格的评审工作。此后根据1993年7月山东省人事局转发人事部办公厅《关于制止各地自行评定经济、统计、会计、审计专业技术职务任职资格的通知》精神，不再进行相应专业技术职务任职资格的评审工作。

1994年6月，对全区经评审取得高中初级专业技术职务任职资格的人员（含定职的正规全日制院校毕业生），进行登记注册并办理（换、补发）专业技术职务资格证书（不含民办教师、农民和乡镇企业评定的职称）。

1995年9月，薛城区中医院申请专业技术人员职务职称实行评聘分开，开始事业单位评聘分开试点工作。1999年9月，先后有区妇幼保健站、陶庄中心卫生院、常庄镇卫生院、区卫生防疫站、区豫剧团、薛城区委党史研究室、区政府史志办申请实行评聘分开。2000年9月，各事业单位均申请实行评聘分开。至此，全区事业单位职称评聘工作全面实行评聘分开。

2002年，根据省市有关文件精神，区人事局将专业技术人员计算机应用能力作为专业技术人员晋升的必备条件之一。

2003年10月，成立职称评价中心，将初级职称的评审工作纳入人事部门的统一管理，不再由各行业组建评委会进行评审，实行社会化评审。

2005年3月，区人事局出台《薛城区民营企业专业技术人员职称资格评审与考试工作意见》，将民营企业专业人员的职称评审与考试工作纳入人事部门的管理。6月，区人事局召开首次民营企业工程专业技术职务初级评审会。此后，区人事局将此项工作纳入正常性工作。11月，区人事局、区农业局联合印发《关于2005年度农民技术人员职称评定有关问题的通知》，并分别于2006年1月、2007年8月召开两次薛城区农民技术人员职称评审会，共评审通过农民技师8人，农民助理技师6人，农民技术员42人。12月，区人事局开展最后一次卫生专业技术资格评定工作。自2006年起，卫生专业技术资格实行全国统一考试制度，不再进行卫生专业技术职务任职资格的评定工作。

2007年11月至2010年6月，根据省、市《事业单位岗位设置管理试行办法》及《事业单位岗位设置管理实施意见》的规定及要求，薛城区开展事业单位岗位设置工作。其间，按规定暂停专业技术职务的聘任工作。

2010年6月底，事业单位岗位设置工作基本完成，推行聘用合同制度，实行岗位管理制度。7月2日，区人事局召开全区职称评聘工作会议，暂停近三年的职称聘任工作重新启动。12月，薛城区根据《关于转发山东省人事厅〈关于事业单位专业技术岗位实行竞聘上岗的指导意见〉的通知》，启动全区的竞聘上岗工作，各事业单位组成由本单位负责人、单位人事、纪检监察部门负责人和工会代表组成的竞聘工作组织具体负责。

2011年11月，全区竞聘上岗工作基本结束，并签订聘用合同。共计8778人签订聘用合同。

2013年3月，区人社局启动全区中小学职称制度改革，按照原中小学教师专业技术职务与统一后的中小学教师职称（职务），与原中小学教师专业技术职务的对应关系是：原中学高级教师对应高级教师；原中学一级教师和小学高级教师对应一级教师；原中学二级教师和小学一级教师对应二级教师；原中学三级教师和小学二级、三级教师对应三级教师，共计过渡中小学教师职称近6000人。是年，根据教师岗位空缺数量、等级和工作需要，确定竞争推荐人数，并组织竞争推荐，已取得相应专业技术职务资格未被聘用的和未取得相应专业技术职务资格、符合岗位条件的教师均可参加竞争推荐。

第五节　干部待遇管理

干部工资

机关、事业单位的工资制度先后在1993年、2006年进行两次大的工资制度改革。自2014年10月1日起，调整机关事业单位工作人员基本工资标准、增加机关事业单位离退休人员离退休费。

2008年，按照《薛城区规范区直机关津贴补贴实施方案》，自2008年7月1日起，对全区机关事业单位在职和离退休人员津贴补贴进行清理规范。为进一步推进规范公务员津贴补贴工作，将经济发展的成果惠及广大干部职工，2008—2013年起，历次提高机关事业单位工作人员津贴补贴标准。

2008—2013年薛城区增资情况统计表

表23-1　　　　单位：元/月

增资次数	增资起始时间	内容	调整标准		备注
			区级	镇街	
1	2008年7月	规范并提高津贴补贴、同步调整住房公积金	436	455	
2	2010年1月	增发津贴补贴、同步调整住房公积金	225	320	
3	2010年7月	增发津贴补贴	300	300	
4	2010年12月	拉平镇街与区级津贴补贴差距		200	
5	2010年12月	兑现取暖补贴（每年的12月份发放）			县级1700元，科级1300元，一般人员1100元
6	2011年1月	增发津贴补贴	255	240	
7	2011年7月	增发津贴补贴	410	390	
8	2012年1月	调整公积金基数与比例（上调6个点）	267	210	公积金区直执行至12%，镇街执行6%
9	2013年7月	增发津贴补贴	365	350	
10		每年正常晋档晋级增资	25	25	

干部福利

按照山东省委组织部、省财政厅、省人力资源和社会保障厅文件要求，自2014年1月1日起，在享受统一津补贴待遇的基础上，适当提高乡镇机关事业单位工作人员津贴补贴。自到乡镇工作第3年起，在享受统一津补贴待遇的基础上，按月增发津贴补贴。其中：在一般乡镇工作的，每人每月增发100元；此后每增加1年，月发放标准提高10元。在艰苦偏远困难乡镇工作的，每人每月增发150元；此后每增加1年，月发放标准提高15元。

工作人员牺牲、病故后待遇。根据文件规定，工作人员死亡后，不分级别，发给其家属丧葬费1000元，费用由原经费渠道发放。

根据文件规定，机关事业单位和离退休人员死亡一次性抚恤金标准，因公牺牲为本人生前40个月基本工资或基本离退休费，病故为本人生前20个月基本工资或基本离退休费。烈士的抚恤待遇，按国家有关规定执行。所需经费，按原渠道执行。从2011年8月1日起，根据文件规定，调整国家机关工作人员及离退休人员死亡一次性抚恤金标准：烈士和因公牺牲的，为上一年度全国城镇居民人均可支配收入的20倍加本人生前40个月基本工资或基本离退休费；病故的，为上一年度全国城镇居民人均可支配收入的2倍加本人生前40个月基本工资或基本离退休费。根据文件规定，调整企业和事业单位离休干部病故一次性抚恤金标准：病故的，为上一年度全国城镇居民人均可支配收入的2倍加本人生前40个月基本离休费。所需经费，按原渠道执行。遗属生活困难补助。根据枣庄市人民政府办公室《关于提高城乡居民最低生活保障标准的通知》规定，枣庄市城市居民最低生活保障标准自2010年1月1日起提高到每人每月220元，对仍符合补助条件的遗属，遗属生活困难补助标准从190元提高到220元。2011—2013年历次提高机关事业单位遗属补助标准。

2006—2013年薛城区最低生活保障标准和遗属补助标准表

表23-2　　单位：元

年度	最低生活保障标准	享受遗属补助标准
2006	163	163
2008	178	178
2009	190	190
2010	220	220
2011	260	260
2012年1月	320	320
2012年6月	320	480
2013	360	540

干部退休

薛城区干部退休执行的退休条件和待遇均按公务员法、文件规定执行，退休审批权限及退休手续科级及以上职务由区委组织部办理。合同制工人和聘用制干部由区人社局机关事业保险处办理，其他人员由区人社局工资福利办公室办理。

为稳定推进薛城区机关事业单位工作人员养老保险制度改革，根据《山东省人民政府关于机关事业单位工作人员养老保险制度改革的实施意见》和《山东省人力资源和社会保障厅关于印发山东省机关事业单位工作人员养老保险制度改革实施办法的通知》精神，制定过渡期内养老保险待遇的计发办法，对于改革前参加工作、改革后退休的“中人”设立10年过渡期，过渡期内实行新老待遇计发办法对比，保低限高。老办法待遇计发标准为2014年9月工作人员本人的基本工资标准乘以退休费比例。

第二章　劳动和社会保障

第一节　管理机构

1972年，薛城区设立民劳局。1980年分设为劳动局和民政局。1991年，内设工资调配股、劳动争议仲裁办公室、劳动服务公司、安全监察股等。1999年，成立薛城区劳动和社会保障局。同年，成立职业技能鉴定所、劳动就业培训中心、劳动鉴定委员会。2000年，设立医疗保险事业处。2003年，设立劳动监察大队。2004年，劳动服务公司改为劳动就业办公室。2006年，设立社会保险费征收分局。2010年，区劳动和社会保障局与区人事局合并，组建区人力资源和社会保障局，挂区外国专家局牌子。内设办公室、工资福利股、劳动人事仲裁股、专业技术人员管理办公室、公务员管理办公室、就业促进股、社会保险股等。

人力资源就业服务大厅

第二节　劳动就业

就业再就业

自1984年起，由政府指令性计划就业开始向市场就业过渡。薛城区劳动就业服务公司负责为城镇求职人员提供就业信息，为企事业单位招工、招收培训生提供服务，为省内外用工单位输送介绍各种临时工，为城镇居民和社会公益事业开展劳务性服务。

1991—1993年，受计划经济的控制，薛城区三年的企业招工人数仅有2336人。

1994年，各乡镇创办劳动服务公司等经济实体性中介组织，共同为劳动力供求双方沟通信息，提供服务。劳动者求职就业和企事业单位招用人员，均可直接通过职业介绍所进行竞争性的“双向”选择。企业用工实行全员城镇合同制工人的用工制度，至1999年年底，共为全区各类企业招聘城镇合同制工人和农民合同制工人12000余人。

1999—2004年，薛城区多家国有和集体企业先后破产改制，造成近8000人失业下岗。2002年起，薛城区加强下岗失业人员再就业工作，按照《中华人民共和国就业促进法》，通过生产自救，陆续有3500多名失业人员实现再就业，并及时享受国家的再就业优惠政策。2004年，薛城区劳动服务公司更改为区劳动就业办公室，为副科级事业单位。

2005—2010年，由于就业观念和下岗失业再就业工作的加重，就业服务重点开始转向就业援助、创业带动就业、就业优惠政策落实，累计为企业招用城镇合同制工人1.4万人，城镇新增就业5.7万人，创业带动就业0.5万人、农村劳动力转移就业4.4万人，在社区开发公益性岗位和灵活就业岗位等，安置困难群体就业和“4050”人员2600多人，兑现促进就业社会保险补贴累计727万元，城镇失业率始终保持在3%~4%。

2007年，薛城轮胎吊司机被评为山东省驰名劳务品牌和全国优秀劳务品牌，邵飞、孙福臣被授予全国优秀农民工称号。

2009年，薛城区被确定为全省28个“创建创业型城市试点城市”，创业带动就业成为劳动就业服务的主题。

2010年，薛城区被省评为“全省农村劳动力转移就业工作示范县”。是年9月，区劳动和人事职能整合，成立薛城区人力资源服务中心，为正科级事业单位。

薛城区零工劳务市场于2012年11月30日正式启用，是提供综合管理、就业服务、政策咨询等和城市管理治安维护等服务的全省一流、全市首家零工劳务市场。随后又建立劳动力供求信息平台，开通“960960”求职用工热线。

1991—2013 年薛城区就业再就业安置情况表

表 23-3

项目 年份	就业安置人数 （人）	城镇登记失业率	新增农村劳动力转移就业人数 （人）
1991	861	0.65%（待业率）	1541
1992	877	0.1%（待业率）	1430
1993	598	0.1%（待业率）	1110
1994	1152	0.2%（待业率）	1584
1995	2306	0.2%（待业率）	3483
1996	2613	3.9%	1258
1997	2609	3.0%	659
1998	2571	2.0%	924
1999	1463	1.7%	830
2000	560	2.0%	1100
2001	1325	3.5%	1236
2002	1412	4.0%	4523
2003	2881	3.9%	7567
2004	1932	4.0%	7972
2005	2116	3.9%	9526
2006	2126	3.7%	7636
2007	2271	3.6%	7163
2008	2191	3.3%	7340
2009	2861	3.6%	5930
2010	2932	3.2%	6028
2011	9535	3.0%	6038
2012	10510	2.2%	9263
2013	7176	1.9%	7851

第三节　劳动力管理

劳动中介

1992—2003 年，薛城区劳动力市场机制逐步建立，计划招工取消，个体、私营经济迅猛发展，开始完全依赖市场解决用工问题，国有企业也开始通过市场大量使用农民工和城市临时工，薛城区有 3 万多农民工在市场的吸引下以不同中介方式流入城市就业，越来越多的劳动者进入市场。

2004—2010 年，薛城区规范劳动中介管理，薛城区劳动局和各镇街成立公益性职业介绍中心，16 家民办中介机构，通过市劳动局审批取得劳务中介许可证从事劳务输出中介服务，累计输出劳动力 1.2 万多人，安置失业人员再就业 900 多人。

2011—2013 年，进一步加强人力资源市场管理，规范市场秩序，规范就业中介服务。至 2013 年年底，人力资源服务机构共计 16 家。

城乡劳动力变化

2003 年，薛城区在“取消农民进城务工就业的不合理限制”政策下，开始有农民工进城务工和经商。薛城区有组织地向外地输出农村劳动力，在上海港建立劳务基地，形成以装卸工为主要工种的劳务输出。对进城登记求职的农村劳动者，就业服务机构开始提供部分免费的职业介绍服务。2006—2010 年，薛城区对进城务工和劳务输出人员全部实行免费服务。为浙江嘉兴、上海松江大学城，苏州等地免费输出 2700 多人实现异地就业，并平等享受与城镇职工一样的待遇，区内城镇劳动力和农村劳动力就业比较平稳。

2011—2013 年，薛城区就业创业机制不断完善，统筹城乡就业，建立健全城乡劳动者平等就业制度，拓宽农村劳动力转移就业渠道，促进农村富余劳动力转移就业和外出务工人员返乡创业。鼓励城乡劳动者围绕新经济、新产业、新业态开展创业活动。一批转移农村劳动力逐渐成长为有资产、懂技术、善管理的经商办厂能手之后，选择回乡创业。统筹实施高校毕业生就业促进和创业引领计划，结合产业转型升级，开发更多适合高校毕业生的就业岗位，健全高校毕业生自主创业、到基层就业的激励政策，完善基层服务保障机制。

技工培训

1991—1995 年，区劳动就业办公室负责管理区训练中心和枣庄市薛城技工学校以及全区民办职业培训学校的管理。区就业训练中心承担全区就业前培训、在职职工培训、技术等级培训、农村劳动力培训、再就业培训和创业培训，待业青年根据“先培训、后就业，先培训、后上岗”的原则，在上岗前需经培训和考核，取得培训合同（结业）证书，方可招工录用。就业指导培训 2700 人，岗前培训 7056 人。

1996—2000 年，由于职业教育的快速发展，职业技能学校实行“双证书”（学历证、技能证），新成长劳动力就业前培训逐年减少，培训形式主要采取集中办班方式，由区劳动部门扎口管理，依托各职校进行培训。培训内容为青工政治读本、法律常识、就业形势和政策等。就业指导培训 3100 人，岗前培训 9050 人。

2001—2006 年，由于企业破产和改制，大批职工下岗和失业，农村富余劳动力转移就业增多，再就业培训（转业转岗训练）和农村劳动力转移培训开始实施。对失业职工全部实行免费技能培训，发放技能鉴定证书，结业后推荐就业。失业职工再就业培训 5000 人，就业指导培训 8039 人，岗前培训 4486 人。

2007 年，薛城技工学校成立，除实行“双证书”培训，同时承担全省技能扶贫招生任务，创业培训开始实行。新增就业培训 1200 人，失业职工再就业培训 960 人，农村劳动力转移培训 2530 人，创业培训 181 人，技能扶贫招生 70 人，就业指导培训 150 人，岗前培训 1200 人。

2008—2010 年，实施“五年培训计划”，新增就业培训 2107 人，失业职工再就业培训 4176 人，农村劳动力转移培训 9465 人，创业培训 694 人，技能扶贫招生 177 人，职工在职提升培训 773 人。

职业培训学校发展迅速。薛城区民办职业培训学校从 2003 年起逐步发展壮大，开始主要集中在电动缝纫、服装裁剪、美发、烹饪等几个行业，2005 年后，微机、电焊、电工、车工、钳工、数控车工、加工中心操作工等二十几个工种成为培训主要工种，学校总数发展到 13 家，培训对象由自主招生培训为主开始转向由政府委托培训下岗失业人员和农村劳动力转移培训与自主招生培训并重。2007年，劳动和社会保障局投资8000余万元成立枣庄市薛城技工学校，占地面积20多公顷，建筑面积1万多平方米，年培训能力3000人，培训1000余人全部输出到上海、烟台、无锡等地就业。

2011—2013年，继续实施山东省提高就业与创业能力“五年培训计划”，新增就业培训3840人，失业职工再就业培训7680人，农村劳动力转移培训5643人，创业培训2340人，职工在职提升培训1050人。

第四节　劳动维权

劳动合同

2007年，根据《关于建立劳动用工备案制度的通知》，薛城区开始实施劳动合同备案制度，薛城区劳动争议仲裁委员办公室负责劳动合同备案。

2002—2013年薛城区劳动合同签订统计表

表23-4

年份	签订人数（人）	鉴证人数（人）
2002	3600	3600
2003	2860	2860
2004	6800	6800
2005	5136	5136
2006	4200	4200
2007	7200	7200
2008	7000	7000
2009	4000	4000
2010	2880	2880
2011	2300	2182
2012	3546	3284
2013	4206	3886

劳动监察

1997年4月，薛城区劳动局内设劳动监察室，2004年6月，区劳动保障监察大队成立，为副科级级事业单位，与区劳动保障监察室合署办公，实行一套班子、两块牌子。区劳动保障监察室负责对劳动保障监察大队进行业务指导。至2013年年底，薛城区劳动保障监察机构取得国家人力资源和劳动保障部劳动保障监察证的专职监察员6人，兼职监察员8人，劳动保障监察协管员52人。

薛城区劳动保障监察大队积极开展劳动保障执法监督，组织实施社会保险、劳动合同、清理人力资源市场秩序、禁止使用童工、技术工种持证上岗女职工劳动保护等专项检查活动，加大查处非法用工和清理拖欠农民工工资的力度，依法处理各类劳动监察案件。1997—2013年，区劳动保障监察机构累计检查用人单位6469户、涉及劳动者50余万人、责令补签续签劳动合同3万余人、追讨劳动者工资5600余万元、补缴社会保险费7500余万元，接受群众咨询20万余人次，累计受理举报、投诉案件436起，已全部结案，无行政复议及行政诉讼案件，对举报、投诉案件坚持“快立、快查、快结”的原则，避免群体上访和恶性事件的发生。

同时，依托劳动保障监察“两网化”平台，在全区6个乡镇、1个街道及1个工业经济开发区以行政区域为单位，划分8个一级网格，以管区为单位划分52个二级网格。在每个镇（街）及工业经济开发区一级网格分别聘请1名劳动保障兼职监察员（具体由劳动保障服务中心主任担任）。在每个管区二级网格聘请1名劳动保障监察协管员。进一步加快信息采集工作进程，依托全区劳动保障工作平台，采集全区用人单位基本信息，用人单位基本信息初步采集完成。实现对企业的动态监控，形成劳动保障监察工作“变被动检查为主动监察，变事后处理为事前预防”的新格局，建立“全覆盖、全方位、全动态、全过程”监督检查的劳动保障监察新机制。

劳动仲裁

薛城区劳动争议仲裁委员办公室是薛城区劳动争议仲裁委员下设机构，成立于1988年，设在薛城区劳动局。主要职责：根据仲裁委员会授权，负责管理仲裁员，组织仲裁庭；负责承办处理劳动争议案件工作；指导用人单位与劳动者签订劳动合同及鉴定工作；负责审查、核批企业集体合同文本；指导镇街、企业调解委员会工作；负责办理劳动争议法律法规及政策宣传、咨询工作。

1991年9月10日，薛城区劳动局、薛城区总工会、薛城区乡镇企业局在全区乡镇企业（村办集体）、街道办事处建立劳动争议调解委员会。

1995年11月6日，在全区开展三资企业劳动合同的管理工作。1998年11月5日，在全区各乡镇劳动服务站设立劳动关系协调员。1999年4月13日，薛城区劳动局被山东省劳动厅评为全省劳动仲裁工作先进单位。

2006年5月21日至6月20日，在全区开展劳动用工大检查。9月8日，经薛城区编委申请成立区劳动争议仲裁院。2007年4月16日至5月18日在全区开展劳动合同管理、劳动关系、劳动用工执法大检查活动。是年，薛城区劳动和社会保障局被评为全省劳动争议处理先进集体。

2011年，薛城区劳动人事仲裁办共受理228起劳动争议案件，其中调解结案78起，裁决结案130起，撤诉20起，通过案前调解息诉的36起，调解成功率93%。仲裁办协助市仲裁委办理案件10余起，指导镇街和企业调解处理的争议案件35起，调解成功履约率达100%，为当事人挽回经济损失800余万元。

2012年，薛城区劳动人事仲裁办共受理143起劳动争议案件，其中调解结案62起，裁决结案68起，撤诉13起，通过案前调解息诉的25起，调解成功率56.6%。区劳动人事仲裁办协助市仲裁委办理案件18起，指导镇街和企业调解处理的争议案件16起，调解成功履约率100%，为当事人挽回经济损失800余万元。

2013年，薛城区劳动人事仲裁办共受理209起劳动争议案件，其中调解结案89起，裁决结案106起，撤诉14起，通过案前调解息诉的38起，调解成功率85%。区劳动人事仲裁办协助市仲裁委办理案件10余起，指导镇街和企业调解处理的争议案件35起，调解成功履约率达100%，为当事人挽回经济损失800余万元。

2001—2013 年薛城区劳动争议处理情况统计表

表 23-5

年份	案件数（件）	人数（人）
2001	27	27
2002	50	50
2003	102	102
2004	130	130
2005	68	68
2006	450	450
2007	113	113
2008	149	149
2009	157	157
2010	147	147
2011	228	228
2012	143	143
2013	209	209

第五节　社会保障

养老保险

职工养老保险　职工基本养老保险制度的覆盖范围为城镇所有企业及其职工，包括国有企业、城镇集体企业、外商投资企业、城镇私营企业和其他城镇企业及其职工，实行企业化管理的事业单位及其职工，城镇个体工商户和灵活就业人员。将各类企业都纳入城镇企业职工基本养老金保险覆盖范围。薛城区自 1988 年起开展企业职工基本养老保险，1988 年 7 月至 1995 年 12 月，实行个人账户前全民固定工、集体固定工和合同制个人缴纳比例各不一样。

1988—1995 年薛城区实行个人账户前缴纳养老保险比例一览表

表 23-6

全民固定工	单位比例	个人比例	集体固定工	单位比例	个人比例	合同制个人	单位比例	个人比例
1988. 07—1992. 12	16%		1988. 07—1992. 12	24%		参加工作至 1992. 12	18%	2%
1993. 01—1995. 12	16%	2%	1993. 01—1995. 12	24%	2%	1993. 01—1995. 12	18%	2%

1991 年 6 月，国务院发布《关于企业职工养老保险制度改革的决定》，对养老保险制度改革的目标、模式、资金来源、基金管理等问题做出一系列的规定。

1995 年，《中华人民共和国劳动法》实施，全区企业职工在年老退休、享受社会保险金待遇方面有了法律保障。1995 年 3 月，国务院发布《关于深化企业职工养老保险制度的通知》，确立社会

统筹与个人账户相结合的改革原则。省出台《山东省人民政府贯彻国务院关于深化企业职工养老保险制度改革的通知》和《山东省企业职工基本养老保险社会统筹与个人账户相结合实施办法》，确定缴费基数、建立个人账户，薛城区开始为每位参保职工建立基本养老保险个人账户，自1996年1月1日起，确定个人缴费工资的11%计入个人账户。

1995年，薛城区开始实行养老金社会化发放，不再将养老金拨给企业，实行保险处自发。

1990—1997年，企业职工退休执行《国务院关于工人退休退职的暂行办法》。1997年7月，国务院发布《关于建立统一的企业职工基本养老保险制度的决定》，对企业和职工个人的缴费比例、个人账户的记入比例、基本养老金计发办法等问题作了进一步规范和统一。

1998—2005年，按照山东省建立统一的企业职工基本养老保险制度要求，全区开始改革基本养老金计发办法。基本养老金由基础养老金、个人账户养老金、过渡性养老金、过渡性调节金、地方补贴等部分组成。

1998年，中共中央、国务院提出“两个确保”，全区企业退休人员养老金按时足额发放的成果不断得到巩固。

1999年1月，国务院发布《社会保险费征缴暂行条例》，对社会保险费的征缴、覆盖范围、监督检查等做了规定。是年，全面实行养老金社会化发放，全面委托银行、邮政机构代发，社会化发放达到100%。

2003年，中共中央办公厅、国务院办公厅关于转发劳动和社会保障部等部门《关于积极推进企业退休人员社会化管理服务工作的意见》的通知，枣劳社发《关于印发〈枣庄市企业退休人员社会化管理服务工作实施方案〉的通知》，薛城区开展退休人员社会化管理服务工作，成立3个社区劳动保障服务站，并招聘专职工作人员。根据文件精神，自2003年9月1日调整企业职工丧葬补助费，调到每人1000元。根据文件精神，自2003年7月1日调整企业职工因病或非因公死亡后供养直系亲属生活困难补助标准，薛城区为每人每月170元。

2005年，继续完善企业退休人员社会化管理服务工作，城区共建6个社区劳动保障服务站和7个镇街劳动保障服务中心，退休人员逐步纳入社区管理服务。是年，国务院发布《国务院关于完善企业职工基本养老保险制度的决定》，扩大基本养老保险覆盖范围，调整个人账户划入比例，自1996年1月1日起为职工建立个人账户，2006年1月1日前，基本养老金个人账户记账规模为11%，2006年1月1日后基本养老金个人账户记账规模为8%，全部由个人缴费形成，单位缴费不再划入个人账户，改革基本养老金计发办法，基本养老金由基础养老金和个人账户养老金组成。

2006年，成立征收分局、基金管理办公室，征收分局负责社会保险费的征缴，基金管理办公室负责基金管理，社会劳动保险事业分处负责离退休人员养老金的发放和社会化管理服务工作。2006—2010年，按照山东省完善企业职工基本养老保险制度的决定要求，全区再一次改革基本养老金计发办法，养老金待遇直接与缴费年限长短、缴费工资基数高低相挂钩，进一步体现公平与效率相结合、权利与义务相对应的原则。

2007年，根据文件精神，自2007年7月1日起，调整企业职工因病或非因公死亡后供养直系亲属生活困难补助标准，薛城区为每人每月250元。

2009年，全区企业职工养老保险按照“六统一”标准开始进入省级统筹。根据文件精神，自2009年12月1日起，调整企业职工因病或非因公死亡后供养直系亲属生活困难补助标准，薛城区为每人每月320元。是年12月，国务院通过《城镇企业职工基本养老保险关系转移接续暂行办法》，解决企业职工养老保险全国统一转移的问题。

2010年7月起，企业缴纳比例由20%调到

19%，降低1个百分点。是年开始，全区企业离退休人员的取暖补贴由原来的24元，提高到1100元，提高45倍。自2005—2010年年底，连续六年连续调整企业退休人员养老金，薛城区的退休人员基本养老金由2005年的570元调整到2010年的1128元，增长98%。

2011年7月起，企业缴纳比例由19%调到18%，降低1个百分点。

1996—2013年薛城区企业基本养老保险费缴纳比例一览表

表23-7

时段	最低基数（元）	缴费比例	其中	
			企业	个人
1996.1—1998.12	320	21%	19%	2%
1999.1—2000.3	320	21%	17%	4%
2000.4—2001.12	400	24%	19%	5%
2002.1—2002.12	420	26%	20%	6%
2003.1—2003.12	460	27%	20%	7%
2004.1—2004.12	550	27%	20%	7%
2005.1—2005.12	600	28%	20%	8%
2006.1—2006.12	780	28%	20%	8%
2007.1—2007.12	860	28%	20%	8%
2008.1—2008.12	1030	28%	20%	8%
2009.1—2009.12	1320	28%	20%	8%
2010.1—2010.6	1480	28%	20%	8%
2010.7—2010.12	1480	27%	19%	8%
2011.1—2011.6	1686	27%	19%	8%
2011.7—2011.12	1686	26%	18%	8%
2012.1—2012.12	1900	26%	18%	8%
2013.1—2013.12	2130	26%	18%	8%

机关事业单位养老保险　1994—1997年，主要负责全区机关事业单位合同制工人、聘用制干部和乡镇选聘干部的养老保险工作。至1997年12月底参保人数1512人，收缴保险金869万元。

1997年8月1日起，开始启动机关事业单位养老保险统筹，区直机关事业单位共77家，全部参加社会保险，参保人数3029人，离退休人数300人。机关保险处进行全建制调整，由区人事局划归到区劳动和社会保障局管理，至2006年3月，参保人数达到8000人，离退休人数达到1700人。

2006年4月17日，薛城区机关保险处升格为副科级机构，核定人员编制8人，配备主任1名，副主任2名。区机关保险处的职能是负责全区机关事业单位离退休人员待遇的审核、审批和离退休人员养老金及遗属补助金、丧葬抚恤金的　　发放工作。

1994—2013 年薛城区机关事业养老金收支统计表

表 23-8　　单位：万元

年份	养老金收入	养老金支出
1994	98	0
1995	90	0
1996	170	0
1997	511	201
1998	821	472
1999	811	516
2000	865	680
2001	1260	1325
2002	1278	1253
2003	1398	1431
2004	2112	2049
2005	2613	2555
2006	3766	3229
2007	4512	4543
2008	5062	5010
2009	5271	5858
2010	7174	7472
2011	9408	9960
2012	11712	11748
2013	13932	13575

农村养老保险

1991 年 12 月 30 日，山东省民政厅确定“开展农村社会养老保险试点”工作的县（区）名单，薛城区成为全省农村社会养老保险试点县（区）之一。

1992 年 3 月 25 日，成立“薛城区农村社会养老保险事业管理处”，隶属区民政局，定编 5 人。是年 4 月 1 日，枣庄市薛城区人民政府印发《枣庄市薛城区农村社会养老保险暂行办法》。

1993 年，薛城区民政局印发《关于农村籍义务兵等优抚对象参加农村社会养老保险的通知》。1994 年 1 月 20 日，薛城区民政局印发《关于农村社会养老保险管理费用有关问题的通知》。针对农村社会养老保险工作投入大、覆盖面小、缴费标准低、办公费用支出大等问题，对经办机构管理费借支数额进行明确规定，要求不超过当年收取保险费总额的1%～3%。对基层管理机构要求积极争取财政部门的支持，民政部门调剂，基金增值部分做实。

1995年5月11日，薛城区机构编制委员会印发《关于乡镇农村养老保险与民政工作机构编制问题的通知》。乡镇农村养老保险管理所为乡镇党委、政府所属的事业单位，业务上接受上级民政部门的指导管理，人员编制2人，所需经费从规定提取留用的管理费中列支。

2000年5月13日，山东省机构编制委员会下发《关于调整乡镇农村养老保险管理所业务指导关系的通知》。各市地、县（市、区）机构编制委员会鉴于山东省社会基本保险管理体制已作了调整，乡镇农村养老保险管理所的农村养老保险业务工作由接受上级民政部门指导管理，相应调整为接受上级劳动和社会保障部门指导管理。

2003年，中共薛城区委印发《关于对全区农村党支部书记实行规范化管理的实施意见》，明确规定薛城区农村党支部书记参加农村社会养老保险的条件、缴费标准、考核、工资待遇享受情况、制定奖惩措施。是年，薛城区计划生育委员会出台《薛城区计划生育独生子女“社会福利保险”及父母“补充性社会养老保险”实施意见》，对符合计划生育政策的独生子女户，按规定参加薛城区农村社会养老保险。独生子女保险按每年缴纳保险金120元，连续不间断交纳到14周岁终止。独生子女父母“补充性社会养老保险”将其享受的社会福利期满保险金转为独生子女父母养老保险，一次性投保金2000元。是年12月24日，山东省人民政府出台《关于建立失地农民基本生活保障制度的意见》。

2007年6月8日，薛城区人民政府出台《关于加快被征地农民基本生活保障制度建设的意见》。对建立被征地农民基本养老保险制度的指导思想、基本原则、参保范围、资金筹集、低保和特困救助机制的建立、被征地农民转移就业等问题进行明确规定，进一步完善征地补偿机制，充分维护被征地农民的合法权益，保障被征地农民的基本生活。

2008年4月1日，山东省劳动和社会保障厅印发《关于对农村社会养老保险基金核算办法和个人账户计算标准调整的通知》。自2008年起实行新的农村社会养老保险基金核算办法，提高个人账户计算标准。对基金增值不再设增值要求，年终核算时以实际增值收入按权责发生制核算记入责任金；个人账户计算标准从2008年1月1日起按同期一年定期银行存款利率复利分段计算；养老金计发办法和标准不变；当年收缴基金全部进入“养老保险费收入”科目。自2008年1月1日起，投保者个人账户资金不再扣除3%的管理费，其他计息标准和办法不变。

2009年6月4日，枣庄市人民政府出台《关于开展新型农村社会养老保险试点工作的意见》，决定自2009年起，在全市开展新型农村社会养老保险试点工作，逐步建立与全市经济社会发展相适应的新型农村社会养老保险制度。意见指出：新型农村社会养老保险制度坚持社会统筹与个人账户相结合，个人缴费、集体补助和政府补贴相结合，保障水平与经济社会发展相适应，政府引导与农民自愿参保的原则。对参保范围、资金筹集、领取条件、待遇享受问题进行明确规定，基金管理实行个人账户基金与社会统筹基金分账管理。明确规定试点村参保居民，在其缴费达到和年限的条件下，每人每月按30元的标准领取基础养老金。基础养老金新型农村社会养老保险与原农村社会养老保险制度衔接进行统一规范，确保新型农村社会养老保险制度顺利实施。是年11月27日，山东省人民政府出台《关于开展新型农村社会养老保险试点的实施意见》。

2010年1月14日，枣庄市人民政府办公室印发《关于进一步做好新型农村社会养老保险试点工作的通知》。5月31日，薛城区劳动和社会保障局印发《京沪高铁项目被征地农民社会保障工作实施方案》，保障京沪高铁项目被征地农民的合法权益，促进经济发展，维护社会稳定，确保被征地农民基本的生活保障。是年7月1日，枣庄市人民政府办公室印发《关于调整和完善新型农村社会养老保险试点政策的通知》。参保范围由年满18周岁调整为年满16周岁；基础养老金标准由每人每月30元提高到55元；所有参保缴费人员每人每年补贴标准为30元；参保村年满60周岁以上人员不需缴费可按月领取基础养老金55元。

自2011年1月1日起，薛城区对参加农村社会养老保险缴费人员（除参加城镇职工基本养老保险外），累计缴费年限应不少于15年，累计缴费额应不低于相应年限的缴费标准。满60周岁领取养老金时，按新型农村社会养老保险领取标准进行计算，享受每月55元的基础养老金。对已经参加城镇职工基本养老保险的参保人员，不再办理农村社会保险参保手续。如果发现享有城镇职工基本养老保险和农村社会养老保险双重保险的，不得享受农村养老保险的基础养老金。从个人缴费金额中扣除3%的手续费。

薛城区政府下发《关于薛城区新型农村社会养老保险实施办法的通知》，新农保基金由个人缴费和政府补贴。个人缴费标准为100元（残疾人缴费档次）、300元、500元、800元、1000元、1500元、2000元7个档次，也可根据投保人意愿增设缴费档次，参保人自主选择缴费档次，按年缴费。缴费补贴：政府对参保人缴费给予补贴，补贴标准每人每年30元，缴费既补。对确有困难不能缴费的重度残疾人（一、二级），政府为其代缴养老保险费和缴费补贴，缴费档次为100元，缴费及政府补贴部分由市级负担50%，其余由区、镇（街）负担；养老金待遇条件：年满60周岁、按规定缴费、未享受城镇职工基本养老保险待遇的城乡有户籍的老年人，按月领取养老金。新农保制度自2011年1月1日实施，已年满60周岁、未享受城镇职工养老保险待遇的，不需缴费，可以按月领取基础养老金。

2013年，按照文件明确规定：参加居民基本养老保险的重度残疾人提出申请，经审核后可以提前5年发放养老金。年满55周岁的重度残疾人凭本人身份证、户口本、重度残疾人证等证件，向户籍所在乡镇（街道）人力资源和社会保障所提出书面申请，符合条件的，按规定办理领取待遇相关手续和补发事宜。

医疗保险

城镇职工医疗保险　2001年1月1日，根据《国务院关于建立城镇职工基本医疗保险制度的决定》《山东省关于建立城镇职工基本医疗保险制度实施方案》《枣庄市城镇职工基本医疗保险暂行规定》文件精神，薛城区全面启动城镇职工医疗保险工作。

基本医疗保险费由用人单位和职工个人共同缴纳，用人单位以本单位在职职工上年度工资总额为基数，按7%缴纳；职工个人按本人上年度工资总额的2%缴纳，由用人单位从职工工资中代扣代缴。退休人员不缴纳基本医疗保险费。基本医疗保险建立统筹基金和个人账户。职工个人缴纳的基本医疗保险费，全部计入个人账户，用人单位缴纳的基本医疗保险费按照在职职工45岁以下的按本人缴费工资的0.8%划入；45岁（含45岁）以上的按本人缴费工资的1.5%划入；退休人员按本人养老金的4.5%划入。用人单位缴纳的基本医疗保险费，按比例划入个人账户后剩余的部分，作为基本医疗保险的统筹基金，由医疗保险经办机构统一管理和支付。

统筹基金支付的医疗费用设置起付标准和年度最高支付限额。从由医疗保险统筹基金支付医疗费用的第一次住院之日起，满12个月为一个医疗年度。一个医疗年度内，第一次住院就诊于一级、二级、三级医院的起付标准分别为400元、600元、800元；第二、三次住院起付标准逐次减半，第四次住院不再设起付标准。年度内统筹基金支付医疗费用的最高限额为全市上年度社会平均工资的4倍。

参保人员符合规定的住院医疗费用，在起付标准以上不足1万元部分个人负担20%，1万元至2万元部分个人负担15%，2万元以上至最高支付限额部分个人负担10%。退休人员的住院医疗费用在各数额段的自负比例为在职职工的一半。

2007年1月1日起，大病救助金筹集标准提高，凡参加城镇职工基本医疗保险的人员，按每人每月5元（全年共60元，可一次性提缴）的标准筹集大病救助医疗金，由个人缴纳。救助标准，在一个医疗年度内，超过医疗保险基金最高支付限额以上符合统筹基金支付范围的部分，按照90%的比例报销，最高支付限额为15万元。

2010年1月1日起，依据《枣庄市城镇职工大病医疗保险救助基金筹集使用管理办法》文件规定，在全区启动大病救助体系。救助金筹集，凡参加城镇职工基本医疗保险的人员，按每人每月3元（全年共36元，可一次性提缴），由个人缴纳。救助标准，第一个缴费年度大病医疗救助最高申报额原则上为2万元（连续参保每增加一个年度，申报额相应增加1万元，最高为10万元），最高救助比例为90%。

城镇居民医疗保险　2009年1月1日起，薛城区全面启动城镇居民医疗保险工作。参保范围在全区行政区域内不属于城镇职工基本医疗保险制度覆盖范围的具有全区户籍的非从业城镇居民。基金筹集，中小学阶段学生、少年儿童每人每年个人缴纳10元；成年居民每人每年个人缴纳140元；老年居民每人每年个人缴纳75元；省、市、区各级财政每人每年补助总额不低于120元。

住院报销标准，一个医疗年度（自然年度）内，城镇居民基本医疗保险基金最高支付限额为成年居民3万元，未成年人5万元。设置起付标准，在一个医疗年度内首次住院的，一、二、三级医院的起付标准分别为200元、300元和400元；第二次住院起付标准减半，第三次住院不再设起付线。在一、二、三级医院发生的住院医疗费用，统筹基金分别按60%、55%、50%的比例报销（对连续缴费每满2年报销比例增加1%，最高增加10%），至最高支付限额。

门诊待遇，参保人员在上年度内未发生住院或门诊慢性病费用的，当年在医疗保险定点社区卫生服务机构就医费用超过100元以上部分，由基本医疗保险基金据实支付，最高支付30元。

参保的中小学阶段学生因意外伤害事故发生的无责任人的门诊、急诊医疗费用，经医疗保险经办机构调查核实后，符合统筹基金支付范围的医疗费用在起付标准（300元）以上部分据实支付，最高支付600元。

2010年10月1日起，报销标准提高为一个医疗年度（自然年度）内，城镇居民基本医疗保险基金最高支付限额为：成年居民6万元，未成年人8万元。在一、二级医院发生的住院医疗费用，统筹基金分别提高到65%、60%的报销比例至最高支付限额。

2001—2013年薛城区城镇职工医疗费统筹、支付情况统计表

表23-9　　单位：万元

年份	统筹收入	统筹支出
2001	585	403
2002	702	612
2003	811	784
2004	918	893
2005	1112	1056

续表23-9

年份	统筹收入	统筹支出
2006	1914	1464
2007	2117	1438
2008	2490	2255
2009	2791	2283
2010	3961	3501
2011	2592	2497
2012	3119	3124
2013	3278	3286

2009—2013年薛城区城镇居民医疗费统筹、支付情况统计表

表23-10　　单位：万元

年份	统筹收入	统筹支出
2009	397	223
2010	612	582
2011	1701	708
2012	3050	1033
2013	2976	1662

失业保险

1992年，依据山东省人民政府颁布的《山东省职工待业保险办法》和枣庄市人民政府《关于贯彻实施〈山东省职工待业保险办法〉的通知》，自1993年1月1日起，待业保险范围扩大到外商投资企业中的中方职工、实行企业化管理的事业单位职工和经劳动部门办理录用手续的所有企业职工，缴纳比例调整为职工工资总额1%，保障对象从原来的四类人员扩大到国有集体企业的8类企业人员，待业职工救济标准按工作年限确定其支付期限和标准进行统一，并增加待业双职工每次不超过100元的不定期困难补助和待业职工丧葬补助费及直系亲属救济费。1994年12月，经市劳动局批复，薛城水泥二厂因临时停工停产，为778名职工支付生活救济金3个月，共计24.5万元。

1995年，国家文件规定，将待业保险制度改为失业保险制度。

1998年7月，将失业保险费缴纳比例调整为企业按全部职工工资总额2%交纳，职工个人按工资总额的1%交纳，同时对失业保险基金实行“收支两条线”管理，对占用的失业保险基金进行清理，停止从失业保险基金中提取管理费，失业保险业务经费由区财政承担。

1999年，将失业保险覆盖范围扩大到城镇所有企业、事业单位及其职工，失业保险费缴纳比例未变，明确失业职工领取失业保险金的资格、条件和计发办法。计发标准根据失业人员失业前

所在单位和本人按规定累计缴纳失业保险费的年限计算。累计缴费满1年不满5年的，每满1年领取3个月失业保险金；累计缴费满5年不满10年的最长为18个月，累计缴费满10年以上的最多领取24个月；农民合同制职工累计缴费每满1年领取1个月一次性生活补助金，最多领取12个月一次性生活补助金。

为加强失业保险管理工作，区劳动和社会保障局将全区企业失业保险费征收划归区劳动保险事业分处实行“一票征收”，并建立失业保险费个人缴费记录；区劳动就业办公室负责失业保险金的发放和管理。1999年6月，区轧钢厂破产登记失业，成为区内第一个登记失业领取失业保险金的企业，失业保险金发放标准为每人每月143元。

2000—2003年，区劳动和社会保障局针对薛城区的实际，依据省、市文件精神制定《关于印发薛城区失业保险申领和发放管理办法的通知》，对失业保险金发放管理工作进行规范和细化，失业职工领取失业保险金的计发办法发生变化。失业保险金计发标准：失业人员领取失业保险金的期限，根据其失业前所在单位和本人按规定累计缴纳失业保险费的年限计算。累计缴费满1年不满5年的，领取失业保险金最长为12个月，累计缴费满5年不满10年的最长为18个月，累计缴费满10年以上的最多领取24个月；农民合同制职工缴费每满1年领取1个月一次性生活补助金，最多领取24个月一次性生活补助金。

2000—2006年，薛城区企业破产改制加速，领取失业保险金人员急剧增加，全区开始调剂使用机关事业失业保险基金，市、区财政对企业失业保险基金进行补贴。其间登记失业领取失业保险金人数共计8000多人，于2001年3月，薛城区率先在全市实现失业保险金社会化发放。2004年9月，全区失业保险金发放标准进行调整，由1999年的每人每月143元调整为每人每月200元。

自2007年4月起，失业人员每人每月增发10元日常门诊医疗补助金。5月起，每人每月失业保险金发放标准提高至282元，同时随失业保险金每人每月发放14元的日常门诊医疗补助金。是年，华众纸业有限公司和薛城发电厂宣布破产，自7月起，企业失业职工分批登记失业并领取失业保险金。

2008年1月起，每人每月失业保险金发放标准提高至320元，同时随失业保险金每人每月发放16元的日常门诊医疗补助金。2009年1月，全区失业保险金发放标准提高到每人每月355元，日常门诊医疗补助金每人每月18元。7月，梨树电子有限公司（外资企业）103名职工进行失业登记领取失业保险金。

2010年7月，全区失业保险金发放标准提高到每人每月430元，日常门诊医疗补助金每人每月22元。10月，根据枣庄市人民政府办公室《关于印发枣庄市失业保险市级统筹办法的通知》，薛城区失业保险纳入市级统筹，失业保险实现全市“统一筹集、统一管理、统一大使用、分级负责、收支挂钩”，通过区财政一次性上解市失业保险基金844万元。12月，为配合区棚户区改造，区商业系统、永福机械铸造、区养殖场职工进行失业登记并领取失业保险金。2010年，区实施扩大失业保险基金支出试点和援企稳岗措施，累计支出84万元用于帮扶企业稳定职工队伍，补贴社会保险费和全区基层劳动保障服务平台信息化建设。将区内的远通纸业有限公司等7家企业纳入失业动态重点监测企业。

工伤保险

1997年，枣庄市首先在薛城区进行工伤保险试点工作，薛城区劳动保险事业处负责基金的征收、工伤的认定、待遇审核工作。

2003年4月，国务院颁布《工伤保险条例》，薛城区规范工伤保险工作的各项流程，区劳动保障局成立医疗保险股，负责工伤保险的政策、工伤的认定工作，医疗保险处负责待遇审核工作。2010年12月《国务院关于修改工伤保险条例的决定》自2011年1月1日施行，条例的修改更加完善工伤的认定、待遇的审核，实行市级统筹。

生育保险

2007年4月1日，《山东省企业职工生育保险规定》经山东省人民政府令第193号公布，自2007年5月10日起施行。

享受条件　符合国家计划生育政策生育或者实施计划生育手术；所在单位按照规定参加生育保险并为该职工连续足额缴费满一年以上。

享受待遇　生育医疗补助金，顺产2000元；剖腹产3600元；生育津贴，顺产本人3个月基本工资；剖腹产本人3.5个月基本工资；晚婚生育津贴（生育时男年满25周岁，女年满23周岁），顺产，5个月本人基本工资；剖腹产，5.5个月本人基本工资。男职工单方参保配偶无工作单位的仅报销50%的生育医疗补助金。顺产1000元；剖腹产1800元。

早孕、流引产待遇　医疗补助：小于等于12周（84天）医疗补助100元。中妊引产大于12周（84天）小于28周（196天）医疗补助300元。晚妊引产大于28周（196天）医疗补助600元。

产假：妊娠不满2个月流产的，产假为15天，补助15天本人基本工资；妊娠2个月以上不满3个月流产的，产假为20天，补助20天本人基本工资；妊娠3个月以上不满4个月流产的，产假为30天，补助30天本人基本工资；妊娠4个月以上流产的，产假为42天，补助42天本人基本工资。

第二十四编

教育　科技

第一章 教 育

第一节 学前教育

发展概况

自20世纪80年代至2013年，薛城区学前教育得到较快发展，大致经历以下几个阶段：20世纪80年代的初创阶段。1987年前，薛城区学前教育属妇联管理，主要是以机关幼儿园、焦化厂幼儿园为主的国有企事业单位的幼儿园、托儿所为主。1989年区教育局成立托幼领导机构，负责指导全区幼教管理、园所发展、教育教学、队伍建设等工作，各乡镇逐步成立中心幼儿园。20世纪90年代初“国标”阶段。以区政府办机关幼儿园和区直小学办附设幼儿园为标志，主要服务机关事业单位工作人员，学前教育的课程、教材初步统一，师资相对专业，但入园幼儿仍较少，社会保教重视程度不够。20世纪90年代末附设园成长阶段。依托国办小学，结合农村学校布局调整，城乡小学附设园迅速成长起来。2000年后的民办园大发展阶段。随着民办教育的政策出台，城市规模扩容、城区幼儿激增，出现入园难现象。2002年前后，育才幼儿园、金皇帝幼儿园等一大批纯民办园应运而生。2005年起，实行注册民办幼儿园年度检查制度。2007年后的加快幼儿园建设阶段。以北临城小学幼儿园（2007年）、临城中心园（2007年）、张范中心园（2009年）创“省规”为明显标志，带动其他镇（街）加快中心园建设，沙沟、常庄、陶庄、邹坞、周营、临城等6所中心园完成新建及改建工作，并先后通过省级示范幼儿园或中心幼儿园认定。同时政府加大区直幼儿园资金投入，实验小学幼儿园（2009年）、临山小学幼儿园（2000年）、蓝鸽幼儿园新园（2012年）、第二实验幼儿园（2013年）、枣庄二十九中附属幼儿园（2013年）先后建成投入使用，有效缓解城区幼儿园入园难问题。幼儿园管理规范提升阶段。2011年起，全区形成“政府统一领导、分级管理，教育部门主管，各部门分工负责”的学前教育管理体制，即实行分工负责、属地管理的模式。2012年起，随着《3~6岁儿童学习与发展指南》的颁布实施，启动开放、集团化办园，采用“名园加弱园”的运作模式，形成城乡一体化发展机制。薛城区学前教育基本形成以国办幼儿园为骨干、以乡镇中心园为示范、教育办园为主体、民办园为补充的和谐发展格局。2013年，薛城区有注册幼儿园80所，其中，省十佳园1所，省级实验园7所、市级示范园4所、市级一类园11所、市级二类园2所。在园幼儿11817人，学前一年入园率达到100%，学前三年入园率达到95%以上。全区幼教专职教师1135人，其中公办教师178人。

幼儿园选介

区实验幼儿园　1991年成为山东省首批命名的实验园之一，为枣庄市第一所省级实验园，同时更名为“薛城区实验幼儿园”。2002年，开办蓝鸽幼儿园分园，园址为黄河中路，租用原北临城办事处场地。2005年，蓝鸽幼儿园迁回实验幼儿园办园。2012年，蓝鸽幼儿园迁到中和路奚仲湖畔，借用区双语实验小学场地。2013年，区实验幼儿园小、中、大幼儿班共计21个，在园幼儿近700名，教职工120余人。该园先后获得“全国艺术教育先进单位”“山东省科研创新先进学校（园）”“枣庄市学前教育先进集体”“枣庄市家教先进集体”等多项称号。

区第二实验幼儿园　原名薛城新区实验幼儿园，始建于2013年，位于城南新区湘江路，为区教育局直属幼儿园。总投资3600多万元，建筑面积1.2万平方米。2013年，该园通过“枣庄市示范性幼儿园”检查验收，并获“枣庄市家庭教育工作先进单位”等称号。至2013年，成为鲁南地区办园规模最大的公立幼儿园。

第二节　义务教育

小学教育

1991年4月，薛城区被山东省人民政府确定为“农村学校卫生工作试点县”。5月，全市“农村学校标准化建设”现场会在周营镇召开。1993年1月，陶庄镇被省体委授予“山东省体育先进乡镇”称号，4月，周营镇中心小学、夏庄乡教育组被山东省人事厅、省教委联合授予“山东省农村小学教育先进单位”称号。1994年，薛城区农村学校卫生试点县通过省级验收。1995年4月，山东省女子少年儿童举重比赛在薛城区举行。9月，薛城区教委在周营镇中心校召开全区中小学教学管理现场会，“四制”改革（校长负责制、教师聘任制、岗位目标责任制、结构工资制）在试点的基础上，在全区中小学全面推开。

1996年3月10日，薛城区临山小学奠基，这一工程被区委、区政府列为1996年全区八大重点工程之一，9月1日建成投入使用。8月7日，薛城区委、区政府在陶庄镇召开全区“普九”工作现场会，区委书记高惠民、区长吴承鉴在会上作重要讲话，“普九”战役从此拉开序幕，至11月底，全区共新建中小学15所，新建办公楼、教学楼、综合楼39座，总建筑面积79783平方米，建筑和内部配套总投入4605万元。11月29日至12月1日，经省政府“普九”检查验收团验收合格，同年通过国家级验收。适龄儿童入学率99%以上；初中适龄少年入学率90%以上；“三残”适龄儿童少年入学率95%以上；小学毕业生升学率达100%；小学六年巩固率和初中三年巩固率分别达99.9%和98.1%；义务教育完成率95%以上。高中阶段教育毛入学率80%以上。同年，北临城小学被评为全国学生视力监测先进学校；区实验小学获全国雏鹰大队奖旗；区教委被市委、市政府表彰为“突出贡献单位”。

2001年，薛城区实验小学通过招商引资方式，引入资金650万元建成使用，创建区双语实验小学，该校于2002年5月建成使用。5月，山东省中小学计算机教育专业委员会在薛城召开。2003年2月，薛城区临西学校举行揭牌仪式。2005年10月，山东省青少年“薛城双语”杯航海模型竞赛在双语实验小学举办。2010年，全省小学品德与社会优质课评选活动，分别在区实验小学和临山小学举行。2011年，双语实验小学、临城实验小学成功创建省级“语言文字规范化示范校园”。2012年，全区完小以上学校安装卫星地面接收装置。2013年7月，对全区学校进行优化布局调整。9月，南临城小学新校启用。

区实验小学　2013年，学校有62个教学班，在校学生5006人，11个幼儿班，在园幼儿672人，教职工249人。学校先后获“山东省规范化学校”“山东省教学工作示范学校”“山东省少先队工作规范化学校”“山东省交通安全示范学校”“山东省科普教育示范基地”“山东省爱国卫生先进单位”“山东省绿色学校”“山东省德育工作先进集体”“全国级少先雏鹰大队”等称号。

区临山小学　区临山小学始建于1996年，位于临山东路，占地3.2公顷，建筑面积约5680平方米，为区教育局直属公办完全小学。2009年，在原枣矿集团薛城学校校址上改扩建临山小学东校区，东校区占地1.87公顷，建筑面积9171平方米。2013年，东西两校区共有86个教学班（其中幼儿班13个），在校生6000余名（含幼儿600余名），教职员工300余人。学校实施大美教育，注重学生全面素质的培养，在开齐开全开好艺术课程的同时，开设近20个社团，面向全体学生选修。至2013年，学生在区级以上比赛中获奖3000余人次。2005年，学生现场绘画作品《女

临山小学

孩的明天更美好》10米长卷，被联合国关爱基金会永久收藏。2013年8月，被确立为“全国中小学艺术教育实验基地”。

双语实验小学　薛城双语实验小学始建于2002年，占地面积6公顷，建筑面积4万平方米，直属区教育局管辖，办学模式为寄宿、走读兼容。2013年，学校拥有40个教学班，在校学生1800余名，教职员工260余人。

区北临城小学　2013年，学校有教学班53个，学生4000余人，教职工190人。先后荣获“全国少先大队规范化学校”“全国少先队红旗大队”“山东省教学示范学校”“山东省少年儿童工作先进集体”“山东省体育传统项目学校”“枣庄市德育工作规范化学校”“枣庄市信息技术规范化学校”等称号。

甘霖社区小学　1991年，成功创建“省级规范化学校”。枣庄矿务局改制后，学校更名为“甘霖社区管理服务公司学校”，隶属于枣庄矿业集团公司甘霖实业有限公司，业务归属矿业集团公司教育培训部管理。2008年，甘霖业社区管理服务公司学校移交到薛城教育局直属管理，并更名为“薛城区甘霖社区学校”。学校占地21000余平方米，建筑面积5600余平方米。2013年，学校有6个班级，276名学生，生源主要为甘霖煤矿职工子女和附近农家子弟。

1991—2013年薛城区区直小学教育基本情况表

表24-1

年份	学校（所）	在校学生		毕业生		招生	
		班数（个）	人数（人）	班数（个）	人数（人）	班数（个）	人数（人）
1991	7	101	5752	7	460	8	502
1992	7	101	5759	7	466	8	501
1993	7	105	6132	7	481	9	578
1994	7	109	6651	8	519	9	634
1995	7	111	7068	9	634	9	694
1996	8	116	7924	8	422	12	652
1997	8	122	8525	10	491	17	902
1998	8	132	8844	12	650	18	910
1999	8	146	8687	12	676	18	920

续表24-1

年份	学校（所）	在校学生		毕业生		招生	
		班数（个）	人数（人）	班数（个）	人数（人）	班数（个）	人数（人）
2000	7	156	8777	16	820	22	1028
2001	7	169	9392	16	810	26	1370
2002	8	195	10640	18	867	26	1369
2003	4	143	8632	22	1365	22	1354
2004	4	155	9175	25	1427	22	1396
2005	4	159	9533	29	1588	20	1402
2006	4	162	9889	37	1880	22	1484
2007	4	163	10232	37	1910	23	1593
2008	4	162	10537	34	1996	27	1665
2009	4	177	10965	33	2008	29	1769
2010	4	181	11468	33	1900	33	2195
2011	4	188	12284	29	1844	37	2413
2012	4	196	13473	29	1932	40	2818
2013	5	225	15362	32	2072	47	3297

1991—2013 年薛城区镇街小学教育基本情况表

表 24-2

年份	学校（所）	在校学生		毕业生		招生	
		班数（个）	人数（人）	班数（个）	人数（人）	班数（个）	人数（人）
1991	167	1087	34382	153	5937	220	8617
1992	164	1007	27489	157	5491	269	9117
1993	163	1044	34518	155	5636	282	9558
1994	142	1078	34706	166	6338	282	10208
1995	142	1043	37572	176	6721	263	9931
1996	134	1064	39369	140	5387	268	9112
1997	130	1060	41314	192	7491	227	7707
1998	124	1038	41240	199	7750	229	7800
1999	115	988	38165	170	9074	156	7322
2000	110	936	34866	221	8860	170	7590
2001	98	900	32366	210	7560	189	7760
2002	96	869	31372	172	6723	176	6015
2003	64	819	30858	161	6718	134	4389

续表24-2

年份	学校（所）	在校学生		毕业生		招生	
		班数（个）	人数（人）	班数（个）	人数（人）	班数（个）	人数（人）
2004	64	759	27259	138	5332	136	4333
2005	60	738	24976	131	4734	130	3834
2006	57	691	23134	125	4317	111	3037
2007	57	655	22056	110	4025	111	3302
2008	52	658	21247	113	4309	98	3126
2009	55	611	20536	121	4347	93	2728
2010	51	504	18694	95	3938	90	2921
2011	51	477	17653	81	3095	85	2993
2012	62	562	20734	90	3510	108	3820
2013	65	555	20704	86	3447	113	3872

初中教育

1991年，在全区范围内开展“三园”（即学园、花园、乐园）、“三化”（净化、绿化、美化）式新学校建设及验收活动。12月，枣庄十二中学被市政府评为“三园三化”学校。

1992年5月，枣庄二十九中学被市教委命名为“枣庄市首批规范化学校”。同年，薛城区初中、中专制度改革，按教学质量的高低和对教育投入多少等情况，将初中、中专招生名额分配到全区各中学，各自分别划线录取，至1995年，全区恢复统一划线录取。

1994年5月，枣庄十二中学学生辛健获“全国奥林匹克化学竞赛山东赛区二等奖”。

1995年3月，常庄镇中学被市教委批准纳入市统学校系列，更名为枣庄市第四十四中学。4月7日，枣庄四十四中学新校奠基。同年，薛城区投资50万元筹建体育中学教学楼，完成业余改制，区业余少年儿童体校改为少儿竞技体校。

1996年1月1日，枣庄四十四中学新校建成。6月，薛城区政府决定创办舜耕中学。舜耕中学建设被列为全区1997年十大重点工程之一。该校为全区第一所非营利性民办公助性质全日制封闭式初级中学。

1997年4月10日，市区领导举办舜耕中学奠基仪式，学校累计投资2300万元，教学规模为48个教学班，总建筑面积3.1万平方米，9月，舜耕中学举行教学楼竣工仪式。

2003年，枣庄十二中学被批准为“湖北大学新课程异步教学实验学校”。4月，枣庄二十九中学代表队在山东省“学校杯”中学生运动会——田径比赛中获男子团体总分第一名、女子团体总分第三名。9月，舜耕中学校长戚峰获“枣庄市第二届十佳校长”。

2010年，全区中小学校安全工程重建项目共13个，总建筑面积4.06万平方米，规划投资4466万元。2011年，枣庄二十九中学迁建工作被列为全区重点工程项目。

枣庄四中　2000年9月，周营二中并入枣庄四中初中部。2004年，成功创建省规范化学校，9月，周营一中并入学校初中部。2012年，取消薛城区职业高中名称。2013年9月，高中停招，周营中心中学并入枣庄四中。2013年，学校有20个教学班，在校生1000余人，教职工100人。

枣庄五中　2003年3月，学校成功创建“省规范化学校”，成为枣庄市第一所获此殊荣的农村中学。2013年，枣庄五中高中合并到枣庄八中办学。9月，邹坞镇第一中学和邹坞中心小学合并到枣庄五中办学，成为九年一贯制完全初级中学。学校占地50692平方米，建筑面积18800平方米。2013年，小学部15个教学班，中学部16个教学班，在校学生1286人，教职工120人。学校先后获“省级规范化学校”“省心理健康教育会员学校”“枣庄市级德育示范校”“枣庄市级现代教育技术示范校”“枣庄市实验教学规范化学校”等称号。

枣庄二十九中学　2013年8月，迁入嵩山北路新校区。学校占地5.33公顷，总建筑面积3.4万平方米，总投资7000余万元。学校原为全日制初级中学，迁校后，合并高新区兴仁中学、高新区实验小学，开办幼儿园，成为一所融学前教育、小学教育、初中教育于一体的十二年一贯制公办学校。至2013年年底，有教学班77个，其中，初中部36个班、小学部26个班、幼儿园15个班，在校生4200余人，教职工300余人。学校教室全部安装多媒体教学系统，地理教室的球幕星球系统是全市唯一实现三维立体动态展示的单体数字化教学仪器。

薛城舜耕中学　薛城舜耕中学始建于1997年，位于长江中路，占地9公顷，建筑面积45340平方米。原属于枣庄二十九中分校，1999年与二十九中学分离，成为独立完全中学。2001年，学校开始招生高中。学校拥有省特级教师5人，省齐鲁名师1人。2013年，学校初中部教学班85个，学生7246人，高中部38个教学班，学生1893人，教职工526人。2011年、2012年、2013年，刘宇翀、祁亚、王明磊成分别被清华大学、北京大学录取。2013年11月，学校承办“2013影响中国全国十大特色名校典型课、特色课集中展示活动暨全国十大特色名校品牌发展名校长高峰论坛”。同年12月，承办“全国第三届中学和谐杯‘我的模式我的课’高效教学模式博览会”。

薛城奚仲中学　薛城奚仲中学位于燕山路，占地2.67余公顷，建筑面积3.2万多平方米。2002年8月，由原临城中学并入枣庄市第二十九中学，为枣庄二十九中北校，2009年正式更名为薛城奚仲中学。2013年，学校有教学班69个，教职工357人，在校生5000余人。

奚仲中学

1991—2013 年薛城区区直中学教育基本情况表

表 24-3

年份	学校（所）	在校学生		毕业生		招生	
		班数（个）	人数（人）	班数（个）	人数（人）	班数（个）	人数（人）
1991	2	40	2790	16	848	16	860
1992	2	40	2792	16	850	16	864
1993	2	40	2913	16	1180	16	1200
1994	2	40	2893	16	1128	16	1224
1995	2	44	3112	16	1350	18	1340
1996	3	51	3579	17	873	16	1041
1997	3	56	3761	19	991	25	1610
1998	3	81	5050	22	1144	26	1700
1999	3	90	6084	26	1352	32	2080
2000	3	100	6851	38	1976	40	2600
2001	3	108	7819	52	3420	42	2730
2002	3	125	8628	66	3427	47	3006
2003	5	143	9460	48	3529	45	2791
2004	5	156	10332	52	3402	57	3885
2005	3	157	11029	47	3247	54	3833
2006	4	164	12088	53	3947	55	4313
2007	4	169	12729	57	3869	55	4504
2008	4	173	12912	57	4298	60	4048
2009	5	180	12921	59	4515	63	4402
2010	4	179	13191	54	3975	66	4788
2011	4	183	13679	61	4488	61	4446
2012	4	182	13749	59	4745	62	4570
2013	5	224	16307	75	5259	79	5744

1991—2013 年薛城区镇街中学教育基本情况表

表 24-4

年份	学校（所）	在校学生		毕业生		招生	
		班数（个）	人数（人）	班数（个）	人数（人）	班数（个）	人数（人）
1991	18	256	13700	81	4260	84	4976
1992	18	258	13796	81	4264	84	4984
1993	17	260	13670	81	4060	85	4633
1994	16	256	12395	81	4014	87	4828

续表24-4

年份	学校（所）	在校学生		毕业生		招生	
		班数（个）	人数（人）	班数（个）	人数（人）	班数（个）	人数（人）
1995	16	265	13780	78	3873	96	5515
1996	17	255	14035	75	3796	92	5412
1997	17	271	15660	92	4730	99	5821
1998	17	285	16246	120	6120	146	8614
1999	17	303	16877	144	7361	152	8959
2000	17	313	18396	162	8262	168	8300
2001	16	318	17119	170	8670	156	7956
2002	16	301	16704	192	9797	124	7342
2003	15	235	12740	80	4324	74	4226
2004	15	222	12235	69	3710	83	4721
2005	15	190	11428	66	3175	73	4029
2006	12	195	10216	66	3436	60	3231
2007	12	174	9260	59	3043	56	3090
2008	12	174	8744	57	2835	59	2926
2009	10	168	8073	56	2744	54	2552
2010	8	136	6867	45	2374	45	2147
2011	9	128	6450	41	2272	45	2048
2012	13	154	7214	54	2729	43	1838
2013	9	97	4188	37	1778	26	1055

第三节　高中教育

发展概况

1991 年，全区共有枣庄八中、枣庄四中、枣庄五中 3 所高中学校。1993 年 2 月，区委、区政府决定将枣庄八中学校迁至薛城东郊临山北麓（现北校区驻地）。学校占地 7.67 公顷，投资 2000 余万元，设计 36 个教学班规模，当时处全省领先水平。1994 年 2 月 28 日，枣庄八中完成整体搬迁。1997 年 6 月，枣庄市系列课达标活动现场会在薛城区召开，会上推广薛城区的成功经验和典型做法。同年顺利通过国家级“两基”验收。1998 年，枣庄八中顺利通过省级规范化学校验收。2000 年 8 月，区委、区政府决定依托枣庄八中（北校区），学校自筹资金 1.5 亿元，在临山南麓建成占地 16 余公顷、建筑面积 10.3 万平方米、58 个教学班的新校区（南校区）。2001 年，枣庄八中南校更名为薛城实验中学，许强和薛磊获 2001 届物理奥赛国家级一等奖。2002 年，薛城实验中学被山东省教育厅确定为“省级规范化学校”。2005 年 5 月，区委区政府决定将薛城实验中学并入枣庄八中。2010 年，全区高考实录本科首次突破 2000 人。2011 年，庞安琪、张洪铭、胡志强 3 位同学获 2011 届物理奥赛国家级一等奖，被保送清华和北大。刘少军、秦元帅获 2011 届数学奥赛国家级一等奖，均获得降 20 分的资格。2013 年，枣庄四中、枣庄五中高中并入城区枣庄八中，成立枣庄八中东校区。闵金坤在2013年物理奥赛中获全国一等奖。

招生改革

1991年，普通高考师范类考生单独报名，提前录取。1997年起，薛城区招生办公室购置微机、光电阅读器等信息设备，对考生实行微机管理。1997年，山东高考采用标准分计算考生成绩。2001年起，实现考生报名、打印准考证、填报志愿等全过程计算机管理。2002年，全省高考时间变为7月7日、8日两天，并且首次实行“3+X”考试科目改革，报考志愿实行本、专科分开填报，并实行远程网上录取。2003年开始，高考从7月改到6月。2012年，山东省组织首次春季高考，重点面向中等职业学校毕业生，同时面向普通高中毕业生的统一招生考试。由山东省统一命题，统一组织考试，主要为高职院校选拔合格生源。2013年，山东省实行平行志愿投档模式，有效降低考生志愿填报风险。1991—1993年高考科目，理工农医类：政治，语文，数学，外语，物理，化学，生物；文史类：政治，语文，数学，外语，历史，地理。1994—2001年高考科目，理工类：语文，数学，外语，物理，化学（“3+2”）；文史类：语文，数学，外语，历史，地理（“3+2”）。2002—2006年考试科目，理工类：语文，数学，外语，理科综合（物理，化学，生物）（“3+X”）；文史类：语文，数学，外语，文科综合（政治，历史，地理）（“3+X”）（外语考试增加听力，计入总分）。2007—2013年考试科目，理工类：语文，数学，外语，理科综合（物理，化学，生物），基本能力（“3+X+1”）；文史类：语文，数学，外语，文科综合（政治，历史，地理），基本能力（“3+X+1”）。

学校选介

枣庄市第八中学　1994年年初迁入临山北麓，占地7.67公顷，于1998年通过省级规范化学校验收。2000年，依托枣庄八中自筹资金1.5亿元，在城区南部建成占地16公顷，建筑面积10.3万平方米的山东省薛城实验中学（枣庄八中南校区），2003年3月通过省级规范化学校验收。其间，枣庄八中（即北校区）再行扩建，成为占地12余公顷、78个教学班的高标准配套的学校。2005年6月，区委、区政府决定将薛城实验中学并入枣庄八中。2013年，在祁连山北路，利用原开发区圣园中学，由学校自筹资金，建成薛城区实验高中，为八中东校区。至此，学校成为“一校三区”的大校，总占地38.67公顷，建筑面积逾25万平方米。枣庄八中“一校三区”在校生逾万人，学校教职工831人，享受国务院政府特殊津贴1人，特级教师、齐鲁名师、省创新班主任

枣庄八中

提名奖获得者5人，全国优秀教师、师德标兵、优秀教育工作者10人。至2013年年底，120余名学生升入北大、清华，40余名学生摘得省市文、理科状元。

第四节 中等职业教育

薛城区职业中专

区职业教育主要由区职业中专承担。1992年，区职业中专开设机电技术应用、财务会计、“双元制”幼师等6个专业，在校生由1986年的214人增至1387人。2011年，学校开设数控技术应用、机电技术应用、电子商务与物流等12个专业，形成三年制中专、四年制高级技工和成人本专科学历教育等三个层次的办学结构，全日制在校生3200人。学校获枣庄市2013年“职业学校技能大赛特殊贡献奖”。2011年，开展西部助学，开始招收新疆班学生（全国33所承担新疆班教学任务的中职学校之一），培养学生800余人。1991年，学校教学走向转型期，二、三类产业人才需求剧增，农学类专业逐渐停办，新增财会、机械教研室，新建机电实训室，扩建计算机实训室。1996年，设立实习处，管理校内外实习实训教学，并建立稳定的校外实习基地，学生开始批量进入企业实习。2004年，开办数控技术应用专业，聘请企业技术人员任教，开展模拟教学、岗位现场教学等先进的教学方式。2009年11月，学校牵头成立枣庄市数控技术职业教育集团，固定省内外实训基地32家，实现校企深度融合。2012年6月，学校成功创建为“国家中等职业教育改革发展示范学校”。2013年，数控技术应用专业成为山东省十大品牌专业，获得财政资金400万元。学校各专业学生参加职业院校技能大赛获国家级一等奖2个、二等奖5个、三等奖7个、优秀奖2个，省级一等奖12个、二等奖13个、三等奖25个。2003年，区职业中专被命名为“全国数控技术应用培训学校”“技能型紧缺人才示范培训基地”。2004年，被教育部命名为国家级重点职业中专。

2011年，学校搬迁至枣庄市新城区长白山路南首。新校区占地面积13.3万平方米，建筑面积5.6万平方米。2011年5月，承办全省中职学校现代制造技术技能大赛。2012年6月，成为国家中等职业教育改革发展示范学校项目立项学校。2013年，学校被教育部表彰为“全国职业教育先进集体”，被中华全国总工会认定为“全国职工培训示范点”；是年，薛城区委、区政府联合浙江大学电子服务研究中心，依托该校成立浙江大学电子服务研究中心枣庄电子商务研究院。

教师进修学校

教师进修的任务主要由区教师进修学校承担。1983—2002年，为学历教育阶段；1996—2000年，为中小学教师基本功培训阶段；2001年起为教师继续教育阶段。招收中师脱产进修班8届，业余面授班3届，全区674名中小学教师取得中师学历；3861名中小学教师参加通用基本功、学科和综合能力三个阶段的基本功训练并取得合格证书；举办小学校长岗位和提高培训班21期，培训878人；组织中层干部培训班27期，培训1483人；实施名师培养工程，评选三批薛城名师120人，开展“送教下乡”暨“同课异构”活动，共送课620节，讲座600余次；实施“班主任培训工程”，开展班主任全员培训，培训班主任4658人次；实施班主任任职资格制度，组织4期全区中小学班主任任职资格考试，实现全区中小学班主任持证上岗；组织23747名中小学教师进行暑期集中培训和校本研修；持续开展教师全员读书工程，每年近4700名教师参加读书业务考试；举办新教师岗前培训班4期，培训269人；举办骨干教师培训班4期，培训592人。2006—2013年，共计培养齐鲁名师2人、省市级特级教师15人、市级名师9人、市级名校长9人、市区中青年专家10人。

1993年4月，教师进修学校与区教育局教研室合并为薛城区教研培训中心，1996年9月，教培中心撤销，薛城区教师进修学校独立办公。

2001年9月，搬迁至位于永兴路469号的区职业中专院内办公。2013年8月，搬迁至区职业中专院内办公。学校具有“培训、协调、指导、管理、服务”五大职能，是全区师训、干训的基地、教师发展与培训研究中心、自学考试服务中心、教师资格认定服务中心和县域教师学习与资源中心。

区农业广播学校

山东省农业广播电视学校薛城区分校，位于薛城永福南路24号区林业局院内，占地面积1500多平方米，建筑面积480多平方米。1993年，机构改革后隶属于区教委领导，业务上受省、市农广校和教育局的监督和指导。2004年5月，挂牌“枣庄市薛城区农村科技教育培训中心”，是一所集职业教育、中专后续教育、农村劳动力转移培训、短期技能培训和农村实用技术培训为一体的职业学校。

2006—2008年，中职学历教育在校生41人，每年开展短期技能培训和农村实用技术培训人数达3000人次以上。2013年，学校专职教师8人，兼职教师26人。开设机械加工、专项机械操作、计算机及应用、电子电器应用、装饰与维修、电算化会计、农村经济管理、农作物种植、畜牧兽医、法律、文秘等专业。学校先后被薛城区阳光工程办公室授予“农村劳动力转移培训阳光工程培训基地”称号，被薛城区农业局授予“农村实用技术培训基地”称号。

第五节　成人高等教育

自学考试

1991年以来，薛城区自学考试办公室每年4月、10月组织考试。2002年，增加1月、7月自考补考，自学考试改为一年4次。2012年，取消1月自学考试，自学考试改为一年3次。1999年，自学考试报名人数达到3760人次。2010年，报考1886人，2011年，报考1710人，2012年，报考1591人，2013年，报考798人。2006年起，区自考办一直承担全市高等教育自学考试毕业证办理工作。

中小学教师助学考试

1992—1996年，举办2期高师音像班，全区560名学员取得本科、专科或中专毕业证书；1992—2002年，举办6期山东省中小学教师助学班，全区2400余名学员取得本科、专科毕业证书；1996—2005年，举办3期山东省教育管理助学班，全区700余名学员取得本科毕业证书。

枣庄广播电视大学开放教育

2007年以来，配合枣庄广播电视大学开设开放教育学历班5期，专业涉及汉语言文学、小学教育、教育管理等9个专业，共计216人获得本科或专科毕业证书。

第六节　教　师

教师队伍

1991年，各级各类学校有教职工5724人。其中，小学3022人，初中2290人，普通高中296人，职业学校116人。1993年，成立枣庄市高新技术产业开发区，原兴仁乡教师337名划归高新区管理。2003年，原南石镇326名教师划归高新区管理。2008年10月，薛城铁路子弟学校退休教师24人移交薛城区。2008年12月，枣矿集团所属薛城区域内中小学师资整建制移交薛城区（教职工444名），原枣矿集团所属5所学校整合为四所并分别更名为薛城区临山小学、薛城区陶庄社区小学、薛城区山家林社区学校、薛城区甘霖社区学校。2009年8月，枣矿集团移交教师经业务考试择优选取260名教师分流安置到区直中小学任教。2012年5月，高新区所属学校中小学及幼儿园整建制移交薛城区，共计接收在职教师607人，退休教师138人，镇街合同制73人。2013年8月，区教育局对全区教育资源进行整合，共调整、分流安置中小学教师489人。全区教职工5429人。其中，小学教师3071人，初中教师1375人，普通高中810人，职业学校173人。

表彰奖励

教师节表彰　1991—2013 年，全区受到国家、省、市、区表彰的优秀教师、优秀教育工作者 1671 人次。受到国家级表彰的 6 人次，其中全国优秀教师 5 人次、优秀教育工作者 1 人次；受到省级表彰的 15 人次，其中优秀教师 10 人次、优秀教育工作者 5 人次；受到市级表彰的 183 人次，其中优秀教师 160 人次、优秀教育工作者 23 人次；受到区级表彰的 1468 人次，其中优秀教师 1128 人次、优秀教育工作者 340 人次。2013 年教师节，全区 134 名教师获得国家、省、区优秀教师称号，其中国家级 1 人、省级 3 人、区级 130 人。

有突出贡献的中青年专家　全区教育系统 28 名教师获得有突出贡献的中青年专家称号。其中享受国务院津贴 1 人、省级 1 人、市级 5 人、区级 21 人。

特级教师　22 名教师被评为特级教师。其中省特级教师 12 人，2013 年在职在岗 6 人；市特级教师 10 人，全部在职在岗。

工资待遇

2003 年年初，完善“以县为主”农村义务教育管理新体制，农村教师工资统一在信用社开立个人账户，由银行代发。2005 年年初，全区镇街教师工资发放实现“三统一”（统一发放标准、时间、渠道）。2005 年 7 月，镇街教师工资每人每月增加 15%住房补贴。2008 年 7 月，镇街教师工资每人每月住房补贴增加到 35%及增加津贴补贴每人每月 245 元。2009 年 1 月，镇街教师工资按照职称级别增加津贴补贴及目标考核奖（120 元）。2012 年 1 月，镇街教师开始执行 6%住房公积金（人均每月 190 元）。边远镇街教师开始执行基层津贴补贴（人均 280 元）。

职称评定

1991 年，全区未进行职称评定工作。1992 年，开始进行初级职称评定工作，评定初级职称 308 人。从 1993 年开始职称评定工作步入正轨，2012 年，职称制度改革，当年只进行中级和初级的职称评审工作。1993—2013 年，共进行 22 次职称评定，评定高级职称 705 人，中级职称 3518 人，初级职称 5840 人。

民办教师

民办教师转正　1993 年，薛城区在编民办教师 90 人转为公办教师。1996 年，全区在编民办教师 110 人转为公办教师。1999 年，全区在编民办教师 170 人转为公办教师，126 名公办教师子女户口农转非。2002 年，全区在编民办教师全部转为公办教师。

原民办代课教师教龄认证　2013 年 7 月，按照文件精神，结合薛城区实际情况，开展原民办代课教师调查摸底工作，共统计原民办代课教师 3360 人，其中原民办教师 1734 人，原代课教师 919 人，原幼儿教师 660 人，下放教师 47 人。2013 年 7 月，按照《山东省教育厅等 4 部门印发关于向农村原民办代课教师发放教龄补助的实施意见的通知》等文件要求，完成薛城区原民办代课教师教龄认证工作，共认证 3675 人，2013 年 12 月起，开始执行且补发符合发放条件的原民办代课教师 1280 人的教龄补助，符合领取教龄补助的原民办代课教师以每年平均 80 人幅度递增。

1992—2013 年薛城区教师系列职称评定情况表

表 24-5

年份	高级职称数（人）			中级职称数（人）			初级职称数（人）		
	中专	中学	小学	中专	中学	小学	中专	中学	小学
1992							19	163	126
1993	8	37	0	13	123	118	22	296	313
1994	1	4	0	7	241	208	13	179	575

续表24-5

年份	高级职称数（人）			中级职称数（人）			初级职称数（人）		
	中专	中学	小学	中专	中学	小学	中专	中学	小学
1995	1	16	0	3	61	54	17	157	184
1996	1	17	0	5	68	99	10	123	134
1997	0	10	0	5	35	55	3	162	201
1998	2	11	0	6	32	42	14	189	219
1999	1	31	1	6	57	69	8	207	161
2000	1	21	2	0	72	69	6	166	239
2001	1	49	2	6	88	72	4	181	189
2002	6	52	3	11	100	107	1	212	180
2003	4	49	0	8	106	94	7	179	133
2004	4	52	1	4	96	113	4	112	106
2005	4	42	6	5	103	53	5	120	70
2006	1	32	3	5	82	54	3	77	29
2007	3	25	1	5	84	51	3	114	58
2008	0	21	4	3	68	55	3	102	31
2009	2	27	2	5	74	55	19	119	24
2010	5	35	2	4	92	45	2	9	13
2011	8	39	1	7	97	49	2	15	13
2012	0	0	0	5	80	51	0	54	18
2013	3	34	0	0	17	23	2	4	9

1991—2013年薛城区部分省级以上优秀教师、特级教师统计表

表24-6

姓名	性别	工作单位及职务	称　　号	嘉奖年度
王　洁	女	薛城区教育局	山东省优秀教师	2004年
刘书龙	男	枣庄市第八中学校长	享受国务院政府特殊津贴	2009年
			省有突出贡献的中青年专家	2007年
			省特级教师	2002年
许　敏	女	薛城区临山小学教师	山东省优秀教师	2009年
张建福	男	枣庄市第八中学南校教科室主任	山东省优秀教师	2009年
昝国栋	男	周营镇中学校长	山东省优秀教育工作者	2009年
高庆堂	男	枣庄市第八中学副校长	省特级教师	2010年

续表24-6

姓名	性别	工作单位及职务	称　号	嘉奖年度
褚衍伟	男	薛城舜耕中学副校长	省特级教师	2010年
王　艳	女	高新区实验小学教师	省特级教师	2010年
秦真勇	男	薛城区职业中专校长	部级劳模及享受省部级劳模待遇 全国中等职业学校德育工作先进个人	2010年
黄　飞	男	薛城舜耕中学校长	省特级教师	2013年
刘　浩	男	薛城区教育局教研室副主任	省特级教师	2013年

第七节　教育行政

组织机构

1991年，薛城区教育局内设办公室、政工股、工会、团委、教育股、成教股、计财股、勤工俭学办公室（简称勤俭办）、招生办公室、电教仪器站等10个股室，干部职工38人。薛城区教育局辖13个乡镇（南常乡、陶官乡、金河乡、夏庄乡、兴仁乡、南石乡、张范乡、周营镇、沙沟镇、常庄镇、薛城镇、陶庄镇、邹坞镇）教育组及10所区直学校（枣庄八中、枣庄二十九中、枣庄四中、枣庄五中、北临城小学、区实验小学、区教师进修学校、区职业中专、区农广校、区实验幼儿园），全区小学172所，学生36645人，中学20所，学生16304人，教职工5724人。

1993年11月，薛城区教育局更名为薛城区教育委员会（简称区教委），区职工教育办公室并入区教委。区教委下设政工股（团委并入政工股）、基础教育办公室（招生办并入基础教育办公室）、职业教育办公室和行财股、电教站，干部职工27人。同年，成立枣庄市高新技术产业开发区，原兴仁乡划归高新区管理。

1995年，薛城区人民政府教育督导室成立，隶属区政府领导。

1997年5月，乡镇政府教育组更名为乡镇教育办公室。

2001年9月，薛城区小学教育五年制改为六年制。年底，薛城区教育委员会重新更名为薛城区教育局。

2004年9月，薛城区临西学校（原薛城焦化厂职工子弟学校）由区教育局代管。是年因薛城区永兴路规划，区教育局在临山南侧电视大学旧址兴建局机关新办公楼。2005年3月迁入新址（薛城区泰山路86号）。

2008年12月，枣矿集团所属薛城区域内中小学移交薛城区，原枣矿集团所属5所学校整合为4所。

2005—2010年，全区调减学校22所，其中小学16所、初中6所，由2005年的76所小学、18所初中，调减为2010年的60所小学、12所初中，基本实现教育资源相对集中和优化。

2012年，“三区合一”对教育资源进行整合。

2013年9月，高新区教育划归薛城区管理，并对学校进行撤并。利用原圣元中学校址，成立枣庄八中东校；撤销周营中学并入枣庄四中，原枣庄四中改制为三年制初中；撤销兴仁中学及高新区实验小学并入枣庄二十九中，枣庄二十九中改为九年一贯制学校；撤销邹坞中学及邹坞中心校合并至枣庄五中，枣庄五中改制为九年一贯制学校；枣庄四中、枣庄五中高二、高三分别并入枣庄八中南校、北校。

安全管理

2008年之前，学校安全工作为教育局基础教育办公室职能之一。2008年，区教育局设立安全管理办公室，配备工作人员2人，2010年增至3人，2011年增至4人，2012年增至5人，全区校园安全管理工作逐步规范。2008—2013年，区教育局校园安全工作连续7年稳居全区安全工作首位。2009年起，区直各学校设立独立的安全管理办公室，配备专职安管干部。2011年起，各镇街教育办设立独立的安全管理办公室，配备专职安管干部，各镇街学校均设立安全管理办公室，配备专兼职安管干部。

教育经费

经费投入　区教育经费主要以国家财政拨付为主。1991年，全区财政性教育经费1154万元，其他各项经费168.8万元。2002年，财政性教育经费6447.9万元，其他各项经费2938.3万元。2013年财政性教育经费45663.4万元，其他各项经费12401.2万元。1991—2013年，全区教育经费总投入427799.9万元，其中，财政性教育经费327400.8万元，其他各项经费100399.1万元。

生均费用　1991年，小学、初中、职业学校生均教育事业费分别为74.88元、134.71元、518.87元，生均公用经费分别为6.94元、16.42元、245.28元。2000年，小学、初中、高中、职业学校生均教育事业费分别为500.35元、586.06元、951.95元、2120元。2013年，小学、初中、高中、职业学校生均教育事业费分别为4735.74元、9731.6元、3467.3元、5749.71元，小学、初中、职业学校生均教育事业费分别比1991年增长62.24倍、71.24倍、10.08倍；小学、初中、职业学校生均公用经费分别为721.73元、917.02元、1011.18元，分别比1991年增长102.99倍、54.85倍、3.12倍。

1991—2013年薛城区教育经费投入统计表

表24-7　　　　单位：万元

年份	总计	财政性教育经费											社会捐资办学	事业收入		其他收入	国家财政性经费占国内生产总值%
		合计	预算内教育经费				政府征收用于教育的经费					勤工俭学和社会化服务收入					
			小计	事业性拨款	基建拨款	其他拨款	小计	城市教育费附加	农村教育费附加	地方教育费附加	地方基金			小计	其中：学杂费		
1991	13228	11540	7700	7330		370	3339		3339			501		777	777	911	1.62
1992	15983	14983	9491	9120		371	4755		4755			737				1000	1.41
1993	28497	21246	16880	16880			3655	481	3174			711	5216	1755	1755	280	1.42
1994	30456	25385	19500	19500			5450	2250	3200			435	2174	1666	1666	1231	1.16
1995	42155	27086	21700	21700			5221	870	4351			165	9221	3261	3261	2587	1.13
1996	58153	37238	29300	29300			6916	970	5946			1022	12263	4797	4797	3855	1.28
1997	58212	46983	37310	37310			9564	1190	8374			109	3085	2958	2958	5186	1.33
1998	58817	51290	41830	41830			9460	1190	8150	120			730	6313	5378	484	1.23
1999	62868	53693	45896	45896			7554	1239	6315			243	693	7859	5349	623	1.56
2000	74359	60765	51634	51634			8810	3458	5352			321	623	12539	7826	432	1.54
2001	86431	67820	58367	58367			9453	9453					321	17652	10634	638	1.49
2002	93862	64479	56860	56860			7475	7475				144	2076	26894	15716	413	1.67
2003	104030	70534	61820	61820			8625	8625				89	2351	30452	21535	693	1.52

续表24-7

年份	总计	财政性教育经费											社会捐资办学	事业收入		其他收入	国家财政性经费占国内生产总值%
		合计	预算内教育经费				政府征收用于教育的经费					勤工俭学和社会化服务收入		小计	其中：学杂费		
			小计	事业性拨款	基建拨款	其他拨款	小计	城市教育费附加	农村教育费附加	地方教育费附加	地方基金						
2004	117769	75174	67340	67340			7810	7810				24	4324	35211	25564	3060	1.49
2005	127690	81769	73550	73550			8160	8160				59	1530	43962	34525	429	1.59
2006	178484	101361	89371	86932		2439	11990	8930		3060			961	74664	41944	1498	1.76
2007	191256	123478	111781	111781			11657	8927		2730		40	40	65767	34260	1971	1.97
2008	244821	165306	153176	153176			10830	6883		3947		1300	5206	73506	43513	803	2.23
2009	271367	212809	192992	192992			19817	9758		8599	1460		372	57521	47204	665	2.6
2010	300195	229034	206468	206468			22360	15320		6690	350	206	919	69546	57625	696	2.31
2011	461666	384191	348421	348421			35770	20120		9250	6400		970	76119	33075	386	3.27
2012	527557	440110	414840	414840			25270	12840		6990	5440		730	86311	38709	406	1.79
2013	545497	447100	419690	419690			27410	13930		10610	2870		600	97444	52375	353	1.72

教育设施

电教与信息技术　1991—1995年，学校电教设备以幻灯片、投影仪、录音机等为主。1995年后，各学校陆续配备电视机、录像机、摄像机、计算机、多媒体投影机等。1996年，区实验小学投资15万元，建成多媒体教室，其他区直学校逐步建成多媒体教室。2000年，全区掀起信息化建设高潮，中学普及信息技术教育，区直学校建起电子备课室。2001年，枣庄二十九中为实验班配备多媒体、学生计算机，通过互联网共享北大附中远程教育资源。2002—2005年，全区投入近2000万元，双语实验小学、枣庄二十九中北校、薛城实验中学、舜耕中学、枣庄八中、区实验小学、临山小学全部班级配备多媒体教学设备，教师每人一台计算机，实现多媒体教学；农村中心校以上学校开设计算机课程。2006年，投入100万元，与电信、联通公司合作，建成薛城教育城域网。同年，薛城教育网（www.xcjyw.cn）、网络办公平台和资源库正式开通。2007—2008年，实施农远教育工程，争取上级资金200余万元，为75所农村中小学配备计算机400台、多媒体教学设备63套、数字卫星接收设备20套、教学光盘播放设备15套，全区农村所有完小以上学校均安装多媒体教室，消除计算机空白学校。2009年，建设薛城网络教研平台，5000余名教职工注册。同年，“苏鲁豫皖接壤地区电教研究会”第二十届年会在薛城区召开。2010年，奚仲中学、枣庄八中南北校、舜耕中学、区实验小学、双语实验小学投入50万元建设机器人实验室。2011年年底，区实验小学、临山小学、北临城小学、枣庄五中为教师购置笔记本电脑559台，双语实验小学及7所农村中学更新学生计算机400台，舜耕中学投入30余万元建设自动录播室。2012年，与移动公司合作，投入资金500万元，升级改造薛城教育城域网，实现宽带网络“校校通”。2013年，枣庄二十九中、枣庄八中东校投入800

万元打造信息化教学环境，实现交互式多媒体“班班通”，临山小学、北临城小学投入50万元建设自动录播室。

1991—2013年，全区创建省级电化教育示范学校10所，市级电化教育示范学校、信息化校园示范校22所。薛城教育网获第二届全国教育门户网站评选“全国区县级教育门户百佳网站”称号。

仪器装备　2006—2010年，实施“农村中小学仪器更新”工程，全区投入500万元，为62所农村中小学配齐理科实验器材，建设标准实验室40口，中小学理科教学仪器达到国家规定二类标准。至2013年年底，全区29所中小学成功创建“枣庄市实验室及实验教学管理规范化学校”。

教育督导

1995年，薛城区人民政府教育督导室成立，隶属区政府领导。2000年3月，区教委在全省教育督导工作经验交流会上作经验介绍。2003年2月，区政府教育督导室正式挂牌成立，编制5人，隶属区政府领导，办公地点设在区教委。2010年，薛城区获“全省文明单位”“全省教育督导工作先进集体”称号。

教育改革

教学管理与教学改革　1991年，区教育局邀请教育改革家魏书生到薛城讲学，全区推行“大语文”教学观。1996—1998年，全区开展中小学“系列课达标活动”，同时开展中小学教师基本功训练达标活动。2000年，全区推荐学习泰州洋思中学“先学后教、当堂训练”教学经验。2001年，开展深化教学改革提高教学质量的活动。2002年，作为省首批新课程改革实验区，开展新课程改革教育管理年活动、首批区级学科带头人说课观摩活动、课堂教学改革优质课展评月活动。2003年，在全区开展“教学质量年”活动，开展“十佳校长”“十佳教师”“十佳班主任”评选活动；同年，枣庄十二中引进湖北大学异步教学研究会“新课程异步教学法”指导新课程课堂改革。2003—2004年，开展“四名工程”建设活动。2004年，开展“科学管理年”活动。2005—2007年，开展“新课程系列课达标”活动。2005年，枣庄二十九中北校（奚仲中学前身）引进南京东庐中学“讲学稿”教学改革经验。2006年，全区开展学习茌平杜郎口课堂教学改革经验和安丘四中精神。2007年，开展教学工作“学、查、纠”活动和“业务干部与新课改同行”活动。2008年，开展薛城区“教师专业发展建设年”活动，全面推进“三为主五环节”课堂教学模式。2009年，开展“课堂教学效益年”活动，学校“体育、艺术2+1项目”试点工作；成立首批薛城名师工作室。2010年，开展“科学管理提升年”活动、“学生最满意教师”评选活动、中小学读书活动，小学推行邹坞镇“跨校兼课”和明德小学“选课走班”活动，中学推行枣庄八中南校“互助性自主学习”活动。2011年，开展“学校特色建设年”活动；实施“五位一体双全”模式区域推进育人特色工作，第二批薛城名师建设工程；成立“薛城名师讲师团”；中小学开展“研课标 说教材 促教师专业成长”活动，“城乡学校互助共同体”活动。2012—2013年，全市开展中小学优秀教案评选活动，薛城区优秀教案评选活动始终居全市最前列；评选薛城区首批特色教师培养对象108人，开展“全员素质提升年”活动。

教育科研　1999年，区教育局设立教科室，教科研人员2~3人。2000年以后，全区教科研工作逐步规范。2013年，区教育局被省教育厅评为“山东省教育科研先进单位”。

科研课题　2000—2013年，全区各学校均有不同级别的科研课题，区直学校均有省级教育科研规划课题，共承担山东省教育科学规划课题27项，承担枣庄市教育科学规划课题215项，参与研究和实验各类国家级和省级规划课题46项，承担其他非规划课题共计182项。

科研创新　2009年，《薛城教育·教科研版》

创刊，季刊，内部发行。2010年，《教师专业成长的经验》在2010´山东省素质教育论坛上现场交流。2011年，奚仲中学就科技创新教育在山东省素质教育论坛做交流。2012年，舜耕中学、枣庄四十四中、周营中学、临城实验小学在山东省素质教育论坛上做典型发言，区实验小学、临山小学做书面交流。2012年，奚仲中学的《科技创新教育校本课程体系》和临山小学的《艺术教育课程的开发与实施》获得山东省第三届教学成果奖。2011年，薛城区首届教育科研成果评选共表彰25项成果。2013年，薛城区第二届教育科研成果评选共表彰36项成果，其中，24项教育教学科研成果获枣庄市第二届教学成果奖。

教育资助

2009年6月，成立区教育局会计结算中心，加挂学生资助管理中心牌子。薛城区学生资助管理中心除按照国家政策、比例负责学前教育政府助学金、普通高中国家助学金、中等职业教育国家助学金、中等职业教育生均公用经费发放及管理工作外，还负责为薛城区户籍本（专）科、研究生阶段贫困大学生办理国家开发银行生源地信用助学贷款及其相关工作。

2009—2013年，区学生资助管理中心为各学段发放助学金总额3796.23万元，惠及学生49018人次。自2009年，薛城区为3932名贫困大学生办理助学贷款7614笔，合同总额4306.27万元，2010—2013年，完成还贷1396.88万元，在全省144家县级部门中，薛城区贷款总额居第39位，还款率居全省首位。2012年，薛城区被评为“山东省学生资助工作先进单位”，先进经验多次在国家级会议及省、市级会议上进行交流推广。

第二章　科　技

1993年起，全区实施“科教兴区”三年规划，先后开展“科技进步年”、争创“全国科技工作先进区”等全区性科技进步系列创新活动。1996年，薛城区被科技部授予“全国科技工作先进区”称号。1999年起，区委、区政府成立科技领导小组，全面实行党政领导干部科技进步目标责任制，连续三年开展“科技进步年”活动。自2001年起，连续5年保持“全国科技进步先进区”称号。2003年，获得“全国科技进步示范区”称号。2012年，薛城区获批省级可持续发展实验区。

第一节　科研机构和科技队伍

科研机构

薛城区科技服务中心　1995年11月，薛城区科技服务中心在原有设施基础上扩建，工程总投资155万元，占地0.167公顷，总建筑面积2000平方米，至1997年建成。同年，区编办批复“薛城区科技服务中心”为股级事业单位，编制5人，经费自收自支，主要从事科技培训、技术交易、信息交流和技术开发等业务。是年，薛城区科技服务中心成立“薛城区科技情报所”，为集体单位，经费自收自支。

厂办科研所　1997—2000年，厂办科研所累计发展到70家，39家企业配备科技副厂长，成立民营科技企业2家，山东华众纸业有限公司技术开发中心1998年被列入第一批市级技术开发中心。2001—2005年，在规模以上企业建立科研机构85个，申办科技型非企业机构10家，山东薛城生产力促进中心正式启动运行，并列为全省20个试点县之一，从而建立区级、企业、开发中心三个层次的创新工作机制。2006—2010年，创建市级工程技术研究中心8家，培植民营科技企业

12家，191家规模以上企业均建设自己的科技研发中心，80余家企业与中科院、清华大学、西安大学等100多所大专院校、科研单位建立长期稳定的合作关系。2011年，为推进产学研联合，稳步推进科技创新，着力促进传统产业改造升级，引导全区支柱行业的龙头企业与国内知名高校联合建立博士工作站，搭建企业与高校、科研院所合作平台，山东北斗制冷设备有限公司与上海交通大学联合建立第一家博士工作站。2012年，区政府印发《关于加快工业转型振兴的实施意见》，鼓励企业申报重大科技专项和各类企业技术中心、工业设计中心、工程技术研究中心、实验室、检验检测中心，对通过认定的给予奖励。同年，山东多乐采暖设备有限责任公司与德国WOLF公司联合成立“山东省中德新能源锅炉合作研究中心”，被山东省科技厅确定为重点建设的山东省国际科技合作平台，该公司申报的省级院士工作站被批准建设，成为薛城区首家院士工作站。同年，4家煤化工企业加入山东省煤化工产业技术创新战略联盟，进一步拓展煤化工企业产学研技术合作平台。

清华大学博士工作站

科技队伍

1991—1995年，全区科技队伍发展迅速，人员结构基本适应经济发展需求，素质明显提高。1997年，39家企业配备科技副厂长，引进各类科技人才500人，区、乡、村分别配齐科技副职，恢复和健全乡镇科委，并做到人员、办公、经费三到位。1998年，实施星火科技人才培训，农村劳动者科学文化水平有明显的提高。1999年，区政府建立专家咨询组织，连续5年聘请省科委两名专家作为薛城区科技副区长，聘请26名专家为区政府科技顾问，乡镇均配备科技副乡镇长，区委组织部专门下文规范管理办法和职级待遇，区乡科技人员全部达到大专以上文化。同年，区委印发《引进人才促进经济发展优惠政策》，积极与省内外有关大专院校、科研院所建立长期的合作关系，靠政策引人，靠机制揽人，靠事业留人，省人事厅外国专家局在薛城区召开引进人才工作座谈会，对薛城区做法给予充分肯定。2000年，区直工业和乡镇骨干企业全部配齐科技副厂长，引进高层次人才1名。2001年，薛城区被省科技厅、共青团山东省委评为“全省培养青年星火带头人活动组织奖”。2002年，多乐公司董事长王学斌获得“中国优秀民营科技企业家”称号。2003年，市委组织部、市人事局、市科技局评选薛城区市级专业技术拔尖人才2人，市级优秀青年科技人才4人。2005年，区科技局联合农口部门选调26名专业技术人员下派到镇街，分别与农业龙头企业、科技示范基地、示范园以及种养加工专业大户签订服务协议开展技术帮扶，充分发挥科技特派员的骨干带头作用和创业示范作用。同年，培养市区两级学科带头人12名。2006年，张连珍、李德华获得“省级星火科技管理先进工作者”“农村科技致富能人”称号。2013年，王令军入选“山东省优秀发明家”。

2002年3月，薛城区科学技术委员会更名为薛城区科学技术局。2003年，薛城区科学技术局核定机关编制总额10人，内设机构3个。2006年，机关编制9人。2010年，制定“三定方案”，机关编制为7人，内设办公室、发展计划股、综合股3个职能股室。2012年6月，薛城区科学技术局加挂薛城区知识产权局牌子。

第二节　科技管理

计划管理

1997年起，设立区级科技计划，全年组织实施各级各类科技项目80项。1999年，制订下发《薛城区农业科技成果推广计划》《薛城区科技发展计划》《薛城区现代化农业科技发展计划》《薛城区高技术产业发展计划》。至2000年，完成国家、省、市科研、火炬、星火计划60余项，其中填补国内空白的8项，达到国内、省内领先水平的50余项。2003年，区级科学技术发展计划共安排项目66项，补助经费302万元，其中农医项目31项，工交专利项目14项，社会发展项目8项，接转项目13项；承担国家星火、火炬计划3项，省级产业化项目1项，争取国家级科技指标2300万元。至2005年，全区共承担完成星火、火炬、科技攻关和中小型企业创新基金等各类科研项目258项，其中国家级5项、省级12项、市级38项，累计争取市级以上无偿科技扶持资金400余万元，直接拉动企业投资6.5亿元。

2006—2010年，全区实施各类科技计划46项，其中国家级科技计划5项、省级科技计划12项、市级科技计划29项。2011—2013年，全区共实施市级以上科技发展计划44项，其中，国家、省级科技计划12项，市级科技发展计划32项，争取项目资金1411万元。多乐公司“高效节能环保生物质（空调）供热机组”项目列入山东省自主创新成果转化重大专项，实现薛城区省重大专项零的突破。

经费管理

1997年，区委、区政府对科技经费作出规定，区、乡两级科技经费不低于当年财政预算总支出的1%，确保资金到位，专款专用。至2000年，努力建设多元投入机制，通过政策引导、行政干预、提供服务等措施，初步建立财政拨款、金融借贷、企业统筹、招商引资等多渠道的科技投入体系，全区累计投入科技事业经费700余万元，其中科技“三项费用”564万元。华众纸业公司、玻璃制品总厂等骨干企业认真落实科技投入政策，每年提取的科技开发基金均达到年销售收入的1.5%以上。2001—2010年，全区科技投入4200余万元，科技投入占财政支出的比例达到1.3%以上，全区规模以上工业企业科技投入占销售额的1.59%。2011年，进一步确立起以财政投入为引导，以企业投入为主体，以全社会投入为支撑的多元化财政投入体系，确保财政科技投入占财政支出的比重每年都有明显增加，确保科技经费的增长幅度明显高于财政经常性收入的增长幅度。同年，按照《枣庄市专利权质押贷款管理暂行办法》要求，积极帮助枣庄市金穗制粉有限公司凭借其拥有的一项实用新型专利，成功向枣庄市恒泰合作银行申请贷款180万元，成为全市以专利权质押取得贷款的首家企业。

成果管理

自1995年起，实行科技成果推广计划管理。至2013年，全区完成科技成果643项，其中达到国际水平2项、达到国内先进（领先）水平219项、达到省内先进（领先）水平355项。

科技目标责任制考核

1996年，薛城区实行党政领导干部科技工作目标责任制，把科技工作列入乡镇目标考核责任书，科技机构和网络建设得到完善和加强，科技进步促进经济建设的持续、快速、健康发展，科技投入达到前所未有的水平。1997年，山东省对市（地）、县（市、区）党政领导实行科技进步目标责任制，考核指标分为定量指标和定性指标，总分值为1000分，其中定量考核指标为600分、定性考核指标为400分。1999年，制定《薛城区乡（镇）党政领导科技工作目标责任制办法》，把科技进步目标纳入领导班子年度综合工作目标考核范围，每年拿出20分作为科技工作目标的考核标准，年终由科技、人事部门联合对乡镇进行考核，严格兑现奖惩。2002年，严格落实科技工作责任制，把科技任务层层分解，落实到具体单位和有关人员，建立严格的奖励机制，区级领导均建立科技联系点，并做到每季一检查，半年一小结，年终一考评，严格兑现奖惩，切实把科技工作目标责任制作为推动工作的行政杠杆，作为考核镇（街）主要领导的依据之一，避免科技工作在基层出现的断层现象。2003年，薛城区在全市区（市）党政科技目标责任制考核中获得优秀等次。

科技政策

1997年，区政府印发《薛城区科学技术进步奖励办法》，修订科技进步奖励办法，提高资金额度，并将专利技术实施项目首次列入科技进步奖励范围。1999年7月，区委、区政府下发《关于进一步加快民营经济发展的若干规定》《薛城区专利申请费用资助暂行办法》，从财政补助、税收减免、建设用地、子女入学、人才引进、专利发明等方面，加大对民营科技企业的扶持力度。2000年，区委、区政府制定下发《关于加快科技进步的若干规定》，对加快科技创新、农业现代化建设、加速高新技术产业化、人才智力引进、增加科技投入、加强组织领导等方面做出一系列规定，措施力度较大，具有薛城区的特点。是年，制定《薛城区高新技术及产业发展计划》，采取激励扶持政策鼓励发展高新技术产业，凡属省级以上新产品的，其新增增值税25%部分先征后财政返还，对在项目实施中做出突出贡献，取得重大成果，创出显著经济、社会效益的科技人员实行大奖、重奖。

2001—2005年，区委、区政府建立科技奖励扶持机制，在修订完善《科技进步奖励办法》的基础上，制定《关于进一步加快发展民营经济的意见》，对国家、省、市认定的民营科技企业，由政府协调金融部门分别给予20万元、10万元、5万元的资金扶持，财政给予贴息；鼓励企业开发和拥有自主知识产权，对获得国家专利的项目，当年区政府一次性奖励1万元。

2006年，区委、区政府印发《关于增强自主创新能力加快建设创新型城区的决定》，进一步增强企业自主创新能力。2008年，印发《薛城区招商引资发展经济奖励政策》，鼓励民营企业加快技术创新，培育拥有自主知识产权的新产品。对批准成立的省级民营企业技术研发中心、省级民营科技企业，区政府分别一次性奖励1万元；新批准成立的国家级民营企业技术研发中心、国家级民营科技企业，区政府分别一次性奖励2万元。民营企业当年新获得的发明专利、实用新型专利和外观设计专利，分别奖励10000元、8000元、5000元。鼓励民营企业打造知名品牌，对新获得全国驰名商标、中国名牌产品的企业，区政府分别一次性奖励20万元；对新获得国家免检产品、山东省产品质量奖、山东省著名商标的企业，区政府分别一次性奖励3万元。2012年，印发《关于加快工业转型振兴的实施意见》，进一步提升改造和创新能力，鼓励企业与高等院校、科研院所联姻共建，建立一批院士、博士工作站，加快企业装备升级和产品更新换代，培育一批具有自主知识产权的名牌产品，对取得国际先进、国内领先的重大成果并形成产业化的给予重奖；每年组织2次产学研专题对接活动，对国内外研究机构的科研成果及企业重大技术难题予以发布，寻求合作。鼓励企业申报重大科技专项和各类企业技术中心、工业设计中心、工程技术研究中心、实验室、检验检测中心，对通过认定的给予奖励；鼓励企业技术进步，对重大技术改造、重大技术创新及高科技项目，技改创新资金给予重点支持，国有及国有控股担保机构优先提供贷款担保。

科技兴区

1993年起，薛城区实施“科教兴区”三年规划，先后开展“科技进步年”、争创“全国科技工作先进区”等全区性科技进步系列创新活动，天元精细化工厂、鲁南电缆厂生产稳定。天元精细化工厂自主研制的“云母钛珠光颜料”系列产品出口美国、韩国、西班牙、俄罗斯等国家，出口创汇550余万美元；天宝变压器有限公司经过改制后，重新恢复生产能力。1996年，薛城区被科技部授予“全国科技工作先进区”称号。1997年3月，全区科学技术大会召开，区委、区政府下发《关于开展科技兴区年活动的实施方案》，确定1997年为“科技兴区年”。自1999年起，连续三年开展“科技进步年”活动，区委、区政府成立科技领导小组，全面实行党政领导干部科技进步目标责任制，把科技进步目标纳入领导班子年度综合工作目标考核范围，年终由科技、人事部门联合对乡镇进行考核。2000年，设立“科技兴区”贡献奖，奖励在科技进步活动中做出突出成绩的先进集体和个人。自2001年起，薛城区连续5年保持“全国科技进步先进区”称号。2003年，薛城区获得全国科技进步示范区称号，“薛城区科技工作先进经验”在全市作典型经验介绍。2008年，薛城区被列入山东省科技富民强县专项行动计划试点区。2009年，被列入国家科技富民强县专项行动试点区。2012年，薛城区获批省级可持续发展实验区，并顺利通过历次科技部组织的全国县（市）科技进步考核。

第三节　科技开发

高新技术开发利用

1992年，薛城纺织机械厂被评为“枣庄市科技示范企业”。1995年，海湾工程塑料有限公司被省科委批准为山东省高新技术企业，开发高新技术产品12个，产值达到3.5亿元，出口创汇550余万元。

1997年，推广、应用新技术、新工艺38项，开发新产品32个，新产品产值占工业总产值21%，13个产品获省级以上优质产品称号，科技示范企业和高新技术企业累计发展到12家，年产值达5.6亿元。1999年，争取省市无偿科技资金200万元，完成科研攻关项目4项，其中2项达到国内先进水平，开发新产品89个，研发“云母钛珠光颜料”“光纤复合架空地线”“装饰纸专用钛白粉”等高新技术。2000年，华众、多乐、金鑫等企业成功开发的6项高新技术产品均通过省级鉴定，“市级民营科技企业”发展到8家，省“高新技术企业”发展到5家，多乐集团被授予“山东省科技企业重点联系单位”称号。山东华众纸业有限公司建成省级技术开发中心，引进国际先进水平的试验测试设备及试验方法，高新技术及产品开发经费达3900万元，占企业销售总收入的6.02%，研发高级双面涂布纸板、高级涂布白底白纸板、金银卡专用涂布白纸板、高光泽颜料缎白等十几种高新技术产品，创利税8090万元。

2001年，实施《薛城区高新技术及产业发展计划》，科技民营经济园区发展到6处，入园企业达70余家，全区民营企业总数发展到360余家，从业人数5万余人，年创税1700余万元。2002年，多乐采暖设备有限责任公司、天元精细化工有限公司获得“中国优秀民营科技企业”奖。山东多乐采暖设备有限公司的28项技术获国家专利，2项技术获发明专利，先后被授予“中国专利山东明星企业”“山东省技术开发先进企业”“中国优秀民营科技企业”等称号。至2005年年底，全区生产高新技术产品的企业发展到22家，高新技术产值达到14.95亿元，占规模以上工业企业产值的13.41%，85%以上的科技成果得到推广应用，联兴玻璃制品有限公司、多乐采暖设备有限公司分别被授予全国、全省民营科技企业称号。

2006—2010年，全区开发工业新产品、新工艺890个，规模以上工业企业增加到206家，培植高新技术企业6家、民营科技企业12家、山东省专利明星企业2家、市级专利试点企业2家，高新技术产值增加到67.7亿元，占规模以上工业总产值的比重达到22.83%。

2011年，研究制订《薛城区“十二五”科技发展和高新技术产业规划》，大力实施园区带动战略，依靠科技创新，积极鼓励、支持和引导传统产业进行技术创新和技术改造，提高技术装备水平。全区开发工业新产品、新工艺66项，贝斯特公司获批国家高新技术企业。2012年，新增民营科技企业1家，山东多乐采暖设备有限公司被确定为山东省第四批创新型试点企业。2013年，同济机电、金纺印染获批国家高新技术企业；智赢门窗、同济机电、奚仲电子、多乐采暖、海帝新能源、金龟电子等6家企业被认定为枣庄市2013年度科技创新型企业。

企业技术创新

1992年，薛城纺织机械厂的松式平洗烘干机试制项目被列入省级科技发展计划，补助经费4万元。1994年，枣庄海湾工程塑料有限公司采用先进的橡胶特殊处理方法，用橡胶与AS共混生产的ABS工艺填补国内空白，达到国内同类产品的先进水平，解决部分原料进口的同时节省外汇，具有较好的经济效益和社会效益。1995年，薛城区千山水泥厂采用国内先进的“水泥立窑偏火自控装置”对现有烧结窑进行技术改造，并在全区水泥行业推广。薛城星火纺织机械集团公司针对国家重点发展的纺织行业，研制开发“高速高效皂洗机技术”获得较好效益。

1996—2000年，全区完成科研攻关项目16项，开发新产品204个，推广应用新技术、新工艺30项，新产品产值占工业总产值21%，区直工业和乡镇骨干企业均建立厂办科研机构，并配齐科技副厂长。“多乐”牌多用炉获得枣庄市技术创新重大贡献奖，山东华众纸业有限公司副总经理孙传经获得枣庄市技术创新组织奖，薛城区经贸委李志获得枣庄市技术创新管理奖，山东华众纸业有限公司技术开发中心成为市级第一批技术开发中心。

2001—2005年，推广新技术、新成果68项，开发引进工业新产品、新工艺179个，新增民营科技企业11家，造纸、啤酒、玻璃、化工、电缆等一批支柱产业经过技术改造和产品创新成为全区的龙头企业，科技进步对经济增长的贡献率达到46%。

2006—2013年，共开发工业新产品、新工艺311个，技术创新达到362项，同济机电的“全自动绞纱丝光机”项目通过省级科技成果鉴定，达到国际领先水平，填补国内高端绞纱丝光机的空白；欣安燃气的“六腔驱动聚能燃烧器”项目通过省级科研成果鉴定，达到国内领先水平。山东多乐采暖设备有限责任公司、山东贝斯特机械设备有限公司2家企业获枣庄市科技创新先进企业称号。

农业科研开发

1995年，区林业服务中心承担的“磷化锌毒签”防治蛀干害虫推广项目，对窄冠毛白杨害虫的防治效果十分明显，毒签防治总数20万支，虫株率由防治前的50%降低到15%。同年，周营镇进行以当地特产小萝卜和花腰红马铃薯为主的“高产高值田”开发，三年累计开发334.33公顷，仅此一项全镇人均增收490元。同年，邹坞镇马庄村农民赵乐喜引进试验山农大研究的地瓜切块直播栽培技术获得成功，经市有关农业专家验收增产幅度达54.1%，亩增经济效益400元以上。1991—1995年，全区引进粮油、蔬菜、林果、畜牧等新品种60多个，推广暖圈养殖、保护地栽培、节水灌溉、精量半精播种等农业先进适用技术40余项，培育和引进、推广十大农业科技成果，建立三大农业科技开发示范基地，逐步健全农技推广和服务机构，区科技开发中心的百万只长毛兔综合饲养技术开发、南常乡林业站的冬枣栽培技术研究与开发、油桃引进栽培试验、区林业局的1333.33公顷荒山陡坡山地综合开发被列入市级科技项目。

1996—2000年，全区共培育、引进、开发农业新品种257个，农业先进技术覆盖率达到98%以上，优良品种覆盖率达到100%。1996年，薛城镇农技站承担的“高蛋白优质小麦引种试验”项目通过技术鉴定，达到省内同类项目先进水平。同年，薛城镇引进新品种台湾杂交一代洋香瓜银铃和状元，在张桥、西丁两村试种成功，每棚收入6000多元。1999年，薛城惠康生物研究所从日本引进的巴西蘑菇规模种植获得成功，成本在8元左右，可创产值20元，成为出口创汇产品和调整农业种植结构的好项目。同年，区科委与周营镇共同合作，通过山东省畜牧厅引进国家推广的良种改良项目波尔山羊精液试管冷配新技术，联合兴建波尔山羊繁育基地。薛城区畜牧局应用波尔山羊冻精颗粒或细管，通过人工授精方式，杂交改良本地山羊工作初见成效。至1998年年底，张范农业示范园共引进各类农业新品种168个，新技术28项。南石、陶庄、周营等镇相继建起农业科技示范园。

2001—2005年，薛城区强化科技首位意识，区、镇两级相继成立科技工作领导小组，健全完善农业科技推广服务网络，累计推广应用农业新技术新成果145项，引进农业新品种260个，培养“周赢土豆”“长寿槐石榴”等无公害食品16个，取得市级以上农业科技成果50余项，“农业高新用水综合试验与示范研究”“保护地蔬菜间作食用菌高产高效种植模式研究”“10万亩玉米高产栽培技术开发”等一批农业科研项目得到推广应用。完成区级以上农业科研攻关项目33项，薛城绿色长廊基地开发项目在同类项目中达到国内先进水平，“石榴新品种选育与早期丰产栽培技术研究”“果桑新品种的引种试验与开发”“圆苓牌大枣万亩无公害生产基地建设”等重点农业科研项目填补国内空白，鲜食枣、鲁南长毛兔和丰花3号花生新品种先后被列入省级良种产业化和省级农业科技成果转化资金项目。优质出口花生新品种丰花3号中试与示范项目被省科技厅列为山东省良种产业化开发计划和科技攻关计划；大棚无籽西瓜无公害基地产业化开发、优质花生品种提纯复壮及无公害栽培技术推广、大葱标准化生产技术研究、大棚蔬菜、食用菌高效栽培模式研究等一批项目纳入市、区科技管理。重点推广测土配方施肥技术、无公害生产技术、病虫害综合防治技术、保护地冬暖大棚生产技术、秋延蔬菜生产技术、夏季蔬菜遮阳网覆盖技术和小麦精播半精播栽培技术、小麦垄作高效节水栽培技术、小麦“20+40”粮菜间作种植技术等。全区共创建市级科技示范镇1个、示范村2个、示范户500户，培养创建区级科技示范镇2个、科技示范村16个、科技示范基地28个。

2006年，薛城区食用菌产业化开发被科技部列入国家级星火计划项目，“调控发酵技术在食用菌开放式种植中的应用研究”“金针菇新品种DA3选育”“桃树流胶病发生规律及综合技术的研究”等重点农业科研项目达到国内先进水平，沙沟镇引进推广的日本斤柿、张范镇引进开发的特种西瓜、邹坞镇开发的鲜食枣、芦荟、周营镇的蔬菜大棚、常庄镇食用菌、临城街道的浅池藕等示范基地规模逐渐扩大。2007年，“周嬴”土豆、沙沟“千寿槐”石榴、常庄长毛兔和油桃等重点农业综合开发项目达到国内领先水平。2008年，全力推进农业七大科技示范基地建设，创建市级示范镇2个，示范村3个，示范户500户。至2012年，全区引进开发农业新成果、新技术255项，农业各类科技示范基地发展到122个，规模以上农业龙头企业达到62家，农业良种覆盖率、农业新成果应用率分别达到99%和90%以上。

星火计划

1992年，薛城区化工研究所承担的丙烯酸混合酯印花乳胶项目被列入山东省第一批星火计划，总投资116万元，年产500吨，新增产值400万元，新增利税124万元。是年，薛城啤酒厂承担的黑啤酒生产技术开发项目、薛城电器设备厂承担的手提式埋弧焊电渣钢筋对焊机项目、薛城新星化工厂承担的二氟二氯甲烷技术开发项目被列入山东省第二批星火计划。

1995年，枣庄玻璃制品总厂承担的国家级星火计划“系列异型玻璃瓶技术开发”项目通过鉴定，该项技术产品开发后，在原来的基础上增加2.5万吨的生产能力，年增产值2000多万元，年创利税526万元。同年，薛城区养殖场被列入省级星火项目，该场占地3.33公顷，总投资550万元，饲料以啤酒糟为主，成本低、效益高，每年可为农业提供1.47万吨优质有机肥，节约饲料用粮2800吨，且用生物处理啤酒糟污染源，年可出栏生猪1万头，是全省三大养殖场之一。

1999年，区政府同意团区委、区农委、区科委《关于在全区农村广泛开展青年科技致富活动的报告》，以大力培养农村青年星火带头人和培植“青”字号区域性支柱农业为重点，鼓励农村青年领办各类农业科技项目，推广农业先进技术、变革增长方式，促进农业产业化。至2001年，实现培训1000名农村青年每人掌握1～2项实用技术，培养1000名青年产业带头人，创办12个青年科技示范基地的目标。

2002年，金鑫非金属材料有限公司的“非线性冰洲石晶体光电元器件”项目、华众纸业有限公司的“双面涂布白纸板”项目被列入国家火炬计划，实现“九五”以来全区国家项目零的突破。同年，多乐设备有限公司的“NS自控暖浴炉”项目被列入省级火炬计划。

2003年，多乐采暖设备有限公司的“NS自控暖浴炉”项目被列入国家级火炬计划，凯泰新材料有限公司的“塑木新材料”、区畜牧服务中心的“鲁南薛城长毛兔繁育、开发及产品加工”2个项目被列入国家级星火计划。

科技扶贫

1995年，区委、区政府制定《关于实施“强乡富民”工程的意见》，薛城镇从蒙城、砀山地区购进西德新品种西门塔尔莱牛30头，实行集体规模养殖、股份养殖、家庭养殖等多种形式饲养，全镇养牛2000头。夏庄乡积极配合“强乡富民”工作，开展送科技电影下乡活动，组织20余部科技电影片和3个养种植能手在全乡逐村巡回讲演。常庄镇邵庄村因地制宜，发展食用菌生产，仅养菇一项，人均收入1600元，占人均总收入的55%，成为食用菌专业村，仅用三年时间，挤进全区经济强村的行列。1996年，常庄镇制定详细的食用菌工作计划，用于食用菌的专项资金16.8万元，发展食用菌专业村12个，专业户2500户，总投料215万公斤，户均投料850公斤。陶庄镇依据各村的自然条件及各村区域大小，在配备科技村主任的前提下，16个行政村共配备20名科技人员，经镇党委、政府组织考核，颁发证书。1997年，区农委、科委、科协、妇联组织农口各部门负责人及专业技术人员40余人开展大型送科技下乡活动，发放各类技术资料1.5万份，现场解答咨询3000人次。1998年，薛城镇引种白术、丹参等5个品种，种植面积20公顷，1999年扩种面积53.33公顷，引进品种12个并获得成功，经验收、鉴定，亩均收入4000元以上，纯收入3000元以上，为种植粮食作物的3～4倍。2000年，以薛城镇、邹坞镇、周营镇为基地辐射全区，种植面积146.67公顷，2001年种植面积达333.33公顷。2004年，开展“农民致富奔小康争创科技示范户”活动和“科技示范镇”“科技示范村”“科技示范户”活动。2005年，全区创建市级科技示范镇1个、示范村2个、示范户500户，培养创建区级科技示范镇2个、示范村16个、示范基地28个。全区农业增加值达到5.4亿元，增长9%；农民人均纯收入4451元，增长13.7%。是年，实施“鲁南薛城长毛兔良种产业化开发”项目，全区长毛兔存栏量达到280余万只，农民人均养兔14只以上，年产优质兔毛2600余吨，产值达2.7亿元，占全区畜牧业总产值的60%，占全区农业总产值的30%，长毛兔养殖业成为薛城区农村经济的支柱产业。全区以“三示范”工程为总抓手，初步形成蔬菜、优质小麦、优质玉米、瓜果、牧草、水产、食用菌、速生杨等一批主导产业，推动全区特色农业经济发展。

第四节 科技服务

技术市场

2000年3月，薛城区组团参加在北京召开的第五届现代化农业与高科技合资合作项目洽谈会，薛城区金虹食品厂系列开发项目与澳大利亚维多利亚投资公司、香港金联国际投资公司、美国HOMELIFE公司北京代表处签订合资合作意向书。

2005年，在第二届枣庄科技博览会上，薛城区技术合作 2 项，投资合作 17 项，投资金额 37708 万元。

2006 年，在枣庄市第三届科技博览会上，薛城区签订投资合同 2 项，达成投资意向 4 个。

2012 年，技术市场成交合同金额 7250 万元。

技术协作与交流

1992 年，组织企业与化工部常州涂料研究院、上海电缆研究所、北京化工大学、山东工业大学等科研院校建立长期的合作关系。

1995 年 12 月，枣庄市采暖设备厂从北京化工学院、农业部、建设部、省建筑设计院等大专院校和科研单位聘请 7 名专家、教授、高级工程师作为技术顾问，引进高层次人才 1 名，协助开发新产品，用于科研开发活动的经费达 30 多万元。

2001 年，薛城区科技服务中心先后与英国伦敦应用技术研究院、香港科技咨询中心、清华大学及省内外科研单位建立科学技术协作关系，研制的智能防触电守护报警器获伦敦应用科学国际金奖，研制的水温空调、用电短路自动开关、红外线远距离（50 米）对射自动开关、自循环水冷系统等科技成果通过国家鉴定，并获得专利。

2003 年，先后组织企业开展五次国内外技术交流与合作活动，累计签订技术合作合同 10 项。

2004 年，山东多乐采暖设备有限公司在建立健全技术创新体系，不断完善技术研发机制的同时，利用产学研联合机制，实施“借脑创智”“借船出海”“借梯上楼”等工程，与国内高等院校、科研院所建立定点联系，为企业科技创新提供支撑平台。通过科技创新，该公司先后研制出自控锅炉、旋燃锅炉、水温空调、风机盘管等 16 大系列 266 种产品，其中 7 项获省优部优。

2006 年，先后组织企业与中科院、清华大学、中国技术市场协会、山东工程学院、山东农业大学、枣庄学院等院校开展校企技术合作活动，充分发挥薛城区的政策优势、资源优质和交通优势，努力把院校的试验室变成薛城区企业科技攻关的试验基地，解决企业技术难题 10 项。

2007 年，加快企业自主创新体系建设，开展每个企业联系 1 所高校，合作开发一个项目，引进一批人才，联建一个研发机构“四个一”活动。

至 2009 年，全区 120 家企业与国内外科研院校建立长期稳定的合作关系。

2011 年起，组织、引导企业与国内高校联合成立“博士工作站”，积极搭建企业与高校、科研院所合作平台，推进产学研联合，稳步推进科技创新，着力促进传统产业改造升级，在技术交流中实现共赢。

至 2013 年，北斗制冷、多乐采暖等企业先后与上海交通大学、清华大学联合成立“博士工作站”15 个。推动全区传统企业改造升级。多乐采暖公司与德国 WOLF 公司常年开展技术合作，联合成立“山东省中德新能源锅炉合作研究中心”，被山东省科技厅确定为重点建设的山东省国际科技合作平台。

科技信息

1997 年，区科委与区广播电视台合办《科技之窗》专题节目，每周 1 期，每期播 2 天 4 次。同年，开展“五个一百”科技宣传活动，即：放映科技电影 100 场次，组织致富经验交流会 100 场次，举办科技培训 100 期，每个区直部门向联系村、户赠送科技资料 100 份，组织参观、学习活动 100 次。

1999 年，组织 10 余个部门开展“三下乡”宣传周、宣传月，集中开展科技下乡、赶大集活动，发放各种实用技术明白纸 3 万多份，提供科技信息 3000 余条，接受农民科技咨询上万人次，举办科技知识讲座 20 余期，提供宣传稿件 30 余篇，年培训人数达到 8000 多人次，建立各种学会、协会、研究会 394 个，发展科技信息网络员 80 个。

2000 年，区委宣传部等 15 部门联合深入开展文化科技卫生“三下乡”活动，发放各类科技明白纸 2 万余份，现场解答咨询群众种植、养殖等疑难问题 200 余人次，发放各类科技图书资料 2000 余本，受益群众 1 万余人，向企业提供信息 200 余条。同年，举办“科技下乡百千万活动”：即利用科技电影、电视录像、专题报告、科技大

科技冬令营

2008年，制作薛城区科技信息网页，新建科普画廊20余处、科普实验室11个、农家科普大院100余处，开展"科技三下乡"活动，共为农民无偿赠送科技书籍1万余册，发放光盘600余张、资料2万余份。同年，邀请国内外教授、专家20余人次，举办各类科技培训班160余期，培训人员4600余人。

2013年，进一步加强知识产权宣传报道工作，在市级以上媒体发表信息19篇。

集、现场指导等多种形式，在全区100个重点村进行巡回科技宣传，把科技知识送到千户、培训出万名科技致富带头人。精选50部适合全区种植、养殖特点的影片到百村巡回放映，赠送一批科技知识光盘；举行科技下乡赶大集活动，成立"农村科技致富报告团"，举办各种形式的科技培训班，组织农口专家及技术人员，解决农民致富中的技术难题。

2001年，正式开通区科技信息网络，区科委各办公室均配备微机，并与省、市科技网联网，可实现网站、网页信息发布、科技工作办公自动化以及上网浏览、电子邮件、文件传输、文件共享、打印共享等科技、经济信息服务和资源共享功能。

2002年4月，首次举办内容丰富的"科技周"活动，与农口有关部门和计生委多次组织专题下乡，共发放各类科技图书5000余本，明白纸3万余份，现场解答群众咨询种植、养殖、加工服务等技术难题500余条，受益群众2万余人。同年，在《薛城周讯》开辟"科技时空"专栏，制作科技宣传节目10期，利用镇（村）党校、夜校举办各种农村实用技术培训班280期，受益人数25000余人次。

2006年，区科技局主办《薛城科技》简报，累计制作82期。

科技培训

1995年，组织华众公司、啤酒厂、玻璃制品总厂、电器设备厂的技术人员参加枣庄市专利网首期培训班，系统听取中国专利局、省专利管理局专家讲授的专利法及实施细则、知识产权保护和企业专利工作等课程。

1997年，举办农业科技培训班42期，科技培训3.5万人次，放映科技电影16场，播放科技电视录像53场，下发各种明白纸、科技资料1000份，区科委负责人在区委党校举办的3期村党支书培训班上宣讲科技课。

1999年，举办科技知识讲座20余期，年培训人员8000多人次。

2000年，举办各种实用技术培训班86期，组织乡镇干部、科技人员外出学习考察40余人次，举办24期电脑培训班和科技培训班，受训人员8000多人，举办各类技术培训班40余期，受训人员3万余人次。

2009年，协调农口各部门先后组织70多名农业技术人员深入镇、村、科技大户和科技示范基地进行技术指导，举办专题讲座7次、农业技术培训班20期，培训专业科技人才1200余人，培训农民1.1万余人。

2011年，邀请专家开展"企业如何做好知识产权”和“企业发展和知识产权”主题讲座，各镇（街）科委主任、镇街驻地及区经济开发区有关企业主要负责人或分管技术负责人、各中小学校长200余人参加。

2013年，邀请市知识产权专家先后举办镇街知识产权工作站站长培训班、农业专业技术人员知识产权专题讲座、专利电子申请培训班等4期，培训镇街知识产权工作站站长、企业主要负责人或分管技术负责人、农业专业技术人员、镇街机关干部200余人次，进一步增强知识产权保护意识，提高知识产权工作能力和企业自主创新能力。是年，组织30家企业参加全市科技计划项目管理培训会和知识产权暨科技项目申报培训班，进一步规范和加强枣庄市科技计划项目的管理，提高科技项目专项资金的管理效能和使用效益。市知识产权局在区委党校设立“枣庄市知识产权培训基地”，在薛城舜耕中学设立“枣庄市青少年知识产权教育实践基地”。

科技咨询

1997年，区委、区政府开展“科技兴区年”活动，组织农口各部门负责人及专业技术人员40余人开展大型送科技下乡活动，现场解答咨询3000余人次。

1999年，开展“庆祝专利法实施十四周年”纪念日社会宣传活动，散发宣传材料1000余份，解答咨询20人次。

2000年，组织农口专家及技术人员，解决农民致富中的技术难题，提供专利技术咨询近100人次。

2003年，开展“科技周”活动，现场解答群众咨询种植、养殖、加工服务、计划生育等技术难题500余条，受益群众2万余人。

2005年，举办农业技术培训班100多场次，开展技术咨询和现场技术指导2000多人次，解答疑难技术问题200余条。

2006年，与泰安福来坞生物工程有限公司联合，组织50名专家深入镇村开展送技术下乡活动，共发放光碟600余份，书籍1万余份，受益群众近万人。

2007年，开展送科技下乡活动，现场解答群众咨询种植、养殖、加工、服务等方面疑难问题200余个，发放各类科技图书、资料5000余份，向计划生育家庭提供种植、养殖等技术知识和致富信息百余条，受益群众1万人。

2008年4月，以周营镇为会场开展为期2天的科技下乡活动，现场解答群众咨询种植、养殖加工等疑难技术问题200余条，受益群众近万人。

2009年，开展科技活动周、科技下乡、赶科技大集等多种形式的宣传活动，累计接受群众现场咨询2500余人次，受到广大群众的好评。

2011年，开展“科技活动周”活动，共展示科普知识展板80多块，发放科普宣传资料2万余份、赠送书刊1500余册，开展现场咨询600多人次，回收调查问卷580份。

第五节　科技成果与推广

科技成果

1997年3月，召开全区科学技术大会，对全区1991—1996年度在科研、推广、开发等方面取得的22项科技成果进行表彰。2000年11月，召开全区科学技术大会，对全区1997—2000年度取得的优秀科技成果进行表彰，“装饰纸专用钛白粉试制”等2项科技成果获得薛城区科技进步一等奖，“民用轻烃燃气供应系统”等4项科技成果获得二等奖，“杨树叶部害虫根部防治”等2项科技成果获得三等奖。2005年1月，召开全区科学技术大会，对全区2001—2003年度取得的优秀科技成果进行表彰，“万亩大棚无籽西瓜无公害基地产业化开发”等3项科技成果获得薛城区科技进步一等奖，“保护地蔬菜、食用菌高效栽培模式技术研究”等6项科技成果获得薛城区科技进步二等奖，“芦荟大棚种植技术研究与推广”等9项科技成果获得薛城区科技进步三等奖。

1991—2013年，全区共获得省专利奖1项，获得市级以上科技进步奖167项，其中市级一等奖4项、二等奖68项、三等奖92项、省级二等奖1项、三等奖2项。

成果推广

1995年，由枣庄玻璃制品总厂承担的国家级星火计划“系列异型玻璃瓶技术开发”项目通过鉴定，该项技术产品开发后，在原来的基础上增加2.5万吨的生产能力，年增产值2000多万元，年创利税526万元。同年，逐步在全区水泥行业推广薛城区千山水泥厂的“水泥立窑偏火装置”新技术，工人劳动强度大大降低，烧结质量明显提高，消除偏火现象，每台时增加熟料2吨，产量提高30%。

1994—1997年，引进推广高蛋优质小麦良种PH85-4、PH82-2-2等，亩增优质小麦64.4公斤，两年推广2533.33公顷，增值421万元；引种开发花生新品种鲁花11号亩增产69.5公斤，三年累计开发2366.67公顷，增收131.5万元；“三千亩高产高值田的开发试验”项目亩增收3267.9元。通过实施“冬枣栽培技术”“万亩薛城冬枣开发”“油桃引种开发”“两万亩陡坡山地综合开发”等科技项目，发掘“薛城冬枣”“临城桃”等地方名、特、优品种，引进窄冠毛白杨、柳树最新品种J172、J至191、油桃、黑莓等林果新品种，推广无毒栽培、树盘覆草、树干注药、毒签灭虫等技术，促进林果业生产的发展。引进繁育长毛兔良种“唐行兔”和“明星兔”，推广暖圈养殖，配合饲料、疫病防治等饲养技术，使薛城区长毛兔的养殖得到迅速发展，存养量达220万只；肉鸡的良种覆盖面达100%，全区饲养量达400万只；建立肉牛冷配站3处，为发展肉牛生产提供良种。

1998年，重点推广双季地瓜52至7AF系项目，实现一年双季自然条件下栽培，第一季于7月底收完，亩产5500公斤，经济收入突破4000元；第二季于10月底收贮，两季亩产达1万多公斤。2000年，由区房管局光远燃气制供发展中心承担的“民用轻燃气供应系统技术推广”专利项目通过市级验收，达到国内先进水平。2007年起，市知识产权局实施专利产业化项目，薛城区每年有1~2项重点专利项目纳入该项目。

科技应用

1991年起，工业企业引进吸收先进技术和装备，不断开发新产品，培育和发展一批新产业，工业结构较为合理，基本形成全区工业发展的新格局。

1995年，薛城区千山水泥厂采用国内先进的“水泥立窑偏火自控装置”对现有烧结窑进行技术改造，工人劳动强度大大降低，烧结质量明显提高，消除偏火现象，产量提高30%，年增产39600吨，年增加销售收入792万元，利税118.8万元。同年，建立市级林果示范基地和区级长毛兔、冬枣、食用菌、PH系小麦、桑蚕、瘦肉型猪示范基地，长毛兔基地毛兔存养量达180万只，效益超亿元。

1996起，突出抓好引进技术的消化、吸收开发创新能力，重点做好能源、建材、化工、冶金、轻工、机械电器等行业的技术进步工作，采用先进技术改造传统产业20个，将陈旧的工艺和装备基本改造一遍，重点企业技术装备和工艺达到国际20世纪90年代初水平，主要工业产品接近或达到发达国家水平，乡镇企业在技术装备上提高一个档次；顺利实施“两线三园六基地”开发工程，其中张范农业示范园被省政府命名为“引进国外名、优、稀、特蔬菜良种示范基地”。

1999年，研发“云母钛珠光颜料”“光纤复合架空地线”“装饰纸专用钛白粉”等高新技术，“山峰”牌白板纸、“多乐”牌多用炉、“联兴”牌异型瓶等5个产品获省级优质产品称号，新产品年创销售收入达到6.2亿元，占工业销售总收入的23.5%。

2000年，华众、多乐、金鑫等企业成功开发的“双面涂布白纸板”“金银卡专用涂布白纸板”“冰洲石光电元器件”“NS自控气化暖浴锅炉”等新产品填补国内空白。山东华众纸业有限公司研发的十几种高新技术产品，销售收入59963万元，占总收入的92.6%，创利税8090万元，人均产值34.6万元，人均利税4.8万元。

2004年，锦辉铸钢厂引进中国最先进的特种钢生产线，延长产业链；山东神工化工股份有限公司承担的4至氯邻苯二甲酸·单钠盐项目和山东贝莱特空调有限公司承担的智能变频家庭中央空调项目被省科技厅列为2005年度省级燃料工业计划；山东多乐采暖设备有限公司先后研制出16大系列266种产品，其中7项获省优部优。

2006年，大力实施“名企优企”战略，积极鼓励规模企业产名品、创名企，研发“高效环保顺流蒸发式冷凝器研发”“脂化植物生物柴油”“利能牌逆流式换热器”等一批高新技术产品。

2011年，大力实施“科技型企业成长计划和企业创新工程”，积极鼓励引导企业开展自主创新，研发具有自主知识产权的核心技术，19家中小企业跨入规模以上企业行列。

第六节　知识产权保护

专利行政执法

2007年，根据枣庄市《“雷雨”“天网”知识产权执法专项行动实施方案》要求，开展专利执法检查。2010年，根据国家、省、市的统一安排部署，实施知识产权系统打击侵犯知识产权和制售假冒伪劣商品执法专项行动，联合公安、工商、质检、质监、文化等有关部门，重点对辖区内食品、药品、家电等专利产品实行拉网式检查，开展“雷雨”“天网”知识产权专利执法活动4次，对200余种专利产品实行检查，登记专利商品70余件。2013年，成立薛城区专利行政执法大队，负责全区专利行政执法工作。组织全区专利执法活动，重点查处违法性质严重的假冒他人专利、冒充专利等案件，协调与工商、版权、公安、法院等有关部门的行政执法工作，配合市知识产权局开展统一的专利专项重大执法活动和跨地区的专利行政执法活动的组织、协调工作。支队成员由各镇街知识产权工作站站长组成，区知识产权局统一指挥、协调，执法大队办公室设在区科技局（知识产权局）综合股。薛城区专利行政执法大队在区知识产权局的领导下开展专利行政执法工作，接受枣庄市专利行政执法支队的业务指导。同年，先后开展春节期间专项执法、专业市场流通领域知识产权执法维权专项整治行动、知识产权系统执法维权“护航”专项行动、中秋、国庆期间护航专项执法检查等专利执法活动，集中对贵诚超市、善利元超市、区人民医院等流通领域及铁鹰、凤凰台2个装饰建材专业市场开展检查，对检查的专利商品逐一登记，核实专利状态，做好备案。执法检查的同时，执法人员积极向相关管理人员、商户进行专利知识的普及宣传，引导商场严把进货关口，健全专利商品的登记制度，从源头上避免假冒专利商品流入商场，杜绝假冒专利商品上架，严厉打击和有效遏制知识产权违法犯罪行为，形成知识产权保护的良好社会氛围。

专利申请与代理

1985年4月至2000年，全区专利申请量累计达到118件，其中，发明专利14件，实用新型专利77件，外观设计专利27件，职务发明40件，非职务发明78件。1996年，全区组织2次专利法规培训，参训人员近百名，首次1人获得中国专利局颁发的专利代理人资格证书。枣庄市采暖设备厂是全市首批专利试点企业，省企业专利协会理事单位，1995年，申请5项专利，至2000年年底申报专利20余项，1997年，被命名为“中国专利山东明星企业”，其“型煤采暖炉”外观设计专利，1999年，获山东省专利创新奖，“多乐”牌商标被评定为山东省著名商标。

2001—2005年，全区共申报专利219项，其中发明专利36件，实用新型专利139件，外观设计专利44件。2005年，全区申报专利68件，其中发明专利13件，位居全市第一。2002年，枣庄天元精细化工有限公司等4家企业入选枣庄市第一批专利试点企业。

2006—2010年，全区专利申请量达到1054件。2009年，薛城区获得“全省专利创造优胜区”称号。

2011年，全区专利申请447件，占全年任务的102.7%，发明专利申请131件，占150.5%，专利授权309件，占152.9%。全省排名69名，全市第二名。2012年，4家企业顺利通过枣庄市第二批专利试点企业考核验收，其中：山东智赢门窗系统有限公司成为全市9家试点工作优秀单位之一；枣庄福源印染机械有限公司、枣庄神工制冷机械有限公司、山东欣安燃气设备有限公司为试点工作合格单位。2013年，大力提升专利电子申请率，专利申请量和发明专利申请量均提前2个月完成全年任务目标，同济机电、智赢门窗获批“中国专利山东明星企业”，智赢门窗等5家企业获得枣庄市专利示范企业称号，区人民医院、贵诚超市获得“枣庄市经销专利产品信得过单位”称号，智赢门窗入选山东省首批优势企业培育计划，并试点推广《企业知识产权管理规范》国家标准。全区有一星级“中国专利山东明星企业”2家，三星级“中国专利山东明星企业”2家，“枣庄市专利示范企业”7家。

专利技术与项目实施开发

1991—1996年，全区每年实施专利项目近10项，年创产值3000万元，共增加新产品20余种。1997年，实施专利技术项目9项，新增产值近3000万元，利税400多万元，新产品品种规格50余个。其中，市采暖设备厂炉具产品达到年产4万台，产值2000万元，利税300万元；宝石工艺厂“天然石料腰带”获1997中国（泰山）专利技术博览会“创新奖”，所产近30种工艺品年产值100余万元；邹坞镇硫磺厂实施引进的专利技术不仅减轻对环境的污染，也取得较高的经济效益；区房地产局修建工程公司引进的“轻烃燃气制供设备及管道”专利技术，投资40万元，建成可供200户使用的燃气制供站，创产值300万元，有明显的经济效益和社会效益，为城区配套开发提供经验。自2008年起，市政府设立专利发展专项资金，每年择优选择10项专利项目实施产业化，薛城区7家企业获批实施产业化项目。

专利信息传播检索

坚持知识产权进机关、进社区、进企业、进学校，每年组织开展积极开展丰富多彩的“4·26世界知识产权日”“知识产权宣传周”“中国专利周”等宣传活动。活动期间，全区通过出动宣传车、发放宣传资料、赠送书刊、开展现场咨询等多种形式，宣传知识产权和专利信息，受到广大群众的热烈欢迎。每年针对不同人群的不同需求，邀请知识产权专家举办2~3期培训班、专题讲座，培训镇街知识产权工作站站长、企业主要负责人或分管技术负责人、农业专业技术人员、镇街机关干部等，积极培育和发展重知识、崇尚创新、诚信守法的知识产权文化，努力营造知识产权保护的良好氛围。

舜耕中学青少年科技活动中心、薛城区青少年发明协会，先后荣获全国教育系统先进集体、中国基础教育百佳名校 、北京大学人才培养基地、枣庄市科普示范学校等称号，先后获得枣庄市小哥白尼杯创新大赛优秀组织奖、山东省第27届青少年科技创新成果一等奖等多项科技发明创新、课题研究奖项。

1991—2013年薛城区科研成果情况表

表24-8　　　　单位：项

年度	科研成果总数	其中		
		国际领先	国内先进（领先）水平	省内先进（领先）水平
1991—1995	55		15	30
1996—2000	68		19	30
2001—2005	97	1	29	37
2006—2010	140		60	72
2011—2013	283	1	96	186
合计	643	2	219	355

1991—2013年薛城区科研经费情况表

表24-9

年度	科学技术支出（万元）	区财政一般预算支出（万元）	科学技术支出占区财政一般预算支出比例（%）
1991	40	3919	1.02
1992	47	4202	1.12
1993	56	6935	0.81
1994	60	7857	0.76
1995	75	10138	0.74
1996	101	14334	0.70
1997	133	17387	0.76
1998	158	15219	1.04
1999	221	17293	1.28
2000	176	17801	0.99
2001	243	20215	1.20
2002	244	21536	1.13
2003	322	24351	1.32
2004	393	31317	1.25
2005	470	39712	1.18
2006	543	46339	1.17
2007	515	51474	1.0
2008	583	58349	1.0
2009	738	72047	1.02
2010	880	95642	0.92
2011	1019	126885	0.80
2012	1137	152147	0.75
2013	1389	176321	0.79

1991—2013 年薛城区获市以上科技进步奖统计表

表 24-10

获奖时间	获奖等次	获奖项目名称	项目完成单位
1991—1995	一	民用炉系列产品专利技术开发	枣庄市采暖设备厂
		GY 型通信光缆	鲁南电缆厂
	二	系列异型玻璃瓶技术开发	枣庄市玻璃制品总厂
		粉煤灰轻质砌块专利技术开发	山东薛城建筑砌块厂
		稀土硅钡镁合金的研制与开发	夏庄铁合金厂
		高蛋白优质小麦引种试验	薛城镇农技站
		枣树绿枝扦插试验	南石乡林业站
		玉米秸秆还田相引进试验推广对土壤理化性状影响	薛城区农机推广站
		薛城区 1987—1989 年居民死因调查研究	薛城区卫生局
		小针刀对软组织疼痛治疗的临床应用与研究	薛城区人民医院
	三	粮油仓储管理“五三四”工作法	薛城区粮油总公司
		花生新品种鲁花 11 号引种开发	薛城区农技站
		S9—2000/35 低耗电力变压器	薛城区变压器厂
		珠光浆	薛城区第一化工厂
		MH—36A 型手提式埋弧电渣钢筋对焊机技术推广	薛城区电器设备总厂
		夏玉主新品种掖单 11 号开发	薛城镇农技站
		佛手瓜引种栽培试验研究	薛城区科协
		青皮甜石榴选优	南石乡林业站
		利用磷化锌毒签防治蛀干性害虫试验	薛城区林业局森保站
		天然石料腰带专利技术开发	枣庄市薛城飞天宝石工艺厂
		葡萄间种草莓、佛手瓜立体栽培试验	薛城区林业局果树站
		多功能住宅分户门	枣庄市采暖设备厂
1996—2000	二	橡胶与 AS 共混制取 ABS 的研究	枣庄海湾工程塑料有限公司
		潘庄二级泵站自动化控制系统设计与应用	薛城区水利局
		冬枣品种优选与丰产技术开发	薛城区南石乡林业站
		金河水源地多种含水介质中回灌试验的综合研究	枣庄市薛城区水资源管理办公室
	三	三千亩高产高值田开发试验	薛城区周营镇政府
		危害火炬树的主要害虫生物学特性及防治研究	薛城区林业局森保站
		系列云母钛珠光颜料试制	山东薛城天元精细化工厂
		地下水资源开发利用规划研究	薛城区水资源管理办公室
		甜油桃引进优选与开发	枣庄市薛城区果树站
		定喘胶囊平喘效果的临床实验研究	枣庄市薛城区中医院
		解毒化瘀汤治疗外科急性感染临床研究	枣庄市薛城区人民医院
		型煤采暖炉（1999 年山东省专利奖项目，专利创新奖）	枣庄市采暖设备厂

续表24-10

获奖时间	获奖等次	获奖项目名称	项目完成单位
2001	二	薛城长毛兔新品系选育	薛城区畜牧水产局
	三	炮采工作面提高块煤率技术研究	枣庄市薛城煤矿
		ZGDT 型升降式高耸灯塔试制	枣庄市电力灯塔厂
		建筑物和水体下 16. 17 层煤全煤柱联合开采技术研究	枣庄市薛城煤矿
		枣庄市薛城区《城市区域环境噪声标准》适用区域划分研究	薛城区环境监测站
		高档凹印及双面涂布白纸板（省科技进步三等奖）	山东华众纸业有限公司
2002	二	金银卡专用涂布白纸板	山东华众纸业有限公司
		NS 系列自控煤气化暖浴锅炉	枣庄市多乐采暖设备有限责任公司
		薛城区农业科技示范园创建与开发	薛城区科技示范园
	三	双面涂布白纸板	山东华众纸业有限公司
		非线性冰洲石晶体光电元器件	枣庄金鑫非金属晶体材料有限公司
		薛城冬枣肉质局部木质化研究	薛城区林业局薛城冬枣开发中心
		薛城绿色长廊基地开发	薛城区多种经营管理局
		乌鳢网箱繁育技术研究（省科技进步三等奖）	薛城区水务局
2003	二	杨四刺瘿螨防治研究	薛城区林业局森保站
		大枣高接换种快速丰产技术开发	薛城区林业局果树站
	三	多功能灸疗器的应用研究	薛城区人民医院
		蔬菜设施栽培土肥水运作模式研究开发	农业局土肥站
		石榴疮痂病研究	薛城区林业局森保站山东农业大学
		大沙河远景开发研究与综合治理	薛城区水务局
		心先安、异舒吉联用与血管紧张素转换酶抑制治疗顽固性心衰临床对比研究	薛城区中医院
2004	三	自适应锅型高效节能家用燃气灶	枣庄后羿节能燃具有限公司
		变质岩区农业高效用水综合试验研究与示范	薛城区农业综合开发办公室
		中西医结合治疗慢性肺心病心力衰竭临床研究	薛城区中医院
		传染性非典型肺炎防治工作数据库与处理程序开发应用	薛城区卫生局
		薛城区青少年形态机能健康及生长期变化研究	薛城区卫生防疫站
2005	一	农田害鼠优化防治配套技术的筛选研究及应用	薛城区农业局
	二	淡水白鲨及与斑点叉尾鮰的引种及其养殖技术研究	薛城区水务局
		温室无公害番茄生产生态控制及软籽石榴快繁技术研究	薛城区农业局
	三	万亩大棚无籽西瓜无公害基地产业化开发	薛城区农业局农技站
		大葱标准化栽培技术研究	薛城区农业局农技站
		代文与波依定对高血压患者左心室舒张功能影响研究	薛城区人民医院

续表24-10

获奖时间	获奖等次	获奖项目名称	项目完成单位
2006	二	石榴新品种选育与早期丰产高效栽培技术研究	薛城区林业局果树站
	三	农田杂草预测报方法及防除优化技术集成的研究与应用	薛城区农业局
		518 油桃引种试验与开发	薛城区邹坞镇科技办
		果桑新品种引种试验及开发	薛城区邹坞镇科技办
		肯特令佐治口服有机磷农药中毒中的治疗作用研究	薛城区人民医院
		重型颅脑损伤病员家属参与皮肤护理的临床应用观察	薛城区人民医院
		门冬氨酸钾镁参与参麦注射液联合治疗儿童病毒性心肌炎疗效研究	薛城区人民医院
2007	二	古采区矿井大范围多通道老空水综合治理技术体系研究	枣庄市薛城区天然焦矿
		细胞角质蛋白 CK34BE12 鉴别子宫内膜病变研究	枣矿集团中心医院
	三	ZNSD 系列全自动智能速冻机	枣庄市薛城风机厂
		调控发酵技术在食用菌开放式接种中的应用研究	薛城区食用菌协会
		金针菇新品种枣 DA3 选育	薛城区食用菌协会
		桃树流胶病发生规律及综合防治技术的研究	薛城区园艺研究所
		万亩标准化瓜菜生产基地开发	薛城区多种经营管理局
		愈溃膏治疗体表溃疡的临床与实验研究	薛城区中医院
		复方公英片内服加仙人掌外敷治疗急性乳腺炎	薛城区人民医院
2008	二	SH 系列回转窑余热利用装置	山东长泰机械制造有限公司
		苯磺酸左旋氨氯地平（施慧达）与替米沙坦治疗轻中度高血压的临床研究	薛城区人民医院
		氨氯地平和培哚普利对高血压患者运动血压的影响	薛城区人民医院
		冷光源下小横切口阑尾切除术 1000 例回顾性分析	薛城区人民医院
	三	CWWH 系列生物质成型燃料气化自控锅炉	山东多乐采暖设备有限公司
		高蛋白饲用玉米产业化开发与推广	薛城区陶庄镇技站
		隐性护理知识管理在小儿头皮静脉穿刺技能中应用	薛城区中医院
		腺肌丸治疗子宫腺肌病临床研究	薛城区中医院
		高三尖杉酯碱联合复方甘草酸单铵治疗重度过敏性紫癜疗效研究	薛城区人民医院
		胜红清热胶囊结合双腔尿管注甲硝唑通液治疗输卵管阻塞性不孕	薛城区人民医院

续表24-10

获奖时间	获奖等次	获奖项目名称	项目完成单位
2009	二	C臂X线下闭合复位经皮微创固定治疗老年性四肢骨端疏松性骨折的临床应用研究	薛城区人民医院
		透皮缝所小切口高位结扎与传统方法治疗下肢浅静脉曲张的对比研究	薛城区人民医院
		跟踪性考核模式对提高护理“三基”水平的效果研究	薛城区中医院
		细节管理对急诊科护士护理执行力研究	薛城区中医院
		外科病房流程改进对护理内涵质量的影响	薛城区人民医院
		富硒小麦栽培技术研究及产业化开发	枣庄市金穗制粉有限公司
	三	温针灸胃经特定穴治疗慢性腹泻的临床研究	薛城区中医院
		磁力声控导航带锁髓内钉在四肢骨折中的临床应用	薛城区人民医院
		硫酸钠冰帽在重度颅脑损伤并发中枢性高热降温效果的研究	薛城区中医院
		舒适护理在慢支合并多发性肋骨骨折病人中的应用研究	薛城区中医院
		航空式护理服务模式病区实施认可情况调查分析	薛城区人民医院
		卧床患者使用自制棉垫圈预防褥疮的效果研究	薛城区人民医院
		龙血竭联合蜂胶治疗二度及三度褥疮的临床效果研究	薛城区人民医院
		薛城区农村居住人群乙肝血清学调查及相关因素研究	薛城区疾病控制中心
		ST系列多功能数控灶	山东多乐采暖设备有限公司
		SMD616单电机气动摆臂卷染机	枣庄福源印染机械有限公司
2010	二	家兔无公害预混料研制与推广	薛城区畜牧兽医局
		薛城区0—7岁儿童家长预防接种知识调查研究	薛城区疾病预防控制中心
		中空钉内穿张力带钢丝内固定治疗髌骨骨折临床研究	薛城区人民医院
		不同年龄组脑梗塞患者健康教育调查	薛城区人民医院
		精索静脉曲张高位结扎术单病种限价管理	薛城区人民医院
		慢性肾衰竭病人并发抑郁障碍认知护理干预研究	薛城区人民医院
	三	废水闭路循环零排放工程	枣庄天元精细化工有限公司
		有机花生生产、黑莓良种筛选高产栽培技术研究	薛城区农业局薛城区园艺研究所
		“巨籽蜜”石榴选育	枣庄市丰源农业科学研究所
		情景教育用于电子结肠镜检查、雷贝拉唑治疗食管炎、复方冰维散治疗小儿口腔炎	薛城区人民医院
		冠花胶囊治疗月经异常临床研究	薛城区中医院

续表24-10

获奖时间	获奖等次	获奖项目名称	项目完成单位
2011	一	临城桃的纯化优选及产业化开发	枣庄市薛城区园艺研究所
	二	CWWW 系列秸秆类生物质颗粒锅炉节能环保技术研究	山东多乐采暖设备有限责任公司
		古井口位置探测系统及古空区地表水害综合防治与预警系统研究	薛城区天然焦矿
		认知—行为小组治疗对中学学生心理健康影响	薛城区人民医院
		鼻内镜下液氮冷冻治疗腺样体肥大	薛城区人民医院
	三	CFLS 系列生物质（空调）供热机组节能环保技术研究	山东多乐采暖设备有限责任公司
		早春马铃薯三膜覆盖高效配套栽培技术研究	薛城区创新农业科技开发中心
		炙甘草汤对肿瘤多药耐药逆转 P-gp 表达影响	薛城区人民医院
		糖尿病患者对低糖饮食认知行为调查	薛城区人民医院
		雷贝拉唑伊托比利治疗反流性食管炎研究	薛城区人民医院
		经伤椎多方位植骨与后路 GSS 钉-棒系统椎弓根固定治疗胸腰椎骨折	薛城区人民医院
		闭合牵引复位微创锁定加压钢板治疗老年股骨粗隆间粉碎性骨折临床应用研究	薛城区人民医院
		清肝消痞胶囊治疗功能性消化不良	薛城区中医院
		钩丹胶囊治疗青春期痛经临床研究	薛城区中医院
		薛城区已婚妇女宫颈癌流行现状与危险因素	薛城区计生妇幼综合服务站
2012	二	网兜状真皮帽治疗巨乳缩小	薛城区人民医院
		足背内侧皮神经营养血管皮瓣创面修复	薛城区人民医院
		L 形钢板治疗干骺端骨折	薛城区人民医院
		祛瘀安环胶囊治疗经期延长	薛城区中医医院
		头疼宁胶囊治疗偏头痛研究	薛城区中医医院
		家用太阳能储水箱水质与人体健康因素	薛城区疾控中心
		全自动绞纱丝光机（省科技进步二等奖）	山东同济机电有限公司
	三	全自动绞纱丝光机	山东同济机电有限公司
		不同外用药物在霉菌性阴道炎患者中使用效果对比研究	薛城区人民医院
		薛城区已婚妇女乳腺疾病现状及影响因素研究	薛城区计生妇幼综合服务站
2013	二	针刺、按摩配合舒适护理用于镇痛、催产的临床观察	薛城区人民医院
		蒌贝清肝胶囊治疗乳腺增生病临床研究	薛城区中医医院
		氧化电位水用于口腔科贮水罐水系统消毒的研究	薛城区人民医院
		低旋转点的隐神经营养血管远端蒂皮瓣的临床应用研究	薛城区人民医院

续表24-10

获奖时间	获奖等次	获奖项目名称	项目完成单位
2013	二	SLIPA 喉罩对留置胃管的腹腔镜胆囊切除术全麻患者 Pet-CO_2 及 $PaCO_2$ 的影响	薛城区人民医院
		丁咯地尔联合神经节苷脂治疗急性脑梗塞疗效观察	薛城区人民医院
		盐酸纳美芬联合醒脑静治疗慢性肺源性心脏病合并中/重型肺性脑病的疗效	薛城区人民医院
		芪参益气滴丸联合螺内酯治疗冠心病慢性心功能不全疗效观察	薛城区人民医院
	三	保留终板均匀颗粒骨打压植骨结合内固定治疗腰椎不稳症	薛城区人民医院
		全程监护在急性重度有机磷农药中毒治疗中的作用	薛城区人民医院

1996—2012 年薛城区科技人员发展与分布表

表 24-11　　单位：人

年份	年末总人数	分布情况												
		工程	农业	卫生	教学	经济	会计	统计	图书文物	新闻出版	律师公正	播音	体育	其他
1996	3807	200	146	637	2610	28	85	43	18	6	3	9	20	2
1997	4439	262	127	736	3079	42	116	11	22	5	12	4	20	3
1998	4866	245	151	800	3422	38	125	21	18	8	15	2	20	1
1999	5156	248	170	846	3611	42	147	24	18	10	15	2	20	3
2000	5815	349	184	964	3999	45	175	28	12	19	11	7	17	5
2001	5906	349	184	964	4090	45	175	28	12	19	11	7	17	5
2002	5906	349	184	964	4090	45	175	28	12	19	11	7	17	5
2003	7028	409	136	1015	5047	44	218	30	57	22	8	5	30	7
2004	7332	503	117	1198	4852	94	194	27	78	34	20	21	23	71
2005	7161	442	77	1142	4839	81	361	20	68	44	5	5	30	47
2006	6900	579	126	986	4586	71	364	24	60	30	6	5	24	39
2007	6912	329	84	977	5087	30	228	15	52	30	6	5	35	34
2008	6192	302	67	974	4596	36	53	14	37	31	6	6	35	35
2009	6668	297	107	970	4805	45	276	16	49	30	5	5	34	29
2010	6711	211	99	950	5125	25	174	6	23	30	4	5	33	26
2011	7292	304	58	976	5574	49	166	20	44	30	5	9	33	24
2012	7037	298	47	1130	5270	62	113	9	33	23	5	9	37	1

第七节　地震监测与防震减灾

组织机构

1991年7月，区地震办公室恢复设立。1993年，区地震办公室合并到区科委。2002年后，地震测报工作归属区科技局。2003年10月，区地震办公室更名为区地震局。

地震监测

1992年12月，全省地震开发现场工作会议在薛城区召开。2007年，在邹坞刘庄建成区地震监测台。2010年，建成区地震应急指挥中心。1991—2013年，监测到区境地震21次，其中有感地震2次，震中在境内震及在里氏1.3~2.2级的地震15次，各次地震均未形成破坏性影响。

震害预防

1994—2012年，区政府多次调整全区防震减灾工作领导小组，成员单位达到36个，各镇街成立防震减灾工作领导小组。2012年6月，区政府印发《薛城区防震减灾第十二个五年规划》，对全区的防震减灾工作进行全面规划。2006年8月，区政府办公室转发《区地震局区建设局关于加强工程建设地震安全性评价管理工作的意见》，将重点工程项目纳入地震安全性评价的范围。是年，在区行政审批大厅设立地震局服务窗口，对全区的重点项目进行服务，提高重点工程项目的抗震设防能力。

应急救援

2007年3月和2012年12月，区政府办两次印发区地震应急预案，对防震减灾工作成员单位的工作职责进行明确，各镇街也都制定地震应急预案。2011—2013年，规划临山公园、奚仲广场、舜耕中学、八中南校。职业中专五处地震应急避难场所。2011年6月，省地震局分管领导实地检查临山公园应急避难场所。2013年11月，省地震局、省科协联合对奚仲中学省级地震科普示范校工作开展情况进行检查。

防震减灾宣传

每年的防震减灾日和唐山地震纪念日，区地震局在有关镇村及城区驻地开展防震减灾知识宣传活动，提高广大群众的防震减灾知识和应急避险能力。1991—1995年，新建地震宣传栏626个，发放“防震减灾”知识读本2000多份、《震情通报》600份。1996年，开展纪念唐山地震20周年防震减灾知识宣传，制作“卡通画”2000份，订阅《中国减灾报》特刊200份，创办防震减灾宣传栏8期，发放《地震宣传简报》920份、《震情通报》6期800份。1999—2002年，订阅

防震减灾日宣传活动进社区

《中国减灾报》80份，印发地震宣传简报10期，创办防震减灾宣传专栏208期。2003—2010年，印发地震宣传简报20期，创办防震减灾宣传专栏500期。2012年，在邹坞举行全市防震减灾进乡村宣传启动仪式，印发宣传资料3000份。

1991—2004 年薛城区境内地震震中情况表

表 24-12

年份	发震时间					震中位置			震级	深度	精度
	月	日	时	分	秒	经度	纬度	地点	(ML)	(公里)	
1991	2	15	11	08		117°24′	34°53′	邹坞镇马庄	3.2		有感
1993	3	22	03	28	53.8	117°21′	34°53′	陶庄镇	1.3		
1993	5	21	01	41		117°22′	34°53′	陶庄镇斐庄	1.9		
1995	1	19	06	30		117°20′	34°53′	陶庄镇周庄西	0.7		
1995	9	28	01	45		117°20′	34°53′	陶庄镇周庄西	1.6		
1997	1	13	15	45		117°20′	34°53′	陶庄镇梁庄水库	1.8		
1997	1	18	04	52		117°20′	34°53′	陶庄镇梁山水库	1.7		
1997	7	29	22	12		117°20′	34°53′	陶庄镇周庄西	1.6		
1997	9	02	00	14		117°20′	34°53′	陶庄镇周庄西	1.4		
1997	9	19	04	04		117°20′	34°53′	陶庄镇周庄西	1.5		
1997	9	29	19	40		117°20′	34°53′	陶庄镇周庄西	1.6		
1997	10	20	16	14		117°20′	34°53′	陶庄镇周庄西	1.9		
1998	3	09	11	23		117°20′	34°53′	陶庄镇周庄西	1.2		
1999	8	30	00	09	56.3	117°20′	34°53′	陶庄镇周庄西	1.6		
2000	3	16	07	35	39.5	117°20′	34°53′	陶庄镇	1.7		
2000	12	13	10	07	10.9	117°20′	34°53′	陶庄镇附近	1.3		
2001	10	15	17	45	30.3	117°20′	34°53′	陶庄镇周庄西	1.0		
2002	3	22	21	23	28.1	117°20′	34°49′	兴仁乡袁家寨南	2.1	17	I
2002	6	13	08	16	53.3	117°18′	34°50′	兴仁乡西谷山	3.0	8	有感
2004	1	8	08	43		117°18′	34°82′	陶庄镇西仓村	2.4	16	

薛城區卷

第二十五编
文化　旅游

第一章　群众文化

第一节　文化新闻广电出版局

1994年1月，区文化局与区体育运动委员会合并为区文化体育委员会；5月，撤销区文化体育委员会，重设区文化局。1994年8月，成立薛城区文化市场稽查队。2003年3月，区文化市场稽查队升格为副科级事业单位。

1995年5月，成立薛城区文物管理站。至此，区文化局形成下辖区文化市场稽查队、区文化馆、区图书馆、区文物管理站、区豫剧团、区薛城剧院、区龙泉剧院及区电影发行放映公司等8个企事业单位的机构格局。

2005年6月，区文化局加挂区新闻出版局牌子，授权行使本辖区出版物监管的行政管理职能，依法履行新闻出版（版权）执法主体资格，承担出版物市场执法监管的职责，实行文化、新闻出版系统的综合执法。

2012年6月26日，组建薛城区文化广电新闻出版局，将区文化局（区新闻出版局）、区广播电视中心（区广播电视局）的职责（薛城电视台除外）整合划入区文化广电新闻出版局，为区政府直属的正科级财政拨款事业单位。同日，设立薛城区文化市场综合执法大队，为区文化广电新闻出版局管理的正科级财政拨款事业单位。

1996年11月，薛城区被文化部命名为“全国唢呐艺术之乡”；1998年，薛城区被山东省委、省政府授予第四批“社会文化先进县”称号；1999年9月，临山广场在山东省第二届广场文化活动中被评为“山东省优秀文化广场”；2005年12月，“百日消夏群众文化艺术节”被评为“山东省社会文化活动知名品牌”；1999年10月，区图书馆被文化部评定为“国家县级二级图书馆”。2011年11月，薛城区被文化部授予“中国民间文化艺术之乡”称号。2012年12月，铁道游击队纪念广场被省委宣传部、省文化厅评为“山东省十佳文化中心”。

第二节　文化设施

区级文化设施

积极构建城乡“15~20分钟”公共文化服务圈，城区内，先后投资2.6亿元，建成启用铁道游击队纪念园广场、奚仲文化广场、锦阳河文化休闲中心、3处高档数字影院等文化基础设施，建成奚仲纪念馆、中陈郝瓷窑展览馆、鲁南民俗博物馆等8个文化展馆和160处健身园。

薛城区文化馆　馆舍面积1500平方米，专业人员15人，其中副研究馆员2人，馆员6人，助理馆员7人。文化馆内设音乐室、舞蹈室、美术书法室、戏剧室、曲艺室、摄影室、文艺创作室。馆内文化设施有：舞蹈排练厅200平方米；游艺厅200平方米；卡拉OK厅150平方米；展厅260平方米；培训厅300平方米；台球活动厅100平方米。文化馆曾于1996年、1997年、2001年、2002年4次被评为枣庄市“春节文化活动先进单位”。文化馆专业人员曾获市级以上奖39次，其中国际大奖3次。出版各类著作5部，发表文艺作品及学术论文百余篇。培训戏剧、曲艺、音乐、舞蹈、美术、书法等学员200余人，特别是每年暑假培训少儿舞蹈、少儿美术、书法学员每期都在百人以上。2005年11月，薛城区文化馆积极响应上级号召，进行依法拆迁。

薛城区图书馆　总藏书量8.2万册。该馆下设成人借阅室、城乡读书社、报刊阅览室、过刊阅览室、儿童阅览室和资料室、电子阅览室和董一博专藏室。每年用于图书的各项经费达 15 万余元。接待读者 12 万人次，外借书刊 13 万册次。下设 5 个图书分馆：72617 部队、71569 部队、中国人寿保险、常庄镇种庄村及大成国粹艺术中心图书借阅室。每个分馆藏书达 5000 余册。全馆有职员 6 人，其中副研究馆员 2 人，馆员 3 人，助理馆员 1 人。具有研究生学历 1 人，大学本科学历 4 人，大学专科学历 1 人。专业人员多次在图书技能比赛中获奖。2005 年 12 月，薛城区图书馆积极响应上级号召，进行依法拆迁。

薛城区文物管理站　成立于 1995 年 3 月，隶属区文广新局的股级事业单位，在职职工 4 名，其中副高职称 1 人，中级职称 2 人。自 2007 年启动不可移动文物普查以来，摸清境内不可移动文物家底。全区共有文物保护点 178 处，其中国家级重点文物保护单位 1 处、省级重点文物保护单位 6 处、市级重点文物保护单位 42 处、区级重点文物保护单位 129 处。第一次全国可移动文物普查初步认定可移动文物千余件（套）。

2010 年 3 月 7—9 日，薛城区代表枣庄市迎接省文物局组织的第三次文物普查实地调查阶段工作验收，被评为“优秀等次”（全省最高等次）。文物管理站站长孙晋芬获国家文物局办公室颁发第三次全国文物普查实地调查阶段突出个人贡献奖。特别是“四个创新”的做法，“普查方式创新、技术勘察创新、成果著书创新、彩色印刷创新”建议在全省推广。2012 年 5 月，国家文物保护单位中陈郝窑址申请大遗址保护。2013 年 10 月，中陈郝窑址考古勘探工作启动。

薛城区电影发行放映公司　1995 年，成立薛城区电影发行放映公司，职工 28 人。2005 年，成立农村电影“2131 工程”领导小组，组建 7 支放映队伍，购置相应的 16 毫米胶片放映设备。2008 年，农村电影“2131 工程”更名为农村电影放映工程，购置 8 套数字放映设备，成立四组八队，每队服务 23 个行政村，实现农村电影放映数字化。平均每年在全区 242 个行政村放映 2500 余场，放映普及率 100%。

2008 年，在临山路沿河公园路南建立一处固定的露天电影文化广场，组织庆祝改革开放 30 周年精品电影巡回展、庆祝中华人民共和国成立 60 周年·百部红色经典电影展、力诺瑞特·百日消夏文化节、庆祝建党九十周年·百部红色经典电影展等活动，放映 300 余场次，500 余部影片。

镇（街）综合文化站

全区辖 7 个镇街，除巨山街道外，6 个镇街均建有综合文化站。其中，陶庄镇综合文化站达到省一级标准，曾荣获“省级基层文化辅导优秀示范点”称号。邹坞镇文化站达省二级标准，沙沟镇文化站达省三级标准。镇街综合文化站建设总面积达 13284 平方米，室内总面积达 3263 平方米，室外广场总面积达 10296 平方米。除房屋外设施设备总价值 130.41 万元，其中，总藏书量 25003 册，光盘总计 950 盘，报纸杂志 60 余种，专兼职管理人员 8 人，年开展活动 69 次，年度活动达经费 33 万元。全区有文化大院 164 家，总面积 55360 平方米。如河北庄村、东姚庄村、西姚庄村、东仓村、上殷庄村等文化大院在建筑面积、活动室设置、设施设备等硬件不仅达到省建设标准，而且充分利用农闲、节日等时间积极开展文化活动，逐步形成新的生活方式和社会风尚。有“农家书屋”89 个，总面积 4403 平方米，总藏书量 183787 册，光盘总数 7674 盘，报刊总数 2520 份，电脑 259 台，设备总价值 445 万元，农家书屋管理员 89 人。常庄镇种庄村“农家书屋”被评为省“十佳书屋”。另外，东姚庄村、西姚庄村、邵庄村、唐庄村、上殷庄村、河北庄村、北常村、四里石社区等农家书屋也是全区的建设典型。东姚社区、孟岭村等 34 家农家书屋完成数字化升级。各镇街建有文化广场 242 个，并以点带面，利用文化广场开展各具特色文化活动，大大激活农村文化。如广场舞、舞龙、舞狮、剪纸、高跷、唢呐等民俗文化活动、人灯舞、骰牌灯舞等非物质文化遗产项目展示成为镇街的“文化名片”，产生良好的社会效果。

村（居）文化设施

2013年，薛城区积极响应上级号召，建设基层综合性文化服务中心。文化服务中心（社区服务中心），包括“一厅”（扶贫、社保、民政、工青妇、民族宗教等综合服务厅）、“一场”（室外群众文体活动场所）、“两栏”（公开栏、宣传栏）、多功能活动室（党员活动室、村民议事室、警务室、社区卫生室、人口计生服务室、残疾人康复训练室、文化信息资源共享与电子阅览室、文化娱乐健身室、科普活动室、图书阅览室、老年活动室、志愿者服务室）等设施。至2013年，完成综合性文化服务中心建设工作的行政村（社区）151个，占62.4%，总投入1292万元，其中各级财政投入994.92万元。其中，巨山街道四季菁华文化服务中心和大吕巷文化服务中心是全市五个试点之一。到2013年年底，全区所有村（社区）基本建成集宣传文化、党员教育、科学普及、体育健身、卫生计生、便民服务、农技推广等各类公共服务于一体的基层综合性文化服务中心，培育一批基层文化骨干队伍，初步实现基层公共文化服务设施有效利用、基本公共文化服务有效供给、广大群众的基本文化需求有效满足，进一步促进全区公共文化服务标准化均等化。

第三节　文化活动

区级大型演出活动

1991—2012年，承办薛城区迎春文艺晚会。2009—2012年，实现薛城区春晚的现场直播。1991—2013年，坚持在“八一”军民联欢晚会、“五一”“五四”、教师节、国庆节等节日，通过文艺会演、舞蹈专场、歌手大奖赛、联欢会、歌咏演唱会等形式，开展形式多样的节日专题演出活动。2004—2013年，坚持春节期间民间游艺队伍大拜年活动，丰富广大群众的节庆生活，展示宣传全区的民间艺术精华。

1991年，举办庆祝中国共产党诞生70周年“鲁南颂”歌舞专题文艺晚会。1997年，参加枣庄市庆祝香港回归文艺晚会和组织薛城区欢庆香港回归歌咏大会以及“庆七一迎回归”理论研讨会、民主党派座谈会、知识竞赛和征文、书画展和大型图片展等系列纪念活动。1999年，举办国庆50周年歌咏演唱会，有16支队伍近1500人参加合唱。同年还举办政协成立50周年文艺晚会。2002年，举办庆祝建区40周年文艺晚会，由陶俊禄创作的《薛城颂》、李修瀛创作的《这是一块沧桑热土》在晚会上首次演出。2004年，庆祝中华人民共和国55周年，庆贺枣庄市委、市政府搬迁新城和枣庄经济洽谈会举办，邀请中央电视台《激情广场》展出活动中，文化局组织的互动演出与著名演员同台献艺，在中央台进行直播。2005年，组织抗战60周年大型文艺演出。2009年，举办薛城区庆祝中华人民共和国60周年歌咏比赛、红歌大家唱迎七一庆祝中华人民共和国成立60周年枣庄—邯郸大型主题活动等10余场专题演出。2011年，举行庆祝建党90周年红歌演唱会和薛城区纪念建党90周年“皇冠杯”大型红歌演唱会。

广场文化活动

1997—2013年，薛城区文化馆在铁道游击队纪念广场成功举办17届百日消夏群众文化艺术节，被山东省文化厅评为“全省知名文化品牌”。2006年，“中国·枣庄薛城首届南极洲啤酒杯美食文化旅游节”在薛城区铁道游击队纪念广场开幕。2009年6月29日，枣庄、邯郸两地旅游文化艺术活动在铁道游击队纪念广场举行。2012年，铁道游击队广场被省委宣传部、省文化厅授予“十佳中心文化广场”称号。

2010年9月17日，首届中国奚仲文化活动月在奚公山广场开幕。文化活动月期间，分别举办第十一届中国枣庄（薛城）国际石榴节暨城市

百日消夏群众文化艺术节

转型论坛、第三届中国奚仲文化研讨会、2010 中国北方新能源车业发展论坛、2010“车神奚仲·张范汽车城杯”薛城中国汽车拉力锦标赛、首届鲁南金秋汽车房产博览会、车祖奚仲标准像揭幕仪式、2010 全国摩托车场地越野锦标赛、“拜车祖、看车赛、品美食、游枣庄”二日游活动等 20 余项活动。

2013 年，薛城区建成文化广场 242 个，实现行政村全覆盖。并以文化小广场建设为抓手，组织各级广场舞展演活动，着力打造以“广场舞”为特色的健身活动品牌。全区共组建广场舞蹈队 242 支。全区有广场舞蹈队 242 支，参与群众约 17000 余人。涌现出王木兰、高玉琳等广场舞达人。创编的《走西口》节目在薛城首届邻里文化节广场舞决赛中获得一等奖。《阿瓦人民唱新歌》在薛城第十七届百日消夏群众文化艺术节中获得优秀节目奖。

企业文化活动

1991—2010 年，坚持文化辅导、文艺演出进企业活动。文化馆专业辅导老师应各企事业单位要求常年坚持到基层辅导，涌现出的文艺骨干近 1000 人。

1991 年 3 月，薛城区举办第二届“纺织杯”青年歌手大奖赛。1993 年 5 月，薛城区举办首届“薛星杯”艺术系列大奖赛。1994 年 3 月 28 日，举办山东省“薛国杯”金唢呐民间演奏家邀请赛活动。1999 年 7 月 15 日，举办“顺达杯”卡拉 OK 大赛活动；12 月 6 日，薛城举办迎回归“薛国杯”青年歌手大奖赛。2002 年 5 月 26 日，薛城区举办庆“六一”“顺兴杯”少儿才艺大赛；8 月 6 日，薛城区举办“森泰杯”青年歌手卡拉 OK 大赛。2005 年 4 月 18 日，举办“彭城杯”少儿才艺电视大赛；6 月 24 日，薛城区举办“金虹杯”青年歌手大赛；6 月 30 日，举办纪念抗战胜利 60 周年“农信之夜”文艺晚会；8 月 24 日，举办枣庄市首届“金店杯”模特大赛。2007 年 6 月 18 日，举办“农发行杯”少儿才艺大赛；7 月 5 号，薛城区举办“多乐杯”唢呐大赛。2009 年 7 月，组织庆祝中华人民共和国成立 60 周年“盛苑房产杯”千人红歌演唱会；8 月 16 日，组织盛苑阳光丽舍仲夏夜之梦客户答谢晚会。2010 年 5 月 20 日，在工业园区开展薛城经济开发区庆祝建党 89 周年文艺联欢会；6 月 11 日，首届民俗文化艺术展在薛国会馆开幕。

文化进乡镇入社区活动

社区文化、农村文化　2009 年以来，根据上级文化部门的要求实行文艺辅导包干进乡镇入社区，开展“文化进社区促服务”活动。以镇街特色展示促进镇街文化活动。各镇街主动发掘自身文化资源，创设各具特色的文化活动样式，特别是舞龙、舞狮、剪纸、高跷、人灯舞、唢呐等民俗文化活动已经成为镇街的“文化名片”。春节、元宵节等重大节日期间，文化站立足当地，开展文化进村入户活动，举办篮球比赛、象棋比赛、文艺演出、有奖竞猜等活动。演出资金来源主要由村、镇及区里给予少量补贴。参与各种形式文

文化拜年迎新春

化活动人数达到全区人口的50%。综合文化站创作的柳琴戏剧本《护工彭金玲》，小品《借爹》《打工奇遇》，鲁南大鼓书《血战台儿庄》等艺术作品，在全市文艺精品工程创作上受到表彰。同时，各镇街报送的“农家书屋利用实例”由区文广新局编制成册，受到省新闻出版总署的好评，并在全国推广。大力实施“一年一村一场戏”惠民工程，各庄户剧团长期演出活跃在基层农村社区、工矿、企业，每个庄户剧团每年演出场次都在50场左右。2013年送戏180场。

庄户剧团　庄户剧团这个称谓，始于20世纪80年代末期，是对农村自发的多种艺术团队的统称。薛城区在抢抓文化发展机遇的过程中，本着“以文化促和谐、以文化促发展”的理念，大力培育和扶持庄户剧团发展。2013年，薛城区制定出台《关于加快我区庄户剧团发展的意见》《庄户剧团认定管理办法》，对全区庄户剧团进行分类。至2013年，全区发展庄户剧团104家。其中，经过等级认证的56家，达到A级标准的12家，B级标准20家，C级标准24家。庄户剧团总人数发展到1820余人，年演出场次1600余场，其中，公益性演出约300多场。薛城区制定出台《关于对“一年一村一场戏”文化惠民工程进行资金补贴的通知》，每场演出由区财政补贴经费1000元。庄户剧团成为薛城区“一年一村一场戏”文化惠民活动的主力军，在农村地区唱响盛世的欢歌。庄户剧团送戏下乡318场，兑现奖补18.6万元。在“百日消夏群众文化艺术节”“邻里文化节”等全区大型文化活动中，都有庄户剧团精彩演出。薛城区表彰首届“薛城区十佳庄户剧团”，表彰10个优秀组织奖、10个节目创新奖和10个优秀表演奖。庄户剧团创编的《巨山街道我的家》《双包双联惠民生》《四个大嫂逛沙沟》等15个节目申报薛城区“奚仲创新奖”。在全市“一年一村一场戏”文化惠民活动表彰会，全区庄户剧团被评选出6个优秀庄户剧团、8个优秀节目、11个优秀原创节目和15个优秀演员。

第四节　文化市场管理

文化市场队伍

1994年8月，成立薛城区文化市场稽查队，为区文化局下属全额股级事业单位，负责全区文化市场检查和全面管理工作。2003年3月，区文化市场稽查队由原来的股级单位升格为副科级单位。2012年6月，为整合全区文化市场统一执法职责，在区文化市场稽查队的基础上，成立区文化市场综合执法大队，为区文化广电新闻出版局管理的正科级财政拨款事业单位。2006年，被山东省“扫黄打非”工作领导小组评为2006年全省“扫黄打非”工作先进集体。2005—2010年，连续五年被评为全市文化市场管理先进集体。

文化市场概况

1990年，薛城区文化市场逐步形成，主要有单体网吧、印刷厂、音像店、歌舞厅、书店、复印打字社等文化经营单位65家。2001年，网吧市场迅速成长，办理网络经营准营证39家。2002年，发展到55家，网络经营准营证统一更换为网络文化经营许可证，2005年网吧市场由单体网吧逐渐向连锁化、集团化发展，按照省、市要求，62家网吧全部加盟山东万佳网络有限公司。随着市场化的竞争淘汰，文化市场规模逐渐发展壮大，业态布局不断丰富完善，全区共有各类文化经营单位142家，其中互联网上网服务营业场所78家（正常营业50家，停业28家），歌舞娱乐场所12家，电影院线6家，游艺娱乐场所2家，印刷企业6家，出版物经营单位38家，从业人数1000余人。

文化市场管理

网络文化市场监管　采取“5+2”“白+黑”和不定期联合执法的工作制度，经常性、突击性相结合的检查方式，对重点地带、重点经营户实行重点管理，每个月对网吧检查不少于8次，严厉打击违规接纳未成年人、不按规定核对、登记上网消费者有效身份证件和超时经营等违规行为，面向社会公布“12318”文化市场举报电话，进一步净化社会文化环境。

文化娱乐市场监管　每年1~2次联合区公安分局、区消防大队、区市场监管局、区环保局组成联合检查组，对全区KTV等娱乐场所进行的集中整治行动，明确各自职责、检查范围、整治重点等内容，在检查中不留死角，全面拉网式排查，将安全隐患消灭在萌芽状态。

“扫黄打非”和出版物市场监管　每年开展“净网”“清源”“绿网”“固边”“护苗”“秋风”“剑网”等“扫黄打非”专项行动。行动期间，开展地毯式清查行动，重点加强对户外大屏视频广告、流动视频广告车、校园周边、交通枢纽书报摊点、报纸杂志游动商贩、影院以及印刷复印企业等区域和市场的监管力度，大力清剿非法出版物，严厉查处涉嫌淫秽色情、政治性、凶杀暴力、封建迷信等违法违规经营行为，从源头上打击新闻出版和广播电视各类违法违规经营行为，有效地净化出版物市场。

净化广播影视市场　按照“加强舆论引导、突出整治重点、部门联动执法”的工作思路，制定卫星电视地面接收设施专项整治行动实施方案，成立专项整治工作领导小组，明确目标任务、各部门工作职责等，召开整治工作联席会议，形成上下联动、各部门齐抓共管的工作合力，有效确保整治工作落到实处。同时，加强舆论宣传引导，印制张贴宣传资料、悬挂宣传标语，使广大群众知晓违法销售安装使用卫星地面接收设施的危害，为下步执法工作奠定基础。

加大各类培训班　邀请市支队及公安、消防大队相关人员对文化经营业主每年1~2次文化市场管理法律、法规及消防安全知识培训，并对每个经营业主签订安全责任书，全区网吧、KTV等文化市场经营单位业主参加培训班，进一步规范经营行为。

严格管理演出市场　严格把关演出市场，对无证无照演出团队坚决不得进入薛城区演出，凡到全区的演出团体必须到行政许可股备案，区文化市场综合执法大队现场查勘，确保安全。同时，掌握了解农村庙会时间，及时安排执法人员到现场检查有无歌舞表演情况，最大限度确保全区文化市场的安全稳定。

第五节　社会文化工程建设

信息资源共享

2007年，投资30余万元在老干部活动中心新建资源共享电子阅览室，并成立借阅和阅览室，购置图书2000余册，免费对外开放，最大程度实现资源共享，方便市民的生产生活。2008年，在全区创城工作中，图书馆设立电子信息资源共享工程。同时，还帮助临城街道组建图书室和电子阅览室。

农家书屋

2007年，建设陶庄镇左村、尚马村，邹坞镇的小甘林村农家书屋3家。至2008年年底，全区各级投入资金64万元，建成“农家书屋”29个，配备图书5万余册、光盘4000多盘、报刊1000多份，完成“农家书屋”工程建设任务。2008年，在市里资助建设3个“农家书屋”的同时，又完成23个“农家书屋”建设任务。

2009年，按照市里要求，薛城区农家书屋建设任务为33个，常庄镇种庄村“农家书屋”被评为省“十佳书屋”，区政府、陶庄、邹坞被市里授予“农家书屋”建设先进集体称号。其中，市政府和市直有关单位援建6个，全区建设27个，各级共投入37万余元，配备图书2.8万余册，光盘近2000张。

2010年，完成27家“农家书屋”建设任务，5月，对全区农家书屋管理员、文化站长86人进行培训，系统学习图书分类、编目、排架、书屋管理与利用等基本知识。为提高“农家书屋”的管理利用效果，多方收集材料。编纂《薛城区“农家书屋”利用效果实例汇编》一书。常庄镇种庄村“农家书屋”被市里授予“十佳书屋”的称号。

第二章　文学艺术

第一节　区文联及专业协会

薛城区文联

组织建设　1997年11月1日，薛城区文学艺术界联合会被区委批准设立，为科级群众团体组织（与区文化局合署办公，2001年8月独立办公）。参照公务员管理，驻会编制5人，非驻会副主席3人，文联委员10人。文联机关设秘书处、通联部和办公室。文联下设十大文艺专业协会。分别为区作家协会、区书法家协会、区美术家协会、区摄影家协会、区戏剧曲艺家协会、区音乐家协会、区舞蹈家协会、区民间文艺家协会、区收藏家协会、区诗词学会，各类会员800多人。至2013年12月，辖区内国家级文艺家协会会员35人、省级会员139人、市级会员380人。文联下设薛城书画院，同时印发《薛域风华》《奚仲文学》《薛风唐韵》《薛城书法》《艺海博览》等。

文化队伍

至2013年，全区公共文化服务人才队伍发展到2200余人。各镇（街）都配备3名以上业务能力强、思想素质高的正式在编专职文化干部。各类文艺团体协会机构16个，联合国教科文组织命名的民间艺术大师2人，全国美术家协会会员和书法家协会会员8人，齐鲁文化之星2人，全市工艺美术大师6人。

专业协会

薛城区作家协会　2004年12月成立，经过三次换届选举。2013年，有主席1人，副主席6人，会员70余人。

美术家协会　1998年5月成立，主席1人，副主席3人，会员20人。经过3次换届选举，召开3次代表大会。至2013年，有主席3人，副主席6人，会员50人。其中，有本科学历38人，有中教高级职称7人。

薛城摄影家协会　2005年11月成立，主席1人，副主席7人，会员80人。经过2次换届选举，召开2次代表大会。至2013年，有主席1人，副主席7人，会员120人。其中，有本科学历50人，有中级职称60人。

薛城区音乐家协会　1997年11月成立，主席1人，副主席3人，会员45人。经过3次换届选举，召开3次代表大会。至2013年，有主席3

人，副主席15人，会员107人。其中，有本科学历46人，有中级以上职称17人。

薛城区戏剧曲艺家协会　2002年3月成立，主席1人，副主席2人，会员56人。经过3次换届选举，召开6次代表大会。至2013年，有主席1人，副主席5人，会员64人。其中，有大学学历7人，有高级职称3人。

薛城区收藏家协会　2005年11月8日成立，主席1人，副主席6人、秘书长1人，副秘书长1人，会员180余人。经过两次换届选举和召开两次会员代表大会，至2013年，有主席1人、副主席5人，秘书长1人，副秘书长3人，会员200余人。其中有国家级会员5人，省级会员20余人。

薛城民间艺术家协会　2000年成立，主席1人，副主席3人，会员62人。经过3次换届选举，召开3次代表大会。至2013年，有主席1人，副主席6人，会员66人。其中，有大学学历32人，有高级职称1人，中级职称7人。

薛城区诗词学会　2011年1月成立，主席1人，副主席4人，会员79人。经过0次换届选举，召开1次代表大会。至2013年，有主席1人，副主席4人，会员79人。其中，有本科学历10人，有高级职称4人。

第二节　文艺创作

区文广新局和区文联组织和动员全区文艺骨干、相关单位积极创作，在文学、音乐、摄影、曲艺等方面打造精品。打造奚仲精品，启动奚仲文化品牌“五个一”工程，即组织编撰一套12卷380余万字的《奚仲文化系列丛书》，并在全国发行；拍摄一部30集电视连续剧《车神奚仲》；由台湾投资商和导演拍摄一部奚仲故里行电影《恋恋阿里山》；创作出版一部30余万字的长篇小说《车神》；创作一部以奚仲题材为内容的独幕话剧《千山回声》，《寻找传说中的车神》纪录片在中央电视台国际频道《走遍中国》栏目中播出，在全国乃至世界范围内叫响“奚仲故里”的品牌。

小说、散文、诗词、报告文学

1991年，孙晋强创作的《都属于这弯满沧桑的河》在《抱犊文艺》双月刊刊登。

1992年，孙晋强创作的《小城雕像》报告文学被《东方企业家》刊用。5月，王庆利的短篇小说《肚子咕咕叫》，在第5期的《鸭绿江》发表。

1993年6月，王庆利的短篇小说《枯井》，在第6期的《时代文学》发表。

1994年5月，王庆利的诗集《漂泊人生》，由山东省内部出版。

1996年5月，李正银的短篇小说《逃生》，在第5期的《鸭绿江》发表。

1998年10月，王庆利的短篇小说《闪光的鱼钩》，在第10期的《当代小说》发表。

2003年5月，石劲松、张茂水合著文学评论集《观海听涛》由人民日报出版社出版。6月，姚三石《百艺集》由西苑出版社出版。

2006年10月，王庆利的散文《鱼钩》，在2006第10期的《职工天地》发表。

2007年1月，张茂水民情日记《一枝一叶总关情——张茂水民情日记读书笔记选粹》由中国社会科学出版社出版。11月，王庆利的中短篇小说选集《豌豆花开了》由作家出版社出版。

2008年9月，王庆利的报告文学《忠诚为民》，在第9期的《山东文学》发表。

2009年6月，王庆利的中篇小说《找驴》，在第6期的《山东文学》发表，被同年第7期《小说选刊》选载。《找驴》分别于2011年入围第五届鲁迅文学奖、第二届泰山文艺奖；获2012年薛城区“奚仲创新奖”（文学创新奖）一等奖。北大评审团评论家徐勇等撰文对《找驴》给予专题评论（见《中国作家网》及2009年第四期《北大评刊》、2010年第二期《西湖》杂志）。12月，王庆利的中短篇小说选集《双喜临门》，由齐鲁电子音像出版社出版。

2010 年 1 月，王庆利的短篇小说《窟窿》，在第 1 期的《雪莲》（双月刊）发表。1 月，王庆利的短篇小说《谁欺负谁》，在第 1 期的《中国铁路文艺》发表。2 月，王庆利的短篇小说《喜事连连》，在第 2 期《驼铃》发表。3 月，王庆利的短篇小说《清扫工萤火虫》，在第 3 期的《山东文学》发表。4 月，王庆利的小说《守护》和《朋友》在第 4 期《天池》发表。同月，王庆利的短篇小说《一条游弋于大雪中的鱼》，在第 3/4 期的《石狮文艺》发表。5 月，王庆利的短篇小说《双喜临门》，在第 5 期的《四川文学》发表。7 月，黄友龙的《古薛文选》和《古薛诗萃》，由山东友谊出版社出版。9 月，张茂水报告文学《这里的搬迁静悄悄——薛城城建辉煌》由《枣庄日报》连载。10 月，王庆利的中篇小说《红枣儿要杀人》在第 5 期的《大家》（双月刊）发表，被 2011 年的增刊第 2 期《中篇小说选刊》（双月刊）选载。著名评论家郑润良撰文《历史中的那些纠结与选择》，对小说《红枣儿要杀人》进行评论（见《中篇小说选刊》）。

2011 年 4 月，王庆利的短篇小说《你老婆喊你下楼吃饭》，在第 4 期的《当代小说》发表。

2012 年 1 月，王庆利的中短篇小说选集《谁开的枪》，由黄河出版传媒集团、宁夏人民出版社出版。同月，王庆利的短篇小说《总有一款适合你》，在第 1 期的《潞安文艺》发表。2 月，王庆利的短篇小说《瑞雪丰年》，在第 2 期《都柳江》发表。4 月，王庆利的中篇小说《累就累点吧》，在第 4 期的《四川文学》发表；入选同年度第 5 期《小说选刊》“佳作搜索”栏目。该部作品获首届枣庄市“榴花文艺奖”文学创作二等奖。8 月，姚三石《艺海探珍——姚三石艺术集》由香港天马图书有限公司出版。同月，王庆利的短篇小说《极恶》，在第 8 期《长江文艺》发表。同月，王庆利的长篇小说《孤独的风景》，由中国文联出版社出版，获 2012 年度薛城区“奚仲创新奖”文学奖项一等奖。

2013 年 4 月，王庆利的短篇小说《小子的事》，在第 4 期《当代小说》发表，获《当代小说》“精短文学优秀作品奖”，获 2013 年度“奚仲创新奖”文学二等奖。7 月，王庆利的短篇小说《挣钱》，在第 5 期《滇池》发表。评论家乔宏智撰文对该作品进行评论（见《当代小说》2013 年 7 月）。

美术书法

张佩、殷宪颖、亢文龙、仇顺庭、张延华、张全胜、石建伟、刘学海、王德山、袁世龙、王宗凯、汪海泉、李敏、谢利等作者近十年屡屡获奖。其中，仇顺庭、石建伟、王宗凯、张全胜、张延华、汪海泉等获国家级大奖三十余次，省级近百次。特别是仇顺庭被书画界同仁称为“书画才子”称号。2011 年，区书协副主席、书法家马铭的书法作品获山东省政府文艺最高奖“泰山文艺奖”。

2005—2013 年薛城区获奖摄影作品表

表 25-1

作品名称	作者	发表或出版	获奖情况	时间
《情怀》	陈允沛	中国摄影家协会邮电杯摄影大赛	优秀	2005 年
《微湖大嫂》	洪晓东	中国荷都——魅力微山湖国际摄影大赛	三等奖	2006 年
《水街夜火》	吕其林	魅力微山湖国际摄影大赛	一等奖	2006 年
《对练》	洪晓东	第十一届全国体育摄影展	入选奖	2009 年

续表25-1

作品名称	作者	发表或出版	获奖情况	时间
《古城之恋》	洪晓东	《中国摄影杂志》	入围奖	2011年
《微山湖畔是我家》	吕其林	网络摄影大赛（省级）	三等奖	2011年
《城市建设者》	洪晓东	新济南新城建设全国摄影大赛	金奖	2011年
《乡村戏班》	洪晓东	山东省新闻摄影	二等奖	2011年
《监护》	陈允沛	大众摄影命码杯摄影大赛	二等奖	2012年
《城市拆迁人》	洪晓东	《今日美图》全国摄影比赛	一等奖	2012年
《华灯初上》	洪晓东	寻梦台儿庄全国旅游摄影大赛	入选奖	2012年
《风雨古城》	吕其林	“寻梦台儿庄”全国旅游摄影大展	收藏佳作奖	2012年
《山村电影》	焦　健	人民摄影报2012影友联谊会摄影比赛	二等奖	2012年
《林中瑜伽》	洪晓东	“我休闲 我快乐”好客山东摄影大赛	二等奖	2012年
《微湖夕照》	俞伟力	“喜迎党的十八大·中国水利”摄影作品征集评选活动	优胜奖	2012年
《抱犊春早》	石建伟	齐鲁颂．山东中国山水画晋京展	创作奖	2012年
《生命速递》	陈允沛	中国摄影全国卫生系统摄影大赛	十佳	2013年
《鲁南傩戏人灯舞》	洪晓东	获八届国际民俗摄影大赛	记录类贡献奖	2013年
《山村皮影》	洪晓东	中国摄影协会美丽家园摄影大赛	二等奖	2013年
《城市拆迁人》	洪晓东	齐鲁摄影心动瞬间	一等奖	2013年

音乐舞蹈

李建国、邓冠东创作的歌曲《山乡的太阳》被评为山东省“精品工程”音乐精品。夏洪庆创作的《最美还是咱桃花沟》《朝着春天大步走》《临山美景惹人醉》《走进七月》等一系列好音乐作品。获国际级金奖的有危学丽创作的舞蹈《丫丫》《大花棍》、孙震敏创作的舞蹈有《小白驹》《石榴籽》《酒》《竹枝洞》《猫鼠之夜》《荞麦花开》《青青》等；国家级金奖分别是《小奇兵》《小猫咪咪》《滴答答》《QQPasture》《石榴籽》《酒》《小荷尖尖》《妈妈》《我的偶像》《茉莉情怀》《小当家》《祖国的歌》《扎西德勒》《中国妈妈》等。舞蹈《奚仲魂》荣获全省优秀作品创作“二等奖”。

1997—2013年薛城区音乐舞蹈获奖情况表

表25-2

作品名称	作者	发表或出版	获奖情况	时间	备注
《可爱的校园》	张建成	中国文联出版社		1997.9	国家级
《和谐家庭需要平和心态》	王　丽	《山东省·幼教园地》		2006	省级

续表25-2

作品名称	作者	发表或出版	获奖情况	时间	备注
《骊歌——曲殇别离从送别看语言的艺术性》	王丽	《中国教育科学探究》		2007	国家级
《母子情》	张　文		“成才之路——全国音乐评选”优秀作品奖	2009.8	中国音乐家协会
《起承转合创造快乐》	褚艳华	《中国音乐教育》		2011.3	国家级
《中国印》	张　文		全国原创音乐大赛二等奖	2011.8	中国大众音协
《节奏》	李　娜		枣庄市音乐教师优质课一等奖	2011.9	枣庄市教育局
《打糍粑》	曹继强		枣庄市音乐教师论文比赛一等奖	2012.6	市级
《期待》	李　娜		枣庄市音乐教师论文比赛获高中组一等奖	2012.6	枣庄市教育局
《爱的味道》	张　文	《儿童音乐》		2012.9	中国音乐家协会主办
《粗枝细叶成就精彩课堂》	曹继强	《山东教育报》		2013.6	省级
《西藏在天上》	张　文		第二届“放歌中华”全国原创歌曲大赛金奖	2013.8	中国大众音协

小品曲艺

孙晋强创作，孔令山、赵德峰表演的小品《战友》在鲁南五市曲艺小品邀请赛荣获创作一等奖、表演二等奖，并被省文化厅选入山东省代表队，于1997年10月24日在青岛参加第五届华东地区戏剧小品大赛。全市选拔赛小品《走四方》，在参加山东省“谁不说俺家乡好”地方曲艺电视大赛中，获特别表演奖。自创编排的歌表演《弹起我心爱的土琵琶》获全省优秀作品创编组“一等奖”，诗朗诵《铁道游击队随想》获全省优秀作品创作“三等奖”，自创编排的小品《拆迁》《回迁之后》《百鸟赞薛城》《八仙新说》等节目参加省、市社会文化新创文艺作品调演。

1994年，薛城区豫剧团刘春祥创作的柳琴戏《娘家人》参加苏、鲁、皖柳琴节演出获山东省精品工程奖。戏剧《春满桃枝》《华佗恨》在省市产生影响。1996年，小品《这情况》和快板剧《电灯亮了》分获省“宇光杯”曲艺大赛一等奖，省农民艺术节银奖。《鱼水深情》孔令山获表演二等奖，《走四方》都洪洋创作，孔令山、曹继本、焦萍表演获山东省曲艺会演群文组一等奖、山东省社会文化调演特别奖。1998年，孙晋强创作的柳琴戏《驴王嫂》参加山东省第六届文化节获演出二等奖和剧目一等奖并获山东省第五届精品工程奖。2012年7月，张晋编著的《孙晋强剧作集》，由中国文联出版社出版，获得榴花奖项。

民间艺术

1995年，赵洪君被联合国教科文组织、中国民间艺术家协会授予“中国民间工艺美术家”称号。

1996年，张宗元被联合国教科文组织授予“民间工艺美术大师”称号。

2009年8月，谢利的国画作品《温馨》在庆祝中华人民共和国成立60周年山东省农民书画作品展中荣获优秀奖。

2010年8月，谢利的《多措并举保护非物质文化遗产》在山东省群众文化学会主办的山东省群众文化学会年度评比中获三等奖。12月，谢利的书法作品《篆刻》被中共山东省委宣传部、山东省文化厅在山东省第二届农村文化艺术节农民书画作品大展中获“二等奖”。

孙晋亮的石雕《招财进宝》在2011山东民俗文化博览交易会上获银奖。2007年，参加第四届全国民间艺术博览会，被授予“第一批中国文化艺术品牌艺术家”称号。2009年，被枣庄市服务业办公室定为枣庄二日游重点推荐旅游商品。

2012年3月，谢利参与主创的外宣品《车祖奚仲造车剪纸集》在中共薛城区委宣传部组织的首届薛城区宣传思想工作“奚仲创新奖”评选中获“三等奖”。

收藏活动

2006年4月28日，举办“薛城区古玉收藏展”。纪念中国共产党建党90周年红色文献收藏展。赴江苏参加鉴宝活动并获三等奖。赴河南电视台《华豫之门》节目组进行鉴宝活动并获奖。并和周边四省二十多个文化艺术收藏团体组织、协会进行合作交流。受邀赴全国各地进行收藏文化事业的广泛合作交流。

第三章　广播　电视　报纸

第一节　广　播

管理机构

2006年，区有线电视网络整体划归市统一管理。2012年6月，整合设立区广播电视台，为区政府直属的正科级财政拨款事业单位，配备台长1名、副台长3名，设有办公室、财务室、总编室、电台、新闻中心、技术服务中心，辖薛国广电文化传媒有限公司、金视播广告有限公司，工作人员80人。2012年，区广播电视台被全国县级媒体工作委员会、省新闻“两会”分别授予“全国县级媒体新闻宣传先进集体”“全省新闻系统精神文明建设先进单位”称号。至2013年，区广播电视台连续15年获山东广播电视台“广播宣传先进集体一等奖”，连续4年获山东广播电视台“电视宣传先进集体一等奖”，连续12年获市委宣传部等单位联合颁发的对上报道先进集体奖。

1992年5月，区广播站改建为薛城区人民广播电台。1993年11月，薛城有线电视台开通试播，1994年6月，成立薛城有线电视台。1996年7月，全区农村通有线电视工程全面启动，20年间共投资2000万元发展农村有线电视（模拟加数字），用户发展到5万余户，入村、入户和数字电视整转率分别达到100%、65%和100%，实现全区“村村通”有线电视和数字电视整转目标。2009年7月，区广播电视台共有电视综合频道、综艺频道、远程教育频道三个电视频道资源，新闻、专题和广告文艺节目全天播出达50小时。2011年9月，恢复广播电台播出，广播频率FM107.3。2013年10月，广播电视中心大楼启用，薛城广电传媒网开通试运行。

台站建设

1992年5月4日，局属薛城区广播站经国家广播电影电视部批准，改建为薛城人民广播电台，发射功率为50瓦，调频频率为103.2兆赫。随着无线广播和电视事业迅速发展，有线广播听众逐步减少，加之设备老化和资金问题，广播电台处于时播时停状态。自2011年3月开始，薛城广播电台恢复建设，工程历时4个多月的紧张筹备和施工，圆满完成工程建设任务，实现广播节目录制、剪辑、审听、存储、播出等整个环节数字化，9月19日正式开播。节目通过调频向外发射，调频频率为 107.3 兆赫，发射功率从 50 瓦增至 1000 瓦，可覆盖全区辖区及周边部分地区。2009 年 11 月，新购置电台移动导播车，在导播解说工作中，先后完成中央信访工作督导组莅薛视察、全市国家农村改革试验区建设暨农村工作会议、全市创建国家森林城市观摩会、浙江国际商贸物流广场奠基仪式、全市科学发展现场观摩会议等多次重大活动的导播解说工作任务。

节目编发

2011 年，恢复播出之初，新闻节目每天分早、中、晚三档，播出时间总长度为 30 分钟。全天播出时间长度 18 小时。内容除自办节目《1073 薛城新闻》外，开设《“城市之声”最新音乐》《魅力资讯》《都市生活秀》《天气预报》《私家车俱乐部》《下班最开心》《城市 HIGH 起来》《夜色倾城》《微音乐》等各类栏目 10 个。2013 年 10 月，《1073 薛城新闻》实行日播。节目全新改版，每天早 5：50 开播，至晚 0：30 结束，全天播出时间长度 18 小时 40 分。内容除自办节目《1073 薛城新闻》外，开设《永远听不够》《如果时间》《偷听音乐》《小砚的单行道》《DJ 插头的音乐时间》《魅力碟中碟》《津品音乐》《DJ baby 的音乐时间》《one radio 娱乐派报告》《one radio 中、英文歌曲排行榜》，以及直播互动板块《生活有滋有味》《一小时听到饱/1073》《闻声而动》等 14 个栏目，形成以新闻、资讯、音乐及互动节目相得益彰的城市之声频道特色。

第二节　电　视

台站建设

1987 年 1 月 23 日，薛城电视台建成试播，以转播中央电视台和枣庄电视台节目为主。1988 年，正式自办新闻和文艺节目。

1991 年，薛城区委、区政府加大对农村广播电视事业建设的投入，新上千瓦分米波电视发射机，转播中央电视台第二套节目。

1993 年 11 月，薛城有线电视台试播。

1994 年，薛城有线电视台成立。投资 250 多万元，完成薛城无线电视发射塔由区广播电视局院内迁至城郊临山，塔高 87.2 米，建设发射机房等附属设施，该发射塔覆盖半径为 15～20 公里，覆盖面积为全区 90%以上，周边邻县（区）局部都可收看到。

2003 年 10 月，广播电视中心大楼建成投入使用，位于长江东路 759 号。中心集新闻宣传、广告、宽带网、有线电视网络服务于一体，具备转播 140 套电视节目的功能，有 80 平方米、100 平方米演播室、电视会场和 450 平方米演播大厅，拥有数字、模拟录、编、设备和非线性编辑及媒质管理系统，其中摄像机 18 部、非线性编辑工作机 8 部、线性编辑机 4 部、电视硬盘播出机 3 套、电台硬盘播出机 1 套、现场切换设备 1 套、录音棚设备 1 套、采访机 2 套、电台导播设备 1 套及周边其他设备，实现硬盘自动化播出。

2009 年 7 月，薛城远程教育频道开播，形成薛城综合、薛城综艺、薛城远教三个电视频道竞相发展的良好局面，新闻、专题和广告文艺节目全天播出达 50 小时。10 月，实现薛城电视台节目自动播出和向枣庄电视台上传双向传输。

2010 年 6 月，薛城电视发射塔搬迁工程顺利完工，新址设在沙沟镇楼沃村奶奶山，海拔高度 220 米，发射天线净高 78 米，总投资 300 万元，播出设备有单通道彩色发射机 3 台、调频发射机 1 台，可传输 3 套彩色电视信号，1 套调频广播信号，覆盖半径由原有的 25 公里扩大到 47 公里，实现全区境覆盖。

2012 年，薛城人民广播电台、薛城电视台整合，组建成立薛城广播电视台。

节目编发

1991 年，购置简易的摄录编设备，制作《薛城新闻》节目，插播在中央台二套节目中，每周二档，二、五首播，三、六重播，播出长度为 10 分钟。

2008年5月1日起，《薛城新闻》节目，由每周三档增至为每周五档。

2011年8月，全国新闻战线“走基层、转作风、改文风”活动部署以来，在新闻栏目中开设《走基层》专栏。

2012年6月5日，省台把薛城区当作“走基层”联系点。2012年建区50周年，开办《我的家园》栏目，对薛城区五十年来经济社会发展变化进行多角度展示。6月，为配合全区城市形象宣传推介工作，精心制作电视宣传片《幸福新薛城》，成为薛城生动的宣传名片。

2013年，在节目定位、节目设置、信息选择和节目包装上，突出薛城地域文化特色，强化节目创新。《薛城新闻》栏目增加播出时长，将栏目进行板块式改革，在新闻中增加“新闻深一度、民生零距离、图说天下”三个子栏目；《新闻要览》融入更多的一周要闻，信息量加大；新增一档生活资讯类节目《都市七天汇》和一档文化类节目《文化讲坛》；新推出春晚海选节目《春晚我来秀》和超市购物真人秀节目《超市大赢家》；与枣庄新天地文化发展有限公司合作，推出大型日播电视栏目剧《鲁南一家人》；结合教育实践活动加大民生新闻采访力度，开设《曝光台》予以监督落实；引进《光影纵横》《案件聚焦》《科普大篷车》《档案》《论语三百讲》等节目。

有线电视网络

1993年，薛城区人民政府决定筹建薛城有线电视台，区广播电视局筹集资金40万元，购置美国产的吉洛德前端设备，架设城区主要街道干线8公里，当年11月开通试播，传输节目为12套，发展有线电视用户2000户。

1994年6月，经省有线电视专家评定论证委员会评估，批准为正式台，台号为“枣庄市薛城有线电视台”。

1996年7—8月，架设枣庄至薛城广播电视光缆主干线路41公里，节目传输频道由原来的12套增至26套。随后，又进行区驻地至陶庄、常庄等乡镇的广播电视光缆支干线的架设，并于当年开通。

1997年5月，新架设区驻地至金河乡的有线电视光缆线路，沿线企业及金河乡驻地能够收看到薛城有线电视台传输的有线电视节目。至1997年年底，全区有线电视用户发展到1.3万余户。

1999年，根据中央、省、市关于实现“村村通”和大力发展有线电视网络的指示精神，薛城区进行区至南四乡镇的主干线、支干线和区至6个乡镇干线接续工程，工程投资120余万元，共架设光缆86公里，区驻地至13个乡镇的电视光缆线路全部架通，全区农村收视用户发展到40多个村4000余户，其中薛城镇实现村村通有线电视。为进一步巩固提高传输质量，投资近30万元对原来老化的城区旧线路和放大器进行拆除更新，新架设13条主干线路，计13.79公里，支干线路5条7.44公里，光缆干线3条3.1公里，总计24.51公里，改造6个小区，新发展用户1600多户。

2006年，按照市委、市政府的要求，将薛城区有线网络整体纳入中广有线信息网络公司管理。

2010年3月，薛城区有线电视数字电视整体转换全面启动。于2011年8月13日薛城区电视节目信号进入枣矿集团有线网工作全面展开。在薛城区电视节目信号与枣矿集团实现联网的基础上，2012年10月14日，区长办公会就加快推进有线电视信号施工，确保通至新城工作进行安排部署。同月17日凌晨，薛城有线电视节目信号成功进入新城区、高新区有线网，传输薛城电视台新闻综合、综艺两个频道的电视节目信号。至此，薛城区广播电视“三区一网”的格局初步形成。2012年以来，争取中广有线公司投入资金1000多万元，完成村村通有线电视任务，全区237个行政村全部通上有线电视，提前两年实现入村率100%的目标任务。

社会管理

薛城区做好非法安装卫星地面接收设施的清

理工作，建立卫星地面接收设施整治工作的日常巡查制度，由区广播电视台牵头，组成公安局、工商局联合执法行动小组，对私自非法安装卫星地面接收设施的行为进行清理整顿。2003 年以来，共联合执法 8 次，出动车辆 26 台次，出动人员 56 人次，没收和自行拆除卫星电视地面接收设备 1400 台（套），使辖区内卫星地面接收设施非法安装、使用现象得到有效遏制。区广电局在广告经营活动中，严格按照《中华人民共和国广告法》，广电总局 17 号令等法律法规，健全管理制度，加强广告内容审查，严格广告发布，取缔治疗皮肤泌尿系统疾病等广告，增添公益广告。区播出机构、网络传送机构能完整转播中央、省台规定的频道节目。杜绝在中央、省、市节目中插播广告的现象；每年均按照要求参加年检，台标、台名、呼号符合规定；节目套数、节目名称设置符合规定；没有出租、转让频道和播出时段的情况；没有乱设台站、乱开播出前端的现象；所播放的电视剧均从省供片中心购买，没有违规播放未经审查批准或未取得合法播映权的影视剧。

第三节　广电文化队伍与产业

队伍建设

区广播电视台人才队伍建设坚持“培养、选拔、使用、激励”并重原则，以岗位职责为基础，以品德、能力、业绩和贡献为导向，建立合理的人才结构，实现人才资源的合理配置。至 2013 年，在编人员 73 人，专业技术人员 38 人，其中副高级职称 4 人、中级职称 16 人、初级职称 18 人。自 2011 年起，全面实行专业技术岗位竞聘上岗制度，通过设立定量、定性相结合的科学评价体系，严谨规范、科学客观、平稳有序地推进实施，激发专业技术人员发挥专长、多出精品、勇于开拓的积极性、创造性，取得稳定专业人员队伍和促进工作专业化水平提升的良好效果。自 2012 年起，部署启动“学习提高年”“节目质量提升年”“党的群众路线教育实践”“作风建设年”“管理效益年”等活动。2013 年 12 月，在全台实行竞聘上岗改革，通过个人自荐、资格评定、民主测评、竞聘演讲等程序，15 个岗位的中层干部全部脱颖而出，一批业务技能强、文化层次高、富有开拓创新精神的同志走上管理岗位。竞聘上岗人与员工双向选择，确定岗位组成人选。

文化产业

2009 年 6 月，薛国广电文化传媒有限公司挂牌成立，该公司是一家致力于影视拍摄制作、广告策划代理、图集编绘、展板承制、会展设计、大型演艺活动、电视实况录制、播出及广播电视器材代理为一体的专业广电文化传播机构。2010 年秋季，举办首届鲁南房地产和汽车文化博览会，开启薛城区“展会经济”的先河。自始，区广播电视台将“展会”作为拓展广电文化产业重要平台，逐步规范和完善，初步形成自主品牌产业，先后完成薛城区春节联欢晚会、薛城区少儿春节联欢晚会、薛城区“六一”儿童节文艺晚会、鲁南春季房产社区文化博览会、鲁南电视歌手大奖赛、薛城电视广场健身舞大赛、薛城区首届机器人嘉年华大赛、“我的一本课外书”大赛、“精彩中华”全国青少年艺术大赛枣庄赛区复赛等大型活动的组织实施。2013 年 10 月，薛城广电传媒网开通试运行，薛城广电网是区广播电视台主办的新媒体，是全市县区级最先进的新闻网站，也是薛城区唯一一家门户新闻资讯网站。

第四节　薛城周讯

报社建设

《薛城周讯》于 1998 年 7 月创刊，是中共薛城区委机关报，由区委宣传部新闻工作室采编，四开四版、黑白印刷不定期出版发行。2000 年 12 月，经区委、区政府批准，正式成立《枣庄日报·薛城新闻》编辑部，为隶属于区委宣传部的差额预算管理的事业单位，机构规格为正科级，人员编制15人，配主任1名，副主任2名，工作人员面向社会公开考选或聘任。编辑部在出版《枣庄日报·薛城新闻》两期后，于2001年1月改出《薛城周讯》，每周出版两期。2003年2月，经区编委批准，《枣庄日报·薛城新闻》编辑部更名为薛城周讯报社。2012年1月份，薛城周讯报社与薛城区记协、薛城移动公司联合创办并开通《薛城手机报》。根据工作需要，薛城周讯报社内部设置办公室、总编室、新闻部、广告部、对上报道部、计生办、薛城手机报编辑部、技术部、校对室。

出版发行

成立之初的《薛城周讯》每周出版两期，每期四版，为黑白印刷，主要发行到区、镇党政机关、企事业单位。2013年1月，《薛城周讯》由每期四版扩版为对开八版，每周出版两期，全部为彩色印刷。自2014年7月份起，《薛城周讯》再次实施改版扩容，由每周二、周五出版两期报纸，改为每周一、三、五出版三期报纸，四开八版并且全为彩色印刷。为扩大宣传覆盖面，《薛城周讯》的印刷量由初期的4000份逐步扩大到1.2万份，全面覆盖薛城区、高新区、新城区，发行到市委、市政府及新城区所有市直单位、枣矿集团和薛城区各级党政机关、企事业单位、村居等，扩大《薛城周讯》的社会影响力。

第四章　奚仲文化开发利用

第一节　文化研究

4000年前的夏禹时期，奚仲在古薛国发明第一辆马车，成为中华文明的重要标志，被世人称为车祖、车神、车圣。奚仲文化所蕴含的生生不息的创新精神，对加快经济发展和社会进步，具有十分重要的现实意义。据史籍记载和专家、学者考证，车祖奚仲这位了不起的历史人物故里就在薛城奚村。这是薛城及奚村的骄傲，也是一笔极其宝贵的财富。虽然历史上不乏有识之士对奚仲进行过研究和颂扬，但零星分散、断断续续。

为更好地传承和弘扬奚仲文化，薛城区紧紧抓住国家鼓励发展文化产业的重大机遇，深入挖掘以奚仲文化为代表的古薛文化。自2007年开始，区委、区政府围绕这一文化资源的挖掘，先后成功举办三届中国奚仲文化研讨会，开展系统性、全方位研究：从文史工作者单个分散的研究发展为区委、区政府有组织地进行研究；从对奚仲出生地的研究发展到对奚仲勇于实践、勇于探索、勇于创新的民族精神的研究；从对奚仲这一历史人物的研究发展到对整个夏文化的研究；从对奚仲及夏代史学的研究发展到对古代民族学、交通学等多学科的研究。通过深入研究、系统性挖掘，获得重要研究成果，其中一大批层次高、立意新、定位准、质量高的精品佳作，填补奚仲文化理论研究的空白，并对奚仲文化的研究与开发具有很强的指导和借鉴意义；通过挖掘奚仲文化内涵可以看到，奚仲造车是中华民族勤劳智慧、勇于创新的典范，对中华民族精神品格的形成具有深刻恒久的影响，奚仲文化的根本实质就是“勇于实践、勇于探索、勇于创新”的首创精神。

奚仲文化研讨会

第一届中国奚仲文化研讨会　2008年4月25日，在北京人民大会堂举办第一届中国奚仲文化研讨会。邀请清华大学、中国先秦史学会的知名专家、学者对奚仲文化进行研讨、论证，“奚仲故里在薛城，故址在奚村”得到权威专家的一致认定，中国先秦史学会、中国文化产业促进会、中国汽车工程学会、中国汽车工业协会等权威机构联合为薛城区颁发“造车鼻祖奚仲故里”的匾牌、“奚仲文化研究基地”和“中国华夏文化遗产基金会—山东基地”等3块牌匾，在薛城设立奚仲文化研究基地。100余家新闻媒体进行宣传报道，在全国范围内叫响“奚仲故里在薛城奚村”的品牌。

第二届中国奚仲文化研讨会　2009年11月9—11日，在薛城举办第二届中国奚仲文化研讨会，来自全国史学界、考古界、企业界、新闻界、奚仲后裔代表120余人参加会议。研讨会围绕“奚仲与现代科技”这一主题展开研讨，共收到论文42篇。

第三届中国奚仲文化研讨会　2010年9月18日，由中华炎黄文化研究会、中国先秦史学会、薛城区人民政府共同主办的第三届中国奚仲文化研讨会在薛城召开，来自中国社会科学院、北京大学、清华大学、南开大学、山东大学、中国孔子文化研究院等全国高校及科研院所的30多名专家学者应邀出席研讨会。国内一大批先秦史专家学者致力于奚仲文化的研究，发表一大批奚仲文化研究的最新论著。中央电视台中文国际频道播出电视专题片《寻找传说中的车神》，薛城在全国乃至世界叫响“奚仲故里”的品牌。奚仲文化研究的内涵得以深化、外延得到拓展，学术成果十分丰硕。

奚仲文化文集

2010年9月17日，薛城《奚仲文化丛书》和《车祖奚仲传奇》发行。《奚仲文化丛书》共12册，分别为《奚仲文化研究》《奚仲姓氏探源》《百家媒体看奚仲》《奚仲传说》《薛地名人贤士》《古薛瓷窑》《古薛诗萃》《古薛文选》《薛城民俗》《薛城民间故事》《薛城文物与遗存》《薛城风物》，计260余万字，1000余张图片。《车祖奚仲传奇》为一部人物长篇小说，计40余万字。

第二节　文化交流

奚仲文化展

2008年4月25日，由薛城区委、区政府主办的《“魅力薛城”——造车鼻祖奚仲故里大型文化展》走进北京人民大会堂。展览由八个部分组成，分别为薛城概况、造车鼻祖奚仲、千年古薛国、枣庄新驻地、经济快速发展、自然风光优美、红色旅游之乡、人文环境和谐。全面介绍薛城区悠久的历史，灿烂的文化，优越的区位、交通优势和丰富的资源优势、雄厚的经济基础，起到推介薛城、增强薛城美誉度的作用。

中国汽车文化论坛

2008年4月25日，首届中国奚仲文化研讨会暨第二届中国汽车文化论坛系列邮品在人民大会堂发行。该系列邮品包括纪念封、首日封，由区政府、中国文化产业促进会汽车文化委员会、中国奚仲文化研究会筹备委员会联合发行。该纪念邮册共有4枚邮票，第一枚为手写体甲骨文“车”字，寓意车文化的源远流长；第二枚为奚仲石刻雕像，展示奚仲造车时的情景；第三枚为古人驾车的汉画像石拓像，形象表现车的使用为人类带来的便捷；第四枚为现代时尚汽车图像，表达车辆作为当今最重要的交通工具，具有无限光明的发展前景。

中华奚仲网

2008年4月25日，中华奚仲网官方网站正式开通。该网站旨在“传承奚仲文化，弘扬创新精神”，设置首页、最新动态、奚仲文化、奚仲产业、薛城风采、视频、网友留言等栏目。

全国性汽车赛事

自2009年以来，薛城做足“车”文化品牌，规划建设集汽车、摩托车、自行车、马术“三车一马”比赛于一体的杨峪体育公园。承办全国汽车场地越野锦标赛、全国超级卡车大赛、中国汽车拉力锦标赛、全国摩托车越野锦标赛等全国性汽车运动赛事。先后获2009年“中国赛车新兴城市”、2010年“中国赛车运动突出贡献奖”“中国越野运动积极参与奖”和2011年“中国赛车运动突出贡献奖”“全国摩托车越野锦标赛突出贡献奖”等奖项。

奚仲广场

2010年6月，由薛城区委、区政府投资8500万元的奚仲文化广场开工建设。奚仲文化广场位于城区南部，是以奚仲造车为主题建设的公园广场。由北京城市景观研究院设计，占地0.12平方公里，2011年10月交付使用。广场设计以“车”为构图出发点，用马车的四个重要部件辕、舆、轴、轮来诠释奚仲造车对社会发展的深远影响。北部入口处以泰山石、文化柱阵和奚仲功德亭为主景；中心广场以雕塑跌水向四周辐射呈圆形，建有历史的车轮主雕塑，诠释奚仲造车的创新精神；广场南部为占地0.04平方公里的奚仲湖，设有大型音乐喷泉和水幕电影，形成“一石一湖一广场、两轮四亭十二柱”的景观群，彰显“江北水乡、奚仲故里”的独特魅力。

奚仲文化活动月

2010年9月21日至10月21日，在薛城举办首届中国车祖奚仲文化活动月。突出“创新·传承·时尚·激情”主题，本着“政府主导、社会参与、市场运作、全面展示”的工作思路，以求得最大的经济和社会效益。文化活动月期间，举办第十一届中国枣庄（薛城）国际石榴节暨城市转型论坛；枣庄市薛城区优质农产品推介展销会；第三届中国奚仲文化研讨会；2010中国北方新能源车业发展论坛；2010“车神奚仲·张范汽车城杯”薛城中国汽车拉力锦标赛；2010枣庄市海峡两岸四地汽车拉力邀请赛；2010薛城中国汽车拉力锦标赛时尚车展、拉力赛车展示；首届鲁南金秋汽车房产博览会；“车祖奚仲杯”全国书画作品大展；“聚焦车祖故里·感受动感车都”——全国百名摄影家薛城大采风；电影《车神奚仲》、30集电视连续剧《恋恋阿里山》《铁道游击队2》《小小飞虎队》开机仪式；大型文化工程——12卷本《奚仲文化丛书》首发式；长篇小说《车祖奚仲传奇》首发式；车祖奚仲标准像揭幕仪式；奚仲纪念馆落成盛典；首届中国车祖奚仲文化活动月“青岛冰醇啤酒杯”美食节；2010全国摩托车场地越野锦标赛；“拜车祖、看车赛、品美食、游枣庄”二日游活动；首届中国车祖奚仲文化活动月“民国影视文化城之夜”大型文艺晚会暨焰火晚会20余项活动。

第三节　文化产业开发

奚公山风景区规划

奚公山风景区（中华车祖苑）二期规划建设依据奚仲造车的历史遗存和史实记载，结合项目区的自然地貌和人文环境，以奚公山奚仲造车遗址为载体，聘请国内外著名规划设计院高标准规划建设集车祖祭祀、古迹观光、文化休闲、商务度假于一体的中华车祖苑。奚公山风景区（中华车祖苑）的核心发展目标是“以弘扬车文化为主线，打造平安福地”，建设五大片区，完善车祖祭祀区。充实和完善现有核心祭祀区景点，高标准建设车祖奚仲巨型雕像，形成标志性景观，完善奚仲纪念馆、奚仲墓等配套设施，进一步

奚仲广场

叫响“拜车祖·保平安”的文化旅游品牌。恢复宗教文化区。恢复、重建车服寺、玉皇庙、清华阁等古佛教、道教建筑群，弘扬佛教、道教文化，再现历史上“祈福佑·求平安”的盛况。建设车文化展示区。建设国际车文化标识山、车文化展馆、新车发布中心等项目，形成国内外知名的汽车文化展示中心。建设车文化体验区。引进汽车试驾、赛车等休闲体验项目，丰富景区休闲娱乐业态。

奚仲故里总体规划

把“奚仲故里”品牌融进奚仲文化的整体规划中，主打“奚仲故里奚村行”品牌，借助国家乡村记忆工程政策，积极申报奚村国家级、省级历史文化名村品牌，着力挖掘奚村这一奚仲故里文化特色，进行品牌包装，在奚村民俗游、乡情游、老薛河支流生态游、老家游等休闲旅游方面做足文章，建设民俗馆、农家小院、生态农业、“老薛河支流情”农家乐、老薛河支流水上游、祭祀馆等旅游项目开发。

特色旅游项目规划

依托“一山两河”（奚公山、蟠龙河、老薛河分支）山水资源、铁道游击队品牌等，大力发展山水游、红色体验游、农业观光游特色旅游项目，丰富旅游的文化内涵，逐步建设全国知名的特色休闲旅游景区。聘请全国知名创意公司，统一策划、设计、生产奚仲文化系列产品，加大卡通、游戏产品的研发制作，拉长汽车产业链条，扩大奚仲影响，提升品牌效应。

第五章 非物质文化遗产

2006 年，成立非物质文化遗产保护中心，组建区、镇、村三级普查组织体系，参加普查人员 100 余人。至 2013 年年底，全区编制完成非物质文化遗产项目文字资料 39 套，共 273 本，计 53 万字；拍摄整理影像资料 25 种 175 盘；设立档案资料室、珍贵实物陈列室，加强数据库建设，建立立体式非物质文化遗产信息保护体系。全区列入省级“非遗”保护名录的 7 项（奚仲造车传说、薛城唢呐、麦秸手编、洛房泥玩具、薛城缝绣、人灯舞、骰牌灯），市级 43 项，区级 61 项。薛城区被国家文化部评为“中国民间文化艺术之乡”，被山东省文化厅授予“省级非遗工作先进集体”“山东省民间文化艺术之乡”称号。

2010 年 10 月，全区有 6 项非物质文化遗产项目在首届中国非物质文化遗产博览会上展出。其中，“洛房泥玩具”2010 年 7 月 8—12 日在上海世博会中国馆展出。“薛城唢呐”入选《中国民间文化艺术之乡全集》。举办 3 届薛城区民俗文化艺术展，展览现场采用投影形式形象地展示全区的非物质文化遗产项目，民间老艺人介绍“非遗”民间艺术作品的制作过程并进行现场制作演示。在中国（国际）车祖奚仲文化活动季中，在民国影视文化城举办“第二届鲁南民俗文化博览会”，组织全区 12 项代表性“非遗”项目参加博览会；采用艺术创作形式，推介保护全区优秀“非遗”项目，先后制作《薛城区非物质文化遗产宣传册》；创作大量文艺节目，如：《泥娃娃》《鲁南婚俗表演》《车之恋》等，并结合广场文化活动，举办“薛城区第二届唢呐艺术大赛”，组织编写出版 2 部 60 余万字的专著《奚仲传说》《薛城民俗》等，创作长篇小说《车神》，不仅拓宽“非遗”项目的宣传交流保护途径，而且丰富群众文化生活，深受广大群众喜爱。组织洛房泥玩具代表性传承人张玉明、邹坞面塑代表性传承人崔家志、张范剪纸代表性传承人王庆权等到枣庄学院开展非遗进校园活动。

省级非遗保护名录（7 项）

1. 洛房泥玩具
2. 奚仲造车传说
3. 薛城唢呐
4. 缝绣技艺
5. 庞庄麦秸手编
6. 骰牌灯
7. 人灯舞

市级非遗保护名录（43 项）

1. 奚仲造车传说
2. 洛房泥玩具
3. 张范剪纸
4. 高派山东快书
5. 庞庄麦秸手编
6. 缝绣技艺
7. 冯谖的传说
8. 仲虺的传说
9. 渔鼓
10. 薛城唢呐
11. 薛城婚宴礼俗
12. 骰牌灯
13. 人灯舞
14. 正月十五蒸面灯
15. 木杆秤的制作技艺
16. 薛城糁汤的熬制技艺
17. 薛城烧鸡的烧制技艺
18. 薛城铜勺制作技艺
19. 薛城杜塘凉粉制作技艺
20. 斗鹌鹑
21. 鲁南大鼓书
22. 中陈郝庙会
23. 金马花席制作技艺
24. 送祝米
25. 范蠡隐居传说
26. 许由泉的传说
27. 唱瞎腔
28. 打蜡子
29. 滚铁环
30. 奚山刘氏辣汤
31. 薛城刺绣
32. 薛城张氏竹雕
33. 奚山扣碗
34. 薛城石雕
35. 种庄漏板印花布
36. 虎头鞋帽
37. 打春公鸡、春娃娃
38. 枣庄面塑
39. 二月二围苍龙
40. 千山头庙会
41. 挎包火烧的制作技艺
42. 蔡古楼粉皮的制作技艺
43. 柳编技艺

区级非遗保护名录（61 项）

1. 奚仲造车传说
2. 洛房泥玩具
3. 张范剪纸
4. 邹坞面塑
5. 薛城唢呐
6. 骰牌灯
7. 人灯舞
8. 高派山东快书
9. 虎头鞋帽
10. 庞庄麦秸手编
11. 薛城刺绣
12. 金马花席
13. 送祝米
14. 千山头庙会
15. 中陈郝庙会
16. 二月二围仓龙
17. 冯谖市义传说
18. 范蠡隐居传说
19. 仲虺作诰传说
20. 薛城渔鼓
21. 薛城烧鸡制作工艺
22. 薛城铜勺制作工艺
23. 薛城糁汤制作工艺

24. 薛城打春公鸡、春娃娃
25. 薛城潘庄蓑衣、茅蓊篓子
26. 杜塘凉粉制作技艺
27. 木杆秤的制作工艺
28. 种庄漏板印花布
29. 正月十五蒸面灯
30. 薛城喜宴
31. 薛城丧俗
32. 斗鹌鹑
33. 薛城民间土方
34. 泰山石敢当传说
35. 卧牛石的传说
36. 许由泉传说
37. 鲁南大鼓书
38. 唱瞎腔
39. 薛城张氏竹木雕刻
40. 陶庄石雕
41. 奚山张氏扣碗
42. 奚山刘氏辣汤
43. 大成拳
44. 滚铁环
45. 转拉子
46. 烫伤民间治疗土方
47. 铜杆唢呐
48. 顾家唢呐
49. 大吕巷唢呐
50. 烙画
51. 面塑
52. 托前雕刻
53. 柳编技艺
54. 笙的制作技艺
55. 蔡古楼粉皮的制作技艺
56. 粉皮的制作技艺
57. 虎头鞋帽的制作技艺
58. 仿古陶瓷的制作技艺
59. 古旧字画装裱修复
60. 铁炮的制作技艺
61. 挎包火烧的制作技艺

第一节　洛房泥玩具

洛房：地处枣庄市薛城区常庄镇的西部，是鲁南地区享有盛名的“泥塑之村”。泥塑制品历史之悠久，品种之繁多，推销面之广，都是鲁南地区少有的。

1995 年 9 月，薛城区文化局组织制作泥娃娃的第四代传人张玉明和制作“不倒翁”的传人杨其富，参加北京由“联合国教科文组织”“北京黄皮肤文化艺术研究中心”“中国民间艺术家协会”联合举办的“中国民间工艺大展”展出。展出后，张玉明、杨其富被以上三个单位授予“中国民间工艺美术家”称号。在山东省“民间艺术家协会”展出后，被评为优秀成果奖。

泥塑的原料主要是泥土，在原金河乡大辛庄的田野里俗称白山湖的耕作层下，发现一种灰白土，其土细腻、粘和。除泥土之外，另一种主要原料就是白土粉，这种白土粉产于枣庄市峄城区甘沟，别的白土粉不能代替。这种白土粉细如面粉，不含别的杂物。其他材料还有红、白、黄等各色颜料，水胶、松香、烧酒、鸡蛋黄等。工具有模型（俗称模子）毛笔、调色盘、小弓子、小刀子、竹扦和通过加工的各种秫秸棒等。

原始的制作方法是：将和好的泥用人工按照自己的意念捏制，这样既费时又费力，张有力通过钻研，研制模型。开始模具制作。首先，将取来的白塘土晒干、碾细，将杂质筛去，然后用水和成泥团。这种泥必须用棍棒砸十几遍才成，然后，用手拍成泥饼，贴在模型的两个模具上，然后，再将两个模具合在一起，再用小弓子将接合处挤出的废泥刮掉。稍一停息，便可开模，取出制品晾晒，为了使制品能发出各种不同的声音，在晾晒之前再用秫秸棒，根据不同的声，在制品的不同部位投孔。凉晒干后，动物、禽兽，再用炆火烧烤以使之坚固。但人物不能烧烤，这是洛房泥塑艺人一条不成文的规矩。这就形成洛房泥塑的“黑”“白”货之分，烧烤的称“黑货”，不烧烤的称“白货”。

洛房泥塑的主要种类有人物类：不倒翁、财神爷、关公、刘孩撒金钱、钟馗、刘孩献瓜，县官、书童、小道姑、尼姑、和尚、道人、母抱子、逍遥妇、小媳妇回娘家等。动物类：雄狮、无色雄狮、猴子；禽类有斑鸠、孔雀、小鸟、家狗、小猫、公鸡、小鸭；此外还有鱼、贝壳等近百种。

洛房泥塑和不倒翁，历经百余年不衰，后继有人。现在杨其富的儿子已继承了这一民间工艺，泥塑艺人张玉明也已掌握了这一技巧。张玉明的泥塑技艺也被儿子和孙女张薇继承下来。

洛房泥塑与不倒翁，经历了近二百年的发展历史。历经张氏家族里一代一代传下来，到张玉明已是第四代了，他存有祖传（包括本人制作）模型种类近百种。他在制作过程中，大胆摸索，传承发展师傅杨其富创制的“不倒翁”。一改纯用泥的做法：即“不倒翁”的底座用“白糖泥”，它的上身改用了灰平纸，这样底重上轻，使之不倒。“不倒翁”的上市，受到广大人民的欢迎，它预示着“人、财不倒之意”。

洛房泥塑与不倒翁，是民间自生自长的一种流传工艺，是流传鲁南地区近200年的民间工艺品，创始之初，只是为养家糊口，谋求生存之道的营生。后来不断发展，成了鲁南苏北地区民间流传的畅销产品。由于人们生活水平的改善，这种产品衰落一段时间，改革开放之后又把它作为珍贵的民间工艺挖掘出来，得到社会各界艺术家们的赞誉。艺人张玉明、杨其富被“联合国教科文组织”“北京黄皮肤文化艺术研究中心”“中国民间艺术家协会”联合评为“中国民间工艺美术家”称号。

2009年3月，张玉明被山东省人民政府公布为第二批非物质文化遗产代表性传承人。2010年7月8—12日，“洛房泥玩具”喜登上海“世博会”参展，并在中国馆展出。“洛房泥玩具”已先后入展首届全国非物质文化遗产博览会和第一届、第二届、第三届山东省文博会，2012年6月，参加在台儿庄运河古城举办的为迎接全国第二届非物质文化遗产博览会在枣庄市台儿庄举行而举办的手艺山东大型展览。“洛房泥玩具”作品多次参加全国、省市手工技艺大展，泥塑与不倒翁也就成了珍品，受到各方评委、观众的好评，被各级文化部门收藏。

第二节　奚仲造车传说

奚仲，任姓，黄帝之后，发明了世界上第一辆马车，在促进生产力发展和人类文明进步的历史进程中，做出彪炳史册的巨大贡献，是我国古代伟大的发明家，是中国奚姓、任姓、薛姓的祖先，也是薛国的始祖。

奚仲生于发明世家才智过人，在帝尧时管理制造工艺，夏禹继位后，封他为“车正”。他和儿子吉光造的车方圆曲直，合乎规矩，机轴相得，坚固异常，后又改良驾马车、人力车，为历代车的发展奠定理论基础，在世界造车史上留下辉煌的一页。奚仲出生在陶庄镇的奚村，葬于奚村东千山头下的小南山（今称奚公山），位于滕州市与薛城区的交界处，这里就是当年奚仲造车的地方，山上至今存有奚公墓和他造车的遗址。千山头系属泰沂山系，是鲁中南山区西南麓延伸余脉，由千山头、奚公山、绣球山等众多山头组成，曾是唐代最著名的集佛、道、儒为一体的祭祀和游览圣地，被誉为江北第一古刹。《山海经校注》注释已载：“郭璞云【世说云】‘奚仲作车’此言吉光，明其父子共创作意，是以互称之。”珂案：【说文十四】云：“车，夏后时奚仲所造。”【管子形势解篇】云：“奚仲之为车也，方圆曲直，皆为规矩钩绳，故机旋相得，用之劳利，成器坚固。”《元和郡县图表》卷九云：“奚公山在滕县东南六十里，奚仲初造车于此，滕县属今山东省”。综上史料记载：可以充分地了解到奚仲和吉光，同在奚公山下造车。故里为奚邑，奚仲卒后葬于奚公山下青丘村。后人为祭祀他，在奚公山上及山谷中，建有奚仲墓、奚仲祠。陶庄镇的奚村和后湾一带，为奚仲故里——奚邑。

近年来，区委、区政府高度重视奚仲文化的研究与开发工作，专门成立“奚仲国际研究中心”，并于2008年4月25日在北京人民大会堂召开奚仲文化研讨会，确立枣庄市薛城区是造车鼻祖奚仲的故乡。中国先秦史学会、中国文化产业促进会、中国汽车工业协会、中国汽车工程学会联合为薛城区颁发“造车鼻祖、奚仲故里”的牌匾。薛城区委、区政府高度重视车文化的活动开展。于2009年、2010年、2011年连续三年策划实施举办中国奚仲文化研讨会和全国奚仲文化活动季。连续3年承办2009年全国汽车场地越野锦标赛山东（薛城）分站赛（全国的A级体育赛事）、2010年中国汽车拉力锦标赛 、2012年“车祖奚仲·亿和输送带杯”全国摩托车越野锦标赛（薛城站）等全国重大赛事，薛城先后建立奚仲文化促进会、奚仲中学、古薛文化传媒公司、奚仲诗书画印文化研究院等部门。

奚仲造车文化相关活动已受到全国最具权威的100多家新闻媒体跟踪报道和现场直播，在业界引起广泛关注。开发奚仲山，对于挖掘历史文化遗产，带动旅游、汽车等相关产业的发展具有重要意义。

第三节　薛城唢呐

薛城，古称薛国，其地理位置和人文条件使薛城唢呐逐渐形成独具特色的“平派”，又称“憨派”艺术风格。1996年11月，薛城区被文化部命名为“中国唢呐艺术之乡”。

鲁南唢呐主要分为木杆和铜杆，薛城就是铜杆唢呐的发源地。铜杆唢呐曲目主要有《十样景》《清河令》《柳青娘》《一江风》《集贤宾》《五六五》；独立使用铜杆的曲目有《采茶歌》《柳金子》。

铜杆唢呐吹奏以薛城为中心，最初在薛城一带颇为流行，特别是在民间葬礼灵棚祭奠时必须用木杆和铜杆两种唢呐吹奏的习俗仍未改变。这种吹奏先后传到了滕县、峄县、韩庄、微山等地。铜杆唢呐的主要代表人有王正元、刘庆荣和崔怀义、崔常永父子等。长年活跃于民间的有代表性的唢呐艺人有张宗石、刘庆荣、尤广武、顾克雨等40余名。1993年6月25日，在薛城成立山东省第一家民间唢呐艺术协会。从而使全省的民间唢呐艺术的演奏登上赛台，在全国形成很大的影响。《山东卫视》播放比赛现场，各大报纸报道比赛实况。在比赛的同时还召开“唢呐艺术研讨会”，使民间唢呐演奏技艺更上一层楼。

2009—2013年，薛城区不断加大文化事业投入力度，着力打造具有地域特色的文化品牌，全面挖掘、传承、普及唢呐文化。2009年9月被评为山东省非物质文化遗产保护项目。唢呐艺人们创作的一些曲目，融入对当地人民生活和民俗的真实感受，具有更强的感染力和更高的欣赏价值，活跃在薛城区的唢呐班子大小70多个，极大地丰富和活跃城乡广大基层人民群众的精神文化生活。

第四节　缝绣技艺

民间缝绣是中国民间手工艺中的一朵奇葩。它是以布、绸、缎等为主要原料，以民间百姓对美好生活的向往内容为题材，用变形、夸张的手法，同时融合吸收民间美术中多种门类的制作技艺，通过剪、缝、绣、贴、扎等技法来制作民间缝绣的手工艺作品。

民间缝绣的制作流程主要分几个步骤，首先是要设计图样，在纸上画出样子，然后选择需要的布料，一般会选用绸缎、蓝花布、大花布或大红布，根据需要等还会选用一些细线或毛线。缝制过程中，一针一线都要非常均匀，最后是将棉花填充到做好的样子里，全部缝制后，可以利用中国结、吊坠等做些装饰、点缀。

民间缝绣多以象征、寓意表现主题，其造型具有浓郁的民俗风情和鲜明的地方特色。色彩多以红黄绿三色为主，色彩对比强烈，使得整件作品栩栩如生。其作品造型多样，风格多变，呈现出清新朴拙的民俗风情。

民间缝绣作品造型多样，风格多变，色彩艳丽，精巧飘逸，呈现出清新朴拙的民俗风情。主要作品有喜香鱼系列，“十二生肖”系列、香荷包系列、布老虎系列等。

第五节　庞庄麦秸手编

沙沟镇庞庄村的村民创造传统手工艺品——草编，把普普通通的麦秸草编制成一个个精美多姿、经济耐用的各类生活用品和饰品。该村充分利用秸秆资源优势创造性地进行编制，发现利用麦秸编制的一些生活用品在村民中广受欢迎，遂将加工技巧进一步改进和创新并互传互帮、互教互学，原有手艺得到进一步提高，使手工草编制品的种类达到5大类、35种。主要有筐、笼、锅盖、气死猫、饨子五大类，按照型号大小、容量面积可分为35种，畅销于江苏、山西、安徽等10余个省市。

用于草编的麦秸在选择和用法上非常有讲究，这对于所编制出的手工艺品的质量来说有着直接的关系。在种植冬小麦时，选择优良品种、优良地块，再施大量土杂肥料，作物管理中精心浇灌、除草、防病、治病，确保小麦秸秆长势旺、麦秸直、麦秸壮、麦秸亮。在收割的时候，坚持用镰手割，并把麦秸以小把为单位捆成把（直径10厘米），将麦粒取出，垛放在一起，同时注意通风透光，保证麦秸质量。在编制前，将存放的麦秸取出，浸泡于清水当中，按照编织用量进行轮换浸泡，取出进行小晒，保证麦秸既不能不湿，也不能太湿，这样麦秸在编制过程中才能有一定的韧性、不易折断。在编制过程中，同时取用高粱秸皮，将其分成细条状，作为麦秸草编过程中的穿线，起到框架，固定之作用。

麦秸草编因为便于加工，销售广泛，给一些家庭带来一定的经济补贴，在农村广受欢迎。庞庄最为兴盛时期是20世纪60年代，当时工业经济势头猛进，广为发展，矿企业工人较多，此时蒸饭的笼头最为畅销，同时因为工人较多，也带动煎饼筐、锅盖、气死猫、饨子的销售。其中气死猫最为群众所接受。气死猫，原属饨子类，其形状有所变化，底窄、肚圆、口窄、上有小盖，形似一个罐子，可装面食，透气防潮，延长食物储存时间。

庞庄村进行草编的人群多仅剩为数不多几位老年人，他们的手工细致精巧、样数繁多，随着人民环保意识、节能意识的提高，草编手工艺品成了人们“回到大自然去”的首要选择。

第六节　骰牌灯

对于牌九，大概人们并不陌生，但根据牌九演化过来的骰牌灯至今还鲜为人知。“骰牌灯”是薛城人民在生产生活实践中创造的，在历史长河中经历代民间艺人，从现实生活中取材创作，不断扬弃，提高、继承、发展的艺术之花。在继承的基础上，广泛借鉴外来人的艺术，丰富和发展骰牌灯。由于它是土生土长，所以有鲜明的地方特征和浓郁的泥土气息，它的动作已具程式化、规范化，形象性的特点和活泼诙谐、欢快热烈的艺术风格。

骰牌灯具有浓厚的民俗特征，借正月十五闹元宵之际，表现时代的伦理道德；涵盖文化的价值取向；推崇习俗的行为模式。骰牌灯是一种比较特殊的灯舞，分为地牌和天牌，它是将32张牌九扎制成花灯，并由16人身穿戏装，扮作不同的戏剧人物，根据故事内容及音乐节奏进行表演。骰牌灯用木条扎成，框架外罩白纱布，上面按牌九图案绘画红黑点，内里可点燃蜡烛，背后有一竖木可握执。整个灯的大小一般掌握在高60厘米，宽40厘米，厚20厘米。动作主要是跑圆场，特定动作如“乌龙藏头”“乌龙藏尾”，以及演员之间互相拼凑牌九的各种图案造型。

“骰牌灯”舞蹈动作及为丰富，20多个舞蹈动作，一套完整的“骰牌灯”系列，往往由这些单一动作（舞蹈语汇）各自连成。

对于骰牌灯的服饰道具：服饰运用戏曲中的

服饰，按生、旦、净、末、丑装扮；道具则用木框制成，高 60 厘米，宽约 40 厘米，厚约 20 厘米，内点蜡烛，外糊白纱，彩绘牌九图案，灯背后有木柄。

骰牌灯音乐由三部分组成：一是打击乐：鼓、锣、钹、堂锣、小镲等；二是吹奏乐：唢呐、笙、笛、二胡等；三是歌唱：有固定的曲谱和唱词、一人唱众人和。

骰牌灯的出现、产生的重要价值是寓教于娱乐之中，在欢愉中受教育，在教育中受启迪，具有鲜明的岁时节日的复合价值和现实价值。它是当地人民群众自生自创、自编自演、自娱自乐的一种传统舞蹈，它以丰富的文化内涵和强烈的艺术表演产生出较强艺术直观性和感染力。骰牌灯不仅仅是“灯舞”中独树一帜的艺术之花，同时，它又具有宗教信仰多元化的时代记忆，对中国舞蹈学提供翔实而又原始的历史史料，具有较高的舞蹈学研究价值。

第七节　人灯舞

“人灯舞”产生、发展于沙沟东村、沙沟西村。“人灯”起源历史悠久，是祖先遗留下来的一种民俗民间艺术活动，是“傩舞”的延续，有驱邪除怪、祈福求祥之意。活动多在农闲季节和春节前后，尤其是在正月十五的元宵节上，更是“人灯舞”演出的最佳时候。演员们伴随着民族器乐的节奏，表演着各自的技能。

“人灯舞”在队形穿插、反正圆场、跳跃狂舞、高低对视等动作中，给人们一个陶冶情操、和谐平安的氛围。在漫长的岁月中不断变更，演出场地由原来的野坟荒草地、家族祠堂，转移到大街小巷与固定的演出场所，并仍然保留着“堆火”，仍保留着远古时代的历史记忆。表演者在火光之中，围观的群众无不拍手叫绝。具有浓郁“傩舞”之遗风。所用民族器乐，有：大盘鼓、小堂鼓、云锣（中锣与交音锣）、云钗、铙钹、二锣等。人灯道具制作：利用陶罐作“人灯”的头颅，刻五官，贴红、绿纸，内点蜡烛；穿特制的大长袍、戴礼帽等，形如“大人”。

音乐：“人灯舞”演出时的伴奏很简单。它所用的民族乐器有：大盘鼓、小堂鼓、云鼓（中锣与交音锣）、云钗、铙、二锣等。演到高潮时，大盘鼓和小堂鼓同时击擂，紧锣密鼓，气氛十分热烈。节奏打法是：//：冬不 隆冬/呛——：//冬不 隆冬/呛 呛/冬不 隆冬/呛——：//呛才 乙才/呛 才：/呛才 乙才/呛 呛/呛才 乙才/呛：//

经过时代的变迁，“人灯舞”曾多次停演，由于老艺人的谢世和人老体弱多病等等原因，已濒失传。在当地文化部门和沙沟镇政府的大力支持下，在改革开放的春风里，使“人灯舞”又获新生，焕发出勃勃生机，重新登上非物质文化遗产的舞台，并保留着、发展着、延续着。

第六章　文物古迹

第一节　考古发掘

馆藏文物

1995 年，薛城区文物管理站成立。随着全区城乡基础建设的步伐加快，文物工作者配合各项建设工作，抢救性发掘一批古遗址、古墓葬等，出土一批珍贵文物。在政府号召下，一些有识之士纷纷向文物部门捐献文物，使一批散落到民间的文物得到有力的保护和利用，使馆藏文物从无到有、从少到多，馆藏文物得以快速增加。至 2013 年，通过考古发掘和向社会各界征集，馆藏各种文物共计535件，其中陶器194件、玉器1件、古币6枚、青铜器10件（2件仿）、铁器7件、瓷器295件、骨器2件、石器6件（3件仿）、印4件（1件仿）、铜镜9枚、银器1件。

文物普查

自2007年全国开展第三次文物普查以来，按照“三普”工作要求迅速行动，成立薛城区全国第三次文物普查领导小组。区“三普”队员利用一年多的时间完成第三次文物普查田野调查工作任务，共发现不可移动文物179处，其中新发现文物点150处、复查29处。由于工作扎实有效，2010年3月7—9日，薛城区代表枣庄市迎接省文物局组织的第三次文物普查实地调查阶段工作验收，被评为“优秀等次”（最高等次）。文物管理站孙晋芬站长荣获国家文物局办公室颁发第三次全国文物普查实地调查阶段突出个人贡献奖。至2013年，全区有国家级重点文物保护单位1处（邹坞镇中陈郝古瓷窑遗址），省级重点文物保护单位5处（沙沟五村遗址、牛山孙氏宗祠、奚仲造车遗址、安阳故城、南常故城），市级重点文物保护单位36处（西仓古桥、孙氏故宅等），区级重点文物保护单位123处。由薛城区文化局主编的《薛城文物与遗迹》《古薛瓷窑》顺利出版，并纳入区委宣传部组织编纂的《奚仲系列文化丛书》，另外还编纂出版《中陈郝古瓷遗珍》，为薛城区文物保护工作打下良好基础。

第二节　文物发掘

沙沟镇小张庄响马岭汉墓发掘

1991年，薛城区沙沟镇小张庄村村民在“响马岭”耕地时发现墓葬二座。1991年10月5日，枣庄市博物馆经上级文物主管部门批准，对此进行抢救性发掘，历时五天，出土文物有陶狗一个，纺轮2个，从出土文物分析此墓葬为汉代墓葬。

西小庄小学抢救性发掘

1991年，常庄镇西小庄村在东山坡下，建小学时发现有墓葬。1991年10月25—30日，枣庄市博物馆经上级文物部门批准与薛城区文化局联合对此地进行抢救性发掘，共清理墓葬11座，出土文物有铜质“朱邑之印”印章一枚、铜镜一枚、铁质垫棺兽4个，铁剑一把。根据出土文物分析，此墓群为西汉晚期至东汉早期墓葬。

金河山被盗墓葬的清理发掘

1994年8月，薛城区文化局接到报告，金河山有一藏宝处被盗，薛城文化局组织人员到现场查看，据现场研究分析应是一古墓葬。1994年8月14日，经枣庄市文管办批准，由枣庄市文管办与薛城区文化局联合对此地进行抢救性清理发掘。出土文物有陶壶、陶罐、陶鼎等。根据出土文物分析，此墓葬为东汉早期墓葬。

周营镇沙井村古墓发掘

1994年，周营镇沙井村村民用土时发现一处古墓，经上级文物主管部门批准，于1994年2月24日，由薛城区文化局组织人员进行抢救性发掘清理，在清理过程中没发现遗物，根据墓砖和墓型分析，此墓群可能为宋元时期墓葬。

长江路墓群清理发掘

1996年，在修长江路时，在西小庄小学门前发现墓葬。1996年6月8—16日，经上级文物管理部门批准，枣庄市文管办和薛城区文物管理站对该墓葬进行抢救性发掘，此次清理墓葬7座，共出土有陶器、瓷器、铜器、铁器共三十余件，除部分铜钱完整外，其余器物均为破碎，无法修复。根据出土文物分析，此墓群为东汉早期墓葬。

陶庄镇奚村小学墓葬发掘

1996年，陶庄镇奚村小学在挖房基时发现古墓葬，经上级文物管理部门批准，枣庄市文管办、薛城区文化局联合对此墓葬进行抢救性发掘，此次发掘墓葬4座，均为土坑墓葬，出土文物有鬲、壶、罐、豆、盂、盆、垒、簋等陶器，一枚骨器，同时发现全国罕见的西周时期夫妻并穴合葬墓。根据出土文物分析，此墓群为西周至春秋时期墓葬。

清风台墓葬发掘

1999 年，临山公园在整平清风台时发现古墓 3 座，1999 年 4 月 30 日，薛城区文物管理站联合枣庄市博物馆对该墓葬进行清理发掘，出土器物有彩陶壶、陶鼎、陶罐等器物，在夯层中清理出铁制夯墩 1 件。根据出土文物分析，此墓群为汉代墓葬。

第三节　文物保护单位

全区共有区级及以上文物保护单位 56 处，其中，国家级重点文物保护单位 1 处、省级重点文物保护单位 9 处、市级重点文物保护单位 29 处，区级重点文物保护单位 17 处。邹坞镇中陈郝村和周营镇牛山村孙氏宗祠 2 个村分别入选全省传统文化村落和传统民居。

国家级文物保护单位 1 处

中陈郝窑址

省级文物保护单位 9 处

1. 沙沟遗址
2. 奚仲造车遗址
3. 南常故城
4. 牛山孙氏宗祠
5. 安阳故城
6. 墓山汉墓群
7. 西仓古桥
8. 西桑桥遗址
9. 史湖烈士陵园

市级文物保护单位 29 处

1. 曹窝大墓
2. 灰古堆遗址
3. 上镇遗址
4. 天主教堂
5. 武王墓
6. 清漳桥
7. 孙氏故宅
8. 临山汉墓群
9. 陶官庄汉墓群
10. 大山墓群
11. 张岭汉墓群
12. 马庄大墓
13. 虎山汉墓群
14. 宏石岭墓群
15. 前大庄遗址
16. 后院山遗址
17. 北安阳汉代遗址
18. 东防备遗址
19. 西尚庄遗址
20. 王楼王氏宗祠
21. 太山行宫
22. 铁道游击队纪念碑
23. 陈金河烈士墓
24. 孙伯龙纪念园
25. 毋将隆故里碑刻
26. 何庄国槐
27. 清华阁
28. 梁山范蠡庙遗址
29. 石门烈士墓

区级文物保护单位 17 处

1. 曹埠汉墓群
2. 六炉店汉墓群
3. 奚山摩崖造像
4. 夏庄遗址
5. 隋河冶铁遗址
6. 三清观遗址
7. 千山头墓群
8. 小山汉墓群
9. 鲁封桥
10. 腰楼
11. 邹坞爬桥惨案纪念碑亭
12. 姬庄烈士墓
13. 白楼孙氏旧宅
14. 潘楼灌渠

15. 刘金山之墓
16. 王志胜之墓
17. 兰陵褚氏宗祠

中陈郝窑址

位于山东省枣庄市西北10公里处的薛城区邹坞镇中陈郝村，北约5公里是山脉，南约1公里是枣（庄）至薛（城）铁路支线，北距枣（庄）至滕（州）公路1公里，西邻枣庄矿务局甘霖煤矿黄贝矿井，蟠龙河自北向南从村中流过。窑址范围较大，以村子为中心方圆5公里的范围内散布有许多瓷片窑具，并经常有完整器物出土。2006年，被国务院公布为第六批全国重点文物保护单位。

中陈郝窑址时代上自北朝，下迄明清，前后延续千余年。当地亦有“九庙十桥七十二座缸瓦窑”之说。遗址所在中陈郝村历史悠久，村中古迹较多，如“罗锅桥”“玄帝庙”“太山行宫”等。古时的罗锅桥是运载和交易陶瓷品的中心区。“古运河通徐兖路，车装船发帝王州”的诗句描绘当时罗锅桥的盛况。

根据出土陶瓷的釉色、造型及装饰特点，窑址可分为三大区域。自蟠龙河出村北上，为青瓷区。河床两岸散布大量青釉瓷片和窑具，一直延伸到北陈郝和张岭村南部，其时代为北朝至唐。白瓷区位于中陈郝村南广阔地域，主要分布白瓷、白釉黑花瓷和绿点彩瓷，属于北方的磁州窑系，其时代为宋元时期。中陈郝村西为黑瓷区，地面散布大量黑瓷片，其时代为明清时期。1987年，对村北青瓷区发掘发现隋代瓷炉两座，这在我国北方发现不多，在山东也是首次发现。这处距今1300多年的古窑炉为研究我国古代的窑炉结构、瓷器的烧制，提供十分重要的资料。青瓷区发现的大量瓷器，造型古朴凝重，实用为主，釉色青中闪绿，坚实耐用。

中陈郝窑址面积大，延续时间长，具有“中国北方民间第一窑”之称，为山东境内其他地区发现的古代瓷器和窑具的断代，证明南北朝晚期当地采煤烧瓷并在对唐时期出现青瓷等方面具有重要意义，并为研究陶瓷发展史、工商业史等方面提供重要的依据。

沙沟遗址

位于沙沟镇政府驻地、沙沟五村，遗址南北长约750米，东西宽约500米，总面积约37.5万平方米，一条古河道自西向东从遗址中穿过，把遗址自然地分为南北两处。据1981年全市文物普查资料记载：此处遗址为一高出河床2米的台地，又将这处遗址分为东、西两个区，东区文化堆积夹有大汶口文化时期的陶片。西区文化遗存较复杂，除有龙山晚期和东周的墓葬外，还有龙山、商代、西周的文化遗物。1992年6月12日，被山东省人民政府公布为第二批省级文物保护单位。

奚仲造车遗址

奚仲造车遗址位于山东省枣庄市薛城区陶庄镇千山头村东约50米的奚公山上，遗址东西最长约500米，南北最宽约320米，总面积约13万平方米。1981年全市文物普查时，在奚公山上发现有一残碑，碑文内容为“先贤冉求之墓”，残碑下落不明，两座墓存有碑座，这两座墓当地群众俗称为“奚仲墓”和“冉求墓”，山东侧原存有“车服祠”房基，“文化大革命”时期被破坏。2006年12月7日，被山东省人民政府公布为第三批省级文物保护单位。

南常故城

位于沙沟镇南常村东北部，东西长534米，南北宽434米，东北角向北延伸出一块东西长100米，南北宽80米的地块，面积达239756平方米。故城北城墙西段保存较好，长约200米，宽15米左右，自断崖剖面可明显看出有夯土层，每层厚约18~25厘米不等。夯具为铁制，夯窝6厘米，平底。2006年12月7日，被山东省人民政府公布为第三批省级文物保护单位。

牛山孙氏宗祠

坐落于枣庄市薛城区周营镇牛山村，实占地

面积为2048平方米，明弘治元年（1488年）建成，初为草堂，康熙年间第一次创修族谱时重修为庙，清末四修族谱时新建成现在规模。1990年七修族谱，2005年孙氏族人集资翻修，2006年12月7日，被山东省人民政府公布为第三批省级文物保护单位。

宗祠坐北朝南，三进两院，所有建筑均为砖木结构，大殿后展3.5米拉院墙形成后院，大门前建有小型广场。建筑古朴典雅、庄重肃穆，楹柱间距、高低尺寸均遵从封建宗法章制，是研究宗法文化和宗祠建筑艺术极其宝贵的实物遗存和灵活的教科书。所有楹联、碑记既有清代民间书法、雕刻、诗词、建筑等艺术特点，对宗祠建筑学来讲，也是弥足珍贵的历史标本。

孙氏宗祠属于封建社会宗法文化现象。其匾额联、楹联强烈表现儒家思想色彩。同时，记载牛山孙氏一族自明初由山西曲沃县移迁峄地的史实。孙氏宗祠对研究宗法文化传承，对不同地域民俗文化的融合发展，对鲁南民风的成因都具有极高的学术研究价值。

安阳故城

位于山东省枣庄市薛城区邹坞镇偏东北约12华里的北安阳村北部的台型高地上，东西约390米，南北约250米，总面积约97500平方米，东、西、北三面城墙夯土层较明显。北城墙仅存东段约5米左右，宽20米，西城墙南北两段有，中间段无，宽约13.5米，城址中散布着大量的器物残片，为红陶、灰陶、筒瓦、陶瓦等残片，从采集标本看此遗址属西汉时代城址。2006年12月7日，被山东省人民政府公布为第三批省级文物保护单位。

墓山汉墓群

位于山东省枣庄市薛城区邹坞镇墓山村，整个村庄全部坐落在墓群范围内，东西长约1260米，南北长约1100米，面积约为13.86万平方米，墓山为一海拔220米的小山，多石砾。据说村民在建房取石时发现不少古墓，有单室、双室等结构的石室或石匣墓，亦有画像石，画像石上刻有人物、建筑、异兽等，此汉墓群面积较大，墓室规格较高。2013年10月10日，被山东省人民政府公布为第四批省级文物保护单位。

西仓古桥

位于山东省枣庄市薛城区陶庄镇西仓桥村村南蟠龙河上，是一座以青石为结构的联拱式石拱桥，仍保存完整。此桥北数第二孔在抗日战争和解放战争时期为阻止运输两次被炸，后修复。桥全长60米，5孔，孔高7米，跨度8米，桥底宽11米。拱圈套采用并列式砌筑工艺，孔间迎水一侧，砌有高4.5米的分水墙，墙上各置一石雕镇水兽，桥头两侧各立石狮一对，姿态生动，栩栩如生，威风凛凛。2015年6月23日，被山东省人民政府公布为第五批省级文物保护单位。

西桑桥遗址

位于陶庄镇西仓桥村西，因该村后期扩建并将遗址占压，遗址南北长470米，东西宽280米，总面积131600平方米。遗址西部被梨园村扩建占压，南侧紧靠一条东西向水沟，南部被东西向的柏油路分割成南、北两个区，遗址区表面散布有较多陶片，内涵丰富，包括大汶口、龙山、商周及汉代等几种不同时期的文化遗存。2015年6月23日，被山东省人民政府公布为第五批省级文物保护单位。

史湖烈士陵园

位于陶庄镇史湖村。1945年12月25日夜，新四军四师副师长韦国清指挥九旅打响收复陶庄的战斗，韦国清率领部队佯攻西陶庄，九旅旅长滕海清率部猛攻小窑，激战到黎明。在此次战斗中二十五、二十七团指战员伤亡惨重，其中有四十余名烈士长眠于此，该陵园于纪念战斗胜利60周年时重修。2015年6月23日，被山东省人民政府公布为第五批省级文物保护单位。

第七章　旅　游

1991—2013 年，薛城区立足打造山环、水绕、绿城的生态型、现代化、园林城市，关停采石场、小煤矿，淘汰水泥厂，搬迁焦化厂，启动实施“引龙入薛”、环城森林公园建设、四城同创等六大工程，整合城市近郊山、水、林、田、路等优势自然资源，以环城绿道为线，串联周边旅游驿站、森林公园、示范镇、特色村、休闲农庄、生态园、采摘园、开心农场，并与台儿庄古城、大战纪念馆、冠世榴园、抱犊崮、熊耳山、微山湖、微山岛等景区景点互动融合发展，培植发展沿线景区景点和新兴休闲旅游产业，全力打造集休闲、观光、度假、养生、怡情于一体的“城市慢生活圈”。

第一节　管理机构

2004 年 3 月 10 日，薛城区设区旅游局，配备局长 1 人、副局长 1 人，局下设办公室、行业管理科、规划开发科等。2006 年 4 月 17 日，薛城区设立区铁道游击队纪念园管理处，隶属区旅游局，核定人员编制 5 人，配备主任 1 名。2010 年 8 月 8 日，因机构改革，薛城区组建区旅游和服务业发展局，将区旅游局、区服务业办公室除内贸以外的职责，整合划入区旅游和服务业局。不再保留区旅游局、区服务业办公室。局下设办公室、财务科、行业科、规划科、市场科、市场秩序与运行科、市场建设科、电子商务科、服务业综合科、服务业规划科、服务业项目科等内部机构。

第二节　旅游资源

薛城区位于山东省南部，是枣庄市新的市驻地和政治、文化中心，全区辖 5 个镇、2 个街道办事处，总面积 520 平方公里，总人口 60 万人。薛城区位、交通优越，是一座新兴的旅游城市、山水城市、国家森林城市，生态资源丰富，自然禀赋良好，背靠沂蒙山，面对微山湖，京杭大运河穿境而过，有铁道游击队纪念园、奚公山风景区、张庄生态旅游特色村 3 个接待景区和 18 个乡村旅游接待点，拥有环城森林公园、蟠龙河湿地公园、城市森林公园，与周边接壤的有微山湖湿地公园、峄城石榴园、柴胡店刘村梨园、古薛河水上公园。

江北水乡

薛城区位于枣庄市西部，地貌类型繁多，分为低山丘陵、山前平原、湖滨洼地三种类型，形成了“一半山水一半园”的景观，境内共有薛城大沙河、新薛河、小沙河、周营大沙河等主要河流 17 条，分别注入微山湖和京杭运河，区内湿地特色突出，蟠龙河湿地已有规划开发。区内北部山峦起伏，沟壑纵横，共有大小山头 137 个，其中较为著名的有奚公山、圣土山、蟠龙山等。

榴乡果苑

薛城乡村采摘景观丰富，其中最著名的要数张庄石榴山庄。这里风景秀丽，榴林深深，曲径通幽，山庄内有石榴太皇后、吉祥槐、卧龙槐、千寿槐等古树。这里的石榴个大、色艳、味美，被专家评为“山东一绝”“果中之王”。另外还有常庄镇小山村绿之园草莓采摘园、陶庄镇皇殿村蔬菜采摘园等多个采摘基地，是薛城区进一步开发乡村旅游的有利条件。

车祖故里

薛城，古称薛国，历史悠久，遗址遗迹众多，著名的遗址有古薛国奚邑遗址、建陵城遗址、安阳故城遗址、中陈郝瓷窑遗址、沙沟遗址、南常故城等。墓群有临山古墓群、老鸹山古墓群等。

农耕悠久

薛城农耕历史悠久，全区拥有无公害生产基地18处，获得认证的国家级无公害、绿色食品32个。无公害农产品基地9333.33公顷，主要生产石榴、油桃、草莓等干鲜果品。特色小吃有鲁南大煎饼、薛城五香猪蹄、南石驴肉、薛城糁汤、南石鸡蛋灌饼等。

情义之乡

薛城人文璀璨，地灵人杰，造就一代代豪杰、雅士。奚仲造车，饮誉华夏；仲虺作诰，助汤灭夏；战国孟尝君，以“好客养士”“好善乐施”而名闻天下。孟尝君的青冢依然高耸在古城内，它不单单是一座青冢，而且是一种仁德精神的象征。现代的薛城人民豪爽，诚信、重情义、讲道义，将孟尝君的好客精神传承下来。这里还曾为商贾云集之地，东方名城、战略要塞。以薛城为主要活动区域的铁道游击队为中国的革命历史写下光辉的篇章，传遍全国、影响世界。

民艺之乡

薛城是山东快书的发源地，是北路柳琴戏的源头，自创的“人灯舞”和“骰牌灯舞”被评为“鲁南之最”。薛城民间节庆众多，每逢庙会之际，周边方圆十几公里的村民，三五成群游玩观光、祈福还愿，人头攒动，热闹非凡，庙会不但促进城乡物资交流，对于旅游业的发展也有不可低估的现实意义。

原始乡村

张庄村是该区较有特色的村落之一，该村地处微山湖畔，位于薛城区沙沟镇东北部，有农户366户。该村傍水而筑，群山环绕，优雅静谧，景色宜人。古朴的石屋、好客的村民构成一幅天然画卷，是休闲、度假、观光的好去处。另一处特色村中陈郝村，位于邹坞镇东北部约4公里处，该村拥有千年瓷器烧制历史，享有“十桥九庙七十二瓷窑”的美誉，于南北朝时期形成居民聚落，并不断扩展。

第三节　景区景点开发

主题公园与红色旅游景区开发

1992年3月，在城区东临山兴建临山公园。1994年8月，兴建铁道游击队纪念碑。1995年8月15日，临山公园建成对外开放。以后有陆续建成薛国聚贤亭、电视转播塔、清风台、刘金山墓、王志胜墓等。2004年11月，临山公园更名为铁道游击队纪念园。

2005年年初，国家发改委、国家旅游局将枣庄市铁道游击队纪念园景区列入全国12个“重点红色旅游区”之一，全国20个红色旅游景区重点调度观察报告城市之一，30条“红色旅游精品路线”之一，100个“红色旅游经典景区”之一，是年6月，北京交通大学旅游系规划专家组对铁道游击队纪念园进行为期6天的实地考察，收集相关资料，编制铁道游击队纪念园整体规划，并与10月完成规划编制。2006年，建成铁道游击队影视城并向社会全面开放。2010年，始建临山阁。2013年，薛城区积极响应省、市大力发展旅游服务业的决策部署，使铁道游击队纪念园成为全国爱国主义教育基地。

历史文化景点开发

薛城区陶庄镇是造车鼻祖奚仲的故里，为了深入发掘奚仲造车文化，大力发展文化旅游产业，陶庄镇于2009年9月实施中华车祖苑项目建设，该项目总投资10亿元，面积4平方公里，由北京大衍致业旅游规划设计院设计，以奚仲文化车祖祭拜、车文化产业、时尚休闲为三大主题，辅助观光体验、商务度假，弘扬传统文化等功能，项目共分3期进行，其中一期工程总投资2.7亿元，由山东安泰集团所属的奚仲旅游开发公司投资建设。2010年，景区核心区域祭祀区建成车神广场、祭祀甬道、奚仲纪念馆、奚仲陵。车神广场7000平方米，中间平台为车轮标志性建筑，周边喷泉相拥，景区入口处为具有汉代风格的汉阙，祭祀甬道两侧进行绿化美化，奚仲纪念馆为汉代风格两重檐式结构，馆内有高 7 米的奚仲像，布有复原的前掌大车马坑、历代车马等展品，在原址恢复性建设完成奚仲陵，并建有专门的祭祀平台。2013 年 12 月 5 日，奚公山景区被山东省旅游景区等级评定委员会评定为国家 AAA 级旅游景区。

2008 年，对建于唐朝时期的位于西仓村古河道上的西仓桥，按照仿古标准，进行恢复性建设。始建于明朝末年的孙家大院，为鲁南地区规模最大的地主园，其建筑风格、石雕和砖雕技术堪称鲁南一绝，其遗存房屋多间，进行有效保护。

自然景观开发

2008—2013 年，张范镇开发建设杨峪自然风景区及杨峪体育公园。杨峪自然风景区总面积一万多亩。景区内层峦叠嶂、沟壑纵横，共有白山、屋山等大小山头 7 座，浩浩绿海顺着山势起伏绵延跌宕，森林繁茂、百草葱茏、溪水溪水潺潺，形成“百亩水面、千亩平川、万亩原始森林”的自然景观。杨峪自然风景区被评为省级森林公园和省级水利风景区。开发建设的杨峪体育公园是一处以“三车一马”（汽车、摩托车、自行车、马术）比赛为主题，集承办国家级赛事、自驾游、农家乐、星级酒店、高尔夫、滑草、攀岩等为一体的体育场所。该公园完成 3.2 公里的杨峪主干道路建设和 21.7 公里的汽车拉力赛道、杨峪国际赛车场和高标准卡丁车场，并成功承办 6 次国家级赛事，4 次地方级赛事。

乡村旅游景点开发

“十二五”期间，薛城区积极响应省、市大力发展旅游服务业的决策部署，科学规划、高点定位，2013 年，先后进行《薛城区乡村旅游发展总体规划》《蟠龙河欢乐谷（活力湾）概念性规划》《张庄石榴园景区提升及重要节点修建性详细规划》《铁道游击队纪念园景区提升规划》编撰工作，在此基础上结合全市绿道线路和“一园三镇五点”总体布局，做好对接融合文章，提出围绕“一区二环二镇五点”打造薛城乡村旅游发展新格局的总体思路，并制定出台《薛城区全域乡村旅游工作实施方案》，作为整体工作的指导。“一区”是指以张庄石榴园、冠世榴园西大门、颐正园、九顶凤凰山室内滑雪温泉为一体的榴园旅游度假发展片区；“二环”是指环城森林公园绿道、环城蟠龙河滨水景观绿道；“二镇”是指沙沟镇、陶庄镇；“五点”是指张庄石榴园景区、奚公山风景区、日月山运动驿站、蟠龙河“活力湾”、绿之源采摘园发展节点，形成乡村旅游的新亮点，顺应大众休闲城郊游、乡村体验游的新期待。自 2013 年以来，先后修建四条绿道，即榴园绿道、凤凰绿道、青龙山绿道、蟠龙河滨水绿道，布局“五个节点”，即张庄石榴园景区、奚公山风景区、日月山运动驿站、蟠龙河“活力湾”、绿之源采摘园发展节点，吸引外地游客和周边人群玩在薛城、吃在薛城、住在薛城、休闲在薛城。连片发展乡村旅游点 5 处，乡村旅游乡镇 2 个，培植农家乐 56 家，获评国家 AAA 级旅游景区 2 个，省级农业旅游示范点 3 个，精品采摘园 1 个，旅游特色村 1 个，四星级农家乐 2 个，三星级农家乐 15 个，组建单车俱乐部 11 个，发展会员 6000 名，新办开心农场、采摘园 12 家，开展蓝莓、草莓、野核桃采摘、自行车骑游等活动 36 次，旅游业逐渐成为健康市民、快乐游客、富裕农民的新载体。

第四节　旅游景区景点

铁道游击队纪念园景区

纪念园景区　位于临山路东首，始建于 1994 年 8 月 15 日。2005 年 4 月 18 日，铁道游击队纪念园举行开园仪式。铁道游击队纪念园是一处集爱国主义教育、观光游览、休闲娱乐、影视拍摄于一体的综合性主题公园，被评为全国 100 个红色旅游经典景区之一、全国第三批红色旅游景点、爱国主义教育示范基地、国家 AAA 级旅游景区，曾获山东省关心下一代教育基地、山东省省级影视文化产业示范园、山东省优质服务名牌、山东省青年文明号、山东省科学教育普及示范基地、山东省枣庄市文明单位、山东大学社会实践基地、济南军区联勤部教育基地、山东理工大学社会实践基地等荣誉称号。

铁道游击队纪念园广场　2005 年，区委、区政府为纪念世界人民反法西斯战争和中国人民抗日战争胜利 60 周年，由原临山广场为基础特别重修扩建而成。该广场占地 1 万余平方米，全部用大理石铺就，广场周围青松翠柏环绕。在广场的大门正中间镶嵌着由迟浩田上将亲笔题写的“铁道游击队纪念园广场”10 个金箔贴面大字，使整个广场更显庄严肃穆。铁道游击队纪念园广场已经成为当地群众在茶余饭后休闲娱乐的首选场所。

铁道游击队纪念碑　铁道游击队纪念园的主体建筑，由薛城区政府主持修筑，始建于 1994 年 8 月 15 日，1995 年 8 月 15 日举行落成典礼。铁道游击队纪念碑坐落在园区中心，高 37.77 米，游击队战士持枪冲杀的铸铜人物塑像屹立于纪念碑顶端；底座正面镌刻碑文，两侧为花岗岩浮雕，再现游击队员英勇杀敌的场面；碑前及两侧 8 级台阶，代表 8 年抗日战争，碑体正面为竖起路轨的造型，体现游击队员们活跃在铁路线上，浴血奋战的深刻含义；50 根道木象征着世界反法西斯战争和中国人民抗日战争胜利 50 周年。碑体中央镶嵌着原国家主席杨尚昆亲笔题写的“铁道游击队纪念碑”8 个金箔贴面大字。

铁道游击队影视城　2006 年 3 月面向社会全面开放，是为配合大型红色经典电视连续剧《铁道游击队》拍摄，区委、区政府以建设全国百家红色旅游经典景区、爱国主义教育基地和影视剧拍摄基地为目标，规划、建设具有民国特色建筑风格的铁道游击队影视城，先后被列为全国 30 条红色旅游精品路线、100 个重点建设的红色经典景区，并被命名为全国第 3 批爱国主义教育示范基地，是枣庄二日游品牌和红色旅游线路的重要组成部分。影视城占地 3.33 公顷，建筑面积 11800 平方米，是一座具有民国时期建筑风格的城池。影视城内枣庄老洋街贯穿东西，街巷两侧店铺林立，块石路面自然有序，依山建有南圩子、大兵营、园中园、中陈郝古瓷窑展览馆、大茶房、合盛号当铺、鸽子楼、德顺兴药店、西城门、三星楼、正泰国际洋行、万福楼、鲁南奇石馆、高家大院、太史第、大东旅社、张府、义和炭厂、同乐戏院、沙沟炮楼、方炮楼、鲁南民俗博物馆、石牌坊等建筑物，具有鲜明的清末民初的建筑风格，再现当年老枣庄的人文历史风貌。开城以来，先后有红色经典剧《铁道游击队》《铁道游击队 2——战后篇》《小小飞虎队》《刘少奇故事》

铁道游击队影视城

《解放》《生死十日》《沂蒙》《干得漂亮》等近60部影视剧在城内拍摄完成。2012年，邀请《铁道游击队》总美术、著名美工韩晓寒重新设计提升一期体量和规模的改扩建方案，并投资300余万元进行一期基础工程的修缮和完善。2013年，投入资金2600万元，建设“铁道游击队传奇”剧场，排演“铁道游击队传奇”情景剧，节假日期间每日4场定期面向游客展演，2011—2013年，结合好客山东贺年会活动，薛城区在铁道游击队影视城连续举办“非诚勿扰”相亲大会活动，获得中央电视台专题报道，取得良好的综合效益。

临山阁　位于薛城区临山山顶平台，始建于2010年10月，占地0.8公顷，总建筑面积3000平方米，总投资5000万元。整体建筑高36米，由台座、主阁、盔顶三部分组成，主阁钢木结构，五层四檐；盔顶为十字歇山顶，宋式建筑风格，廊檐层层向内递收，形成优美轮廓。底层东西开门，内装有电梯和楼梯，游人可攀登而上，二、三、五层设有平座栏杆，形成回廊，供游人远眺。其中，一层为历史文化展厅，主要展示古薛历史文化、奚仲文化、孟尝君文化、民俗文化等；二层为鲁南铁道大队红色文化展厅，主要通过实物、影像、文字、图片等，展示鲁南铁道大队抗击日寇的英雄业绩，传承革命优良传统，弘扬爱国主义精神；三层为薛城建设发展成就展厅，主要展示中心城市沙盘、周边景区景点、城市图片等；四层为影视厅；五层为观景台。临山阁作为城市新地标，对彰显地方人文魅力，展示薛城对外形象，提升对外知名度和影响力均具有重要意义。

奚公山风景区文化旅游服务综合体

奚公山风景区文化旅游服务综合体位于薛城区陶庄镇境内，是薛城区依托造车鼻祖奚仲故里这一品牌资源优势，结合枣庄市新城北部郊区规划，按照国家AAAAA级旅游景区标准，重点规划的旅游景区项目。该景区规划占地面积300公顷，由澳大利亚比艾其公司进行规划设计，共规划建设奚公山文化风景区、蟠龙河湿地水上公园区和东部养生、养老健康农庄三大区域。投资7000多万元，建设驿站一处，进行山体治理、河道开挖、景区主干道及路网、绿化修复等基础设施建设；投入资金1亿元建设欢乐谷景区一期工程，已投入使用。本项目年可接待游客120万人次，实现旅游综合收入2.2亿元。

奚公山风景区　位于薛城区陶庄镇境内，始建于2010年，该项目定位为我国车文化发源地及车祖奚仲祭拜地，京沪沿线车文化体验及休闲旅游的首选目的地，枣庄市新型的观光、休闲、娱乐综合旅游区。奚公山风景区原是佛教、道教圣地，有大小道观庙宇72座，香火甚旺，“文化大革命”期间道观庙宇全部被毁，现仅存石基，山上有造车始祖奚仲墓和奚仲造车处等文物古迹。景区共规划建设车祖祭祀区、宗教文化区、车文化展示区、车文化休闲体验区、旅游地产区五大片区。该项目被列入全市重点项目，入选山东省重点发展的100个文化产业项目。2012年以来，

奚公山风景区

薛城区投资6000万元，建成车祖广场、奚仲纪念馆、祭祀甬道、奚仲墓、冉求墓等文化旅游景点，连续举办中国国际奚仲文化活动季和汽车拉力赛等活动。每年农历九月十二日，一年一度的千山头庙会也为奚公山风景区聚集大量游客、香客，赚足人气，推动地区经济的发展。2013年12月5日，奚公山风景区被省旅游景区等级评定委员会评定为国家AAA级旅游景区。

千山头庙会　千山头庙会已有千百年历史。4000年前，奚仲在千山头西麓创造世界上第一辆由马牵引的车，在大禹治水工程中，起到重要作用，后被禹封于薛。汉代时千山头被更名为“奚公山”，此后，历朝历代官方都曾在此处建馆、堂、庙祭祀，以弘扬圣贤精神，表达人们的崇敬之心。在千山头与狮子山之间的凤凰岭之阳建规模宏大的“车服祠”，奚仲墓位于绣球山（即青丘山）上，并建有祭堂，另有孔子七十二弟子之一的冉求墓，后人在奚仲祭堂设牌位祭典二位先贤，祭馆被命名为“二贤祠”，四方游人前来瞻仰缅怀奚仲、冉求者络绎不绝。为了使观光拜佛者买香烛供品、餐饮方便，在青丘山西侧的青丘村有卖香烛果品、饮食等各种摊点，随着游人的增多，日用百货、说唱卖艺的也聚集此地，慢慢地在青丘村形成集市，因奚仲是农历的九月十二日逝世，其后人于每年的九月十二日前来青丘山奚仲墓前祭奠，渐渐形成庙会，虽庙会有千年历史仍延续不衰，已成为规模宏大的农贸市场。过去庙会主要以香客拜佛及祭拜奚仲等圣贤之类朝拜活动为主，除民俗活动外，充实新的时代内容，借助文艺演出、传统工艺等活动，成为产品推介、商贸洽谈的有利平台，是以传统活动为基础、文体活动为内容，集贸活动为辅的大型民间活动。

活力湾欢乐世界　位于薛城区陶庄镇，由福建南平市力天游乐开发有限公司兴建，总投资2.1亿元，占地5.33公顷，建筑面积5000平方米。该游乐场设置摩天轮、过山车、大摆锤、激流勇进、丛林飞鼠、火箭蹦极、飞舞狂车、摇头飞椅、跳楼机、梦幻城、水世界、海洋世界、自控飞机、迷你穿梭、摩天换车、太空漫步、豪华碰碰车、豪华木马、滑翔飞翼、6D影院、激战鲨鱼岛、狂呼等29个子项目。该项目场内及进场道路完成初步绿化，已投入运营。活力湾欢乐世界的建设运营较好地促进薛城旅游产业的发展，填补薛城区在大型游乐场所方面的空白，极大地提升城市形象，丰富居民生活，社会效益和人文效益较为突出。

龙润生态园　位于陶庄镇大南庄村南部，占地面积40余公顷，投资1000余万元，园区含有机蔬菜生态园、果蔬采摘园、农家饭店、家庭农场、林花木培育等，形成集规模种植、果蔬配送、农业观光休闲于一体的专业化原生态农业基地。园内开发绿色有机无公害蔬菜种植套餐，精品盆栽蔬菜，现实版开心农场种养殖、时令果蔬生态采摘一日游、亲子教育游等产业项目。

绿之园采摘园

绿之园采摘园位于省道S352与S347交会处，土地肥沃，民风淳朴。该园东邻市驻地和薛城城区6公里，西邻微山县驻地5公里，毗邻微山湖湿地公园，地理位置优越。观光园通过流转土地33.33余公顷，投资2000余万元，分两期建设完工。一期始建于2013年，设有游客接待中心1000平方米，绿荫停车场5000平方米，建设绿色水果设施栽培230棚，建设餐饮休闲会所及一系列配套服务设施，景观绿化等项基础工作。园内拥有葡萄、油（冬）桃、冬枣、苹果等多个优质品种的果树，并种植国内外优质草莓、西瓜、甜瓜、水果西红柿、水果黄瓜等棚室果蔬，另外，还配有以农业知识普及教育为主的可认养“开心农场”，开发建设的50余块菜园已被全部认领。该园日接待游客量达到600余人次，是一个集农业观光采摘、餐饮、农作体验、休闲为一体的大型都市农业园区。2013年，绿之园采摘园生产的果蔬产品获农业部无公害农产品质量认证，葡萄和草莓已通过绿色食品认证，先后荣获省级林业示范合作社、省级精品采摘园、省级青年农民合作社示范社、市级农业龙头企业、市级农产品安全协会理事单位、市级农民合作社示范社、乡村旅游示范点、市级守合同重信用企业等多项荣誉。

张庄石榴园景区

张庄石榴园景区位于薛城区沙沟镇张庄村，枣庄市中心城区边缘，是薛城区为推进旅游业发展，依托张庄村的独特石榴资源和区位优势，站在冠世榴园重要组成部分和特色乡村旅游目的地的高度，将造景与造市有机融合，挖掘特色旅游资源，推进配套设施建设，完善旅游要素，积极打造特色乡村旅游聚集区。包括张庄村居民点、圣土山、榴花峪、榴花山庄、榴园山庄等在内的张庄村村域，规划面积468公顷。

张庄村　位于薛城区沙沟镇，村庄总面积约566.67公顷，其中村居33.33公顷、耕地133.33公顷、石榴400公顷。有农户420户，人口1628人，人均年收入约10000元。该村村庄机理完整，乡村风貌古朴，产业特色鲜明，村内乡土民居、古树名木、山水景观、田园风光融为一体，生态环境良好，历史典故众多，民风淳朴。村内居民主要从事石榴种植和农业生产活动。2007年，沙沟镇成立首家农民专业合作社——张庄石榴专业合作社，认证8家“石榴人家”提供乡村旅游接待服务，当年合作社便销售石榴9000吨。因盛产石榴被誉为“石榴山庄”，1991年，张庄村被全国绿化委员会评为“绿色千佳村”，2007年，被评为“山东省农业旅游示范点”“省级绿化生态村”。张庄石榴以个大、色艳、味美著称，曾被多个朝代列为贡品，被评为“山东一绝”“果中之王”，2008年张庄石榴被评为“奥运推荐果品”。

榴园山庄　始建于2011年，规划占地23.33公顷，由枣庄江南嘉泽园林有限公司投资，主要建设内容包括仿古式苏州园林景观、餐饮娱乐中心和游客集散中心等。项目总投资1.1亿元，山庄整体框架已形成，栽植各类景观苗木1万余株，游客服务中心、大门和两侧厢房已建成，进行苏州第五园景观建设。

榴花山庄　始建于2011年，规划占地6.67公顷，由枣庄榴花园林艺术有限公司投资，为一座集餐饮、度假、会议、健身、娱乐为一体的生态庄园。2011年，总投资6000万元，建成14个小木屋和生态餐厅，餐饮区建筑面积达5000平方米，两层餐饮能容纳600余人同时进餐，建成大门、办公楼，栽植各类景观树木22万余株，建成仿古桥、亭22个。

圣土山　位于沙沟镇东北端，主峰海拔374米，为薛城区最高山，站在山顶可俯瞰张庄全貌。北坡较缓，而南部山崖陡峭，悬崖数十米，形成鲁南特有的“半崮”地形，崮顶平缓，山顶视野好，可俯瞰张庄全貌。相传圣土山为女娲造人取土处。

榴花峪　榴花峪被群山环抱，沟峪纵深约1000米，峪口挖塘蓄水，形成一小型水库，沿谷底种植有带状石榴树，两侧山体围合，植被良好，环境优美。峪内有山有水，风景优美，山体围合形成相对私密空间，有圣土泉、警示庙、双龙洞、榴花水库等景点。

第五节　旅游服务与管理

旅游服务

引进康辉旅行社、煤海星旅行社、大众国旅、苏格兰台球会馆、美国加州牛肉、台湾喜乐城、澳门豆捞等企业、品牌连锁店入驻薛城；实施区机关招待所、枣矿集团接待中心、市委党校接待中心、市检察官培训中心、干休所、老年福利中心等11家单位转企改制，从事旅游住宿接待服务工作；新建奚仲大酒店、奚仲假日酒店、皇冠花园大酒店、锦泉假日酒店、颐正园、鸿运商务宾馆、锦江迎宾馆、薛国会馆、薛国大酒店，并全部纳入枣庄二日游定点酒店范围；引进山东银座、国大置业、榴花园林、嘉泽园林等企业，开发银座假日酒店、皇嘉国际酒店、临城大酒店、榴花山庄、留园山庄、小木屋；设计、包装铁道游击队系列剪纸、洛房泥塑、奚仲文化饰品、汽车挂件、张范剪纸、巧姐柳编、夏庄石雕、鲁南布艺等特色旅游纪念品和金虹猪蹄、张庄石榴、石榴汁、稻香村辣子鸡、微山湖鸡头米等特色名吃、土特产品，在景区、商场、超市、酒店，开设枣庄土特产品专卖店和纪念品专柜，满足游客多层次、全方位的消费需求。新建旅游道路3条，通往高铁枣庄站的珠江路，通往万亩榴园西大门的长白山路，通往微山湖的疏港路；拓宽改造铁道游击队纪念园、杨峪自然风景区、张庄石榴山庄等景区道路6条、停车场4处、厕所10个，设置旅游交通提示牌15个、景区引导标识牌26个，改造城区景观街2条，整治旅游道路5条，开通城市公交线路5条，设立停车站点56处，新植树木180万株，新增园林绿地173.33余公顷，中心城市旅游承载能力不断提升。2010年以来，薛城区将城乡环境优美适宜度假的酒店、旅游景区、农家乐，以及餐、购、娱、健身等休闲度假品牌店，编入休闲旅游导图，盘活现有休闲资源；依托京沪高铁枣庄旅游集散中心，搭建散客咨询服务、高铁旅游示范、区域旅游合作、旅游信息调度四大平台；设立旅游热线“12301”，并通过与欣欣旅游网、同程网、途牛网等开展战略合作，利用微信、微博和微电影，开创新媒体营销模式，为自驾游、自助游、散客游、自由行提供一站式的旅游信息咨询服务，逐步缩小与发达地区的差距，实现旅游合作由地方媒体向高端媒体提升，扩大旅游集散中心城市品牌效应，提升鲁南门户城市旅游集散地的影响力和美誉度。

旅游经营管理

旅游是形象产业、眼球经济。按照“政府做形象、企业做市场”的运作模式，2005年，借助枣庄红色旅游启动仪式在铁道游击队纪念广场举办契机，开启薛城区旅游宣传推介工作。2005年4月19日，山东·枣庄红色旅游启动暨铁道游击队纪念园开园仪式举行。仪式上，工作人员宣读在京工作的枣庄籍知名人士贺敬之、李继耐、李景、杨斯德的贺信。国内各大新闻媒体记者、全省16市旅游局负责人，外省市重点旅行社经理，市直各单位、各企业负责同志及薛城区党政机关干部和各界群众5000余人参加仪式。

2009年6月3日，“江北水乡二日游”天津宣传推介会召开，开启“政府培育市场、市场引导消费、消费吸引投资、投资促进转型”的枣庄二日游营销模式。2009—2012年，薛城区人民政府先后在天津、合肥、南昌、铜陵四个定点客源城市市和北京、上海、杭州、深圳、香港等招商城市，开展城市形象宣传、旅游产品推介、招商引资联谊活动56次，围绕“渠道、亮点、人数、二日游宣传促销规定动作”四个重点，投入财政预算资金650万元，设立二日游办事处和枣庄旅游专卖店21家，签约批发商15个，签订长期稳定的组团送团协议87个，开通旅游直通车2个班次/每周，建立信息互动联络关系的旅行社280家，建立友好合作关系的企事业单位265个，在京沪高铁天津西站站房内电子显示屏滚动播放枣庄旅游形象广告、墙体投放4块大型灯箱广告，在天津国旅50辆大巴投放车体广告，在天津、合肥、南昌及薛城城区设立高炮广告9个，报纸投放形象广告144篇，线路广告786篇，公交站牌广告、车载广告260个，在合肥电视台《周游记》栏目定时播放二日游宣传篇，在天涯社区、百度贴吧、新浪论坛、大众论坛等站点发布促销软文、图片507篇等等，利用宣传彩页、海报、宣传册、光盘、手提袋、易拉宝、网络、报纸、杂志等形式，高密度投放各类二日游宣传促销广告，开展四进（进企业、进社区、进学校、进单位）活动，发放宣传海报5万份、宣传册5万份、彩页50万份，与当地知名旅行社、新闻媒体、广告批发商、大企业、大单位广泛合作，宣传推介枣庄二日游线路，推动薛城区旅游客源市场持续火爆，实现周周来团、天天来人。对此，中央电视台《第一时间·节前看市场·旅游》栏目进行专题报道。成功举办“车祖礼赞·鼓舞薛城”首届中国车祖奚仲文化活动月、国家级汽车场地越野赛、摩托车场地越野赛、汽车拉力赛、自行车邀请赛，大型文艺展演及“唱红歌、看车赛、游枣庄”活动，不断提升奚仲造车文化和铁道游击队文化的知名度和影响力，擦亮“车祖故里·红色胜地·车赛之都”的城市新名片。四年来共引来合肥市民“万人游枣庄”专列2次，大巴团46次，直通车78辆次，累计共招徕、接待二日游游客6.5万人次，接待外地游客78万人次，新增外来消费2.34亿元，实现由旅游输出地向旅游输入地的重大转变。

第六节　旅游经济

发展状况

2011年，薛城区以“聚集人气、聚集产业、打造区域旅游集散中心”为目标，坚持“政府主导、社会参与、市场运作”的原则，大力发展旅游业，完善载体，培育业态，激活市场，提升档次，全区旅游业实现突破性发展。至2013年年底，全区旅游产业已发展到旅游景区3处、农业旅游示范点2处、农家乐4处，二日游定点酒店17家、三星级酒店3家，旅行社3家，旅游商品生产企业及专卖店15家，旅游娱乐场所16家，旅游从业人员7000余人；全年新增旅游接待床位800个、餐位2600个。

2011年京沪高铁开通后，薛城成为京沪高铁中间节点城市，距北京、上海仅2.5小时车程，有效承接环渤海、长三角、黄淮海三大市场的人流、物流、信息流，加快融入“京沪3小时经济生活圈”步伐。在高铁效应带动下，商务及旅游成为最直接的受益产业，2013年，枣庄高铁站进出商旅人数由刚开通的7000万人次/年上升至1.9亿人次/年。高铁的便捷性和经济成本低廉优势，加上国家AAAAA级旅游景区—台儿庄古城、微山湖风景区的旅游溢出效应，为薛城旅游业繁荣开拓合作发展的新空间，也带动商贸、餐饮、住宿等产业快速膨胀和城市人口的聚集发展，2013年，全区新引进国内外品牌名店62家、增长31.6%，新增限上商贸企业93家、增长75.6%。作为枣庄资源转型城市的核心区，薛城区在转型发展的同时，紧紧抓住京沪高铁运营、西部经济隆起带发展等机遇，树立“六位一体、产城融合”发展理念，以花园式、生态型、现代化中心城市为发展目标，突出大新城龙头带动作用，拉开130平方公里枣庄中心城区发展框架，打造宜居宜业宜游中心城市。

主要旅行社、酒店简介

薛城区旅游管理涉及全区旅行社及门市部的备案登记，导游员、地接导游员的培训、考试、认证，旅行社、门市部、导游员日常监督管理工作；负责星级饭店、旅游定点酒店、星级餐馆、农家乐餐馆、自驾车营地的申报、复核、审批、发证和日常监督管理工作；指导辖区旅行社、星级饭店、星级餐馆的服务质量提升、诚信体系建设、应急救援、统计信息上报工作，受理旅游投诉，维护旅游市场秩序，保障旅游消费者和旅游经营者的合法权益。重点开展“好客山东”服务品牌营销、旅游城市配套、核心景区打造、旅游集团培育、乡村旅游发展、环城绿道驿站建设、旅游公共服务提升等工作。

枣庄康辉旅行社　为国家特许经营出境游旅行社，许可证号：L-SD-CJ00154，是枣庄市成立最早的旅行社之一。1994年6月14日成立，注册地市中区，后迁入新城嘉汇大厦。职工88人，其中门店28个，导游员33名。该社推行网络信息化管理，直客与网络营销的模式运行，是枣庄旅行社行业中规模最大、业务范围最广、专业性操作最强的旅行社之一。

枣庄煤海星旅行社　经山东省旅游局批准，市工商局注册具有独立法人资格的单位，隶属于枣矿集团多种经营公司，地址枣庄市薛城区临山路355号。该社拥有一批从事旅游业务多年的优秀管理人员和导游队伍。组织接待各类旅行团、承办会议和团体商务考察，组织公民各种旅游活动，代订全国各地商务用房和优惠机票、车船票，并提供旅游及商务用车。

枣庄大众国际旅行社有限公司　2013年4月7日成立，地址薛城区海河路185号，经营范围包括国内旅游、入境旅游、代售车票、机票服务等。

枣庄开元凤鸣山庄　由山东泉兴矿业集团有限公司投资，由中国最大的民营高星级连锁酒店集团、最具规模中国饭店集团第二名的开元酒店集团管理，按国际五星级酒店标准设计兴建的高星级酒店。酒店位于山东省枣庄市新城龟山环路（市政大厦北侧），总投资6亿元，占地近20公顷，由三栋主楼依山建设而成。枣庄开元凤鸣山庄是枣庄市最重要的政务、商务接待基地之一。客房320间，设有无烟楼层、安全设施、火警通道、中央空调、饮用水、客房电视、MINI吧、客房服务、商务通讯等设施。餐饮包厢18间，是宴请、聚会和商务活动的至尊场所。拥有4个面积为260平方米和一个780平方米的会议室厅，7个不同规格的中小会议室，满足各类会议一切的所需。

枣庄金尊国际酒店　枣庄市按照星级标准兴建的综合性酒店。酒店于2009年6月16日正式开业，总建筑面积3万多平方米，楼高90余米，共计22层，5部电梯（其中2部高速观光电梯）。酒店拥有商务标准间，商务套房、豪华套房、总统套房120余间，床位共计200余张。拥有中、西式餐厅、豪华VIP包房20间、100余人的零点自助餐厅，餐位可同时容纳800余人就餐，酒店还聘请广东五星级酒店厨师制作精美的粤菜佳肴。同时，酒店还拥有大中小会议室5个，可以满足各类企事业、团体会议接待需要。酒店开业时间2009年6月16日，楼高22层，客房总数115间（套）。

薛国大酒店　一座设施完备的三星级酒店，位于距枣庄火车站仅一公里处薛城区繁华地段。主楼雄伟壮观、古朴典雅，前厅宽敞明亮、风格独特。有客房180间（套），360个床位，并设有不同档次套房及总统套房。酒店主楼西侧有8000平方米停车场和绿化带，东侧有3万平方米游园一处，内设各种娱乐设备：标准游泳池两座、活动场、假山，并配有喷泉、雕塑等装饰设施，绿化覆盖面积高达60%以上。

枣庄皇冠花园大酒店　坐落于山东省枣庄市薛城区，由枣庄市捷鸿经贸发展有限公司投资兴建，经营面积1.8万平方米，是一家集娱乐、商旅、餐饮、会议、度假于一身的多功能涉外酒店。酒店周边交通和地理位置十分优越，毗邻枣庄西站，距离京台高速626号出口仅4公里，酒店拥有标间101间，单间15间，各类豪华客房8间，

薛国大酒店

风格中西合璧，装潢考究，每间客房均配备电子门锁、中央空调、冰箱、保险柜、迷你吧、国际直拨电话、高速互联网接口等，拥有大小会议室4间，是商旅、会议活动的理想佳所。酒店还设有西餐厅、精品屋、美容沙龙、桑拿中心、健身中心、棋牌中心、星海夜总会等场所，能为客人提供综合性、多方面的服务。

枣庄颐正园　位于枣庄市薛城区榴园大道6号，东临206国道，西接京福高速和京沪高铁，靠近冠世榴园景区，是一座集住宿、餐饮、娱乐、商务、会议、教学、观光、采摘为一体的综合性园林式度假胜地。园内综合楼、专家楼等建筑面积4万多平方米，客房237间，餐饮主楼包间20个大中宴会厅和西餐厅可供1000余人同时就餐。大中小会议室7间，可同时容纳800人会议或演出。其中同声传译报告厅领先鲁南。公用设施齐全，设有贵宾厅、多功能厅、电教室、颐正商场、商务中心、医务室健身中心、美容中心、游泳馆、足浴理疗、网球场、乒乓球室、KTV、棋牌、茶艺、大堂酒吧等一应俱全。内有颐正阁、警示教育基地、演艺广场、“孝”文化墙、音乐喷泉、瀑布叠水、名木刻石等众多景观。大小果园12处9.33余公顷，蔬菜4余公顷，畜禽养殖场3处，中药材10余种，全部生态种植养殖。

枣庄枣矿集团接待中心　位于薛城区泰山中路107号，是按星级标准兴建的豪华商务酒店，地处枣庄市薛城区繁华黄金地段。总建筑面积约1.5万平方米，拥有总统套房、豪华套房、套房、单人间、标准间、三人间及经济间等210间。中心拥有最新的设计理念及现代化的设施，为商务活动和休闲娱乐提供方便。中心拥有各具特色的中、西餐厅、自助餐厅、多功能厅，可容纳260人就餐，其中多功能厅设有一张可供30人同时用餐的电动餐桌，提供丰盛的中华传统美食，地方特色名菜及异国风味佳肴。中心拥有停车位70个，设有乒乓球室、茶社等娱乐休闲场所，设有各类会议室7个，供1000人会议及演出使用，其中歌剧院可一次容纳600人，能够满足政府、院校、行业协会定点集培训、会务、演出的需求。

峄城区卷

第二十六编
卫生　体育

第一章　卫生行政

第一节　管理机构

管理机构

薛城区卫生局　1990年，内设人事秘书股、业务股、财务股和地方病防治、公费医疗、红十字会办公室。是年4月，设立中共薛城区卫生局纪律检查委员会。1993年，政府机构改革，卫生局内设机构调整为办公室、政工股、业务股及公费医疗办公室。1994年，恢复红十字会办公室。1995年，恢复爱国卫生运动委员会办公室。1997年10月，增设卫生综合执法办公室。1998年8月，公费医疗管理职能由卫生局划出。1999年3月，增设计划生育办公室。是年7月，业务股分为医政股和防保股。2000年，薛城区推行“计卫联手”工作模式，区妇幼保健站与区计划生育技术服务站合并为薛城区计生妇幼综合服务站，隶属区人口和计划生育局管理，卫生局负责业务指导。2004年4月，卫生综合执法办公室并入卫生监督所。是年，增设薛城区新型农村合作医疗办公室。药品监督管理职能划出。2009年12月，撤销卫生局纪委。2010年，成立薛城区中医药管理局，与卫生局合署办公。根据薛城区人民政府“三定”方案，卫生局内设办公室、政工股、规划财务股、医政与医疗服务监督股、公共卫生管理和妇幼保健股5个职能科室，人员编制11人。2012年10月，餐饮单位食品安全监管职能划出。2013年1月，职业病防治监管职能划出。是年，薛城区卫生局内设办公室、政工股、规划财务股、医政股、防保股（公共卫生管理办公室）、妇社股、医改办、爱卫办、计生办、工会等科室，编制11人。

区卫生局卫生监督所　2004年4月，薛城区进行卫生监督与疾病预防控制体制改革，撤销薛城区卫生防疫站，新组建薛城区疾病预防控制中心和薛城区卫生局卫生监督所，工作人员24人，内设5个科室。开展打击非法行医、食品放心工程、乡镇企业农村个体工商业户职业危害专项整治工作。2007年，卫生监督所被省卫生厅卫生监督所授予“全省卫生执法先进集体”。2008年，推行餐饮单位卫生监督公示制度。是年，薛城区被确定为山东省职业卫生“四个一工程”试点县。2009年，根据《中华人民共和国食品安全法》要求，分段承担餐饮行业食品安全监管，推行公共场所卫生监督量化分级管理公示制度，职业卫生“四个一工程”试点通过省卫生厅考核，卫生监督所被省卫生厅卫生监督所授予“全省卫生监督执法先进集体”及“职业卫生四个一工程先进单位”。2010—2012年，开展各类卫生监督专项整治和打击非法行医“蓝剑”行动，实施生活饮用水卫生监督量化分级管理工作。2012年，餐饮服务食品安全监管职能移交给枣庄市食品药品监督管理局薛城分局。2013年，职业卫生安全监管职能移交给薛城区安全监督管理局。是年，工作人员20人，内设科室6个。

区疾病预防控制中心　1990年12月，区卫生防疫站被山东省人民政府评为普及儿童计划免疫先进集体。1996年，有卫生专业技术人员56人，副高职称2人，中级职称13人，初级职称41人。是年，区卫生防疫站通过省卫生防疫站全省卫生系统水质实验技能评价。1999年，区卫生防疫站通过省卫生防疫站和省质量技术监督局实验室计量认证。先后购置仪器设备有WFZ800－

D3A 紫外/可见分光光谱仪、电热恒温干燥箱、电测听、ND12 声级计、TY-9800A 二氧化碳测定仪、生化培养箱、721 分光光度计、X 光机、GC-8000 气相色谱仪、数字粉尘仪。2004 年 4 月，薛城区进行卫生监督与疾病预防控制体制改革，撤销薛城区卫生防疫站，成立薛城区疾病预防控制中心。有卫生技术人员 47 人，设疾病控制、计划免疫、卫生检测、消杀、质量控制、结核病防治、皮肤病防治、检验、宣教、财务科和办公室。是年新建办公用房 400 平方米。2005 年，薛城区被定为国家级死因监测点。是年，全区儿童预防接种实施信息化管理。2008 年，建立艾滋病初筛实验室并通过省、市检查验收。2009 年，完成山东省肠道寄生虫综合防治调查工作。是年，区疾病预防控制中心获得省卫生厅职业健康检查技术服务资质。2010—2012 年，先后承担国家级疾病预防控制项目 8 个。2011 年，扩建检验办公楼，新增面积 178.6 平方米。是年，消除疟疾试点工作通过卫生部考核验收。2013 年，区疾病预防控制中心获山东省寄生虫病防治研究所全省疟疾防治工作先进集体。有卫生专业技术人员 36 人，副高职称 4 人，中级职称 20 人，初级职称 12 人，共设疾病控制、计划免疫、结核病防治、精神病防治、艾滋病防治、慢性病防治、卫生监测、检验、质量控制、宣教、消杀、药械、财务科及办公室等 14 个业务、行政科室。先后购置仪器设备有 XF9030B 自动血液细胞分析仪、生物安全柜、TY-9500 一氧化碳测定仪、酶标仪、XG300D 医用诊断 X 线机、心电图机、UV-B 紫外线辐射照度计、全自动血细胞分析仪、兹达听力计、电子恒温培养箱、800-D3 分光光度计、甲醛检测仪等。有办公、检验用房 2100 平方米。是年，区疾病预防控制中心获山东省疾病预防控制中心全省死因监测、艾滋病防治工作先进集体。

区新型农村合作医疗管理办公室　2004 年，薛城区被枣庄市政府列为市级新型农村合作医疗试点县，区卫生局设立“薛城区新型农村合作医疗办公室”。2007 年，区政府成立“薛城区新型农村合作医疗管理办公室”，副科级事业单位，隶属区卫生局领导，并在 7 个镇（街）设立新农合办事机构。

第二节　医药管理

医政管理

医疗质量管理　1994 年，区卫生局组织开展医院分级管理评审工作。1995 年，陶庄、周营、沙沟 3 家基层医院被命名为“一级甲等”医院。1996 年，薛城区人民医院被评为“二级乙等”医院。1999 年，区卫生局组织开展医院“五室”建设工作。2002 年，开展医疗质量安全年活动，卫生局举办 1 期医疗、护理文书规范培训班。全区卫生系统投入近 300 万元，改善医疗环境。是年，全区医院手术实施分级管理。2005 年，审核医疗机构麻醉药品和精神药品的购用计划，统一换发麻醉药品和精神药品购用印鉴卡。是年，各医疗机构开展药物不良反应监测工作。2007 年，医疗机构实行首诊医师负责制、医疗安全季度奖制度、医疗安全风险抵押金制度、医疗安全行政责任追究制度和医疗纠纷三级预警制度。2011 年，卫生局制发医疗安全防范警示要点，建立医政工作例会制度，开展病历质量评比和技术比赛活动，成立医疗质量专家巡查组，定期开展医疗质量巡查，形成医疗质量管理的长效机制。2012 年，在全市院前急救比赛中陶庄镇中心卫生院获一级医院团体一等奖，其医疗人员获医疗组个人第一，区人民医院获二级医院团体二等奖。2013 年，区人民医院被评定为二级甲等医院，获全市院前急救大赛团体第一名。

护理质量管理　1990 年，区人民医院率先开展责任制护理。同时实行护士长手册制，保证护理制度的执行，促进护理质量提高。此后全区推行。1994 年，《中华人民共和国护士管理办法》

开始施行，区卫生局组织开展宣传学习活动，使护理管理走上法制的轨道。1996年，全区推行系统化整体护理和优质护理服务活动。1999年创建“百佳医院”和2002年创建“百姓满意医院”活动，各医院全面加强对护理人员的“三基”培训、训练、技术操作考核工作，提升服务能力、服务质量。2005年，区人民医院加强“服务优质”品牌建设，先后开展“四心”“星级”“航空式”护理服务等活动。2008年，区人民医院开展“护理服务示范病房”创建活动和“静脉穿刺一次成功”“便民呼叫一步到位”等系列服务承诺活动，其心内科在2010年被评为第四批全省护理服务示范病房。2012年，在市卫生局组织的全市护理技能竞赛中，周营镇中心卫生院荣获团体一等奖，并获“五一劳动奖状”，区人民医院获团体优秀奖，沙沟镇中心卫生院获院前急救比赛护理组个人第一。

医疗机构设置与登记　1994年，制订《薛城区医疗机构设置规划》。1995年，实施医疗机构登记许可制度，除枣庄矿务局中心医院外，登记区级医疗机构4所，乡镇级医疗机构12所，厂企职工医院8所，综合门诊部、卫生所34所，村卫生室371所。2001年，对城镇68所医疗机构进行分类核定。是年受理并完成16所民营医疗机构初审上报工作。2004年，贯彻《枣庄市民营医疗机构管理暂行办法》，受理申报并经市卫生局审批的民营医院1所。2007年，在城区规划设置1所社区卫生服务中心和4所社区卫生服务站。2013年，全区有区级医疗机构4所，乡镇医疗机构6所，社区卫生服务机构8所，民营医院3所，企业医院1所，机关企事业单位门诊部、医务室（所）38所，个体诊所43所，村卫生室202所。

乡村医疗机构“一体化”管理　1997年4月，全区推行乡村卫生机构一体化管理工作。区政府制发《关于印发〈薛城区乡村卫生机构一体化管理规定〉的通知》文件。先后召开乡村卫生机构一体化管理工作现场会、调度会5次，外地学习2次，至2000年一体化管理卫生室201所。2012年，区卫生局制发《薛城区卫生室一体化规范管理及绩效考核办法》，并对村级卫生室药品实行微机化管理。是年，枣庄市政府决定将高新区兴仁、兴城卫生工作划归薛城区管理，全区“一体化”管理村卫生室220所，管理率100%。

医疗机构监督管理　1996年，卫生局开展无证非法行医的清理和查处工作，至2001年，共查处非法行医221户次。2004—2006年，开展城乡医疗市场专项整治工作，取缔无证行医诊所62户，查处非法医疗广告15起，关停“院中院”“科中科”3个，查处无证行医、“坐堂行医”及转租、转包、借证经营、超范围经营、聘请非卫生技术人员等违法案件128起。2010—2013年，开展打击非法行医、打击“两非”社区卫生服务机构、医疗广告、医疗美容、医疗废物处理、传染病防治等综合整治活动，共立案查处违法案件208起，对2起适用刑罚处罚的非法行医案件移送公安机关处理。

中医医政管理　1997年，中医院实施新院搬迁，并进行全面整修和增加设备。2000年，招聘引进人才2人，先后组织开展科研8项，促进中医药事业的发展。2003年，组织乡村医生参加市卫生局举办中医药培训班。2011年，开展“示范中医科”“中医药特色卫生院”创建活动。是年，周营、张范两家卫生院和临城社区卫生服务中心分别被评为全省中医特色卫生院和中医特色社区卫生服务中心。2013年，创建省级中医药特色乡镇卫生院4所，创建率100%。

对口技术支援和卫生下乡　1995年，卫生局组织卫生下乡和对口技术支援工作，至2000年，市立医院、市妇幼保健院、市中医院、市结核病院、区人民医院、区中医院6所市、区医疗单位，共组织业务技术骨干206人次、开展4轮对口支援乡镇卫生院工作，先后对周营、张范、沙沟、金河、南石、邹坞等乡镇卫生院传授业务技术、支援技术设备，帮助被援卫生院开展1～2项适宜技术，受援乡镇卫生院选派15人次到支援医院进修学习。2002年，组织医疗卫生服务队进行卫生下乡、卫生支农活动4次，开展义诊、健康咨询、健康查体工作，累计接受健康咨询、义诊、健康查体2000余人次，发放健康教育宣传资料1万份。2005年，全区6所镇街卫生院分别与市立医院、市立二院、市妇幼保健院开展对口支援活动。2007年，各乡镇卫生院到支援医院培训业务人员120人次，共开展适宜新技术、新项目20项。2012年，区人民医院、区中医院分别与8所镇卫生院（社区卫生服务中心）建立长期对口帮扶关系，定期组织专家坐诊、开展业务讲座，免费接受基层医疗卫生人员进修学习。2013年，派驻人员18人，帮助基层医疗单位诊疗患者8367人次，开展住院手术53台次，会诊928人次。

药政管理

药品质量监督检验　1992年，遵照省、市统一安排部署，联合公安、工商开展“打假行动”，整顿、净化医药市场，共查处价值达8000余元的假劣药品。2000年，抽验检品309个，合格率为96.6%。2001年，开展药品、药械质量大检查，共检查218个单位，抽查46个品种，没收“三无”药品278瓶（支）、不合格注射器1600支、不合格一次性输液器7148副、过期失效药品29108片（支）、霉变中草药27公斤、含PPA成分药品90余盒，并立案查处违法案件4起。2004年，药品监督管理工作划归市药品监督管理局。

特殊药品管理　依据《中华人民共和国药品管理法》的相关规定要求，制定严格规章制度，改善药品库存条件，落实药品存储应具备的设施、设备，定期组织检查，保证药品质量。特殊药品实行重点管理。麻醉药品、第一类精神药品，要求必须做到“五专”管理，即专人负责、专柜加锁、专用账册、专用处方、专册登记。对晚期癌症病人的使用，采取治疗单位出具诊断证明，病人持户口本、身份证、经办人身份证明，到卫生局办理麻醉药品购用卡，到指定治疗单位购买使用，并对注射剂安瓿进行回收，防止流弊。治疗用毒性药品，采取专人、专柜、专账管理。放射性药品，采取专人采购、专柜、专账、专人负责、专科室使用的办法管理。在监督检查时，对上述特殊药品作为重点内容进行检查，实施现场实物清点，使用单位必须账物相符、账账相符。

人事管理

干部管理　1998年，乡镇卫生院院长任免，由卫生局组织考察，征求乡镇政府意见，卫生局研究决定、公布，报区委组织部备案。股级单位的干部，卫生局组织考察、研究决定、公布。2001年，由区委组织部、纪委、人事局、卫生局对区中医院2名副院长（副科级）实行公开竞选。2002年，先后对6处镇中心卫生院院长、区卫生防疫站2名副站长（均为副科级）实行公开竞选，择优录用。

技术干部管理　1993年，卫生专业技术职务实行评审制，即具备任职基本条件的卫生技术人员通过相应的评审组织评审获得相应的卫生技术职称。2006年，专业技术人员具备报考资格必须参加全国的初、中级卫生专业技术资格考试才能获得相应资格。高级职称申报按照区人社局分配评审岗位，将材料经市局初审后报省高评委进行评审。2009年8月，局直各单位和各镇中心卫生院核定编制，对专业技术岗位进行重新设岗。2012年，全区卫生系统11所事业单位，全部完成岗位设置并报批核准，全部实行全员聘用。根据现有编制数，共设置各类岗位1098个，其中专业技术岗位1052个，管理岗位27个，工勤岗位17个。各单位严格按照设置的岗位和市人事局核定的结构比例（或岗位职数），在取得专业技术资格的人员中择优聘任。全区事业单位各类卫生技术人员聘任情况分别为高级57人、中级360人、初级520人。2013年，全区卫生系统事业单位编制人数1140个，实有编制人员1053人，各类卫生技术人员聘任情况分别为正高级6人、副高级50人，中级343人、初级463人。

分配制度改革　2002年4月，区委、区政府制定《关于深化卫生事业单位人事制度改革的实施意见》及其配套文件，在区人民医院、陶庄镇中心卫生院进行人事分配制度改革试点，制定“四定”方案，对中层干部和中级以上技术职称岗位竞争上岗，全员实行聘任制和人事代理制，推行全成本核算和绩效工资制。2011年，实施基层医疗机构综合改革，按照比例重新核定基层医疗机构人员编制，科学合理设置岗位，工作人员进行竞聘上岗，全员聘用，合同管理，实行“双考核、双挂钩”为主体的考核机制和分配制度。

新医改工作

农村卫生体系建设　2005年，借助全省360、1127工程和中央预算内专项建设机遇，实施镇街卫生院改貌工程，至2007年，全区镇街卫生院均达到卫生部《乡镇卫生院建设标准》。2008年，启动“村级卫生室标准化”建设工程，至2010年，全区144处标准化卫生室全部投入使用，完成基层医疗卫生服务体系建设工程。

新型农村合作医疗　2004年，薛城区被枣庄市人民政府列入市级新型农村合作医疗（以下简称新农合）试点区，区政府制定出台《薛城区新型农村合作医疗管理办法（试行）》和《关于建立新型农村合作医疗制度的意见》。在陶庄、邹坞、南石、临城4个镇（街）开展新农合试点，35个村、28594人参加。是年底，薛城区被山东省人民政府确定为省级新农合试点县。

2005年，全区新农合正式实施。参合农民个人筹资10元，配套补贴15元，176200人参加，参合率78.34%。为保证新农合资金规范运行，薛城区成立新农合管理委员会和监督委员会，审定新农合定点医疗机构151家，其中，三级医院2所，二级医院2所，一级医院6所，村级卫生机构141所。全年共补偿4万人次、218.38万元，年度补偿封顶线1万元。

2006年，薛城区建立医疗救助制度，对部分农村特困群众和五保户、优抚户扶持参加新农合。是年，新农合配套补贴增至35元，参合20.177万人，参合率89.69%，补偿23万人次、557.41万元，年度补偿封顶线2万元。

2007年，薛城区新农合办公室列入机构编制，改称薛城区新型农村合作医疗管理办公室（简称农合办），隶属区卫生局，副科级事业单位，人员编制3名，在辖区7个镇（街）政府设立新农合办事机构，着手建立区、镇（街）、村三级新农合网络信息管理专网。是年，新农合配套补贴增至44元，参合21.5076万人，补偿56万人次、1458.88万元。

2008年，新农合配套补贴增至79元，参合22.1226万人，参合率95.70%，补偿87万人次、1773.86万元。

2009年，对《薛城区新型农村合作医疗管理办法（试行）》进行修订，将高血压病Ⅱ期等22种特种慢性病列入新农合补偿范围。是年，参合农民个人筹资增至20元，配套补贴增至80元，参合22.5215万人，参合率96.10%，补偿173万人次、2245.69万元，年度补偿封顶线4万元。新农合定点医疗机构增至173所，其中，三级医院9所，二级医院3所，一级医院10所，村级卫生机构151所。

2010年，新农合信息管理系统全面运行，实行“全区一张网、一户一张卡”，对定点医疗机构实施实时监管，费用现场结报。是年，新农合配套补贴增至110元，参合24.6015万人，参合率99.00%，补偿332万人次、3280.21万元，年度补偿封顶线6万元。

2011年，建立新农合VPN虚拟专网，将村、镇（街）、区三级新农合网络信息并入专网管理，将儿童白血病、先天性心脏病等7种重大疾病纳入新农合补偿范围。是年，参合农民个人筹资增至50元，配套补贴增至200元，参合25.8万人，参合率99.70%，补偿190万人次、5957.04万元，年度补偿封顶线10万元。

2012年，参合农民个人筹资增至60元，配套补贴增至240元，参合31.7029万人，参合率99.90%，补偿109.9万人次、9238.98万元，年度补偿封顶线15万元。新农合定点医疗机构增至207家，其中，三级医院9所，二级医院4所，一级医院9所，村级卫生机构185所。

2013年，为参合农民统一购买15元大病保险，参合者个人筹资增至70元，配套补贴增至280元，参合32.2909万人，参合率99.96%，补偿106.2048万人次、10455.21万元。是年，新农合大病保险补偿1143人次，补偿金额277.44万元。

基本公共卫生服务　2009年，组织实施公共卫生服务项目。2010年，启动实施基本公共卫生服务体系建设，全区配备公共卫生工作人员74名，村级协理员150名，农村和城区全面落实9项基本公共卫生服务项目。是年10月，全市农村公共卫生服务体系建设现场会在薛城区举办。2013年，实施11项基本公共卫生服务项目并开展基本公共卫生服务项目规范化建设活动。全区居民健康档案电子建档率达76%；65岁以上老年人查体率75.2%；高血压、糖尿病、重性精神病管理率分别达37.5%、39.2%、31.3%；中小学生免费健康体检6.7万人；农村孕产妇住院分娩定额补助2179人；育龄妇女免费增补叶酸2057人，0～3岁儿童、孕产妇系统管理率分别为96.33%、95.28%，计划免疫、传染病防控、卫生监督执法工作有序开展，全区无重大传染病疫情及突发公共卫生事件的发生。

公立医院改革　2013年，薛城区被列为全省公立医院综合改革试点县，1月1日起，区直两家医院取消药品加成政策，实行零差率销售。同时，按照“总量控制、结构调整”的原则，合理调整医疗服务价格，实施“二消二降四升”。医院实行“全员聘任制、岗位目标责任制”，推行绩效管理改革，实施以管理、建设、工作效率、医疗质量、医疗费用控制、社会满意度、医德、出勤、业务考评、安全为重点内容的绩效考核和分配机制。

第二章　公共卫生监督

第一节　食品卫生

1990年，组织食品从业人员健康查体4473人，发放健康证4439人、食品卫生许可证1231个，监督检查1010户次，给以警告并限期改进35户次，责令停业整顿8户次，罚款125户次，销毁不合格食品2425千克。1995年10月，食品卫生工作由区卫生防疫站转至区卫生局监管，是年，组织食品从业人员健康查体4163人，发放健康证4118人、食品卫生许可证1378个，监督检查1439户次，给以警告并限期改进480户次，责令停业整顿10户次，罚款172户次，销毁不合格食品686千克。2004年，此项工作由区卫生局卫生监督所管理，开展食品放心工程和整顿规范食品市场秩序工作，监督检查各类食品生产经营单位2100户次，立案查处各种违法案件4起。2006年，实施食品卫生监督量化分级管理工作，有4家和6家食品生产经营单位分别获省、市食品卫生监督量化分级管理A级、B级单位。2008年，推行餐饮单位卫生监督公示制度，对178家餐饮单位张贴卫生监督公示表，立案查处各种违法案件6起。2010年，开展餐饮单位“地沟油”和“一次性筷子”“问题奶粉”等专项整治活动，检查餐饮服务单位970余户次，下达监督意见书320余份，立案查处各种违法案件11起。2012

食品卫生检查

年，开展打击食品非法添加和滥用食品添加剂、餐饮具消毒等专项整治活动，立案查处各种违法案件41起。是年10月，区政府决定，餐饮服务食品安全监管职能移交市食品药品监督管理局薛城分局。

第二节　学校卫生

1991年，薛城区被省卫生厅、教育委员会确定为农村学校卫生工作试点县（区）。1994年，通过省卫生厅、教育委员会农村学校卫生工作试点县（区）的联合验收。2000年，开展城区中小学生健康教育状况调查，其卫生知识知晓率和卫生行为形成率分别为85%、80%。2001年，对15家验光配镜店18名工作人员进行培训及资格许可。2005年，开展“学校卫生安全月”活动，对17所学校教室、15所学校学生宿舍、3所学校图书室及生活饮用水和餐具进行卫生质量监测。2008年，开展学校托幼机构食品安全专项整治活动，向教育系统发布学校卫生安全预警4期，监督检查通报2期，立案查处违法案件8起。2012年，实施学校食堂食品卫生监督量化分级管理工作，对20所学校食堂进行检查验收和定级，其中A级3家、B级4家、C级13家。2013年，开展学校卫生安全执法检查，共检查中、小学校（托幼机构）161所，下达监督意见书83份，提出整改意见397条。同时对37所学校的教学环境进行检测，教室人均面积、课桌椅合格率为83.78%；黑板、教室采光、照明、微小气候合格率为100%。组织全区66590名学生进行健康查体，视力不良、肥胖、龋齿患病率分别为49.88%、15.63%、11.35%。

第三节　劳动卫生

1996年，对有职业危害的29家企业97个尘点、68个噪声点进行检测，对煤炭、建材、玻璃行业接害工人2338人进行查体，未发现职业病人，并建立健康档案。2001年，对18家企业67个尘点、63个噪声点进行检测，组织职工查体400人。2004年，开展乡镇企业农村个体工商业户职业病危害专项整治工作，监督检查存在职业危害因素用人单位50家，提出监督意见200条，对存有违法行为2家用人单位给予警告，并责令限期改正，职工健康查体1300人。2007年，开展中、小企业职业卫生专项整治活动，监督检查50家用人单位，下达监督意见书60份，提出整改意见350条，立案查处各种违法案件6起，职工健康查体1000人。2008年，组织开展职业卫生“四个一工程”试点县工作，立案查处违法案件3起，职工健康查体900人。2009年，职业卫生“四个一”工程工作通过省卫生厅考核验收，立案查处违法案件2起。2010年，开展“涉苯企业职业病危害”“高温作业企业”“粉尘与高毒物品”专项整治和职业病危害项目控制效果评价工作，至2012年，立案查处各种违法案件12起，4家用人单位完成职业病危害项目控制效果评价，职工健康查体4260人次。2013年1月，职业卫生安全监管职能划归区安全监督管理局。

第四节　放射卫生

2006年，对30名放射工作人员进行放射知识培训，完成10家放射诊疗许可证的申请受理发放工作。2010年，开展医疗机构放射防护等专项整治工作，检查使用X线机的医疗单位6家，对检查中发现的问题责令其限期整改。2011年，立案查处违法案件2起。2013年，全区开展放射诊疗工作的医疗机构14家，放射诊疗许可证持有率100%；放射工作人员46人，持放射工作人员证率、个人剂量检测率、职业健康体检率均达到100%。

第五节　生活饮用水卫生

1997年，将二次供水单位列为管理范围。2001年，对区自来水公司和10个自备水源进行专项监督检查，针对水源地卫生防护、水质消毒和水质检测等情况，提出整改意见55条。2006年，开展桶装饮用水卫生专项整治，取缔1家。2009年，开展集中式供水和二次供水专项检查，共检查供水单位7家，下达监督意见书7份、提出整改意见60条，立案查处违法案件3起。2010—2011年，实施生活饮用水卫生监督量化分级管理工作，对2家城区供水单位、38所学校（托幼机构）、31处农村供水单位进行检查，采集水样112个，监督覆盖率100%，下达监督意见书70份，提出整改意见300条，立案查处违法案件4起。区自来水供水总公司及陶庄供水公司被市卫生局评为A级单位。2013年，对36家城区、农村集中供水单位、学校自建设施供水及二次供水单位进行监督检查，对83所学校、26所托幼机构生活饮用水进行抽样检验。

第六节　公共场所卫生

1993年，开展公共场所基础卫生设施建设年活动，区机关招待所、薛城宾馆、矿务局第二招待所、一处招待所建立公共用具消毒间，配备公共用具消毒设施，28家理发店配备理发工具消毒器，公共场所卫生质量提升。1997年，对全区85家公共场所开展执法检查和卫生质量检测活动，组织从业人员健康查体535人，获得检测数据1128个，立案处罚违法经营单位2家、限期整改15家。其后每年对旅店、美容美发、公共浴室、商场等重点公共场所进行1~2次卫生指标检测和检查。2005年，对70家公共场所进行卫生质量监测，共监测1278项次，合格1232项次，合格率96.44%。2007年，开展理发、沐浴业卫生专项整治，立案查处各种违法案件18起。2009年，推行公共场所量化分级管理公示制度，通过市卫生局A级验收1家、区卫生局B、C级验收分别2家和79家。2012年，开展公共场所集中整治活动，立案查处各种违法案件14起。2013年，开展公共场所卫生管理治理年活动，监督检查各类公共场所经营单位844户次，对67家公共场所环境卫生质量和公共用品用具消毒效果进行检测，合格率为99.16%，立案查处各种违法案件32起。

第七节　化妆品卫生

1990年，《化妆品卫生监督条例》颁布实施后，卫生防疫站每年对2家化妆品生产企业、4家大型超市化妆品柜组和7家个体化妆品零售单位进行卫生监督检查。2000年后，生产企业自行关闭。2006—2011年，对化妆品经营单位及使用单位（美容、美发业）进行监督检查，共监督检查160户次。2012年10月，随餐饮服务食品安全监管职能一同移交市食品药品监督管理局薛城分局。

第三章　疾病预防控制和卫生应急

第一节　疾病预防控制

1990年、1995年分别实现以区和乡镇为单位“四苗”覆盖率达85%的计划免疫目标。1993年10月通过“省级卫生城市”考核验收。1994年基本消灭麻风病。2000年，基本消除碘缺乏病，完成无脊灰证实，并连续22年保持无脊灰状态。2003年，全区医务人员积极行动，取得防控“非典”重大胜利。

预防接种

接种方式与管理　1997年，开展乡级接种门诊建设工作，全区相继建设示范化接种门诊3处、规范及合格接种门诊11处，取消村级（或接种点）接种，接种周期由双月运转改为每月运转，全区实行儿童预防接种证制度。2005年，建立儿童免疫服务电子档案，接种周期按旬运转。2009—2013年，各镇接种门诊进行规范化建设，全区共建设数字化门诊2处、示范化接种门诊4处、规范化门诊4处、合格门诊2处，接种门诊按日运转。

强化免疫　在常规免疫基础上，自1991年开始，每年12月5日、次年1月5日对0~4岁儿童开展两轮脊灰疫苗强化免疫。1995年，开始麻疹强化免疫，2006年，启动消除麻疹行动计划。

检查与检测　1990年，实现以区为单位“四苗”接种率达到85%的第二个目标。1995年，实现以乡镇为单位“四苗”接种率达到85%的第三个目标。1997年，在周营镇对210名儿童进行脊灰抗体监测。1998年，对190名儿童进行结核菌素试验。2001年，对120名儿童进行麻疹抗体监测。2010年，对540名儿童进行麻疹、风疹、流腮抗体监测，调查结果儿童抗体水平均达85%以上。

传染病防治

非典型性肺炎　2003年4月中旬，面对突如其来的“非典”疫情，区委、区政府相继召开全区“非典”防治工作动员会和工作会，全区“非典”防治工作全面展开。成立以区长任组长、区直各部门主要负责人为成员的薛城区非典型肺炎防治工作领导小组，区委、区政府与各镇街和区直部门、驻薛城单位签订防治“非典”目标责任书。各级各部门将防治工作任务、措施、责任层层分解，落实到人，科学、规范、有序开展工作。区政府制定下发《薛城区传染性非典型肺炎控制应急处理预案》、“非典”防治技术性文件和“非典”疫情及时报告、外来人员举报、零病例报告、24小时值班、主要领导负责制、责任追究制等工作制度，并建立“非典”疫情控制物质储备库，储备物资价值30万元。4月24日，组织开展“非典”防治宣传活动，至6月下旬，《薛城周迅》刊发抗“非典”稿件498条次；薛城电视台开辟“非典”防治在线栏目，滚动播出672小时；镇街、村居设立宣传站点70处，印发宣传材料20余万份。4月25日，在枣庄西站设立留观室，薛城汽车站、京福高速路枣庄出口、104国道路口设立检查站。4月26日，卫生局对300余人进行“非典”防治知识培训，同时开通健康咨询电话11部；开展全区环境卫生综合整治爱国卫生活动，至6月底，累计开展爱国卫生活动3次、消毒面积52万平方米，消毒物品2.2万件。4月27日、28日，组织医务人员“非典”防治知识培训400人次，建立3个医疗救护工作梯队，同时组织进驻隔离病房医务人员开展2次模拟演练，参加人员110人次。设置发热门诊14处。5月上旬，投资60余万元将临西医院改建为可收治20名“非典”病人隔离病房，购置救护车辆、急救设备、防护用品、消毒物资。5月14日，全区建立10个流调队、339个协调队和509个检测点，实施外来人员检测流调。至6月底，卫生系统干部职工1200余人参加抗击“非典”的斗争，累计对重点人群监测116395人次，其中京福高速路枣庄出口48755人次，枣庄西站67640人次，完成外出返乡和来薛人员医学观察2228人，开展流行病学调查6810人次，接诊观察发热病人249人次，抗击“非典”取得重大胜利，全区没有发现“非典”病例和疑似病例。7月1日起，薛城区防治非典型肺炎工作由应急状态转入长效机制。

麻疹　1995年，发病率2.81/10万，2005年，发病率1.23/10万，2010年，发病率0.23/10万，2013年，发病率为3.29/10万。预防方法：1990年，用冻干麻疹减毒活疫苗免疫接种，接种率在95%以上。1995年后，开展强化免疫，至2001年，强化1万余人次。2004年，对8个月至6岁儿童查漏补种9972人。2006年，启动消除麻疹行动计划，对全区8个月至15岁儿童强化免疫36571人。2008—2010年，强化免疫104975人次。2011年、2012年，分别对薛城区大中专院校学生进行麻疹疫苗强化免疫，强化接种率在95%以上，近几年，麻疹发病率呈下降态势。

狂犬病　2005年，发生1例狂犬病，区政府发布《预防狂犬病的通告》，组织开展疫情周围方圆5公里的灭犬、家犬注射狂犬疫苗挂牌和对被犬、猫咬伤未接种或未全程接种狂犬疫苗者一律全程强制补种工作，无续发病例。2007年，发生1例狂犬病病例。2008—2013年，无此病发生。

病毒性肝炎　2004—2007年，发病率在35.83/10万至44.41/10万之间。2008—2010年，发病率在28.44/10万至21.16/10万之间。2011—2013年，发病率在62.31/10万至73.49/10万之间。防治措施重点控制传染源、切断传播途径、实施肝炎疫苗接种和开展健康教育。1992年，将乙型肝炎疫苗纳入计划免疫范畴，2003年，对新生儿实施乙型肝炎疫苗免费接种，接种率提高。2008年，对儿童实施甲肝疫苗免费接种。2009—2011年，全区实施乙肝疫苗免费补种项目，对1994—2001年出生儿童进行补种，共补种61027针次。

脊髓灰质炎　1992年，发生1例脊髓灰质炎病例。2000年，全区完成无脊灰证实，已连续22年维持无脊灰状态。防治措施：以口服脊髓灰质炎活疫苗为主要措施。1991年开始，全区采取常规服苗与强化服苗相结合的措施，于每年12月5日、次年1月5日对0~4岁儿童开展两轮脊髓灰质炎疫苗强化免疫。

结核病　1996年，对兴仁、南常中小学师生7855实施感染率调查，结核菌素试验阳性1155人，阳性率为14.7%，发现病人21例。2013年，患病率为51.05/10万。防治措施：卡介苗接种，有效控制结核病发生；实施结核病控制项目和DOTS策略，1993—2003年，启动实施世界银行贷款结核病控制项目。1993—1996年，收治病人1087例，正规治疗率100%。2004年，实施山东省结核病控制项目。2005年，同时承担CIDA/WHO结核病控制项目。2001—2013年，共管理结核病人2231例，其中涂阳病人1218例。

甲型H1N1流感　2009年，报告甲流确诊病例18例。2010年，发生3例。2011年，发生1例。2012年，无发病。2013年，发生1例。防治对策：各级医疗机构建立发热门诊，实施预检分诊，开展流感病例检测，对确诊甲流病人进行隔离救治，对其密切接触者进行医学观察；对人员较集中学校、工厂落实晨午检、因病缺课登记、消毒等工作制度；广泛开展卫生宣传，倡导健康生活方式，提高人民群众的卫生知识水平和自我防护意识；2009年10月，组织开展重点人群甲流疫苗的预防接种工作。

手足口病　2005年6月始，薛城区启动手足口病疫情报告制度。2005—2013年，手足口病发病例数分别为73例、232例、68例、440例、264例、187例、275例、329例、877例，无死亡病例。防治措施：2007年始，区政府每年组织召开全区手足口病防治工作会议，安排部署手足口病防治工作，并于流行季节前组织开展以“环境卫生综合整治、重点部位消毒、健康教育和卫生宣传”为主要内容的爱国卫生活动。各级医疗机构设立专门诊室，开展预检分诊，严防交叉感染。托幼机构、学校等单位建立落实晨检、缺勤缺课登记、疫情报告、消毒、手足口病防控知识宣教等制度措施。

艾滋病　2007年，首次发现艾滋病人2例，遣返原籍1例。2009年和2010年，新增管理病例各1例。2011年，新增管理病例4例，死亡1例。2012年，检测发现感染者2例。2013年，新发现艾滋病病毒感染者4例（2例为外地市报告病例）。艾滋病防治工作始于2004年，主要落实艾滋病防治“四免一关怀”、宣传干预、重点人群筛查及现症病人治疗为主的综合防治措施。每年利用各种宣传形式，广泛开展宣传活动，年印制发放宣传品1万余份；区疾控中心建立高危人群干预队，对高危人群开展干预活动；重点公共场所张贴宣传单、宣传画，并放置安全套，预防控制艾滋病。2005年，区人民医院、枣矿集团中心医院建立艾滋病筛查实验室开展艾滋病抗体筛查工作。2007年，枣矿集团中心医院在术前筛查中发现首例艾滋病感染者，区疾控中心对看守所羁押人员检测发现1例感染者。是年，接受艾滋病自愿咨询检测359人次，未发现阳性感染者。2008年，区疾控中心建立艾滋病筛查实验室开展艾滋病抗体筛查工作。2008—2011年，接受艾滋病自愿咨询检测2317人次、检测羁押人员1349人、外省嫁入区内的外来妇女艾滋病抗体筛查198人、手术病人、输血病人、孕产妇和性病病人血样检测1952份，均未发现阳性患者。2012—2013年，接受自愿咨询检测2499人次，检测手术病人、输血病人、孕产妇血样54266份，检测羁押人员951人，新发现8例艾滋病病毒感染者。2012年，全区共管理艾滋病病毒感染者及病人8人，接受抗病毒治疗7人。2013年，共管理艾滋病病毒感染者和病人18人，10人进行抗病毒治疗。

禽流感　2013年4月22日，市中区发现首例H7N9禽流感病例（患者原籍陶庄镇唐庄村），区政府立即启动应急预案，组织畜牧局、林业局等相关单位，每天深入农贸市场、古会、养鸡场等实地开展外环境监测并关闭活禽交易市场；区疾控中心对陶庄镇3名密切接触者进行医学观察，并多次到陶庄镇唐庄村进行外环境监测，同时对枣矿集团中心医院上报的2例不明原因肺炎患者分别进行流行病学调查及采样送检、检测，及时排除疑似病例。

其他传染病　1990年后，随着传染病防控措施的全面落实，至2013年，白喉、流行性脑脊髓膜炎无病例发生，流行性乙型脑炎2011—2013年无病例发生，百日咳、猩红热、风疹、流行性腮腺炎、流行性出血热、痢疾、伤寒等传染病均呈散发状态。

麻风病　1994年，达到卫生部基本消灭麻风病标准。2012年3月，补录、整理麻风病患者电子档案及随访记录共258次。是年7月，开展麻风病患者摸底调查工作，共摸底走访98户次，填写存活病人调查表73份，死亡25人。

地方病防治

碘缺乏病　1994年，对全区3～14岁儿童、孕妇、哺乳期及育龄妇女等重点人群开展口服碘油丸强化补碘工作，服用人数为12600人。1996年，对上述人员再次进行补服。是年，实施碘缺乏病监测工作，地方性甲状腺肿大率为35/万，无地方性克汀病发生。2000年，通过卫生部组织

的基本消除碘缺乏病验收。

寄生虫病防治

疟疾 1988年，实现基本消灭疟疾的标准，2005—2008年，发病人数在7例至2例之间，2009—2012年，无疟疾病例发生。2012年11月，通过卫生部组织的专家组对区消除疟疾试点工作考核评估，达到消除疟疾考核标准，成为全国首批、山东省首个达到消除疟疾标准的区县。2013年发生1例。

肿瘤防治

1981年，区人民医院各科室对于诊断为肿瘤特别是诊断为恶性肿瘤的患者进行综合治疗，能为手术者由外科进行手术治疗。区人民医院肿瘤科开展PICC置管、胸腹腔闭式引流及药物灌注化疗，治疗白血病、肺癌、乳腺癌、淋巴瘤、消化道肿瘤等。在治疗肿瘤的同时，向广大人民群众宣传肿瘤发生的原因及其危害，教育人民注意改善居住环境、饮食结构等，养成良好卫生习惯。定期组织医务人员开展义诊、咨询服务活动，做到早发现、早诊断、早治疗。

精神病防治

住院治疗 1980年，在原陶官卫生院成立精神科，开设床位20张，1981—2008年，年收治病人100余人次，2009—2013年，年收治病人40余人次。

社会调查 1995年，医院组织业务技术人员对本辖区内居住人群进行精神病流行病学调查，查出有不同程度的精神病患者103名，并开展指导患者用药和康复训练工作，于1998年12月通过中残联对精神病防治工作验收。

重性患者管理 2008—2010年，承担国家福彩贫困精神病人救助项目，对100例精神病人提供3年免费服药。2009年，全区开展基本公共卫生服务项目，实施重性精神病人管理工作，至2012年，实施重性精神病管理1800人。2012—2013年，启动实施国家“686项目”，即对98例高风险指导用药及家庭教育、10例免费住院、26例免费服药。

第二节 卫生应急

机构建设

1999年，成立防保股，人员1人，依据卫生法律、法规进行卫生行政管理，承担传染病防控、妇幼卫生及突发公共卫生事件应急、协调和处置工作。2010年，改为公共卫生管理和妇幼保健股，人员增至4人。局直各单位、各镇街卫生院均随卫生局设立或变更相应科室、承担相关工作。2011年5月，成立薛城区卫生局卫生应急办公室，人员3人。2013年9月，成立30人组成的薛城区卫生应急专家库。

应急预案建设

2003年4月，区政府办公室印发《薛城区传染性非典型肺炎控制应急处理预案》；是年5月，薛城区“非典”防治办公室印发《薛城区传染性非典型肺炎疫情重点区域隔离控制应急处理预案》《薛城区农村防治非典型肺炎工作方案》；是年10月，区政府办公室印发《薛城区学校突发公共卫生事件应急处理预案》。2004年，卫生局印发《薛城区突发公共卫生事件应急处理预案》。2005年5月，区政府办公室印发《薛城区狂犬病应急处理预案》。是年11月，卫生局印发《薛城区突发人禽流感应急预案》。2006年8月，卫生局印发《薛城区重大食物中毒事故应急预案》。2008年4月，卫生局印发《薛城区突发公共卫生及医疗事件应急处理救援预案》《薛城区卫生局防范和处置恐怖性事件工作预案》。2009年5月，卫生局印发《薛城区卫生局甲型H1N1流感应急预案》。2011年5月，卫生局修订《薛城区突发公共卫生事件应急预案》。是年11月，卫生局印发《薛城区流感大流行应急预案》。2012年3月，卫生局印发《薛城区手足口病应急预案》。2013年3月，卫生局印发《薛城区人感染H7N9应急处置预案》。

人员培训及演练

2003年4月，卫生局组织对区直各单位、各镇（街）、村（居）及卫生室负责人300余人、骨干医务人员400余人次进行“非典”防治知识培训。2003年4月，组织进驻“非典”隔离病房医务人员模拟演练两次，参加人员110人次。是年6月，在实验中学考点进行普通高考预防“非典”实战演习。2005年11月，卫生局组织对医疗卫生单位及其相关科室负责人近40人进行《中华人民共和国传染病防治法》《突发公共卫生事件应急条例》《医疗废物管理条例》和人禽流感防控知识进行培训。2013年4月，卫生局举办人感染H7N9防控知识培训班，各医疗卫生单位医务人员共计110人参加。2013年4月，薛城区举办人感染H7N9应急处置演练。

应急物资储备

2003年4月，为防治“非典”，隔离病房配备呼吸机、床边X线机、心电监护仪、救治药品、消毒物品、防护用品、专用转运病人车辆1辆；区卫生防疫站储备消毒药品、器械、防护用品价值17万元；各级医疗机构共储备药品价值108万元、消毒物品及防护用品价值20.26万元，均配备相应的工作车辆。2005年11月，为防治人禽流感，区人民医院、中医院、疾控中心、卫生监督所和各镇街卫生院均做好应急物资储备，主要种类有消杀物品、治疗药品、个人防护用品，各单位配备1辆应急车辆，值班电话24小时畅通。储备物品根据效期及时调整。

突发公共卫生事件及处置

2003年4月，面对突如其来的“非典”疫情，在区委、区政府统一领导下，实施“非典”防治知识宣传、卫生消毒、疫情防控、医疗救护等综合防治措施，取得重大胜利。自7月1日起，防治非典型肺炎工作由应急状态转入长效机制。2005年5月20日，陶庄镇潘楼村发生1例狂犬病死亡病例疫情后，区政府召开紧急会议，研究部署开展狂犬病防控专项活动，整个活动至6月25日结束，无续发病例。

2004—2013年薛城区疟疾发病情况统计表

表26-1

年份	发病人数（人）	发病率（/10万）
2004	0	
2005	8	1.71
2006	0	
2007	4	0.85
2008	2	0.42
2009	0	
2010	0	
2011	0	
2012	0	
2013	1	0.21

表26－2

2001－2013年全区预防接种情况统计表

年份	卡介苗		乙肝		脊灰		百白破		麻疹		甲肝		乙脑		白破		A群流脑		A＋C流脑		麻风		麻腮		麻风腮	
	接种人数	接种率%	接种人数	接种率%	接种人数	接种率%	接种人数	接种率%	接种人数	接种率%	接种人数	接种率%	接种人数	接种率%	接种人数	接种率%	接种人数	接种率%	接种人数	接种率%	接种人数	接种率%	接种人数	接种率%	接种人数	接种率%
2001	1498	100	498	100	9207	99.90	8923	98.64	747	100	0	0	0	0	0	0	0	0	0	0	3085	99.77	0	0	442	100
2003	1331	100	2530	100	13470	99.96	11223	99.96	4131	100	0	0	9694	100	0	0	4613	100	8033	100	2935	99.82	0	0	3207	100
2004	2190	100	5902	100	13522	99.96	15068	99.95	3568	100	0	0	17559	100	749	100	3147	100	2944	100	4235	99.92	0	0	3897	99.97
2005	1624	100	6326	100	11558	100	13749	99.99	1775	100	442	100	2374	100	0	0	1299	100	3851	100	3684	100	0	0	3143	100
2006	1829	100	7020	100	12452	99.96	15310	99.98	1358	100	677	100	2155	100	0	0	2711	100	2173	100	4176	99.97	0	0	3617	100
2007	1786	100	8585	99.94	16454	99.99	19455	99.98	2269	100	1188	100	5711	99.96	0	0	8614	100	4773	100	4810	100	0	0	4751	100
2008	1677	100	12304	100	21718	99.95	23906	99.94	1695	99.94	1201	100	6221	100	0	0	10140	100	1754	100	6554	99.89	0	0	5466	99.98
2009	1968	100	14085	100	24627	99.96	27398	99.95	1541	99.87	4926	100	9341	100	1168	100	12853	99.89	2517	100	7776	99.94	0	0	5929	99.94
2010	1800	100	12334	100	22651	99.96	24187	99.97	3097	100	3474	100	10043	100	1525	99.93	11638	99.99	6387	99.92	6475	100	0	0	5495	100
2011	3323	100	14270	99.99	22978	99.98	23961	99.97	5130	99.98	5500	99.98	10847	99.99	5310	100	11174	99.90	10081	99.90	5972	99.91	0	0	5566	99.95
2012	5982	100	18912	100	25679	99.99	25749	99.67	5436	100	5718	99.98	12200	100	5061	100	12419	100	10866	99.97	6845	99.97	0	0	6312	100
2013	5457	100	17763	100	24545	99.91	25597	99.95	5163	99.98	6055	99.91	12566	99.96	5020	99.86	13786	99.97	11690	99.88	7395	99.97	0	0	7282	99.99

2004—2013 年薛城区传染病发病情况统计表

表 26-3

年份	各种传染病发病人数（人）																			合计	发病率/10万
	艾滋病	肝炎	甲型H1N1流感	麻疹	出血热	痢疾	伤寒副伤寒	肺结核	百日咳	猩红热	布病	淋病	梅毒	流行性感冒	流腮	风疹	急性出血性结膜炎	其他感染性腹泻	手足口病	水痘		
2004		191		3	1	168	2	103	2			6	6		33	9		4			528	113.93
2005		245		9	1	77	1	248		3		6	3		65			8	73	5	744	160.54
2006		223		149		88	1	197	1	1		4	9	9	1	2		17		3	705	150.84
2007		258		6	2	21	1	243	2	2		6	12		5	4		13	232	13	820	173.71
2008		219		158	1	17		205	2	3	1	3	22		40	8		21	68	15	783	163.88
2009	1	236	18	13		9	1	235	1			12	20	4			2	17	440	18	1027	212.52
2010		172	3	6	1	3		229	4	1		3	23	7				19	263	13	747	152.85
2011		244	1	4	1	10		309		13	1	4	29	6	59	10		21	187	55	954	243.62
2012	2	310				8		302	4	7	1	2	59	3	116	9		35	275	45	1178	300.82
2013		245		7	2	10		211	5	10	2	17	137	10	239		2	36	329	165	1427	295.29

第四章　医　疗

第一节　医疗机构

区级医疗机构

薛城区人民医院　1994 年，医院在分级管理评审中被评定为二级乙等医院。1996 年，有卫生技术人员 268 人，正高职称 5 人，副高职称 18 人，中级职称 70 人，初级职称 175 人。病床 200 张。有 200 毫安 X 线摄片机、黑白 B 超等大型设备，总资产 50 余万元。开展胰十二指肠切除术、甲状腺癌颈扩术、门、腔静脉破裂修补术、椎间盘切除术、脑肿瘤切除术、脑室内引流术、纵隔肿瘤切除术、子宫全切除术、冷冻术治疗血管瘤等。1997 年，医院迁入燕山中路，占地 4.3 万平方米，建筑面积 32600 平方米。1998 年，医院党总支被中共枣庄市委评为先进基层党组织。1999 年，医院入选全省百佳医院。2004 年，医院内设科室 33 个，有卫生技术人员 327 人，正高职称 4 人，副高职称 36 人，中级职称 127 人，初级职称 160 人，病床 300 张。有 CT 机、彩超及黑白超、500 毫安数字胃肠机、500 毫安摄片机、大生化分析仪、电子胃镜等，大型设备总资产 600 余万元。开展肝癌、乳腺癌及各种消化道肿瘤的诊断治疗、白内障超声乳化手术、根治鼻息肉、鼻窦炎、中

薛城区人民医院

入术、十二指肠内支架置入术、电子喉镜下声带新生物切除术、老年性股骨粗隆间骨折人工股骨头置换术、PICC 置管术、肝癌的栓塞介入治疗等治疗技术。

薛城区中医院　1990 年，新建 1406 平方米综合楼一幢，至 1997 年搬迁前，医院共占地 2425.9 平方米，医疗用房总面积 3678 平方米。1996 年，有卫生技术人员 143 人，副高职称 5 人、中级职称 32 人、初级职称 106 人。设中医科、内儿科、外科、妇产科、五官科、口腔科、针灸理疗科、痔瘘科、检验科、放射科、皮肤科。1997 年，医院由新华街 41 号整体搬迁至永兴西路 89 号区人民医院旧址。先后购置 200 毫安 X 线机、B 超机、心电监护仪、西门子 CT。2001 年，获枣庄市民主评议行风先进单位。2002 年，购置脑电图仪、动态心电图仪、动态心电图工作站。2004 年，卫生技术人员 172 人，其中正高职称 1 人、副高职称 8 人、中级职称 70 人、初级职称 93 人，病床 100 张。增设痔瘘科、急诊科、口腔科、皮肤科、质控科、CT 室等科室。先后购置半自动生化分析仪、300 毫安 X 线机、多参数监护仪、麻醉机，开展普外、颅脑外、骨外等手术。2005—2007 年，连续三年被评为百姓满意医院。2009 年，获全市卫生系统“两好一满意”示范集体。2007—2010 年，先后购置激光相机、电脑胎儿监护仪、日本东芝彩超、手术显微镜、呼吸机、飞利浦 CT、影像工作站、全自动生化分析仪、C 型臂、氩气高频电刀、电脑多功能检查治疗仪、经颅多普勒。2010 年，区中医院获全市城市社区卫生服务工作先进集体、全市中医药工作先进集体。2012 年，有卫生技术人员 200 人，正高职称 2 人、副高职称 17 人、中级职称 72 人、初级职称 109 人，病床 220 张。是年，薛城区中医院与区人民医院进行资源整合，

隔偏曲、鼻窦囊肿等，2004—2007 年，分别获得枣庄市“百姓满意医院”称号。2009 年，医院被市总工会授予“五一劳动奖状”。2011 年，医院党总支被评为先进基层党组织，受到市委表彰。2012 年，薛城区人民医院与区中医医院进行资源整合。是年，中共薛城区人民医院委员会建立，医院被确定为山东省首批县级公立医院改革试点单位，医院党委被省委授予“齐鲁先锋基层党组织”称号，建筑面积 23000 平方米外科系病房楼投入使用。2013 年，医院被评定为二级甲等医院。是年，医院扩征土地 5200 平方米，医院共占地 48200 平方米，建筑面积 55600 平方米。医院内设科室 55 个，其中临床科室 27 个、辅检科室 13 个、行管科室 15 个。有卫生技术人员 684 人，正高职称 4 人，副高职称 26 人，中级职称 127 人，初级职称 527 人，病床 600 张。门诊量 330847 人次，住院 24265 人次。拥有数字剪影血管造影机（DSA）、超导核磁共振机、西门子光子双源 CT、西门子 S2000 超声诊断仪、全自动生化分析仪、数字化口腔 CT、数字 X 射线摄影系统（DR）、数字化胃肠机、钼钯（数字化乳腺机）、空气波压力循环治疗仪、超导可视人流机、电子宫腔镜、电子输尿管软镜、钬激光治疗机、骨质疏松治疗仪等大型先进设备，设备总资产 1.8 亿元。开展冠状动脉支架植入术、下腔静脉滤器置

突出中医特色建设，西医临床医疗并入区人民医院。开展中医内科、中医外科、中医妇科常见病、多发病诊治和慢性病康复性治疗。

薛城区妇幼保健站　1989年4月，迁至临山西路181号，占地2600平方米，业务用房400平方米。1990年、1993年，先后购置激光治疗机、X线机。1995年，启动“爱婴医院”创建活动。1996年，增设婚检室、放射科和B超室。是年，按照婚前检查的内容和程序，全区实施强制婚检制度至2003年。1997年，开展“爱婴区”创建活动。1999年，组织实施新生儿疾病筛查工作。2000年，原址新建2360平方米综合办公楼投入使用。是年5月，薛城区妇幼保健站和薛城区计划生育技术服务站实行两站合一，成立薛城区计生妇幼综合服务站。有卫生技术人员50人，副高职称1人，中级职称23人，初级职称26人，病床10张。科室整合为儿科、内科、妇科、外科、保健科、妇保科、乳腺科、特检科、化验室、药房、护理部、财务科、办公室等。至2003年，先后购置荧光诊断仪、半自动生化分析仪、B超机、酶标仪、尿液分析仪、血球分析仪、200毫安X线机等医疗设备。2004年，购置听力筛查仪，组织实施听力筛查工作。2007年，购置视力筛查仪，组织实施视力筛查工作。2009年，与中国初级卫生保健基金会健康扶贫工程组委会联合，组织实施妇科疾病查治，并启动育龄妇女增补叶酸预防神经管缺陷等公共卫生妇幼项目。2011年，搬迁至珠江路6号，业务用房面积2600平方米。2013年，购置数码电子阴道镜、真空高压消毒锅、全自动生化分析仪等。有卫生技术人员42人，副高职称3人，中级职称19人，初级职称20人，病床10张。内科、儿科主要诊疗常见病、多发病；妇科主要诊治妇女常见病、多发病，开展终止妊娠术；外科主要开展男、女绝育手术。0~3岁儿童系统管理率、孕产妇系统管理率分别为96.33%和95.28%，婴儿死亡率为4.00‰。

陶庄镇中心卫生院

镇街医疗卫生机构

薛城区陶庄镇中心卫生院　1994年，陶庄分院被评定为一级甲等医院。1995年，更名为陶庄镇中心卫生院。1996年，陶庄镇人民政府出台农村合作医疗管理办法，实施农村合作医疗制度。1997年，开始试点乡村卫生机构一体化管理，并在薛城区推广。是年，获“爱婴医院”称号。1999年，被省卫生厅评为文明单位和山东省卫生系统先进集体，获山东省“百佳医院”称号。2000年，有卫生技术人员92人，设有内科、儿科、外科、五官科、口腔科、中医科、妇产科、检验科、放射科等科室，病床28张。先后购置300毫安双管双床X线机，脑地形图检查仪，血液半自动生化分析仪、尿八项检查仪、B超机、心电图机、麻醉机、日本电子胃镜、洗胃机等设备。2001年，迁入陶庄镇顺兴路东段占地7333平方米、建筑面积2721平方米新建卫生院。2002年，夏庄乡卫生院并入陶庄镇中心卫生院。2003年，卫生院在抗击“非典”中成绩突出，分别受到枣庄市和薛城区人民政府嘉奖。2004年，陶庄镇被列为新型农村合作医疗试点镇，卫生院被市文明委、市纠风办、市卫生局授予“百姓满意医院”称号。2005年，扩增用地4000平方米，新建2400平方米病房楼1幢。2011年，卫生院在全市率先实施“先看病、后交钱”诊疗结算模式。2012年，卫生院获全市院前急救比赛一级医院团体一等奖，医疗人员获医疗组个人第一。2013年，新建3600平方米综合病房楼1幢。卫生技术人员115人，副高职称5人、中级职称36人、初级职称74人，病床50张。设有内儿、外、中医、五官、针推理疗、痔瘘、妇科治疗中心、心脏远程监护、放射、B超、化验、中药房、西药房等临床、医技科室及医务科、护办室、公共卫生办公室、办公室、财务科等职能科室。先后购置数字化日立彩超、全数字500毫安胃肠机、迈瑞全自动生化分析仪、心脏起搏器、电子胃镜、麻醉机、呼吸机、心电监护仪、口腔综合治疗椅、CR等设备。开展甲状腺癌、乳癌、胃癌根治术、胆囊摘除术、肠吻合术、腰椎髓核摘除术、股骨头置换术、筋膜内子宫全切术、阴式子宫肌瘤切除术等治疗技术及公共卫生服务工作。是年，作为山东省唯一的乡镇卫生院代表，参加卫生部组织的“群众满意医疗机构”评选。

薛城区张范镇中心卫生院　1991年，原址新建一幢综合办公楼。1996年，张范分院更名为张范镇中心卫生院，先后购置200毫安X线机、B超机、新型洗胃机、光电分析天平、恒温箱等设备。2000年，有专业技术人员52名，中级职称9人、初级职称43人，病床22张。设有内科、外科、儿科、中医科、妇产科、五官科、检验科、放射科、烧烫伤科、痔瘘专科、药剂科、B超室、理疗室等科室。是年5月，张范镇代表薛城区通过卫生部组织的基本消除碘缺乏病验收。2002年，张范镇中心卫生院并入南石镇卫生院更名为南石镇中心卫生院。2003年，再次区划调整，原南石镇部分改为兴城街道，划归枣庄高新区管辖，原张范镇部分改为新的南石镇，隶属薛城区。2004年，实施新型农村合作医疗试点。是年5月，医院在张范复兴路迁建奠基。2005年，南石镇复名张范镇，恢复张范镇中心卫生院建制。是年，购置半自动血球计数仪、生化分析仪、心电监护仪等。2006年7月，占地5600平方米，建筑面积3000平方米新院投入使用。2008年、2009年，先后购置和引进双床双管500毫安X线机、500毫安数字胃肠机、三导心电图机、迈瑞DC-3型彩超机、全自动肛肠治疗仪，安装集中呼叫系统，建立中心供氧站。2010年，张范镇中心卫生院被评为市级文明单位和全市农村卫生室标准化建设工作先进集体。2011年，被评为山东省中医药特色乡镇卫生院。是年，购置全自动凝血分析仪、全自动血液黏度动态分析仪、血球计数仪、TDP神灯、电脑中频治疗仪、牵引床和中药熏蒸仓。2012年，引进X射线摄影系统及经颅多普勒分析仪。2013年，专业技术人员67人，中级职称7人、初级职称60人，病床30张。设有内科、外科、妇科、儿科、中医科、中医康复理疗科、耳鼻喉科、口腔科、护理部、检验科、放射科、B超室、心电图室、药械科、公共卫生科、财务科等科室。开展基本医疗和公共卫生服务工作。

薛城区邹坞镇中心卫生院　1996年，先后购置心电图机、光电分析仪、电烤箱、电冰箱等设备。1997年，原址新建1530平方米综合门诊楼和600平方米病房。2000年，卫生技术人员33人，副高职称1人、中级职称5人、初级职称27人，病床30张。设有内科、儿科、外科、妇科、中医科、防疫科、放射科、心电图室、检验室、痔瘘科等。是年，邹坞卫生院被卫生部授予“爱婴医院”称号。2002年，更名为邹坞镇中心卫生院。是年，新建1000平方米病房楼。2004年，邹坞镇被列入全区新型农村合作医疗试点镇，先后购置200毫安X线机、麻醉机、B超机、心电监护仪、呼吸机。2007年，扩建门诊楼350平方米。2009年，启动农村卫生室标准化建设工作，并新建500平方米公共卫生综合楼。2011年度被薛城区人社局、卫生局评为全区卫生工作先进集体，并受到邹坞镇党委、政府的表彰。2013年，有卫生技术人员53人，中级职称11人、初级职称42人，病床30张。设内儿科、外科、中医科、妇科、五官科、痔瘘科、理疗科、护办室、放射科、化验室、B超室、心电图室、中、西药房、公共卫生办公室等科室。先后购置迈瑞DC-3数字化超声诊断仪、美诺瓦staray3000-1型数字X成像系统（DR）、英诺华D280全自动生化分析仪等设备。开展基本医疗和公共卫生服务工作。是年，卫生院占地5618平方米，建筑面积3530平方米。

薛城区常庄镇中心卫生院 1994年，常庄乡卫生院改为常庄镇卫生院。1998年，卫生院迁至薛城永福南路78号，建筑面积750平方米。2000年，卫生技术人员36人，设内儿科、外科、妇产科、检验科、放射科、B超室、理疗科、财务室、防保科及药房、药库等科室，先后购置X线机、心电图、B超机等设备。2002年4月，金河乡卫生院与常庄镇卫生院合并为常庄镇中心卫生院。2005年，全镇开始实行新型农村合作医疗制度。2010年度，卫生院分别获得薛城区卫生工作一等奖，标准化卫生室建设先进单位和公共卫生体系建设先进单位。2011年，常庄镇政府在宋庄村建设常庄镇中心卫生院新院，占地1万平方米，建筑面积4000平方米，另在常庄镇永福南路78号设分院。是年10月，卫生院加挂薛城区人民医院分院牌子，获薛城区卫生工作先进集体。2013年，有职工120人，其中，卫生技术人员96人，副高职称1人、中级职称28人、初级职称67人，病床80张。设有内科、中医科、康复理疗科、高血压门诊、预防接种门诊、检验科、放射科、B超室、药房、公共卫生管理办公室、农合办、医务科、护办室、财务科、办公室，并在西姚、常庄2处社区设立卫生服务站。先后购置全自动生化分析仪、全自动血球分析仪、尿液分析仪、彩色多普勒超声系统、经颅多普勒、计算机X线成像系统（CR）、500毫安X线机、心电图机、动态心电图、短波治疗仪、中频治疗仪、中药熏蒸机、三维电脑牵引床、疼痛治疗仪等。开展基本医疗和公共卫生服务工作。

薛城区周营镇中心卫生院 1993年、1995年，先后兴建建筑面积550平方米办公楼和建筑面积1000平方米病房楼。1995年，周营分院更名为周营镇中心卫生院。1996年，被评定为“一级甲等”医院。是年，购置B超机、万能手术床、心电图机、胃肠仪、洗胃机、流产机、显微镜、恒温箱、救护车等医疗设备。1997年，被评为爱婴医院。1998年，新建建筑面积2945平方米综合门诊楼和180平方米的辅助用房。2000年，有卫生技术人员66人，其中副高职称1人、中级职称11人、初级职称54人，病床50张。设有内科、外科、妇产科、儿科、放射科、检验科、中医科、防疫科、医务科、药械科、财务科、总务科等医技和职能科室。2002年，占地5890平方米、建筑总面积1830平方米的陶官乡卫生院并入周营镇中心卫生院，其原址设精神科。是年，卫生院预防接种门诊被省卫生厅授予省级示范预防接种门诊。2003年，增设急诊科、痔瘘科、理疗科、皮肤科、五官科、肝病专科和高血压专科。2005年，周营镇实行新型农村合作医疗制度。是年，购置500毫安X线机、呼吸机、自动手术床、麻醉机、胎儿监护仪、理疗床、全自动洗胃机、血液生化仪、彩超机、胃电仪、脑电地形图仪、激光治疗仪、牙科综合治疗椅等。2008年，精神科迁建至陶官加油站北，占地1500平方米，建筑面积320平方米。2011年，卫生院被评为全省中医药特色卫生院。2012年，卫生院在全市护理技能竞赛中，获团体一等奖，并获枣庄市“五一劳动奖状”。2013年，卫生院共占地11300平方米，建筑面积6065平方米。有卫生技术人员92人，中级职称27人、初级职称65人，病床80张。是年，购置数字化X线机、C型臂、熏蒸床、全自动生化分析仪、心电监护仪等医疗设备。临床科室为内科、外科、妇科、儿科、中医科、五官科、皮肤科、理疗科、痔瘘科、精神科。开展基本医疗、精神病防治和公共卫生服务工作。

薛城区沙沟镇中心卫生院　1995年，卫生院在医院分级管理评审中被评定为一级甲等医院。是年2月，沙沟镇代表薛城区接受省初级卫生保健评审团全面考评，确认达到规划目标。先后购置电动吸引器、电动焊接机、牙钻机等设备。2000年，有卫生技术人员82人，中级职称8人、初级职称74人，病床21张。设内儿科、外科、妇产科、五官科、中医科、理疗科、痔瘘科、皮肤科、肝病科、药房、放射科、检验科、防疫股等科室。2001年，在杨庄村进行农村社区卫生服务试点。2002年，建筑面积1400平方米的南常乡卫生院并入沙沟镇中心卫生院。是年，卫生院获枣庄市创建“百姓满意医院”进步奖。2003—2005年，购置牙科综合治疗仪、B超机、500毫安X线机、呼吸机、麻醉机。2007年，原址新建建筑面积2248平方米综合门诊楼投入使用。2008—2010年，购置半自动生化分析仪、尿液分析仪、迈瑞DC-6彩色超声诊断仪、心电监护仪、心电图机。2012年，卫生院护理人员在全市院前急救比赛中，获护理组个人第一名。2013年，医院占地总面积5716.65平方米，建筑总面积4659.6平方米。有卫生技术人员110人，中级职称25人、初级职称85人，病床40张。设有内科、外科、妇科、儿科、口腔科、中医科、急诊室、放射科、中西药房、化验室、B超室、医务科、护理部、公共卫生办公室、财务科、办公室等。先后购置全自动生化分析仪、血球计数仪等设备。开展基本医疗和公共卫生服务工作。

高新区兴仁街道社区卫生服务中心　1992年，原址新建1370平方米门诊楼一幢。1993年，兴仁乡卫生院人事权交由枣庄高新区管理，业务工作由薛城区卫生局管理。2000年，卫生院更名为兴仁街道办事处卫生院。是年，有卫生技术人员40人，副高职称1人、中级职称9人、初级职称30人，病床25张。设有内科、外科、妇产科、五官科、中医科、痔瘘科、化验室、放射科、心电图室、中西药房、防保股、财务室等科室。2004年卫生院业务工作交由枣庄高新区社会事业局管理。2005年，新建1780平方米病房楼一幢。2006年，兴仁街道实行新型农村合作医疗制度。2009年，卫生院转型更名为兴仁街道社区卫生服务中心。先后购置200毫安X线机、高频电刀、手术床、黑白B超、全自动血液分析仪、全自动电脑牵引床、多功能数码治疗仪、超短波数码治疗仪、乳腺动力治疗仪、500毫安X线机、全自动生化分析仪、彩色多普勒诊断仪、经颅多普勒诊断仪、微波治疗仪、动态多导心电图机。是年，按社区卫生服务中心标准进行科室整合，设置全科诊室、口腔科、康复治疗室、药剂科、放射科、检验科、心电图室、B超室、公共卫生管理办公室、医务科、护理部、办公室、财务科。2010年，社区卫生服务中心获枣庄市城市社区卫生服务工作先进集体。2011年，被评为省级星级社区卫生服务中心。2012年，根据市委、市政府整合区域卫生资源的要求，兴仁街道社区卫生服务中心隶属薛城区卫生局管理。2013年，有卫生技术人员49人，中级职称10人、初级职称39人，病床10张。先后购置微量元素分析仪、自动尿沉渣分析系统、自动血流变仪、多导心电图机、牙科X线机、心电监护仪、中频治疗仪等设备。开展基本医疗和公共卫生服务工作。占地8330平方米，业务用房面积3150平方米。

高新区兴城街道社区卫生服务中心　1995年6月，卫生院由南石沟村东岭搬迁至复元三路与宁波路交汇处建筑面积1640平方米新院。1998年10月，卫生院更名为南石镇卫生院。2000年，有卫生技术人员34人，中级职称3人、初级职称31人，病床20张。设有内科、外科、儿科、妇科、中医科、口腔科、放射科、化验室、心电图室、防疫科等科室。先后购置200毫安X线机、洗胃机、心电图机、综合手术床、电动吸引器等设备。2002 年 4 月，张范镇中心卫生院并入南石镇卫生院更名为南石镇中心卫生院。2003 年 5 月，乡镇区划再次调整，恢复南石镇、张范镇建制，原南石镇划归枣庄高新区管理，更名为兴城街道办事处，原南石镇卫生院更名为兴城街道办事处卫生院。是年购置 B 超诊断仪。2006 年，兴城街道推行新型农村合作医疗制度。2009 年 7 月，兴城街道办事处在长白山路新建占地 13300 平方米、业务用房面积 5600 平方米卫生院投入使用。是年，购置 500 毫安 X 线机、GE 彩超机、经颅彩色多普勒、全自动血球计数仪、全自动生化分析仪、全自动尿液分析仪、十二导联自动分析心电图机、中药熏蒸床、牵引床、高压消毒器械等设备，病房建立中心供氧站，安装集中呼叫系统。2011 年，兴城街道办事处卫生院转型并更名为兴城街道社区卫生服务中心。2012 年，根据市委、市政府整合区域卫生资源的要求，兴城街道社区卫生服务中心隶属薛城区卫生局管理。2013 年，有卫生技术人员 42 人，副高职称 1 人、中级职称 7 人、初级职称 34 人，病床 30 张。设全科诊室、中医科、口腔科、药剂科、影像科、检验科、护理部、康复治疗室、公共卫生办公室、健康信息管理室等。开展基本医疗和公共卫生服务工作。

村级医疗卫生机构

1993 年，全区有村卫生室 371 所。1997 年，全区推行乡村卫生机构“一体化”管理工作，至 2000 年，全区有村级卫生室 201 所，甲级卫生室 85.1%。2008 年，全区开展农村卫生室标准化建设工作，村级卫生室开始迁合并建。2010 年，全区规划建设的 144 所标准化卫生室全部完成并一次性通过省级验收。是年，全区有农村卫生室 181 所，甲级卫生室 95%。2012 年，兴仁、兴城卫生工作划归薛城区管理后，全区有村级卫生室 220 所，其中标准化卫生室 170 所，乡村医生 502 人。2013 年，全区村级卫生室 202 所，乡村医生 551 人。

社区卫生服务

1985 年、1992 年、1994 年、1997 年应居委会要求，卫生局批准，区中医院先后在长清巷、福泉小区、临山中路、凤城小区设置门诊部，开展内、儿科常见病诊治及预防保健服务工作。1999—2000 年，区人民医院经卫生局批准先后在福泉小区、清泉小区、八一小区设置社区卫生服务站，为居民提供医疗、保健咨询和常见病的诊治服务，并为居民建立健康档案。

2001 年，区政府制发《薛城区社区卫生服务实施办法》，卫生局制定《社区卫生服务机构建设标准》《社区卫生服务基本工作内容》等文件。城区在清泉、玉华社区组建社区卫生服务站，农村在陶庄镇的天齐庙村、沙沟镇的杨庄村将卫生室改建为社区卫生服务站，城乡同时开展居民基本情况调查、健康查体、建立以家庭为单位的健康档案、健康教育、健康咨询等社区卫生服务试点工作，服务人口城乡分别为 12000 人和 3000 人。

2002 年 4 月，区卫生局举办由全科医学专家吴春荣授课 86 人参加社区卫生服务暨全科医学培训班。是年，全区建立社区卫生服务站 38 处，其中城区 4 处、农村 34 处，以家庭为单位建立健康档案 2.3 万个，服务群众 8.7 万人，对“八类”重点疾病进行筛查并建立重点管理卡 2200 个。先后 6 次接待外区（市）的参观学习。2003 年，全区已建成社区卫生服务机构 68 处，其中城区 8 处、农村 60 处，服务人口达到 16 万人，以家庭为单位建立健康档案 3.5 万份，筛查并建立重点疾病追踪管理卡 1 万余个。2004 年，农村社区卫生服务机构发展到 89 处。

2007 年，区政府制发《薛城区关于发展社区卫生服务实施意见》和《薛城区城市社区卫生服务规划》，并根据城区地域和人口分布情况，在城区规划设置 1 处社区卫生服务中心和 4 处社区卫生服务站。2008 年，依托区中医院，经市、区卫生行政审查批准福泉、玉华 2 个社区卫生服务站。2009 年，在光明西路（北一社区）设立的临城社区卫生服务中心和清泉、八一两个社区卫生服务站先后获得市、区卫生行政审查批准。是年，启动实施国家基本公共卫生服务项目，全区建立居民健康档案67080户。2010年，城乡全面落实九大基本公共卫生服务项目，城乡居民建立健康档案分别为82000份、235000份，建档率分别为90%、91.44%，电子档案建档率分别为90%、76.85%；发放健康教育资料13种106720份、健康干预产品2万余份；设置健康教育宣传栏202处，更新850次，举办各类健康教育讲座189次，健康咨询7次，受健康教育85403人次；0至3岁儿童、孕产妇系统化管理率分别为96.46%、96.1%；管理重性精神病人、高血压病人、糖尿病人分别为672人、17633人、7396人；65岁以上老年人健康查体管理22287人。

2012年，“三区合一”后，城区社区卫生服务机构有临城街道、兴仁街道、兴城街道社区卫生服务中心3处和清泉、福泉、八一、玉华、泰鑫社区卫生服务站5处，总服务人口19.2545万人，城市社区共建居民健康档案140645人份，建档率92.59%，其中省级网络版电子档案125851人份，0~6岁儿童7038人，系统管理6717人，孕产妇系统管理984人，产前检查4494人次，产后访视1904人次。管理65岁以上老人8598人，管理高血压、糖尿病等慢性病人5112人。是年，启动家庭医生式服务工作，重点人群累计签约16143人、7462户，签约率为46.25%。2013年后，城乡全部实施11项基本公共卫生服务项目。

民营医疗机构

枣庄新华卫生院　1999年5月8日，经市卫生局批准，位于新华街41号，占地1000平方米，建筑面积1400平方米的新华卫生院对外开诊，为枣庄市首家民营一级综合医院。有员工28人，其中，卫生技术人员16人，中级职称3人、初级职称13人，病床20张。设有内科、外科、妇产科、儿科、耳鼻喉科、肛肠科、口腔科、眼科、中医科、理疗科、皮肤科、医学影像科、医学检验科等临床医技科室。配有阿洛卡B超机、凯信B超机、显微镜、光电心电图机、尿13项分析仪、200毫安X线机、2000A型肛肠治疗仪、722光栅分光仪、呼吸机、心电监护仪、液压手术床等医疗设备。2011年6月8日，搬迁至黄河西路162号，占地1800平方米，建筑面积2000平方米，改称枣庄新华医院。是年，购置迈瑞彩超机、全自动生化分析仪、全自动血球计数仪、动态心电图仪、万东500毫安X线机、数字胃肠机等医疗设备。2013年，医院员工增至84人，其中，卫生技术人员72人，正高职称2人、副高职称4人、中级职称20人、初级职称46人，病床50张。开展内、外、儿、皮肤科等常见病、多发病诊治。

薛城协和肛肠专科医院　2002年成立，位于永福中路6号，占地830平方米，建筑面积600平方米的薛城新村肛肠专科医院开诊，为民营专科医院。有员工24人，其中，卫生技术人员20人，病床20张。设内科、外科、痔瘘科、中医科、放射科、检验科等科室。配有B超机、12导联自动分析心电图机、X线机和高压消毒器械等。2008年，迁至永福北路52号，建筑面积1300平方米，更名为薛城协和肛肠专科医院。购置全自动血球计数仪、全自动生化分析仪、全自动尿液分析仪、多功能麻醉呼吸机、综合牙科治疗椅、心电监护仪、全自动血液分析仪、美国大力神肛肠治疗仪、体外热疗数字系统、真彩数码电子宫腔镜、阴道B超、美国电子数码阴道镜、盆腔炎治疗仪、光谱治疗仪、微波治疗仪、射频刀治疗仪等医疗器械设备。设内科、外科、妇科、儿科、耳鼻喉科、口腔科、皮肤科、中医科、药剂科、影像科、检验科等临床、医技科室，开展内、外、妇、儿科等常见病、多发病诊治。2013年，有员工21人，卫生技术人员16人，副高职称1人、中级职称3人、初级职称12人，病床20张。

薛城康复医院　2004年11月，经市卫生局批准，位于永福北路建筑面积1200平方米，业务用房1026平方米，薛城康复医院开诊。有卫生技术人员13人，病床20张。设有内科、儿科、康复医学科、口腔科、中医科、药房、B超室、化验室等医技科室。配置722生化分析仪、电子双目显微镜、B超机、心电图机等医疗设备。2008年，卫生技术人员增至17人，副高职称1人、中级职称2人、初级职称14人。购置血球计数仪、尿十项分析仪、体外超导机、数码电子阴道镜等医疗设备。开展内、儿、妇科常见病、多发病诊治。

个体中西医诊所　2004年，《枣庄市民营医疗机构管理暂行办法》颁布实施后，提倡鼓励民间资本多形式、多渠道投资举办民营医疗机构，至2013年，受理申报并经市卫生局审批的个体诊所43家。

2013年薛城区个体诊所统计表

表26-4

诊所名称	地址	负责人
薛城陈明峰内科诊所	薛城区临山西路79号	陈明峰
薛城陈增芳儿科诊所	薛城区八一小区北区法院对过	陈增芳
薛城杜兆灿口腔诊所	薛城区临山东路	杜兆灿
薛城龚印强内科诊所	枣庄高新区新安小区3号楼门市	龚印强
薛城管相军口腔诊所	薛城区黄河路薛城批发市场4栋A1号房	管相军
薛城韩玲清内科诊所	薛城区永福北路	韩玲清
薛城健君诊所	薛城永福北路103号外贸公司1号楼	李健君
薛城孔军内科诊所	薛城区黄河路	孔　军
薛城李开明内科诊所	薛城区海河东路221号	李开明
薛城李学慧内科诊所	薛城区天山路5号百益新村门市	李学慧
薛城刘敬梁中医诊所	高新区科苑街8号	刘敬梁
薛城刘秀萍内科诊所	薛城区时代广场南部	刘秀萍
薛城牛洁内科诊所	薛城区财富F6区-1	牛　洁
薛城秦东中西医结合诊所	薛城区永福北路114号	秦　东
薛城秦显东内科诊所	薛城区汇泉公寓门市西数第五间	秦显东
薛城秦振常内科诊所	薛城焦化厂门口	秦振常
薛城区生资集团公司卫生所	薛城区北批市场	种法玲
薛城区新华卫生院新华诊所	薛城区新华街北首	宋　君、李　春
薛城孙淑华内科诊所	薛城区清泉市场对过（永福路东则）	孙淑华
薛城王岸内科诊所	薛城区光明西路1816号	王　岸
薛城王兴会中医诊所	薛城区燕山南路燕山国际6-8-1门市	王兴会

续表26-4

诊所名称	地址	负责人
薛城魏保民内科诊所	薛城区清泉小区	魏保民
薛城杨国栋内科诊所	薛城区长江西路 28 号	杨国栋
薛城怡苑小区诊所	薛城区永兴东路八中宿舍门东	刘志俊
薛城于建利内科诊所	薛城区科苑街南首	于建利
薛城袁振华内科诊所	薛城区泰山路富华门市 8 号	袁振华
薛城张伟内科诊所	薛城区福泉巷	张　伟
薛城张西华内科诊所	薛城区八一小区	张西华
薛城周忠科中医诊所	薛城区永福南路	周忠科
枣庄高新区褚福坤内科诊所	枣庄高新区燕山小区芙蓉街 88 号楼	褚福坤
枣庄高新区褚宏章内科诊所	高新区金沙江路	褚宏章
枣庄高新区黄国良口腔诊所	高新区金沙江西路	黄国良
枣庄高新区李华口腔诊所	高新区海河路（四季春市场）	李　华
枣庄高新区孙清玉内科诊所	高新区金地花苑西门南门市	孙清玉
枣庄高新区王成忠口腔诊所	薛城区永福北路	王成忠
枣庄高新区魏世民内科诊所	枣庄高新区和谐美食街南首路东	魏世民
枣庄高新区吴月芳内科诊所	枣庄高新区可可里花园	吴月芳
枣庄高新区武有田内科诊所	枣庄市高新区天安二路世纪花园	武有田
枣庄高新区闫兴田内科诊所	新城海河路四季菁华小区文渊园 2 号楼商业由东向西第四户	闫兴田
枣庄高新区闫召庆内科诊所	枣庄高新区天安步行街和谐园门口西侧	闫召庆
枣庄高新区赵克英儿科诊所	枣庄高新区天安步行街北侧	赵克英
枣庄新华医院黄河路门诊	薛城区黄河中路	宋　君、李继忠
枣庄薛城代永志口腔诊所	枣庄薛城区海河西路 705 号	代永志

其他医疗机构

枣庄市中医医院　枣庄市中医医院位于薛城区太行山路东侧，是一所集医疗、教学、科研、康复和预防于一体的三级甲等中医医院。

医院始建于 1970 年，2013 年 7 月由市中区迁至现址，占地面积 5.2 公顷，建筑面积 64430 平方米。全院有职工 474 名，高级职称 60 人（正高 11 人、副高 49 人）、中级职称 170 人，开设病床 400 张。设有临床、医技和职能科室 44 个，其中国家级重点中医专科 2 个、省级重点中医专科 2 个、地市级重点中医专科 5 个。配有美国 GE 全身 CT、意大利彩超、全自动血生化分析仪、国内先进的 CR、数字胃肠机、AM800 多功能神经功能重建治疗系统、CARDio-Win 心电工作站、麻醉机、人工呼吸机、眼科准分子激光治疗仪、玻璃体切割仪、耳鼻喉科内窥镜、电子肠镜、骨科关节镜、手术显微镜等万元以上医疗设备158台（件）。运用中医、中西医结合等多种方法诊治疾病，尤其对慢性肝病、颈肩腰腿痛、痔瘘、心脑血管病、呼吸系统疾病、眼科疾病、风湿病、肾病、糖尿病、皮肤病、不孕不育症以及中医养生保健、亚健康防治等方面疗效显著。可开展胸腹、泌尿、四肢、骨伤、肛肠、妇产、眼、耳鼻喉、口腔等各种复杂、高难度手术和急症手术。

枣庄矿业集团中心医院　枣庄矿业集团中心医院位于枣庄高新区祁连山路东侧，是一所集医疗、教学、科研、矿山职业病防治于一体的综合性三级甲等医院。医院源溯于1948年成立的中兴煤矿公司陶庄分矿的诊疗所。1992年3月，先后成功开展尘肺病人全肺灌洗治疗术和髌骨表面置换加关节清理术等新技术。是年，购置远红外乳腺诊断仪、长春超级ME2400型-HC480全信息动态心电记录分析系统及美国产HP-1000增强型彩色多普勒、日本产1000毫安X线机等先进设备。1994年7月，收编矿务局机关卫生所和矿务局党校卫生所，购买、改造原薛城区泰山路粮店，建立枣庄矿务局中心医院薛城门诊部。1995年4月、8月，先后被山东省卫生厅评为三级乙等医院和爱婴医院。1997年8月，首例肾移植手术成功完成。1998年4月，随枣庄矿务局改制而改为枣庄矿业（集团）有限责任公司中心医院，是年9月启用磁共振、直线加速器。2000年6月、10月，先后购置安装螺旋CT、高压氧舱投入使用。2002年3月，薛城门诊部改为枣庄矿业集团中心医院薛城分院。2004年4月，购置腹腔镜开展微创技术，是年4月至2005年8月，枣矿集团进行医疗资源整合，将原高庄煤矿薛城医务所、铁路运输处医务所、第三工程处医院、第四工程处医院划归中心医院。原高庄矿薛城医务所经改造、扩建为枣矿集团中心医院薛城门诊部。2005年10月，成功开展异体半关节置换保肢手术，是年，枣庄矿业集团中心医院被命名为枣庄市百姓满意医院。

2011年12月2日，枣庄矿业集团中心医院由陶庄镇搬迁现址并试运行开诊，占地面积300亩，总建筑面积14.32万平方米，开放病床1200张。医院有新城院区、薛城分院、陶庄分院、薛城门诊部4个院区。在职职工1069人，卫生技术人员853人，其中正高职称24人、副高职称127人、中级职称347人、初级职称300人，新城院区设置临床、医技和职能科室75个，其中肿瘤科、泌尿外科为枣庄市重点专科，职业病科为鲁南地区唯一的职业病治疗专科。配有德国西门子128层螺旋CT、西门子1.5T核磁共振系统、美国瓦里安双光子电子直线加速器、日本日立平板数字化多功能X线机、日本东芝C型臂X线血管造影系统、PHILIPS FD20平板血管造影系统、美国GE彩超、日本奥林巴斯全自动生化分析仪、海扶刀、伽马刀、西门子ECT等先进的检查和治疗仪器设备。心脏血管外科常规开展介入治疗、非体外循环不停跳冠脉搭桥术、完全胸腔镜下心脏手术以及心脏搭桥+二尖瓣置换术、心脏搭桥+主动脉瓣置换术等一站式复合心血管手术。肾内科开展经皮肾活检术用于各种肾脏病的临床诊断和血液透析、血液滤过、血液灌流、CRRT（连续肾脏替代疗法）技术治疗急、慢性肾损害。是北京大学医学部心血管外科学系临床诊疗培训基地、山东省卫生厅定点急诊护士培训基地、枣庄市人工关节置换与翻新研究机构。在职职工1677人，其中正高职称31人，副高职称144人，中级职称354人，初级职称356人，硕士研究生100人。

枣庄海化薛焦医院　隶属山东潍焦集团薛城能源有限公司，是一所集基本医疗、预防保健于一体的一级综合医院。医院前身是1965年建立的薛城焦化厂卫生室。1979年，购置200毫安X线机。1984年，改为厂职工医院，建筑面积1300平方米，人员42人，病床30张，设内、外、妇、儿、放射、检验、药房、预防保健等科室。1991

年，开展股骨头置换术。1992—1993年，先后购置麻醉机、B超机、722光栅分光光度计。1996年，迁至薛微路南、建筑面积2500平方米的厂职工医院新院。2002年，薛城焦化厂进行企业改制，成立山东海化煤业振兴有限公司，医院整建制交由薛城区卫生局领导管理并更名为临西医院。2004年，山东鲁南化学工业集团公司麒麟开发公司职工医院并入山东海化煤业振兴有限公司。2005年，临西医院整建制回归山东海化煤业振兴有限公司，随之医院更名为枣庄海化薛焦医院，是年购置心电监护仪、手术电刀。2006年，增设精神科。2012年，山东海化煤业振兴有限公司股权转让于山东潍焦集团薛城能源有限公司，随之医院隶属山东潍焦集团薛城能源有限公司。2013年，医院设有内、外、妇、儿、口腔、精神、检验、影像、B超、心电图、公共卫生、药房等科室，卫生技术人员23人，病床50张。开展内、外、妇、儿科常见病、多发病诊治。精神科诊治精神分裂症、偏执型精神病、抑郁症、情感障碍、精神障碍类疾病。

2013年薛城区医疗卫生机构基本情况一览表

表26-5

机构名称	地 址	负责人	类别	性质	诊疗科目
薛城区人民医院	薛城区燕山路	李 文	综合医院	事业	预防保健、内科、外科、妇产科、儿科、眼科、耳鼻咽喉科、口腔科、皮肤科、精神科、传染科、急诊医学科、麻醉科、重症医学科、医学检验科、病理科、医学影像科、中医科
薛城区中医院	薛城区永兴西路89号	李 文	中医（综合）医院	事业	预防保健科、内科、外科（门诊）、妇产科、妇科专业、儿科（门诊）、眼科（门诊）、耳鼻咽喉科（门诊）、口腔科/皮肤科、康复医学科、检验科、影像科、中医科、理疗科
薛城区疾病预防控制中心	薛城区临山路353号	贾继芳	卫生	全额事业	疾病预防控制、卫生监测检验
卫生监督所	永兴东路56号	李超峰	卫生	全额事业	
薛城区计生妇幼综合服务站	薛城区珠江路6号	王绍安	卫生	全额事业	内科、外科、妇科、儿科、医学检验、超声诊断、母婴保健
陶庄镇中心卫生院	陶庄镇顺兴路东段	时 岩	卫生院	事业	预防保健科、内科、儿科、外科、妇产科、口腔科、医学检验科、医学影像科、X线诊断、超声诊断、心电诊断、中医科
薛城区常庄镇中心卫生院	薛城区常庄镇宋庄村驻地；	卢金兵	卫生院	事业	内科中医科

续表26-5

机构名称	地址	负责人	类别	性质	诊疗科目
薛城区张范镇中心卫生院	枣庄高新区张范街道驻地	周广喜	卫生院	事业	内科、外科、中医科、妇科、理疗科B超、化验、放射、慢病门诊
薛城区邹坞镇中心卫生院	薛城区邹坞镇府前路6号	丁延刚	卫生院	事业	预防保健、内科、妇产科、儿科、眼科、耳鼻咽喉科、口腔科、医学检验科、医学影像科、中医科
薛城区兴仁社区卫生服务中心	枣庄高新区德圣路609号	杨久海	医疗卫生	事业	预防保健科 全科医疗科 口腔科 康复医学科 医学检验科 医学影像科 中医科
薛城区兴城社区卫生服务中心	枣庄高新区长白山路	王学信	医疗卫生	事业	预防保健科、全科医疗、口腔、中医科、康复医学、医学检验、医学影像、内科、外科、妇产、儿科、眼耳鼻咽喉科
薛城区沙沟镇中心卫生院	沙沟镇政府驻地	徐金勇	卫生院	事业	内科、外科、妇产科、儿科、中医科、口腔科、医学检验科、放射科、B超室、心电图室、药剂科、公卫办
薛城区周营镇中心卫生院	薛城区周营镇驻地	杨　廷	卫生院	事业	内科、外科、妇科、儿科、五官科、中医科、皮肤科、公共卫生科、精神科

1991—2013年薛城区人民医院医疗工作情况表

表26-6

年份	门、急诊诊疗人次数（万次）	住院人数（万人）	出院者平均住院日（日）	床位数（张）	床位使用率（%）	床位周转次数（次）
1991	147790	4952	12. 6	203	89	24. 4
1992	152204	4515	15. 5	206	83. 3	22. 5
1993	142695	4361	13. 8	211	81. 5	20. 7
1994	128258	4040	14. 2	211	81. 5	20. 7
1995	133379	4102	13. 3	211	71. 1	19. 4
1996	130392	4326	12. 3	211	67. 6	20. 5
1997	133416	4867	12. 3	263	66. 8	20. 5
1998	170678	6841	10. 94	263	78. 33	26. 01

续表26-6

年份	门、急诊诊疗人次数（万次）	住院人数（万人）	出院者平均住院日（日）	床位数（张）	床位使用率（%）	床位周转次数（次）
1999	179193	7351	9. 91	263	76. 92	28. 03
2000	172068	7146	9. 63	263	71. 96	27. 17
2001	165953	6712	8. 71	263	62. 89	25. 59
2002	127658	7891	8. 46	268	66. 63	29. 44
2003	116102	8389	7. 79	268	68. 33	31. 39
2004	126653	10175	7. 8	268	82. 5	38. 1
2005	160744	11496	8. 63	268	106. 54	42. 9
2006	184352	12181	8. 34	268	106. 91	45. 45
2007	214746	14368	8. 59	301	115. 53	47. 73
2008	253051	16084	8. 66	301	124. 79	50
2009	324793	19236	8. 95	301	146. 01	59. 93
2010	348588	21057	8. 22	460	162. 08	65. 6
2011	359813	21166	8. 75	460	115. 61	46. 01
2012	313428	21205	8. 97	600	104. 25	39. 54
2013	330847	24265	8. 69	600	94. 9	40. 31

1991—2013 年薛城区中医院医疗工作情况表

表 26-7

年份	门、急诊诊疗人次数（万次）	住院人数（万人）	出院者平均住院日（日）	床位数（张）	床位使用率（%）	床位周转次数（次）
1991	122434	1171	9. 3	77	79	9
1992	110149	619	15	77	46. 8	5
1993	100371	734	14. 8	77	59	5
1994	100046	686	17. 5	77	57. 2	5
1995	103150	737	19	77	48	5

续表26-7

年份	门、急诊诊疗人次数（万次）	住院人数（万人）	出院者平均住院日（日）	床位数（张）	床位使用率（%）	床位周转次数（次）
1996	109578	715	13	77	35	5
1997	109627	669	10	77	29	5
1998	103054	898	8.7	77	30	7
1999	90890	906	7.9	77	27.5	7
2000	85500	870	7.9	77	23.8	6
2001	74124	925	8.2	77	27	7
2002	52424	144	10.4	77	49	1
2003	60000	1794	9.6	77	60.7	3
2004	49870	3010	7	100	49.7	7
2005	54620	3320	8	100	50.1	9
2006	55987	3610	8	100	51.2	8
2007	56819	3776	8	160	53.5	7
2008	75869	4007	8	160	54.5	7
2009	72956	4185	8	160	56.4	7
2010	80021	3872	8	160	55.0	7
2011	89520	4196	8	160	59	7
2012	89283	3920	8.1	160	61	7
2013	96459	855	10.2	160	44.5	3

第二节　医疗队伍

1985年，全区有卫生技术人员1016人，其中区级医疗卫生机构338人、乡镇卫生院246人，农村卫生技术人员432人。2000年，卫生技术人员1573人，区级医疗卫生机构582人，镇街卫生院539人，乡村医生452人。2013年，卫生技术人员2316人，区级医疗卫生机构982人，镇街卫生院624人，乡村医生502人、民营医院及个体诊所卫生技术人员208人。

1996—2013 年部分年份全区医疗卫生技术人员统计表

表 26-8　　单位：人

年份	主任医（药、护）师	副主任医（药、护、技）师	主治医（药、护、技）师	医（药、护、技）师
1996	5	24	149	663
2004	6	55	348	813
2013	6	57	400	1143

第三节　医疗技术和设备

中医

内科　1996 年，薛城区中医院应用芫花、白芥子、白矾治疗支气管哮喘、喘息性支气管炎，2000 年，应用益母草合剂治疗冠心病、心绞痛，应用柴胡、白芍、元胡等制成解郁清胆液治疗慢性胆囊炎，2001 年，应用五味子、炒杏仁、桃仁、白芍、枯矾等组成久咳丸治疗慢性支气管炎、过敏性咳嗽等均效果明显。2004 年，应用川芎、丹参、红花、没药、赤芍、降香等治疗冠心病，总有效率达到 89.6%~95.7%。

外科　20 世纪 90 年代，薛城区中医院运用传统的整骨医术，外敷接骨丹、七厘散，开展临床骨伤治疗，能够加速骨折愈合，效果好。

妇科　20 世纪 90 年代，使用补肾养血药物（女贞子、枸杞子、仙茅、仙灵脾、肉苁蓉、菟丝子、当归等），促卵泡发育，增加女性激素，提高卵泡受精功能，为临床治疗积累一定的经验。

针灸理疗科　1993 年，区人民医院增添多功能腰椎牵引床、中草药蒸熏治疗机、微波治疗机、直流感应电疗机、音频治疗机等设备。开展推拿治疗腰椎间盘突出症、穴位封闭治疗肱骨外脚踝类、鞘炎、坐骨神经痛、中药熏腰治疗腰腿痛、醋离子导入治疗骨质增生、中频治疗软组织损伤等。2000 年，开展电脑三维牵引（非手术疗法）治疗颈腰椎间盘突出症、康复手法治疗脑血管后遗症、偏瘫、失语等症、药物离子经皮导入治疗输卵管不通、盆腔炎引起的不孕不育等病症。

中医护理技术　2001 年 9 月，中医护理工作由“治疗性操作”向“人性化服务”转变，突出中医辨证施护和人文关怀特色。

西医

内科　1994 年，区人民医院内科进行专业细化，分为内一科（神经、消化、中毒专业）、内二科（呼吸、内分泌专业）和内三科（血液、循环、肾内专业），各专业治疗技术如下：心内科，1998 年，建立科室。2005 年，开展急性心肌梗死的静脉溶栓疗法。2006 年，科室设有心脏病重症监护病房（CCU）。2008 年，开展心脏临时起搏器安置及中央静脉导管置入术。对冠心病、心肌梗死、高血压病、各种心律失常、心肌病、心肌炎、高脂血症、心力衰竭等疾病诊疗有丰富的临床经验，对危重病人有较高的救治成功率。呼吸内分泌科，对急慢性支气管炎、支气管哮喘、支气管扩张、各种肺炎、肺心病、气胸、肺癌、肺结核病、肺间质病、糖尿病、甲状腺功能亢进、风湿病等疾病具有较高诊疗技术。应用电子支气管镜和肺功能检测、血气分析、糖化血红蛋白检测技术，能够对肺癌做出早期诊断，并对呼吸衰竭、糖尿病酮症酸中毒及非酮症性昏迷等急重症有较高的抢救成功率。消化内科，对消化道急、慢性疾病的诊疗，尤其对急性上消化道出血、急性重症胰腺炎、胃炎、胃肠道溃疡及肿瘤、各种肝病等疾病救治积累丰富的经验。同时开展中毒性疾病的救治，对急性农药中毒、亚硝酸盐中毒等各种中毒，具有丰富的诊治经验和很高的抢救成功率。开展消化内镜的常规检查、内镜下取上消化道异物、内镜下消化道出血的治疗以及食管支架的放置等技术。神经内科，2004年，建立科室。开展各种昏迷、脑梗塞、脑出血、脑水肿、中毒性脑病、各种脑炎、脑膜炎、癫痫、瘫痪、肌肉疾病、脊髓炎、神经痛等疾病的诊治。肾内科，2005年，建立透析室，2013年，建立科室，主要开展急慢性肾炎、肾病综合症、尿路感染（急慢性肾盂肾炎、膀胱炎等）、急慢性肾功能不全、尿毒症、难治性肾病、间质性肾病、单纯性血尿、蛋白尿及继发性肾脏疾病的诊治、肾脏病营养治疗及尿毒症、多脏器衰竭等急危重症血液净化治疗。医学心理科，1997年，设立医学心理科，采用心理治疗、药物治疗、心理评估等多种方法，治疗抑郁症、焦虑症、恐惧症、强迫症、疑病症、失眠、婚姻危机等各种心理问题。重症医学科（ICU），2006年，设立重症医学科，是危、急、重症患者生命、脏器复苏的集中加强监护病房。开展各种动、静脉穿刺插管；气管插管、气管切开术；应用除颤—监护—起搏仪进行经皮体外起搏术和电复律术。以治疗急性呼吸衰竭、急性循环功能障碍、严重感染、脓毒症和多脏器功能障碍等重性病症为主攻方向。

外科　1993年，区人民医院外科分为外一科（普外、颅脑外）和外二科（泌尿、胸外、骨外）。2002年，外科再行专业细化，分为外一科（普外、泌尿外）、外二科（颅脑外、胸外）和外三科（骨外、整形外），各专业治疗技术分述如下：普外科，1996年，开展胰十二指肠切除术、高位胆管吻合术、腹膜后肿瘤切除术、甲状腺次全、全切除术、甲状腺癌颈扩术、左右半结肠切除术、小肠肿瘤切除术、胃次全切除术、高位食管胃吻合术、高选迷切除术、直肠癌根治术、脾肾静脉吻合术、嗜铬细胞瘤切除术、门静脉破裂修补术、腔静脉破裂修补术等。2004年，开展激光治疗大隐静脉曲张、腹膜前装置无张力疝修补、腹腔镜大隐静脉交通支结扎、下腔静脉置放滤器、糖尿病足球囊扩张治疗、腹腔镜微创手术等先进技术。泌尿外科，2004年建立科室，开展短小阴茎矫治术。2010年，开展肾上腺、输尿管、膀胱、前列腺、尿道等疾病的手术及膀胱全切、肠代膀胱术。骨外科，1996年，开展椎间盘切除术，四肢骨折手术等。2006年，开展烧烫伤的治疗及烧伤后畸形、先天性畸形的整复、外伤美容缝合及畸形的整复、面、胸、腹及会阴美容手术、瘢痕的缝合治疗等。2009年，开展人工全髋关节置换、人工全膝关节置换、胸腰椎骨折复位内固定、腰椎滑脱植骨融合、脊髓型颈椎病经前路减压加植骨融合术、断臂、断腕、断掌及断指再植、手足及四肢缺损创面的皮瓣移植修复、神经不可逆损伤肢体功能的晚期重建、四肢血管、神经、肌腱损伤的显微外科修复、骨不连、骨缺损、骨坏死的显微外科治疗等技术。2010年，开展关节镜下半月板损伤修复术，关节镜下滑膜切除术，关节镜下交叉韧带修复术等手术。神经外科，1996年，颅内血肿清除术、开颅减压术、脑肿瘤切除术、脑室内引流术。2002年，开展脑血管畸形手术。胸外科，1996年，开展肺肿瘤肺叶切除术、肺大泡切除术、纵隔肿瘤切除术。

妇产科　1993年，区人民医院引进“无痛分娩仪”，应用于临床，收效率达80%以上。1995年，开展宫外孕、卵巢肿瘤、子宫肌瘤手术、子宫次全切、子宫全切除术等。2005年，开展腹腔镜卵巢肿瘤切除、子宫肌瘤剔除、异位妊娠、子宫次全切、子宫全切等微创治疗术。2008年，开展宫腔镜、腹腔镜联合治疗不孕症（输卵管、卵巢与周围粘连、输卵管伞部粘连闭锁、多囊卵巢）、宫腔镜治疗宫颈疾病、子宫先天畸形、子宫内膜炎、宫腔粘连、子宫输卵管开口堵塞技术、阴道子宫切除术、阴道前后壁修补术、宫内异物取出术及无痛分娩、新式剖宫产、新生儿游泳抚触等技术。

儿科　2008年，区人民医院成立新生儿重症监护病房（NICU），先后开展封闭式、全自动外

周动静脉换血治疗新生儿高胆红素血症、机械辅助通气、全胃肠外营养等新技术，处于全市新生儿重症疾病监护救治工作的前列。

五官科耳鼻喉科　2001年，区人民医院开展鼻息肉、鼻窦炎、中隔偏曲、鼻窦囊肿根治术等。2009年，开展扁桃体摘除术、鼻骨骨折复位成形术、腭咽成形术、鼻窦癌的根治术、纤维喉镜及支撑喉镜的检查及手术、鼻内窥镜下微创手术、喉癌的根治术。眼科，2001年，开展白内障超声乳化术。2009年，开展重睑（双眼皮）、上睑下垂、斜视矫正、泪囊鼻腔吻合、复杂眼外伤、青光眼义眼植入术、角膜移植手术、视网膜脱离手术、眼底造影激光治疗等手术。口腔科，2009年，开展涎腺肿瘤切除、复杂颌面外伤整复、骨折内固定术及直丝弓牙齿矫正技术等。

麻醉科　1993年，区人民医院建立麻醉科，开展氯胺酮离解麻醉、神经安定镇痛术、神经阻滞麻醉、氯胺酮普鲁卡因静脉复合麻醉、异氟醚及氯氟醚半紧闭及紧闭麻醉、静吸复合麻醉、镇痛治疗术。2004年，开展腰硬联合麻醉、小儿硬膜外麻醉、双腔气管插管麻醉、经鼻盲探气管插管麻醉、深静脉穿刺技术、神经刺激仪定位下臂丛神经阻滞麻醉等多项技术。2008年，开展产妇自控可行走性分娩镇痛新技术。2009年，开展喉罩通气下全凭静脉麻醉新技术。

皮肤科　1995年，区人民医院开展封闭、穴位注射、冷冻术治疗血管瘤、斑痣、各种疣类、酒糟鼻、雀斑、神经性皮炎等。2010年，应用过敏性疾病治疗仪（生物共振治疗仪）、激光治疗仪、微波治疗仪、紫外线光疗仪、多功能电离子治疗仪、真菌检测仪、伍德式灯检测仪和液氮冷冻等先进诊疗设备，治疗荨麻疹、湿疹、过敏性紫癜、过敏性鼻炎、过敏性哮喘、病毒性皮肤病、银屑病、色素痣、赘生物等各类皮肤性疾病。

急诊科　1992年，区人民医院急诊科配有心电监护仪一台。开展人工呼吸、胸外按压、心内注射等急救技术。1996年10月，区人民医院“120”开通，设置急救电话，配备急救车辆，实行24小时值班制。1999年、2001年、2003年，区人民医院先后配置心电监护除颤仪、心电图机、全自动洗胃机等设备。2012年，拥有“120”救护车4辆，能够有效开展院前急救和途中监护。区中医院于1997年设立急诊科，配置相关急救设备开展急诊急救工作。

感染性疾病科　2003年，“非典”后，区直及各镇街医疗机构均设立发热门诊，常年开诊，对就诊的发热病人实施筛查。2010年1月，区人民医院将原发热门诊和肠道门诊合并，成立感染性疾病科，主要负责就诊患者的传染病人的筛查、诊疗。

公共卫生科　1993年，区人民医院预防保健科兼负院内感染控制工作。2013年，改为公共卫生科，主要承担传染病、慢病、死因监测、妇幼信息管理上报及卫生应急和健康教育等工作。

肿瘤科　肿瘤科开展PICC置管、胸腹腔闭式引流及药物灌注化疗、CT及B超下穿刺活检术等，治疗各种原因所致贫血、白血病、肺癌、乳腺癌、淋巴瘤、消化道肿瘤等。

特殊治疗技术　高压氧：适应于一氧化碳中毒和部分毒物中毒的治疗。血液透析：主要适应于尿毒症和各种原因引起的肾功能不全。

医疗设备

1997年，区人民医院增设CT机、彩超诊断仪等。2000年后，各医疗卫生单位加大投入，更新诊疗设备，万元以上设备近900台。2013年，区人民医院拥有数字剪影血管造影机（DSA）、超导核磁共振机、西门子光子双源CT、西门子S2000超声诊断仪等高端医疗设备，开展冠状动脉支架植入术、下腔静脉滤器置入术、人工股骨头置换术、PICC置管术、肝癌的栓塞介入治疗等技术。

西医诊断技术

检验技术　1990年，区人民医院开展血脂（CH、TG、脂蛋白电泳）、免疫（AKT、ASO、酶标）、细胞学（骨髓分类、脱落细胞）、细菌培养、药敏等五类十余个项目的检查。2000 年，开展肝功、肾功、心肌酶等 30 余项生化项目检测。2004 年，开展血气分析和血液流变学检测。2005 年，开展艾滋病抗体筛查。2006 年，开展甲状腺功能、激素、肿瘤标志物等检测。2010 年，开展乙肝五项定量检测、C－反应蛋白、糖化血红蛋白、肺炎支原体抗体、降钙素原、心梗三联、D 二聚体、脑钠肽、尿沉渣分析、血型的正反定型等的检测。

功能检查技术　超声诊断：1992 年，区人民医院购置 B 型超声机 1 台。2013 年，购置数字化实时三维全身型彩色多普勒超声波诊断仪，提高超声诊断技术，对心脏、血管疾病、胎儿畸形、小器官病变、肝脏病变及肾血管病变能够进行早期准确诊断。心电图：2007 年，区中医院配置动态心电图工作站。2011 年，区人民医院购置心电监护工作站系统，可进行心脏远程实时监护。2009—2013 年，全区镇街卫生院、社区卫生服务中心均先后购置动态心电图机和心电监护仪。脑电图：2002 年，区人民医院购置经颅多普勒，为检测颅内、外血管病变的新技术，能够诊断脑血管疾病。2007 年，区中医院购置脑电图仪 1 台。

影像技术　1992 年，区人民医院将 500 毫安 X 线机改装为遥控摆篮，开展静脉肾盂造影、静脉胆囊造影、逆行肾盂造影、脑血管造影等新技术。诊断颅脑、胸外、心血管、消化、泌尿、胆道系统等部位的炎症性、占位性、外伤性等多种疾病。2009 年，购置 R200（80 千瓦、1000ma）数字胃肠机，开展周围血管造影、下肢血管滤器植入等。购置口腔 CT、乳腺 DR 机、西门子数字化通用型平板血管造影系统（DSA），开展口腔牙片、口腔全景及颌面部三维重建、乳腺疾病的检查诊断、肝脏、周围血管介入治疗等。1997 年，区人民医院购买德国西门子公司生产的 SOMATOMAR. C 型号的 CT 机 1 台，对全身各部位有形态学改变的组织器官病变做出较准确的诊断。2009 年，区人民医院购置美国 GE signd HDe 1. 5T 超导型磁共振机，开展不使用造影剂行血管造影、胆管造影、泌尿系造影、脊膜腔造影、脑功能成像术及类 PET 检查，诊断肿瘤性疾病，判断心肌活性等。

病理检查　2008 年，区人民医院购置液基薄层细胞学制片机，开展妇科 TCT 检查。购置珊顿封闭式全自动脱水机和全自动染色、封片工作站，病理诊断准确率 98%以上。

西医护理技术

1994 年，区人民医院内、外、急诊科相继配备心电监护仪、人工呼吸机、除颤仪等设备，护士能熟悉危重病人的抢救程序，并能掌握急救器械与药品的使用，还能独立操作呼吸机、除颤器、心电监护仪等。护士在作紧急抢救时，能应急处理呼吸停止、心脏骤停等危急病人。2004 年，组建重症监护病房（ICU），护士能应用多功能监护仪开展心电、呼吸、血压及体温的监护。

2013 年薛城区医疗器械设备一览表

表 26-9

单位	仪器名称
区人民医院	经颅多普勒、移动 X 光机、CT 机、UPS、口腔综合治疗台、真空灭菌器、多功能心电监护仪、综合治疗仪、电脑胎儿监护仪、鼻窦内窥镜、牙科综合治疗台、耳鼻喉综合治疗台、裂隙灯、戊二醛消毒机、眼科手术显微镜、眼科 a/b 超、超声乳化仪、纤维鼻咽喉镜、电脑验光、非接触式眼压计、多参数监护仪、冷冻治疗仪、电脑视野仪、卡式灭菌器、数字眼底照相机、激光光凝仪、压力蒸汽灭菌器、压力蒸汽灭菌器、胃镜消毒机、电子结肠镜、奥林巴斯电子胃镜、电子胃镜、HUBT-01 型 HP 测试仪、电子胃镜镜体、多参数监护仪、下肢关节康复器、妇科检查床、产科中央监护站 SRF6、出生医学证明设备、电脑胎儿监护仪、多功能监护仪、多功能监护仪、全自动眼科手术床、高频电刀、医用手术对接车、血液透析系统、全自动脱水机、双通道输尿管镜、药物熏蒸机、低速离心机、酶标仪、孵育器、产后康复综合治疗仪、熏蒸仪、洗板机、高智能综合护理人、高级自动电脑、心脏复苏模拟人、多功能呼吸睡眠检测仪、多功能呼吸机、非接触性眼压系统、口腔综合治疗台、全自动血液培养系统、耳鼻喉综合动力系统、耳鼻喉综合治疗台、心电监护工作站系统、经皮肾镜、高清电子胃镜及治疗系统、裂隙灯及影像系统、高级多功能新生儿、综合急救训练模拟人、胰岛素泵、原装六导全自动心电图机、综合手术床、泵站及发生器、高能窄谱光动力系统治疗仪、电脑型胎儿监护仪（一拖二）、全自动革兰氏检测仪、便携式纤维插管内窥镜、生化仪（全自动）、膀胱内窥镜、三合一口腔 CT、电子鼻咽喉镜、声阻抗仪、隔音室工程、眼手术显微镜、心肺复苏仪、管路消毒机、电子结肠镜
中医院	CT、CR、X 光机、彩超、生化分析仪、X 光机、血球分析仪、心电工作站、血球分析仪、微波理疗机、生物反馈治疗仪、柯达激光打印机、柯达激光打印机、脑循环治疗机、裂隙灯、牵引床、骨质疏松治疗仪、气压治疗仪、中药熏蒸机
疾控中心	XF9030B 自动血液细胞分析仪、半自动生化分析仪、生物安全柜、TY-9500 一氧化碳测定仪、酶标仪、Fwido 自动洗板机、XG300D 医用诊断 X 射线机、冲洗机、心电图机、UV-B 紫外线辐射照度计、全自动血细胞分析仪、兹达听力计、电子恒温培养箱、800-D3 分光光度计、甲醛检测仪、荧光显微镜、气象色谱数字粉尘仪
区妇保站	上海科华全自动生化分析仪、深圳迈瑞全自动血细胞分析仪、深圳迈瑞全自动血细胞分析仪、长春迪瑞全自动尿液分析仪、桂林优利特全自动尿液分析仪、奥林巴斯显微镜、上海手术器械厂离心机、湘仪离心机、北京普朗洗板机、上海汉诺梅毒旋转仪、杭州天创纯水机、海尔医用冷藏箱、上海精宏水温箱、电动流产吸引器、电动流产吸引器、B 超监视妇产科手术仪、电子阴道镜
陶庄镇中心卫生院	CR 机、多参数监护仪、全自动生化分析仪、牙科治疗椅、牙科灭菌器、煎药机、包装机六道心电图机、红外乳腺检查工作站、水处理机、自动平衡离心机、非接触眼压计、眼科手术显微镜、眼科 A/B 超、裂隙灯显微镜、自动分析仪、监护仪、麻醉机、无影灯、无影灯、多功能腰椎牵引床
张范镇中心卫生院	全自动生化分析仪、全自动血液细胞分析仪、全自动血液细胞分析仪、全自动血液黏度动态分析仪、彩色超声诊断仪、多导心电图机、动态心电图诊断仪、经颅多普勒诊断仪、X 射线摄影系统（DR 拍片机）

续表26-9

单位	仪器名称
邹坞镇中心卫生院	美诺瓦数字X光机、经颅多普勒、血流变仪、彩色多普勒、全自动生化分析仪心电工作站、动态心电工作站、全自动血液细胞分析仪、中频治疗仪、微波治疗仪、熏蒸床、牵引床、煎药机
周营镇中心卫生院	彩超机、DRX光机、ABX血球计数仪、牵引床、大生化血液分析仪、麻醉剂、全自动生化分析仪、针灸治疗
沙沟镇中心卫生院	牙科综合治疗仪、B超机、500毫安X光机、呼吸机、麻醉机、半自动生化分析仪、尿液分析仪、迈瑞DC-6彩色超声诊断仪、心电监护仪、心电图机、全自动生化分析仪、血球计数仪
常庄镇中心卫生院	50毫安X线机、血红蛋白分析仪、全自动生化分析仪、全自动血球分析仪、尿液分析仪、彩色多普勒超声系统、经颅多普勒、计算机X线成像系统（CR）、500毫安X光机、心电图机、动态心电图、短波治疗仪、中频治疗仪、中药熏蒸机、三维电脑牵引床、疼痛治疗仪
兴城社区卫生服务中心	上海科华全自动生化分析仪、深圳迈瑞全自动血细胞分析仪、深圳迈瑞全自动血细胞分析仪、长春迪瑞全自动尿液分析仪、桂林优利特全自动尿液分析仪、奥林巴斯显微镜、上海手术器械厂离心机、湘仪离心机、北京普朗洗板机、上海汉诺梅毒旋转仪、杭州天创纯水机、海尔医用冷藏箱、上海精宏水温箱、电动流产吸引器、电动流产吸引器、B超监视妇产科手术仪、电子阴道镜
兴仁社区卫生服务中心	500毫安X光机、全自动洗片机、全自动生化分析仪、尿液分析仪、血凝仪、彩色多普勒诊断仪、经颅多普勒诊断仪、微波治疗仪、多导自动分析心电图、心电图机、动态心电图机、全自动血液分析仪、微量元素分析仪自动尿沉渣分析系统、自动血流变仪、牙科X射线机、牙科自动洗片机、十二导全自动分析心电图机、电动手术床、无影灯、心电监护仪、洗胃机、离心机、中频治疗仪、血沉仪、健康体检车、全自动生化分析仪、半自动尿液分析仪

第四节　医学科研成果

1990—2013年，护士的理论水平不断提高，每年都有护理科研论文参加国家、省、市级护理专业会议交流或在各级刊物上发表。

2003—2008年薛城区预防医学、妇幼卫生研究成果一览表

表26-10

姓　名	成果名称	奖励等级	日期
孙晋礼	传染性非典型肺炎防治工作数据库与处理程序开发与应用	市科技进步三等奖	2003.06
谢　慧	薛城区0~7岁儿童家长预防接种知识调查及影响因素研究	市科技进步二等奖	2008.11
孙中环	薛城区农村居住人群乙型肝炎感染血清学调查及相关因素研究	市科技进步三等奖	2008.11
周　萍	薛城区已婚体检妇女生殖道感染现状及影响因素研究	市科技进步三等奖	2008.12

1998—2013 年薛城区临床医学、药物学研究成果一览表

表 26-11

姓　名	成果名称	奖励等级	日期
王慎夫	定喘胶囊平喘效果的临床研究	市科技进步三等奖	1998.04
陈书新	益母草合剂治疗冠心病、心绞痛临床研究	市科技进步三等奖	2003
王慎夫	久咳丸止咳效果的临床研究	市科技进步三等奖	2003
王思荣	心先安异舒吉联用与血管紧张素转换酶抑制剂治疗顽固性心衰临床研究	科技进步三等奖	2003
徐淑娟	细节管理对急诊科护士护理执行力研究	市科技进步二等奖	2007.11
傅宝君	腺肌丸治疗子宫腺肌病临床研究	市科技进步三等奖	2007.12
傅宝君	冠花胶囊治疗放环后月经异常临床研究	市科技进步三等奖	2007.12
张正静	高三尖杉酯碱联合复方甘草酸单铵治疗重度过敏性紫癜疗效研究	市科技进步三等奖	2008.01
张延亮	冷光源下小横切口阑尾切除 1000 例回顾性分析	市科技进步二等奖	2008.09
张延亮	透皮缝扎小切口高位结扎治疗下肢浅静脉曲张的对比研究	市科技进步二等奖	2008.09
褚福海	扩张器治疗烧伤后瘢痕术士改良的临床应用研究	市科技进步二等奖	2008.09
彭景兰	氨氯地平与培哚普利对原发性高血压患者运动血压的影响	市科技进步二等奖	2008.09
彭景兰	卡维地洛、氯沙坦联合托拉塞米治疗慢性心衰的疗效观察	市科技进步三等奖	2008.09
宋桂红	温针灸吸经特定穴位治疗慢性腹泻的临床研究	市科技进步三等奖	2008.10
冯迎春	磁力声控导航带锁髓内钉在四肢骨折中的临床应用研究	市科技进步三等奖	2009.09
冯迎春	C 型臂 X 线下闭合复位 微创固定治疗老年性四肢骨端 性骨折的临床研究	市科技进步二等奖	2009.09
冯迎春	磁力声控导航节缝髓内钉在四肢骨折中的临床应用	市科技进步三等奖	2009.09
张艳霞	外科病房流程改进对护理内涵质量的影响	市科技进步二等奖	2009.09
张艳霞	航空式护理服务模式病区实施认可情况调查分析	市科技进步三等奖	2009.09
张艳霞	卧床患者使用自制棉热圈阻防褥疮的效果研究	市科技进步三等奖	2009.09
张学颖	龙血竭联合蜂胶治疗二度及三度褥疮的临床效果研究	市科技进步二等奖	2009.12
韩兆娣	不同年龄组脑梗衰患者对健康教育内容及形成需求的调查分析	市科技进步二等奖	2010.01
吴开凤	慢性肾衰竭病人并发抑郁障碍认知护理干预	市科技进步二等奖	2010.01
曹丽玲	情感教育应用电子结肠镜检查患者的效果分析	市科技进步三等奖	2010.01
冯迎春	纵形小切口 空行内穿张力带钢丝内固定治疗骨折的临床应用研究	市科技进步二等奖	2010.01
孟庆涛	闭会牵引复位微创镇定加压钢板治疗老年骨骨髓	市科技进步三等奖	2011.05
王　敏	不同外用药物治疗霉菌性阴道炎的效果研究	市科技进步三等奖	2011.05
李瑞芹	认知行为对中学学生心理健康影响	枣庄市科委二等奖	2011.08
孙　波	雷贝拉唑伊托必利联合多虑平治疗反流性食管炎疗效研究	市科技进步三等奖	2011.08
张　明	炙甘草汤对肿瘤多药耐药逆转 P—gp 表达影响	市科技进步三等奖	2011.08
佟　勇	喉内镜下液氮冷冻治疗舌扁桃体肥大	市科技进步二等奖	2011.08
冯迎春	经伤椎多方位植骨及后路 GSS 钉-棒系统椎弓根固定治疗胸腰椎骨折临床应用研究	市科技进步三等奖	2011.08
王　敏	自拟增液润肠治疗产后便秘的应用研究	市科技进步二等奖	2011

续表26-11

姓　名	成果名称	奖励等级	日期
王　超	甲硫氨酸维 B1 联合护肝片治疗脂肪肝的临床研究	市科技进步二等奖	2011
佟　勇	喉内镜下液氮冷冻与舌扁桃体肥大	市科技进步二等奖	2011
孟庆涛	L 型锁定钢板治疗较短胫骨远端干骺端骨临床观察	市科技进步二等奖	2012. 05
陈玉兵	远端蒂的足背内侧皮神经营养血管皮瓣在足背远端缺损创面修复中的应用研究	市科技进步二等奖	2012. 05
杨保永	SLIPA 喉罩对留置胃管的腹腔镜胆囊切除术全麻患者 $PetCO_2$ 及 $PaCO_2$ 的影响	市科技进步二等奖	2012
杨保永	丙泊酚静脉麻醉对肺癌患者神经元特异性烯醇化酶（NSE）的影响	市科技进步二等奖	2012
高邹芹	自制马铃薯冰袋片外敷会阴切口临床研究	市科技进步二等奖	2012
孙启耀	Ho-1、Avastin 与 2 型糖尿病视网膜病变的相关性研究	市科技进步二等奖	2013
薛城敬	细辛脑、参麦注射液联合应用治疗 AECOPD 的疗效观察	市科技进步二等奖	2013
王成明	包皮环切术治疗浅表性包皮龟头炎的疗效分析	市科技进步二等奖	2013
吕　艳	内异胶囊治疗子宫内膜异位症痛经临床表现	市科技进步二等奖	2013
傅宝君	蒲七胶囊治疗放环后经期延长临床研究	市科技进步二等奖	2013
张茂峰	纳洛酮联合醒脑静在抢救急性意识障碍中的治疗作用	市科技进步三等奖	2013

1992—2012 年薛城区预防医学、妇幼卫生论文一览表

表 26-12

姓　名	杂志名称	题目	发表日期
钟桂菊	中国学校卫生	聘用校外保健教师是解决农村学校卫生人员缺乏的新途径	1992. 04
汪昌平	中国卫生监督	二十六起行政处罚强制执行案件的几点体会	1993. 02
孙延釜	中国食品卫生	基层食品卫生监督管理浅析	1993. 06
王介友	中国公共卫生	冷饮食品送样过程中细菌消长的初步研究	1993. 09
钟桂菊	中国学校卫生	学生普服丙硫咪唑药物不良反应	1994. 03
钟桂菊	中国学校卫生	薛城区学校营养性贫血调查	1994. 04
王介友	食品科学	克鲁氏假丝酵母菌引起山楂罐头酸败变质的实验研究	1994. 06
张晓江	预防医学文献信息	某中学肺结核病暴发流行调查	1995. 04
吴　明	中国辐射卫生	X 线腹部透视的放射防护问题及对策	1995. 08
王介友	国外医学临床生物化学与检验分册	应用肠杆菌科噬菌体裂解试验应用于肠杆菌的快速诊断	1995. 10
种法亮	预防医学文献信息	58 例病毒性脑炎病例分析	1996. 02
孙延釜	预防医学文献信息	薛城区病脑发生原因调查分析	1996. 02
孙延釜	中国计划免疫	接种卡介苗后瘢痕形成的调查	1996. 03
戴志德	中国寄生虫病防治杂志	薛城区疟疾消灭后病例分析	1996. 03
种法亮	预防医学文献信息	枣庄八中学生视力 7 年动态分析	1997. 01

续表26-12

姓　名	杂志名称	题目	发表日期
王介友	中国自然医学杂志	枣庄市致病性弧菌肠毒素检测研究	2001. 05
王介友	中国自然医学杂志	食物中毒标本中奇异变形杆菌致病因子检测研究	2002. 02
王介友	预防医学文献信息	街头摊点食品用具细菌污染状况调查	2002. 05
谢　慧	中国寄生虫病防治杂志	枣庄市薛城区人群肠道寄生虫感染调查	2003. 08
谢　慧	预防医学论坛	2006年枣庄市薛城区农村人群乙型肝炎病毒感染血清学调查	2009. 06
谢　慧	预防医学论坛	2008年枣庄市薛城区0~7岁儿童家长预防接种知识调查	2009. 10
周　萍	中国生育健康杂志	2004—2008年薛城区孕前医学检查与出生缺陷分析	2010. 05
谢　慧	预防医学论坛	2006年薛城区1~14岁农村儿童乙肝疫苗接种及其效果评价	2010. 06
谢　慧	预防医学论坛	2010年枣庄市薛城区居民死亡资料分析	2011. 10
孙宝影	现代预防医学	枣庄市2004—2009年医疗机构消毒质量监测结果分析	2012. 04
孙宝影	预防医学论坛	使用中的家用太阳能热水器储水箱出水水质卫生状况调查	2012. 05
孙宝影	预防医学论坛	2011年枣庄市部分公共场所集中空调通风系统卫生状况调查	2012. 07
渐秀彦	中国保健营养	公共场所空调系统及公用物品卫生监测结果分析	2012. 10

1991—2013年薛城区临床医学、药物学论文一览表

表26-13

姓　名	报刊名称	论文题目	出版日期
苏纯玉	中国骨伤	中药在骨折中的应用体会	1991. 08
何晋龙	实用外科杂志	老年急腹症诊治分析	1991. 09
苏纯玉	中国骨伤	三痹汤治疗老年性风寒湿性关节痛	1991. 12
吴乙青	实用外科杂志	腹痛闭合损伤诊治进展	1992. 05
何晋龙	实用外科杂志	成人肠套叠临床特点及治疗	1992. 05
魏发旺	中华肿瘤杂志	食道贲门癌30例临床分析	1992. 07
何晋龙	实用中西医结合杂志	中西医结合治疗胆石症	1992. 08
吴乙青	实用中西医结合杂志	中西医结合治疗胆石症119例	1992. 09
马连金	实用外科杂志	肠系膜动脉栓塞诊治体会	1993. 03
田厚振	实用外科杂志	16例小儿肝豆状变性临床及CT结果分析	1993. 03
田厚振	实用外科杂志	遗传性球形红细胞症多症一例	1993. 03
张世勤	中国医学文摘	解磷注射液治疗有机磷农药中毒44例临床观察	1993. 11
董怀启	中华创伤杂志	腹部创伤20例分析	1994. 04
董怀启	中国骨伤杂志	颈椎chance骨折一例	1995. 03
董怀启	骨与关节损伤杂志	骨膜外钢板内固定治疗股骨干骨折32例	1995. 04
梁兴国	中国实用外科杂志	脾外伤继发脾脓肿3例处理体会	1995. 04
赵克芳	医学综述	心力衰竭药物治疗现状	1995. 04

续表26-13

姓　名	报刊名称	论文题目	出版日期
彭景涛	医学综述	心力衰竭的药物治疗现状	1995. 04
彭景涛	医学综述	卡托普利治疗充血性心力衰竭的临床观察	1995. 05
顾秀珍	医学综述	酚妥拉明治疗肺炎心衰疗效观察	1995. 06
周连生	中国中西医结合杂志	推拿治疗老年膝关节炎	1995. 09
淅怀平	中国皮肤性病学杂志	特非那丁与雷尼替丁联合应用治疗性荨麻疹 32 例	1996. 01
吴乙青	中级医刊	化瘀汤治疗胸膜壁血栓性浅静脉炎	1996. 02
种道鑫	中国药事	谈调剂工作中的复核制度	1996. 04
种道鑫	中国药事	加强药品管理、提高医院效益	1996. 04
彭景涛	新医学	急性脑梗塞的血压变化规律的对策	1996. 05
巩玉珍	中国医院药物杂志	氧哌秦的速发性过敏反应问答	1996. 05
吴乙青	中国医学文摘外文版	中西医结合治疗外科急性感染临床分析	1996. 06
彭景涛	医学综述	辅酶 Q10 治疗充血性心力衰竭的临床观察	1996. 10
张世勤	医学综述	Lam bert-Eaton 肌无力综合弧的诊治	1996. 12
赵克芳	医学综述	PEFV1 异常的临床含义	1996. 12
王　磊	中华临床医药杂志	亚硝酸盐中毒 15 例临床分析	2002. 12
王　敏	中华护理月刊	胸腺肽过敏反应护理预防及处理	2003. 10
王　敏	中华护理月刊	胸腺肽过敏反应护理预防及处理	2003. 10
杨保永	中国实用医刊	剖宫产术不同麻醉方法对麻醉效果与新生儿的影响	2003
张宝燕	中国保健营养	三项服务承诺在临床护理中的应用及效果评价	2003
李兴华	中医药临床杂志	中西医结合治疗慢性肺心病心力衰竭临床观察	2004. 06
李艳秋	医学与法学	浅析上消化道出血的日常护理	2004
张　亮	中华医学会	三位一体化救治对严重创伤患者预后的影响	2004
冯迎春	中国骨与关节损伤杂志	经伤锥多方位植骨及后路 GSS 钉—棒系统内固定治疗胸腰椎骨折	2004
冯迎春	中国骨与关节损伤杂志	人工股骨头置换与 DHS、锁定钢板内固定治疗老年不稳定股骨粗隆间骨折的疗效分析	2004
褚福海	中华小儿外科杂志	皮肤扩张器在小儿颈胸部烫伤后瘢痕中的应用	2005. 07
褚福海	中华烧伤杂志	皮肤扩张器治疗小儿颈胸部烫伤后疤痕挛缩 13 例	2005. 08
杨保永	中国现代医生	SLIPA 喉罩在留置胃管的腹腔镜胆囊切除术全麻患者中的应用研究	2005
李艳秋	中国保健营养	神经内科护理人力配置与护理质量的相关性研究	2005
孟庆涛	中国矫形外科杂志	两种方法治疗短胫骨远端干骺端骨折的疗效比较	2005
陈玉兵	中国数字医学	快速成型椎个体化导航模板精确度实验研究	2005

续表26-13

姓　名	报刊名称	论文题目	出版日期
褚福海	中华医学美学美容杂志	多次切除环扎缝合治疗较大疤痕及色素痣	2006. 02
张　明	中国医药指南	激素滥用导致发热不退的中医治疗体会	2006
王　敏	中华疝和腹壁外科杂志	局部麻醉下行无张力疝修补术 142 例护理体会	2006
张　亮	中国当代医学	地西泮联合常规气管插管在机型中重度有机磷农药重度患者治疗中的作用	2006
王　军	中国保健营养	肯特令联合百多邦治疗新生儿红臀的疗效	2006
陈玉兵	中国医药科学	低旋转点的隐神经营养血管远端蒂皮瓣的临床应用	2006
邢美云	中国医药指南	抚触联合蓝光治疗新生儿黄疸的临床观察	2006
颜　慧	光明中医	滞针疗法配合心理疏导治疗产后缺乳的体会	2006
陈子龙	新医学	1 例以腹泻为主要症状的甲状腺功能亢进症的误诊教训	2007. 06
王广峰	求医问药	浅谈脑卒中抑郁与患者发生 A 型行为及其血清内皮质醇、C—反应蛋白和同型半胱氨酸水平的关系	2007
赵　娜	中外健康文摘	1 例气囊导尿管操作不当的护理体会	2007
王学信	医学创新研究	浅谈医院合理应用抗生素及其意义	2008. 02
褚福海	中华医学美学美容杂志	十字星形切除在整形外科中的应用	2008. 06
曹继云	医学创新研究	低血糖脑病误诊急性脑栓塞 1 例	2008. 06
褚福海	中华烧伤杂志	“井”字切开扩张皮肤包膜后皮瓣修复瘢痕挛缩 81 例	2008. 12
冯迎春	中国骨与关节损伤	髌前直纵切口可分离式聚髌器内固定治疗髌骨骨折	2008
袁玉麟	求医问药	56 例脑外伤硬膜外血肿的临床治疗体会	2008
华秀芝	中华现代护理杂志	协同护理模式对腹腔镜下肾癌根治术患者负性情绪及生活质量的影响	2008
王学信	中外医疗	注射用炎琥宁治疗急性上呼吸道感染 19 例分析	2009. 10
王敏萍	中华实用中西医杂志	不同外用药物治疗霉菌性阴道炎的效果研究	2009
王绍玲	中国医药指南	ICU 患者使用接卸通气发生肺损伤的原因分析及护理措施	2009
王广峰	求医问药	使用耳穴疗法配合盐酸舍曲林治疗卒中后抑郁的临床疗效研究	2009
王淑英	中华实用中西医杂志	护理干预在鼻内镜术后康复中的作用	2009
薛桂华	光明中医	针刺治疗急性腰扭转	2009
宋桂红	中国中医药科技	温针灸上巨虚穴治疗慢性腹泻 30 例	2010. 01
王　敏	中华疝和腹壁外科杂志	局部麻醉下行无张力疝修补术 142 例护理体会	2012. 05
薛桂华	光明中医	针刺治疗急性腰扭伤	2013. 11
杨保永	中国基层医药	帕瑞昔布钠超期镇痛对子宫肌瘤手术患者应激反应的影响	2013. 12
杨保永	中国实用医刊	剖宫产术不同麻醉方法对麻醉效果与新生儿的影响研究	2013. 12
孟庆涛	中国矫形外科杂志	两种方法治疗较短胫骨远端干骺端骨折疗效比较	2013

1991—2010 年薛城区医学论著一览表

表 26-14

作　者	出版社名称	论著题目	发表日期
鲁开基	山东大学出版社	儿科实用验方	1991. 03
张世勤	世界图书出版公司北京分公司	基层医生临床手册	1992. 10
王荣国	上海科学技术文献出版社	内科疾病诊疗标准	1993. 06
姜立佩	华龄出版社	痔瘘诊疗	1993. 07
张世勤	世界图书出版公司北京分公司	临床医师论文写作必备手册	1993. 09
张世勤	世界图书出版公司北京分公司	实用临床诊断试验手册	1993. 09
巩玉珍	山东科技出版社	药物在临床不良反应	1993. 12
马连金	中国科学技术出版社	手部创伤的处理	1994. 02
吕传祥	中国医学出版社	常见病家庭治疗手册	1995. 05
姜立佩	中国医药科技出版社	当代中国骨科临床与康复	1995. 06
郭　艳	中国科学技术出版社	临床心脏病急症	1995. 07
李兴华	上海医科大学出版社	儿科疾病诊疗标准	1997. 03
王　妍	中国三峡出版社	疾病治疗与护理	2001. 04
王思荣	齐鲁音像出版社	医学研究心得笔谈	2002. 06
刘　翔	齐鲁电子音像出版社	中医诊疗辑要	2007. 06
冯迎春	山东科学技术出版社	新编院前急救学	2008. 10
冯迎春	中国古籍出版社	骨科学	2009. 07
宋桂红	科学出版社	人体特效穴位之背俞穴、募穴	2010. 09

2005—2012 年薛城区获专利一览表

表 26-15

姓　名	名称	性质	完成时间
王介友	涂抹平板培养法涂抹器	实用新型	2005. 10. 16
王学信	新型药瓶	实用新型	2009. 12
王学信	新型封闭式取药器	实用新型	2010. 01
周　萍	一种带有照明装置的窥阴器	实用新型	2011. 09
阮春香	折叠式物体表面采样规格板	实用型	2011. 12. 30
曹海燕	一种妇产科治疗用器具	实用型	2012. 02. 10
张莉莉	一种医院用护理推车	实用新型	2012. 03. 01
韩兆娣	一种多功能电动升降护理床	实用新型	2012. 10. 03

第五章　爱国卫生和红十字会

第一节　爱国卫生

城市卫生

1991年，薛城区开展“齐鲁杯”城市“三上”竞赛活动，各单位按照“门前三包、门内达标”要求，净化环境、美化环境，连续三年被市爱卫会评为城市卫生先进区，同时有20个单位被评为卫生先进单位。1993年，根据市委、市政府创建国家级卫生城市的要求，薛城区掀起创建省级卫生城市活动高潮，整修5条主干道、14条次干道，新修黄河东路、永兴东路、沿河路、永福南路，粉刷墙壁2.1万平方米，种植行道树4200株，拆除违章建筑87处，清运垃圾1600立方米，蚊蝇消杀面积3.5万平方米。10月25日，顺利通过省爱卫会省级卫生城市检查考核团的考核验收，被命名为“省级卫生城区”。1995年6月22日，全区召开创建卫生城市迎检动员会议，组织3次万人以上参加的城市卫生突击治理活动，对薛城镇、常庄镇、开发区境内重点路段及城乡接合部进行整治，新建5处水冲式厕所，清理下水道1万米，配置垃圾箱90个，修补路面2万平方米，拆除违章建筑300处，取缔非法洗车点10个，永兴路建立健康教育一条街设置宣传栏42处，印发宣传材料10万份，开展4次大规模集中灭鼠和蚊蝇消杀活动，新建垃圾中转站和粪便无害化处理厂投入使用。10月11日，通过第三次全国城市卫生检查考核验收。1998年8月起，全区开展2个月城区环境卫生和市容市貌综合整治活动，新建水冲式厕所4处，配置垃圾箱23个，栽植绿化树木2万株，组织3次城区大规模蚊蝇集中消杀活动，顺利通过第四次全国卫生城市大检查。2004年，开展文明市民教育和市民卫生健康教育活动，城市卫生管理工作日趋经常化、规范化、法制化。2009年，结合棚户区建设及旧城改造，开展创建“国家卫生城市”活动，城市基础卫生设施和城乡环境卫生明显改善。2013年年，开展创建“文明城市”“卫生城市”活动，推行城乡环境卫生一体化，城乡环境卫生面貌焕然一新。

农村卫生

改水　1995年，夏庄乡实施“四通”工程，村村用上自来水。1996年3月，邹坞镇兴建万人饮用水工程，是年7月1日一次试水成功。至此，薛城区农村建简易自来水站100个，自来水入户率达60%以上，受益人口21万余人。1999年，全区农村安全卫生水总受益率达99.56%，其中自来水普及率达51.22%。2008年，农村改水工作，发展以镇（街）为单位的社会化供水机构，大力推广自来水。至2009年，全区居民饮用自来水。

改厕粪管　2002年，结合农村能源建设、住宅建设，卫生、建委、农委、科委等部门加强农村户厕改造的技术指导和监督管理，大力推广卫生厕所，搞好粪便无害化处理，改善农村环境卫生条件。2009年，薛城区列入中央补助农村卫生改厕项目区，2010年，建农村无害化厕所550户，至2011年2月底，完成1000个农村改厕重大公共卫生项目。同时新增无害化卫生厕户数6000户，农村卫生厕所普及率和粪便无害化处理显著提高，无害化卫生厕所普及率9.25%。

除害活动

灭鼠　1990年，薛城区灭鼠工作通过省爱卫会“无鼠害区”考核验收。1993年、1995年、1998年、2009年、2013年，在全省城市卫生检查中，薛城区达到省爱卫会制定的灭鼠先进城区的标准。

灭蚊、蝇　1992 年起，区爱卫办组建的蚊蝇消杀专业队与城区 80 家单位签订消杀合同，突击消杀和日常消杀相结合，蚊蝇密度逐年下降。1993 年后，在每次省、市爱国卫生检查中灭蚊蝇工作均达到其规定的标准。

第二节　薛城区红十字会

组织机构

1985 年 2 月，薛城红十字会成立，办公室设在区卫生局。1994 年 12 月，薛城区对原薛城区红十字会理事会组成人员进行调整。2008 年 10 月，薛城区红十字会召开第三次会员代表大会，进行换届选举。是年，被市红十字会评为“支援四川抗震救灾突出奉献单位”。2010 年，被评为全省红十字宣传工作先进集体。2011 年，区卫生局被枣庄市红十字会评为全市红十字会备灾救灾先进集体。

无偿献血

1996 年，首次组织无偿献血活动，献血人数 460 人。2003 年 4 月 24 日，组织支援北京抗击“非典”献血活动，紧急无偿献血 2000 毫升。2004 年 3 月 26 日，值纪念中国红十字会建立 100 周年之际，举行捐献造血干细胞血样采集活动，采集血样 445 份。2007 年，全区参加献血人员 1027 人次，献血量 3170 毫升，捐献造血干细胞采集血样 298 份。2009 年，薛城区参加无偿献血 965 人，献血 282600 毫升。2010 年 1 月，组织 1025 人次进行无偿献血，献血量为 356400 毫升。2011 年，造血干细胞采集血样 300 份。

造血干细胞捐献

2001 年 11 月 13 日，在区体校举行薛城区捐献造血干细胞万人签名启动仪式，5000 余人先后在百米长卷上签名。2009 年 10 月，区机关干部刘志军成功捐献造血干细胞，为全区首位捐献者。2010 年 11 月，薛城区人民医院保健科主任周广利向患者捐献造血干细胞，为薛城区卫生系统首位捐献者。2013 年 10 月，薛城地税分局工作人员孙晓红成功捐献造血干细胞，为薛城区首位涉外捐献者。

遗体、器官捐献

2012 年 11 月，邹坞镇北陈郝村 13 岁女童甘某某，在山东省齐鲁医院捐献遗体和角膜，为全区首位遗体、器官捐献者。2013 年 10 月，薛城区焦化厂退休职工赵恒廉在区红十字会办理角膜捐献申请登记。是年 11 月，原枣庄市肉联厂职工张贤德无偿捐献眼角膜。

募捐、救灾

1993 年，薛城区部分地区发生洪涝灾害，区红十字会组织医务人员到灾区诊治病人 568 人次，发动机关干部职工向灾区捐款 2680 元，衣物 2484 件。1994 年，区人民医院为新疆受灾群众捐赠衣被 242 件，捐款 1500 余元。1995 年，组织实施“博爱在齐鲁，温暖千家万户”活动，走访急、困户 1000 余家，送大衣、棉被 400 余件，其他衣物 1600 余件，大米、面粉、食用油等 4000 余公斤，发放救助金 5000 余元。1998 年，卫生系统为长江流域受灾群众捐款 27270 元。2002 年，为台儿庄液化气站爆炸事件伤员募捐 1.5 万余元，对区内 3 名困难病患者发放救助善款。是年 10 月，薛城区红十字会建立薛城区社会救助基金会，为自然灾害和突发事件救助工作储备救助资金，是年 12 月，救助基金会举行首次募捐活动，捐得善款 72 万余元。2005 年，支援印度洋地震灾区捐款 15.3 万元，2007 年，卫生系统为合作医疗困难户捐款 24586 元。2008 年，支援四川汶川地震灾区捐款 504814.45 元。是年，走访贫困户 200 户，发放物品价值 1.4 万元。2009 年，承办“博爱在齐鲁——走进薛城群星公益”演唱会，组织 20 余位工商界人士捐资 3 万余元。2010 年，支援玉树地震灾区捐款 134540 元。2013 年，支援庐山地震灾区捐款 98828 元。对区内 3 个困难病患家庭发放救助资金。

救护培训

1989 年 8 月，对全区汽车驾驶员进行卫生救护训练，共培训1210人，并发放红十字急救包和合格证。2012年11月，在二十九中学举办一期应急救护培训班，接受培训教职工100余人。2013年，开展“应急救护知识进校园”活动，对二十九中学700余名师生进行急救常识、心肺复苏、创伤急救、避险逃生等知识和救护技能培训。是年10月，联合区人民医院在临山广场举办“急救白金十分钟”活动。同时，发放宣传画2000余份。

援外医疗

1997年1月，薛城区中医院主治医师王明启参加省组织援疆医疗队，赴新疆喀什地区人民医院工作，2000年3月返回。2008年7月4日，区人民医院王思进等3人组成全市第一支援川医疗队进入北川县小坝乡开展医疗帮扶工作。是年8月29日，卫生监督所渐秀彦等4名卫生监督员参加全市第三批医疗卫生防疫队赴四川小坝乡执行对口支援任务。

第六章　保　健

第一节　妇女保健

孕产妇系统化管理

1990年，实施初级卫生保健工作规划，孕产妇系统管理率为46.2%。2001年，落实《山东省高危妊娠管理办法》，加强高危妊娠的筛查、监护、管理工作，高危妊娠转诊率达100%。2003年，按照《山东省各级医疗保健机构产科建设标准》对各医疗机构的产科建设进行督导，同时开展产科及妇幼工作人员的培训。2004年，全区具备接生能力的区人民医院等7所医疗机构通过市卫生局的验收。2009年11月，启动妇女增补叶酸预防神经管缺陷等公共卫生妇幼项目。2010年，实施基本公共卫生妇幼项目，孕产妇系统管理率为96.1%，农村妇女孕前和孕早期补服叶酸5358人，农村妇女住院分娩补助2107人。2013年，孕产妇系统管理率95.28%，孕前及孕早期农村妇女免费服用叶酸2137人，农村孕产妇住院分娩补助2316人。

妇女病普查普治

1990年，开展妇女阴道炎、宫颈糜烂、附件炎、盆腔炎、乳腺炎等常见病的防治工作，共查17066人，患病率分别为9.45%、21.14%、3.08%、0.2%、0.3%，对查出的病人采用甲硝唑泡腾片、妇科千金片、妇乐冲剂、康妇消炎栓、乳癖消等药物及激光、波姆光等技术进行治疗，以后每年组织一次查治工作。2009年，与中国初级卫生保健基金会健康扶贫工程组委会联合，组织实施农村妇女宫颈癌筛查，实查妇女5434例，液基薄层细胞学检测（TCT）、DNA倍体定量分析检测3010例，查出宫颈癌患者2例。2010年，落实基本公共卫生妇幼项目，全区妇女病检查45867人，患病率为26.72%。2013年，开展农村妇女宫颈癌、乳腺癌专项筛查工作，全区妇女宫颈癌检查1189人次，乳腺癌检查1250人次，查出宫颈癌患者2例，对查出患者及时做好转诊治疗。是年，妇女常见病查治72702人，患病率为16.44%。

第二节　儿童保健

社会防治

1990年，进行学龄前儿童健康查体，实查17448人，贫血、佝偻病、营养不良患病率分别为12.52%、16.22%、5.37%，对查出患者进行矫治，以后每年查治一次，发病率逐年下降。2011 年，儿童健康查体 3047 人，贫血、佝偻病、营养不良患病率分别为 0.49%、1.38%、0.07%。

儿童系统化管理

1990 年，全面推行儿童保健系统管理和体弱儿专案管理工作并形成制度。是年，开展妇幼保健保偿工作，参加保健保偿 98 人。1995 年，开展创建“爱婴医院”活动，儿童系统管理率达 85%，5 岁以下儿童和婴儿死亡率分别为 20.93‰和 19.31‰。2005 年，贯彻落实《枣庄市孕产妇及儿童系统保健管理实施方案》，儿童系统管理率 95.7%，5 岁以下儿童和婴儿死亡率分别为 13.98‰、12.79‰。2010 年，实施基本公共卫生妇幼项目，儿童保健工作全面强化，0~3 岁儿童保健管理率 96.2%，5 岁以下儿童和婴儿死亡率分别为 5.1‰、4.4‰。2013 年，0~3 岁儿童系统管理率为 96.33%，5 岁以下儿童和婴儿死亡率分别为 5.05‰和 4.00‰。

新生儿疾病筛查

1999 年 4 月 1 日，启动并开展新生儿先天性甲状腺功能低下症（CH）、苯丙酮尿症（PKU）疾病筛查工作，筛查 1374 人，筛查率为 70.1%，查出苯丙酮尿症 1 例，对于查出患者给以免费治疗。2004 年 7 月，区妇幼保健站购置耳声发射仪启动并开展新生儿听力筛查工作，筛查 1043 人，筛查率为 30%。是年，新生儿疾病筛查率上升为 95.5%，2007 年，启动并开展儿童视力筛查工作，筛查 1807 人，对筛查出屈光不正的儿童及时转到上级医院复查和治疗。2011 年，新生儿疾病筛查工作增加先天性肾上腺皮质增生症（CAH）和葡萄糖-6-磷酸脱氢酶缺乏症（G6PD）的筛查。2013 年，新生儿疾病筛查 3464 例，筛查率 100%，查出苯丙酮尿症 1 例、甲状腺功能低下症 1 例；听力筛查 3413 例，筛查率 98.7%，查出听力异常 19 例；儿童视力筛查 4331 例。

创建“爱婴医院”

1995 年，区人民医院按照省、市要求，开展创建“爱婴医院”工作，经过宣传发动、业务培训、完善工作制度、落实母乳喂养措施等工作，顺利通过上级考核验收，被卫生部、联合国儿童基金会、世界卫生组织授予“爱婴医院”称号，成为薛城区第一家“爱婴医院”。1997 年 8 月，全区开展创建“爱婴区”工作，是年 11 月，通过市政府组织的“爱婴区”评估，是年 12 月，区妇幼保健站、区中医院、陶庄镇中心卫生院、周营镇中心卫生院、张范镇中心卫生院、沙沟镇中心卫生院被国家卫生部、联合国儿童基金会、世界卫生组织命名为“爱婴医院”。2000 年，邹坞镇卫生院被命名为“爱婴医院”。

托幼机构管理

1996 年始，开展托儿所、幼儿园卫生保健工作管理，对从事托幼工作的人员、新入托儿童及在园儿童每年进行健康查体。同时，联合卫生执法机构每年定期对托幼机构进行卫生执法检查，规范托儿所、幼儿园卫生保健管理工作。2003—2013 年，托幼机构保教人员查体 3093 人次、新入托儿童查体 45747 名。

第三节　生殖保健

婚前医学检查

1996 年，依据婚检内容、程序组织开展婚前医学检查工作，是年，婚检 2067 对，检出疾病 153 人，暂缓结婚 31 人，不宜生育 4 人，对查出的疾病和影响婚育的疾病均给予相应诊断、治疗并提出相应的医学意见，降低出生缺陷的发生率。2003 年 10 月 1 日，婚检成为自主选择，婚检率下降，年婚检 100 余人。

“优生三项病毒”监测

2001 年，为办理一、二孩生育证的育龄妇女进行优生优育三项病毒（风疹病毒、巨细胞、弓形体病毒）监测，检查 2645 人次，风疹病毒、弓形体病毒阳性者分别为 5 人和 1 人。2013 年起，开展优生三项病毒五项（风疹病毒 IgG、巨细胞 IgG、巨细胞 IgM、弓形体 IgG、弓形体 IgM）监测，检查 5678 人次，风疹病毒 IgG、巨细胞 IgG、弓形体 IgG、阳性者分别为 2108 人、256 人和 1214 人。

第四节　初级卫生保健

1990 年 2 月 7 日，区政府办公室下发《薛城区 1990—1993 年初级卫生保健规划》《薛城区 2000 年人人享有卫生保健规划》和年度工作计划，全区各级成立领导机构 375 个，配备专（兼）职人员 1178 人。从区卫生局机关及局属各医疗卫生单位抽调卫生技术人员和管理干部，组成初级卫生保健工作队，派驻到 12 个乡镇，协助乡镇政府开展初级卫生保健工作。区卫生局设立初级卫生保健工作大队办公室，负责下派人员的管理、目标制定、考核和检查等工作。1991 年，薛城区被山东省人民政府确定为初级卫生保健试点县，区政府又制发《薛城区农村初级卫生保健工作实施方案》，召开全区农村初级卫生保健工作动员大会，区领导与初级卫生保健成员单位签订责任书，至 1994 年年底，全区共派出工作队 4 批、134 人次，印制发放居民健康教育宣传册 5 万余份，建立村卫生宣传阵地 281 处。1995 年 2 月，山东省人民政府初级卫生保健考评团对薛城区初级卫生保健工作进行全面考评，确认薛城区完成规划目标要求。是年 6 月，国家五部委对山东省初级卫生保健工作进行全面考核，确认薛城区为 32 个达标县之一，提前五年实现人人享有卫生保健的基本目标。

2013 年薛城区 66590 名学生查体情况一览表

表 26-16　　　　单位:%

学生	视力不良	肥胖	龋齿
小学	34. 32	15. 82	17. 9
中学	63. 58	16. 9	3. 2
高中	79. 29	12. 9	2. 72
合计	49. 88	15. 63	11. 35

1996—2013 年薛城区婚前查体统计表

表 26-17　　　　单位：人

年份	婚检人数
1996	4134
1997	3570
1998	3726
1999	3060
2000	3382
2001	3640
2002	3538

续表26-17

年份	婚检人数
2003	2972
2004	118
2005	48
2006	94
2007	88
2008	58
2009	210
2010	86
2011	124
2012	184
2013	162

第七章　食品药品监督管理

第一节　管理机构

2007 年 9 月，枣庄市食品药品监督管理局薛城分局成立，其主要职责是主管辖区食品药品监督管理和行政执法，负责对食品药品的研制、生产、流通、使用等全过程进行行政监督和技术监督。2014 年 9 月，按照区委、区政府“三定”方案要求，新组建薛城区食品药品监督管理局，正式履行食品生产、流通、消费环节、保健食品、化妆品的安全监管和药品、医疗器械安全性、有效性的统一监管职责。

2005 年 3 月，药品监督管理系统实行省以下垂直管理，薛城区药品监督检验所与薛城区卫生局分离，更名为枣庄市食品药品监督管理局薛城稽查分队（简称薛城稽查分队），行政监管人员 5 人。2007 年 9 月，根据国家及省食药监局机构改革方案，枣庄市食品药品监督管理局薛城分局（简称薛城食药监分局）成立，隶属枣庄市食品药品监督管理局垂直管理，内设办公室、综合业务科、稽查队 3 个科室，行政监管人员 16 人。2012 年 6 月，增设药品不良反应监测室、法规科、食品科，综合业务科更改为业务科。2014 年，薛城区食品药品监督管理局（简称薛城食药监局）成立，隶属薛城区委、区政府领导，为区政府组成部门，内设办公室、行政许可科、食品安全监管科、药品安全监管科、食品安全协调督查科 5 个科室，下设临城、常庄、沙沟、周营、巨山、陶庄、邹坞七个镇（街）食品药品监督管理监管所，人员编制 61 人，其中，公务员编制 47 人，事业编制 14 人。

第二节　药品监督管理

药品市场规范管理 2005 年后，对申请开办药品经营、GSP 认证的药店，薛城稽查分队指派专业技术人员，给予技术指导，使之早日取得药品经营资格。至 2007 年年底，全区共有 97 家零售药店取得市局颁发的药品经营许可证和省局的 GSP 证书。药品从业人员（包括医疗机构）由 433 人增加到 527 人。

2008 年，薛城食药监分局在全区推行涉药单位约谈制度，规范涉药单位药品经营、购进、储存、使用行为，至 2009 年 3 月，约谈涉药单位负责人 219 家次。

2009 年 3 月，薛城食药监分局推行有奖举报制度，推出《药品监督管理举报有功人员奖励办法》，最高可获得举报奖 5 万元，印制宣传单 3000 份，张贴标语 200 余幅，在区电视台、《薛城周讯》刊发专题通告，在薛城食药监分局网站设立举报专栏，至 3 月底，一个月累计接受群众举报 16 件，查实 11 件，退赔药品购付款 150 余元。5 月，与 106 家药品经营企业签订反兴奋剂工作承诺书和禁止经营终止妊娠药品承诺书。6 月，薛城区施行医疗机构药品使用质量规范化管理，下发《医疗机构药品使用质量管理规范实施方案》。9 月，区政府在陶庄镇召开全区药品使用质量规范化管理工作现场会。

2010 年 3 月，携手山东药源医药股份有限责任公司，推行家庭过期失效药品定点回收活动，执行“统一回收单位、统一工作程序、统一代金奖励、统一监督销毁”，至年底，定点回收过期失效药品药店 10 家，回收家庭（个人）过期失效药品 90 多个品种，5300 余瓶（盒）。是年，薛城食药监分局与 2 家药品批发企业、13 家医疗机构签订特殊药品安全监管责任书。7 月，全面开展非公有制医疗机构药品使用质量规范化管理现场确认工作，至 12 月，有 60 家医疗机构符合标准要求，通过现场验收。

2011 年，薛城食药监分局力促药品零售连锁企业发展，对申办者给予帮扶引导，使药品经营企业逐步走向规模化、连锁化。是年，全区共有药品零售药店 121 家，其中单体药店 69 家，连锁门店 52 家，连锁比例超过 43%。3 月，印发《关于开展 2010 年度“诚信药店”创建活动的实施方案》，对符合“诚信药店”创建标准的，授予“2010 年度诚信药店”匾牌。4 月，10 家药店获得 2010 年度诚信药店称号。8 月，省食品药品监督管理局 GSP 认证检查组，对区境枣庄市中兴医药有限公司药品经营质量管理规范（GSP）现场检查认证通过。至年底，全区取得药品经营许可证，通过 GSP 认证药品经营企业 121 家，通过率 100%。是年，药品从业人员查体 995 人，查体率 100%。

2012 年 9 月，开展以“谨慎使用抗生素”为主题，“全国安全用药月”宣传咨询活动，接受群众咨询 110 余人次，发放宣传资料 1067 份，悬挂横幅 20 余幅。

2013 年 3 月，薛城区政府召开创建“药品安全示范县”动员大会，薛城区“药品安全示范县”创建工作启动，印发《薛城区创建药品安全示范县工作实施方案》，区政府与各镇街、薛城食药监分局、区卫生局签订药品安全目标责任书。11 月，推行药品经营远程电子监管系统，装备药品电子查询机 50 台，价值 16 万余元，分别安装于药品批发企业、药品零售连锁公司及部分药品零售药店，培训操作技术员 60 余人。

2005 年起，药品质量监督每年对区、乡镇及厂矿企事业医疗机构、药品批发企业检查 2 次以上，对农村卫生室、城区卫生所（室）及药店检查至少 1 次，全区药品监督检查覆盖率 100%。至 2007 年 12 月，查处假劣药品 41 个品种，标值 3 余万元，处罚违法单位 39 个，罚款 0.94 万元。

2008 年 1 月，薛城食药监分局开展违法广告药品专项整治。对区境 20 多家大药房、3 家药品经营连锁店现场检查，查获违法广告药品鸿茅药酒4瓶，货值金额792元，责令药品经营企业立即停止经营违法广告违规药品。5月，开展迎“奥运”，严查含兴奋剂类药品及“运动员慎用”药品活动，至9月，先后对100余家药品经营企业检查三遍。当年6月，会同区工商分局，对全区涉药单位、化工生产企业含兴奋剂类药品、食品，进行统一排查、整治，出动执法人员30多人次，检查涉药单位、化工企业60多家，发放宣传材料220多份，对16家含兴奋剂药物“运动员慎用”标示不清、不全、漏标现象下达责令整改通知书。12月，集中整治人用狂犬病疫苗，出动执法人员40余人次，车辆10辆次，对区境8家医疗机构、2家防疫站进行集中清查，抽检1个批次，未发现假劣疫苗。当年，以终止妊娠药物、促排卵药物为重点，2次与区计生局联合开展专项检查，检查零售药店、保健品店124家，查处非法经营终止妊娠药物30余盒，责令整改12家，警告6家，行政处罚2家。

2009年年初，薛城食药监分局重拳打击“消字号”“食字号”“妆字号”“健字号”“械字号”等仿药类边缘产品冒充药品的“山寨药”，历时一月，对涉药单位进行全面检查，累计下达责令整改通知书78份，查封扣押“吗叮啉”“新康泰克”“藏王三宝”等20余种假冒“山寨药”。2月，严查“问题疫苗”，在获悉滕州市龙阳镇“疑似接种疫苗造成幼儿死亡事件”后，快速启动应急机制，紧急集合药品监管突发事件应急分队进行检查，在薛城区范围内未发现“问题疫苗”。3月，对医疗机构特色专科用药（械）行为专项整治。检查医疗机构15家、宾馆23家、农村社区192个，查没不法药品26种39盒，一次性注射器66件，案值3000余元。4月，开展防疗手足口病药物专项检查，检查区境药品经营企业56家、医疗机构28家，行政处罚18家，责令整改15家，没收从不具有药品经营资格企业购进中药材一宗，立案3起。7月，第十一届全国运动会期间，在全区集中兴奋剂治理“百日会战”，对城乡106家药店进行拉网式排查，会战持续至10月中旬运动会结束。

2010年1月，薛城食药监分局在区境开展以山参、虫草等贵重中药材及饮片为重点品种，对集贸市场、药品批零企业、参茸专卖点、性保健品店、医疗机构专项整治工作，出动执法人员227人次，检查涉药单位236家次，立案处理17件，销毁假冒山参、西洋参等30余盒，标值2.4万余元。5月，开展以医用氧为主题的专项检查，严厉打击工业氧冒充医用氧违法行为，检查医疗机构28家次，下发责令整改通知书20份，发放医用氧日常管理要点22份。6月起，薛城食药监分局会同区计生局，组织3次开展以非法经营终止妊娠类药物为主题，对区境计生药具店、保健用品店、药品经营企业、个体诊所专项整治，查获非法经营终止妊娠类药物120余盒。是年，全年共组织开展假劣药品、疫苗、含麻黄碱类复方制剂等各类专项检查9次，立案处理违法行为案件101起，查获“黄药膏”“淫火虫”等假劣药品4700余盒（瓶），货值2.3万余元。

2011年，薛城食药监分局2次与区公安局联合开展打击制售假劣药械违法行为，破获大要案5起，捣毁一非法经营聚能离子贴窝点，查处销售假药案件2起、无医疗器械生产许可证加工销售牙科器械案2起，刑拘犯罪嫌疑人2人，打掉销售标示河南某研究所生产的假药黑窝点，查获假药29瓶，货值金额1015元。4月，开展盐酸克伦特罗专项整治 出动执法人员120人次，检查药品批发企业3家，药品零售企业62家，发放资料200余份，未发现违规销售盐酸克伦特罗单方制剂行为。8月，开展食品药品安全百日集中整治行动，至11月，取缔无证经营药械5家，查获假劣药品3000余盒（瓶），货值2万余元。10月，薛城食药监分局与区检察院等8部门联合制定《关于行政执法机关移送案件暂行规定》。当年，完成药品日常监督抽验93批次。

2012年3月，薛城食药监分局开展药品流通领域集中整治，共检查涉药涉械单位106家，对有违法违规问题的81家单位进行处罚。其中查处无证经营5家，超范围经营4家，非药品冒充药品案件18起，非法渠道购进药械案件27起，过期失效药械案件6起，处方药未凭处方销售案件26起，立案处理12起，下达责令限期整改通知书20份，移交公安、卫生部门处理案件2起。4月，薛城食药监分局下发《关于对13个铬超标产品暂停销售和使用的紧急通知》，要求各药品经营企业暂停销售、医疗机构暂停使用13个铬超标药用空心胶囊药品。同年，薛城区开展公安、卫生、工商、邮政、食药监五部门联合打击利用互联网非法收售药品行为专项整治。9月，薛城药监分局药包材生产使用监督检查，辖区内2家药包材生产企业（山东联兴玻璃股份有限公司和枣庄市宏伟玻璃公司）自取得药包材注册证后均未组织生产，2家药包材使用企业（山东三九药业有限公司和枣庄百科药业有限公司）未发现使用无证假劣产品的现象。

2013年11月，薛城食药监分局联合区卫生、公安、疾控等部门，在区境开展人用狂犬疫苗专项检查，检查各级各类医疗机构及疫苗经营、使用单位31家。是年，完成年度药品抽验302批次，不合格报告14批次，抽验合格率为95.4%。

第三节　医疗器械监督管理

2005年起，每年在日常监督检查中，对全区医疗机构、药品经营企业的一次性使用无菌医疗器械购进渠道、有效期、是否重复使用、使用后销毁、经营资质等情况进行监督检查。至2007年，薛城稽查分队3年共计查处案件非法购进21起，经营、使用过期失效79起，使用后未销毁及重复使用144起，无证经营19起，合计涉案一次性使用无菌医疗器械3.5万余支，货值4万余元。

2008年9月，薛城食药监分局以电疗、磁疗、光疗物理治疗设备和隐形眼镜为主要内容，对区境医疗器械经营企业，个体药店，隐形眼镜进口代理商、连锁经营企业，商场、超市，眼镜经营店集中整治。历时2个月，先后出动执法人员130余人次，检查医疗器械经营企业6家，眼镜店8家，保健品店22家，责令整改5家，对1家无经营隐形眼镜和1家经营假冒经脉通治疗仪进行查封扣押，立案处理。

2009年2月，薛城食药监分局捣毁非法制售牙科器械黑窝点一处，查封扣押加工销售牙科工具、材料一宗，涉案金额2万余元。9月，在国庆、中秋节之际，深入开展医疗器械专项检查，下达责令整改通知书33份，处罚12家，当场销毁假劣义齿、一次性医疗器械177套（支）。

2010年5月，薛城食药监分局对以免费体验方式从事医疗器械经营活动进行集中整治，检查经营企业4家，捣毁以中老年人为对象，以免费体验、义诊为名，夸大有神奇功能，欺骗误导消费者黑窝点一处。发放“规范以提供体验方式从事医疗器械经营活动宣传资料”80余份，责令整改2家，立案查处1家。6月，在区境开展避孕套专项检查，查获假冒避孕套15盒。当年，查获未经注册的“胡三帖”等假冒医疗器械3种。

2011年3月，薛城食药监分局开展隐形眼镜及护理液产品专项整治，对区境18家眼镜店拉网式检查，3家无证经营隐形眼镜店立案处理，6家进货渠道不规范责令整改。6月，将医疗器械监管工作纳入药品安全百日整治重要内容，重点对区境所有特殊监管的植（介）入医疗器械经营企业、一次性使用无菌医疗器械经营企业、体外诊断试剂经营企业和医疗机构进行全面检查，至10月，先后出动执法人员296人次，检查医疗器械经营企业18家次，医疗机构292家次，查处未取得医疗器械经营企业许可证经营一次性无菌医疗器械的6家，超范围经营医疗器械的5家，使用未经注册医疗器械的7家，非法渠道购进医疗器械11家，责令整改19家，查封未经注册医疗器械一宗，涉案金额5万余元。是年，与区公安局联合查获一起非法经营未经注册聚能离子贴窝点。

2012 年，薛城食药监分局查获未经注册的“滑膜炎静电理疗贴”“金茂堂追风透骨贴”“云南神贴”“雪山金罗汉 TM”“华祖神贴”“草药魂 TM”消痛贴、“少林骨痛贴”“骨毒清贴”“苗药奇效”静电复源贴、齐氏筋骨痛消贴假冒医疗器械 10 种，货值 9300 余元。4 月，开展全区医疗器械安全风险等级评定工作，全区 6 家医疗器械经营企业、10 家一级以上医疗机构中，被评为 A 级医疗器械经营企业 5 家、B 级 1 家；被评为 A 级医疗机构 8 家、C 级 2 家。7 月，集中对全区 B 超机类医疗器械经营、使用单位进行专项检查。出动执法人员 100 余人次，检查 B 超机经营、使用单位 30 家，其中医疗机构 21 家，计划生育服务站 6 家，医疗器械经营企业 3 家，检查 B 超机 32 台，5 家医疗机构 B 超机供货方资质不齐全给予责令整改。对全区 B 超机经营、使用单位进行建档，建立监管信息数据库。

第四节　食品管理

食品许可管理

2012 年 11 月，根据国家食品药品监督管理机构改革方案，薛城食药监分局承担薛城区食品经营、餐饮服务业许可证办证、年审工作。2013 年，薛城食药监分局开展小饭桌备案登记工作，制定《薛城区学生小饭桌食品安全监督管理工作方案》。6 月，对薛城区 21 家小饭桌准予登记，并向社会公示。至 10 月底，发放餐饮服务许可证 150 家，备案小餐饮 578 家。办理餐饮从业人员健康证明 2303 人。

食品监督检查

2012 年 11 月，薛城食药监分局全面履行食品生产、经营、餐饮服务业监管职能。2013 年 3 月，薛城食药监分局完成对全区学校周边 60 家学生小饭桌的摸底排查工作。4 月，举办全区小饭桌开办人和食品安全管理人员培训班，培训小饭桌 52 家 57 人。8 月，薛城区食药监分局对临山夜市、海河夜市等餐饮服务业进行突击检查。检查夜市餐饮单位 47 户次，督促办（换）餐饮服务许可证 4 户，下达监督意见书 41 份，责令整改通知书 12 份。10 月，全面推进餐饮服务企业量化分级管理，全区评出 A 级 15 家，B 级 211 家，C 级 825 家，实现餐饮服务业食品安全量化分级管理全覆盖。是年，参与区“两会”、中高考、汽车越野赛等重大活动食品安全保障 26 次，先后出动执法人员 526 人次，检查餐饮服务单位 1151 户，活动期间食品安全得到保障。

第五节　保健品、化妆品管理

2012 年，薛城区保健食品、化妆品监管职能，移交食品药品监管部门。标志着薛城食药监分局将履行保健食品、化妆品的监管职能。2013 年，薛城区食药监分局制定印发《薛城区

化妆品专项检查

保健食品化妆品日常监督检查方案》。开展以减肥类产品为主题，对化妆品店、保健品店、美容院及药品零售企业专项检查，检查相关单位35家，责令整改4家，未发现无证经营减肥类药品的行为。配合省食品药品监督管理局，来薛城区对保健食品生产企业和保健食品、化妆品经营企业监督抽验，抽取启力牛磺酸维生素饮料保健食品等4种5批次、追风中药去屑洗发露等化妆品4种4批次。开展化妆品专项整治，先后检查化妆品经营企业34家，超市6家，美容院13家，化妆品专营店15家，责令改正33家，立案查处2家。薛城区食药监局联合区公安局查获一起以老年人为销售对象，“治病神药，功能特效”的假冒保健食品药用案，当场退还300位老年人预交金近2万元，查封假冒保健食品22箱，货值近8万元，为群众挽回经济损失近100万元。

第六节　药品及医疗器械安全性监测

2007年，随着薛城食药监分局的成立，7月起，开展药品不良反应监测工作。区境二级以上医院临床发现的药品不良反应，收集填表后报送到薛城食药监分局，薛城食药监分局通过互联网上报到国家食品药品监督管理局药品不良反应监测中心。是年，完成上报药品不良反应监测174例。2008年3月，薛城食药监分局与区卫生局联合表彰奖励2007年度药品不良反应监测工作先进集体2个和先进个人10人。

2008年，薛城食药监分局印发《关于做好药品不良反应监测上报工作的实施方案》。3月，举办药品不良反应安全监测培训班，培训医疗机构人员103人。至年底，建立医疗机构、药品经营企业药品不良反应监测上报工作站点15个，完成药品不良反应监测上报任务351例。

2010年1—4月，薛城食药监分局深入医疗机构临床、药品经营企业开展专题调研、督导、现场培训。是年，建立药品不良反应监测站点24个，在线上报9家，医疗器械不良事件监测站点10个。全年上报药品不良反应861例，较上年提高48.7%，其中新的严重的106例，较上年提高43.2%，医疗器械不良事件上报298例。联合区人力资源和社会保障局、区卫生局，表彰先进单位6个、先进个人20名。

2012年6月，薛城食药监分局设立药品、医疗器械安全性监测专门科室，专人负责。建立药品、医疗器械安全性监测QQ群。至年底，建立医疗器械不良事件监测站点21家，开通药品（医疗器械）不良反应监测在线上报单位19家。是年被省食品药品监督管理局、省卫生厅联合表彰为“2010—2011年度山东省医疗器械不良事件监测先进集体”。开展主题为“药物预警和合理用药”宣传活动。发放宣传资料300余份，接待群众咨询60多人次。

第八章　体　育

第一节　体育机构与队伍

体育机构

薛城区体育局　区2002年机构改革编制8人，局长1人，副局长3人，纪检1人，科员2人，工勤人员1人；下设办公室、业务股。

薛城区体育总会　成立于2007年6月，设主席1名，副主席1名，工作人员2名。2010年5月体育总会纳入体育局统一管理，设为体育局属体育总会办公室。

薛城区体育学校　2001年被批准为正科级事业单位，有教职员工34人，其中文化课教师16人；设初中一、二、三年级，每年级一个教学班，全校共三个教学班，在校学生120余人，业余在训学生300余人。教练员高级职称3人，一级职称12人，二级职称3人。专职教练员17人，其他人员1人。设田径、武术、跆拳道、散打、拳击、举重、柔道、乒乓球、游泳等9个训练项目。

体育队伍

学校体育教师人员：全区有高级中学4处，普通中学13处，小学64处。2013年，有专职体育教师268人，其中大学本科79人，专科91人，中专98人。教练员：170人。运动员：区体育中学120人，枣庄八中专项训练队员150余人、枣庄二十九中学专项训练队员110余人、舜耕中学专项训练队员120余人、奚仲中学专项训练队员90余人。裁判员：国家级19人，国家一级87人，国家二级100人，国家三级32人。项目有：田径、篮球、乒乓球、羽毛球、武术、游泳、柔道、跆拳道、拳击。社会体育指导员：国家级6人，国家一级19人，国家二级116人，国家三级1253人。

第二节　体育设施

体育健身设施建设以《山东省全民健身计划》为依据，各项措施落实，健身场地面积基本达到规定人均1.3平方米。城区内建有大型体育健身园3座，健身路径174处，室内健身场馆9座，晨晚练点93处。

薛城区体育中心

薛城区体育中心始建于1985年，占地6.13公顷，总建筑面积34663平方米。建有400米标准田径场（含2500人看台）、灯光篮球场（2500人看台）、综合训练房、教学综合楼2座、乒乓球训练房、室外标准游泳池、室外篮球场、学生餐厅、浴池等，绿化面积5000平方米，总投资407万元。

农村体育设施

自2003年以来，在开展好“体育三下乡”活动、全面实施全民健身计划的同时，农村体育场地设施快速增长，到2013年，建设“体育健身园”“健身路径”174处，标准篮球场地159块，安装健身器材1566件，乒乓球台330个。

学校体育设施

区直中小学校注重学校基础设施建设，不断加大资金投入力度，体育设施比较齐全，特别是枣庄八中、薛城实验中学、薛城舜耕中学和薛城双语实验小学等新建学校，体育设施一流，走到全区乃至全市、全省的前列。至2013年，有400米标准塑胶跑道田径场4处，300米田径场5处（其中塑胶跑道5处），体育馆1座，乒乓球台78个，羽毛球场地24块，篮球场37块，排球场8块。

镇（街）学校体育设施不断完善。至2013年，建有400米标准田径场8处，300米田径场19处，200～250米田径场41处，篮球场地69块。

企事业单位体育设施

至2013年年底，全区企事业单位有篮球场23处，乒乓球室36个，门球场12处，50米室外游泳池1个，20～25米室内游泳池5个。场地越野汽车赛车场1处，汽车拉力赛赛道1处，卡丁车赛车场1处。

民营武术场馆

薛城区民营武术场馆活动作为一种行业起步较晚，基础设施、场馆也均是租赁。第一所民营武术学校——陶庄镇尚马村“少林武校”，创建于20世纪80年代末，教授散打、拳击、擒拿和自由搏击。学校占地面积1000多平方米，建筑面积200平方米，于1994年2月迁往枣庄。

薛城武术学校始建于2002年年底，学校校址在区体育中心，属国有民营性质。学校占地面积0.8公顷，总建筑面积约5000平方米，建有综合教学楼一座，学生食堂、浴室各一处。

第三节　群众体育

1992年，薛城区被国家体育运动委员会评为“全国体育先进区”。1997年，通过国家体委的复查验收。2001年8月，薛城区被国家体育总局命名为“全国武术之乡”。2002年10月，薛城区体育局被山东省体育局评为“全民健身先进单位”。2003年8月，薛城区体育中学被国家体育总局授予“全国青少年体育俱乐部”称号。2009年，薛城区被中国汽车联合会命名为“中国赛车新兴城市”。2012年，薛城区获“中国汽摩运动突出贡献奖”。

职工体育

自《中华人民共和国体育法》《全民健身计划纲要》颁布实施以来，全区职工群众性体育活动空前高涨，各级机关、厂矿企事业单位坚持因地制宜，小型多样原则，组织开展形式多样的体育活动和竞赛。百人以上的企业，都建立篮球、乒乓球、象棋等业余代表队。

农民体育

在薛城区被评为“全国体育先进县区、全国武术之乡”的同时，常庄镇被评为“全国体育先进镇”；邹坞镇、陶庄镇、薛城镇被评为“全省体育先进镇”；张范镇、周营镇、沙沟镇被评为“全市体育先进镇”。

学校体育

全区共有中、小学81处，有省级以上体育传统项目学校4处，共有专职体育教师268人，在校中、小学生7.28万人，体育达标率农村达88%，城镇96%以上。学校体育全面开展。至2013年，全区共有中学17所，小学64所，在校生7.28万人，有体育专职教师268人。全区中学和镇（街）中心校全部配齐体育教师。开展“阳光体育运动”活动，学校常年坚持“两课、两操、一活动”，保证学生每人每天一小时体育活动时间，在校生适龄学生体育达标率达到92%以上。全区有传统项目学校8所，其中省级传统项目学校4所，市级传统项目4所。

老年人体育

体育社团健康发展，老年体育方兴未艾。自90年代后，体育社团机构不断健全，全区已成立乒乓球协会、篮球协会、武术协会、围棋协会、自行车协会和老年人体育协会等17项协会。老年人体育协会自1986年成立以后，充分发挥自身优势，较好地组织、辅导老年人体育活动，多次受到省、市老年体协的表彰和奖励，2002年，被国家老年体协授予“全国老年体育先进单位”称号。

全区老年人体育工作发展较快，组织网络逐渐健全，基础设施不断完善。全区有12个老年体育项目专业委员会，有门球队、腰鼓队等组成。

全民健身活动

有台球活动室12间，台球案8副，队员60余人，晨练点93处，配备专门的社会指导员、领练员。活动项目有太极拳、剑、导引功、健身操、交谊舞、木兰剑、拳、扇、刀、棍等，每天在晨练点活动的人数达到2万人以上。其中区老年干部活动中心、区政府花园、临山公园三处辅导站，被省老年体协评为省级先进活动站点。2002年，薛城区老年人体育协会被国家老年体协授予“全国老年体育先进单位”称号。

伤残人体育

伤残人体育工作在区委、区政府的重视下，取得优异成绩。1995年6月，薛城区代表队在市第三届残疾人运动会上，荣获组织奖、田径比赛团体第三名、游泳比赛团体第二名。1997年7月，薛城区代表队在市第四届残疾人运动会上，获组织奖和游泳比赛团体第一名。

第四节　竞技体育

竞技体育工作重点抓区体校和传统项目学校的建设，形成以田径、武术、柔道、举重、乒乓球等为主的特色品牌运动项目。1996年，为落实省、市关于县级体校办学规定，经区政府批准，成立体育中学，办起“三集中”班，运动成绩不断提高。2002年，在山东省第二十届运动会上，获得2枚金牌，实现薛城区在省届运动会上金牌零的突破。2004年，在枣庄市第六届运动会上，薛城区取得金牌总数、团体总分四个第二名的成绩。2008年，在枣庄市第七届运动会上，薛城区取得金牌总数、团体总分四个第三名的成绩。2013年，在枣庄市第八届运动会上，获得金牌107.5枚、团体总分1134.5分，金牌总数和团体总分均获青少年组第三名。

田径

薛城区每年举行一次全区性中小学田径运动会，并形成制度。部分中小学校每年举行春秋两次田径运动会，选拔田径苗子，锻炼新人。按照“从小培养打好基础，系统训练，积极提高”的原则，从小学到中学建立起层层衔接的“一条龙”训练体系。全区中小学常年坚持训练的田径队伍40余个，参加训练的学生400余人，专项教练员50余人。2013年，有高级职称专业教练员1名，一级教练员3名。

游泳

2012年，区体育局引进2名游泳教练员，在开展好游泳普及教育的同时加强游泳项目的专项训练，充分利用市体育中心游泳馆和区游泳训练池的优势，进行普及游泳知识和基本技能的培训。2013年，在枣庄市第八届运动会上一举夺得15枚金牌。

举重

举重队组建于1991年，先后多次获得市锦标赛团体冠军。2013年，在市八运会上共获得金牌15枚，并获该项目金牌总数第一名的优异成绩。至2013年，有高级职称专业教练员1名，在校学生20余名。

武术

武术是薛城区传统体育项目之一，群众尚武之风广为流传。2013年，在市八运会上共获得金牌6枚。有一级职称专业教练员3名，在训学生180余名。2001年，薛城区被国家体育总局命名为“全国武术之乡”。2002年始，薛城区组队参加国家体育中心武术管理中心举办多届“全国武术之乡比赛”，并获得优异成绩。

跆拳道

跆拳道运动在薛城区发展较快，特别受青少年的喜爱。城区有7家跆拳道馆常年坚持训练。1998年，薛城区跆拳道队组建。2006年，薛城区运动员侯玉龙在山东省第21届全运会上获得冠军。2013年，在市八运会上薛城区运动员共获得金牌3枚。有高级职称专业教练员1人，在训学生60余人。

摔跤

摔跤项目设置较晚，教练是武术教练改行，

队员大部分也是从武术改学的。此项活动起步较晚，参加比赛也不多。正式参加大型比赛在2000年的枣庄市五运会，有6人获得冠军，实现摔跤比赛的开门红。有专业教练员1名，在训学生30余名。

柔道

柔道队组建于1988年，是枣庄市组建的第一支柔道队伍，1991年，代表枣庄市参加山东省柔道比赛获得全省第三名。2013年，市八运会上共获得12.5枚金牌，名列该项目团体第二名。有专业教练1名，在校学生20余名。

乒乓球

乒乓球是薛城区传统体育项目之一，有着广泛的群众基础。1976年，区业余体校将乒乓球列为重点训练项目，招收学生进行系统训练培养。在2013年市八运会上共获得16枚金牌中的5枚。有一级职称专业教练员1名，在训学生100余名。

三车运动

区委、区政府把打造“奚仲文化”品牌、发展文化旅游业作为城市转型的重要战略举措。投资3000多万元，建设占地5.33公顷的国际汽车、摩托车越野赛场，配套建设能容纳3000人的观众席、占地1.33余公顷的生态停车场。修建长度20余公里的汽车拉力赛道、1200米的卡丁车赛场。2012年，薛城区投资修建南北2条自行车健身绿道50余公里，增强杨峪风景区的承载和服务功能。2009—2013年，先后承办国家体育总局主办的四届全国汽车场地越野锦标赛、两届中国汽车拉力锦标赛、一届全国摩托车越野锦标赛和一届全国超级卡车大赛。举办二届全国越野摩托车邀请赛；自行车邀请赛、爬坡赛等赛事活动每年都要举办1~2次，参加日常骑游活动人数达到2万余名。三车运动的发展有力地促进全区文化、旅游、体育、服务业及汽车相关产业的发展，提升薛城的城市品位和知名度，擦亮“车祖故里”和“薛城车赛”的名片，取得良好的经济效益和社会效益，薛城区获“中国赛车新兴城市”“中国汽摩运动突出贡献奖”等称号。

第五节　竞赛活动

区级常规赛事活动

体育局主办赛事　每年元旦前举行1次长跑比赛；每年举行1次乒乓球比赛；每年举行1次象棋、2次围棋比赛；每年举行1次篮球比赛；每年至少举办1次三车（汽车、摩托车、自行车）类别比赛。

与教育局联办赛事　每年举办1次中小学生田径运动会；每年举办1次中小学生篮球比赛。

与老年体育协会联办赛事　每年2次老年台球比赛；每年1次老年象棋比赛；每年1次老年地掷球比赛；每年4~5次老年门球比赛。

企事业单位赛事　青啤（薛城）有限公司每年举行1次田径运动会；区人寿保险公司每年举办1次“保险杯”乒乓球赛。

承办市级体育赛事

2004年5月，枣庄市第六届运动会武术比赛。2004年9月，枣庄市第六届运动会摔跤比赛。2008年5月，枣庄市第七届运动会柔道比赛。2008年6月，枣庄市第七届运动会武术比赛。2013年5月，枣庄市第八届运动会柔道比赛。

承办省级及以上赛事

2004年6月，承办山东省青少年武术套路锦标赛；2008年9月，全国第三届“奚仲杯”华夏育苗少儿围棋精英赛；2009年5月，承办全国汽车场地越野锦标赛；11月，承办陕汽杯2009全国超级卡车越野大赛山东枣庄薛城站比赛；2010年5月，承办全国汽车场地越野锦标赛；9月，承办2010薛城全国汽车拉力锦标赛；2011年5月，承办全国汽车场地越野锦标赛；9月，承办2011薛城全国汽车拉力锦标赛；2012年，承办全国摩托车越野锦标赛薛城站比赛；2013年5月，承办全国汽车场地越野锦标赛；7月，承办山东省少年围棋锦标赛（枣庄赛区）。

薛城区小学、初中、高中田径最高成绩一览表

表 26-18

组别 项目		初中男子组		初中女子组		小学男子组		小学女子组	
		成绩	创造者	成绩	创造者	成绩	创造者	成绩	创造者
60 米						8.1	仲　永	8.4	朱晓旋
100 米		11.3	张颐峰	13.0	王　田	12.3	周峻辉	13.5	马　杰
200 米		23.4	王　琪	26.8	蒋兰云	25.6	周峻辉	28.1	刘　冉
400 米		51.9	殷　瑜	59.6	张　萌	56.6	王　超	1：00.9	刘　冉
800 米		2：03.0	殷　瑜	1：18.3	王　会	2：07.2	孙　贺	2：17.4	杨金娟
1500 米		4：12.7	褚夫祥	4：47.9	王　会	4：32.4	孙　贺	4：43.0	张　珊
3000 米		9：16.7	褚夫祥	10：17.1	李丹丹	11：25.0	孙慎同		
100 米栏				15.5	张　峰				
110 米栏		15.3	谢　涛						
400 米栏		1：00.6	张学涛	1：10.3	杨其娜				
跳高		1.74 米	张福洋	1.54 米	张　侠	1.61 米	高　奎	1.38 米	李　会
跳远		6.50 米	刘　军	5.07 米	郭　娜	5.39 米	郭　凯	4.78 米	刘艳茹
三级跳远		13.39 米	常照峰	11.07 米	王信见				
铅球	3 公斤			13.37 米	张　芹	13.23 米	董　波	10.34 米	李美玉
	4 公斤	18.20 米	戴　维						
	5 公斤	15.52 米	戴　维						
铅球	1 公斤	57.86 米	戴　维	35.00 米	张　芹				
	1.5 公斤	47.66 米	戴　维						
标枪	500 克	49.66 米	刘国良	32.50 米	王　景				
	600 克	50.00 米	刘　永						
	700 克	38.64 米	李　强						
垒球						57.60 米	沈红岩	38.20 米	朱玉艳
异程接力		2：09.2	29 中	2：31.2	29 中	2：27.4	南小	2：38.8	北小
4×100 米接力		45.6	29 中	52.5	29 中	49.9	南小	53.3	北小

1991—1995 薛城区参加枣庄市运动会成绩表

表 26-19

时间	地点	运动会名称	姓名	组别	项目	名次
1991.11	枣庄	市第三届运动会	宋　峰	甲	武术对练	1
1991.11	枣庄	市第三届运动会	王艳华	甲	武术对练	1

续表26-19

时间	地点	运动会名称	姓名	组别	项目	名次
1991.11	枣庄	市第三届运动会	曹　静	甲	武术对练	1
1991.10	枣庄	市第三届运动会	何玉侠	甲	举重48公斤	1
1991.10	枣庄	市第三届运动会	康　健	普	举重52公斤	1
1991.10	枣庄	市第三届运动会	李义周	少	举重82.5公斤	1
1995.10	枣庄	市第四届运动会	王　琪	乙	举重56公斤	1
1995.10	枣庄	市第四届运动会	曹　芳	甲	举重48公斤	1

2000年薛城区参加枣庄市第五届运动会成绩一览表

表26-20

项目	组别	姓名	名次
游泳	男乙50米蛙泳	黄松楠	1
自行车	女子2公里追逐赛	陈　晨	1
自行车	男子3公里追逐赛	李海洋	1
田径	男甲110米栏	曹大鹏	1
田径	男甲跳高	曹大鹏	1
田径	男甲铁饼	杜　诚	1
田径	女甲200米	宋　伟	1
田径	女甲铁饼	褚　翠	1
田径	女乙1500米	李丹丹	1
田径	男子丙组1500米	王　波	1
田径	男乙七项全能	刘　强	1
田径	男甲七项全能	彭明辉	1
田径	男甲5000米	孙中峰	1
田径	男乙跳高	陈　令	1
田径	女乙五项全能	常振玲	1
田径	女甲100米	宋　伟	1
田径	女甲1500米	刘　青	1

续表26-20

项目	组别	姓名	名次
田径	男甲铅球	杜　诚	1
田径	男乙 400 米	刘贵华	1
田径	女乙 3000 米	李丹丹	1
田径	男乙 5000 米	褚夫祥	1
乒乓球	1986 年组男单	周　煜	1
乒乓球	1986 年组女单	王　娇	1
乒乓球	1987 年组男双	韩　光　张金良	1
乒乓球	1989 年组男双	王新青　王　力	1

2004 年薛城区参加枣庄市第六届运动会成绩一览表

表 26-21

项目	组别	姓名	名次	备注
举重	男丙 56 公斤级	王　可	1	
举重	男丙 62 公斤级	王广臣	1	
举重	男丙 85 公斤级	张　超	1	
举重	女乙 53 公斤级	王文文	1	
举重	女丙 44 公斤级	陈　瞳	1	
举重	女丙 48 公斤级	黄明晶	1	
武术	男甲全能	任　猛	1	
武术	男甲刀术	任　猛	1	
武术	男甲剑术	种伟龙	1	
武术	男甲太极剑	种伟龙	1	
武术	女甲全能	王田田	1	
武术	女甲枪术	王田田	1	
武术	女甲南拳	李　娜	1	
武术	女甲对练	李　娜　李　盼　王田田	1	
武术	男乙全能	王士玉	1	

续表26-21

项目	组别	姓名	名次	备注
武术	男乙剑术	褚洪启	1	
武术	男乙枪术	褚洪启	1	
武术	男乙规定拳	褚洪启	1	
武术	男乙对练	宋飞飞　王士玉　褚洪启	1	
拳击	男甲 57 公斤级	王　宁	1	
拳击	男乙 48 公斤级	张　飞	1	
拳击	男乙 63.5 公斤级	王　泉	1	
散打	男乙 52 公斤级	沈　祥	1	
柔道	男甲 60 公斤级	胡春辉	1	
柔道	男甲 66 公斤级	刘　畅	1	
柔道	男乙 90 公斤级	曹召湘	1	
柔道	男丙 55 公斤级	黄　斌	1	
柔道	男丙 60 公斤级	张　波	1	
柔道	男丙 100 公斤级	殷　鳞	1	
柔道	男丙 100+公斤级	刘　新	1	
柔道	女丙 44 公斤级	黄　文	1	
柔道	女丙 48 公斤级	渐　菲	1	
游泳	男甲 100 米蛙泳	程　鹏	1	
游泳	男甲 100 米蝶泳	程　鹏	1	
跆拳道	男甲 67 公斤级	侯玉龙	1	
跆拳道	男甲 78 公斤级	王　越	1	
跆拳道	女甲+72 公斤级	徐玲玲	1	
摔跤	自男甲 48 公斤级	王庆伟	1	
摔跤	自男甲 74 公斤级	刘云龙	1	
摔跤	自男甲 82 公斤级	陈金刚	1	
摔跤	自男甲 90 公斤级	宋　辉	1	

续表26-21

项目	组别	姓名	名次	备注
摔跤	自男乙 76 公斤级	王　东	1	
摔跤	自男丙 45 公斤级	王亚飞	1	
摔跤	自男丙 69 公斤级	崔　猛	1	
摔跤	自男丙 76 公斤级	王延厚	1	
摔跤	古男甲 48 公斤级	何西斌	1	
摔跤	古男甲 57 公斤级	黄　虎	1	
摔跤	古男甲 62 公斤级	李　强	1	
摔跤	古男甲 74 公斤级	殷宪伟	1	
摔跤	古男甲 90 公斤级	张　波	1	
摔跤	古男乙 48 公斤级	李　强	1	
摔跤	古男乙 57 公斤级	宋镇华	1	
摔跤	古男丙 48 公斤级	朱宗华	1	
摔跤	古男丙 69 公斤级	张一弓	1	
摔跤	女乙 55 公斤级	姬　鸽	1	
摔跤	女乙 67 公斤级	沈维维	1	
田径	男乙 100 米	孔祥武	1	
田径	男乙跳高	鲁玉龙	1	
田径	男丙 100 米	孟　晨	1	
田径	男丙 200 米	孟　晨	1	
田径	男丙 400 米	张永康	1	
田径	男丙 800 米	种　乐	1	
田径	男丙跳高	马　欢	1	
田径	男丙跳远	崔　利	1	
田径	男丙铁饼	王　备	1	
田径	女甲跳远	刘　凤	1	
田径	女乙跳远	褚存静	1	破市纪录

续表26-21

项目	组别	姓名	名次	备注
田径	女乙铁饼	王园园	1	
田径	女乙铅球	孙　琳	1	
田径	女丙 800 米	张　萌	1	
田径	女丙 1500 米	张　萌	1	
田径	女丙跳高	周　洋	1	
田径	女丙跳远	陈　娟	1	
田径	女丙铁饼	刘　丽	1	
田径	女丙铅球	刘　丽	1	

2008 年薛城区参加枣庄市第七届运动会成绩一览表

表 26-22

项目	组别	姓名	名次
举重	男乙 48 公斤级	付亚洲	1
举重	男乙 52 公斤级	岳德雨	1
举重	男乙 56 公斤级	李　博	1
举重	男乙 62 公斤级	李天龙	1
举重	男乙 77 公斤级	彭桂强	1
举重	女乙 44 公斤级	刘　柯	1
举重	女乙 53 公斤级	肖　寒	1
举重	女乙 58 公斤级	朱赛南	1
举重	女乙 63 公斤级	庞　倩	1
柔道	男甲 66 公斤级	潘亚秋	1
柔道	男甲 73 公斤级	吴　强	1
柔道	男乙 73 公斤级	殷允虎	1
柔道	男乙 66 公斤级	王增祥	1
柔道	女乙 44 公斤级	张姣姣	1
柔道	女乙 52 公斤级	褚莉娟	1

续表26-22

项目	组别	姓名	名次
跆拳道	男甲 84 公斤级	陈　琛	1
跆拳道	男乙 50 公斤级	曹浩然	1
跆拳道	男乙 80 公斤级	张哲齐	1
武术	男甲全能	褚鸿启	1
武术	男乙棍术	王先文	1
武术	女甲南拳 南刀	张亚茜	1
武术	女甲对练	种金利　张亚茜　李　珩	1
武术	女乙棍术	狄明红	1
武术	女乙规定拳	宋著聪	1
武术	女乙刀术	宋著聪	1
武术	女乙对练	孙茹月　宋著聪	1
摔跤	男甲古 84 公斤级	杜宜栋	1
摔跤	男乙古 50 公斤级	张延东	1
摔跤	男乙古 58 公斤级	王　聪	1
摔跤	男乙古 66 公斤级	任泽龙	1
摔跤	男乙古 76 公斤级	徐　超	1
摔跤	女甲自 72 公斤级	马　维	1
游泳	男乙 50 自	刘　策	1
游泳	男乙 100 自	刘　策	1
游泳	男乙 100 仰	刘　策	1
游泳	男乙 100 蛙	赵　霖	1
游泳	女乙 50 蛙	李夏宇	1
拳击	男乙 48 公斤	徐　帅	1
田径	男乙 110 栏	付清超	1
田径	男乙铁饼	种发启	

2013 年薛城区参加枣庄市第八届运动会成绩一览表

表 26-23

项目	组别	姓　名	名次
乒乓球	女乙 A 组	张委校	1
乒乓球	女乙 B 组	倪宇荷	1
乒乓球	男乙 C 组	罗佳辉	1
乒乓球	女乙 C 组	孙若晗	1
武术	男乙枪术	刘　森	1
武术	男乙剑术	刘　森	1
武术	男丙刀术	高裕杰	1
武术	男丙棍术	高裕杰	1
武术	女乙刀术	刘姿秀	1
武术	女乙棍术	刘姿秀	1
散打	男甲 70 公斤级	崔　健	1
柔道	男乙-55 公斤级	张允瀚	1
柔道	男乙-60 公斤级	范腾磊	1
柔道	男乙-66 公斤级	王胜利	1
柔道	女甲-48 公斤级	梁　静	1
柔道	女甲+78 公斤级	黄　婷	1
柔道	女乙—44 公斤级	杨雯涵	1
柔道	女乙—70 公斤级	单　瑜	1
跆拳道	男乙 80 公斤级	种发超	1
跆拳道	女乙 59 公斤级	韩晴晴	1
拳击	女甲 67 公斤级	许新欣	1
摔跤	男甲古 66 公斤级	章振宇	1
游泳	男甲 50 米自	米翔宇	1
游泳	男甲 100 米自	米翔宇	1
游泳	男甲 400 米自	张立翔	1
游泳	男甲 100 米蛙	张立翔	1
游泳	男甲 200 米蛙	张立翔	1
游泳	女乙 C 组自由泳	闫苏月	1
游泳	女乙 B 组仰泳	邓方圆	1
游泳	女乙 B 组蝶泳	陈雨荷	1

续表26-23

项目	组别	姓　名	名次
游泳	女丙 50 米自由泳	张丞浩	1
游泳	女丙 50 米仰泳	张丞浩	1
游泳	女丙 50 米蝶泳	张丞浩	1
举重	男甲 56 公斤级	天传聪	1
举重	男乙 94 公斤级	刘天翔	1
举重	女甲 63 公斤级	陈　兴	1
举重	女甲 69 公斤级	陈克维	1
举重	女乙 48~63 公斤	王　梅	1
举重	女乙 55~63 公斤	王　杰	1
田径	女甲铅球	郭　晨	1
田径	女甲铁饼	郭　晨	1
田径	女甲三级跳远	卢丹丹	1
田径	女甲跳高	卢丹丹	1
田径	男乙跳高	郭允之	1
田径	女乙 100 米	张琳琳	1
田径	女乙铁饼	李美玉	1
田径	男丙 200 米	高疆皓	1
田径	男丙 800 米	高疆皓	1
田径	女丙 800 米	倪　麒	1

2002—2009 年薛城区参加山东省及全国运动会成绩表

表 26-24

时 间	地 点	运 动 会 名 称	姓 名	组别	项 目	名次
2002 年	济南	省第二十一届运动会	程　鹏	男	50 米蛙泳	1
2002 年	济南	省第二十一届运动会	程　鹏	男	100 米蛙泳	1
2002 年	济南	省第二十一届运动会	程　鹏	男	200 米蛙泳	1
2002 年	济南	省第二十一届运动会	王　黎	女	举重 54 公斤	1
2006 年	威海	省第二十二届运动会	候玉龙	男	跆拳道 67 公斤	1
2010 年	淄博	省第二十三届运动会	徐　超	男	古典摔跤 67 公斤	1
2009 年	济南	全国第十一届运动会	程　鹏	男	4×100 混合接力	3

第六节　薛城杨峪体育公园赛事

赛事概述

杨峪体育公园坐落在原薛城区杨峪风景区，是薛城区深入践行科学发展观，贯彻落实市委、市政府发展服务业、旅游业的城市转型战略，依托奚仲文化资源，高起点规划、高标准建设以“三车一马”（汽车、摩托车、自行车、马术）比赛为主题，以农家乐、自驾游、滑草、攀岩等为主要内容的特色休闲旅游景区。为承办好各项全国性车赛，杨峪体育公园先后投资修建占地5.33公顷的汽车、摩托车越野赛场、容纳3000人的看台、全长20公里的汽车拉力赛道、全长1200米的卡丁车赛场、占地2.67公顷的生态停车场、3条11公里进出景区道路，逐步完善配套服务设施。

2009年5月至2013年5月，杨峪体育公园先后承办全国汽车场地越野锦标赛、全国超级卡车大赛、中国汽车拉力锦标赛、全国摩托车越野锦标赛等8届全国性车赛，得到国家体育总局、中国汽车运动联合会等领导、中央电视台等新闻媒体以及社会各界的普遍认可，薛城获评2009年“中国赛车新兴城市”，成功打造“薛城赛车”的城市名片。

赛事筹备

历史背景　2009年5月23—25日，薛城举办全国汽车场地越野锦标赛，这是薛城区乃至枣庄市首次承办的全国性汽车运动赛事，中央电视台体育频道现场直播决赛，收视率超过NBA和F1，对提高薛城知名度、提升士气、聚集人气产生积极作用，符合枣庄市委、市政府提出的发展服务业、旅游业的城市转型战略，为建设杨峪体育公园奠定坚实基础。

确定思路　2009年7月6日，薛城区委、区政府邀请中央电视台、国家体育总局汽摩运动管理中心、自行车击剑运动管理中心、中国汽车运动联合会、中国摩托车运动协会、中国自行车协会、中国马术协会领导和专家召开杨峪体育公园规划座谈会，经与会人员深入讨论，确定建设杨峪体育公园的规划思路和举办全国性“三车一马”比赛的合作意向，以及打造薛城车赛之都的战略目标。

组建机构　2009年9月8日，为加快杨峪体育公园建设步伐，经薛城区委、区政府研究，成立以区委主要领导为名誉主任、区政府主要领导为主任，区委、区政府、区人大、区政协分管领导为副主任，区直有关部门和张范镇主要负责人为成员的杨峪体育公园建设委员会，委员会下设管理办公室，抽调骨干人员集中办公，主要负责杨峪体育公园综合管理、组织协调、投资经营、赛事引进、宣传推广等工作，为杨峪体育公园建设提供组织保障。

承办赛事

继第一次承办全国汽车场地越野锦标赛之后，2009年11月，杨峪体育公园成功举办全国超级卡车大赛，这是杨峪体育公园管理办公室成立之后，通过注册枣庄市杨峪体育公园有限公司，采取市场化运营方式承办的第一场全国性车赛，取得开门红，为之后举办赛事提供良好经验。

2010年5月，杨峪体育公园再次成功举办全国汽车场地越野锦标赛。本次赛事克服因中央电视台直播突然调整比赛时间的重大困难，凭借2009年积累的办赛经验，圆满完成大赛的各项筹备组织工作，确保赛事顺利进行。

2010年9月，杨峪体育公园首次举办中国汽车拉力锦标赛，来自全国各地及港、台车队的赛手、机械师、记者、工作人员1000余人参加赛事，中央电视台、中央人民广播电台、人民日报、光明日报、新浪网、搜狐网等100家国内重要新闻媒体全程跟踪报道。同时，依托本次赛事成功举办首届中国车祖奚仲文化月活动，在活动月期间，先后举办中国汽车拉力锦标赛和时尚车展、第三届中国奚仲文化研讨会、奚仲纪念馆落成典礼、2010中国北方新能源车业发展论坛、薛城区投资贸易洽谈会暨城市转型论坛、全国书画作品大展、全国百名摄影家薛城大采风，中国首部远古史诗电影《车神奚仲》、电视连续剧《恋恋阿里山》《铁道游击队 2》《小小飞虎队》开机仪式，《奚仲文化丛书》《车祖奚仲传奇》首发式，“青岛冰醇啤酒杯”美食节、“民国影视文化城之夜”大型文艺晚会暨焰火晚会等 20 项主题活动，将奚仲文化的传承发扬和汽车运动的承接推广，推到历史空前的盛况。

2011 年 5 月、9 月，杨峪体育公园先后举办全国汽车场地越野锦标赛、中国汽车拉力锦标赛。同时，依托赛事成功举办中国国际车祖奚仲文化季活动，先后举办活动季暨汽车拉力赛开幕式、“车行天下・盛世华章”大型文艺晚会、“拜车祖・保平安”车祖奚仲祭祀仪式、奚仲文化与现代汽车产业发展论坛、文化旅游服务业项目推介会、蓬客房车旅游文化音乐国民休闲汇等 10 项活动，进一步弘扬奚仲文化，推广汽车运动。

2012 年 4 月 29 日至 5 月 1 日，杨峪体育公园成功举办全国摩托车越野锦标赛，来自全国各地的近 20 支车队、100 名车手参加比赛，中央电视台、中国网络电视台、《中国赛车报道》《人民日报》《中国体育报》、人民网、新浪网等 30 多家国家级主流新闻媒体对赛事进行宣传报道，薛城区在中国汽车运动联合会、中国摩托运动协会 2012 年度工作会议上获“中国汽摩运动突出贡献奖”。

2013 年 5 月，杨峪体育公园成功举办全国汽车场地越野锦标赛。因枣庄“三区合一”行政区划调整等原因，自本次赛事结束，未再举办全国性车赛。

薛城中国汽车拉力赛

第二十七编

社会生活

第一章　民　政

第一节　管理机构

1980年，薛城区人民政府设民政局。1990年，地名办公室从史志办分离出来，归民政局管理。1991年，内设基层政权建设股、行政管理股、社会保障股等。1997年，设立婚姻登记处。2002年机构改革后，内设双拥工作办公室、城乡居民最低生活保障办公室、优抚安置办公室、救灾救济股等。2007年，新增慈善总会办公室。2013年，内设办公室、基层政权和社会事务股、优抚安置办公室、救灾救济股等。

第二节　社会救助

救灾

1991年后，人民群众生活水平迅速提高，社会贫困面逐渐缩小，临时救济多为偶发事件救济。1991—2013年，累计发放春荒、冬令临时救济款900万元，累计救助18.11万人次。2010年，临城街道办事处北二社区被评为“全国综合减灾示范社区”。

救济

2005年，薛城区人民政府印发《薛城区人民政府关于实施农村医疗救助的意见》。2006年，出台《关于印发〈薛城区城市居民重大疾病医疗救助实施办法（试行）〉的通知》，对患恶性肿瘤、白血病、尿毒症、重度肝病等困难群众进行救助。2007—2013年，共救助患大病困难群众1206人，发放救助金276.12万元。

第三节　社会福利

农村“五保”人员供养

1991年，全区建起29处乡镇敬老院，对保吃、保穿、保医、保住、保葬“五保”人员进行供养。2001年，南石镇敬老院合并到张范敬老院，陶官敬老院合并到周营镇敬老院，全区共有敬老院12处（其中村级2处）。2004年年底，全区农村五保人员1077人，其中集中供养255人。2005年，12处乡镇敬老院合并为10个，农村“五保”供养由集体供养改为财政供养。集中供养标准从每人每年2000元提高至每人每年4500元，分散供养标准从每人每年1200元提至每人每年3300元。2005—2007年，全区投资1080万元

薛城区敬老院

对敬老院改造，敬老院管理水平和供养条件进一步改善。2010年，邹坞镇敬老院获“全国模范敬老院”称号。2011年，邹坞镇、陶庄镇、张范镇、临城街道四个敬老院获得“省一级敬老院”称号。2013年，由于“三区合一”张范镇敬老院划归高新区，棚户区改造临城街道敬老院拆除，与常庄镇敬老院合并，敬老院变为5处。全区农村“五保”供养人员1539人。

城市“三无”人员供养

1992年，城市集中供养“无生活来源、无劳动能力、无法定赡养人”的“三无”人员，基本生活费标准每人每月80元。1997年，分散供养“三无”人员生活费为每人每月143元。2013年，城市“三无”分散供养人员基本生活费为城市低保标准的150%，全区共有3人。

老年福利

2012年，在全市率先印发《薛城区人民政府关于扶持养老服务机构发展的意见》。2013年，全区陆续建成6个农村幸福院。对全区享受城乡低保或散居城市“三无”、农村五保待遇的，生活长期不能自理、能力等级为2~3的老年人发放失能老年人护理补贴标准为每人每月不低于60元，全区共有113名老年人享受护理补贴。是年，全区建设4个城市社区日间照料中心，并建设养老信息平台。

儿童福利

2008年，为城乡低保家庭先天性心脏病儿童实施免费手术，至2013年，共为36名儿童实施免费手术，减免费用87.7万元。2010年，为全区34名失去父母、父母双重残的未成年人发放基本生活费，每人每月不低于600元。2013年，全区失去父母、父母双重残的未成年人基本生活费提高到每人每月720元，共有孤儿、父母双残儿童74人，困境儿童8人。

福利企业

2000年，全区社会福利企业发展到11处，安置残疾职工367人。2005年，全区共有福利企业6个，安置残疾人员101名。2008年，共有福利企业4个，安置残疾人员66名。2009年，福利企业4个，安置残疾职工110名。2013年，福利企业1个，安置残疾职工66名。

第四节　基层民主政治建设

村（居）委会换届选举

1993年5月，全区进行第四届村委会换届选举。1994年11月24日，撤销常庄乡，设立常庄镇。

1996年，全区进行第五届村委会换届选举。是年12月，撤销薛城区张范乡，设立张范镇。1998年10月19日，撤销南石乡，设立南石镇。

1999年，进行第六届村委会换届选举。全区12个乡镇339个行政村进行换届选举工作。全区共有选民17.6万人，参加投票选举的村民15.2万人，参选率达86%。选出新的村委会319个，选举成功率达94%。选出新的村委会成员1138人，其中，党员495人，占51%，妇女147人，占15%，高中以上文化程度319人，占33%，平均年龄39岁。建立村民小组1123个，选出村民代表7725人，建立村委会下设工作机构1370个。

2000年，薛城区辖8个镇、5个乡。为临城镇、沙沟镇、周营镇、陶庄镇、邹坞镇、常庄镇、张范镇、南石镇，夏庄乡、兴仁乡、金河乡、南常乡、陶官乡。

2001年2月，乡镇规模调整撤乡并镇，撤销张范镇并入南石镇；撤销夏庄乡并入陶庄镇；撤销金河乡，并入常庄镇；撤销陶官乡并入周营镇；撤销南常乡并入沙沟镇；撤销薛城镇，设立临城街道；撤销兴仁乡，设立兴仁街道隶属高新区，薛城区共辖6个镇1个街道。

2002年3—6月，全区进行第七届村委会换届选举。这次换届选举是全区乡镇、村级规模调整后的首次换届。全区共7个镇街218个行政村进行换届选举。全区共有选民184864人，参加投票的选民166149人，参选率达90%。换届后村委会成员856人；连选连任426人，村委会成员平均3.14职，35岁以下156人，55岁以上24人，平均年龄41.5岁，高中以上文化程度258人，占30.1%，村委会成员女性126人，占20%。选出村民代表4205人，村民小组长827人，建立下属工作委员会861个，1121人。

2005年1月，将南石镇调整为两个镇街，设立兴城街道和张范镇，兴城街道划归高新区，南石镇更名为张范镇隶属薛城区。2005年春节前，全区进行第八届村委会换届选举。全区共203个村委会依法进行换届选举，选举成功率达100%。全区共有选民177713人，参加投票选举的村民154433人，参选率达86.9%。共选出村委会成员638人，35岁以下158人，55岁以上42人，平均年龄40岁。高中以上文化程度341人，占53.4%，村委会成员女性78人，占12.2%。设立下属委员会970个，选出村民代表4118人，村民小组长796人。

2007年6—8月，全区进行第九届村委会换届选举。202个行政村进行换届选举，共有选民188692人。选出632名村委会成员，35岁以下128人，36~54岁405人；高中及以上文化程度367人，村委会成员女性72人，占11.4%。设立下属委员会986个，选出村民代表4537人，村民小组长707人。换届选举后，对新当选的村主任进行培训，进一步规范完善村务公开的时间、形式和内容，并为231个村居印制《中华人民共和国村民委员会组织法》和《山东省村务公开条例》。

2011年上半年，全区进行第十届村委会换届选举。按照新修订的《中华人民共和国村民委员会组织法》，经过组织准备、宣传发动、民主推选候选人、依法选举、建章立制和检查验收、培训发证等阶段，全区20.8万名选民参加换届选举，选民参选率为84.8%，依法选出200个村委会，选举成功率达100%。共选出村委会成员661人，连选连任村委会成员占村委会成员总数的71.7%。其中35岁以下89人，36~45岁278人。高中及以上文化程度472人，其中大专以上文化程度94人。妇女干部206人，女性进村委会的村的比例达到100%。党支部书记兼任村主任162人，兼职比例89.9%，村“两委”成员交叉任职462人，交叉任职比例77%。选举后，区委组织部、区民政局对新当选的村主任进行集中培训。

2012年5月，经枣庄市中心城区工委批准设立薛城区巨山街道（筹）；2012年9月，撤销张范镇，设立张范街道，隶属高新区。高新区14个村6个居委会（包括2个村改居）划归薛城区，筹建薛城区巨山街道。

社区建设

2000年，全区共有32个居委会，临城街道29个，陶庄镇2个。

2001年10月，全区共18个社区居委会。其中，临城街道设立14个社区居委会；常庄镇设立4个社区居民委员会。

2004年，全区共29个社区居委会。其中，临城街道新增设立北二社区居委会；邹坞镇新增设立矿山社区居民委员会；陶庄镇新增设立9个社区居民委员会。

2007年，组织开展基层社区建设调研活动，筹备召开全区社区建设工作会议，出台《关于进一步加强社区建设工作的意见》。11月7日，投资1000万元，建筑面积5400平方米的区社区综合服务中心建成并投入使用。

2009年，区委、区政府出台《关于加强社区规范化建设的实施意见》，按照3000户10000人的标准进行规模调整，调整为15个社区居委会，按照5~9人的标准配齐配强社区工作人员121人，及时拨付社区工作经费和工作人员工资。

2010年2月，召开全区农村社区建设工作会议，启动全区农村社区建设工作，区委、区政府出台《关于在全区开展农村社区建设工作的意见》，明确农村社区服务中心建设标准及任务，规划建设58个农村社区服务中心，制作农村社区建设规划图，完成14个农村社区服务中心试点建设任务。

2013年5月，按照省、市要求对农村社区建设布局进行重新规划修编，共规划41处农村社区服务中心。10月，对全区社区基本情况进行调研，12月2日，召开全区创建省级文明城市暨城乡社区建设动员大会，出台《关于加强社区建设的实施意见》，把社区调整为49个，实现城市社区管理与服务的全覆盖。龙潭等5个社区被评为市级示范社区。

第五节　拥军优抚

双拥工作

1999年6月，薛城区开展为老烈属、老伤残军人、老复员军人解“三难”（生活难、住房难、医疗难）的“爱心献功臣行动”，薛城区获全国“爱心献功臣行动”先进区称号。至2013年，全区走访慰问驻军动用资金600余万元，共发放义务兵优待金1380万元。1991—2013年，薛城区已连续六次被山东省委、省政府和省军区授予“双拥模范区”称号。

优抚

1991—2013年，全区共发放各类优抚资金、农村籍60周岁退役老军人和老烈士子女生活补助465万元。优抚对象医疗补助60万元。共有各类重点优抚对象、60周岁退伍老战士和老烈士子女1440人。共计发放各类重点优抚对象、60周岁退伍老战士和老烈士子女抚恤优待金共计1626万元。

医疗报销和补助

1986年起，在乡二等以上伤残军人和军队离退休干部一直实行公费医疗，医疗费实报实销。老烈属、在乡三等伤残军人和在乡复员军人实行医疗补助，领取一定额度医疗保健金。2010年，薛城区制定下发《薛城区抚恤定补优抚对象医疗保障办法（试行）》的通知和《薛城区抚恤定补优抚对象医疗保障办法实施细则（试行）》，文件中规定对各类优抚对象医疗补助的具体实施办法。

第六节　民间组织管理

2000年，民政局下发《关于对民办非企业单位进行调查的通知》，开展全区范围内的民办非企业单位调查摸底工作。2003年，与体育局联合对体育类民办非企业单位进行复查登记，依法完成年检工作。

2005年，为进一步加强党的建设，扩大党的组织和工作的覆盖面，向新型社会组织选派党建工作指导员，依法完成年检工作。

2007年，全区共有社会团体72家，民办非企业单位34家，完成年度检查工作。

2008年，共办理民间组织登记15家，加强执法监督检查，依法完成年检工作。

2010年，中共薛城区社会组织工作委员会成立，在全区社会组织党组织和党员深入开展创先争优活动。

2013年，行业协会商会类、科技类、公益慈善类、城乡社区服务类社会组织实行直接登记。对相关人员在行业协会商会类社会组织兼职（任职）进行清理整顿；按照市委两办《关于清理和规范领导干部在社会团体兼职的通知》，对县级以上领导干部在社会团体兼职进行清理和规范。对退（离）休领导干部在社会团体兼职进行清理规范整顿。

第七节　社会事务

婚姻登记

1997年9月，薛城区婚姻登记处挂牌办公，各乡镇婚姻登记处停止办公，其印章、证件、档案移交区民政局封存。

2003年，根据民政部制定的《婚姻登记条例》，当事人凭身份证和户口本到婚姻登记机关办理登记，改婚姻状况证明制度为当事人填写婚姻状况声明书，简化登记手续。

2009年，投资5万余元改造婚姻登记服务大厅，被民政部评为“全国婚姻登记规范化单位”。

2010年，建设婚姻登记数据库和工作平台；参加省、市婚姻登记颁证比赛，分别获得山东省婚姻登记常规式比赛三等奖、婚礼式颁证比赛三等奖、枣庄市常规式结婚登记颁证第一名、婚礼式结婚登记颁证第一名、枣庄市婚姻登记颁证比赛一等奖。

2011年3月，开展“婚姻登记员优质服务月和文明礼貌用语学习月”活动。11月，开展为期两个月的“婚姻登记员业务竞赛交流活动”。实现在线实时登记和婚姻管理信息化。

2012年，正式启用婚姻登记网上预约系统，安装第二代身份证阅读器。

1997—2013年，全区累计办理结婚登记69540对，离婚登记7416对，出具证明13435单，补发婚姻证件8596本。

殡葬管理

2010年3月，薛城区制定《关于进一步加强殡葬管理工作的意见》。2011年，制定《关于进一步深化殡葬改革促进殡葬事业科学发展的意见》。开展殡葬陋习专项整治活动，区殡葬管理工作领导小组出台《关于开展殡葬陋习专项整治活动实施方案》，组织工商、公安、城管、民政等相关部门对殡葬陋习专项整治活动，对全区58家丧葬用品商店，12家棺木制售点，7家铁（气）炮制售点逐一进行督导检查，共下达责令整改通知书10家，纠正超范围经营户8家，纠正占道经营9家，现场捣毁和关停违法制售棺木点12处、石碑制售点2处，打击违法经营活动，震慑不法行为，净化殡葬市场秩序。过去曾突出存在的散埋乱葬、占道办丧事和非法经营殡葬迷信用品等现象得到一定程度的节制。2013年7月，制定《薛城区人民政府办公室转发区民政局区财政局关于对全区城乡困难群众和重点优抚对象实行基本殡葬服务项目免费政策意见的通知》。是年，全年累计化尸1657具，火化率为65%。

经营性公墓建设

1995年年底，向市民政局、省民政厅立项。1996年，由原金河乡民政办公室建设经营。1997年6月，民政厅批准同意兴建金河山公墓。2001年2月，金河乡并入常庄镇，乡镇合并后继续由常庄镇民政办具体管理。

收养登记

1999年9月1日，薛城区依据《中华人民共和国收养法》、办理全区第一例收养登记。2013年，全区办理收养登记35例，其中办理收养市儿童福利院弃婴29例，全部使用全国收养登记管理信息系统。在办理收养登记中，重点查看收养人的收养目的、条件、经济收入、住房等情况，对家庭生活状况进行现场查看，既依法登记又保障被收养人的合法权益。

第八节　慈善事业

2004—2013年，共接收“慈心一日捐”捐款312.9万元。2007年6月，成立薛城区慈善总会，设常务理事31名，理事125名。2007年6月8日，召开薛城区慈善总会成立暨第一次会员代表大会，通过《薛城区慈善总会章程》《薛城区慈善总会选举办法》《薛城区慈善总会选举办法》。2008年，为汶川地震灾区捐款265.9万元。2010年，为玉树地震灾区捐款24万元。2011年，设立留本付息冠名基金，全区6家爱心企业认捐慈善冠名基金500万元，开创区慈善事业捐赠先河。2011年5月23日，召开薛城区慈善总会一届二次会议，增选、补选区慈善总会理事、常务理事、第一副会长、常务副会长、副会长、增聘名誉会长等，通过《薛城区慈善总会冠名慈善基金管理办法》。2012年7月13日，召开区慈善总会二届一次暨“慈心一日捐”动员会议。选举会长、副

薛城区慈心一日捐动员会议

会长、秘书长、副秘书长、理事、常务理事；聘请名誉会长；通过《薛城区慈善总会分会资金使用管理办法》，新增冠名企业11家，认捐冠名基金600万元。

"情暖万家"救助项目

针对城乡中的困难家庭、特困家庭、残疾人家庭和重病患者家庭实施救助，每户救助300~600元，共救助各类家庭1500个，发放救助金75.6万元。"朝阳助学"救助项目。针对城乡特困高考新生实施救助，帮助特困高考新生顺利入学，每人救助1000~4000元，共救助特困高考新生522人，发放救助金127.8万元。

"烛光工程"救助项目

针对农村偏远山区特困中小学教师实施救助，每人救助1000~3000元，共救助特困教师11人，发放救助金2.5万元。

"微笑列车""爱心复明"救助项目

针对城乡低保家庭、困难家庭唇腭裂儿童、老年白内障患者实施救助，动员患者到指定医院接受免费救治，开辟绿色通道，先后有47名患者受益，减免手术费18.5万元。

"大病医疗救助"项目

主要是对患有尿毒症、癌症、白血病、中晚期慢性肝炎及并发症的城乡低保或低收入家庭，个人负担较重的，按照比例给予救助，共救助439人次，发放救助金98.3万元。

"银屏惠老"工程

主要是给特困老人赠送电视机，共为五保老人赠送21英寸彩色电视机31台。

"关爱困难家庭、情系患病妇女"救助项目

2011—2012年，针对全区农村患乳腺癌、宫颈癌的贫困妇女首次实施"关爱困难家庭、情系患病妇女"的救助活动，共救助妇女35名，发放救助金4.8万元。

第二章　薛城区残疾人联合会

组织机构

1990年11月，薛城区残疾人联合会成立，机构设在区民政局，由区民政局代管，配有专职人员3人。1991年4月，薛城区13处乡镇分别成立残疾人联合会，乡镇残疾人联合会和乡镇民政所合署办公。1995年9月，升格为区政府直属正科级事业单位，编制10名。2003年10月，机构改革归口群团机关单位。2006年，薛城区投资360万元建设面积1800平方米的三层办公楼。2013年，区残联有工作人员16名，内设办公室、教育就业部、康复部、组联部、财务部、综合服务大厅等6个科室。建立健全7个镇街残联理事会和全区231个村（社区）残疾人协会，成立聋哑人协会、肢残人协会、盲人协会、残疾人体育协会、残疾人文艺家协会、残疾人助残志愿者协会、精神残疾及亲友协会、智力残疾及亲友协会8个残疾人专门协会。2009年7月，区残联被国务院残工委命名为全国“残疾人之家”；2009年11月，薛城区被中国残联、全国残疾人康复办公室表彰为“全国白内障无障碍区”。

第一节　残疾人状况

2003年，全区共有各类残疾人2.07万人，占全区总人口的4.38%。其中，视力残疾1020人，听力言语残疾1105人，智力残疾938人，肢体残疾15637人，精神残疾1300人，多重残疾700人。2008年，共为4000名残疾人鉴定和办理第一代残疾人证。2010年，薛城区6名残疾人运动员参加全省残疾人运动会，获得1枚金牌、1枚银牌。2013年，共为9104名残疾人换发办理第二代残疾人证。

第二节　区残联代表大会

第一次代表大会

1990年12月30日，薛城区残联首届代表大会召开，大会代表87人（出席会议代表67人）。会议选举产生主席团成员29名。

第二次代表大会

1993年5月27日，薛城区残联第二次代表大会召开，出席大会的代表82人。大会总结首次残代会以来的工作，确定五年薛城区残疾人事业的奋斗目标、主要任务和工作措施。选举产生第二届主席团成员和领导班子。

第三次代表大会

1998年5月27日，薛城区残联第三次代表大会召开，出席大会的代表85人。大会总结第二次残代会以来的工作情况，确定之后五年全区残疾人事业的奋斗目标、主要任务和工作措施。选举产生第三届主席团成员和领导班子。

第四次代表大会

2003年5月17日，薛城区残联第四次代表大会召开，会议代表87人。大会总结第三次残代会以来的工作情况，确定五年全区残疾人事业的奋斗目标、主要任务和工作措施。会议选举产生主席团成员44名。

第五次代表大会

2008年3月1日，薛城区残联第五次代表大会召开。会议总结区残联第四次代表大会以来的工作情况，安排部署下步残疾人工作任务和措施。

第六次代表大会

2013年1月12日，薛城区残联第六次代表大会召开，会议代表96人，会议认真总结区残联第五次代表大会以来的工作情况，安排部署下步残疾人工作任务和措施。

第三节　残疾人康复

1990年，区残联成立区残疾人康复工作领导小组，下设办公室，配齐专业康复工作人员，负责全区残疾人康复工作指导和协调工作。

白内障复明和低视力、聋儿患者治疗

2003年后，在每年“爱眼日”“爱耳日”期间，区医院设白内障复明定点医院，采取补助方法为贫困白内障患者实施复明手术。至2013年，共完成白内障手术2400例，晶体植入率95%以上。区残联聋儿语训学校在山东省聋儿启聪工程中共救助聋儿93人，全部免费佩戴助听器。

精神病防治

2003年后，区残联与市立二院协调，加强精神病防治指导，建立家庭病床200张，病人显效率87%。同时，对全区1300名精神病人建档立卡，实行全方位监控。建立精神病防治康复组织管理网络，培训技术员80名。

智残脑瘫儿童康复

2003—2013年，区残联协同区医院为智残儿童、脑瘫儿童开展康复训练，配齐专业医师和器材，训练智残儿童181人、脑瘫儿童185人，培训智残家长172人。

肢残康复训练

2003年，区残联在社区服务中心设肢残人康复训练门诊。至2013年，肢体残疾矫治病人67例，装配假肢122例，矫形器93例，训练肢体残疾人2800人。

第四节　残疾人劳动就业和扶贫救助

劳动就业

全区有4604名有劳动能力的各类残疾人从事个体工商经营、养殖、种植和手工业加工，不仅解决自身的生活问题，而且还为社会创造财富，取得良好的社会效果和一定的经济效益。2003年，安置39名残疾人在机关、企事业单位就业，安置221名残疾人在福利企业就业。

残保金征收

2004年10月19日，区政府部署全区税收检查、财政代扣、地税代收残疾人就业金工作，加大残疾人就业金的征缴力度。《薛城周讯》全文刊登《山东省人民政府办公厅关于由地税部门代收残疾人就业保障金有关问题的通知》，薛城电视台以字幕形式对依法按比例安置残疾人就业工作进行连续宣传。

扶贫救助

2007年以来，为430户农村贫困残疾人实施危房改造。积极协调民政部门，将贫困残疾人纳入最低生活保障，利用重大节日对贫困残疾人进行走访救助，年救助金额（含实物折款）200余万元。对70余名考入大中专院校残疾人学生和考入大中专院校残疾人子女进行一次性救助。2010年，全区7个镇街全部建立残疾人托养中心，通过与民政部门和各镇街协调，在同等条件下对残疾人优先照顾，按照“低门槛、高标准、广覆盖”的原则，使90%的残疾人享受低保政策，保障困难残疾人的基本生活。

第五节　残疾人维权与信访

2007年7月，《中华人民共和国残疾人保障法》颁布实施后，薛城区残联积极开展法律援助和律师与残疾人结“爱心助残对子”活动。各镇街司法所开展免费为残疾人提供法律咨询等法律服务。至2013年年底，区法律援助中心接到残疾人法律咨询501人次，提供法律援助164人次。严格执行国务院《信访条例》《山东省信访规定》等政策法规，建立健全信访登记接访制度，接待残疾人来访283人次，信访办结率96%以上。

第三章　老龄事业

随着社会现代化进程不断加快和经济的快速发展以及医疗卫生条件的改善，老年人的生活、生命质量也在快速提升。另外，计划生育政策的成功实施，新生人口环比下降。因此，造成全区老年人口所占比逐年加大。按照人口老龄化国际标准（老年人口占总人口10%），薛城区在2000

年就进入人口老龄化城市。薛城区老龄办始终坚持“党政主导，社会参与、全民关怀”的老龄工作方针，以实现“六个老有”为目标，抓基层、抓重点、抓落实，在老人供养、医疗保障、权益维护、优待服务、生活照料及精神文化生活等方面，采取一系列行之有效的措施，取得显著成绩。

1991—2013 年部分年份薛城区老年人口比率一览表

表 27-1

年份	总人口（人）	老年人口（人）	百分比（%）
1991 年	397929	24451	6. 14
1995 年	426392	36836	8. 64
2000 年	453213	48675	10. 74
2005 年	406757	50055	12. 30
2010 年	419823	61484	14. 64
2013 年	437014	70165	16. 1

第一节　管理机构

1987 年 11 月，薛城区老龄问题委员会成立，主任 1 人，副主任 3 人。区老龄问题委员会下设办公室，工作人员 2 名。是年 11 月，全区 13 个乡镇均设立老龄问题委员会办公室，并配有一名以上专兼职干部。1989 年 11 月，区老龄问题委员会更名为老龄委员会。1993 年 7 月，主任 1 人，副主任 5 人，设成员单位 24 个。1998 年 6 月，区政府将老龄委员会办公室列为正科级单位，置事业编制 5 人，设主任 1 人、副主任 1 人。2002 年 4 月，区老龄委员会再次更名为老龄工作委员会，区老龄委员会办公室相应更名为老龄工作委员会办公室。2007 年 4 月，全区 7 镇街均设立老龄工作委员会及其办公室，217 个村居全部设有老年人工作委员会。

第二节　老年人供养

高龄津贴

1993 年 7 月，薛城区建立执行高龄津贴发放制度。为 95 岁以上农村老人，每人每年发放 120 元高龄津贴。2008 年 1 月，将高龄津贴发放范围扩大至 90 周岁以上老年人，并根据年龄段不同，每人每年可领取 240 元、600 元和 3600 元不等。2012 年 1 月，再次将发放年龄扩大到 80 岁，标准为 80~89 岁每人每年 360 元，90~99 岁每人每年 720 元，百岁以上每人每年 6000 元。

医疗保险

2007 年，薛城区设立特困老年人救助和离退休职工养老保险金发放及落实老干部的两项待遇等制度。2009 年 1 月，全区城镇居民医疗保险工作全面启动。进一步完善覆盖城乡居民的基本医疗保障体系，将所有老年人纳入医疗保障覆盖范围，老年人医疗保障标准及报销比例也在逐步提高。全区初步建立免费为 65 岁以上老年人查体制度，建档率达 98%以上。是年，为降低老年人因意外伤亡给家庭经济带来的风险，山东省老龄办与中国人寿保险公司山东省分公司在全省联合推行“银龄安康工程”即老年人意外伤害组合保险，薛城区自 2009 年实施“银龄安康工程”以来，由当年投保率占老年人数 0. 8%，到 2013 年提升为 29. 8%，累计有近 4 万名老年人投保。

走访救助

1991—2013 年，持续开展走访慰问送温暖活动，每年春节、重阳节和“敬老月”活动期间，分别对“三无、优抚、特困、高龄、空巢、残疾”等老年人进行重点走访救助。

1995 年重阳节期间，区教育局在全区各中、小学校开展“送一个鸡蛋，献一份爱心”活动，孩子们将捐献来的鸡蛋送给敬老院里入住的老人。2000 年 12 月，在开展“白内障复明工程”中，全区有 12 位白内障老人接受免费复明手术治疗。术后，每人还一次性获得 500 元康复补助金。2003 年 4 月，在全区开展“助老扶贫帮扶工程”。是年，共结成帮扶对子 1000 对。2007 年，在开展帮扶救助特困残疾老年人活动中，共为全区 60 户残疾特困老人解决住房难问题。2008—2013 年，区老龄办每年都组织一次救助贫困老年人活动，每年有近 100 个特困难老年家庭一次性获得 500 元以上资金救助。另外，连续多年开展“关爱老年人活动”。2009 年，为 120 位失能老年人免费赠送“爱心呼叫器”。2010 年，为 10 个失能特困老年人免费赠送一台轮椅，为全区近 5 万名老年人免费上门照相。2011 年，免费向 110 位失能困难老年人免费赠送助行器；向 10 个失能特困老年家庭免费赠送一台轮椅；向 40 位特困老年家庭一次性发放 500 元救助金。2013 年，免费向 10 个失能特困老年家庭赠送康复床；向 12 个失能特困老年人赠送轮椅；向 1000 位失能老年人赠送爱心手杖。2010—2013 年，每年为 1000 个困难老年人免费购买“银龄安康工程”——老年人意外伤害保险。

志愿服务

2013 年，全区在册志愿者近 2 万人，经常参与为老服务志愿人员近 500 人。先后开展敬老爱老“六个一”志愿者服务活动、“百万职工敬老活动”“青春助老服务行动”、助老助残家政服务、困难老人结对帮扶等多种形式的助老惠老活动。每年重阳节和“敬老月”活动期间，组织为老服务志愿者走进镇街敬老院、养老服务机构和困难老人家中，开展志愿帮扶、精神关爱和送温暖等活动。2007 年 10 月，临城街道与薛城消防大队开展“敬老爱民，共创和谐”结对帮扶主题活动。2009 年重阳节前，常庄镇教育办与镇团委在全镇中小学生中开展以“捐出一角钱、留下一份爱、献出一份爱、编织一片情”为主题的敬老爱老活动。2010 年 12 月，薛城服务业品牌联盟协会慰问周营敬老院。2013 年重阳节前，区公路局组织青年团员与枣庄义工联盟薛城分会成员到常庄镇敬老院为老人们打扫卫生、修脚理发和清洗衣物。陶庄镇组织机关志愿者到镇敬老院为老人送过冬用棉衣、棉被，为老人包水饺。周营、常庄等乡镇组织卫生院志愿者服务队分别为辖区内的老年人进行免费健康查体。常庄镇教育办组织中小学生志愿者到所属镇敬老院为老年人表演节目，并利用自己平日积攒的零花钱买来许多生活日用品、寿糕和制作节日贺卡送老人。每年“敬老月”活动期间，区老龄办都会组织为老服务志愿者到镇街敬老院、老年公寓及村居特困、空巢、失独、五保老年人家中为老人送钱、送物、送文艺、开展健康查体、卫生清扫和精神慰藉等志愿服务活动。

第三节　养老设施建设

1994 年 3 月，邹坞镇姚庄村建起全市首个村级老年公寓。

2004 年 4 月，全区开展创建市级老龄工作示范村、示范社区活动。是年 10 月，全市老年基础建设现场会在薛城召开。

2005 年 3 月，区老年服务中心成立，主要为老年人提供养生保健咨询、旅游、婚姻介绍、家政服务等。

2006 年 3 月，按照《山东省无障碍设施建设管理办法》规定，全区行政区域内新建、扩建、改建的公共建筑、城市道路、居住建筑、居住区以及其他公用场所等工程均配套建设无障碍设施。是年10月，张范镇东夹埠村老年公寓建成并投入使用，全村63位老人先后入住。

2007年，区财政根据养老服务机构的建设规模、入住老年人数、服务质量等因素结合省、市级扶持办法，采取“以奖代补”的方式给予扶持，鼓励社会力量兴办老年服务机构，先后投资300余万元，利用闲置房改建、扩建敬老院2处。

2010—2013年，全区有5个民办养老服务机构共获得60余万元省、市奖励扶持资金，新增床位360多张。全区建有镇（街）敬老院5所，规模在50张床位以上民办养老服务机构11所，村（居）托老所、老年房13处，集中供养“五保”老年人346人。

第四节　老有所为

1991年，全区评选出以张方田、孙延林、曹修银为代表的13位薛城区老有所为先进个人。

1992年9月，区老龄委、薛城镇党委政府被枣庄市委、市政府评为“开拓老年事业”先进集体。

1993年7月，全区兴办老年经济实体现场会在陶庄镇召开，涌现出像陶庄镇前院山村煤矸石厂等12家老年人经济实体。

1995年3月，全区老有所为现场经验交流会在陶庄镇召开。

1997年10月，段成广、叶金淦和黄俊章被省民政厅、劳动厅、总工会、共青团委、妇女联合会、老龄办评为重视老龄工作功勋奖和老有所为奉献奖。是年10月，邹坞镇老龄办主任曹召福、张范乡黑石岭村民吕事友被市委、市政府评为老有所为先进个人。

1999年10月，沙沟镇铸钢厂个体经营户曹召焕评为“山东省模范老人”。

2004年4月，全区开展敬老、爱老、助老为主题的教育活动中，刘茂进编写的《二十四孝新编》被作为主题教育活动学习内容，赠送给全区各单位和学校。

2006—2009年，区老龄委组织的“五老”报告团在全区各中小学校举行30余场巡回演讲。

2010—2013年，在开展争当“和谐使者”“模范老人”活动中，涌现出许多像段成广、王祥久、刘宗英等一大批老干部、老工作者、老教师，他们是老有所为的典范。

第五节　老年文体

1989年，区老年大学成立。1991年，全市首个区级老干部活动中心建成并投入使用。投资110万元，将沿河公园建成以老年体育健身活动为主的场所，面积达1.2万多平方米。通过政府拨款、星光计划资助和企业的赞助，建门球场4个、掷球场2个、1000平方米的舞场1个，硬化5处晨、晚练活动场地，建起垂钓鱼塘及1000平方米的活动室。

1999年3月，区老年体育协会成立。是年9月，投资400余万元建成的区老年娱乐健身园投入使用。

2004年10月，全市老年基础建设现场会在薛城召开。

2005年开展市级老年活动室创建以来，全区先后有63个村居通过市级验收，占全区村（居）总数的29%。

2010—2011年，连续两年举办“苏鲁豫皖老年旅游文化联谊会”和“皖鲁老年健身旅游文化联谊会暨金婚银婚庆典”，活动共吸引省外近1000名中老年人来与当地老年人同台表演，增进友谊。

2013年，全区自发组建中老年文体团队36支，有近3000名老年人经常性参加活动。全区组织文艺团队到敬老院、老年公寓、部分村居、社区为老人们演出达22场次，举办“庆重阳—中

皖鲁老年健身旅游文化联谊会暨金婚色银婚庆典活动

老年广场健身舞会演”“爱德士”老年门球邀请赛、“警苑杯”老年台球赛等健身比赛17场次，开办老年腰鼓、揉力球、地掷球等培训班6期，组织老年体育代表队先后参加山东省老年太极拳赛、枣庄市老年门球赛等比赛，获得较好成绩。

第六节　老年权益保障

1996年8月，《中华人民共和国老年人权益保障法》贯彻落实。

1998年10月，区老龄办与区农经局联合发文，免除向70周岁以上农村老年人征收“三提五统”。

2002年10月，省、市优待老年人规定相继出台。

2005年5月，全国政协人资环委杨魁孚等一行到薛城区调研基层老年权益保障法贯彻落实情况，现场考察邹坞镇、东防备村、小甘霖村、张范镇大甘霖村。

2008年6月，薛城区下发《关于进一步做好优待老年人和救助贫困老年人工作的通知》文件。

2010年，在开展老年法律援助工作中，为切实维护老年人合法权益，加大对涉老案件的打击力度，区老龄办与区司法、公安、法院、检察院、民政等老龄委成员单位组成法律援助工作联席会议制度，增强与各职能部门之间的沟通、协作意识，及时解决工作中存在的问题，多方面畅通老年人法律援助申请渠道。

第七节　敬老表彰活动

1991年3月，区老龄委与区妇联共同开展“五好家庭”评选活动。

1998年2月，区老龄委组织的“尊老、敬老先进事迹报告团”深入到各乡镇企业作巡回演讲15场次。

2009年10月，庆祝老人节暨薛城区首届“十大孝星”表彰会，在薛国大酒店召开，授予华绍真等十人为薛城区首届“十大孝星”称号。

2010年10月，薛城区第二届“多乐杯·十大孝星”表彰大会召开，大会决定授予祁红健、李秀云等10人为“薛城区第二届多乐杯·十大孝星”称号。

2012年10月，举办“敬老模范和模范老人表彰大会暨老龄委成立25周年文艺会演”。表彰10个老龄工作先进单位，10名老龄工作先进个人，10名敬老孝星，10名模范老人，并以图片的形式将区老龄委成立25年来所取得的成就分12个主题进行展示。

2013年，区老龄办在全区广泛开展“敬老文明号”评选表彰、“全国孝亲敬老之星”和枣庄市“敬老文明号”“敬老模范”“模范老人”等参评推荐工作。其中，薛城供电部张涛被全国老龄委评为“全国孝亲敬老之星”；区人民医院被省老龄委评为山东省“敬老文明号”。

第四章　民族宗教

第一节　民　族

少数民族及分布

薛城区有回族、蒙古族、藏族等23个少数民族，人口2031人，回族人口最多，947人，蒙古族196人，藏族487人，维吾尔族36人，黎族56人，苗族38人，壮族40人，布依族14人，朝鲜族17人，满族143人，僮族9人，瑶族1人，白族3人，土家族17人，哈尼族3人，傣族2人，傈僳族2人，佤族3人，高山族1人，达翰族7人，仡佬族1人，塔吉克族1人。除部分聚居在陶庄镇以外，其他零散分布在全区各镇（街），以临城街道较多。

少数民族经济

中共十一届三中全会以后，特别是20世纪90年代以来，全区各级党委、政府及民族工作部门，把促进少数民族经济发展作为民族工作的根本性任务，采取引导和扶持并举的措施，为少数民族经济发展提供政策、智力、资金和信息等多方面的支持。境内少数民族经济有很大发展，少数民族聚居的村居以集体所有制，家庭承包、专业户、个体户为主要特征的经济体制建立起来，群众的生产积极性和创造性充分调动起来，生产能力有较大提高，少数民族群众生活水平有较大改善。区委统战部，民族工作部门还引导少数民族群众因地制宜，结合自身及当地情况，发展特色经济。2002年，薛城区委统战部在陶庄镇回民居住较多的村（街），选择10户有创新能力、善于钻研的回民，组成考察小组奔赴外地考察学习。在此基础上，划出土地为回民群众建立综合养殖场，发展养鸡、养羊等养殖业，一些回族群众还开办清真食品店、清真饭店，少数民族群众的生活水平有很大提高。

少数民族社会事业

薛城区严格落实党和国家实行的民族平等政策，尊重少数民族风俗习惯和信仰。1998年，由于陶庄镇原清真寺比较简陋，不能再继续使用，薛城区在陶庄镇新建一座清真寺，新清真寺于1999年建成并投入使用，方便穆斯林群众过宗教生活。2007年4月，区委统战部、民宗局又协调陶庄镇出资3万余元，对清真寺进行全面维修，深受穆斯林群众的好评。为进一步做好民族工作，推动穆斯林群众积极参加全区两大文明建设，构建和谐社会。2007年11月，区民族宗教局协助陶庄清真寺管委会积极筹备，成立薛城区伊斯兰协会。区伊协成立时，省、市伊协，市相关领导和市民族宗教局领导参加这次活动。区伊协的成立对民族工作的开展奠定良好的基础。陶庄镇回民吃水有困难时，区委、区政府领导非常重视，带头捐款，筹集资金1万余元，帮助铺设管自来水管道，使回民吃上自来水。

少数民族干部工作

中华人民共和国成立后，薛城历届区委、区政府都比较重视对少数民族干部人才的培养使用，少数民族干部在各自岗位上都发挥不可替代的作用。恢复高考以后，薛城区认真贯彻执行对少数民族考生实行加分录取的优惠政策，一大批少数民族子弟受益，享受高等教育并学业有成，成为国家的有用之才，少数民族整体文化水平和民族素质得到提高。区委区政府高度重视选拔培养少数民族干部工作，有3名少数民族干部走上领导岗位，其中1名为县级，2名为科级。

民族团结工作

中共十一届三中全会以后，薛城区委区政府在民族宗教界进行拨乱反正，党的民族政策得到贯彻执行，在全社会进行民族政策的宣传教育，“三个离不开”（汉族离不开少数民族，少数民族离不开汉族，少数民族也相互离不开）的思想已深入人心。2000 年 10 月，第一个民族团结进步宣传月活动开展以来，每年 10 月全区都积极开展民族团结进步宣传月活动，区里专门成立以区委分管书记任组长，区政府分管副区长、区委统战部部长任副组长，区委、区政府办公室、广电局、民宗局等部门负责人为成员的领导小组。宣传月活动中在《薛城周讯》、薛城广播电视台开辟民族宣传专栏，重点宣传马克思主义民族观、党和国家的民族政策、法律法规；在街上设立宣传站，并深入少数民族居住比较集中的地方，积极宣讲民族政策法规，散发各种宣传资料，使广大少数民族群众进一步了解党和国家的民族政策法规，维护民族之间的团结和稳定。薛城区历来重视涉及少数民族群众切身利益的实际问题，通过加强管理，加大监督检查力度，规范清真食品的生产经营活动，做好全区中小学清真食堂的检查督导工作，尊重少数民族群众生活习俗及信仰。2009 年，陶庄镇被省民族委员会评为民族团结进步先进镇；2012 年，薛城区民族宗教局被市政府表彰为“全市民族团结进步模范集体”。

第二节　宗　教

宗教及教徒分布

薛城区有佛教、道教、伊斯兰教、天主教和基督教五种教派；信教群众 25920 人，其中，佛教 2500 人，道教 2800 人，伊斯兰教 990 人，天主教 5030 人，基督教 14600 人。薛城区基督教、天主教坚持独立自主、自办教会和“三自”（自治、自传、自养）办教方针，伊斯兰教实行民主管理。为了办好教会，各宗教组织订立爱国公约、章程和寺观教堂宗教活动场所的民主管理制度、规定，宗教活动走上规范化、制度化轨道。

宗教团体及人员

薛城区有爱国宗教团体 3 个，分别是天主教爱国小组、基督教“三自”爱国会和陶庄清真寺管委会。宗教教职人员 36 人，已认定备案的教职人员中，天主教 4 人，基督教 29 人，伊斯兰教 1 人，道教 1 人。

宗教活动场所

薛城区有依法登记的宗教活动场所 23 个，其中，天主教教堂 1 个、固定处所 1 个，基督教 20 个，伊斯兰教清真寺 1 个，佛教只有信教群众，没有宗教活动场所。在这些宗教活动场所中，北临城天主教堂、陶庄清真寺、邹坞小甘霖基督教堂规模、影响较大。其中邹坞小甘霖基督教堂由于全区重点项目建设用地需要，于 2013 年 8 月拆迁，并由邹坞镇政府另外选址规划。

落实宗教房产政策

1998 年，协助陶庄镇新建清真寺。2005 年 6 月，对北临城天主教堂的房屋修缮工作多次进行检查指导，帮助协调有关方面的关系，办理有关施工的手续，对施工安全提出建议。2007 年 4 月，落实政协提案，帮助协调解决陶庄镇清真寺维修问题，督促陶庄镇投资近 3 万元对陶庄清真寺进行修缮。薛城区北临城天主教堂在 70 年代被薛城区变压器厂（已破产）占用。20 世纪 80 年代，政府落实宗教政策，教堂房产全部归还，但仍有部分变压器厂职工在内居住。北临城天主教会多次向政府反映，要求住房职工搬出，将房屋完全归还给天主教堂。区委、区政府积极协商，帮助解决天主教房产归还问题。

发展经济服务社会

2005 年以来，薛城区每年都开展科技进教堂活动，组织农业技术人员举办讲座、播放录像、发放宣传材料、现场咨询等形式，向信教群众提供科技信息，向信教群众传授科技致富实用技术，启发激励信教群众走科技致富的道路。每年宗教节日期间，各爱国宗教团体都排练一些健康向上的文艺节目，丰富信教群众的文化生活，提高文化素质。2008 年，四川省汶川县特大地震发生后，民族宗教界积极开展抗震援川活动，募集善款 10 万元，支持灾区人民重建家园。2010 年，青海玉树地震发生后，民族宗教界开展对青海玉树地震灾区捐款工作，累计募捐 2 万余元。2013 年，区民宗局帮助区伊斯兰协会积极向上协调资金 15 万元，用于少数民族公益设施建设。

第五章　民　俗

薛城区境传统民俗多在农村、在老年人中沿袭。自中华人民共和国成立后，特别是进入 20 世纪 80 年代，随着经济、文化发展，各习俗也处在逐渐变化中，尤其是信仰、婚丧嫁娶以及节日习俗变化较大。

第一节　家　族

称谓

子女称父母　子女统称父母为“二老”“双亲”。称父亲，书面或对人谦称“家父”“家严”，俗称“老爹”，当面叫“爹”，少数地方有称“达”“爷”的。20 世纪 50 年代后，通行叫“爸爸”。称母亲，书面称“母亲”、雅称“萱堂”，谦称“家母”“家慈”，当面叫“娘”。20 世纪 50 年代后，通行叫“妈妈”。

孙辈称祖父母　面称祖父为“老爷”，曾祖父为“老老爷”，高祖为“老太爷”。对人谦称前面冠个“家”字，如祖父为“家祖父”。20 世纪后，城镇开始注意祖父与外祖父称呼上的区分，祖父面称“爷爷”，以与外祖父“姥爷”区别开。祖母面称“奶奶”，称曾祖母为“老奶奶”。曾祖父、母，统称“老太”。高祖母为“老太太”。如谦称，前面加“家”，如祖母为“家祖母”。

子女称父之兄弟及配偶　父之兄，书面称“伯父”“伯伯”，当面叫“大爷”“二大爷”，儿语叫“大”“大大”，谦称“家伯”。父之弟，书面称“叔父”，当面叫“大叔”“二叔”“小叔”，依次排，谦称“家叔”。伯父之妻，书面称“伯母”，口头称“大娘”“二大娘”，谦称“家伯母”。叔父之妻，书面称“婶母”，口头称“婶子”，谦称“家婶母”，当面叫“二婶”“三婶”“小婶”。

姐妹相称　统称为“姊妹”，当面称“姐姐”“妹妹”，谦称姐为“家姊”、妹为“舍妹”。

兄弟相称　统称为“兄弟”，当面称兄为“哥哥”或“大哥”“二哥”，称弟为“兄弟”或“二弟”“三弟”，兄称弟俗称老二、老三的，对外谦称兄为“家兄”，称弟为“舍弟”。

夫妻相称　夫称妻，书面曰“贤妻”，对人谦称“他妈”“他娘”或“内人”，俗称“家里的”“孩子他娘”，习惯称“爱人”“夫人”，年老时则称“老伴”，居家当面或直呼其名。妻称夫，对人称“当家的”“外头的”“丈夫”，俗称“那一口子”“孩他爹”，对人谦称“拙夫”，居家当面称“他爹”“他爸”或直呼其名。

妻称夫之父母　妻对夫之父，对人称“老公公”“公爹”“他老爷”“他爷爷”，谦称“家翁”，当面随夫叫“爹”或“爸爸”。妻对夫之母，对人称“婆母”“老婆婆”“他奶奶”，当面叫“娘”或“妈”。

妻称夫之兄弟、姐妹　妻对夫之兄，对人称“大伯哥”“大伯子”“他大爷”，当面称“哥”。妻对夫之弟，对人称“小叔子”“他叔”“他二叔”等，当面叫“弟弟”“兄弟”或直呼其名。妻对夫之姊，对人称“大姑姐”“大姑子”，当面称“姐”

“姐姐”。妻对夫之妹，对人称“小姑”“小姑子”，当面称“妹妹”“您姑”或直呼其名。

妻称夫兄弟之妻　妻对夫兄弟之配偶，对人称“妯娌”，当面幼称长为“嫂”“您大娘”，长称幼为“弟妹”“您婶子”。

兄弟称对方妻　兄对弟之妻，对人称“兄弟媳妇”，当面称“弟妹”“您婶子”。弟对兄之妻，对人、当面皆称“嫂子”。

祖父母称孙辈　对人称为“孙子”“孙女”“孙子媳妇”，当面多直呼其名。

父母称孩子、称儿媳　父母统称子女为“孩子”，称儿子为“小子”，最小的为“老生儿子”“老疙瘩”。称女叫“闺女”“丫头”“小妮”“妮子”。称儿媳妇，对人叫“儿媳妇”，当面叫“他嫂”“您嫂子”“老大家的”“老二家的”等。生孩子后，有时则叫“小××他妈”“小××他娘”或直呼其名。

兄弟姐妹妯娌称对方子女　兄弟之子女，兄弟姊妹妯娌称之为“侄儿”“侄子”“侄女”，姊妹出嫁后对人称“娘家侄”“娘家侄女”，当面多直呼其名。

子女称继母　对人称“继母”“后娘”，当面大多同亲母一样称呼，叫“娘”“妈”。也有的子女年龄大了，不好意思当面称“娘”“妈”，改叫“姨”“阿姨”。

继母称子女　对前妻所生子女人称“前房的”“前窝子儿子”“前窝子闺女”。随娘改嫁的孩子，背后外人俗称“带犊”。

补充说明，为示亲近，当面、背地往往冠以“俺”字，如“俺爹”“俺爸”“俺妈”“俺三姑”等；还有当着两人以上（包括自己在内）的对同样称呼的人，带“咱”字，如同称父曰“咱爸”等。再有，大伯哥对弟妻不叫“弟妹”，以孩子称呼加个“您”字，如“您婶子”。对晚辈女孩或男孩，不好意思直呼其名，或出于谦恭，也叫“您大姐”“您大哥”“您姐”“您哥”等。

家世

传统上家世指世代职业标志出的社会地位，俗又叫“门第”“门台子”。比如“官宦之家”“书香门第”“世代务农”“不是过日子人家”（指家族人不务正业）等。旧时家世的影响颇深，在交友、经济往来特别是联姻时更讲究“门当户对”，所谓“板门对板门”，“不拉门（指篱笆门）对不拉门”。20世纪50年代后逐渐对“门户之见”淡化，但未完全消失。

家风

俗叫“门风”，是指一个家族内部主要成员的传统习惯和生活作风。门风一经形成，具有极大的稳固性，往往世代传承，经数十代而不能改变。久而久之，成为全家族代代相沿、习以为常的共同生活典范，境内俗谚“一家门口一个天”即表此意。旧时的“书香门第”，尽管穷到“穷酸”“斯文扫地”的地步，也仍然恪遵先人遗训，延续清白的家风，而坚持“读书继世”“忠厚传家”。20世纪50年代后，随着封建制度的瓦解和半封建半殖民地社会的根本改变，封建父系家长制度彻底解体，代之而起的是家庭民主化。“老一辈”所继承下来的习俗，小一辈一般不再当作“金科玉律”完全照搬接受。但是家风中能古为今用合乎国家、人民、社会发展形势主流的，年轻人还是乐于采纳、遵守古训的。否则即便家长“吹胡子瞪眼”，社会某些方面压力再大，也在所不惧，如包办婚姻等。20世纪80年代后，特别是开展精神文明建设后，全社会提倡并发扬光大尊老爱幼、谦恭有礼、互敬互让、和睦相处、勤俭节约等传统美德。

家谱

家谱又叫宗谱、谱牒、族谱，或者家乘，是一种专门用图表或叙述的方式记录家族世系及主要成员事迹的书册。家谱除“序”“跋”中叙述家史外，还用图表序列父系祖先命名的辈分，按事先规定的辈分字号依序排列，行辈清楚。每人只加配偶姓氏（妻或续娶，妾不列），所出生子女只列排行，出嫁之女点明适嫁，嫡庶分明。此外，还附记历代礼仪习俗或轶事传闻。一般人家，修不起谱，或只简写或刻始祖及世系于碑石上，叫作谱碑。

20 世纪 50 年代后，由于家族结构和内涵早已摆脱家族封建势力控制，家谱已失去作用。原来有谱人家，也不以此来维系本族的感情；没有谱的人家，不再提起修谱。20 世纪 90 年代后，区境修谱之风渐起。

第二节　亲　友

称谓

外祖父家（俗称姥娘门上的）母亲之父，书面称“外祖父”，对人称“外姥爷”，当面叫“姥爷”。母亲之母，书面称“外祖母”，当面叫“姥娘”“姥姥”。外祖父之父，称“老外姥爷”。外祖母之母，称“老姥娘”。母亲之兄弟，称“舅舅”或“大舅”“二舅”。舅之配偶，传统叫“妗子”“妗母”，当代称“舅母”“舅妈”。母亲之叔伯（即外祖父之兄弟）按排行称“大姥爷”“二姥爷”。母亲之伯母、婶母（即外祖母之妯娌），按排行称“大姥娘”“二姥娘”。母亲之姑（即外祖父的姊妹），称“姑姥娘”，其配偶亦称“姑姥爷”。舅父之子女，统称“表兄（哥）”“表弟”“表姐”“表妹”，面称一般不带“表”字，以示亲近，直以“哥、弟、姐、妹”相称呼，对人则称为“舅表兄弟”。外祖父母称女之子女为“外孙”“外孙女”。舅父母称呼姊妹之子女为“外甥”“外甥女”。

姨家（俗称两姨门上的）　母之姊妹，称“姨母”“姨”，儿语“姨姨”，为别长幼则称“大姨”“二姨”“小姨”等。姨之配偶，称“姨父”。姨之子女，称“姨兄”“姨弟”“姨姐”“姨妹”，或称“表兄”“表弟”“表姐”“表妹”，对人则称“姨表”兄弟姊妹、“两姨”兄弟姊妹。姨与姨父称姨姐（妹）之子女为“外甥”“外甥女”。

姑家（人称姑娘门上或姑舅亲）　父之姊妹，称“姑母”“姑娘”“姑”“姑姑”（儿语），为别长幼称“大姑”“二姑”“小姑”，其配偶称“姑父”。姑母、姑父之子女，书面称“表兄”“表弟”“表姐”“表妹”，当面称呼不带“表”字，叫“哥、弟、姐、妹”，以示亲近，对人则称“姑表兄弟”“姑表姊妹”。

岳父母家（俗称丈人门上的）　妻之父，书面称“岳父”，对人称“丈人”“老丈人”“丈人爹”，雅称“泰山”“老泰山”，当面则叫“伯父（大爷）”“叔”；原有老亲的，还照原来叫法，偶尔有称岳父为“爹”的。20 世纪 80 年代起，城镇居民普遍称岳父为“爸爸”，农村改变称呼的不普遍。妻之母，书面称“岳母”，对人称“丈母娘”，当面称“大娘”“婶子”，农村或城镇部分人，仍沿此风。20 世纪 80 年代起，城镇大多数人随妻子叫“娘”“妈”。妻之兄弟，书面称“姻兄”“姻弟”“内兄”“内弟”，对人称为“大舅子”“小舅子”，当面则叫“哥哥”“兄弟”。“内兄”“内弟”之妻，对人均称为“舅媳妇”，以“大舅子媳妇”“二舅子媳妇”等区别长幼。妻子姊妹，对人均称“孩子姨”，姐称“大姨子”，妹称“小姨子”，当面则叫“姐”“妹”。妻之姊妹之夫，对外称“连襟”，称“两乔”，当面称“姐夫”“妹夫”，或“哥”“兄弟”。妻兄弟之子女，称“内侄”“内侄女”，妻称“娘家侄”“娘家侄女”。夫与妻之兄弟之间的关系，称为“姐夫郎舅”。

姐妹夫家　兄弟姊妹称其姐妹之夫为“姐夫”“妹夫”，以“大姐夫”“二姐夫”等以别长幼。当面多叫“哥”“兄弟”，有按姐妹排行叫“×哥”“×弟”的，也有按“姐夫”“妹夫”排几叫“×哥”“×弟”的。

父母对其女之夫　对人称“闺女婿”“女婿”，雅称“姑爷”“贵客”，当面则叫“您姐夫”等，或直呼其名；对招的“养老女婿”，俗叫“半个儿”。20 世纪 80 年代后期，不少做女婿的也自发承认为“一个女婿半个儿”。

夫妻双方父母之间　对人称“亲（qing）家”“男亲家”“女亲家”“亲家公”“亲家母”，当面只叫“亲家”或兄弟嫂妹。

往来

亲友间的往来主要有贺庆、吊唁和慰问等。作为事主方，按“礼尚往来”习俗，事先按一定范围采取不同的形式告知对方，对方即按时备礼前往。该告知未告知，或告知了不前往皆为“失礼”。问疾、节日间互访如果长时停止，意为关系疏远，俗说“生分”。至20世纪80年代后，亲友间往来范围渐渐扩大，“随礼”现象大增。

贺娶　结婚仪式举行前，男方要向亲友传口信、打电话或送喜帖，亲友接喜帖（请柬）即送贺礼。亲戚多赠衣料或床上用品，婚礼上至亲还须拿“磕头礼”（现钞）。好友多赠实用生活物品，另备少数室内饰品作为纪念。一般相识、同事，多在一起“凑份子”前往祝贺。结婚日，男方备喜宴对送贺礼者进行答谢，俗称“喝喜酒”。

贺嫁　亲友得知嫁女喜讯，备礼前往相贺，俗称“添箱”。亲戚一般送衣服或床上用品、糕点（多为饼干），并以现钞为喜礼。社会交际朋友以关系亲疏确定，一般采取单送或多人“凑份子”合伙送礼。出嫁时嫁女好友姊妹多结伙相送，男方筵后，常向相贺好友姊妹馈赠纪念礼品，以表谢意。至21世纪，城镇女方也备喜宴对亲友进行答谢。

贺生育　产妇生育，娘家叔伯姐妹得知后，各备红糖、鸡蛋、衣料、玩具等物，于送粥米之日，由小儿姥姥一并送往。至20世纪末，婴儿父母亲友皆赠贺礼，多为衣物、玩具、童车之类。主人回以喜糖、红鸡蛋、喜烟，以示同喜，并择日（多在孩子满月之时）设酒宴招待，谓喝满月酒，或称“娃娃宴”，以表酬谢。

贺生日　小儿从周岁起，多有过生日习俗，特别是进入21世纪后，随独生子女渐多，此俗渐增。轻者买儿童蛋糕及饮料，重者全家老少聚餐于酒店。

祝寿　或称寿诞，是传统的敬老习俗。寿日这天，儿女、亲友带着蛋糕、肉类、酒、茶及其他礼品来为老人祝寿。家中置办丰盛的酒宴，老人穿戴一新居于首座，全家一一敬酒，祝老人健康长寿。然后照相合影，俗称“全家福”。进入20世纪90年代，城镇家庭到酒店为老人祝寿者渐多，有的到电视台、广播电台点歌或包一场电影为老人贺寿。出嫁女为父母庆寿极为重视。父母年到六十六（岁），闺女送上一块肉，肉要切66块食用，意取“六六大顺”之吉言。还有，七十三（岁），送上白面蒸的“老板犍”（面牛）。七十七（岁），送只老母鸡。八十八（岁），送只鸭。九十九（岁），送条狗。另外，老人6旬后，每逢冬至日（数九），嫁女都送一只鸡或鸭，也有送羊肉的，用以“抚劳”。每逢闰月年，嫁女为父母送闰月鞋袜或衣料。

贺新居　在农村每逢自建新房，亲友便携酒、肉等食品为贺，俗称“搭膳”。馈礼多少，依亲疏远近而定。20世纪80年代前，多送粉条、面粉、猪肉、鲜鱼和烟酒之类。建房完工，房主设酒宴酬谢工匠，常邀亲友与之共欢，以表感激相助之情，谓之“社匠”。在城镇，乔迁新居，多在凌晨。届时，亲友携鸡、鱼（意为喜庆有余）等前往祝贺，主人宴请亲友，俗称“温锅”。

吊丧　家有丧事，要报知亲友。旧时初丧即普遍送信给亲友，殡葬前送“讣闻”（俗叫丧帖）。亲友届时前往吊祭，至亲必祭以香烛纸箔，并送“赙仪”（俗叫“祭礼”）、“祭幛”“挽联”等，在送葬时至亲还要“路祭”。

问疾问灾　听说亲友家人有疾患、天灾等情况，立即前往探问。卧床、住院，前往看望须在上午十二点前。20世纪80年代，看病人携带礼品多为水果、蜜、糖、鸡蛋、牛奶等，更有送人参、灵芝等高档补品的。至90年代，增加鲜花、干鲜果篮等。对天灾、车祸等，常送实用物品或现钞。

继承赡养

“财产继承”“赡养费用”等方面，都有约定俗成的“杠杠”。出嫁的女儿常靠娘家兄弟来维护自身权益。再有事关赡养、分家等，都需“娘舅”出面。再如女方去世，娘家人不到不能盖棺。

第三节　婚嫁生育

在农村，多延续传统婚嫁生育习俗，并包含迷信色彩。在城镇，婚嫁生育习俗处在逐步改革演变中。

婚嫁

20 世纪 80 年代，婚嫁习俗不断随社会政治经济发展而变化，新与旧的习俗交织存在，父母包办婚姻逐渐消失。进入 90 年代，城乡高聘礼、高陪嫁、大操大办之风渐盛，给一些家庭在经济上造成很大负担。许多青年婚配不再强调学历和出身，而经济收入和职业区分成为男女婚配的重要条件。离异和再婚大都能得到亲属的理解和支持，老年人再婚也逐步被社会认可，新观念和新时尚已被越来越多的人所接受。

提亲　主要有三种方式：（一）介绍人熟悉男女双方情况，主动为其撮合，或受一方委托为其提亲。介绍人先要到男女双方家中介绍情况，双方认为条件合适时，再安排双方见面（这叫“小见面”）。如双方无异议，男方备礼品由介绍人陪同前往女方家做客（这叫“大见面”），其目的是让女方家人相看。女方家人看中后，择日去男方相家。相家时一般由亲属陪同，只要无异议大都在男方家吃饭，或由男方在饭店做东设宴。此后，介绍人联络双方择日“定亲”。此种方式在农村较为普遍。（二）男女双方自由恋爱，为求“名正言顺”，托一熟人做介绍人，此种提亲只是形式上而已。20 世纪 90 年代，男女青年活动范围扩大，与外乡人接触增多，给男女青年提供自由恋爱场所和条件。自由恋爱一两年后就登记结婚，媒人已无用武之地。（三）由大众传媒、婚姻介绍所承担提亲职能。此种提亲方式，男女首次见面后便自行约会，对对方品性、家庭、职业、兴趣爱好作深入了解，然后确定是否保持恋爱关系。

打听　打听大都在“提亲”后开始，与“小见面”“大见面”交叉进行。女方打听男方重于男方打听女方，主要了解男方家庭的“过相”，即日子过的怎样，为人处事怎样，男子长相怎样等。男方打听女方，只是女方长相、生活作风等。打听方法多种多样，一般以“私访”方式在保密情况下进行，调查了解男方邻居、同事、亲朋，特别是本村女子出嫁到该村的。为此男方家庭在这期间表现特别好，他们预计女方要去打听谁，事先打个招呼，希望能“言好事”“别戳豁子”。他们深知“一句坏话破红门”的厉害。

和年命　在男女提亲过程中，其中还要看属相和不和。至 20 世纪 80 年代，绝大多数不再计较对方属相，此项迷信习俗逐渐减少，但未能根绝。

定亲　男女交往一段时间，认为满意即要定亲。定亲有书面和口头两种方式。“书面定亲”，即将家中长辈的辈分、姓名、年龄等写在红纸上，名“帖”。部分地区另纸写儿女姓名、年龄、属相以及“年庚相符，属命相生，愿结秦晋之好”之类文字，名“柬”，由介绍人转交双方，俗称下启、通启。定亲时男方要给女方礼金，农村多采用此方式。“口头定亲”，即男女双方（包括家长、儿女、直系亲属等）约定时间聚会（会亲），以交谈方式将亲定下。地点一般选在男方家庭，由男方设宴款待，并给女方见面礼。随着人们生活条件的不断改善，定亲礼金逐年增长。20 世纪 80 年代 500~1000 元，90 年代 2000~6000 元，少数条件优越者增长到 9000~10000 元，个别定亲礼金达 10001 元，寓意“万里挑一”，女方有的退还一部分以示客气。部分城镇男女定亲，男方除给女方礼金外，还要购置“三金”，即金项链、金戒指、金耳环，以替代早先的“三大件”（自行车、缝纫机、手表）。至21世纪，还兴起购车相送。

议婚和择日　男女双方商议结婚日期、嫁妆、嫁娶议程、接送方式等，称“议婚”。日期多为男方提出，征求女方意见。选在“三八”“五一”、国庆、元旦等居多，其他多有请阴阳先生择定的。议婚由双方家长、子女直接出面交换意见，有时须介绍人从中协调。

结婚　双方达成共识后，到政府民政部门办理结婚登记手续，拍婚纱照，以作纪念。然后女方置办嫁妆，男方则要装饰新房，摆放家具（女方陪送家具，多有提前送到的），床铺一新。前一日，门口贴对联，竖彩虹门。女方嫁前多由姑嫂操持摆盒、装柜、交代婚仪事项等。在农村新娘身穿嫁衣、外罩凤冠霞帔、头顶蒙脸红子（布），呜咽上车出门，放鞭炮，送至村外。婚车，20世纪80年代初坐马车。20世纪80年代中后期乘拖拉机或农用车，20世纪90年代多坐小轿车。新娘由娘家人陪送，嫁妆同时送到。下车时，放鞭炮、奏鼓乐欢迎。新娘、新郎步入院中，司仪主持婚礼仪式。之后，新娘入洞房，围观者随即涌入，名曰“闹洞房”。至20世纪90年代，婚礼全过程多请人录像。是日，男方在家中或大酒店大摆宴席招待女方客人与贺喜亲友。结婚之日，常伴有迷信色彩的事：新娘不下床；娶亲途中如遇丧事，可将预先准备好的酒杯打碎，以求“破解”；轿车进村时转东不转西、转南不转北；忌损坏洞房物件；晚上洞房内禁止熄灯，新郎新娘忌亲手关门等。在城区婚礼仪式与农村多有区别，如男方去女方家接新娘，新娘不再顶蒙脸红子等。20世纪90年代中期，政府倡导移风易俗，组织集体婚礼，既热闹又节俭，还有的青年男女选择旅行结婚。至21世纪，社会兴起婚嫁公司，一切礼仪由公司操持。

回门　在农村，结婚第一日，女方派车把新娘接回娘家，当日送回。在城镇，多在结婚第二日，新郎、新娘双方带礼物回娘家，女方招待，当日返回。

特殊婚姻

女娶男　发生在女方无兄弟的家庭，旧俗谓之“倒插门”。旧社会即有此俗，新中国成立后，社会多此事提倡，并从住房、生育、升学、招工等予以照顾。婚姻由青年人自己做主，婚礼如常，子女随母姓。老人故后，改姓改名、归留可自主商定。

娃娃媒　男女幼童时期，父母即予议婚、下启，为其订下婚姻。日后，节日庆典，双方相互往来。男方违约，听任女方咒骂吵闹；女方弃约，退赔彩礼了事。20世纪80年代以后，随着区境居民文化素质和生活水平的提高，这种婚姻愈来愈少，及至消失。

换亲　发生在农村贫困家庭，男子年龄大，或生理长相有缺陷，或无力支付彩礼，则由家长包办，双方以姐妹互换为妻，亦有三方转亲。此俗虽有所禁，但未根绝，故逼亲、抗婚事件时有出现。

私奔　为本村近邻男女自由恋爱，一旦家庭阻挠，缓和无望，男女结伴逃往他乡，或藏匿亲友家中。成亲后请人向两家说和，方能回归故居，谢罪认亲。至20世纪此现象即为稀罕。

生育

区境把生育作为一件大喜事，民间仰慕并追求四世同堂、五世其昌、儿孙满堂的家庭。传统上生育重视男孩，故重男轻女的习俗贯穿生育全过程。20世纪80年代后，随人口与计划生育政策宣传，观念渐有转变。

祈子　此俗贯穿于整个传统婚礼过程，定亲、通启、议婚、择日、安床、滚被、装柜、挎鸡、拜堂、挑红、撒账、喝交心汤、听房、开脸等都伴有古老的祈子风习。久婚不育，旧俗即有祈子之举，有的朝拜崇山峻岭、王母娘娘庙，烧香、许愿、“拴娃娃”，有的向古柏、古槐祈子，有的服松子祈育，有的婆母在除夕煮蛋给儿媳吃等。

报喜　婴儿出生后，一般第三天即去向孩子姥姥家报喜，让姥姥家知道是男是女，通知姥姥家哪天去“送粥米”，让其做好准备。充当报喜的往往是家中或家族近门10岁左右的男孩。报喜时须带几枚红鸡蛋，要单数，避免双数，因“双”与“妨”同音（在民间2人相克的命或克人的命叫“妨”）。如果是女孩带1朵花，如果是男孩带1本书。接喜讯后，娘家给送信人开“赏钱”，设宴款待，并定下送粥米的日期。

送粥米　送粥米也叫“送月米”。一般男孩出生后12天，女孩9天，并要定双日子（即农历二、四、六、八、十），假如赶着算逢单日，要提前或拖后1天。姥姥必前往，姥姥不在，由舅母替代，同去的还有出嫁的姐、妹、姨、姑等。舅舅同去，大都充当脚力，脚力人数根据送去东西的多少而定。东西包括米、白面、挂面、鸡蛋、红糖等，只是鸡蛋要单数，其余要双数。至20世纪末，送的东西还有童车、童床等。另外还要送几块色彩鲜艳的布料，每块3~4尺（1尺=33.33厘米）不等，给婴儿作衣服用。有的给男婴儿缝制虎头枕。粥米用篼子装满后，上边用彩布蒙住，用红攀鞋带子扎紧。另外带一只红色公鸡和一只母鸡，鸡脖子上系红布，红头绳拴住母鸡。送粥米的多少根据自家的经济状况而定，并且参看平常与亲邻交往的人员多少以及礼品轻重。亲邻送的东西多，粥米也较丰厚。是日，男方大办宴席，俗称“喝糖茶”。除款待姥姥家来人外，还要款待本村贺喜的亲友。20世纪80年代后，送粥米大都开着拖拉机或三轮车前往。喝完“糖茶”返回时，是女婴的须留下公鸡，是男婴的须留下母鸡。留下的鸡以后出售可换回布料给婴儿做衣裳。回去的鸡，放开继续喂着。

叫满月　婴儿出生一月，姥娘家备车来接，俗称“叫满月”。产妇抱着婴儿，必执一根桃枝，并缀有染有红壳的花生、铜钱。临行前，婴儿额上点红。几日后送回，姥娘抹粉于婴儿鼻梁上。事先为小儿缝制1件替换小褂，谓之“褪毛衫”。

第四节　丧　葬

传统丧葬

临终　人将垂危，移卧房屋明间（多为正房正中），子女为其梳洗换衣（俗谓寿衣）。停止呼吸后，尸体停放用高粱秫秸织就的箔上（俗谓灵床），头南脚北，垫白枕，束双脚，白纸蒙身，灵前燃油灯（俗谓长明灯），摆放面饼（俗谓打狗饼），放米饭（俗谓倒头饭），立放谷秸（俗谓影身草）。然后长子举柳木棍（俗谓哀棍）登椅向远方呼喊“西南明路去”等语（俗谓喊路），其他众子放声恸哭。然后用白纸贴于门上，大门旁挂幡。

议丧和报丧　死者儿子（俗谓孝子）请族人或村中老者来家中商议丧事。见面时，孝子先叩头。定事后，派人去亲戚家报信（俗谓报丧）。亲友接到丧信，携纸箔来灵前叩拜恸哭，抚慰丧主。孝子叩头致谢（俗谓谢纸），并给姻亲孝衣（后演变成白布，俗谓破孝）。待出殡日期确定，再给亲友送贴。

入殓　孝子到村外大路口，登椅“喊路”，哭返。族人携助将尸体放入棺木，死者口中含钱（铜钱后演变成硬币），连同死者生前喜好之物和部分衣物同时放入棺内。若女丧，死者娘家兄弟、侄等要在场，并一起议定下一步丧事规格等，以示孝子对娘舅的尊重。棺木外漆，男黑女赤。盖棺后，孝子昼夜不间断跪卧于棺旁（俗谓守灵），早晚举哀棍哭奠一次。

擢汤送盘缠　殡葬前二日或前一日，由吹鼓手前导，后随孙辈举幡，孝子拄哀棍，另有专人泼洒浆水于后（俗谓擢汤），至附近土地庙跪拜（俗谓请魂）。至大路口，焚烧纸箔以及女、孙女等出资扎的纸桥（男丧）、纸牛（女丧）等（俗谓社耗）。孝子登椅喊路。

辞灵　殡葬前夜晚，亲朋好友叩拜逝者，以示辞别。按子女，兄弟姨妹，子孙，侄子（女），近远兄弟姨妹按顺序叩拜，有“九叩礼”“七叩礼”或“揽九叩”“揽七叩”等。

起灵和路祭　出殡上午，亲友如期携纸箔、供品、账条、挽联、赙仪等，前来致吊。丧主设宴、谢客。午后，发引、家祭后，移棺于街，亲友依次行礼（俗谓路祭），女眷不再参加。

起棺　路祭毕，长孝子顶焚纸用陶盆（俗谓老盆）摔于棺前，抬棺起，哀声大起，仪卫前导，鸣锣开道，孝男随棺缓行，女眷顶白孝布就地恸哭。

下葬　棺至林茔墓地前，孝子绕穴亲自清扫后，下棺人穴，放长明灯、倒头饭于穴中，纸扎纸人（俗谓金童玉女）立于棺前，哀杖于棺后，然后合墓，筑土为坟。

圆坟　当日或翌日，儿女亲眷上坟祭扫，俗谓“圆坟”。之后，还有烧五七（忌日后五个七天）、烧百天（忌日算100天）、烧周年（忌日一年，以农历计）。是时，烧纸、祭供品等。

丧葬改革

20世纪70年代初，全社会推行火葬。公职人员及乡村干部带头力行，普通居民逐渐响应。火葬前，穿衣、停尸、守灵、报丧、祭仪、服孝、吊唁一如旧仪。3日后火化，骨灰仍葬祖坟地。进入20世纪80年代，继续推行殡葬改革，火化率在96%以上，但传统丧葬习俗中部分礼仪又在农村流行起来。老人生命垂危时，子女亲属均守护在身边，听遗嘱，目视老人离世。人去世后，首先要更衣净面，谓之“小殓”。然后将死者置于灵床上，供食品、上香、点长明灯。晚辈着孝服，门上贴白纸，讣告众亲友后，子侄晚辈男左女右，守灵待吊。停灵时间一般为3天，年龄较大且子孙满堂的，最多5天出殡。不少家庭将死者火化后，将骨灰仍放置棺木之中入殓。第3日午夜烧门幡，是时，家人齐聚，长子执长幡，并备金童玉女、车轿马牛等纸扎（男亡扎马、女亡扎牛）面向西南焚化，祝愿死者“一路平安，早升天界”。出殡之日，亲友挥泪再祭。礼毕起灵，长子摔老盆，长媳兜“仙食罐”，诸晚辈执哀杖，护柩至茔，下葬，成坟。安葬后要按时上坟祭奠，“头七”烧纸钱，“五七”烧纸扎金山、银山、摇钱树等，此后还有百日祭、周年祭等。夫妇相继去世后要同葬一穴，曰“合坟”“并骨”。

城镇居民丧事较简，老人去世后在殡仪馆举行遗体告别仪式，亲属、友人、所在单位同事向死者致哀，向遗体告别之后送火葬场火化，骨灰盒送纪念堂存放。子女亲属不着白孝衣，多以臂上佩戴黑纱来表达哀思之情。

特殊丧葬

中年人死亡，上有尊辈亲属，丧事从简，停尸于偏房，仅送信不发帖，3日便葬。亦有俟尊亲丧后一起发丧者，谓之“发老丧带少丧”。婴儿夭折称之为“殇了”，俗称为催索前辈孽账的“讨债鬼”。传统多以谷草裹尸，于夜晚抛至乱尸冈或荒郊野外。少亡也无丧葬之仪，于午后由叔伯埋葬于林地角落，亦无棺木。作奸犯科死于非命者俗以为耻，盖无葬礼，亦不吊唁祭奠，族人拒之人林，多葬于荒郊野外，后也渐多埋于祖林。以上习俗，至20世纪，渐渐改去。

第五节　节　日

传统节日

春节　农历正月初一，俗称“农历年”。在农村，子时开始摆供果、焚香烛、放鞭炮，阖家祭祖，跪拜尊长，长辈赏压岁钱。黎明，家中早起者、口念吉祥语去开大门，意为把吉祥如意迎到家里，新的一年的开始。同族年轻人结伴而行，由近及远，依序到各家拜年，见面互致“新年好”“恭喜发财”等吉祥语。家家备有糖果、烟、茶，恭候拜年者。至20世纪90年代，在拜年中除加深亲情友情外，交流致富信息成为时尚。早饭食水饺，俗称扁食，尚素馅，谐意“素静”。也有在水饺内包麸皮、硬币，戏卜“福”“财”

属谁，以博亲欢。饭后，妯娌们成群结队拜年。初三中午，焚香于庭，祭神祀祖，全家人团聚同酌，谓之“圆年”。初五再吃扁食，称之“捏嘴”，教幼童不骂人，不妄语，尊长敬老，谕青年少说多做，勤业为先。初七为火日，循古俗煮菜为餐，旧俗敬火神，庄户人开怀畅饮，锣鼓喧天。初八为谷日，吃豆腐，谐意“都熟”，祈祷年丰。初九为果日，吃鲤鱼，盼“利余”，亦为祈年。春节时，机关放假七天，各剧场、商店照常营业。初八各单位照常上班，循古旧俗，燃放鞭炮，表示吉利。

元宵节　农历正月十五，又名灯节或称“小年”。农家祭神祀祖，上供、焚香、烧纸、放鞭炮，吃扁食羼面条，谓之“风搅雪”，意祈丰年。午后，农家多用杂粮面蒸面灯，灯有生肖灯、月份灯。面灯出笼时观察灯中馏水，以卜旱涝丰歉之年。明月东升，儿童挑灯欢聚，放鞭炮，上街比花灯，老人则举灯照遍住宅内外。花灯原用秸扎纸糊或萝卜刻，20世纪80年代后，街市遍卖塑料灯，由电池灯泡代替蜡烛。时有村庄组织龙灯、旱船、秧歌、高跷、舞狮等民间艺术表演，友邻村庄相互登门献艺，称之“散灯”。进入20世纪90年代，各乡镇均选派民间艺术表演队，走村串巷或到城区表演。

二月二　农历二月初二，俗谚称“二月二龙抬头”。古人以为龙能治水，在此以龙喻水，因而过节以示庆贺。清晨，城乡家家用糖炒大豆，俗称炒“蝎子爪”，一家人都吃，用意为红糖来粘住蝎子爪，不让到处爬行。日出前，农家撒青灰于场、门前、院中，成囤形，中间掘坎埋五谷。之后，根据萌芽先后，以预卜全年何种谷物丰收。风吹灰扬，俗谓“围仓”，预示全年无旱涝灾歉之忧。早饭用糯米面蒸制的龙形面灯熬肉，食之以“熏虫”。中午蒸大包子，俗谓“大角子”，俗称“蒸龙蛋”。旧俗禁止动用针线，恐伤龙眼。

清明节　农历二十四节气之一，多在4月4日、5日。自前一日开始，子女即为逝去的先祖上坟，为坟添土，焚烧“纸钱”。至20世纪六七十年代后，平原地区坟头被平为农田，人们仍寻旧址祭奠如故。是日，家家折柳插于门上，青少年则放风筝、拧柳哨，学校组织学生拜谒烈士陵园，祭扫英烈陵墓，进行爱国主义教育。

端午节　农历五月初五称端午节。是日，各户插艾于门以驱虫避邪，家家用艾叶、青麦煮鸡蛋，言人吃后可以健身壮骨。城乡居民以江米（糯米）、大枣（蜜枣）包粽子，食粽子。

六月六　农历六月初六，山区村民均重此节。是日，家家杀鸡、割肉、做面饭。村民设桌于途，老人携童稚进香，祈祷山神庇佑，免遭狼患。平原村民多于是日吃炒面，晾晒衣物。

传说每年皇帝要晒一晒龙袍，民间这天都晾晒衣裳被褥。晾晒后存放起来，以防以后连阴天发霉变坏或生虫。这一天若下雨，意下雨湿了龙袍，以后40天不晴天，有俗谚“六月六，晒龙袍，晒不干，旱涝四十天”流传。

七月七　农历七月初七，称为“七夕节”，又称“乞巧节”。相传每年农历七月初七夜晚，是天上“织女”与“牛郎”相会之时。民间妇女便在这一天晚上向“织女”乞求智慧和巧艺，也向她求赐美满姻缘，故被称为中国最具浪漫色彩的情人节。

七月十五　农历七月十五日俗称“冥节”，亦称“中元鬼节”。“七月半，鬼乱窜”生者到祖坟祭拜，以求平安。

中秋节　农历八月十五日，亦称“八月节”。民间常说的“逢年过节”，多指春节和中秋节这两大节日。是时，在外地的人要回家团圆。中秋节前，亲友要互赠礼品，特别是出嫁的闺女，每年必去给父母送礼。二十世纪五六十年代的礼品，多为2公斤月饼、2公斤酒。20世纪80年代后，礼品数量大增，质量档次渐高。一般8斤月饼、8斤酒，还有4只公鸡、果品、白糖等。20世纪80年代前，中秋节中午饭一般是萝卜炖鸡，吃麦子煎饼。晚上，一般全家围坐院中吃月饼，每人半块至一块。边吃，大人边给孩子讲“八月十五杀鞑子”的故事，以此解答为什么吃月饼等问题。20世纪90年代后，中午饭除炖鸡、炖猪肉外，还有羊肉、鱼等，吃烧饼、馒头。晚上，摆供品、烧香、磕头、放鞭炮，节日气氛渐浓。晚饭备4~6个或更多菜，除必备月饼外，还有苹果、枣、石榴等水果，阖家围坐院中赏月，饮酒谈心。此时，亲朋好友聚会的也渐多。

重阳节　农历九月初九，古为重阳节。是时，农作物已收割完，作为撒开牛羊的开端。重阳节出嫁的闺女忌在娘家过节，俗谚“不忌重阳节，死公爹”。9月忌套被褥，套被褥犯“九女星”，即要一连生9个闺女才能生儿子。一般为躲开9月，都在7~8月套被，如果没套被，宁愿受冻也要拖到10月。9月实在躲不开，非9月套被不可，就在被里放入一撮艾叶，作为破解。1987年，国家将此节定为老人节。20世纪90年代后，各级政府部门在重阳节出资为老年人购买用品，如暖水袋、电热毯、龙头拐棍、收音机、被罩等，同时签订赡养老人合同书，发放老年人优待证等。

十月一　农历十月初一，俗称“十月一”，又称“鬼节”。民间祭扫家族坟墓，剪纸为冥衣，焚化于坟前，谓之送寒衣。

冬至　俗谓冬节，即农历二十四节气中的“冬至”日，多在12月22日左右。时俗这一天“交九”，之后每九天为一单元，直至“九九八十一”天“出九”。从这一天开始，天气越来越寒冷，俗谚“一九二九不出手，三九四九冰上走”，故习俗多在这一天进补温热食物，如喝老母鸡汤，羊肉汤等。

腊八　农历十二月（即腊月）初八早晨，用米、莲子、花生米、红枣等煮粥，称腊八粥，预祝来年五谷丰登。另有用醋腌腊八蒜的习俗，祈求避灾祛病。

祭灶　农历腊月二十三日辞灶君，俗称“灶王爷上天”，又称小年。民间传说此日灶王爷升天向玉皇大帝陈述民情。农村家庭大都供糖果、枣糕，然后把灶台旁灶王像烧掉，即为灶君送行，祈求灶王爷“上天言好事，下界保平安”。此外，外出者尽力赶回家，媳妇必须回婆家，家家大扫除，除旧布新，迎接春节。

除夕　农历腊月最后一日，俗称“大年三十”，家家户户贴春联、年画，供灶王、族谱，置办供品，祭祀天地诸神和祖先，门前横拦门杠，意为恐先祖早走，留其安心过年。傍晚，阖家欢聚门前，观焰火，放鞭炮。是夜，备酒谈心。至20世纪80年代中期，边看中央电视台春节晚会，边饮酒吃水饺。至零时放鞭炮，不绝于耳。青年人多通宵不寐，曰“守岁”。

纪念节日

元旦，1月1日，俗称“阳历年”。中华人民共和国成立后，采用公历纪年法，阳历首日称为“元旦”。届时，公职人员放假一天。自2000年开始，加上周六、周末调休，公职人员放假3天。是时，机关、厂矿、学校张灯结彩庆新年，青年多选定此日结婚。

妇女节　3月8日，为“三八”国际妇女劳动节，简称“三八节”。是日，机关、厂矿女工放假半天，基层组织多举行文体活动，青年女子多择定是日订婚或结婚。

植树节　1979年，全国人大常委会作出决定：3月12日为植树节。节日期间，机关、企事业单位到驻地植树，开展植树造林活动。

劳动节　5月1日，为五一国际劳动节。节日期间，各机关、厂矿、企事业单位，挂彩旗、刷标语、悬彩灯以示庆祝。放假1天，各厂矿多开展文娱活动，青年多选定此日举行结婚仪式。1999年9月，国务院出台新的法定休假制度，节日加上例休，共7天，全国统一调整时间，形成五一“黄金周”，节日旅游盛行。2008年，改为休假1天，加周末调休，放假3天。

青年节　5月4日，为中国青年节，俗称“五四”青年节。此日，各厂矿、学校青年组织均有庆祝活动。

国际护士节　5月12日，为国际护士节。最初称“医院日”，也称“南丁格尔日”。此节，大力宣传护理工作，鼓励护士们发扬救死扶伤、治病救人的人道主义精神，以“爱心、耐心、细心、责任心”对待每一位病人。政府部门多在此日举办表彰优秀护士等活动。

儿童节　6月1日，为国际儿童节。各小学少年先锋队组织、举行新队员入队仪式、文艺演出，举办书画展、观看电影等各种庆祝活动。

中国共产党成立纪念日　7月1日，是中国共产党成立纪念日。各级党组织每逢此日，召开会议，庆祝党的诞生，组织党员学习，进行革命传统教育，举行新党员入党宣誓仪式。

建军节　8月1日，是中国人民解放军“建军节”。节日期间，民政部门和各级群众团体，普遍进行拥军优属活动，在城镇举行军民联欢大会。

教师节　1985年1月21日，第六届全国人大常委会第九次会议决定，每年9月10日为“中国教师节”。是年9月10日，区委、区政府召开大会庆祝第一个教师节。此后，历年教师节都召开庆祝会、表彰会，颁发奖品、慰问品、纪念品等，学生多寄贺卡表达对老师的敬爱之心。

国庆节　10月1日，是中华人民共和国的“国庆日”。是日，各机关、学校、部队、厂矿等单位，升国旗、挂彩旗、悬宫灯、贴标语，整理卫生，欢庆节日。机关公职人员放假3天，城镇居民多于是日团聚、访友，城乡青年多以此为吉日，订婚、结婚者颇多。自1999年开始，根据国务院新的法定休假制度，全国统一调整时间，放假7天，形成国庆“黄金周”，节日旅游盛行。

国外传入节日

情人节　2月14日是情人节，改革开放后由国外传入，年轻人较为重视。20世纪90年代后，过节者逐年增加。节日期间，朋友、恋爱者及青年夫妻互赠鲜花、工艺品、贺卡、巧克力等以示情思，并以约会、请吃饭等形式倾诉衷肠，联络感情。

愚人节　4月1日是愚人节，改革开放后由国外传入。节日期间青少年往往开愚弄人的玩笑，或搞一些善意的恶作剧。

母亲节　5月第二个星期日为母亲节，改革开放后由国外传入。节日期间，儿女们买一份礼品，给母亲一份温馨和喜悦，以示晚辈对母亲的尊敬热爱。进入20世纪90年代，为母亲过节者渐增。

父亲节　6月第三个星期日为父亲节，20世纪90年代由国外传入。节日期间，儿女们为父亲备一份礼品或全家聚餐者较多。

世界人口日　1987年7月11日，世界人口突破50亿人，为引起国际社会对人口问题更深切的关注，联合国人口基金于1990年6月确定每年7月11日为“世界人口日”。

圣诞节　12月25日为“圣诞节”，信奉天主教、基督教者多在家中庆祝此节。城镇一些青年人，在圣诞节这一天给朋友及邻里发送贺卡、小纪念品，还有的进行聚餐。有的宾馆餐厅为烘托就餐气氛放置圣诞树、圣诞老人，搭建圣诞屋，赠送圣诞晚餐、圣诞小礼品等。

第六节　民间娱乐活动

民间娱乐

斗鹌鹑　亦称“冬兴”“鹌鹑圈”等。斗鹌鹑以周营镇周营三村为中心，辐射至临沂、徐州、贾汪、微山等周边地带。鹌鹑由于体大身重，所以显得笨拙、滑稽，但又天生好斗。因此斗鹌鹑的场面既有趣又激烈。从而成了大家都十分喜爱的一项娱乐活动。

比赛开始前，主人要调动好鹌鹑的情绪，在开赛时，主人用拇指和食指弹出“咯嘣”“咯嘣”的响声，让参赛的鹌鹑以为对方已向自己发起进攻。此时，把双方鹌鹑放到一起，顷刻间，两位霸主各不相让，咬嘴巴、拧脖子，连续三个回合，决出胜负。整个比赛惊心动魄，令人称奇。鹌鹑在逐渐的征战中，培养自己的战斗能力和血性。鹌鹑的习性是一旦战败，便一蹶不振，见了任何一只鹌鹑都会吓得眼睛紧闭，脑袋低垂，缩着脖子躲开。所以俗语说："叨败的鹌鹑斗败的鸡"。这样的鹌鹑，一般养起来，留作下一年的诱饵来捕捉更多的鹌鹑。

民间民俗

千山头庙会　据传说是为祭祀奚仲而形成的庙会。因为古历九月十二日是奚仲的忌日，人们为祭祀这位造车的神灵，就在他的忌日烧香祭拜。其后，道教、佛教也在山上建造庙宇。所以九月十二日这天，不论你崇拜什么，都能来山上烧香礼拜，自然就形成庙会。

民间歌谣

夜啼郎　天皇皇，地皇皇，我家有个夜啼郎，行路君子念七遍，一觉睡到大天亮。

娶亲选日　正七配鸡兔，二八虎和猴，三九蛇共猪，四十龙和狗，牛羊五十一，鼠马六腊月。

民间谚语

好邻居吃酒戴花，孬邻居披锁戴枷。

为人不做亏心事，半夜不怕鬼敲门。

有理走遍天下，无理寸步难行。

在家千日好，出门一时难。

儿不嫌母丑，狗不嫌家贫。

害人之心不可有，防人之心不可无。

良言一句三冬暖，恶语伤人六月寒。

天有不测风云，人有旦夕祸福。

好儿不图分家产，好女不图嫁妆衣。

一场秋雨一场寒，十场秋雨得穿棉。

薛城區卷

第二十八编

乡镇街道

第一章　陶庄镇

陶庄镇位于薛城区北部，是枣庄北部新城、薛城乐活新区。在这块古老的土地上，历史文化源远流长，夏商先贤奚仲、仲虺在此留下永放光辉的足迹；春秋末期，范蠡曾携带西施到此隐居，人称陶朱公，陶庄由此得名。改革开放以后，历届党委、政府励精图治，富民强镇，经济建设和各项社会事业都实现长足的发展。2003 年以后，陶庄镇曾两度入选“全国千强镇”，连续 2 年被评为“中国乡镇综合实力 500 强、中国乡镇发展潜力 500 强”，连续 3 年被评为“全国百佳节约型乡镇”，先后评为“全国文明镇”“全国环境优美乡镇”，连续 4 年枣庄市“四强（强镇、强村、强园区、强企）”竞赛中，被评为枣庄市“十强乡镇”，并保持 4 年的第二名。2008 年以后，在全市开展的“双十双百（十个科学发展乡镇、十个薄弱乡镇、百个社会主义建设示范村、百个薄弱村）”工程创建中，陶庄镇又连续 2 年被评为枣庄市“科学发展十佳乡镇”，2009 年度的综合成绩位居枣庄市第一名。2012 年以来，陶庄镇先后获全国第三批发展改革试点城镇、全国重点镇、山东省先进基层党组织等多项称号，被列为山东省“百镇建设示范行动”示范镇。

第一节　境域　建置

境域

2001 年 3 月乡镇合并前，陶庄镇位于薛城区与山亭区、滕州市的接壤地带，四周分别与邹坞镇、张范乡、南石乡、夏庄乡、柴胡店镇、西集镇、羊庄镇相邻，东西最大距离 4.2 公里，南北最大距离 4.1 公里，总面积 13.65 平方公里；2001 年 3 月，与原夏庄乡合并后，四周分别与邹坞镇、西集镇、羊庄镇、柴胡店镇、常庄镇、兴仁街道办事处、兴城街道办事处、张范街道办事处接壤，东西最大距离为 14.2 公里，南北最大距离为 7 公里，总面积 64.3 平方公里。

建置

春秋末期，范蠡曾携带西施到此隐居，人称

陶庄全景

陶朱公，陶庄由此得名。1945年12月建立陶庄镇，属峄县。1948年11月陶庄解放，隶属峄县十一区。1958年9月属邹坞红星人民公社，1962年6月建立陶庄人民公社，属薛城区。1984年5月更名为陶庄镇。1991年，陶庄镇辖16个行政村1个居委会，包括徐村、前院山、小武穴、史湖、后院山、上武穴、周楼、中武穴、唐庄、天齐庙、于山、西防备、左村、尚马、小官庄、齐湖及文艺街居委会。2001年3月，夏庄乡合并到陶庄镇，全镇辖43个行政村，至2002年4月进行村庄合并结束后，陶庄镇共有30个行政村、2个居委会。2004年，设立9个居委会。2009年，9个居委会合并成2个社区，全镇总人口8.3万人。2013年，对社区进行调整，设立6个社区，全镇共辖30个行政村、6个社区，分别为前院山村、后院山村、徐村、小武穴村、史湖村、尚马村、上武穴村、唐庄村、天齐庙村、西防备村、左村、种庄村、齐湖村、大南庄村、马公村、大陶庄村、小官庄村、西桥村、皇殿村、井亭村、孔庄村、后湾村、前西村、东仓村、河北庄村、鲁桥村、千山村、吴村、夏庄村、奚村、尚马社区、院山社区、联创社区、文艺街社区、西桂园社区、幸福花苑社区。

1991年，陶庄镇总人口41284人，人口密度3024人/平方公里。2001年3月，与夏庄乡合并时全镇总人口44091人，人口密度3230人/平方公里。2013年，总人口性别比114.7，出生率13.6‰，死亡率6.8‰，自然增长率6.8‰，全镇共有流动人口280人，有少数民族1个，为回族，共有46户、210人。

第二节　村庄社区

西桥村

原为薛城区西仓公社驻地，后西仓大队，1991年总人口800余人，总面积86.67余公顷；村名由来于唐朝时期，在河内用桑木树为村搭建一行人过路的小木桥，此桥道通南北两条的公共路，后人称为西桑桥。1991年，夏庄乡将西桑桥称为西仓桥。2009年，因陶庄农村合作信用社新换印鉴时又将西仓桥的仓字漏掉，现为薛城区陶庄镇西桥村。2002年合并村时，将后西仓村合并为西桥村。合并后总人口1400余人，总面积约126.67余公顷。

尚马村

位于陶庄镇人民政府驻地，古时有皇帝经此路过，在此登石上马而得名，原称上马，后改为尚马，由刘胡庄、野场街、罗庄三个自然村组成，居住人口1500人，耕地面积39.67公顷，人均种植土地0.0267公顷。刘胡庄位于镇驻地最北部，历史上是刘姓、胡姓最早落户居住，由此取名为“刘胡庄”。野场街最先陶庄矿区老百姓称为“盖坑”，说明煤炭较多，挖坑就有煤，邻近居住着全国各地的下窑工人，姓氏繁多，因此叫它“野场街”。罗庄最早是罗姓定居，后来又有孙姓、孔姓陆续迁居，所以命名为“罗庄”。尚马村主要以第三产业为主，2004—2008年，连续被评为枣庄市“百强村”，2008—2010年，连续被评为枣庄市“社会主义新农村建设示范村”。

大陶庄村

据史料载于明代建村，由陶氏居先居住，故起名大陶庄村。村庄面积3.6万平方米，人口约760人，耕地600余亩，于2002年合并潘楼自然村，潘楼自然村，亦于明代建村，村内面积为2.2万平方米，耕地550亩，人口630人。

天齐庙村

分四个自然村，即于山、尤庄、上天齐庙村、下天齐庙村，2002年2月前，天齐庙村辖两个自然村，即上天齐庙村，下天齐庙村，于山村是一个行政村，辖于山、尤庄两个自然村。于山村2002年560人，面积530亩，在很早以前因于家落户而得庄名。天齐庙行政村2002年包括上、下天齐庙两个自然村，580人、120余户，600亩土地，在很早以前是一座庙，称天是春天的天，齐是齐天大圣的齐，庙是大庙的庙，称天齐庙村。2002 年 2 月，四个自然村统称天齐庙村，人口 1300 人，耕地面积 986 亩，荒山 1800 亩。

井亭村

始建村宋代，原名“恩殿庄”，明代村南北通衢，建井置亭，遂名为井亭，以沟为界划分为前井亭、后井亭。在没有合并以前，后井亭村总人口为 1376 人，面积为 2280 亩，前井亭村总人口为 489 人，面积达 785 亩。两村合并后总人口 2170 人，总面积为 3065 亩。2010 年，全村用上自来水，人均年末存款由原来的 300 元，变为 8000 元，余额数量逐年上升。

小官庄村

总人口 1260 人，耕地面积 760 亩，2010 年，人均收入 6100 元，村集体收入 30 万元。清代建村，原名小观庄，因村东有一庙宇名“小观”，村以庙命名，后演为小官庄。

齐湖村

明代建村，因村地势较洼，是古时的锦阳胡，且村内多齐姓居住，故名齐湖。由大官庄、胡村、交通街、齐湖、卢庄、刘楼六个自然村组成，2002 年 2 月，合并大官庄村，全村总人口 3764 人，总户数 1102 户。2010 年，全村总人口 4158 人，总户数 1114 户，村办企业有大洗煤厂、招商引资建的毛巾厂、运输联社，2010 年村民人均纯收入 15454 元。2004—2008 年，连续被评为枣庄市“百强村”，2008—2010 年，连续被评为枣庄市“社会主义新农村建设示范村”。

皇殿村

古迹地名。相传南北朝北魏时期，魏文帝在此地建行宫，村北高台地是行宫遗址。明代永乐帝巡查时做住驿之所，权妃即病死在行宫中，在临城驿开过追悼会，后葬在峄县石榴园西部，即现在的娘娘坟。皇殿村总面积 1700 余亩，其中耕地面积 1300 亩，总人口 1600 人。2011 年，全村人均收入 7600 余元，是传统的长毛兔养殖专业村，自 20 世纪 80 年代发展养殖，1995 年，被山东省畜牧局评为“百强养殖村”。

夏庄村

原方位村名，在明末清初，青山头东南山麓有上下两个村，后因上村吃水困难迁移到下面的村落，故名下庄，后人改为夏庄。村庄面积 600 亩，人口 1987 人。村庄经济主要以工业为主，2004—2005 年，招商引资建设圣火焦化和宏伟玻璃两家企业，村里 80% 以上的劳力在工厂上班。2010 年，村民人均纯收入 11526 元。

后湾村

水域地名。是明代初从后奚村搬迁而来。4000 年前，夏禹时期“薛”的国都建在奚公山（青山头现名千山）西南 1 公里处的薛河南支东岸，元末明初在奚村东南 500 多米处又形成村落取名前奚村，因在奚村前而得名，从此将原奚村俗称为后奚村。在明洪武二年（1369 年）因洪水泛滥，人民深受水灾，为防止水患，各州、府具号召组织百姓挖河顺水。后奚村西面的小河加深加宽，奚村的田地大部分在河西岸，为了种地方便，后奚村的农户逐渐搬迁到河西岸来，在开挖薛河南支时，到了鲁封桥村西南往东拐了 3 个湾，原在后奚村搬迁到河西岸的居民依河的拐弯处建村，所以命名为湾里村。到了清代，湾里村居民为了种田便利，有数户搬迁到村南形成村落，人称前湾村，从此湾里村也就称为后湾村。后湾村有人口 1400 人，耕地面积 1650 亩。1991 年，总人口 1250 人，人均纯收入不足 3000 元，2010 年，人均纯收入 8000 多元。

后院山村

明末建村，村庄坐落“元山”之后，因名后元山，后称后院山。东西长 2 公里，南北 1. 5 公里，总人口 1963 人，耕地面积 2300 余亩。2009 年 12 月 25 日，成立恒大金针菇专业合作社，发展会员 60 余户，建设金针菇大棚 100 个，年产量 100 余万公斤，年创利润 400 余万元，已成为枣庄地区最大的金针菇种植基地。该村东南有商、周村落遗址。

千山村

东靠千山脚下，村庄名取自从这个山为头直到沂蒙至蓬莱阁共计千余座山，据考证早在汉代就有多人居住，经过多少朝代，一直延续至今。庵上村，明代建村，因村北有紫竹庵，以庵名村，故称庵上。2002年，安上村合并给千山行政村。合并前，千山村人口440余人，耕地面积230余亩，安上村人口210余人，耕地面积200亩，合并后千山村总人口为680人，耕地面积427亩。因2008年春，京沪高铁从村中心穿过，拆迁户96户，结合新农村建设机遇，于2010年9月进行村庄整体搬迁至山官路南，建多层120户，旧村并完成土地复垦。

唐庄村

辖四个自然村，裴庄、唐庄、陈楼，分别以姓氏居住而得名，唐口村原名兴隆庄，因盛产石磨，形成坑塘比较多后改名塘口。唐庄村共有356户、1228人，耕地面积735亩。村内有个体企业4个，个体工商户90余户，规模养殖场10个，2010年人均纯收入9197元。

鲁桥村

传说地名。相传明代封到兖州府的鲁王，到千山头（俗称青山头），处理仰止阁道长刘玄阳被诬告一案，为了薛河南支两岸各村的群众及香客方便到山上各庙宇祭祀刘玄阳，让地方捐资修桥，桥名“鲁封桥”。为禁止群众到山上砍柴，在山周围立下石碑，上面刻有“鲁府封”。鲁封桥修好后，在桥头设有茶馆、饭店，逐步形成村落。村庄占地面积500多亩，1460人。

小武穴村

曾名郚雪，后演为武穴，明代建村，因村中曾设过武学得名，该村初建较小，故名小武学。村庄面积480亩，1991年，居住户563户，人口1674人，耕地2035亩，村办集体企业7家，村集体收入75万元；2010年，村庄面积510亩，居住户610户，人口2041人，耕地2005亩，村办集体企业3家，集体收入90万元，个体民营企业9家。

徐村

位于陶庄镇东南部，南部与张范镇袁庄村接土地，东部与邹坞镇西南村搭界，建村于明代，因徐姓家庭居此而得名徐家村，后称徐村，耕地700亩，户籍人口为697人。经济以农业为主，养殖业较为发达，其中规模化养殖场5个。

奚村

元末明初建村，系车正奚仲故里，以此定名奚村。于1983年队改村，成立奚村村民委员会。全村共有230户，总人口760人，总面积1.5平方公里，其中耕地面积700亩。

西防备村

明代建村，为军事地名，因东部的邹坞曾设巡检司，在邹坞西北的黑风口驻军设防，该村在驻军部队的西部建村，故名西防备村。于1984年成立西防备村委会。全村360余户，1118人，耕地面积600亩，山林440亩，有一个砖厂，年收入20余万元。

马公村

唐朝建村，最先居住的是马、曾二姓，后演变为马公村，村东头有一古庙，一棵唐槐树龄800余年。1991年，共270户，近1000人，2010年，360户，1200人，土地面积1000亩，荒山500亩，村庄面积0.45平方公里。

大南庄村

明代建村，原从村西小南庄迁到现住址，习呼为大南庄村。于2002年合并苗谷堆村。苗谷堆原名为庙崮堆，独山前有一眼独角泉，泉水清澈，地理环境优美，古时村后有一座火神庙，并有一堆，故称为庙崮堆，后叫苗谷堆。

左村

清代建村，原名永兴村，清乾隆五十五年（1790年），左姓迁入，更名左村。2010年，316户，1260人。村庄以养殖和运输业为主，2006年，被评为枣庄市文明生态村，2008年，被评为山东省文明村，2004—2008年，连续被评为枣庄市“百强村”，2008— 2010 年，连续被评为枣庄市“社会主义新农村建设示范村”。

吴村

元代建村，原名为东溪村，因吴姓最先居此故更名吴村，耕地面积 850 亩，村庄占地面积 270 亩，总人口 847 人，总户数 220 户，由于京沪高铁穿越吴村，2009 年搬迁新安置区 63 户，新村总占地面积 1.6 万平方米。

河北庄村

方位村名。因位于蟠龙河北岸，故名河北庄。村庄原有汉代古道，东西走向，往东与大香城的烽火台是一线，村西部有汉代遗址，现古道变成深沟。该村人口 2316 人，总户数 682 户，总耕地面积 1768 亩。由原夏庄乡河北庄和田湾，于 2002 年合并为陶庄镇河北庄村。原河北庄村人口 1103 人，户数 308 户，耕地 956 亩。明朝初期建村，有 28 姓氏，因居住在蟠龙河北岸，故为河北庄。田湾，明朝由山西田氏族人迁至此处，因全村都姓田故名为田湾村，合并前人口 856 人，户数 386 户，耕地面积 689 亩。2006 年，由田氏族人投资 500 多万元，建设田氏文化大院。2010 年，实施新农村改造，投资 2595 万元，新建 5 排居楼房，28840 平方米，可居住 300 户。2010 年，投资 40 多万元新建村委会办公楼，改变村无办公场所历史。

东仓村

成立于 1983 年 11 月，村民委会前身是西仓社东仓大队，2010 年 6 月，成立陶庄镇东仓社区。位于薛城北 3 公里，蟠龙河南岸，紧邻高新区、薛城城区、枣曹线、黄洪路等。全村 546 户，总人口 1916 人，总面积 1.5 平方公里，其中耕地 841 亩。1991 年，东仓村拥有集体企业 12 家，以硅铁厂、造纸厂、水泥厂、薛城宾馆等企业为龙头，全村集体销售收入 1000 万元，利税 100 万元，村集体收入 40 万元，村民人均可支配收入 2000 元。1999 年，兴建东仓民营工业园区，投资 400 多万元，加强民营经济园的基础设施建设，园区实现供排水、高压电、道路、通信“四通”。2000 年，东仓村把村集体中小型企业转为民营企业，通过招商引资，已有 20 家企业落户园区。2005 年，又有 6 家民营企业落户园区。2006 年，村投资 200 万元，硬化村内道路 16 条，5500 米，栽植绿化树木 4000 棵，建设成文明一条街，实现路、水、电、有线电视、电话“户户通”。2007 年，投资 1600 万元。开发建设居民住宅楼 160 套，共计 1.5 万平方米，配套建设广场、健身园、文化娱乐中心等，实现小区化管理。2008 年，村投资 110 余万元，建设村委会办公楼及村计生服务室。2009 年，村投资 50 万元，建健身园 1 处，篮球场 1 处。村集体出资，为农民缴纳家庭财产保险，垫付新型农村合作医疗金。2010 年，全村工业企业年销售收入 4600 万元，利税 210 万元，村集体收入 180 万元，村民人均可支配收入 17409 元，先后被评为市级文明生态村，省级文明村，2004—2008 年，连续被评为枣庄市“百强村”，2008—2010 年，连续被评为枣庄市“社会主义新农村建设示范村”。

孔庄村

2002 年 4 月，由孔庄、庞庄、前湾三个行政村合并，统称为孔庄村，合并后共有人口 1306 人，耕地 1420 亩，以传统农业为主。原孔庄村，明末建村，因孔姓最先在此居住得名，1941 年曾更名孔教村，取受孔子教育之意，中华人民共和国成立后又恢复孔庄村名称。1861 年，原庞庄村庞姓迁此建村，取名庞庄村沿用至今。原前湾村，清道光年间，刘姓从湾里村迁此定居，因位于湾里之南，故称前湾，沿用至今。

种庄村

由种庄村和二郎庙村于 2002 年合并而成，村面积 1800 亩，人口 1860 人。原种庄自然村在明洪武二年（1369 年）建村，原名上清丘村，明末种姓迁，更名为种庄村。为与常庄镇种庄村区分故名北种庄。原二郎庙自然村宋代建村，原名下清立村，明嘉靖年间村内建二郎庙，以庙为村改称二郎庙。

史湖村

始于明历万年间建村，因史姓祖先在此安居，且村地势低洼，为昔日的锦阳胡，故名史湖，村有162户，人口623人，村总面积1.5万平方米，耕地面积498亩。

上武穴村

明代建村，据碑文记载“从来邬雪三村”，从东往西南有三处村落均称邬雪，依次为上、中、小三个村落，该村为上邬雪，后被传为上武穴。

尚马社区

原是上马村的前、后两个生产队，1985年年底，镇政府冲镇中路占地，加上镇矿企业占地，每人不足1分地（1分=66.7平方米），1986年，上报全村转为非农业，1986年6月，成立居委会，初建居委后257户，857人，2009年，成立尚马社区。

院山社区

2009年成立，由文艺街居委会合并山家林煤矿宿舍居委会、北山宿舍居委会组成，占地面积1.1平方公里，总户数4350户，总人口11953人。文艺街居委会成立于1958年，原名街道，1985年，因街道内建有剧院1处，更名为文艺街居委会，2009年，合并前总户数670户，人口2031人。

2013年陶庄镇村庄社区基本情况表

表28-1

行政村（社区）名称	所辖自然村	耕地（亩）	人数（人）
前院山村	前院山	1100	1239
后院山村	后院山	2300	1963
徐村	徐村	700	697
小武穴村	小武穴	2005	1596
史湖村	史湖	498	623
尚马村	野场子、刘胡庄、罗庄	595	1500
上武穴村	周楼、中武穴、上武穴	1680	3180
唐庄村	唐庄、裴庄、王楼、唐口	735	1228
天齐庙村	天齐庙、于山、尤庄	986	1300
西防备村	西防备	600	1118
左村	左村、周庄	360	1260
种庄村	种庄、二郎庙	1800	1860
齐湖村	齐湖、刘楼、大官庄、胡村、卢庄、交通街	2100	4158
大南庄村	大南庄、苗谷堆	1700	1581
马公村	马公村	1000	1200
大陶庄村	大陶庄、潘楼	600	1390

续表28-1

行政村（社区）名称	所辖自然村	耕地（亩）	人数（人）
小官庄村	小官庄	760	1260
东仓村	东仓、斩庄	1000	1916
河北庄村	河北庄、田湾	1645	1959
鲁桥村	鲁桥	500	1460
千山村	千山村、庵上	427	680
吴村	吴村	850	847
夏庄村	夏庄	600	1987
奚村	奚村	700	760
西桥村	西桥村、梨园、后西村	1900	1400
皇殿村	皇殿	1300	1600
井亭村	前井亭、后井亭	3065	2170
孔庄村	孔庄、庞庄、前湾	1420	1306
后湾村	后湾	1650	1400
前西村	前西、小种庄	3700	2189
尚马社区		0	5400
院山社区		0	3800
联创社区		0	3356
文艺街社区		20	3800
西桂园社区		0	4700
幸福花苑社区		0	3600

第三节　自然环境

陶庄镇地处枣陶盆地西部，北靠千山山脉，地势东高西低，北部较高，依梁山、千山等，南部较洼，在远古为湖泊沼泽地。气候属暖温带季风型大陆性气候，境内矿产资源丰富。30多种矿藏，主要矿产有煤、石灰石、煤矸石、铝土、石英石、焦宝石，还有丰富的石英石、焦宝石等资源。北部依山属丘陵沙土地质，南部有蟠龙河由东向西贯穿全境，地质多淤土，镇西南部西仓村西部为黑黏土土质。禹、夏时代，境内有东西长10公里、南北宽1公里的锦阳湖，后人为扩大耕地面积，将锦阳湖水顺入蟠龙河，蟠龙河蜿蜒流长、横穿东西十余公里，十字河贯穿南北，一年四季碧波荡漾，这里是鲁南地区的富水区，降水量丰富，年降水量近1000毫米，地下水富足。陶庄存量土地众多，镇域范围内闲置土地及山坡荒地等可利用土地近266.67公顷，特别是被列为山东省“百镇建设示范行动”示范镇后，每年可享受上级专项土地指标5.33公顷。境内建有自来水厂1处，供电系统完善，电力充足，驻地拥有3

座变电站，经济发展的空间和潜力巨大，丰富的资源，富足的能源为陶庄镇工业崛起奠定坚实的基础。

自然环境优越，农业生产便利。陶庄镇位于平原，土壤肥沃，光照充足，水源丰富，境内蟠龙河、十字河长年流水不断，农业生产连年丰收，以奚村以东至后院山以北，以及小武穴、中武穴、史湖、齐湖、潘楼、大南庄、夏庄等村大大面积可耕地，即锦阳湖址，此处淤土地旱涝保收，是一方粮仓宝地，从未闻绝产，有薛城粮仓的美誉；建有长毛兔、肉鸽、生猪、牧草、蔬菜和果品等生产基地，有油桃、金太阳杏、黄金梨等50多种名优稀特蔬菜、林果新品种；庭院经济繁荣，畜牧小区众多，畜禽存养量达300万头（只）。

主要盛产小麦、玉米、大豆、花生、棉花等作物。

矿产资源丰富，陶庄镇地处枣（庄）薛（城）滕（州）经济带腹地，面临交通大动脉京沪铁路和104国道，南距京福高速公路出口处仅10公里，境内有枣薛铁路、枣薛公路、店韩公路、山官公路等国道、省道纵横交织，有与徐州铁路局合建的50万吨的铁路货场，形成四通八达的交通运输网络，功能可辐射到徐州、临沂、济宁等地，是当地的人流、物流、信息流中心。

自然条件。地处泰沂山脉余脉，地势北高南低。北部为丘陵地貌，荒山面积1333.33多公顷，山上石多、土少；南部和西部为平原地貌，土地平整，水系众多，土壤肥沃。东西方向东高西低，但较为平坦，无较大落差。主要山脉有千山山脉，境内平均海拔为130.7米，境内最高峰千山主峰位于北部边境，海拔233.5米，最低点为蟠龙河东仓段，海拔为112.3米。

第四节　经济发展

农业

陶庄镇的原夏庄乡区域，自古就有“薛国粮仓美誉”，土地肥沃，耐旱耐涝，村民有良好的种植习惯。2001年乡镇合并后，陶庄镇加大对西部地区的财力倾斜力度，加快农业基础设施建设。2003年和2004年，西部1333.33多公顷耕地和村庄全部完成道路硬化。2004年年底，包括前西村、井亭村、西桥村等多个村的1000公顷耕地被列入世界银行第三期土地治理项目，至2009年年底全部结束，累计完成投资600多万元，达到田成方、林成网、沟渠桥涵闸配套齐全的标准。2010年，在其666.67公顷的核心区实施优质粮高产创建，并通过省级验收。陶庄镇的东部区域多属于荒山荒坡和采煤塌陷地。为了改善耕作和灌溉条件，1991年以来，每年都开展冬季农田水利建设和小流域治理，修建左村、刘胡庄、天齐庙等拦水坝或中小库塘14处。2005—2006年，争取上级专项资金427万元，实施包括天齐庙、唐庄、西防备、小官庄等村近666.67公顷的荒山土地治理项目。2006—2009年，争取上级专项资金，分别实施总投资4000多万元的国家级采煤塌陷地复垦项目和投资1200多万元的省级土地复垦项目。至2009年年底，全镇基本农田良田率达到95%以上。至2010年年底，陶庄镇农业区划为西部1333.33公顷的优质粮高产区和东部1200公顷的优质粮稳产区，每年以玉米、小麦为主，占到耕地面积的98.5%，其余的则以大豆、棉花等为主。

1991—1998年，陶庄镇受举全镇之力发展工业的影响，农业结构调整的力度不大。1998—2001年，陶庄镇提出“农业稳镇”的战略口号，加大农业内部结构调整的力度，主要侧重在大棚蔬菜、花卉和养殖上，一度建成齐湖的蔬菜大棚基地、前后院山的大棚花卉基地、上武穴的肉鸡养殖基地和左村的生猪养殖基地等。2001年乡镇合并之后，陶庄镇提出“龙头企业+基地”的产业化发展思路，在每年年初制定出台的农业农村工作意见文件中，都明确对结构调整的奖补政策，调动农民群众主动调整种植结构的积极性。2003

年，在吴村一带推广黄金梨，并注册“富美牌”商标，2005年，在夏庄村、马公村涝洼地实施池田藕种植，至2009年年底，规模已发展到40公顷；2008年，枣庄宏大园林公司利用前院山村西的涝洼地，建设稀有花木驯化基地，一期6.67余公顷，至2010年年底已发展到18公顷；2004年，后院山村民胡乐星外出学习金针菇种植技术，在他的带动下，至2008年，已发展金针菇大棚40多个，是当地唯一能反季节种植金针菇的村。为了推进农业产业化进程，陶庄镇还采取招商引资、政府引导、大户牵头等办法，促进农业龙头企业、农民专业合作组织的成立与发展。2001—2006年，先后成立陶庄农机协会、尚马运输协会、齐湖运输协会、尚马经济合作组织、永诚养猪协会等，2004年，招商引资新上雪园食品项目，后被评为枣庄市市级农业龙头企业；2008年4月，成立巧姐柳编协会，2010年，该专业合作社组织已申报省级农民专业合作社组织；2010年年初，成立恒大和安大两家市级土地合作社。至2013年年底，陶庄镇共成立农民专业合作组织累计达57个，其中市级农民专业合作组织6个，省级农民专业合作组织1个。

陶庄的农机事业快速发展得益于国家的惠农政策的实施，即对农机购置实施补贴。1991年以来，陶庄镇各村依赖于煤矿和水泥企业的繁荣，农机得到快速的发展，并先后成立多家农机运输协会或合作组织。

自1991年以来，随着中央历年来1号文件的实施和陶庄镇党委、镇政府对农业经济倾斜力度的不断加大，以及良种良法、新型农业技术的不断推广，农业经济内部结构调整的力度也不断加大，产业化水平也不断提高，农业生产总值占GDP的比重不断增加，每一年的同比增幅都超过10%。

陶庄镇地处北温带，属于季风性气候，四季分明，全镇95%以上的耕地土壤肥沃，适宜农业种植，夏粮主要以小麦为主，秋粮主要以玉米为主，自1991年以来，农民科学种田的自觉性不断提高，耐旱耐涝和抗病虫害的良种被大面积推广，2004年以来，测土配方施肥技术又被广泛应用，2006年，取消农业税实行种粮补贴后，群众种粮的积极性不断提高，粮食的单产和总产不断增加，2013年，全镇平均小麦单产为468公斤，总产为1.66万吨，玉米平均单产为494.8公斤，总产为1.81万吨。

林业

陶庄镇北依千山山脉，境内蟠龙河、十字河东泄洪道分东西、南北贯穿全境，全镇宜林面积达到1066.67公顷，其中荒山面积达到800公顷。2001年3月乡镇合并之前，陶庄镇的宜林面积约1333.33公顷，其中荒山面积533.33公顷。乡镇合并后，陶庄镇按照枣庄市委、市政府关于加快可视山头绿化和生态镇建设的要求，开展荒山造林和“四旁植树”活动，2008年，陶庄镇提前一年完成枣庄市下达的绿化任务，2009年，陶庄镇被授予“山东省绿化示范镇”称号，至2013年，全镇林木覆盖率达到35.6%。陶庄镇的林木覆盖主要以绿化树木和速生杨丰产林为主，林果数量较少，果园的规模不大，主要包括小武穴的苹果园，约0.867公顷，品种为黄金帅和红富士为主，丰产期年产量约为8吨，吴村的黄金梨，约0.333公顷，品种为黄金梨，丰产期年产量为2吨，另有于山、小官庄等北部山区的枣园、核桃园等，规模很小，产量不高，全镇果园年总产值不足50万元。

水产业

陶庄镇境内的水域主要为蟠龙河、十字河泄洪道以及北部山区的库塘，蟠龙河自徐村入境一直到大南庄村段，河面较窄，水量较小，不适宜水产养殖；蟠龙河东仓、斩庄段，因建有橡胶坝蓄水，水面开阔，有少量网箱，主要喂养鲤鱼和鲢鱼；十字河泄洪道自鲁桥进入陶庄，水面开阔，平均水深达1.5米以上，但河道长度较短，主要为沿岸农家乐酒家放养的青鱼为主，供游人和食客垂钓，北部山区塘坝往往受干旱影响，只有极少数塘坝被村民放养一些青鱼和鲢鱼，全镇水产业没有形成规模，产量低。

工业

陶庄镇的集体工业经济始于20世纪80年代，到2001年3月乡镇合并前，先后建成215煤矿、镇西煤矿、防备煤矿、六号煤矿、水泥厂、薛城水泥二厂、铁路货台、建筑公司，原夏庄乡先后建成夏庄煤矿、铁合金厂、夏庄水泥厂、建筑公司，2003年，实施建设215煤矿新井，镇直企业改制期间，除煤矿外，其余的企业均改制为民营企业，2009年年初，整合215煤矿东井、215煤矿西井、六号煤矿、防备煤矿、夏庄煤矿、建筑公司等企业，组建山东安泰公司，2010年，正式组建为山东安泰（集团）有限公司。近年来，立足资源优势和产业基础，大力发展精细化工、新材料、新能源、新型制造产业，规划建设陶庄转型产业园，入驻亿元以上项目12个。有规模以上工业企业54家，全额纳税过30万元企业达到41家、过百万元20家。按照“产城一体、镇园合一”的要求，大力推进新型城镇化建设，完成棚户区改造工程40万平方米，拥有千人以上社区2个，供电、供水、供气、供暖设施齐全，生活污水处理厂、垃圾无害化处理厂正在建设，城区规模达4.5平方公里，城镇功能不断完善。至2013年年底，陶庄镇共拥有注册的规模以上企业为30家，涉及煤炭生产、水泥生产、洗煤、矿用设备生产、电缆、造纸、贸易、运输、供水等多个门类，职工人数总计为8000余人，陶庄镇规模以上工业总产值41.2亿元，工业增加值9.6亿元，实现利税3.4亿元，利润1.4亿元。

交通

陶庄镇东西狭长，南北距离较短，南北方向自东向西有省道店韩路，境内里程为2.3公里，村道泰山北路，境内里程为1.2公里，国道京福高速，境内里程为1.7公里，省道黄洪路，境内里程为3.9公里，B5城市公交贯穿陶庄中心，打通与临界区县的大动脉；东西方向有省道山官路，境内里程为17.4公里，另有南北方向的京沪高铁和京沪铁路，东西方向的枣薛铁路（2010年，以此铁路为主体，又开工建设枣临铁路），在山家林设有客运和货运站台。

通信

自1991年以来，结合城镇和新农村建设，陶庄镇连续多年实施电话“村村通”工程，到2004年，电话保有量达到最大值，最多全镇共安装电话3740门。自联通公司、移动公司、网通公司、电信公司、铁通公司等在薛城设立分公司以来，都首先在陶庄设立营业厅，建设基站，后按照国家产业政策要求，公司进行合并整合，至2013年，中国移动、中国电信、中国网通在陶庄共设立基站、信号塔30个，实现信号全覆盖，共设立镇级营业网点26处，年营业额达600多万元。

商业

陶庄自古就是商贾之地。中华人民共和国成立后，由于建设陶庄煤矿和山家林煤矿，从全国四面八方调入工人，又在镇驻地先后建设八二四炸药厂、供电工程处、矿务局中心医院、煤炭卫校，在原夏庄乡大南庄村建设南极洲啤酒厂，在夏庄村建设枣庄市园艺场，驻陶单位工人及家属总人口达到近4万人，为商业的发展奠定基础。在1998年城镇大改造前，陶庄镇营业网点主要以西陶庄的供销社、陶庄煤矿西门外供销社和紧邻陶庄矿小一校的百货大楼，龙泉剧院北侧有一处集贸市场，山家林有一处集贸市场，西陶庄有小型农贸市场一处。1998年，进行城镇改造，建设陶山路、中兴路、顺兴路三条商业街和商贸园，工商注册的商户达600多家，2008年，招商引资新建设购物中心陶庄店，至2010年，陶庄镇共有工商注册的商户1600户，从业人员达到3300人，年实现销售额2.6亿元，销售收入近6000万元，实现税收970万元。陶庄镇的大型农贸市场包括镇驻地2处，山家林1处，每天都能提供日用品和蔬菜的交易，另有千山、后湾、西桥等农贸市场按农历间隔一定天数有规律开市，进行农产品、蔬菜、生活用品的交易。2008 年，镇政府对千山农贸市场进行改迁移，解决千山市场马路市场堵塞交通、存在安全隐患的问题；2009 年，镇政府投资对镇驻地的农贸市场、交通街市场和山家林农贸市场进行改扩建，改善市场环境。陶庄镇的粮油购销在 1995 年以前统一在陶庄粮所进行，凭票供应，村民按照上级纳粮的要求，缴纳公粮，1996 年以后，粮油市场放开，陶庄镇全镇各个居民点基本都出现粮油供销网点。1994 年以前，陶庄镇的燃料供应主要为集体加油站，分布在供电工区、小武穴和 203 路段，1996 年以后，民营加油站不断涌现，先后建成于山加油站、上武穴加油站、西陶庄加油站、西桥加油站等，到 2010 年，陶庄镇共有加油站 11 处。陶庄镇的对外贸易真正开始于 2007 年招商引资建设香港新百艺包装有限公司，主要生产各类礼品包装盒，对外出口。在 2007 年之前，陶庄镇集体无对外贸易企业，也无进出口业务，1991—2000 年，进出口主要以枣庄市二轻局下属的塑料一厂进行，新百艺包装有限公司达产后，境外销售额不断增加，至 2013 年，该企业出口创汇达 420 万美元。

城乡建设

1991 年以来，陶庄镇进行 3 次城乡规划，1991 年，聘请山东建筑工程学院进行城乡规划一次，1998 年，聘请枣庄市城乡规划设计院进行一次，2010 年，聘请山东省城乡规划设计院进行一次。2004—2008 年，全市开展文明生态村建设期间，徐村、前院山、东仓、左村、种庄等村制订村庄规划。1991—2001 年，除城镇驻地的村和东仓村外，多数村道路都没有硬化，村里也没有通自来水，1998 年，建设镇自来水公司，城区和周边极个别村实现集中供水；2001 年以来，陶庄镇党委、镇政府加大农村基础设施建设方面的投入，连续开展道路、自来水、农用电等“村村通”工程，每年用于农村基础设施建设方面的奖补资金都达到 100 万元以上，至 2006 年年底，全镇 100%的村庄实现道路村村通，其中近一半的村实现村内道路硬化户户通，2008 年，在西部西桥、井亭等村实施千户万民饮水工程，2010 年，前西村和后院山村完成通水工程，至 2013 年年底，全镇 36 个村（社区）全部通上自来水，自 2006 年开始，东部矿区周边村庄开始实施农电改造工程，至 2010 年全部改造完毕。

环境污染治理

1991—2004 年，陶庄镇的工业以原煤生产、洗煤和水泥生产为主，环境治理的难度较大，主要以加强企业技改除尘治污为主。2004—2010 年，陶庄镇党委、镇政府把“生态镇”建设作为一项战略性工程，并把节能降耗、生态环保写入政府工作报告，作为一项硬指标，关停“五小”企业 37 家。2008 年，拆除圣火机焦 10 万吨生产线，至 2009 年，建成年产 60 万吨的生产线，并配套建设净化池等环保设施，对一大造纸企业加强技改投入，加大洗煤厂水污染的查处力度，90%以上的洗煤厂建立中水回收利用系统，较少污水排放量，按照南水北调和淮河流域环境治理的要求。2009 年，关停鲁桥养猪场；农业方面，加大生物农药和测土配方施肥技术的推广力度，减少重金属农药的使用量，加大农村环境综合治理，农村垃圾实行村集中、镇外运；在镇北部建设市垃圾处理场，实现垃圾集中处理。同时，不断加大植树造林和荒山绿化的力度，环境质量不断提高。2008 年，陶庄镇被国家环保总局命名为第七批“全国环境优美乡镇”。

采煤石雕

陶庄镇的采煤历史可以上溯到清末，民国时期，中兴公司就在陶庄设立井口，抗日战争时期，日本人在此大规模采煤，中华人民共和国成立后，陶庄煤矿成为全国重要的产煤大矿。陶庄煤矿出产的高肥煤，是炼钢炼铁企业必须用的原料，是鲁南煤田的特产。此外，陶庄镇境内的山区，有一定数量的彩石，石雕技术在陶庄有 100 多年的历史，彩石石雕是陶庄的特产。

第五节　基层组织

1991年，陶庄镇设立1个党委，16个村级党支部，2个居委会党支部，1个经委党支部，6个企业党支部，11个机关单位党支部；1991年至2001年3月前，陶庄镇加快集体企业建设，又新成立3个企业党支部；2001年3月，乡镇合并，陶庄镇基层党组织数量达到最多，全镇共设立43村党支部，1个街道党支部，2个居委会党支部，1个经委党支部，6个企业党支部，13个机关单位党支部；2002年4月是村级合并的集中时期，2003年，设立5个管区总支，陶庄镇共设立5个总支，30个村党支部，1个街道党支部，2个居委会党支部，1个经委党支部，10个企业党支部，13个机关单位党支部；2009年，按照中央和上级党委关于加快在民营企业中建立党组织的要求，又批准成立圣火焦化、宏伟玻璃等民营企业党支部，同时，随着一些原集体产业的破产或民营企业的关停，一些企业党组织被合并，至2013年，全镇共设立8个总支，30个村党支部，6个社区党支部，10个非公有制企业党支部，13个机关单位及双管部门党支部，党员数为2083人。

1991年，陶庄镇召开第九次人代会二次会议，1992—1995年，先后召开第十次人代会一次、二次、三次、四次会议。1996—1998年，陶庄镇召开第十一次人代会一次、二次、三次会议。1999—2001年，陶庄镇召开第十二次人代会。2001—2006年，陶庄镇召开第十三次人代会，先后共召开7次会议。2002年4月，陶庄镇进行机关、事业机构改革，设立党政机关5大办公室和8个事业单位服务中心，人员编制精简成90个。2007—2011年，陶庄镇第十四届人代会召开，先后共召开5次会议。2011—2013年，陶庄镇召开第十五届人代会，共召开4次会议。1990年、1993年、1996年、1999年、2002年、2005年、2007年、2010年，先后进行第三、四、五、六、七、八、九、十、十一届村“两委”换届。2007年，陶庄镇在枣庄市镇街中率先实行村“两委”干部工资镇财政统一发放。

第六节　社会事业

1991年，陶庄镇实施农村养老保险，1991—2008年，陶庄镇一直延续着农村养老保险，1.3万人参加农村养老保险。2009年，新型农村养老保险在陶庄镇的徐村和唐庄村试点，参保率达到80%以上，2010年，试点在东仓村等4个村推广。新型农村合作医疗制度试点始于2004年，2006年全面推广，2006—2010年，陶庄镇农民新型合作医疗制度的普及率一直保持在薛城区前列，2010年，参合率达到99.8%。2011年，全镇实施新型农村养老保险和城镇居民养老保险。2011—2013年，城乡居民养老保险参保率达到85%以上。陶庄镇于2007年年底成立残联，并连续多年开展助残济困活动。

社会治安综合治理

陶庄镇是矿区镇，经济相对活跃，流动人口较多，社会治安综合治理的任务相对繁重。1991—2001年，陶庄镇加强派出所的治安力量，组建专门的联防队，以陶庄派出所、山家林派出所为主，设立镇南、镇东、镇北等多个警务区，在主要工矿企业设立保卫科，派驻专门警力，各村设立村民自治联防队，并加大对会道门及封建迷信的打击力度，社会治安状况较好，1991年3月，陶庄镇党委、镇政府被市委、市政府授予“社会治安综合治理先进单位”称号。2001年3月与原夏庄乡合并后，陶庄镇共有山家林、陶庄、夏庄3个派出所，警力达147人，2005年，山家林派出所撤销，合并到陶庄派出所，设立警务区；2005—2007年，陶庄镇在全镇推广“治安双保”模式，2006年，组建专业的治安巡逻队，2008年，镇政府建设综治服务大厅，整合公安、信访、综治、司法等多方面的资源，并在全镇推广综治信息员、公安保安员、司法协理员、信访助理员、安全监督员、工农关系协调员“平安六员”新模式，是年，陶庄司法所的“流动调解庭”矛盾纠纷调处模式在枣庄市政法系统中推广，2009年建设综治管区和村级综治中心，2009—2010年，陶庄镇开展“科技防控镇”建设，2010年，陶庄镇加强校园周边环境的综合治理。2008年、2009年、2010年，陶庄镇被枣庄市委、市政府授予“平安枣庄先进镇街”“信访工作先进乡镇”称号，2013年，被区委、区政府评为“平安薛城建设先进镇街”“无邪教先进镇街”。

精神文明建设

1991年以来，陶庄镇在全镇范围内开展“星级文明户”评选活动，组织各村成立移风易俗委员会，1995年，陶庄镇被枣庄市委、市政府命名为“文明乡镇”，1998年，被命名为“山东省安全文明乡镇”；2004年，枣庄市开展文明生态村创建以来，加大精神文明建设方面的投入力度，村村设立图书室、阅览室，村村建设党员远程教育接收站，开展“好媳妇”“好婆婆”评选活动，认真开展“四五”“五五”等普法活动，定期开展“人口日”“安全月”等主题宣传活动，积极开展“文化、卫生、科技”三下乡活动，积极组织各单位、村居参加各级精神文明单位、青年文明号评选活动；2005年10月，陶庄镇被评为“全国文明村镇”，2007年，左村被评为“山东省文明村”，2009年，东仓村被评为“山东省文明村”，2012年，被评为首批“乡村文明行动”省级示范镇。

教育

1991年，陶庄镇共有枣庄二十中和陶庄镇中两所中学，其中二十中归区直属，有8所小学，独立幼儿园1所，成教中心1所，有教师238人，学生2461人。1992年，山家林小学成功创建“枣庄市规范化学校”。1994年，枣庄二十中与陶庄镇中合并，归属陶庄镇管理，有教师226人，学生2073人。1996年，山家林小学被评为“山东省民主管理先进单位”，向阳小学齐湖村新建教学楼改名为振兴小学。1999年，中心校创建“枣庄市德育工作规范化学校”，二十中创建“枣庄市级规范化学校”。2001年3月，陶庄镇与夏庄镇合并，共有枣庄二十中、枣庄十二中、陶庄镇中（夏庄中学改名为陶庄镇中）3所中学，14所小学，独立幼儿园1处，附设园14处，成人教育2处，有教师635人，学生4257人。2003年9月，枣庄二十中成功创建农村省级规范化学校，是全市第一所省级农村规范化学校。2004年，新建陶庄镇前西小学，前西小学从原十二中高中部（孙家大院）牵到前西村东北角新址。2006年，全镇共有2所中学，13所小学，独立幼儿园1处，附设园13处，成人教育2处，有教师607人，学生4078人，后井亭小学成功创建农村省级规范化小学，并改名为陶庄镇井亭小学。2009年，全镇共有2所中学，10所小学，独立幼儿园1处，附设园10处，成人教育2处，投资近380万元为枣庄二十中新建3000平方米高标准框架式综合教学楼，投入70万元完成井亭小学的“211”工程建设。至2013年，全镇共有中学2所，小学10所，幼儿园2处，成人教育1处，教师420人，学生3600人。

文化

陶庄镇有文艺团体3个，分别为河北庄刘庆荣唢呐班、千山尤广王唢呐班，属民间演艺队伍。2003年，成立的陶庄夕阳红腰鼓队有40余人，常年活动演出。活动场所，陶庄龙泉剧院，1986年，建设完成投入使用，剧院前身是新民舞台，1983年，修建总投资78万元，可容观众1104人，常年接团演出并放映电影，2003年，按照上级要求，建龙泉广场，供城镇居民休闲健身，并在广场举办各类文艺演出。文体活动中心，2007年4月开工建设，2008年6月投入使用，总投资400余万元，占地0.8公顷，室内场馆面积1117平方米，活动室九处、室外有六场一长廊，能够提供300余人开展各类活动。2009年，总投资

10.3亿元，一期完成投资0.26亿元，建成中华车祖苑、上山甬道、奚仲纪念馆、奚仲冉求墓。2010年，修缮西仓古桥，2013年，孙氏后人出资360余万元修缮“孙家大院”。

自2007年以来共建成农家书屋32个；文体健身小广场，行政村建设达到全覆盖。文艺创作包括：1995年7月，石雕艺术家张宗元在北京被联合国教科文组织评为“一级民间工艺美术家”，1995年12月，获“民间文艺美术大师”称号，石雕作品“鱼”获金奖。孙晋亮师从张宗元创作石雕作品，参加在北京举办的全国第四届民间艺术博览会，获“中国创造民间文化品牌艺术家”称号。巧姐柳编成立省级专业合作社，柳编产品已走上国内外舞台。民间文艺，陶庄镇前西村活跃着舞龙舞狮队伍的80多人，曾参加第五届枣庄市开幕式演出。

1992年10月，成立枣庄市乡镇首家无线广播电台，2004年以来，大力发展并实现有线电视“村村通”。自2010年以来，每年完成“一村一月一场”电影任务384场次，完成“一年一村一场戏”任务32场。非物质文化遗产。主要有：省级：奚仲造车传说；市级：冯谖的传说，仲虺的传说，许由泉的传说，渔鼓，鲁南大鼓书，唱睹腔，正月十五蒸面灯，送祝米，于山张氏扣碗，薛城石雕，刘氏辣汤。

科研

1991—2010年，陶庄镇共有各类技术人员3869名，其中中级以上职称人员398名，共申请专利178件，其中发明专利7件，实用新型专利171件；1995年，完成薛城区科技创城工作目标；2008年10月，位于东仓民营经济园的枣庄万和制冷有限公司成立市级研发中心，有中级以上技术人员5名。2009年，《有机花生生产技术的应用研究》获得枣庄市科技进步三等奖。2010年3月，陶庄镇被山东省人力资源和社会保障厅、山东省地震局联合授予“地震测防工作先进集体”称号。

卫生

1991年，陶庄镇中心卫生院，设有内科、外科、妇产科、中医科4个临床科室和化验、放射两个医技科室，住院床位30张，技术人员30多人，1994年，通过卫生部部颁标准一级甲等医院的验收，1997年，医院在卫生局和镇政府的领导下对全镇17个村卫生室实行一体化管理，1999年，医院着手迁建工作，技术人员队伍也逐步壮大至70余人，2001年，医院搬迁新建，占地面积1.47公顷，建有门诊楼1处，医疗用房3500平方米，2006年，新建高标准病房楼1座，装修改造门诊楼和综合楼。病房楼面积2000平方米，高档病房12间，普通病房20间，床位60张。2002年4月，原夏庄乡卫生院合并到陶庄镇中心卫生院，医院有职工172人，其中高级职称3人，中级职称47人，初级职称107人，医院设有内科、外科、妇产科、小儿科、中医科、口腔科、放射及检验等临床科室，拥有数字化日本原装进口日立彩超、全数字500mA胃肠机、尿液分析仪和血球计数仪、迈瑞全自动生化分析仪、心脏起搏器、电子胃镜、三导联全自动中文分析心电图机、麻醉机、呼吸机、心电监护仪、口腔综合治疗椅、CR等万元以上医疗设备30余台。2008—2010年，投资324万元，新改扩建27处村标准化卫生室。陶庄镇中心卫生院建立集取号、预检、登记、接种、留观于一体的数字化预防接种门诊，设置专门儿童游戏区，母婴休息区和哺乳室。深化“先看病，后交钱”服务模式，切实缓解广大人民群众“看病难、看病贵”等热点难点问题。医院成立患者回访中心，对病人出院及时电话跟踪回访，要求回访率100%。2001年以来，陶庄中心卫生院获得全省“百佳医院”“医疗质量管理效益年活动先进集体”“全市农村卫生工作先进集体”“全市医德医风示范医院”“市级文明单位”“镇突出贡献单位”等称号。2003—2007年连续五年被命名为枣庄市“百姓满意医院”。2010—2013年分别获得“全省百佳医院”“枣庄市医德医风示范医院”“全省中医药特色乡镇卫生院”“山东省群众满意预防接种门诊”“枣庄市精神文明单位”“枣庄市群众满意的医疗卫生机构”“全国首批群众满意乡镇卫生院”等称号。

体育

2004年以来，全镇共建设农民健身园21处，建设文体中心一处，教育系统组织专门的体育培训队伍。村村有健身广场、广场舞蹈队。每年农历二月初二开展“拜车祖·保平安”活动，大批车友聚集车祖广场参加活动。每年举办两次广场舞大赛、全民健身运动会，丰富群众体育生活，提高群众参与度。

中华车祖苑

第七节　旅游景点

中华车祖苑

陶庄镇是造车鼻祖奚仲的故里。为了深入挖掘奚仲造车文化，大力发展文化旅游产业，陶庄镇按照转方式、调结构的总体要求，实施中华车祖苑项目建设。该项目由北京大衍致用旅游规划设计院规划设计，以奚仲文化车祖祭拜、车文化产业、时尚休闲为三大主题，辅助观光体验、商务度假、弘扬传统文化等功能。项目共分3期进行，其中一期工程总投资2.7亿元，于2009年9月开工建设，三年完成，由山东安泰集团所属的奚仲旅游开发公司投资建设。至2010年，已完成投资5000多万元，景区的核心区域祭祀区已全部完成建设，包括车神广场、上山甬道、奚仲纪念馆、奚仲陵等。车神广场总面积7000平方米，中间平台为车轮标志性建筑，周边喷泉相拥，景区入口处为具有汉代风格的汉阙；上山甬道两侧进行绿化美化；奚仲纪念馆为汉代风格两重檐式结构，馆内树有高7米的奚仲像，布有复原的前掌大车马坑、历代马车等展品。在原址恢复性建设完成奚仲陵，并建设专门的祭祀平台，满足游客祭祀的需要。

旅游资源

陶庄镇除中华车祖苑项目外，还有不少的历史文化资源和人文自然景观资源。西仓古桥，建于唐朝时期，坐落于西仓村古河道上，桥上的镇水神兽栩栩如生，2008年，按照仿古标准，进行恢复性建设。孙家大院，始建于明末，是鲁南地区规模最大的地主庄园，其建筑风格、石雕和砖雕技艺堪称鲁南一绝，遗存房屋多间，并得到有效的保护。鲁封桥，传说是鲁王所封，有着2000多年的历史，石桥石板被打磨的发亮，历经千年仍然保存完好。西部的盘龙河平原水库是国家级湿地公园，自2008年起开工建设。

开发利用

奚仲文化得到有效的开发利用，中华车祖苑

项目一期已建成投入使用。在陶庄镇的积极参与下，自2008年以来，连续举办多次奚仲文化研讨会，2010年，举办首届奚仲文化节，拍摄《车神奚仲》电视剧，编撰奚仲系列文化丛书。

第二章　邹坞镇

第一节　境域　建置

境域建置

“邹”是姓氏，“坞”是船泊停靠的地方。唐朝时期有邹姓人家在此落户安家，故名邹坞。东西最大距离10.04公里，南北最大距离9.65公里，总面积59.97平方公里。全镇最高处为东山口村大山高295米。最低处为陈楼村西部高40米。

邹坞镇西邻薛城区陶庄镇，南接高新区张范街道，北部和东部分别与山亭区西集镇和市中区齐村镇相连，为明清历史古镇，全镇总面积60平方公里，其中耕地占2400公顷，辖32个行政村1个社区居委会，总人口4.5万人。邹坞镇人口分布具有明显的区域性和地带性，总的特点是南密北疏，镇驻地和甘霖矿区人口集中，北部山区人口较少。1991年，全镇总户数8884户，人口44927人。2000年总人口46606人，每平方公里771人。1991—2013年，人口迁移多为升入大中专院校，进城务工经商和矿区职工及家属搬迁等原因造成人口流动。人口增长率不高，增长速度较为稳定。2011年，人口出生率13.4‰，人口死亡率7.5‰，人口自然增长率5.9‰。2013年，全镇总人口45011人，每平方公里750人。人口出生率1.8‰，死亡率0.48‰，流动人口4607人，少数民族人数102人。

邹坞镇历史悠久、商贸发达，南北朝后期陶瓷工业在该镇陈郝兴起。陈郝从北齐至明代发展为山东最大的瓷镇。明代置邹坞镇，设邹坞巡检司建陈郝公馆。邹坞陈郝在当时具有重要的经济、军事、交通地位。邹坞镇又是一个英雄的乡镇。抗日战争时期无数英勇的邹坞人民投入到保家卫国之中，1937年，朱道南派刘景镇、朱玉相发动“邹坞暴动”，组建抗日义勇队。抗日战争时期，该镇发生爬桥惨案，1997年，该镇投资两万元建惨案纪念碑、亭。1950年，邹坞属峄县九区；1960年，当时邹坞镇驻地称红星人民公社，从张范搬迁邹坞后，改为邹坞公社；1962年，原邹坞公社划分3个小社，即张范、南石、邹坞；1984年5月16日，邹坞公社改名邹坞镇，驻地西邹坞村，辖邹坞、庄头、周村、北安阳、北陈郝5个总支。1991—2013年，邹坞镇隶属于薛城区，建置无变更。

规划

全力培植枣庄市中心城近郊以现代农业为基础，以机械制造、建材、煤化工和农业深加工为主导，以山水和历史文化为特色的综合型生态重镇；构筑以现代农业为基础，以机械制造、建材、煤化工和农业深加工为龙头，以商贸物流和旅游等现代服务业为支撑的产业结构。镇域产业布局规划形成“两区、一园、两基地、两带、三片”的结构。两区：镇驻地邹坞综合服务区和甘霖商贸服务区；一园：镇驻地工业园。两基地：镇域东北部新型建材基地和西北部农业服务设施基地。两带：蟠龙河公园—中陈郝—北陈郝及蟠龙河公园—南安阳—北安阳—尚庄水库—墓山两条历史文化和景观旅游产业带。三片：北部特色林果片、中部现代农业发展片和南部有机蔬菜种植片。

第二节　村庄社区

2002 年 4 月 23 日，邹坞镇将 34 个行政村合并为 32 个行政村。2005 年 9 月，增设甘霖社区居委会。2013 年，辖 32 个村，1 个社区居委会。镇区有肖村、埠后村、西南村、西邹坞、东邹坞、庄头村、打席村、洪村、小甘霖村、罗岭村和南陈郝村行政范围，总面积约 18.85 平方公里。为配合做好薛城区百亿产业园建设，邹坞镇对部分村居进行搬迁。其中，打席村整体搬迁至小甘霖村北，于庄搬迁至西邹坞。

2013 年邹坞镇村庄一览表

表 28-2

村名	人口（人）	位　　置	建村年代	村名来源
西邹坞	3040	邹坞镇政府驻地，距薛城 15.8 公里，古老的蟠龙河从村后流过	唐代	姓氏地名。初邹、邬二姓居此，又名邹邬村。后邬演化为坞，又为与东邹坞区分，故名
东邹坞	1700	位于邹坞镇政府驻地东，距薛城 16 公里	明代	相关地名。因村位于西邹坞东，故名。枣庄市第五中学位于该村村前
墓山	620	位于邹坞镇北部山腰上，距薛城 18.2 公里	明末	山岭地名。北有墓山，村依山名。墓山上有汉墓群
西尚庄	714	位于邹坞镇北部，距薛城 20.5 公里	明初	对称地名，因村势较高，初名上庄。后发展为东、西两庄，故名。上演变为尚
东尚庄	680	位于邹坞镇北部，距薛城 20.8 公里，枣（庄）、滕（州）公路从村后经过	明初	对称地名。因村处西尚庄村东，故名
官庄	804	位于邹坞镇东部，距薛城 21 公里	清代	事迹地名。附近居民因避兵乱，集中于此建村，故名。该村地下藏有煤炭、白土、铁矿等矿产，颇具开发价值
张岭	1346	位于邹坞镇东北端，距薛城 22.8 公里，枣（庄）、滕（州）公路从村中穿过	北齐	山岭地名。村建于岭上，初张姓居此，故名。村南有汉墓，村中有北齐、隋、唐瓷窑遗址。是远近闻名的打石子和刻碑文的专业村
东防备	1980	位于邹坞镇西北，距薛城 15 公里	明代	事迹地名。相传邹坞巡检司在黑风口设防。村在防地之东，故名
马庄	1010	位于邹坞镇北端，距薛城 16.8 公里	清代	姓氏地名，初马姓居此，故名。村东北有大墓一座，俗称皇姑坟。村后中山上有大泉，古名“冷泉”。昔时，泉上砌石亭，水自石孔中出，流向西南汇蟠龙河
周村	1136	位于邹坞镇北部，距薛城 16.2 公里	明代	姓氏地名。初周姓居此，故名。村西北角有一仙泉，名曰“龙泉”。泉旁有一古庵庙，名曰“龙庙”，庙中有三百多年古柏一棵，原有 20 多块石碑已破坏殆尽
刘沟	672	位于邹坞镇北部，距薛城 17.8 公里	明代	姓氏地名。村外有沟，刘姓居此，故名。1945 年秋解放小窑陶庄战斗烈士公墓坐落在村西岭上
北安阳	2350	位于邹坞镇北部，距薛城 19 公里。村东南邻甘霖矿黄贝井	周代	山岭地名。村北有安阳山，村以山名。后为与中安阳、南安阳区分，更名。村北有汉新阳县故城遗址

续表28-2

村名	人口（人）	位　　置	建村年代	村名来源
南安阳	1610	位于邹坞镇东北，距薛城 18.5 公里	明代	相关地名。因村位于南，故名。该村加工粉条历史悠久，产品远销韩国
张庄	392	位于邹坞镇东北，距薛城 20.2 公里，黄贝井位于该村	清末	姓氏地名。初张姓居此，故名
中陈郝	2117	位于邹坞镇东北，距薛城 20.5 公里	北齐	姓氏地名。初陈、郝二姓居此，故名。村中有北齐、隋唐、宋元古瓷窑遗址，称“中国北方第一窑”。村中有建于唐时的石拱桥，为枣庄市最古老的石拱桥
南陈郝	1052	位于邹坞镇东部，距薛城 20.5 公里，西邻甘霖煤矿	明代	相关地名。因村位于中陈郝之南，故名
北陈郝	3524	位于邹坞镇东北，距薛城 21.5 公里，枣（庄）、滕（州）公路从村中穿过	明代	相关地名，因村处于中陈郝北，故名。村南有隋唐古瓷窑遗址
刘庄	456	位于邹坞镇东北，距薛城 21.2 公里	明初	姓氏地名。初刘姓居此，故名
陈楼	756	位于邹坞镇西北，距薛城 14.5 公里	清代	姓氏地名。初陈姓庄园建有楼房，故名
野场	820	位于邹坞镇北部，距薛城 15 公里	清代	事迹地名。初王姓地主在此建场屋，后发展成村，称野场子
埠后	1420	位于邹坞北部距薛城 15.5 公里	宋代	山岭地名。因村位于埠岭之后，故名
肖村	721	位于邹坞北部，距薛城 16.5 公里	明代	姓氏地名。初肖姓居此，故名
庄头	1681	位于邹坞镇北部，距薛城 17.5 公里	明代	事迹地名。原村庄因受水灾，仅剩村头，故名
姚庄	570	位于邹坞镇东北，距薛城 18.5 公里	明代	传讹地名。因村北有砖窑，初名窑庄，后讹为姚庄，村东南有商、周村落遗址
打席	530	位于邹坞镇东北，距薛城 18.4 公里	清初	事迹地名。初村民打席者居多，故名
洪村	891	位于邹坞镇东北，距薛城 19 公里		姓氏地名。初洪姓居此，故名
罗岭	459	位于邹坞镇东部，距薛城 20.2 公里		姓氏地名。初罗姓居此岭下，故名
小甘霖	790	位于邹坞镇东部，紧邻甘霖煤矿，距薛城 19.5 公里	明初	事迹地名。在村位于甘姓林地附近，且村较小，故名。后林雅为霖
阎埠村	532	位于邹坞镇北，距离薛城 17.8 公里	明末	姓氏地名。初阎姓居于埠上得名
东山口	370	位于邹坞镇东北，距离薛城 23 公里	清代	山岭地名。村位于东山口得名
西山口	480	位于邹坞镇北山脚下，距离薛城 20.7 公里	清代	山岭地名。因村位于西山口得名
西南村	2090	位于邹坞镇驻地西南，距离薛城 15.8 公里		

第三节　自然环境

邹坞镇地处枣陶盆地中部，位于许由河上游，东部为丘陵，北部为山岳，西部为平原，南部为洼地，地势东高西低，河流多自东向西流。境内石灰石、铝土等矿产资源也较为丰富，万亩优质圆苓枣、芦荟、大樱桃、东邹坞萝卜等特色农产品琳琅满目。其中，南部洼地从罗岭村东至埠后一线约954公顷；平地指东西邹坞及蟠龙河北岸一带为平原，约1431公顷；山岭多在北部，约2385公顷。境内山脉主要在北部为千山山系，主要有防备大山、墓山、长鱼山、虎山、炮台山、离谷山。境内水系为淮河水系，蟠龙河从东到西穿境而过，向西汇入微山湖。境内泉池有许由泉、陈郝泉、双泉、簸箕泉等众多泉。邹坞镇属暖温带季风大陆气候，一年四季分明，干湿适宜，光照充足，年平均气温14.2℃，最低气温一月份，多年平均最低气温-9.7℃。最高为七月份，多年平均最高气温38.4℃，多年平均无霜期为201天。大于0℃以上农耕期为301天。土壤分三个亚类，构成全镇土壤主体为褐土。邹坞镇耕地面积3320.7公顷，林地面积542.58公顷，水域及水利设施用地265.29公顷。适合种植的农作物主要为小麦、玉米，杂粮种类较为繁杂，油类作物以大豆和油菜为主。其中，东邹坞村蔬菜种植较为有名。

邹坞境内蟠龙河从中部穿过，水域面积丰富，全镇有河闸坝16处，蓄水池17处，大中水库2个，水资源和水产资源丰富。全年自然灾害主要为风灾，偶尔会出现少量冰雹。全镇主要污染源为烟尘、废水、废渣。

第四节　经济发展

农业

邹坞镇地理位置、自然条件利于农业发展，主要农作物除了玉米、小麦、大豆等粮食作物经济作物外，绿豆、地瓜等小杂粮及棉花等经济作物都有不同面积的种植。另外由于邹坞镇南部适于种植蔬菜，蔬菜种植一直是邹坞镇的一大特色。1991年以来，邹坞镇按照“良田择沃土、蔬菜连成片、畜牧进小区、果树围山转”的发展思路，千方百计促进农业综合效益提高。1998年，修田间路37里，铺设过路桥涵87处，完成投资近1000万元，良田基本规划成型，在水利建设上完成各类水利项目43个。同时，邹坞镇利用优惠奖补政策，采取集体、联户、个体农户投入相结合，以及户购村补镇补等方式，积极加大农机投入，使农业机械不断普及，农业机械化程度不断提高。1991年，全镇拥有大小型拖拉机242台，总功率达2413千瓦。是年，邹坞镇购进首台联合收割机。1998年购进14台。2013年，农机数量激增，三夏、三秋生产基本实现机械化。1997年，全镇成片调整蔬菜100公顷。近年来，邹坞镇在北部山区围绕万亩林果长廊建设，在环山路两侧范围内狠抓林果调整任务，培育特色林果专业村13个，广泛种植名、优、稀、特林果品种，推进林果产业规模发展；在中部平原地区积极推广配方施肥和良种培育，重点发展万亩高产玉米和优质小麦种植业，扩种经济作物60公顷；在西部实行农企对接发展规划，先后投资1000余万元，完成建设东防备村有机蔬菜大棚8个、2公顷；引进建设善利园无公害蔬菜基地26.67公顷，建设蔬菜大棚18座；投资200余万元，建设西邹坞村野生瓜蒌、岩埠村蓝莓种植基地17.33余公顷，发展墓山核桃、刘沟村大樱桃、南安阳悠悠农场、埠后草莓采摘等特色农业种植园6个。在畜牧业发展上，邹坞镇以规模化养殖小区建设为突破口，采取企业帮带，财政奖补、贷款扶持、土地优惠等多种方式，鼓励畜牧业良性发展，1998年，全镇已建成北安阳、刘沟、西南、周村、罗岭等高标准养殖小区8处。全镇累计流转土地面积80余公顷，占全镇农户承包面积的1.6%。2013年年底，全镇已基本形成“北果、西菜、中间粮”的区域特色化农业生产格局。1991年，全镇粮食种植总面积5000公顷，小麦总产10326吨。1998年，全镇农作物播种面积为4770公顷，粮食作物播种面积为3963公顷，油料作物播种面积456公顷。小麦亩产456公斤，玉米亩产713公斤。2000年，全镇总播种面积4952公顷，小麦总产10050吨。2013年，全镇种植玉米、小麦分别为34871亩、28959亩，亩产分别达到438公斤、445公斤。

林业

邹坞镇自1984年落实林业改革推行林业承包制以来，林业得到很好发展。1993年，全镇林业用地总面积17500亩，其中山地9899亩，农田林网占地2700亩，村庄覆盖占地1900亩，平原河滩造林占地3000多亩。2013年，全镇宜林面积3.5万亩，森林覆盖率达到36%，林场果园达5000亩，主要品种有核桃、桃、杏、柿子、樱桃等十余个品种，产量达到8600吨，产值3000余万元。其中，北部十个靠山村共有山林面积1.1万亩。随着生态城镇、美丽乡村建设的不断发展，邹坞镇投资400万元，采取土地流转的方式，重点抓好以甘陈路、青年路和邹刘路两侧为重点的道路绿化，栽植杨树、高杆女贞等绿化树木9万余株。投资200万元，重点抓好以西山口、官庄、北陈郝等5个靠山村的造林绿化，发展核桃、大樱桃、桃等经济林1万余亩，速生丰产林0.8万亩。同时，邹坞镇在林业工作中，积极探索林网管理新路子，对全镇农田林网按照公平、公正、公开的方式进行拍卖承包，兼顾林业管理和农民创收，实现双赢，取得很好社会效果。

工业

邹坞镇矿产资源丰富，境内矿产资源主要有铁矿、铝土矿、石灰岩、黏土、煤炭。其中，煤炭资源尤为丰富，工业经济一直以煤炭及煤化工产业为主。1994年8月，年产10万吨的邹坞煤矿破土动工。1995年2月下旬，邹坞水泥厂10万吨生产线动工兴建，总投资1700万元，1996年1月竣工建成。其间，该镇重点培植采暖设备厂、邹坞煤矿、刘庄煤矿、硫磺厂等企业，工业经济迅猛发展。1998年，全镇工业总产值已达到27474万元，其中，支柱企业为水泥厂，采暖设备厂，邹坞煤矿和邹坞硫磺厂。后受国家政策影响，小煤矿逐步关停，硫磺厂关闭。2013年，境内仅存薛城区安阳矿一座矿井。配合薛城区规划，近年来，邹坞镇在煤化工工业园区南区，规划循环经济百亿产业园区3000亩，已建设2000亩，引进过亿元项目9个，累计完成投资50多亿元。其中110万吨焦化项目、煤焦油深加工项目、干熄焦项目已投入运营，LNG启动建设。规划总面积1.74平方公里的煤化工产业园北区，引进建设3万吨重苯、金正钢铁、顺兴水泥、新型建材、活性钙等3个亿元、2个千万元项目，并重点抓

山东东大锅炉有限公司

好金正精密铸造项目、三和信达二期项目。邹坞镇充分利用枣曹路交通便利优势、大力发展机械制造产业，规划建设枣曹路机械综合制造基地 2 平方公里，培强壮大东大锅炉、金宏机械、金鑫制品、多乐采暖、海象纸业、汽车检测线等 10 多家大型工业企业。引进建设投资 1.2 亿元的年产 600 万米钢丝编织高压胶管、投资 1.3 亿元的三一重工等项目，加快推进投资 1.1 亿元的海象纸业 9 万吨纱管纸项目建设，整合东大锅炉和多乐采暖发展资源，全力打造 2600 蒸吨高端锅炉生产能力。金通胶管项目完成厂房、办公楼基础开挖及厂房钢结构订购，海象二期已完成污水处理、供电、制浆系统建设，进行 3200 型生产线建设。至 2013 年年底，全镇规模以上工业企业已达 27 家。工业总产值 343950 万元，销售收入 332754 万元，利润 6648 万元。三产及服务业销售收入 104948 万元，利润 9267 万元。是年，规模以上企业 27 家，分为煤炭开采与洗选、机械制造、水泥、化工等几大门类，职工人数 8930 多人。

商业

1993 年，投资 120 万元建设邹坞农贸市场，占地 1.6 万平方米。后随着经济不断发展，已发展成为邹坞商贸区。依托甘霖矿区建设而成的甘霖商业区也已初具规模，百亿产业园建设以来，该商贸区又进行重新建设规划，已建设成为一个商业区，三产服务业发达。依托中陈郝村集市建设而成的商贸区也得到很好的发展。商业从业人员达 2300 多人，2013 年，销售收入 51300 万元。

交通

1962 年 5 月，邹坞公社在大甘霖村北偏东、修庄村北，枣薛公路南侧设立公路管理站，配备管理人员 5 名。该站为交通局下设单位。1995 年，邹坞镇成立养路队。1996 年，成立邹坞镇道路管理站。2006 年，邹坞镇在全区率先成立农村公路管理站，管理站下设养护队和执法队，养护队由 26 人组成，配备扫路车一部，拖拉机一部，其他各类养护工具 21 件套。养护人员分路段负责，确保镇级道路每 2～3 公里一名养护队员。2008 年，全镇镇村柏油路面完好率始终保持在 92%以上。率先开通市中到中陈、甘林到陶庄、北陈郝至薛城等多条路段的公交车。2009 年，新修海化北路、海化南路。2010 年，对青年路、邹刘路进行大修，路面加宽至 9 米；同时对北部环山路东防备至西尚庄段进行硬化。2011 年，对洪陈路进行大修，2012 年年底，对西外环路进行勘测、放线，2013 年 3 月，对西环路北段（青年路至洪陈路段）进行硬化。2013 年，随着潍焦落地邹坞，对海化北路、海化南路进行改造延伸，并改名薛能一路、薛能二路，同时新建工业一路、工业二路，对府前路进行东伸、西延，与工业一路、西外环路对接。至 2013 年，镇、村柏油路、水泥路 303 公里，其中镇级公路 73 公里，村级柏油水泥路 230 公里，村村通油路率达 100%，户户通路率达 94%以上。邹坞镇共有客运站点 3 个，邹坞站、甘霖站、北陈郝站。邹坞镇镇、村柏油路、水泥路铺设里程达 303 公里，其中镇级公路 73 公里，村级柏油水泥路 230 公里，村村通油路率达 100%，户户通路率达 94%以上。全镇道路通车里程和铺设密度均位于全市前列。

薛枣铁路东西穿过邹坞地区南半部，在邹坞镇内 6 公里左右。自 1957 年恢复通车后一直未变。1912 年，邹坞站建于邹坞村南小火车站村头处，当时设了 3 股道，其中装卸线 1 股，旅客站 2 座。1945 年毁于日军的侵略战争。1956 年，动工新建于今址，其中心点在薛城至枣庄 20.471 公里处。邹坞站东接枣庄火车站，西接山家林火车站，占地面积 93919 平方米，业务性质为客货营运站，是四等中间站。随后几次改造，1990 年有线路 3 股，另有黄贝井和甘霖煤矿专用线。现在专用线已全部荒废。

电力

邹坞使用的全部是外部电。有变电所 2 处。

洪村变电所为矿务局资产，1996年被评为省级变电所，1997年被评为部级变电所。1978年，成立邹坞公社供电站，1984年改为邹坞镇供电站。1995年8月，实施万人饮水工程，解决镇驻地居民引用地表水的问题。2008年，邹坞镇成立联村供水组织，即邹坞镇农村自来水供水协会，建设日供水能力8000立方米的一座自来水厂，城区集中供水率100%。为进一步做好农村供水服务工作，邹坞镇成立枣庄市邹坞供排水有限公司。依托山东潍焦集团邹坞镇成立热力公司，已铺设热力管网2.8公里，先期确保甘霖区片集中供热面积11万平方米。根据邹坞镇总体规划，在东邹坞村建设一座污水处理厂，日处理能力1万立方。2013年，新建一座垃圾中转站，购买垃圾转运车2部，洒水车1部，购置垃圾箱28个，实现城区垃圾无害化处理100%。

邮政电信

1991—1993年，开通24路特高频，1993年10月，开通微波传输，开通512门中兴程控数字交换机。1995年，新开通先进的光纤传输，实现传输数字化。新开通912门西门子程控交换机。是年2月，邹坞镇积极响应市委关于实施“四通”工程的号召，广泛动员筹措资金实施村村通电话工程。是年9月底，投资370万元引进法国先进设备安装的通话工程全面竣工，装机总量达1220门，大大改善邹坞的信息吞吐能力，为经济快速发展创造条件。1997年，开通数字移动电话业务。2002年，开通ADSL宽带。2006年，全镇固定电话装机部数达到7187部。2011年，开通2G基站10个，3G基站5个，是年，新建卫生院宿舍开通光纤宽带。2013年，邹坞镇实现光纤宽带全覆盖。1999年，开通接入网点8个。1989年组建邹坞邮电局。1997年，投资160万元再次建设新的邮电大楼，1998年该项目竣工，建设楼房44间，面积达到1600平方米，有工作人员18人。1998年9月电信、邮政再次分离。2001年，邹坞镇驻地成立联通营业厅。2001年9月，成立移动营业厅。至2013年年底，电信、移动、联通等网点密布。

第五节　基层组织

1992年11月28日，邹坞镇召开第六届党代会，下辖庄头、邹坞、周村、北安阳、北陈郝5个总支。2012年，发展党员37人，2013年，发展党员26人，全镇基层党组织已达到52个，党员共计1387名。

邹坞镇认真开展科学发展观学习活动、党的教育实践活动，组织完成“走百村进万户”和“三畅三清”的大走访大调研活动。做好第二批教育实践活动的启动、宣传、学习、民主生活会和组织生活会的召开、后续的心得、整改、检查等工作。聚焦“四风”进行自查，镇党政班子共征求意见建议566条，其中涉及领导班子和干部“四风”方面的问题79条。通过开通官方微博、“4518333”热线电话，发放便民联系卡，设立意见箱、电子邮箱，发放征求意见表等多种形式，广泛收集各基层党组织、企业职工、群众对党员干部在“四风”方面存在问题的意见和建议。全镇先后发放征求意见表6000余份，梳理出各类意见建议187条，接听热线电话268人次，并全部建立整改台账，问题已基本解决。给党员上课16场次，对全镇党员开展集中培训1500多人次；镇班子成员和各党支部累计开展谈心谈话1800多人次，提出批评意见960多条。全镇共有党员1093名党员参加组织生活会，撰写对照检查材料1184份。针对组织生活会中党员提出意见建议，梳理出468条，已整改落实332条。共发放民主评议表格1093份，评定为差评的党员6人，并落实帮包措施，整改情况良好。响应区里“三分之二”机关人员下基层的号召，制定出台“农村代办员制度”，在村内设“代办室”，利用各村便民服务站或村委会办公场所，帮助村民解决各种困难；帮扶村两委搞好基层建设。严格村内党员管理，充分调动和发挥党员先进带头作用，设立“党员先锋栏”，所有党员门牌标示，每月最后一天召开党员生活会，学习、讨论、提议或集体活动。对优秀党员大力表彰、宣传、上先锋榜。

第六节　社会事业

新农村建设

2008年以来，邹坞镇杭庄村、打席村、刘沟村先后实施城乡建设用地试点挂钩项目，完成6.4万平方米的农民公寓楼连片建设，其中，打席新村建筑面积3万平方米，刘沟村建筑面积2.2万平方米，杭庄村1.2万平方米。2013年，以上三个村群众已完成上房，打席、杭庄完成拆迁和老村复垦工作。于庄村和小李庄整村搬迁工作进行中，规划建筑面积4万平方米。

民政工作

邹坞镇认真落实重点优抚对象抚恤补助和“两参”人员“两个补齐”政策。同时，不断提高优抚对象医疗保障水平，认真做好退役士兵的安置和培训工作，积极探索新形势下双拥工作的新路子，全面提高全镇双拥工作的整体水平，双拥工作取得很好成绩。

邹坞镇敬老院始建于1982年，原址在北陈郝村东，1990年1月迁入新址北安阳村东。该院占地面积7800平方米，建筑面积3360平方米，有标准房间78间、床位128张，专职工作人员13人，集中供养五保老人126人，集中供养率达到75%。20多年来，经多次扩建改造后，面积增加三分之二，设有浴室、卫生室、接待室、娱乐活动室、餐厅、体育健身园等固定活动场所。老人宿舍实行公寓化管理，一年四季统一制作换季衣服，每月每位老人按时发放零花钱，实行一日三餐营养化，一周菜谱多样化。全部实行护理手段跟踪服务。自敬老院投入运营以来，镇孤寡老人、三无对象和重点优抚对象在自愿条件下实行全部集中供养。建院以来，先后获得“省级文明敬老院”“枣庄市敬老院管理先进单位”“枣庄市模范敬老院”“山东省一级敬老院”“山东省一级五保供养服务机构”“全国模范敬老院”“全国三星级敬老院”等称号。

邹坞镇投资120万元以便民服务、综治信访维稳、网格管理“三个中心”，分别组建北陈郝村、中陈郝村、小甘霖村、陈楼村、东防备村、北安阳村、庄头村7个社区。组建专职工作者、网格员、志愿者“三支队伍”，构建“社区型”社会组织管理体制。社区通过百姓讲坛、夏日纳凉晚会、文明乡村创建知识竞赛、共联共建联谊等活动，以群众喜闻乐见的活动凝人心聚人气，形成社区搭舞台、网格为中心、居民唱主角、和谐大家庭的氛围，网格管理在活动中得到更广泛的宣传，获得更多居民支持，培植一批社会管理创新基层社区先进典型。组织开展以“相识”“相知”“相融”为主题的社区邻里节活动。

2011年，邹坞镇办理农村低保户814户1159人，发放低保金1846958余万元、城市低保户26户45人，发放低保金11万余元。临时救助25300元，优抚款40余万，优抚医疗2万余元，全镇所有的困难家庭已基本享受低保，做到应保尽保，对全镇的社会稳定工作起到积极作用。邹坞镇残疾人共2100人，办理残疾证864人，重度残疾人低保补贴办理186人，已发放165人（9.9万元），残疾人护理补贴办理199人，已发放35人（25200元），残疾人危房改造户30户，残疾人燃油补贴办理36人（93600元），免费做白内障手术55人，精神病免费服药48人，免费住院8人。

环境治理

邹坞镇地处矿区，煤炭资源丰富，土法炼焦已有30多年的历史，主要分布在邹坞镇东部的中陈郝、北陈郝、南陈郝、打席等村四周，烧焦过程中环境污染严重，同时也造成巨大的资源浪费。自1997年开始，邹坞镇认真贯彻落实国家、省、市、区关于取缔关停“十五”土小企业的通知精神，配合市、区环保执法队人员，组织机械对境内的土炼焦进行集中铲除。2006 年 10 月，薛城区人民政府专门对薛城区环境保护局下达通知，依法取缔邹坞镇土硫黄企业，专门成立环境保护领导小组，并组织力量严格坚持每周 3 次突击检查，一旦发现强制拆除，有效地遏制污染源扩张蔓延，到 2009 年，土硫黄在邹坞镇境内消失，并无复燃现象，还老百姓一个健康的生活、生产环境。

自 2005 年开始，对各粉条加工业户的作坊进行治理，建设污水处理设施，采用逐级沉淀工艺对污水进行集中处理，对达不到要求的，坚决予以取缔，从源头上防治水污染。2012 年，杜绝地瓜淀粉加工的现象，共取缔 17 处地瓜粉加工行业。至 2013 年，共铲除小炼油 9 家、小塑料颗粒加工作坊 3 家、小造纸 1 家，有效促进全镇环境条件的改善。

邹坞镇镇村环境治理到位，环境优美适宜人居，2005 年被命名为“省级环境优美乡镇”。强劲的发展后劲，良好的投资环境，扎实开展的各项社会工作为邹坞镇赢得众多荣誉。近年来，邹坞镇先后被评为全国“婚育新风进万家先进单位”“省级基层组织建设先进单位”“省级文明镇”、全国“统计工作先进单位”、全省“绿色小康乡镇”、山东省政府百镇建设示范镇、平安枣庄建设模范镇等 20 余项称号。

劳动保障

1998 年，邹坞镇根据薛城区委组织部《关于进一步做好农村干部养老保险工作的通知》，规定邹坞镇村支部书记、村主任、村会记连续任职满两届的，经个人申请、村两委和村民代表同意、镇党委政府审核批准，按照规定可办理养老保险手续。2007 年 8 月，文件规定男年满 55 周岁，女年满 50 周岁可办理退休手续，养老金按村人口总数确定基本标准。2008 年，认真落实《枣庄市薛城区城镇居民基本医疗保险实施细则》的规定，使城镇居民就医得到保障。2011 年，与新型农保合并，并按新农保规定男女年满 60 周岁领取养老金。是年，邹坞镇完善新型农村养老保险制度，覆盖城乡居民的社会养老保险制度，引导适龄农民参保，做到老有所养。2013 年，居民基本医疗保险全覆盖，城镇和农村医疗合并居民医疗，享有同等报销。全镇居民合作医疗参保率达 100%，领取居民养老保险人数达 6655 人。

卫生

邹坞镇中心卫生院 2002 年正式命名，是一所集医疗、预防、保健、康复、健康教育于一体的综合性一级甲等医院，位于枣曹线以北邹坞镇政府驻地，担负着全镇人民的健康保障工作。2001 年，卫生院服务总人数 33 人，其中正副院长各 1 人，技术人员 9 人。病房床位 25 张，年收住病人 4987 人次。卫生院有人员 66 人，其中中级职称 11 人，初级职称 42 人，大专以上学历 16 人，中专以上学历 45 人；设有病床 30 张；开设内科、外科、妇科、中医、痔瘘科等 16 个科室，拥有新型深圳迈瑞 DC－3 数字化超声诊断仪，美诺瓦 staray3000－1 型数字 X 成像系统（DR），英诺华 D280 全自动生化分析仪等先进医疗设备一批。固定资产达 200 余万元，服务全镇 4 万多人。镇卫生院建于 1997 年，总投资 100 余万元，占地面积 6400 余平方米，建成面积为 1530 平方米三层综合门诊楼 1 座，600 平方米病房 20 间。2002 年 6 月，又投资 40 余万元兴建 1000 余平方米二层病房楼一座。2007 年，借助“1127”工程投资 50 余万元兴建门诊楼与病房楼连接房一层，面积 350 余平方米，同时又改造门诊楼与病房楼及外部环境，完善医院的条件，极大的方便就医群众。2011—2012 年，卫生院连续两年被评为区先进集体、区文明单位。

文化

作为一个有着悠久历史的“瓷窑古镇”，邹坞镇的文化事业一直开展得很好。1991 年以来，邹坞文化站不断完善，完全具备“五室一场”的建设标准。1996 年被评为省级先进站。近年来，邹坞镇的文化工作在探索和创新中有效开展，逐步形成政府统筹、部门协调、社会参与、资源共享、功能多样、服务群众的工作格局。镇村两级文化基础设施全面加强，文化服务网络全面覆盖，文化人才队伍素质全面提升，初步形成结构合理、分布均匀、功能齐全、惠及全民的公共文化服务体系。配齐配强4人的综合文化站人员队伍，镇村文化大院及农家书屋均设有专人管理。共组建广场舞蹈队等业余文艺团队35支，直接参与活动人员500余人。镇村级团队类型逐步打破原有舞龙舞狮高跷一统天下的格局，视觉艺术类和文学等其他类型团队数量明显提升。新建村社区文化中心6个，提升5个；新建文化小广场3个提升4个，全镇33个行政村居全部建有农家书屋，占行政村总数的100%。2013年，邹坞镇共成立庄户剧团9个，组建广场舞蹈队35支。是年，送电影下村396场，完成任务100%，观众观看3.7万余人次，丰富文化教育途径和农民群众业余生活。

邹坞镇注重利用中陈郝国家级瓷窑遗址的文化资源优势，重点挖掘历史悠久、特色鲜明的古瓷文化，先后组建中陈郝村的舞龙、舞狮、秧歌队，庄头村的高跷队等民间文艺表演队，建立西邹坞崔家面塑、东防备王氏烫伤膏、中陈郝仿古陶瓷和北陈郝许家柳编等4人的非遗传承民间艺人档案，并注重周村郭飞绘画等特色艺术人才的培养。同时，将中陈郝古瓷窑遗址申报重点文化产业园区，将宜嘉园和三泉富竹山庄申报山东省好客人家农家乐项目。

体育

邹坞镇的体育工作有着优良传统，在1984年将职工活动纳入规划，要求各企事业单位配备文体工作负责人。邹坞煤矿、邹坞机械厂等多家单位都先后成立篮球队、乒乓球队、象棋代表队。1998年，全镇（不包括学校和村居）成立篮球队12个，乒乓球队3个，象棋代表队24个，全镇职工体育运动参与人数已达到3000多人。在体育教育方面邹坞镇仍以学校体育教育为主，各个学校都配备专职体育教师，历年来在区级中小学体育竞赛项目中都取得好成绩。

科技

进入90年代，邹坞镇高度重视科技发展。1991年成立成教中心，1993年镇里成立新的科委机构，设主任1名，副主任1名，委员4名。1994年成立科技工作领导小组，1998年制定科普创建实施方案，健全机构完善网络，积极推广科技新技术。邹坞煤矿、多乐公司等企业也设立技术科，成立科研小组进行技改。1998年全镇农业技术人员达到105人。各村居利用远教网络和科普宣传栏推广介绍农业新技术和新品种。

教育

邹坞镇党委政府，确立“教育事情优先办理，教育投资优先划拨，教育问题优先解决”的工作思路，形成“尊师重教、功在当代、惠及千秋”的集体共识，确保教育事业的健康、快速、稳定、持续发展，奏响“办人民满意教育”的时代强音。教育工作思想上高度重视，行动上注重落实，资金上优先投入。大力推行“一年一所新学校”教育投资战略，2004年迁建洪村小学、2005年新建北陈小学、2006年重建明德小学、2007年新建南安阳小学、2008年对邹坞一中进行综合改造。2013年，按照区教育局整合教育资源的要求，邹坞一中、邹坞中心校合并到枣庄五中，成为九年一贯制学校。全镇街共有九年一贯制学校1所、完全小学5所、幼儿园5所；初中教学班16个、小学教学班60个；中小学教师275人，其中高级教师15人，一级教师125人，学历达标率100%；校园占地面积158575平方米，校舍建筑面积29572平方米，各类在校学生2600余人；2013年，投资100余万元，对枣庄五中进行整体装修，按国家一类标准改建六口实验室、三口仪器室、三口劳技教室、艺体器材室和史地、书法、艺体等功能教室，并且按国家配备标准配置仪器、器材和各种设施。邹坞镇学校构筑立体、高品位的育人环境。在教育教学管理上，各学校狠抓教学常规管理，学生学业合格率超过全区平均水平，圆满完成合格率增幅10%的目标任务。邹坞明德小学特色少年教育受到省教育厅表彰，镇教育办被省关工委表彰为“三项教育”工作先进单位，北陈小学被评为枣庄市德育工作先进单位、枣庄市绿色学校。

社会治安综合治理

邹坞镇按照“打防结合，预防为主；标本兼治、重在治本”的工作方针，不断加强社会管理，全民参与，齐抓共管，深入持久地开展平安建设活动。成立社会管理综合治理工作大督导办公室，对此项工作进行全程督导；投资260万元，新建面积达1000平方米的便民服务大厅和社会管理综合治理工作中心，在全镇开展管理服务、治安巡防、应急事务处置等工作。同时，扎实实施联网报警与警灯闪烁工程。在镇驻地设置治安岗亭1处，临时岗卡设施3套，辖区内派出所警车发挥流动作用，出门即亮警灯，提高群众见警率和安全感。

2010年，邹坞镇投资200余万元，成立综治工作中心。在综治中心有综治、警务、司法、行政执法、反邪教、城建、法庭、信访等八个职能部门统一办公。同时开通“148”法律服务专线，开通“4518333”村民服务热线。成立由15名复退军人为骨干组成的综治中队。镇财政投入30余万元为巡逻队员配备专用汽车、对讲机、手电筒等巡逻设施，全体队员统一着装、统一标志。33个村（居）也全部成立治安联防巡逻队，进行昼夜不间断巡逻。2013年，投资200余万元，完善视频监控覆盖网络，实现对80多个重点监控目标的视频覆盖。

在镇社会管理综合治理工作中心领导下，实行“网格综合管理小组”管理模式，即将管区划分为网格，管区网格内由管区书记、主任，机关包村干部，村干部对网格内的社会管理事务进行综合管理。加大镇村技防联网，对派出所内的监控指挥中心进行改造升级，将监控联网的范围由原来的集镇和主要交通道口等扩大到集镇周边行政村，技防监控覆盖率得到进一步加大。最大限度地整合各种防范力量，积极开展老年志愿者巡逻、厂企治安防范联动等群防群治活动。建立党员治安巡逻员队伍、党员矛盾纠纷调解员队伍、党员社区服务队伍等三支队伍，积极引导、组织干部群众组建兼职义务巡逻队。该镇的防控体系建设已基本形成以综治中队、派出所为核心，警务区、专职联防力量与群防群治队伍为依托的治安防范格局。

第七节　名胜古迹

邹坞镇历史悠久，人才荟萃，具有深厚的文化底蕴，素以“江北第一民间瓷窑”享誉海内外。境内历史古迹众多，中陈郝古瓷窑遗址被列为国家级重点文物保护单位，安阳古城被列为省级文物保护单位，墓山汉墓群被列为市级文物保护单位。

中陈郝古瓷窑遗址

中陈郝村位于邹坞镇东北部约4公里处，总面积为4平方公里，坐落在甘林至北陈郝公路东侧，是邹坞镇东部主要的商业贸易中心。

中陈郝村是南北朝至明嘉靖年间水旱交通便利、贸易繁荣、佛教兴旺、陶瓷业闻名天下的古镇。1987年9—11月，为进一步探讨鲁南地区古代制瓷业的制作工艺和装烧工艺的发展，由山东大学考古专家和枣庄文化局、枣庄博物馆等单位，联合对中陈郝古瓷窑遗址进行试掘。经考察论证发现中陈郝瓷窑遗址南北长约1500米、东西宽约1000米、面积150万平方米。这次试掘面积198平方米，发现北朝晚期、隋、唐、北宋、金、元朝期间炼制瓷器时所形成的地层和遗迹其遗留址的瓷器碎片可达2米余深。此次试掘隋、唐和金代时期窑址各一座，除唐代窑炉遭破坏外其余两座保存较好，特别是隋代窑炉，为山东地区首次发现，称为“山东第一窑”。还清理元代制瓷房基、料池各一处墙，基均用窑具砌成另外还清理三座中晚期的墓葬，一座用石块砌成，两座用窑具砌成。此次试掘出土很多基本完好和能够复原的瓷器，釉色主要有青釉白釉、黑釉、黄釉和酱釉等，器物主要有碗、罐、盘、方足盘、怀壶、钵、盆、碟、瓶、枕、砚、水盂、球以及狗、马等动物。烧制瓷器的窑具也非常多，有的器物底部尚粘有支柱、托座、垫圈、二足支钉、垫板、垫、匣、钵和碗等。中陈郝瓷窑遗址面积之大年代之早，烧制时间之久，品种之多，技术之精，在全国北方地区所发现的瓷窑遗址是少见的，对于研究全国古代陶瓷发展史是一处非常重要的遗址。

窑址南区在村南一带，年代晚于唐代，历经五代北宋、金、元、明诸朝，窑址内瓷片窑具遍地皆是，从村中征集到的完整瓷器近百件，主要有碗、罐、盘、钵盘、灯、碟、缸、坛、玩具等，釉色有白、黑、绿等，多见白釉黑花，次为白釉红花及褐点彩、绿点彩等，窑具有三叉支钉、窑棒、支垫匣钵等。据历史记载，唐宋时期，中陈郝瓷器已远销东南亚各国，具有中国民间第一窑之称，已被列入省级文物保护单位。

陶瓷业的发展，带动中陈郝经济的繁荣，佛教的兴旺。古时中陈郝交通四通八达，一条宽阔的峄阳官道从村中穿过，许由河水环村绕行奔腾西涌，货船可在村中随流而下可达微山湖奔运河，村内建有古桥十余座，其中峄阳桥属官道桥，桥上车辄印达5厘米深，最大的桥属新章桥，俗称“罗锅桥”，为纵联式单孔石拱桥。青石结构，全长30米、桥面宽6米、通高6.2米，孔高5.5米，宽7米，桥两端呈斜坡状宽11.5米，始建于唐代是周边地区古桥中最古老造型最美的一座桥。

在唐朝期间中陈郝兴旺的陶瓷业和繁荣的经济，带动佛教的发展，村内建有庙宇9处（据查多建于东汉至唐代之间）从许由泉西北行150米处，建有大云寺，占地7亩余建有大殿东西配殿和前殿。大云寺西南行约0.5公里处村中间，建有泰山奶奶庙，占地8余亩，设有大殿东西偏殿和前殿，一棵千年古柏立于大殿前。泰山奶奶庙西行200米处建有玄帝庙，占地1余亩，玄帝庙西南行0.5公里处建有火神庙，设有大殿东西配殿，供火神爷占地4余亩，火神庙西北行0.5公里，建有西天（佛爷）庙，设有大殿东西配殿和前殿占地近6亩，西天庙东北行1里处建有三清观，占地3余亩，三清观东行200米处建有三皇行宫，占地近3亩。泰山奶奶庙南行200米处建有土地庙，占地约1亩。中陈郝面积不大，却建有九座庙宇，其整体布局和大小，基本上与泰山上的庙宇相同，但大多在“文化大革命”前后遭破坏，只有泰山奶奶庙和玄帝庙尚保存至今。

安阳古城

中陈郝村西北行三华里处北安阳村北为古时新阳国都，系春秋时期戎州已氏之邑，秦为县。《山东通志》记载：“两汉时置新阳国。”《汉书·地理志》载：“新阳侯国，隶属于东海郡。”又《峄县志疆域考》载:“新阳国．鸿嘉二年（公元前19年）故城在西北四十里，今安阳城。”《中国历史地图集》所标西汉之新阳国地理位置与上述记载相符。《峄县志》载：“顷侯永（鲁顷王子．鸿嘉二年正月封谥顷）侯级新莽时，改新阳为博聚县，东汉时撤销。”

自新阳城南行，过北安阳村1公里，达一小岭上，岭上有一小城，其城郭遗迹尚存为方城，墙边长100米许，根据明清小说春秋战国时期，军事家鬼谷子曾在此住过。鬼城子南行3公里处蟠龙河边，有一寺叫匡一庙，传说新阳王刘永有一女得一怪病无人能治，因此张皇榜若有人能治好皇姑病者，无家室者可招驸马，有家室者要金给金要官封官。有一乞丐名叫李里，因饥饮难忍，想到皇宫内骗顿饭吃，就将皇榜揭下，用脚上的污泥制成丹丸让皇姑服下，谁知鬼使神差皇姑病却好了。李里不知皇姑病好心中有鬼，吃了几顿饭后借机逃走，皇姑病好转后，新阳王就差人请李里，后知走了就派人追赶，当李里走出新阳王城南3公里处的蟠龙河边时追兵赶上，李里认为新阳王要捉他杀头，吓得一头扎进蟠龙河而死，新阳王为纪念他就在河边建立匡王庙，数年来烟火不断，每朝修建，“文化大革命”时期遭破坏，石碑尚存。

墓山古墓群

新阳古城西行1.5公里许直达墓山脚下，墓山村因墓山得名，墓山又以古墓成群而得名。墓山墓群墓门坐落在山脚下，马庄村东百米处，其门坐北朝南门东西两侧分别立着巨大的石猪、石羊，其高达2米有余，从墓门至墓山顶约2.5公里，进墓门后古墓累累直达山顶，从东至西约有2公里，总面积可达20余平方公里，其墓群之大国内罕见。从墓门至山脚下，以皇姑坟墓较大，现封土高6米，直径30米，1991年曾被盗，内有石室4~5间，专家论证是双层墓。其他墓也皆为大墓，今成平地，多为地下石室墓，1961—1963年，曾被马庄村修桥起用部分墓石，大多数非常完整，据传说地下墓室相通达几十座。

从山脚下至山顶多为土堆多为土堆古墓，古冢累累约1平方公里。《峄县志．山川》载：“又西五十里日墓山，山势严峻，麓多古冢，累累如土阜，间有陷者，墓内长廊曲室皆凿石为之，刻画精丽，再进曲折旁达，窈黑不见物，探者怖而返，殆昔显者之墓也。”《申报》1936年6月7日载：“墓山上有古墓七八十座，累累相望，较之滕县曹王墓，规模尤大数倍，墓圹尽属汉代画石，花纹甚佳，附近村庄农户墙基，多用汉画石，花纹甚佳，附近村庄农户干墙基，多用汉画石，俯拾皆是。”墓山村民在建房、取石、整地时，仍然常见古墓，均为石室墓或石匣墓，画像石上刻有人物、建筑、异兽等花纹。当地老人说，在战乱时期有外露的墓室，曾藏过一连兵，在抗日战争时期墓山与马庄村民为逃避日本人的追杀曾全部躲在一个墓室内。1955年清明节，曾有部分教师牵绳入一墓内室达100余米。墓山墓群，每不远一段三个洞口，其洞为正北、东北、西北方向，让人难找正室。又一说从墓门进入墓室后，直达墓山下，共有几室无人晓，其所挖之土运往何处更无人知。现已有几十座古墓被盗，但未被盗者占多数，从被盗之墓来看真正的“显者之墓”无人发现。墓山墓群面积有多大，其古墓到底有多少，时间有多久，“显者”是谁，至今无人考证。

与墓山相连的山叫横头山，横头山与墓山顶端相连处，有一山神庙，庙下有一泉叫山神泉，其泉水四季长流，被包山人在泉下修一水池，使半个山坡都通自来水，自流灌溉着包山人栽植的山楂、柿子、栗子、苹果、花生等作物。顺山神庙西南行300米处，有一洞曰金牛洞，其洞下又有一泉为金牛泉，旁有两处金牛蹄印，其泉水春干夏流，顺着奇形怪状的石壁流入山下。顺金牛洞下行百米余至双泉庵，双泉庵因东西两侧各有一泉而得名，占地0.13余公顷，“文化大革命”遭破坏，《峄县志》载：“双泉出横头山下双泉庵左右，水自石罅并出，古槐覆其上，根盘石上，曲折如虬龙，南流数米，绕云庵前，绿竹千竿，杂以松、楸、榆、柳浓荫细流迎媚来者。一泉自庵北沿恒而流，覆以小桥，又西南流，与双泉合，西经于家庄东，又南流至后院山后入许由河”。双泉庵东侧当地人叫“双鱼泉”，传说该泉内有黑红两鱼，人见红者大吉，见黑者凶。其西侧当地人叫“肚眼泉”，据说如有腹痛病者，饮此泉水，亦可治其病。双泉庵前已建成一大水库。顺双泉庵东行百余米有一泉叫倒泉，因泉水倒流而得名，顺倒泉南行百余米，至马庄村内，有北京地震局在此设的“地震观测站”、观测井深420米，据观测员介绍，唐山、日本、云南等地如发生地震，该井震前前兆反映最准，近几年观测站多次被国家、省、市地震局评为先进单位。

刘沟烈士陵园

墓山墓群南行1公里至刘沟村内建有烈士陵园，占地0.113余公顷，为纪念陶庄战役而英勇牺牲的革命官兵而建，碑文记载如下：

邹坞镇北刘沟村烈士墓碑

小窑陶庄战斗殉国烈士墓

三十四年秋，日寇宣布投降后，国民党反动派竟利用敌伪配合四出进攻解放区，发动内战，烽火连天，战云漫全国，我旅奉命入鲁参加自卫战争，于津浦前线，屡歼敌伪并多次击退国民党军队之进犯，得以保持抗战果实，争取和平民主之实现。忆去冬十二月，当临枣路小窑陶庄西据点敌伪尚未解除武装，四出劫掠荼毒人们。

是时，浦前线形势紧张，国民党大军云集，并以小窑陶庄为进攻解放区之前阵地。我军这自己计，遂于是月十一对该地发起进攻势，以交通壕战术，辅以猛烈攻击，敌伪虽负隅顽抗，计生俘日寇岩上中队二百名，伪匪三千人，小窑矿区遂被光复，人民始脱水火，是役我二十五、二十七两团，指战员光荣殉中者有政委薛家美、排长闫延成以下二十八名，由于战役之胜利，最后 肃清临枣路敌寇踪迹，大块土地免于糜烂，数万人民得以安全，为表彰烈士为人民流血牺牲之事迹，特造公墓园林于洪石侧，碑烈士英名与山水林木长青不朽，永为和平人民纪念是以记之。

二十五团团部通讯班长韩同业，二十七团工炮边战士潘学新，二营五连战士刘学、三营八连战士振海、三营八连战士张传士、允中、张明儒、张士忠、张凤林、赵增明、戴玉箫、王国卫、马兴降、二十六团三营八连战士王金学、旅值供给部丁方远、警卫二连班长政魁、三连战士傅左发、战士刘泽然、排长 闫臣成、卫生员焦玉平、三营七连战士邹然。

旅长滕海清新四军第九旅

政治委员康志强敬撰

政治主任张振寰

民国三十五岁次丙戌挑月上

邹坞惨案纪念碑亭

邹坞镇政府西行 0.5 公里处西北村内建有邹坞惨案纪念碑亭，记载着日本侵华时，在邹坞镇蟠龙河的爬桥边一次枪杀 83 名无辜百姓残酷事件。台儿庄大战期间，日本侵略军纠集 300 余人，闯入邹坞西村，残酷杀害 83 名无辜百姓，制造骇人听闻的“邹坞惨案”，惨案中遇难的群众上有 80 岁的老人，下有五六岁的儿童。邹坞惨案碑记如下：

邹坞为古峄县名镇，墓山诸峰绵延境北，蟠龙河蜿蜒城南，山水之间，良田千顷，活土之下，煤海烁金，物华天宝，地灵人杰，英才辈出，各领风骚。共产党领导的“邹坞暴动”铸就枣庄近代史上瑰丽篇章，日本侵略军制造的“邹坞惨案”已成为反法西斯战争教育的生动教材的，以史为誉，应增惕厉！

惨案发生，适值台儿庄大战期间，驻守台儿庄的中国军队给予日寇以致命的打击，邹坞地区抗日民众群力奋起消灭日寇。熟料日寇困兽犹斗，穷凶极恶竟于一九三八年三月三十日（古历二月二十九日）晚纠集三百余众，张牙舞笊杀人放火，无恶不作，霎时尸体山积，河水断流，青野染碧，长风呜咽惨案中，共有八十三人被杀。斗转星移，沧桑巨弯，祖国进入改革开放和社会主义现代化建设的伟大时代，今立此碑旨在昭示历史，激励当代开拓未来，对青少年和全体人民进行爱国主义教育，凝聚人心，凝聚力量，为建设富裕文明的新家乡而奋斗。

东山口槐抱碑

中陈郝古瓷遗址北行公里许东山口村，原为东集山口，后划归薛城区邹坞镇。古为徐兖路古道，村中有一双槐树，其状为怀中抱子，子槐生于母槐干内，母槐三度余，子槐前有一碑碣，当中叫怀抱碑，当地人又称“敬德勒马看古槐”，该槐为何代所载无人考察，仅有清代乾隆出巡江南路经东山口村，立双槐碑。

第三章　临城街道

第一节　境域建置

境域

临城街道办事处位于薛城区的西北部，是薛城区委、区政府所在地，居津浦、枣临两条铁路的交汇处——枣庄西站。东临高新区，北靠陶庄镇，西面和南面是常庄镇。东西最大距离4.4公里；南北最大距离4.6公里；总面积为14.34平方公里。

临城街道下辖4个行政村，10个社区。总人口10.3万人。人口密度5925人/平方米，总面积14.32平方米，农业人口5024人，用地面积970.67公顷，其中耕地面积281.67公顷，有耕地的村居人均耕地保有量0.022公顷。

建置

临城可追溯到三千年前的商周时期，当时古临王创立，故名临城。早在1944年10月，临城县抗日民主政府在沛滕边界游击区建立。1948年11月6日临城解放，县政府迁驻临城镇（旧址在现在黄河西路部队院内）。1952年9月，更名为薛城县。县驻地临城镇，更名为薛城镇。1992年，将薛城镇更名为临城街道。

第二节　村庄社区

1991年，临城镇更名为临城街道，全街道辖14个村委会和社区。2013年，全街道有居民42651户，共13.6万人。

2013年薛城区临城街道村居基本情况表

表28-3

村居名称	辖区范围	常住居民		备注
		户数（户）	人数（人）	
古井社区	京沪铁路以西，铁路货场以北，海化路以东，海化围墙以南	1512	5360	
永康社区	长江路以南，京沪铁路以东，永康村以北，永福路以西	1212	2910	
清泉社区	长江路以北，龙泉社区以南，永福南路以东，沿河大坝以西	1598	5593	
龙泉社区	临山路以南，清泉社区以北，永福南路以南，沿河大坝以西	1617	5659	
福泉社区	东至燕山路，西至永福路，南至黄河路，北至海河路	3112	12117	第一批成立（最早）省级文明社区
北一社区	东至永福路，北至北一北二交界处，南至黄河路，西至枣曹线	3093	9083	
古路街社区	东至永福中路，西邻枣庄西站，南到临山西路，北至永兴西路	1569	3760	
永兴社区	临山路以南，永福路以西，长江路以北，铁路沿线以东	2887	8143	
沙河社区	东至泰山路，西至长青街，南至临山路，北至黄河路	1469	4996	
燕山社区	永福路以东，光明路以南，海河路以北，燕山路以西	1950	5860	2010年3月成立居委会

续表28-3

村居名称	辖区范围	常住居民		备注
		户数（户）	人数（人）	
四季春社区	泰山路以西，燕山路以东，光明路以南，福泉巷以北	2789	9318	2013 年巨山街道移交，省级文明社区，区级先进社区
科苑社区	光明路以南，福泉巷以北，燕山路以东，市场以西	1380	4896	
八一社区	燕山路以东，福泉巷以南，泰山路以西，黄河路以北	2242	7556	2002 年成立居委会，省级文明社区，省级群众自治先进社区
新华社区	东至永福路，北至黄河路，南至永兴路，西至规划路	2618	8848	
水塔街社区	东至规划路，西至京沪铁路，南至永兴路，北至黄河路	1832	5975	
龙潭社区	西至燕山路，东至长青巷，南至永兴路，北至黄河路	2008	6627	
凤城社区	西至永福路，东至燕山路，南至永兴路，北至黄河路	2060	6796	
宝山社区	南至临山路，北至永兴路，东至沿河路，西至永福路	1142	3767	
沙河社区	东至泰山路，西至长青巷，南至临山路，北至黄河路	1142	3767	
东丁社区	东至京沪铁路，北至枣曹路，西至张桥村，南至古井社区	2917	6187	2007 年 9 月由原东丁村与铁西社区合并成立居委会，区级精神文明社区
北二社区	北至光明路，东至永福北路，西至天山路，包括北二新村	1012	3980	
凤凰台社区	光明路以西，中间路以南，天山路以东	1360	4080	
挪庄社区		186	685	
绳桥社区		166	667	
张桥社区		580	2586	
西丁社区	蟠龙河西岸，南至枣曹路，西临常庄纸厂	340	1240	

第三节　自然环境

临城街道地处枣陶盆地，地势东北高，西南低，海拔 42~38 米，东北两侧为千山山系，千头山，凤凰山，匡山、临山前环抱，东部在洪积冲击以及河流的作用形成山前缓平地，西部为山前冲积平原，其中，山前缓冲区占地面积 90%，其余河滩地区为 10%（包括堤内的潮褐土地）。在西部边沿有一条长度 4 公里，河床宽约 100 米，自北向南流经临城街道终流入微山湖的大沙河，即蟠龙河。该河于 2010 年年末开始动工（名叫蟠龙河湿地），由中央直接投资兴建，其间有拦河大坝两座。北面接陶庄镇西仓古桥（枣庄市保护文物）。

临城街道境内无山岭，绝大部分是平原地带。土地面积 276 公顷，大部分是黄土地，土地疏松，适于种植小麦、大豆、高粱等作物，城区附近由于水利条件较好，绝大部分土地种植蔬菜类，如大葱、大蒜、萝卜、土豆、油菜、菠菜、白菜等，特别是辣椒、蔬菜基本上满足当地群众生活需求。

气候属于北温带，春季温暖，干旱少雨，多东南季风，适合各种农作物的播种和生长；夏季高温多雨；秋季天高云淡，气候宜人，是农作物收获的季节；冬季寒冷干燥。

第四节　经济发展

农业

1991年，临城街道粮田面积240余公顷，作物种植主要以小麦、玉米为主。自1991年实现吨粮田以来，小麦、玉米年单产均在1000公斤左右。近年来，随着农业种植结构的不断调整优化，蔬菜面积扩种近66.67公顷，主要集中在张桥、西丁桥、绳桥、北二等村，以陆地菜和大、中棚保护地栽培为主，取得较好的社会和经济效益。同时，还积极落实各项支农惠农政策，在农业先进技术推广和新品种引进上，先后开展实施测土配方施肥工程，全街道每年推广面积66.67余公顷，玉米良种补贴3万余元/年，小麦补贴良种每年引进1.5万余公斤，并积极开展小麦示范方及高产创建活动，种植水平显著提高。2000年后，按照国家惠农政策实施后，先后对小麦、玉米主要作物实行政策性保险，每亩投保小麦153.33余公顷，玉米166.67余公顷，确保粮食高产、稳产和农民利益。

林业

2012年，在蟠龙河两侧补植绿化，栽植杨树1000余株；对西丁村完成路两侧绿化任务栽植杨树；在张桥村完成路两侧绿化、栽植杨树3000株。2013年，在挪庄村完成路两侧栽植杨树3500株；在北二社区完成蟠龙河两侧栽植样式2100株；在庄头管区完成道路栽植杨树4700株。

2013年薛城区临城街道造林绿化自查表

表28-4

村（社区）	主要树种	林种	造林面积（亩）	位置
东丁社区	雪松	防护林	30	蟠龙河
东丁社区	杨树	防护林	20	蟠龙河绿道
东丁社区	桃杏	经济林	20	蟠龙河边
挪庄社区	法桐	用材林	15	蟠龙河绿道
挪庄社区	杏、桃、山楂	经济林	70	蟠龙河边
挪庄社区	香樟树	防护林	40	蟠龙河边
张桥社区	杨树	防护林	20	蟠龙河边
张桥社区	木槿	绿化林	10	张桥玻璃厂南
北二社区	杨树	用材林	100	北小学校西
绳桥村	杨树	围村林	20	绳桥村西
辛庄村至张桥村	杨树	林网	30	辛庄至张桥路两侧
挪庄村	垂柳	绿化树	40	挪庄村北
挪庄村	槐树	绿化树	30	挪庄村北

燕山棚户区

畜牧

2012—2013 年，临城街道畜牧业总收入平均达到 1400 万元。2013 年，全街道肉食猪出栏量达到 9000 多头，羊 500 只，长毛兔 1 万只，大牲畜存栏量达到 66 头，各种家禽饲养量达到 14000 只。蛋鸡存栏 5000 只。肉鸭存栏 9500 只，出栏达 10 万只。年出栏 500 头以上的养殖规模场 2 户，年出栏 200 头以下的养殖户 20 户左右。大牲畜存栏 66 头。

农机

2013 年，临城街道的 6 个村居三夏进驻收割机 12 台，收割小麦 240 公顷。三秋进驻收割机 9 台收割 233.33 公顷。

棚户区改造

2010 年，临城街道先后完成燕山路、火车站、新华三大片区的棚户区改造，涉及 4000 多户居民，总征收面积 100 多万平方米。2010 年 3 月 17 日至 4 月 30 日，历经 46 天，完成燕山路棚户区 1241 户、12 家单位、22 万平方米的征收任务，结束燕山路作为十余年“断头路”的历史。2010 年 9 月 6 日，历经 24 天，完成火车站棚户区 1233 户、22 家单位、26 万平方米的征收，解决困扰城市发展十余年的老大难问题。2011 年 5 月，历经 15 天，就完成新华棚户区（一期）1200 户的补偿协议签订工作。

第五节　基层组织

1991 年，原薛城镇党委下设 6 个党总支，55 个党支部，其中农村党支部 6 个，社区党支部 15 个，机关事业单位党支部 18 个，“两新”党支部 16 个，党员 758 人。2001 年，乡镇机构改革后，薛城镇党委更名为临城街道党委，下设 7 个党总支，51 个党支部，其中农村党支部 5 个，社区党支部 15 个，机关事业党支部 22 个，“两新”党支部 9 个，党员 921 人。2009 年，根据社区规模调整变化，街道党委对基层党组织进行重新设置，调整后，街道共设 8 个党总支，45 个党支部，其中农村党支部 4 个，社区党支部 10 个，机关事业党支部 20 个，“两新”党支部 11 个，党员 1215 人。2013 年，燕山社区、四季春社区从巨山街道划归为临城街道管理，社区党支部增加 2 个。

2000 年，临城街道党委开展讲学习、讲政治、讲正气“三讲”集中教育活动。2001 年至 2002 年 5 月，开展“三个代表”重要思想学习教育活动。2005 年 7 月至 2006 年 6 月，在全街道分两批开展保持共产党员先进性教育活动。2009 年 2 月至 2010 年 2 月，紧紧围绕“科学发展，振兴临城”这个主题在全街道深入学习实践科学发展观活动；2010 年 5 月，在全街道基层组织和党员中深入开展“振兴临城比贡献、创先争优当先锋”为主题创先争优活动。

第六节　社会事业

精神文明建设

2006 年，深入开展“十星级”文明户评选活动和“一生带一家、携手共育文明花”活动。2007 年，围绕基本道德规范和社会公德、职业道德、家庭美德教育，在各村居分别成立“村民道德评议会、红白理事协会、禁赌协会”。2008 年，大力开展争创全国文明乡镇工作。2012 年，为加强和完善志愿服务队伍体系建设，5 月成立孟大妈爱心服务队，8 月成立靳大姐志愿者服务队，动员组织志愿者开展交通劝导、环境保护、无偿献血、敬老助残、社区服务、心理咨询、法律服务等志愿服务活动。2013 年，街道紧紧围绕提升社会文明程度，大力开展省、市、区文明单位、文明村居、十佳文明户的评选工作。积极开展省级文明城市创建和“四德”工程建设，先后下发《临城街道创建省级文明城市实施意见》《进一步提升“四德工程”建设水平实施意见》，并与各村居签订目标责任书，以“村容村貌整治、思想道德建设、文化活动开展”为抓手，推动省级文明城市创建，传播先进文化、树立文明乡风。

社会治安综合治理

1991 年，薛城镇成立综治合治理办公室，2002 年，乡镇机构改革后更名临城街道综合治理办公室，全力抓好社会治安，稳定工作，街道治理、矛盾纠纷排查等工作。坚持街道党工委、领导负总责，科级领导包片制度，街道综治办协助所包村居领导小组做好排查工作。牵头成立治安联防队、殡葬改革领导小组和街道村居治理领导小组，确保把矛盾纠纷化解在源头，化解在基层，化解在萌芽状态，做到小事不出村居，大事不出街道。

2013 年 8 月，根据全区视频监控全覆盖工程建设任务的要求，全街道安装高科技防控设施，累计安装监控探头 278 个，组建治安巡逻队伍，昼夜对街道驻地，铁路、公路沿线，学校周边等重点部位和街道内重点企业、行政村居进行巡逻值班，初步形成人防、物防、技防相结合群防群治的社会防控体系。在古路社区投资 100 多万元，建立社会治理网格化综合服务平台，社区视频全覆盖。成立街道社区戒毒康复办公室和街道消防办公室。街道社区戒毒康复办公室，配备 2 名社工人员，定期给辖区内戒毒人员，进行检测，进行谈心，感化吸毒人员，让其知道吸毒对社会对家庭造成危害。同时街道推行网格化消防管理模式大网格下设中网格，27 个村居为中网格，中网格下设 4 个小网格，全街道共计 108 个小网格，明确“小网格”管理消防工作制度，组织开展“六进”工作，经常性到村居和辖区单位、门市房，防火检查、巡查、宣传让广大居民认识、了解防火意识的重要性，提高防火能力。

教育

临城街道有南临城小学、临城实验小学、古井小学、张桥小学四所完全小学、一所中心幼儿园和一所成教中心，在编在岗教师 220 人，在校生近 5000 人。

1996 年，投入 200 多万元，顺利通过省级“普九”验收。2009 年，投入 100 多万元，完成辖区四所学校“五美校园”的创建工作。2002 年，所辖薛城中学并入枣庄市第 29 中学（奚仲中学），70 名教师的编制仍在临城。2010 年 8 月，由于薛城区火车站棚户区改造，临城实验小学由临山路戚城巷搬迁至薛城区长江西路，新校区由区政府投资 950 万元，购置原私立学校——英才学校，作为新的临城实验小学。学校搬迁后，又陆续投入 500 余万元，用于学校改造。2013 年 1~2 月的《山东教育》，以《给学生一个儒雅的起点》为题，对临城实验小学的办学特色进行全面报道。

2011 年 5 月，由于薛城区新华街棚户区改造，南临城小学和临城中心幼儿园拆迁，南临城小学同时借用枣庄市 29 中学（用于 3～6 年级学生上学）和区北临城小学（用于 1～2 年级学生上学）办学，中心幼儿园租用一废弃厂房办学。

科技

2011 年，上海交通大学与枣庄北斗制冷设备有限公司联合成立薛城区首家博士工作站“上海交通大学博士工作站”。至 2013 年，街道建立各类科技示范基地 4 个，农业服务组织 6 个，各村居成立科技服务室，科技专业人员发展到 200 余人，农业科技示范户发展到 180 余户，高新技术企业 6 家，省级技术研发中心 2 个，企业技改项目 60 余个，企业申请专利 200 余个，其中仅智赢门窗一家企业就拥有 130 多项专利，是薛城区拥有专利最多的企业。

文化

2004 年，实施有线电视入户工程，全镇有线电视拥有量达到 99% 户。2005—2006 年，实施“2131”工程，全镇放映电影 700 余场次，新安装有线电视 2000 余户，各村居配备电脑，接受远程教育网络。2009 年，新建农家书屋 8 个，体育健身园 6 个，完成 1800 户有线电视安装。2010 年，增设有线电视光节点 60 个，铺设光缆 80 公里，全镇巡回放映电影 600 余场次。2013 年，开展文化下乡 、送电影下乡活动，全年放映 500 余场。全镇组建舞蹈队 20 余支，开展舞龙、送戏下乡、送电影下乡等活动，丰富群众业余文化生活，受到居民群众的欢迎。

体育

1991—1998 年，举办乡镇级各类比赛 30 余次，参加人员 3000 余次，其中每年举行一次全民健身运动会、中小学生体育运动会。积极组织全民健身活动，举办全民健身乒乓球比赛 4 场次，参加人员 1000 余人。2013 年，开展全民健身活动 10 次，参加人员 300 余人次。安装体育健身器材 10 处，临城街道先后在市、区“草根达人秀”“广场舞大赛”“全民运动会”中取得佳绩。

卫生

临城街道辖区内拥有薛城区人民医院、薛城区中医院、新华医院等医疗单位。1991 年，全街道拥有卫生室仅 5 处。2000 年以来，街道办事处高度重视卫生事业发展，不断提高基本医疗保障水平，努力提升医疗卫生服务能力和公共卫生服务质量，不断加大财政投入，积极推行城镇居民医疗和新型农村合作医疗制度。2009 年，街道共有 28526 人参加城镇居民医保和新型农村合作医疗，参合率达 87%。2012 年，街道共有 33027 人参加城镇居民医疗和新型农村合作医疗。

第四章　常庄镇

第一节　境域建置

常庄镇位于薛城南郊，东临枣庄新城，南依微山湖，西与微山县接壤。全镇总面积 60 平方公里，耕地 2933.33 公顷，辖 40 个行政村，11 个社区居委会，总人口 8.1 万人，其中农业人口 4.6 万人。省道郯（城）薛（城）线，枣（庄）曹（县）线贯穿东西，京福高速公路、京沪铁路、京沪高速铁路，穿境而过，高铁站就设在境内。枣庄矿业集团、薛城经济开发区、铁水联运物流园和枣庄八中（南校）、四十四中学、舜耕中学、双语实验小学、薛城区第二实验幼儿园等区直重点学校坐落在境内。薛城区人民医院（ 分院）设在常庄镇西部，配备先进医疗设备，公安派出所 2 处，常庄派出所负责农村区域治安、临山派出所负责新城区区域治安。

第二节　村庄社区

1991 年，金河乡下辖 26 个行政村，26 个自然村，村民 4429 户，17718 人；常庄乡 24 个行政村，24 个自然村，村民 5109 户，20438 人。1994 年 11 月常庄乡撤乡改镇。1996 年 6 月，设立常庄镇临山街道，为副科级单位，隶属常庄镇管理，2000 年 12 月撤销。2001 年 2 月，乡镇规模调整，常庄镇与金河乡合并成常庄镇。常庄镇辖 50 个自然村，管辖村民 9538 户，38156 人。2003 年 4 月，部分村合并，四角楼、王开村合并为四角楼村，王庄、刘庙村合并为王庄村，石坝、杨庄村合并为石坝村，渐庄、彭楼村合并为渐彭村，自此常庄镇辖 46 个行政村，50 个自然村。由于城区南移，居民增加，2005 年，设立立新、东苑、西苑 3 个社区居委会，2008 年，撤东苑居委会，东小村、东苑、西苑合并为西苑居委会，自此常庄镇辖 45 个行政村，2 个社区居委会。2013 年，城南新区已成规模，经区政府批准，城南新区包括城中村在内设立 11 个社区居委会，自此常庄镇下辖 40 个行政村，44 个自然村，11 个社区居委会，村（居）民 24300 户、8.1 万人。

2013 年薛城区常庄镇村庄（社区）基本情况表

表 28-5

村（社区）	辖自然村（居）方位	耕地（亩）	人数（人）	形成年代	得名、沿革、文物、古迹、其他
薛庄	金河山北首、薛微公路经此而过，距薛城 5.8 公里	972	1060	元代	姓氏地名。初薛姓由薛都迁此，村北有清骠骑将军薛瀚墓
孟庄	位于常庄镇西北，距薛城 6.3 公里	905	518	明代	姓氏地名。初孟姓 居此，故名
水寨	位于常庄镇西北，新薛河东，距薛城 6.7 公里	595	351	清代	水域地名。孟姓大户将村四周挖水寨子防盗，四角设炮楼，故名
四角楼	位于常庄镇西北，水寨村南一华里（辖王开村）	939	700	清代	相关地名。该村是水寨大户的外庄子，既为地主种地，有盗贼时还可打支援，水寨四角有楼，佃主赐名
西黄沟泉	位于常庄镇西北，新薛河南，距薛城 6.4 公里	1383	1017	明末	水域地名。因村东有黄沟泉，故名
东黄沟泉	位于常庄镇西北，新薛城河南，距薛城 5.7 公里	1450	1318	明末	水域地名。因村西有黄沟泉，故名
泉头	位于常庄镇西北，新薛河南，距薛城 5.7 公里	815	572	清代	水域地名。泉水汹涌、万泉之首，故名，为薛城城市供水水源地，有深井 3 眼
大辛庄	位于常庄镇西 10 公里，洛房桥东，薛微公路经此过，距薛城 7 公里	1900	1753	明末	传讹地名。湖水上涨，黄、吴、许诸姓从前洛房迁此，称新庄，后讹为大辛庄
东辛庄	位于常庄镇西北、京沪铁路西侧，距薛城 4 公里	1001	642	清代	传讹地名。初齐、郝二姓来此建村称新庄，后为了与大辛庄区分，称东辛庄
小辛庄	位于常庄镇西北，东辛庄西二公里，距薛城 5 公里	560	362	明代	传讹地名。初张姓来此建村，称新庄，后讹为小辛庄

续表28-5

村（社区）	辖自然村（居）方位	耕地（亩）	人数（人）	形成年代	得名、沿革、文物、古迹、其他
种楼	位于常庄镇西北，距薛城4.5公里	1548	1161	清代	姓氏地名。初种姓由东种庄迁此居住，并建有楼房，故名。该村为传统粉条、粉皮加工专业村
傅庄	位于常庄镇西北，薛微公里南侧，距薛城3公里	314	598	清末	姓氏地名。清光绪二十六年（1900年）由西丁桥村南迁此
西泥沟泉	位于常庄镇西北，薛微公路北侧，距薛城3公里	653	404	明代	水域地名。村东原有龙湾泉，后挖沟引水济远河，形成泥沟泉，故名
东泥沟泉	位于常庄镇西北、薛微公路从村中穿过，距薛城3公里	477	331	明代	水域地名。村位于泥沟泉东，故名
前洛房	位于常庄镇西，新薛河东岸，距薛城8.5公里	477	331	明代	姓氏地名。初洛姓居此，并开油坊，初名洛坊，后演成洛房。该村产白塘泥，自清初村人就用白塘泥捏制泥人，现为世界非物质文化遗产
吴庄	位于常庄镇西，金河山西，距薛城6.6公里	1970	1520	明代	姓氏地名。初吴姓居此，故名
大山	位于常庄镇西，金河山西，距薛城6公里	806	536	元代	山岭地名。原名柏山村，早年山上有玉皇庙，为庙种地村，因山大民国时称大山村，山上有陈金河烈士墓旧址
小山	位于常庄镇西，弹山西侧山坡上，距薛城6公里	760	828	唐代	山岭地名。村北有唐代大云寺遗址，该村原名照山村，因山较小，后称小山村
上于庄	位于常庄镇西，金河山东侧，距薛城5公里	834	931	宋代	姓氏地名。初于姓居此，故名
下于庄	位于常庄镇西，黄龙山南部，距薛城5公里（辖潘庄自然村）	790	1006	宋代	姓氏地名。原为上于庄一个村，因居坡下，后单设一行政村，辖潘庄村，潘姓自清末迁此定居
宋庄	位于常庄镇西，黄龙山东坡，距薛城4公里	596	950	清代	姓氏地名。初名黄龙山村，后宋姓迁此更名
埠(岭)东	位于常庄镇西，距薛城5公里	740	800	清代	山岭地名。因村依埠岭，故名
埠(岭)西	位于常庄镇西，距薛城5公里	1100	936	清代	山岭地名。于埠东村同为一个自然村
王庄	位于常庄镇西，蟠龙河下游西侧，距薛城6公里（辖刘庙村）	1163	1148	清代、刘庙战国	传讹地名。初张姓从西万村迁此，对故乡一望可见，称望庄，后讹为王庄。2002年4月将刘庙村合并，刘庙原名万村，战国时孟子弟子万章故里。后刘姓迁此并建关帝庙，更名。村附近建有万章桥、万章墓
常庄	常庄乡原驻地，常庄镇西3公里，京沪铁路西侧，距薛城2.2公里	750	1516	明代	姓氏地名。初常姓从济宁小郝屯迁此建村，故名
石坝	位于常庄镇西南部，蟠龙河绕村后入微湖，距薛城6公里（辖杨庄）	1212	1772	明初	建筑地名。初孟姓从滕县迁此定居，因村西蟠龙河上有一石坝提水入运河，故名

续表28-5

村（社区）	辖自然村（居）方位	耕地（亩）	人数（人）	形成年代	得名、沿革、文物、古迹、其他
店子	位于常庄镇中部，蟠龙河东侧，距薛城4.2公里	626	1197	元末	事迹地名。元末建村，村东有通往汴京的古驿道，道旁设立店铺，因村在西万店村东，故称东万店，后习呼店子，村东有汉代村落遗址
周庄	位于常庄镇中部，距薛城4.2公里	715	1057	明代	姓氏地名。初周、秦二姓来此定居，原名周秦庄，后称周庄
前大庄	位于常庄镇中部，距薛城4公里	855	1010	明代	水城地名。村中有大汪，村依汪名。后发展成前后两村，该村在汪前，称前大汪村，习称前大庄
后大庄	位于常庄镇中部，距薛城4公里	400	798	明代	水域地名。此村在前大庄村后，故名
单庄	位于常庄镇中部，京沪铁路西侧	550	983	清代	姓氏地名。初单姓来此建村，故名。后村中建有插花庙，庙东有人定居，又称花庄。抗战时期改为单庄。该村地下石英石资源丰富
渐彭	位于常庄镇中南部，渐庄、彭楼2002年合并村，距薛城5公里	754	672	清代	姓氏地名。原渐庄村渐姓居此故名，原彭楼村，彭姓建有楼房故名。渐彭村民间艺术“花船”“龙灯”驰名枣庄
朱辛桥	位于常庄镇中南部，距薛城5公里	910	750	明代	姓氏地名。初朱、辛二姓来此建村，村后修一桥名朱辛桥，习呼朱桥
粮满庄	位于常庄镇中南端，距薛城5.5公里	550	532	清代	吉祥地名。初滕县徐姓，白殿孙姓、埠岭王姓在此建粮仓。故以佳语取名粮满仓。后改称粮满庄
六炉店	位于常庄镇中南部，距薛城4.8公里	1700	1880	明代	事迹地名。明洪武二年王姓，从微山大楼迁此定居，以周家六盘红炉取名六炉店。村南有汉墓群。该村为养兔专业村
孟岭	位于常庄镇中南部京沪铁路西侧，距薛城4.5公里	1619	1320	明代	姓氏地名。明万历三年孟姓从沛县迁此定居，并依土岭建村，故名
姬庄	位于常庄镇南，京沪铁路东侧，距薛城0.5公里，薛城工业园驻地	860	880	元代	姓氏地名。初姬姓从汶上县迁此定居，故名。1923年“临城劫车案”发生地，抗战时期铁道游击队护送刘少奇从此村过铁路
何庄	位于常庄镇南部，郯薛路南，距薛城2公里	374	620	明代	姓氏地名。初何姓居此，故名。村内有国家一级古槐树
西麦穰店	位于常庄镇东南部，郯薛路、薛周路交叉处，城南一公里	287	282	清代	事迹地名。清顺治二年张姓来此定居，时此为官路口，有张氏在路旁开店铺，贫寒用麦草打地铺，过往客商送号麦穰店。沟东有东麦穰店，故名
东麦穰店	位于常庄镇东南部，郯薛路南，城南1.5公里	432	630	清代	相关地名。清同治年间建村，名为小官庄，后因临麦穰店称小麦穰店，后改现名
西小社区	位于常庄镇北，薛城城中村，辖西小安置小区、临山小区、金水湾B区		4680	明代	方位地名。初宋姓自河南来此定居，村东有沙河名峭庄河，村依河名，后“峭”讹为“小”，又为东小庄区分，故名
珠江社区	位于常庄镇东南部，珠江路南侧，辖东姚山村、邵庄、万象城		2100	明代	路域地名。由城中村东姚山、邵庄回迁安置户及周边小区组成，北依珠江路

续表28-5

村（社区）	辖自然村（居）方位	耕地（亩）	人数（人）	形成年代	得名、沿革、文物、古迹、其他
姚山社区	位于常庄镇钱江路北，西姚安置小区，民政局宿舍、九龙城		2380	清代	山岭地名。清康熙年间，黄、李二姓到此定居，名黄李庄，后因与东姚山相对，更名西姚山
东苑社区	位于常庄镇东北，城中村。辖：泉兴华庭、东小安置小区、金水湾A区、矿务局宿舍，检察院宿舍、环保局宿舍、东雅新居、花园小区、国税局宿舍、电大宿舍、东苑小区		3250	明代	相关地名。因村位于峋庄河东，原名小溪庄，后称为东小庄，辖区有铁道游击队纪念园
种庄社区	位于常庄镇东，京福高速路西，辖种庄、湖景小区、中和嘉园、教师公寓、奚仲花园	1500	4380	明代	姓氏地名。明洪武二年种姓从山西迁此定居，村以姓名。原村址上有上镇遗址，村东有汉墓群

第三节　自然环境

常庄镇地势呈东高西低分布。土质可分为4个主要类型：东部为风化沙板土为主，分布在何庄村、种庄村、东麦穰店村、西麦穰店村、姬庄村、东小庄村、西小庄村、孟岭村等，一米左右就是风化岩、漏肥漏水；中部为沙黄土（黄河峪土）为主，分布在六炉店村、粮满庄村、朱辛桥村、渐彭村、石坝村、常庄村、前大庄村、后大庄村、店子村、单庄村、王庄村、东辛庄村、埠岭村、于庄村南部等村，土质肥沃，透气性好，保肥保水产量高；西部为潮褐土，无沙黏土质，分布在小山村、大山村、吴庄村等村，怕旱怕涝；西北部为湖积黑潮土，分布在古柏山湖周边的大辛庄村、薛庄村、四角楼村、孟庄村、西黄沟泉村、东黄沟泉村、泉头村、小辛庄村、种楼村、宋庄村、上于庄村、下于庄村、傅庄村、东泥沟泉村、西泥沟泉村等。

境内西部有山丘5座，南北向：金河山（柏

蟠龙河

山）、弹山、黄龙山、金河山北有无名丘陵2个，金河山为第一高山，海拔227米。

境内有长久性河流6条，蟠龙河（古薛河）、小清河、小沙河、新薛河、东泥河、西泥河，蟠龙河为最大河流，并建有朱桥、王庄、石坝、常庄、永福橡胶坝5处。境内河水流程31公里，由北向南注入微山湖。有种庄水库一处，观光湖二处（奚仲湖、何庄湖）。大口井9眼，配套机井354眼，有效灌溉面积2666.67公顷。

第四节　经济发展

1991年，金河、常庄两乡镇完成工农业总产值9143万元，交通运输、商业饮食服务业等第三产业完成收入1804万元，是总收入的19.73%。2013年，全镇实现国内生产总值22.16亿元，完成固定资产投资27.9亿元，三次产业比调整到8.6∶34.2∶57.2；税收总额达到3.12亿元，连续三年税收过亿元。

工业

1991年，常庄、金河两乡镇集体企业16家，主要有煤矿、造纸、联兴玻璃、水泥、铸钢、木板、焊条、水泥制品，砂轮、油膏化工、泥塑、福兴玻璃、建筑公司等，工业总产值8.7亿元，实现利润0.532亿元，税金0.387亿元。

1991年后的三年里是两乡镇集体企业经济效益的黄金时期，年实现工业总产值都在亿元以上，利润0.61亿元，税收0.44亿元，仅联兴玻璃厂每年纳税760万元，上缴利润640万元，常兴造纸厂、金河二号煤矿、常庄三号煤矿等支柱企业年产值0.73亿元，占工业总产值73%，税金0.34亿元，利润0.452亿元，分别占总额77.2%、74%。

1995—1998年，集体企业受市场经济的影响和冲击，工业总产值比重下降，有些企业相继倒闭，金河水泥厂、金河三号井、油膏厂、砂轮厂等相继破产或关停并转。陆续完成改组改制工作。

乡镇规模调整后，常庄镇关停所有煤矿，全力培植地面企业，加大招商引资力度，依托薛城经济开发区，抓住城区东扩南移机遇，培植税源。大力实施新型工业化、新型城镇化、服务业现代化三大战略，经济社会保持健康协调发展的良好态势，国内生产总值、财税收入连年攀升，至2013年，常庄镇完成国民生产总值20.6亿元，增长12%；税收总额达到2.01亿元，同比增长35%；地方财政收入0.7588亿元，同比增长16%；农民人均可支配收入11067元，增长9%。工业形成以联兴玻璃、金板建材、夫宇食品、双模轮胎等规模以上企业总数81家，纳税过30万元企业26家，过百万元企业18家，过千万元企业3家。

农业

1991年，金河、常庄两乡镇完成农业总产值2570万元（1980年不变价）。其中种植业1960万元，占76.2%；林果业130万元，占5%；畜禽牧业350万元，占13.6%；副业110万元，占4.29%；渔业21万元，占0.91%。农业机械总动力35212千瓦，其中农产品加工机械8013千瓦。

2000年，两乡镇粮食作物总产3.4万吨；油料作物总产量0.15万吨；蔬菜（大棚）总产0.54万吨；林果业总产0.47万吨；肉类总产0.35万吨。是年农林牧（禽）渔业总产值5605万元（1990年不变价），其中种植业2954万元，占52.7%；林果产值1136万元，占20.27%，畜禽牧业产值1392万元，占24.84%；渔业产值123万元，占2.19%。

两乡镇合并后，加大农业结构调整力度，特别是粮食直补政策的落实，加上政府成功启动万亩中低产田改造和高标准农田建设项目工程，农民施上测土配方复合肥，扩大水浇地面积，粮食产量稳 产高产。全镇40个农业村，有27个村成为年亩产吨粮村，土质差的村也在750公斤以上。

2010年，常庄镇鼓励农民大搞特色农业、绿色农业，将200余公顷土地流转到种田能手手里。几年来，新注册农民专业合作社12家，新成立家庭农场15家，培育农业龙头企业6家。绿之园合作社被评为省市级示范合作社。他们在生态园开办的开心农场、亲子采摘游吸引大批城里人到农场旅游、采摘。新型农业的发展给农民带来 巨大收益，合作社队伍也在不断壮大。果蔬种植面积增加，粮食总产却未受影响，2013年，粮食总产达到3.61万吨，高效农业基础不断稳固，农民人均纯收入12285元。

商业服务业

1991年，两乡镇境内有商业网点572个，从事商业人员624人，年营业收入580万元，1996年商业网点增至638个，从业人员1072人，年营业收入1138万元。

2000年，实现第三产业增加值4100万元，占国内生产总值27%。之后在姚山、六炉、薛庄、埠岭集市的基础上，先后投资兴建钱江商贸城、邻里中心、万洲浙商城等，促进商业、服务业的快速发展。2013年，境内商业网点3000多个，从业人员6800多人，年营业收入7300多万元。分别比1991年增加5.24倍、10.8倍和12.5倍。

通信

1991年，两乡镇机关、供销、卫生院、学校、煤矿、乡镇企业等单位相继安装程控电话。1995年两乡镇驻地建起邮电所。2000年，全镇安装固定电话1.3万部，移动电话0.7万部。2013年，固定电话2.83万部，移动电话5.3万部。有线数字电视达到户户通。

第五节　社会事业

教育

2001年2月，乡镇规模调整前，有各类学校17所，其中，小学11所，126个班，在校学生4885名；中学2所，45个班，在校学生2180名；中心幼儿园2所，在校儿童213名；教师614人。适龄儿童入学率99%。

乡镇规模调整后，常庄镇加大对教育的投入，投资3306万元，迁建四十四中学教学楼、学生公寓、食堂、学术报告厅、操场等，于2007年实现两个中学的完全整合，提升中学办学水平。2010年，投资130万元完成金河小学综合教学楼的建设工程；2011年，投资300万元，重建成教中心，投资220万元，实施卜岭联校、北点联校、东点联校校会改造工程；2013年，投资260万元完成中心幼儿园的建设。让四十四中、中心校、成教中心、中心幼儿园四大中心连成一体，并顺利通过山东省示范乡镇中心幼儿园的验收。

通过“五美校园”创建、启动“211”工程、班班通工程、农远工程等内配设施的充实，促进学校标准化建设的进程，提高教学质量，四十四中学的“方圆教育”被定为省级特色项目。常庄教育先后荣获山东省老教育工作者协会先进单位；枣庄市校舍安全工程工作先进单位、枣庄市“五四红旗”团总支等荣誉称号。常庄镇教育办的“蹲点包校”特色经验全市交流。

文化

1991年，两乡镇文化中心站建立，设图书室、阅览室、游艺室、电视室、球场。1992年，常庄乡、金河乡电影管理站被市评为全市农村科教电影汇影先进单位。被挖掘的洛房传统泥塑被列入世界非物质文化遗产名录。种楼、店子等5个村发展为电视村，1993年，修建陈金河烈士陵园为青少年提供良好的革命传统教育阵地。

2005年以后，随着农村生态文明村建设的深入，农村文化大院、文化书屋、健身活动场地的发展和普及，农民自发组织跳起广场舞，文化书屋、远程教育发挥重要作用，农民打工回家后到文化大院借书看，观看科教节目，了解国家新政策。农民文艺宣传队，根据不同阶段自编、自导、自演深入社区农村做宣传演出；电影队定期下乡巡回放映，给全镇村（居）民文化生活添上新的色彩。

源远流长的洛房村泥塑民间艺术至今仍代代相传，被列入世界非物质文化遗产名录。何庄古槐历经1800年依然苍翠如滴。古薛河下游的蟠龙河湿地两岸绿柳拂风，游人如织，展现“山在湖中、人在画中、碧水连天、山水辉映”的美丽画卷。

境内金河山上有唐代建筑玉皇庙遗址，弹山后有唐代时期的大云寺遗址，有孟子大弟子万章故里万村、万章墓遗址，种庄原址上的上镇遗址；薛庄村有清乾隆年间标骑将军薛瀚墓、陈金河烈士陵园，埠岭村有铁道游击队芳林嫂原形刘桂清墓。

卫生

1991年，两乡镇各有卫生院一处。床位14张，卫生专业技术人员5人，村级医疗点26个，乡村医生30人，卫生员26人，年诊疗15.1万人次。1998年，实行医疗卫生一体化管理后，将私人诊所通管并进行人员调整，两卫生院人员共93人，村卫生室25处，乡村医生和卫生员81人，年诊疗17.3万人次。

2011年，常庄镇实行新型农村合作医疗后，投资320万元，将原金河乡政府办公楼按照医院设置要求修建改造。2012年1月，设立薛城区人民医院（分院），配置X光机、XR影像机、颅脑多普勒仪器、彩超机、心电图机、生化分析仪等。有床位40张，技术人员106名，其中主任医师1人，医师5人，护士及各科人员97人，工勤人员3人，年诊疗21.37万人次。

社会治安综合治理

1991年，两乡镇综合治理办公室组织协调有关部门共同解决突出的治安问题，协调各村先后成立村级治保会、调解会、治安巡逻队，法制夜校等各种形式的群防群治队伍，治安形势大为好转，治安案件逐年下降，村民法制意识得到较大提高，犯罪率逐年下降。2001年2月，合并后的常庄镇先后投入320万元，实施视频监控全覆盖工程，全镇视频线路达350公里，全部与公安110系统连接，同时全面推行“民警包村、保安驻村”与保险公司合作实行“治安保险”。2005年，常庄镇被省社会治安综合治理委员会授予“安全文明乡镇”，2013年，常庄镇被枣庄市委、市政府授予“法治枣庄建设先进单位”。

民政工作

1991年以来，两乡镇民政工作人员8人，拥有优属对象331人，两处敬老院集中供养老人38人，散居五保130人，年发放救济款3万元。

2001年2月，乡镇合并后，拥有优属对象321人，现役军人52人，低保户1010户，年发放社会救济款6万元。2009年，常庄镇政府投资300万元，在薛庄村北新建高标准敬老院一处，占地2公顷，建筑面积5000平方米，每个房间都有卫生间，通水通暖，环境优美，同时能供养老人150人，供养老人80人。

薛城人民医院常庄分院

第五章　沙沟镇

沙沟镇系历史古镇。据境内出土文物考证，早在新石器时代，沙沟村内均有人类聚居之所，形成原始村落，进入奴隶时期，人类村落曾发现商周遗址多处，汉墓群、汉画像在镇内多处发现，艺术研究价值很高，也是鲁南唯一保留民间传统龙灯高跷、人灯舞的文化古镇。2009年，发展庞庄麦秸手编传统技艺。2012年，人灯舞传统舞蹈被评为山东省非物质遗产保护项目。是年，杜塘凉粉制作技艺、铜勺制作技艺、高派山东快书、人灯舞传统舞分别被评为枣庄市非物质遗产保护项目。庞为真等3人被评为省、市级非遗传承人。西汉时期的建阳故城遗址，镇驻地有新石器文化遗址商周“将军墓”，刘嘉、张奂、李庸、单超等勋爵的“五王墓”，隋末瓦岗军安营扎寨的响马岭。作为明清军事重镇，明于此筑“凤阳城”。沙沟是薛城的四个古镇之一，具有重要经济、军事、交通地位，清末沦为集镇。

在革命战争年代，沙沟人民在中国共产党的领导下，积极投身到伟大的革命事业中，作出积极贡献，党在沙沟地区的活动较早，1932年，建立沙沟火车站党支部，1936年，建临沙区委、峄西区委。1936年，董一博在沙沟创造“曙光学校”培养进步学生、宣传革命思想。1937年，董一博在沙沟发起建立“鲁南抗日青年团”，发表“抗击日寇，共赴国难的宣言”。1938年，董尧卿任鲁南民众抗日自卫军司令，率队伍400人，转战在运河两岸，临城津浦铁路两侧，1943年11月，新四军代军长华中局负责人陈毅在南常附近界沟会见鲁南二地委人员，后由铁道游击队大队长刘金山等护送越津铁路过微山湖。过湖时陈毅赋诗曰“横越江淮七百里，微山湖上慰征途，鲁南峰影嵯峨甚，残月扁舟入画图。”1945年10月，日本侵略者宣布无条件投降，交缴地就在沙沟火车站一带。是年农历八月十五日，沙沟解放。抗日战争、解放战争、抗美援朝、对越反击战等各个时期，沙沟共牺牲烈士57人。

第一节　境域建置

境域

沙沟镇位于薛城区西南部，北靠薛城城区，东临峄城区榴园镇，西部和南部与济宁市微山县接壤，总面积84.5平方公里，辖35个行政村，总人口5.4万人。因驻地村有沙河，东南西北流过，河床沙层极厚，故称沙沟。1997—2000年，沙沟镇先后被市委、市政府授予“尊师重教先进单位”“科普工作先进集体”“小城镇建设先进单位”“信访工作先进单位”称号；2001年，沙沟镇被省委、省政府授予“老干部工作先进单位”称号；2007—2013年，沙沟镇先后被评为“平安枣庄建设先进乡镇”“全市外经外贸工作先进单位”“全市农村工作先进集体”“全市现代农业示范乡镇”“省级生态镇”“全市秸秆综合利用和禁烧工作先进集体”等。

建置

远在4000多年前，沙沟境内就有人类聚居，属东夷族。夏商时期，沙沟境内属薛国常邑，春秋属齐鲁二国。汉武帝封刘咸于此称建阳侯，并筑建阳城（故城址在今南常村东北）隶属东海郡，新莽时期改建阳县为建力县，东汉废。自隋清先后属蕃县、丞县，自隋清1300余年境内隶属二县未变。1962年，设沙沟公社，1984年改为沙沟镇，2001年3月，原南常乡与沙沟镇合并为沙沟镇。

第二节　村　庄

2001年，乡镇规模调整，南常乡并入沙沟镇，全镇辖35个行政村、76个自然村。2013年，全镇有村民14929户，共55892人。

2013年薛城区沙沟镇村庄基本情况表

表28-6

行政村	辖自然村	耕地（亩）	人数（人）	备　注
沙沟西村	沙沟一村、沙沟四村、西五村	3591.19	4477	周代建村。抗日战争期间，铁道游击队主要活动地，也是鲁南地区人灯舞发源地
沙沟东村	沙沟二村、沙沟三村、东五村	2498.24	2452	周代：村内有省级文明保护单位，新石器文化遗址
潘庄村	潘庄村、乔庙村	2248.75	611	明朝建村，姓氏地名。乔庙宗代刘少奇过湖去延安曾在该村休息
西杨庄村	杨庄村、袁河村	965.41	1017	清代建村、姓氏地名
狄庄村	狄庄村	830.5	1073	明朝建村，姓氏地名
郭洼村	郭洼村	1947.96	1694	明朝建村，姓氏地名
戚庄村	戚庄村、李庄村	1050.88	827	明朝建村，姓氏地名。山东快书发源地
古庄村	古庄村、西郭庄村	1051.27	849	因村处古驿道，初名古路村，今称古庄村
黄楼村	黄楼村、时庄村、东郭庄村	1358.58	1045	初黄姓活此，建有楼房，故名
西界沟村	西界沟村、马官庄村	2049.82	2001	元朝建村，因位于滕峄县界沟之西故名
庞庄村	庞庄村	831.5	1013	该村草编评为省级非物质文化遗产
茶棚村	茶棚村、袁沟村、前刘庄村	1370.34	1510	该村在明代是戚城（今微山夏镇）通峄城的通道，茶水棚较多，后发展成村，故名
殷庄村	上殷庄村	325.84	637	姓氏地名，初殷姓迁此，故名
董庄村	董庄村、下殷庄村	1036.29	1786	姓氏地名，明朝建村
杜塘村	杜塘村、唐庄村	740.16	1108	该村铜勺制作、凉粉制作被评为市级非遗
曹沃村	曹沃村、吕沟村、后刘庄村	1353.82	1304	因坐落在山窝里，故名，村西有将军墓，并有商代文化遗址，为市级文物保护单位，清代建村
班井村	班井村、关帝庙村、李楼村	1511.04	1773	传说汉光武帝征战时路过此处，因井深不得饮马，将井搬倒，故名歒井，俗称搬倒井
黎墟村	黎墟村	1586.72	1541	传说地名，村中有很多古井，地下存有大量铜箭头和汉以后的砖瓦
南常西村	南常一村、南常二村、南常五村、小北庄村	2779.5	2404	周代建村，有郗山殷、南常褚之称
南常东村	南常三村、南常四村、南常六村	2301.44	2211	西汉建阳古城遗址在村东北，有郗山殷、南常褚之称
东界沟村	界沟一村、界沟二村	1390.64	907	地界地名，该村盛产蓝莓、杏子色茄

续表28-6

行政村	辖自然村	耕地（亩）	人数（人）	备　注
楼沃村	楼沃村	391.14	576	传说地名，区委党校、职业中专坐落该村，清代建村
小营村	小营村、三清观村	2509.6	2038	市级重点文物保护单位“五王墓”在村西北高岭，元代建村
圩子村	圩子村、小张庄村、庙庄村、西南庄村	2689.67	1806	清代建村，事迹地名
埠上村	东埠村、西埠村、小窝村	2184.23	1631	山岭地名，清代建村
城子村	城子村、柳河村	1299.79	1249	形象植物地名，明代建村
北常村	前北常村、中北常村、后北常村	2294	2249	古迹地名，明代建村
岩湖村	岩湖村、李庄村	2892.29	1750	位于黄风口山麓，传说地名，明代建村
张庄村	张庄村	1696.5	1547	该村盛产石榴，为珍奇产品，奥运会推荐产品，今为薛城区重点旅游景点，清代建村
郑官村	邓官庄村	642	551	姓氏地名，明代建村
关阁村	关帝阁村、祁庄村	1144.69	690	姓氏（寺庙）地名，明末清初建村
大沃村	殷庄村、袁庄村、大沃村	1314.98	657	姓氏地名，明末清初建村
李店村	李店村、邵楼村	2705.54	1416	姓氏地名，明代建村
东杨庄村	杨庄村、小南庄村	2733.85	2271	姓氏地名，清代建村
龚庄村	龚庄村、隋河村	2437.52	1408	姓氏地名，明代建村

第三节　自然环境

沙沟镇内境域地质处于华北和鲁西区隆起南缘构造形态，东部凸起，西部凹陷，形成洪积冲积平原。境内形成东西走向圣土山脉，名山有圣土山、焦山、朝阳山、九顶山，全区境内最高山圣土山海拔374.3米。气候属暖温带季风区大陆性气候，冬季盛行偏北风，气候寒冷干燥，春季偏南风较多，夏季天气炎热，湿润多雨，常年平均气温13.9℃，整个作物生长期3~10月，生长期年平均240天，无霜期年平均200天，年平均日照时数2532小时，年总辐射118.288千卡/平方厘米。平均年降水量800毫米。

境内水系属淮海流域京杭大运河水系，河流多发源东部山区，主要河流有界沟河、杨庄大沙河、随河、袁河等分别注入微山湖和大运河，京杭大运河于潘家渡口经区境。南水北调工程从镇西、北部穿过，境内有玉华泉，凉泉入杨庄大沙河。镇内矿产资源主要有石灰岩，大理石岩，石英石，磷矿，黄沙等资源，石灰岩资源最为丰富，大理石分部在北部山区，储量约500亿吨；石英石大面积分布在小营西北侧，东杨庄村，含量约100亿吨。

沙沟镇有水库8座，分别为小营水库、楼沃水库、小李庄水库、车峪水库、后北常水库、南常三村水库、曹沃水库和上殷水库。其中小营水库为小（一）型水库，其他水库为小（二）型水库。

沙沟镇位于薛南变质岩区。该区北部以化石沟断裂为界，东部以老地层为界，西南部一直到薛城边界，占全区面积的43%。该区隐伏着太古界片麻岩、花岗岩等变质岩，地下水赋存与风化裂隙中，贮水条件较差，岩层风化深度较浅，水量很小。属变质岩类风化裂隙含水岩组，单位涌水量小于 10m³/d. m，水化学类型为 HCO_3. SO_4—Ca 型水，矿化度小于 0.5 克/升，覆盖的第四系洪积物无含水沙层，水量较小，无大的利用价值。

沙沟资源丰富，“千寿槐”牌石榴、草莓、柿子、花生享誉省内外，境内的张庄石榴山庄是山东省乡村旅游示范点和首批省级宜居村庄，张庄石榴被评为“2008 年北京奥运会推荐果品”。经济结构优化，一、二、三产业齐头并进，形成木材加工、机械制造、建材、服装加工、食品加工、文化旅游、物流等主导产业。

第四节　经济发展

1991 年，工业总产值原沙沟镇 602 万元，南常乡 411 万元，农业总产值沙沟镇 1765 万元、南常乡 1498 万元，两乡镇农民收入 6481 万元。1998 年，沙沟镇国内生产总值 9200 万元，其中第一、二、三产业增加值分别为 3450 万元、2800 万元、2860 万元，农民人均收入 2450 元；南常乡国内生产总值 9046 万元，其中第一、二、三产业增加值分别为 3479 万元、4490 万元、1077 万元。1999 年，原沙沟镇完成国民生产总值 10200 万元，工业总产值 6050 万元，农业总产值 5880 万元，财政收入 330 万元；农民人均纯收入 2380 元；2000 年，全镇国内生产总值 14781 万元，财政收入 330 万元。粮食总产量 12808 万吨，第一、二、三产业增加值分别为 7925 万元、2090 万元、4766 万元，全社会固定资金投资总额 45500 万元，社会消费品零售总额 89608 万元。2001 年，全镇国民生产总值达到 1.65 亿元，工业总产值完成 3.1 亿元，年均递增 12%，财政总收入完成 831 万元。农民人均纯收入达到 2610 元，比三年前增加 350 元，年均增长 5%。2003 年，全镇国民生产总值完成 2.4 亿元，同比增长 19%；工农业总产值完成 3.8 亿元，同比增长 16%；财政收入完成 525 万元，同比增长 21.26%；规模以上工业增加值完成 1305 万元，同比增长 30%；农民人均纯收入达到 3128 元，同比增长 8.8%。2005 年，全镇国内生产总值 29851 万元，财政收入 408 万元。粮食总产量 18808 万吨，第一、二、三产业增加值分别为 18060 万元、7017 万元、10859 万元，出口创汇 11 万美元。2006 年，生产总值达到 4.25 亿元，增长 25%；财政收入完成 490 万元，增长 20%；税收总额达到 1000 万元，增长 22%；农民人均收入达到 3900 元，增长 8%。2013 年，全年实现生产总值 7.4 亿元，地方财政收入 2104 万元，完成固定资产投资 17.5 亿元，农民人均纯收入 9430 元，同比分别增长 9%、17.7%、18%、12%。

工业

1991 年，沙沟镇镇办企业 25 家，南常乡企业 20 家，分为建筑、煤炭、食品、养殖、纺织、石材加工等六大门类，两乡镇职工达 1200 人，当年产值 2000 万元。1992 年，产值达到 2500 万元。1993 年，沙沟煤矿技改投资 100 万元，新建南常东家埠煤矿。1994—1995 年，沙沟投资 500 万建设脱水厂二期工程，投资 300 万元建设沙沟二号矿，投资 300 万元建设南常轧钢厂，当年职工人数达到 1600 人，产值达 3500 万元。1997 年，沙沟脱水厂破产，南常水泥厂、轧钢厂和酒厂破产。南常投资 500 万元购买利民煤矿，是年西井关闭，当年产值 4000 万元，职工人数 1800 人。1998 年，沙沟投入技改资金 600 万元，实施脱水厂重组，南常建筑公司和洗煤厂宣布破产，沙沟洗煤厂转为民营，年产值达到 4200 万元，人数达到 2000 人。1999 年，沙沟二号矿破产，建筑公司转为民营，沙沟投资 300 万元购买新星煤矿。2001 年乡镇合并，沙沟脱水厂、沙沟煤矿和南常煤矿破产，职工达到 2500 人，产值达到 4500 万元，2001 年，引进捷利木业公司等，其中捷利木业公司一期投资 3000 万元，每年上缴利税 100 余万元。2002 年，投资技改资金 1000 万元重组沙沟煤矿和南常煤矿，年创工业产值 6000 万元。2005年南常洗煤厂破产。2007年，沙沟煤矿、南常煤矿和利民煤矿关闭，引资2500万元，新建顺翔科技有限公司。当年工业产值达到一亿元。2008年，新星煤矿关闭。2009年，沙沟煤矿关闭。2007年以来，累计签约招商引资项目59个，合同利用外资34亿元，其中石榴产业园、豪迈钢结构等过亿元项目11个，环宇建材、嘉龙针织等过千万元项目48个，到位固定资产投资21.5亿元，年均增长26%。实现当年投资、当年建设、当年投产的项目25个，新增税收过百万元企业3个，总数达到4个，新增过30万元企业7个，总数达到10个。初步形成以矿用机械设备、服装加工、煤化工、木材加工、建筑材料、交通物流运输为主的工业体系，重点规划顺翔科技、捷利木业等新型产业集群。工业总产值1998年1.32亿元，2011年达到2.62亿元，占GDP的比重59%。2013年，新上招商引资项目8个，其中过亿元项目1个、5000万元以上项目2个。投资1.1亿元的海通运输公司总部项目和投资5000万元的招源飞龙物流项目落地建设；投资5000万元的豪杰贸易总部项目投入运营；容大恒塑料、聚源电力公司、喜而乐服饰等项目正式投产。

农业

1996—1998年，沙沟、南常两乡镇改造中低产田1.9万亩，改善灌溉面积6000亩，水浇面积扩大到1.7万亩，全镇人均水浇地面积达到0.8亩。1991—2013年，沙沟镇面向市场，因地制宜，突出抓农业结构调整，逐步建立起市场农业新格局。实施一系列惠农政策，农业得到大发展。2001年，全镇农业增加值实现8500万元，农业总产值由1991年的3263万元，增加到2013年的2.95亿元。粮食产量由1991年的21883吨增加到2013年的48960吨。林业产值由1991年的225万元增加到2013年的1.1亿元。

作物种植　1991年，沙沟、南常两乡镇种植粮食作物以小麦、玉米、地瓜、高粱为主，按一定比例种植其他杂粮。当年，小麦总产13185吨，玉米总产8648吨。1993年，种植业结构调整，以种植小麦、玉米为主，秋粮地瓜、高粱、谷子、大豆种植逐年下降。1996—1998年，全镇初步形成以北部山区林果、花生、畜牧，中部平原的蔬菜、草莓、瓜果、西部湖区的良种开发为主体的市场农业新格局。1999年，粮食单产、总产分别达到414公斤和19000吨，完成定购167.5万公斤。2000年，对种植业结构进一步调整，北部山区减少粮食种植面积，扩大林果、花生种植面积。2001年，粮食单产实现366公斤，总产达到2.5万吨。2004年，粮食喜获大丰收，全镇4.6万亩耕地，单产达到800公斤，总产达3.68万吨，再创历史新高。2011年，生产粮食46093吨，人均846公斤，小麦21133吨，玉米24960吨。主要经济作物有大豆、花生等。蔬菜种植面积1.2万亩，产量34410.35吨，主要品种有土豆、大白菜。2013年，全镇常年种植小麦6.07万亩、玉米5.2万亩、花生1.4万亩、各类瓜菜1.56万亩，年产小麦2.45万吨、玉米2.06万吨、花生0.33万吨、各类瓜菜3.9万吨。其中无公害品牌6个，国家级绿色食品品牌2个。主要包括沙沟“千寿槐”牌无公害草莓1000亩，分布在圩子、东界沟、西界沟等村。金柿1000亩，分布在关阁、李店、岩湖、小营等村。石榴5000亩，主要分布在张庄、岩湖、北常、小北庄一带北部山区。产品销往苏州、杭州、青岛、南京等地。新发展特色农业基地4个，种植面积2200亩，新增耕地667亩。2013年，加大农业结构调整，东、西界沟苗木、花卉种植600亩，狄庄、岩湖、楼沃、南东核桃种植1000亩，班井林果苗木500亩，龚庄樱桃300亩，郑官中草药600亩，沙东、东杨、龚庄、西杨、北常、圩子等村大棚1000亩。

农田水利　自1996年以来，全镇先后投资20万元，投工288万个，重点抓三、四期黄淮海和二期世行贷款项目区中低产田改造、北部山区水库扩容加固，改造中低产田1.3万亩，改善灌溉面积6000亩，水浇面积扩大到1.7万亩，全镇人均水浇地面积达到0.8亩。1999—2001年，完成投资1200万元，新增灌溉面积1万亩，改善灌溉面积2.4万亩，治理小流域面积2.6平方公里，完成二期世行项目开发3.2万亩。投入150万元，延伸开挖区二级干渠500米，建三级提水站3座，倒虹吸7座，交通桥6座，分水结闸2座。2002—2004年，全镇开工水利工程125项，完成投资400万元，新增改善灌溉面积0.8万亩，发展节水灌溉200亩，治理小流域2平方公里。2005年，投入300余万元，实施小流域和圩子沙河治理等农业水利工程，有效改善农业基础条件。2006年，扩容、开挖大口井、水库14个，新建蓄水池14座，安装供水管道20800米。2013年，投资2300万元实施小农水重点县项目，建设供水灌区17个，供水管线15万米，涉及行政村12个，镇西部2.5万亩土地实现灌溉。

农业机械　1991—1993年，沙沟镇、南常乡大中小型（50马力以下）拖拉机约1400余台套，推倒式小麦收割机150余台，背负式联合收割机12台。1994年，两乡镇大中小型拖拉机存有量587台套，推倒式小麦收割机41台，背负式小麦收割机26台，农业机械化水平显著提高。1995年，两乡镇拖拉机拥有量492台套，其中大马力拖拉机72台套，推倒式小麦收割机23台，背负式小麦联合收割机42台套。2006年，沙沟镇被省农机局评为“百村千户”农机安全示范镇。2010年，大中小型拖拉机335台套，小麦收割机97台，玉米收割机55台，新成立惠民、益农等三个农机专业合作社，全镇推广小麦秸秆打碎机85台，实现小麦秸秆打碎还田率达97%以上。2013年，沙沟镇大中小型拖拉机324台套，自走式小麦收获机132台，玉米收割机97台套，是年，沙沟镇被评为玉米机收秸秆打碎还田枣庄市示范镇。全镇机收还田率95%以上，主要粮食作物基本实现全面机械化。

林果

1991—1996年，沙沟、南常两乡镇重点推进黄淮河开发项目，对农田林网进行规划、实施。对疏林地和农田林网进行高标准的补植。南常重点是发展关阁柿子园100亩，三清观桃园50亩。1995年，张庄村被全国绿化委员会评为“全国绿化造林十佳村”。1996—1999年，世界银行贷款发展农田林网，并对原有的林网进行补植。郭洼村发展山楂园50亩。2000年，瓜菜面积发展到2.9万亩，产量突破6万吨，林果面积发展到1.1万亩。2001年8月，雨季造林300亩，主要树种为侧柏火炬。10月份开始规划万亩石榴基地。2002年，建设绿色通道5条，宽度为20米，线路总计26.51公里（京福、郯薛、薛周、店韩、疏港路），当年获得市委市政府绿色通道专项奖。以张庄为中心向岩湖、北常、楼沃辐射，建设万亩石榴基地。同年雨季造林300亩。2003年，加宽绿色通道至50米。2004年，加宽绿色通道至100米，对原有的林网进行补植。实施退耕还林工程，环山路向下500米全部种植石榴，当年种植3000亩，主要品种为大青皮、大红袍。同年雨季造林600亩，首次与施工队签合同进行工程造林，造林地点为大小双山，主栽品种为侧柏黑梧，被评为省级样板工程。2005年，在大马山、二马山、大南山造林500亩。新扩优质石榴2000亩，优质柿子1000亩，新建绿色通道3公里，荒山绿化2400亩。2006年，全镇新扩优质石榴500亩，优质柿子200亩，新建农田林网2万米，荒山绿化1800亩。同年“千寿槐”牌石榴通过国家农业部绿色果品验证。2007年8月30日，成立枣庄市张庄石榴专业合作社。同年12月，张庄石榴被北京奥组委认定为“北京奥运会推荐果品”。2008年，大马山、二马山栽植侧柏40亩，张庄村被评为全市优秀绿色农产品生产基地。是年，沙沟木材被评为全市“十朵金花”之一。2009年，沙沟西村建绿色通道60亩，张庄黄山栽植侧柏50亩。自2008年起连续三年投资10余万元进行重点路段杨小舟蛾的防治工作，加强森林资源的保护。2011年，荒山绿化、雨季造林完成九顶

冠世榴园

山等造林300余亩。对所有的山村进行林权制度改革并对所有的山头进行GPS定位。2012年，全镇共有林地面积1518公顷，其中有山村12个，被市委市政府纳入新城区山林资源红线保护区面积2748亩，红线长度达17170米。全镇森林覆盖率35%，镇驻地绿化率38%，村屯绿化率33%，人均公共绿地达12平方米。2013年，全镇增加绿化造林7630亩，其中通道森林2200亩，山丘森林1800亩，平原森林2000亩，水系森林500亩，镇村绿化1130亩，全镇森林覆盖率达到37.6%，镇驻地绿化率达40%，村屯绿化率达到35%。

畜牧

1991年，大牲畜、生猪、羊、兔和家禽存栏量，沙沟镇分别为800头、9000头、2000只、1万只，南常乡分别为950头、1万头、2500只、2000只和1.2万只；肉蛋产奶量沙沟镇911吨，南常乡900吨。1996年，两乡镇畜牧业总收入1000万元，比1993年增加150万元，增长15%。1999年，全镇肉食猪出栏量达到5.6万头，长毛兔88万只，大牲畜存栏量达到9668头，各种家禽饲养量达到98万只。2000年，两乡镇养殖3000只以上，蛋鸡专业户160户，肉食鸡专业户120户，年出栏白头猪以上150户，养殖专业村15个，各类养殖专业户1000余户，大牲畜存栏2000头（其中奶牛、肉牛、占38%），猪1.8万头，羊0.3万只，三禽30万只。2004年，新建畜牧小区3处，私营养殖场6个，新发展养殖专业户600户，畜牧业年产值达到8000万元，占农业总产值的56%。全镇规模养殖大户3500余户。2001年，畜牧小区发展到28处，私营养殖场98处，饲养专业村达到38个，各类养殖专业大户发展到260户，长毛兔饲养量达到60万只，畜牧业产值实现6000万元，占农业总产值的49%。2005年，规模养殖场发展至1000个，新建畜禽饲养小区60个，畜禽存栏量50万头（只），肉蛋奶产量15000吨。畜牧业产值达到8200万元，占农业总产值的50%。2011年，生猪饲养量9.12万头，年末存栏量3.12万头，羊饲养量5.61万只，年末存栏量2.91万只，家禽饲养量76.91万只，长毛兔存栏56.39万只。是年，生产肉类6385.13吨，其中猪肉4669.01吨，牛肉230.25吨，羊肉280.08吨，禽蛋1205.79吨，鲜奶26.23吨；畜牧业总产值0.62亿元，占农业总产值14%。2013年，生猪饲养量9.89万头，年末存栏3.1万头，羊饲养量5.82万只，年末存栏286万只，家禽饲养量106.09万只，生产肉类695.89万吨，其中猪肉515.37万吨，牛肉24.05万吨，羊肉26.56万吨，禽蛋162.63万吨，鲜奶2.64万吨；畜牧业总产值0.81亿元，占农业总产值14%。

商业

1993年，推行“公有民营”，采取包、租、赁、买方式经营。1997年，原沙沟镇政府投入420万元对镇驻地中心街东侧进行全面的拆迁改造，开发建设商贸房390间，1万平方米，形成以日用百货、农资、食品和小商品交易为主的综合市场。1999年，完成农贸市场的迁建，新建一处5000平方米的半封闭式农贸市场，开发摊位300个；投资80万元改造硬化18000平方米的中心街。新增个体工商业户100户，全镇新建大理石厂、玻璃厂、塑料厂等个体私营企业4家，全镇私营企业达到8家。2001年，新发展民营企业12家，总数达到18家；新发展个体工商户220户，总数达到460户，5家限额以上企业实现销售收入3050万元，是1998年的6倍，实现利税400万元，是1998年的6.1倍。2003年，发展民营企业8家，发展个体工商户160户，民营企业纳税额突破200万元。2004年，新增运输、餐馆、经商、文化娱乐等个体工商户60户，总量达到560户。2006年，全镇新发展个体工商户200户，总数达到1120户。2013年，发展北部现代商贸业，高铁车站周边新入驻酒店、宾馆等经营业态10余家。

交通

1991年，原沙沟镇投资修建关庙至小营公交道路，是年通车，全程里程7.5公里。1996年，原南常乡投资100余万元，硬化美化店韩路。2001年，原沙沟镇、南常乡合并沙沟镇，公交路线大幅度提升，投资改建薛城至郯城（省道）的郯薛路，途径沙沟镇、杜塘村、茶棚、东界沟、北常、岩湖等村庄。2002年，区交通局至周营（薛周路）全面改建完毕。2004年，薛城至南常通店韩路（薛兰路），改建完毕。村村通油路工程取得突破性进展，先后投入338万元，完成26公里道路硬化任务。2006年，新修村内主干道六条及“户户通”道路11000平方米。是年，店韩路全面升级改建使用至今。2007年，乡镇农村公路管理站成立，主要任务为管理、养护，成立以科级干部任站长的管理制度，成立专业专职养护队伍。2009年，投资6000万元的疏港路建成通车，极大方便村民出行。埠上、庞庄、黎墟、黄楼、东界沟、西界沟、马关、董庄、沙东等村相继村里通公路。2010年，西杨、郭洼、潘庄、乔庙、茶棚，先后村里通公路。2011年，北常、狄庄、曹沃、大沃、小营、南常东、南常西等村庄全面贯通。2013年，对镇驻地道路进行改建，由水泥路面改建柏油路，全面提升镇驻地的道路水平。祁连山、太行山、珠江路等道路陆续建成通车。积极配合城市公交优化调整，104、105、108全面辐射沙沟，建设枣庄港、石榴园西门停回车场2个，新增停车点20个，加速沙沟北部与枣庄新城、薛城城南新区的对接融合。是年底，镇内国道2条，分别为南北走向的京台高速公路，东西走向的枣临高速公路；省道2条，店韩路（滕州市店子镇至微山县韩庄镇），宽26米，南北走向；郯薛公路（山东郯城至薛城），宽度40米，东西走向，县乡公路8条：南北走向5条，疏港路、薛周路、太行山路、长白山路、南南路，东西走向3条，分别为珠江路、榴园大道和薛兰路。

沙沟交通便利，区位优越，紧靠薛城城区和枣庄新城，京台高速公路，京沪铁路穿境而过。省市级公路、店韩路、疏港路、薛兰路、薛前路、郯薛路横越东西南北。镇西部有全市最大的港口——枣庄港，立足以港口为载体，规划实施铁、水路联运产业，着力培养仓储、运输、物流项目，积极建设临港产业区，辐射带动临港经济快速发展，努力增加特色产业经济和社会效益。

通信

1991年6月，沙沟、南常邮电支局综合办公楼分别奠基；1992年6月建成，当时交换机容量小，原沙沟镇装机70部，南常乡50部；1998年9月6日，邮电分营，同年原沙沟镇装机2420部，南常乡1420部；2000年，与市联通公司联合新建沙沟130讯号通信站，与区邮电局联合新建沙沟邮政局。2001年，原沙沟镇、南常乡镇合并，总装机容量为15000户，实际装机6462户，163上网用户4户；2004年，AD宽带用户245户；2009年，装机容量22000户，实际装机8400户，AD宽带1113户，建立2G基站10个，用户3210户；2012年，发展光纤宽带2564户，2G基站15个，3G基站8个，用户7746个；2013年，光纤宽带3756户，2G基站16个，3G基站11个，用户9800个。

村镇建设

1998年，沙沟驻地进行小城镇建设，建成沿路房面积2.5万平方米。1999年，投入10万元，以西五拆建为重点，拆迁房屋70余户8000平方米。是年，投入85万元硬化下殷至二村道路4.5公里22500平方米，投入80万元，建设镇驻地自来水工程共铺设管道1.6万余米。2004年，镇驻地和南常东村进行集贸市场建设，两处市场共占地6600平方米，建成摊位600多个，市场内配套设施齐全，建成门面房2.2万平方米，为农村经济的繁荣发展奠定基础。2005年，投资81万元在东杨庄开展文明生态村创建，投资100余万元对镇驻地街道进行改造。2006年，沙沟镇驻地安装路灯40盏，实施亮化工程。是年，对镇驻地两侧进行下水道建设，挖下水道1500米。在小南庄、城子2个经济薄弱村投入80万元，使薄弱村的面貌得到较大改观。2009年，对岩湖街道两侧沿路房实施“穿靴戴帽”工程，改造面积2万平方米。2010年，结合高铁占地拆迁在殷庄村建设百福花园社区，10栋6层，建筑面积3.1万平方米，安置回迁户220户。2011年起，有序推进新农村建设。2011年，对镇驻地两侧沿路房实施“穿靴戴帽”工程，改造工程2万多平方米；建成凤城小区，建筑面积1.6万平方米。2012年，疏港路两侧潘庄、狄庄村新建回迁房4万平方米；李店村建设住宅楼1幢，共4层，建筑面积3000平方米，可安置居民30户；随河村建成住宅楼2幢，面积3600平方米，可安置72户。2013年，班井村利用原李楼小学校园建成凤翔花苑小区共2排，建房面积8000平方米。

第五节　基层组织

1991年，原南常乡有党支部51个，党员684人；原沙沟镇有党支部54个，党员725人；2001年，两乡镇合并后党支部52个，党总支12个，党员1605人。2006年，党支部55个，党总支缩减至8个，党员1796人。2012年，党支部57个，党总支10个，党员1593人。2013年，党支部58个，党总支8个，党员1684人。

沙沟镇党委按照上级部署要求，先后有组织、有计划、有步骤地开展一系列教育活动，不断加强党的自身建设。2000年，开展讲学习、讲政治、讲正气“三讲”集中教育活动；2001年至2002年5月，开展“三个代表”重要思想学习教育活动；2005年7月至2006年6月，在全镇分两批开展保持共产党员先进性教育活动；2009年2月至2010年2月，紧紧围绕“科学发展，振兴沙沟”这个主题在全镇深入学习实践科学发展观活动；2010年5月，开始在全镇基层组织和党员中深入开展“振兴沙沟比贡献、创先争优当先锋”为主题创先争优活动。

第六节　社会事业

精神文明建设

1998年、1999年，大力开展文明村、文明单位、十星级文明户评选活动。2003年，深入开展解放思想大讨论、精神文明创建和学习型镇村活动。2004年，实施张庄村文明生态村建设。2005年，沙沟派出所被公安部、团中央授予全国“青年文明号”称号。沙沟司法所“矛盾纠纷联动联调”和“农村项目监管创新机制”分别在全市和全省推广，受到中纪委关注。2005年、2006年，大力开展“平安沙沟”“文明沙沟”创建工作。2011年，沙沟镇敬老院院长肖继伦、沙沟派出所民警李刚等人被评为“薛城好人”，肖继伦被评为2011感动薛城十大人物。2012年，广泛开展“慈善楷模”“爱心公民”评选及“十佳好婆婆”“十佳好媳妇”“十大孝子”等评选活动。教师杜温庆被评为“全省敬业奉献模范”。2013年，扎实开展“乡村文明行动”。大力实施“2131”工程，制作“善行义举”四德榜75个，打造示范村10个、示范机关3个、示范企业5个。评选“好媳妇”“好婆婆”“好儿女”等先进个人典型1200余名。

社会治安综合治理

1991年，沙沟、南常两乡镇分别成立综合治理办公室。1996—1998年，迁建沙沟中心法庭、扩建沙沟派出所办公楼，改善司法所、综治办的办公条件。1999—2001年，全力抓好维护社会稳定、殡葬改革、街道治理、邻里矛盾纠纷等工作，配合各职能部门控制处置防线，把矛盾纠纷化解在源头、化解在基层、化解在萌芽状态，做到小事不出村、大事不出镇。坚持镇党政领导包片制度，乡综治办协助所包村、小组做好排查调处工作。2001年，沙沟、南常两乡镇合并为沙沟镇，全镇破获各类案件40例，抓获各类违法犯罪分子120人，维护社会安定和政治稳定。2013年，投资30余万元，新建视频监控中心1处，在5个村安装高科技防控设施，累计安装电子监控探头80个，路灯700盏，组建50余人治安巡逻队伍，昼夜对镇驻地、铁路、公路沿线、学校周边等重点部位和镇内重点企业、行政村进行巡逻值班，初步形成人防、物防、技防结合群防群治的社会治安防控体系。

教育

1996年，投入300万元，建设十九中学、中心小学教学楼；同年，潘庄、茶棚学区新建教室48间。1997年，十九中学被评为枣庄市市级规范化学校。1999年，建设南常联小新校，同年，投入10万元，对十九中学基础设施进行配套完善。2000—2001年，投资260万元。建设综合教学楼3座，累计建筑面积4000平方米，维修校舍120间，顺利通过省级“普九”验收。2001年，乡镇合并，南常教育办、教研室合并到沙沟教育办、教研室。2004年，投资50万元，完成关阁小学的建设。潘庄小学荣获山东省青少年航海模型竞赛团体第一名。2005年，投资80万元新建岩湖小学。投入100余万元，更换新课桌凳6200套。2006年，投资30万元全面完成新课桌、新课凳、新讲台的“三新”工程，合并3处规模小、办学条件差的村级小学，投资近200万元新建潘庄小学和茶棚小学。2009年，投入135万元完成十九中学、茶棚小学和中心小学3所学校的“五美学校”创建工作，三名学生被清华、北大录取。2010年，投资500万元改善教育教学条件，建成1400平方米的中心小学综合实验楼，完成十九中学、中心小学节能环保取暖工程和潘庄小学教学楼加固工程，是年，完成7所学校教育仪器更新。2011年，投资150万元新建沙沟中心幼儿园，投资100万元修缮中心小学基础设施建设，改建、扩建茶棚幼儿园和岩湖小学幼儿园。2012年，投资800万元完成枣庄十九中学综合楼和南常幼儿园建设，改善办学条件。2013年，投资527万元完成十九中及5所小学的内部配套和校园的绿美化工程。全镇有中小学8所，其中中学1所（枣庄市第十九中学），小学7所（中心小学、南常联小、茶棚小学、潘庄小学、关各小学、小营小学、岩湖小学），幼儿园7所，中心幼儿园1所，附设园6所，成教中心1所。

科技

1991年，南常乡政府配备科技副乡镇长，成立科协办公室，各村配齐科技副主任，各企业配备科技副职，实施科技兴乡镇战略。1992年，沙沟镇科协在全区率先引进草莓种植实验。1994年10月，南常科协申报张庄石榴产品，被薛城区评为“无公害石榴产品。”1995年10月，南常科协在全镇推广“冬暖式塑料蔬菜大棚”种植。1998年，南常乡投资200多万元落实《中华人民共和国科学技术进步法》。2003年，全市第一家合作社枣庄张庄石榴专业合作社成立。是年，张庄石榴协会成立，全镇建立各类科技示范基地16个，农业服务组织71个，各行政村成立科技服务室，农业服务组织76个，农业专业人员发展到270余人，农业科技示范户发展到3200余户。2004年，张庄石榴注册“千寿槐”牌石榴产品。2006年3月，沙沟镇科协在全区率先引进“日本金柿”，进行种植推广。2008年2月，沙沟镇科协在全市首次引进“美国蓝莓”进行种植推广，3月，引进“中华红叶杨”。是年，张庄石榴被确定为“奥运推荐果品”。2009年，沙沟镇老科技工作者协会成立。2011年5月，张庄石榴协会被山东省科协、山东省财政厅授予“全省科普惠民”先进单位。2013年，全镇良种推广4200余亩，经济良种种植3200余亩，地膜覆盖面积800余亩，塑料大棚1700余亩，种植、养殖科普示范基地13个，各种协会18个，企业技改项目15个。

文化

1992—1994年，在张庄、东界沟建设共设有两个文化活动场所。1995—1997年，在东杨、李店建设两个文化活动场所。2004年，实施有线电视入户工程，全镇有线电视拥有量达到2000户。2005年，挖掘发展“人灯舞”。是年，庞庄草编被评为市级“非物质文化遗产”。2005—2006年，建设村级活动场所6处，实施“2131”工程，全镇放映电影600余场次，新安装有线电视3000余户，村村配备电脑，接受远程教育网络。2009年，新建农家书屋5个，体育健身园4个，完成1500户有线电视安装，同年庞庄草编被评为第二批省级非物质文化遗产。2010年，增设有线电视光节点46个，铺设光缆36公里，安装6个村1000户；全镇巡回放映电影300余场次；庞庄草编参加全国非物质文化遗产博览会。2012年，杜塘凉粉、杜塘铜勺、高派山东快书被评为市级非物质文化遗产。2013年，新建文化大院4家，新增有线电视用户500户，整转数字电视4800户，开展文化下乡26场次，送电影下乡400余次，开展全民健身活动7次。同年东杨庄阳春庄户剧团挂牌成立，这是薛城区成立的首家农村庄户剧团。沙沟镇历史悠久，文化底蕴深厚。系古薛国封地，明清军事重镇，境内有凤阳古镇、建阳故城及新石器文化遗址，也是“山东快书”和“人灯舞”的发源地。

体育

1991—1998年，举办乡镇级各类比赛50余次，参加人员2000余人次，其中每年举行一次农民体育运动会、中小学生体育运动会。2009年，投资15万余元，新建高标准群众体育健身园4个。积极组织全民健身活动，举办全民健身篮球比赛16场次，参加人员1000余人。2010年，举办全民健身篮球比赛16场次。2011年，新建成体育健身园5处，枣庄十九中荣获薛城区中小学生田径运动会体育道德风尚奖。2012年，新建成郑官等村体育健身园8个。2013年，开展全民健身活动7次，参加人员200余人次。

卫生

1996年，沙沟卫生院实现升级，达到省级甲等医院的标准。1997年，全镇16个村级卫生室全部达到甲级卫生室标准。1998年，深入开展讲文明、树新风活动，提高服务水平，树立良好的窗口形象。1999年，推行4个村合作医疗试点工作，全镇卫生工作名列全区第二名。2001年，投资60万元兴建1500平方米南常卫生院综合门诊楼，切实改善群众就医条件。2004年，组织开展卫生“下乡”活动。2005年，推行农村新型合作医疗制度，投入51万元，为3.38万名群众办理合作医疗保险。2006年，稳步推进镇卫生院改革，新型合作医疗全面推开，全镇参与百姓3.53万人，参合率达88.2%，大病住院医药费报销67.28万元，门诊报销6.43万元。2011年年末，各级各类医疗卫生机构25个，卫生院1所；病床50张，其中公立卫生机构床位50张，每千人拥有医疗床位1张，固定资产总值0.085亿元。专业卫生人员142人，其中执业医师32人，执业助理医师60人，注册护士31人，平均每千人拥有卫生技术人员3人，平均每千人拥有执业（助理）医师2人，平均每千人拥有注册护士0.5人。医疗机构（门诊部以上）完成诊疗34.5万人次，住院量587人次，门诊人数94873人次。2012年，投资30万元完成沙沟中心卫生院、南常院区改建工程。

计划生育

综合运用法律、行政、教育、经济等手段建

立稳定适度低生育水平长效工作机制。加强孕前管理和随访服务，严肃查处违法生育行为。坚持标本兼治，深入开展“关爱女孩行动”、婚育新风进万家活动。卫生、计生、公安等部门加强工作联动保持打击“两非”（非法实施胎儿性别鉴定和选择性别人工终止妊娠）行为的高压态势。依法查处涉案人员和机构。扎实做好婚前医学检查、孕前优生健康检查、孕期保健和新生儿疾病筛查等工作。健全流动人口计划生育服务管理体系，规范人口流入地、流出地工作职责和双向考核办法，健全流动人口信息采集、更新和共享机制，提高信息质量。强化镇村计划生育工作网络化，加强基础能力建设，完善基层计划生育协会组织，健全计生协会深化群众自治。强化领导确保各项工作落到实处，坚持党政一把手亲自抓、负总责。稳定五职责任人的领导体系，配齐配强35个计生专职主任。积极围绕抓责任抓落实、抓队伍建设、抓阵地建设、抓集体活动，落实村民自治，促进综合治理，稳妥扎实有序实施单独两孩政策。

1991—2013年薛城区沙沟镇人口基本情况一览表

表28-7

年度	总人口（人）	性别比（%）	出生率（‰）	自增率（‰）
1991	51436	120.3	17	13
1992	51587	130.4	16	12
1993	51692	131.6	16	11
1994	51746	122.3	12	8
1995	51803	126.4	12	7
1996	51864	128.3	12	7
1997	51903	135.8	13	8
1998	51980	140.6	11	6
1999	51907	120.5	9	4
2000	52802	149.1	8	3
2001	52967	114.6	11	5
2002	52843	128.5	9	3
2003	52821	139.3	9	4
2004	52814	151.8	12	9
2005	53009	143.2	14	9
2006	53148	131.4	14	10
2007	52836	135.6	15	11
2008	53130	137.2	16	10
2009	53416	133.2	16	8
2010	53796	139.7	14	7

续表28-7

年度	总人口（人）	性别比（%）	出生率（‰）	自增率（‰）
2011	54481	129.1	15	7
2012	54523	126.2	14	5
2013	54552	125.2	12	4

第六章　周营镇

第一节　境域建置

周营西汉建村，原名许家屯，原广威将军周忠带兵驻扎于此，因此而得名。汉执金吾毋将龙故里，运河支队诞生地。周营镇位于山东省最南端，枣庄市南部，薛城区东南部，东临峄城区，西靠微山县，北与沙沟镇及峄城区接壤，南与微山县和峄城区毗连。京沪高铁、京福和京台高速公路穿境而过，连接京沪高速和京台高速的枣临高速公路的出口就设在周营。全镇总面积100平方公里，耕地面积10万亩，辖38个行政村、89个自然村，5.3万人，属于典型的农业乡镇，素有“鲁南蔬菜之乡”的美誉。全镇特色农产品种植面积近3.7万亩；200亩规模以上的种植大户累计达40余家。曾先后获得“枣庄市现代农业示范镇”“枣庄市农村改革示范镇”“枣庄市一村一品示范镇”等称号。

第二节　村　庄

2001年乡镇规模调整，陶官乡并入周营镇，全镇辖38个行政村、89个自然村。2013年，全镇有村民13645户，共5.3万人。

2013年周营镇村庄基本情况表

表28-8

行政村名称	辖自然村	耕地（亩）	人数（人）
河湾村	季庄张河湾 李河湾	2567	1744
湾槐树	前湾 后湾	2210	1429
磨庄村	前磨中磨 后磨李楼	2596	1862
铁佛村	铁东 铁西 褚林	3000	1862
张场村	张东 张西 罗庄	2710	1512
邵楼村	邵一 邵二 邵三	1960	1575
安庄村	安庄 曹埠	1600	1086
一 村	一村南 一村北	986	912
二 村	二村	947	1174

续表28-8

行政村名称	辖自然村	耕地（亩）	人数（人）
三 村	三村	839	815
四 村	四村	800	762
五 村	五村	1086	1062
李庄村	李庄	2700	738
单楼村	单楼 单庙	2444	1586
褚楼村	褚楼 丁庄 小韩洼	1798	1041
大韩洼	大韩洼 小庄子	1956	1239
高架子	高架子 后韩刘河口	2900	1917
官杨庄	曹官庄 杨庄	2400	1161
石门村	大石门 小石门	1900	1979
侯许庄	侯庄 许庄	1794	1319
王楼村	白楼 石庄 王楼	1800	1283
牛山村	牛山	1490	1191
大巩湖	大巩湖	1238	695
小巩湖	小巩湖 刘庄 小辛庄	2500	1185
沙河涯	东沙 西沙	890	797
胡庄村	胡庄 褚庄 陈庄	2112	1122
陶官村	陶官 中李	1293	1495
蔡官村	蔡官 蔡古楼 任庄	3810	1845
李 村	李村 孙楼 南孙庄	3547	2020
石庙村	石庙 米楼	1930	771
常埠村	常埠 朱庄	2311	1289
刘桥村	前刘 后刘 曹庄 王庄	2442	1661
沙井村	前沙 后沙 南马	1950	1322
前马村	前马 涝庄	1680	1180
高 村	高村 高河	2432	1729
北马村	北马 刁庄 三合庄	1530	1071
大孙庄	大孙庄	1280	1036
后马村	中马 后马 北李 刘庄	2840	1791

第三节　自然环境

周营地处光照良好的北温带，适于动植物生长和人居环境。该镇内境域地质处于华北和鲁西区隆起南缘构造形态，东部凸起，西部凹陷，形成洪积冲积平原。境内形成东西走向山脉，名山有九顶凤凰山、金牛山。气候属暖温带季风区大陆性气候，冬季盛行偏北风，气候寒冷干燥，春季偏南风较多，夏季天气炎热，湿润多雨，常年平均气温 13.9℃，整个作物生长期 3—10 月，生长期年平均 240 天，无霜期年平均 200 天，年平

农业丰收

均日照时数2532小时，年总辐射118.288千卡/平方厘米。平均年降水量800毫米。

周营镇热量及光能资源极为丰富，尤其在3—10月份，是作物生长季节，光照多，热量多，为各种农作物及树木、草类的生长发育提供良好的光热条件。

周营镇年平均降水量为875.3毫米，多年平均径流深为180毫米左右。降雨量有明显的季节变化，雨量多集中在6—9月，占全年降雨量的74.43%，枯水期（1—5月及10—12月）8个月的降雨占全年的25.57%。据当地水文资料，周营镇地下水资源集中，而且水质好，化学、物理性状均符合灌溉用水标准。地下水埋深80～160米，地下水储量约在1.1亿立方米，年允许开采量约605万立方米。利用原有地下水以及坑塘蓄水进行提水灌溉，能够满足项目区灌溉需求。

第四节　经济发展

1997年，工业总产值原周营镇8906.1万元，陶官乡4461万元，农业总产值周营镇3389万元，陶官乡3225万元。1998年，周营镇国内生产总值8157万元，其中第一、二、三产业增加值分别为2975万元、3475万元、1707万元，农民人均收入2201元。2000年，全镇国内生产总值14197万元，财政收入274万元，农民人均纯收入2447元，粮食总产量1.95万吨，第一、二、三产业增加值分别为5825万元、5437万元、2935万元。2002年，全镇国民生产总值完成1.91亿元，同比增长22.44%；财政收入完成447万元，同比增长40.57%；规模以上工业增加值完成2324万元；农民人均纯收入达到2620元，同比增长3.1%。2003年，全镇国内生产总值2.29亿元，财政收入462万元，粮食总产量1.77万吨，第一、二、三产业增加值分别为7868万元、6363万元、8669万元。2005年，生产总值达到2.95亿元，增长9.7%；税收总额达到513万元，农民人均收入达到3300元，增长10%。2010年，生产总值5.0亿元，同比增长12%；财政收入953万元，国税167万元，地税706万元，同比增长56%；固定资产投资4.5亿元，同比增长17%；农民人均纯收入4962元，同比增长9%。2011年，生产总值6.1亿元，同比增长13%；财政收入1221万元，同比增长20%；固定资产5.3亿元，同比增长17%；农民人均纯收入可达到5558元，同比增长13%。2012年，生产总值6.2亿元，同比增长12%；财政收入1543万元，同比增长37.37%，工商四税完成981万元，同比增长31.6%；固定资产投资9.8亿元，增长25%；农民人均纯收入6707元，增长19.6%。2013年，生产总值6.55亿元，同比增长11%；财政收入1927万元，同比增长24.8%；固定资产投资8.65亿元，同比增长21.8%；全镇用电量2466万千瓦时，同比增长21.47%；工商税收实现1873万元，同比增长25.27%，工商四税1458万元，同比增长25.17%；农民人均纯收入达到7646元，增长14%；全镇银行农民存款总额达3.9亿元，增长17.5%。

工业

1991年，周营镇镇办企业13家，陶官乡企业12家，有建筑、煤炭、食品、养殖、纺织、石材加工等六大门类，两乡镇职工达2000余人。1997年，周营镇有周营综合厂、面粉厂、金牛山水泥厂、绳径厂、周营镇煤矿、绒绣厂等6个镇办企业，原陶官乡有一号煤矿、二号煤矿、调味品厂、联合化工厂、橡塑厂 、皮鞋厂等6个乡办企业。2001年乡镇合并，企业职工达到1040人，产值达到7140万元。2002—2010年，先后引进高晟公司、海河食品、雪峰制冷、金龟电子、国宁车业、泉鸿精制棉、昊森板业等骨干企业26个，工业总产值达到61559万元，出口交货值达到4850万元，完成利税总额7120万元，从业人员达到1350人。是年，引进项目11个，引资总额4.73亿元，实际到位资金2.2亿元，其中过亿元项目2个、过5000万元项目3个、过2000万元项目6个。同年，铁成门业、灭火材料、恒固建材、申友耐磨材料、肉鹅宰杀等项目建成投产。2011年，电动汽车、恒通橡塑、雪峰制冷、铁成门业、金环采掘、开利机械、众望钎具、昊森板业、防火门制造、净水剂等20个项目已投产达效。同年，投资5000万元建成连伟纺织项目；投资1.4亿元的海帝高科项目开工建设。全镇企业总数发展到149家，规模以上工业企业10家，其中产值过亿元工业企业3家，实现工业总产值6.7亿元，比2007年增加2.8亿元，年均增长20%。2013年，国宁车业实现当年建设、当年投产，产值过亿元；高晟公司、恒通橡塑、雪峰制冷等骨干企业产销两旺，发展势头良好。

农业

周营镇面向市场，因地制宜，突出抓农业结构调整，逐步形成市场农业新格局。2010年，调整瓜菜面积10000亩，新建蔬菜大棚6000个；调整金银花种植面积200亩，食用菌种植新增50亩，引进蓝莓发展基地300亩。2011年，建成五村金银花、高村蘑菇、李庄肉鸭、牛山肉鹅、蔡官蛋鸡等专业村种养殖基地。瓜菜总面积达到4.1万亩，大棚总数达到2.5万个，蔬菜年产量达到18万吨，年实现产值1.26亿元。2012年，规划铁佛万亩蔬菜基地和北部山区万亩林果基地，累计完成结构调整土地1.3万亩，其中成方连片1000亩以上的结构调整方1个，500亩以上的结构调整方5个，200亩以上的结构调整方20余个。2013年，流转土地1万亩，特色农产品种植总面积达4.5万亩；种植大户达到26家，家庭农场18家，农民专业合作社85家，其中，省级示范社1家，市级改革示范社4家，市级试点合作社8家，居全区之首。是年，在店韩路以西、枣临高速以南规划占地2万余亩的现代农业产业园

杏鲍菇养殖

区，园区集农产品深加工、仓储物流、观光农业于一体。投资1.1亿元的宸泰农业科技、投资6000万元的北昇杏鲍菇工业化生产、投资5000万元的品德蔬果加工等8个项目已进驻园区。

作物种植　1991年，周营、陶官两乡镇以种植粮食作物以小麦、玉米、地瓜、高粱为主，按一定比例种植其他杂粮。1993年，种植业结构调整，以种植小麦、玉米为主，秋粮地瓜、高粱、谷子、大豆种植逐年下降。1996—1998年，原周营镇初步形成以北部山区林果、花生、畜牧，中部和南部平原的蔬菜、草莓、瓜果、西部湖区的良种开发为主体的市场农业新格局。2003年，全镇种植小麦3万亩，玉米2.8万亩，高粱2000亩，豆类2000亩，花生1.5万亩，瓜菜5.2万亩，谷物3.1万亩，其他作物530亩。2004—2013年，加大种植业结构调整力度，瓜菜、林果种植面积逐年增加，粮食作物种植合计13.4万亩，花生、油菜籽1.27万亩，结构调整6000余亩，蔬菜、林果两大特色农产品种植面积达到4万亩。

农田水利　自1996年以来，重点抓三、四期黄淮海和二期世行贷款项目区中低产田改造、北部山区水库扩容加固，改造中低产田4000亩，改善灌溉面积2500亩。1999—2001年，三年新增灌溉面积1万亩，改善灌溉面积1.5万亩，完成二期世行项目开发2.8万亩。2002—2004年，节水灌溉面积达到5.4万亩，除涝面积达到3.1万亩，治理水土流失9000亩，塘坝达到33座，库容总量达到50.67万立方米。2009年，三期世行完成总投资595万元。新挖排涝沟5000多米，新建进地涵管81座，生产桥10座，挖机井20眼，小型蓄水池6座，移动取水平台6座，碎石硬化道路7000米，投资149万元对黄石山小流域进行治理；投资68万元对蔡官水库、侯许庄水库进行除险加固；投资40万元对大沙河小巩湖段进行治理。2010—2012年，投资800万元，对陶官六村湖10000余亩耕地进行中低产田治理。新修农田道路2.6万米，挖排水沟、路边沟3.6万米，新建桥涵75座，铺设PVC管道1800米，开挖大口井8个；投资50万元对涉及蔡官、高村、北马庄3个行政村进行土地项目整理复垦，新增耕地8.34公顷。新建牛山至白楼、小巩湖至小辛庄的拱桥2座。2013年，投资2938万元的小农水重点县项目启动实施，涉及蔡官、李村、沙井、刘桥、大孙庄、高村、常埠、石庙、陶官等9个村、近3万亩耕地，开挖水源工程11处，铺设各类管道150公里，整修道路64公里，疏通排水沟124公里，建设生产桥4座、拦河坝2座、涵洞180座、拦河闸1座，栽植树木3.58万棵，供电线路铺设4公里，安装水泵机组13套，已正常投入使用。

农业机械　1991—1993年，周营镇、陶官乡大中小型拖拉机1200余台套，推倒式小麦收割机110台，背负式联合收割机11台。1994年，两乡镇大中小型拖拉机存有量479台套，推倒式小麦收割机36台，背负式小麦收割机22台。1995年，两乡镇拖拉机拥有量438台套，其中大马力拖拉机59台套，推倒式小麦收割机21台，背负式小麦联合收割机38台套。2004年，全镇共有农用三轮车523辆，自走式联合收割机28台。2005年，拥有农产品加工机械199台，农用拖拉机371台，自走式联合收割机31台，实现小麦秸秆打碎还田率达95%以上。2010年，大中小型拖拉机327台套，小麦收割机93台，玉米收割机56台，新成立长青、金珠等两个农机专业合作社。2013年，周营镇大中小型拖拉机271台套，自走式小麦收获机87台，玉米收割机40台套，全镇机收还田率95%以上，主要粮食作物基本实现全面机械化。

林果

1991—1997年，两乡镇投资23.4万元，对环镇路、农田林网及“四旁”绿化，栽植杨树15万株。1998—2000年，投资25万元，在二期世行项目区栽植杨树8.4万株。2001年，在京台高速两侧栽植宽20米绿色通道，投资22万元，栽植杨树4万株。2002年，京台高速绿色通道加宽至100米，对薛周路两侧绿色通道进行补植，共投资66万元，栽植杨树12万株。2003年，投入资金10万元，对牛山项目区进行绿化，栽植杨树3万株。2004—2009年，投入资金33万元，对全镇项目区和农田林网进行补植，共栽植杨树14万株。2009年，投资28万元栽植杨树8万株，栽植海桐球、女贞等绿化苗木2万余株，经济林260亩。2010年，投资5万元，对薛周路、店韩路绿色通道进行补植，栽植杨树1.2万株。2011年，投资11万元，购置杨树2.3万株，对周营大沙河河道两侧及环镇路两侧进行补植，同年，对所有的山村进行林权制度改革并对所有的山头进行GPS定位。2012—2013年，投入资金230万元，在枣临高速两侧各100米范围内，共栽植杨树、核桃、黄桃22万株。

畜牧

1997年，两乡镇畜牧业总收入2576万元。1999年，全镇肉食猪出栏量达到2.6万头，羊17500只，大牲畜存栏量达到3950头，各种家禽饲养量达到37.7万只。2000年，两乡镇家禽养殖40万只以上，蛋鸡专业户22户，肉食鸡专业户19户，年出栏猪3.2万头，养殖专业村12个，各类养殖专业户200余户，大牲畜存栏688头，羊1.5万只，三禽31.9万只。2004年，新建畜牧小区5处，私营养殖场20个，新发展养殖专业户200户，畜牧业年产值达到5000万元，占农业总产值的39%。2010年，畜牧小区发展到6处，私营养殖场22处，饲养专业村达到20个，各类养殖专业大户发展到380户。至2013年年底，生猪饲养量4.2万头，家禽饲养量36万只，畜牧业总产值6328万元，占农业总产值41%。

商业

2002年，周营镇政府与安侨公司合作投入1亿元在镇驻地西侧开发建成周营四村商贸园，开发建设商贸房120家，1.8万平方米，形成以日用百货、农资、食品和小商品交易为主的综合市场。2003年，完成周营农贸市场的迁址。2005年，新发展民营企业18家，总数达到60家；新发展个体工商户80户，总数达到460户，实现利税545万元。2013年，发展个体工商户110户，总数达到638户。

交通

1992—1995年，周营镇利用三年时间投资300余万元修通环镇路70多公里。1995年3月，周营镇拓宽改道长2000米，宽50米的薛兰公路柏油路面。1996年，店韩路建成通车。1997—1999年，周营镇政府投资500余万元实施村村通工程。2001年，原周营镇、陶官乡合并周营镇，公交路线大幅度提升。2002年，区交通局至周营（薛周路）全面改建完毕。2006年，店韩路全面升级改建使用至今。2007年，乡镇农村公路管理站成立，成立专业专职养护队伍。2010—2013年，对镇驻地道路进行改建，由水泥路面改建柏油路，全面提升镇驻地的道路水平。以店韩路、金汇路、薛周路等中心道路为依托，建设循环式农村路网，全年投资1500万元，完成五村、邵楼等19个行政村24公里的村庄道路硬化；金汇路3.2公里道路修建；店韩路至高架子段的6公里道路完成柏油修复；牛山—高架子4.5公里道路、侯许庄—四村3公里道路、陶官—李村1.9公里道路已建成通车，人民群众“出行难”问题得到初步解决。

通信

1991年6月，周营、陶官邮电支局综合办公楼分别奠基，1992年6月建成。1998年9月6日邮电分营，是年，原周营镇装机168部，陶官乡126部；2000年，与区邮电局联合新建周营邮政局。2001年，原周营镇、陶官乡镇合并，总装机容量为15000户，实际装机6116户，上网用户6户；2009年，装机容量22000户，实际装机8029户，AD宽带1013户；至2013年，AD宽带用户217户。

村镇建设

1992年3月，周营镇政府投资50多万元对中心街进行拓宽，铺混凝土1万平方米，修下水道2800米；建遮雨棚1000平方米，设营业摊位500个。1995年12月，周营镇对驻地的小城镇统一规划面积4.2平方公里。1995—1997年，共开发商业住房面积1.6万平方米。1996年，投资200余万元，建设门市房20套，建筑面积0.5万平方米。1998年7月，周营镇政府投资600万元，建设开元街，该工程位于镇驻地北部，西起牌坊街，东至沿河街，总长400米，宽50米，建筑总面积1.4万平方米，商贸房120套，设计摊位300个。1999年4月，周营镇政府投资600万元，建设周营镇综合批发市场，占地2.6万平方米，建商贸房24套，设置摊位500个。1999年9月，周营镇政府投资40万元，新建敬老院一处。敬老院占地0.664公顷，建筑面积1116平方米，可容纳90余名老人。2000年，和谐新村动工，投资1800余万元，建设住宅楼4栋180户，建筑面积1.9万平方米。2003年6月，周营镇政府办公楼开工建设，2003年12月竣工，总投资180万元，建筑面积6120平方米。2008年，四通花园动工，投资400余万元，建设住宅楼1栋32户，建筑面积0.35万平方米。2009年，铁佛新型社区动工，共投资7000余万元，建设住宅楼14栋，600户，建筑面积2万多平方米。2012年，陶官新村动工，投资1500余万元，建设住宅楼4栋132户，建筑面积1.5万平方米。2013年，供销花园动工，投资600余万元建设住宅楼1栋60户，建筑面积0.9万平方米，是年11月底，金汇小区三期工程完成，总投资2500余万元，建筑面积2.8万平方米。

第五节　基层组织

1991年，原陶官乡有党总支3个，党支部43个，党员481人；原周营镇有党支部58个，党员718人；2001年，两乡镇合并后有党支部49个，党总支9个，党员1296人；至2013年，有55个党支部，其中农村党支部38个，机关党支部17个。共有党员1514名，其中有农村党员1333名，女性党员282名。年龄35岁以下有135名，36~59岁有397名，60岁以上有982名。大专以上有187名，高中中专有386名，初中及以下有941名。

2000年，周营镇党委开展讲学习、讲政治、讲正气“三讲”集中教育活动；2001年至2002年5月，开展“三个代表”重要思想学习教育活动；2005年7月至2006年6月，在全镇分两批开展保持共产党员先进性教育活动；2009年2月至2010年2月，紧紧围绕“科学发展，振兴周营”这个主题在全镇深入学习实践科学发展观活动；2010年5月，在全镇基层组织和党员中深入开展“振兴周营比贡献、创先争优当先锋”为主题创先争优活动。

第六节　社会事业

精神文明建设

1998—1999年，大力开展文明村、文明单位、十星级文明户评选活动。2003年，深入开展解放思想大讨论、精神文明创建和学习型镇村活动。2004—2006年，大力开展“平安周营”“文明”创建工作。2011年，周营镇杨其萍、徐钦侠等人被评为“薛城好人”。2012年，广泛开展“慈善楷模”“爱心公民”评选及“十佳好婆婆”“十佳好媳妇”“十大孝子”等评选活动。2013年，扎实开展“乡村文明行动”，大力实施“2131”工程，制作“善行义举”四德榜38个，打造示范村4个。评选“好媳妇”“好婆婆”“好儿女”等先进个人典型260余名。

社会治安综合治理

1991年，周营、陶官两乡镇分别成立综合治理办公室。1999—2001年，全力抓好维护社会稳定、殡葬改革、街道治理、邻里矛盾纠纷等工作，配合各职能部门控制处置防线，把矛盾纠纷化解在源头、化解在基层、化解在萌芽状态，做到小事不出村、大事不出镇。坚持镇党政领导包片制度，乡综治办协助所包村、小组做好排查调处工作。2013年，新建视频监控中心1处，在2个村安装高科技防控设施，累计安装电子监控探头36个，组建安巡逻队伍，昼夜对镇驻地、铁路、公路沿线、学校周边等重点部位和镇内重点企业、行政村进行巡逻值班，初步形成人防、物防、技防相结合群防群治的社会治安防控体系。

教育

1998年，投入100余万元，建设六联小学。1999—2001年，投资近600万元。建设综合教学楼5座，累计建筑面积9000平方米，维修校舍26间，顺利通过省级“普九”验收。2001年，乡镇合并，陶官教育办、教研室合并到周营教育办、教研室。2004—2010年，先后投资2000万元，累计建设综合教学楼8座，累计建筑面积1.5万平方米，维修校舍78间，全面完成新课桌、新课凳、新讲台的“三新”工程。完成3所学校的“五美学校”创建工作。2013年，投资220万元建成中心幼儿园和投资162万元的沙井小学教学楼，投资260万元建成六联小学二层教学楼，完成铁佛小学、沙井小学、六联小学旱厕改造工程，新建水冲厕所200平方米；全镇9所小学实现冬季供暖。

科技

2001—2003年，全镇建立各类科技示范基地7个，农业服务组织11个，各行政村成立科技服务室，农业专业人员发展到200余人，农业科技示范户发展到1500余户。2003年，周营镇注册“周赢牌”牌土豆产品。2004—2008年，先后注册“周赢”牌土豆、“金牛山”牌花生等无公害农产品商标7个。2009—2013年，周营镇先后成立农产品经济协会组织97个，其中国家级农民专业合作社1个，省级3个，市级12个。2013年，全镇良种推广6万余亩，地膜覆盖面积3万余亩，塑料大棚3.8万余亩，种植、养殖科普示范基地3个，企业技改项目15个，企业申请专利5个。

文化

2004年，实施有线电视入户工程，全镇有线电视拥有量达到2000户。2005—2006年，实施“2131”工程，全镇放映电影500余场次，新安装有线电视3000余户，村村配备电脑，接受远程教育网络。2009年，新建农家书屋3个，体育健身园2个，完成1500户有线电视安装，牛山孙氏宗祠被评为第二批省级非物质文化遗产。2010年，增设有线电视光节点47个，铺设光缆31公里，安装5个村1100户；全镇巡回放映电影200余场次。2013年，开展文化下乡 、送电影下乡活动，全年放映400余场，完成五村书画大院的揭牌。有线电视广播站建成投入使用，全镇87个自然村全部通上有线电视，完成“金马席”省级非物质文化遗产和“菜古楼粉皮”“三村刺绣”市级非物质文化遗产申报工作。全年新建文化小广场17个；新建文化中心6个；全镇组建舞蹈队21支，位居全区首位。全镇共开展舞龙、送戏下乡、送电影下乡等活动，丰富群众业余文化生活。

体育

1991—1998年，举办乡镇级各类比赛20余次，参加人员2000余次，其中每年举行一次农民体育运动会、中小学生体育运动会。2009年，投资5万余元，新建高标准群众体育健身园1处。积极组织全民健身活动，举办全民健身篮球比赛5场次，参加人员1000余人。2013年，开展全民健身活动7次，参加人员200余人次。安装体育健身器材4处，周营镇先后在市、区“草根达人秀”“广场舞大赛”“全民运动会”中取得佳绩。

卫生

1996年，周营卫生院实现升级，达到省级甲等医院的标准。1997年，全镇16个村级卫生室全部达到甲级卫生室标准。1999年，推行农村合作医疗试点工作。2005年，推行农村新型合作医疗制度，为5.3万群众办理合作医疗保险。2006年，稳步推进镇卫生院改革，新型合作医疗全面推开，全镇参与百姓3.7万余人，参合率达71%。2012—2013年，投资200余万元更新检查设备，医疗水平进一步提高。是年，全镇参合农民47456人，对参合农民门诊统筹补偿减免10.1万人次，累计补偿资金228.5万元；累计住院1017人次，累计补偿资金395万元，参合人员补偿覆盖率为99%。平均每千人拥有卫生技术人员3人、执业（助理）医师2人、注册护士0.5人。

第七章　巨山街道

第一节　境域建置

2012年5月11日，按照市委、市政府“三区合一”的战略部署，市中心城区进行行政区划调整，薛城区设立巨山街道（筹），承担中心城区建设管理和社会服务的职能，2014年12月30日，正式批复为薛城区巨山街道筹备处工作委员会。薛城区巨山街道位于枣庄市中心城区，坐落于风景秀丽的凤鸣湖畔，是全市新的政治、经济、文化中心城市的重要组成部分。交通便利，北临京台高速公路出入口南邻京沪高速铁路，光明大道横贯东西。市政大厦位于辖区中心位置。辖区面积39.2平方公里，辖14个村居12个社区。总人口达到5.1万人。2014年，被评为市级生态街道、市级生态文明街道、市级三秋秸秆综合利用和禁烧工作先进集体、全市维护稳定工作先进集体、区级城乡环卫一体化工作先进集体的称号。

第二节　村庄社区

2012年5月11日，成立巨山街道筹备处，按照市委、市政府“三区合一”的战略部署，市中心城区进行行政区划调整，把高新区兴城街道大吕巷村、小吕巷村、高楼村、杜塘村、黑峪村、来泉庄村和高新区兴仁街道东巨山村、西巨山村、托一村、托二村、托三村、徐沃村、托前村、托后村、四里石社区、薛庄社区、泰鑫社区、怡苑社区、新城社区、四季菁华社区、14个行政村，6个社区划归为巨山街道。根据形式需要，2014年3月，新城社区和四季菁华社区划分成、安侨社区、金地社区、凤凰山社区、颐嘉园社区、四季菁华社区、昂立社区、凯润社区、国运社区，共8个社区。

2014年薛城区巨山街道村庄社区基本情况表

表28-9

行政村（社区）名称	辖（村）社区范围	户数（户）	人数（人）	备　注
大吕巷村	大吕巷村位于光明路以南，店韩路两侧。	1139	3869	大吕巷在清光绪三十年《峄县志》上记为“大间巷”
小吕巷村	位于大吕巷之西	432	1265	村内关帝庙遗址，有碑三幢，其中一幢为明正德年立，可知明代已有此村

续表28-9

行政村（社区）名称	辖（村）社区范围	户数（户）	人数（人）	备注
来泉庄村	来泉庄村位于光明路南侧，长白山路东侧，复原三路西侧。	698	1432	村东有烈士陵园，为纪念抗日战争时期被日军杀害的八名烈士而立
黑峪村	黑峪村位于巨山街道东部区域，三面环山	416	1260	村西北有黑峪水库，为薛城区最大水库
杜塘村	杜塘村背靠韩龙山，西邻长白山路。	246	821	1962年改属薛城区南石沟公社，于1983年经枣庄市政府批准更名为北杜塘大队
高楼村	高楼村位于巨山街道办事处东侧，有耕地面积1100亩	510	1371	该村原名西间巷，因位于间巷之西得名。后高姓迁入为村中大户，并建大楼一座遂改称高家楼
东巨山村	东巨山村位于枣庄市政府南部、长白山路路西	302	1164	巨山寺在巨山，五代时建，废基址犹存”，此村在东，故名东巨山
西巨山村	西巨山村位于市政府驻地南侧，京沪高铁枣庄站北侧	523	2501	2012年10月进行整村拆迁改造，拆迁改造涉及房屋共计1101套，房屋面积共计58万平方米，现已拆除完毕
东托一村	托一村位于四号路以南，海河路以北，凤鸣湖以西	460	1350	《滕县图志》标记有“东托”。该村分为三个村，此为一村。2009年进行拆迁，2015年4月回迁，安置总户数295户，总安置人口1072人，回迁安置面积6.02万平方米，回迁安置住房546套
东托二村	东托二村位于太行山路以东、六盘山路以西、海河路以南、黄河路以北	375	992	《滕县图志》标记有“东托”。该村分为三个村，此为二村2009年进行整村拆迁改造
东托三村	东托三村位于新城西南，东至和谐路枣庄大地锦绣物流中心，西至祁连山路阳光花园小区，南至长江路高铁火车站，北至黄河路	565	1569	《滕县图志》标记有“东托”。该村分为三个村，此为三村，原名托犁，亦名拖里，传说因位于山间居民分散故名，有十里长拖之说。2009年进行整村拆迁改造
徐沃村	徐沃村坐落于京沪高铁西侧、京福高速东侧，南林长江路、北靠永兴路	213	776	原名徐家窝，徐姓居此建村，故名。2009年进行整村拆迁改造
西托后村	西托后村位于德仁路以东，光明路以南，祁连山路以西。	623	2102	2009年进行拆迁，2013年9月4日回迁，安置总户数477户，回迁安置总面积8.11万平方米，共准备回迁安置房源811套
西托前村	西托前村位于京沪铁路西侧、京福高速东侧，北邻小沙河、南邻黄河路	750	2280	2010年进行整村拆迁改造

续表28-9

行政村（社区）名称	辖（村）社区范围	户数（户）	人数（人）	备　　注
怡苑社区	怡苑社区居委会位于巨山街道的西部，南依临山，北至滨河路，处于德仁路和嵩山路的狭长地带之间。	1471	2473	2013 年、2014 年被评为省级文明社区
泰鑫社区	泰山路东、滨河路南、茂源路以西、永兴路以北	1533	5769	2013 年被评为市级文明社区，2014 年被评为省级文明社区
四季菁华社区	四季菁华坐落在枣庄市新城光明大道南侧，凤鸣湖东侧，井冈山路西侧，黄河路北侧	868	2604	辖区内有四季菁华、瀚景名座、炬山花园、学府花园、紫光园、市财政局宿舍 6 个居民区，2014 年被评为省级文明社区
凤凰山社区	位于市政府西侧	1126	2845	2014 年成立居委会，原属于新城社区，后被划分出凤凰山社区
四里石社区	泰山路中段 460 号中部	600	2100	明朝万历年间村中有一巨石距临城（现薛城）路程四华里。因此而得名“四里石”
薛庄社区	黄河路大桥南侧	936	2300	清代建村，原名临山子，因村庄坐落于临山西麓得名，后薛姓迁入，逐渐繁衍成村中大户，遂更名为薛家庄，村内多汉墓
安侨社区	光明路祁连山路交界东路北	706	1932	2014 年被评为区级文明村居，原属于新城社区，后被划分出安侨社区
昂立社区	枣庄新城长白路东侧	931	2390	2014 年荣获市级文明社区，原属于四季菁华社区，后被划分出昂立社区
颐嘉园社区	光明路与武夷山路司法局北侧	73	96	2014 年成立居委会，原属于新城社区，后被划分出颐嘉园社区
凯润社区	位于枣庄高新区新城和谐路西、光明路南和黄河路北	380	841	2014 年成立居委会，原属于四季菁华社区，后被划分出凯润社区
金地社区	光明路与太行山路交叉往北 100 米	407	1205	2014 年成立居委会，原属于新城社区，后被划分出金地社区
国运社区	枣庄新城光明大道与六盘山路交会处	224	412	2014 年成立居委会，原属于四季菁华社区，后被划分出国运社区

第三节　经济发展

2014年，巨山街道生产总值实现14亿元，固定资产投资累计完成6.6亿元，有企业753家，规模以上企业55家，个体工商户1598个，新增注册企业85个，完成地方级税收1.7亿元。

工业

润恒IVY光能有限公司　位于深圳路南侧，主要从事新能源光伏产业的高科技公司，是国内重要的绿色能源和光伏系统集成供应商。公司注册资金3亿元，占地19.33余公顷，经营范围主要有多晶硅光伏组件的生产、光伏电站的建设运营及国内外光伏电站的EPC项目总承包。2014年，重点项目是全自动生产线改造项目——自动串焊项目，该项目总投资2400万元。

山东科乐波电子有限公司　位于武夷山路1号，占地面积6.67公顷，总投资520万美元，注册资本520万美元。公司有员工680余人，拥有4000平方米的产品标准生产车间，40条专用生产流水线以及相配套的先进检验测试设备，具备批量年产电子元器件6000万个的生产能力。为扩大生产规模，增加投资资本金50万美元，购置自动化生产设备。

中力高压阀门股份有限公司　位于西托前村辖区内，拥有浆闸阀、煤气大闸阀、普通阀和出口包装4条生产线，公司占地2公顷，拥有员工100多人，其中工程技术人员20人，大中专以上学历占90%，年产值近5000万元，税金200万元。阀门生产技术处于国内领先水平，以“中力”牌阀门产品而闻名全国。

山东神工海特电子科技有限公司　公司总投资7.8亿元，新购土地2.87公顷、厂房及办公楼4栋。新建的百万级的无尘车间环境，有效降低环境粉尘引起的产品短路，提高产品的安全性和稳定性。车间购买设备600多台，生产线两条，引进自动上料机，挤压式涂布机，在线测厚仪，自动卷绕机等全国乃至日韩先进的自动化设备。

枣庄亚讯盈丰机电科技有限公司　2011年，在香港成功签约组建的新型高科技、外向型独资企业，注册资金8000万港币，占地3万余平方米。2014年，已完成各类固定资产投资4000余万元。拥有30余名优秀的专业技术人才。公司始终致力于制造与研发国内外风机机械及墙材工业用自动码坯机配套设备，产品已销往全国31个省市自治区，并出口印尼、孟加拉、乌兹别克斯坦、蒙古等十余个国家和地区。有着多年的生产经验与良好的质量服务体系。

枣庄天润达实业有限公司　位于薛城区店韩路东侧、巨山办事处大吕巷村南侧，规划用地面积约2公顷。这是浙鲁集团旗下的一家专业从事新型绿色建筑材料生产的高科技企业，主要是预拌商品混凝土和干混砂浆。项目集生产、销售、运输、泵送于一身，融绿色、环保、节能、降耗于一体，总投资为3000万元。设计年产能力为100万吨，年销售收入约1.3亿元。

枣庄联达印染机械轻钢工程有限公司　公司位于茂源路706号，计划占地2.93公顷。公司成立于2002年，拥有固定资产3000余万元，拥有厂房办公楼等1.6万平方米，各类机械设备二百余台套。拥有职工110多人，其中中级以上工程师5人，高级技工40多人。公司注册资金1200万元，平均年实现销售收入1500多万元，实现利税100余万元。

服务业

随着新城区楼宇经济如双子星城市综合体、中央天街、元丰国际广场（建信大厦）、嘉豪国际广场等项目的建设的稳步推进；专业市场群如天衢物流商贸城，2014年，包括居然之家（枣庄点）在内已有各类商家入驻500多户；新引进服务业项目如银座瀚景店、善利元商贸城、贵诚超市新城店等项目或以投入使用或即将竣工。

枣庄市文体中心工程　枣庄市文体中心位于金沙江路南侧，累计完成投资约12.28亿元，占工程总投资的58.4%，其中土建完成投资约9.38亿元。各场馆主体工程竣工，综合管道安装基本完成；幕墙龙骨安装完成80%，其中规划美术馆安装完成95%、博物馆安装完成80%、文化科技馆及广电大楼完成70%；剧院门厅钢结构安装完成；外围钢结构及索膜结构招标完成。体育中心，体育馆、游泳馆累计完成投资约2.24亿元，金属幕墙开始施工，其中体育馆屋顶幕墙施工完成，游泳馆屋顶幕墙施工完成30%，室内通风、空调、电器、消防等设备安装工程完成40%。体育场累计完成投资约1.13亿元，正在进行主体结构施工，一层看台施工完成约95%，二层施工完成40%；外围拉花钢结构工程已经完成招标。

三托集团有限公司瀚景商业综合体项目　由三托集团投资兴建的瀚景商业综合体项目建筑面积11.6万平方米，总投资6.8亿元，包括商业综合体、写字楼、大酒店、公寓等。其中引进鲁商集团银座购物广场瀚景店商业综合体面积6.8万平方米，总投资2.2亿元。包含大型超市、韩国商品集散中心、餐饮百货、教育培训、KTV、健身、影院等项目。

种植业

2014年，巨山街道有耕地面积23万亩，农作物播种面积1.5万亩，其中粮食播种面积8382.2亩，经济作物播种面积5132亩。农业总产值4026万元，农民人均可支配收入21095元。

林业

2014年，全街道绿化造林面积1400余亩，林果产量4000公斤。全街道林地面积2.2万亩，草地面积0.15万亩，全街道森覆盖率为40.5%，驻地绿化率为38%。村屯绿化率为43%，人均公共绿地达19平方米，全街道全民义务植树尽责率达95%。

畜牧

2014年年末，巨山街道有大牲畜367头，猪4580头，羊2450只，蛋鸡5万余只，肉类产量1148吨，禽蛋产量450吨。

水利

巨山街道共有水库两座，黑峪和龙潭水库，其中黑峪水库为小型水库，库容为120万立方米，设有引水闸一个，能自流灌溉农田1300余亩。

第四节　基层组织

2012年5月12日，巨山街道党委成立，下辖党支部34个，党员800人。2014年12月30日，巨山街道办事处（筹）正式更名为薛城区巨山街道筹备处工作委员会，巨山街道党委更为巨山街道党工委，下辖党支部34个，党员增加到820人。

第五节　社会事业

精神文明建设

2013年，开展“双包双联”活动，建立帮扶对子65对，解决困难200余件，通过联系就业岗位、提供创业信息等方式增加就业65人，救助失学儿童重返校园8人。

2014年，开展党的群众路线教育实践活动，街道党委班子开展理论集中学习14次，组织机关全体党员观看警示教育片4场、党性教育片10场，先后在街道组织召开不同层次（领导干部、机关干部、村居书记、党员群众代表、中小微企业负责人）的座谈会12场次，收集意见50条，到村居召开征求意见建议座谈会30余场次，收到建议80条；利用党群联系平台（征求意见箱、群众诉求热线、便民服务热线）征求意见，共收到意见60条，畅通民意表达渠道。2014年，开展“走百村、进万户、访民情”活动中，街道26个村居、160多名村干部、13名大学生村官及街道全体下沉社区工作人员，按照“村不漏户、户不漏人、不留死角、不留盲区”的工作要求，逐户走访，详细记载村民反映的热点、难点问题。

2014 年，在辖区 26 个村居开展“好媳妇、好婆婆”评选活动，选出“好媳妇”26 人、“好婆婆”26 人。

社会治安综合治理

2013 年 3 月，巨山司法所成立，设法律服务大厅、人民调解室、社区矫正人员宣告室、心理咨询室等。2014 年，街道被评为区级法治薛城建设工作先进集体、全市维护稳定工作先进集体。巨山司法所并被评为区级精神文明单位，被推荐为“全省司法行政系统政风警风行风示范窗口”。

2012—2014 年，为街道村居担任法律顾问 7 家，起草审查街道四季春市场改造、网站建设等有关项目建设合同 56 份，制定村民自治合同 120 份，参与信访案件调解处理 16 件，排查民间矛盾纠纷 120 件，防止群体性上访 3 件，涉及相关人员 28 人；调解案件 36 件，调解成功率达 99% 以上。2014 年，办理 36 件法律援助案件，接管的刑释解教人员 20 名，社区矫正人员 25 名。

街道下辖临山派出所、凤鸣湖派出所。2014 年，受理民事纠纷 3500 余起，受理治安案件 344 起，受理刑事案件 137 起，查处并关停洗浴中心 1 家，停业整顿歌舞厅 1 家，查处游戏机 4 台。

教育

巨山街道教育办成立于 2013 年 3 月，辖区内有小学 5 所，分别为昂立小学、龙潭小学、大吕巷小学、小吕巷小学、新兴小学；幼儿园 1 所，为四里石社区幼儿园。有教师 89 人，在校学生 689 人。服务于 14 个自然村、12 个社区，服务人口 5.1 万人。2014 年，投资 80 余万元用于改善街道所属学校基本办学条件，完成校容校貌改造提升。完成昂立小学、龙潭小学、小吕巷小学、大吕巷小学教学楼、教学辅助用房楼顶修复工作；为昂立小学、小吕巷小学、新兴小学更换冬季取暖锅炉；完成昂立小学、小吕巷小学、新兴小学学校体育场地初步改造；为街道所属每一所学校各配备一名专职安保人员；完成大吕巷小学旱厕改造工作；完成 5 所学校重点区域视频监控覆盖；完成昂立小学、小吕巷小学用电线路改造工作。为昂立小学、小吕巷小学配备多媒体教学设备，为新兴小学配备校园广播系统。学校面貌焕然一新，极大的改善学校的办学条件。

科技

2014 年 7 月，街道成立老科协。在辖区范围内开展核桃嫁接、蔬菜种植、糕点制作等专业农村实用技术短期培训 3 期，针对食品安全安稳问题在社区开展安全讲座 5 次，对有科普电视的社区进行检查。同青少年科技教育协会一起筹备组建科学报告团，把科学报告团与老科技志愿者队伍结合起来，有计划地为广大青少年举办科学报告等科普活动。

文化

2014 年，街道对 6 个村居 8 个文体广场进行规划建设，设计规划面积 12865 平方米，投资 190 万余元，已完成 5 个文体广场建设，街道加强村居文化中心建设，新建文化中心 6 个，提升 4 个，共投资 20 余万元配套棋牌室、书画室、电子阅览室等活动阵地，同时规范农家书屋管理，

巨山街道首届邻里文化节

为四里石社区、来泉庄村、高楼村安装数字移动影库设备，街道筹措资金10余万元为各村居配备各类图书1万余册。

2014年5月30日，街道开展的“文化进社区”系列活动在四季菁华社区拉开序幕，广场舞、扇子舞、乒乓球比赛、书画创作等活动，历时4个多小时，参与人数达800多人次，群众反响十分热烈；9月14日，在临山广场举行消夏晚会演出，文艺演出把传统节目与现代演出形式相结合，为群众呈现一台台喜闻乐见、赞不绝口的优秀节目；10月26日，巨山街道首届“邻里文化节”开幕，此次文化节开展以来，共开展各类活动近20场次，参与人员达到3000余人，吸引观众近2万余人次，活动覆盖率达到60%以上，极大地丰富群众的文体生活，打造巨山的文化品牌，增强文化的吸引力；11月30日，举办街道广场舞大赛，组织11支队伍参赛，为辖区居民提供展示自我风采的舞台；11月，组织3场文艺巡演，覆盖8个村居，为居民送去丰盛的文化大餐。

体育

街道辖区成立8支广场舞队伍、5支健身操队伍，3支太极拳队伍、2支乒乓球队伍。2014年11月，街道组织举办“锐动杯全民健身运动会”，街道机关、各村居工作人员等80余人参加比赛。

人口与计生

2012年5月12日，成立街道计划生育办公室，先后出台《村居计生遗留任务具结规定》《计生网格化管理规定》《夏季集中服务活动实施方案》《性别比专项治理方案》等一系列文件，通过文件的出台进一步规范村居计生管理行为。

2013年，街道提出“四+X”模式，探索建立“社区、物业、业主、社区助理员”加进社区党员的服务管理新模式，切实建立起物业管理公司参与人口计生工作发展的“齐抓共管、属地管理、单位负责、居民自治、物业协助、业主参与、社区服务”的城区计生服务和管理工作的新型管理机制。开展为期2个月的集中入户登记核查工作，基本澄清计划生育工作底数，健全居住户信息手工档案和电子信息档案，完善基础信息。

民政

2012年5月，街道设立民政办公室，负责拥军优属、五保低保、救济救灾、社会福利等方面的工作。

拥军优属　2014年，街道辖区有三属优抚对象8人，伤残军人10人，老复员军人8人，带病回乡军人9人，参战参核军人33人，老烈子1人，街道对以上人员每季度定期发放生活补贴。

五保低保　2014年，街道辖区有“五保户”88人，其中分散“五保户”62人，集中“五保户”26人，街道每年为其发放生活补贴3300元。

新农合　2013年1月，实施新农合政策，辖区参合人数为25580人，农村参合率100%。

第八章　张范镇

第一节　境域　建置

境域

张范镇位于薛城区东部，地处枣薛经济带的中间节点，东临枣庄市市中区，南与峄城区为邻，西与枣庄市高新区接壤，北与邹坞镇毗邻，南部为丘陵薄地，北部为平原地，总面积58平方公里，枣曹公路、光明路、店韩路穿境而过。辖16个行政村，总人口3.6万人。1990—2001年，称为张范乡，辖大甘霖、北于、田庄、汤庄、黑石岭、修庄、南于、小屯、化庄、和尚寺、上辛庄、下辛庄、大香城、小香城、中香城、东横口、西横口、张范一村、张范二村、张范三村、张范四村、东夹埠、西夹埠、袁庄共24个自然村。

建置

1998年张范撤乡建镇，2001年，与薛城区南石镇合并，撤销张范镇。2003年，将原南石镇划归高新区后，原属张范区域仍称为南石镇，2004年，经山东省民政厅批准南石镇重新更名为张范镇。张范镇境内交通十分便利，西距京福高速公路出入口8公里、距京沪铁路枣庄西站11公里，镇内道路四通八达。2010年，全镇实现生产总值10.6亿元，增长13.6%；完成规模以上固定资产投资11.6亿元，增长39.4%；镇级财政总收入5206万元，增长26.5%；农民人均纯收入达9112元，增长8.5%。先后被评为全省“环境优美乡镇”“先进基层党组织”“信访工作先进单位”“文明镇”“小企业创业辅导基地”“网络新闻宣传工作先进单位”，全市“经济强镇”“招商引资工作先进单位”“民营经济突出贡献乡镇”“村镇建设先进单位”“精神文明建设先进单位”“平安建设先进单位”。2012年5月12日，张范镇整建制划至枣庄高新技术产业开发区并更名为张范街道办事处。

第二节　村　庄

大甘霖村

大甘霖村位于镇北部，紧靠枣曹路。该村始建于元末明初，距今已500余年历史，因其村西有甘氏坟地而得名。全村耕地面积2452亩，2670人，为远近闻名的富裕村。该村依托区位和资源优势，建立起一个包括煤炭、机械制造、彩印、运输、石化和餐饮服务等形式的村办企业集团。村集体经济实力迅速壮大，成为全市有名的百强村。2005年，投入300万元兴建农民公园。2009年3月，该村总投资1000万元兴建安居公寓工程，占地3.3亩，楼房2栋、120户，建筑面积1.2万平方米。2012年年底完成搬迁，2013年5月，完成土地复垦任务，新增建设用地150余亩。

黑石岭村

黑石岭村始建于清初，位于张范镇东北部，枣曹路张范段南侧。土地面积1211亩，260余户，903人。2010年，村人均收入已达8200元。近年来，村先后投资近40万元硬化村内所有主干街道；投资10万元建起新型文化广场；投资8万元修建村卫生室；投资15万元新修村部大院，2009年，成功创建区级文明村。

汤庄村

汤庄村始建于明末清初，位于张范镇东北部，距镇驻地13公里，枣曹路南侧，东与市中齐村镇接壤。土地面积1030亩，242户，980人。2010年，村民人均收入8672元。通过招商引资，投资1500万元的益民建材，投资1000万元的鸿泰煤业，投资100万元新建村老年公寓、投资12万元兴建的村卫生室及投资22万元建设的村文化健身广场给村民就医和休闲带来极大地方便；投资18万元对村部实施改造，村部办公环境改善，2010年，成功创建区级文明村。

北于村

北于村始建于明末，土地面积2883亩，2720人，辖北于和田庄两个自然村，东与市中区永安乡接壤。2009年，该村学校及村部实施搬迁新建，将现学校及村部搬迁至村北岭上，所占土地共计8亩，为建设备用地。其中，新建学校占地约5亩，建设2层教学楼，共计18间；新建村部占地3亩，建设2层办公楼，共计22间。并将原腾出的土地用于土地挂钩试点安置，以提高土地利用率。实施搬迁后，腾出土地约15亩，规划建设5层农村住房5栋、150套，于2011年3月开工，建筑面积1.5万平方米，总投资2200万元。工程完工后，北于（田庄）村90户拆迁，分期安置371人入住农民新居，腾出土地80亩，于

2013年5月完成土地复垦任务。

张范东村

张范东村始建于元末明初，现在的张范东村由2001年5月的张范一村，张范二村合并而成。土地面积3847亩，2410人，现为张范镇政府所在地。该村私营企业发展较快。恒益彩印厂及一大批汽车4S店就位于该村，交通方便，通信发达，尤其是商贸房开发，小城镇形成。该村煤炭，铁石储量丰富，为全镇工业设施的重要集聚地。

张范西村

张范西村始建于元末明初，已有500年历史，因原有“张、范”两姓人家而得名，辖两个自然村，即原张范三村和张范四村，于2001年5月合并，土地面积2724亩，1723人。该村交通便利，南靠光明大道，具有良好的开发前景。

东夹埠村

始建于元代，该村因处两岭之间，故称夹埠，为于西夹埠区分，取名东夹埠。位于张范镇西部，北依枣曹公路，南靠光明大道。全村共有486户，1680人，耕地面积1321亩。2010年年底，全村实现集体经济收入突破500万元，村民人均纯收入达到9500元。投入300余万元，硬化村内道路，建设商贸房，规划老年公寓。有线电视电话入户率100%，部分农户安装互联网。投资1300余万元，建设农民新居8栋、240套，2010年，成功申报省级文明村。

西夹埠村

西夹埠村于明朝建村，该村因处于两岭之间，故称夹埠，因在夹埠西边，为与东夹埠区分，取名西夹埠，位于张范镇西部，西邻店韩路，南依光明路，与枣庄市高新区接壤，土地面积1121亩，1460人，年人均纯收入5400元。2010年，成功创建市级文明村。

袁庄村

袁庄村始建于明末清初，袁姓人家自山西迁此定居，逐步形成村庄，以姓氏命名为袁家庄，后简称袁庄。袁庄村位于张范镇西北部，枣曹路张范段南侧，北与高新区接壤，土地面积1243亩，289户，1099人。村里先后投资近百万元修建道路10余条，硬化路面2万多平方米，实现户户通的目标；建设一条300米的文明街，在村中央建起500平方米的村级公园；2010年，成功申报省级文明村。

小屯村

小屯村始建于明初，因村子坐落在屯岭上，较小，故名小屯，辖和尚寺村。位于张范镇东南部，东与市中永安搭界，南于峄城榴园接壤，距镇驻地9公里。全村土地面积1500余亩，1346人，人均耕地1.11亩，多为山岭薄地。村集体收入渠道较窄，主要依靠承包地租金，农民收入主要来源于种植业及外出务工，经济基础较为薄弱。该村环境优美、山林茂盛，石艺成片，曾获林业部颁发的“全国造林绿化千佳村”证书。

辛庄村

辛庄村始建于元代，位于张范镇南部。辖上辛庄、下辛庄两个自然村。全村山地面积1931亩，1706人。该村在山地上做文章，发展经济林，因地制宜抓枣树栽植。山林绿化率达90%，规划高标准养殖小区10处。村南庙山为汉墓群，近几年已出土大量文物，具有参观旅游的价值。

化庄村

化庄村始建于明末清初，原名华庄村，有一华姓人家最早居于此村得名，后演变为化庄。化庄村位于光明路（张范段）南侧，土地面积1451亩，1354人。枣矿集团润王石化位于该村。

南于村

南于村始建于隋代，村内有古井、古石碾、古槐等遗迹1处、古木2株。土地面积2990亩，2400人，人均耕地1.25亩，多为山岭薄地。2010年，人均纯收入4300元。该村交通区位优势明。光明路贯穿东西，村西有古集市，乡村流通服务业较为发达。

大香城村

大香城村历史悠久，系战国时期城，清光

绪三十年（1904 年）《易县志》载“大香城，为与中、小香城区分，故名大香城，辖中香村”。杨峪风景区就坐落于该村南部。土地总面积 4995 亩，全村 1287 户，4350 人，人均纯收入 6000 元。该村是个农业大村，以农业为主。农业科技示范园位于该村北部。杨峪风景区的开发带动本村餐饮、服务业的发展，增加群众收入。

小香城村

小香城村宋朝建村，原名“西香城”，处于大香城、中香城西边，由于村小称之小香城，位于张范镇西南部，1617 人。农民人均纯收入 5120 元。该村是张范镇农产品主产区，村民主要靠种植大棚蔬菜致富，市政协送富民项目“鑫明源”就坐落于该村。

横山口村

横山口村始建于明初，以山命名为横山口，清咸丰三年韩士秀迁居村东建村，于是有东、西横山口之分，2002 年，区划调整合并为横山口村。位于张范镇南部山区。辖西横山口和东横山口两个自然村。耕地面积 1373 亩，山林面积 4000 多亩，1191 人。主导产业是采石加工，运输业。该村有 2 座容积为 30 万立方米的水库、荒山绿化率 95%。

第三节　自然环境

张范镇地势南高北低，南部以低山丘陵为主，北部以平原为主，海拔高度在 54.5～337.8 米之间。山岭为东西走向，海拔高度 105.6～337.8 米；主要河流为蟠龙河南支，张范境内长度为 8.5 公里，发源于南于村东南山地，西向宏图河在山家林西北注入蟠龙河，属薛城大沙河流域。

张范镇属暖温带半湿润季风型大陆性气候，四季分明，气候温和，雨热同季，降水集中，多年平均降雨量为 804 毫米，其中汛期占 70% 以上。张范镇高度重视水利设施建设工作，2007 年 9 月，杨峪水利风景区经山东省水利风景区评审委员评审通过，命名为“山东省水利风景区”；2008—2009 年，对境内 3 座小（二）型水库（杨峪水库、西横山口水库、东横山口水库）进行除险加固，防洪标准提高到百年一遇；2009 年 11 月至 2010 年 5 月，对蟠龙河南支（复兴路至西夹埠段）进行综合改造治理，防洪标准提高到 20 年。

第四节　经济发展

工业

张范工业发展较早，自 70 年代，张范已开建煤井，原薛城区水泥厂坐落在张范驻地，后交张范乡进行生产经营。在此基础上，张范乡又投资兴建年产 6 万吨的水泥一厂和年产 10 万吨的光明水泥厂。80 年代以来，张范镇成立枣庄市塑料彩印厂，技术先进，产品质量好，后改制为民营企业，90 年代投资兴建张范发电厂，2003 年关停。

煤炭生产一直是张范镇的支柱产业，矿井最多时达到 10 余处，年产煤炭 30 余万吨。90 年代后期，张范镇执行国家政策，对落后煤矿及资不抵债的企业进行停产关闭、煤矿改制。2000 年以后，袁庄矿、大甘霖矿、大甘霖二号矿成为该镇的经济支柱。

袁庄矿始建于 1996 年，年生产能力达 6 万吨，职工 260 人。2003 年，年生产能力由原来的 6 万吨提升到 12 万吨的规模。进入 2004 年以来，全矿年销售收入达 1800 万元，实现利税 650 万元，2007 年 4 月停产。大甘霖煤矿始建于 1993 年，2005 年，成功进行资源整合，矿井设计能力由原 6 万吨/年提升到 9 万吨/年，2006 年，经省发改委、省煤炭局核定为 10 万吨/年，整合后增加可采储量 80 余万吨，矿井有职工 100 余人，各类专业技术人才 50 余人，分为两个采区独立生产。2005 年 5 月，全市煤矿双基建设工作现场会在该矿召开，市、区领导给予高度评价，同年跨入“全市百强企业”；2006 年，被市政府授予明星企业、功勋企业；2007 年，生产原煤 10 万吨，实现利税 900 万元。

大甘霖二号矿创建于 1996 年，职工 400 人，资产总额 7000 万元，固定资产 1200 万元，年产原煤 8 万吨，销售收入近 6000 多万元，利税总额突破 800 万元的乡镇企业。经过多年的拼搏，成为枣庄市百强民营企业、薛城区纳税企业前十强。2005 年，投资 200 多万元进行技改，11 月，通过省煤炭局的生产许可验收，达到安全生产标准。2006 年，投资 130 万元，将生产能力进一步提升到 12 万吨。

2000 年以来，张范镇积极招商引资，先后建立金正钢铁、德容纸业、华信国资电缆、枣矿集团鲁南装备制造中心等大中型企业；随着枣庄新城蓬勃发展，张范地处新老城之间的黄金地段，根据经济发展的需要，2003 年 4 月，成立张范经济园。2005 年 12 月，区政府结合市“十一五”发展规划，对园区规划进行调整，提出“青山、绿水、共生、共融”的建设理念。由原来的五大功能分区调整为综合工贸区、工业项目区和杨峪风景区。规划 10 平方公里起步区。是年，园区发展实现新突破。先后投资 9073 万元对园区基础设施进行改造，完成光明路北“四纵一横”，光明路南“三纵一横”，主干道路 9 条 38 公里，并进行供水、供电、通讯等设施建设，基本实现“四通一平”。在全市“四强”竞赛活动中，以较强的优势挤进全市“十强”园区。2006 年年初，区政府专门成立张范经济园管理委员会办公室，对入园企业扎口管理与服务。园区聘请山东省规划研究院及枣庄规划设计院专家，集中力量对园区整体规划、专项规划及功能分区作进一步论证，完善 10 平方公里的详细规划和公益设施规划，同时，多方筹集资金 3000 余万元，启动建设民兴路、城兴路、府前路东扩、同济路、同盛路、杨峪风景区道路等 6 条共计 30.6 公里的道路建设。

浙江工业园是鲁浙两省共建、为海内外浙籍企业家提供的创业平台。规划在光明大道以北，府前路以西，店韩路以东区域，一期用地 3000 亩。重点引进技术比较成熟的电子、机械、新能源、纺织服装、新型材料等优势项目。代表性规模企业有张范汽车城、山东华信电缆、枣庄银海医药物流、鲁南装备公司。

张范汽车交易城项目由枣庄鼎和投资有限公司投资建设，项目总投资 8.36 亿元，总规划用地面积 500 亩，总建筑面积为 27 万平方米。该项目于 2010 年 4 月 16 被山东省列为省重点服务业建设项目、省重点建设项目。2014 年 12 月，张范汽车交易城已有东风本田、江淮轿车、和裕丰田、一汽马自达、广汽丰田、一汽奥迪、荣威名爵、比亚迪 8 家、9 个品牌汽车 4S 店建成运营；鲁南汽贸中心、申科汽车城、上海大众汽车 4S 店、北京现代汽车 4S 店、宝马汽车 4S 店、吉利汽车 4S 店 6 家、11 个品牌建设；在谈的品牌汽车 4S 店 5 家 8 个品牌：有马自达、奔驰、雪佛兰、福特、北京吉普。项目全部建成运营后，可实现年交易新机动车 1 万辆，年营业额 26 亿元，实现各类税费 1 亿元，安置就业 4000 人。

山东华信电缆项目位于枣庄浙江产业园张范区块内，由山东华信国资电缆有限公司投资建设。主要生产中高压交联电缆、架空绝缘电缆、塑料绝缘控制电缆、塑料电线、矿用橡套及船用电缆、特种电缆、架空绞线。项目总投资 15 亿元，其中固定资产投资约 7 亿元。2010 年 1 月正式开工建设，主要建设办公科研楼、厂房、职工食堂及动力站房等，总建筑面积 27 万平方米。

枣庄银海医药物流园项目由枣庄银海医药物流有限公司投资建设。项目总投资 2 亿元，占地 106 亩，位于浙江产业园欣兴路以东、光明路以北、蟠龙河以南地块，该块土地已经省国土厅批复。主要建设内容为：医药物流园管理总枢纽 1 万平方米，仓储用房及辅助用房 3 万平方米，购置通风机、测控设备、安装信息系统、检验检测系统，汽车衡、输送机、配送车辆、高位立体货架、堆高机、叉车、灌包机、缝包机等仓储物流设备，以及辅助设备等。

鲁南装备公司研发制造工业园由中国煤机企

业50强——山东鲁南装备制造公司投资建设。该项目计划总投资20亿元，占地1000亩，一期投资5亿元，二期投资15亿元，建设周期自2011年年初开始到2012年年末结束。园区主要由：煤机装备制造、化工装备制造、特检中心及钢帘线制造。

园区装备和设施布局坚持高起点定位、大手笔谋划，整体达到国内先进、国际一流水平。煤机装备制造板块拟设：皮带运输机制造、刮板输送机制造、液压支架制造、综机设备制造、电器及自动化设备制造和洗选设备制造；化工设备制造板块拟设子公司；钢帘线制造板块拟设合资公司；特检中心对外开展业务。各制造部及分公司、子公司是集研发设计、物资采购、外协配套、生产制造、质量检验于一体的市场经营主体。业务涵盖煤矿装备、化工装备与钢帘线产品的研发、制造与服务，成为山东省鲁南地区机械装备制造加工基地。

农业

2009年，依托新成立的远航蔬菜种植合作社，加强与东方航空公司合作，重点以张范东村为试点，启动千亩大棚蔬菜示范基地建设，完成一期土地流转300亩，协调农业贴息贷款72万元，联系寿光专业大棚施工队伍，建设第六代冬暖大棚24个，种植茄子、西红柿、彩椒、小黄瓜等反季节蔬菜。同时，调整新建绿色通道3800米，优质果树100亩，完成荒山绿化1000亩。新建养殖场5个，发展养殖大户20余户，全镇年可出栏肉牛600余头，生猪1500余头，家禽30余万只。重点扶持壮大中华乳业、汤庄肉牛、天方面粉等5家“农字号”龙头企业的生产规模；在农业生产中以农业标准化为重点，不断提升农产品的科技含量，大力提高品牌的影响力。该镇成功注册“雪丹”牌西瓜、“鑫明源”牌富硒桃、“水生缘”牌池田藕3个国家级绿色品牌和“德利源”牌牛奶、“养生”牌鸡蛋等10余个省级绿色品牌，其中，“鑫明源”牌富硒桃远销上海、深圳等大城市，“养生”牌鸡蛋在枣庄各大超市设立专柜，农产品的知名度和市场竞争力显著提高，品牌优势直接转化为经济优势。

农业合作社　重点扶持投资2800万元的湿地红河恒温库和投资5000万元的天方面粉两个农业大项目，其中，天方面粉已完成主体工程建设，进行设备安装，广超肉牛、中华乳业、腾辉养鸡等企业，全镇农业龙头企业达到6家。申报黑石岭市级苗木花卉示范基地；注册成立“远航蔬菜种植合作社”“惠农农机合作社”“润农农机合作社”3个专业合作社，全镇注册农民专业合作社9个，入社会员568人，其中农民成员有542人，带动农户2100余户，社员人均收入高于一般农户20%以上。

农田水利　蟠龙河南支改造工程，完成投资2000余万元，开挖河床4公里，并对原泄洪道进行疏通，保证安全度汛；投资25万元，完成南于塘坝除险加固工程，抵抗洪涝灾害的能力进一步增强；投资10余万元，对在建蔬菜大棚进行自来水配套；投资100余万元，完成辛庄和小屯土地复垦整理。

2003—2008年，申请国土资源部立项资金5380万元，完成1.5万亩采煤塌陷地治理，修田间道路25.58公里、生产路19.6公里，开挖排水沟48.5公里，建桥22座、涵110座，项目区栽植2年以上速生杨5万余株，形成田成方、林成网、沟渠相连、道路通畅的高效、观光农业基地，使绝产、半绝产的涝洼地变成高产、高效农田。2009—2011年，重点抓好投资500万元的蟠龙河治理项目和投资70万元的横山口、杨峪、南于三座水库的除渗、塘坝加固，达到雨季蓄水旱季使用，基本农田旱能浇、涝能排的目的。

全面落实各项惠农政策　兑现小麦种粮直补、农资综合直补、农机具购置补贴371万元，发放家电、汽车、摩托车下乡补贴124万元；良种补贴无偿资金59万元，推广测土配方肥料400余吨。开设培训班15期，培训各类专业技术人员1000余人次，新增农村劳动力转移就业1200余

人，人均增收4000余元。

林业

2005—2007年，枣庄市政府加强可视山头绿化力度，张范镇利用三年栽植侧柏、花椒等苗木102万株。2008—2011年，造混交林、彩叶林、精品林，栽植侧柏、黄栌、紫荆等观赏性苗木97万株。2008年，创建20人护林员队伍，管护11700多亩市级公益林。2004年年底，全镇拉封山铁丝网3000米，砌垒石墙800米，护林房11处，封山界牌15个，备风力灭火机30台。2013年，打造南部森林公园区，中部干鲜果采摘生态观光区，北部河流水系林带区的林业生态体系。张范镇共有山林面积1.2万亩，林地面积2.4万亩，森林覆盖率达35%。林业用地1696公顷，经济林面积390公顷，经济活木蓄积74752立方米，全镇林业产值7000万元。经济林主要以核桃为主，分布在横山口、小香城、大香城。

2002—2010年薛城区张范镇林木覆盖率一览表

表28-10

年度	2002	2003	2004	2005	2006	2007	2008	2009	2010
林木覆盖率（%）	17.5	20.4	21.8	24.9	27	28.3	31.3	33.2	34.2

交通

张范镇区位优势优越，交通便利，348省道、光明大道穿境而过，西距京福高速公路出入口仅6公里、距京沪高速铁路枣庄站7公里、距京沪铁路枣庄西站11公里。境内道路纵横交织，共有镇级道路7条，总里程13.9公里，村级道路27.3公里，实现村村通、户户通，被市委、市政府授予“农村道路建设先进单位”称号，农村道路管养模式在全市进行推广。

通信

张范镇通信信号实现全覆盖，主要提供移动、网通、电信服务。用户达到2000多户。中国移动营业厅于2004年落户张范镇，2010年年底，覆盖率达到70%。全镇建基站7个。

中国联通是原中国网通和原中国联通合并后产生的。2010年，全镇固定电话用户4000部，覆盖率达到60%。移动电话3000多部，覆盖率20%，电信营业厅于2004年落户张范镇，2010年年底，全镇用户达到1000多户。

第五节　基层组织

1991年，张范乡党委下设7个党总支，42个党支部，其中村党支部24个，机关事业单位党支部13个，集体企业党支部5个，党员452名；辖4个点总支，24个村。1997年3月，张范撤乡改镇。

2001年2月，乡镇规模调整，张范镇撤销，行政区域并入南石镇，原张范镇24个自然村合并为16个行政村。2003年3月，原南石镇划为高新区。2005年1月，南石镇更名为张范镇，张范镇党委下设7个党总支，36个党支部，村党支部16个，机关事业单位党支部15个，集体企业党支部3个，非公有制企业党支部2个，党员728名。辖4个点总支，16个行政村，24个自然村。2008年5月，4个点党总支更名为管区党总支。2011年9月，张范镇党委下设7个党总支，38个党支部，其中村党支部16个，机关事业单位党支部15个，集体企业党支部3个，非公有制企业党支部4个，党员865名。

第六节　社会事业

社会治安综合治理

张范镇把社会治安综合治理纳入镇党委、政府的总体工作部署，坚持“一个理念”（以人为本、科学发展），实施“两个保障”（财政经费保障、人员队伍保障），强化“三项建设”（政法部门阵地建设、治安防控体系建设、矛盾排查和调处网络建设），落实“四项责任”（党政责任、村级责任、政法部门责任、社会责任）。

2008年以来，张范镇累计投入资金58万元，三次改造综治工作服务大厅，健全完善综治工作中心硬件设施和服务功能，并整合信访、综治、司法等部门力量，实行联合办公。先后5次承接国家、省、市检查和现场会的召开。同时，不断健全农村防控体系，把电子监控向村级延伸，大甘霖、东夹埠、袁庄、汤庄配备电子监控设施；2010年，投入15万元，新建和改建大甘霖、北于、东夹埠三个管区警务室，并实行规定运作，实现“十个一”标准。

教育

1990年至1996年8月，张范镇教育组辖张范中学，实验、东夹埠等15个小学和1所中心幼儿园。1997年1月，更名为张范镇教育办公室。2001年3月，与南石镇教育办合并为南石镇教育办公室，2003年5月分离，仍为张范镇教育办公室。

1991年12月，新建张范实验小学，2001年3月，更名为南石镇实验小学，2003年5月，更名为张范镇中心小学。1996年，在辛庄村西新建张范镇第二中学，在东夹埠村西南新建东夹埠小学。1998年，撤销南于、化庄、横山口小学合并新建光明小学，2003年，新建职工成教中心1处。2004年8月，撤销东夹埠、西夹埠、袁庄小学合并新建东夹埠学区中心小学。2007年，撤销汤庄、黑石岭小学合并为甘霖学区中心小学，是年，新建甘霖幼儿园1处。2008年，撤销大香城、小香城小学合并新建香城学区中心小学。2009年9月，原张范镇第一中学、张范镇第二中学、张范镇中心小学三校合一，更名为张范镇中心学校。2010年8月，通晟公司（原山家林煤矿）学校划归地方政府管理，通晟公司东夹埠小学划入张范镇东夹埠小学。2011年2月，小学部从张范中心学校分离，成立张范中心小学。

教学成果　1995年8月，原实验小学校长被评为全国优秀教师，数名中学生在全国奥林匹克生物学科竞赛中屡获一、二等奖，2001年9月，小学五年制教育改为六年制教育。2007年1月，减免全镇学生的学杂费及部分书本费。2007年9月，原张范一中2004级毕业生二人考入北京大学。2010年，中心幼儿园被评为省级规范化幼儿园，张范镇被评为枣庄市学前教育先进乡镇。到2013年，全镇有249篇学术论文获得国家级、省级、市级论文奖。

幼儿教育　2006年4月，新建一处幼儿园，园区占地面积2200平方米，建筑面积900平方米，户外活动场地面积600平方米，容纳6个班，280余人，分大、中、小六个班开展保教工作。2007年，11月晋升为市级示范幼儿园，2009年，晋升为省级示范幼儿园，2010年，张范镇被评为枣庄市学前教育先进乡镇。

科技

2001年，腾辉养殖科普示范基地工作人员与枣庄市畜牧局工作人员联合研究“三高一低”（高锌、高硒、高碘、低胆固醇）红壳营养阶段。2003年，成功申请国家专利。2003年5月，成立张范镇科技办，是年，镇政府投资200余万元，改建老电影院，成立科技文化中心，内设会议室、礼堂、图书室、阅览室、多功能活动室、电子阅览室、多媒体教室。2004年，在南于建立占地4余公顷的波尔山羊养殖基地。2006年，在小香城建立占地4公顷的鑫明园种植科普示范基地，在张范村东建立占地4余公顷，存栏蛋鸡10000余只的腾辉养殖科普示范基地。2007年，成立广超肉牛养殖农业科技协会。是年，镇政府每家补贴500元，在张范西村、西夹埠、小香城、袁庄等几个村新建沼气池360个。2008年，全镇新建卫生厕所620个。是年，在张范示范园内成立张范镇科普站。2009年，鑫明园种植科普示范基地被枣庄市老科协命名为市老科协科普示范基地。是年，在黑石岭村南建立占地14余公顷集花卉、盆景、园林用树为一体的黑石岭花木栽植科普示范基地。是年，张范镇科普站被评为省级科普站，是年，成立腾辉养殖协会和老科技工作者协会。

文化

1995年，张范乡被山东省文化厅命名为“剪纸之乡”。1999年，王庆权作品《秋熟》参加山东省跨世纪中国画精品展获得优秀奖，是年，王庆权作品《太平盛世》参加中国“画圣杯”全国书画大奖赛获画圣奖。2000年，王庆权作品《金秋》参加中国文联、《人民画报》共同举办的世界华人艺术展获得铜奖。

2003年，新建张范镇文化站，2004年，建甘霖村农家书屋，薛城区新华书店捐赠图书2000余册，书屋面积100余平方米，配有阅览室、室内乒乓球室、电子信息资源共享室、老年活动室等。是年，开始村村免费放映电影。2005年，建东夹埠、西夹埠、袁庄、汤庄4个村的农家书屋。2008年，张范剪纸被评为枣庄市第二批非物质文化遗产。

2009年，建张范、大香城、南于、北于、小香城5个社区的农家书屋。是年，全国第三次文物普查中，张范镇共普查出文物点21处（点将台遗址（市级）、大香城遗址、黑石岭墓群、北于墓群、南于古井、小屯烈士墓、张范二村墓群、南于遗址、南于古墓、桃花山墓群、和尚寺遗址、上辛庄遗址、上辛庄墓群、化庄墓群、东横山口汉墓群、横山口烈士灵堂、张范三村遗址、南于西南遗址、杨峪墓群、曹杰烈士墓、汤庄遗址）。2011年9月，在薛城区“车祖奚仲宣传月中”，张范剪纸艺人王庆权的剪纸精品集《车祖奚仲》正式出版发行。

体育

2005年，大甘霖村投资100多万元，填平村南的污水坑，修建公园、灯光球场、健身场地，配有健身器材20余种，建成山东省首家省级标准化农民健身园。是年，东夹埠、西夹埠、袁庄、汤庄4个村建成村级农民健身园，2007年9月，在张范镇杨峪举办枣庄市第二届老年人登山比赛。是年，镇政府投资20余万元建成张范镇体育文化活动广场，2008年，南于、大香城、小屯3个村建成农民健身园，2009年，新建东村、西村、小香城、横山口、北于5个村的农民健身园。是年，在杨峪建起可容纳4000多人的看台；两个赛道3座各高4米、6米、8米的驼峰，3米高的巨石路；泥浆路、过水坑。是年，中国汽车运动联合会专家领导来现场实地考察后，认为该赛场是目前中国一流的赛车场，具备作为永久性国家级汽车训练基地的条件。2010年，新建化庄、黑石岭、辛庄3个村的农民健身园，张范镇16个村全部建起农民健身园，是全区第一个村村建成农民健身园的乡镇。2011年6月18—19日，张范镇在杨峪风景区举办枣庄市首届“信通别克杯”卡丁车挑战赛。

卫生

1990—2001年，张范卫生院在镇政府西侧办公，2001年3月至2003年，并入南石卫生院，2002年，新建张范卫生院，占地面积5600平方米，建筑面积2000平方米，是一所集预防、医疗、康复、理疗、公共卫生等于一体的一级综合性医疗机构。2004年，改为张范镇卫生院。张范卫生院设有内儿科、外科、妇科、中医科、口腔科、耳鼻喉科、理疗科等十余个一线临床科室，以及B超室、化验室、放射科等多个辅助检查科室。拥有各类专业技术人员60余名，其中，医疗卫生系列中级专业技术人员12名，初级专业技术人员28名，各科室工作人员均系正规专业院校的本专科毕业生。全镇有张范、东夹埠、西夹埠、袁庄、小香城、大香城、横山口、南于、化庄、辛庄、小屯、北于、甘霖、黑石岭、汤庄15个村级卫生室。

2003—2011年，张范卫生院年均门诊就诊量达到16560人次，年均住院患者逾700人次；病房有床位40余张，全部配备空调、电视、沙发、集中供氧系统、应急呼叫系统等现代化设施；业务硬件上，拥有F30-ⅡG型双床双管500毫安X光机、500毫升数字胃肠机、三导心电图机、迈瑞DC-3型彩超机、全自动肛肠治疗仪、RT-9000型半自动生化分析仪、全自动血细胞分析仪、FB-20型全自动凝血分析仪、90-GS全自动血液黏度动态分析仪、BC-300血球计数仪等先进仪器设备，能够良好地开展各类常见病、多发病的诊疗。

杨峪风景区

2011 年 1 月 1 日起，正式实行药品零差率销售和基本药物制度；是年，进行包括人事制度、分配制度、绩效考核制度等在内的综合改革；参加合作医疗的农民患者，享受门诊医药费用报销 40%～50%，住院患者医药费用报销比例达 90%；妇女儿童系统保健服务，孕前、孕中免费服用叶酸，全面落实产后访视和婴幼儿疾病筛查；每年开展两次居民健康查体。

第七节　旅游景点

杨峪自然风景区

杨峪自然风景区位于张范镇南部，景区总面积 666.67 余公顷，景区内层峦叠嶂，沟壑纵横，共有白山、屋山、皇山等大小山头 7 座，浩浩绿海顺着山势起伏绵延跌宕；森林繁茂、百草葱茏、溪水潺潺、动物嬉戏，形成“百亩水面、千亩平川、万亩原始森林”的自然景观，被评为省级森林公园和省级水利风景区。

杨峪体育公园

杨峪体育公园坐落在杨峪风景区内，该公园依托杨峪省级森林公园、省级水利风景区的载体优势，是一处以“三车一马”（汽车、摩托车、自行车、马术）比赛为主题，集承办国家级赛事、自驾游、农家乐、星级酒店、高尔夫、滑草、攀岩等为一体的体育场所。2013 年，该公园完成 3.2 公里的杨峪主干道路建设，建设 21.7 公里的汽车拉力赛道、杨峪国际赛车场和高标准卡丁车场，并承办 6 次国家级体育赛事、4 次地方级赛事。

嶧城區志

人　物

《薛城区志（1991—2013）》人物编分为人物传略、人物简介、人物表和人物名录，共计收录人物名1217人。其中人物传略31人，人物简介61人，人物表106人，人物名录1019人。人物传略坚持生不立传的原则，为当地有较大影响和重大贡献的已故人物以及前志应载而遗漏者作传略，人物传略不计级别和职务，注重影响和贡献。人物简介收录各行各业有重要影响的在世人物，有铁道游击队英雄，薛城籍党政军界人士、作家、书画家等，以及在薛城工作过的正县级领导干部。人物表收录薛城区荣获二等功以上奖励的军人名录和薛城区获评省级以上劳动模范、先进工作者。人物名录收录1991—2013年薛城区获得高级、副高级职称人员。人物传略排名以卒年为序，人物简介排名以生年为序，省级以上劳动模范、先进工作者及高级、副高级职称人员以授予时间为序。

人物传略

仲虺

仲虺，又叫莱朱，奚仲第十二世孙，与伊尹并为商汤左、右相，辅佐商汤完成灭夏建商大业。《左传 定公元年》记载：“薛之皇祖奚仲居薛，以为夏车正，奚仲迁于邳。仲虺居薛，以为汤左相。”可知仲虺为奚仲之后，商汤之左相，居于薛。仲虺居薛国期间，率领薛人发展经济，为薛国兴盛打下良好基础。夏王朝的残暴统治，激起广大人民的强烈反抗。仲虺积极参加商汤灭夏行动，被任命为左相。与右相伊尹共同辅佐商汤灭夏，建立商王朝。商王朝建立之初，仲虺作《仲虺之诰》（东汉时散佚）诏告天下，指出夏王朝灭亡和商汤成功的原因，确立了商朝的施政方针，为商朝以后的发展指明了方向。《仲虺之诰》是仲虺政治主张的重要体现。《墨子 非命上》也载：“仲虺之告曰：我闻于有夏，人矫天命，布命于下，帝伐之恶，龚丧厥师。”《左传 襄公三十年》载：“《仲虺之诰》云：乱者取之，亡者侮之。”其核心是提醒商汤注意吸取夏桀“暴其民意，以致亡国”的教训，采取“以宽汉民”的经济政策。商汤接受仲虺等的建议，在位期间广施仁政，深得民心，经济得到很快发展，呈现了繁荣的景象。商汤重新封仲虺于薛。仲虺晚年由商朝都城回到封国，死后葬于奚仲墓东。

毛遂

毛遂，战国时期薛国人。跻身平原君门下三年无所为，不被人所知。赵孝成王九年（公元前257年），秦昭王派兵围攻赵国都城邯郸，赵孝成王派平原君去楚国求援。临行前，平原君准备挑选20名门客随同前往，已选中19人，尚缺1人。这时，毛遂自告奋勇，愿与平原君同往。到楚国后，平原君与楚王会谈，求其出兵援赵。半日已过，会谈仍不见成效，随行的19名门客毫无办法。毛遂手握宝剑登阶而上。楚王斥曰：“我与君王商谈，与你何干？”毛遂按剑近前说：“你之所以训斥毛遂，是依仗楚国屯兵百万，现你我近在咫尺，不得调集百万之师，你的性命系在我毛遂之手。我听说历史上汤王以七十里疆土一统天下，周文王以百里之壤称霸诸侯，并不是因为兵多将广，而是顺其势，振其威。今楚国沃土千里，陈兵百万，君王为何这样惧怕秦国，岂不被天下人耻笑！提起当年秦国大胜楚国，一战取鄢陵（今河南地），二战烧夷陵（今湖北宜昌地），三战灭楚先人。此事为百世之怨，乃楚国的耻辱。

今楚赵合纵抗秦，并非为赵，实乃为楚。”毛遂一席话说得楚王连连点头称是，遂与平原君歃血为盟，决心楚赵联合共同抗秦。没过几天，楚、魏等国联合出兵援赵，秦军撤退了。至赵国后，平原君将毛遂视为上客。他很感叹地说：“毛先生一至楚，而使赵重于九鼎大吕。毛先生以三寸之舌，强于百万之师。”成语“毛遂自荐”由此而来。毛遂后卒于薛，葬于薛城北门外（原滕州官桥火车站处）。

叔孙通

叔孙通（？—约前 194），秦末汉初薛国（今属山东省枣庄市，其故里为薛城区）人。初为秦待诏博士，后被秦二世封为博士。秦末，参加项梁的起义军。项梁败死定陶后，跟随楚怀王。怀王为义帝，迁至长沙，叔孙通留下侍项羽。西汉高祖二年（前 205 年），刘邦率领诸侯军队攻取彭城（今江苏省徐州市），叔孙通率领儒生弟子百余人归顺刘邦，并举荐勇武之士为汉争取天下。叔孙通聪明机警，善于言辩，审时度势，得到刘邦的赏识。汉王拜其为博士，号稷嗣君。叔孙通见刘邦为群臣无礼而忧虑，召集儒生，参照周朝和秦朝的礼仪，并结合汉初的实际情况，制定汉代朝仪。汉高祖九年（前 198 年），为太子太傅。汉高祖十二年（前 195 年），高祖欲废太子刘盈，叔孙通以不合礼仪劝阻，高祖听从了他的意见。惠帝即位后，让他制定宗庙仪法及其他多种仪法。文帝时，叔孙通因功拜奉常，弟子也都晋封为郎。叔孙通不仅帮助汉朝整顿了朝纲，而且制定了一套适合当时形势需要的政治礼仪制度，为汉王朝的建立和巩固起到了重要作用。司马迁称叔孙通为“汉家儒宗”。

洪振海

洪振海（1910—1941），男，山东枣庄人。鲁南铁道大队首任大队长，《铁道游击队》小说中“刘洪”的原型之一。1938 年 10 月，受苏鲁人民抗日义勇队第一总队指派，与王志胜组建枣庄抗日情报站。1939 年 11 月，被推选为枣庄铁道队队长。1940 年 7 月，担任鲁南铁道大队首任大队长。他率领队员飞车夺枪、两袭洋行、截布车等，创造了八战八胜、无一伤亡的传奇战绩。1941 年 12 月，在指挥黄埠庄战斗时不幸牺牲，后被追认为中共党员。入选民政部第一批著名抗日英烈。

赵永泉

赵永泉（1911—1943），男，枣庄薛城人。1938 年，他被洪振海发展为秘密情报员。1939 年 10 月，义合炭场开办后，他奉命转入该炭场任管账先生。1940 年 2 月，鲁南铁道队正式建立后，他积极协助杜季伟工作，是鲁南铁道队初建时 10 余名队员之一。1942 年 4 月，日伪军包围微山岛。他率长枪中队全体队员巧妙与敌周旋，突出重围。1942 年 5 月，赵永泉任副大队长。1943 年 2 月 24 日，赵永泉被敌轻机枪扫射中弹，壮烈牺牲，时年 32 岁。

文立正

文立正（1911—1945），男，原名文立征，湖南衡阳人。1938 年加入中国共产党。鲁南铁道大队第二任政委。任职期间，带领铁道队员到根据地整训，并亲自任教。1944 年秋，鲁南军区党委重建二地委，任二地委委员兼宣传科长。1945 年 2 月 22 日，他到临城县六区开展工作时，遭到国民党申宪武部的袭击，不幸牺牲。入选民政部第二批著名抗日英烈。

张鸿仪

张鸿仪（1912—1945），男，回族，山东枣庄人，1936年加入中国共产党。鲁南铁道大队第五任政委，入选民政部第一批著名抗日英烈。1942年3月，任鲁南军区第一军分区政治部主任。1943年7月，任鲁南二地委宣传部长。1944年6月任沛滕峄中心县委书记。1944年8月，任鲁南独立支队政委。1944年9月，任鲁南铁道大队政委兼第三铁路工委书记。1945年6月龙山头战斗中，为掩护部队突围受伤牺牲，时年33岁。

孙景三

孙景三（1914—1945），男，枣庄薛城人。1938年春，在其堂族兄孙伯龙的影响和说服下参加抗日队伍。1940年随孙部编入八路军一一五师运河支队，先后参加曹埠、朱阳沟、周营、邵楼等战斗。1945年农历五月初，他和副乡长李德远带领9名战士在周营北一带村庄征集粮款，夜宿大石门村李家大院，不料被日伪军包围，为掩护战友撤退壮烈牺牲。1950年3月，经山东省人民政府批准孙景三同志为抗日革命烈士。

杨家顺

杨家顺（1920—1947），男，又名杨守宇，枣庄薛城人。1937年底参加鲁南民众抗日自卫军，后加入中国共产党。1938年4月下旬，接受党组织委派，潜伏在敌占区，隐蔽开展对敌斗争。抗战期间，先后参加激战关帝庙、韩庄伏击战、解放微山岛等战斗。1947年4月13日，在沙沟执行任务时被敌人包围，为掩护战友脱险，壮烈牺牲，时年27岁。

王吉德

王吉德（1920-1975），男，新中国建立后第一任中共临城县委书记。山东济宁人，1937年11月参加革命工作，1938年3月加入中国共产党。历任抗日义勇队第一总队宣传队班长、排长，沛滕边县青年救国团团部主任，临城县青联书记。1949年3月，任临城县委副书记。6月，主持县委工作。建国后，历任临城县委书记、滕县地委组织部副部长、济宁地委组织部部长、济宁地委副书记兼任滕县县委第一书记。1958年8月，毛泽东来山东视察时，在兖州和济南两次接见了王吉德。1964年，在济宁地委主持工作。1975年2月去世。

杜季伟

杜季伟（1911—1983），男，又名杜成德，化名刘鹤亭，山东临沂人，1938年8月加入中国共产党，后任苏鲁支队营副教导员，鲁南铁道大队首任政委，《铁道游击队》小说中“李正”的原型。他率领全体队员扒铁路、炸桥梁、断敌交通、截敌列车、搞物资供应部队；参与护送刘少奇等过往干部；在抗战困难时期，提出“三战五策”，开创了敌占区的工作局面。新中国成立后，任济南军区炮兵副政委，1981年享受正军级待遇，1983年8月去世。

王志胜

王志胜（1912—1987），男，山东枣庄人，鲁南铁道队主要创始人之一，小说、电影《铁道游击队》主要人物副大队长王强的原型。1938年10月，与洪振海组建枣庄抗日情报站。1940年加入中国共产党。1940年7月，担任鲁南铁道大队副大队长。先后参加飞车夺枪、两袭洋行、截票车、奇袭敌兵营、微山岛突围、秘密护送等。中华人民共和国成立后，曾任华东煤田地质勘探局一二三队副队长兼党总支部书记。曾当选为枣庄市政协第二届常务委员、枣庄市人大常务委员会委员。1981年3月离职休养，1987年4月去世，安葬于薛城临山。

刘金山

刘金山（1915—1997），男，山东枣庄人，鲁南铁道大队第二任大队长，小说、电影《铁道游击队》大队长刘洪的原型之一。1941 年 1 月，加入中国共产党。1942 年 4 月任大队长，安全护送刘少奇、陈毅等千余名领导干部赴延安。中华人民共和国成立后，历任 103 师 307 团团长兼浙江省兰溪县第一任县委书记；中国人民解放军浙江第 8 军分区参谋长和浙江省军区 103 师、105 师、公安 17 师参谋长；江苏省军区南通军分区副司令员，授上校军衔，后晋升为大校；苏州军分区司令员兼苏州地区革委会主任和地委书记、南通军分区顾问。1980 年 8 月离职休养，1982 年 9 月享受副军级待遇。1997 年 8 月在苏州去世，安葬于薛城临山。

杨广立

杨广立（1918—1997 ），男，山东枣庄人。1936 年加入中国共产党，任鲁南独立支队副政委兼鲁南铁道大队第三任政委。建国后，历任军政治部主任、六十军政委、南京军区政治部副主任、江苏省委书记。1955 年获得二级独立自由勋章和二级解放勋章，1964 年被授予少将军衔，1984 年离职休养，1988 年 7 月荣获一级红星勋章。1997 年 11 月去世。

张冠伍

张冠伍（1914—2000），男，字立峰，枣庄薛城人。1931 年考入山东省立曲阜师范学校。毕业后，回到家乡在茶棚小学任教员、校长。1937 年抗日战争全面爆发，号召进步教员带领学生罢课，到滕县县城举行抗日游行示威，当年参加鲁南民众抗日自卫军，并加入中国共产党。1940 年任鲁南区党委机要秘书，后任鲁南人民抗日义勇队第二情报站站长，直属鲁南区党委领导，曾参加护送刘少奇、陈毅、罗荣桓等领导干部。1945 年任支前大队教导员，被华东局评为支前模范，后任鲁南军属管理委员会生产委员。1949 年南下，途中参加解放安徽凤阳县城，后任川东支队队长，参加解放四川秀山县。1950 年任川东剿匪工委副主任兼巴县县委书记，1958 年任江津地委常委兼工业交通部部长。

范继武

范继武（1922—2000），男，江苏徐州人，1944 年 8 月加入中国共产党。历任铜山县柳泉区武装部副部长，铜山县城工部组织干事、柳泉区组织委员，铜山县三区区长、十四区区委书记；峄县十五区区委书记、峄县县委宣传部副部长；台儿庄镇党委书记；周营公社党委书记；台儿庄区委副书记；薛城区委副书记、薛城区委书记；枣庄市财委党组副书记、副主任。1983 年 12 月离休，2000 年 12 月去世。

郑　惕

郑惕（1923—2002），男，山东临沂人，1939 年加入中国共产党。1943 年起，历任鲁南军区第三武工队副队长兼齐村区区委书记、鲁南铁道大队副政委、鲁南铁道大队第六任政委。1945 年 9 月，领导并参与了对日军的沙沟谈判，最终促成沙沟受降。新中国成立后，任二炮副司令员等职。1988 年 9 月，被授予中将军衔。2002 年于北京去世。

殷延柱

殷延柱（1948—2002），男，枣庄薛城人，大专学历，1969 年 1 月参加工作，1973 年 10 月加入中国共产党。历任沙沟公社团委副书记、党委常委、副书记、革委副书记；金河公社党委副书记、革委副主任、管委主任；南常乡党委书记；薛城区政府办公室主任；薛城区委常委、副区长；薛城区委副书记、薛城区代区长、区长；正县级调研员。2002 年去世。

朱奇民

朱奇民（1918—2006），男，原名朱锡珍，枣庄薛城人。1939 年 3 月参加中国共产党。历任峄县第四区区委书记、第一区区委书记、任峄县县委宣传委员；运北工委委员兼三区区委书记、费县县委宣传部长兼组织部长、费县县委书记；临沂地委书记、济宁地委书记；山东省农业局局长、山东省革委会副主任、山东省政府副省长、山东省政府党组成员；山东省政府顾问、特邀顾问。曾当选为山东省省委委员、党的第八次全国代表大会代表和五届全国人大代表。1998 年 2 月离职休养，2006 年 10 月去世。

赵长凤

赵长凤（1935—2007），男，山东聊城人。1952 年 7 月参加工作，1959 年 6 月加入中国共产党。历任山东合作干校、滕县专区干校学员；峄县供销社办事员、副科长；枣庄钢铁厂、张范铁矿股长；枣庄市委工业部、组织部干事；枣庄市革委会政治部组织组副组长、市委组织部副部长；薛城区委书记；枣庄市委常委、组织部部长、枣庄市委副书记；山东省人民检察院副检察长、党组成员；省人民检察院副检察长（正厅级）、党组副书记；省委政法委副书记（正厅级）；潍坊市委书记；省人民检察院检察长、党组书记。曾当选党的十四大、十五大代表，第六、七届山东省委委员，省第八、九届人大代表。2003 年 12 月退休，2007 年 12 月去世。

马洪源

马洪源（1931—2008），男，山东临沂人，1944 年 10 参加工作，1949 年 6 月加入中国共产党。历任白彦县苗庄区委文书、统计、组织干事，整党工作组长、办公室检查员；滕县冯卯区委工作组长，区委委员、整党办公室组织员；滕县县委组织部干事、组织部副部长；滕县县委政治部副主任、县委委员；滕县县委副书记、革委会副主任；薛城区委书记、薛城区人大常委会主任、薛城区委调研员。1991 年 12 月离休，2008 年 8 月去世。

鲁开基

鲁开基（1922—2009），男，山东枣庄人。1939 年，从医于微山县夏镇怀济堂国药店，1942 年转至临城怀济堂药店，抗日和解放战争时期，以职业为掩护，从事革命工作，传递情报、转运药材，为地下工作者保藏武器。1951 年，加入临城中西医药联合诊所，后调入临城县卫生院，1966 年 7 月，加入中国共产党，1993 年晋升为主任中医师。曾任薛城区人民医院中医科主任，兼任薛城区第一、二、三届政协委员、区老年大学兼职教授。从事中医临床、科研、教学工作，擅长中医妇科、内科、儿科及眼科疾病的诊治，总结撰写发表专业论文多篇，编写《儿科实用验方》1 部，1990 年获卫生部先进工作者。

赵若华

赵若华（1919—2011），男，又名赵明伟，山东临沂人，鲁南铁道大队第四任政委。1939 年 3 月加入中国共产党。历任鲁南沂河支队一大队副教导员、枣庄地区独立支队特派员、鲁南铁道大队政委兼任滕沛边县公安局长、峄县公安局长；

鲁南军区第八师政治部保卫干事、总务科长，华野第三纵队二十二军政治部总务科长。新中国成立后，任杭州市下城区区委常委、副区长，区人大常委会副主任等职，曾荣获独立自由勋章和解放勋章。1983年10月离职休养，2011年10月去世，安葬于薛城临山。

周子明

周子明（1923—2012），男，山东烟台人，1944年4月加入中国共产党。历任胶东公安保卫训练班学员，山东军政保卫部侦察员；华东军政保卫部侦察员、书记员；济南军政保卫部教育干事；山东公安厅保卫处干事、秘书；山东省人民检察院研究科科长、办公室副主任；山东省委政法部研究组研究员；枣庄市委办公室主任；济宁地委副秘书长；山东省委组织部二处巡视员、副处长；平原县委副书记；薛城区革委党的核心小组组长、区委副书记、薛城区委书记；枣庄市委常委、矿务局党委副书记、市委秘书长、市革委副主任、市政府副市长；枣庄市人大常委会副主任、党组副书记、秘书长。1990年10月离休，2012年3月去世。

王守让

王守让（1936—2012），男，江苏徐州人。1959年8月参加工作，1956年12月入党，大专学历。历任枣庄五中教师、团支部书记；枣庄一中四清工作队员；枣庄五中团总支书记、党的核心小组副组长、管委会副主任；薛城区革委会教育组负责人；薛城区委办公室秘书；枣庄八中党支部书记、校长；薛城区人民医院党支部书记；薛城区委宣传部副部长；薛城区政府办公室主任；枣庄市卫生局局长、党组书记；枣庄市委党校副校长、党委副书记；薛城区政协主席。

王光荣

王光荣（1951—2017），男，枣庄薛城人，大学文化，1970年6月参加工作，1971年9月加入中国共产党。历任枣庄矿务局莱村矿掘进二区党支部副书记、枣庄矿务局团委副书记、共青团枣庄市委副书记、峄城区委副书记、书记；薛城区委书记、市经济技术开发区管委会党组书记；枣庄市农委主任、党组书记；枣庄市政府市长助理、农业局长、党委书记；枣庄市政府副市长、党组成员；枣庄市政协副主席，党组成员。2017年去世。

秦元祥

秦元祥（1956—2018），男，山东枣庄人，山东省委党校研究生学历，1979年12月参加工作，1983年9月加入中国共产党。历任薛城区商业局团委副书记、副局长；薛城区南石乡党委副书记（挂职）；南石乡党委书记；共青团枣庄市委副书记、共青团枣庄市委书记（其间：在共青团中央青农部挂职锻炼）；山亭区委副书记、区长、区委书记、区委党校校长、区人大常委会主任、区委党校校长；枣庄市委常委、薛城区委书记、党校校长；枣庄市委常委、政法委书记、市政府副市长、党组副书记；枣庄市人大常委会副主任。2018年去世。

褚福山

褚福山（1948—2020），男，枣庄薛城人。中共党员，大专学历，高级经济师。1971年7月参加工作，历任山东枣庄银行学校党委副书记、副校长；人民银行枣庄分行党委副书记、党委书记、副行长、行长、外汇管理局副局长、局长；人民银行济南分行党委宣传群工部部长、工会委员会副主任兼办公室主任、纪检监察室主任。在金融理论研究方面，曾多次在《中国金融》《金融时报》《山东金融研究》等刊物上发表论文及研究文章。与人民银行济南分行郑乐顺同志合编《简明对外经济贸易工作手册》、主编《现代企业制度与体制改革》。

胡德高

胡德高（1924—　　），男，江苏徐州人，1939年加入中国共产党。历任八路军苏鲁豫支队宣传员、新四军三师七旅政治部宣传干事；沛县大屯区区长、沛县湖边支队一大队大队长、沛县龙烟区区长；湖西独立一团一营政委、虞城县孟岩区区长、沛县大屯区区委书记、沛县郝岩区区委书记、青年团沛县团委书记；滕县地委宣传部长、地委副书记；济宁县县委副书记、临城县县委书记、峄县县委书记、薛城区委书记；山东省建设厅政治部办公室主任，山东省建委政工组长、办公室主任；山东省测绘局副局长、局长，山东省建委副主任，山东省建委顾问。

刘化民

刘化民（1924—　　），男，山东聊城人，1940年6月加入中国共产党。历任邯郸市馆陶县委组织干事，馆陶县一区、七区、五区区委书记，馆陶县委委员、供销社主任；聊城地委办公室秘书，博平县委常委、组织部长，博平县委副书记，茌平县委副书记；聊城地委水利办公室主任、范县县委副书记、莘县县委副书记；薛城区委书记；枣庄市商业局革命领导小组副组长、枣庄市农业局局长、枣庄市贫协主任、枣庄市人大常委会副秘书长。

人物简介

徐广云

徐广云，男，1919年11月出生，枣庄薛城人。1938年加入鲁南民众抗日自卫军，先后参加汤庄、龙山等战斗。1941年，调到鲁南铁道大队，参加彭口闸突围、打临城伪区公所等战斗。1943年3月，加入中国共产党。1944年，任峄县武工队副中队长，后参加淮海战役、渡江战役、洞头岛战斗。1955年被授予少校军衔，1960年从部队转业到地方工作，历任贵州省人委驻武汉办事处副主任、贵州省物资局生资公司经理、六盘水地区物资局书记、贵州省赤天化建设指挥部北京办事处副处长、贵州省物资局金属回收公司经理，1983年离职休养。

王兴五

王兴五，男，1920年出生，枣庄薛城人。幼年在临城读小学，毕业后考入济宁中学，后读德语专科，在台湾读成本会计专业，毕业即从事会计师业务。侨居美国20余年，在纽约某房地产公司任经理，是美洲中华书法学会董事。其狂草书法饮誉美洲，轰动华人社会，也颇受敬慕中华文化的外国知识界和高层人士的青睐。王兴五身居国外不忘根，他以书会友，结识了许多外国朋友，如美国共和党主席亦乐等，向他们宣传介绍中国。他热爱祖国，以祖国的发展和强大为荣，以做中国人为荣。他反对分裂，企盼祖国早日统一，多次参加中美国事座谈会，发言抨击分裂分子。

华敬灿

华敬灿，男，1921 年出生，枣庄薛城人。1947 年，在前中央大学森林系毕业，留校任助教。新中国成立后，曾 3 次到川鄂边境调查水杉产区及其植物区系，先后采集 1 万多份树木标本，为《活化石水杉新种》提供了充分材料。历任林业部专家工作室俄文翻译、中国林业出版社译文编辑、林业编辑室副主任、农业出版社林业编辑室副主任、中国林业出版社副总编。主持编写和翻译《林产化学论文集》《测树学》《林学概论》《造林学》《中国林业出版社 1984—1990 年选题规划》等。他编辑、审稿、复审、撰写近千部书稿，约占中国林业出版社同期出书种类的半数以上，为全国林业事业发展做出了突出贡献。

张希彬

张希彬，男，1925 年 9 月出生，山东枣庄人，1944 年 6 月参加工作，1948 年 11 月加入中国共产党。历任峄县四区阴平抗日小学校长、峄县四区区公所文教干事、峄县县委文书、峄县县委宣传部宣传干事、峄县县委秘书处秘书；枣庄报社副总编、枣庄市委办公室副主任；薛城区革委生产指挥部办公室副主任、薛城区革委副主任、薛城区政府副区长、薛城区政协主席。1990 年 10 月离休。

郑君伦

郑君伦，男，又名郑钧伦，1927 年 2 月出生，枣庄薛城人，1941 年 6 月参加鲁南铁道大队，1943 年 3 月加入中国共产党，历任勤务员、通信员、六班班长，排长。抗日战争结束后，郑君伦先后被编入鲁南军区警备八旅十六团三营七连任指导员、中国人民解放军华东野战军三纵十师、三纵 66 师 196 团，任某连政治指导员。参加过淮海战役、渡江战役，一路征战南下，解放宁波。期间多次负伤，荣立一等功一次，三等功三次，四等功一次，受嘉奖多次。1953 年，转入地方工作，历任宁波市交通运输管理局副局长、党委书记兼局长；宁波市政府口岸办公室主任。1988 年 2 月离职休养。

刘恒月

刘恒月，男，1931 年出生，枣庄薛城人，1950 年加入中国共产党，历任东井团总支书记、组织部干事；枣庄矿务局生产处副处长、陶庄矿矿长、柴里矿矿长、党委副书记；枣庄矿务局局长；新汶矿矿务局局长兼水煤浆中日合营公司董事长；中国煤炭合协常务理事、中国矿大和山东矿院兼职教授。1992 年离职休养，享受正厅级待遇。

沈善文

沈善文，男，1938 年 12 月出生，枣庄薛城人。1955 年 3 月入伍，1958 年 7 月加入中国共产党。毕业于中国人民解放军国防大学。1988 年被授予少将军衔。历任江西省军区副司令员、安徽省委常委、安徽省军区司令员。曾当选江西省第六届人大代表；安徽省第八届、第九届人大代表，第九届人大常委会委员；第十四次全国代表大会代表，第五届、第九届全国人民代表大会代表；安徽省新四军历史研究会名誉会长、安徽省人大工作研究会副会长、安徽省老年大学协会名誉会长、安徽省收藏家协会顾问、中国收藏家协会顾问。2003 年 6 月退休。

林兆义

林兆义，男，1939 年 10 月出生，山东济宁人，山东师范学院中文系毕业。1973 年 3 月加入中国共产党。历任黑龙江鸡西矿务局中学语文老师，枣庄市文教局一般干部，枣庄市委宣传部一般干部、秘书科副科长、科长；市中区区委副书记、政法委书记；薛城区委书记、区委党校校长兼区武装部党委书记；枣庄市委常委、市委副书记、滕州市委书记兼滕州市武装部第一政委；山东工业大学党委书记；山东省社会科学界联合会党组书记、副主席、省社科优秀成果评奖委员会副主任委员。曾当选山东省第七次党代会代表、山东省政协第八届常委会委员。2003 年 3 月退休。

王泽新

王泽新，男，1943 年 1 月出生，枣庄薛城人，高中学历，1964 年 9 月参加工作，1971 年 5 月加入中国共产党。历任薛城区金河公社党委秘书、常委、党委副书记；陶官公社党委副书记、书记、区委委员；薛城区人民政府办公室主任；薛城区人事局局长；薛城区人民政府副区长、区委常委、区委副书记、党校校长；薛城区政协副主席（正县级）、薛城区政协主席、党组书记。

李继泉

李继泉，男，1943 年 7 月出生，枣庄薛城人，中专学历，1959 年 8 月参加工作，1971 年 4 月加入中国共产党。历任薛城区陶庄镇文化馆管理员、沙沟公社团委副书记、薛城区广播站副站长；薛城区委常委、薛城区委副书记、革委副主任、区政府副区长；薛城区政协主席；薛城区人大常委会主任。

徐广余

徐广余，男，1947 年 10 月出生，枣庄薛城人，曲阜师范大学行政管理专业（函授）毕业，中共党员。历任齐村区西集小学、薛城区山家林学校教师、校长、陶庄公社教育组长；薛城区南常公社党委副书记、南石乡党委书记；薛城区委常委、区委办公室主任、组织部长，区委副书记、副区长；峄城区委副书记、代区长、区长、区委书记；枣庄市人大常委会副主任、教科文卫委员会、城乡建设环境保护委员会主任委员，市人大常委会党组成员、党组副书记。

高惠民

高惠民，男，1948 年 3 月出生，枣庄薛城人，1971 年 2 月参加工作，1972 年 9 月加入中国共产党。历任薛城区南常公社五七中学民办教师、南常公社拖拉机站副站长、公社党委副书记；枣庄市委办公室副科级秘书、市中区政府副区长、区委常委、区委副书记、代区长、区长；薛城区委书记；枣庄市委常委、滕州市委书记；枣庄市委副书记、市纪委书记；枣庄市人大常委会第一副主任、党组副书记（正厅级）；枣庄市关心下一代工作委员会主任。

周平章

周平章，男，1949 年 6 月出生，枣庄薛城人，中共党员，1968 年 8 月参加工作。历任薛城纺织机械厂副厂长、工程师；枣庄海湾工程塑料有限公司副总经理、高级工程师；薛城区外经贸总公司副总经理（其间：1998 年 1 月至 2001 年 1 月援疆，任喀什地区、叶城县计划经济局副局长、总工程师）；山东省老科技工作协会研究员。获国家科学技术进步奖评审委员会国家科技进步二等奖。“七五”期间所从事的研究课题《“R 形”高速、高效、平幅炼漂联合机》获国家级金剑金奖、科技进步二等奖。

褚庆观

褚庆观，男，1950 年 1 月出生，枣庄薛城人，中共党员，山东省委党校研究生学历。历任枣庄市山亭区委副书记、副区长、区长、区委书记；济宁市委常委、组织部长；济宁市委副书记；山东省老龄工作委员会第一副主任、省老龄办主任，中国老龄事业发展基金会理事；山东省政协常委、人口资源环境委员会副主任；山东省老龄事业发展基金会第三届理事会副理事长。

谢云文

谢云文，男，1950 年 8 月出生，枣庄薛城人，大学学历，1971 年 2 月参加工作，1974 年 5 月入党。历任薛城区西仓公社干部、西仓公社信用社农金员、西仓公社党委副书记；薛城区沙沟公社党委副书记、薛城区南石沟公社党委副书记、管委主任；薛城区兴仁乡乡长、党委副书记、党委书记；薛城区纪委副书记；薛城区纪委副县级纪检员、薛城区委常委、纪委书记；薛城区政协副主席、薛城区政协主席、党组书记。

孙学刚

孙学刚，男，1950 年 9 月出生，枣庄薛城人，中共党员。1999 年 7 月，山东省委党校法律专业毕业。历任枣庄市陶瓷一厂会计、生产科长、副厂长；峄城区委副书记；山亭区委副书记、区长、区委书记；枣庄市委统战部部长；枣庄市政协党组成员；枣庄市委党校常务副校长、党委书记。

吴承鉴

吴承鉴，男，1951 年 5 月出生，山东枣庄人，山东省委党校研究生学历，1968 年 12 月参加工作，1978 年 7 月加入中国共产党。历任台儿庄区经委生产科长、区工业局局长；台儿庄区委常委、副区长；枣庄市煤炭局副局长、党组成员；枣庄市经济技术开发区管委会主任、党组书记；薛城区委副书记、代区长、区长；薛城区委书记、区委党校校长；枣庄市政府副市长、党组成员、党组副书记；枣庄市政府特邀咨询；台儿庄战役研究会常务副会长。

张宗超

张宗超，男，1951 年 6 月出生，枣庄薛城人，1968 年 3 月入伍，1969 年 5 月入党，历任战士、班长、排长、师军机关参谋，炮兵营长，济南军区司令部炮兵部副处长，炮兵 12 师炮 24 团团长，67 集团军地炮旅副旅长，济宁预备役炮兵师参谋长，副师长兼济宁军分区副司令员，济南警备区参谋长。曾入炮兵学院、国防大学学习培训，1992 年晋大校军衔，2006 年 7 月退休。

赵怀明

赵怀明，男，1952 年 3 月出生，枣庄薛城人，1970 年 12 月参加工作，1973 年 3 月加入中国共产党。历任枣庄市机械厂铸造车间团支部书记、枣庄市机械厂党委秘书、团委副书记、党委副书记；市中区委组织部部长；共青团枣庄市委副书记、枣庄市委组织部副部长；枣庄市委常委、组织部长；滨州地区行署副专员、政法委第一副书记（其间：在山东省政法管理干部学院法律专业业余本科班学习）；滨州市副市长兼市委政法委第一副书记；青岛理工大学党委副书记。

魏建国

魏建国，男，1952 年 4 月出生，山东寿光人，大学学历，1968年12月参加工作，1974年6月加入中国共产党。历任枣庄市汽车修理厂车间主任、厂党支部副书记；枣庄市交通局副局长、党委副书记，枣庄运输分公司党委书记；枣庄市交通局局长、党组书记；薛城区委副书记、副区长、代区长、区长；枣庄市计委副主任、党组成员（正县级）；枣庄市政府副秘书长、秘书长、党组成员、办公室党组书记；枣庄市委党校党委书记、常务副校长；枣庄市人大常委会副主任、党组成员、财政经济委主任委员；枣庄市人大常委会副主任、党组副书记，市总工会主席、党组书记。

彭庆云

彭庆云，男，1952年7月出生，山东枣庄人，山东大学物理专业毕业，1981年1月加入中国共产党。历任滕县桑村公社民师、滕县糖茶公司副经理；滕县劳动局副局长、滕州市财政局局长、滕州市政府副市长、滕州市委常委；薛城区委副书记、薛城区人大常委会主任。

刘儒良

刘儒良，男，1955年10月出生，山东枣庄人，农学学士、高级农艺师，1985年12月加入中国共产党。历任滕县级索公社官庄中学民师、枣庄农校教师、教务处副主任；枣庄市农业局技术员、农技站副站长、枣庄市农业局综合科科长、枣庄市农业局办公室主任、枣庄市农业局总农艺师、党委委员（副县级）、枣庄市农业局副局长、副书记；薛城区委副书记；薛城区人民政府区长、党组书记；枣庄市人大常委会副秘书长、秘书长。

张宝民

张宝民，男，1956年11月出生，枣庄薛城人，山东省委党校研究生学历，1981年12月参加工作，1979年12月加入中国共产党。历任薛城区西仓公社庞庄小学民师、西仓公社通讯报导员、党委秘书、团委副书记；薛城区委办公室工作人员、调研科副科长、办公室副主任、政策研究室主任；枣庄市委研究室城市经济科科长；枣庄市委办公室文秘科科长；枣庄市委办公室副主任；枣庄市委副秘书长、办公室主任；枣庄市政府副市长、党组成员（其间：在省委党校市厅级领导干部进修班学习）；枣庄市委常委、市政府副市长、党组副书记；枣庄市委常委、宣传部部长；枣庄市人大常委会副主任。

高庆喜

高庆喜，男，1956年12月出生，枣庄薛城人，中央党校本科学历，1975年7月参加工作，1976年9月加入中国共产党。历任薛城区陶庄镇公社农业学大寨工作队员、公社团委干事、副书记、公社党委常委；共青团薛城区委副书记（主持工作）；薛城区金河公社党委副书记、管委会副主任；薛城区委常委、团区委书记；共青团枣庄市委书记、市青联主席；枣庄市人民政府副秘书长（正县）、市爱卫会副主任、市创建卫生城市指挥部办公室主任；枣庄市市中区委副书记、代区长、区长、区政府党组书记；枣庄市政协党组成员、秘书长；枣庄市委统战部副部长；枣庄学院党委委员、纪委书记；枣庄学院关工委主任；枣庄市关工委副主任。

贾福章

贾福章，男，1958年3月出生，山东枣庄人，省委党校大学学历，1976年2月参加工作，1978年3月加入中国共产党。历任海航山海关场站战士、班长、排长、连副指导员、海航7师政治部组织科正连级干事；枣庄市市中区工商局工作人员、市中区委组织部副科级组织员、组织部副部长；枣庄市委组织部组织科副科级巡视员、副科长、主任科员、组织科科长；薛城区委常委、组织部部长；薛城区政协主席、党组书记；薛城区人大常委会主任、党组书记。

褚福磊

褚福磊，男，1959 年出生，枣庄薛城人，清华大学精密仪器与机械学系教授、博士研究生导师，国家杰出青年科学基金获得者。曾在南方冶金学院机械工程系矿山机械专业、天津大学力学系一般力学、英国 Southampton 大学机械工程系学习。先后在江西铜业公司、天津大学力学系、清华大学精密仪器与机械学系工作。先后负责和参加 30 余项课题的研究，“复杂非线性系统的动力学理论与应用”获 2003 年度国家自然科学奖二等奖，“水电机组状态监测分析诊断系统开发研究”获 2003 年度中国电力科学技术奖三等奖等多项奖励。入选 2003 年度教育部“跨世纪优秀人才培养计划”，获 2004 年度国家杰出青年科学基金，享受国务院政府特殊津贴。

梁宪廷

梁宪廷，男，1959 年 8 月出生，山东枣庄人，中央党校研究生学历，1981 年 9 月加入中国共产党。历任滕县鲍沟公社宋庄小学教师；齐村区付庄公社秘书、齐村区委组织部局级干事；山亭区人事局副局长；枣庄市委组织部干部科副科长、正科级巡视员、科长；枣庄市委组织部副部长、组织员办主任；薛城区委书记、党校校长；枣庄市委常委、秘书长、办公室主任（其间：在中央党校在职研究生班社会学专业学习）；枣庄市委统战部部长、枣庄市委副书记、一级巡视员。

秦　健

秦健，女，1959 年 11 月出生，枣庄薛城人。1978 年 2 月参加工作，1985 年 5 月加入中国共产党。历任薛城区机关幼儿园教师、薛城区妇联科员；薛城区张范乡副乡长；薛城区陶庄镇党委副书记、镇长；薛城区南石镇党委书记、人大主席；枣庄市台儿庄区委常委、宣传部部长、组织部部长；台儿庄区人大常委会党组书记、第一副主任。当选为枣庄市第十五届人民代表大会代表。

王明先

王明先，男，1961 年 6 月出生，山东枣庄人，中共党员，山东省委党校大学学历。历任台儿庄区泥沟镇党委副书记、镇长、台儿庄区邳庄镇党委书记兼人大主席、台儿庄区马兰屯镇党委书记；薛城区委常委、区委办公室主任、区政府副区长、区纪委书记、薛城区政府党组副书记、薛城经济开发区管理委员会党工委书记、主任（正县级）。

岳德川

岳德川，男，1961 年 11 月出生，山东枣庄人，中央党校大学学历，1977 年 11 月参加工作，1985 年 6 月加入中国共产党。历任山亭区委党校教员、枣庄市监察局办公室办事员、枣庄市监察局宣传教育科副科长、枣庄市纪委正科级纪检员、枣庄市纪委执法监察室副主任、枣庄市纪委研究室主任（副县级）、枣庄市委组织部副部长、组织员办公室主任；薛城区委副书记、区政府区长、党组书记；薛城区委书记、区委党校校长；东营市委常委、市纪委书记；烟台市委常委、市纪委书记、市监察委员会主任；山东省委第十三巡视组组长。

杨家国

杨家国，男，1961 年 11 月出生，枣庄薛城人，中共党员。1979 年 12 月，山东省委办公厅机要培训班机要专业毕业。1993 年 12 月，中央党校函授学院政治专业毕业。历任枣庄市委办公室机要员、副科级秘书、值班室副主任、综合督查科副科长（正科级）、副县级秘书；峄城区委副书记；枣庄市民政局局长、党组书记；枣庄市审计局局长、党组书记；枣庄市政协副主席。

王艳君

王艳君，女，1961 年 11 月出生，山东枣庄人，大学学历，1981 年 7 月参加工作，1985 年 5 月加入中国共产党。历任枣庄师范专科学校英语系教师、团总支书记，枣庄市外经贸委外联科副科长、国际合作科副科长、外联科科长；薛城区委常委、政法委书记、纪委书记；薛城区人大常委会党组副书记（主持党组日常工作）、薛城区人大常委会第一副主任（正县级）；薛城区政协主席、党组书记；薛城区人大常委会主任、党组书记、二级巡视员。

于 良

于良，男，1962 年 10 月出生，山东烟台人，山东省委党校研究生学历，1990 年 12 月加入中国共产党。历任枣庄农校教师、枣庄市科委办公室副主任、农医科副科长、农艺师；枣庄市人事局办公室副主任、正科级监察员；枣庄市委办公室文秘科正科级秘书、综合一科主任科员、秘书一科主任科员、助理调研员、办公室副主任；薛城区委副书记、薛城经济开发区管委会主任（正县级）；市中区委副书记、区政府区长；枣庄市政协秘书长；枣庄市人大常委会副主任、秘书长。

李宏岚

李宏岚，女，1962 年 12 月出生，枣庄薛城人，中共党员，大学学历。历任薛城区妇联主席，薛城区副区长，薛城区委常委、政法委书记；枣庄市政法委副书记、综治办主任；枣庄市科协党组书记、主席。

李修凡

李修凡，男，1963 年 5 月出生，枣庄薛城人，大学学历，中共党员。历任枣庄市委办公室机要科科员、枣庄市委机要局一科副科长；枣庄市委办公室秘书科副科长、办公室主任科员、秘书二科科长、助理调研员、副调研员；枣庄市委机要局局长、枣庄市委办公室副主任；枣庄仲裁委员会秘书处秘书长、党组书记；枣庄市政协委员联络工作委员会副主任。

张旋宇

张旋宇，男，1963 年 10 月出生，山东枣庄人，中央党校研究生学历，1983 年 7 月参加工作，1988 年 7 月加入中国共产党。历任山东鲁南化肥厂金工车间技术员、山东鲁南化肥厂团委干事、副书记、书记、山东鲁南化肥厂党委办公室主任；共青团枣庄市委副书记；薛城区委副书记、副区长、代区长、区长；薛城区委书记；聊城市东阿县委书记、县人大常委会主任；聊城市副市级干部；临清市委书记、市人大常委会主任；聊城市副市长、市政府党组成员；聊城市委常委、副市长、市政府党组副书记；聊城市政协党组书记、主席。

安 锋

安锋，男，1964 年 2 月出生，枣庄薛城人，

1981年10月参加工作，1991年10月加入中国共产党。历任枣庄市委办公室机要科科员、枣庄市委机要局办公室副主任、机要局一科科长、机要局办公室主任（其间：在山东干部函授大学经济管理专业学习）、机要局副局长、局长；枣庄市委办公室副主任、市委副秘书长；枣庄市委党史研究院院长。

张凤麟

张凤麟，男，1964年10月出生，江苏邳州人，曲阜师范大学行政管理专业，1984年7月参加工作，1990年6月加入中国共产党。历任枣庄市工商局副科级纪检员、枣庄市委组织部副科级巡视员、下派办副主任；枣庄市委组织部干部调配科副科长、干部教育科科长、市委组织部办公室主任；枣庄市纪委干部室主任（副县级）；薛城区委常委、组织部长；薛城区委常委、区政府副区长、党组副书记；薛城区政协主席、党组书记、一级调研员。

张建福

张建福，男，1965年4月出生，枣庄薛城人，北京大学法律学系法律学专业毕业，法学学士，1988年7月参加工作，1994年9月加入中国共产党。历任烟台财政学校教师；枣庄市纪委、监察局科员；枣庄市纪委执法监察室正科级检查员；枣庄市纪委案件审理室主任（副县级）、枣庄市纪委常委、监察局副局长、枣庄市纪委副书记；枣庄市委政法委常务副书记、市法学会党组书记、一级调研员。

姜　山

姜山，男，1965年9月出生，山东烟台人，中共党员，大学学历，高级工程师。历任枣庄市城乡建设职业中专教师、副校长、教研室主任、枣庄市建筑设计院院长；枣庄市城市开发投资中心主任（副县级）、枣庄市建委副主任、党委委员；枣庄市援川办小坝乡工作指挥部指挥长（正县级）、枣庄市城市管理局局长、党组书记；枣庄市住房和城乡建设局局长、党委书记；薛城区委副书记、区政府副区长、代区长、区长、党组书记；薛城区委书记、区委党校校长；山东省委第十巡视组副组长。

褚志高

褚志高，男，1965年9月出生，枣庄薛城人，公共管理硕士学历，1988年7月参加工作，中共党员。历任枣庄市委组织部组织科副科长、市委组织部主任科员、组织科科长、助理调研员、副调研员、副部长、组织员办公室主任；枣庄市人力资源和社会保障局局长、党委书记。

赵作亮

赵作亮，男，1966年2月出生，山东枣庄人，研究生学历，1984年6月参加工作，1984年6月加入中国共产党。历任枣庄市峄城区委办公室工作人员、峄城区阴平镇党委委员、峄城区委办公室副科级秘书、峄城区委办公室副主任；枣庄市委组织部副科级巡视员、办公室副主任、研究室副主任、主任；市中区委副书记；枣庄经济开发区管委会主任（正县级）；薛城区委副书记（正县级）；枣庄市政府副秘书长；枣庄市人力资源和社会保障局局长；枣庄市卫生健康委员会主任。

褚庆宪

褚庆宪，男，1966年3月出生，枣庄薛城人，中共党员，山东省委党校在职研究生学历。

历任枣庄市齐村区半湖公社农机站长、人民银行薛城区支行办事员、人民银行枣庄市分行营业部办事员；枣庄市政府办公室秘书、枣庄市政府办公室副科级秘书、枣庄市政府办公室信息科科长（其间：在山东省委党校在职干部研究生班政治学专业学习）、枣庄市政府办公室助理调研员、市政府办公室副主任、党组成员、市政府副秘书长；枣庄市纪委（监察局）派驻第五纪检组（监察室）组长（主任）；枣庄市公路管理局局长、党委副书记；枣庄市供销合作社联合社理事会主任、党委书记。

王慎孝

王慎孝，男，1966 年 7 月出生，枣庄薛城人，1989 年 7 月参加工作，1991 年 11 月加入中国共产党。历任薛城区建委办公室副主任、主任、市政管理处主任；薛城区建设局副局长、局长、党委书记，薛城经济开发区党工委委员；薛城区政府副区长、党组成员；薛城区委常委，宣传部部长、区宣传文化系统党委书记；薛城区委常委，政法委书记、区政法系统党委书记；薛城区政府党组副书记，薛城经济开发区管委会主任、党工委书记（正县级）。

吴 磊

吴磊，男，1966 年 12 月出生，山东枣庄人，山东省委党校研究生学历，高级管理人员工商管理硕士学位，1985 年 11 月参加工作，1991 年 9 月加入中国共产党。历任枣庄市台儿庄区法院书记员、助审员、副庭长；台儿庄区法院副科级审判员、正科级审判员、水上法庭庭长；台儿庄区张山子镇党委副书记、镇长、党委书记；台儿庄区副区长；台儿庄区委常委、副区长（其间：在山东省委党校在职干部研究生班经济管理专业学习）、台儿庄经济开发区管委会主任（正县级）；薛城区委常委、副区长、代区长、区长、薛城经济开发区管委会主任（正县级）（其间：在清华大学经济管理学院高级管理人员工商管理硕士专业学习）；薛城区委书记；潍坊市政府党组成员、市公安局局长、党委书记、督察长，潍坊市政府副市长；山东省委国家安全委员会办公室副主任；山东省司法厅党委副书记、副厅长，山东省监狱管理局党委书记、局长。

张 伟

张伟，男，1967 年 5 月出生，山东枣庄人，大学学历，中共党员。历任枣庄市市中区黄庄乡教师进修学校教师，山亭区北庄乡党委委员、副乡长、副书记、副镇长、镇长、党委书记；山亭区委常委、办公室主任、政法委书记；枣庄市水利和渔业局副局长、党委副书记、市南水北调工程管理局局长；枣庄市台儿庄区委常委、副区长、区委副书记（正县级）；枣庄食品药品监督局局长、党组书记；枣庄市薛城区委副书记、区政府副区长、代区长、区长、党组书记；枣庄市政府副秘书长；枣庄市委党校副校长（列副校长第一位）。

韩惊涛

韩惊涛，男，1967 年 7 月出生，山东菏泽人，工学学士，1989 年 7 月参加工作，1987 年 11 月加入中国共产党。历任山东省化工地质勘察院技术组长、地质公司副经理、经理、院长助理、副总工程师（正科级）；枣庄市高新技术产业开发区管委会副主任（挂职）、党委委员；薛城区委副书记、纪委书记；薛城区副书记、区政府副区长、党组副书记、薛城经济开发区管委会主任（正县级）、党工委书记；薛城区委副书记、组织部部长、统战部部长；枣庄市台办主任、市政府副秘书长。

马宏伟

马宏伟，男，1967年7月出生，枣庄薛城人，山东省委党校研究生学历，1987年7月参加工作，1993年8月加入中国共产党。历任薛城区林业局工作人员、薛城区农委工作人员；薛城区委政策研究室副主任、区委办公室副主任、政研室主任、区委办公室主任；山亭区委常委、办公室主任、群众工作部部长、山亭区政府副区长、党组副书记；山亭经济开发区管理委员会主任、党工委书记；市中区委副书记（正县级）；滕州市委副书记、市政府代市长、市长、党组书记。

赵　刚

赵刚，男，1968年1月出生，山东日照人，港口、海岸及近海工程专业工学硕士学位。1991年5月加入中国共产党，1991年7月参加工作。历任日照港务局港湾工程公司经理、山东港湾建设有限公司经理兼党总支副书记、党委副书记、执行董事、总经理；日照港（集团）有限公司副总经理；日照市东港区委副书记、区政府副区长、代区长、区政府区长、党组书记；日照市发改委主任、党组书记、市大项目办主任、市铁路办主任、市蓝办主任、市援疆办主任、市委改革办副主任、市新旧动能转换重大工程推进办公室（市蓝色经济区办公室）主任、市新旧动能转换综合试验区建设办公室主任（兼）；枣庄市薛城区委书记、区委党校校长。

张思春

张思春，男，1968年2月出生，枣庄薛城人，公共管理硕士学历，1991年7月参加工作，1994年11月加入中国共产党。历任枣庄市薛城区政府办公室秘书、文秘调研室副主任、副科级秘书、调研室副主任；枣庄市民族宗教事务局副局长、党组成员；枣庄市社会科学界联合会副主席、党组成员（其间：在天津大学管理学院公共管理硕士专业学习）；枣庄市社会科学界联合会主席、党组书记。

王广部

王广部，男，1968年3月出生，枣庄薛城人，山东省委党校研究生学历，1986年7月参加工作，1990年12月加入中国共产党。历任枣庄市薛城区薛城镇中心小学教师、薛城镇教育组办事员；薛城区薛城镇团委书记、党政办主任；薛城镇党委委员、副镇长；薛城区南常乡副乡长、党委副书记、乡长；台儿庄区委副书记（其间：在省委党校在职干部研究生班经济管理专业学习）、区纪委书记；峄城区委副书记、区纪委书记；枣庄市政府副秘书长、市服务业办公室主任、党委书记、市旅游和服务业发展委员会党委书记、枣庄台儿庄古城保护开发建设管理委员会主任、党组书记；枣庄市纪委常务副书记、市监察局局长；枣庄市经济和信息化委员会党委书记；枣庄市高新区党工委书记、管委会常务副主任、管委会主任、二级巡视员。

李玉森

李玉森，男，1968年4月出生，枣庄薛城人，1992年11月加入中国共产党，1989年7月参加工作，山东省委党校研究生学历。历任枣庄市薛城区土管局地政科科员、副科长、科长、办公室主任；薛城区邹坞镇党委委员；薛城区招商局副局长、党组成员；薛城区南石镇党委副书记、镇长；薛城区张范镇党委副书记、镇长；薛城区沙沟镇党委书记（其间：在山东省委党校在职干部研究生班经济管理专业学习）；薛城区张范镇党委书记、人大主席；薛城区政府副区长、党组成员、党组副书记、薛城区委常委；枣庄市住建局党组副书记、市住房建设事业发展中心主任；枣庄市住房和城乡建设局局长、党委书记。

王 晓

王晓，男，1968 年 5 月出生，枣庄薛城人，中国海洋大学经贸系企业管理专业管理学硕士学位，1987 年 12 月加入中国共产党。历任青岛市供热办公室干部、青岛高科技工业园区公用事业局综合部副部长、青岛高科技工业园区管委会主任助理、青岛高科技工业园区管委会主任助理、工业园和崂山区重点工程建设指挥部常务副总指挥（主持工作）；共青团青岛市委副书记（主持工作）、共青团青岛市委书记；共青团山东省委副书记（其间：挂职任共青团中央青工部副部长）、共青团中央青工部副部长、部长；共青团中央书记处书记、全国青联副主席、共青团中央书记处常务书记、全国青联主席；青海省委常委、副省长、西宁市委书记；陕西省委常委、宣传部部长。

李清华

李清华，男，1968 年 9 月出生，枣庄薛城人，山东省委党校研究生学历，1991 年 11 月参加工作，1991 年 7 月加入中国共产党。历任共青团薛城区委办事员、副书记、党组成员；共青团薛城区委书记、党组书记；薛城区体委主任、党组书记；薛城区南石镇党委副书记、镇长、党委书记、人大主席；薛城区张范镇党委书记、人大主席、张范经济园管委会办公室主任；薛城区政府副区长、党组成员；枣庄高新区管委会副主任、党委委员、党委副书记；枣庄市城市管理委员会办公室主任、枣庄市城市管理局局长、党组书记；枣庄市交通局局长、党组书记。

邵士官

邵士官，男，1969 年 1 月出生，枣庄薛城人，中共党员，枣庄师专中文系中文专业。1990 年 7 月起，历任枣庄市团校教师、团市委学校部干事、副部长、少先队总辅导员（其间：中央党校函授学习，市委下派山亭区东凫山乡工作队秘书）、办公室主任；峄城区委常委、副区长（正县级）、党组成员；滕州市委常委、组织部长、副书记；市中区政府区长；滕州市委书记、市委党校校长；枣庄市政府副市长、党组成员。

尹作义

尹作义，男，1970 年 1 月出生，山东枣庄人，大学学历，1992 年 7 月参加工作，1994 年 8 月加入中国共产党。历任市中区安城乡政府秘书、党政办公室主任；市中区委办公室秘书、副主任科员、办公室副主任；枣庄市委组织部办公室主任科员、办公室主任、副调研员；峄城区委常委、组织部部长、统战部部长、区委副书记；薛城区委副书记，区政府党组书记、代区长；薛城区委副书记、区政府区长、党组书记。

刘吉忠

刘吉忠，男，1971 年 2 月出生，枣庄薛城人，1993 年 7 月参加工作，2011 年 3 月加入民盟。辽宁大学国际经济系保险专业毕业，大学学历，公共管理硕士。历任中保财产保险有限公司枣庄分公司国际部货运险科科员、副科长、科长；中国人民保险公司枣庄分公司业务处理中心副主任；枣庄市统计局副局长；枣庄市监察局副局长、正县级检查员；枣庄市政协提案委副主任委员、民盟枣庄市委副主任委员；枣庄市科学技术局局长；枣庄市政府副市长、民盟枣庄市委主任委员。

高　淦

高淦，男，1974年11月出生，枣庄薛城人，山东农业大学农学院农业推广硕士学历，1998年7月参加工作，2001年1月加入中国产党。历任枣庄市薛城区多种经营管理局办事员、蔬梨股副股长；薛城区周营镇党委副书记；薛城区临城街道党委副书记、办事处主任；枣庄市纪委监察综合室主任；市中区委常委、宣传部长；峄城区区委常委、区纪委书记；滕州市委常委、纪委书记、监察委主任；滕州经济开发区管委会主任、党工委书记、滕州市政府党组副书记、山东滕发投资控股有限公司党委书记、董事长；枣庄市农业农村局党组成员、市农业农村事业发展中心主任、党组副书记、市农业农行综合改革实验区服务中心主任。

刘中波

刘中波，男，1975年2月出生，山东枣庄人，中央党校研究生学历，1996年7月参加工作，1994年6月加入中国共产党。历任滕州市委常委、市委秘书长、统战部部长、副市长；枣庄市旅游局局长；薛城区委副书记、区政府代区长、区长、党组书记；枣庄市金融办主任、枣庄市地方金融监督管理局局长；市中区委副书记、区长。

李　勇

李勇，男，1979年12月出生，枣庄薛城人，1998年12月入伍，2002年7月加入中国共产党。入伍以来，历任中队长、警务装备股长、大队长、支队后勤处长、总队部队管理处副处长；武警重庆市总队机动支队参谋长，武警重庆总队直勤第四支队支队长，上校警衔。期间先后荣立二等功1次、三等功3次，3次被表彰为优秀共产党员。

周　慧

周慧，女，1983年5月出生，枣庄薛城人，大学学历，2004年8月参加工作，2002年10月入党。历任滕州市级索镇政府镇长助理、滕州市鲍沟镇党委委员；共青团滕州市委副书记、党组成员；滕州市善南街道党委委员、副书记、办事处主任；滕州经济开发区管委会办公室副主任；滕州市级索镇党委委员、副书记、镇长；共青团枣庄市委副书记、党组副书记；共青团枣庄市委书记。

人物表

薛城区荣获二等功以上奖励的军人名录

表 1

姓　名	性别	出生年月	籍　贯	政治面貌	荣获奖励	备　注
苗玉友	男	1930. 12	枣庄市滕州市	中共党员	一等功一次	退役
袁振江	男	1961. 04	枣庄市薛城区	中共党员	一等功一次	退役
张言振	男	1962. 03	枣庄市台儿庄区	中共党员	一等功一次 二等功一次	退役
李乐宝	男	1962. 05	济宁市微山县	中共党员	一等功一次	退役
殷爱平	男	1962. 11	枣庄市薛城区	中共党员	一等功一次	退役
刘念洁	男	1963. 10	枣庄市滕州市	中共党员	一等功一次	退役
孙开存	男	1964. 08	枣庄市薛城区	中共党员	一等功一次	退役
张茂安	男	1983. 07	枣庄市薛城区	中共党员	一等功一次	退役
朱　峰	男	1994. 09	枣庄市薛城区	中共党员	一等功一次 二等功一次	现役
张传水	男	1926. 03	枣庄市薛城区	中共党员	二等功一次	退役
胡安璞	男	1929. 01	枣庄市薛城区	中共党员	二等功一次	退役
张宗申	男	1929. 08	枣庄市薛城区	中共党员	二等功一次	退役
马玉挺	男	1930. 10	枣庄市市中区	中共党员	二等功一次	退役
马振荣	男	1931. 05	枣庄市薛城区	中共党员	二等功一次	退役
乔淑香	女	1933. 03	枣庄市薛城区	中共党员	二等功三次	退役
张建才	男	1933. 10	枣庄市薛城区	中共党员	二等功一次	退役
韩业勤	男	1944. 04	枣庄市薛城区	群众	二等功一次	退役
孙道斌	男	1954. 03	江苏省沛县	中共党员	二等功一次	退役
李敬平	男	1954. 07	山东省临沂市	中共党员	二等功一次	退役
徐远山	男	1955. 11	枣庄市薛城区	中共党员	二等功一次	退役
李其珍	男	1955. 12	枣庄市薛城区	中共党员	二等功一次	退役
褚衍民	男	1959. 04	枣庄市薛城区	中共党员	二等功一次	退役
顾士柏	男	1959. 05	枣庄市薛城区	中共党员	二等功一次	退役
郑修民	男	1961. 11	枣庄市薛城区	中共党员	二等功一次	退役
王玉成	男	1961. 12	枣庄市薛城区	中共党员	二等功一次	退役

续表1

姓　名	性别	出生年月	籍　贯	政治面貌	荣获奖励	备　注
褚庆家	男	1961. 12	枣庄市薛城区	中共党员	二等功一次	退役
王宜普	男	1962. 01	枣庄市薛城区	中共党员	二等功一次	退役
宗西永	男	1962. 08	枣庄市山亭区	中共党员	二等功一次	退役
孙中太	男	1962. 10	枣庄市薛城区	中共党员	二等功一次	退役
褚洪纪	男	1962. 10	枣庄市薛城区	中共党员	二等功一次	退役
王维贵	男	1962. 11	枣庄市薛城区	中共党员	二等功一次	退役
吕传亮	男	1963. 01	枣庄市薛城区	中共党员	二等功一次	退役
种传举	男	1963. 04	枣庄市薛城区	中共党员	二等功一次	退役
巩光龙	男	1963. 04	枣庄市薛城区	中共党员	二等功一次	退役
孙守宇	男	1963. 09	枣庄市台儿庄区	中共党员	二等功一次	退役
赵修河	男	1963. 10	枣庄市滕州市	中共党员	二等功二次	退役
马加宏	男	1964. 02	枣庄市滕州市	中共党员	二等功一次	退役
孙　超	男	1964. 03	枣庄市薛城区	中共党员	二等功一次	退役
王　建	男	1964. 04	枣庄市薛城区	中共党员	二等功一次	退役
李中虎	男	1964. 10	山东省菏泽市	中共党员	二等功一次	退役
耿德启	男	1964. 12	枣庄市山亭区	中共党员	二等功一次	退役
王振民	男	1965. 11	枣庄市台儿庄区	中共党员	二等功一次	退役
张　宁	男	1966. 01	枣庄市薛城区	中共党员	二等功一次	退役
孙怀金	男	1968. 07	枣庄市薛城区	中共党员	二等功一次	退役
李　勇	男	1969. 01	枣庄市薛城区	中共党员	二等功一次	退役
王化春	男	1969. 05	山东省潍坊市	中共党员	二等功一次	退役
郭允立	男	1971. 11	枣庄市薛城区	中共党员	二等功一次	退役
韩　勇	男	1972. 02	江苏省丰县	中共党员	二等功一次	退役
王新路	男	1972. 03	枣庄市薛城区	群众	二等功一次	退役
孙晋华	男	1972. 11	枣庄市峄城区	中共党员	二等功二次	退役
殷　峰	男	1974. 01	枣庄市薛城区	中共党员	二等功一次	退役
赵本政	男	1974. 06	江苏省沛县	中共党员	二等功二次	退役
褚衍金	男	1975. 09	枣庄市薛城区	中共党员	二等功一次	退役
朱德明	男	1977. 02	枣庄市薛城区	中共党员	二等功一次	退役
孔祥东	男	1977. 04	枣庄市峄城区	中共党员	二等功一次	退役
田　帅	男	1978. 05	枣庄市薛城区	中共党员	二等功一次	退役
高玉宝	男	1978. 05	枣庄市峄城区	中共党员	二等功一次	退役
褚　涛	男	1979. 12	枣庄市薛城区	中共党员	二等功一次	退役

续表1

姓　名	性别	出生年月	籍　贯	政治面貌	荣获奖励	备　注
褚福鹏	男	1981. 07	枣庄市薛城区	中共党员	二等功一次	退役
李　建	男	1984. 12	枣庄市薛城区	中共党员	二等功一次	退役
殷宪瑞	男	1985. 05	枣庄市薛城区	中共党员	二等功一次	退役
张振宇	男	1985. 09	枣庄市市中区	中共党员	二等功一次	退役
张方明	男	1986. 04	枣庄市薛城区	中共党员	二等功一次	退役
张　奇	男	1988. 08	枣庄市薛城区	中共党员	二等功一次	退役
刘　伟	男	1975. 09	枣庄市薛城区	中共党员	二等功一次	现役
王守法	男	1975. 11	枣庄市薛城区	中共党员	二等功一次	现役
张慎刚	男	1978. 02	枣庄市薛城区	中共党员	二等功一次	现役
李　勇	男	1979. 12	枣庄市薛城区	中共党员	二等功一次	现役
李　鹏	男	1983. 02	枣庄市薛城区	中共党员	二等功一次	现役
刘英文	男	1985. 03	枣庄市薛城区	中共党员	二等功一次	现役
张　杰	男	1988. 05	枣庄市薛城区	中共党员	二等功一次	现役
邵明晨	男	1994. 05	枣庄市薛城区	中共党员	二等功一次	现役
王九龙	男	1995. 10	枣庄市薛城区	中共党员	二等功一次	现役

1991—2013 年薛城区获评省级以上劳动模范、先进工作者一览表

表 2

姓　名	性别	单位	职务	获奖时间	荣誉名称
种道山	男	夏庄乡东仓村	党支部书记	1991 年	国家级优秀企业家
褚思凤	女	薛城区科协	主席	1993 年	山东省劳动模范
褚衍德	男	薛城汽车客运中心		1994 年	部级劳模及享受省部级劳模待遇
种道友	男	山东联兴玻璃有限公司		1994 年	山东省富民兴鲁劳动奖章
李永胜	男	薛城区政府办公室		1994 年	山东省政府信息系统优秀工作者
张美安	男	薛城区政协	副主席	1995 年	山东省劳动模范
张文民	男	青岛啤酒薛城有限公司		1995 年	山东省劳动模范
华敬铎	男	薛城区劳动局	局长	1997 年	部级劳模及享受省部级劳模待遇
孙中启	男	南石镇政府		1998 年	山东省劳动模范
张继坤	男	薛城区经信局	副局长	1998 年	山东省劳动模范
刘书龙	男	枣庄八中	校长	1998 年	部级劳模及享受省部级劳模待遇
孙晋强	男	临城街道办事处		1999 年	山东省劳动模范
王连法	男	青岛啤酒薛城有限公司		2000 年	山东省富民兴鲁劳动奖章
陈召玉	男	陶庄 215 煤矿		2001 年	山东省富民兴鲁劳动奖章

续表2

姓　名	性别	单位	职务	获奖时间	荣誉名称
郝茂稳	男	薛城区人大	财经委副主任	2003年	山东省劳动模范
王学信	男	兴仁卫生院	院长	2003年	中共山东省委、山东省人民政府防治“非典”工作三等功
殷召霖	男	华众纸业有限公司		2004年	山东省富民兴鲁劳动奖章
郭允相	男	薛城煤矿		2006年	山东省富民兴鲁劳动奖章
秦元祥	男	薛城区委		2007年	山东省富民兴鲁劳动奖章
周广珠	男	薛城区规划局	副局长	2007年	部级劳模及享受省部级劳模待遇
褚衍田	男	临城街道办事处		2008年	山东省劳动模范
张建锋	男	周营镇铁佛村	支部书记	2009年	全国劳动模范
褚建伟	男	薛城天然胶矿		2009年	山东省富民兴鲁劳动奖章
李　文	男	陶庄镇卫生院	院长	2010年	中国健康扶贫工程先进个人
张燕梅	女	薛城区妇幼保健站	副站长	2010年	中国健康扶贫工程先进个人
马运水	男	薛城地税分局	局长	2010年	山东省富民兴鲁劳动奖章
初炳伟	男	青岛啤酒薛城有限公司		2010年	山东省富民兴鲁劳动奖章
张庆丰	男	薛城区总工会		2011年	山东省富民兴鲁劳动奖章
王　伟	男	枣庄恒泰农村合作银行	理事长	2011年	山东省富民兴鲁劳动奖章
杨廷军	男	薛城区国税局	局长	2012年	山东省富民兴鲁劳动奖章
种道德	男	常庄镇种庄村委会	书记	2013年	山东省劳动模范
王忠厚	男	薛城供排水公司		2013年	山东省富民兴鲁劳动奖章
潘成梅	女	临城街道		2013年	全国“五一巾帼标兵”

人物名录

1991—2013年薛城区获得高级、副高级职称人员名单

1991年

教　育

秦应栋　王方杰

1992年

教　育

丁印启　高贵华　宁大永

1993年

卫　生

吴乙青　黄德琳　高洪兰　杜宗喜　刘桂香　王云霞　苏纯玉　陈光莲　李兰云　潘梅芳

教　育

巴均富　晁贻岭　陈广鹏　陈庆金　程衍浩　崔道济　高天伟　郭庆沛　郭修民　贾继冉
渐秀玲　姜兴旺　李超义　李法元　李瑞英　刘春安　刘慎柱　刘孝林　庞保柱　宋明亮
孙思寅　田　琴　王公武　王继杰　王明湖　王尚真　王新全　王子清　吴恒茂　谢学喜
薛兆厚　严永纯　杨清廉　殷延常　殷昭秀　于永东　袁　华　张晓昌　张裕涛　钟士纪

1994年

卫　生

洪祖训　张继华　周雪珍　范怀荣　满运霞　张世杰　李林培　渐怀平　张世勤　胡思位

教　育

曹士亮　郭德庆　韩广谦　李玉华　刘永镇　刘云凤　孙晋荣　曾钧林　张广荣　周　苏

1995年

卫　生

魏法旺　郑维玉　王兰英　康　钰　何桂芝　王吉元　蒋　斌　赵士营　郭　艳　王青龙

教　育

褚洪秀　韩建立　韩建启　康德强　孔祥兰　李明山　刘振贤　刘宗启　任洪玉　沈尚德
宋明江　孙思忍　周长顺　王纯真　王赐如　王景和　吴修兰　徐忠志　于炳锁　张凤英
张作贞

1996年

卫　生

吕传祥　陈保华　李德林

教　育

褚衍新　郝德柱　侯贺佩　胡永仁　李大香　李　銮　刘存义　刘慎华　孟现印　孙晋灿

孙景兰　汪本法　王炳录　王传玉　王启贵　闫循保　张继亮　张施正　周长银

1997 年

卫　生

朱恒臻　孙秀真　冯迎春

教　育

褚慧芬　丛方臣　丁　敏　高文勇　姜德新　李建堂　李进付　李献玲　祁玉君　王维胜
魏钦兰　吴清玺　许宪清　闫业俊　殷延恩　张同杰　赵世立

1998 年

卫　生

于成明　范宜河　王修德　陈增芳　伊玉英　吴月芳

教　育

曹保密　丁嘉源　董春生　高继海　高庆义　胡丛斌　李淑兰　李志翔　刘　剑　马运娥
任士铨　孙启胜　王纯臣　王赐朴　王吉桂　王吉胜　王克礼　王兴运　杨秀菊　姚玉兰
张光田　张裕浩

其　他

刘贤杰　吴　超

1999 年

卫　生

刘念銮　赵克芳　顾秀珍　杨传元

教　育

刘书龙　王　洁　褚衍华　孙茂森　胡秀峰　姜德仁　曹召仁　褚庆赞　褚衍华　杜恒玉
侯化新　侯留英　胡安举　胡秀峰　渐秀江　李佩霞　李兴安　李以明　李运经　梁育南
刘春全　马广平　秦修伟　宋明聪　王　晖　王运峰　王政国　徐成文　燕传勇　袁　争
张灿景　张贵清　张建成　张玉和　张运法　张昭黎　赵汝全　种道伟　周脉先

其　他

渐秀坤　陈　琦

2000 年

卫　生

肖桂莲　徐开荣　杨尚领　王思进

教　育

宁　磊　安增霞　曹召顺　仇光楼　邓贵贞　杜文革　甘信宝　高明信　韩建兰　郝桂兰
胡无从　蒋新玉　李　慎　李修新　梁昌华　刘西存　曲福祥　孙守玺　孙守玉　陶建义
王金铎　王士广　王新生　徐晓萍　徐冶青　徐永奎　殷宪文　张士军　张淑霞　张宗兰
赵　炳　赵忠全　邹保护

其　他

张开锋　安增强　李　元

2001 年

卫 生

巩玉珍 李凤海 王 勇 王成明 董怀启 何晋龙 刘君厚 牛秀清 闫 毅 杨其荣

教 育

王开广 褚衍伟 高建军 陈正涛 褚福堂 褚衍伟 邓贞国 丁德廷 丁 佩 韩文祚
侯安柱 黄友龙 姬长赞 李安远 李其环 刘爱秋 刘福臣 吕高升 马建军 苗元珍
潘 颖 孙 威 孙东民 孙 健 田崇勉 王东岭 刘振作 高建军 王 敏 王业华
谢淑艳 徐化明 徐守怀 徐学君 闫秋莲 颜君秋 英 慧 于保国 于秀珍 张爱华
张守恒 张思权 张新国 张志宽 张壮功 赵诗颐 赵思喜 赵振亚 周会海 朱 虹

其 他

张联义 刘 杰 殷宪常 段志芳 种法勇 闫 平 黄礼廷

2002 年

卫 生

王慎明 王介友 李树芝 王启昌 王家标 杜凤英 王思荣

教 育

秦真勇 曹继军 陈树春 陈孝山 杜家普 冯 勇 郭传华 韩琳华 韩业君 胡 锋
胡乐忠 黄 颖 孔凡华 李庆水 李士莲 李永水 李玉明 刘贤奎 龙兴忠 牛贵永
秦修民 尚鲁生 尚文忠 石仁祥 史为丰 孙宝香 孙景芹 孙淑章 孙学仁 孙作涛
陶建永 吴承铭 张广亮 田 慧 王传新 王纯柱 王 刚 王全国 王善奎 王尚军
王新瓦 王延军 王运磊 王泽丰 魏凤玲 殷 奋 殷允实 殷召会 张 坤 张守标
张素英 张裕耀 张元明 赵崇湘 周 锴 周学先 周雪冰

其 他

王先伟 孙美芳 袁文杰

2003 年

卫 生

李清莲 马连金 吴 明 徐德奎 张忠海 高继存 曹敬亮 黄秋萍 丁绘武 张延亮

教 育

董 华 艾昌平 鲍朝阳 曹 云 陈传云 褚福浩 代云国 邓现真 杜修坦 段成钦
高 莉 高照宏 郝正义 黄 美 姬广飞 姜英华 蒋凤英 李厚玉 李正友 刘 刚
刘金利 刘其伟 刘忠海 吕传坡 祁有理 邵长敏 邵明孝 师连成 孙秀梅 王 滨
王常胜 王德明 王端琪 王凤英 王吉湖 王吉校 王思仟 王远华 魏建霞 魏喜林
魏延岭 吴广亮 吴贞海 武 斌 徐广玉 杨尚勋 杨 焱 殷茂义 于成莲 张济军
张开义 张延国 张延营 张永静 赵如海 郑德成 周扬剑 卓厚宝 宗西忠

其 他

朱其增 张茂水 杨家顺 刘钦喜 魏 青 郭传军 刘安平 刘俊美 刘君国

2004 年

卫　生

崔成芳　冯　毅　孙延釜　李　莉　王　磊　陈书新　殷允诚　杨孔良

教　育

李雪玉　陈世安　单德华　邓兴华　丁兆如　董　华　房建刚　郭　山　郭延林　胡安北
胡乐雨　李文英　李修璞　李雪玉　刘道銮　刘建安　刘友章　马洪江　祁志卫　任　敏
石允清　时洪娥　孙开文　孙学俭　田家富　王保才　王吉俊　王吉堂　王家喜　王　平
王书德　徐　斌　徐　珍　殷振东　于振波　袁　波　张　峰　张延长　张　烨　张宗文
张宗义　赵建国　朱美华　朱思源

其　他

董芝华　何怀英　赵恒武　曹　辉　王　健　费秀吉　丛晓勇　殷宪莲　尚东升　单　颖
褚庆远　刘　慧　王保侃　张慎芳

2005 年

卫　生

刘贤云　彭景涛　钟桂珍　李兴华　田厚振　曹丽玲

教　育

许　敏　刘　浩　曹昭岩　崔玉婷　董再臣　付加鹏　高　峰　高金玲　郭士祥　郭允军
杭东军　胡乐利　胡永立　黄传文　贾继花　康秀东　李　冰　李炳红　李洪恩　李厚玲
李　举　李茂田　李瑞新　李西龙　李允来　梁克友　刘　伟　刘传科　刘　浩　刘　静
刘美峰　刘玉玲　柳秀虎　马道华　马向应　苗俊武　戚　峰　齐玉霞　秦　琴　沈亚林
石礼国　石　岩　史　云　宋名河　宋淑红　宋树英　宋宜群　王　今　宋照明　孙本立
孙会芹　孙晋利　孙晋龙　孙景峨　孙启生　孙思磊　孙中武　田传刚　王宝嘉　王　波
王德振　王桂霞　靳明义　王立功　王启红　王　雁　王宜付　王运刚　王运海　王召侠
魏允军　吴　楠　武中安　徐鸿雁　徐士虎　薛丽萍　杨庆琳　杨宗林　袁　刚　昝国栋
张　云　张　甫　张　涛　张延明　赵　卫　朱　皿　朱士国　东野升吉

其　他

王基兴　张文莉　程明球　褚福霞　崔运亭　杨传国　刘洪彦　韩秀丽　渐秀东　娄　伟
阚士勇　刘化科　刘敬献　王兴民

2006 年

卫　生

梁兴国　沈印荣　阮春香

教　育

褚衍新　崔加强　杜修靖　耿道合　郭起宜　黄　玲　靖守政　李　伟　李　永　刘会荣
刘　坤　刘庆云　彭宝安　齐兴联　沈加桥　宋明月　孙宝生　孙　颖　孙卓新　王家伟
王家彦　王　猛　王　敏　魏传礼　吴岐顺　闫友坤　颜培忠　杨　波　杨　荣　殷　丽
殷允箴　于凤洋　袁玉武　岳广宏　张洪祥　张凯莲　张同亮　张永河　赵　莉　种道雷

其　他

陈西才　王　民　张道顺　高裕亮　褚福田　孙　明　杨秋杰　徐文北　江海玉　王　燕
杨列芳　郭　涛　刘茂东　刘永红

2007 年

教　育

黄　飞　曹华英　程玉兰　褚衍慧　褚艳华　董　晶　高庆堂　郭依刚　韩业松　姬　斌
孔令森　李　荣　林华刚　刘　成　刘美菊　刘永雪　孙晋国　孙景仪　孙秀华　陶道武
田家振　王纯海　王开良　王秀海　王再超　吴玉梅　于成龙　于　平　张　伟　张建福
张　丽　张　芹　张山奎　赵传庆　宗兆鹏

其　他

孙晋芬　刘书清　褚宏鑫　高　辉　单　忠　刘丽莉　王云花　赵志伟　田传国　王桂芝

2008 年

卫　生

刘　翔　汪昌平　姬长臻　张长存　王广山　张学平

教　育

陈　航　单德宝　郭子超　何德法　胡乐花　华　锋　华文清　李建政　李静宏　刘春法
刘贵长　刘　华　马西华　苗晓梅　闵介纯　牛　军　庞庆铎　孙晋彩　孙　烨　田传余
王传华　王恩陆　王吉元　王君云　徐化美　徐继胜　薛成洋　张百忠　张开吉　张亚莉
张延忠　种道选　周长涛

其　他

李芳歌　徐　玲　孙　峰　孙文华　孙中亚　修淑玲　张云萍

2009 年

卫　生

董宏朋　闫维琢　曹继云　孙宝翱　周永运

教　育

褚福平　邓兴政　杜家平　高恒水　高尚法　韩光亮　郝　伟　胡安宝　胡大国　胡继坤
贾广磊　李继成　李　政　林其东　刘东辉　刘庆河　刘守财　刘　涛　刘祥娟　陆国利
王家田　魏　红　杨其训　于保龙　张　华　张士常　张　涛　张兴谭　张永祥

其　他

褚丽丽　刘国芳　付正泉

2010 年

卫　生

李兴侠　张学柱　谢光明　高玉敏

教　育

曹金磊　陈道磊　单荣春　耿立荣　韩玉俊　胡　涛　李怀坤　李　坚　李书山　梁昌海
刘乐涛　刘文娟　马兴伟　宋冬云　苏　刚　孙　杰　孙艳庆　王广印　王吉利　王家传
徐永峰　袁　琳　曾　红　张传英　张　峰　张金生　张裕贵　张运宽　赵　昊　种传坤

其　他

刘英年　牛　玲

2011 年

卫　生

张艳霞　种道凤　吴开凤　胡述龙　傅宝君　徐淑娟　徐继凤　王学信

教　育

陈绪华　褚宏伟　褚衍广　褚玉尧　戴秀荣　单德刚　杜传振　范　华　范秀芹　高　峻
高玉安　高裕利　高照昌　谷提亚　孔凡平　李春丽　李桂平　李其增　李孝传　李忠亮
刘敬让　刘坤传　刘振美　孟祥仁　齐振元　任　会　邵泽秀　孙业云　王光民　王家银
王明亮　王善林　王　伟　王召洪　魏翠美　吴再军　徐德阔　许爱华　许太辉　殷宪政
殷延群　袁西锋　袁铀辉　张长勇　张国全　张开治　张庆全　张　旭　张兆明　赵　宏
赵　明　赵松鹏　赵修宽　钟让武　周长敏　朱启太　朱宪忠

其　他

程传营　刘熙娜　刘光侠　张晓飞　戚　军　刘春波　赵　晖

2012 年

卫　生

王慎夫　陈玉兵　张冬梅　张连海　宋桂红　周　萍

教　育

巴胜记　丁兆云　李继江　李新全　李兴英　鲁大东　戚敬桢　齐振辉　秦学真　石柏余
宋宜敬　田传江　田始善　王士玲　王锡森　王　艳　王征远　徐继宝　徐玉志　张剑锋
张　芹　张　勇　张　瑜

其　他

王忠堂　罗　锋　袁　芳　褚庆军

2013 年

卫　生

李瑞芹　彭景兰　张施工　袁玉乾　李　华　李　文　周　锋　华秀芝

教　育

曹　敏　陈　敏　褚洪辉　褚建华　褚衍国　褚衍武　高　建　李　慎　李　萍　李志芹
刘陵涛　刘全河　孟庆伟　庞　辉　祁　迪　宋　杰　孙　健　孙中坡　王　栋　徐文同
殷宪民　张学军　张玉宾　张运义　邹立翠

其　他

褚建伟　赵修峰　褚　文　韩秀娟　孙业成　殷召伟　李金燕　石思刚　白连刚　薛兆佳
王大友

附　录

1991—2013 年薛城区重要文件目录

薛 发

1. 中共薛城区委关于成立薛城区城市社会主义思想教育领导小组的通知（薛发〔1991〕21号）

2. 关于公布薛城区地方史志编纂委员会成员的通知（薛发〔1991〕56号）

3. 关于申请省级“双拥模范区”的报告（薛发〔1992〕29号）

4. 中共薛城区委、薛城区人民政府关于进一步加快全区经济发展的若干规定（薛发〔1993〕25号）

5. 中共薛城区委、薛城区人民政府关于党政机构改革的实施意见（薛发〔1993〕48号）

6. 中共薛城区委、薛城区人民政府关于乡镇体制改革的实施意见（薛发〔1993〕49号）

7. 中共薛城区委、薛城区人民政府关于进一步加强信访工作的意见（薛发〔1994〕34号）

8. 中共薛城区委、薛城区人民政府关于农村产业化三年规划的实施意见（薛发〔1995〕20号）

9. 中共薛城区委、薛城区人民政府关于全区城建三年规划的实施意见（薛发〔1995〕22号）

10. 中共薛城区委、薛城区人民政府关于实施“强乡富民”工作的意见（薛发〔1996〕1号）

11. 关于表彰薛城区第一批区级乡村优秀科技人才的决定（薛发〔1996〕11号）

12. 关于成立中共薛城区区级机关工委的通知（薛发〔1996〕20号）

13. 中共薛城区委、薛城区人民政府关于公布薛城区首批小康村的决定（薛发〔1997〕2号）

14. 中共薛城区委、薛城区人民政府关于进一步加强农村制度建设的意见（薛发〔1998〕9号）

15. 关于表彰区个体私营经济工作先进模范乡镇模范个体工商户和先进私营企业的决定（薛发〔1998〕12号）

16. 关于表彰先进基层党组织、优秀党员的决定（薛发〔1998〕27号）

17. 关于表彰小城镇建设暨个体私营经济工作先进集体的决定（薛发〔1999〕18号）

18. 中共薛城区委、薛城区人民政府关于乡镇精简分流人员工作的实施意见（薛发〔1999〕31号）

19. 中共薛城区委、薛城区人民政府关于公布薛城区第四批小康村的决定（薛发〔2000〕9号）

20. 中共薛城区委、薛城区人民政府关于乡镇规模调整的实施意见（薛发〔2001〕5号）

21. 关于机关人员实行第二批轮岗的意见（薛发〔2001〕17号）

22. 关于表彰先进基层党组织、优秀共产党员和优秀党务工作者的决定（薛发〔2001〕18号）

23. 中共薛城区委、薛城区人民政府关于薛城区区级党政机关机构改革的实施意见（薛发〔2002〕6号）

24. 中共薛城区委关于公布更名、新建、撤销党委、党组的通知（薛发〔2002〕11号）

25. 关于加强城市社区建设 大力推行城市社区计划生育的意见（薛发〔2003〕23号）

26. 关于全面推进人口与计划生育综合改革的实施意见（薛发〔2004〕15号）

27. 关于薛城区人民政府机构改革的实施意见（薛发〔2005〕6号）

28. 关于印发薛城区实施《中华人民共和国公务员法》工作方案的通知（薛发〔2007〕2号）

29. 关于深化国有资产管理体制改革的意见（薛发〔2007〕3号）

30. 关于促进民营经济更好更快发展的意见（薛发〔2007〕5号）

31. 关于实施工业振兴计划 再创薛城经济辉煌的意见（薛发〔2007〕17号）

32. 关于积极发展现代农业 扎实推进社会主义新农村的实施意见（薛发〔2007〕18号）

33. 关于进一步扩大对外开放 加强招商引资重点项目建设和民营经济工作的意见（薛发〔2008〕4号）

34. 中共薛城区委、薛城区人民政府关于深化"平安薛城"建设的实施意见（薛发〔2008〕6号）

35. 中共薛城区委、薛城区人民政府关于大力推进"双十双百"工程建设的实施意见（薛发〔2008〕14号）

36. 关于开展基层组织建设年活动的实施意见（薛发〔2009〕4号）

37. 关于开展深入学习实践科学发展观活动的实施意见（薛发〔2009〕6号）

38. 关于加强社区建设规范化建设的实施意见（薛发〔2009〕9号）

39. 关于做好农民负担监督管理工作的意见（薛发〔2009〕14号）

40. 关于加快推进残疾人事业发展的实施意见（薛发〔2010〕10号）

41. 关于加强全区干部队伍建设的实施意见（薛发〔2010〕14号）

42. 中共薛城区委关于开展机关思想纪律作风集中整顿活动的意见（薛发〔2011〕3号）

43. 中共薛城区委、薛城区人民政府关于进一步落实信访工作责任制的意见（薛发〔2011〕7号）

44. 中共薛城区委关于加强和改进新形势下党史工作的意见（薛发〔2011〕10号）

45. 中共薛城区委、薛城区人民政府关于加快全区水利改革发展的实施意见（薛发〔2011〕15号）

46. 中共薛城区委、薛城区人民政府关于进一步加强安全生产工作的意见（薛发〔2011〕16号）

47. 关于加快生态文明乡村建设的意见（薛发〔2011〕19号）

48. 关于在全区开展"干部素质能力提升年"活动的实施意见（薛发〔2012〕1号）

49. 中共薛城区委、薛城区人民政府关于加强生态薛城建设的意见（薛发〔2012〕2号）

50. 中共薛城区委、薛城区人民政府关于加强和创新社会管理的意见（薛发〔2012〕5号）

51. 关于实施"双百工程"深化基层组织建设的意见（薛发〔2012〕7号）

52. 关于进一步优化经济发展环境的意见（薛发〔2012〕12号）

53. 关于实施"乡村文明行动"建设幸福新农村的实施方案（薛发〔2012〕13号）

54. 关于进一步改进工作作风 密切联系群众的十项规定（薛发〔2013〕1号）

55. 关于深入实施"四德"工程 推进"幸福新薛城"建设的实施方案（薛发〔2013〕4号）

56. 关于在全区开展"双包双联为民服务"活动的意见（薛发〔2013〕6号）

57. 关于深入推进法制薛城建设的意见（薛发〔2013〕7号）

58. 关于加强社区建设的实施意见（薛发〔2013〕9号）

薛政发

1. 关于强化行政事业单位预算外资金管理的通知（薛政发〔1991〕24号）

2. 关于印发《薛城区乡镇企业城镇劳动合同制工人管理暂行办法》的通知（薛政发〔1991〕78号）

3. 关于区粮食局、物资局、供销社合作社成

立公司报告的批复（薛政发〔1992〕8号）

4. 关于开展土地登记发证工作的通知（薛政发〔1993〕29号）

5. 薛城区国有土地使用权出让和转让暂行办法（薛政发〔1993〕47号）

6. 关于进一步清理行政事业性收费的通知（薛政发〔1994〕2号）

7. 关于增加教育投入若干问题的意见（薛政发〔1995〕5号）

8. 关于大力发展职业教育、成人教育的决定（薛政发〔1995〕7号）

9. 关于加快农村卫生事业发展的决定（薛政发〔1995〕15号）

10. 聘任减轻农民负担工作监督员的决定（薛政发〔1996〕13号）

11. 关于在全区煤矿开展创建“文明生产矿井”活动的决定（薛政发〔1997〕1号）

12. 关于移交区生态养殖有限公司、南极洲集体股的决定（薛政发〔1999〕32号）

13. 薛城区招商引资优惠政策（薛政发〔2000〕17号）

14. 关于鼓励科技型中小企业创新发展的若干规定的通知（薛政发〔2000〕77号）

15. 关于调整乡镇行政区划的请示（薛政发〔2001〕9号）

16. 关于报批薛城区薛城镇等十三个乡镇土地利用总体规划的请示（薛政发〔2001〕10号）

17. 关于申请修订薛城区土地利用总体规划的请示（薛政发〔2002〕22号）

18. 薛城区人民政府关于进一步加强地方建材管理的通知（薛政发〔2002〕25号）

19. 关于申请成立枣庄市薛城区生产力促进中心的报告（薛政发〔2002〕63号）

20. 薛城区人民政府关于进一步加强审计监督工作的意见（薛政发〔2003〕3号）

21. 关于印发薛城区关于进一步加强煤矿安全管理的若干规定的通知（薛政发〔2003〕18号）

22. 关于印发薛城区人民政府工作规则的通知（薛政发〔2003〕57号）

23. 薛城区人民政府关于印发薛城区关于进一步加强安全生产监督管理的若干规定的通知（薛政发〔2004〕1号）

24. 薛城区人民政府关于进一步做好村务公开和民主管理工作的意见（薛政发〔2004〕6号）

25. 薛城区人民政府关于进一步加强全区企业、行政事业单位国有资产处置管理工作的通知（薛政发〔2004〕66号）

26. 薛城区人民政府关于加强知识产权保护工作的意见（薛政发〔2005〕4号）

27. 薛城区人民政府关于实施生态区建设的意见（薛政发〔2005〕29号）

28. 薛城区人民政府关于大力实施“三个一批”战略加快企业规模扩张的意见（薛政发〔2005〕40号）

29. 薛城区人民政府关于印发薛城区关于进一步加强煤矿安全管理的若干规定的通知（薛政发〔2006〕3号）

30. 薛城区人民政府关于印发《薛城区城市居民重大疾病医疗救助实施办法（试行）》的通知（薛政发〔2006〕32号）

31. 薛城区人民政府关于农田水利基本建设的意见（薛政发〔2006〕40号）

32. 关于进一步落实安全生产责任制 加强安全监管工作的意见（薛政发〔2007〕1号）

33. 关于印发《薛城经济开发区优惠政策》的通知（薛政发〔2007〕15号）

34. 关于加快发展服务业的意见（薛政发〔2007〕40号）

35. 关于开展隐患排查治理年活动 进一步完善安全生产责任制强化安全监管工作的意见（薛政发〔2008〕1号）

36. 关于严肃财经纪律 促进节约型机关建设的意见（薛政发〔2008〕15号）

37. 关于贯彻实施全民科学素质行动计划纲要的实施意见（薛政发〔2008〕20号）

38. 关于发展城市社区卫生服务的实施意见

（薛政发〔2008〕67 号）

39. 关于开展安全生产责任落实年活动的意见（薛政发〔2009〕1 号）

40. 关于开展第六次人口普查的通知（薛政发〔2009〕54 号）

41. 关于进一步加强殡葬管理工作的意见（薛政发〔2010〕13 号）

42. 薛城区人民政府关于进一步加强全区安全生产工作的通知（薛政发〔2010〕44 号）

43. 关于印发《薛城区农村公共饮水管理办法实施细则》的通知（薛政发〔2010〕53 号）

44. 关于薛城区土地利用总体规划完善的请示（薛政发〔2010〕70 号）

45. 关于印发薛城区产业发展规划和薛城区城市转型规划的通知（薛政发〔2011〕6 号）

46. 关于印发薛城区国民经济和社会发展第十二个五年规划纲要的通知（薛政发〔2011〕11 号）

47. 关于进一步加强食品安全工作的意见（薛政发〔2011〕49 号）

48. 关于加快薛城经济开发区建设的意见（薛政发〔2011〕54 号）

49. 关于加快构建农村现代经营服务新体系全面推进供销合作社改革发展的意见（薛政发〔2011〕59 号）

50. 关于加快工业转型振兴的实施意见（薛政发〔2012〕16 号）

51. 关于印发薛城区妇女儿童发展十二五规划的通知（薛政发〔2012〕25 号）

52. 关于印发薛城区老龄事业发展“十二五”规划的通知（薛政发〔2012〕42 号）

53. 关于印发薛城区加强基层水利服务体系建设工作实施方案的通知（薛政发〔2012〕61 号）

54. 关于加快推进品牌战略的实施意见（薛政发〔2012〕64 号）

55. 关于贯彻国务院质量大展纲要（2011—2012）实施质量兴区战略的意见（薛政发〔2012〕65 号）

56. 薛城区人民政府关于进一步加强物业管理工作的意见（薛政发〔2013〕17 号）

57. 关于大力培育市场主体 支持中小微企业发展的实施意见（薛政发〔2013〕45 号）

58. 薛城区人民政府关于印发薛城区建设工程规划批后管理实施意见的通知（薛政发〔2013〕54 号）

碑文和碑廊题词

铁道游击队纪念碑碑文

铁道游击队纪念碑高 37. 77 米，碑顶是一个手持驳壳枪的勇士铜像，碑体正面为竖起的铁轨造型，碑体中央镶嵌着由原国家主席杨尚昆亲笔题写的“铁道游击队纪念碑”八个大字。碑座两边是再现游击队英勇杀敌的浮雕，正面镌刻着记述铁道游击队丰功伟绩的碑文：

铁道游击队，即鲁南铁道大队，建于一九三九年冬，隶属于鲁南军区。该队以临城（今薛城）为轴心，挥戈于百里铁道线上，出没于万顷微山湖中，协同主力，依靠群众，与日伪展开殊死搏斗。截军列、打洋行、毁铁路、炸桥梁。或实或虚，乍东乍西，闪辗无定，游击有术。民心由此而大振，敌酋因是而丧胆。风雨铁血，历时七载，所作战斗，数十百起。其间，几多菁英，或洒碧血于热土，或葬忠骨于青山。卒使鲁南抗日根据地得以巩固和拓展。尤当特书者，乃辟通华中、山东赴延安之要道事，虽黑云压城，风险万千，终护刘少奇、陈毅、罗荣桓等千余名指战员，安全过境。诸传奇之壮举，直可惊天地而泣鬼神！将军萧华曾誉为“怀中利剑，袖中匕首”，诚无愧矣！

该队大队长洪振海，继任刘金山，政委杜季伟，继任文立正、杨广立、赵若华、张鸿仪、郑惕；副大队长王志胜、赵永泉。

为旌伟绩，慰英灵，励乡里，勖后人，谨勒石于兹，以作永誌。

中共枣庄市委
枣庄市人民政府 立
一九九五年八月十五日

铁道游击队碑廊题词

铁道游击队碑廊以纪念碑为中轴，南北分布两侧，共有 23 块（1 位元帅、11 位上将、3 位中将、7 位少将、1 位大校为纪念铁道游击队题写的）碑文。

序号	题字内容	姓　名	职务	备注
1	功在国家 铭留青史	徐向前	原中央政治局委员、原中央军委副主席、国防部部长	元帅
2	游击显神兵 铁道传英名	廖汉生	第六、七届全国人民代表大会常务委员会副委员长、原中央军委委员、国防部副部长	中将
3	铭记英雄业绩 弘扬民族精神	洪学智	原全国政协副主席，原解放军总后勤部部长兼政治委员	上将
4	亦传亦奇 可歌可泣	迟浩田	原中央政治局委员、原中央军委副主席、国务委员兼国防部长	上将
5	舍身抗倭酬壮志 青松翠柏伴忠魂	张爱萍	原国务委员兼国防部长	上将
6	铁道奇兵威震敌胆 枣庄儿女扬名中华	杨得志	原国防部副部长	上将
7	人民子弟好儿郎　听党指挥打东洋 游击战术是法宝　铁道线上摆战场 艰难险阻敢担当　钢刀插入敌胸膛 沙沟受降振国威　经典传奇著华章	李继耐	原中央军委委员、解放军总政治部主任【枣庄籍】	上将
8	雄气长存	朱敦法	原国防大学校长	上将
9	铭记铁道游击队英雄事迹 弘扬爱国主义精神	杨永斌	原解放军军事科学院政治委员	中将
10	神出鬼没游击战　千里铁道敌胆寒 留得一支琵琶曲　常思齐鲁英雄汉	周克玉	原解放军总后勤部政治委员	上将
11	抗日雄鹰　鲁南人民的骄傲	李　景	原解放军副总参谋长【枣庄籍】	上将
12	壮志凌云	方祖岐	原南京军区政治委员	上将
13	志存高远富国强兵	刘书田	原解放军成都军区政委【枣庄籍】	上将
14	铭记历史　缅怀先烈 珍爱和平　开创未来	唐天标	原解放军总政治部副主任	上将

续表

序号	题字内容	姓　名	职务	备注
15	正义之师 无坚不摧	杨广立	原鲁南铁道大队政治委员原江苏省委书记【枣庄籍】	少将
16	缅怀革命先烈业绩 铭记枣庄人民恩情 弘扬我党我军传统 谱写团结胜利新篇	郑　惕	原解放军第二炮兵副司令员 原鲁南铁道大队政治委员	中将
17	铁道英雄 永载史册	杨斯德	原解放军总政治部联络部部长【枣庄籍】	少将
18	革命坚决 斗争勇敢	李宜俊	原解放军军事检察院检察长【枣庄籍】	少将
19	日寇侵略罪滔天 奸淫掳掠数不完 全国人民齐奋起 抗战驱倭保江山 临枣儿女有勇气 敌后斗争意志坚 组成铁道游击队 英勇杀敌威名传	郭其侨	原国防大学研究生院院长	少将
20	壮士威风千古在 英雄气概万夫奇	徐文显	原解放军成都军区空军后勤部政治委员	少将
21	威震敌胆　光耀千秋	刘子贤	原解放军空军第七军副军长【枣庄籍】	少将
22	铁道奇兵　飞车英雄	孔令义	中国人民军事博物馆原馆长【枣庄籍】	少将
23	铁骨铮铮英雄汉　赤胆忠心为人民	刘金山	原鲁南铁道大队第二任大队长，苏州省苏州军分区司令员【枣庄籍】	大校

薛城區卷

索　　引

说明：

一、本索引设要目索引、表格索引、人物索引三部分，以弥补卷首目录检索之不足。

二、要目索引按汉语拼音字母顺序排列。名称相同者，在一处集中索引，并按其在本志中的先后顺序注明页码；名称发音相同者，按其在本志中出现的先后为序，并依次注明页码。表格索引按表格序号排列；人物索引只编制人物传略、人物简介的人物。

三、概述、大事记、附录未作索引。

要目索引

A

B

C

D

E

F

G

H

J

K

L

M

N

P

Q

R

R

S

T

W

X

Y

Z

表格索引

人物索引

后　记

《薛城区志（1991—2013）》是1997年出版的《薛城区志（1980—1990）》之续志。2015年3月，《薛城区志（1991—2013）》编纂工作全面启动，到2021年9月，历时6年。世纪寻梦，终成实境。数易其稿，终成此书。其编纂过程大致分为五个阶段。

筹备启动阶段：2015年初，区史志办着手制定《薛城区志》篇目。根据省、市专家意见和借鉴外地优秀志书，结合薛城实际，对篇目设置进行反复修订完善。研究制定续修《薛城区志》实施方案，从指导思想、方法步骤、任务分工、保障措施等方面做出明确规定。3月27日，召开全区修志工作动员培训会议，部署续修区志工作。会上下发了《区委、区政府办公室印发〈薛城区志（1991—2013）〉编纂工作方案》的通知》《续修〈薛城区志（1991—2013）〉框架设计及供稿任务分工》等一系列文件。同时采取以会代训的形式，聘请专家对全区130个供稿单位进行业务培训，续志编修工作全面铺开。

资料征集阶段：资料是志书载体和价值的直接体现，是修志工作者必须下大力气挖掘整理的核心工作。全区修志工作会议后，编辑人员分工负责，对各供稿单位及供稿人员进行及时督促指导，帮助他们解决撰稿中遇到的问题。至2016年底，组稿工作基本结束，共征集资料550余万字。全区130多个供稿单位完成资料收集工作，完成初稿撰写。

分工撰写阶段：在资料征集大致完成的基础上，针对编纂力量不足的情况，特聘请2位史志工作经验丰富、胜任编纂工作的老同志对志稿进行指导。所有编纂人员一方面进行志稿补充，一方面进行分工编撰阶段。为保证稿件质量，各位编辑对报上来的初稿认真把关，对资料不足、质量差的稿件返回原单位修改或者补充。定期召开调度会，交流经验，探讨编纂办法，分析存在的问题。至2017年10月，形成190余万字志稿。

合成总纂阶段：2017年11月起，志稿进入合成总纂阶段。按照志书的性质和体例要求，优化结构，规范行文。编纂全体人员经过去粗留精、去伪存真的加工过程，又聘请专家对志稿进行第二遍通审修改，历时半年完成《薛城区志（1991—2013）》（征求意见稿），共计28编。

评审修改阶段：2018年7月11日，《薛城区志（1991—2013）》志稿评审会召开。省、市及各区（市）史志办的领导和修志业务专家、区地方志编纂委员会成员等参加会议。通过评审，各级领导、专家及史志同仁对志稿给予高度评价，同时也提出了修改意见和建议。会后，组织力量对评议意见认真梳理，逐条核实，反复打磨，采用增、删、调、并等多种方法，对志稿进行精雕细琢。期间执行主编进行了三轮通稿。2020 年 9 月，报方志出版社审核，按照出版社的修改意见，完成志书补充修改审定工作。2021 年 9 月，由方志出版社出版发行。

《薛城区志》编修期间，区委、区政府主要领导多次听取史志工作汇报，帮助解决人员和资金问题；区委常委、办公室主任曹保营，原区委常委、办公室主任马骞，原区委常委、副区长李玉森，原区政府办公室主任谢刚多次召开修志工作调度会议，及时帮助解决工作中遇到的困难和问题。全区各镇街、各单位提供了大量的文字和图片资料，支持志书的编纂工作。《薛城区志》的编纂，是社会各界通力合作的结果，是集体智慧的结晶。在此，谨向所有关心支持志书编修工作的领导、专家和社会各界人士表示衷心感谢！

志书的编修凝聚着全体修志人员的心血，区志编纂小组全体人员团结协作，默默奉献，加班加点，不计得失，发扬了“修志问道，直笔著史”的方志人精神。续修《薛城区志》是一项浩大的文化工程，涉及面广，工作量大，加之编者学识水平有限，错漏不足之处在所难免，敬请读者批评指正。

编　者

2021 年 9 月

《薛城区志（1991—2013）》供稿人员名单

（按姓名笔画排序）

王　帅	王　伟	王　栋	王东峰	王运治	王国栋	王绍奇	王新胜
亢　键	孔　坛	石礼强	宁　菲	刘　冰	刘　朋	刘存法	刘希成
刘统志	刘陵将	刘福春	许丽媛	孙　静	孙中启	孙中磊	孙成全
孙成梁	孙宝峰	孙晋友	杜德国	李　涛	李　强	李成颖	李桂远
李海宁	杨家袒	何　鑫	宋芳强	张　刚	张　伟	张　显	张　恒
张　雷	张　硕	张士林	张存英	张茂水	张泽恩	陈　菲	陈　晨
陈　超	陈一鑫	武　剑	范厚伟	林树棣	周晓东	郑廷刚	孟凡云
赵德志	胡乐永	钟东升	段宝敏	袁传利	徐化范	殷　蕾	殷民祥
殷明明	高　军	高　震	高晨华	郭洁静	黄礼廷	曹保威	曹继远
渐秀彦	韩　东	韩　强	韩刚建	靳宪娣	褚　芮	褚大为	褚衍勇
褚福波	樊　静	颜景樵	颜道鲁	潘兴峰	薛红玉		